第五届明清史国际学术讨论会论文集

常建华 主编

天津出版传媒集团

天津人民出版社

图书在版编目(CIP)数据

第五届明清史国际学术讨论会论文集 / 常建华主编. --
天津 : 天津人民出版社, 2023.10
　 ISBN 978-7-201-19860-6

　 Ⅰ . ①第… Ⅱ . ①常… Ⅲ . ①中国历史—明清时代—
国际学术会议—文集 Ⅳ . ①K248.07

　 中国国家版本馆CIP数据核字(2023)第190477号

第五届明清史国际学术讨论会论文集
DIWUJIE MINGQINGSHI GUOJI XUESHU TAOLUNHUI LUNWENJI

出　　版　 天津人民出版社
出 版 人　 刘　庆
地　　址　 天津市和平区西康路35号康岳大厦
邮政编码　 300051
邮购电话　 (022)23332469
电子信箱　 reader@tjrmcbs.com

策划编辑　 韩玉霞
责任编辑　 李佩俊
装帧设计　 汤　磊

印　　刷　 天津海顺印业包装有限公司
经　　销　 新华书店
开　　本　 880毫米×1230毫米　1/16
印　　张　 52.75
插　　页　 4
字　　数　 1300千字
版次印次　 2023年10月第1版　2023年10月第1次印刷
定　　价　 698.00元

纪念郑天挺先生诞辰120周年

编辑委员会

前　言

南开大学重视明清史研究与学术交流,著名明清史专家郑天挺先生曾于1980年发起并主持了"明清史国际学术讨论会",在海内外明清史学界产生重大影响。此后,南开大学先后于1991年、1996年、1999年又连续举办了三次明清史国际学术讨论会,亦在学界颇受好评。2019年适逢南开大学建校百年,也是郑天挺先生诞辰120周年,同年9月9—11日,在天津隆重举办"纪念郑天挺先生诞辰120周年暨第五届明清史国际学术讨论会",受到众多海内外明清史学者的响应。

为了筹备好这次国际学术讨论会,组成了会议组织委员会,聘请郑克晟教授、陈生玺教授、冯尔康教授、南炳文教授为顾问,常建华教授担任主任委员,(以下以汉语拼音为序)何孝荣教授、孙卫国教授、余新忠教授任副主任委员,卞利教授、姜胜利教授、李小林教授、庞乃明教授、山本英史教授、汪荣祖教授、徐泓教授任委员。余新忠教授兼任秘书长,张传勇副教授、朱洪斌副教授任副秘书长。

会议论文既有探讨郑天挺先生明清史学的文章,又有研究明清时期政治、经济、社会、文化、民族以及中外关系各方面的论文,以文会友,共襄盛举。为了反映这次学术盛会的成果,我们从100多篇会议论文中选编了这本会议论文集,收录海内外学者提交会议的纪念文章5篇,致辞1篇,学术论文47篇,会议综述1篇。作者包括中国大陆及台湾地区的学者,以及日本、韩国、加拿大等国家的学者,很遗憾限于篇幅,诸多论文未能收入,不无遗珠之憾。

文集完整的书名应当是"纪念郑天挺先生诞辰120周年暨第五届明清史国际学术讨论会论文集",为了与第一、第二届会议文集名称保持一致性,也为了从简,我们将本文集书名定为《第五届明清史国际学术讨论会论文集》。

本文集编辑委员会

2023年4月26日

目 录

3

引领新中国清史研究的经典之作
——再评郑天挺教授《清史简述》

朱诚如

郑天挺先生是中国老一辈著名历史学家,他的研究领域遍及中国古代史的诸多领域,尤精于明清两朝历史。北京大学孟心史先生是中国用近代科学方法研究清史的奠基人,郑天挺先生在孟心史先生铺设的柱础之上,构建了新中国清史学大厦,以其独创性的研究将清史研究推向了一个新的学术高度,并引领了现新中国清史研究的发展方向。百年清史学术史表明,郑天挺先生是海内外公认的清史研究领域泰斗,一代学术宗师,经典之作前有《清史探微》,后有《清史简述》。

《清史简述》是1962年郑天挺先生在中央党校讲课的记录稿,1980年由中华书局出版后,立即在学术界产生了广泛的影响,特别是清史学界,先生的许多学术创见不仅令人耳目一新,且得到学术大家们广泛认同,引领了新中国清史研究的发展方向。

1982年12月,老一辈著名历史学家白寿彝先生主编的《中国通史》清史卷在北京师范大学召开编委工作会议,白先生出席并讲话,还亲自参加讨论,我有幸承担清史卷综述即康熙朝至道光朝(鸦片战争前)二十余万字的撰写任务。因为与会八位编委中我最年轻,所以承担会议记录和会议纪要的整理工作。会后,我用了两天时间整理完会议纪要并面呈白寿彝先生,同时向他特别请教如何撰写清史综述问题。他说郑天挺先生的《清史简述》是新中国第一本唯物史观指导下的开创性的清朝历史纲要,要我读深、读透,然后再着手撰写。经过反复学习,深入理解,最后我撰写了一篇书评:《一本简明而富于创见的清代史——评郑天挺教授的〈清史简述〉》,发表于1983年6月北京师范大学《史学史研究》第3期上。2005年7月中华书局再版《清史简述》(图文本)时,可能因为这是《清史简述》1980年出版后的第一篇书评,便将其作为附录一并出版。这也是后学的荣幸。

郑天挺先生的《清史简述》高屋建瓴、言简意赅、内容翔实、创见颇多。我在书评中归纳为四点:1.高度概括,重点突出;2.不囿旧说,颇多创见;3.中外上下,比较研究;4.提出了许多值得进一步研究的新问题。现在我重读郑天挺先生的《清史简述》及先生其他一系列清史研究著作,检视了自己当年那篇肤浅的书评,回望70年来明清史研究的历史进程。先生1962年一本六七万字的讲稿,以其宏大的视野、远见卓识、博大精深,浓缩了有清一代二百多年的历史,它填补了1949年以来清朝断代史的空白,是在唯物史观指导下概述有清一代历史的经典之作。其后半个多世纪,清史研究的宏篇巨著、大部头的清朝断代史,从几十万字到数百万字,都为清史研究水平的提高做出了历史性的贡献。但先生当年根据自己几十年研究,提炼和归纳有清一代的历史走向和时代特点、人物评析和制度研判、民族关系和思想文化的解读,仍然是学界遵循的基本格局。尽管学术界这些年在诸多学术问题上多有争议,甚至反反复复,但是后来大都又回归到认同郑天挺先生当年的创见。即使到了21世纪初的今天,无论从史料的挖掘、史实的研判、理论的解析,无论以传统史学的深度、广度,还是从唯物史观指导下中国现代清史学的高度,郑天挺先生高屋建瓴的眼光,深邃的洞察力,其远见卓识,对新清史的奠基和开拓之都功不可没。今天我对《清史简述》学术价值有了新的认识,现胪举数端作为重读的体会。

第一,《清史综述》明确提出鸦片战争前的清朝历史是中国多民族统一国家的巩固和发展时期,并是这一时期重要的时代特点。他指出今天我们所继承的多民族统一国家的疆土基本是清朝时期奠定的,这一时期各民族经济、文化联系进一步加强,特别是边疆和中央政府的关系以及对中央的向心力比前代有了进一步的加强。这样大的国家的建立和巩固是各族人民共同努力的结果。他提出"向心力"的理念是对清朝民族关系中深入研究的高度提炼,是对清代边疆和中央政府关系最形象的比喻。并从唯物史观出发,充分肯定各族人民在国家统一过程中的历史贡献。各民族人民的民心,决定了对中央的向心力。清朝是中国封建社会最后一个王朝,又是一个少数民族入主中原建立的多民族统一的国家,这个王朝的历史走向或历史主线是什么? 郑天挺先生高屋建瓴地指出是多民族国家的统一巩固和发展。他以明代辽东以东的东北边疆地区为例,尽管明朝政府自明初开始设置了奴尔干都指挥使司,并先后设置了380多个卫所,并以少数民族自己的首领去管理。但由于路途遥远,鞭长莫及,只是定期派官员巡视,并没有对其所属的基层组织直接派官吏去管理。但是,到了清朝则完全不同,不仅仅因为东北边疆是其祖宗肇兴之地,更是多民族统一国家的一部分。所以自清初开始,从上到下,其统治的触角延伸到边疆民族地区的社会基层,应该说到康熙时期《中俄尼布楚条约》的签订,从根本上奠定了中国东北的疆域,这是清王朝对中国历史,对多民族统一国家的历史,做出的彪炳中华民族历史史册的伟大贡献。此外,先生对清朝为维护国家统一,对边疆民族地区破坏国家统一的少数民族上层人物所进行的军事斗争,给予了准确的评价。他认为当时如果不进行战争就会使国家的统一遭到破坏,正是这些巩固统一的战争,奠定了多民族统一国家的基础。今天清史学界大家一致强调清代对国家统一巩固和发展的历史贡献,不仅是历史的结论,也是现实的观照。五十多年前的郑天挺先生就能根据清史的深入研究,运用唯物史观进行分析,敏锐地提出这一远见卓识的结论,我们不能不由衷地敬佩!

第二,《清史简述》明确提出了不同民族之间的文化交融对多民族国家统一巩固和发展的重大历史作用。这是郑天挺先生对清代民族关系研究的重大贡献。众所周知,清代的民族关系是一个相当复杂的问题,中国民族多、差异大、发展不平衡。满汉关系、满蒙关系、满汉和各少数民族的关系、各少数民族之间的关系,以及地域、宗教各种复杂因素交织在一起。如何把握,理出一条主线非常重要。先生正是从把握清朝处理民族关系的全局,提出不同民族之间的文化交融在其中的重要历史作用。对于清入关前的历史,先生认为是清朝历史不可分割的一部分,他称之关外期。他明确指出:满族是祖国大家庭的一个组成部分,长期以来,在我国东北聚居和发展,入关前的满族只是在辽东局部地区进行统治。这就从根本上界定了清入关前与明中央政府关系是一家人,满族是大家庭成员;入关前其政权是明王朝统治下的少数民族政权,是多民族国家治理下的一部分;其与明王朝争夺统治权是兄弟阋墙,并不是异民族入侵。郑天挺先生独有创见地提出满族和汉族之间的交融关系,对满族社会历史发展的重要作用。即民族融合的进程推动清王朝封建化的发展进程。随着满族先祖从东北边疆地不断南迁，进入汉族居住区，特别是进入辽东以东，面对数倍于自己的汉人，以及先进的汉族封建文化，他们逐步加快吸纳汉文化的进程。先生将入关前特别是进入辽东以后的29年，满族和汉族之间文化交融称为汉化，并将这一进程分为三个阶段：初期十年左右，对汉文化有些抵触和反对，特别是贵族阶层反对汉化；中期也是大约十年左右，满汉文化竞争消长时期；后期即定都沈阳以后，汉化的进程大大加快，满汉民族之间的交融日益频繁，满汉文化交融的过程是满族向高度封建化汉民族学习的过程，也是提升和推进满族社会封建化的进程。郑天挺先生从多民族国家大一统的高度，来分析满族自身发展的历史进程，并把满族和汉族之间的文化交融作为清入关前历史的一条基线，来解读满族政权的封建化进程。郑天挺先生这些独到的创见得到学界的普遍认同。这也是先生对清入关前历史研究的重要贡献。

郑天挺先生对于清朝入关统一全国以后，加强地方特别是强化边疆地区各民族对中央的向心力的措施，给予充分的肯定。特别是康熙、雍正、乾隆时期，始终注意民族政策问题，密切了中央与各民族之间的关系。与此同时，他也明确指出，清朝统治者不可能实行平等的民族政策，清初的圈地、剃发、逃人法，以及对边疆地区用兵过程中的失误，都曾引发民族矛盾的激化，延缓了国家统一的历史进程。但从整个清朝历史进程来看，清王朝对国内各民族关系的处理，做出了超过前代的贡献，强化各民族之间的文化交融是清王朝对中国历史的一大贡献。

第三，郑天挺先生对于"康乾盛世"以及康熙、雍正、乾隆的评价，特别是对雍正帝的评价，更是慧眼超群。在当时一片贬斥帝王将相的大背景下，这也是承担一定风险的。他指出康乾盛世奠定了国家的疆土，这是历史性的贡献；推动了经济的发展，特别是滋生人丁永不加赋和摊丁入亩，使人口增加，耕地面积扩大，手工业发展。尽管他提出了乾隆时期经济这样高度发展的条件下，中国为什么还没有进入资本主义社会的疑问，但实际上他充分肯定了这一时期经济发展对社会历史进程的重大作用。对于康熙、雍正、乾隆时期这一百三十多年的历史发展，对这个时期的盛世，史学界一会儿过高评价，一会儿全盘否定，他也提出疑问。但是综观全书，对于"康乾盛世"，对于康熙、雍正、乾隆三帝，他是给予充分肯定的。可能是那个时期学术界对于人物评价标准的争论所致，特别是对雍正帝的评价，那个时期几乎是众口一辞，认为是暴君，但他却大胆地为雍正申辩，认为雍正时期重大的政治制度改革即军机处的设立，革除了过去官员资历深、经济富、年岁老，偏于保守、缺乏朝气的弊病，起用年富力强的亲信，提高了办事效率，强化了皇权，促进了专制主义中央集权的进一步发展。雍正帝做了十三年皇帝，对自己的职务从不懈怠，做到了"今日事今日毕"，光他批的公文就印行了《上谕内阁》一百五十九卷，《朱批谕旨》三百六十卷，都是他亲手批的，没有印行的还有很多。作为一个封建帝王，能做到这一点是很不容易的。这在当时已经是很高的评价了。正是首开这一先河，才有了后来学界对雍正帝比较公允的评价。

上述三点，为在旧评基础上读《清史简述》新的一得之见。我在1983年的书评前言中认为："《清史简述》……是建国以来第一本用马克思主义理论指导概述有清一代历史的专著，其学术价值不仅在于填补了解放后清朝断代史的空白，更重要的是开拓了我国清史研究的新路，为大部头的清朝断代史的问世奠定了一定的基础。"回顾半个多世纪中国清史研究的学术历程,我们在先生开拓的我国清史研究新路上不断创新前进,大部头的清朝断代史在先生奠定的基础上一部又一部。"吃水不忘掘井人",郑天挺先生对新中国清史研究的开拓和奠基之功,我们将永远铭记。

南开大学举办"纪念郑天挺先生诞辰120周年暨第五届明清史国际学术讨论会",国内外明清史著名学者云集,南开诸公盛情邀我作大会致辞,思之再三,作为后学,当念前辈开创之功,故作此再评,谨以志念先生学术伟业。

郑先生一代宗师,功力深厚、博学严谨。后学妄评,敬请方家教正。

(作者朱诚如,中国国家清史编纂委员会副主任,教授。原载《中国史研究动态》2020年第1期)

西南联大教授的日常生活

——以郑天挺教授为例并以他的《西南联大日记》为资料

冯尔康

《郑天挺西南联大日记》①2018年面世，就被选入当年历史学年度书单（50部），评论文章相继面世，大多从它反映的教育制度和西南联合大学的成就立论。诚然，西南联大为20世纪中国最杰出的高等学府，确应论述其历史意义。笔者另作思考，将借用此书资料从细微处探寻抗战时期教授们的生活，试图揭示他们的精神面貌，以及对人生应有怎样生活的启示。《日记》给我们提供了丰富真实的西南联大时期教授们细致的社会生活资料，供我们来了解、领略郑毅生天挺先生②及其同事立志、立功、立言、求友的生活，也即那些饮食起居、文化娱乐、友朋往来的日常生活，从中也启发我们思考人应有怎样的生活，又如何去生活。③

一、个人的日常生活

在本部分，笔者将借用《日记》资料描述郑氏个人的日常生活，兼及家庭的、亲戚间的生活。所说的日常生活，系指起居睡眠、身体保养、饮食及爱好、家庭生活、亲近自然的乐趣、文化鉴赏雅兴、各种文艺娱乐活动、对故世亲人的怀念、宗亲姻亲间的往来、书写日记与砥砺修身诸方面。

（一）起居睡眠与身体保养

起居休息状况：1939年3月23日的《日记》写道："八时起。草文稿未竟，上课在即，暂中辍。下午小睡。闻膺中病，往视之，热度甚高，有谵语，不得好睡，喉肿，似为传染病。归。检上课用书，十二时就寝。"（第140页）将早起床、晚就寝和中午入睡的情况记录下来。睡眠状况，时有记叙：1940年7月30日："近顷以来，每多饮茶或进加菲（咖啡），入夜辄不能与往时虽深夜饮浓茶而熟睡者不同矣，岂身体不如前耶？"（第294页）同年8月3日："近日睡眠少，胃疾发，腹部左下偶隐痛，按之又不觉痛，不知何疾也。"（第296页）从睡眠状态深究身体状况，是否有疾病潜伏。从这两天的日记，不难发现郑氏透过睡眠情形，思索健康状况，表现出关心、爱护自己的身体。

郑氏有两项健身活动，就是步行和练拳。步行几乎是他的日课，在长沙、蒙自、昆明莫不如此，回到北平因为事忙坚持不好，但注意到了力求改正。在长沙步行的情形：1938年2月8日《日记》云：临时

---

① 郑天挺：《郑天挺西南联大日记》，北京：中华书局，2018年。以下简称《日记》，文中括注的页码，均为此版本的页码。

② 笔者是郑先生的学生，行文中的老师名字本应写作"毅生师"，然文章不是回忆性的，是论文，那样称呼不相宜，直写名字自然不妥，故文中凡遇老师名讳，皆书写为"郑氏"，敬请读者见谅。

③ 原来设想的本文有六节，拟写郑氏、联大教授的学术研究与教学生活，可是写完第二节已达两万几千字，再写下去将会有五六万言，如此长文不妥，遂舍去科研与教学内容，他日有机会再行补撰吧。

大学"校中庭院广大,日环步五周,约2500步,虽雨中亦张盖缓行"。(第18页)为健身,就是下雨天,也打伞行走,保证不间断地健身活动。在昆明西南联大,绕翠湖步行,多半是在晚间,或个人独往,或与友人边散步边聊天。如1942年9月25日晚饭后,与陈雪屏见"月色佳,复在翠湖闲步,坐石凳,谈至十一时乃归"。(第611页)步行的健身功能之外,还有益于思考学术课题。这种体会写于1942年8月9日的《日记》中:"余杂事太多,几于无暇。构思惟独步孤行,长有所得。"(第591页)1946年4月1日回忆,"余在昆明,出入皆步行"。"回平遂以车。今日下午再(次)入校,以车夫假出,雇车而往,归来步行其半,仍应多多步行也。"(第1157页)他这种步行健身方法坚持到晚年,所以后来南开大学教师能够经常在大中路上见到他健步行进的身影。上世纪60年代前期,郑氏在北京翠微路中华书局点校《明史》,每天与同人打"八卦掌"①。《日记》明示,郑氏在昆明练习拳术,如1944年4月7日下午4时在才盛巷办公后练拳,每周两次,师从武术家吴志青。(第815页)两次,大体上是在周一和周五进行。正因此于1945年4月26日给吴志青著《武术理论辑要》写序,还请任继愈等人提出修改意见。(第1026页)

《日记》不时出现身体状况不良的记叙,像腹泻、胃疾、便秘的文字时或见之,表明书主对自己身体的爱惜,才予以记录。俗语人食五谷杂粮,怎么能不生病?郑氏在昆明得过较为严重的病,在北平得了感冒。昆明的那场大病,医生说是患的斑疹伤寒,可能不准确。病情是,自1944年12月13日开始不舒服,16日上课就很吃力,就诊服药,18日体温达39度5,直至25日都在38度以上,27日体温恢复正常。病中因"高烧神经不定","夜睡昏沉,似有乱梦,不自觉"。不能起床,大便亦在床上。21日,"连日食极少,惟进牛乳、藕粉"。31日,思索致病原因:"余自民国二年(1913)出天花后,惟十五年(1926年)冬曾病卧两三日,三十年无大病矣。平素自负身体强壮,且亦自知谨慎。不意在此竟有此大病。余自省月余以来饮食失节,每日午间一时后始出办公室,既不及时归食,或就小店零食,或归以馒首佐冷菜冷肉食之,多寡冷暖无常无序,此积食也。联大总务处事本杂,更益以事务组,月余来又为讲演事,多翻简册。余就寝枕上必读,往往至一时半以后,每夜睡眠不足六小时,而午睡或能补足或不能补足。自北大办事处移才盛巷,每周必二三往,往返必三四小时,此积劳也……(衣服被褥不在身边,受凉)此积寒也。"此次之病,"由肠胃之不良所致"。归纳起来是三条:积劳成疾;饮食无常与节制不好;季节变化,受寒。(第636—644页)亏得素常身体好,顶过来了。1946年3月中旬得了感冒,服用阿司匹林,较快退烧,但喉痛,饮用胖大海水和铁迪丸治愈。(第1150—1153页)

生日自寿。夫人周稚眉在日,嘲笑郑氏"重视生日"。诚然,郑氏对自己、对子女的生日,对祖父母、父母、前母的冥寿都很看重,究其原因,应该是身体受之父母,故应爱惜,于是有相应的仪式和行为,即为祖宗上供,吃食寿面。1940年8月7日,阴历七月初四日,《日记》云:"今日为余42岁生日,不能上供祀祖,惟默祷而已。"自1937年冬天,至今四年没能在生日祭祖。而这一天北大同事郁泰然为作寿面,刘育伦为郑氏拍摄相片二张。(第296—297页)1943年8月4日,阴历七月初四日,郑氏早饭食面一碗,中午又吃一大碗,晚间赴友人祝寿宴会(罗常培与郑氏同日生日,亦出席宴会),饭后去拜见老师蒋梦麟,也许含有在生日敬长辈的意思。也就在这一天收到长女郑旻祝寿信件。(第724页)1945年

---

① 傅振伦:《郑天挺先生行谊》,收入封越健、孙伟国编《郑天挺学行录》,北京:中华书局,2009年,第11页。

7月10日是长子克昌生日,晚间与在昆明上大学的长女郑旻下饭馆,各食面一碗。(第1060页)回到北平之后的1946年7月6日(阴历六月初八日),郑旻、晏两姐妹生日,恢复传统的"上供"。其时郑旻在上海,"殊念之"(第1195页)。

周夫人1937年故世,郑氏不续弦而独身。1944年9月1日,余培忠请他做证婚人,辞谢,"余不愿以不祥之身妨人嘉礼也"。(第922页)世俗,证婚人应当福寿双全,失去配偶就不是"全福人",不配作证婚人,请人者没有这种顾忌,而被邀请者想到了,反映郑氏对人生的多方面看法,尤其是传统观念的保持。

要之,郑氏爱惜自身,留意于健康状况,以便创造个人、家庭的幸福,更好地服务社会。

(二)饮食与爱好

郑氏独身居住在西南联大教工宿舍,不起火做饭,入伙教师食堂,然而常常因工作忙,像前述的做事到午后一时,自然赶不上饭点,就在学校附近的小饭馆用餐,常吃的是面条、包子、馅饼。如1943年7月28日,晚饭吃包子、馒头。(第722页)或买馒头、大饼就着酱菜吃食,这种不能正常饮食就是致病原因之一。他的人缘好,联大、北大教员同事、北大职员同事常常请他吃饭。如在1940年12月21日,郁泰然因为明日冬至,"今日备鸡、鱼、腊鸭为晚饭,并设酒,此战时客中强自为乐也"。(第355页)郑氏与雷伯伦海宗[①]教授频繁往来,多次接受雷氏邀请去做客。1941年2月17日晚间,吃烫面饺子,饮"肥酒,色作翠碧,极美,惜不能多饮"。(第381页)1943年2月12日在雷家吃合子,属于馅饼类的饭食,"谈甚畅"。(第663页)6月25日晚到雷家吃包子,同去的有罗常培、姚从吾、杨振声。(第711页)在雷家吃饺子、菜合子、包子,是北方食品,而雷氏恰是河北人。郑氏祖籍福建长乐,出生并长期生活在北京,饮食习惯自然具有北方特点,甚至爱吃满人食品萨其马。(第712页)最爱吃的菜肴是螃蟹、鲥鱼,还有淡菜。(第103、652页)这应当是南方人饮食习惯的传承。据笔者所知,晚年的郑氏喜食坚硬零食核桃,其实这是他多年的习惯。《日记》常有购买花生、核桃、栗子的记载,如1943年9月19日买栗子一斤,(第737页)10月4日又买栗子一斤。(第742页)同年9月5日、10月3日、8日、21日、23日、30日,11月5日相继买花生。(第734、741、743、748、749、751、753页)不仅自家喜好吃食花生,还买了送给章廷谦。(第757页)1943年11月28日,买核桃,12月3日购花生糖、核桃糖。(第762、764页)郑氏因为自己不做饭,为加强营养,经常吃食鸡蛋,所以《日记》里常有购买鸡蛋的账目,而且为了方便,吃生鸡蛋。郑氏有喝茶习惯,在通常情形下晚间喝浓茶也不影响睡觉。作为教授对西方食品自然不会陌生,喝咖啡是常见现象,多半是和友人一起去咖啡厅,或者在朋友家饮用;偶尔到西餐馆进餐或在朋友家食用。1940年9月23日晚间,在樊际昌家"进西式餐,其夫人所烹,甚精美"。(第315页)总体上说,郑氏因不能自己做饭,进餐在学校食堂之外,是饭铺的常客,南北方饮食兼用,而尤喜欢北方的面食。可能因为独身生活,经常吃点零食,偏爱坚硬果品,在北平也是如此,如1946年4月27日购买花生。(第1170页)

(三)家庭生活与关爱子女

郑氏于1937年11月中旬独自离家,先后到长沙、蒙自、昆明,留下幼年儿女五人于北平;1945年

---

① 雷伯伦海宗,亦为笔者老师,下文凡见老师名讳,均书雷伯伦而不名。

11月初返回北平,离家整整八年。惟长女郑旻于1943年8月14日到达昆明,进入联大学习,身边有了一位亲人,但总是与其他儿女远隔数千里。直到回到北平以后有了真正意义的家庭生活。因此这里所说的家庭生活,主要是指通过家书关心子女,照顾在身边的长女;在北平的家庭生活,以及关爱子女的特殊表现:不再结婚。

1938年1月30日,阴历除夕,国人"每逢佳节倍思亲",郑氏亦复如此。《日记》表述了这种心情:"午,作书告诸儿,家书第16号。"(第14页)书信对家人说了些什么,没有交代,但一个"告"字,会讲述自己情形,同时透露出教导子女在送旧迎新之际努力的方向;这是离平后的第16封信,表明他每月至少会写一封家书。下午,他走出校门,见有花灯摊贩,灯上有吉祥文字和官名,有一个七八岁的围观小孩很想拥有一个,郑氏就买了一个有"军长"字样的灯送给他,并祝他"长成为军长,小儿大乐"。可以想象他是将对子女的爱移到这位不相识的小孩身上了,也如同实现他的父爱。这一天,他是思念亲人不已:"余自有生以来,未尝在客中度岁,亦从无除夕元旦不祭祖者,思之惶恐。……(凌晨五时)默祝,然后就寝。"(第14页)家信之外,就是费神汇款,接济家用。北平是敌占区,不能直接汇款,要通过不同的金融机构辗转汇兑,所以很费神。汇款人还不能写真实姓名,敌伪政权看到中国公教人员寄款名字,就会迫害他的家属。

郑旻从北平经重庆来到昆明,郑氏去航空公司迎接,见公司汽车中,"一女子,似是旻儿,又不甚似。车停,果旻儿也!一时悲喜交集,泪欲落者屡矣"。晚间父女交谈,女儿讲述弟、妹学习情形和性格,直到十二点半才就寝。(第727页)郑氏对子女的深厚情怀,《日记》不作披露,如郑旻讲述弟、妹优缺点,郑氏只记录,不作感情的叙述。对到了身边的长女,《日记》多次出现,从两件事情上看出他的关爱。一件事是郑旻住校,每次来看她父亲,凡是晚间,郑氏必定将她送到宿舍,天下父母都是这样关心女儿的人身安全。另一事是供给费用,年轻的女大学生,饭费之外,着装费、化妆费较大,如买皮鞋,《日记》的支付账中常常出现郑旻的名字。作为战时的西南联大教授,经济上大多拮据,郑氏之困窘也是为多人所知,以致靠预支薪水度日。但是郑氏总是满足女儿的需要。

郑氏回到北平之后,有了正常的家庭生活,最明显的是饮食正常了。上午到学校办公,中午回家进餐,不用赶食堂饭点或到饭铺,没有饥一餐饱一餐的问题;更重要的是和子女在一起,关心他们的学习、冷暖,带他们游公园,逛商店。1946年2月4日,阴历年期间,携带克晟、易(克扬)逛节间儿童玩具市场的厂甸,次日又带幼子去厂甸。(第1140页)3月29日上午,和昌、晟、易三儿游览中山公园。(第1156页)4月28日为儿女四人做衣服付费。(第1170页)6月1日,依据性别年龄给予子女不同数量的零用钱。(第1181页)7月2日与克晟一同去理发。(第1194页)许多晚间与儿女交谈。如此这般,子女们得到父爱,阖家享受天伦之乐。

郑氏于1937年丧偶,时年39岁(虚龄),一般人都会续娶,友人、亲戚关心他,不时规劝再婚。1944年3月24日晚间,梅贻琦请客,席间杨振声、周炳琳、罗常培、章廷谦、钱端升、陈雪屏、路三泰等人劝郑氏续弦,所谓"屡以余家事为言,意固可感,然余别有伤心,非诸公所能喻也。旧有句云'万里孤征心许国,频年多梦意怜儿',不足以语人也"(第808页)1946年5月26日,表姐夫力舒东劝续弦,并从生理、健康需要说明原因。(第1178页)不仅亲友劝谏,并且有人追求他。在上世纪60年代前期,王玉哲师与我们年轻助教闲聊西南联大逸闻趣事，说有一位女副教授追求郑先生。郑氏对这一切全不动心，就是为了儿女——"怜儿"。他得知陈雪屏前妻的儿子与继母不和。（第179页）蒋梦麟的女儿与后母陶曾穀时有争吵。"有此类不幸事，此余之所以不敢谈续娶也。"（第293页）他是害怕新妇对子女不好，儿女受委屈，于是不考虑再婚，以牺牲自己新的婚姻为代价，可见挚爱儿女到了何等程度。还有与周夫人的深厚感情因素，伉俪情深同样是重要原因。在周夫人亡故一周年的1938年2月6日，郑氏伤感中闭门不出见友朋。罗常培、罗庸、陈雪屏、魏建功"数次叩门"不应声，罗庸约往食面，往返三数次，罗常培约往校外便饭，都谢绝了。（第17页）周夫人二周年忌日，悲伤至极，以致不能写作，闭户为之"诵经一卷"。吴文藻约茶会、章廷谦请吃晚饭，均辞未往；蒋梦麟知道他的心情，特请罗常培、陈雪屏约来聊天，只玩升官图两转，辞归。"盛意可感，然又乌知余之伤心哉！"（第135页）

（四）亲近自然的乐趣

郑氏有植树莳花的雅兴，游山玩水，颇能领略大自然鬼斧神工；作为文化人，参观名胜古迹，必同学术考察联系在一起，从而获得学术收获之喜。

郑氏在北平宅院植树养花，1940年5月14日收到家信，得知"家中诸花盛开，而余尤念念于庭前手植之苹果两株也"。（第271页）1939年5月19日，购买石莲两盆，绿叶形似莲，热带植物。（第160页）1940年4月3日，同事郁泰然在公园门外购得苏州柳，赠送郑氏，郑氏知道"苏州柳"是俗名，并非柳树。（第259页）显然是郑氏爱好花卉和盆景，郁泰然才买来相赠。从昆明返回北平后，1946年4月7日，起床后修剪花枝，与儿辈浇水。17日，院内丁香、海棠甚盛，督率儿子浇水，剪去藤萝枯枝。19日晨起，"仍为花事忙"。（第1160、1164—1165页）

郑氏在昆明游览西山、大理苍山等自然景观。1939年1月24日，上课后回宿室途中见西山景色，"西山染黛，落照飞红，顾焉乐之，口占一绝"："掩黛西山别有情，含晖如饮复如倾。胜因村外归来晚，闲踏清畦看绮明。"（第127页）1939年10月27日，在呈贡山观景："绕山头一周，远望滇池，彩叠数色，不辨为云、为岚、为光、为水、为山、为田也。"（第203—204页）1944年7月30日，登大理圣应峰，此处有七潭水，在碧漪亭看潭水，"水色澄若琉璃，深浅不一，色绝美"。（第878页）这几处游玩和《日记》的描述，可知他熟谙观景，善于描绘，盛赞老天的造化神功。

学者必然会对名胜古迹有特殊的兴趣，只要有机缘，一定会去赏鉴，增益学识。郑氏于1938年2月路经桂林，18日游览七星岩，凡见刻石，多记录题名，如"宋淳熙元年十二月范成大题名刻石"，"嘉定甲戌方信孺题名刻石"。在龙隐岩，见广南西路转运使兼劝农使、尚书度支员外郎臣李师中撰《宋颂》碑刻，第二天特地去抄录碑文。又在该寺庙购买《元佑党籍碑》拓片。（第23—25页）同年3月6日游昆明最负盛誉的大观楼，见孙髯翁长联，而后读《昆明县志》《云南乡贤事略》等书，获知孙髯翁名髯，字髯翁，昆明人，生活于乾隆年间，博学多识，诗古文词皆跌宕有奇气，布衣，卖卜为生，撰著《永言堂文集》《金沙诗草》，编辑《国朝诗采》。（第34—38页）无疑，郑氏将游览古迹同考证相关历史结合起来，增添了历史知识和判断能力，是学者型的观光，与一般游客大异其趣，是高层次的游历。

（五）文化鉴赏雅兴

20世纪60年代初，我们明清史研究生四人，时或到老师家听他讲课，见写字台上靠墙一侧置放一具折扇柜,旁边有几枚印章,如今读《日记》,才知道他早就喜好收藏文物。1946年6月8日,郑氏"检旧箱,出藏扇、藏墨、藏石观之。墨与图章罕有佳者,眼力胜于昔乎?抑今日所赏胜于昔乎?"(第1184页)原来石章、折扇、旧墨是他搜藏与鉴赏的三宝。

1938年1月在长沙买墨,主要是为写字用,兼有收藏的意思,如22日见明墨二丸,因议价不成而未购。(第8页)1946年1月2日,与陈雪屏到琉璃厂,在多家文物商店购得古墨,晚间到陈雪屏家共赏,陈雪屏所得尤多而精。6日,与陈雪屏、溥忻(雪斋)等去琉璃厂,买嘉庆、道光间墨各一。15日与溥忻、陈雪屏至琉璃厂,得墨二丸,以充消寒乙会赠品。26日,与黄子坚、陈雪屏在琉璃厂买墨一丸。29日,将日前购买的古墨,分赠溥忻四笏、陈雪屏二笏。同年4月20日,在东安市场小摊上买紫玉光两锭。(第1126、1128、1132、1136—1138、1165页)

对于印章的搜求,郑氏于1938年1月在长沙古玩店购得一方,因陈雪屏喜爱,即赠送给他。(第10页)回到北平后,成为琉璃厂常客,得到印章甚多。1946年1月13日,在琉璃厂看印章石二,后听溥忻意见,购一方。20日,在琉璃厂买石印一方,极润,色微白,有细纹,刻八字曰:"天理出言,要顺人情。"请教溥忻,谓似白寿山,若是,价在百万以上。二月一日(阴历除夕),与溥忻、陈雪屏去琉璃厂,购兽钮扁圆图章,溥忻赠龙钮章,成双璧。郑氏为鉴赏方便,在1946年阴历正月初一,将近日所得图章写出《清懿堂石章目》,计九件。(第1139页)

《日记》对于藏扇记载,仅见一则:1946年5月17日,溥雪斋与张伯驹夫人潘素联合展览画扇,郑氏"定其一",价三万元。(第1176页)这是郑氏订购友人扇面。当月30日溥忻赠送扇骨一、扇面四。(第1180页)

搜藏和鉴赏联系在一起,是为满足鉴赏的雅兴,在前述购置印章中,留意的是印石的质量,雕刻的内容和艺术性;自己选择鉴定的同时,与友人商讨,而后确定是否购置。郑氏发现清代所制之墨,其无制造"年款"的原因:有年款者为康熙、乾隆、嘉庆、道光、咸丰、同治、光绪。顺治无,可能是开国之际,无暇及此;宣统无,因年数太少;雍正无,因这位皇帝"不尚虚文,均极鲜作墨之人,故传世甚稀"。(第1197页)这是依据这几朝的历史特点作出的判断。另外同雕刻师交流信息,获取有益知识,如在1946年4月30日,和陈雪屏访问金禹民,谈论图章,金禹民说坊间往往用保定附近的曲阳石①冒充青田石,以所雕刻冒充康熙间制品,听了"爽然若失",明了文物作伪,提高了鉴赏能力。(第1171页)

郑氏欣赏雅玩,有一条原则,即警惕"玩物丧志"。1938年1月28日与罗常培、陈雪屏逛古董店,并未购物,却在《日记》中写道:"玩物丧志,而贪嫉之念随之,今后拟不再寻求,且不复为友好寻求矣。念之,念之。"(第14页)他的玩物丧志议论,有两重意思:一是消磨敬业精神,耗废时光,不值得;二是收存文物希图获利。郑氏自省事项是多方面的,多能克制,惟此一点未能实现,回到北平后不乏置物事例,也以宝物馈赠友朋,只是从雅兴着眼,不为图利。

(六)各种游艺娱乐活动

欣赏戏曲影视节目,是郑氏生活中必有的组成部分,甚至略有输赢的游戏亦占据一些闲暇时光。

---

① 说来有趣,今日南开大学历史学院大厅敬置郑氏石雕像,是系友王承斌捐赠,所用石材即为曲阳石。在北方造像,用此石已经很好。在雕塑过程中,王氏和我前往造像现场察看造型,王氏的义行令人感佩,特志。

观赏戏曲演出。郑氏所到之处,总会观看戏曲表演。1938年2月在桂林等火车的几天,两次观看桂剧,并云"与湘剧相近"。(第24—25页)4月下旬在昆明观赏滇戏、京剧,总计五次,因而警戒自己不可"极欲"。(第55—56页)8月4日在昆明到新滇京戏院看戏,6日观看《萧何赶韩信》,对演技颇为失望,10日、18日、22日连续观剧。(第82—86页)1939年2月2日晚观滇剧:"有《玉泉山》一出,演活捉吕蒙事,甚佳……余于滇剧角色,最赏识王树萱。其人饰丑角而不以科诨见长,其动作表情处处不苟,惜垂老矣。今日演《活捉三郎》,亦不差。"(第129页)3月4日观滇剧"刘海清《玉泉山》,如画图神像,叹观矣止"。(第136页)及至1940年3月在昆明戏院观看《战宛城》,比较以前在北平看的,那是杨小楼饰典韦,余叔岩饰张绣,郝寿臣曹操,小翠花饰邹氏,王长林饰胡车,皆一时上选,"与今日所观不啻天壤,然今日诸角色尚不失矩矱,亦难得也"。(第254页)这是退而求其次了,郑氏是真正的京戏爱好者。曲艺在北方是流行的艺术形式,郑氏可能光顾过多所曲艺厅。1942年1月31日,与汤用彤等至茶馆听书,有川人说的《七侠五义》,听一回半离开。2月7日,又到茶馆"听说书一回",实在是为散心解闷。(第511、513页)1944年3月11日,与罗常培等人在昆明书场看杂要,几天后的16日,又因友人胡海宇相约去看杂要。(第802、804页)郑氏有一次偶然机会欣赏了昆明民间自娱的"唱花灯"。1945年3月25日,在大观楼园北,听到隔岸弦奏声音,雇船往看,"乡人春闲演戏,北方谓野台子戏,此间曰唱花灯。立观久之","闻衣饰帷幕,日租3000元,演者无酬,但备饭,所需亦近万元,均由村民自捐"。(第1012页)这种邂逅的野趣是人生难遇的。

那时的大城市居民有看电影的爱好。1938年10月,为帮助料理张耀曾丧事,郑氏在上海于9日、16日两次看电影。(第97—98页)在昆明不时光顾电影院。1939年8月31日,看电影五彩武侠片。(第184页)1940年7月26日看电影《绝代佳人》。(第293页)1941年3月24日,看电影《女人》,认为是"佳片",同看的罗常培不以为然。(第399页)1943年7月1日,英国领事馆招待看电影,获知现代战争确实是生产战争、科学战争,所以抗战胜利后国家应当提倡重工业生产。(第713页)观赏声乐演出。郑氏于1941年8月16日在重庆出席重庆音乐师资训练班邀请教育部音乐教育委员会举行的演奏会,有男高音独唱,提琴独奏,琵琶独奏《十面埋伏》、票友、名媛张充和昆曲《刺虎》,罗常培即兴演唱"弹词"里的第五转、第六转两支。(第494—495页)1945年10月在南京候机期间,7日,与陈雪屏、黄子坚"饭后无聊,至茶馆听清唱……皆贫苦幼女,其声凄惨"。18日,三人饭后在茶室听歌。(第1112、1114页)郑氏有时听唱片,1941年1月1日新年,饭后听唱片;2日午饭后听刘宝全大鼓唱片一张。(第359—360页)

郑氏的牌类娱乐,1942年2月14日在昆明过旧历年期间的活动全面反映出来。除夕夜,与魏建功、邵循正、孙毓棠、张清常等六人聚餐,猜灯谜,改玩扑克牌。初一日,与陈雪屏、章珍夫等人至岗头村同人处贺年,在蒋梦麟家打麻将。初二日上午掷色子,下午推牌九,晚打麻将。(第516—518页)打麻将、推牌九、掷色子、打扑克、猜灯谜,此外还有掷升官图。在猜诗谜、打麻将、掷升官图中以赌输赢助兴。麻将,可谓为"国牌",打麻将成为人们的日常娱乐方式。1939年5月20日,郑氏与陈雪屏等人打麻将,玩得通宵达旦,于是自责:"自稚眉夫人之殁,余不作麻将之戏,通宵更莫论矣。今日荒唐至此,不惟无以自解,且无以对亡者也。"次日,更联系到国难当头,不可嬉戏无度。(第153—154页)1941

年3月23日,郑氏在蒋梦麟家吃晚饭,而后"打牌小胜"。(第399页)1942年7月23日,与朋友祝贺云浦四十生日,众人兴致甚浓地打牌,晚间"本意相陪八圈,一续再续,竟天明矣"。(第584页)8月26日晚,章廷谦等在朱洪家打麻将,郑氏入局,至11时半离开,而他人玩了通宵。(第599页)尽管自己克制,在群情均有浓厚兴趣气氛中,不免有时也尽情"搓麻"不停。1946年2月1日阴历年除夕,"饭后儿辈跳舞,做游戏,掷色子,推牌九,极热闹有趣,二时就寝,儿辈继续玩"。(第1139页)这期间与友人打麻将。

掷升官图,是郑氏和朋友们消遣项目的一种。1939年5月28日,6月10日、17日、21日,郑氏与朋友在蒋梦麟家聚会,饭后以此为乐。(第155、158、159、160页)升官图之戏,《日记》记录有20多次,大多在节日玩耍,或在晚间停电不便读书写作,也有疲倦时作此游戏。

郑氏《日记》有时将扑克牌写作"番人叶子""番叶",打扑克的记录有十余次。1940年3月31日,同钱思亮、刘晋年等在云浦家打扑克牌。(第258页)5月10日,与罗常培等人玩扑克牌,"竟夜,可谓荒唐之至"。(第270页)1941年4月4日,与章廷谦、陈雪屏在樊际昌家作"番叶之戏"。(第404页)

前述郑氏于1942年旧历除夕与魏建功、邵循正等人餐饮后,作猜诗谜游戏。郑氏提出18条诗谜,陈雪屏出20条,魏建功出10条,邵循正出30条。每猜中一条者得10元,由出谜语人付给,最终郑氏赢了60元。郑氏特意出一条难猜的题"元朔朝正( )( )来",提供选择词"今又、海国、贡使、驰驿、日本(陈芝光)",邵循正猜是"日本",陈雪屏猜作"贡使",孙毓棠、魏建功选取"海国",猜中了。(第516—517页)这次之后的2月21日、28日、31日,4月11日,5月23日,均与友人作猜诗谜游戏;为此于6月16日,"作诗谜十数条,十二时乃寝"。(第568页)以便参加诗谜会运用。回到北平后更与友人结成"诗条会"。此将在第二部分交代。

打麻将、掷升官图、猜诗谜,胜者有奖,输者有罚,前述猜诗谜郑氏得60元,而1943年9月打牌、掷升官图输493元,这个月他总支出12795元9角,占支出的4%。(第740—741页)有输赢,似乎有赌博性质,其实是游戏。旧时大家庭成员间打麻将也有输赢,赢家出钱归入每日预定饭钱中,即增添伙食费,是为"打牙祭",添加乐趣。西南联大教授的猜诗谜,赢个彩头,是显示文化素养的趣事。

(七)对故世亲人的怀念

郑氏在云南,每逢逝世的父母、妻子的冥寿、忌辰,时令佳节,以及自身和子女的生日,都会想到上供祭祖,但限于条件,只能哀思和默祷。如1945年8月22日(阴历七月十五日),"先考八十三岁冥寿",晚与陈雪屏面馆食面,表达缅怀情思。(第1085页)回到北平后过年、清明就能祭祖扫墓,实现了纪念的心愿。1946年2月1日阴历除夕,晚间上供,初一日午间敬祖,初二日中午敬祖上供。(第1139—1140页)4月5日(三月初四日清明节),郑氏携儿女四人先至南下洼观音院周夫人暨三弟少丹灵前祭奠,"饮泪吞声,畏儿辈之伤心,更畏儿辈知我伤心"。随后至草桥玉泉营两亲墓前拜奠,见墓侧松树圈高过一丈,然有被人砍伐的,四棵槐树只有二株了,墓后蟠松已无,中间墓地被盗卖,去年讨回。(第1159页)

郑氏另以撰文纪念双亲。1942年9月13日,将《附国地望与对音》文抽出一部分,写成《隋书西域传薄缘夷之地望与对音》,"以纪念先君八十生日",两篇文章都油印,为北京大学文科研究所油印论文之六与十九。(第606页)1942年10月20日撰写《历史上入滇通道》,"即以纪念我慈母"逝世36周年。

（第621页）文章发表在《旅行杂志》上。

郑氏的思念亲人,含有传承优良家风的意义。乃祖郑廷珪,道光甲辰(1844年)进士,父允迪(叔忱),光绪16年(1890年)进士,母陆嘉坤是天津女校校长。叔忱先生有遗集,郑氏欲梓刻行世,到1940年尚未能如愿,念念于怀,10月13日乃父35周年忌辰,《日记》自责:"遗集未刻,惶恐无地自容。"(第324页)郑氏于1943年12月被清华大学聘为第六届留美公费生考试委员会、研究论文评阅委员会委员,与历史组雷伯伦、刘崇铉三人评阅公费留学生论文和试卷,15人参加考试,明清史试卷共五题,每题给分不一,有25分的、有15分的。郑氏的阅卷极其认真。他是先将15卷粗阅一遍,而后按题阅卷给分,即每阅一道题,通阅15卷,每卷一题必须看三遍,看时一字不敢遗漏,然后给分;如此再阅下一题试卷。这样做是为比较考生卷子的内容,做到公允,不致屈才。将15卷阅毕,给出分数。过几天,将所有试卷再阅一过,最后确定分数,"以免屈抑"。他如此费精力地阅卷,是传承家风。"幼时读先君甲午(1998年)北闱(顺天乡试)同考(官)笔录册,用兰笔登录极详,有已荐而涂去者,有已弃而重荐者,知每卷盖数阅焉。""小子谨识之不敢忘。民国十七、十八年,两次襄校浙江县长考试试卷,十九年奉命为浙江县长考试委员,皆矢公矢慎,恐堕祖德。"(第772、780—785页)所以这一次亦复如此。怀念先人,同时是学习先人阅卷经验。[①]

(八)宗亲姻亲间往来关照

在我国传统文化中,人们都重视、善待宗亲、姻亲,郑氏更是刻意为之。在昆明经常靠预支薪水度日,仍然像家人似的接济来昆明读书的表侄董刚。到北平后亲戚来往增多,成为生活中一项不可少的内容。

收留与关照亲戚。董行佺表侄、柴志澄表甥和郑维勤侄均寄住郑家。(第1130页)这三人和郑杨富、郑绍文,都同郑氏一起过除夕夜,"极热闹有趣"。(第1139页)1946年三月患喉炎期间,宗兄海平六哥,表亲王翼如(曾往其家贺其母寿,应有亲戚关系,见第1141页),可能是姨表亲的张友樵,黄孝纾、黄孝平昆仲来探视,并留下打麻将。(第1153页)4月,舅家表弟陆蔚霞被审问,7日到他家了解情况,见其妻、七嫂及公大表侄。(第1160页)1946年1月22日彭梦莲表姐丈病危,郑氏帮助选择寿材,成交中做中介,越日去吊唁,为之书主、点主。2月13日,至彭赞中家吊唁,为其祖母何氏点主。(第1134—1135、1143页)4月19日,邀约郑海平、王翼如游中山公园看花,而后请吃西餐。(第1165页)1939年2月郑氏从郑旻信件得知,周夫人逝世两周年,郑海平以尊长身份令郑氏女儿脱孝,儿子要等到27个月。(第139页)可知宗亲教导子弟奉行礼法。

郑氏是在1945年与1946年之际的冬天返回北平,为与亲友经常的聚会取名曰"消寒会",其又分出甲会与乙会,两会虽同为友人聚会,但性质有所不同。甲会纯系饮食、叙谈,成员中不乏亲戚;乙会在饮食之外,有文物鉴赏和交换,其成员多为文化名家。乙会拟放在第二部分叙述,这里仅述甲会。消寒甲会起始于1945年12月,1946年元旦是第二次聚会于郑氏家,王翼如、汪受益、张友樵、黄孝纾、

---

① 1980年郑氏在天津主持召开明清史国际学术讨论会,会后令郑克晟、陈振江、南炳文和笔者编辑会议论文集,在我们初选之后特地指示将不拟选入的文章复行阅读,再决定取舍。可知是传承衡文家风。

黄孝平、陆蔚霞、郑海平八九个人到会,晚十时散。10日晚六时,在杨君武家第三次聚会。第四次、第五次均在陆蔚霞家进行,第六次聚集在惠孝同处,第七集在汪受益家。第九次是3月5日在黄氏兄弟处,十二时后散。(第1126、1130、1133、1137、1140、1143、1148页)进九了,名为消寒会的聚会结束,不过这种亲友聚会仍在继续。4月4日,在郑海平处聚餐,到黄孝平、杨君武、惠孝同、王翼如、张友樵、汪受益、黄孝纾,十一时半散。(第1159页)6月30日晚间,郑氏约王翼如、汪受益、黄孝平、黄孝纾、杨君武、惠孝同、陆蔚霞、郑海平、仲辂来家便饭。(第1190、1193页)这些聚会是在晚间进行,至十一二点始散,无疑是叙亲情友情。

(九)写日记

郑氏将写日记作为日课,极其认真,坚持当天写,客观原因不能写就补写,虽说是天天写,写些什么,起什么作用,有自己的规范,于是日记就有了相应的内容,这就是我们读到的那些,富有学术史料价值。

《日记》中,有时写出当天记日记的事情,如1940年8月7日,"十二时半记日记毕"。(第297页)有时因客观原因不能当天写,事后补作,1940年10月20日,"补日记"。(第329页)又如1942年7月10日补写一年前游历四川的日记,并说明原因和补写原则,兹过录于次:"晚饭后补去年川游日记。去年六月二十六日在泸州写当日日记未毕,遂收拾行李作上船计,其后至李庄、叙府、乐山、峨眉、成都、内江、青木关,虽各有数日勾留,故无从容作日记之机会,惟以铅笔登大略于手册而已。既归昆明,亦无暇移录,忽已一年余矣。今日检出,拟逐日补之,除手册而外,更就记忆所及补登一二,但绝不杂以事后之情绪,以存当时之真。"(第578页)令人特别敬佩的是他的存真精神,实录当日情形和认识,不将后来的认知掺杂进去。

日记写什么,郑氏依据多年的写作状况,作出总结,产生新的规范。1940年6月27日,郑氏由阅览晚清李慈铭的日记,结合自己写作情形,认为日记不仅记叙起居,更要用为自我反省的工具,而且要写得有文采,故云:"近读《越缦堂日记》,觉余之日记大可废。时事不书,个人之胸臆感想不尽书,读书所得又别书,每日徒记起居行止,大无味也,况余之生活又无风趣余韵足述乎?然莼客以日记为学问,自不可及,亦不必及。苟能于起居外略有论述,以矫己弊,庶几可也。检旧作,平质无文,虽略得简练之法,殊无跌宕藻绘之观,年逾四十,文行未著。"(第283页)

郑氏经常自励自责,书写于日记。1938年3月30日,自订读书、习字"日课":"史书,五叶至十叶;杂书五叶至十叶;习字,一百;史书,先读'两唐书'《通鉴》;杂书,先读《云南备征志》《水经注》《苗族调查报告》。此课程可谓少之又少矣,望能持之以恒。"(第45页)如此自律,而后均予实现。每日自我检查,见诸《日记》,1939年10月17日自责数日未读书:"与同寓诸君子又谈至深夜,连日未读书,唯快谈消永夜,此南来所未有也。奈何!奈何!"(第199页)郑氏的自责自励,有三方面的内容:一是警惕懈怠,娱乐应有度,不可因长时打牌、聊天耽误时光,影响了学术研究;二是纪念先人有缺失,如遗集未出版,晚间才想起先人冥寿;三是完善人品与学习友人长处,如克制情绪,和善待人。1940年12月13日,因同人中有人遇事推诿,"不觉盛怒,厉色严斥之,此为平生所未有也。事后深悔之"(第351页)制怒的自警,颇有几次,以提高自家修养。郑氏认为姚从吾对人"意甚诚恳而坦白,可佩之至,余不及也",

（第724页）钦佩中包含学习的意思。虽说是三方面，要点是为读书治学。1939年9月15日夜："思及三十年来百无一成，徒赖师友奖掖，致僭清位，枕上得一绝：'读书学剑两无成，浪得浮生才士名。四十已来应不惑，好从中道觅中行。'"（第199页）不惑之年的反思，其他时日的砥砺不辍，以此鞭策自己更加努力于治学。可以说郑氏通过写日记，完善修养，奋发工作，以出色的教学与学术研究成果面世，并成为所有大学的声誉最好的总务长。

前面从九个方面叙述郑氏的日常生活，包含饮食起居，家庭生活，对故世先人缅怀，与宗亲姻亲的交往，个人性情中喜爱亲近大自然，具有对印章古扇旧墨的文人雅性，观赏各种文艺表演，以打牌猜诗谜等活动度过闲暇时光，并且将这种生活的方方面面书写在日记中。这些是一般人，尤其是文化人的日常生活情况，是人生应有的生活。其实食不厌精，脍不厌细，饮用茶、咖啡、酒，观看文艺表演，节假日打麻将、打扑克，欣赏艺术作品的书画，收藏文物，等等，是人之常情，人生应有之意。《日记》所记录的郑氏日常生活情景，既反映他的个人生活特点，也是知识分子日常生活一般情形，也可以说具有某种典型性。

二、交友生活及其对人生的价值

郑氏的日常生活中，一项很重要的内容是交友的生活。郑氏以"求友"为人生的一种目标并有其标准，实践中善于广交朋友，众口一词称赞他人缘好，获得许多挚友，相互排忧解难，使得本来就是走在积极人生之路上的生活更有活力地向前迈进，令生活越加丰富多彩，教学与学术研究富有成就。郑氏交友之道与生活实践究竟是这样的呢？

（一）论"养志"与"求友"之道

《日记》三次记录郑氏讲述养志、求友的人生成功之道。1938年7月17日欢送北大国文系毕业生会上，郑氏以"持志、求友两事勉之"。（第77页）1944年2月19日，联大史学系四年级学生聚会请求郑氏演讲，遂讲"治学立身"之道，特别赠以"养志求友"四字。（第793页）第三次讲论同一命题是1946年3月28日在北平应大学补习班庆祝青年节（3月29日青年节、黄花岗七十二烈士殉难日）会上作《立志求友》为题的演讲。"养志"内涵要义：一是"树立：志愿要远大，要雄伟，要崇高"；二是"培植：要有深厚之学识，要有严格之训练"，即"要奋斗，要肯牺牲，要负责任，不要避艰苦"；三是"养成：要知道时代潮流（要跟上时代，求进步），要保持不懈（要有好体格，要有修养，要有生活）"。关于"求友"："一、以古人为友；二、以国际为友知世界大势；三、要有群的生活。"（第1155页）郑氏认为青年人（其他年龄段的人也不例外）需要有高标准人生理想，而处理好人际关系是实现人生目标的必要条件，因为人生活在人群之中，应有"群的生活"，这就表明郑氏对求友有高度意识，着意追求。

（二）友情令人心情舒畅丰富生活情趣

生活在战争灾难中的郑氏以及他的同人，不同程度地蒙上忧虑国事、家事的若干阴影，他们各自自我调节心态，更重要的是朋友间互相排忧解难，从而以乐观态度积极生活。

1.以乐观精神对待战时生活。1939年9月3日，罗庸请郑氏去吃饼，并请代邀罗常培，郑氏往罗氏处，见有客人，就写便条给他："於陵陟弓於略居乙必郢"（庸中约吃饼），罗氏答复云："五可背故怯句七梗的盖此夜"（我不去，请代谢）。于是开玩笑说这是密码电信，其实没有不可告人的秘密。（第185页）1940年10月13日，郑氏本来约好去龙头村见傅斯年，早晨天阴遂作罢，十时天晴了，致书傅氏，有"此时云散，静候警报"之戏语，十一点一刻果然来了空袭警报。（第324页）这类文字游戏，是在残酷的战争环境下以乐观态度博取对方一笑，互相振奋精神，是密友间轻松心境下才会有的玩笑。不用说这种挚友间文字游戏，是战时乐观精神的表现，也是藉以互相鼓励。

友人间的叙谈，使得心情大为欢畅。1941年7月2日，罗常培《蜀道难》记叙在四川李庄生活："晚上和史语所十几位老同事在牌坊头的堂前聚谈，……大家有说，有笑，有唱；也庄，也谐，也雅。"（第434—435页）1942年8月29日晚十时至十二时，郑氏"与锡予、莘田谈甚欢"，遂以这种心情就寝。（第586页）谈时事，是聚会的内容之一。1939年1月12日，在蒋梦麟家，罗文幹、罗隆基、傅斯年、周枚荪、张奚若、陶孟和、钱端升、杨振声和郑氏，"谈时局极详"。14日下午在蒋家茶会，梅贻琦、李润章、张奚若、陈岱孙、萧叔玉、潘光旦、罗常培、赵乃抟和郑氏等20余人，也是议论时事。（第124—125页）

2. 节假日朋友聚会缓解家国情愁稳定情绪。每当节日思亲之际，家属在身边的教授会邀请独身的同事、好友一同过节，罗庸于1939年2月19日约郑氏、陈雪屏在家吃晚饭，罗氏、陈氏事先各作数十则诗谜，饭后三人同猜，郑氏"颇有所获"，12时才离开回宿舍。（第133—134页）初二日晚，吴文藻、谢冰心夫妇请郑氏吃饭。（第134页）郑氏与冰心是福州同乡，冰心甚为关心郑氏留在北平子女生活情况。

3. 共同欣赏戏剧。1940年5月29日晚，郑氏为陈寅恪饯行，特地请他到昆明戏院看京剧，同去的有汤用彤、姚从吾、罗常培、邓广铭、郁泰然，演出《一捧雪》，"剧本甚佳"。到了6月12日，陈寅恪非要回礼，邀请郑氏、汤用彤、邓广铭、郁泰然再赴昆明戏院看京剧。（第276、279页）郑氏听戏的评价只是剧本好，可知演员未必是名角，而欣赏者确是学术名流。郑氏、陈氏等人的两次看戏体现出教授们情谊为重，礼仪周到，如此则友情赓续长存。

4. 饭局的种种形态及其丰富生活的功能。郑氏经常有饭局，无论是他请人，人请他，通常是多人的；不仅个人请还有多人请个人或多人的"公宴"；聚会场所多在餐馆，或在家庭，偶有请教工食堂提供单另的菜肴。宴请的名目很多，内容也有所差异。兹将郑氏和联大教授的饭局分别类型介绍于次：

以交谈为重要内容的餐聚。1944年1月8日，雷伯伦和张景钺约罗常培、郑氏并他们的女儿吃晚饭，"谈甚畅"，九时还。（第777页）5月6日，李润章"召饮于家"，来客有梅贻琦、杨振声、周炳琳、龚自知、叶企孙和郑氏，联大首要人物和学术大家群集，边吃边饮边交谈，是乃"谈甚欢"。（第829页）

祝寿宴会。1942年12月3日，陈雪屏生日，郑氏、罗常培等人宴请聚会，罗氏特意唱昆曲数支助兴。（第633页）不是密友之间真挚感情，郑氏等不会请客，罗氏也不会献唱，陈氏也不敢接受。也有寿翁请客而客人不知情的情形。如1942年6月26日雷伯伦邀请郑氏吃晚饭，到后才知道今天是主人生日，可是没有带贺礼，只好用主人的酒为主人祝寿，所以《日记》写"惟以其酒相祝耳"。（第571页）用人家的酒给人家祝寿，只有友人才会互相理解，毫不介意。

别有情趣的轮流做东。1939年11月23日，郑氏与杨振声、章廷谦、樊际昌等人餐聚，采取轮流做东办法，且以抽签定东主，本日主人为章廷谦和樊际昌。（第211页）

餐后的多种娱乐活动。1939年5月28日，郑氏、赵乃抟在蒋梦麟家吃晚饭后，掷升官图。(第155页)1941年1月5日，梅贻琦生日，蒋梦麟在家中请客，为他祝寿；梅贻琦夫妇之外，同住在岗头村的联大同人出席；郑氏特地从昆明城里赶去作陪，饭后众人作叶子戏。(第362页)1940年8月11日，郑氏"应田伯苍、唐立广之招，饭后大唱昆曲。十时归"。(第298页)郑氏似乎不善唱曲，显然是主人自娱与娱客。

自己动手，调和百味的聚餐。1939年12月1日晚，李晓宇请朋友在包尹辅家吃炸酱面，包氏调制菜码，李氏炸酱，梁光甫擀面，做出来的炸酱面是纯北平味道，在别处很难吃到。郑氏大开胃口，不知不觉吃得过量，于是和朋友们围着翠湖散步。(第216—217页)吃的那样津津有味，这样的朋友群活动才真叫其乐融融。

闹请客。1940年12月17日晚，北大成立42周年纪念会，作为秘书长的郑氏预备100份果点招待来宾，结果到了130多人，会上蒋梦麟等演说，张清常奏口琴，罗常培唱昆曲。散会后，有些同人以郑氏预备茶点不足，"强求请食元宵"，结果请了十位。(第353页)这是同仁找辙，寻开心，共同一乐。

公宴。1940年11月23日吴文藻、谢冰心夫妇将飞赴重庆，22日，郑氏与罗常培、陈雪屏共同为他们送行，并邀请蒋梦麟夫妇、杨振声父女共同晚餐。(第341页)1945年1月22日，郑氏和章廷谦、陈雪屏宴请陶曾穀、梅贻琦韩咏华夫妇和他们从军的女儿。(第986页)这是表示祝贺兼鼓励的诚意。1943年12月9日，郑氏联合周炳琳、钱端升、章廷谦、罗常培公请顾孟余午餐，因其下午将飞往印度。(第766页)1946年4月1日，北大同人公宴清华同人。(第1163页)后两次公宴大约是一般性的应酬。

5.特写西南联大教授饭局中的饮酒。在人们的印象中，教授们生活简朴，烟酒不沾，无不良嗜好，而且沾了烟酒是不名誉的事，避之唯恐不及。事实并非完全如此。

1942年1月7日，西南联大常委会于晚十时结束，天寒，梅贻琦欲进热食，在街头吃了米线，复进酒店，和查良钊"共借茶杯一，买酒立饮之，亦韵事也"。(第503页)可不是嘛，卖酒的店铺并不预备酒杯，就借店家一只茶杯，二人就一人一口地喝起来。这二位是南开中学校友，一位现任联大常委会主席，另一位是联大训导长，不分彼此的共饮，真正是学人逸行韵事，学林一段佳话。23日梅贻琦"召饮"，到者杨振声、樊际昌、章廷谦、沈履和郑氏，"饮宴甚欢，十时半散"。(第508页)3月26日，郑氏同杨振声、陈雪屏、章廷谦、樊际昌五人做东，宴请蒋梦麟陶曾穀夫妇、梅贻琦韩咏华夫妇(韩氏未出席)、吴文藻、包尹辅、郁泰然，梅贻琦携带四瓶酒来。(第533页)应是拿酒作为答谢，兼有当场饮用之意。5月1日中午，郑氏会同杨振声、罗常培、陈雪屏等约梅贻琦在雅洁餐馆聚餐，梅贻琦"取酒一瓶携至"。其时昆明政府提倡节约，餐馆不许卖酒，但是"上有政策下有对策"，菜馆就把酒伪称作"凉茶"，做得颜色相近，不用酒杯，而"以茶盏饮之"，梅贻琦因此自带酒来。这种以酒当茶，杨振声拿它取乐，作诗调侃兼嘲讽时局："到处为家不是家，陌头开遍刺桐花。天涯无奈相思渴，细雨疏帘酒当茶。"7日，这些食客再次聚会于雅洁餐馆，梅氏和杨氏诗："寄迹天涯那是家，春来闲看雨中花。筵前有酒共君饮，月下无人自煮茶。"更以一韵调之，曰："三载羊城亦是家，前缘艳说一枝花。风流谁似杨今甫，好酒当前不饮茶。"杨氏促同座罗常培、樊际昌、查良钊、章廷谦、陈雪屏和之，十一时半散。(第551、553页)8月24日，蒋梦麟、梅贻琦举行招待会，众人"饮酒甚多"，量小而饮多者难受得早退席。梅氏却拿出昂贵且市场少有的威士忌，郑氏因该酒太名贵加以劝阻，梅氏则说"今我辈或数年未见之矣，今日不出，更何待耶?"，于是开瓶，兑水服用。(第597—598页)1943年11月9日，梅贻琦、杨振声、章廷谦、郑氏到路三泰家饮酒，郑氏"亦随饮三大杯，谈甚欢"，次日痔疮犯了，认为是昨日多饮酒与站立二时讲课所致。中午，罗常培约梅贻琦、章廷谦吃饭，郑氏就滴酒不沾了;下午联大常委会会议之后，餐饮，郑氏亦未饮酒。(第755页)1946年6月17日，梅贻琦、蒋梦麟夫人等在北平全聚德用晚餐，餐后，郑氏陪同梅氏访问傅斯年，梅氏因晚餐饮酒过多酒性发作，醉坐在椅上睡着了，到十二时，郑氏等人不得不把他叫醒，这才交谈正事。(第1188页)上面说的是以梅贻琦饮酒趣事为中心的联大教授们餐聚中不可或缺的杯中物的故事，梅氏应当是名副其实的"酒仙"了。

郑氏《日记》中的饮酒之事不少，再举一例:1944年6月26日晚，龚自知为吴俊升接风，郑氏应约出席，众食客"谈至十时乃散，宾主皆醉。归舍未久亦寝"。(第852页)不善饮酒的郑氏必是饮了几杯，所以回到寝室很快入睡。饮酒的事例到此止住。

传统中国文化人(当然不只是文人)与酒有不解之缘，所以曹操"对酒当歌人生几何"成为名言，人们称誉李白为"酒仙"，贫窘的曹雪芹"卖画钱来付酒家"[①]。同时，有骂人的"酒鬼""酒囊饭袋"，形容醉汉的"烂醉如泥"，"吃喝嫖赌"败家子中的喝就是喝酒，滥交不讲品德的"酒肉朋友"，饮酒成为罪名。饮酒伤身，对身体不好，是人体科学证明的不争事实;可是酒又是人类饮品中的一种，往往用为庆祝事业成功的代表物，如运动竞赛得冠军，开香槟酒庆贺，不拘什么类型的餐会开始都是举杯表达聚会的意义，似乎人又离不开酒。其实饮酒与否，关键在于有"度"，不使它伤身;再一个是要有"酒德"，喝醉了胡言乱语，酒后败德。一句话，饮酒有度，用以增加人生的情趣。

说罢酒，俗语"烟酒不分家"，烟又如何呢? 1944年6月2日，郑氏、刘晋年、罗常培三人闲聊了很长时间，刘氏戏赠罗氏一付对联:"人大名大肝气大，客多信多烟丝多。"郑氏说横联用"徒摊恶名"如何，于是"相与大笑"，十二时半才入睡。(第841页)从玩笑中可知罗氏抽烟，且喜用烟斗。1945年10月18日，郑氏在南京购买雪茄一盒，预备回到北平送给老友溥忻。(第1118页)《日记》关于烟的事情比酒少得多，可能是抽烟者少一些，事情不在这里，因为在一起会餐多，而吃饭是以酒助兴，酒是不可少的。

(三)互相鼓励，促进向上

郑氏以读书治学为人生目标，而人品及治理行政事务的高度才能，形成众望所归的局面不得不去做联大总务长，于是事务缠身，身处此境的郑氏如何处理治学与行政工作的关系? 郑氏得到友人治学的鼓励，乐于共同磋商学问，于是在学术上获得学术权威机构和学者的认可。可以这样认为:郑氏在行动上以行政事务第一，思想上治学第一，两方面努力，终于成就非凡，成为著名的史学家、教育家。

读书的强烈愿望，却因学校行政工作纠缠难于实现。在生活中郑氏以能读书而心安——没有白过。1939年8月11日《日记》云，"连日少读书，今日读较多，顾觉心安理得。"(第111页)他因讨论学术而快乐，故云与傅斯年"谈明清史，甚畅"，(第295页)可见他是多么地向往专心读书治学。原联大总务长沈履推荐郑氏继任总务长，郑氏自云:"吾日夜继晷，读犹不足，安有余暇此事哉?!"(第222页)上

[①] 一粟编:《古典文学研究资料汇编·红楼梦卷》，北京:中华书局，1963年，第7页。

述郑氏几则自言自语,无不表明他希望研究学术,不乐于做学校行政工作,但却被它缠身,不能专心于学问,因此他在苦恼中。

友人的鼓励,使得郑氏摆脱烦恼和繁难,成为促进他治史的一种动力,《清史探微》的撰著就是显例。郑氏做行政工作要上班,有时在办公室作学术研究,首先被汤用彤发现,加以鼓励。二人还有"同读窗下"的经历,汤氏将魏晋玄学研究计划请郑氏阅看,郑氏表示非常佩服。这类学术交流,令郑氏对汤氏产生"知己之感"。1944年4月30日,正在编辑《清史稽疑》(正式出版的《清史探微》原拟书名),与他讨论,得到赞同,并请他写序,含有报答知己的心愿。(第244、810页)罗常培促使郑氏坚定学术研究的信心。1940年1月,联大常委会一致通过聘请郑氏担任总务长,罗常培不赞成他出任,遂问郑氏:"君欲为事务专家乎?为明清史专家乎?"希望郑氏做明清史专家,郑氏说他的话"最诱人"。(第232页)后来郑氏不得已不出任,不过更坚定做"诱人"的明清史专家,罗氏的激将法鼓励郑氏走学术研究道路。罗氏在撰著《恬厂语文论著甲集》形成之际,于1942年12月11日请郑氏写序,这既是他们之间挚友关系的体现,同时表现出罗氏尊重郑氏的学术地位。郑氏应约,在病中郑重地于次年1月16日写出序言。(第635、650、658—659页)对于罗氏的鼓励,郑氏在《罗常培先生对我的帮助》文中以感激的心情写道:"我不喜写文章,更不愿写成后发表,罗先生不断地加以劝勉,说服了我。我能在学术上稍稍有所表现,是由罗先生鼓励开始的。有时写了文章不愿发表,罗先生常常强迫拿去。关于《多尔衮称皇父》一篇,就是这样的。"[1]前述1943年12月24日清华大学聘请郑氏担任第六届留美公费生考试委员会、研究论文评阅委员会委员。(第772页)这是学术荣誉职务,表明清华大学尊重郑氏的学术地位,也表明郑氏友人清华校长梅贻琦支持他走学术研究道路。傅斯年约郑氏共同编写明史,1939年6月24日二人拟出《明志》24篇目,随后更易为《明书三十志》,傅斯年又改拟目录,7月10日留便条郑氏云:"弟有心无力,公其勉之",激励郑氏,故郑氏见便条云:"诸友相期,远逾所胜,可不黾勉以赴之耶!"(第161—167页)汤用彤、罗常培、傅斯年、梅贻琦等友人的鼓励、支持,增加了郑氏从事史学研究的信心,使他鼓足勇气在学术研究道路上迈进。

友人鼓励的同时,更与郑氏进行学术研讨,有利于郑氏学术研究成果的形成和问世。郑氏在昆明写作后来收入《清史探微》的一些文章,罗常培向郑氏提供手抄的关于满语、蒙语资料卡片,郑氏将它们转录在《日记》里[2],藉以研讨满洲皇室史,写成论文。(第945页)1939年9月19日写成《隋书西域传附国之地望与对音》初稿,而后陆续增订,1940年6月29日修改中,就文中对音举例"都赖"之类,古音上开合尚有异议,听取罗氏的意见,加以改正,于30日定稿。(第185、284页)郑氏曾请张政烺对《附国地望与对音》的文稿提出修改意见。1940年9月12日,张氏读了三遍,写信评论大加称赞。27日,张氏将从《困学杂录》所得附国资料抄给郑氏,郑氏又查《历代名画记》《宣和画谱》等书,补充进文章。(第312、317页)1939年1月22日草成《高中课程标准问题》文稿,请邱大年和陈雪屏"斟酌之"。(第126页)这些事例,无不表明郑氏在写作论文上得到罗常培、张政烺、邱大年、陈雪屏的资料援助和建议,友人

---

① 郑天挺:《及时学人谈丛》,北京:中华书局,2002年,第562页。

② 郑天挺在《悼念罗常培先生》写道:"因为他的笔记详细而精确,常为我们所借抄。"见《及时学人谈丛》,第558页。

对他的学术研究起了积极的作用。

《清史探微》的定名,是与友人讨论的产物。开始罗常培建议用《清史然疑》,郑氏对"然疑"无兴趣,乃自拟《清史稽疑》,1945年4月25日拟改名《清史证疑》,5月22日与毛准讨论,毛氏认为"证疑"书名不易为人知晓,以为"索引""辨微"可用,而后商定《清史探微》。(第1039页)毛氏的学问凤为郑氏钦佩,早在1938年初就说他"国学根底之深读书之多,非吾所及"(第7页),所以乐于听从他的建言,最终确定书名。出版《清史探微》的卢逮曾乃是郑氏的老朋友,卢氏1938年上半年在北平致书郑氏,商议是否南来,郑氏极表赞同。卢氏后来到重庆,创办《文史杂志》,屡次向郑氏约稿,出专著也是他多次建议的。(第810页)

(四)诤友

挚友一定是诤友,互相帮助,克服弱点或其他干扰,令人生之路走得顺畅。就罗常培与张清徽关系一事,罗庸家庭关系之事,郑氏、陈雪屏以密友之身份,用艺术的语言和有效的解决方法,成功地使罗氏走出困境。郑氏同样帮助罗庸建立和谐家庭。郑氏还同张清常一道促成罗常培与陈雪屏和解。

张清徽是罗常培指导的研究生,二人来往密切,舆情上对罗氏颇为不利——"最为侪辈所讥诽",因为罗氏性情刚直,没有人愿意当面说明。郑氏了解罗氏的脾气,对于善意能够理解和接受,更知道罗氏与张氏纯粹是朋友交往,别无其他关系,因此劝他从中摆脱出来,"每微言以感之,婉言以规之,危言以耸之"。罗氏明白郑氏的意思,亦想疏远张氏,请郑氏为他"画一善策"。(第285页)张氏与郑氏亦有往来,她知道郑氏周夫人忌日在1941年2月2日,次日送来多支梅花,从罗常培处借来花瓶,插了置于座侧。(第375页)郑氏更为张氏未来着想,希望她有职业和家庭,并同陈雪屏取得一致见解。恰巧有人给张氏介绍在重庆中国银行任职的龚某,郑氏、陈氏希望促成其事,罗氏赞成。3月12日陈氏看望罗氏,张氏恰好在座,遂借机说"女子终事(笔者注:"事",疑为"身"字之误)献身事业之不易,意促其有所归,莘田和之,似可有所悟也"。(第393页)郑氏、陈氏向蒋梦麟请求给张氏写推荐信,蒋氏同意,事情就这样顺利解决——张氏前往重庆中国银行就职,罗氏遂得从不利舆情中解脱。

罗庸夫妻关系一度不协调,分居两地。郑氏向罗氏母亲说明母慈子孝道理,劝说罗氏:"上为孝子,下为慈父,中为义夫。"1936年罗氏大病,这时郑氏劝他迎回夫人,而其妻主动回还,罗氏病很快痊愈。此后数年,罗氏之孝、之慈、之义做得非常到位,令郑氏引为"最大快心之事"。(第393页)

1944年5月中旬,罗常培与陈雪屏失和,郑氏和张清常极力从中调解,双方克制,言归于好。事情是这样的:罗常培于14日在《民国日报》发表《释命令》一文,最后一节讽刺中央训练团的内容被陈雪屏删去,罗氏15日发现后非常恼火,陈氏得知罗氏不满,即给他写信说明情况,然而罗氏在未见信之前已愤怒地写信给《民国日报》要求刊出所删部分并道歉。当晚有朱自清演讲会,罗氏借机当众宣布文章被删节的事情。郑氏也是晚间去劝说罗氏,对朋友不宜做得过分,罗氏自言近来易怒伤肝,直谈到午夜十二时半,各自就寝。16日姚从吾发现陈氏"意颇不快",即告诉郑氏,郑氏向陈氏建议去同罗氏面谈,陈氏表示罗氏正在气头上,缓缓再去。郑氏认为二人必须面谈,否则意气用事,各自取快一时,将后悔无及。17日《民国日报》将罗常培信及删去的段落登出,陈氏伤心,又给罗氏一封信,张清常怕将事情闹大,阻止他发信,要郑氏去劝阻,郑氏去看信后认为无妨,同意陈氏发出。随后传说罗氏是在看了陈氏第一封信之后改写了给《民国日报》的信,这样陈氏大为不满。郑氏即找罗氏询问究竟,罗氏说明发信之前未见陈氏信件,表示写信是给陈氏说清情况。18日张氏写信给罗氏,认为他做得过分。郑氏同意张氏的意见但劝他不要发送,自己愿意充当中间人来调和。当日,陈氏去看望罗氏,郑氏闻知,称赞道:"甚善,甚善,可佩之至。"(第833—834页)陈雪屏与罗常培的和解,取决于二人的涵养,但郑氏、张氏的劝解,促使他们消除某些误解和克制,功不可没。

(五)患难相助

俗语"患难中见真情",人在困难中最容易分清真假朋友,真朋友排忧解难,假朋友躲得远远的。《日记》展示患难之交的真情,友人之间的关切,令人度过难关,生活回归正常,精神奋发向上。

郑氏患病之时友人无私无畏的关怀。上部分说明身体素来健康的郑氏积劳成疾,于1942年、1943年之交病了20多天,完全靠友人护理。朋友侍候饮食、大小便,请医服药。日常照应的是罗常培、袁家骅、许宝𬴂、刘晋年,尤为殷切;袁家骅夫人钱晋华多日做稀饭、汤面送来,郑氏特别感动。郑氏大小便让友人照料,心中不安,任继愈、韩裕文想出办法,雇工友帮忙,多给工钱;而后校卫队派队员唐荣华来侍候,此人笃诚,郑氏乃心安。病中的郑氏只能服用稀释食品,友人纷纷赠送食物,包尹辅送牛奶两罐、蒋梦麟送奶粉、雷伯伦送鸡汤、德籍米士教授送饼干、橘子,何鹏毓送饼干、魏明经送藕粉、糖、鸡蛋,李鲸石送炼乳。为照顾方便,友人建议移动到合适处:18日郁泰然来,告知与蒋梦麟商妥,请郑氏移居才盛巷二号蒋梦麟等人住处,以便照顾,明日十点汽车来接,届时,章廷谦带汽车来接,郑氏决定不移动;27日,陈雪屏建议,移居乡下岗头村,那里不用跑警报;住在岗头村的罗庸来,邀请住到他家,以便照应;樊际昌来探视,又写信邀请移驻其西山华亭寺家中,好安心调养。其时常有日本飞机空袭,25日下午空袭警报,郑氏不能下床躲避,罗常培"遂亦不走,相伴而谈",米士"见吾辈不走避,亦留室中"。26日警报,仍然是罗常培相陪,陈雪屏来看望,亦不走。29日警报,罗常培仍然相伴,许宝𬴂亦伴甚久。探视的朋友络绎不绝,李晓宇从磁坝进城看望,梅贻琦、冯友兰、黄子坚、查良钊来四次,杨石先、王赣愚、冯文潜、雷伯伦三次,蒋梦麟、陈序经、汤用彤、鲍觉明夫妇二次,姚从吾、胡蒙子每日必来,任继愈每日到来,并为采购食品。友朋的精心照顾,使郑氏深刻感受友情的重要并深怀感激,18日作诗道情:"人事有急徐,情谊无亲疏……大哉夫子道,忠恕有坦途。"又云:"张灯药铛见,不敢忆亲人。"郑氏说写这些诗句,"不自知命意之所在",其实主旨是清晰的,就是人间有友情,有忠恕之道。人在灾难之中会得到友情的照拂,不是血亲,如同亲人。他真切感受友情的温暖,更认识到友情胜过性命,所以在空袭警报中不去躲避留在身边的罗常培、米士、陈雪屏、许宝𬴂等人,"此真舍生命以维交情者也,古人生死交情不过是也"。(第636—644页)这是以性命相伴,是大无畏精神的表现,郑氏与这些人士交好,他们都是道德高尚的人。郑氏也有陪伴病友不躲警报的表现。1943年5月19日,刘晋年、许宝𬴂、卞之琳、雨秋四人因病不能躲警报,郑氏陪伴不出,未几,任继愈返回陪同。(第691页)这都是生死与共的患难之交。除此次大病之外,友人也同样关心他。1946年3月15日郑氏患感冒,杨振声送来体温表,次日与郑华炽同来探视。(第1152页)

关照友人家属。1942年6月27日晚,郑氏与查良钊、罗常培请蒋梦麟女燕华,子仁浩,梅贻琦女祖杉,章廷谦女淹,高仁山子陶,罗常培侄女静娴等人吃饭,为的是高陶等暑假后入大学,更重要的是和查氏商议好，要将已故高仁山的生平及家事告诉其子，是以郑氏与高陶单独交谈很长时间，10时半才散。(第572页)这类关照朋友子女，是日常的细事，重要的是友人外出，如罗常培赴美讲学、钱端升到重庆，郑氏、罗庸帮助处理家务和家属看病。1945年4月罗静娴患肋骨结核病，要割去两条肋骨，可是身体虚弱，暂时不能治疗；30日郑氏和罗庸去慰问，6月8日去医院看望她；她于月底出院，移住罗庸家，郑氏往罗家看她，她住院医疗费15万元，由胡海宇代付；她怀疑胡氏有不良企图，郑氏乃为她筹足钱数还给胡氏。胡氏认为罗静娴以怨报德，并引起胡氏夫妇吵架；罗氏、郑氏从中协调，胡氏夫人也搬到罗家居停。(第1028、1045、1057页)1946年6月17日，郑氏在北平往见罗常培夫人，商议其女坤仪出阁事。(第1187页)钱端升在重庆给郑氏写信，请"照视其家用"，为此郑氏于1945年7月9日去看钱夫人陈公蕙，16日往她家送钱，19日因陈公蕙要住医院，与张奚若商议借款事。20日去看望她，24日钱端升返回昆明；陈公蕙将于8月1日入住医院，郑氏与姚从吾看望，随即找梅贻琦夫人韩咏华借汽车送病人，韩咏华多处寻找司机未能如愿，乃到钱家说明情况。(第1060—1072页)郑氏、张奚若、姚从吾、韩咏华都关心陈公蕙治病，将钱家的事视如同自己的事设法解决。

对不相识者的帮忙。1943年3月6日，有人误收罗士苇飞机票的通知，因不知其人，置之不顾，可是机票是明晨五时的，郑氏得知此事，这是刻不容缓要让当事人收到的，但是不认识其人，乃到云南大学访查，不得要领，又到张景钺家探询得到确信，于是派人送往，到晚间十时半，得到罗氏亲笔收条，这才放心。(第670页)郑氏以助人为本分，显现了道德的高尚。

(六)别具特色的共同兴趣高雅型朋友圈

郑氏在北平参加消寒会乙会的活动，此会第九次活动之后易名"诗条会"，名称反映出这是文士们以书画、文物、诗词鉴赏与交换为目的的雅兴聚会，是一种小群体文化生活。不妨以第二、第三两次集会为例，叙述它的活动情形。

1946年1月6日晚六时在陈雪屏处，余嘉锡携来自书隶字条幅一帧、银币一员，沈兼士携玻璃板印王羲之帖一卷，溥忻携自画墨笔山水一幅，溥松窗携自画墨马一帧、小册页十开，张柱中携胡开文墨四丸，启功携自画墨笔斗方一幅、石印汲古阁图二纸、大笔一支，董洗凡携桃源石笔山一座，张北灵携瓷瓶一，陈雪屏出墨一丸、册页一册，郑氏带来道光墨一丸。饭后抓阄分配各人礼品，如郑氏得溥雪斋画，陈雪屏得郑氏墨。接着进行"神仙对"，陈雪屏出"金第六出风一一二夕五到三辽七西四"，郑氏对作"时雨数春滋孟夏"，自谦地说所对"勉成文理"，神仙对的首唱是张柱中之"新月半窗移枕外"。集会至十时散。(第1128页)隔九天一聚会的第三次会日在15日晚六时开始，聚于致美斋，溥忻出字一，抓阄，为沈兼士得；沈兼士出《广韵》一，启功得；启功出墨床一、石章一，郑氏得；郑氏所携之墨，余嘉锡得；余嘉锡出画一、扇骨一，张怀得；张怀出乾隆纸四、墨二，恩棣得；恩棣出画一，溥忻得；陈雪屏出画四，张柱中得；张柱中出画四，董洗凡得；董洗凡出壶一，陈雪屏得。其后陈雪屏以壶赠郑氏，郑氏回赠以所得石章，另以壶赠溥忻，溥忻以所得画酬谢郑氏。(第1132页)

第七集于2月15日聚会在沈兼士处，饭后猜诗谜。(第1143页)3月2日，第九集，也是最后一次，在王世襄家，到张柱中、沈兼士、张怀、余嘉锡、溥忻和郑氏七人。"余抽得自备之物"。到会人少，郑氏因之发出感慨："消寒乙会每九一集，今日完满，九集未缺者，惟雪斋、余季豫及余三人而已，余子或以事，或以病,或以限于携品,有半途而退者,有中间加入者,有时缺时到者,天下事之难,于此可见。"(第1147页)继之以诗条会,多次进行,惟郑氏《日记》仅记某日有此集会,缺少具体内容,不过聚餐、猜诗谜是必有内容,如3月30日聚会于森隆饭店,餐后"诸公尚有诗谜之会"。7月13日,郑氏与陈雪屏同赴溥伒家出席诗条会。(第1156、1197页)

(七)交友中坚持的几项原则

朋友再亲密,友、我总是两个人,也不同于家属,是以处友应有其道,郑氏深明于此,交友中坚持几个原则:

一是不替朋友拿主意。1941年3月9日,陈雪屏是否往三青团中央任职,向郑氏征求意见,郑氏从两方面为他分析利弊,供他考虑,而不说肯定的意见。郑氏说:从青年团讲,你去对它有益,是可以去的;从你个人考虑,不赞成你去,若前往就职,你的生活就会完全改变了。(第391页)朱家骅催促陈雪屏到教育部任职,郑氏1944年3月9日与姚从吾言此事:"余意去否吾人不便代谋,以就学校言,不去为宜;就辅佐朱公言,以去为宜。余不信对事业前途有何关系,况吾侪无所谓徒党,无所谓政治企图者耶!故惟视雪屏个人之兴趣而决定去否。"(第800页)郑氏只是分析陈雪屏出任行政职务对该部门、对陈氏本人的利弊,供事主参考,既尽朋友关切之责,又不干扰事主的最终决定。

二是真正尊重友人。尊重友人人格,各方面都要注意到。讲求礼节,郑氏就是在私密的《日记》里,写到友人,写其字而不书名,所以"莘田""膺中"屡屡出现,以代替罗常培、罗庸,对蒋梦麟,总是写作"梦麟师",对朱家骅常写作"骝仙先生",对梅贻琦则书写为"月涵先生",同样郑氏友人也对他尊重,如蒋梦麟给他写信,称收件人为"毅生兄",落款自称"弟梦麟上"。(第407页)教育部长朱家骅于1945年6月9日致函北京大学秘书长郑毅生,主名处写道"天挺吾兄大鉴",内容涉及收到郑氏5月15日信,"备聆款怀,快同晤对。"就北大复校后扩充事,询问"未知高见云何?"落款"弟朱家骅顿首",(第1050页)从中体现对收信人的高度尊重。礼节,讲究"礼尚往来",北大外籍教授葛利普于1946年2月1日赠送郑氏签名照片,为阴历新年贺礼,一个多月后葛氏故世,在这期间郑氏没有去看望他,所以"心甚歉,然今无及矣!"(第1154页)因失礼而深深自责。

三是经济上不令友人破费。《日记》中多次记叙友人宴请,认为太精致、丰盛、奢华,心中不安。如1943年6月6日在章耒夫家吃午饭,"膳甚丰……厚扰主人矣,不安之至",(第705页)真是"却之不恭受之有愧"的心情。1943年12月7日晚,银行界中人"徐君恕设宴,甚丰腴,有鱼翅、鲍鱼、干贝、鱿鱼诸海味,此今日所难至者。一时杂陈,食者甚不安,而东道主人更不赀。一人食,何如大众食?一日食,何如分日食?"(第765页)与宴者多因破费太多"甚不安",郑氏更因此想到民生问题,不要奢侈,而要民众生活过得去,是真正具有"先天下之忧而忧,后天下之乐而乐"的高贵意识。

人人都生活在群体中,然而如何过好群体生活,提高生活品质,则大有讲究,并非人人都懂,都处置妥善。郑氏的践履给人们有益的经验和启示:要求友,有意识地同志同道合者、性格相近者、积极向上者交友;交友,会有不同类型,一般的朋友和密友,惟净友为最高境界;交友有益是相互间的关怀、鼓励、谏净,带来欢乐和上进意识,惟其如此才是交友之道;交友,就要择友,警惕交酒肉朋友、损友。

三、与时代社会风气契合及传统社会优良礼俗的保留

郑氏的个人生活,与友人共度的生活情景,当然是他的个性所形成,然而这又不是他个人独特的不同于众的生活方式,他是融于群体之中的,因此就需要明了他的生活是在什么社会环境、是在何种社会大众心态下产生的?笔者认识到郑氏的生活与时代社会风气相契合,具有三方面的一致性,即战时环境处境相同、爱国精神一致,具有中国必胜的信心;传统道德的仁爱精神、士人先忧后乐精神的传承;维护具有独立人格新意识的时代精神。

(一)战时环境下处境相同,爱国精神一致,具有中国必胜的信心

1938年2月初,在长沙临时大学的罗庸,因将要去云南,作诗明志,6日郑氏与罗常培、陈雪屏、魏建功去看望他,他拿出新作,诗云:"寂历蛮荒道,间关犯雾行。偷生余半璧,忍泪望中兴。亲舍空云海,家书匿姓名。歌声惊独夜,万马正东征。"(第17页)罗氏满怀家国之忧,又满怀激情地以乐观精神看待抗日战争,期盼国家"中兴",欢呼"万马正东征",争取胜利。他用这首家国情怀的诗作鼓励自己,也激励朋友。郑氏阅后,表示"最喜其'家书匿姓名'一句。"这是最切身感受,因为往北平寄家信不能写真实姓名。郑氏对罗氏期冀的"中兴"有着相同的认识。他于几天后的《日记》里写道:"自国难日急,学者好读遗民诗文,余则主读中兴名臣集,以为遗民诗文固可以激励正气,而中兴名臣之所作,于激励正气外,间可以振发信心。当千钧一发之际,不有匡济之术,乌可以复兴哉?"(第18页)遗民在国亡后撰写诗文,倾诉不忘故国情愫的正气,郑氏主张读中兴名臣著述,是在困难时期振奋志气,增强信心,有效地抗击日寇,争取胜利,更有积极意义。罗庸、郑氏是密友,共同的政治情怀更把他们以及其他友人紧密地联结在一起。他们同仇敌忾正是其时知识人士的共同心愿。

1942年4月17日,郑氏与潘家洵(介泉)谈论时事,认为"明年夏,同盟军必胜,中国必胜"。潘氏有疑惑,因此郑氏表示:"余确有此信念。其理由则说不出也,乃写一条,烦为证之。"文曰:"郑天挺曰中华民国三十二年夏同盟国必胜,中国必胜。证明人:潘介泉。"郑氏更表示:"此条可悬之国门,愿千金易一字。"(第542页)郑氏"中国必胜"的信念,还在诗作中表达出来:"海天急鼓收京近,为结西山红叶期。"(第1196页)他的中国必胜信心,也是其许多同事们所共有,如19日邵循正就因盟军飞机轰炸日本东京等地对郑氏说:"君昨日之预言或可验矣。"(第543页)5月,中国远征军在缅甸失利,日寇入侵云南。17日郑氏与同人谈时事:"各人心境虽不同,但均甚镇定,尤以(张)景钺与余意最近,以为昆明必无问题。"(第556页)在战争形势不利的情形下,张氏同郑氏坚信中国必胜。日记中多有同样意识、坚定必胜信念的同人。北大职员胡蒙子对张宜兴说,预言家说5月中旬日寇渐入衰败状态,到9月必大败。28日张氏向郑氏转述,郑氏不相信这种预言的时间判断,但它却是有胜利信心的表示,能起到鼓舞人心的作用,故云:"凡此虽不免出之夸张,出之愿望,然亦足以振我士气也。今日惟上下不慌张,不气馁,然后可以操全胜。"(第561页)

无疑,坚定抗战胜利信心是联大教授的共识。只是在胜利之日何时到来上,个人分析形势见解有别而已。如1942年6月26日,雷伯伦与郑氏共进晚餐后谈论时局,雷氏"颇以非洲为忧,谓埃及不保,同盟国将无胜利机会,但谓同盟国必胜,明年此时可以决定",(第571页)同样是1943年夏天胜利论

者。郑氏与联大教授关于胜利在1943年夏季的预言,历史事实证明是不准确的,但是同盟国胜利、中国胜利,日本无条件投降是更大的、本质性的事实;郑氏和联大教授对中国必胜的信心,也是中国有识之士的信念,它支撑中国最终取得抗战胜利。

(二)传统道德的仁爱精神、士人先忧后乐精神的传承

处于民国时代的学人,在新旧道德交替之中,保存了传统道德中的优良因素,吸收了现代精神文明,形成新的道德准则:节假日朋友聚会缓解家国情愁,以乐观态度去生活,是为传统美德的体现。

1.传统节日、人生喜庆日友朋聚会体现的仁爱精神。抗战中的家国情愁,不到最后胜利是难以完全消除的。为此人们要稳定情绪,以乐观的态度去生活,尤其是在节日、人生喜庆日愁绪大增之时,格外需要友人的慰籍,共同营造欢乐气氛,所以节假日、生日多有聚会、庆祝活动。

像郑氏那样联大的教授,只身奔赴西南的不乏其人,如密友罗常培、陈雪屏,他们和其他携带家眷的教授每逢节日、生日更有家国情愁,这种愁情,一人一家很难排解,于是亲友凑在一起,热热闹闹度过节日。且看甲申年的几个节日郑氏是怎样与朋友度过的。1944年6月25日端午节,郑氏和罗常培、陈雪屏共同请膳团办酒席,约请同人,入席16人,"可谓热闹矣"。(第851页)"热闹",表明与宴者兴致很高,你一言我一语,你一盅我一盏,饭吃饱,又尽兴。七月初四日,郑氏与田汝康等人从大理返昆明途中,同人知道是郑氏生日,于是"食鸡、饮酒"。(第918页)中秋节,郑氏女儿郑旻和罗常培女儿坤仪做菜,请董式珪、吴学淑、罗泽珣过节。(第936页)腊八节,郑氏应约到罗庸家吃腊八粥。(第986页)20多天后的除夕(1945年2月12日)中午,冯文潜邀请亲友过年,到者郑氏父女、罗常培全家、刘晋年兄妹、毛准、卞之琳、冯氏本家冯承植全家,共两桌。晚间在章廷谦处,十余人聚餐,十二时散。(第995—996页)甲申年的几个节日和生日,郑氏或接受友人邀请或自家请朋友共同欢欢乐乐地度过。

身为北大校长、联大负责人之一的蒋梦麟,夫人、女儿、少子均在身边,年岁又长,逢年过节,自觉地邀请同人到家欢聚。1939年2月18日(阴历除夕),邀请同在柿花巷居住的同人到家"食年夜饭";饭后大家掷升官图,郑氏玩到次日早晨5时才离开。(第133页)6月20日端午节,蒋梦麟复"约公舍同人食节饭,饭后掷升官图"。(第160页)到中秋节这一天(阳历9月27日),郑氏、章廷谦、陈雪屏不愿让蒋梦麟再破费,共同在他家设宴过节;而在当天下午学校开训导会议,散会送每人三枚月饼,是以学校的名义向与会者贺节。(第192页)1940年2月7日(阴历除夕),郑氏从城里到住在岗头村的蒋梦麟家度岁,感到主妇陶曾毂"招待极优,平时在家过年无此周到也"。次日初一,早上吃莲枣粥、年糕面,陶曾毂说这是无锡风俗。(第243页)无疑是将思乡的心情,用制作和吃食家乡饮食表达出来,也是释放乡愁的一种有效方式。

共同度过节假日生活,是人们实践互相关爱传统美德的表现。作为学校首脑、长者(或者说老师、长辈),必然要关爱下属、晚辈;阴历三大节要请客,到家里共同过节,共叙友情。而郑氏、陈雪屏、章廷谦不忍心总让蒋氏破费,中秋日请客,不在饭店,选择在蒋家,含有尊重长辈的意思,而不使他难堪。要知道蒋氏的应酬多,开销大,薪水根本不够用。联大另一位负责人梅贻琦也是家庭财力捉襟见肘,这二位的此种窘境,《日记》均有道及。在上位者爱护下属,不是施舍,给人恩典,而是感情交流,人际关系上是相互平等的。

2.日常生活中体现仁爱精神的互相关照。基于道德观念的一致,在联大教授关系中频频出现互敬互爱的动人事例,特别是在人生中出了不幸事情的时刻。

丧失亲人和失业,是人生中的大不幸,友人基于同情,及时伸出援手。汤用彤的22岁长子在医院割治盲肠。1939年6月19日郑氏和罗常培看望他,其已处于昏迷状态,惨不忍睹,21日早晨故去。郑氏得知,即嘱咐校中同人经纪棺材和入殓,不要让汤用彤知道。到晚间汤氏已知儿子亡故,"乃坐垂泣,而不失其常"。郑氏见状,既同情,又钦佩:"此老宁静真不可及,不愧修养素蕴。"(第159—160页)像这样大的事情,郑氏指挥同人操办,不仅让汤氏省心,更是为减轻他的伤心痛苦,体现了关爱备至的精神。1942年10月26日,郑氏听说张荫麟病逝于遵义,"年少笃敏之士,竟尔奄化,不胜悲怆"。(第622页)郑氏与张氏并无多少个人往来,出于同情和惜才而非常难过,并于12月4日出席张氏追悼会。(第633页)1943年7月龚祥瑞被清华大学解聘,是不幸的大事。7日,郑氏、许宝骙、袁家骅、刘晋年、罗常培、陈雪屏、孙毓棠等十人公宴龚氏夫妇,给予安慰,次日郑氏又专门去看望,仍是表达慰问之意。(第715页)此举无疑令他们感到友情的温暖。郁泰然是北大助教,在联大对郑氏生活上照顾很多,不幸于1946年5月27日故世。郑氏在他生病期间去探视,其逝世之日去他家看望,想到他已经撒手人间,郑氏"不胜悲痛",认为"其人甚热心而戆直,余三十一年(1942)冬在昆明卧病,泰然几于间日必来视"。来北平后托他代管所有物品,他视为己事,处处想到。于是同郁太太、刘半农太太等人商谈办理后事,帮助从北大借40万应用,自己赠送赙金4万元。(第1179—1180页)郑氏和同人这类对不幸者的关怀,远远超出"恻隐之心人皆有之",是孙中山提倡的博爱精神的表现。

人生不如意中得到友人的慰勉,帮助走出困境。有段时间樊际昌口碑不好,许多人不搭理了,他很难受。郑氏与章廷谦理解他,在他生日的头一天,即1938年1月17日,请他到饭店吃面。樊氏面对仍愿做朋友的郑氏、章氏,心情复杂,喝得大醉,郑氏将他送回宿舍,呕吐得狼藉不堪。次日生日正日,罗常培、陈雪屏也为他做寿,章廷谦、赵乃抟、魏建功与郑氏作陪。(第6—7页)这两次生日聚餐,必然令樊氏感到仍有一些好友,因此心理上得到安慰和平衡。郑氏、章氏、罗氏、陈氏极具宽容心,能够理解他人的难处和委屈,真是够朋友。罗静娴病中,罗庸的关照,远远超出一般朋友关系,病人患的是结核病,不传染吗?一般人哪敢接近?而罗氏却将病人接到家中养息。由于静娴对愿意负担医疗费的胡海宇动机的怀疑,胡氏夫妇的争吵,罗氏又容留胡氏夫人,真是帮人帮到底。

友人出于爱心的援助,自尊自爱者婉辞。郑氏和罗常培听人讲在重庆的"吴文藻穷,冰心病",他们为友人在贫困中治病,各汇去一千元。吴氏夫妇肯定知道彼此都不宽裕,不能接受,乃托李友义于1943年11月23日"璧回"。(第760页)郑氏、罗氏的援助是真心实意的,吴氏夫妇的"璧回",是虽贫病而自尊自爱,体现的是自立人格精神,极其可贵。

低调人生,做好事归功于他人的美德。联大教工薪金收入抵不上物价的飞涨,极希望能有补贴。何廉设法联系购买"公米",成功了,但要郑氏出面见云南官员缪云台,名义上"请其帮忙",实际"欲归功于缪"。1940年4月22日郑氏会同杨振声、樊际昌、查良钊去缪云台办公处,缪氏顺水推舟,将事情落实。原来大米是从越南进口,每石国币58元,卖给联大只收50元,于是联大"同人及学生购用"没有问题了,教工和学生得到低于成本价格的食米,如同获得补贴。(第264页)何廉不但不居功,反而让给他人，多么难能可贵的美德！应该说他更有远虑，以后常川买公米不就方便了吗?！抗战胜利后负责北平文教界接收事务的沈谦士，五十大寿的日子是1946年7月9日，于8日下午离开北平，"往天津避寿"。（第1196页）"避寿"，免得他人破费与费神，或别有企图，自家也少劳神，表现了他的谦让、廉洁精神，不愧用"谦士"之名。

（三）维护具有独立人格新意识的时代精神

自由、平等、博爱、结社自由、言论自由的观念，在民国时期已经深入人心，先进的人们在争取，在实践，在维护，特别强调个人的独立人格与尊严。

在净友部分说到罗常培与陈雪屏的一度失和，郑氏、张清常多少认为罗氏对删文事反映过度。其实罗氏较真的是言论自由的大事，也是维护自己人格尊严。陈雪屏没有经过他的同意，径自删掉的那节文字是讽刺中央训练团的，是批评当局的，无疑陈氏之所以删是为维护当局，罗氏之所以写以及之所以坚持要保留和补行刊出，是维护言论自由，是坚持批评当局的权利，乃大是大非的问题，不是个人意气之争，因此罗氏的认识和行为是时代精神的体现。罗氏这一行为不是偶然的，只是他独立自主精神的一次体现而已。此次事后不久，即6月1日，吴晗询问罗常培愿否给《民主半月刊》写稿，罗常培说刊物如有罗隆基、潘大逵、李公朴在内则不给稿子，吴晗回说有他们。罗氏遂说出不愿投稿的原因："我主张言论自由，不愿有人在后牵线"，并劝吴晗慎重行事。（第833页）可见罗氏言论自由的观念很强烈，不愿意与不能自主的受人支配的刊物主持人及其刊物往来。

与罗氏观念相同，联大颇有一些自由主义者，汤用彤即是一位。1944年北大要派一名教授"赴美讲学兼宣传"，蒋梦麟于4月18日开会讨论，蒋氏的意思是钱端升去，钱氏推辞；让周炳琳去，周氏以夫人有病不能出行辞；询问汤用彤，汤氏"以自己病辞"；说到罗常培，罗氏说自家英语不好，不能去；于是众人认为杨振声别无牵挂，可以去，他亦推辞，后来迫于众人强力要求他才接受。其实众人认为汤用彤去最合适，隔天，郑氏、罗氏往见汤氏，意在劝他赴美，汤氏坚持不去。究其原因，他遂将前日不愿说的话对好友坦陈："一不愿受训；二不愿去宣传。体力乃其次也。"（第820—821页）原来赴美之前要受训，汤氏认为这是对学者的侮辱，去做宣传工具，有辱自家人格，所以坚决拒绝那种官派赴美。这是学者应有的矜持。

其时教授清高，认为学人应远离政治。姚从吾在联大办三青团有成绩，1941年3月9日为中央团部"嘉许"，"但三数友好如锡予、莘田、寅恪均不谓然，从吾决辞"。（第391页）汤用彤、罗常培、陈寅恪都不主张他热衷于此，姚氏接受意见，拒绝接受表彰。郑氏无疑与汤氏等人观点一致，才在《日记》中如此叙述。

四、启示与体会

《日记》关于生活史方面的内容，让我们明了郑氏和西南联大教授的日常生活，给了我们很多关于人生的启示：人应该有怎样的生活？又是在什么观念主导下才有那样的生活呢？

（一）人生应有丰富多样的生活

郑氏和西南联大教授的日常生活情景，让我们认识到，虽然是在抗战环境中有家国情愁的巨大压力,但是他们的精神是乐观的,对生活采取了积极的态度,于是有了多样性的生活:"民以食为天",就饮食而言,有家居的餐饮,学校食堂的集体伙食,饭店的就餐;同人、友人间的聚餐,在家庭,在食堂,在餐馆,场所不一;食材只能因环境而定,不过也可以有所选择,实现饮食习惯和爱好;餐聚是个人请客,抑或是公宴,再或者实行AA制,有多种方式。娱乐是生活必有的内容,事业再忙,也要善于处置闲暇时光,教授们富有文化,他们的娱乐既有同于大众的,打麻将,推牌九,掷升官图,打扑克,欣赏艺术表演,什么京剧、滇剧、粤剧、桂剧、评戏、清唱、说书、杂耍、唱花灯(野台子戏),样样有兴趣;有机会和可能,如郑氏在上海就看电影,在重庆观看音乐演奏会;自娱自乐,唱昆曲,吹口琴,随处可以进行,既娱人,也自娱;大众的猜谜语,到了教授群就成为猜诗谜,居然出现"诗条会",可知兴趣之浓厚;文物的鉴赏,基本上是文化人业余爱好,书画、石章、古墨、画扇,他们边搜求,边欣赏,不惜花精神去研讨。联大教授如此这般的生活,有两点值得留意:一是乐观的生活态度,相信抗战必胜,清贫中也像郑氏说的那样"穷中作乐"。如在1942年8月27日,当年的教师节,怎样过法,住在靛花巷的郑氏、许宝騄、袁家骅等人早商议好,那天请住在玉龙堆宿舍的同人和陈雪屏、孙毓棠欢聚,前两天的晚上,郑氏就和许宝騄、袁家骅夫人上街购买后天用的食物。那天聚会到晚间十点,郑氏《日记》说这是"所谓穷中作乐也"。(第599页)1945年2月5日郑氏购买胡开文出品的徽墨一锭,1950元,自嘲云"穷中豪举,可发一笑"。(第993页)正是这种"穷中作乐""穷中豪举",营造出有意思的生活。另一个留意点是分清娱乐与赌博的不同。教授们打麻将、猜诗谜、掷升官图,有钱财的输赢,是小输小赢,是赢个彩头,提高玩的兴致,与以赢钱为目标的赌博性质不同。总起来说,西南联大教授的日常生活,是个体的,也是群体的,是大众性的,也是文人式的,是俗气与高雅兼备的,可以说是有个性的多姿多彩的生活。从这里笔者认识到:

1. 人们的日常生活,应当是有个性的,是个性与共性的交融;应该是丰富多彩的,而不是刻板的、单调的、清教徒式的;个性生活,甚至有某种嗜好,如偏食,如好杯中物,如为提高兴致打牌有所输赢,如手头不宽裕却购置文物。对嗜好要分析,一概肯定或否定,都未见得恰当。

2. 历史上文人雅趣三变:古代文人具备琴棋书画的艺能,心静沉稳,富有诗情画意,才有唐诗宋词那样意境深邃的作品传于后世;近代文人有古人的遗风,不乏通于琴棋书画、诗词歌赋者,同时具有近代民主意识,但古人的宁静心态多所消失,很难有古人那样意境的诗词;当代文化人生活在浮躁的社会风气中,不乏以"向钱看"为生活目标,传统文艺才能丧失殆尽,缺乏高雅文化,刺激性文化大行其道,当下中国经济的空前发展,主流的俗文化能否成为"过去时"?手头略微宽裕的文化人、有钱而想成为"风雅"人士者,可否向高雅文化方向努力呢?但愿如此。当然了,文人雅趣是随着社会客观环境的变化发生的,不是哪个人、哪群人的事,不过向高雅文化方向努力似是不易法则。

(二)日常生活中并非新鲜事却成了新事物,继续从封闭中走出来

联大时期生活上有的事情,如朋友聚餐流行AA制,国统区实行夏时制,笔者是从郑氏《日记》获知的,原来我们经历过的夏时制早在半世纪前就出现过。AA制在联大教授中是习以为常的事情,也是几十年后才又为人们所习用,这是从封闭中走出来的表现。

联大教授聚餐的费用,有的是按人头均摊,有的是几位东道主均摊,当然个人做东的现象常见,不过不是本文叙述范围了。几个朋友经常饭馆便餐,不用请客,用餐者各自掏钱,但不是各自点一份自食,而是叫了饭菜打伙吃。1942年9月29日晚,郑氏与杨振声、章廷谦、戴修瓒、蔡枢衡等六人"同出食米线,每人各摊25元,可谓骇人"。(第612页)从"各摊"若干元可知,六人共同点的饭菜,共同吃食。1943年2月20日,郑氏与陈雪屏、刘晋年、孙毓棠四人饭馆晚餐,点了四碗面、20个包子、葱鱼一盘、粥一碗、茶四杯,共189元,郑氏出50元。(第665页)这也是合伙吃食,分摊费用。同年10月2日,章廷谦、蔡枢衡和郑氏三人午餐,叫了三碗面、11个花卷、一盘肴肉,价200元,郑氏付67元,(第741页)不仅饭费分摊,其他的共同用项亦复如此。如1943年4月11日,郑氏与雷伯伦、王信忠同行,自重庆飞昆明,早点三分之一135元,挑夫三分之一10元,又一次挑夫三分之一10元。(第675—676页)以上主要是几个人打伙吃饭,分摊饭费的AA制。1943年6月7日端午节,"晚,全舍公宴过节",郑氏《日记》未记录支出,既然说是"公宴",是自己给自己过节,凑份子。(第705页)这是搭伙吃食的AA制。1944年1月郑氏联同杨振声、周炳琳、钱端升、章廷谦、查良钊及蒋梦麟公宴李润章夫妇、严慕光夫妇,郑氏付"请客公份418元"。(第778—779页)同年2月17日在陈雪屏处公宴陈福田、邓以蛰、张子高、陈岱孙,由曾昭抡、杨振声、赵乃抟、郑华炽、佛泉和郑氏做东。(第1144页)这是多人宴请多人的AA制。若一个人在饭店主副食全要,偶尔一两次尚可,经常的话就太不经济了;若几个人搭伙吃食,主副食齐全,会吃得有滋有味,也是经济便饭,容易接受。这大概就是郑氏与同事乐于采取这种AA制的原因吧。这种办法,是经济的、适用的,行的是平均原则,是良好的处世之道。至于公宴,请的是大家的朋友,大家一齐请,省时省事省钱,是以公摊是正常现象,也是实行公平原则。但这里有个观念问题,郑氏《日记》没有涉及,可能他认为这是极其正常的事,无需自言自语了。其实,20世纪40年代以后的几十年来人们可不是这样想、这样做的。80年代,在北方,个人或请客下饭馆,吃剩下的菜,是不好意思打包带走的,后来才正常打包了。然而我们常在饭店看到两位或几位食客争着付费的现象,大家都客气,都希望做东道主,不占他人便宜。(真正付费了,会不会又觉得自己吃亏了?)几个人一齐下饭馆,而后公摊饭钱,那不是栽面子的事吗?公宴,本来是请朋友,公摊,似乎"不够朋友"了,没面子,个人请,"才够朋友",才挣足面子。面子,是国人最在乎的!20世纪40年代西南联大教授们在请客方面的观念,不宜失传,尤以改变观念为首要前提。

夏时制,在上世纪40年代的出现,对于郑氏也是新鲜的事,《日记》谓为"夏令时间",特予说明。1945年10月1日,郑氏在重庆,将飞往南京,《日记》云:"自今日起停止夏令时间,较昨日迟一小时。"到了南京,"此间自胜利后概用重庆时,号曰'标准时'"。(第1104—1106页)到了1946年5月15日,"北平以今天起用夏季时间,今日七时半昨日之六时半也。"(第1175页)中国是否实行夏时制,不是本文要讨论的事情,而20世纪40年代的实行,原来众人都不知晓,是知识的闭塞。民国史的这类事,与对政权评价并无什么关系,是历史常识而已,所以才有继续从封闭中走出来的必要。

(三)兼具传统道德优良成分、民主主义新意识的教授实现做自己的"主人"愿望

汤用彤、罗常培争取、维护、实现言论自由,自我支配个人行为,坚定地维护做人的独立人格,宁肯牺牲个人利益,不接受行政意志的支配,是站着做人,鄙视那些跪着的、俯伏在地的人。民主和自由思想成就了联大的汤用彤、罗常培,他们和众多的联大民主主义教授共同成就、铸造了杰出的大学——西南联大。后人敬仰他们的民主自由思想观念,他们难能可贵的独立人格。纪念他们,纪念西南联大,此乃应有之义!

［作者冯尔康,南开大学荣誉教授。原载《河北师范大学学报(哲学社会科学版)》2020年第1期］

郑天挺与西南联大

——读《郑天挺西南联大日记》

陈生玺

1937年7月7日卢沟桥事变,为日本全面侵华战争的开始,北平即刻陷于危机之中,当即引起全国人民的无比愤慨,要求国民政府立即抗日,当时正值蒋介石(包括后来做了汉奸的汪精卫)一批军政要员齐集庐山,商讨抗日事宜,并发函(6月23日)邀请各党各派、民主团体和社会知名人士,包括北京大学校长蒋梦麟(孟邻)、清华大学校长梅贻琦(月涵)、南开大学校长张伯苓、北大教授胡适、中央大学校长罗家伦、中央研究院干事长傅斯年等200余人,召开谈话会,听取意见。

谈话会原定7月15日至8月15日,分三期举行,7月7日卢沟桥事变突发,全国形势骤然紧张,举国上下要求全面对日作战。7月16日,北平高校潘光旦、罗隆基、查良钊、郑天挺、金岳霖、梁思成等26位教授,联名致电庐山谈话会,呼吁政府坚决抗日。7月17日蒋介石在庐山发表谈话说:"和平未到根本绝望时期,决不放弃和平,牺牲未到最后关头,绝不轻言牺牲","如果战端一开,那就是地无分南北,年无分老幼,无论何人,皆有守土抗战之责任,皆应抱牺牲一切之决心。"当日梅贻琦即密电清华教务长潘光旦说:"今早重要会议,当局表示坚决,并已有布置。"①第一期谈话会于19日结束,蒋介石即回南京主持战局,与会人员一致拥护政府抗日方针。7月29日,日军入城,北平陷落。同日,日机轰炸南开大学,30日天津陷落,张伯苓发表谈话:"敌人此次轰炸南开,被毁者南开之物质,而南开之精神,将因此挫折而益奋励。"②7月31日蒋介石约见张伯苓、胡适、梅贻琦等人时表示:"南开为国而牺牲,有中国即有南开。"③9月10日,国民政府教育部即正式宣布在长沙设立临时大学,由北京大学、清华大学、南开大学组成长沙临时大学。长沙临时大学由蒋梦麟、梅贻琦、张伯苓为常委,北大国文系教授杨振声为秘书主任,进行筹备。北大、清华、南开三校分别通知各地师生南下长沙,校舍租用长沙韭菜园圣经学校,10月25日开学,11月1日上课。2018年中华书局出版的《郑天挺西南联大日记》一书,就是记述七七事变平津陷落后,北大、清华、南开南迁组成长沙临时大学,随之又西迁昆明的过程,联大在昆明八年经历的种种艰险与困难。(以下引文出自该书者,均仅随文标注页码)郑天挺先生肩负北大秘书长、后任联大总务长,负责处理联大各种复杂繁重的校务,被称为联大的大管家,直到八年抗战胜利为止。在日记中,他生动而具体地记述了联大生活的方方面面,以及那一代知识精英和学术大师们的学术思想和精神风范。

---

① 《国立西南联大校史》,北京大学出版社,2006年,第365页。

② 同上。

③ 梁吉生:《张伯苓传》,山东教育出版社,2003年,第428页。

一、从七七事变到长沙临大

顾炎武说"天下兴亡,匹夫有责"。国难当头,普通老百姓都有救亡图存之责,何况读书的士人?因为"士不可以不弘毅,任重而道远,仁以为己任,不亦重乎,死而后已,不亦远乎?"(《论语·泰伯》)士人应有坚强的毅力,承当重大的责任,不惜到死方休。在七七事变发生后,日军包围北京,校长蒋梦麟、文学院院长胡适在庐山开谈话会,教务长樊际昌、法学院院长周炳琳亦已纷纷南下,身任北京大学秘书长的郑天挺,独自主持北大校务。

郑天挺(毅生),福建长乐人,北京大学国文系教授,兼任北大秘书长(旧大学不设副校长,秘书长总揽学校总务和行政,对外代表学校)。1937年春天,他的爱妻周稚眉因难产于2月17日(正月初七)逝世于北京德国医院,年方四十,留下两女三子,长女年不过十三岁,幼儿年才七岁。妻子逝世不久,两小儿又患猩红热,天天打针吃药,家难国难接踵而至。北京各大学的负责人,几乎天天来北大开会,商量对策。当时北大留校的学生都是经济困难的,他给每人发二十元,让其尽快离校。7月28日日军进入北平时,北大校内已无学生,其他方面的负责人也已逃空,他一人掌管处理各种有关事宜。待日伪汉奸组织接管北大时,他已将原教职员、工友都按手续打发离校。得到长沙临大消息后,11月17日,他离别了五个幼儿,和罗常培、魏建功、罗庸等最后一批离京教授乘车到达天津。在他们离京当天下午,钱稻苏即从北京赶来,劝他不要走,说他一走北大就要垮,要为北大着想,他严辞拒绝,并与其辩论很久。钱是北大日文系教授,与日本关系密切,后来当了伪北大校长,成了汉奸。20日,他与罗常培、罗庸、魏建功、邱椿、陈雪屏、赵迺抟、周作仁、王烈等教授乘船南下到青岛,因胶济线已断,便乘船到香港,因粤汉线被敌机轰炸,又乘船至梧州,取道贵县、柳州转桂林,由公路入湘,12月14日抵达长沙。他们到长沙时,临时大学已在11月1日开学上课了。到长沙后住长沙小吴门外韭菜园一号,湖南圣经学院第三宿舍。由于长沙校舍不敷分配,法商学院及理学院在圣经学校上课,文学院设在南岳圣经学校分校。

郑天挺先生原为国文系教授,此时改任历史系教授,从1938年1月3日开始讲授隋唐史,每天上午备课,一、三、五下午二时半至三时半授课。本来他想此次南来能专心学问,不料形势急速变化,长沙临大刚刚落脚不久,11月12日上海沦陷,12月13日南京失陷,武汉告急。学校开始议论再度迁移事宜,1938年1月9日蒋梦麟亲至汉口,面见蒋介石,得到批准,临时大学决定西迁昆明。1月20日放寒假,安排西迁事宜,长沙临大上课仅二月有余,郑天挺先生上课不到三周。对此他很有感慨,认为历史应该学习中兴名臣事迹:"自国难日急,学者好读遗民诗文,余则主张读中兴名臣集,以为遗民固可以激励正气,而中兴名臣之所作,于激励正气外,兼可以振发信心。当千钧一发之际,不有匡济之术,乌可以复兴哉!"(第18页)

二、西迁昆明与蒙自分校

长沙临时大学西迁昆明后,改称国立西南联合大学,郑天挺先生又被委派至西迁驻滇办事处,专司总务。2月15日他和部分教师二十余人包乘两辆汽车,一路颠簸,经衡阳、桂林、柳州、南宁至镇南关(今睦南关)进入越南,由谅山乘火车至河内,到中越边界老街,乘滇越铁路,3月1日到达昆明。另外一批教师黄钰生(子坚)、闻一多、李继侗、曾昭抡等和学生组成湘滇旅行团300余人,2月19日从长沙出发,徒步旅行,跋山涉水,于4月28日到达昆明,旅途68日,行程1600多公里,实为我国教育史上悲壮的一页。

联大师生到昆明后,常委会决定,理工学院设昆明,校舍暂借云南省立学校,择地另建校舍,文法学院设蒙自,借用原法国歌胪士洋行旧地,距昆明百余里。3月17日,天挺先生便去蒙自,视察房舍,与地方当局商谈保安问题,接应先后到蒙自的教师和学生,安排房屋分配,与商家商谈教师学生包饭事宜。蒋梦麟原拟要郑天挺负责蒙自校务,郑天挺则认为不妥,应关照两校合作,建议由清华的沈履任总务长,北大的樊际昌任教务长,"以两人本负清华、北大两校重责,今无所任,又素以职任为重者也"。(第52页)最后推定樊际昌为蒙自校务委员会主席。北大办事处仍设蒙自,由秘书长郑天挺负责。

蒙自分校5月4日开始上课,郑天挺先生仍讲授隋唐五代史,每周一、三、五下午二时半至三时半。由于不愿多兼行政事务,他原请魏建功刻铭杖二:"其一曰'指挥若定',其二曰'用之则行,舍则藏'。今日莘田(罗常培)见之,以'危而不持,颠而不扶'相讥,盖谓余之坚辞不任行政事务也。"(第64页)按"指挥若定"语出杜甫《咏怀古迹》之五"伯仲之间见伊吕,指挥若定失萧曹",是借指郑天挺的行政能力。"用之则行,舍则藏",语出《论语·述而》,意为用我的话就出来,不用就退隐藏起来。"危而不持,颠而不扶",语出《论语·季氏》,意为看到危险不去扶持,跌倒了不去挽扶,那要你有什么用呢?这是批评郑天挺不愿承担蒙自的校务,由此亦可见,当时他在诸教授心目中的地位。他在蒙自教课期间,草拟了他的著名论文《〈隋书·西域传〉附国之地望与对音》《发羌之地望与对音》初稿,论证附国发羌即当时的西藏,曾就教于陈寅恪,陈寅恪又用敦煌写本字书为之印证,得到好评。(第74页)

在歌胪士洋行住宿,郑天挺和闻一多是邻居,闻非常用功,除上课外从不出门,饭后大家散步,闻总不去,郑天挺先生笑对他说,何妨一下楼呢?大家都笑了起来,于是便成了闻的一个雅号,即"何妨一下楼主人"。后来闻下了楼,和大家一起散步。

文法学院在蒙自上课仅三月有余,校舍让与航空学校,再迁回昆明,8月23日课程结束。

三、恢复北大文科研究所

西南联大原定常委制,张伯苓、梅贻琦、蒋梦麟三校长为常委,每人主持工作一年,进行轮换,但张伯苓被任国民参政会副议长,常在重庆,蒋梦麟原曾任教育部长,他说"我只管外,不管内",凡向政府交涉请款诸事,多由他办。后他又被推为全国红十字会会长,故而经常来往于昆明与重庆之间,所以联大校务便由梅贻琦主持,重大事情由常委会决定,常委会每周开会一次,总务长、教务长、训导长和各学院院长参加,另外三校仍保留原有体制,各设办事处,有秘书长处理本校事务。北大秘书长为郑天挺,南开秘书长为黄钰生,开常委会时,黄钰生代表张伯苓,蒋梦麟不在校时,郑天挺代表蒋梦麟。教师聘任先由三校各自聘任,然后再加联大聘任。所以各校仍有很大的自主权,文法学院由蒙自迁回昆明,借用西门外昆华工业学校为文法学院教室和宿舍,昆华师范中院、西北院为学生和教职员宿舍。

放暑假后,12月12日才开始上课。郑天挺先生讲明清史和清史,每周二、四下午二时半至三时半授明清史,四时半至五时半授清史,周六上午八时至九时授清史,清史是为已修明清史后研究清史者所开,这学期至1939年3月8日结束期末考试,3月29日春季开学。

为推进北京大学的学术研究,他建议恢复北大文科研究所。战前文科研究所由文学院院长胡适兼任,庐山谈话会后,胡适被派往美国,后任驻美大使,联大西迁昆明时,中研院史语所亦迁至昆明,郑天挺建议请史语所所长傅斯年来北大兼任文科研究所所长,史语所教授亦可兼聘为研究所导师。蒋梦麟同意这个建议,1939年5月27日,遂约傅斯年面商,傅斯年同意,并建议郑天挺任副主任,郑天挺谦让谢绝说:"以学以德,以齿以才,皆非余所敢僭窃也。"(第55页)西南联大秉承教授治校原则,重大事必经教授会讨论,5月31日,蒋梦麟召集文学院诸教授:傅斯年、汤用彤、杨振声、叶公超、罗常培、姚从吾进行讨论,均一致同意傅斯年为所长,郑天挺为副所长,郑力辞,表示愿以秘书负责事务。6月12日,北大开教务会议,正式宣布恢复文科研究所并开始招生。设工作室,郑天挺主明清史工作室;姚从吾主宋史工作室;断代史暂以宋明清为始。

导师:哲学组:汤用彤

　　　文学组:罗庸、杨振声

　　　史学组:陈寅恪、姚从吾、向达、郑天挺

　　　语言组:罗常培、李方桂、丁树声

招生办法,报考者先报送研究论文,由导师审查通过后,才能进行考试,先是笔试,由导师根据考生所提交论文分别命题,再是口试,这次报考者27人,初审论文通过者仅十人,8月5日考试,到考者九人。外语试英语,一是作文,一是汉文译英文,口试情形较为严重,导师围坐一桌,一人口试毕,更试一人,许多提问考生多答不上来,这是为了观察学生的造诣,平时的注意力和治学方法,"不必全能答也"。此次考生录取史学:杨志玖、汪篯、桑恒康;语言:傅懋勣、陈三苏、马学良;文学:逯钦立,共七人。(第176页)陈三苏未来报到。

用同种方法,1939年9月第二次招生,录取哲学:王明、任继愈;史学:阴法鲁、阎文儒、刘念和、周法高六人。(第192页)

1940年8月第三次招生,录取王永兴、李埏、陈三苏、董庶四人,备取施子愉、王玉哲二人。(第300页)

据王玉哲先生讲,因为他在学生时期曾发表过一篇《谁是齐物论的作者》的文章,不同意傅斯年的观点,所以这次考研傅不同意录取他,经其他老师相劝,被列为备取。

文科研究所恢复后,地址设在昆明城内靛花巷三号,学生和老师同住,朝夕相处。郑天挺、傅斯年、罗常培住二楼。学生读书室在二楼,住宿在三楼两个大房间。汤用彤、姚从吾、陈寅恪住三楼。1941年初,文科所即迁至昆明城北二十里的龙头村,因为史语所在那里有大量图书可供阅览,因史语所与文科所均在一地,相传有一次一外人来找所长,门房问:你是找正(郑)所长,还是找副(傅)所长,那人也说不清,故而学生们便编了一幅对联,上联是:"傅所长是正所长,郑所长是副所长,正副所长掌研所。"下联是:"贾宝玉乃真宝玉,甄宝玉乃假宝玉,真假宝玉共红楼。"[1]傅斯年外号"傅大炮",一次傅斯年因与姚从吾议事不谐,上书蒋梦麟辞研究所主任,郑天挺尽力予以弥和。1940年3月中研院院长蔡元培逝世,9月朱家骅被任代院长,傅斯年任总干事长,史语所又迁至四川李庄,所以文科研究所多是郑天挺先生负责。

抗战时期,北大文科研究所招收的这批研究生,大多成为五六十年代中国学术界的领军人物,郑天挺先生功不可没。文科研究所恢复后,他将全部精力投入学术研究和教学工作,以期完成他多年的夙愿,在学术上有所建树。他曾赋诗一首:"读书学剑两无成,浪得浮生才士名,四十已来应不惑,好从中道觅中行。"(第187页)"中道""中行"语出《论语》,意为从中途奋进达到品学更高的程度。

四、接任联大总务长

1940年1月,联大总务长沈履应邀赴四川大学任教务长,联大校方要郑天挺接任总务长一职,郑当即表示谢辞,许多北大教授也不同意郑接受此职,哲学系主任汤用彤说:"今日校中学术首长皆属他人,而行政首长北大均任之,外人将以北大不足以谈学术也。且行政首长招怨而学术首长归誉,若怨归北大,将来地位不堪设想矣。"(第231页)中文系主任罗常培对他说:"君欲为事务专家乎! 为明史专家乎?"这就更使他觉得不应接受总务长一职。适间,沈履前来相告,说常委会已经一致通过,由他继任,特来劝驾,并说今后人事经费均无问题。他仍婉言谢辞,然后便上课去了。

当日下午,在欢送沈履的宴会中,梅贻琦告诉郑来日约他详谈,意在促其就职,第二天上午他讲授清史,下午二时,怕梅贻琦果至,即由云南大学穿越出城,徘徊于田野之中。第三天(十二日)早晨,沈履约九时同往校中进行交代。他即外出走避,面谒蒋梦麟,申述他不就总务长之原由,他说:教务长是北大的,总务长再由北大担任,甚不相宜。蒋梦麟也很同意,"亦不以总务、教务全由北大担任为然"。十一时至校授课后,十二时归寓,饭后方欲小睡,梅贻琦即至,劝其就职,十分殷切。他对梅贻琦说:"余之不就,亦非谦让,亦非规避,尤非鸣高,不过欲乘此多士云际,稍读书耳。"(第233页)

他以为意见已表达清楚了,拟待正式通知到后,作函坚辞,以作结束。第二天常委会正式下达聘书,十五日郑天挺先生即致函梅贻琦及常务委员会:"前以本校总务长沈莆斋先生荐天挺自代,经奉书请辞。顷承月涵先生枉顾,知方寸之诚,未邀曲谅,不胜惶愧。区区不就之意并非谦让,亦非规避,更非鸣高。诚以学殖日荒,思自补益。……本校素以扶持学术为任,想必以昭其悃幅,惠予同情也。谨璧上总务长聘书,诸维鉴照。"三时入校投之(第234页)。

他以为这样问题就彻底解决了,不料次日晚秘书主任杨振声来谈,说今日常委会讨论,众主挽留,并定明日下午四时来寓敦劝。十七日一早,他怕常委会诸人来寓,即先至学校告辞,候至十一时月涵未至,即去上课,下午二时复入校,诸人亦未至。五时查良钊、沈履来说大家在寓中相候已一小时余,推二人各处寻找。郑天挺对查沈二人说:"余在校任课五小时,明清史一课选者一百一十八人,在联大所负之责不下于人,而更有北大办事处、文科研究所之事,实无余暇再任此职。"并希望再转告月涵。

① 王玉哲:《我和中国上古史的研究》,《南开学人自述》第一卷,南开大学出版社,2004年,第229页。

晚上回寓,见黄钰生、查良钊、杨振声、施嘉炀、冯友兰留条,有"斯人不出,如苍生何?"之句。(第235页)这句话的分量很重,语出《晋书·谢安传》,这是以谢安讽喻郑天挺的。但北大仍有教授反对郑任此职,傅斯年反对尤力,陈雪屏转告:"树人(饶毓泰)、泽涵、大猷及理学院诸人意,均不愿余为此无代价之牺牲,其意盖事务组不改组决不可任也。"(第237页)这是认为事务组弊窦甚多,去了也干不好。在此两难之际,最后大家还以合作大局为重。过了几天,傅斯年和杨振声改变了态度,说若郑不就总务长之职,恐伤及清华、北大两校情感,无妨劝郑先就,周炳琳(枚荪)、查良钊、杨振声都劝郑就职,"以免引起校际间之磨擦,影响合作局面","止好牺牲个人,维持合作"。(第237页)

郑天挺之所以坚持不任总务长之职者,一是他职任过多,影响学术研究;二是由北大任总务、教务两长,恐有訾意;三是北大很多教授反对他接任此职。面对这种情况,他向梅贻琦提议,改教务长樊际昌为总务长,俟钱端升(法学院院长)访美归来后任教务长,梅很同意这个意见,但他要求郑先就此职,等钱端升回来后再离去。最后梅贻琦和蒋梦麟商定,让郑先接任至暑假。郑天挺向梅贻琦表示:余在职时,如有适当人选,余决让之,不俟期满。梅均同意。这样他便接受了联大总务长这一职务,岂料不但到暑假没能按期离去,一直担任到抗战胜利,联大各校复员之前,这是联大最困难的时期。当他二十七日参加常委会时,与会的冯友兰、黄子坚(钰生)、查良钊、杨振声等鼓掌欢迎,表示长达月余的总务长缺职问题解决了,学校的行政工作能正常运转了。

总务处,下设事务组、财务组、会计室、出纳组、文书组,职任相当繁重,负责联大全校的经费安排和后勤行政工作。抗战期间,经费困难,教职员薪俸按战前七折发放,由战区来的学生每月发放贷金,可支一月伙食,所以他刚一上任,就有火烧眉毛的问题。二十九日,梅贻琦就告诉他出纳组主任王君辞职,明日(三十日)需发放学生贷金和教职员薪俸,出纳组万不能停,他即召出纳组同人谈话,百般劝解安慰,务必按时发放贷金薪俸。"舌敝唇焦,温言厚礼,诸人幸而感奋,明日照常上班矣。"(第248页)当时物价飞涨,一月米价每石54元,至三月初已涨至每石105元,3月1日上班后,即与梅贻琦商量尽快购买食米,在政府未拨款米贴以前,先由各校垫发。凡工薪在二百元以下者各给二十元以维持生活,3月5日,全校校工罢工,贴出标语:"向事务组要饭吃",要求增加工资。次日上午他讲授清史,下午复入校商谈工友罢工问题,工友代表与学生均至下午四时就复工了。(第251页)

当时清华教职员对事务组甚为厌恶,认为其中弊窦甚多,必须改革,郑天挺对此于十七日召集会计出纳两组人员,提出会计账目事:一、现金出纳必有日报;二、各项支出必有旬报,分类报告;三、各系用款必有旬报(分类报告);四、本年度以前各项专款,从速清结,两组应密切合作。以杜绝弊窦。(第257页)

西南联大迁到昆明之初,与云南省政府协商,将昆明市一些中等职业学校迁至外县,暂将校舍让与联大。1938年7月联大购置昆明市西北角城外附近土地124亩,建立新校舍,聘请梁思成和林徽因进行设计。由于经费短缺,新校舍除图书馆和两个饭厅为砖木结构瓦房外,其余一律是土坯墙,铁皮顶,由于铁皮不够,学生宿舍全是茅草铺顶,仅能挡风雨。新校舍1940年4月竣工,8月交付使用。联大校舍中的总办公处、女生宿舍、物理实验室、进修班、高中补习班所用之房,均借之昆华工校,连日催腾甚急,于是不得不另寻租借房屋,多方寻访后,租得两粤会馆,租金年二万元。到了暑假,昆华师范、昆华工校、农校、昆华中学均催要房屋甚急,由于新建校舍没有教员宿舍,所以在学生搬迁过程中,也催要教师搬迁,他不得不四处寻租新房。7月31日,昆华中学索还昆中北院,其势汹汹,告以仅租南院,北院不能续租。8月9日上午来催,限当日腾交。申又枨、赵廉澄许多教授住在这里,午间与之磋商,仅允下午迁至北门里新租房舍。陈省身、王宪钧、吴雨僧(宓)、邵心恒(循正)、赵雨秋等人住昆华师范一字楼宿舍,8月2日来催,限五日内搬迁,27日与之协商,允9月1日搬迁。28日午后,郑正在午睡,吴雨僧、邵心恒来,谓催房甚急,连延迟一日都不允许,9月1日遂迁入新租之玉龙堆25号。(第305页)

分配房舍,进行搬迁,是一个极复杂的工作。8月3日,他和事务组人员、训导长查良钊到昆华师范挨户告以明日必须迁移到新校舍,有一室学生甚至要搬迁费,与查良钊争辩起来,他气愤道:"十数年来未见此类无礼之学生也。"21日决定将总办办公室由昆华工校迁至昆中南院,22日到南院,有女助教二人占住办公室不愿他迁,致会计室无处可移,往劝之,甚费口舌。"平生不善交涉,尤畏与女子交谈,竟不知何以处之。"(第302页)可见当时搬迁工作之难,盖由房舍简陋而又不足用。

本来他就任总务长时,与梅贻琦约定到暑假为止,但因校舍问题没有解决,不便提出,校舍问题解决后必不再留。谁知又一件事情发生了,梅贻琦忽然请辞常委主席职,他不但无法再提这个问题,而且还要设法进行弥缝。

五、梅贻琦辞常委主席之风波

西南联大迁到昆明不久,1938年9月28日,第一次遭到日机轰炸,借租的教职员宿舍昆华师范被炸,军训教官一人及其子遇难。1939年4月8日,日机23架第二次轰炸昆明乌家坝机场,为我机击落两架。1940年6月,欧战法国巴黎陷落,安南(今越南)是法国的殖民地,迫于日本的压力,关闭了滇越铁路。传闻日军将从海防登陆,危及昆明,国民政府教育部遂密令西南联大,考虑迁校。最初校方考虑先疏散家眷,迁移郊外,以免轰炸。8月26日蒋梦麟从何应钦(国防部参谋长)处得知,驻法大使顾少川(维钧)报告,法国已与日本妥协,北圻自海防达老街允许日本自由利用,形势愈加紧张。8月27日,常委会开会讨论迁校问题,有的主张入川,立即停课,有的主张暂缓,观察形势发展,有的言词激烈,对常委会工作不满。

8月28日下午三时开常委会,梅贻琦借检讨工作发了一顿牢骚,并述诸人对常委会指责之词,最后表示辞去常委会主席职务,并请加强行政机构,暗指此前有人提出设校务长之职。蒋梦麟极力慰留,会中情绪稍为缓和,决定推周炳琳、叶企荪、杨石先至四川勘察校址。一切照常进行,六时半散会。原以为梅贻琦在会中表示辞职乃一时情绪激动所致,经蒋梦麟诸人的慰留,事情已经过去了。不知何人从中拨弄是非,三十一日,梅贻琦正式来函,说明日将往呈贡(昆明南)休息,已辞去常委会主席职务,这立刻造成联大领导层的危机。

郑天挺先生认为,此事极端严重,按原规定,三校常委主席轮换制,若梅贻琦辞去常委主席,必须蒋梦麟接任,同时郑天挺为总务长,樊际昌为教务长,杨振声为秘书主任,这就造成以北大治三校,此法万万不可。他回忆造成此事的原因,是前数日(二十二日)在郑华炽家中,杨石先、陈序经、饶毓泰、罗常培曾提出在常委下再设校务长一职，以提高行政效率。郑天挺当即表示不可，如以为各长不称职，可以更换三长（教务长、总务长、训导长），如认为常委不负责，凡事都是合议而行，不应专责一二人，纵设校务长，行政效率未必能增进，"徒留倒梅之嫌，大不可也"。（第302页）此不利于三校合作。于是他打算向蒋梦麟建议，非清华、南开各任一长，切勿就常委主席之职。他将此意就商于汤用彤，汤很同意，并建议他亲往呈贡一行，面见梅月涵，或先作一函，表示同去就之意，如梦麟师能同去尤佳，于是他作一函致梅月涵："前辱盛谊，忝主总务，本以暑假为期，日前并以请辞之意面陈，尚祈先赐批准。"汤用彤认为不妥，复改为"先生若去，天挺亦当同退"。罗常培、陈雪屏再建议，复改为"先生若去，则天挺当即离去也"一语。汤用彤劝他亲往呈贡，于是他约常培、雪屏同行。当晚他把致梅贻琦信及将去呈贡一事，面陈蒋梦麟，蒋很同意，并嘱兼为代表。（第307页）9月3日早晨，他和罗常培乘车同抵呈贡，清华国情研究所设于呈贡，社会系教授吴文藻夫妇移居呈贡三台山。到吴文藻寓所，知梅贻琦与秘书主任杨振声住龙街，十二时在吴文藻寓会见梅贻琦，郑天挺先生向梅表达了蒋梦麟挽劝之意，在三校合作局面下，一人去留关系甚大，请不再言辞。梅贻琦谓近日倦甚，提不起精神。郑说或可小憩数日，即可恢复，可望不言辞，梅情绪大为缓和。午饭李文初设宴甚丰，诸人坚留明日回昆。郑说校中无人，当日下午下山，五时乘车返昆，即向蒋梦麟报告会见贻琦情形，四日蒋梦麟作函致贻琦，盼其即归。得知贻琦将于六日归昆明，即嘱借车往接。八日即照常到校理事，联大这一行政危机就此解决了。（第308—310页）

六、在炸弹轰炸下的联大师生

关于迁校问题，此前（8月30日）讨论主张入川，根据总务长郑天挺先生的核算，曾电报教育部，图书、仪器运费需七十二万元，教职员、学生行李运费需四十七万元，教职员、学生步行食宿需七十五万元，更益以杂费，非二百万不办也。（第306页）9月2日下午，得部中密电，续拨迁移费卅万，仰速迁移，并将迁移地点电复查核。这时却有各种相互不同的消息传来，四日蒋梦麟从龙云太太处得知，说中央有电，法国已拒绝日本所请，将与中国共同抗日，日本已致最后通牒，限五日答复，否则自龙州（广西）出兵，形势更为紧张，省府有西迁议，故而部中有催迁之意，五日晚饭后蒋梦麟又得到消息，日本对安南撤回最后通牒，形势稍缓，联大正在反复讨论迁校问题，是迁往澄江，以避轰炸，还是入川？9月18日法越当局已经对日本屈服，允许日本借道入侵云南。9月22日，日军分三路入侵安南。9月30日，日机27架从安南起飞，轰炸昆明，在金碧路马市口及城北各处投弹，东门建设厅被毁。数学系教授杨武之（杨振宁之父）家被炸，"被炸坑深丈许，墙瓦皆圮，惟余木架，椽头倾颓，伤心惨目。晤武之夫人，慰之，无语，但以未伤人为幸为言"。联大才盛巷公舍对寓一院亦中弹倒塌。（第318页）

10月1日开学，八时即有警报，至下午方知敌机炸开远。

10月2日，下午四时即开常委会（因上午至下午四时为上课时间）决议学校迁川。先以一年级理、文、师、法、工为序。为了避免轰炸，办公时间改为上午七时至十时，下午三时至六时，上课时间改为上午七时至十时，下午三时至六时，晚上七时至九时，每课40分钟，两课间休息5分钟，遇有警报一律停课，警报解除后一小时照常上课。郑天挺的明清史课也改为晚上。

自此连日警报叠作，10月7日，敌机25架，轰炸昆明北教场。以10月13日对昆明的轰炸最烈，敌机27架，从东北而南，师范学院(昆中北院)学生宿舍全毁，南院之联大办公室全毁，惟余椽柱，沙石满地，桌椅全毁，"余桌前屋梁之上，一红面棉被被其上，不知何处飞来"。清华办事处西仓坡对面北屋被毁，有深坑宽广二丈余。联大死工友二人，学生多人被灾，于是他即宣布，下午被灾学生各发贷金二十元。(第324、325页)关于迁校，几经讨论，11月13日常委决议，一年级在四川叙永，称叙永分校，杨振声任分校主任，多名教授组成分校校务委员会，杨振声为主席，一年级学生12月10日前往叙永报到上课。经过一番筹措，12月15日叙永当局派车五辆来接教师，先通知各人称送行李，定次日六时半上车，七时开车，结果到者唯蒋女士一人，七时十分他点名，事务组主任毕正宣始至，于大夫尚未至，十五分始齐，而司机未至，多方设法均不得其消息，八时半始到，八时五十分开车。郑天挺对此状况很愤慨地说："联大事务组之腐败于此可见"，"联大行政效率之不增进，全由于各个人皆有其本校之悬赏，与联大不相干之故。"(第152、153页)

由于昆中南院联大总办公处被炸，12月28日总办公处、教务、训导、事务、会计、出纳、文书、注册各组，以及常委会总务处，相继移昆明北城外新校舍南区(环城马路南)。师范学院移至西门外昆华工校上课。

自日本侵入安南后，对昆明的轰炸连续不断，日本占据的河内机场距昆明不足600里，联大师生整天在防空袭跑警报中学习和生活，凡敌机来先有二架来侦察，即发预行警报，在昆明城内五华山悬红灯或白旗，不鸣号。军人骑自行车持红旗在市内急行，为预行警报。当敌机临近时，鸣警报器，其声间隔较长为空袭警报，敌机已近，警报器鸣短而急，为紧急警报，人们赶快出逃，曰跑警报。敌机离开市空，警报器鸣而长，为解除警报，五华山悬绿灯笼。所以联大师生外出上课或办公，先看五华山有无红灯笼(或红球)，有时预行警报作，一小时无敌机来，以为不来，正常工作，忽而紧急警报作，上课者即速下课，办公者即速停止办公，向北门出逃，越过铁路，折而西至北山，北山有二道，东有山峡，有沟深而狭凡三层，称上、中、下洞，下洞又称一线天。其峡甚窄，是避警报的好地方，另北山近处有几处坟园，有遮蔽，所以跑警报者也多至此处，等到警报解除后才能回城，所以有些教师和同学跑警报时往往带着书，坐在这里看书，或者席地而眠，进行休息，郑天挺几次跑警报就阅读《笤笈日记》。(第353页)因为跑警报已成为昆明人的生活常态，所以当时有儿歌："预行警报，穿衣戴帽，空袭警报，出门就跑，紧急警报，心惊肉跳，解除警报，哈哈大笑。"(第380页)据传，雷海宗讲西洋史，不记得上次讲到什么地方，问学生上次讲到哪里，有一女生记笔记仔细，翻开笔记本说："现在拉警报，下课。"刘文典以校注《庄子》闻名，一次跑警报时，刘文典巧遇沈从文，对沈说：我跑警报，为了一部《庄子》，你跑警报为了什么？沈无言以对。[1]

昆明市每月公告一次敌机轰炸情况，1941年1月被轰炸6次，投弹50余枚，死29人，伤50人，毁房屋600余间(第374页)可见当时昆明的生活状况。

---

[1] 张怀瑾：《联大岁月拾零》《联大岁月》，南开大学出版社，2004年，第214页。

七、车夫事件

联大为了避免轰炸,曾在昆明城北十里的龙泉镇岗头村建屋十五间,部分带眷属的教授迁居其地,有周炳琳(枚荪)、饶毓泰(树人)、杨振声(今甫)、赵迺抟(廉澄)、吴大猷、戴修瓒(君亮)、孙云铸(铁仙)等。又留有三四间,为住城内的单身教师临时来住,郑天挺先生即将有关衣物和书籍、讲稿存放其地,用时来取。北大校长蒋梦麟及夫人陶曾穀亦迁至其地。1941年3月29日,岗头村发生一事,戴家女仆泼水于地,车夫老徐不察,竟致滑跌,与女仆发生口角,饶毓泰闻之,责其不应大声呼喊,车夫不服,便与饶毓泰吵了起来,口出恶言,高声骂人说:"不吃你们的饭,你们管不着。"因此引起公愤,周炳琳致函郑天挺,述其事情原委,要求北大办事处应即时革退该司机,另行雇用,戴家女仆,主人已经停用了。此信是由张景钺(生物系主任)转交的,郑对张景钺说,先令车夫老徐离开岗头村,然后再辞掉他,汽车司机固难得,而教授为学校之主干,教授与职员发生纷争,我一向是右教授而抑职员,况教授之主去一车夫乎!然余不愿对其即严厉处分,是恐其因此而有轨外行为。(第401页)次日上午,入校办公,他即召事务组主任包乾元来,告诉车夫老徐不得到岗头村去,蒋太太如用汽车,可雇他人代替。并请将这个处理先转告枚荪、树人。

下午三时,梦麟夫人蒋太太来,说诸人如此责备车夫老徐,且要斥革而不告诉她,这是有意侮辱主人,并说学校若开除老徐,我私家当用,不再支用学校工资。郑反复解释,说此可不必,我也不用开除的办法去处理。而且校长不在,不宜使外人作为谈资,蒋太太走了。4月3日又来说车夫不能去。

面对这种情况,郑天挺先生考虑车夫是学校雇用的校工,凭着主人的信赖,对诸教授有无礼言行,学校将其解雇是正常的,但若校方解雇,而蒋太太私家雇用,又会引起新的纷争。所以4月6日下午,他亲自到岗头村,面晤周炳琳、饶毓泰、张景钺,谈车夫事。炳琳等要求由学校开除,郑告以让他到别处工作,自动离去,并谓此事全由我负责,倘有处理不当,请以责余,不要归咎于蒋太太,更生其他枝节,贻人笑柄。不久蒋梦麟从渝(重庆)来函,说此事对夫人刺激太大,可来渝小住数月,并建议将两院隔开,另开前后两门,汽油库应隔过来,为前院另开一后门,车房可在后面,租一小块地另建,以免汽车出入,扰动前院。"工人可向马宅借用,司机暂避,工资等应照发,外面可说已走了。弟并非惜一司机,实在找人不易。"(第407页)蒋梦麟显然是听了太太的话,要把他们的住处和其他人完全隔开,各走各门。郑天挺回信说:"近顷校中虽称多事,实余之失职所致,来日大难,尚非长者高蹈之时。"(第408页)意在劝解蒋梦麟。19日,周炳琳来函,催促尽快革退司机,若等梦麟先生回来,发现此人开北大校车,又会引起大的事端,对学校大为不利,要郑当机立断,不可拖延。饶毓泰也大发脾气谓:"在北大八九年,不如一司机之重?"对此,郑天挺向他们解释,我最尊敬教授者,但恐真由学校开除而成私家仆人,这样,则同人之受辱,余个人之受辱,学校之受辱,更胜于目前的情形,所以我对司机的处理办法是先停其职,并停用汽车,使之移出岗头村,委曲求全,实为同人计,尤为学校计也。

关于蒋梦麟主张将两院隔开,以期减少纠纷,郑天挺先生考虑这样做有困难,他主张,后门不另开,院中不隔墙,而只将车房隔离,以免汽车出入,扰及同人,就可以了。至于隔离之法,或以土基,或以蓖秆。二十二日,他命包乾元率工人往院中察勘,赵廉澄、吴大猷等以为是蒋太太所使,于是又大闹一场,高声咆哮,指斥郑天挺,认为这样做不妥,前去质问,蒋太太答以是梦麟来函,由郑派往。他知此事后,又亲往岗头村进行解释,此事出于误会,蒋太太以为诸人故意作难,意在排斥校长,诸人误认为将两院隔开乃出于蒋太太,对诸教授不满。吴大猷说大家并没有这个意思,让郑天挺从旁予以解释,这一场纷争从此就算结束了。他让工人只将汽车房单独隔开,公舍院中,只用土坯立一矮墙。院中同人仍然出入相望,不有疏离之感,像周炳琳(教务长)、饶毓泰(理学院院长)、赵廉澄(经济系主任)、吴大猷等,都是当时北大重量级的人物,必须作好团结工作。

八、陈寅恪留港与倒孔运动

陈寅恪(1890—1969),江西修水人,清华大学教授,被称为"三百年来第一人"的大学问家,史学大师,他在王国维挽词中提出的"独立之精神,自由之思想",为中国学术界奉为圭臬。七七事变发生时,其父陈三立老人有病,9月14日逝世,陈寅恪料理完其父丧事后,携妻女与北大毛子水等人于11月3日离开北京到达天津,乘船至徐州,转陇海线至郑州,又转车至武汉,乘粤汉铁路于11月20日到达长沙临时大学,1938年2月临时大学又西迁昆明,文法学院设在蒙自,陈寅恪一家又从桂林到香港,到香港后,夫人唐筼有心脏病留港,陈寅恪与政治系教授浦薛凤及二女生由香港于4月23日到蒙自,文法学院在蒙自仅三个月即迁回昆明。北大文科研究所恢复,陈寅恪被聘为研究导师,与郑天挺先生等住靛花巷文科研究所楼上。

1939年春,英国皇家学会授予陈寅恪研究员职称,其收到牛津大学教授聘书,请赴牛津讲授汉学,并配备一名汉学副教授休斯为其助手,这是牛津大学创建三百年来首次聘请一位中国学者为专职教授。陈先生也想借赴英机会治疗眼疾,遂答应就聘,于6月22日乘车由安南转赴香港,作赴英准备,抵港不久,欧战发生,地中海不能通航,只好又于10月返回昆明,1940年6月17日偕郑之藩(桐孙)再赴香港,将他指导的隋唐史研究生托郑天挺负责,等候赴英之飞机,忽得驻英大使馆来电,告以因时局关系,需待时一年,日军出兵攻占南宁,滇越交通中断,无法再回昆明,为了生计,8月应香港大学客座教授之聘。

1941年12月珍珠港事件发生,12月13日九龙半岛失守,25日港岛失守,英军15000人投降。12月18日,最后一架中航空中行宫号降落香港启德机场,迎接当时在港的中国政府要员和各界文化名人,包括陈寅恪,当时中研院院长朱家骅已拍密电,让陈寅恪做好准备,陈寅恪携带家口,匆忙赶到机场等待,却被挡在圈外,不许登机,报传孔家女眷为了把自己的洋狗和箱笼诸物带上飞机,而不许别人登机,当这架飞机抵达重庆,许多接机人员一看没有自己要接的人下机,也没有陈寅恪,只见孔祥熙夫人及老妈子、洋狗和箱笼等物,见诸报端,一时舆论大哗,称孔祥熙为"飞狗院长"。

消息传至联大,群情激愤,认为陈寅恪生死未卜,便谋划倒孔运动,联大青年团负责人陈雪屏得知后劝阻无效。1942年1月5日,联大即有许多壁报,斥责孔祥熙家族,揭露此次恶行,有人劝训导长查良钊去撕,结果愈撕愈多。1月6日即发生了倒孔大游行,画孔祥熙像,打着大旗,书"打倒"字样,高呼口号有"拥护蒋委员长""拥护龙主席""拥护修明政治""打倒孔祥熙""打倒贪行"等,在市内游行,游行后回新宿舍便开会,有主张罢课者,未通过。此事发生后,1月9日上午,联大即召开学生大会,请昆明警备司令宋希濂讲话,然后常委训话。梅贻琦劝学生适可而止,不得有其他行动,所有标语条告均应撕去。蒋梦麟则坚定表示,若再有行动,学校应当自行停办,以免影响抗战局面。第二天发现标语并未撕去,便命工友撕去,洗刷干净。(第502—504页)

此次倒孔行动,对国民党当局震动较大,12日蒋梦麟说,昨日陈布雷来电,奉委员长命问学生事件经过,同时派三青团总负责人康泽来昆明进行调查。

当时传闻陈寅恪在港遇难,引发学生激愤。2月1日,郑天挺先生从向达处得知陈寅恪先生在港平安无恙。

3月初,蒋介石访印归来。3月3日下午六时,宋美龄在云南大学泽清堂为昆明各大学女生讲演,至时女生已经进入,男生便绕窗数层而听。在这次讲演中,有学生问孔祥熙夫人自香港运狗至重庆事,"蒋夫人否认之,谓其姊自幼畏狗,何能带狗?"(第525页)另有一说,蒋夫人回答说:我阿姐(蔼龄)是最怕狗的,洋狗乃飞机机司所带,箱笼等物也不是孔家的,为之辩解。①

九、教职员生活之困难与郑天挺大病

郑天挺担任联大总务长职务,几次欲辞而未能,因为负担太重,联大教职员学生五千余人,在战时的昆明,要保持足够的物质生活,就是很大的难题,在长沙临大时,规定教职员工资按七折发放,1938年2月,郑天挺的工资是360元,除50元基本生活费外,实发267元,到蒙自时,教职员包饭,早饭:粥、鸡蛋,午、晚:米饭,菜有鱼或肉,每月12元,等于当地政府各局三等办事员月薪,生活还是相当充裕的。西迁昆明后,物价连年飞涨,如1939年4月,蒙自米一石30元,1940年1月,昆明米一石54元,教职员包饭每月50元。米价涨了,就等于工资缩水。当时昆明人口众多,高等学校除西南联大而外,又有中法大学,蒙自有航空学校,大理有中山大学,又有大量驻军,本省粮食供应本来就很困难,黑市米价一度达一石105元,联大为解决师生食米问题,1940年2月成立了食米消费合作社,由郑天挺、查良钊等人负责。1940年4月郑天挺接任总务长时,得知富滇新银行经理缪云台主办越南米运销事,成本每石54元,教育部购买可至50元,暂时解决了联大食米问题。但如何处理这些问题,却有许多意想不到的棘手事情 。

1941年1月教育部明令,国立院校教职员薪金一律全额发放,教育部并命令联大报1940年11、12两月大米市价,联大电复公米每石80元(1937年下半年8元,三年内上涨10倍)。根据这项消息,联大准备先发1940年1—12月米贴(米价每石按50元计,超出者进行津贴),有眷属者,按人口计量,每口二斗一升。必须诸人自填眷属人口,并须同事一人或系主任为之证明。北大有两同事,以为这样有辱教授人格,深表不满。于是发现某教授之女公子新嫁某助教,仍填在母家,未说明何时已嫁;又有某教授生子四个月,亦照填一岁,而未声明何时生;尤奇者,有某教授夫人月内可分娩,而其子之名已赫然填在调查表中,说依外国法律,婴儿在母胎中已享有人之权利矣。郑天挺先生对此很感慨地说:"呜呼! 此他人辱之乎! 抑自辱乎! 何不幸而见之我北大乎!"(第367页)

---

① 岳南:《南渡北归》第1卷,湖南文艺出版社,2015年,第416页。

在工薪问题上,也有类似现象,北大、清华、南开各自的工薪等级不同,清华因有庚款,比其他各校较高,合并为联大后,原工薪等级不变,新增者三校一律平等。1940年6月,郑天挺与清华的冯友兰,南开的黄钰生商谈薪俸调整事,议定教授、副教授、专任讲师参照清华办法,由各校斟酌本校情形,自行办理,但应互相通知,以为参考。但清华大学少壮派教授以待遇不平为言,请学校加薪,遂各加四十或五十,全校皆然,而北大、南开亦继之。于是少壮派教授复以各校皆加,其不平仍在,于是又加于薪俸较低者三十或四十。对此郑天挺先生认为:"国事至此,而仍以一己收入是争,可谓毫无心肝,余故力主他校不再加,以愧之且免其再争也。"(第284页)

联大教授兼任行政首长,不但不加薪,而且教学工作照常。郑天挺先生本任北大秘书长,要处理北大的日常行政事务,任联大总务长,要处理联大三校的日常事务,对学生授课仍然照常。在长沙临大,他讲隋唐五代史,每周三节;在蒙自仍授隋唐五代史,一三五下午二时半至三时半;文法学院迁回昆明后,他讲授明清史和清史,明清史每周两节,清史是为已选过明清史而对清史有兴趣者开设,每周一节。当时文法学院在小西门外农林学校,他住柿花巷,至小西门外上课,需步行一小时,1939至1940年,每周五节课,每周一三五上午授明清史三小时,二四下午授清史二小时。当时选课者多达110至150余人,有些理科学生也选这些课。1954年暑假,笔者回陕西老家探亲,和南大化学系教授陈天池同在一个车厢,他是去兰州大学的,闲聊起来,他说他在西南联大就选过郑天挺的明清史。

郑天挺先生日记中记载,八时起,九时到联大办公处办公,十时至十一时给学生上课,十二时回舍中午饭,小睡,三时再至才盛巷北大办公处办公。每周三下午至西仓坡清华办事处开常委会。有时因白天避空袭警报,授课改在晚七时至九时,白天没有功夫读书备课,往往晚上到十二点或两点才能休息。由于开会处理各种事务,与来人谈话,误了公舍开饭时间,随便到临街小店买两个烧饼充饥,或随便吃一碗面条、米线。例如:(1942)5月2日,"七时起,八时入校治事。云大路会计主任来,送还案卷……近顷午间甚忙,归寓往往不得食。自本月始,不复在寓包饭矣"。(第551页)(1942)8月28日,"七时起,八时入校治事,与子坚等商校舍事,忘时刻,归已无饭。幸宝骙有馒头五个,佐大头菜食之"。(第599页)另外,又有各种送往迎来的公事应酬,不能按时休息,由此使身体饮食失调,营养供给不足,终于在1942年12月病倒了。

"先是十三日午睡,风吹窗开,直界卧处。晚食鸡,遂觉头痛,微嗽,一嗽而头震愈痛。向宝骙(同舍数学系教授许宝骙)索阿司匹林一丸,向莘田(罗常培)借大衣一件,服后加覆而寝。仅十时半。"

"十四日,八时起,十时入校,欲上课,到课室后,觉身体酸痛乃停,回办公室告诉同人:今天不办公了。午后,头微痛,似有发烧。"

"十五、十六日,身体仍觉疲倦,勉强上课,脸色红,似觉发烧至三十七度二,联大秘书沈刚如开一疏表中药服之。至十七日头痛较甚,作嗝不已,认为是胃病而非伤寒。至十八日,发高烧,作嗝不已,屁多,畏寒,神经极乱,经徐大夫诊视,认为是斑疹伤寒,高烧至38.9度,至39.3度,此病在外省则认为是大病,在昆明则认为是轻伤寒,所谓typhoid也。要静养,给加斯加拉三粒,晚服其一。至十九日,大泻数次,竟日未起,大便亦在床上,经验血,白血球至七千八百余,徐大夫谓非伤寒,非疟疾,必斑疹伤寒,晚服加斯加拉一粒。至二十日,夜睡昏迷,似有乱梦,徐大夫谓五日后必昏迷不醒,又头疼耳鸣。

徐大夫意谓高烧过后，出了斑疹，体温降下来，就会逐步好起来。日常生活由靛花巷同舍外文系袁家骅、数学系许宝騄照顾起居。二十一日委托公舍工友按食单送饭，早六时鸡蛋花，九时豆浆，十二时牛乳，三时半菜汤，六时半鸡蛋花，九时半牛乳。连日发空袭警报，也不能下床出屋，几位同舍教授也日夜相伴，不避警报。罗莘田来相伴而谈，雷海宗送来鸡汤。更令他感动的是德籍教授米士(Peter Mich)也不避警报，留舍相伴。""此真舍生命以维交情者也，古人生死交情不过是也。"(第641页)梅贻琦、蒋梦麟多次探望，送来营养品，请他移至才盛巷北大办事处住，他单身，怕别人家属照顾不大方便，谢绝了。陈雪屏也建议因市内避警报，不如移至乡间岗头村，安心静养，他也没答应。至28日，烧稍退，校警队派人来侍候，可以安心了。他的居室在靛花巷二楼阴面，袁家骅居室在阳面，从18日卧床至今30日，才下床出屋至家骅室内，静坐晒太阳，体温下降至36.8度。

在病中前来探视者络绎不绝，蒋梦麟二次，梅贻琦、冯芝生(友兰)、黄子坚(钰生)、查勉仲(良钊)四次，陈序经二次，陈省身二次，朱佩弦(自清)、雷海宗二次，冯文潜等联大教员同事、职员同事，北大教员同事，南开教员同事等，据日记所记近百人，有的每日必来，或每日数次者。这次大病一月有半(按斑疹伤寒，潜伏期为一周，恢复期在40天)，到1943年1月才入校办公。对于这次大病，他自己总结谓："平素自负身体强壮，且以自知谨慎，不意在此竟有此大病，余自省月余以来，饮食失节，每日午间一时后始出办公室，既不及按时归食，或就小店零食，或归以馒首佐冷菜冷肉食之，多寡冷暖无常无序，此积食也。联大总务处事杂，更益以事务组，月余来又为讲演事，多翻简册，余就寝，枕上必读，往往至一时半以后，每夜睡眠不足六小时，而午睡或能补足，或不能补足。自北大办事处移才盛巷，每周必二三往，往返必三四小时，此积劳也。余之衣被寄藏乡间，在城仅薄被一床、衬绒袍一件、破棉袍一件，已不能穿。月初天气骤寒，日夜仍惟此而已，日间勉可支持，夜眠多不能酣，此积寒也。"(第643页)于此可见，当时西南联大教授之生活，饥寒交迫，甚可悲也。

1943年、1944年抗战到最后关头，日本占领安南、缅北、香港之后，逼近云南，一度占领云南之畹町、芒市、腾冲，昆明物价飞涨，1943年6月米价一石九百元。郑天挺病后上班，仍然得苦撑这个局面，联大许多教授多在校外兼职，有的教家馆，如唐兰、闻一多，以添补生活。闻一多曾挂牌为人篆刻下列润例。(郑天挺先生仙逝后，克晟世兄约笔者整理先生遗物，有多张这类张贴。克晟兄交笔者保存，笔者搬家数次，也弄丢了。)校中同人也有营商以资助生活。1943年8月，他的长女郑雯，不愿意在伪北大外文系上学，由北平经洛阳、重庆至昆明，准备考入联大插班生。十一月天冷，若作一套衣服须四五千元以上，不得已，郑天挺将自己一件旧驼绒袍子，加上以前所购罗斯布为面，改作女长袍一件，手工已二百五十元矣。(第758页)他任总务长时，联大必须保证每月三十日发薪，1943年9月1日，他上班后发现昨日并未发薪，大怒，询之乃因联大秘书沈刚如未到校，无人代常委盖章。"遂命人往寻，责令下午必发，今非昔比，同人中盖有不能迟半日者也。"(第752页)可见当时教职员生活之穷困，有人正在等米下锅呢。

十、知识青年从军

1944年10月14日，蒋介石提出"一寸山河一寸血"的口号，发动"十万知识青年从军运动"，号召知识青年从军。此号召发出后,未见西南联大有积极响应之电文,蒋介石不知其意,便派力行社头目刘健群于10月28日到昆明。10月30日梅贻琦即召开校务会议,讨论知识青年从军问题。经讨论,向中央提出五点建议:一、新军军人不必入党;二、训练宜在昆明,宜用外人;三、军需宜用社会中众望素孚之人;四、宜用青年将领统率;五、军队待遇一律提高,青年一律抽签。这几条建议是针对当时军队之腐败而发。最后并由冯友兰起草,周炳琳、钱端升、潘光旦、施嘉炀参加意见、修改,上蒋介石意见书谓:"我国家在主席领导之下,经七年无量之牺牲,今幸转败为胜,转弱为强之时机,斯乃旷百世而一遇,难得而易失者……万一人谋不臧,失之交臂,则不但七年来成仁之将士、死难之同胞永不瞑目于地下,即炎黄在天之灵,亦将抱遗恨于无穷。"这个建议原计划要发表,31日新闻稿已经拟好,尚未送出,刘健群得知后,建议缓发,并约下午三时与梅贻琦晤谈。11月1日下午梅贻琦招待刘健群茶会,并与校务会议同人一谈,刘健群谈了政府发动青年从军的经过,针对诸教授讨论的不同意见,明确表示此建议已电话告知陈布雷,请其呈上速阅,答复将告知蒋梦麟带回昆明。"此电若公表于报纸,则军队将生极坏之影响,且将牵动抗战前途。"(第947页)会议不欢而散。

联大从14日开知识青年志愿从军征集委员会,郑天挺是委员之一,决议从即日起进行登记,至30日止,各委员轮流值日。从11月14日开始登记,报名并不踊跃,29日早,郑天挺值班,无一人报名,下午召开了动员讲演会,先是梅贻琦,其次钱端升、冯友兰、周炳琳、闻一多、燕召亭,各从不同方面进行讲演,说明此次知识分子从军之目的,五时散会。第二天(30日)报名即很踊跃,从十时半至下午五时半,报名者119人,连以前报名者共149人。在拓东路的工学院35人,共184人,较之政府所望于本校者多八十余人。当日情形十分热烈,时时张贴登记消息,进行鼓励。12月1日又登记者34人,12月2日,又增加103人,其中工学院7人,有学生来信,要求登记延期,至12月9日报名截止共340人,其中教师5人。

二十六日,发从军学生补助费五千元、草鞋、医药费一千元。二十八日送从军学生入营,八时入校,结队照相后出发。大队从新校舍北区集合,入城阙口,由昆中北院经文林街、青云街、华山北路,在省党部稍停,赠旗,转华山东路、平正街,西折至圆通街、北门街,出北门至北教场入营。今日联大入营者151人,云大18人,中法大学6人。联大随大队送行者有伯伦(雷海宗)、柳漪(冯文潜)、杨石先、查良钊、商承祚诸人,学生数十人。(第989页)

知识青年从军,此亦联大对抗战一重大贡献。

十一、国民党六届代表大会的选举笑料

抗战时期,国民党为了推行他的党国政策,在各大学建立党组织。1939年8月24日,蒋梦麟与梅贻琦招待联大三校负责人,谈加入国民党事,说中央要求各大学重要人员均应入党。对此,郑天挺先生说,民国十一年(1922)我从北京到福建参加革命,当时国民党尚称中华革命党,我每天与党中同志相处,但未入党。民国十六年(1927)我在浙江省民政厅任职,日日周旋于党政诸要人之间,亦未入党,十九年(1930)奉孟邻师入教育部任秘书主任,亦未入党,"所以未入党者,不愿以入党猎官固位也"。可见他对加入国民党有自己的看法,不愿借入党猎取官位,现在抗战时期,中央要求入党,为了保护学

校和孟邻师才决定入党。众推钱端升、周炳琳、吴有训为筹备委员。（第182页）1940年6月14日下午四时，联大国民党区分部在西仓坡清华办事处宣告成立，举周炳琳、黄子坚、冯友兰为执行委员，查良钊为候补委员。"自今日始，余列名党籍矣。"（第280页）先是校方负责人入党，然后是各系主任入党。姚从吾为历史系主任，入党后甚为热心，陈寅恪先生谓此人好而诈。

1945年5月国民党召开六届代表大会，西南联大与云南大学推举代表一人为冯友兰。会后据冯友兰讲，最初改定政纲，表现甚好，最后一日选举中央委员，深使人失望。选举法初定自由选举，每候选人须三人提名，每代表只能提名一次，既而改为自由报名为候选人，并可由总裁指定统列一单，由各代表就其中任选四百六十人，以得票多者当选。及选举之日，总裁莅会谓选举法不妥，改为由总裁提出四百八十人，交各代表团圈去二十人，以得圈去票多者为落选。实际五分之四以上为用圈去法，实为内定名单，引起代表的极大不满。大家知道这是由于国民党内部派系斗争所致，一派被认为是保守派的CC派（陈立夫陈果夫中央党务派）与地方党务派，一派为进步派，乃青年团、军队、教育界、陈诚派、朱家骅派、孙科派的联合，两派明争暗斗，争夺席位，选举法之数次改变，即由于此，"未免太不成新式选举法。"（第1041页）此事在联大影响极大，一个偌大的国民党，居然如此选举，真是天大的笑话。

十二、蒋梦麟辞职与代校长之纷争

国民党六届全会开完之后，随之开了六届一中全会，蒋介石辞去行政院长职务，由宋子文接任，蒋介石专任主席兼统帅。此前，北大校长蒋梦麟1944年12月率中国学术代表团去美国参加太平洋国际学会，并进行学术考察，为北大物色人才。1945年5月28日，周炳琳从重庆归来，传言宋子文在美将请孟邻师任行政院秘书长，他已答应了。郑天挺当即表示，可能不确，假若当真如此，未免辱人太甚，这不仅是孟邻先生个人的耻辱，也是学校的耻辱，孟邻先生若接受这个职务，他一生在教育界之地位全部丧失无遗了。对此，陈雪屏说，在重庆的看法与此不同，此后各部及一切大事，均由行政院决定，责任很重，宋子文将经常在外，坐镇行政院必由老成持重者任之，所以多盼望孟邻先生能任此职，对学校有利。郑天挺则认为，这毕竟是幕僚性质的事，与政务官不同，且师已年近六十，若事事必亲，亦非所以敬老之意。余决不能为此事也，为师计，殊不宜。在郑天挺先生看来，北大校长一职比行政院秘书长一职更为重要，受人尊敬。

结果20日报载蒋梦麟与宋子文同机从美国飞回，直飞重庆，没有在昆明停留，即引起北大教授的诸多不满，认为如此重大事情，蒋梦麟没和学校同人商量，有所安排。郑天挺当即致信蒋梦麟，托蒋太太23日赴渝时带去，书谈三事：一、同人属望甚殷，此次回国未能先到昆明，应来书向同人有所表示；二、为将来复校计，联大以仍用委员制；三、提胡适为继承人。另致书傅斯年，请将二、三点告诉教育部长朱家骅。

28日，昆明看到27日重庆大公报发表蒋梦麟谈话，说他任行政院秘书长乃是暂时权代，仍兼联大职务，这一下，在联大又炸开了锅，原联大教务长、北大法学院院长周炳琳表示，孟邻师此次未能事先与北大同仁商量，并对北大事作一安排，大为不满，以后北大应由胡适之师主持，孟邻师不宜再回北大。29日，得蒋孟邻书，谓联大事（指常委）枚荪（周炳琳）代理，北大事由天挺负责。30日北大教授开茶会,讨论蒋孟邻任行政院秘书长事,郑天挺将蒋孟邻的回函让大家看了,吴之椿说行政与教育不应混淆为一,原则上校长不应由行政官兼任,传统上北大无此先例,而且反对此种办法最久,毛子水原则上赞成吴之椿的意见,行政官不能兼任校长,周炳琳言词更为激烈,说此次孟邻先生未能先回昆明与同人一商,实属错误,孟邻先生太粗心,细密处全不考虑,"主张请孟邻先生要作官就作官",应明确表态。于是改谈话会为正式的教授会,一、电孟邻先生即回昆明;二、电请适之先生返国。也有不同意见,如张景钺、吴大猷、贺麟等认为孟邻先生已被迫就职,无法挽回,对学校亦无不利。最后决定由周炳琳、钱端升、郑天挺电胡先生回国领导学术,托周炳琳将今日会场情绪转述孟邻先生。当日到会者28人,会后由周炳琳、钱端升、汤用彤起草电稿,周炳琳在发函时又加上:"坚决反对校长兼任官吏,并以张延休辈为言。"(第1053—1056页)按张延休原为部派官员,1942年3月曾为北大筹备边疆学院,外间对此颇有微词。面对这种情况,郑天挺先生致函蒋梦麟进行解释:"此次同人之偶有谈议,实为原则上不希望师兼秘书长,非谓师不宜为校长也。枚荪之意亦复如是,但其言较切直耳。"(第1062页)

蒋梦麟在重庆看到周炳琳转来北大教授会的意见,傅斯年往晤,谈到北大同人欲其辞职。蒋甚为伤心,彻夜未眠,面对此情,只有坚决表示辞职。8月6日回到昆明,表示坚决辞去北大校长,以为如此,始能使校内外无事,若仍兼职,不但与自己以往主张不同,若万一有人指责,校内均无以自解,关于继任人选,决请胡适先生继任,胡未到之前以汤用彤代。但汤用彤表示坚决不代,说非逼我代,我就离开北大,并说若郑天挺肯代他愿协助,张景钺、章廷谦、樊际昌、毛子水也主张由郑天挺代,郑说:"余何人斯,乌足以试此? 且以未在外国大学读书者而代大学校长,不为天下笑哉。"表示坚决不代。

这时美国已向日本投下原子弹,日本已有投降消息,而联大、北大还为代校长事纷争不休,11日蒋梦麟离昆明前表示,到渝后即请辞,推胡适继任,胡未回国前,由枚荪(周炳琳)、锡予(汤用彤)、毅生(郑天挺)择一暂代此职,12日,回重庆去了。

8月15日,日本投降,抗战胜利。联大常委决定,本学期9月3日起上课十二周,于11月26日考试,考试毕如交通已恢复,即行迁回。

关于北大代校长事,朱家骅曾向蒋介石建议,蒋梦麟请辞后由胡适代,但蒋介石对胡适不感兴趣,说:"任傅孟真何如?"傅斯年得知后即上书最高,说自己身体不能胜任,并推荐胡适之最宜,且可协助政府,托张道藩面呈。数日未见消息,又缮写一份,再托人面陈。朱家骅再往推荐,蒋答云:"适之出国久,情形或不甚熟悉。"朱再为解释。直到9月4日,国府发令,蒋梦麟请辞北大校长,准辞,任胡适为北大校长,胡适未到任前由傅斯年代理。这场代校长的纷争就此结束。

十三、日本投降后前赴北平接收

1945年8月15日,日本正式宣布无条件投降,抗日战争基本结束,西南联大即考虑筹划三校迁返平津问题。8月23日,联大常委会决定成立三大学联合迁移委员会,聘请郑天挺、黄钰生、查良钊、施嘉炀、陈岱孙为委员,郑天挺为主席。30日,郑天挺接到教育部长朱家骅电:有要事速来渝面商,赴平津一行。这时北大许多同人还不愿意让郑北去,说他一去,此处北大无重心,将受人欺凌云云。因为此时代校长事还未解决,但郑表示,我不能不去,我若不去,恐怕别人以为我有愿代校长之意。9月3

日他乘印度加尔各答过境飞机赴重庆,同机有原云南护国将军金汉鼎、王泽民,及电影明星蝴蝶夫妇。到重庆后下榻中央图书馆,得知傅斯年为北大代校长,教育部组织两委员会,一为平津区教育复员辅导委员会,主任为沈兼士,委员邓以蛰、英千里、郑天挺等八人;一为东南教育复员委员会,主任为蒋慰堂。在重庆等候飞机,至10月1日才与黄钰生、陈雪屏乘机先赴南京,到南京后又等飞机,其间10月3日至5日到上海探望张表姊,得知三弟少丹去世,惊骇泪下:八年来以儿辈累弟。吾负弟矣! 六日复回南京,此时南京与北京仍未通航,仅有美国联络机。教育部任命陈雪屏为北平大学补习班主任,在南京等机一月,11月3日才乘机由南京到北平。(郑氏日记缺11、12两月,故而初到北平事不详)

在日本宣布无条件投降后,8月19日,教育部长朱家骅即宣布,沦陷区各级学校照常上课,等待接收。日伪时期北京有伪北大、北京师范大学、北平大学等,郑天挺前去主要是接收北大校产诸事,陈雪屏负责接收北平各学校。伪北大有文、理、法、农、工、医六个学院,即按此将北平各学校划分为一至六个补习班,师大为第七分班,艺专为第八分班。每班由联大派专人为主任负责。这些学校先由补习班主持上课,然后由北大接收。北大原有文、理、法三个学院,复员后准备增加医、工、农三个学院,所以他每天到原北大沙滩红楼上班,清查校产,与平津区主任沈兼士商议,考察被日伪据有新的房舍,作为北大复员后扩展之用。又协助陈雪屏处理补习班,裁减冗员,清除亲日伪的旧教员,聘任新教员,他觉得冗员太多,不裁减无以对国家负责,但裁减后,被裁者可能生活无着,斟酌再四,他决定"决使一家哭,不使学校费"。按当时统计,补习班八班共有学生、教职员、工友人数如下:

学生:大学4068人,中学1470人,小学1943人,共7481人。

教职员:大学1353人,中学204人,小学1557人,与学生比例约为4:1。

工友:大学1042人。

"此任何学校之所无,不惟可惊,抑且可痛,吾不敢以私而废公,然今日竟以此裁人事,竟日为不欢。"(第1127页)

在聘请新教师时,其中初聘俞平伯为第二分班国文系讲师,辞不就,遂聘兼任教授,又不就,复改为名誉教授。此事引起新聘其他教授的不满,如孙蜀丞(人和)要辞职。对此郑天挺说,原请俞平伯是念其八年不出之节,没有出来为日本人服务,在讨论时,沈兼士即以其曾在殷同(伪华北建设总署署长)家教书,而且和知堂老人(周作人)过从较密,表示异议。在班务会议时,郑天挺推荐其主持大一国文,叔存先生(邓以蛰)也不大同意。"余推之乃定,何必自炫如此,殊不可解。"(第1129页)可见俞平伯其人自视甚高,不知自责。

从1946年1月起,对补习班教员资格和薪俸进行审察,初定较宽,然后进行讨论,有时宽严各自理解不同,郑天挺先生主张应按原则,区别对待。在留用伪文学院教员徐祖正、容庚、郑骞问题上,就和傅斯年等人发生争执。他说初来时,无人相助,不得不参用旧人。学校选聘教授,不以学问为标准,前途必无进步,若杂以感情,尤非学校之福。1946年5月4日,傅斯年以北大代校长身份来北平。

另外,关于补习班学生的学籍问题,对第二班外文系日文组学生学籍,傅斯年主张三年级学生发给专修科毕业证书,令其离校;郑主张令其改系。傅斯年认为这些学日文的学生是别具肝肠,意为思想亲日,郑则认为中途勒令离校,非情理所许,诸生学习日语,因学校有这个系组专业,今学校取消此组,仍令以改系为宜,现北大无专修科之设,以专修科使之毕业,非驴非马,非学校所宜。因为此类问题,不仅涉及日语专业,还有其他专业,北大、清华复校后,原补习班学生学籍应属何校?正好这年5月底蒋介石来北平视察,6月1日傅斯年、陈雪屏晋见时,请求将新市区及原日本参谋部所驻地拨与北大,以及昆明教职员北返旅费不敷,请加以补助,均被允准。对教育界情形,主张宽大。第二天,北平行营扩大纪念周(国民党每周一举行孙中山总理纪念周),傅斯年与陈雪屏问新接收学生的毕业生学籍如何处理。蒋介石答,毕业生参加某大学的毕业考试,成绩及格即发给某大学的毕业证书。这个问题就这样解决了。(第1183页)

6月中旬,北京有人联系文化界名人签名,为汉奸周作人作保。周作人,原北大文学院教授,七七事变后留京投降日本,任伪北大文学院院长、日本华北政务委员会委员、教育总署督办等职,日本投降后,1945年12月6日,在北京被军统局逮捕,1946年5月被解送南京受审。当时沈兼士、董洗凡、张怀等先后签名,俞平伯送请张佛泉签名,鲍文蔚送请陈雪屏签后,复送郑天挺签,郑以"呈文措辞未尽善,婉辞之"。他认为周于伪职内,对于北大、清华图书仪器,确有保全之功,但呈文对其投敌叛国诸多罪责强为说词,所以他拒绝签字。陈援庵(垣)亦拒签。(第1189页)由此可见,郑天挺先生坚守爱国民族之大节。当年11月周作人被判14年有期徒刑,剥夺公权10年,后以其年高(63岁)从逆后并无重大恶行,12月19日改判有期徒刑10年。

由于战后交通紧张,联大复员北返一再展期,1946年4月迁移委员会与联合国善后救济总署商妥,将于5月拨车,分批送学生至长沙梧州。因此常委会决定本学期4月27日结束,5月2日至20日分批出发,下学期定于10月10日三校各在平津开学。这样北平方面就得加紧准备,一是对各补习班尽快接收;二是部令拨给北大房舍,尽快修缮;三、原北大教职员宿舍尽快清理。郑天挺先生几乎是每天上午办公至午后一小时,始出午饭。而且公务应酬极多,来客不断。6月18日,得长女郑雯信知已达上海,拟从上海乘机回平。7月2日他与清华同人聚餐,商讨联合招生事宜,此时他的心情是等待北大返平后迎接北大学术的新时代。7月7日,为全面抗战九周年,家里来客很多。晚饭后,他回忆抗战前情况:"二十六年今日,倭虏启衅,其年冬余将北平、北大诸事结束,并协助教授同人南下,资遣同人及工友毕,余遂只身南下,留儿辈于北平,含辛茹苦者九年,而未尝稍馁,固知必有今日。九年中,所怀念惟儿辈耳,余诗所谓'万里孤征心许国,频年多梦意怜儿',即当时之心境。'海天急鼓收京近,为结西山红叶期',即当时之信念也。"(第1196页)

每日照常办公,接见来客,忽于14日传来惊天噩耗,这天,七时醒,以星期日无事,复睡两小时乃起,次女郑晏得友人电话说,报载前日中央航空公司飞机自沪飞平,在济南失事,名单中有郑雯,初不敢信,以前来函,知14日以后动身,姑打电报,询上海张三姐雯儿是否北上。少顷,买报读之,仍疑信参半,而友好来电话询问者不绝。到了晚上,他再详细阅读该报,"玩其语意,绝难幸免,悲伤之余,弥增悔痛,余若不为接收先回,绝不致置其一人留滇。孟真以五月四日来平,余若早以回平飞机事询明告之,绝不致使其搭车赴沪,儿以六月十□日到沪,余若早日写信安其心,绝不致急急搭中央机北来。天乎!命乎!至二十六年冬,余照料北大同人南下,一一叩门送钱,告以天津接头地址,而此次雯儿在昆,无人照料,余固不敢以怨也。九时余让之衔父命来相慰。上午六哥来,下午君坦(黄孝平),公渚

(黄孝纾)来,久谈,均不知此事。十二时,大风雷雨,灯灭就寝。"(第1197页)读《郑天挺西南联大日记》至此,不忍长叹唏嘘,设身处地不知先生如何忍受如此巨大的痛苦,真不知是时耶!命耶!他的这本《西南联大日记》从1938年1月1日在长沙临大起,到1946年7月14日在北京知长女郑雯飞机失事陨命止,共八年零七月。

十四、读后感言

他的这本日记,不仅是全国抗战八年西南联大真实的历史,更是在战火纷飞国难当头之时,中国一批爱国知识精英、学术大师的精神写照,是一部悲壮的史事记录。对郑天挺先生个人而言,是他真实的心路历程,他的学术思想史,家国情怀的感情史。披读再三,深感他在国学方面的深厚功力,文字写作超强之能力,在诸多繁忙的行政工作中,始终以造就学术为己任,不废读书,不废研究,体现了他那个时代学术大师的风范。《清史探微》一书,即是他在百忙中论著的辑结。他不但爱国,也爱家,在他的妻子不幸离世的正月初七那一天,必有感念文字,甚至梦中哭醒,或诵经一卷。在父母的生辰忌日,也必有文字纪念,以示不忘教养之恩,不能继志之憾。对于留京子女,更是牵肠挂肚。所以上对父母,他是个大孝子,面对妻子,他是个好丈夫,下对儿女是个好父亲。许多友好,看到他工作忙碌,生活无人照料,劝他续弦,他说看到蒋梦麟女儿与继母不和,常闹矛盾,罗常培儿子也与继母不和,罗为此极端苦恼,故而他决心不再续弦,免增家庭纠纷,专心学问。实际上,他对爱妻不能忘怀,恐怕也是原因之一。

1952年院系调整,他从北大调来南开,任历史系主任,也是只身一人,那时进行教学改革,全面学习苏联,教师上课,必先有讲稿在教研室试讲,听取意见,然后才能给学生去讲。他工作极忙,几乎和在西南联大一样,往往办公之后,食堂开饭已过,只能在临街小店买些小吃充饥。哪位教师临时请假或生病,其课程他必须接手代讲,隋唐史、明清史、近代史他都讲过。

我的本科学年、毕业论文由他指导,我研究郑和下西洋,不知深浅,写了一篇有关明初帖木儿帝国的文章,与向达先生《试说郑和》一文进行讨论,投给《光明日报》,一次郑天挺先生问我,说向达先生向他问及此事,我很尴尬,但他没有批评我,向我谈及我引用的《克纳维约东使记》一书的重要,对我启发很大。此文又略经修改后,发表在《史学月刊》1957年7月《青年园地》上。我1956年本科毕业,报考了他的明清史研究生,有幸忝列门墙,但入学不久,在1957年被错划为右派而终止学业。1978年我归队后,在他身边工作,帮他抄写文稿。1980年由杨石先校长和郑天挺先生领衔,召开第一次国际明清史学术讨论会,我发现我的那篇小文,在与会的美国爱德华·L·法默尔(范德)教授的《明代两京制度》一书中被引用,实感意外。郑天挺先生《清代的幕府》一文,是他晚年独具开拓性的学术宏篇。1981年12月先生不幸遽归道山,匆匆至今已38年。回顾往昔,深感过去对先生的了解只是表面,对先生的学术思想,也没有真正的认识。没有学到他的文章,也没有学到他的思想精神,蹉跎光阴,愧对师门。今重读先生日记,算是重新向先生再学习一次,以资有所感悟。

2019年3月

[作者陈生玺,南开大学历史学院教授。原载陈生玺著《明清易代史独见(增订本)》,浙江古籍出版社2022年]

郑天挺之《明清史讲义》及相关的学科建设

乔治忠

历史学家郑天挺先生自1952年奉调南开大学，即为南开历史学学科建设的主要策划者，他以饱满的工作热情，集体主义的忘我精神，纯正敦厚的道德情操和精博的学术水平，生前、身后都是南开历史学科的旗帜，这种地位无他人可以与伦比。郑先生平生极其重视历史教学，将教学与学术研究密切结合，这是他历史学科建设的根本理路。他不顾领导工作和多种事务缠身，尽可能地亲身投入教学工作。他在南开讲授明清史的讲义以及另两位教授的讲义，佚失多年之后于2018年同时重现，不仅展示了南开历史学在20世纪50年代的蓬勃景象，而且蕴含着郑天挺对于历史学科建设的突出贡献。

一、郑天挺在南开的《明清史讲义》

郑天挺先生在北京大学、西南联合大学工作期间，虽担任校总务长等事务繁杂的行政职务，但始终坚持亲自给大学生开设课程。他讲课的准备工作认真、勤奋，积累了中国古代史资料卡片数以万计，关注的重点在明清两代。郑先生治学，向来都是教学与研究相辅相成的，书写资料卡片，等同于艰苦的学术研究工作，而这些资料卡片确实也利用于教学和研究两个方面。郑先生调入南开大学之后，担任历史系主任之职，更把本单位集体的历史教学与历史研究视为最高要务，致力组织起中国历史学科教学与研究的学术队伍，以身作则地率领多名教师开展系列的教学课程。在南开，郑先生主要讲述明清史，而新中国的历史教学要按照唯物史观的思路和框架建立教学大纲，这是一件新的规范，一切都是从头做起。因此，郑先生的明清史教学大纲经历了多次的修改，至1955年才形成基本稳定的教学结构，1956年初编成讲义，油印后而使用。

南开大学历史系自20世纪50年代中，就由教师编写讲义，经手工刻写蜡版，油印装订，发给学生，作为教材。这是郑天挺先生所创立的规则，一直实行到改革开放后80年代初。不过，油印教材的印数虽然不少，但印刷质量难以提高，随着出版物的增多，很容易被放弃保存，归于湮灭。1956年印发的南开诸位教授的讲义，已经多年离开人们的视线，甚或被淡出记忆。

然而2018年8月22日，笔者浏览到网络上有一组三份的历史讲义拍卖，乃王玉哲先生《中国上古史讲义》、杨翼骧先生《秦汉三国两晋南北朝史讲义》、郑天挺先生《明清史讲义》，此乃真如天赐，机不可失，当即买下。在杨翼骧之讲义正文首页下角，有钢笔书写的"纬堂"二字，是保存者署名，经查考乃南开大学历史系1955级大学生姜纬堂（1936—2000），至今网络上尚有姜纬堂之藏书拍卖。姜先生毕业后，在北京社会科学院历史研究所工作，任研究员，学术成就丰富。尤为可贵的是：姜先生必定十分珍重在南开大学历史系的学习经历，故能保存这套南开大学历史课程讲义达几十年之久。

笔者认为，这组讲义的油印和装订时间为1956年2月至5月之间，理由是：第一，杨翼骧之讲义后附"历史系一年级中国史课堂讨论提纲"，计划于1956年5月30日、31日组织学生举行两次讨论，讲义油印时间不能晚于此年5月；第二，关于汉字简化，1955年有过热烈讨论，但至1956年1月31日《人民日报》发表国务院的《关于公布〈汉字简化方案〉的决议》和《汉字简化方案》，才形成定议。而讲义是大学生手刻蜡版油印而成，其中简体字与原繁体字混杂使用，表明简体字已然推行但尚未被熟练掌握，因而油印时间不可能早于《汉字简化方案》的公布，也不会迟后太久。2月是大学寒假后开学之时，讲义必在本月付印下发，以助学生的课堂学习。查郑先生家藏的1956年度明清史讲课提纲，[1]章节设置的标题与新发现的这件《明清史讲义》基本一致，也印证了二者同是1956年的文献，1956年的明清史讲课提纲与1956年的《明清史讲义》，自然有着十分密切的关系，但为了进一步研究和分析，还应该讲清这份重要文献的形式与内容。

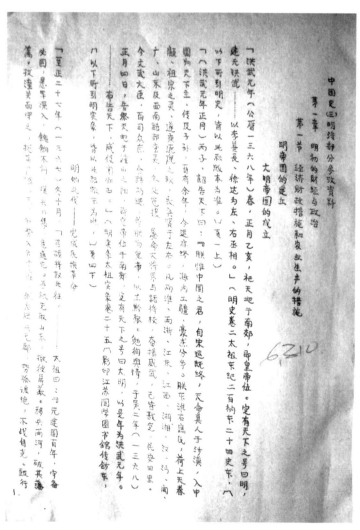

郑天挺《明清史讲义》油印本

油印的《明清史讲义》，与我们现在所理解的课程讲义很不相同，其基本模式是十分系统的章节布

---

① 见孙卫国等编：《郑天挺明史讲义》下册，北京：中华书局，2017年，第1176页。

局,下设各种反映历史史实的事目,可以组成有层次的叙述结构。然而每一章的各个事目之下,没有写入讲授者自己的历史叙述,乃是条列相应的历史资料,或一条或多条,皆注明出处。例如开篇"大明帝国的成立"之后,就是引录《明史》《明太祖实录》中各一条资料原文,展示了明国建立的基本情况。第五章第二节在李自成"大顺政权的建立"条目下,引录《明史》《明季北略》《明史纪事本末》《明清史料》等多种史籍的资料,均为抄录原文,但间有删去不大相关的文句,而标以删节号。在引用资料中,不限于古籍,今人著述甚至见于报刊的讨论,都在选择之内,特别是关于资本主义萌芽问题的第三章,不仅引入大量马克思主义经典著作之论述,还引录《政治经济学》教科书,苏联、中国的相关论文,当然也同时摘录大量中国史籍中的经济史资料。

这样的讲义,当然可以从章节、条目的标题领会其讲述内容、结构和史识,但在新中国教学体系中,并非正式的、完备的大学讲义。其如此样态,由来有自,郑先生那一年辈的历史学者,治史工作的重点是抄录学术资料卡片,卡片大量积累,主要用于课堂教学,也可以在撰写论文论著中应用。按照一门课程的既定教学提纲,择取资料卡片,分组排列,每次上课只携带备用卡片,卡片可以保证板书原始史料的字句准确,以及起到提示作用,该讲的内容早就要了然于胸,因而没有讲稿。许多回忆郑天挺先生授课情景的文章,都谈到郑先生讲课不带讲稿,只有卡片,如戴逸回忆说:郑先生"讲课是没有讲稿的,只带一叠卡片,讲起来却成竹在胸,旁征博引,滔滔不绝"①。其实,这是北京大学和其他一些名校历史学科的老传统,杨翼骧先生授课即是如此,而且一直坚持到20世纪80年代。这种授课方式,要求教师必须下大工夫备课,教师必须熟记基本的历史知识,这自有其优点,但若把课程内容作为教材或著述出版,则需要重新梳理材料,从头写作。相信郑先生因工作职务过多和尽心于集体事务,一时未来得及撰写完整讲稿,暂以提纲和资料形式提供给同学们参考。

在文本首页标识为"中国史(三)明清部分参考资料","资料"二字,表明郑先生并未将之视为已经完成了的讲义,而与王玉哲等先生讲义排列一起,表明最终还是应当修订后出版,整个中国历史教材的出版,是南开历史学科当时的统一规划。时至今日,这部按照马克思主义观点构就的明清史资料性讲义,有着很大的文献意义与学术价值,对于研究新中国史学史和历史教育史,都是不可多得的宝贵材料。当下如果将此文献出版,上策是能够寻求到当年南开历史系大学生听课笔记,将其内容分章节、事目插入而予以出版。倘笔记资料不能获得,则应当将郑先生家藏的1952年、1954年、1956年等年份明清史教学大纲中讲述的内容补入讲义,虽内容仍不完备,也聊胜于无。因此,郑天挺先生的这份《明清史讲义》,已经具有出版发行的迫切性。②

二、郑天挺与新中国初期的历史学学科建设

新中国成立后开展了马克思主义的学习运动,在历史学界大力倡导以唯物史观指导历史研究。

---

① 戴逸:《我所了解的郑天挺教授》,载《郑天挺先生学行录》,北京:中华书局,2009年版,第121页。
② 中华书局2017年11月版《郑天挺明史讲义》,有宝贵的史料价值。但其书乃将郑天挺几十年间明史讲课提纲和明史卡片分组拼合而编辑,致使同一书目录既有"资本主义萌芽""马克思主义理论",也有"流贼之起"等词语,前后杂出,理念扞格,体式未安,且缺少清代部分。故1956年油印明清史讲义文本,更凸现了出版发行的必要性。

而在大学历史学系建立唯物史观指导下的历史教学体系,更是当务之急。在当时,国家教育部和设立历史学科的大学,都在探索如何制定中国历史教学大纲,郑天挺先生是南开大学历史学科建设的主持人和领导者,又是教育部委托编制中国古代史教学大纲的主要负责人。郑先生已经是诚心诚意接受马克思主义历史观的学者,他在学科建设中指导思想明确,但在具体的教学结构和内容上,十分注意保持南开大学的学术特色,这种特色往往正是反映了学术上的优点。南开大学从1954年始,有王玉哲、杨翼骧、杨志玖三位史学名家依次讲授中国上古史、秦汉三国两晋南北朝史、隋唐五代宋辽金元史,郑先生自任明清史课程主讲,并且负责全盘规划。这一格局,维持至50年代末。查南开的中国古代史教学各段讲义,只有郑先生的明清史讲授提纲,内容与郑先生亲自参加编制的教育部1955年《中国上古中古史教学大纲》[①]一致,其他部分在结构和内容上都有不同。最明显的是教育部大纲采取的是战国封建说,而南开的历史教学提纲,坚持了王玉哲所主张的西周封建说。解析这个现象,需要梳理南开历史学科建设的历程。

抗日战争时期,南开大学经过与北京大学、清华大学组成西南联合大学,随之名声鹊起,实力增强,复校回天津后,历史学科很有发展。截至新中国成立前夕,已有吴廷璆、杨生茂、谢国桢、杨志玖、王玉哲、黎国彬等骨干教师任职,1951年又有世界史教师辜燮高加入南开历史系,阵容可观,且中国史与世界史的师资力量并驾齐驱,全面发展。1952年全国高校院系调整,郑天挺从北京大学奉调到南开大学,按教育部指示立即就任历史系主任,全面负责历史学科建设工作。原系主任吴廷璆改任学校教务长,仍参与历史教学和学术研究。次年,杨翼骧等又调入南开历史系。[②]在中国历史教学和历史研究中,形成以西南联大和北京大学"出身"(曾在北京大学学习、工作过)的骨干教师为核心的学术队伍,即郑天挺先生和他的学生杨志玖、王玉哲、杨翼骧等,成为20世纪50年代南开大学中国古代史学科的主要奠基人。一种扎实认真、勤奋敬业,又敢争学术先锋的治史风格,成为南开历史学科的主导精神。

以唯物史观为指导编订历史学教学提纲,南开人的起步不迟于任何单位。郑天挺、杨翼骧、王玉哲、杨志玖都真心实意地接受马克思主义历史观,郑先生、杨翼骧特别具有主动积极的态度,而且已然登堂入室,唯物史观原则的坚持和方法的运用,卓有成效。世界史方面,吴廷璆曾经投身于八路军的军事政治工作,杨生茂早在新中国成立之前就拥护中国共产党的政策和方针,黎国彬、辜燮高也都是积极接受唯物史观的学者,因而在新中国的教学改革上基本上没有多少阻力。郑天挺先生1952年就拟定了南开大学中国史隋唐至明清的教学大纲,此文今存,[③]其中显著突出了经济问题的讲述,对农民军的兴起称之为"起义",表明是遵循了相应的马克思主义的历史观念。杨翼骧1949年在北京大学讲授中国史学史,当时就以马克思主义历史观为指导拟定教学提纲,他说:"1949年1月北平解放,这年

---

① 这份教育部的《中国上古中古史教学大纲》,为机器打字印刷本,清晰规整,见于本文所叙南开大学历史系1956年古代史油印讲义第一册后附,盖供教师与学生参考。

② 以上南开大学历史学科师资扩充情况,参见梁吉生:《南开大学历史系简史(1923—1976)》,见《南开大学历史系建系七十五周年纪念文集》,天津:南开大学出版社,1998年,第523—524页。

③ 见《郑天挺明史讲义》下册,北京:中华书局,2017年,第1094页。

暑假后,我在北大史学系教中国史学史课。……近现代分资产阶级史学、马克思主义史学二章,前者从梁启超开始,后者从李大钊开始,都是讲到临近解放前。"①1953年,杨翼骧在与郑天挺先生谋求尽快调入南开大学历史系的通信中说,

> 毅生我师:
>
> 　前接手示,敬悉生事已得南开行政领导方面同意……生近日正在编写秦汉—南北朝讲授提纲,曾与余让之先生交换意见,并吸取他的经验,不日可以初步完成。敬请安好
>
> 　　　　　　　　　　　　　　　生　杨翼骧　敬上　九月七日晚②

这封信件说明杨翼骧在未到南开之前,即已由郑天挺先生预定主讲秦汉至南北朝历史,为此,杨翼骧已经拟订教学提纲,这份历史教学提纲,自然会像之前拟订中国史学史教学提纲一样,是努力以马克思主义历史观为指针。50年代史学上大力推行唯物史观的理念与方法,对于许多矢志于学术的史家而言,实际是开拓了一个思想方法的新境界,既增进学术基础,也打开了十分广阔的探讨空间。至1954年,南开大学历史系已经率先形成中国古代史各个阶段的讲义大纲,1955年杨志玖、杨翼骧的两部完整的《隋唐五代史纲要》《秦汉史纲要》,已经同时交付上海新知识出版社。③

1955年,在南开大学历史系已经按照唯物史观编定了颇为成熟的中国古代史教学大纲和讲义之际,教育部委任郑天挺、唐长孺合作制定全国高校历史系的《中国上古中古史教学大纲》。④唐长孺先生为武汉大学教授,主要研究魏晋南北朝隋唐史,学术成果丰富,思想追求进步,积极学习和遵循唯物史观。郑天挺为人处事十分谦虚、宽厚,不会坚持教育部的教学大纲完全采用南开教学提纲的框架,而是要尊重唐先生的意见。同样,唐先生也是谦恭君子,又不研习明清史,于是教育部《中国上古中古史教学大纲》的明清部分,完全录用了郑天挺在南开的讲授提纲。不过,郑天挺先生还是将南开教学提纲的另外一些重要优点,纳入了教育部教学大纲之中,例如在汉晋之间,唐长孺先生以"魏"国代表一个时代,他的《魏晋南北朝史论丛》就在1955年出版,此后一贯坚持,相关论文论著,皆以"魏晋"连书。而杨翼骧却将相应时期称之"三国",秦汉史之后即为"三国两晋南北朝史"。在概念的表述上,"三国两晋"比"魏晋"为优,因为取消了旧有的"正统"偏见,更合乎正确的历史观念。在教育部《中国上古中古史教学大纲》中,使用的是"三国两晋南北朝"的概念,这应当是经过郑天挺先生坚持意见和对唐长孺先生予以说服的结果。

---

①《杨翼骧自传》,载《杨翼骧先生中国史学史手稿存真》,北京:国家图书馆出版社,2013年,下册"附录"第5页。

②按:此封信的邮戳时间显示为1953年9月9日。资料来源于郑克晟教授保存的信函原件,刊发于《杨翼骧文集》(南开大学出版社2019年)第401页。信内提到的"余让之"即余逊,字让之,余嘉锡先生哲嗣,杨翼骧在大学期间的同窗学友。

③杨志玖《隋唐五代史纲要》于上海新知识出版社1955年12月出版,杨翼骧《秦汉史纲要》于同一出版社1956年3月出版,这3个月时间差是出版单位的工作进程所致。

④梁吉生:《南开大学历史系简史(1923—1976)》,见《南开大学历史系建系七十五周年纪念文集》,天津:南开大学出版社,1998年,第524页。

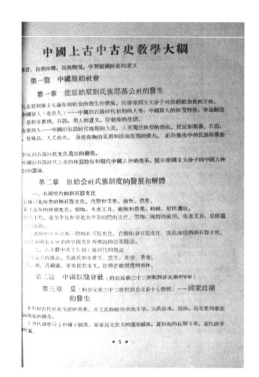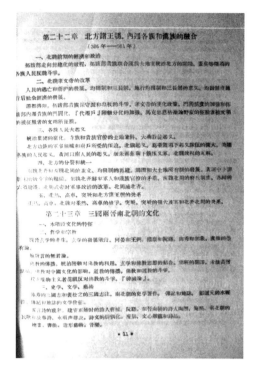

教育部《中国上古中古史教学大纲》书影

自1955年到1959年,南开大学历史系在课程讲义的基础上,经锤炼、提高,陆续出版了杨志玖的《隋唐五代史纲要》、杨翼骧《秦汉史纲要》、王玉哲《中国上古史纲》,作为教材,大受欢迎。须知所有这些教学与学术研究相结合的工作与成果,并非各位教师各自独立地进行,而是源于郑天挺先生的规划与部署,而且联系出版社也是郑先生出面接洽,杨翼骧晚年谈到此事时说:"1956年出版、1957年再版的《秦汉史纲要》,是当时开课讲授所编写的讲义,是郑先生介绍而出版。"[1]据此,其他两部教材的出版,也是郑天挺对学生的统一规划并且亲自出面推荐,因为杨翼骧《秦汉史纲要》、杨志玖《隋唐五代史纲要》的初版,都是在上海新知识出版社,面世时间仅相隔3个月。1957年再版了上述二书、并于1959年出版了王玉哲《中国上古史纲》的上海人民出版社,实际是已将新知识出版社合并在内。另有杨翼骧《三国两晋南北朝史》讲义,1957年末也已经修订成稿,由郑先生推荐于天津人民出版社,[2]但出现意外事件而拖延乃至于沦失。这部《三国两晋南北朝史》讲义之所以推荐于天津人民出版社,这是因为同时有王玉哲之作推荐给上海人民出版社,若两书推荐于一处,可能会影响出版时间。可见这一系列历史教科书的写作、出版,乃是郑先生的统筹策划与安排。郑先生忙于提携其他教师及各种行政事务,自己的《明清史讲义》却未及修订成书,而成为系列教材出版上的一个缺环,当然是十分遗憾的。然而在当时出版三部教材,已属于成果斐然,这一时期,还没有哪一所高校能够如此快速地取得同等的历史教学与研究的业绩。

---

① 杨翼骧:《关于"学忍堂"问题的谈话》,载《杨翼骧文集》,天津:南开大学出版社,2019年,第499页。

② 郑天挺先生哲嗣郑克晟教授,在2018年4月接受采访时说:"杨翼骧先生三国两晋南北朝史讲义书稿,曾提交天津人民出版社,但却未能刊出,未知何故。"采访者孙卫国、顾少华,参见乔治忠整理《杨翼骧先生学术年谱》谱后2018年条,载《杨翼骧文集》附录,天津:南开大学出版社,2019年,第519页。

三、余论

20世纪50年代，在郑天挺先生主导下，南开大学的中国史学科建设，取得了骄人的成就。而获得成功的主要经验是各位教师将充沛的治史功力，结合于马克思主义历史观的原则与方法，打开了视野，扩展了探索空间，在学习和运用唯物史观中，兢兢业业，埋头苦干，体现出诚挚、稳健、实事求是的风格。郑天挺先生于1956年撰写的《关于中国社会资本主义萌芽问题史料处理的初步意见》中，针对史学界研讨中出现的流弊，举出许多史料而分析其复杂性，主张不能将之简单地附会于资本主义萌芽问题，指出对于"不明晰的史料，不作深入的分析，只依靠主观地引用经典作'注脚'，而又忽略经典阐述的时代和范畴，是不容易解决问题的"[①]。还特别指出："一定要从历史实际出发，而不能从抽象的原理出发，否则容易犯教条主义的毛病"。"一个国家、一个民族，经历或者没有经历社会发展史上的某一阶段，要在这个国家和民族历史实际中寻找答案，而不能按照一般的社会发展史的模子去衡量它、塑造它，以至制造违背历史真实的假说。"[②]这些旗帜鲜明的论断，体现了立足于历史资料，做实事求是研究的学术精神。在杨志玖、杨翼骧、王玉哲等出版的教材著述中，遵循按社会形态划分历史阶段的唯物史观，也引用马克思主义的经典著作，但援引数量在当时相对较少，每引用则必是针对具体史事，有的放矢，切中肯綮，决不虚浮和牵强。重点功夫是把唯物史观的原则与方法，落实在篇章结构安排和具体历史事件的评析。这是马克思主义史学发展的务实思路，值得肯定和发扬。

但郑天挺先生的中国史教学与研究规划并未完全实现，这大半可归因于1958年导致杨翼骧《三国两晋南北朝史纲要》书稿不能出版的意外事件。是年3月10日，某身居高位的理论权威在重要会议上作了《厚今薄古，边干边学》的报告，激烈批评思想文化和学术上的"厚古薄今"，倡导"厚今薄古"。随即在全国高校及学术、文化部门掀起一场批判运动。南开大学历史系一些青年教师与学生在风潮中躁动起来，将矛头指向杨翼骧的中国史学史和中国古代史课程，不仅大字报贴了满墙，而且有16人署名的1万多字点名批判文章，指责杨翼骧所讲的中国史学史，赞扬了地主资产阶级史学家；所讲中国古代史则多为帝王将相事迹，而且重史料、轻理论，不联系现实问题。该文刊登在天津市南开区主办的《人民南开》报，时间是1958年6月9日。此时，应正值杨翼骧之书稿在天津人民出版社等待出版，出版社疑惧有加，不敢发排；作者蒙受巨大压力，也不便对出版社追询，拖延日久，遂石沉大海。按《人民南开》报的级别，影响范围恐仅限于天津市内，这部根据讲义修订而成的书稿，偏偏又正在天津人民出版社内待刊，在当时的背景下，其遭受沦失，是难以避免了。[③]这个事件并非南开大学各级领导策动，纯属不谙事理青年人的跟风起事，但却无法将其影响排除，受伤者不止杨翼骧一人，而是整个学科建设规划。至1959年9月4日，南开历史系总支书记还是强调"厚今薄古，理论联系实际，反对厚古

---

① 郑天挺：《及时学人谈丛》，北京：中华书局，2002年，第247页。
② 郑天挺：《明清史在中国历史上的地位及分期》，载《及时学人谈丛》，第10、12页。
③ 所幸2018年8月，笔者网购得到南开历史系三部油印的中国古代史讲义，其中有杨翼骧《三国两晋南北朝史讲义》，亦可谓"天不灭斯文"！

薄今,同学鸣放中所提问题必须突破"①。这虽是大气候下的无奈表态,但也不得不施行,而在古代史的教学和研究中,如何"厚今薄古"? 这个尺度是难以拿捏的,只好暂且休息,观望以待了。这个打击对于南开历史学科建设来说,超过上一年的政治运动,是一个使人心痛的教训。未几,郑先生被教育部借调到北京大学,协助翦伯赞编辑《中国通史参考资料》,使北京大学反超过南开大学成为中国历史学科的领先者,这关乎全国性学科建设的官方部署。因此,南开的历史学科已不能按原计划运行,郑先生担负的工作也日渐繁重,自己的《明清史讲义》因而也未能修订完备。

于今,我们回顾50年代郑天挺领导下的历史学科建设,不能不景仰郑先生在学术事业上忘我的集体主义精神,他为南开史学的发展呕心沥血,不居功、不炫耀,将提携同仁学者置于个人治学之上,而从不对外张扬,在史学界堪称无私奉献的典范。这一阶段南开历史学学科建设的成功经验,应当予以总结和弘扬,其历史教训应当记取。马克思主义史学应当怎样在实事求是原则下稳健地发展,仍是一个迫切需要探索的问题。

[作者乔治忠,廊坊师范学院特聘教授、南开大学历史学院荣退教授。原载《历史教学(下半月刊)》2020年第10期]

---

① 见《郑天挺明史讲义》附录,北京:中华书局,2017年,第1229页。

郑天挺先生与法权讨论委员会

张仁善

郑天挺(1899—1981年),原名庆甡,字毅生,福建长乐人。我国著名历史学家、教育家。1920年,郑天挺毕业于北京大学国文系,1921年考入北京大学国学门(后改为文科研究所)研究生,同年结婚成家。当时北大研究生比较自由,可以在外兼职工作,贴补家用。正好这时张耀曾就任法权讨论委员会委员长,1922年9月让郑天挺前来当秘书,自此,郑天挺开始了在法权讨论委员会的秘书工作。直到1927年9月辞去该职,前后共计5年。在诸多秘书中,郑天挺任职时间长,工作业绩突出。

目前学界对郑天挺的研究,学术方面,多集中于他的中国通史、明清史等方面,对其法律史方面的研究成就关注欠缺;行政方面,则多关注他任北大秘书长(1933—1950)、西南联大总务长(1940—1946)、南开大学副校长(1963—1966,1979—1981)等教育行政实务,忽略了他曾在法权讨论委员会担任5年秘书(1922—1927)以及1926年兼任调查中国法权委员会筹备委员会秘书所积累的经验及声望;个人情操方面,多关注他尊师爱生,献身教育事业,忽略了他通过主撰《列国在华领事裁判权志要》等,为撤废列国在华领事裁判权、宣示国家司法主权体现出的爱国情怀。研究这段历史,有助于了解郑天挺学术生涯的起步、教育行政经验的积累、参与收回司法主权活动所展现的国族利权情怀以及法律史学术遗产的价值。为叙述简洁,篇中提的诸多前辈名家,一律免去"先生"尊称。

一、郑天挺与法权讨论委员会

法权讨论委员会是近代中国特殊时代的产物,成立于1920年11月,撤销于1928年4月。近代中国所谓的中外"不平等条约",除国土割让外,还主要体现在司法主权和关税的不平等上。列强通过条约,获取在华司法特权——领事裁判权,清末延至民国,朝野都在为撤废领事裁判权、收回治外法权而不懈努力。法权讨论委员会就是民初北京政府为配合收回治外法权而设立的组织,在争取从中外法律程序上撤废领事裁判权发挥了巨大作用。

1921年7月,在华盛顿远东太平洋会议上,法律精英王宠惠、顾维钧等代表中国提出撤废列强在华领事裁判权等八项要求,经王宠惠等的争取,列强原则上表示赞同,却借口对我国司法状态还有不明了的地方,决定闭会三个月后,组成调查中国法权委员会(简称"调查法权委员会"或"法权委员会"),来华调查中国法律状况后再作决定。列强对一个主权国家的司法进行干涉,显有霸权性质,但列强凭据与前清政府签署的系列条约,在国际法意义上与中国现政府进行交涉,中国政府就得在主权立场和国际法立场两个层面与其抗争,而不是一味迁就迎合,或简单回怼。

北京政府基本接受会议决议,但鉴于对都城内外司法状况未能全面掌握,以"翻译法律条文及采择各项备治外法权委员会参考的统计专门材料非短促时间所能办成"的实情,请求将调查中国法权委员会的日期延迟至1923年冬,并获得各国同意。①中国代表出席华盛顿会议之前,国内创制法律、改良司法的呼声越来越迫切。北京政府为了配合收回治外法权的外交行动,需要对国内司法状况进行摸底,先期成立法权讨论委员会(简称"法权讨论会")。1920年11月6日,徐世昌总统特派王宠惠为法权讨论委员会委员长,张一鹏为副委员长。同日,以大总统令公布《法权讨论委员会条例》,12月,王宠惠被任命为司法总长,兼法权讨论委员会委员长,任命修订法律馆总裁江庸担任副委员长,江庸请辞不就,政府改任修订法律馆副总裁罗文幹担任副委员长。②1921年王宠惠赴美参加华盛顿会议,1922年开始,由张耀曾担任委员长,一度兼司法总长(1922年8月5日—9月19日)。1924年11月,张耀曾再任司法总长(1924年10月31日—11月24日),兼法权讨论委员会委员长。不久,张辞去司法总长一职,专注于法权讨论委员会委员长一职。1927年6月,张耀曾辞去法权讨论委员会委员长,汤漪继任该委员长,吴昆吾为副委员长,张耀曾等被聘为顾问。1928年4月10日,北京政府以财政困难,经阁议通过,将法权讨论委员会裁撤。③

法权讨论委员会职员均由当时著名法律精英(包括外国法律专家顾问)及相关领域的专家学者组成。该会曾于1924年1月和1927年2月,编辑过两份《职员录》。1924年编《法权讨论委员会职员录》收录的主要职员有:

委员长:张耀曾(镕西)

副委员长:董康(绶经)

委员(7人):余棨昌(戟门),石志泉(友儒),陆鸿仪(棣威),严鹤龄(侣琴),曾彝进(叔度),宝道(法国),爱司加拉(法国)。

秘书处:秘书长(1人):何基鸿(海秋)

署秘书长(1人):柴春霖(东生)

秘书(13人):张育海(自牧),谭福(廷辉),张志让(季龙),吴昆吾(昆吾),戴修瓒(君亮),胡文炳(文炳),杨其观(子远),黄国恩(觉因),梁仁杰(云山),刘镇中(谷盦),刘远驹(默存),毕玟(善工,英国),郑庆甡(毅生)。

1927年2月编《法权讨论委员会职员录》收录的主要职员有:

委员长:张耀曾(镕西)

副委员长:董康(绶经)

委员(7人):颜惠庆(骏人),王宠惠(亮畴),朱深(博渊),江庸(翊云),姚震(次之),余棨昌(戟门),

---

① 曾友豪:《法权委员会与治外法权问题》,《东方杂志》第4期,第23卷第7号,1926年,第7页。

② 参见《东方杂志·中国大事记》1920年第17卷第23号,第136页;《政府公报·命令》1920年11月7日,第1698号,总165册,第225页;参见《大总统令·大总统指令第669号(1921年3月19日):令修订法律馆总裁江庸:呈请收回派充法权讨论委员会副委员长成命由》,《政府公报》1921年,第1822期,第7页;《大总统令·大总统指令第2091号(1921年9月6日):令法权讨论委员会副委员长罗文幹:呈报就职日期由》,《政府公报》1921年,第1990期,第13页。

③ 参见《法律评论·法界消息》1927年第5卷第6号,总第214期,第8页;《法律评论·法界消息》1927年第5卷第8期,总第216期,第7页;《法律评论·法界消息》1928年第5卷第41期,总第249期,第97页。

石志泉(友如)。

顾问(10人):顾维钧(少川),罗文幹(钧任),张国淦(乾若),章士钊(行严),马德润(海饶),孔昭焱(希伯),余绍宋(樾园),沈家彝(季让),郑天锡(莆庭),黎渊(伯颜)。

秘书长:何基鸿(海秋)

秘书(7人):张育海(自牧),郑庆甡(毅生),胡文炳(文炳),梁仁杰(云山),刘镇中(谷盦),陈复光(勋仲),杨宗翰(伯屏)。[1]

两份名单中,委员长张耀曾、副委员长董康以及王宠惠、余棨昌、石志泉、江庸、颜惠庆等委员,均为法界或外交界的领军人物;宝道、爱司加拉均为法国法界一流学者;顾维钧、罗文幹、章士钊、马德润、余绍宋、沈家彝、郑天锡等,亦皆一时俊彦。作为秘书的郑天挺,在两份名单中都均赫然在列,得以有机会与国内国际顶尖人士交流请益。

该会设立的宗旨及流程,由"条例"确定,1920年11月6日、1922年5月20日、1927年7月21日,当局三次颁发《法权委员会条例》,规定:"法权讨论委员会掌关于收回法权之准备实行及善后事宜";"法权讨论委员会筹议收回法权一切准备实行及善后事宜;所有对外条约内关系各项,均得由本会建议、改正,或新修,并备咨询。"[2]三次颁发的"条例"均明确了该会的职能是围绕收回治外法权的准备、实行及善后事宜开展工作。

法权讨论委员会的主要工作及成果,主要有:第一,组织编写《列国在华领事裁判权志要》;第二,组织考察各地司法状况,大致摸清司法家底,形成《考查司法报告》;第三,进行收回治外法权宣讲活动,呼吁爱国运动,动员社会力量,支持政府收回治外法权,如张耀曾在安庆律师公会、杭州学界及济南法界的公开演讲等;[3]第四,组织人员系统地翻译介绍中国现行法律法规、大理院判例及相关资料,主要是英、法文两种外文译介。4项工作及成果中,郑天挺直接参与的有:主撰《列国在华领事裁判权志要》,参与法权讨论委员会的日常活动,编撰《中国司法小史》,兼任调查中国法权筹备委员会秘书,等等。

法权讨论委员会从1920年11月6日成立,到1928年4月10日撤销,共计存续7年5个月。法权讨论会的工作及成果,为尔后南京国民政府收回治外法权运动奠定了基础,鼓舞了勇气,诸如:1929年,宣布实行关税自主;1929年,发布《废除不平等条约》宣言,单方面宣布自1930年1月1日起,撤销列强在华领事裁判权;1930年,改组上海临时法院为江苏省高等法院上海特别法院,等等,都开始以主权国家独立的姿态宣示司法主权。[4]

从1922年9月到1927年7月,张耀曾实际主持法权讨论委员会前后持续了5年,郑天挺在法权讨

---

[1] 法权讨论委员会编,1924年、1927年。

[2] 参见《政府公报·命令》1920年11月7日,第1698号,第165册,第225—227页;《政府公报·命令》1922年5月21日,第2233号,第188册,第275—276页;《政府公报·命令》1927年7月21日,第4039号,第4页,总第235册,第275页。

[3] 参见张耀曾:《安庆律师公会法政同学会欢迎会演词(1922年11月6日)》《杭州学界讲演会演词(1922年12月21日)》《济南法界欢迎会演词(1922年12月29日)》等,参见杨琥编:《宪政救国之梦:张耀曾先生文存》,北京:法律出版社,2004年,第43—48页。

[4] Wesly R. Fishel, "The End of Extraterritoriality in China", *Octagon Books*, *A Division of Farrar, Straus and Giroux*, New York, 1974, p126.

论委员工作时,正好是张耀曾主政的时段,这成为其人生的一大转折点。

二、郑天挺与《列国在华领事裁判权志要》

1843年开始,中国司法主权就受到列强的侵蚀,但至20世纪20年代初的80年中,朝野多出于民族主义情绪,对列强此项特权进行抨击,而对其由来、发展、危害,以及当局应采取何等手段,才能在外交舞台进行法理交涉,或通过内部司法改进,从根本上将其撤废,诸多议题均缺乏系统的梳理,难见可操作性的建议。从1919年的巴黎和会,到1921年的华盛顿会议,中国政府收回治外法权的立场经由法律或外交精英,逐步通过外交渠道,提交到国际会议,反馈到当事国政府,引起当事国当局的注意及正义之士的同情支持。为了配合收回治外法权的法理外交行动,职司内政的法权讨论委员会亟需编撰一部相关文献,对列国在华领事裁判权的来龙去脉及将其撤废的现实要求、法理依据以及世界通行惯例等,通盘陈述,以正视听。此项责任,历史地落到张耀曾领衔的法权讨论委员会秘书团队身上,郑天挺恰好参与其中,并担纲主撰角色。

(一)编撰经过

郑天挺1923年9月29日夜,郑天挺在《列国在华领事裁判权志要》样书前页,以"庆甡对烛补记"的记事方式手录道:自己1922年秋"始入法权讨论委员会,得读历代条约及外交公牍,暇辄择其有关领事裁判权者私录之。今年三月,张委员长欲列次领事裁判事迹,汇为一篇,并示以范围数事。翌日,余遂详列细目以进,越半月而上篇成,又半月而附录一成。稿凡数易,迄五月而始定,六月付梓,八月工竣,计凡五阅月。参考引据,尚堪自信。"说明该书于1923年6月编成,8月出版。该书是在张耀曾指导下完成的,该书出版后,曾获得当时一些法学家的好评,刘师舜撰文称道过此书。郑天挺也视其为自己的第一部学术著作。[①]

该书正式出版时间标为1923年8月,作者署名为"法权讨论委员会编"。具体编写流程在"凡例"中专门说明。"凡例六"记道:"本篇编辑主旨及方法均由张(耀曾)委员长指示遵办,文字经张委员长削订者亦不少";凡例七记道:"本篇材料之搜集及编辑,何秘书基鸿、张秘书育海、戴秘书修瓒、刘秘书远驹均与有力。而始终当其任者,则为郑秘书庆甡。又附录之暹罗收回法权记事,乃宝道委员著,梁秘书仁杰所译也。"即本书总策划人是张耀曾委员长;张、戴、刘3位秘书"均与有力",梁秘书荷有翻译之劳;"始终当其任者",则为郑庆甡。可以作如是理解:郑天挺一直参与该书的编撰活动,之所以有"始终当其任"之表达,应该是为了与偶尔、间断及部分参与者区别开来,郑天挺为实际主撰人。

(二)结构及作者分工

该书正文六章,外加两则附录。第一章"领事裁判权之起源及性质",由五节组成:领事裁判之意义,领事裁判权之起源,领事裁判制度之根据,领事裁判权之性质,领事裁判权之原则。第二章"列国在华领事裁判权之沿革",由两节组成:未缔约前,缔约沿革。第三章"列国在华领事裁判权之内容",

---

① 参见郑天挺家人所藏《列国在华领事裁判权志要》;《郑天挺自传》,《郑天挺学记》,北京:生活·读书·新知三联书店,1991年,第380页。

由六节组成:管辖范围,法院(法国、英国、美国、日本),审判官及法院职员,适用之法律,诉讼程序(民事诉讼、刑事诉讼),监所。第四章"列国在华领事裁判权之延长",由四节组成:观审,哈尔滨铁路交涉总局之会审,汉口洋务公所之会审,鼓浪屿会审公堂之会审。第五章"领事裁判权之弊害及撤废之必要",由三节组成:对中国之弊害,对于外人之弊害,撤废领事裁判权之理由。第六章"撤废领事裁判权运动之经过",由三节组成:清代撤废领事裁判权之希望,欧洲和平会议中国撤废领事裁判权运动之情形,太平洋中国撤废领事裁判权运动之情形。

附录一:"外国侵害中国司法之事实",由八部分组成:甲、上海会审公廨之由来及性质,乙、上海会审公廨之组织,丙、上海会审公廨之管辖范围,丁、会审使用之法律,戊、会审之诉讼程序(刑事、民事、判决),己、上海会审公廨之堂期,庚、上海之西牢(公共租界西牢、法租界西牢),辛、民国以来收回上海公共租界交涉之经过。

附录二:"收回法权之先例",由四部分组成:甲、日本废止领事裁判权之沿革,乙、暹罗治外法权之撤废,丙、土耳其之领事裁判权问题,丁、埃及所谓收回法权者如是。

该书1923年8月出版,张耀曾作序。凡例只提到几位参与其中的秘书,除郑天挺外,其他人员的具体贡献并未陈明。郑天挺则在"庆牲对烛补记"中还记道:"书中鼓浪屿会审公堂案卷,为何君海秋(基鸿)所辑;附录二之日本废止领事裁判权之沿革,出刘君默存(远驹)之手;土耳其之领事裁判权问题及埃及所谓收回法权者如是,出张君自牧手;上海西牢、汉口洋务公所,为戴君君亮所亲调查;题签者,则杨君子远也。"这段文字与凡例六、七大同小异,但明确说明了几位同行的具体贡献。①何君海秋,即何基鸿;刘君默存,即刘远驹;戴君君亮,即戴修瓒;题签的杨君子远,即杨其观,此人在凡例中没提及。

全书篇幅按现下标点、注释统计,除去张耀曾序言、凡例外,共计6万字略余(不计空格数),目录加正文,除去第四章第三节汉口洋务公所、第四节的鼓浪屿会审公堂部分,3万字余。附录占3万字余。实际出自郑天挺之手的文字为正文的3万字余,是名副其实的主撰者。

附录一"外国侵害中国司法之事实"内容所占篇幅最大,颇多涉及公共租界及法租界内容,为戴修瓒亲自调查,这里略加申说。《东方杂志》1923年20卷20号"参考资料"专栏刊载《上海会审公廨概述》②。该文收录为《列国在华领事裁判权志要》附录一,易名为《外国侵害中国司法之事实》,编辑者加上一段"引言",摘录如下:

> 领事裁判权之延长,虽非领事裁判权本质所许,然尚以我国形式得同意为根据也,故法律上不得谓之非法。若既无条约或其他公文上之根据,而其裁判权之行使又大超乎领事裁判权之范围,是直侵害我国司法之一种事实而已,法律上决无主张之余地,如辛亥以来之上海会审公廨,既非由我国所组织,其权限在国法及条约上尤无根据,不谓之侵害司法之事实不可得也。故列之附

---

① 同见郑天挺家人所藏《列国在华领事裁判权志要》;1927年2月《法权讨论委员会职员录》中,郑天挺仍登记的"郑庆牲"。他在1929—1930年间编辑《现行法令摘要》时,才出现"天挺案"的字样,则"天挺"名字的对外正式使用,大致在1928年之后。

② 1923年10月25日出版,第124—138页。

录,以示与领事裁判权有别。

《东方杂志》刊发时,无此"引言"。戴修瓒的调查报告曾以《法权讨论委员会秘书戴修瓒视察上海公共会审公堂之报告》,1923年分16期连载于《法律评论》上,作者署名为戴修瓒。[1]《东方杂志》所刊之《上海会审公廨概述》,内容主要基于戴修瓒报告,只是作者改署为"法权讨论委员会",视为该委员会的集体成果。

(三)特征及影响

1.特征

郑天挺对这部学术"处女作"以"尚堪自信"自况,这是他从事系统学术研究的起点,其特征主要体现如下:

第一,开拓性著述。这是第一次就列强在华领事裁判权进行全面梳理的中文著述。在这之前,对列强在华领事裁判权或中国治外法权问题做过比较详细讨论的国人,以顾维钧留学哥伦比亚大学时的博士论文《外人在华之地位》为代表,1912年完成,旋即以英文出版。1925年才由钱泰等翻译成中文出版。[2]该书分"无约时期(公元120—1842年)"和"有约时期"(1842年以后),共计19章。另外就是外国法学博士摩而司著、吴俊贤翻译的《中国领土内之治外法权》一文。[3]这两篇著述,一出自中国留美学生之手,一出自外国人之手,基本上都是站在世界看中国,对治外法权多有讨论,但还不是专论列强在华领事裁判权。治外法权与领事裁判权本义不同,治外法权,顾名思义,就是本国政府治理外国人的法律权力;领事裁判权,则是外国领事官在别国土地上治理该国人的权力。在近代中国,论及旨在争取法权运动问题时,表述上习惯用作"收回治外法权""撤废列强在华领事裁判权"。"收回法权",往往是两者约定俗成的互用。较之上述两部著述,《列国在华领事裁判权志要》完全出自国人之手,而且是专论"列强在华领事裁判权"的历史、现状及撤废之展望。

第二,体系完备。正文六章,全面系统地论述了列强在华领事裁判权的沿革、内容、延长、弊害以及中国撤废领事裁判权的必要和运动经过。

第三,信史记录。从时段上,分缔约前和缔约后两个大时段,上起明末西人来华贸易纠纷的处理,下迄成书前夕1923年6月的故事,凸显出该书对列强在华领事裁判权历史记述的完整性。尤其是书中对1921年华盛顿会议以及对正在进行的交涉收回上海会审公廨活动的描述,更具当代人写当代史志的意味,留下了真实可靠的信史。

第四,世界眼光。尽管郑天挺回忆中,自谦说他在法权讨论委员会中"外文不行,只好编些汉文资料"。其实,该书的体系及内容具有鲜明的世界眼光。例如:缔约前后章节的设计,就是晚明以降中外关系简史的勾勒;在第三章"列强在华领事裁判权之内容"的第三节"法院"部分,则介绍了法国、英国、

---

[1]《法律评论》1923年第7、8、10、16、19、22期。

[2] 参见《顾维钧回忆录》第1册,中华书局,1983年,第71、75—76页;顾维钧:《外人在华之地位》,长春:吉林出版集团有限责任公司,2015年,第2版,第213页。

[3] 刊登于《申报·星期增刊》,1923年7月10日转载于《东方杂志》第20卷第13号。

美国及日本的法院。该书无论是章节的布局,还是内容的陈述,都把当时中国的治外法权问题置于国际大背景中进行考察,视野开阔。资料出处的注释中,含有大量外文原始文献,足资征询,从另一个侧面反映郑天挺对外文资料的高度重视。

第五,正义情怀。法权讨论委员会设立的初衷,决定了该会的主要工作之一就是围绕收回治外法权的必要性和可能性展开论证,该书正是此项工作的最重要的成果之一。该书通过对领事裁判权的性质、起源及其在中国设立过程的介绍,从国际法到国内法,指出该项特权在中国的存在,既不合法,也不合理。通过领事裁判权对中国和对外人之弊害的分析,揭露了该项特权于中国、于在华外人具有双重弊端,应当废除。"凡例一"写道:"本篇在使国人切实明了领事裁判权之来历及现状,故于事实及制度搜罗綦详,并随处加以注释,以期显明;"凡例三"写到:"上海会审公廨制度领事裁判权弊害尤深,故本篇记录特详。""附录一"则专就上海会审公廨诉讼程序及公共租界、法租界的"西牢"内幕进行披露,以大量事实证明外国侵害中国司法的行径,指出会审制度本为"约外侵权"之举,即列强超越中外条约而获得的额外特权,"尤须先为废弃,望我国人努力图之"[1]。字里行间,洋溢出敌忾之气,回荡着正义之声。

2. 影响

这部著述对当时及后世、国际及国内,均产生较大影响。《列国在华领事裁判权志要》编写过程中,张耀曾屡赴地方做宣传演讲,呼吁社会各界人士支持政府收回治外法权,该书的不少素材常被援用,发挥了引导收回法权运动的实际作用。该书出版后,即有著名期刊引用有关类容,扩大了传播范围,为宣传鼓动推波助澜,如《东方杂志》是近代中国发行量很大、阅读面甚广的名刊,该刊的转载,无疑大大提升了该书的影响力。

该书的影响不仅显现于当时,而且延及后世。随着北京政府的终结,南京国民政府的建立,中国政局初靖,有了统一的政府对外交涉法权,收回治外法权运动如火如荼。为动员朝野上下,协力同心,声气鼓舞,主持"训政"的中枢机关——中国国民党中央执行委员会,于1929年10月特编辑了《撤废领事裁判权运动》一书,作为宣传材料,公布于众。该书分六章:第一章"什么是领事裁判权",第二章"各国在华领事裁判权述要",第三章"领事裁判的弊害",第四章"领事裁判权决不能存在于中国的理由",第五章"中国撤废领事裁判权运动之经过",第六章"撤废运动中应有之准备与努力"。综览此书,除第六章外,前五章中,举凡1923年以前有关列强在华领事裁判权的内容,大致都未超出《列国在华领事裁判权志要》,有些就是直接援用。遗憾的是,《撤废领事裁判权运动》一书并无凡例说明所引资料的出处,"前言"中也无只言片语提及《列国在华领事裁判权志要》。[2]所幸该书的署名为国民党中央核心机关单位,可以免除"不尊重著作权"之讥讽或"文责自负"之质疑。

3. 不足

该书也存在一些不足。郑天挺自传说:"该书出版后,曾获得当时一些法学家的好评,刘世舜并曾

---

① 参见《列国在华领事裁判权志要》。

② 参见中国国民党中央执行委员会编:《撤废领事裁判权运动》,1929年10月印行。

撰文,称道过此书。当然,事实上该书亦有不足。"①郑天挺并没有具体指出有哪些不足,但他在1923年9月29日的书前记事中已经提到本书的不足:"惟有二事未及列者:一租界未引渡问题,一则外国人互讼之惯例与条约是也。又西人服家国法,先例尚多,亦未及尽述,斯为憾耳。""凡例二"也记道:收回法权之方法及其善后,"兹事体大",仓促间难以具录。臆测这并非郑天挺等不想具录,而是当时朝野众说纷纭,始终没有形成统一认识,觅得可操作性方法。

该书基于收回司法主权的动机,包含激荡民心、抵御外侮情怀,为对外舆论造势、争取主动提供参考,故而对领事裁判权的本质及其危害性的揭露着墨颇多,对国内立法、司法及政治环境不理想之处的披露无多,即:对外揭批有余,对内反省不够。

难能可贵的是,作为该书编撰的指导者张耀曾,倒是一以贯之地保持内省意识,他有感于国人自尊、自爱之心不足,自侮丧权尚不警悟,于是嘱咐秘书,搜集关于领事裁判权之事实及议论,编辑成篇,广为流布,"冀为国人警觉之一助焉"②,要让国人了解司法主权丧失过程,找出自身原因,唤醒国人,祛除自侮,努力自强。他指出:"仅求对外一致之形式,而不求内部一致之实际,仍是苟且敷衍之手段,可以强缝一时,而不能垂诸永久,望我国民,翻然悔悟也。"③

三、郑天挺与法权讨论会的人脉机缘

个人事业的成功,固然离不开自身的品质,但在人生关键时段,能加入一个好的事业团队,获得优势资源的几率会更高,易于取得事半功倍的成绩。

良好的家庭环境无疑是子女成材及成功的基本要件,可是郑天挺6岁丧父,7岁丧母,属于社会学意义上的"残缺",极不利于其成长,于是,天赋、勤奋、亲缘、业缘等,就成了不可或缺的辅助要素。就遗传学而言,基因遗传的科学量化测试甚难,但不可否认它在人才成长中的重要作用。所谓"天赋"是与生俱来的,遗传成份大。郑天挺曾祖父郑用桐为道光进士,祖父郑宏泳为廪贡生,父亲郑叔忱亦中进士,曾任职于翰林院、奉天学政、京师大学堂教务提调(教务长)等;外祖父陆仁恺系咸丰进士,母亲陆嘉坤"精通经史,热心于教书",曾受聘为北洋高等女学堂总教习。④郑天挺出身于高智商的书香门第,具有优质基因遗传的优势或高概率。家风(或家学)传承也不可或缺,郑天挺双亲虽早已去世,但倾心向学的家风犹存,据说郑天挺在西南联大给学生批改作业时,就曾仿效乃父批览文献之法。⑤至于勤奋,则可以说是伴随郑天挺一生的习惯,毋庸赘言。除去这些,郑天挺特殊的亲缘、业缘关系,很大程度上弥补了他年幼失怙的缺憾,他顺利完成了小学、中学及北大本科学业;在研究生期间,他加入

---

①《郑天挺自传》,《郑天挺学记》,第380页。

② 张耀曾:《列国在华领事裁判权志要·序》。

③ 张耀曾:《关于华盛顿会议之意见》,《学林杂志》1922年第2期,第13—15页。

④ 参见《郑天挺自传》,《郑天挺学记》,第370页;梁漱溟:《我对郑天挺教授家世之回忆》,《南开史学》1983年第1期,转见于封越健、孙卫国编:《郑天挺先生学行录》,北京:中华书局,2009年,第176页;

郑庆甡、郑庆珏:《长乐郑叔忱先生行述配陆夫人事略》,郑克晟:《从未名湖到新开湖:郑克晟师友杂记》,北京:中华书局,2023年,第535—536、540—541页。

⑤ 依据南开大学冯尔康教授介绍所悉。

法权讨论委员会团队,身边形成了高层次的业缘关系,有助于他日后科研、行政能力的提升。该"亲缘"和"业缘"朋友圈,均主要是围绕张耀曾展开的,这里仅围绕《列国在华领事裁判权志要》中提及、以及郑天挺在该样书上备忘"记事"或"自传"中列出的人物,分亲缘和业缘两类进行介绍。

亲缘关系:

郑天挺—张耀曾,姨表兄弟关系,张、郑母亲系亲姊妹。张耀曾,东京帝国大学法科肄业,曾为司法总长,任职法权讨论委员会委员长达5年。期间聘请法科专家将中国民法、民事诉讼法、刑法、刑事诉讼法、法院编制法等均各译成英文、法文出版。[①]

郑天挺—柴春霖,表郎舅关系。柴春霖,美国威斯康辛大学学士,娶张耀曾五姐为妻,郑天挺的姨表姐夫,任法权讨论委员会署理秘书长。

张耀曾、柴春霖均为法权讨论会的关键性人物,与郑天挺关系极为密切。

另外,郑天挺的亲弟弟郑庆珏,毕业于北平民国大学,在日本东京明治大学法律系深造过;郑天挺的另一姨表兄、张耀曾的亲弟张辉曾,为程朱理学研究专家;郑天挺的姑表兄梁漱溟,担任过张耀曾的秘书,梁漱溟父亲梁济也是郑天挺兄弟俩的监护人;郑天挺的外亲表姐夫王劲闻,毕业于京师法政学堂,曾任大理院书记官、兼文官高等惩戒委员会事务长等职……这些关系没有法权讨论会的背景,仅可从侧面了解郑天挺亲缘关系中的精英化程度。

业缘关系:

这里主要是指参与该书创作或成果被吸纳的、郑天挺在法权讨论委员会秘书处的同事关系。法权讨论会秘书同事:何基鸿、张育海、戴修瓒、刘远驹、梁仁杰、杨其观。

何基鸿,毕业于日本东京帝国大学,1923年9月赴英、德等国留学,历任大理院书记官、大理院推事、司法部参事、国民政府考试院编撰、国立清华大学政治学系讲师、国立北京大学法律系主任及政治系主任等职。

张育海,东京法政大学政治学科学习。

戴修瓒,留学日本中央大学法科,曾任北京法政大学法律系主任兼教务长、京师地方检察厅检察长、大理院检察署检察长等职。

刘远驹:光绪三十年进士,东京法政大学中国留学生"法政速成科"卒业。

梁仁杰,巴黎大学法学博士,曾任司法部参事、修订法律馆纂修、北京大学讲师和中国法政大学教授。

杨其观,专精法文,曾任职于广东大学堂、两广方言学堂、南京海军部、盐运署等。

法权讨论会顾问:宝道,法国人,毕业于巴黎大学,1914年来华,先后任北京政府审计院顾问、司法部顾问、法权讨论委员会顾问。[②]

非法权讨论会成员:郑天挺自传中提到的、"称道"过该书的刘师舜,12—20岁(1912—1920)就读

① 参见张丽珠:《缅怀我的父亲张耀曾》;张耀曾:《宪政救国之梦:张耀曾先生文存》,杨琥编,北京:法律出版社,2004年;徐友春主编:《民国人物大辞典》,石家庄:河北人民出版社,2007年,增订版,第1901页。

② 参见王健:《西法东渐》,北京:中国政法大学出版社,2001年,第541页。

于清华"留美预科班",20岁(1920年)赴美留学,获约翰·霍普金斯大学文学学士、哈佛大学文学硕士、哥伦比亚大学国际法专业哲学博士学位,1925年回国,任清华大学教授、外交部条约委员会委员等职。①

通过考察《列国在华领事裁判权志要》的创作团队成员,可以看出有法学、留洋背景的居多,国学功底亦多深厚。清末民初,伴随着收回治外法权运动,立宪、宪政、修律及司改活动频兴,法科人才日益受到重视、重用。法科人才最为集中的平台主要有修订法律馆、法权讨论委员会及调查中国法权委员会。让法律专业人士研究法律问题,在国际舞台运用法律知识争取国权,反映了北京政府对法权问题的重视。秘书群体除了编译资料、实际调查、撰写报告外,还可对调查中国法权委员会报告提出具体应对方案。如1926年6月28日,法权讨论委员会召开会议,"讨论我国对于外国委员所提报告书,应取如何之态度,并将该会各秘书所拟之意见书交会审议"。秘书对收回治外法权的对策往往有直接建议权。梁仁杰1927年5月,更是由上海临时法院推事,调升为上海临时法院刑庭庭长,②由秘书身份走向收回治外法权的实战前台。

围绕编撰文献的工作,郑天挺的工作态度及协调能力也逐步获得同行的认可,有相关组织工作的机会,均力推他担任。如1926年3月4日下午,他赴法权讨论会会部时,秘书长何基鸿对他说,大理院院长余棨昌让自己去大理院任庭长,已得到张耀曾的同意,很快就有明令,秘书长一职,就推荐郑天挺接任。郑天挺力辞,理由一是认为自己"资验甚浅",二是觉得自己"与张镕西(耀曾)为姻娅",意思是要避嫌。何基鸿认为这没什么影响,可郑天挺仍坚辞不就,还由此自发感慨:"近年自审,才实不足以当方面,而学尤不足以自济,故去春戴君亮厅长修瓒强余为书记官长,虽经镕兄再三言之,亦不就也,今日亦同此故耳。"未曾想到的是,下午刚辞秘书长,傍晚5点钟,好友许宝驹就找他交谈,说督办教育特税事宜公署已成立,马叙伦督办见郑天挺前此给许宝驹投过《论教育经费书》文章,知道郑天挺的为人,又经许家驹极力推荐,故直接将郑公示为"科员"。此事郑天挺事先毫无知晓,既然已经公示,也就这样了。在许宝驹介绍该署刚成立、"别无事,但计划耳"后,郑天挺这才勉强答应,想到自己这一天"拒高位而就此,思之自笑不已。"③郑天挺做事严谨、为人谦逊的处世原则以及在同僚中的威信,由此可见一斑。

四、法权讨论委员会的经历对郑天挺学术和教育行政生涯的影响

郑天挺虽非法律出身,自谦外语不行,但他一来年轻,精力充沛;二来以学生身份挣钱贴补家用,没有其他社会兼职,可以专心做事;三来本科就读于北大,文史功底扎实,严谨质朴,在利用历史资料、叙说领事裁判权历史时,得以发挥所长,静心编撰。以张耀曾为代表的亲缘人脉,则使得郑天挺本科刚毕业,就获得一个很好的学术工作环境、值得信赖的亲友团帮扶,很大程度上弥补了他幼承庭训承

---

① 参见刘师舜《五十年的一点小小回忆》,缪名春、刘巍编:《老清华的故事》,南京:江苏文艺出版社1998年版,第224页;王伟:《中国近代留洋法学博士考》,上海:上海人民出版社,2011年,第144页。

② 参见《法律评论》1926年第4卷第1期,总第157期,第13页;《法律评论》1927年第5卷第12期,总第220期,第10页。

③ 《郑天挺北大日记(1924—1936)》,1926年3月4日,未刊稿。

教不足的缺陷。

　　亲缘关系中,郑天挺与张耀曾关系最为密切,父母去世时,与弟弟郑庆珏一起,在亲友帮助下,寄养在姨母(张耀曾母亲)家,其时,大姨表兄张耀曾在日本留学,二姨表兄张辉曾负责教郑天挺读书,因此思想上受他的影响很大。当郑天挺本科毕业进入研究生阶段学习时,张耀曾已回国,成为司法界领袖,专任法权讨论会委员长时,将郑天挺引荐到法权讨论会,亲自指导他编撰《列国在华领事裁判权志要》及《中国司法小史》。郑天挺任职该会秘书期间,白天除了兼课以外,去得最多的就是法权讨论委员会会部,业余时间去得最多的就是张耀曾家,在张家用餐的次数也最多。[①] 郑天挺幼学知识多得益于张辉曾,学术研究能力则多受益于张耀曾。当然,其他亲缘关系对郑天挺的发展也多有加持,如梁漱溟对其日后谋职上的帮助等。

　　业缘关系中,在戴修瓒等为代表的秘书处团队的协助下,《列强在华领事裁判权志要》的顺利著就付梓,产生了国内、国际双重影响,为取得国际社会的信任,形成有利于中国收回治外法权的政策走势,配合收回治外法权运动的顺利开展,作出了应有贡献。

　　《列国在华领事裁判权志要》连同未成稿的《中国司法小史》,是郑天挺在中国通史、明清史研究等之外,为中国近代法律史研究留下的又一笔宝贵学术遗产。关于《中国司法小史》,这里略作补充说明。该书是郑天挺在法权讨论会任职期间的另一成果,据他回忆:"初稿已成,后因我南下工作,该会亦取消。"郑天挺在日记也记道:"余所著《列国在华领事裁判权法志要》即受(张耀曾)命而作,全稿均经详细校正。其不苟为此,并命作《中国司法小史》,初稿已成,余南下而公亦去官矣。"[②] 1923年法权讨论委员会确定的译印书目中,也已将该书列入"编译中"书目一类。由于是"初稿",加上不久之后法权委员会的改组直至撤销,人、会异动,也就没有正式付印及外译。郑天挺原将"初稿"起名为《中国旧日司法概要》,列入编译书目单时,改为现名。编撰该书的主要目是向国际社会简要介绍中国司法历史的发展进程,所以内容涵盖古代司法及近现代司法。第一章、第二章为古代司法介绍,第三章则为近现代司法介绍。3章分别为:第一章"对于司法之观念";第二章"历代律书";第三章"中国司法改良之经过",包括第一节"造就人才",第二节"修订法典"。合计只有0.83万字。从所存篇幅看,尚不足成书一册。因此,现存手稿只是未成书的部分章节。

　　《中国司法小史》虽未成稿,但已初具中国司法史的体系。近世研究中国法律史的学者主要有薛允升、沈家本、董康、江庸、程树德、陈顾远、杨鸿烈、杨幼炯、瞿同祖等,郑天挺着手研究法律史、撰写《中国司法小史》的时段,大致与江庸之后的程树德、陈顾远同期,位于中间代,规范的史学训练,加之法权讨论委员会的工作经历,使他对中国传统司法及其近代转型有比较宏观、准确的把握。若非因工作调动及法权讨论委员会的变故等,《中国司法小史》在纲目及部分初稿基础上,成书付梓,并经法权讨论委员会翻译成英、法文,发行海外,将有助国际人士了解中国司法观念及发展进程,其地位及影响不难预见,庶几能与前后的江庸《五十年来中国之法制》、程树德《九朝律考》、陈顾远《中国法制史概

　　① 参见《郑天挺北大日记(1924—1936)》,未刊稿。
　　②《郑天挺自传》,《郑天挺学记》,第380页;《郑天挺西南联大日记》,1938年7月30日,北京:中华书局,2018年,第80—81页。

要》、瞿同祖《中国法律与中国社会》等法史名著比肩,惜留残卷之憾。据悉,目前该手稿亦经南开学人整理完毕,不日出版面世。

1920年至1928年间,先后有1921年华盛顿会议的召开,1926《调查中国法权委员报告书》的出炉,1927年上海会审公廨的接管、上海临时法院的设立,等等,中国收回治外法权运动有了长足的进展。法权讨论委员会为配合收回治外法权的所作所为,受到国际关注。调查中国法权委员会1925年底来华前,外方已经注意到中国法权讨论委员会的存在和影响,对其取得的包括《列国在华领事裁判权志要》在内的成果颇为重视。对此,有法学期刊曾予以报道:"我国因收回领事裁判权一事,遂有法权讨论委员会之组织。该会成立以来,虽无若何建树,然编辑书籍,对于收回法权之理由叙述颇详,近收回上海会审公堂交涉,政府正在进行,各国公使对法权讨论委员会之立论尤为注意,前日美代使贝尔特开单函致外交部,即请将法权讨论委员会所著书籍照单检送该署,并请将该会续行著作之英文书籍寄交华盛顿国会图书馆。按美使馆此项表示,显系以之观察我国政府近来司法情形为研究撤废在华领事裁判权之准备云云。"①以美国代理大使为代表的各国公使,显然关注过法权讨论会编辑翻译的著作,尤其是有关上海会审公堂的论述,并对其符合史实、有理有节的中肯叙述表示承认,建议本国政府作为制定对华政策的参照。郑天挺在该委员会存续期间的大部分时间参与其中,以独特的方式,为中国收回治外法权运动,尽其事功。作为秘书,他除从事上述文献编撰工作外,还兼其他工作,如1924年2月18日该委员会开会,先前因调查中国法权委员会的外国委员当年11月来华,要竭力筹备迎接,可前一天得到外交部公函,说美国公使发来照会,11月来华一事,各国未能达成一致,所以这天召集委员会讨论一切相关事宜。经公众议决,仍请国际委员照前定办法来华。开会结束后,即由郑天挺起草公文,送达国务院。②

调查中国法权委员会与法权讨论委员会,外、内两个"委员会"的成员具有重叠性,调查委员会中国委员王宠惠即为首任法权讨论会委员长,副委员郑天锡,专门委员石志泉等,秘书向哲浚等,或兼法权讨论会委员,或兼顾问,其身份决定了他们势必重视参考法权讨论委员会所编资料及建议。郑天挺兼任调查中国法权筹备委员会秘书,得以与王宠惠、郑天锡、戴修瓒等正式委员或秘书一道,筹备、安排调查法权委员会来华考察调查接待事项,直接参与了收回治外法权的国际组织活动。这些顶尖的法律人均已在国内外法坛颇有声闻,高品味的法界业缘人脉机缘,对郑天挺的学术训练及行政素养势必产生直接或间接影响。

联想起1940年1月15日,郑天挺致函梅贻琦及西南联大常务委员会、辞退联大总务长聘书时的陈词:"区区不就之意,并非谦让,亦非规避,更非鸣高。诚以学殖日荒,思自补益。是以南来之初,即请之孟邻(蒋梦麟)先生,许以专事学问。本校素以扶持学术为任,想必亦昭其悃愊,惠予同情也。谨璧上总务长聘书,诸维鉴照。"即便恳切如斯之请辞,仍未获得同仁宽纳,1940年1月17日晚,竟有多位联大教授亲临郑天挺住处,坚劝其出任联大总务长,未晤本人,辄留有"斯人不出,如苍生何"的字条;

① 《法律评论·法界消息·美使注意法权讨论委员会》1924年第2卷第12期,总第64期,第16页。
② 《郑天挺北大日记(1924—1936)》,1924年2月18日,未刊稿。

还有1948年北大50周年校庆日,北大全体学生献给郑秘书长的"北大舵手"大红标牌,[①]足见郑天挺职司法权讨论委员会秘书以降,一以贯之的谦逊风格和备受师生拥戴的品质。

法权讨论委员会的经历,使郑天挺积攒了高层次的学术人脉,成为他学术研究的高起点;担任秘书的实践,锻炼了他与众多法政名流、学界大家的沟通协调能力,提高了品行声誉,为日后从事教育行政工作奠定了基础;《列国在华领事裁判权志要》的主撰及《中国司法小史》的草拟,既是他宝贵的学术研究尝试,也是嘉惠法律史学林的珍贵遗产。郑天挺作为一代学术宗师和教育行政专家,其历练及积淀肇始于参与法权讨论委员会的活动,其人、其事、其著,与时共存,不朽于世。

(本文写作中,南开大学历史学院冯尔康教授、孙卫国教授提供了一些史实或资料帮助,特此致谢!)

[作者张仁善,南京大学法学院教授。原载《南开学报(哲学社会科学版)》2022年第6期]

---

① 参见《郑天挺西南联大日记》上册,1940年1月15日、17日,第234、235页;封越健、孙卫国编:《郑天挺学行录》,扉页插图。

大会致辞

郑克晟

尊敬的主持人：

谢谢大家！我谨代表郑天挺先生家属，对南开大学历史学院举办这场学术盛会，表示衷心的感谢！对来自海内外130余名学者莅临本次学术盛会，表示衷心的感谢！对历史学院与中华书局十余年来，致力于整理出版郑老遗著，表示衷心的感谢！

20年前、10年前，南开大学历史学院均有为纪念郑老先生而召开的学术讨论会。

我回想起20年前纪念郑老百岁冥诞的大会。当时学术界的长辈来开会的人不少，记得有任继愈、王钟翰、杨志玖等老先生们。任老是郑先生在北大文科所时的学生，那天开完会后，我送任老。任老对我说，1945年9月初，郑老临离开西南联大时，把他抗战8年中的信件及有关文件，交给同楼（集体宿舍）中的韩裕文及他。对他们说，内容没什么，你们看后就处理吧！他们也就遵照办理了。

此事，郑老及任老先生从未对人说过。1999年任老在《西南联大时期的郑天挺先生》一文中说道：我们两人……才知道他（郑老）默默无闻地做了大量工作：为学校延揽人才，给同事们平息争端，消除了一些派系之间处于萌芽状态的对立。……郑天挺先生善于处理纠纷，协调同事之间的关系，对不利于三校团结的言行不支持、不扩散，使它消弭于无形。这些功劳，郑先生生前从来不曾对人表白过，若不是偶然的机会帮郑先生清理文件，我也无从知道，我遵从郑先生的意志，从未对外讲，但郑先生的贡献，郑先生的胸怀，值得敬佩。郑先生已作古，若不说一说，也许这些看不见的功绩将永远湮没。

我感谢任老先生纪念郑先生的文章！

并感谢大家！

预祝大会圆满成功！

（作者郑克晟，南开大学历史学院教授）

明朝国号"大明"的由来及意义

徐 泓

一、前言

元末群雄起义,朱元璋扫平群雄,统一中国,以至元二十七年(1367)称吴元年,次年即帝位,国号"大明"。其《即位诏》(洪武元年正月)云:

> 朕惟中国之君。自宋运既终,天(《皇明诏令》作"帝")命真人起于沙漠,入中国为天下主,传及子孙,百有余年,今运亦终。海内土疆,豪杰分争。朕本淮右庶民,荷上天眷顾,祖宗之灵,遂乘逐鹿之秋,致英贤于左右。凡两淮、两浙、江东、江西、湖湘、汉沔、闽广、山东及西南诸部蛮夷,各处寇攘。屡命大将军及诸将校奋扬威武,已皆戡定,民安田里。今文武大臣、百司众庶,合辞劝进,尊朕为皇帝,以主黔黎。勉循舆情,于吴二年正月初四日,告祭天地于钟山之阳,即皇帝位于南郊,定有天下之号曰"大明",以吴二年(《明太祖实录》作"是年")为洪武元年。是日,恭诣太庙,追尊四代考、妣为皇帝、皇后。立太社、太稷于京师。布告天下,咸使闻知。[①]

这"大明"国号的由来,在这份诏书及其后大明王朝的官方文书都没有说明,引起后代各种推测,其中最受关注并普遍接受的,莫过于吴晗的论断:"太祖因明教建国故以明为国号大明。"[②] 但新建王朝正式的国号是"大明",并不是"明"。[③]因此,近年来有不少学者质疑吴晗的"明朝国号出于明教说"。本文旨在厘清这一关于明朝国号"大明"由来的论辩,并提出一己私见,以就教于同道友朋。

---

① 朱元璋:《御制文集》卷1《诏·即位诏》,张德信、毛佩琦主编:《洪武御制全书》,合肥:黄山书社,1995年,第21页。《皇明诏令》卷1《太祖高皇帝上·初即帝位诏》,《续修四库全书》,上海:上海古籍出版社,1995年,第457册,第35页。《明太祖实录》卷29,洪武元年正月丙子,台北:"中央研究院"历史语言研究所,1962年,第1—2页。

② 吴晗:《明教与大明帝国》,《读史札记》,北京:生活·读书·新知三联书店,1956年,第267页。原发表于《清华学报》1941年第13卷第1期,第49-85页。

③ 覃仕勇:《是谁在抹黑明朝》,台北:新锐文创,2017年,第16页。16世纪来华的西欧人,也了解当时中国的国号是"大明"。C.R. Boxer Translates and Edits, *South China in the Sixteenth Century: Being the Narratives of Galeote Pereira, Fr. Gaspar da Cruz, O.P., Fr. Martin de Rada, O.E.S.A., 1550–1575*, London: Routledge, 1953, pp. 64–65. C.R.博克舍(Boxer)编:《十六世纪中国南部行纪》,何高济译,北京:中华书局,1990年,第46页。载葡萄牙人克路士(Gaspar da Cruz)所撰之《中国志》中的一段文字:"这个国家的正式名字是大明(Tame),e明显不发音,几乎消失,该国百姓的名字是大明人(Tamgin)。……不管怎样,事实总如我们所说,那个国家的名字是大明,其百姓叫大明人。"

二、中国历代王朝国号的由来

中国历代王朝国号的由来,赵翼认为:"建国号者,多以国邑旧名。王莽建号曰新,亦以初封新都侯故也。公孙述建号成家,亦以据成都起事也。""金末宣抚蒲鲜万奴据辽东,僭称天王,国号大真,始有以文义为号者。"① 进一步可分为七类:

1.以发迹地定国号,如赵匡胤以宋州节度使发迹而建国号为"宋"。

2.以祖先封地定国号,如契以助禹治水有功受封于商,汤灭夏后,即以"商"定国号。

3.以封号爵位定国号,如司马昭受魏封为晋公,司马炎篡魏,遂以"晋"定国号。

4.以统治区域定国号,如孙权统治地区是历史上的吴国,遂以"吴"定国号。

5.以发迹地特产定国号,如契丹耶律阿保机定国号为"辽",契丹语"辽"意为镔铁,系契丹人居地特产。

6.以创业者姓氏定国号,如陈霸先以其姓"陈"定国号。

7.以古代中原大国国名定国号,如鲜卑拓跋珪沿用三晋魏国国号,如努尔哈赤就沿用金朝国名。②

8.以谶语或经文来定国号,如南齐国号来自谶语"金刀利刃齐刘之",如元朝来自《易经》"大哉乾元"。③

在上述八类中,"大明"王朝的国号的由来究竟属于那一类,就是我们要讨论的。

三、明朝非官方史书对"大明"国号由来的说法

"大明"国号的由来,明初建国时期留存至今的官方文书并无说明,当代官员和文人的私家论述也无道及。④ 宣德以后,私家文集野史渐兴,谈论明初史事掌故者渐多,乃见论及国号来源与释义。宣德年间,夏原吉就在《一统肇基录》说朱元璋建国之前,就"欲尽除道教",适有一道士前来奏说:看见一个金榜,上面写着:"山川尊洪武,日月照大明。"朱元璋以"其言合己意,遂定国号改元",且不再废道教。⑤ 但夏原吉这一说法不符史实;明太祖起兵之初,即雅重道士如周癫、张铁冠之流。建国后,明太祖确认道教的地位,设道录司,并以朝天宫礼生与道教音乐为官方礼乐。夏原吉的记载,不可置信;

---

① 赵翼著、王树民校证:《廿二史札记校证》卷29《元建国号始用文义》,北京:中华书局,1984年,下册,第670页。

② 《资治通鉴》卷110,安帝隆安二年六月丙子,北京:中华书局,1956年,第3470—3471页:"魏王珪命群臣议国号。皆曰:'周、秦以前,皆自诸侯升为天子,因以其国为天下号。汉氏以来,皆无尺土之资。我国家百世相承,开基代北,遂抚有方夏,今宜以代为号。'黄门侍郎崔宏曰:'昔商人不常厥居,故两称殷、商;代虽旧邦,其命惟新,登国之初,已更曰魏。夫魏者,大名,神州之上国也,宜称魏如故。'珪从之。"此条史例承山西大学胡英泽教授提供,谨此志谢。

③ 侯绍文:《中国历代国号之缘起》,《中华文化复兴月刊》1977年第10卷第6期,第8—13页;黄蓉:《各朝代名称的来历》,《中州今古》2004年第4期,第53页。

④ 王崇武认为是明初对国号列为禁讳,见王崇武:《论明太祖起兵及其策略之转变》,《中央研究院历史语言研究所集刊》1942年第10本第1分,第55—69页。

⑤ 夏原吉:《一统肇基录》,《中国野史集成续编》,成都:巴蜀书社,2000年,第16册,第34—35页。

"大明"国号来自道士的启发说,不能成立。[①]

成化、嘉靖年间才子祝允明《野记》记载:元末刘基先投靠小明王韩林儿,后觉得小明王"竖子不足谋",而改投靠朱元璋,因请建号"大明"。[②]刘基投靠小明王韩林儿之说,从未见诸记载,且从刘基的文集中所记,刘基是反对红巾军的,朱元璋为小明王的江南行中书省平章政事时,设小明王御座行礼,刘基独不拜,还说:"牧竖耳,奉之何为!"[③]刘基向来看不起红巾军与小明王,怎么会投靠红巾政权和小明王?这条史料可能是祝允明采自民间传说的"野记",并不可靠,而且所谓建号"大明"的意义,祝允明也未解释。这条史料后来被万历年间的涂山引用入《明政统宗》,写成《国号大明考》,但内容并未超过《野记》。[④]

嘉靖、隆庆间,田艺蘅《留青日札·大明大统历解》云:"大明者,国号也。日月为明,天大,地大,人大,而宇宙人物如日月之明,无所不照。"[⑤]田艺蘅虽为前辈明史大家谢国桢先生称为"朱明一代杂家之冠",所记可补正史之不足,但田氏对大明国号的来源并无说明,且其解释颇有望文生义之嫌。[⑥]嘉靖、万历间的大学者焦竑,在其《易筌》说道:

> 高皇帝之论诚也,体之而无上,守之而无为,如浮云之驰空,沤花之泛水,电影之逐风,睡酣之幽梦,斯果实之谓欤!虚之谓欤!呜呼!清风摇水,蟾影沉渊,是又体之而非体,相之而非相,孰能识其所以然耶?世儒之见解能及此否?说者谓:我朝国号'大明',盖大道昌明之兆,信不虚也。[⑦]

号称焦太史的焦竑在这里也只是在歌颂明太祖的学识非世儒可及,因而说"大明"国号真是"大道昌明之兆",也未解释其缘由。

四、大明国号源于火德说

以五德终始解释历代王朝之更迭,乃秦汉以后的历史传统,五德有相生与相克,新兴王朝以之立说。[⑧]朱元璋起自南方,其革命根据地金陵是传说中的祝融故墟,属火德,火带来光明,故建国

① 参见南炳文:《佛道秘密宗教与明代社会》,天津:天津古籍出版社,2001年。

② 祝允明:《野记一》,邓士龙辑,许大龄、王天有点校:《国朝典故》卷31,北京:北京大学出版社,1993年,第492页。

③《明史》卷128《刘基传》,北京:中华书局,1974年,第3778页。

④ 涂山:《新刻明政统宗》附卷《国号大明考》,北京大学图书馆藏万历四十三年刻本,第98页b—99页a。

⑤ 田艺蘅著、朱碧莲点校:《留青日札》卷12《大明大统历解》,上海:上海古籍出版社,1992年,第213页。

⑥ 朱碧莲:《点校说明》,田艺蘅著、朱碧莲点校:《留青日札》,第2页。以上夏原吉《一统肇基录》、祝允明《野记》、田艺蘅《留青日札》三例参考郑天挺著,孙卫国等整理:《郑天挺明史讲义》,北京:中华书局,2017年,上册,"大明国号与小明王""大明国号之解释"第236页。陈学霖:《明朝"国号"的缘起及"火德"问题》,《中国文化研究所学报》2009年第50期,第71—103页,收入陈学霖:《明初的人物、史事与传说》,北京:北京大学出版社,2010年,第1—35页。唯陈学霖未提涂山:《国号大明考》。

⑦ 焦竑:《易筌》卷4《鼎》,北京大学图书馆藏万历壬子年刊本,第44页。李剑雄:《焦竑评传》,南京:南京大学出版社,1998年。钱新祖:《焦竑与晚明新儒思想的重构》,宋家复译,台北:台湾大学出版中心,2014年。

⑧ 顾颉刚:《五德终始说下的政治和历史》,《古史辨》,台北:明伦出版社据朴社,1970年,第5册,下编,第404—617页。

号"大明"。①

这个以火德解释"大明"国号的说法,为日本学者和田清所发展。他于1923年在《东洋学报》发表的论文认为宋朝是火德,尚赤,而韩林儿建立的龙凤政权,以复宋为号召,定国号为宋,自认为火德。朱元璋是韩林儿的部下,因而也崇尚火德,所以定国号为"大明"。其后,和田清又补充说朱元璋受儒生的五德终始说影响,以朱元璋起兵南方,南方是火德炎帝所在,炎帝辅佐"朱明"一统天下,明朝国号出于此。②

这个论点当时并未受到中国学界的关注,主要是中国学界对日本的明史研究不甚了解。20世纪50年代以前,仅有清水泰次的"明朝田亩数目考证"等极少量的论文译介到中国,吴晗在抗战时期说道:"日人和田清君曾撰关于明之国号一文,刊《东洋学报》,滇中无从得此书,未能论列。"③其实,在那个时空,中国学者即使知道日本学者的火德说,在五四之后极盛的反传统文化和追求科学的理性解释氛围中,学者也不会寻求以五德终始之"迷信"学说解释"大明"国号。就如吴晗所说:儒生以"明"为"光明"之义,更取阴阳五行之说,谓符于以火克木,以明制暗之义;因此,吴晗认为这只是附会而已,并不足论。④

自1941年吴晗《明教与大明帝国》发表,"大明"国号起于明教说广为学界所接受,尤其六十年代以来,这个学说经由金庸的武侠小说《倚天屠龙记》演绎之后,更广为华文世界所接受。⑤从此,"大明"国号起于明教说占统治地位,不同的学说几乎完全不受重视;火德解释"大明"国号说当然也就被束之高阁,为学界和社会大众所遗忘。直到20世纪90年代,才有转变。中央民族大学陈梧桐教授重拾火德说,虽然并没有放弃吴晗学说,但他肯定了这个被吴晗视为儒生附会之说的火德说,以元朝为水德,以火制水,以明克暗;火是光明。故以"大明"为国号。⑥同时,日本学者檀上宽也与陈梧桐教授一样,不放弃吴晗学说,但兼采火德说。⑦

五、吴晗的大明国号源自明教说

抗战期间,在西南联大执教的吴晗于1941年发表《明教与大明帝国》,提出大明国号源自明教说,于赵翼及一般所论历代国号源起的说法之外,立一国号起于宗教说。⑧吴晗认为历代建国号,或以所封之爵邑,或追溯其所自始,朱元璋建国号为"明"之意,无人言及。他主张"大明"国号出于韩氏之"明王";"明王"则出于《大小明王出世经》。

---

① 陈梧桐:《洪武大帝朱元璋传》,贵阳:贵州人民出版社,2005年,第37页。

② 和田清:《明の太祖と红巾の贼》,《东洋学报》1923年第13卷第2号,第278—302页。和田清:《明の国号について》,《史学杂志》1931年第42编第5号,第70—75页。

③ 吴晗:《读史札记》,第236页。中日学界的隔阂,信息交流的困难,吴晗在抗战期间当然更无法掌握和田清的研究,但抗战胜利后一直到六十年代中期,吴晗也无从看到和田清的研究成果。而其他大陆学者即使在改革开放后,也乏人注意。

④ 吴晗:《明教与大明帝国》。

⑤ 1961年开始在香港《明报》连载。

⑥ 陈梧桐:《洪武皇帝大传》,郑州:河南人民出版社,1993年,第208—209页。

⑦ 檀上宽:《明の太祖朱元璋》,东京:白帝社,1994年,第163—164页。

⑧ 吴晗:《明教与大明帝国》。

吴晗说的明教，即唐代传入中国的摩尼教，虽经唐武宗会昌三年禁止，然转为秘密结社，攀附佛道以图幸存，至南宋益盛。其信徒素食节用，结党互助，故能深入农村。政府一旦诛求过甚，则为野心家所利用，进行有组织的"叛乱"，如北宋末之方腊之乱。吴晗认为明教本衣白，而两宋之际又尚红紫，此与祆教有关。明教本合佛、祆而成，北宋末又合于白莲社与弥勒佛。祆尚红，净土宗阿弥陀佛亦尚红，故以红为识。降至元代，明教虽被禁斥，仍在民间活动，附合"弥勒降生"之说。至元三年，棒胡以此号召反于信阳，朱光卿反于粤，周子旺反于袁州，皆与南宋明教发难之根据地相吻合。后彭莹玉得邹普胜、徐寿辉之助起事，徐又于蕲水建天完国称帝，为陈友谅所篡，明玉珍乃称帝成都曰夏，去释老，止奉弥勒，是为西系红军。同时起兵之韩山童则为东系红军，败死后林儿继之称"小明王"。吴晗认为朱元璋因林儿之基业，平定天下，建大明帝国，以及明玉珍之改姓明，皆以应"弥勒降生，明王出世"之说；明修《元史》均讳之。其实元璋本红军小卒与明教教徒，诸将皆濠泗丰沛子弟，夙受彭莹玉教化，故元璋奉小明王，其军戴红巾而号"红军"，烧香礼佛而称"香军"，私家记载如高岱《鸿猷录》、何乔远《名山藏》均曾言之。

朱元璋后来新进用的浙东儒生刘基、宋濂等既与明王无渊源，又为巨室豪绅，遵礼法，重保守，反异端，目的在团结保卫地方，与红军之破坏不同，明祖遂利用之排除流民武弁之势以代小明王的大宋，于龙凤十二年后，即讳言其为红军支系，于讨张士诚檄文中并深斥"弥勒降生"为妖言。但吴晗主张朱元璋为迎合民心与笼络旧部，仍建号"明"，以示其承小明王，且示"明王"已出世。这就是吴晗的"大明国号源自明教说"。

"大明国号源自明教说"前人仅明中叶文人孙宜《洞庭集》云："国号'大明'，承林儿小明王号也。"明末清初史家傅维鳞《明书》与查继佐《罪惟录》亦提及："国号'大明'，以小明王故，不忘旧也，亦以应谶也。"[①] 但未多加说明，此说经吴晗演绎为新论，大为轰动，学界同行多为其所服，纷纷采用其说。[②] 其后，吴晗更将此说写入1944年出版的《由僧钵到皇权》和1949年出版的《朱元璋传》及1965年出版的《朱元璋传》。[③] 吴晗为文深入浅出，平易近人，雅俗共赏，广受学者与读者喜爱，甚至外国学者也纷

---

① 孙宜：《洞庭集》卷4《大明初略》，《玄览堂丛书·续集》，南京：国立中央图书馆，1947年，第3册，第73页a。傅维鳞：《明书》卷89《宋韩林儿记》，光绪五年王氏谦德堂刻本，第14页b。查继佐：《罪惟录》卷5《翼运王国列传·宋韩林儿》，杭州：浙江古籍出版社，1986年，第1307页。傅、查二书所载，文字完全相同，两位作者时代相同；可能根据的史源相同或相互参考。

② 文章出版的当下即为顾颉刚等学者接受，后来如中国民间宗教史研究专家马西沙等也支持吴晗的论点，参见马西沙、韩秉方：《中国民间宗教史》第三章《摩尼教在中国的流播》，上海：上海人民出版社，1992年。唯郑天挺先生在《明史讲义》中未提吴晗《明教与大明帝国》，郑先生向来关注当代学者研究，其上课讲义完全不提同事吴晗，甚不寻常，是否不赞成其说，不得而知。参见郑天挺著、孙卫国等整理：《郑天挺明史讲义》，上册，第236页。

③ 吴晗：《由僧钵到皇权》，重庆：在创出版社，1944年。吴晗：《明太祖》，重庆：胜利出版社，1944年。吴晗：《朱元璋传》，上海：新中国书局，1949年。吴晗：《朱元璋传》，北京：生活·读书·新知三联书店，1965年。

纷采用其说加以演绎;[①]于是,大明国号出于明教说,几乎成为定论,此说亦有助于解释朱元璋农民起义的历史定位。依吴晗的论述,朱元璋及其兵将大多是明教教徒,定国号为"明",自是顺理成章,而且意味着朱元璋就是"出世"的"明王",其他人不具合法性,社会上不应出现其他的"明王"了,也有助于民心的稳定。 这应该是"大明国号源自明教说"广为接受的原因。

六、对大明国号源自明教说的质疑:杨讷为主

但后来的学者检验吴晗"大明国号源自明教说"的论据,有不同的看法。据陈学霖的察考,对吴晗论说提出质疑始于70年代,最初的焦点不在明朝国号的来源,而在质疑吴晗的北宋末方腊"吃菜事魔"之徒即明教徒的论点,日本学者竺沙雅章研究南宋王质的《论镇盗疏》,认为《小大明王出世开元经》等是佛门异端团体的书,方腊之乱非明教教徒的叛乱。[②]接着在80年代初,陈高华也讨论王质《论镇盗疏》,得到类似的结论,而且南宋初年并无吴晗所说白云宗、白莲社与明教开始合流的事。[③]欧洲汉学家富安敦(Antonio Forte)与许理和(Erik Zürcher)也在这段时间先后论证早在隋朝的佛教经典就有弥勒佛的"明王出世"[④]。

修正吴晗论说最重要的学者是杨讷,他在1983年《元史论丛》发表《元代白莲教》,1989年编《元代白莲教资料汇编》,2004年出版《元代白莲教研究》,2017年再加增订。[⑤]杨讷指出吴晗的明教于北宋末合于白莲社说是不对的,白莲社与白莲教也不是一回事;元末白莲教并非明教,明教与白莲教有相似之处,但是各自独立的教派,明教徒信奉摩尼佛,白莲教徒信奉阿弥陀佛。杨讷认为吴晗主张两教

---

① 如台湾学者戴玄之即受吴晗影响,进一步主张弥勒教的韩山童吸纳白莲会与摩尼教,成立新的白莲教,遂以"弥勒下生"与"明王出世"为口号。戴玄之:《中国秘密宗教与秘密社会》,台北:台湾商务印书馆,1990年。国内学者论著也不少,除将此学说写入通史性质的概说书外,相关论文也不少。胡阿祥:《红巾军反元复宋与朱元璋国号大明述论》,《烟台师范学院学报》2001年第18卷第1期,第38—44页。韩传强:《大明国号与朱元璋信仰关系研究》,《鸡西大学学报》2016年第16卷第2期,第23—25页。国外学者尤以美国学者多采吴晗学说,如John Dardess(达第斯),"The Transformations of Messianic Revolt and the Founding of the Ming Dynasty",*Journal of Asian Studies* Vol.29, No.3 (1970), pp. 539–558. Edward L. Dreyer, *Early Ming China: A Political History,1355—1535*, Stanford: Stanford University Press, 1982, pp.69-70. Teng Ssu-yu(邓嗣禹),"Chu Yuan Chang" in L. Carrington Goodrich and Chaoying Fang,eds., *Dictionary of Ming Biography,1368-1644*, New York: Columbia University Press,1976, p.385. 富路特、房兆楹原主编:《明代名人传》,李小林、冯金朋编译,北京:北京时代华文书局,2015年,第519—532页。Daniel L. Overmyer(欧大年), *Folk Buddhist Religion: Dissenting Sects in Late Traditional China*, Cambridge, MA: Harvard University Press,1976. 欧大年:《白莲教教义历史概述》,《中国民间宗教教派研究》,刘心勇等译,上海:上海古籍出版社,1993年,第92—130页。日本学者三田村泰助也赞成吴晗学说,在《明帝国と倭寇》(東京:人物往来社,1967年,第100—102页)云:朱元璋的政策是不杀主义与质素、俭约为主旨的禁欲主义,正是明教的主张,以"大明"为国号可以很好地解释朱元璋建国的国策。

② 陈学霖:《明朝"国号"的缘起及"火德"问题》。竺沙雅章:《吃菜事魔について》,《青山博士古稀紀念宋代史論叢》,東京:省心書房,1974年,第239-262页。

③ 陈高华:《摩尼教与吃菜事魔——从王质〈论镇盗疏〉说起》,《中国农民战争史论丛》第4辑,郑州:河南人民出版社,1982年,第97—106页。

④ Antonio Forte, *Political Propaganda and Ideology in China at the End of the Seventh Century*, Naples, Italy: Istituto Universitario Orientale,1976, pp.271–280. Erik Zürcher, *Prince Moonlight Messianism and Eschatology in Early Medieval Chinese Buddhism*, T'oung Pao《通报》, 2d ser., 68, nos. 1-3 (1982), pp. 34–36.

⑤ 杨讷:《元代的白莲教》,《元史论丛》第2辑,北京:中华书局,1983年,第189—216页;杨讷:《元代白莲教研究》,上海:上海古籍出版社,2004年;杨讷编:《元代白莲教资料汇编》,北京:中华书局,1989年;杨讷:《元代白莲教研究》第十二章"明王出世"与大明国号》,上海:上海古籍出版社,2017年。杨讷2017年版新书与2004年版比只是多出一篇元代文献,改了个别错别字,其他内容并无差异。

混合的观点不能成立。吴晗说明代史书高岱《鸿猷录》、何乔远《名山藏》均记元末起事者提"弥勒佛下生"与"明王出世"口号，但杨讷的研究确定："弥勒佛下生"出自西晋月氏三藏竺法护译《佛说弥勒下生经》；"明王出世"出自三国时代支谦翻译净土宗的《佛说大阿弥陀经》，其经文有："阿弥陀佛光明，明丽快甚"，"其光明所照无央数天下，幽冥之处皆常大明"；阿弥陀佛为"光明之王"，可简称为"明王"。这都出自佛教经典，与摩尼明教无涉。因此，杨讷汇出他的结论：朱元璋订的大明国号出自《佛说大阿弥陀经》，表明新王朝的建立，光明所照天下，即使是幽冥之处，亦"常大明"，标志着光明世界的到来，同时也是朱元璋"对自己出身佛徒的一个纪念"。[①]杨讷的论文，论证有据，指出吴晗论文的种种疏失如引文疏漏、诠释失当和判断错误；可惜国内外学者为吴晗英名所慑，并不认同，"仍然延续吴晗的错误"[②]。香港中文大学教授陈学霖为此忿忿不平，乃于2009年发表《明朝"国号"的缘起及"火德"问题》，宣扬杨讷的主张。[③]

但学界并非如陈学霖所说不重视杨讷的研究发明，赞同者亦有之，泓即于讲授明史课堂采用其说，修正吴晗旧说。也有些学者沿袭杨讷的思路论述，如江西省社科院的朱钧在2015年发表《"明王出世"口号与大明国号考》，即从藏传佛教密宗阿弥陀佛形象与汉地之孔雀明王形象入手，从教理上论述孔雀明王乃阿弥陀佛化身，这种信仰在民间广为流传，而于元代渗入白莲教中。因此，朱钧主张"明王出世"实为孔雀明王出世，大明国号来源于此。[④]2020年，中央民族大学哲学与宗教学学院刘泳斯发表《再议明教与大明国号的关系——试析元末"白莲教"起义与明王信仰》，以朱元璋所奉"龙凤"正朔小明王之"大宋"，被视为"明宋"；因此，国号"大明"源自明教。[⑤]似乎有理，然元明史书未见以"明宋"称对小明王龙凤政权。

其实，1983年杨讷提出"明王出世"非源自明教的主张，并非中外学界之首创，在前一年，1982年，台湾学者王见川在《从摩尼教到明教》一书中已主张"明王出世"非出于明教经典，而是来自金刚禅等所研习的《大小明王出世经》。[⑥]但是由于那个时代两岸学界隔阂，杨讷与王见川并无交流，其研究是各自独立发展的。

七、摆脱"大明"国号来自宗教说：杜洪涛为主

杨讷为主的学者虽更正了吴晗"大明"国号来自明教说，但尚未摆脱吴晗从朱元璋宗教信仰寻求国号来源的思路。[⑦]2014年，当时还是北京大学历史系博士生的杜洪涛在《史林》发表《明朝国号的出典与正统意涵》，[⑧]首先摆脱吴晗思路，主张明朝国号不但与明教无关，也与白莲教无涉；因为在建国

---

① 杨讷：《元代的白莲教》，第213—214页。

② 陈学霖：《明朝"国号"的缘起及"火德"问题》。

③ 陈学霖：《明朝"国号"的缘起及"火德"问题》。

④ 朱钧：《"明王出世"口号与大明国号考》，《青海社会科学》2015年第4期，第146—156页。

⑤ 刘泳斯：《再议明教与大明国号的关系——试析元末"白莲教"起义与明王信仰》，《世界宗教文化》2020年第2期，第136—142页。

⑥ 王见川：《从摩尼教到明教》，台北：新文丰出版公司，1982年。

⑦ 韩传强：《大明国号与朱元璋信仰关系研究》，《鸡西大学学报》2016年第16卷第2期，第23—25页。

⑧ 杜洪涛：《明代的国号出典与正统意涵》，《史林》2014年第2期，第52—57页。

前两年的龙凤十二年即元至正二十六年(1366)八月颁布的《高帝平伪周榜》,①朱元璋已公开否定弥勒信仰,榜文曰:

> 不幸小民,误中妖术,不解其言(《平吴录》作"偈言")之妄诞,酷信弥勒之真有;冀其治世,以苏困苦。聚为烧香之党,根蟠汝,颖,蔓延河,洛。妖言既行,凶谋遂逞,焚荡城郭,弑戮士夫,荼毒生灵,无端万状。②

虽然朱元璋当时仍是龙凤政权的臣子,弥勒信仰系龙凤政权之基础,朱元璋理应不会公开连逆。但龙凤政权自从被张士诚部队围困于安丰,势力衰微,四月才靠徐达解围,其部队已经瓦解,韩林儿寄居滁州,仅存名号,龙凤大宋政权,名存实亡。③所以,朱元璋在讨张士诚的榜文中,不再雌伏于小明王之下,公然宣布与弥勒信仰切割,称之为"妄诞"之"妖言""妖术",并历数弥勒党徒"焚荡城郭,弑戮士夫,荼毒生灵",罪恶万状,远超过榜文要讨伐的张士诚。杜洪涛指出榜文已说得如此绝对,当然"朱元璋不可能选择与白莲教有关的国号"④。

于是,杜洪涛摆脱吴晗从明教解释"大明"由来的思路,转向中华历代王朝统治基础的正统意识形态儒家经典入手,寻求国号"大明"的由来。这一思路,虽有学者私下提过,但真正著之于文字,杜洪涛是第一人。其言曰:"检儒家经典《诗经》有《大明》之诗,《易经·乾卦·彖传》有"大明"之文。"则国号"大明"的由来,《诗经》和《易经·乾卦·彖传》都有可能。《诗经·大雅·文王之什·大明》:

> 明明在下,赫赫在上。天难忱斯,不易维王。天位殷适,使不挟四方。挚仲氏任,自彼殷商,来嫁于周,曰嫔于京。乃及王季,维德之行。大任有身,生此文王。
>
> 维此文王,小心翼翼。昭事上帝,聿怀多福。厥德不回,以受方国。天监在下,有命既集。文王初载,天作之合。在洽之阳,在渭之涘。文王嘉止,大邦有子。
>
> 大邦有子,俔天之妹。文定厥祥,亲迎于渭。造舟为梁,不显其光。有命自天,命此文王。于周于京,缵女维莘。长子维行,笃生武王。保右命尔,燮伐大商。
>
> 殷商之旅,其会如林。矢于牧野,维予侯兴。上帝临女,无贰尔心。

牧野洋洋,檀车煌煌,驷騵彭彭。维师尚父,时维鹰扬,凉彼武王,肆伐大商。会朝清明。

---

①吴晗以吴宽《平吴录》所载榜文结尾有"龙凤十二年五月二十二日本州判官许士杰赍到"(吴晗著、苏双碧校订:《朱元璋传》,天津:百花文艺出版社,2000年,第121—123页。)但陈高华认为应该在朱元璋正式讨伐张士诚的龙凤十一年十月(陈高华:《说朱元璋的诏令》,《陈高华文集》,上海辞书出版社,2005年,第520页)。杜洪涛以为是至正二十六年八月,因为朱元璋在这时发布令旨:"命左相国徐达做总兵大将军,平章常遇春做副将军,统领大势马步舟师征取浙西,苏州等处城池,招抚军民,仰大小官将悉听节制。依奉施行者。"(王世贞撰、魏连科点校:《弇山堂别集》卷86,北京:中华书局,1985年,第1637页)参见杜洪涛:《〈弇山堂别集〉所载〈平伪周榜〉勘误——兼论其颁布时间》,《中国典籍与文化》2012年第3期,第137—141页。
②王世贞:《弇山堂别集》卷85《诏令杂考一》,第1615—1616页。
③吴晗著、苏双碧校订:《朱元璋传》,第125页。
④杜洪涛:《明代的国号出典与正统意涵》,《史林》2014年第2期,第53页。

这首诗追述周德之盛,武王伐纣,一统天下,正合朱元璋顺应天命,平定群雄,统一中国之形势,并且"大明"有圣德昌明之意,以此为国号相当合适。《易经·乾卦·彖传》:"大哉乾元,万物资始,乃统天。云行雨施,品物流行。大明终始,六位时成,时乘六龙以御天,乾道变化,各正性命。"元、明两朝国号的出典,"大哉乾元"在前,"大明终始"接续在后,上下文相连,显示元、明朝的传承关系;因此,杜洪涛选择以《易经·乾卦·彖传》为"大明"的出典,诚为有说服力之卓见。

杜洪涛接着论述明廷"承元"的正统策略:在明太祖《即位诏》中宣布:"宋运既终,天(《皇明诏令》作"帝")命真人起于沙漠,入中国为天下主,传及子孙,百有余年。"确立大元王朝在中国史上系继大宋的正统地位,而大明王朝之继大元而起,亦为一统天下之正。依新朝为旧朝修正史之历代旧惯,明廷于洪武三年七月修纂完成《元史》。洪武六年,明廷将元世祖忽必烈入祖历代帝王庙,将元朝正式列入自三代以来的中国历史系谱之中。[①]

八、回归国号用经典文义说:杜洪涛新说补论

杜洪涛主张"明承继于元"的立论极具说服力,泓愿在此补强之。

首先,明代后期,引据古代传统经典阐释国号者,有嘉靖、万历间的大学者焦竑的《易筌》,即在《易经》《中孚卦》之诠解中,颂扬明太祖之高见,转而提及:"说者谓:我朝国号'大明',盖大道昌明之兆,信不虚也。"[②]虽不能就说直接以经义解国号,但庶几乎是也。稍后,天启年间,凤阳县知县袁文新与闽人柯仲炯合作的《凤书》,则以祝融传说解释大明国号之秘义云:

> 太祖起淮甸,集滁、和,定鼎金陵,以帝都则祝融之故墟也……故建国号"大明",其有祖也。夫祝融大明,容光必照,从古得天下之正,以仁得民心,以义屈群力。三代而下,汉高祖一人,差足与我太祖匹休,其他帝莫能及矣……所以我太祖以大明建国,故亦以大明光天,中天下而立,定四海之民,所重民历,以示三纲五常,以昭日用,以引趋吉而避凶;此皇明治天下,潜移密化之大旨。所以四海来朝,亦以是赐之耳!知此道者,其可以与语我太祖取号"大明"之秘义乎!故汉德若水,我皇明其德,如日月之代明,汉得地道,我皇明得天道,三统之义,皇明统乎天矣。[③]

袁文新与柯仲炯说:朱姓出自祝融,是祝融的后代。根据阴阳家的理论,南方属火,祝融是南方之神,尚赤。《康熙字典》引《左传·昭五年·孔疏》云:融是"大明"。故"祝融大明,容光必照","所以我太祖以大明建国,亦以光明光天"。明太祖取国号"大明"之文义:"大明光天,中天下而立,定四海之民,所重民历,以示三纲五常,以昭日用,以引趋吉而避凶。"袁、柯二人以为这就是"大明"国号的秘义。此说言之成理,但若置于制定国号之大明建国时空,不如杜洪涛新说妥切,申述如下。

元、明之间的关系,过去多断裂视之,尤其20世纪初期,受清末革命影响,学者多以元朝欺压汉

---

① 杜洪涛:《"再造华夏":明初的传统重塑与族群认同》,《历史人类学学刊》2014年第12卷第1期,第1—30页。

② 焦竑:《易筌》卷4《鼎》,第44页b。

③ 天启《凤书》卷1《本纪世家·太祖高皇帝本纪》,《中国方志丛书·华中地方》,台北:成文出版社,1985年,第696号,第94—98页。

人，明太祖"驱逐胡虏，恢复中华"，元明革命系因民族矛盾而起的民族革命；明朝制度皆一反蒙元而"复汉唐威仪"，明制不承元制。但自20世纪30年代后期，蒙思明发表《元代社会阶级制度》，独持异说，主社会革命说以来，此说渐被接受。因此，元明革命无异于传统王朝的改朝换代，明实继承元。[①] 以制度而论，大明建国之初，无论政治、社会、军事、财政等，多模仿元朝，中央政府的中书省宰相制，地方的行中书省制，社会的军、民、匠、灶身分世袭的户籍制，军事的枢密院、卫所制，财政宝钞制等，均继承元制加以变通。[②] 然则真正促成"明制承继于元"的人，乃是明初开国文臣，他们曾仕于元，熟悉元朝典章制度。大明建国期间，在开国规模和制度的规划上出力最多的是刘基。[③] 据祝允明《野记》，刘基"请建号大明，太祖从之"[④]。

刘基对元初开国历史相信甚为了解。当初，蒙古人从北方草原入主中国，忽必烈为取得广大人民的支持，采取认同中国传统文化的政策，接续汉地政权的合法传承，做个正统的中国皇帝。[⑤] 他在建设首都大都城便听从刘秉忠的建议，依儒家的理想蓝图，建设一座最合乎《周礼·冬官·考工记·匠人营国》的城市。[⑥] 在建国号上，也听从刘秉忠的建议，从儒家最重要的、居十三经之首的经典《易经》取用有意义的吉利语词，取"大哉乾元"之义，配合"至哉坤元"的"至元"年号，在至元八年宣布国号"大元"。其《建国号诏》曰：

---

① 蒙思明：《元代社会阶级制度》，北平：哈佛燕京学社，1938年。蒙思明认为革命主力为饥寒交迫的贫民，他们革命的主要对象是富豪大地主；因此，当时主要矛盾是社会矛盾，是阶级矛盾。四十年代初期，萨孟武撰述《中国社会政治史（四）》（台北：三民书局，1991年），亦谓：元末群雄起事，"不是依民族思想，出来革命"，"元末学者民族意识并不甚强"。陈高华：《论朱元璋与元朝的关系》，《元史研究论稿》，北京：中华书局，1991年，第316—327页。

② 李新峰：《论元明之间的变革》，《古代文明》2010年第4卷第4期，第83—103页。李治安：《元代及明前期社会变动初探》，《中国史研究》2005年第A1期，第83—98页。陶希圣、沈任远：《明清政治制度》，台北：台湾商务印书馆，1967年。南炳文：《明初军制初探》，《南开史学》1983年第1期，第138—158页；南炳文：《明初军制初探（续）》，《南开史学》1983年第2期，第88—117页。Romeyn Taylor（戴乐），"Yuan Origins of the Wei-so（卫所）System", in Charles O. Hucker（贺凯）, ed., *Chinese Government in Ming Times*, New York: Columbia University Press, 1969. 陈文石：《明代卫所的军》，《"中央研究院"历史语言研究所集刊》1977年第48本2分，第177—204页，收入陈文石：《明清政治社会史论》，台北：台湾学生书局，1991年，第77—116页。吴晗：《元明两代之匠户》，《天津益世报·史学集刊》1936年第44期，收入北京市历史学会主编：《吴晗史学论著选集》，第2卷，北京：人民出版社，1986年，第139—154页。何维凝：《明代之盐户》，《中国社会经济史集刊》1946年第7卷2期，第134—153页。吴晗：《记大明通行宝钞》，《人文科学学报》1943年第2卷1期，第27—30页。

③ 钱穆分析明初开国诸臣宋濂、刘基、高启、苏伯衡、贝琼、胡翰、戴良、方孝孺、杨维桢、姚沄、叶子奇等的心态，发现"当时士大夫心中"，非特昧于"夷夏之辨"，且并孔子"微管仲吾其被发左衽矣"之言而忘之。在革命初期，尚助元平"盗"，甚至有甘为元廷尽忠者；明朝建立之后，或遁为遗民，或仍"崇重亡元"，对"新朝""亦似乎茫然不知，漠然无动"。参见钱穆：《读明初开国诸臣诗文集》，《新亚学报》（香港）1965年第6卷2期及《读明初开国诸臣诗文集续篇》，《中华日报副刊》1975年2月20—23日，两文均收入钱穆：《中国学术思想史论丛（六）》台北：东大图书公司，1978年，第77—200页。王春瑜：《论朱升》，《学术月刊》1980年第9期，第41—46、60页。张德信：《略论刘基对明王朝建立的历史贡献》，《浙江工贸职业技术学院学报》2006年第6卷4期，第13—21页。宋濂《宋学士文集》中多次颂扬"大明"，如"大明出而爝火熄""大明丽天""大明煌煌"等，但皆作于大明开国之后，国号已定，此等言语不足以解释当初国号由何而订。参见郑天挺著、孙卫国等整理：《郑天挺明史讲义》，上册，"明之国号"，第235—236页。

④ 祝允明：《野记一》，第492页。

⑤ 感谢许倬云老师与常建华教授的赐教与提醒。又参见萧启庆：《说"大朝"：元朝建号前蒙古的汉文国号：兼论蒙元国号的演变》，《汉学研究》1985年第3卷第1期，第23—40页。后收入萧启庆：《蒙元史新研》（台北：允晨文化事业公司，1994年）与《内北国而外中国》（北京：中华书局，2007年）。

⑥ 徐苹芳：《元大都在中国古代都城史上的地位：纪念元大都建城720年》，《北京社会科学》1988年第1期，第52—53页。邓刚：《元大都建造者刘秉忠的设计理念与成果》，《兰台世界》2015年第18期，第130—131页。

诞膺景命，奄四海以宅尊；必有美名，绍百王而纪统。肇从隆古，匪独我家。且唐之为言荡也，尧以之而著称；虞之为言乐也，舜因之而作号。驯至禹兴而汤造，互名夏大以殷中。世降以还，事殊非古。虽乘时而有国，不以利而制称。为秦为汉者，著从初起之地名；曰隋曰唐者，因即所封之爵邑。是皆徇百姓见闻之狃习，要一时经制之权宜，概以至公，不无少贬。

我太祖圣武皇帝，握乾符而起朔土，以神武而膺帝图，四震天声，大恢土宇，舆图之广，历古所无。顷者耆宿诣庭，奏章申请，谓既成于大业，宜早定于鸿名。在古制以当然，于朕心乎何有？可建国号曰"大元"，盖取《易经》"乾元"之义。兹大冶流形于庶品，孰名资始之功；予一人底宁于邦，尤切体仁之要。事从因革，道协天人。于戏，称义而名，固匪为之溢美；孚休惟永，尚不负于投艰。嘉与敷天，共隆大号。[1]

"大"乃赞词，至大无外，"大哉"赞叹，"乾元"为始万物者。[2]元代政书《经世大典·帝号》则解释："元也者，大也"，"大不足以尽之，而谓之元者，大之至也"[3]。国名、年号均用《易经》章句，按照中国王朝更替的传统，立一符合古制的国号，明确承认大元是继承尧舜禹汤秦汉隋唐的，将本朝与历代王朝的统绪接续起来；标志着蒙古也是中国正统王朝。[4]

元末明初，辅佐朱元璋取天下众人中，有此睿智，作此精妙设计者，非刘基莫属。刘基曾在元朝中过进士，做过县级与省级官员，对元朝制度有实务的了解，明朝开国制度多出其手，明太祖尝誉为"吾之子房"，刘基"请建号大明，太祖从之"。[5]

刘基的角色与元初的刘秉忠类似。刘秉忠是金朝人，蒙古灭金后在忽必烈未任太子时住的潜邸任事，为忽必烈出谋划策，忽必烈接任大汗，刘秉忠位致中书令宰相之职，他向忽必烈进言："治乱之道，系乎天而由乎人"，"以马上取天下，不可以马上治"，主张参照汉人法律，改善法度、革除弊政。刘秉忠并为忽必烈规划大都和上都，为大元订国号。[6]刘基也是朱元璋主要谋臣，主持规划兴建首都南京和中都，为大明订国号。刘秉忠取《易经·乾卦》定大元国号，刘基也取《易经·乾卦》定"大明"国号，所取章句："大明终始，六位时成，时乘六龙以御天，乾道变化，各正性命。"正在大元国号所取章句："大哉乾元，万物资始，乃统天。云行雨施，品物流行。"之后，标志大明王朝承继大元王朝之正统。

其实，明太祖起兵尚未建国前，已用《易经》"日月重明""六龙时遇"为标语。俞本《纪事录》戊戌年（至正十八年）十二月条记载，朱元璋于浙东行省金华府省门立二大黄旗，两旁立二牌，牌上书云：

① 《元史》卷7《世祖本纪四》，北京：中华书局，1976年，第138—139页。胡阿祥：《蒙元国号概说》，《中国历史地理论丛》2000年第1期，第57—69页。

② 爱新觉罗毓鋆师讲述、林世奇笔记整理：《毓老师讲〈易经〉》卷1《乾坤系说序》，台南：奉元出版公司，2021年，第92—95页。

③ 苏天爵：《国朝（元）文类》卷40《经世大典·帝号》，《四部丛刊初编》，上海：商务印书馆，1919—1922年，第4页。

④ 胡阿祥：《蒙元国号概说》，《中国历史地理论丛》2000年第1期，第69页。陈得芝：《关于元朝的国号、年代与疆域问题》，《北方民族大学学报（哲学社会科学版）》2009年第3期，第5—14页。

⑤ 祝允明：《野记一》，第492页。

⑥ 《元史》卷157《刘秉忠传》，第3687页。袁国藩：《元代开国功臣许衡刘秉忠评传》，台北：台湾商务印书馆，2013年。

山河奄有中华地,日月重明大宋天。

九天日月开黄道,复国江山富宝图。①

"日月重明",来自《易经·离卦》的象辞:"日月丽乎天,百谷草木丽乎土,重明以丽乎正,乃化成天下。"俞本《纪事录》庚子年(至正二十年)正月初一日条,又记载朱元璋于府门亲书:

六龙时遇千官觐,五虎功成上将封。②

"六龙时遇"疑俞本讹"御"为"遇"。《易经·乾卦》:"大明终始,六位时成,时乘六龙以御天。"朱元璋之亲书,彰显对《易经·乾卦》之钟爱。朱元璋行伍出身,如何知晓《易经·乾卦》深意。原来在此之前,浙东儒生刘基、宋濂、章溢、叶琛已于至正十九年十二月加入朱元璋阵营,尤其刘基"留帷幄,预机密谋议",用"六龙时遇"为标语,极可能出自刘基的建议。刘基一向看不起方国珍、张士诚和小明王,向朱元璋力陈"天命有在",朱元璋"大感悟",而改变政策,逐渐远离红巾军路线,改采传统中国以儒家为主的政治路线,终于在至正二十六年的讨伐张士诚檄文中,正式与红巾的农民军决裂。③至正二十年来自《易经·乾卦》的"六龙时遇"标语已透漏这一改变的消息。这个改变应该就是刘基"预机密谋议"的结果,为创建"大明"国号张本。由于刘基谨守谋议机密,其建大明国号建议书,有如其他"书稿,并已前奏请诸稿",刘基"皆焚之,莫能得其详也"④。

因此,回到朱元璋建国的历史时空来讨论,杜洪涛提出的"大明"国号出典于《易经·乾卦》理由,比较其他学说充分可信。⑤

九、结语:"大明"的意义

明朝国号"大明"的缘由,朱元璋的《即位诏》及其后的官方文书均未说明,后代遂多猜测,或以火德为之解。但以五德终始立论,有其缺失与前朝既非相生也非相克,难以服人。二十世纪四十年代初,吴晗首倡"大明"国号源于"明王"说,广为学界与社会大众接受,几乎成为定论。从此,中国历代国号诸多起源,又多一宗教说。直至七十年代,学界才开始有人质疑"明王"是否出于明教(摩尼教)。八十年代初,杨讷阅读现存所有元代白莲教史料后,否定吴晗学说。他除指出吴晗论文方法上的错误,及引证史料之疏漏外,并以传世史料,证实元末起事者所提"弥勒佛下生"与"明王出世"口号,均与明

---

① 李新峰:《俞本纪事录笺证》,北京:中华书局,2015年,第101页。
② 李新峰:《俞本纪事录笺证》,第119页。
③ 谷应泰:《明史纪事本末》卷2《平定东南》、卷4《太祖平吴》,北京:中华书局,1977年,第27—28、66—67页。
④ 诚意伯:《诚意伯文集》卷1《诚意伯刘公行状》,《四部丛刊初编》,上海:商务印书馆,1919—1922年,第9页a。徐泓:《"大明"国号与刘基》,《浙江工贸职业技术学院学报》2022年第22卷1期,第60—64页。
⑤ 2014年,杜洪涛发表的新说没有引起太多关注,朱钧在2015年发表的文章《"明王出世"口号与大明国号考》虽提到《易经·乾卦》与《诗经》之出典,可能是受杜洪涛的论文影响,但他并没有放弃他的孔雀明王出世说,而有些学者在课堂上讲到大明国号时,已开始采用杜洪涛的新说。

教无涉,而出于佛教经典。杨讷的研究是研讨明朝国号起源的新突破,唯学界并不太注意,而社会大众则因金庸将吴晗学说引起武侠小说《倚天屠龙记》并经电影和电视剧广为流传,吴晗首倡"大明"国号源于"明王"说遂深入人心;是以杨讷新说未引起较多注意。陈学霖以此颇感不平,遂于2009年撰一长文演绎杨讷论说,提醒学界不应继续宣扬此一错误论断。然而杨讷与陈学霖虽否决吴晗学说,但其思路并未脱离吴晗,仍在宗教中寻找国号出典。

2014年,始有北京大学博士生杜洪涛①突破吴晗学说窠臼,循元明承续的思路,参照赵翼大元国号出自《易经·乾卦》"大哉乾元"文义,而主张大明国号亦出自《易经·乾卦》"大明终始"。此诚为一大突破。

五四之后,学界与国人多反传统文化,尤反读经,甚至说要把经书、线装书或丢入茅坑,或用机关枪扫射。1949年以后,反传统声浪不减反升,到"文化大革命"之除旧达到顶峰。改革开放后,思想解放,但西化思想倾向浓厚,中国传统学术文化未受到重视。在这样氛围中,学者也不会想到在儒家经书中寻找历史答案。改革开放后,尤其近十多年来,国势振新,国人找回自信心,重新肯定老祖宗留给我们的遗产,由此找回对中华历史文化诠释之话语权。在政府的鼓励和民间的自主发动下,中国传统学术文化的研究与推广,受到重视。在这新生的氛围中,学者开始实事求是地处理历史问题,把历史解释放在当时历史情境中研讨,而不是用现代思维要求古人。传统中国社会与政治脱不开儒家传统,尤其政治操作更须参考儒家经典,即使是非汉族的少数民族政权亦如此,大元国号与年号之命名就是很好的例子。杜洪涛提出研讨大明国号的新思路,是他个人的学养与聪慧有以致之,同时也是新时期新文化氛围涵养的成果。

《易经》是儒家首要经典,近代以前的中国社会,尤其读书人是必读的,也是为人处世的准则,由读书人参与的政府更是重视。因此,当朱元璋接纳浙东地主读书人集团,把农民政权转型为传统的"封建"政权时,参考儒家经典,制订治国方针、政策和制度,是必然的发展。②在定国号时,自然不能用早已在《平伪周榜》宣布为妖术并斥其信徒"杀戮士夫,焚荡城郭"的宗教信仰为依据,而改从儒家首要经典《易经》之文义。尤其朱元璋新建的王朝要接续正统的前朝蒙古元朝,就要注意元朝是如何建立其为中国的正统王朝。忽必烈入主中国要做中国皇帝,就"进于中国则中国之","用夏变夷",因此定立国号,即依据儒家首要经典《易经·乾卦》之"大哉乾元"。朱元璋革命以"复汉官之威仪"为号召,订定国号,必定更要彰显华夏文化传统,取得华夏政权的正统;③因此就延续大元王朝以《易经·乾卦》定国号之先例,而用"大哉乾元"经文后段之"大明终始",定此"大明"国号。

"大明终始"的"大"是赞词,"明"是动词;"大明终始"即大哉明了《易经》"终始"之道。"终始"乃

---

① 杜洪涛,现为内蒙古师范大学历史文化学院副教授。

② 王崇武:《论明太祖起兵及其策略之转变》,《中央研究院历史语言研究所集刊》1942年第10本第1分,第55—69页;陈高华:《元末浙东地主与朱元璋》《元末农民起义中南方汉族地主的政治动向》,《元史研究论稿》,第258—289、290—306页。

③《谕中原檄》见《明太祖实录》卷26,吴元年十月丙寅,第10—11页;高岱:《鸿猷录》,上海:上海古籍出版社,1992年,第87—88页;王世贞:《弇山堂别集》卷85《诏令杂考一》,第1617—1618页。许倬云老师在2019年8月4日给泓的电邮说道:"朱元璋早就打算摆脱'小明王'背景,尤其在获得浙西儒生合作后,自己的定位,主要在恢复华夏正统。如此,才能名正言顺,建立合法政权。他又何必恋恋不忘'红军'背景?吴晗的'红军论述',当然有他自己的打算,借题发挥而已。蒙元国号,也是打算取得汉人支持,以建立其在'中国'地区的合法统治,于蒙古众多汗国中,至少稳住自己在汉地的政权。这也是满清'两合政权体制'的同样策略。"(https://mail.google.com/mail/ca/u/0/?shva=1#search/hsusun%40gmail.com/FFNDWLvmhtTKCCWxbWndBChTCSTJzNfl)

"终而复始"。"终而复始"就是生生，就是生生不息。"生生之谓易"，整部《易经》就在阐明这个道理。[1]"大明""终始"之道，制定国号，"大明"遂由赞词、动词转为名词的国号。以"大明"为新王朝命名，保佑"大明国"的国祚，象征国家的生命力生生不息，终了又能复始，长长久久，长治久安。这样的国名多么吉利，多么理想，正是朱元璋和群臣开国的鸿图，符合经历元末动乱全国人民望治的心愿。嘉靖年间学人李纯卿和王世贞说国号"大明"的意义云：

> 我圣祖付以世道之责，恢复二帝三王既沦之境土，修明三纲五典既坠之彝伦。中国之统既失复还，阳明用而天理昭著，贤哲登庸。万方之广，四海之大，一旦皆为雍熙泰和之世。国号大明，岂不名符其实也哉！[2]
>
> 建元洪武元年，复中国之统，国号曰"大明"，传国祚于万万年矣！[3]

这正和我们推论的《易经·乾卦》"大明终始"文义建国号说，既绪华夏正统，又佑国祚永续，互相呼应，不谋而合。

总而言之，从明朝建国时期的当下氛围，朱元璋政权君臣人民的心愿，及国号出典的意义而论，以儒家首要经典《易经》的首章"乾卦"之"大明终始""终而复始"生生不息的文义而定国号，肯定比以明教的"明王出世"的宗教预言，更为妥切，更为正当，更能堂堂皇皇地彰显"大明"王朝"复汉官之威仪"的华夏传统。[4] 是以，"大明"国号当出于《易经》，非出于"明教"。

（作者徐泓，台湾暨南国际大学荣誉教授，厦门大学历史与文化遗产学院荣休教授。本文初稿承许倬云老师和毛佩琦、张元、陈支平、常建华、何孝荣、陈宝良、夏维中、伍跃、刘季伦、陈信治、胡英泽、唐立宗、杜洪涛、刘婷玉、罗玮、吴丹华等同道好友教授及内人王芝芝教授惠赐宝贵意见，新竹清华大学历史学研究所博士生江丰兆协助查找史料，谨此致谢）

---

[1] 爱新觉罗毓鋆师讲述、林世奇笔记整理：《毓老师讲〈易经〉》卷1《乾坤系说序》，第92—95页。胡英泽教授提醒应注意朱元璋恐怕也参考《老子》，《老子》有云："复命曰常，知常曰明。"明代以复命自任，常乃天、乃道。朱元璋喜读《老子》，曾亲自批注《老子》。胡教授的指教很有启发，当另文从朱元璋治国理想及其思想基础讨论。

[2] 李纯卿草创、王世贞会纂：《重刻详订世史类编》卷45《昭代前编·大明初·元顺帝》，《故宫珍本丛刊》，海口：海南出版社，2001年，第43册，第419页。

[3] 李纯卿草创、王世贞会纂：《重刻详订世史类编》卷45《昭代前编·大明初·元顺帝》，第419页。

[4] 但开国期间，明朝官方及参与开国的群臣，为什么没有留下纪录解说国号的出典及其意义呢？是相关文献遗失了呢？还是明初读书人熟读《易经》，国号出自《易经》，不言自明，就不必像蒙古人入主中国要多加解释；因而没有留下纪录的必要，还是有其他原因。实在耐人寻味，有继续探讨的必要。好友陈信治教授治爱尔兰史，从比较历史观点提出了解说：我从爱尔兰政治史学到一点：聪明的政治领袖（如 Charles Stewart Parnell），喊口号时最好喊得模糊一点，留给激进与温和立场不同的支持者各自想象与解释的空间，便可以扩大支持者的范围。如果用学术语言来讲，就是俄国文学理论家巴赫汀（Mikhail Bakhtin）所说的复音（polyphony 对位元音乐；王德威教授当年译为"众声喧哗"）；例如文艺复兴时期法国作家拉伯雷（François Rabelais）的《巨人传》，既可以从人文主义者的角度解读，也可以从中世纪通俗文化的角度理解；事实上，《巨人传》同时包含了菁英文化与通俗文化两种成分。（可以参考交大社文所朱元鸿教授为《巨人传》桂冠版所写的扼要导论《拉伯雷与我们的世界》：https://www.douban.com/note/531793064/.）所以，明初不把"大明"国号的来历说清楚，或许也有类似的考虑，即企图同时吸纳儒生与非儒生的支持？（陈教授2019.08.13来信，https://mail.google.com/mail/ca/u/0/?shva=1#inbox/FMfcgxwBTkBzBbhcmdhNwQpfStndWMJJ）陈教授从古今中外政治人对类似问题的反应与对策着眼，看出其"心同理同"的普遍性，这一比较研究方法很具启发性，值得我辈治中国史的朋友关注。

辽宁省图书馆藏《大明光宗贞皇帝实录》考论

南炳文

一、引言:《明光宗实录》仍有不少未解之谜

明光宗实录之纂修,于天启元年三月丁卯由明熹宗谕礼部开始,以叶向高等为总裁。[①]天启三年六月乙亥,书成,叶向高等以副本进呈。[②]同年七月甲辰,正式进呈。[③]所呈者即后人所称"初修本"。天启六年十月癸丑,始对初修本改修,以黄立极等总裁。[④]"于是霍维华等大肆涂抹,未及上而熹宗崩,至崇祯元年二月始进呈。阁臣施凤来请焚向高先所修本,司礼监太监王体乾,以前所修亦系奉旨事理,国朝无焚实录之例,请并贮皇史宬中","原本卒以不焚,得并行云"[⑤]。这样,在明朝所修明光宗之实录,从内容讲,便形成了两种版本:一为初修本,一为改修本。

在20世纪中期,黄彰健先生在主持"明实录"校勘时,其所看到的明光宗之实录,共有两个。一为国立北平图书馆藏红格抄本,这是清初明史馆为修《明史》而抄录的一个本子,亦称馆本[⑥],另一个为广方言馆本。广方言馆本"明实录"所记内容起于明太祖,迄明光宗;由其用字以"元"代"玄"等,黄彰健先生正确指出其系"清初抄本"[⑦]。黄彰健先生对比了馆本《明光宗实录》与广方言馆本《明光宗实录》的内容,并从书首所载序言、进书表等方面对二本进行了考察,判定它们都是叶向高等所修的《明光宗实录》的初修本,并判定:"改修本为阉党所撰,不为人采信,明史馆不予传录,故终于湮没无传也。"[⑧]

黄彰健先生关于现在《明光宗实录》之改修本已经湮没无传、所存世者只有初修本的论断,正在得到证明。因为他所未曾见到的一些现在尚且存世的某种版本《明光宗实录》,学术界渐渐得知,有的早在黄先生作出这一论断前,就已被论证其为初修本。如1933年出版的《青丘学丛》所载小田省吾著《关于半岛现存皇明实录》一文证明,公元1830年朝鲜燕行使译者李镇九从中国购买运往朝鲜半岛、今天仍存世的《皇明实录》中之《明光宗实录》,乃为曾属清初史学家谷应泰的叶向高初修本,其提出的

---

① 《明熹宗实录》卷8,天启元年三月丁卯,北京:中华书局,2016年版,第19页下至20页上。

② 《明熹宗实录》卷35,天启三年六月乙亥,北京:中华书局,2016年版,第17页上。

③ 《明熹宗实录》卷36,天启三年七月甲辰,北京:中华书局,2016年版,第11页下。

④ 《明熹宗实录》卷77,天启六年十月癸丑,北京:中华书局,2016年版,第10页。

⑤ 黄虞稷:《千顷堂书目》卷4《国史类》,上海:上海古籍出版社,2001年版。

⑥ 上个世纪校勘"明实录"时,为了不损害珍贵红格抄本而将之晒兰,从而形成了一个校勘用工作本;后又据红格抄本的缩微胶卷放大影印了带校勘记的一个新版本,于1962年出版于台北。这三个版本,可通称为红格抄本系统,内容一致,黄彰健先生早已述之甚悉;而因其内容一致,姑于此总记为一个版本,总称红格本。

⑦ 《明太祖实录校勘记》卷首,《明太祖实录校勘记引据各本目录》,北京:中华书局,2016年版,第7页。

⑧ 《明光宗实录校勘记》卷首,《明光宗实录校勘记引据各本目录》,北京:中华书局,2016年版,第1页。

证据为：该书有天启三年七月十六日以总裁官叶向高署名的进呈该书的表文；另外，该书关于霍维华改修之事一点也未提及。该文作者的这一判断，是令人信服的。又如，辽宁省图书馆藏有《大明光宗贞皇帝实录》八卷，中国古籍善本书目编辑委员会编《中国古籍善本书目》之《史部》载有此书，记明其为"明张惟贤、叶向高等纂修，明抄本"。①此书又全文影印于北京出版社版《四库禁毁书丛刊》编纂委员会编《四库禁毁书丛刊》之《史部》第35册，封面所记内容与《中国古籍善本书目》所记完全相同，唯增"辽宁省图书馆藏"七字。以上两书对作者的记注，在一定程度上可以为黄彰健先生的上述判断提供有力的证据。

但是，实际情况相当复杂，要想彻底证明黄彰健先生的论断尚需进一步搜集证据。日本著名史学家神田信夫和山根幸夫编《中国史籍解题辞典》第319—320页收有《明实录》之条目，其释文称："《光宗实录》8卷，霍维华等修，崇祯元年（1628）进呈。"②释文中还列有表格一个，该表格显示，日本现在在书陵部、内阁文库、东洋文库等三个单位收藏有江户时代通过长崎贸易购自中国的古抄本《明光宗实录》，或20世纪从中国北平图书馆购进的古抄本《明光宗实录》。这一释文对该书的作者，只提及改修者霍维华一人的名子，而没有写上初修者叶向高等人的名子，这似乎显示日本所收藏之《明光宗实录》为改修本。如其所记属实，前面谈及的黄彰健先生的论断即被动摇。可见究竟事情如何，有待继续调查落实。

上文论及的辽宁省图书馆藏《大明光宗贞皇帝实录》之是否初修本一事，虽已有若干正面证据，前面已经提及；而严格说来，尚应进一步对所记内容等再加详细审视，方能使其初修本的身份，得以彻底肯定。另外，除了初修本、改修本之身份确定外，此本之流传、价值等前此也缺乏研究，甚需予以探讨，以便较为深入地了解其书。这些方面的研究，对于其他版本明光宗之实录来说，也有加强的需要。

值得注意的还有，明光宗之实录的撰写、身世，具有不同于其他明朝实录的特殊之点，这使对其研究更应给予不同一般的关注。万历四十八年七月丙申（二十一日）明神宗死，八月丙午朔其子明光宗即位，九月乙亥朔刚即位一个月的明光宗死去，同月庚辰（六日）其子明熹宗即位，这种一年之内连死两个皇帝且其中一个在位仅一个月的特殊现象，使其时年号的更换被打破常规，确定以下一年作为明熹宗的天启元年，而以当年之八月至十二月为明光宗的泰昌元年。这样，仅作皇帝一个月的明光宗，其年号却被在史书上使用长达五个月。这种情况的存在，会使后人在记录这段历史时，误将实非明光宗在位时期的某时段历史，记为明光宗在位之时所发生者。20世纪德国学者傅吾康在《中德学志》1943年第1、2期所发表之《明各朝实录之纂修及现存抄本考》就发生了这种失误，该文（乙）《各朝实录之纂修》部分称："《光宗真（真当为贞之误——引者注）皇帝实录》，八卷，自泰昌元年九月乙亥始至十二月壬申止。"这种失误会不会发生在某种明光宗之实录的抄本上？影印道光八年刘氏味经书屋钞本徐乾学藏《传是楼书目》卷2"冬字上格""实录"，载有"《光宗实录》（泰昌八卷）"③。同书同卷"藏字上格

① 中国古籍善本书目编辑委员会编：《中国古籍善本书目》，上海：上海古籍出版社，1984年印刷本，第181、1623页。

② 神田信夫、山根幸夫编：《中国史籍解题辞典》，日本：燎原书店，1989年版，第319—320页。

③ 无名氏撰，徐乾学藏：《传是楼书目》卷2，《续修四库全书》，上海：上海古籍出版社，1996—2003年版，第920册，第708页下。

二格""实录"",载有"《光宗泰昌实录》二本,又一部四本"①。徐乾学所藏三部所记带有"泰昌"字样的明光宗之实录,会不会发生上述失误现象?这三部书现在是否还存于人间?这些对学术界来说,至今都是未解之谜。笔者目前虽尚无条件彻底解开此谜,但由此却进一步感到明光宗之实录确有必须认真研究下去的必要,除了要弄清其存世各版本是否只有初修本等外,还应将其存世各版本的记事时间范围究竟如何一事纳入探讨的视野。

综上所述,关于明光宗之实录的研究,甚需分清轻重缓急、一个版本又一个版本地分别多角度地研究下去。本文之作,即是选出辽宁省图书馆所藏之本作为个人这一研究的第一步。

二、初修本之说确信无疑

辽宁省图书馆所藏《大明光宗贞皇帝实录》,从内容上讲确实为明光宗之实录的初修本,之所以如此判断,理由如下:

第一,此本卷首有天启三年七月十六日张惟贤等所上《进实录表》。其天启三年七月之十六日,干支记日为"甲辰",此正是明光宗之实录初修本正式进呈给明熹宗的时间。(参见上文)

第二,此本卷首记有纂修官之名单,其中总裁之名为"叶向高"及"韩爌"。此正与明光宗之实录初修本以叶向高等为总裁之历史实际相合。(参见上文)

第三,孙承泽《春明梦余录》卷29《宗人府》征引《泰昌实录(初录)》如下一段文字:"万历三十三年乙巳十一月,皇太子第一子生,即熹宗,选侍王氏出。神宗以元孙生,颁诏天下,谕宗藩。

三十四年丙午二月,尊上慈圣徽号。

是月,进封圣母恭妃为皇贵妃。先是,群臣屡请进封,皆不允。至是,以宫闱喜庆大典告成,特谕举行。人情欢悦。

三月,封元孙母王氏为才人。时礼部议上封号,不称神宗意,传谕再议,随出《皇明典礼》一书,内载'皇太子正妻皆封妃,次皆称才人'。故礼部奉旨定今封。

三十四年十二月二十八日,皇太子第二子生,与元孙同母,命名由㰒。四岁薨。天启二年追封简怀王。

三十七年七月,皇太子第三子生,命名由楫。母选侍王氏。八岁薨。

三十八年十月十六日,皇太子第四子生,命名由模。母选侍李氏。五岁薨。

十二月二十四日,皇太子第五子生,命名由检,天启二年封信王。母选侍刘氏,追封贞静贤妃。"②

将上引《春明梦余录》所载《泰昌实录(初录)》的一段文字,与辽宁省图书馆所藏《大明光宗贞皇帝实录》(此实录以下简称"辽宁本实录")的相应部分作对比,可发现两者基本相同,不同者只有五小点:第一条记事中的"万历"二字在"辽宁本实录"中无;第一条记事中的"熹宗"二字在"辽宁本实录"中作"今上";第四条记事中的"议"字在"辽宁本实录"中作"拟";第五条记事中的"二十四年"四字在"辽宁

① 无名氏撰,徐乾学藏:《传是楼书目》卷2,《续修四库全书》,上海:上海古籍出版社,1996—2003年版,第920册,第709页下。
② 孙承泽:《春明梦余录》卷29《宗人府》,《文渊阁四库全书》,上海:上海古籍出版社,2012年版,第868册,第373—374页。

本实录"中无；第五条记事中的"追封"二字，在"辽宁本实录"中作"进封为"。为了便于查找这些不同之点所在的位置，本文在前引《春明梦余录》所载《泰昌实录（初录）》的那段文字中已于有关文字之下加上圆点，请注意。分析上述五点不同，可知"万历"二字之有无、"议"与"拟"之差别、"二十四年"四字之有无以及"追封"与"进封为"之不同，当是同一段文字在不同回次抄写中，难免发生的细微差异，并不能说明两者根本上相异；而"今上"与"熹宗"之差别，则是由于在天启年间抄写时对熹宗只能称"今上"，而入清以后孙承泽撰写《春明梦余录》时转抄之，只能改称"熹宗"，如此才能使读者明白所指者为何人，从而使两者之差别因此发生，这种不得已的个别字眼的改写，也不能说明两者所在的全文有根本差别。由此可知，《春明梦余录》中明确记为属于明光宗之实录初修本的那段文字，在"辽宁本实录"中可以找到。

第四，"辽宁本实录"的末尾有一段对明光宗一生有关事迹进行总结的文字，其全文为："史官曰：自古帝王仁心仁闻，洽乎天下，未有不须久道而后成者，必世后仁，圣人言之矣。乃光宗贞皇帝在位仅三旬，升遐之日，深山穷谷莫不奔走悲号，何圣化之神感乎若是速也。盖帝睿质凤成，早亲师傅，养德青宫，已洞悉四海之难艰。故当神皇晏驾时，遗诏未颁，德音遂播，大宝初嗣，仁政沛施。捐朽蠹而九塞饱腾，撤狐蜮而万廛欢动。政地广股肱之助，谏垣充耳目之司。黄发并升于公庭，白驹不滞于空谷。至于虚怀延接，一月而三召臣工，锐意图几，浃旬而两蠲税额。德意独行独断，燮理莫施其功，威权自揽自综，赘御不参其柄。铄乎盛矣，旷千古而仅见者也。乃其尤难者，以何思何虑之天，处若危若疑之地，冲龄出讲已历艰辛，而容色温然，而动止泰然，内庭有菀枯之形，若弗知也者，外庭有羽翼之激，若不闻也者。即册立寻常事耳，时而举碁，时而反汗，大臣去，小臣遣，宜何如动于耳目者。而帝也有夔夔，无慄慄，潜之又潜，巧伺者不能窥，善孽者不能中。福藩就国，恸哭抱持。张差发难，帝侍神皇左右，亲传睿旨，晓谕百官，群嚚遂息，所全实多。登极后即遵遗命，进封皇贵妃，廷臣力争，竟不忍夺，以戚畹哀请而后止，毫不芥蒂于前事也，此即虞舜大孝，何以加兹！以舜之孝，扩尧之仁，然则帝之所以感动人心，又自有在，而非仅仅更张注措之迹者矣。夫官天下者寿在令名，家天下者寿在长世。神皇即不豫，何难四十日留也？使帝之出震未及而干蛊莫施，天下之事将不可知。然则我国家亿万年无疆之祚，皆帝四十日之所延耳。帝之功德又岂但在普天之思慕已哉！天眷宗社不虚也。"审读这篇文字，可发现其对万历年间发生的朝臣上下关于明光宗之事种种争论的论述，明确地站在东林清流派一边：诸如"外庭有羽翼之激"对拥戴护持明光宗一派人物的肯定、"张差发难"对不利于明光宗一派人物所持张差疯癫论的否定，皆为明显的例证。这样的总结只能出自叶向高等为总裁的初修本。值得注意的还有，这篇总结文字在谈迁撰《国榷》中几乎全文予以转载，其开头之"史官曰"被写成"叶向高曰"[①]，这进一步证明，"辽宁本实录"确实为明光宗之实录的初修本。

第五，文震孟之《孝思无穷疏》载，崇祯元年所进的改修本明光宗之实录关于万历年间梃击案的记载为："（万历）四十三年五月，有男子张差持梃入东宫殿檐下，击伤门者，中官共执之。巡视皇城御史刘廷元回奏：张差话不情实，语无伦次，按其迹若涉风魔，稽其貌的是黠猾。而刑部提牢主事王之采捏

① 谈迁：《国榷》，《续修四库全书》，上海：上海古籍出版社，1996—2003年版，第363册，第16—17页。

谋危东宫之说,词连二珰。科臣何士晋、行人陆大受、主事张廷等附和其说,愈加激聒。"文震孟此疏还明确指出,崇祯元年所进改修本明光宗之实录所载此说,"即同于《(三朝)要典》"中关于"梃击一案"的记载。[①]而"辽宁本实录"的相应记载乃为:"(万历)四十三年五月乙卯,有男子张差持赤梃突入东宫殿檐下,并伤门者,珰辈共执之。东宫奏闻,下法司提问。御史刘廷元疏言,其迹涉风魔,貌是黠猾。刑官胡士相等及一、二言官,缘此遂有风癫之说,提牢主事王之采详加诘问,乃言有马三道诱至庞、刘二中官处,与以枣木棍,令至东宫,逢人即打,语多涉翊坤宫。之采以闻。科臣何士晋力言当穷其事,太常少卿史孟麟亦有疏。"[②]这里对提牢主事王之采的审案活动,记的是"详加诘问",与文震孟疏中所叙改修本明光宗之实录中所谓"捏谋危东宫之说",大不相同,一褒一贬,这无疑再一次显示"辽宁本实录"肯定不是改修本明光宗之实录,而是初修本该书。

三、抄写时间与流传

《辽宁本实录》的抄写时间,不见于记载。但可考而知其大概。

上文谈及,明光宗之实录成于天启三年六月乙亥(十六日),于这一天由叶向高将副本进呈皇帝,一个月后,于同年七月甲辰(十六日)正式进呈。由此可知,"辽宁本实录"之抄写应该在天启三年七月甲辰之后,即此书抄写的时间上限为天启三年七月十六日。

明清时期,文人撰书或抄书时对于皇帝(有时扩及太子)的名字用字,应加避讳,调查书中这一点的处理情况,可以用作推断此书抄写年代下限的一个办法。从上文可知,明光宗之初修本实录撰写于天启年间,因而其抄本之完成下限可能在天启年间,也可能在天启之后若干年。笔者为了避免因遗漏导致返工而浪费时间,确定将明熹宗朱由校天启年间、明毅宗朱由检崇祯年间至清初圣祖康熙年间各个皇帝的名字等之书写办法作为关注内容,而后对"辽宁本实录"进行了一编检阅。其中顺治时期皇帝世祖的名字"福临"未加检阅,因为这一时期清朝的避讳之事尚未实行,开始实行已至康熙时期;而康熙时除皇帝玄烨的名字外,其太子胤礽的名字亦加避讳,所以进行这一检阅时,对此二字也作了关注,唯此太子之任期为康熙十四年十二月至四十七年九月及四十八年三月至五十一年九月两段时间,此外时段应不避讳,在检阅分析时对此点是否发生了影响,同样列入了观察范围。这次检阅记录下来的结果如下:

"辽宁本实录"页码行数(《四库禁毁书丛刊》)	明熹宗名"由校"之写法	明毅宗名"由检"之写法	清圣祖名"玄烨"之写法	康熙间太子名"胤礽"之写法
264页下倒3行			玄	
272页下行4			昡	
284页下行1	今上			
285页上行14		由檢		
290页上倒1行			華	
293页下行11			玄	

---

① 陈子龙等:《皇明经世文编》卷500,《续修四库全书》,上海:上海古籍出版社,1996—2003年版,第1662册,第663页上。
② 辽宁本《明实录》,《四库禁毁书丛刊》,北京:北京出版社1997—1999年版,史部,第35册,第286页。

"辽宁本实录"页码行数(《四库禁毁书丛刊》)	明熹宗名"由校"之写法	明毅宗名"由检"之写法	清圣祖名"玄烨"之写法	康熙间太子名"胤礽"之写法
296页下行5				胤
297页下行9				胤
297页下行12				胤
305页下倒7行				胤
312页上倒1行			弦	
316页下行3				胤
316页上行13				胤
318页上行5				胤
321页下行6				胤
321页上倒2行			烨	
328页下行1			玄	
336页下行12	較	檢		
340页下倒3行				胤
351页下倒2行			眩	
361页上行2				胤
363页上行8			烨	
363页上倒7行			烨	
367页下行6				胤
368页下行6			玄	
369页上行5			玄	
369页上行10				胤
369页下行2			玄	
369页下行9			眩	

据此表可知,"辽宁本实录"中出现"胤礽"名中之"胤"字凡12次,皆不避讳;清圣祖名中之"玄"字,包括以"玄"字为偏旁者"辽宁本实录"中出现凡10次,亦皆不避讳;清圣祖名中之"烨"字,"辽宁本实录"中出现凡3次,另有一次作"華"①,因"辽宁本实录"中3次作"烨"而作"華"只有1次,故此作"華"者当是偶而笔误所致,从而可以得出结论,"辽宁本实录"中对"烨"字同样不避讳。由上可知,"辽宁本实录"对康熙时期的皇帝及太子的名字,皆不避讳,可见此书当非康熙时期所抄。

又,据此表可知,"辽宁本实录"中出现明毅宗名字中的"由"字凡1次、"檢"字凡2次,皆不避讳,可见此书当也非明毅宗即位之时及其后在位之时所抄,换言之非天启七年八月丁巳(二十四日)②以后至明亡即崇祯十七年三月丁未(十九日)所抄。

又,据此表可知,"辽宁本实录"中将明熹宗称为"今上",其名字中的"校"字写作"較",即避讳此字,可见此书当抄写于明熹宗在位之时,其下限不会晚于明熹宗死亡之时,查张廷玉等《明史》卷22《明熹宗本纪》可知,此时即天启七年八月乙卯(二十二日)。③

① 此字在红格本《明光宗实录》中作"烨",故视之为将"烨"字写作"華"。
② 此日为明毅宗即位之日,参见张廷玉等《明史》卷23,北京:中华书局,1974年版,第309页。
③ 张廷玉等:《明史》卷22,北京:中华书局,1974年版,第306页。

讨论至此，"辽宁本实录"的抄写时间已可大体确定，即在天启三年七月十六日至七年八月二十二日之间。此书原在学术界称为明抄本，其说不误，但稍嫌笼统。

关于此书之流传，前此未见论及。而据其所带图章印迹可略知大概情形。笔者所见此书，乃北京出版社出版之《四库禁毁书丛刊》影印本，此本所影印之图章印迹，多不清迹，又请友人刘中平帮助由辽宁省图书馆所藏原书摄影寄来，两者对照，得以辨出共有"谦牧堂藏书记""礼邸珍玩""东北图书馆所藏善本"三种图章印迹。其分别在"进实录表"之首页、卷4首页，以上为"谦牧堂藏书记"图章印迹；"进实录表"之首页、卷4首页，以上为"礼邸珍玩"图章印迹；"进实录表"之首页、卷2第2页上、卷5首页、卷6首页、卷8首页，以上为"东北图书馆所藏善本"图章印迹。其中"谦牧堂藏书记"图章印迹表明，"辽宁本实录"曾在以"谦牧堂"为室名的家庭中收藏。而"谦牧堂"乃清初揆叙之室名。①

查赵尔巽等撰《清史稿》，其列传74有《揆叙传》，记其人"字凯功，纳喇氏，满洲正黄旗人，大学士明珠子。康熙三十五年自二等侍卫授翰林院侍读，充日讲起居注官。累擢翰林院掌院学士，兼礼部侍郎"，后"充经筵讲官，教习庶吉士，迁工部侍郎。初明珠柄政，势焰薰灼，大治园亭，宾客满门下。揆叙交游既广，尤工结纳，素与(皇八子)胤禩相结。(康熙四十七年九月)皇太子(胤礽)既废，揆叙与(领侍卫大臣)阿灵阿等播飞语，言皇太子诸失德状，杜其复立"。同年冬，"(康熙帝)召满汉大臣，问诸皇子中孰可为皇太子者，揆叙及阿灵阿、(散秩大臣)鄂伦岱"等，"私与诸大臣通消息，诸大臣遂举胤禩"。"五十一年，迁左都御史，仍掌翰林院事"。"(康熙)五十六年卒，谥文端"。②如所周知，揆叙拥戴胤禩，最终没有成功，其至死也未因此而受到惩罚，但清世宗即位后，终因其此举得罪过清世宗，被发罪状，落了个被追夺官位、削去谥号的下场，"墓碑改镌不忠不孝阴险柔佞揆叙之墓"。③回忆揆叙身为康熙年间权臣大学士明珠之子，本身又长期位居高官，掌握与史书关系密切的翰林院大权，可以相信其家曾经占有"辽宁本实录"一事当为不虚；至于其书后又流入他人之手，对此不必丝毫怀疑，这与清世宗即位后其被追夺官位、树碑羞辱的处境正好相合。

"礼邸珍玩"是清中叶礼亲王昭梿的藏书图章，这是一枚方形印章。其藏书图章除"礼邸珍玩"外，还有"檀樾藏本"方印和"礼府藏书"方印。昭梿其人自号"汲修主人"，又号"檀樾主人""啸亭"。礼亲王之封在嘉庆十年(1805)。他"性嗜学"，好诗文，习国故，"遇名儒宿学辄爱敬"，与法式善、姚鼐、龚自珍等学者相往来，"退值读书，于古义之岐疑，品类之纯驳，务商订精确，而求其所安；士有一得，不妨反复辩论、采纳折衷焉"。④嘉庆二十一年(1816)他被夺封爵受囚禁，第二年方得获释。⑤"辽宁本实录"之有"礼邸珍玩"图章，表明清中叶其曾收藏于昭梿之手，昭梿作为一个文人型贵族，能有此收藏，更可相信其真。

"东北图书馆所藏善本"图书印迹所显示的意涵，乃为"辽宁本实录"实属今辽宁省图书馆。据知

---

① 杨廷福等：《清人室名别称字号索引》，上海：上海古籍出版社，2001年版，第713页。

② 赵尔巽等：《清史稿》，北京：中华书局，1977年版，第10225页。

③ 赵尔巽等：《清史稿》，北京：中华书局，1977年版，第10225页。

④ 杨廷福等：《清人室名别称字号索引》，上海：上海古籍出版社，2001年版，第376页；吴芹芳等：《中国古代的藏书印》第4章之一《藩王藏书印·清代宗室藏书印》，武汉：武汉大学出版社，2015年版，第129页；昭梿：《啸亭杂录》卷首，上海：上海文明书局，1923年版。

⑤ 赵尔巽等：《清史稿》卷216，北京：中华书局，1977年版，第8980页。

情人所提供的资料,今辽宁省图书馆成立于1948年2月,最初在哈尔滨,名东北图书馆,1949年迁到沈阳,1955年改今名。东北图书馆迁到沈阳后,接受有罗振玉在民国年间八千麻袋档案事件中所得、而后因投靠日伪又将之捐赠给伪奉天图书馆的一些清内阁大库旧档案和图书。[①]辽宁省图书馆今之藏有"辽宁本实录"一书,可能即由此而来。原藏于昭梿礼王府之"辽宁本实录"一书,为何进入过清内阁大库,似即由于上文所谈及的昭梿于嘉庆二十一年曾被夺封爵受囚禁之遭遇,这样的挫折,使其家中的藏书很可能被没收入官。以上所云,不少环节只是笔者的推测,真相究竟如何,有待进一步调查核实。但"辽宁本实录"之曾先后收藏于清初揆叙之谦牧堂、昭梿之礼王府、辽宁省图书馆,则是确实无疑。

四、不可忽视的价值

关于"辽宁本实录"的价值,黄彰健先生因未曾见到而不曾论及;其他学者有否论及,笔者未曾发现。兹不计浅薄略述个人之印象,以求抛砖引玉。由于已知国外所藏该书,笔者以前没有看到,可以预见的此后相当长的一段时间内,也无机会一睹其真容,所以本文在这一点上,只能就个人现在能看到的红格本《明光宗实录》的有关情形,及黄彰健先生对红格本《明光宗实录》进行校勘、整理时所提及的广方言馆《明光宗实录》的有关情形,与"辽宁本明实录"的相应内容作对比,从而得出个人的意见。

笔者的印象是,在以上三种不同版本的《明光宗实录》中,价值最高的为"辽宁本明实录"。其理由有三。

(一)三书卷首内容最丰富者为"辽宁本明实录"。查中华书局2016年出版的红格本缩微胶卷放大影印之《明光宗实录》卷首第1页上至第6页下,可知该书卷首共收有明熹宗天启三年六月十五日《大明光宗贞皇帝实录序》(约600多字)、张惟贤等天启三年七月十六日所上《进实录表》(约800多字)及《纂修凡例》(约1000字)共三个文件,且都在标题下注明"据广本补"四字(这里的"广本"乃指"广方言馆本")。这表明,该本《明光宗实录》卷首之三个文件,原来并不存在。再查同上《明光宗实录》卷首后紧连之本书正文卷1第1页上至第1页下全部文字的末尾第一字以及第2页上第1行之头三字,知其是"非为奏请",而其书之校勘记为此四字作注称:"'御制序'起,至'非'字止,据广本补。"这表明,该本《明光宗实录》的卷首及下面与之紧紧相连的正文第2页上第1行头三字"为奉请"之前的全部正文文字,都是抄自广本的,而查其所记卷首的文件除了前文提到的三个外,没有任何增加,这又表明,广方言馆《明光宗实录》中上述三个文件外类似的文件也不存在,换言之,广方言馆本《明光宗实录》中的类似文件只有上述三个。至于"辽宁本实录"在卷首所收的类似文件则有五个之多。除上述三个外,多出的有"纂修官"及"目录"。"纂修官"一栏中详记有关人员的官职与姓名,共706字,记有监修1人、总裁8人、副总裁4人、纂修18人、催纂1人、收掌阅对28人。此是笔者见到的记载最全的一份名单。其目录237字,详记八卷内各卷记载内容所发生的时间,唯错误过多,美中不足令人遗憾。

(二)三书中正文缺漏最少者亦为"辽宁本实录"。笔者统计,在缺漏文字方面,以缺漏四字以上统

---

① 佟永功:《东北档案馆的设立与撤销》,《兰台世界》2009年7月上半月。

计，"辽宁本实录"凡四处，共378字，最长者为343字；红格本《明光宗实录》凡七处，共615字，最长者为558字；广方言馆本《明光宗实录》凡十五处，共2988字，最长者约2500字。其具体情况是：

"辽宁本实录"

1.卷2史35-302上①倒6行"河南兵"三字上，脱"山陕兵共五千六百二十九员名、昌平团练"十七字。参见红格本《明光宗实录》卷2页13上行6。据黄氏红格本《明光宗实录》校记卷2页13上行6条，广方言馆本《明光宗实录》所记同红格本《明光宗实录》，惟"陕"作"西"。

2.史35-336下倒1行"以慰群情奉"五字下，脱"旨：御门已知，常朝候朕调摄稍愈，择吉行"至"起原任礼部仪制司主事王宗蓁，补本部祠祭司主事"，凡三百四十三字。见红格本《明光宗实录》卷4页17下倒4行至页18上倒1行。

3.史35-345上倒5至4行"诚有疑必辩"，据红格本《明光宗实录》卷5页6后倒2行，当作"诚有疑必质，有难必辩"，即脱"质有难必"四字。

4.史35-375上行7"二十五万石外"之前，据红格本《明光宗实录》卷7页11后行10，当脱"三十五万石，今改于真保各处派豆"十四字。

红格本《明光宗实录》

1.卷1开头脱"大明光宗崇天契道"至"降处示惩，非"，凡五百五十八字。见"辽宁本实录"史35-275上行1至史35-276下行13及黄氏红格本《明光宗实录》校记卷1页1后行12。

2.卷1页9后行4"胡士相等"4字后脱"及一二言官"凡五字。见"辽宁本实录"史35-286下行11及黄氏红格本《明光宗实录》校记卷1页9后行4。

3.卷4页11前行7"不足任也"四字后，脱"宜亟易其人，经略而必足任也"凡十二字。见"辽宁本实录"史35-331上行14。

4.卷4页15前行6"则不得拖欠"五字后，脱"四十八年者"五字。见"辽宁本实录"史35-335上行10。

5.卷4页15前行10"工科都给事中为民"八字后，脱"王德完原任户科左给事中为民"十三字。见"辽宁本实录"史35-335上行15至16及黄氏红格本《明光宗实录》校记卷4页15前行10条。

6.卷7页11下倒一行"所派数所少者"六字后，据"辽宁本实录"史35-375上行8至9，当脱"仅五万石，关西增买三十万，而原派数所少者"十八字。

7.卷8页6后行2"俾事耕稼"四字后，脱"又一法也"四字。参见黄氏红格本《明光宗实录》校记卷8页6后行2条及"辽宁本实录"史35-382下行6。

广方言馆本《明光宗实录》

1.卷1万历三十一年癸卯十一月记事"勒归听勘"四字上，脱"彼此之嫌生矣其后楚王复诘奏正域"凡十五字，参见黄氏红格本《明光宗实录》校记卷1页6后行12。

2.卷1万历三十一年癸卯十一月记事"诸贵人"三字上，脱"因遗书谢"四字，参见黄氏红格本《明光

---

① 此处所记"史35-302上"指"辽宁本实录"在《四库禁毁书丛刊》中的"史部第35册第302页上"的有关部分。下同。

宗实录》校记卷1页6后行12。

3.卷2万历四十八年庚申七月戊戌记事"王三善"三字上,脱"陆卿荣为太长寺少卿……吏部文选司郎中"三十六字。参见黄氏红格本《明光宗实录》校记卷2页5前行3、"辽宁本实录"史35-293上行12至14。

4.卷2万历四十八年庚申七月壬寅记事"义正辞恳"四字上,脱"已悉忠恳,天位至尊,诚难久虚……上笺劝进,至再至三"七十八字。参见黄氏红格本《明光宗实录》校记卷2页10前行9至12条、"辽宁本实录"史35-299上行4至12。

5.卷2万历四十八年庚申七月甲辰记事"议六分充饷"五字上,脱"又近日先发帑金一百万两,及今次分发三十万两,共该银一百六十万两"二十九字。参见黄氏红格本《明光宗实录》校记卷2页13后行1条、"辽宁本实录"史35-302下行2至4。

6.卷3泰昌元年八月戊申记事"包见捷为吏部左侍郎"九字上,脱"王佐为工部尚书……江西巡抚右佥都御史"三十一字。参见黄氏红格本《明光宗实录》校记卷3页13后行10条、'"辽宁本实录"史35-317上行3至5。

7.卷3泰昌元年八月己酉记事"目前将次运完矣"七字上,脱"于天津今岁截漕二十万石"十一字。参见黄氏红格本《明光宗实录》校记卷3页16后行12条、"辽宁本实录"史35-320下行1。

8.卷4泰昌元年八月庚戌至壬子记事"此时振鹭充廷人思自见"十字上,脱"夫从容论侯思君之自听者宰相也"至"谏官虽卑,与宰相等"约二千五百字(包括庚戌日记事之后半部分、辛亥日记事之全部、壬子日记事之前半部分)。参见黄氏红格本《明光宗实录》校记卷4页4前行12条、"辽宁本实录"史35-324下行7至史35-329上行1。

9.卷4泰昌元年八月乙卯记事"起升原任山东福山县为民韦国贤"十四字上,脱"福建按察使洪世俊为陕西右布政"十四字。参见黄氏红格本《明光宗实录》校记卷4页19前行2条。

10.卷5泰昌元年八月丁巳记事:"威宜霁也"四字上,脱"稍有逆耳,谁不神慑,且温旨而询,和颜而受,乃听言之道宜然,是御下之"二十八字。参见黄氏红格本《明光宗实录》校记卷5页4后行8条。

11.卷5泰昌元年八月己未记事"迩来一概封章掉弄笔舌"十字上,脱"弗可冗,冗则览弗竟也"九字。参见黄氏红格本《明光宗实录》校记卷5页9前行10条。

12.卷6泰昌元年八月壬戌记事"某项系急用"五字上,脱"未解若干"四字。参见黄氏红格本《明光宗实录》校记卷6页7前行5条。

13.卷6泰昌元年八月壬戌记事"升户部主事添注刘道隆"十字上,脱"起升原任吏部文选司郎中杨材为南京太常寺少卿添注"二十三字。参见黄氏红格本《明光宗实录》校记卷6页6后行8至9条。

14.卷7泰昌元年八月庚午记事"贼以二千骑踵剿山城"九字上,脱"杀虏多寡互异,请行再勘。非法也。据报"十五字。参见黄氏红格本《明光宗实录》校记卷7页9前行7条。

15.卷8之末尾脱一百九十一字(自"帝侍神皇左右"之"皇"字始,至最末之"天眷宗社不虚也")。参见黄氏红格本《明光宗实录》校记卷8页10前行2条及"辽宁本实录"史35-386下行7至史35-387上末行。

（三）广方言馆本《明光宗实录》因原书笔者未见，而所见到的为红格本《明光宗实录》与"辽宁本实录"。见到的两本相较，文字的错讹率在不同卷页中有所不同。总体说来，"辽宁本实录"错讹率较低。

"辽宁本实录"的三点相对优长，使之在加深、扩大对《明光宗实录》有关方面的了解及对与明光宗时期有关历史事实的认知上，具有不应忽视的作用。现在最通行、使用最方便的《明光宗实录》版本，是黄彰健等先生校刊过的红格本，这使大家更容易忽略这一状况，笔者深愿与同行们对这一点给予应有的关注。

（作者南炳文，南开大学资深教授。原载《史学史研究》2020年第3期）

明代关于"天妃"封号的论辩

陈支平

天妃林默娘,俗称妈祖,据传北宋时诞生于福建莆田湄洲岛,因有护航镇澜的神通,被后世尊奉为中国最重要的海神和商旅之神。自宋代以迄清代,历代政府不时予以封赠神号,先是"夫人",元明时期升格为"天妃",清代成为"天后"。近年来,学界对于妈祖的研究不断拓展,对于妈祖信仰的发展演变历程以及神明封号诸问题,也涌现了许多成果,这些成果比较集中地体现在《妈祖学概论》一书之中。①

妈祖信仰从宋代以来一直受到政府的重视,并不时对妈祖封赠神号、提升神格,但是在一部分信奉儒学、理学的士大夫知识分子心目中,妈祖信仰毕竟是属于儒家"子不语"的范畴之内,因此在政府封赠神号的同时,也出现了一些不同的论辩,其中尤以明代最为突出。关于明代士大夫知识分子对于天妃封号的论辩,迄今为止关注者甚少,只有徐晓望先生在《清代敕封天后问题新探》中有所提及。②本文拟在此基础上,对明代士大夫知识分子在天妃封号及其祀典认知的分歧,以及朝廷祀典与实际施行中的差异性,进行较为深入的探讨。

朱元璋建立明朝之后,率先制定礼乐制度,其中,对于祀典尤为慎重。大凡不经之祀以及淫祠之属,多予革除,《明史·礼志》记云:"明太祖初定天下,他务未遑,首开礼、乐二局,广征耆儒,分曹究讨。洪武元年,命中书省暨翰林院、太常司,定拟祀典。乃历叙沿革之由,酌定郊社宗庙仪以进。……若夫厘正祀典,凡天皇、太乙、六天、五帝之类,皆为革除,而诸神封号,悉改从本称,一洗矫诬陋习,其度越汉、唐远矣。"③而于"天妃"一神,则被保留下来,置于"南京神庙"的祀典之中。

莆田湄洲妈祖林默娘的封号,一般论者认为从宋代以迄清代,大体经历了从"夫人""天妃"或"圣妃"到"天后"的演变。就明代的情景而言,《明史·礼志》记载:"南京神庙初称十庙。……天妃,永乐七年封为护国庇民妙灵昭应弘仁普济天妃,以正月十五日、三月二十三日,南京太常寺官祭。太仓神庙以仲春、秋望日,南京户部官祭。"④这是明代朝廷正式的封典。除此之外,《七修类稿》和《天妃显圣录》等书记载,在明初洪武年间,就曾经封林默娘为"天妃"或"圣妃",《七修类稿》记载云:"洪武初,海运风作,漂泊粮米数百万石于落漈。万人呼号待死矣,大叫'天妃',则风回舟转,遂济直沽。"⑤因此,明太祖

---

① 黄瑞国、林明太等:《妈祖学概论》,人民出版社2013年,第1—43页。
② 参见徐晓望:《清代敕封天后问题新探》,《闽台文化研究》,海峡文艺出版社2008年,第408—420页。
③《明史》卷四七《礼志一》,中华书局1973年,第1223—1224页。
④《明史》卷五〇《礼志四》,第1304页。
⑤ (明)郎瑛:《七修类稿》卷五〇,中华书局1959年,第734页。

以天妃"于今时尚懋出险持危之绩,有裨朝野,应享明禋",封为"昭孝纯正孚济感应圣妃"。①终明之世,妈祖林默娘的朝廷封号,均以"天妃"为祀典。

一、对于"天妃"封号的质疑

明代天妃的封号,虽然是永乐年间由朝廷正式封予的,但是在士大夫和读书人阶层里,还是存在着不同的认识,并且形诸文字,进行论辩。其中最大的疑问,是林默娘既然是一位处女室子,为何成了天帝的配偶"天妃"? 难道天帝是一位可以随便纳娶妃子的神明?

《明文衡》中所收唐肃《上虞孝女朱娥诗序》一文,就提出了这样的疑问。该序文写道:唐肃途径浙江上虞曹娥江边时,拜谒了"曹娥庙"。曹娥是东汉时期著名的孝女,据说是为了救父而投江致死。后人为了颂扬曹娥的孝义,建立庙宇塑像,尊称为"夫人",祭祀予以纪念,并成为后世的"二十四孝"典范之一,历代相传,至于明代犹然。但是唐肃对于尊称曹娥为"夫人"一事,很不以为然。他认为以曹娥的孝行,自可以传之千古而不朽,而尊称之为"夫人",无端强行配人为妻,恰恰是污蔑了曹娥。所谓"天妃"之号,亦是同样的荒谬。"娥未事人而死,汉称孝女,礼也。今庙祀乃以夫人谥。夫有君子而后为夫人,生而女、死而夫人可乎? 娥之孝,不以女薄,不以夫人厚。及至吴,见海滨有庙祀天妃某夫人者,云本闽中处女,死为海神。则又叹曰:妃配也,天之主宰曰帝,天妃者,岂帝之配邪? 处女死为神,称夫人,谬矣! 而又谓之天妃可乎? 历代祀典掌之宗伯,议之朝廷,凡非礼若此者,孰能革而正之哉! ……呜呼盛哉! 邑人之心也。夫孝风俗之本,苟以孝名者千载犹一日也。……而加以非礼之称若曹娥、天妃者,犹不得也。今国制一新,居宗伯者必有知礼之君子。于异代之失,庶几革而正之,宁肯踵其失乎!"②

唐肃在自己的《丹崖集》卷六中亦收入此篇序文,③除了个别用字有差异之外,与《明文衡》所载基本相同。他强烈呼吁朝廷中掌管礼制的衙门,"历代祀典掌之宗伯、议之朝廷,凡非礼若此者,孰能革而正之哉!""今国制一新,居宗伯者必有知礼之君子。于异代之失,庶几革而正之,宁肯踵其失乎!"应该尽快更正修改这种荒谬有悖义理常情的"夫人"、"天妃"的封号。

距妈祖林默娘家乡不远的明代永福人谢肇淛,则认为所谓"天妃""临水夫人"等,均为荒诞不经者。他在《五杂组》一书中写道:

> 天妃海神也,其谓之妃者,言其功德可以配天云耳。今祀之者,多作女人像貌,此与祠观音大士者相同,习而不觉其非也。至于杜子美、陈子昂皆以拾遗讹为十姨,俨然妇人冠帔,不尤堪捧腹耶! 一云天妃是莆田林氏女,生而灵异,知人祸福,故没而为神。余考林氏生宋哲宗时,而海之有神,则自古已然,岂至元祐后而始有耶? 姑笔之以存疑。罗源长乐皆有临水夫人庙,云夫人天妃之妹也。海上诸舶祠之甚虔,然亦近于淫矣。④

---

① 佚名:《天妃显圣录》,《台湾文献丛刊》第十七种,台北银行经济研究室编印,1960年,第8页。

② (明)唐肃:《上虞孝女朱娥诗序》,程敏政《明文衡》卷三九,文渊阁《四库全书》,台湾商务印书馆1986年,第1374册,第1374页。

③ (明)唐肃:《上虞孝女朱娥诗序》,《丹崖集》卷6,《续修四库全书》,上海古籍出版社1995年,第1326册,第192—193页。

④ (明)谢肇淛撰,傅成校点:《五杂组》卷十五《事部三》,上海古籍出版社2012年,第275页。

谢肇淛在这里直斥"天妃"以及"临水夫人"为"淫祠"，并且是民间的陋习之一，"大凡吾郡人，尚鬼而好巫，章醮无虚日。至于妇女，祈嗣保胎及子长成，祈赛以百，数其所祷诸神，亦皆里妪村媪之属，而强附以姓名，尤大可笑也。男子之钱财不用之济贫乏而用之奉权贵者多矣，妇女之钱财不用之结亲友而用之媚鬼神者多矣。然患难困厄权贵不能扶也，疾病死亡鬼神不能救也，则亦何益之有哉！"[1]从端正民间陋习的角度来说，这也还是有其可取之处。甚至与妈祖同乡里的朱渊，也对妈祖天妃予以激烈的质疑："世衰道微，鬼怪百出，俗所敬信而承奉之者，莫如天妃，而莫知其所自始。宋元间，吾莆海上黄螺港林氏之女，及笄蹈海而卒，俚语好怪，传以为神，讹以传讹，谁从辩诘？天妃封号，则不知起于何时？……夫上天至尊无对，谁为媒妁？以海滨村氓弱息作配于天，其无理不经、谬姿舛逆，与邺人为河伯娶妇之事尤为怪诞也！"[2]耐人寻味的是，朱渊这篇《天妃辩》原载于明代隆庆年间刊刻的《天马山房遗稿》中，但是到了清代中期其后人重新印刷此书时，《天妃辩》只留下篇名，不见全文了。

二、对于"天妃"封号的维护与辩解

对"天妃"封号诋毁最严重者，当属明李昌祺在《剪灯余话》中所记载的何思明者。何思明著有《警论》三篇，认为世间所谓"三天九天三十三天三帝九帝十方诸帝"，以及天妃、天师等名号，都是无稽之谈："先儒谓天即理也，以其形体而言，谓之天以其主宰而言；谓之帝，帝即天，天即帝，非苍苍之上别有一人宫居室处、端冕垂旒。……又有所谓三天九天三十三天三帝九帝十方诸□□□之多而帝之众耶。由是言之，天未免如阶级之形，帝未免有割据之争矣。甚者尊汉张道陵为天师，天岂有师乎？"[3]

据李昌祺在《剪灯余话》中所记，何思明对于妈祖林默娘的"天妃"封号，也是极为反感，他说：

> 以宋林氏女为天妃，天果有妃音配乎？盖天者，理之所从出。圣人法天，道陵纵圣亦人鬼耳，使天而师之，是天乃道陵之不若也。林女既死，特游魂耳，使天而妃之，是天犹情欲之未忘也，乌得为天哉？彼以道陵天师也，不敢遽指为帝，而加以师称，所以尊天不知无是理，适所以慢天。彼以林氏天女也，不敢侪以为鬼，而蒙以妃号，所以敬天不知为是说乃所以诬天也。诬天慢天，罪不容诛矣。[4]

《剪灯余话》的作者李昌祺是坚持"天妃"封号是名正言顺的立场，但是他也无法辩驳何思明的论说，只好创作出何思明亵渎神明而被阎罗王拘至地府教训的情节。李昌祺写道，某日何思明被阴间使者拘走，"短衣囚首带索而行，及仪门，一黄巾先去，顷间引五六人出，执余以入跪阶下，台尊服章如王者，侍卫甚多。问余曰：尔非衢州儒士何思明乎？余曰是也。台尊曰：所贵乎儒者，上窥鸿蒙中法圣智，下穷物理辟干阖坤造诣微……今尔偏执己见造作文词，谤毁仙真、讥讪道佛。天至大以阶级比之；

---

[1] （明）谢肇淛撰，傅成校点：《五杂组》卷一五，第275页。

[2] 朱渊：《天妃辩》，转引自蒋维锬：《妈祖文献资料》，福建人民出版社1990年，第86—87页。

[3] （明）何思明：《警论》，（明）李昌祺：《剪灯余话》卷一《何思明游酆都录》，明正德六年杨氏清江堂刻本，第32页。

[4] （明）李昌祺：《剪灯余话》卷一《何思明游酆都录》，第33—35页。

一至尊以割据戏之,妄论天师之号,妄辨天妃之称,其罪大矣。且儒书中言:天者不一,若春秋书天王诗称倪天之妹、昊天其子,使皆若尔论,天既无师,与妃又安得有?王有妹有子者乎?……放余行至二更行抵家,正见身卧地上,灯照头边妻子门人悲啼痛哭。黄巾猛一推余,不觉跌入尸内,恍然而悟矣。其后思明果终知县,所至以清慎自将,并无瑕玷,号称廉洁,盖有所儆云。"①

李昌祺的这篇《何思明游酆都录》,当然只是一篇类似于"小说"的创作。然而这一"小说"创作,正反映了一部分读书人对于非议"天妃""夫人""天师"等封号的反驳,然其反驳的手法,则又陷入到儒家所不愿深谈的"怪力乱神"之中。

明费元禄《甲秀园集》中有《天妃庙碑》,其运用儒家中的所谓"以死勤事则祀之,以劳定国则祀之,能御大灾捍大患则祀之"的意旨,认为"天妃"的功德符合这三种标准,因此"五气统于天,五方阆于地,五官效于人,五祀普于神。……妃秉淑德运灵化令范孔仪抱一而返得全全昌,是之谓众人母。"既为"众人母",则以"天妃"尊之,亦为妥当。该文写道:

> 天妃林氏,本闽著作姓也。……妃起处子,凭神灵,非有帝子精卫之烈、云中君湘夫人之贵,而曹娥孝女之贞也,卒然而叩里夫同妇举妃号问之,无不奉如父母顶礼亡已时,盖五气统于天,五方阆于地,五官效于人,五祀普于神。……是之谓众人母,虽赋阴质,阳明用事,正大光明,保佑国命,翼赞帝德,广布嗣续,显昭天人,被及夷域,范艳窈窕,永世配神,以故盼蟹万方,厘祝千古,亡论宁海,发祥闽方,致觇楚越,神游东南,血食而元气磅礴传诸圣神,文武不生而妃而死,而妃不人而贵而天之贵,抑何功德隆峻也!……妃具是矣。且守贞不贰,其行秉度无匪。……妃之神益王、灵益爽,其惠无方矣。②

明沈德符《万历野获编》中有《女神名号》一篇,认为妈祖林默娘的功德"可与天配",封其为"天妃",实无不当。"至于海神,今东南共祀者,在宋已封天妃,盖妃生宋哲宗元佑时,莆田人,姓林氏,生而灵异,殁而为神。本朝永乐六年正月初六日,太宗又加封为护国庇民妙灵昭应宏仁普济天妃庙号,宏济天妃之宫,岁以正月十五日三月廿三日遣官致祭。盖其时将遣郑和等浮海使外国,故祈神威灵以助天声,与孝女封号事若相庚,然于敬奉灵祇则二圣一揆也。江海二神,俱以女真享食,故并记之。按曹娥碑中所云婆娑,盖言巫降神时按节而歌,此其舞貌也。而宋封孝女,敕文乃云其父迎婆娑神因溺死,则冬烘之极,不知其时当制者何人也?又宋封天妃,言神功德可与天配,故名天妃。"虽然如此,沈德符对于当时民间讹传妈祖林默娘配于天帝为后妃,也是感到十分的不可思议,"今以为后妃之妃,则亵甚矣。古以伍子胥为五髭须,以杜拾遗为杜十姨,又何足怪。"③

明陈士元《江汉丛谈》中有《解佩》一节,认为妈祖林默娘之所以被封为"天妃",并非言其配给天帝为妻,而是广义上的尊天为帝、尊地为后之意。该文说:

---

① (明)李昌祺:《剪灯余话》卷一《何思明游酆都录》,第36页。
② (明)费元禄:《甲秀园集》卷三六《文部·天妃庙碑》,明万历刻本,第3—5页。
③ (明)沈德符:《万历野获编》卷一四《女神名号》,中华书局1959年,第358页。

有江叟者尝遇樵夫遗以铁笛,吹之无声。一日登白鹤山紫荆台,吹之响振林谷。忽有两女子出,自称龙女,授叟药,曰服此当为水仙。若然,则天妃、江妃、湘妃、龙女、神龙之称,其皆不虚也哉。田叔禾汝成《天妃宫记》云:宇宙间至尊者天,有帝象焉;地为之配,有后象焉;其次水,为大有妃象焉。故崇其号曰天妃,而漕运商市之所、江海河汉之滨,悉严奉。[1]

明陆容《菽园杂记》中对于"天妃"的论说,与上引陈士元的论说大体相同,他说:"天妃之名其来久矣。古人帝天而后地,以水为妃。然则天妃者,泛言水神也。元海漕时,莆田林氏女有灵,江海中人称为天妃,此正犹称岐伯张道陵为天师,极其尊崇之辞耳。或云水阴类,故凡水神,皆塑妇人像而拟以名。又如湘江以舜妃鼓堆以尧后,盖世俗不知山水之神,不可以形像求之,而谬为此也。"[2]

赞同和拥护"天妃"封号的士人和读书人,基本上是以"天妃"这一封号并非实指妃配帝为妻这一狭隘观念来解释的,而是认为以妈祖林默娘的济世、济人功德,足以与天地同尊,故曰"天妃"。

三、对于"天妃"封号的变通设想

但是这种解释可能过于学究化,一般的民众认为"妃子"也好,"天后"也好,总是自然而然地把"妃""后"与皇帝、天帝的配偶联系在一起。妈祖林默娘的"天妃"封号,还是难于避免世人浅显地以为天妃即是天帝之妃的联想。至今在福建及台湾一带,还流传着妈祖天后与闽台地方神明"保生大帝"吴夲非同一般的亲密关系。这种传说,显然是从"帝与妃"这种婚配关系中延伸出来的。因此,明代田艺蘅在《留青日札》中提出以"圣女"或"天女"替代"天妃"的主张,认为"圣女"和"天女"一词,便可以避免被误解为"天帝之妃"的亵渎了。该文记云:

> 北阙西有天妃宫,乃漕运奉祀之神,皆云起于宋、盛于元。盖时海运著灵也,而不知何处人。此女乃福建莆田林氏之季女,幼悟玄机,长知祸福,在室三十年显灵元佑,州里立祠。至元中奏号天妃,我朝洪武初海运有功,乃封昭应德正灵应孚济圣妃娘娘之号,夫曰圣妃可也。旧乃曰天妃,天果有妃乎?盖妃嫔也对也,故天子曰后妃,次曰妃嫔,又太子诸王之适室亦曰妃。……今以三十之室子,而强加之曰妃,可谓名称其情乎?以妃而上配之以天,不亦甚亵矣乎,神必有所不享也。余意欲以圣妃易作圣女,何如?或曰天女,庶不悖渎也。[3]

也许有了这种设想,明代后期便出现用"碧霞元君"封号替代"天妃"封号的设想。"碧霞元君"是泰山之神,全称为"东岳泰山天仙玉女碧霞元君",因为是"天仙玉女",就不存在"婚配"与天帝的问题,没有丝毫亵渎的因素。清方浚师撰《蕉轩续录》谈及明代的妈祖林默娘封号云:

① (明)陈士元:《江汉丛谈》卷二《解佩》,文渊阁《四库全书》,第590册,第490页。
② (明)陆容:《菽园杂记》卷八,文渊阁《四库全书》,第1041册,第302页。
③ (明)田艺蘅:《留青日札》卷九《天妃》,《续修四库全书》,第1129册,第80—81页。

(妈祖林默娘)明太祖封昭孝纯正孚济感应圣妃。永乐七年。封护国庇民妙灵昭应弘仁普济天妃。崇祯年封天仙圣母青灵普化碧霞元君,已又加青贤普化慈应碧霞元君。有明一朝,凡四封也。①

明崇祯年间朝廷是否把"天妃"封号加封为"青贤普化慈应碧霞元君",学界有不同的看法。②但是至少在清代前中期,江南一带民间往往把"天妃"与"碧霞元君"相同起来,却是事实。至今我们从清代江南的一些文献记载中,还是可以看到这一封号转化的社会影响。如陈文述在《颐道堂集》中记述在江南施翘河礼天后宫后写了诗篇,该诗篇如下:

珠宫沧海上,门对碧瀛开,灵迹依三岛,春涛静九垓。

金灯回远舰,宝树拥层台,欲证元君事,惭非考古才。(天后亦称碧霞元君故云)

又是封藩日(时有册封琉球之命),天书下使臣,崇祠金册赉,望祀御香裡。

青鸟仙舟导,红螺海国春,安澜应可卜,五岳久无尘。③

《颐道堂集》中《将渡海之前日致祭碧霞元君祠下作》《偕湘姬至刘河祈风碧霞元君祠下次日晓起渡海用前兰姬渡海韵》《归甫两旬复有渡海之役祈风碧霞元君感题祠壁》三首诗,所咏颂之事,也都是关于这里天后即碧霞元君之神迹的。

清许兆椿在《秋水阁诗文集》中还提到乾隆皇帝亦加封"天后"为"碧霞元君",未知是真是假。该文称云:"威灵显佑助我国家赫然耳目者,惟天后为独著。盖神肇于宋,祀于元明,而加崇于列圣,高宗纯皇帝特封为天后圣母碧霞元君,于清江浦勅建惠济祠,饰以黄瓦,亲洒宸翰勒诸丰碑,所以荐馨香而致诚恪者有加无已。兆椿前守江宁,每春秋举祀在城内三山门之天后宫。"④

从清代的这些记载中,可以了解到在江南一带,妈祖林默娘的"天妃""天后"封号,一度被称之为"碧霞元君"。而碧霞元君的神灵,在明代后期以迄清代,增加了安澜镇涛之"海神"的职责。究其原因,是否是为了避"天妃""天后"为帝妻的亵渎与尴尬?不过,"天妃""天后"改称为"碧霞元君"封号的社会影响力,似乎还是比较有限。清代乾隆之后,"碧霞元君"封号曾经与"天妃""天后"封号相通的旧事,逐渐为人所淡忘,到了清代后期以至20世纪以来,碧霞元君又完全恢复了其为泰山之神天仙玉女的本来风貌,不再管辖江河海洋安澜定航的事务了。时至今日,就很少有人了解到天后妈祖曾经被人奉为"碧霞元君"的典故了。

四、明代祀典理论与现实实施的差异性

以上简单梳理了明代士人、读书人中对于"天妃"封号的论辩,大致可以看出明代人对于"天妃"的

---

① (清)方浚师撰,盛冬铃点校:《蕉轩续录》卷一《天后》,《清代史料笔记丛刊》,中华书局1995年,第510页。

② 参见周郢:《明崇祯敕封"碧霞元君"考辨》,《世界宗教研究》2014年第3期,第74—80页。

③ (清)陈文述:《颐道堂集·诗选》卷八《古今体诗·施翘河礼天后宫作》,清嘉庆十二年刻道光增修本,第26—27页。

④ (清)许兆椿:《秋水阁诗文集》《杂著·天后宫碑记》,清道光二十五年刻本,第37页。

理解，分为狭义的以妈祖林默娘配予天帝为妃子的认知，以及较为广义的"以德配天"的论说。虽然这两种不同的理解颇有分歧，但是他们各自论辩的学术基础，又基本上是从儒家学说延伸出来的不同解释。我们通过这两种不同的解释和辩说，从中可以悟出明代儒学在其实际运用时的某些差异，加深了我们对于明代儒学与祀典信仰以及民间信仰之间相互磨合与调适过程的理解。

另一方面，我们从明代制度史的层面来思考这一问题，也可以发现虽然作为国家制度的"祀典"，本应秉持其制度的严肃性和正统性，但是面临着江海风涛之险、航海船渡技术又相对落后的现实情境，政府也不得不随着民间信仰的脚步，有所偏离儒家不谈"怪力乱神"的轨道，从而在妈祖林默娘的崇拜上面，层层加码，使其益加显赫，同时又相互矛盾，使其既为妃、后之属的富贵之身，又为天仙玉女般纯洁无瑕的形象。

明代祀典的设计，基本上是沿袭了先秦时期儒家的祭祀理论。《礼记疏》云："夫圣王之制祭祀也，法施于民则祀之，以死勤事则祀之，以劳定国则祀之，能御大菑则祀之，能捍大患则祀之。……及夫日月星辰，民所瞻仰也；山林川谷丘陵，民所取财用也。非此族也，不在祀典。"[1]明朝立国制定祀典，即沿袭了儒家这种祭祀天地山川日月星辰及有大功于天下社稷的神明。《大明会典》记云："国初以郊庙社稷先农俱为大祀，后改先农及山川、帝王、孔子、旗纛为中祀；诸神为小祀。嘉靖中以朝日夕月天神地祇为中祀，凡郊庙社稷山川诸神，皆天子亲祀。国有大事，则遣官祭告。若先农旗纛五祀城隍京仓马祖先贤功臣太厉，皆遣官致祭，惟帝王陵寝及孔子庙，则传制特遣。"[2]故《明史》称明代的祀典，"皆能折衷于古"[3]。

然而对于妈祖林默娘的祭祀，是否应该列入儒家认可的祭祀行列，早在宋代就发生了严重的分歧。朱熹的弟子陈淳坚决反对拜祭妈祖林默娘，他在《上赵寺丞论淫祀》一文中，把对林默娘的崇拜视为祭拜"莆（田之）鬼"的"淫祀"，他说：

> 某窃以南人好尚淫祀，而此邦之俗为尤甚。自城邑至村墟，淫鬼之名号者至不一，而所以为庙宇者亦何啻数百！……礼法施于民则祀之，以死勤事则祀之，以劳定国则祀之，能御大灾则祀之，能捍大患则祀之，及夫日月星辰民所瞻仰、山林川谷丘陵民所取财用，能出云为风雨见怪物皆曰神，非此族也，不在祀典。今此邦之所崇奉者，大抵皆非此族。……非所祭而祭之曰淫祀，淫祀无福神，其聪明正直必不冒而享之，况其他。所谓圣妃者，莆（田）鬼也。于此邦乎何关？……妖由人兴，不足崇信。人惟素行质诸鬼神而无愧，则虽不牲不牢，而神福之何事？此妖邪之为乎。[4]

而同为朱子学传人的真德秀，则对妈祖林默娘极尽崇敬之情，他在《圣妃祝文》中这样写道：

> 天下之至险者，莫如海道。而至不仁者，莫如盗贼。以至不仁之徒，而凭至险之地，其为生灵

---

[1]（宋）卫湜：《礼记集说》，文渊阁《四库全书》，第119册，第369页。

[2]（明）申时行：《大明会典》卷八一《礼部三十九·祭祀通例》，文海出版社1985年，第1265页。

[3]《明史》卷四七《礼志一》，第1224页。

[4]（宋）陈淳：《北溪大全集》卷四三，文渊阁《四库全书》，第1168册，第851—852页。

之害可胜计哉？某再忝郡符，方将与民相安于无事，而自春徂夏，寇至再焉。前者自北而南，仅能小挫其锋；今复自南而北，倘不大惩艾之，则方来之患未有穷已。是用纠合熊虎之旅，俾往殄鲸鲵之群。惟圣妃神灵煊赫，凡航海之人，赖以为司命，是用有谒焉。导王师以必胜之机，而挤狂寇于必败之涂，如前日之所祷者，非圣妃其谁望？敢俯伏以请，谨告！①

陈淳和真德秀都是南宋时期朱子学最优秀的传人之一，但是他们二人在对待妈祖林默娘问题上，居然出现如此巨大的差异。究其原因，陈淳是一名布衣，较少担负政治与社会的实际责任，因此他的理论出发点，无不以儒家的是非为是非，妈祖林默娘既不见于经传，所传事迹又大多属于"怪力乱神"之属，他自然认为妈祖林默娘为"莆鬼"淫祀。而真德秀为官员，时任泉州知州，直接负责泉州沿海一带的民生、海运、御寇以及教化社会等政治与社会事务，因此从实际政务的角度出发，他不能不对妈祖林默娘致以崇高的关注与崇敬。

明朝把天妃列入祀典，显然也是从政治社会的实际需求而制定的。"圣王之制祭祀也，法施于民则祀之，以死勤事则祀之，以劳定国则祀之，能御大灾则祀之，能捍大患则祀之。"从儒家的这一祭祀原则出发，天妃的事迹如果是真真切切的事实，那么也是符合儒家这一原则的。问题是天妃的这些事迹，基本上源自神明的传说，处于疑似真假之间。从这点上说，陈淳的抨击是有其儒家的理论依据的。但是江湖海洋之险，又是明朝统治者所无法回避的现实，为了江湖海洋事务的平安，明朝祀典的制定者，或许抱着"宁可信其有，不可信其无"的心态，把天妃列入祀典。然而，妃子的封号，恐怕连祀典的制定者也说不清究竟是否属于天帝之配偶的含义，还是"天为帝、地为妃"的"以德配天"的含义。而且从妈祖林默娘起初的"夫人""圣妃"到"天妃""天后"的不断升级，不能不让人联想起人世间的帝王后宫体制。"天妃"的封号如果是天妃配天帝的含义，那么就距离儒家的理论原则相当遥远了。大概祀典的制定者也意识到这种封号有悖儒家传统原则的弊端，因此不得不在明代后期，又改为"碧霞元君"这一如此尴尬且张冠李戴的封号吧？但是自从入清之后，士大夫知识分子对于"天妃""天后"封号的论辩就很少再出现了，换言之，士大夫知识分子基本上都认同了朝廷祀典对于"天妃""天后"的崇拜。这一转变也表明了政治社会的实际需求情况，已经超越了传统儒家所认知的祭祀范围，"天妃""天后"的崇拜更具有社会的实用性与普遍性。

明代对于"天妃"封号的论辩，从另外一个角度体现出国家制度与实际施行之间所存在的差异。从明代的整体情况而言，何止是"天妃"的祀典，即使是在其他方面，制度设计与现实实施过程中所存在的某些差异，恐怕也都是很难避免的。

（作者陈支平，厦门大学国学院教授。原载《史学集刊》2020年第2期）

---

① （宋）真德秀：《西山文集》卷五四，文渊阁《四库全书》，第1174册，第863—864页。

清朝"正统性"再认识

——超越"汉化论""内亚论"的新视角

杨念群

一、从"汉化论"与"内亚论"各持一端的缺陷谈起

美国"新清史"①与国内传统清史研究有关清朝性质的辩论已经持续缠斗了数年,尽管不断有貌似新颖的观点出现,各方纠结抗辩的主题却始终围绕着"汉化论"和"内亚论"的对立理据各执一词,并没有提出足以超越两者核心要点的新看法。学界一般都会把双方的分歧源头追溯到罗友枝与何炳棣的那场著名争论,参与讨论者似乎早已习惯旗帜鲜明地选择一方为其申辩。可是在我看来,双方都太过于执拗地忽视对手的论据中其实已经包含着与自己观点相近的认识,也许彼此并不应该那么泾渭分明势如水火。

比如罗友枝的那篇饱受批评的演讲词中,就有专门描述清朝君主受儒家思想影响的段落,何炳棣也曾指责罗友枝故意忽略自己曾经提及清朝具有多民族共同体这一重要特征。②令人遗憾的是,他们在相互攻辩时似乎总是突出与对方意见相左的一面,对那些可以兼容对方观点的论据视而不见。如何炳棣再次反驳"新清史"时几乎又重复叙述了一遍非汉人族群在内地的"汉化"历史,除了增补一些资料外,其核心论点几乎没有丝毫的变化和调整,仍然忽略西北西南东北等边疆地区长期无法完全融入汉文明的历史事实。③他坚持说"满族之所以能在很大程度上取得成功,就在于其运用了汉族传统的政策和制度"④。在这个论述前提下,新疆建省被认为是"汉化"的一个典型表现,而制度上的"内地化"也被看作是"汉化"的指标。"汉化"的表现还包括19世纪50年代汉人精英通过抵抗太平天国拯救了清政府,以及大规模向民族地区迁徙汉人。何炳棣的另一个致命问题是不区分汉地佛教与藏传佛教,而把清朝的佛教信仰简单地看成是对唐代以来内地佛教汉化传统的延续,这样的论述方式只注意

---

① 关于"新清史"对"内陆亚洲"概念的建构情况,参见刘文鹏:《内陆亚洲视野下的"新清史"研究》,《历史研究》2016年第4期。关于中国学者对"内亚"观念的反思与评论,参见祁美琴、陈骏:《中国学者研究中的"内亚"概念及其问题反思》,《中国人民大学学报》2019年第3期。

② 罗友枝:《再观清代:论清代在中国历史上的意义》,何炳棣:《捍卫汉化:驳罗友枝〈再观清代〉》。二文均载于刘凤云、刘文鹏编:《清朝的国家认同:"新清史"研究与争鸣》,北京:中国人民大学出版社,2010年。

③ 罗新即已发现,华夏文明的军事征服往往在南方地区特别容易成功,但西北地区华夏化运动却经历了极其漫长和艰难的阶段,长期无法真正实现一统局面。参见罗新:《华夏文明西部边界的波动》,《有所不为的反叛者:批判、怀疑与想象力》,上海:上海三联书店,2019年,第260页。

④ 何炳棣:《捍卫汉化:驳罗友枝〈再观清代〉》,《清朝的国家认同:"新清史"研究与争鸣》,第21页。

汉人文化向少数民族地区的单向传播过程,没有重视藏地佛教对藩部地区政教关系的影响,及其对清朝统治的塑造作用。①罗友枝也继续一味强调满人在族群特征方面异质于汉人,一再论证满语和八旗制度在构筑清朝体制方面所发挥的特殊作用,把某些不能作为坚实证据的满人族群历史遗存,当做反驳何炳棣观点的前提依据,却有意回避大多数所谓"满洲因素"在晚清迅速消亡的历史事实。这些事实恰好印证了所谓"满洲特性"并不具有那么强大的持续影响力,单靠激情澎湃地高扬民族认同旗帜,也许只能表达出一种一厢情愿的怀旧情感和态度。②

与前朝特别是明朝相比,清朝统治者确有不一样的"内""外"观。在长城以内的原明代疆域由六部等官僚机构统治,边疆少数民族地区则由理藩院和八旗贵族管辖。清朝领土开拓的重要动力来自与长城外少数族群的不断交融互动,而非局促于宋明汉人士大夫所主导的东南内地一隅。③其实,如何检视清朝皇权体制所呈现的复杂多样性已成史界共识,双方难以化解的分歧主要聚焦于新清史研究者一定要把清朝对内地和内亚的统治割裂开来重新进行定义,如将清朝"当作一个内亚的,和一个中国的帝国"(the Qing as an Inner Asian, as well as a Chinese empire)分别加以认知。④有学者就尖锐指出,事实上一个纯粹由汉人组成,或者一个完全脱离了汉人的中国",从来就没有真正存在过,不过是今人建构出来的一个"想象的共同体"。清朝对内亚地区更深入的渗透,既非清朝拥有比明朝更为强大的军事实力,也非其政权本身具有所谓"内亚维度",从而更具扩张性和侵略性,相反,它在很大程度上只不过是对其前朝制度的延续和继承。中国历史上几乎没有一个朝代未曾和"内亚"地区发生关系,汉唐元三朝自不待言,宋明也并未脱离与内亚地区的交往而独立存在,明朝与西藏的关涉程度甚至远超元朝。⑤这个观点似乎仍比较倾向于清朝继承了明朝的某些特点,大体与何炳棣同调。

为了反驳何炳棣的看法,罗友枝挪用后现代视角,认为"汉化"一词,是20世纪汉族民族主义者对中国历史的诠释,所以去除汉化理论将成为今后一段时间中国历史研究的中心主题之一。⑥罗友枝的意思是,所谓"汉化"历史彻头彻尾就是一个近代建构出来的话语,与史实无关,这种极端情绪化的论断抹杀了汉文明对少数族群具有持续渗透力的历史事实,使这场讨论陷入了非此即彼的循环怪圈。与之相比,何炳棣一方面承认汉人以外的少数族群对清朝做出的贡献,但又举证出繁复的史料不断重述内地与边疆地区早已基本汉化的旧思路,刻意突出清朝皇帝对汉文明的汲取模仿,几乎未涉及汉文明同样会受到少数族群影响这一历史面相。在他的论述中,边疆少数族群的文化创造并未得到真正

① 罗友枝:《再观清代:论清代在中国历史上的意义》,《清朝的国家认同:"新清史"研究与争鸣》,第51页。

② 不应忽视的是,清朝皇室一直到清末仍然重视满语学习,如溥仪的教学课程中就有满语课的内容,但与汉籍习学相比,显然已退居次要地位。参见 Daniel Barish, Han Chinese, Manchu, and Western Spaces: The Changing Facade of Imperial Education in Qing Beijing, *Frontier of History in China*, Volume14, Number 2, June 2019, pp. 212-237.

③ 关于满洲与蒙古的早期关系的研究,可参见哈斯巴根:《清初满蒙关系演变研究》,北京:北京大学出版社,2016年。

④ 有学者指出,当我们研究满汉关系时,不能简单化地将"满族其实没有被汉化"或者"满族即使在文化语言上有一定程度汉化,其民族意识和身份认同没有被汉化"的观点,延展为"清史不应该是中国史"(Chinese History)的一部分,或者忽视中国人身份认同和国家概念在20世纪上半期对于现当代满族族群变迁的巨大影响。参见邵丹:《故土与边疆:满洲民族与国家认同里的东北》,《清史研究》2011年第1期。

⑤ 沈卫荣:《大元史与新清史:以元代和清代西藏和藏传佛教研究为中心》,上海:上海古籍出版社,2019年,第207、219页。

⑥ 罗友枝:《再观清代:论清代在中国历史上的意义》,《清朝的国家认同:"新清史"研究与争鸣》,第17页。

的认可和尊重。①

实际上,"汉化"过程并非是近代民族主义建构的结果,因为汉文明对江南等地区渗透涵化的历史记载可谓俯拾皆是,绝非纯粹的虚构文本。只不过"汉化"的范围和界线确实应该严格加以限制,不可如何炳棣那样并不明确区分清朝内地和藩部的族群文化差异,而仅仅强调汉文明在边疆的渗透影响能力。极端"汉化论"者没有意识到,受伊斯兰教和藏传佛教的影响,西北如新疆及西南如西藏地区基本长期处于儒家教化范围之外。②清朝到底对汉文明应该采取怎样的态度,乾隆帝自己曾有明确的表态,他在评述元朝汉人儒者许衡时就说过:"立国规模惟当权其法善与不善,而折衷于圣人之道。若云必行汉法而后可,则历代破国亡家者非行汉法之人乎?"他批评许衡向元帝提出"国家当行汉法齐一吾民"的看法是"陆行者不知有舟,水行者不知有车"的泥古之见。③至于清朝"汉化"或称"儒化"的范围,魏源的一段话早已表述得十分明白。他说:"然葱岭以东,惟回部诸城郭国自为教外,其土伯特四部、青海二十九旗、厄鲁特汗王各旗、喀尔喀八十二旗、蒙古游牧五十九旗、滇蜀边番数十土司皆黄教,使无世世转生之呼毕勒罕以镇服僧俗,则数百万众必互相雄长,狼性野心,且决骤而不可制……此非尧、舜、周、孔之教所能驯也。"④这段话意指,无论"汉化"还是"儒化"都有一定界线和范围,不可能无限扩张,并不是任何区域都能一律采用内地化体制,特别是西北、西南地区尤其如此。

"新清史"的另一个代表人物欧立德则在人类学的"族性"(ethnicity)理论启发下,强调"满洲特性"(Manchuness)在清朝建制如八旗中的核心作用,其立国的基础也区别于汉人王朝如宋明的统治。⑤国内已有学者指出,欧立德通过确认"满洲特性"来探讨满人的民族身份认同,太过于拘守西方人类学对"族性"的界定,人类学理论严分民族与民族之间的边界,因为每个族群都是凭借各自不同的血缘、语言、信仰、宗教加以界分的,所以这种基于种族基质的差异性构成了讨论民族认同的基础。⑥但这种依赖人类学固化"族群"起源的观点已经遭到不少学者的批评。这里先暂且不论满人身份形成的复杂性,即使对西汉匈奴身份的研究也很少有学者仍坚持纯粹从人种学和语言学入手确定其起源问题。匈奴国家包含了多种多样的人群与文化,绝不可能是单一的语言、单一的族群和单一的文化,那种探

① 何炳棣:《捍卫汉化:驳罗友枝〈再观清代〉》,《清朝的国家认同:"新清史"研究与争鸣》,第19—52页。

② 现代学人仍多残存夷夏大防之念,特别是过度强调汉文明对其他少数族群的单向教化意义,而忽视反向影响的可能性。如20世纪30年代在一次云南研究泰斗方国瑜召集的晚宴上,曾发生了一幕有关方家"族籍"的讨论。方国瑜自称祖籍安徽桐城,但顾颉刚却私下里说方国瑜是"么些人"即"纳西族",在旁的陈寅恪跟着"补了一刀",说唐代"胡人也用汉姓"。尽管私下里议论,好像给东道主留了"面子",但无异于说方国瑜因缘攀附,自托高门。实际上方国瑜祖上是随明代卫所移民迁往云南丽江,并未借桐城身份自高身价,方国瑜的研究常常批评汉化论忽略了民族融合是一个双向对进的过程,不仅存在大量的夷人"汉化"现象,还应充分考虑内地移民逐渐融入当地民族之"夷化"过程。"汉化"与"夷化"相互转换的现象在不同历史阶段和不同地区都曾发生。参见张轲风:《方国瑜先生的晚宴》,《读书》2019年第6期。

③ 《蒙古议中书省事许衡疏陈时务言国家当行汉法齐一吾民目》,《钦定四库全书荟要》卷9730《史部》《评鉴阐要》卷9。

④ 魏源:《圣武记》卷5《国朝绥服西藏记下·外藩》,《魏源全集》第3册,长沙:岳麓书社,2004年,第215页。

⑤ 欧立德:《清代满洲人的民族主体意识与满洲人的中国统治》,《清史研究》2002年第4期。又见欧立德:《清八旗的种族性》,刘凤云、刘文鹏编:《清朝的国家认同:"新清史"研究与争鸣》,第124页。也可参见宿迪塔·森:《满族统治下中国的研究新进展和亚洲帝国的历史书写》一文中的《族性》一节的讨论,刘凤云、刘文鹏编:《清朝的国家认同:"新清史"研究与争鸣》,第347—349页。

⑥ 汪荣祖就批评欧立德混淆了族群认同与国家认同的区别,他质问道:旗人在族群上当然自认是满人,然而满人与汉人同属一国,难道有不同的国家认同吗?参见《以公心评新清史》,载汪荣祖主编:《清帝国性质的再商榷:回应新清史》,台北:"中央大学"出版中心,2014年,第42页。

求什么是匈奴语、什么是匈奴人的研究传统已经过时。①

在被贴上"新清史"标签的学者群体内部其实也一直存在着分歧。如柯娇燕就不同意用"满洲特性"概括清朝统治,或者过度强调"中国研究的族际转向"(ethnic turn in China studies)。在她看来,"族性"本来就是针对边缘群体的概念,所以用"满洲特性"这个边缘概念来描述清朝的特征,就相当于承认清朝族性的边缘意义,实际上恰恰暗示了其无法进入中国主流身份认同的命运,这是一种自相矛盾的解释。柯娇燕更倾向于把满人的诸种举措当作一种"文化建构"的行为,她发现,恰恰是在入关之后,鉴于满人的身份暧昧不明,故而必须从神话、信仰、谱系、语言方面重新加以梳理和认定,形成一个比较清晰的解释系统。"满洲"作为在1635年由皇太极统治的国家所确定的一种新的认同,其文化或种族"特性"完全是由皇权建构起来的。满洲人经历了从"种族"(race)到"族群"(ethnic group)再到"族性"(ethnicity)的构建过程。②

柯娇燕与欧立德的不同之处在于她不想拘守人类学式的"族群"认同理论,而是想从更为现实的文化建构模式入手去审视清帝的统治策略。这种对满人文化的灵活认识相对比较接近中国古人对夷夏关系的传统看法,不同族群的相处原则乃是基于一种文化而非种族的优劣标准。秦汉以后汉人对自身文化的高度自信也确实影响到了周边族群的判断,比如辽金元三朝都开始吸收汉地的文化制度遗产,但这并不意味着夷夏关系就一定只能采取一种单线向外传播的模式。夷夏之间文化对流和身份转换同样是题中应有之义,这也是清朝统治所依凭的重要经典根据。

我在此想补充一句,恰恰是因为要面对汉人极为悠久深厚的文化认同资源,满人统治者在入关后倍感压力,才开始模仿汉人建构其满洲世系的,比如对满洲源流的考察和对满族宗谱的纂修,以及对满语骑射风俗的重视,都是在面对汉文化萌生了危机感时所采取的应对措施。所以柯娇燕认为,"文化"建构而非"族性"认同才是清朝立国之根本,清朝统治者所采取的一系列文化政策,都只是一种维持治理的权益之计。

柯娇燕与其他新清史研究者的另一个不同之处在于,她注意到了满人帝王具有一种"共主性",其身份不仅是满人和汉人的君主,还兼具蒙古和藏地佛教领袖的地位。柯娇燕把这种"共主性"看做是建构合法王统(Legitimacy)的依据。③但柯娇燕的观点仍然服务于其清朝是"内亚"帝国的论述逻辑,或者说仍然强调清朝"共主性"的内亚特性,从而忽略了清朝在构建"正统性"时对前朝传统的继承,以及这种继承与吸纳藩部政教资源之间如何构建出一种平衡关系。

二、混淆"统治"与"治理"的界线:"汉化论"与"内亚论"的深层误区

上一节涉及"汉化论"与"内亚论"的分歧,谈到双方争辩总是习惯从各自极端立场出发,议论均各

---

① 罗新:《匈奴:故事还是历史》,《有所不为的反叛者:批判、怀疑与想象力》,第125—126页。

② 参见刘姗姗:《文化是帝国的第二属性——关于柯娇燕文化功能的比较研究》,陈恒等主编:《新史学》第16辑《前近代清朝与奥斯曼帝国的比较研究》,郑州:大象出版社,2016年,第223页。

③ 具体论述参见 Pamela Crossley, *A Translucent Mirror:History and Identity in Qing Imperial Ideology*, Berkeley: University of California press, 1999, pp.232-236.

有道理却又有意无意遮蔽了对方所持证据的合理性,遂造成无法化解的隔阂。我认为,这只是争论产生歧义的表层原因,其深层误区是混淆了"统治"与"治理"的界线。

"治理"这个词目前已相当频繁地出现在了各种学术讨论和政府文件之中,诸如"国家治理""地方治理"之类的种种时髦说法几乎变成了人们的口头禅。在西方学界,"治理"(governance)概念及其相关实践也是一个方兴未艾的讨论热点。据学者查证,十五年前,"治理"还是一个相对陌生的概念,可如今在"谷歌学术"网络检索中,"治理"一词几乎和"政治"(politics)、"民主"(democracy)一样常见。[1]近十年来,"治理"业已成为我国学界的一个研究热点,尤其是在中国共产党第十八届三中全会提出"推进国家治理体系与治理能力现代化"的改革目标之后,学界对"治理"问题的研究兴趣日趋升温。"治理"正逐渐取代以往的"统治""管理"等概念,成为中国政府与学界共同聚焦与推广的政治术语。这是因为,"治理"理论的核心内容是阐述政府妥善处理国家与社会关系的规则与方式,恰好与中国政府强调"维稳"政策与实施"和谐社会"的目标相吻合。[2]

> 如果从词源的角度观察,"治理"源自希腊语,意为掌控(Steer)。柏拉图对该词比喻意义上的使用,以及在对话录中对"治理"话题的论证,成为较早阐释"治理"概念的文本,以后发展延伸到拉丁语及其他各种语言文化的表述当中。[3]经过现代转换,目前对"治理"的一般性定义是:通过机构、权力及协作以分配资源,同时调整或控制社会经济活动的过程。学界往往对"治理"理解的侧重点有所不同,如大多数人关注的是国家或政府行使管理的职能,另一种观点则认为应该更多注意"社会"层面的自治性资源的作用。[4]

至于"治理"与国家历史演变的关系,最惹人注目的是福柯对"治理术"的研究。福柯在20世纪70年代连续发表文章阐述自己对18世纪欧洲社会演变的见解,他所关心的这个时段恰好与清朝乾隆时期重叠。18世纪的欧洲与清朝面临着同样的转型局面,这一时期人口开始迅速增长,给政府决策带来巨大压力,人口逐渐变为欧洲政府监督、分析、干预、调整的对象。一些相应的人口控制技术也被逐步创设出来,其中包括:人口统计,年龄结构指标,对不同预期寿命和死亡率水平的计算,对财富增长和人口增长之间相互关系的研究,刺激结婚和生育的各种手段,教育方式和职业培训的发展等等。[5]这就是福柯所一再倡导的"生命政治"研究。在福柯眼里,治理(government)的内涵已经发生变化,更趋

---

① H.K.科尔巴齐:《治理的意义》,王浦劬、臧雷振编译:《治理理论与实践:经典议题研究新解》,北京:中央编译出版社,2017年,第4页。

② 参见文明超:《"新自由主义"的胜利?》,《读书》2019年第4期。在各类历史研究论著中,"治理"也已经成为焦点词汇,比如在"新革命史"的研究领域,最近裴宜理对中共工作队的研究也被冠以"治理"史的名目,参见裴宜理:《革命的传统与适应性治理》,《苏区研究》2019年第4期。

③ 柏拉图曾经说过:"当一个国家最像一个人的时候,它是管理得最好的国家",又说"管理得最好的国家最像各部分痛痒相关的一个有机体",参见柏拉图:《理想国》,郭斌和、张竹明译,北京:商务印书馆,1986年,第197页。这也可能是最早谈论"治理"的观点之一。

④ 臧雷振:《国家治理:研究方法与理论建构》,北京:社会科学文献出版社,2016年,第23页。

⑤ 米歇尔·福柯:《18世纪的健康政治》,《什么是批判:福柯文选Ⅱ》,北京:北京大学出版社,2016年,第152—153页。

向于从治安科学的角度体现其技术形式,要使国家强盛,人口问题或许是最活跃的要素,那么,健康、出生率、卫生等因素,就会理所当然地在其中找到各自的重要位置。[①]

18世纪的清朝同样面临人口增长的巨大压力,治理技术也会产生相应变化,这种变化所导致的政府应对策略当然与欧洲有所区别,比如清廷并非从控制出生率和改善卫生环境入手去解决人口剧增的难题,而是更多地依赖税收制度变革,一条鞭法的实施就是针对人口增减或移动过快采取的一种解决办法。在治理方面清廷则强调多种经济作物的引进,而非像近代欧洲那样依靠卫生管控的方式减缓人口增长速度。

若搜检中国古典文献,早在《荀子·君道》中就已出现了"治理"这个概念,其中说道:"明分职,序事业,材技官能,莫不治理,则公道达而私门塞矣,公议明而私事息矣。"这段话的意思是说"治理"是一种秉公而办的行政技术,与私人事务有着明确的界线。再看《汉书·赵广深传》中所言"一切治理,威名远闻",《孔子家语·贤君》中"吾欲使官府治理,为之奈何?"都是自上而下地进行管制的意思。再看清代文献中的说法:"帝王克勤天戒,凡有垂象,皆关治理。"[②]在这里帝王显然是主角,"治理"和天象有关,是帝王的一种统治技术,但这句话中的"治理"与"统治"还不完全是一个概念。清代严有禧《漱华随笔》中的一段话则说:"蒋德璟出揭驳之:'……由此思之,法非不善,而井田既湮,势固不能行也。'其言颇达治理。"[③]这是在推测处理政事可能会达到什么样的效果。

在西周瓦解、礼崩乐坏之际,孔子就已开始阐释和区分"统治"和"治理"的差别。在他看来,王者受命于天,以宗族家长的身份统治天下民众。亲情戚谊转化为民胞物与的情怀,这就是王道的基础。天命并非始终注定会落于某个特定王家,如王者失德天命即可转移,由有德者承受。王者属于天命化身人间之肉身,是天命的象征,代天命行仁道。王者受命于天构成一个传承谱系,即是"统","统"乃是"治"的正当性来源。仁政的实施需王者选择贤能之人量材分工,才能具体落实到"治"的层面。这就是帝王与文官共治天下的传统。[④]

费孝通发现,中国的统治模式与西方的法理社会区别甚大,是建立在一种礼俗制度的基础之上。[⑤]这种礼俗制度在上层的表现就是在特定时间段内要举行各种没完没了的礼仪,比如种类繁多的祭天祭地或祭祖的仪式。这些反复规训人体的仪式看上去既枯燥又无趣,在今人看来没有任何实用价值,与"治理"定义中所说的分配资源和控制经济等等具体职能完全不搭界,清朝皇帝却仍然乐此不疲地反复操演。然而这种"无用之用"却正是"统治"而非"治理"的特征之一。上层仪式的重复表演一旦渗透降格到基层,就变成了一种不完全借助文字传达的"习俗",往往通过宗族或乡约等民间组织得

---

① 参见米歇尔·福柯:《生命政治的诞生》,《什么是批判:福柯文选Ⅱ》,第238—239页。中国最近也掀起了"治理"研究的热潮,出版了不少著作,比较典型的如周雪光:《中国国家治理的制度逻辑:一个组织学的考察》,北京:生活·读书·新知三联书店,2017年。此书试图从"组织学"的视角观察中国历史和当代治理的经验及其教训。从具体的现实情境来看,也从侧面证实福柯"治理"向"治安"方向转变所具有的敏感性同样对中国研究有所启发,如你若在东北集安地区游历,就会满眼可见以下口号:"提升基层治理能力,铲除黑恶滋生土壤"。这句口号里的"治理"二字,因为与铲除黑恶势力连用,故其"治安"的色彩非常浓厚。
② 王士禛:《池北偶谈》卷25,《谈异六·风异》,清文渊阁四库全书本。
③ 严有禧:《漱华随笔》卷1,《限田》,上海:商务印书馆,1936年,第6页。
④ 许倬云:《我者与他者:中国历史上的内外分际》,北京:生活·读书·新知三联书店,2015年,第14—15页。
⑤ 费孝通:《乡土中国》,北京:北京大学出版社,1998年,第48—53页。

以反复强化,构成乡民的身体记忆与伦理行为。从某种意义来说,基层的宗族或者宗教活动有时就是上层祭祀操演的一种"戏仿"。①这套由上而下贯通成一体的礼仪制度和言行习惯,并非都属于所谓"治理"的技术范畴,其背后蕴藏着丰富的文化象征意义。

"治理"是一种行政技术,"统治"是为治理提供正当性或者叫"正统性"的一套支撑体系,两者构成互补关系,但有主次之分,"治理"作为手段应该服从于"正统性"原则的制约。

熟悉中国文化特质的人都知道,中国历代王朝对"统治"与"治理"是有意做出区分的。"统治"往往关乎顶层的形象制度设计,不仅包括繁琐的礼仪程序,也包括时间历法、正朔服色等沟通天地人象征意义的细微阐释。这些程式表面看上去显得无聊繁琐,常常充满各种谶纬臆说和祥瑞灾异之辞,②但却是新兴王朝确立正统性的关键一环,不得怠慢疏忽。与之相配合的则是一系列具体行政控制技术,包括官僚机构的设置,基层公共空间的构建,地方组织与国家行政的边界应该设于何处等等制度性安排,都属于广义的"治理"内容。"统治"和"治理"相区别的关键之处在于,"统治"关涉到"正统性"的建立问题,而"治理"只是"正统性"的一种技术延伸和辐射手段,两者有着密切联系但不可随意混淆。

正因如此,早在汉代,"统治"与"治理"之间就已经出现紧张的状况。君权往往代表"统治"一方,官僚则常常站在"治理"角度判断问题,两者时常发生冲突,行政系统与专制君权之间的合作与对抗交替上演,屡现尴尬之局,原来作为政治中枢的皇权,一旦失去官僚系统的信任,即不能再拥有"核心"的合法性;反之,官僚系统失去君权的信任,也难以发挥其治理的功能。③

从"统治"的角度看,宋代以前正统性的建立主要集中在某位皇帝是否应该当政的阐释方面,各种谶纬异说的流行无不与此有关。北宋以后,文人政治兴盛,但军事力量孱弱,导致政教关系的重组与道德意识的复兴,政治变革和疆域维系都一度缺乏强有力的王朝意识形态支持。王安石改革的一个致命缺陷就是过于单纯强调国家力量的统摄作用,其改革政策只重效能而缺乏道德意识和基层礼仪的支持,难免遭到非议,进而造成北宋"统治"和"治理"之间的关系出现严重裂隙。

王安石认为制定决策的目的就是要达到实用的预期目标,政治无外是一种单纯的权力运作,衡量成功的尺度只看结果即已足够,选拔官员的标准也只注重办事效能的高低。而他的对立面如司马光及后来的新儒家程颐、朱熹等人都相信统治与道德密不可分,政治只有确保符合道德原则才是有价值的,决策应该建立在礼仪规范的基础之上,成功必须符合正确的教条,选拔官员也要视其能否身体力

① 费孝通:《乡土中国》,第48—53页。

② 汉朝推崇纬学,谶纬之说盛行,纬学最重要的目的就是论述刘汉的政治正统性,因为有大量论述刘氏天命的内容,包括东南王气说。关于两汉政治与正统性构造的关系,参见陈苏镇:《春秋与"汉道":两汉政治与政治文化研究》,北京:中华书局,2011年。关于谶纬的起源和作用,参见钟肇鹏:《谶纬论略》,沈阳:辽宁教育出版社,1991年。孙英刚认为,直到唐末五代时期,皇家文献中仍充斥着各种辅佐论证王权正统的天命预言,包括历术和历数、黄旗紫盖、金刀之谶、阴阳灾异之论。参见孙英刚:《神文时代:谶纬、术数与中古政治研究》,上海古籍出版社,2015年。又参见陈侃理:《儒学、术数与政治:灾异的社会文化史》,北京:北京大学出版社,2015年。这一时期的正统观基本被阴阳五行的神秘论所主导,没有多少后来才占主流的"道德"气息。

③ 参见许倬云:《我者与他者:中国历史上的内外分际》,第47页。孔飞力也发现,君权与官僚体系之间时常出现抵牾,导致系统运行出现窒碍的情况。参见孔飞力:《叫魂:1768年中国妖术大恐慌》,陈兼、刘昶译,北京:生活·读书·新知三联书店,2012年,第232—276页。如果换一种表述,这就是"统治"与"治理"之间的矛盾表现。

行某些道德准则。①以理学为主导思想的宋代新儒家呼吁通过道德内省的训练改变政府的性质和管理方式，他们不厌其烦地主张先从皇帝的道德自我修炼入手，提倡所谓"格君心"，君王首先必须要做到正心诚意，然后推己及人地扩及到官僚知识群体，再推广到基层民众的生活当中，各种制度设计和运作程式只不过是道德自觉的延伸状态而已。

我们可以看到，北宋时期就已经形成了对"统治"和"治理"的差异性理解。王安石就坚持政府应该更多考虑为民众的社会福利做点实际工作，他采取的是国家统筹社会的模式，中央自上而下大包大揽，统一配置经济资源，这是一种纯粹的"治理"思路，几乎不考虑皇帝威权的道德性基础到底应该是什么这类比较玄虚的问题。后人就批评王安石"是以治国之道治天下"，因为王安石设置三司条例司，直接越过地方守令发布青苗、保甲之法的指令，没有给予地方足够的运筹空间，导致政令贯彻的失败。其教训是"治国之道贵密，治天下之道贵疏"。②

司马光则更多地叩问执政者是否必须通过道德规训才能保证政体的合理存在和运行，他坚持道德教化比权谋利益更形重要，共同认可的价值观和道德标准是维系秩序的基础，通过捍卫和遵循道德准则，君主敦促官僚能够以身作则去自觉维持秩序，他们必须总是按照道德标准而不是权宜之计的功利心理采取行动。③新儒家倾向于强调儒家道德思想中内向的一面，注重内省的训练，主张培育深植于个人心中的内在化的道德观念，这是一种更多考虑政权建立是否具有"正统"文化基础的思路，两者经常是对立的。④

清朝的大多数文人也延续了宋明以来"格君心"、行仁政的思路，强调"统治"和"治理"的区别关键在于皇帝一人的道德觉悟及其辐射效果如何，而不完全取决于纯属技术层面的刑名吏治业绩。这方面的例子可谓不胜枚举，如缪彤在《殿试对策》里面就说，帝王统御天下的"致治"之本，并不是"慎用人""清吏治"和"均赋税"三项，这些都属"治术"层面，"致治"之本在于"人主之一心"。"致治"之要则是"人主之以一心行仁者是也"。又说"故善治天下者，不恃有驭天下之术，而恃有治吾心之道"。⑤明确把"术"与"道"分出高下之别。陆陇其在一篇名为《治法论》的文章中，也专门讨论王朝治理中"宽严烦简"的运用尺度与君心之仁的关系，认为前者属于"治术"一层，后者属于"治道"一端，前者应服从于后者。他说："夫宽严烦简者，治之迹，而非治之本也；治之本，在皇上之一心。"汉唐宋之所以不符合三代之治的境界，就是因为"治道"未纯，那么如果清朝帝王想要超越前代，就必须"以至仁为心而无杂乎偏私，以主敬为心而无入乎怠弛"。⑥这才是宽严烦简治术背后的根本立意。

更有人把"统治"与"治理"的差异上升到"王霸之别"的高度。如俞长城在《王霸辨》一文中就指出王霸之辨，辨之于心。"心有诚伪，则治有纯杂"，显然是把"治术"的优劣好坏寄托在了如何锻造纯净而非驳杂的"仁心"之上。只要人君之心已正，一旦推广到天下，礼乐刑政这些"治术"就会"无不并举"。

① 刘子健：《中国转向内在：两宋之际的文化内向》，赵冬梅译，南京：江苏人民出版社，2002年，第109页。
② 陆世仪：《思辨录辑要》卷12，北京：中华书局，1985年，第123页。
③ 参见包弼德：《斯文：唐宋思想的转型》，刘宁译，南京：江苏人民出版社，2001年，第257页。
④ 刘子健：《中国转向内在：两宋之际的文化内向》，赵冬梅译，第141页。
⑤ 缪彤：《殿试对策》，《皇清文颖》卷25，清文渊阁四库全书本。
⑥ 陆陇其：《治法论》，《皇朝经世文编》卷11，《治体五》，《治法上》，《魏源全集》第13册，第463—466页。

与之相反,那些行霸道之人"本之不图,而规规于法制之末"。做到最好也只不过达于"偏陂驳杂之治",若等而下之则不免乱亡的命运,这都不是"王道"之所为。只有"心贯万事,而无有不谨,无有不实,则王也"。"王道"的精髓取决于"君心正,则虽节目疏阔,不害其为王;君心不正,则虽治具毕张,不免于为霸"。①

从"治理"与"统治"或"正统性"构造有所区别的角度理解清朝皇帝的所作所为,可能使我们更容易体味清初帝王遭遇心理困境的深层原因。一个明显的例子是,一方面满洲君主需要继承金朝的遗脉,不断强调维护和延续满洲人的习俗,以防止汉人文化的过度侵腐,同时他们又必须汲取汉人统治的若干经验,包括模仿国号的设计与官僚制度的安排等等。这样就容易给人造成一种误解,好像满人君主一直想利用所谓"满洲特性"建立异质于汉人的统治,但事实证明,这种努力即使不能说完全以失败而告终,至少也是收效甚微。其根本原因在于,维持"满洲特性"只不过是"治理"技术的具体举措之一,国号的设定和传承才是"正统性"建立的集中表现。两者虽关系密切,却不可混淆而论。只要你进入到了中国文化设置的框架制约范围,那么,"正统性"构造要远远比属于"治理"层面的所谓"满洲特性"的维系和发挥更显重要。

例如努尔哈赤和皇太极都曾反复强调满人与金朝女真人的继承关系,警告丢失骑射传统的害处,皇太极甚至指责金朝海陵王过度汉化的政策忽略了老祖宗的旧法。然而就在1635年,为了与女真人的历史传承做彻底切割,皇太极宣布禁止使用女真称号,易名为"满洲"。仅过数月,又干脆将国名由"金"改为"清"。在年号的设立上,清朝君主基本上延袭了"受命于天""德性治国"的中原王朝的准则和理念。其使用的四个年号,天命、天聪、崇德、顺治,均参照汉家改元的传统,明显是汉人臣僚的建言所致,皇太极更是屡言"德行"的重要。他指出商纣王、周幽王、秦始皇、隋炀帝、金海陵王和明万历皇帝都是沉迷女色、贪敛财物、不理朝政、用人无道的失德之君。因此满洲对辽东的征伐就是顺应天意的道德举动。皇太极的这番表白在逻辑上很符合先秦以来得道多助失道寡助的传统训条。皇太极还援引太公望的例子劝诱关内汉人投诚。入关后多尔衮的功绩也被抬升到了周公的地位予以赞颂。他本人则表现得貌似谦逊退让实则欣然接受,入城四个月后,以顺治帝名义颁布的敕令,更声称多尔衮平定中原的功绩实际上已超过了周公。②

由此可见,这些对汉人先王形象的不断"戏仿"正是遵循中国正统性的表现,维护"满洲特性"则不过是一种"治理"技术的权宜之举,是服从于建立新朝正统性需要而存在的,并不是立国的根本性要素。③

非汉人族群的统治对汉制的不断模仿,虽有大量史料佐证,但并不意味着其采纳的是清一色的汉人经验。尽管何炳棣曾大力赞扬唐代对外来文化的吸收,但在看待清朝历史时,他的"汉化论"却坚持

① 俞长城:《王霸辨》,《皇朝经世文编》卷7,《治体一》,《原治上》,《魏源全集》第13册,第277—280页。

② 参见戴福士:《走向另一个唐朝或周朝——顺治时期中原人的观点》,司徒琳主编:《世界时间与东亚时间中的明清变迁》(上卷)《从明到清时间的重塑》,北京:生活·读书·新知三联书店,2009年,第93—94页。

③ 欧立德就曾强调满人入关前采取了既维系金朝的祖宗之法又采纳汉地制度的双重策略,但他没有辨析这种做法其实含有"治理"与"正统性"的微妙差异,所以他才把属于"治理"层面的举措,误当做了满人立国的根本性因素加以强调。参见欧立德:《这将是谁人之天下——17世纪初叶满人对历史进程的描述》,载司徒琳主编:《世界时间与东亚时间中的明清变迁》(上卷)《从明到清时间的重塑》,第42—58页。

宋明以来以儒教为核心的正统论立场,基本上采取的是"宋学"的视角,是一种"文化主义"优先的策略考量。

"汉化论"没有意识到,在非内地的地区如北方蒙古及西北新疆、西藏地区,儒家教化往往难以深入其中。陈宏谋主政云南时曾经在非汉人区域力推义学和乡约,但最终结果大多仅能落实于少数苗人聚居区,难以向更多样的族群扩散,所以其在少数民族地区推广儒学教化的实验总的来说收效甚微。[①]清朝几乎有一半地区基本属于儒教化外之域,这早已是个不争的事实,"汉化论"对此现象的解释基本上无能为力,因为所有的"汉化论"研究处理的都是内地问题。[②]

与之相较,"内亚论"强调清朝对边疆的治理技术和功能,这点确实为宋明王朝所欠缺,因为宋明两朝的疆域远不如清朝广大,当然更谈不上有完善的边疆治理方案。然而"内亚论"却经常把"治理"技术等同于"统治",没有看到真正的统治是需要一种象征性体系加以支撑的,因为每个文化架构都需要一个神圣核心,高度统摄各类政治、文化和社会因素,这种核心被称之为"主导性虚构",包括文化观念、各种典范礼仪、宗教象征隐喻等等。这套程序正是历代王朝建立"正统性"的基本条件,清朝自然也不例外。[③]

林毓生也意识到了普遍王权(universal kingship)对中国传统文化和社会具有高度的整合性。它是一个根基已深的、为不分畛域的诸多相异思想学派所共同采纳的预设,中国的传统文明几乎没有摆脱这一预设的可能性。[④]普遍王权一旦瓦解就会导致社会—政治和文化—道德秩序的崩溃,人们的道德感就会变得迷惘、模糊以致难以致力于公民品德(civility)的培养,社会和道德反常现象风靡一时,人生不再有明确的目标。[⑤]五四时期全盘性反传统主义的崛起也与此有关。[⑥]"普遍王权"与"主导性虚构"的意思相当接近,都是要证明君主称号的拥有并不是单纯占据一种肉身性位置这般简单,而是具有凝聚社会文化道德意义的象征符号。

最近有学者提出回到"国家建构"理论去探讨清代的制度转型,从斯考切波"找回国家"到查尔斯·蒂利和福山的"国家建构"(State Building)设想,再到杜赞奇、李怀印最近的研究,都强调国家动员能力对社会资源的榨取与整合作用。[⑦]这是对近些年借助"公共领域"与市民社会理论,过度突出"地方自

---

① 罗威廉:《救世:陈宏谋与十八世纪中国的精英意识》,陈乃宣等译,北京:中国人民大学出版社,2013年,第597—606页。

② 中国学者目前比较多地讨论清朝君主是否认同中国的问题,也大多采用的是"内地"视角,比较早地观点可以参看何炳棣的论著,较近的代表性研究有郭成康:《清朝皇帝的中国观》,《清史研究》2005年第4期;黄兴涛:《清代满人的"中国认同"》,《清史研究》2011年第1期。

③ 新清史内部对此有明显的分歧。欧立德主要是从"族群"角度出发强调清朝的统治特性,柯娇燕则已经注意到了清朝统治的"主导性虚构"的特征,但她不是从"正统性"建立的角度加以论证,反而认为这些"主导性虚构"的所有内容都是被"建构"出来的,这点与我的观点略有不同。

④ 林毓生:《中国意识的危机:"五四"时期激烈的反传统主义》,贵阳:贵州人民出版社,1988年,第22页。

⑤ 林毓生:《中国意识的危机:"五四"时期激烈的反传统主义》,第29页。

⑥ 林毓生:《中国意识的危机:"五四"时期激烈的反传统主义》,第17页。

⑦ 参见刘文鹏:《回到国家建构:对清代历史研究中帝国主义路径的分析》,《史学理论研究》2017年第2期,最明显的例子是福山的近著直接用"国家构建"(state building)与"治理"(governance)联系起来做了书名。参见弗朗西斯·福山:《国家构建:21世纪的国家治理与世界秩序》,郭华译,北京:学林出版社,2017年。最近李怀印出版的新著也用了与"国家构建"相当的概念,参见 Huaiyin Li: The Making of the Modern Chinese State 1600-1950, Routledge,2019. 关于现代国家建设对基层资源的侵蚀和榨取在中国的表现,可参见杜赞奇:《文化、权力与国家:1900—1942年的华北农村》,王福明译,南京:江苏人民出版社,2003年。

治"作用的观点发起的一波挑战和反思热潮。

实际上,国家由上而下扩张的行政化速度不断加快的确是清代的一个总体特征,但是因为在"大一统"格局形成之后,清朝疆域版图呈现出的多元化样态使得传统国家治理技术一度出现力所未及的状况,地方自主空间借此机会确实有一定程度的延展。即如江南市镇自明代以来就有迅速增长的趋势,清代仍保持连续弥漫扩散的势头,其构成的基本网络与国家行政区划并不一定重叠一致,国家行政区划也无法完全把这种网络区域全部纳入治理系统,即是一个极好的证明。①故如何平衡地看待国家渗透和地方自主态势之间的关系仍是一个值得深思的课题。

孔飞力教授提出,应该把现代国家长期演进的"根本性议程"或"建制议程"(constitutional agenda)的发展放在中心讨论的位置。孔飞力想要回答的"根本性议程"是近代中国政治参与、政治竞争与国家建构的问题。②那么,在清朝统治的二百多年时间里,什么才是其"根本性议程"呢?我的看法是,如何处理好王权"正统性"的建立与国家"治理"之间的关系,才是清朝长期面临的最为根本性议题。而清朝初建之时,这种带有非汉人色彩的正统性与前朝的延续和区别到底是什么,则应成为思考的重中之重,对"治理"技术演变的探究须置于相对从属的地位。③

三、清朝"二元理政"模式对辽金体制的继承性

要想弄清楚清朝的"正统性"在哪些方面有别于前朝,就需要理解清廷采取的"正统"构造策略并非是基于宋明以来强调种族区分的"夷夏之辨"立场,故其"正统性"的风格就不可能仅仅呈现出儒教的单一色调,而是混搭融入了聚居于内地及周边疆域的少数族群思想意识和文化想象。换言之,清朝"正统性"并非是一元性的儒教体系所能概括,而是融合了不同族群的多样特征。

清朝"正统观"具有多元特性这一思路受到了辽金史研究"二元论"解释模式的启发。魏特夫和冯家升在《中国社会史·辽》一书中提出"征服王朝"(dynasties of connquest)的概念,质疑异族王朝不可避免地走向汉化(sinicization)这一传统命题,他们认为二元性(duanity)是辽朝(在不同程度上也是金、元、清三朝)政治、经济、社会、文化诸层面的一个共同特点,进而把辽朝定义为既不同于传统内亚部族文化,也不同于中原文化,而是融合二者的第三种文化(a third culture)。④

辽朝的"二元性"可以概括出以下几个特征:(1)辽朝控制的疆域大致可分为农耕和草原两大区域;(2)在借鉴汉地制度管理农耕地区的同时,契丹以部族为基础的政治军事组织也被保留了下来,形成了政治上的二元体制;(3)游牧经济与农业经济并存;(4)不论是契丹贵族还是平民都没有放弃传统的生活方式和宗教信仰,与王朝统治下的汉人社会区别明显。⑤

魏特夫总结出了中国社会的两种基本模式,第一类是在公元前3世纪首次出现的中华帝国模式,

① 王家范:《明清江南市镇结构及历史价值初探》,《明清江南史丛稿》,北京:生活·读书·新知三联书店,2018年,第3—24页。
② 孔飞力:《中国现代国家的起源》,陈兼、陈之宏译,北京:生活·读书·新知三联书店,2013年,第4页。
③ 杨念群:《如何诠释"正统性"才是理解清朝历史的关键》,《读书》2015年第12期。
④ 参见林鹄:《南望:辽前期政治史》,北京:生活·读书·新知三联书店,2018年,第2页。
⑤ 参见林鹄:《南望:辽前期政治史》,第13页。

由秦、汉、隋、唐、宋、明为代表;第二类出现在辽金元清四大"征服王朝"时期,其中存在着以辽朝为主的一种亚型(为草原游牧民族所征服),和以金朝为主的另一种类型(为农业民族所征服)。中国两千年的历史一半可以归入"典型"的中国模式,另一半则可以归入征服模式。秦汉隋唐这四个王朝代表"典型"帝制中国社会的早期和晚期正统模式,辽金两个王朝代表征服模式的两个主要亚型,即在文化上抵制的亚型(辽)和在文化上让步的亚型(金)。①

魏特夫反对直接延用汉族总是融化(absorb)游牧民族这个经典命题,而引入涵化(acculturation)概念,主张把涵化与同化(assimilation)区别开来。同化有时是涵化的一种形态,在涵化方面的所有例子中,也应当把涵化同传播分别开来,传播只是涵化过程的一个方面,因为两种文化的完全聚合(margin)仅仅是许多历史可能性中的一种。只要完全的社会融合(fusion)没有完成,文化上的差异就将继续存在。文化接触必须考虑"既有接受的特性又有排斥的特性",文化交流过程的结果,可能不是创造出一种新的均质的文化,而是并存着两种互相适应且生存于伴生关系中的文化,"融合的结果可能会产生与其父本(作为来源的)文化非常不同的结构",形成"第三文化"。②很显然,魏特夫更倾向于汉化过程并非是一种机械式的积累,本地文化与外来文化双方在接触后都会发生改变,在相互调整中产生出第三文化。这种文化保留了某些原来的成分,另一些成分则以新的面貌出现或完全消失。辽代的政治和军事组织,它的授职仪式等等,既不是传统的契丹式,也非传统的中国式,而是结合了两种文明的各种成分。

中国各征服王朝的文化交流是复杂的相互渗透过程,辽、金、元、清各朝对汉族文化成分的接受一直是有选择的。这些王朝是否成功——部分地重建他们建立王朝之前的文化——主要取决于各征服民族对汉人生活方式的抵制程度,一个"征服王朝"对中国文明的诱惑屈服得越少,它保存其以往部落传统就越多。同时魏特夫认为,游牧与农耕文明的对立是非汉人族群拒绝"汉化"的一个重要条件。他承认,融合最为成功的满洲人,是在征服中国的部族中最少具有游牧性的族群。③

关于农耕与游牧的"二元性"特征的划分,其实早在《礼记》中就有反映。《礼记》把是否"粒食"和是否火食看做是文明与野蛮的区分标志,粒食是指农耕民族的生活习惯,与游牧民族的生食肉类习俗截然不同。《礼记》中有一段话说得很明白:"东方曰夷,被发文身,有不火食者矣;南方曰蛮,雕题交趾,有不火食者矣;西方曰戎,被发衣皮,有不粒食者矣;北方曰狄,衣羽毛穴居,有不粒食者矣。"在这段话中出现了两个关键词,一个是"不火食",另一个是"不粒食","火食"意思是吃熟食,"粒食"是指吃稻谷米饭,标志着进入了农耕社会。"不火食"和"不粒食"说明蛮夷戎狄或者尚处于四处游牧的流荡状态,或者还处于刀耕火种的原始阶段,自然不配做农耕社会的正式居民。④

许倬云也认为,北方族系进入中国常采取二元的统治机制。他在《万古江河:中国历史文化的转

---

① 魏特夫:《中国社会史·辽(907—1125)·总论》,王承礼编:《辽金契丹女真史译文集》,吉林文史出版社,1990年,第44页。以"农耕"和"游牧"两种生产形态区分夷夏之别的看法一直被一些当代学者所继承,最近的例子可以参见韦兵:《完整的天下经验:宋辽夏金元之间的互动》,北京:北京师范大学出版社,2019年,第21—34页。

② 魏特夫:《中国社会史·辽(907—1125)·总论》,王承礼编:《辽金契丹女真史译文集》,第9页。

③ 魏特夫:《中国社会史·辽(907—1125)·总论》,王承礼编:《辽金契丹女真史译文集》,第25—26页。

④ 郑玄注,孔颖达疏:《礼记疏》卷12,清嘉庆二十年南昌府学重刊宋本十三经注疏本。

折与开展》中有两节涉及清帝国的性质,即《北方族系进入中国常有二元的统治机制》和《清帝国的行政系统是双轨制》,但许倬云只是从行政体制上看出清朝统治具有二元体制的迹象,实际情况却远为复杂。①

姚大力基本上延袭了魏特夫的划分方法。他认为中国历史上本来就存在着两种国家建构模式,一种是内儒外法的专制君主官僚制,另一种则是以辽、金、元、清等政权为代表的内亚"边疆"帝国体制,"中国"最终就是在这两种国家建构模式反复撞击与整合的过程之中形成的。②但姚大力的问题是把辽元清的制度混为一谈,忽略了三者之间仍然存在着巨大差异,清代渗入汉地进行控制的程度显然要远高于辽金元时期,满人的统治形态基本上已非辽代的二元体制所能概括和描述,而是一种更为复杂多样的历史构成状态,不妨看做是辽金元二元体制的升级版。

辽朝和清朝的区别具体体现在,首先辽朝并没有全部占领汉人统治的核心区域如江南地区,南北两个政权长期对峙,宋朝所具有的文化正统性显然具有压倒性优势。清朝则是实现了大一统格局,不但必须肩负起传承汉人正统的使命,而且因为其实际控制的疆域达到了有史以来最为辽阔的程度,故对其统治区域呈现出的复杂特点并非以农耕和游牧的二元对立性就能全面加以把握和描述。

叶高树则从"政治文化"的角度看待清朝的"二元体制",他认为,在研究方法方面,长期以来,史学界探讨满洲君主统治中国的切入点,基本上可以概括为"征服王朝"与"汉化"模式两大主流。"征服王朝"理论凸显出征服者的自我意识,"汉化"观点则坚持外族统治下汉文化价值的主导作用,这两种观点各有侧重。可尝试将之视为问题的一体两面。对于以"异族"身份统治中国的满人而言,保持本民族特色与学习接纳汉文化并无矛盾之处,因为政策的主导权始终操控在统治者之手,清朝统治政策实兼具本民族意识的"征服政权"特征,以及汉文化内涵。

如果仔细观察清朝前期历史发展的趋势就会发现,时间越往后,"中原政权"的特征似乎越为明显。就统治政策的制定而言,自始至终"征服政权"的特征并未有所减弱。满洲统治者特别注重汲取历史经验,他们一方面从辽金元三朝的征服历史中寻求统治中原的借镜,另一方面则在汉人王朝的历史传统中,探索长治久安之道。这种两者交互为用的统治意识,则非以单向思考为主轴的"汉化"观点,或是着重二元并立的"征服王朝"理论所能完全涵盖。唯有将"征服王朝"政权与"中原政权"两大特征结合,视为两者同时呈现,并因实际需要随时调整其策略运用,再用以检视若干政策的拟定与执行,对于清朝前期文化政策的研究,始能另有一番新的诠释。③

从实际而言,"二元理政"体制并非是非汉族群的发明,秦汉实现了中央集权以后,多数王朝的主体制度开始转为郡县制,但宗藩体制仍以羁縻的形式被保留了下来,构成了"二元统治"格局。其中最重要的变化就是,宗藩制度中藩的主体和重点由同姓(或异姓同族)诸侯转变为"异族"统治者。这样一来,秦汉以内地宣示文德为核心抚绥四夷的框架就成型了。④古代中国一直有"藩汉"并举的传统,

① 许倬云:《万古江河:中国历史文化的转折与开展》,上海:上海文艺出版社,2006年,第261—263页。
② 姚大力:《追寻"我们"的根源:中国历史上的民族与国家意识》,北京:生活·读书·新知三联书店,2018年,第155页。
③ 叶高树:《清朝前期的文化政策》,新北:稻乡出版社,2002年,第14页。
④ 张永江:《清代藩部研究:以政治变迁为中心》,哈尔滨:黑龙江教育出版社,2014年,第9页。

到唐代尤其如此①,这种"二元制度"包含着农耕—游牧之异,也蕴含郡县—羁縻之别,更有封建—郡县的二元构想在起作用。

费孝通还有一个发现,中华民族之所以形成多元一体的格局,其中一个重要原因是汉族与少数族群在不少地方的聚居呈现出的是一种"马赛克式"的交错混居状态,或者说是一种穿插式的分布。②这种混合型分布格局并不适宜套用西方人类学族群界线分明的理论去进行解释。

自秦朝实行编户齐民政策以来,各个朝代都希望在尽量扩张疆域的情况下做到赋税制度统一,并尽可能延伸到非汉族的地区,这才是"大一统"格局的本义,但具体实行起来却困难重重,很难按照预先构想顺利推进。特别是到了宋朝,汉人被非汉人族群不断逼压,被迫退入南方地带。只好以"夷夏之辨"的思维构建起与北方王朝对峙的严格壁垒。从疆域划分上看双方的对峙构成了南北区隔的二元格局。明代更是基本沿袭了宋朝的地理区划,疆土治理体制分军事(卫所)和行政(州县)两大板块,分别隶属于行政系统即六部—布政使司—府—州—县,军事系统即五军都督府—都指挥使司—卫所两大体系。这也是一个鲜明的二元体制治理框架。虽然这两套系统可以相互转化,但长期在耕地和户口管理上各不统属,相互独立。这种二元设计一方面对外采取的是以长城为界,把农耕区域与游牧区域隔绝开来的做法,继承了宋代夷夏之间严辨界线的意识,对内则采取军事行政二分结构,基本目的还是想通过严格区分南北族群以标榜汉文化的优越感。③

清代入关之后基本废弃了以长城为界区分夷夏族群的明代思路,由明朝构筑起的边疆防御体系已完全丧失了军事功能,甚至在长城周边形成了新的贸易交流地带。满人与汉人的异质性使得清朝君主必须兼具一种全新的双重统治能力,其表现出的二元性特征比辽代更加繁复多样,远非相对简单的农耕—游牧对立模式所能解释。清朝统治的二元性特征在诸多方面均有表现:如充满张力的议政王大臣会议与皇权体制,清帝身兼"世俗君主""转轮王""文殊菩萨"等多重形象,八旗制度与内地行政体系的二元分野,满人八旗与汉人绿营之别,打破了辽代"捺钵"游牧体制的"宫廷—园林"二元理政模式,满汉官员地位的差异,满洲祭礼与汉人祭礼的对立与兼容,以及遍布北京城内的佛寺道观与喇嘛庙的交融互渗格局等等,都是"二元体制"发生作用的例子。④

清朝实现的"大一统"格局不是单一民族体制下的统一,而是多民族凝聚而成的共同体。因以"异族"身份进行统治,清帝摒除了宋明以来基于夷夏之辨的民族划分模式,不以种族隔离对峙为思考导

---

① 费孝通:《中华民族多元一体格局》,北京:中央民族大学出版社,1999年,第54页。

② 费孝通:《中华民族多元一体格局》,第30页。

③ 顾诚:《明帝国的疆土管理体制》,《隐匿的疆土:卫所制度与明帝国》,北京:光明日报出版社,2012年,第48—71页。有学者也发现,明代东南沿海卫所虽坐落在各府州县之内,却并不隶属于民政系统,而是受另一套体制的约束。参见宋怡明:《被统治的艺术》,钟逸明译,北京:中国华侨出版社,2019年,第114页。

④ 实际上,新清史学者在讨论清朝性质时强调"内亚"的重要性,其实也包含着把清朝统治看做是"二元体制"的倾向。如直接以"新清帝国史"命名的论文集里,许多文章都在讨论"二元统治"的问题。参见 James A. Millward, Ruth W. Dunnell, Mark. C. ELLiott and Philippe Foret, *New Qing Imperial History*, *The Making of Inner Asian Empire at Qing Chengde*, London and New York: Routledge Curzon, 2004. 也有学者发现,俄罗斯在与奥斯曼帝国的竞争冲突中,俄国沙皇一方面强调自己是罗马恺撒传统的继承者,是东南欧东正教徒的保护者,但在非俄罗斯民族地区,宗教使命就会让位于保持该地的传统与多样性,俄皇一方面推行"俄化"政策,在西伯利亚地区却同时采取放任政策,仅仅要求其象征性进贡皮毛等物产,扩张疆域的目标优先于汲取人力和税赋。参见尹钛:《帝国与多样性的治理》,《读书》2019年第2期。

向,力求包容多民族于同一空间之中。意图实现疆域"一元"之下的文化"多元"。不同习俗文化的差异性与政治疆域的一统性被有效结合了起来。[1]

问题在于,以上对清朝二元体制沿革脉络的梳理,仍然侧重于"治理"观察的角度,关注的是清廷在行政管理技术层面的种种设计与实施经验。须知一个王朝从建立到维持统治的深层秘诀,远非罗列"治理"层面的种种业绩就能有效说明,尤其是清朝这个融汇了不同族群和异质文化,实际占有和控制历史上最广大疆域的王朝,其统治的密码就更加难以被轻易破解。

四、清朝"正统"的多元特性是如何形成的

前文已提及,要想真正理解清朝统治的独特性,就必须仔细辨析"统治"与"治理"之间的差异,特别需要把"统治"的内涵置于"正统性"的框架之内予以观察,而不能仅仅从"治理"的技术层面进行解释。清朝统治的广大疆域包括内地和藩部两个地区,其"正统性"也不可能仅仅依赖内地单一的儒教信条加以维系,而必须充分顾及藩部领袖与民众的信仰态度和生活习惯。

"汉化论"与"内亚论"各持己见争执不下的一个重要原因是,何炳棣虽然明白指出了满族对创造一个包括满、汉、蒙古、藏及西南诸省土著民族的帝国所作出的杰出贡献,但他并没有辨明,这种统治与以往朝代究竟有何不同,反而更加突出强调"满族之所以能在很大程度上取得成功,就在于其运用了汉族传统的政策和制度,他们和非汉民族的联系,也许与唐朝以来汉族统治的传统观念有所不符,但这并不意味着他们统治政策的核心不是依据汉族的政治原则"。[2]"内亚论"则坚持满人拥有自己的民族特性,与汉人文明相互异质不可兼容。双方各执一辞,互不相让,其实各有道理又各具偏狭性。我们不妨换个思路,尝试把双方的分歧化解并统一到一个新的诠释框架之内。

我提出的一个整合性解释是,清朝建立起了有别于前朝的"正统"多元特性。所谓"正统"多元特性是指,一方面清朝继续沿袭内地儒学传承的历史谱系,主张尊崇宋明儒学的思想遗产,对理学教义大加推崇;与此同时,清廷通过在蒙藏地区汲取藏传佛教信仰,确立起了与儒教正统思想相互兼容的新型"正统观"。

在深入讨论这个问题之前,我们需要搞明白到底什么是"正统"。据饶宗颐的概括,"正统理论之精髓,在于阐释如何始可以承统,又如何方可谓之'正'之真理"。[3]用现代语言表述,一个皇帝如果想拥有"正统"就必须具备两个条件,一是权力的来源要非常明确;二是权力的使用要具备足够的德性,有时还需要蒙上一层神秘色彩。第一点表明,历代皇帝需要想方设法验证自己是"承天受命",不是随随便便获得了权威,另外必须证明自己建立的政权具有推行道德意识形态的足够能力,这往往由当时的士大夫阶层确定基调,他们拥有裁量评判君主是否拥有德性的权威,这种权威的获得经常被冠以

① 马戎认为中国几千年来在处理族群关系中具有把族群问题"文化化"的传统,但是近代在新的历史条件下开始吸收欧洲把民族问题"政治化"和制度化的做法。因此,如何处理好"文化多元"与"政治一体"的关系成为一个重要课题。参见马戎:《理解民族关系的新思路:少数族群问题的"去政治化"》,《北京大学学报》2004年第6期。

② 何炳棣:《捍卫汉化:驳罗友枝〈再观清代〉》,《清朝的国家认同:"新清史"研究与争鸣》,第21页。

③ 饶宗颐:《中国史学上之正统论》,上海:上海远东出版社,1996年,第76页。

"道统"之名。

毫无疑问,这套"正统"规则是由宋明以后的儒生制定和主导的,他们逐渐获得了对君主举止言行是否具有正当性的道德监控权。但是这套规则并不适用于汉唐时期的君臣关系,因为在这两个朝代中,儒学并非君王接受的主流思想体系。汉唐君主承接天命时大多信奉阴阳五行的循环预言,服膺于谶纬制造的迷思,那仍是术数预言横行无忌的时代,权力的使用经常不受道德感的约束,直到宋代才开始逐渐进入宗教"去魅"的阶段。①因此,士人真正以道德规条频繁训导帝王应该是从北宋以后才开始的,特别是君主受到儒家"格君心"的启示,个人道德水准的高低变成了衡量其权威是否具有"正统性"的重要标尺。然而这种以道德内省为支柱的儒家正统观只能适用于汉人聚居之地。在此特别需要强调的是,儒家"道统观"的建立与"夷夏之辨"思想重新被激活和强化密不可分,这就意味着宋代"正统观"是建立在排斥非汉人族群的极端心态基础之上的。

与之相对应的是,这套"正统观"被确立的同时,也是汉人政权军事征伐能力最弱、疆域控制范围最为偏狭单薄的时期。这就导致宋代"正统观"的建立往往是以标识汉人文化的优越与非汉人族群的野蛮为前提,两者处于非此即彼的二元对立状态。这套"正统"标准适合于宋明,但显然不适合元清。理由是,元清两朝恰恰是非汉人族群入主中国,如果单纯延续宋明的"正统观",无异于把自己割裂出祖先的文化传承谱系之外,失去了立足的根基。与此同时,元清两朝在疆域拓展方面先后实现了"大一统"局面,与宋明君臣严守夷夏区隔的思路完全不同,清朝必须顾及非汉人族群的文化传统和现实利益。其基本预设是,清朝占有了比明朝几乎大一倍的领土,居住于这片土地上的族群多元纷呈,绝非用一种儒家人文化的"道统"所能同化了事。边疆广大地区的民众更容易接受相对神秘的宗教信仰,并在其规范之下从事日常活动,这也是"汉化论"无法具备足够说服力的地方。清朝有别于宋明之处乃是在于必须建立起一个截然不同于宋明王朝体系的"正统观",特别是要满足普通民众对神秘信仰的祈求,才能获得非汉人族群对清朝皇权的认同,否则无论在思想上还是在实践上都难以真正实现"大一统"的目标。清朝帝王基于如此考虑,才在原有以儒教思想为主导的"正统观"之中斟酌融入了藏传佛教的价值体系,这套体系可以克服宋明以来儒教"正统"缺乏神秘威慑力的弱点,以满足对非汉人区域的统治需要,对清朝皇家的新型正统观也是一个有力的补充。清朝统治者对藏传佛教的态度,不能简单地归结为尊崇和笼络,而应从重建"正统观"的角度予以认识,因为尊崇和笼络只是就"治理"层面而言,而若从清朝建立"正统观"的角度加以理解,其统治性质却远为复杂。

新清史的某些学者对清帝统治藩部策略的特殊性已经有所察觉。他们提出清朝皇帝拥有多个面孔,每张面孔都分别昭示着不同的权力内涵,扮演着迥异于宋明帝王的政治文化角色。柯娇燕就发现清朝皇帝通过"转轮圣王"信仰,与喇嘛共同负责将佛祖的意志传达给世人,皇帝本人则犹如"圣王"转世,地位居于喇嘛之上。据此柯娇燕提出了清代普世皇权具有"共主性"(Simultaneities)的观点。在柯娇燕看来,各种类型的统治方式在不同的地域空间和价值体系中发挥着不一样的作用,同时也勾勒出清代帝制在历时性方面的重叠性。那么共主皇权模式的运用,或许能帮助我们避免错误的二分法和

---

① 参见孙英刚:《神文时代:谶纬、术数与中古政治研究》,上海:上海古籍出版社,2015年。

矛盾对立看法。[①]

中国某些学者则批评柯娇燕建构清帝的"共主性"并未能证明清朝拥有独特的内亚性质。沈卫荣就指出，自元朝直到明代，藏传佛教一直受到皇家尊崇，作为少数民族的元代皇帝自不用说，即使是明代的汉人皇帝如明成祖也是一位虔诚的藏传佛教徒，他在位时不但来自西藏的大量喇嘛被封为法王、国师和西天佛子等各种头衔，更有数千西藏喇嘛长期居京传道。最为重要的是，清朝皇帝拥有"文殊菩萨"称号并不能给予其"中国汉地皇帝"以外更多的政治意义，甚至反而把它的统治地域限定在了汉地，因为西藏和蒙古分别是观音和金刚手菩萨的化土，不属于文殊菩萨管领的范围。从宗教意义上说，观音菩萨或者金刚手菩萨的化土与文殊菩萨的化土并无高下之分，推崇大清皇帝为文殊菩萨化身，表明的更可能是藏传佛教徒们想在西藏、蒙古与大清之间建立一种平等地位的美好愿望。"由是观之，把大清皇帝推为'菩萨皇帝'显然不可能如'新清史'家们所期待的那样，是藏传佛教徒专门为乾隆皇帝创造出来的一套'帝国意识形态'，并以此作为他统治一个巨大的内亚帝国的一种方便。"[②]

钟焓更是认为，清朝君主被认定成"文殊菩萨"和"转轮王"只具有私人崇拜的性质，或者纯出于安抚藏区信仰的需要才坦然接受，他们并不刻意在公开场合宣扬这一私密性身份，只是在宫廷的隐秘场所求道修法。那些《清高宗文殊化身图》之类的画像也在相当有限的空间公开悬挂展示。钟焓特别指出，在观察清朝君主名称的多元性时，有必要先分辨清楚哪些是属于其主动的"自称"，哪些则仅仅属于对"他称"的一种接受，尤其应该关注那些"他称"性称呼究竟是在何种具体的政治语境中才得到使用。在目前所见的朝廷致藏区黄教高层及地方统治者的敕谕中，清朝君主通常均只自称为皇帝，并不加上"文殊菩萨"或"转轮王"的名号。唯独西藏地方政府有时在收到敕谕并将旨意向下转述传达时，才相应补上这类称衔，这表明清朝君主完全清楚相关名号存在着"自称"与"他称"之别，故在原旨的"自称"场合时使用皇帝称号，但并不禁止对方添加这类"他称"名号。[③]

那么，清朝对边疆的统治到底只是限于一种技术性的治理考量，还是具有一套坚实的"正统性"思维呢？我想争论的双方都各有道理，但仍然各持一端，需要提出一种超越二元对立的视角。我的看法是，要理解清朝皇权到底构建的是照搬前朝的单一"正统性"，还是基于边疆统治需要另起炉灶发明了另外一种"正统性"，我们仍需回到"正统性"的定义重新加以思考。

饶宗颐强调，"正统观"的精髓一是"承统"，二是"德性"。而"承统"又需从王朝占有的实际疆域范围大小进行甄别确认。在我看来，皇权要真正拥有"正统性"还必须具备两个要素，一是必须具有"承

① 柯娇燕：《中国皇权的多维性》，刘凤云、刘文鹏编：《清朝的国家认同："新清史"研究与争鸣》，第68—69页。柯娇燕在另一篇题为《比较视野下清朝皇权的多维性》文章中，更是把清朝皇权置于与奥斯曼帝国和俄国的"共主性"的框架下进行比较研究，参见陈恒主编：《新史学》第16辑《前近代清朝与奥斯曼帝国的比较研究》，第151—158页。柯娇燕把这种"共主性"看做是建构合法王统（Legitimacy）的依据。具体论述参见 Pamela Crossley, *A Translucent Mirror: History and Identity in Qing Imperial Ideology*, Berkeley: University of California press 1999, pp.232-236. 柯娇燕的观点得到了一些学者的赞同，何伟亚在《怀柔远人：马嘎尔尼使华的中英礼仪冲突》的第二章标题就是用了"多主制：清帝国、满族统治权及各领土之间的关系"，社会科学文献出版社，2002年。关于清帝形象的多维性讨论，参见安子昂：《藏传佛教与清朝国家关系研究的回望与反思》第五节《清帝宗教形象的多维度解读》，达力扎布主编：《中国边疆民族研究》第十辑，北京：中央民族大学出版社，2017年，第249—250页。

② 沈卫荣：《大元史与新清史：以元代和清代西藏和藏传佛教研究为中心》，第233—242页。

③ 钟焓：《清朝史的基本特征再探究：以对北美"新清史"观点的反思为中心》，北京：中央民族大学出版社，2018年，第149—150页。

天受命"的资格,二是必须因具有道德而深得"民心"。在疆域面积的拥有上明清两朝的差异不言自明,明代奉行"夷夏"分离的策略,故对汉人居住区的统治几乎成为其全部施政的基础,对此之外的区域并不特别关注或者根本无力顾及。所以其建立"正统性"的核心思想自然源于宋代的"道统观",要求皇权拥有足够的神圣性和由此延伸出的道德治理能力。可是清朝皇帝的处境则完全不同,他常常要对广大非汉族疆域实施有效统治,故必须尽最大努力兼顾内地与边疆的政治社会与文化特点,建立起包容不同族群文化的正统观念。他的任何举动都带有"承统"的意义和性质,不可能仅仅拘囿于私人范围的个人兴趣,这是帝王与普通宗教信仰者的最大区别之所在。从帝王的角度观察,对私人与公共事务的安排不可能不分主次,在大多数情况下清帝对公共仪式的重视程度肯定会高于私人的兴趣爱好。

清帝要真正建立起异于前朝的"正统性"就不能仅仅强调拥有比前朝更广大的疆土,因为这只是涉及到了"大一统"观念中地域"大统一"这个层面,还须开掘"正统性"的核心内蕴,即必须在"承天受命"的能力和资格方面大做文章。同时因为清朝占有了远比明朝更为广阔的空间,所以其"正统性"的建构显然不能拘限于内地儒教的"道统"资源,而必须兼顾广大少数族群地区的"天命"传统和民众信仰,这才是清朝"正统性"往往呈现出多元样态的主导原因。

要明晰此理,我们首先须检视一下除儒学"道统"外,还有什么样的思想观念和制度传承能够被当做清朝建构"正统性"的来源。首先看萨满教的情况,萨满教是满人入关前信奉的宗教,入关后清帝也确有把萨满教纳入正统建构框架的意图,但几经波折后并未成功。其失败原因乃是在于,满人对"承天受命"中的"天"的理解与汉人相比有很大差异。罗友枝就发现,在满族的传奇故事中,"天"最初没有形状,"天"最早的化身是形态像柳树的孕妇。满人崇拜柳树是因为它代表着丰产,人则来源于生生不息的柳树。[1]这是一种比较原始的神祇崇拜。

努尔哈赤在早期的作战行动中祈求萨满神的保护,并创造了一套国家礼仪,却仍未摆脱视"天"为"神"的粗陋观念,正是因为满人的萨满教信仰和祭礼源于民间宗教,崇拜对象往往天、佛与神混而不分,祭祀礼仪无法统一,所以崇德称帝后开始规范祭仪,并引入太庙祭天仪轨和祭孔典礼,这使得清朝皇帝曾经举行的堂子、祭神等满洲核心礼仪受到儒教典雅之礼的冲击,被迫走上了规范化之途。故崇德朝新定天坛祭天、太庙、福陵祭仪时,礼仪风格均向汉制靠拢,顺治朝更是延袭明代嘉靖祭礼体系。乾隆朝始纂《钦定满洲祭神祭天典礼》,但典礼中所记述的萨满仪式仍近于巫觋之术,不脱民间宗教形态,难登大雅之堂,无法与明朝祭祀礼仪的庄严肃敬相比。由于明朝祭礼规范的不断介入,满洲祭礼相应收缩,仅限于堂子祭祀、坤宁宫祭祀、军礼中的祭纛与拜天,其中以堂子与坤宁宫祭祀所保留的满洲民俗、宗教色彩最为浓厚,始终无法彻底与汉族的"五礼"体系融合,最终形成国家礼制格局中满汉祭礼彼此独立而又并行不悖的独特局面。[2]

最为重要的是,满洲祭礼所残留的民俗色彩与民间宗教特征,无法使其成为构建清朝"正统性"的

① 罗友枝:《清代宫廷社会史》,周卫平译,北京:中国人民大学出版社,2009年,第285页。
② 吴恩荣:《国家礼制视域下的清代满洲祭礼之源起与流变》,《清史研究》2019年第3期。

有效资源,只能成为维系满洲族群身份认同的一种文化符号。因为清朝皇帝自诩其承天护佑的程度远迈汉唐,其"正统性"的构造也必须与皇家的高贵地位相符,与天沟通的能力不可能人人得而有之。但萨满教祭礼具有全族性和平等性的特征,人人皆可祭神,属于一种全民性的仪式,非皇家所专有,在程序设计上也缺乏皇家专享的典雅风范,如满洲祭天却不祭地,祭天场所的选择常常多元而又随性,可以在堂子,也可以在坤宁宫举行,甚至允许在自家院内立神杆致祭。这些原始习惯必然导致仪式举行过于频繁而失之于渎,祭祀者不论贵贱,行礼过于民俗化,又往往失之于亵,无法像汉家礼仪那样彰显皇权至尊和官民之间的等级差异,更无法与帝制政体的要求合理接榫。①这就决定了清帝只能将萨满教作为维系满人自我认同的残留仪轨,而无法升格为"正统性"构建的组成要素,至多勉强可以当做帝国"治理"体系的一个组成部分。正因如此,在修纂皇家典礼文献时,满洲祭礼往往会被降格处理,如乾隆《大清通礼》就并未收录满洲祭礼,编修各种会典及则例、事例时,满洲祭礼也被置于内务府掌仪司下,而非礼部祠祭司。乾隆帝也有意把满洲祭礼附会汉礼,如再次确定凯旋致祭堂子典礼时,将堂子与古礼相附会,甚至有大臣附和说"堂子"相当于"古明堂会祀群神之制",想以此提高其正统性地位,但均未见成功。②由此证明,萨满教基本无缘于清朝"正统性"的构建。

清朝对回疆伊斯兰教的政策与对萨满教略有区别,但最终亦无法把其收编进"正统性"的体系构造之中。"回教"上层不单掌握教权,而且拥有政治权力,根据回疆旧例,寺院组织还有征收土地税和什一税的权利,并具有世袭这种财产的封建领主性质。清朝君主为了避免因干涉"回人"信仰而引起反感和抗争,对其宗教生活采取放任态度,回人甚至把宣扬"回教"有功的君主和宗教领袖奉为圣人,把他们的坟墓当做圣地来参拜尊崇,清廷对此特意加以保护。③清朝对可兰经中所规定的教法权威均十分尊重,然而这些谨慎的举措并未得到宗教领袖的回报,他们并没有如藏地领袖那样让渡出部分宗教权力,清帝也从未从伊斯兰教那里获得过类似于"转轮王""文殊菩萨"这样的宗教头衔。前人已指出,唯一因宗教原因无法为清朝君主提供一套统治合法性话语的就是穆斯林族群。罗友枝引傅礼初的观点称,伊斯兰教的世界观"挑战帝国秩序的基础——皇帝的终极权威",由于伊斯兰教不允许异教徒充当信仰的庇护者,所以"异教徒的统治只能被暂时接受"。④至于清帝包容维吾尔人和其他穆斯林的行为如允许使用回历,允许穆斯林蓄发留辫,穆斯林与汉人之间的某些案件亦曾经一度遵循回例予以解决等等举措,⑤实际上均停留在"治理"层面,却始终无法使伊斯兰教融入清朝的主流思想体系,成为建构"正统性"的依据。

---

① 吴恩荣:《国家礼制视域下的清代满洲祭礼之源起与流变》,《清史研究》2019年第3期。

② 有学者总结说,满洲祭礼作为一种源自民间民俗与宗教的仪式,从汉礼的视角来看,不论是仪式还是礼义都有局限,要成为庙堂雅礼,存在不可逾越的障碍。正是这些局限性,使得满洲祭礼并不适合清朝入关后大一统政治的需要,才逐渐支流化、弱势化,最终沦为附属。清中后期将其纳入"五礼"体系的努力正是满洲祭礼这种尴尬处境的折射,以避免其进一步被边缘化的历史宿命。吴恩荣:《国家礼制视域下的清代满洲祭礼之源起与流变》,《清史研究》2019年第3期。

③ 日本东亚研究所编:《异民族统治中国史》,韩润棠等译,北京:商务印书馆,1963年,第281页。

④ 罗友枝:《清代宫廷社会史》,第246页。

⑤ 关于信奉伊斯兰教族群在使用法律方面与内地民众的差异,参看贾建飞:《回例与乾隆时期回疆的刑案审判》,《清史研究》2019年第3期。

五、藏传佛教何以能成为建构"正统性"的资源

与萨满教和伊斯兰教无法完全见容于"正统性"构造相比,清朝统治者对待藏传佛教的态度却又呈现出了另一番景象。清帝常常在不同场合对藏传佛教有所议论,有时态度同一,有时又彰显出矛盾,极易引起后人的疑虑猜想,怀疑其是否对藏传佛教抱有真诚信仰,抑或仅仅是一种政治作秀? 其实对于清帝所扮演的角色而言,这根本不成问题,在各种不同场合,他常常会频繁展露出自己的多重面貌,有时偏于从"治理"角度对待喇嘛教,有时又明确把喇嘛教当做"正统性"的构建要素予以弘扬。作为个体,他无妨扮成一名虔诚的信徒,同时由于其特殊身份和地位,他又必须把宗教信仰当做实现政治目标的功利手段,这不但是帝国政治生活中的重要内容,也是一名皇帝实施有效统治的必修课。由于中国传统社会并非采取基于某一宗教的政教合一的皇权统治模式,皇帝个人信仰与帝国政治行为之间往往存在着诸多差异性,如何处理好两者的关系,关乎大清朝的稳定与统一。[1]因此皇帝的宗教信仰绝不可能仅仅停留在私人趣味的范围之内。

当然,从当时遗留下来的文字分析,清朝君主视喇嘛教为"驭藩之具"的言论可谓不胜枚举,如雍正帝就说得很明确:"广布黄教,宣讲经典,使番夷僧俗崇法慕义,亿万斯年,永跻仁寿之域,则以佐助王化,实有裨益。"[2]另一通碑文也说:"使为善者知劝,作恶者思惩,与作善降祥、不善降殃之理,默然相符合。所以易俗移风,裨助于王化,为益洪矣。"[3]这几段话都显露出利用黄教治理地方社会的用意。康熙帝也表示希望利用喇嘛教"以慈悲销杀伐,以因果导犷狠",最终达到"以黄教柔顺蒙古"的目的。[4]

还有一些证据表明清帝想借助儒家经典阐述佛理"于治化不为无助"的道理。如《大慈观音寺碑》说:"盖佛氏之支流,开示迷途,因俗利导,于治化不为无助。《书》曰:'惠迪吉,从逆凶,惟影响。'"[5]乾隆帝更把崇尚黄教的"治理"目的揭示得非常明确,他说:"然予之所以为此者,非惟阐扬黄教之谓,盖以绥靖荒服,柔怀远人,俾之长享乐利,永永无极。"[6]

不过我们如果仅从疆域"治理"这个单一角度去理解清朝对待藏传佛教的态度就未免过于简单化了。大量文献揭示,清帝对藏传佛教的襄助,带有更为深远的政治目的,与建立藩部正统性的考量密切相关。例如道光帝敕封十一世达赖喇嘛的金册中表面上使用的还是汉地正统的提法,如其中说"期一道以同风,冀九垓之遍德",但其本意并非要求藏地奉行儒家教义,而是希望"其有能通上乘,继阐正宗,使诸部愚蒙悉资开悟者,宜加懋奖"。这里所说的"正宗"显然指的是喇嘛教一脉,意思是指藏传佛教可与儒教并存,成为教化蒙藏民众的"正统"思想。[7]

清帝虽然放任达赖喇嘛等宗教领袖去开悟民众,但教化颁布的宗主却是清帝,边疆地区的宗教领

① 罗文华:《龙袍与袈裟:清宫藏传佛教文化考察》,北京:紫禁城出版社,2005年,第7页。

②《惠远庙碑文》,张羽新:《清政府与喇嘛教·附清代喇嘛教碑刻》,拉萨:西藏人民出版社,1988年,第81页。

③《敕赐广惠寺碑文》,张羽新:《清政府与喇嘛教·附清代喇嘛教碑刻》,第320页。

④《圣武记》卷12,《魏源全集》第3册,第517页。

⑤《大慈观音寺碑》,张羽新:《清政府与喇嘛教·附清代喇嘛教碑刻》,第322页。

⑥《安远庙瞻礼书事》,张羽新:《清政府与喇嘛教·附清代喇嘛教碑刻》,第413页。

⑦ 孟保、海朴等:《西藏奏疏》卷2,清道光刻本。

袖不过是清帝在藩部实施教化的执行人。这点在雍正五年(1727)敕封哲布尊丹巴的谕旨中说得再清楚不过:"朕为普天维持宣扬教化之宗主,而释教又无分于内外东西,随处皆可以阐扬。"①清帝自己才是真正的教义宗主,各地喇嘛不过是推行教化的实施者,甚至达赖和班禅这样的藏地政教领袖虽然在当地拥有至高的宗教身份,在皇帝眼里亦只不过是其贯彻"正统性"原则的一枚棋子而已。

我们从清廷接待达赖喇嘛礼仪规格由高走低的历史演变就可看出清帝对藏传佛教领袖地位认知的变化。当顺治帝第一次接待远道而来的五世达赖喇嘛时,最初制定的迎宾规格还是相当高的,顺治帝本拟亲自出京迎接,受到大臣谏阻,他们认为皇上为天下国家之主,不当亲迎喇嘛,最终特遣和硕承泽亲王及内大臣代迎。②顺治帝则改为前往北京南苑候迎。五世达赖喇嘛自传《云裳》记载:"我下马步行,皇帝由御座起身相迎十步,握住我的手通过通事问安。之后,皇帝在齐腰高的御座上落座,令我在距他仅一度远,稍低于御座的座位上落座。赐茶时,谕令我先饮,我奏称不敢造次,遂同饮。如此,礼遇甚厚。"③清宫档案中的记载与达赖的自述基本一致:"上由御座起行数步与达赖握手问候。后,上复登御座,侧设达赖座。奉温谕令登座吃茶,询起居。"④可见达赖的地位还是颇受尊重的。

清廷此后与达赖和班禅的交往,接待规格逐渐降低。乾隆帝曾严格规定督抚大员及地方官吏对待达赖班禅的礼仪在公共空间和私人场所应有所区别。乾隆四十四年(1779),六世班禅前来北京向乾隆帝祝寿,当他过境甘肃时,乾隆帝特发谕旨,强调地方官员不得在公开场合跪拜班禅,谕旨称:"不但督抚及道府大员不宜叩拜,即下至文武佐杂微员亦不可跪迎。若伊等有敬奉喇嘛之人,至其寓所相见,私向跪叩,原所不禁,朕亦并置不问。并于召见时谆谕及之,令其转传各督抚,一体遵照。"并申斥陕甘总督勒尔谨在奏折里声称要叩见班禅,指责勒尔谨:"身为总督,举动系通省观瞻。若令所属总督尚且叩见,必致效尤滋甚,成何体统。不几如元代之厚待喇嘛乎!"重申"至臣工之敬奉喇嘛,原不禁止,亦不便预闻。总之,私向跪拜,固无不可,若明目张胆为之,且以形之奏牍,则断不可"。⑤乾隆帝谕旨表达的动机很清楚,那就是不想让清朝君臣如元朝君主一样屈从于藏传佛教领袖的控制。

从史料上看,至乾隆时期,六世班禅觐见清帝的礼仪规格与顺治时相比已经发生了很大变化,其受尊崇程度明显降低。乾隆四十五年七月二十一日,班禅在避暑山庄觐见乾隆帝时,史称:"于澹泊敬诚殿丹墀跪请圣安。"与顺治帝时的接待规格相比,藏地宗教领袖增加了"跪安"这一环节。九月十三日,班禅游览京城时,"入神武门,瞻仰宁寿宫供佛,依次游览各处。班禅额尔德尼欣然告称,小僧仰承皇帝之恩,得以叩拜真佛,瞻仰胜似额斯润宫之神奇殿堂,如梦似幻"⑥。甚至当乾隆帝提示班禅不必行跪拜之礼时,"班禅固请拜,上嘉其诚,从之"⑦。清帝具有世俗与宗教的双重权威于此显露无遗。

① 《清世宗实录》卷63,雍正五年十一月庚午。

② 中国第一历史档案馆、中国藏学研究中心合编:《清初五世达赖喇嘛档案史料选编》,北京:中国藏学出版社,1998年,第26页。

③ 陈庆英、马林译注:《五世达赖喇嘛进京记续》,《中国藏学》1992年第4期。

④ 中国第一历史档案馆、中国藏学研究中心合编:《清初五世达赖喇嘛档案史料选编》,第207页。比较有意思的是,此件系光绪末年为接待十三世达赖进京,有关衙门搜集故事以备参考之文,但却并未按照原来这个规格接待十三世达赖。

⑤ 中国第一历史档案馆、中国藏学研究中心合编:《六世班禅朝觐档案选编》,北京:中国藏学出版社,1996年,第109页。

⑥ 中国第一历史档案馆、中国藏学研究中心合编:《六世班禅朝觐档案选编》,第278页。

⑦ 中国第一历史档案馆、中国藏学研究中心合编:《清初五世达赖喇嘛档案史料选编》,第208页。

到晚清光绪年间,十三世达赖晋京觐见时,其礼遇规格进一步下降,须行三跪九叩大礼,在清帝回礼这个环节,有的官员如张荫棠甚至奏称不须遵循旧制,达赖觐见时,光绪帝"不必起迎,达赖跪拜后,起立奏对数语,即时宣退,以示严肃"①。这已经是相当怠慢的一种做法了。后来光绪帝与慈禧太后举行欢迎仪式基本即按照这个建议实行。②

清帝对藏传佛教的处置方式与对待内地儒教的态度有相似之处,有学者业已指出,清帝特别是康熙皇帝力图把原来分离的"政统"和"道统"集于一身,宋明儒家乃是"道统"继承人,与作为"政统"持有者的皇帝时相抗衡,到康熙帝时开始逐渐把宋明士大夫拥有的"道统"权威收归皇权的支配之下,导致儒家彻底被整合进了皇家意识形态系统。③清帝对藏传佛教权力的收编亦采取了相似的策略,在《敕封五世达赖喇嘛金册文》中,顺治帝把这层意思表达得很清楚,文曰:"朕闻兼善独善,开宗之义不同,世出世间,设教之途亦异。然而明心见性,淑世觉民,其归一也。"④把密法传教比拟为"明心见性",可见顺治帝思想受儒家感化浸染有多深,同时他对儒学"正统"思想的传袭也会相应移植到对喇嘛教的态度上。另一处碑记则揭示应该把崇佛之处视为与儒家讲学明道之地等同的神圣场所加以表彰,其碑文乃曰:"与夫往圣先贤讲学明道之地,心切向往,多所表章。而释氏之宫,标灵显异,所在多有,亦间留题以寄遐怀。"⑤

由此可见,清帝不但不拟把对黄教的信仰局限于私人空间,反而会更加注意对自身拥有的藏传佛教"正统性"加以公开宣示,其言论颇符合"承统"的要求。如乾隆帝对康熙帝的定位是:"我皇祖圣祖仁皇帝,以无量寿佛示现转轮圣王,福慧威神,超轶无上。"⑥这样的评价已经把康熙帝的地位抬高到了世俗君主无法企及的高度。在《重修弘仁寺碑文》中,乾隆帝更是把康熙帝比作"再世如来,现转轮王相,以金仙像教流传",目的则是"资翊治化,因而远溯灵踪,俾人天广利,迄今垂及百年"。⑦细品这段话的意思,其中言及有裨于"治化",似乎是采"治理"的视角,实际上这个说法是建立在"承统"基础之上的一种选择。甘德星就认为,转轮王基本上为世俗君主,可归入法王之类,不位众佛、神之列。当年蒙古八思巴即回赐忽必烈为金转轮王,转轮王之本义原在推动法轮,弘扬佛法。所以从印度阿育王、西藏松赞干布、蒙古忽必烈、俺答汗、林丹汗等人被冠以转轮王的称号,对合法王统只有确认之功,对其形成则无必然之用。⑧就藏传佛教的理念而言,只有同时拥有转轮王和文殊菩萨双重身份,才能被

① 吴丰培辑:《清季筹藏奏牍》第1辑,《张荫棠奏牍》卷5,第32—33页。

② 索文清:《1908年第十三世达赖喇嘛晋京朝觐考》,《历史研究》2002年第3期。1908年十三世达赖觐见时想获取直接奏事权的努力也归于失败。参见吴菲:《清末关于十三世达赖喇嘛地位问题的讨论:以其1904—1910年间的活动为中心》,中国人民大学2019年硕士论文,第49—54页。

③ 关于康熙帝对儒教"道统"的操控,及集"政统"与"道统"为一身的政治设计,可参看黄进兴:《清初政权意识形态之探究:政治化的道统观》,《优入圣域:权力、信仰与正当性》,北京:中华书局2010年,第76—104页。

④《敕封五世达赖喇嘛金册文》,张羽新:《清政府与喇嘛教·附清代喇嘛教碑刻》,第226页。

⑤《重修清凉山罗睺寺碑记》,张羽新:《清政府与喇嘛教·附清代喇嘛教碑刻》,第261页。

⑥《永佑寺碑文》,张羽新:《清政府与喇嘛教·附清代喇嘛教碑刻》,第369页。

⑦《重修弘仁寺碑文》,张羽新:《清政府与喇嘛教·附清代喇嘛教碑刻》,第405页。

⑧ 甘德星:《"正统"之源:满洲入关前后王权思想之发展与蒙藏转轮王观念之关系考辨》,汪荣祖等编:《民族认同与文化融合》,中正大学台湾人文研究中心,2006年,第137页。

认定为世俗与宗教的权力集于一人，或者说是政教二道系于一身。①

即使从世俗权力的角度立论，要戴上转轮王这项桂冠，也须拥有足够广袤的土地。正因如此，满人只有在入关后才具有了充任"转轮王"的真正资格。顺治二年（1645）伊拉古克三奉命再到清廷，其携带五世达赖亲笔函，就以藏文诗起首云："乱世的转轮王将战胜一切之旗帜升至三域之顶端，以一把法律的白伞盖荫护群生，使其安乐的生活。"②直到八年以后顺治帝迎接达赖喇嘛入京时，曾以转轮王所有之"七政宝"作仪仗，可知顺治帝已多少自觉其本人为转轮王，五世达赖喇嘛也是这样认可顺治帝的宗教地位的。在《云裳》这篇自传文字中，五世达赖就发表了如下观感："进入城墙后渐次行进，至隐约可见皇帝的临幸地时，众人下马。但见七政宝作前导，皇帝威严胜过转轮王，福德能比阿弥陀。"③尽管如此，这一时期的顺治帝仍未自视为文殊菩萨，与蒙藏交涉的文书中，顺治帝也未尝以此佛号自称。只有到了康熙时期，清帝才开始同时自比"转轮王"与"文殊菩萨"，显示出清帝试图把世俗与宗教权力集于一身的意图。五世达赖及七世达赖致书康熙帝时都尊称其为文殊化身之转金轮大汗，康熙帝亦乐于受用此尊号。康熙帝征讨西藏时也称其大军乃"文殊皇帝所属"。④比较有意思的是，从康熙帝开始的这项针对蒙藏地区藏传佛教的政教合一实验，与其开始融儒家"道统"与"政统"为一身的时间点基本吻合。

乾隆帝则主动推行"阐教同文"的政策，把卷帙浩繁的《大藏经》翻译成满文。这项工程几乎与《四库全书》的纂修同步进行，正昭示着内地与藩部"正统观"的树立基本处于同一时期。有学者发现，乾隆帝撰《盛京赋》以三十二种不同满汉篆字分别刊印此赋，乃是模仿1600年出版之《金刚经》的格式，此三十二之数源自转轮王与佛陀共有之三十二相。喻示盛京已非仅仅是一个政治中心，实已具备和大都即归化城那样的"转轮王"都城资格，乾隆帝本人更是成为可以和乃祖康熙帝一般襄助佛陀弘法，进而一统天下的"转轮王"。⑤乾隆帝曾两次致书六世班禅，均开宗明义称自己乃"上天所命于世间转动威力之轮之皇帝"，其所降之敕谕，口气俨然集政教权威于一身。在《盛京法轮寺碑诗》中对自身拥有这双重角色更是表露得相当直白："梵语转轮王，又称帝释天，盖司世间者，皇王之谓然，世出世间法，相需相得诠，四塔围都城，斯乃居北焉，果然成一统，佳兆已符前。"⑥

在兼具政教与世俗形象方面，乾隆帝也是花了大力气刻意鼓动营造，如藏于雍和宫的乾隆帝僧装

① 孙英刚把君主自称"转轮王"的时间提前到了隋唐时期。他认为，佛教王权观的核心内容是转轮王（Cakravartin），转轮王观念在隋唐时代始终是僧俗理解世俗王权的主要理论。隋唐君主也顺应潮流，在中土本有的"天子"意涵之外，又给君主加上了佛教"转轮王"的内容，形成了"双重天命"的政治论述。武则天所在时代，转轮王观念已经被广泛而频繁地用于论证君主统治的合法性。参见孙英刚：《转轮王与皇帝：佛教对中古君主概念的影响》，《社会科学战线》2014年第1期。

② 牙含章：《班禅额尔德尼传》，拉萨：西藏人民出版社，1987年，第46页。

③ 据《云裳》记载：达赖入城时看见："在内城的大门外，人们擎着七政宝和兵器、旌旗、华盖、飞蟠等各种仪仗，吹奏着许多悦耳的乐器，威严而称意。"并多次使用了"转轮王"称呼顺治帝，如说"在距转轮圣王大都治下语言各异、具有二利的禁城北京有两俱卢舍之遥的地方，皇帝用九万两白银作缘由，专门建起称为'黄房'的精舍（即黄寺）作为我的行宫"。参见陈庆英、马林译注：《五世达赖喇嘛进京记续》，《中国藏学》1992年第4期。

④ 甘德星：《"正统"之源：满洲入关前后王权思想之发展与蒙藏转轮王观念之关系考辨》，载汪荣祖等编：《民族认同与文化融合》，第168页。

⑤ 汪荣祖等编：《民族认同与文化融合》，第173页。

⑥《盛京法轮寺碑诗》，张羽新：《清政府与喇嘛教·附清代喇嘛教碑刻》，第335页。

像就描绘其跏趺坐于宝座之上,头戴黄色僧帽,身着僧装,右手施说法印,左手施禅定印、托法轮,双肩莲心承托文殊菩萨的智慧剑与梵,这象征乾隆帝是文殊菩萨与转轮圣王的双重化身。身外环绕藏传佛教各教派历代祖师像,宝座下的一段藏文译成汉文的大意是:睿智文殊人之主,游戏圣主法之王。金刚座上安奉足,意愿天成善福缘。[1]

有学者注意到,雍正帝就曾绘制有僧装像,其中一幅展示了雍正头戴黄色僧帽,身穿喇嘛袍,手持念珠的藏传佛教格鲁派修行形象,但雍正帝的僧人造型尚属不公开的私密图像,是雍正帝自娱自乐的产物,不具备多少政治蕴意。而乾隆帝的僧装像则完全不同,其陈设地点多在热河普宁寺、普乐寺以及拉萨布达拉宫、日喀则扎什布伦寺等地,位于信众频繁出入的法殿之中。僧装像的观众也被预设为皇室及近臣内侍、蒙古各旗的驻锡喇嘛、蒙藏藩部的朝拜使臣和首领等人员。[2]

对于清帝来说,获得"文殊菩萨"称号,即等于不再是藏传佛教外部的施主和保护者,甚至逆转了原来被藏地领袖所想象的"供施关系",进而使自己作为藏传佛教内部的一尊神佛,在众多人的心目中成为神权的来源,而不仅仅是神权支持的王权。当清帝获取了文殊形象以后,就不再是"君权神授",而是"朕即上帝"。这种优势的位移也体现在金瓶掣签制度当中,因为根据格鲁派教义,其祖师宗喀巴大师是文殊菩萨的化身,而达赖、班禅都是宗喀巴大师的弟子转世,他们也就成为文殊菩萨的弟子,那么被尊为文殊菩萨的清帝在面对这些大活佛时,就自然具有师长之位,而师长为弟子的转世制定规则也就变得顺理成章。册封和革除活佛名号的权柄亦成为清帝特权之一。[3]

另一方面,清帝对藏传佛教的"承统"又是有一定节制的,非常注意把握分寸尺度,不会像对待儒家士子那样贪嗜无度地急于把"政统"与"道统"全部攫取在手。他们对世俗与宗教二元权力的基本设计是,达赖、班禅、章嘉呼图克图及哲布尊丹巴呼图克图仍持有宗教权,清帝虽在名义上被尊崇为拥有"转轮王"和"文殊菩萨"双重政教权力,但在实际的政治运作上仍会把自己的权威限制在世俗领域之内,因为"转轮王"的本义就是宗教在世俗世界的代言人。仔细品味清帝对自己的角色设定,就会发现这是有意为之的结果,把尊崇藏传佛教的场所尽量隐秘设置于私人空间,正好昭示出皇帝的鲜明态度,那就是不希望喇嘛教徒如元朝僧侣那样僭越自身的范围,变成凌驾皇权之上的宗教超越力量,最后演变到公开向民众表明皇权屈尊于教权之下的地步。

乾隆帝宣称习学密法一方面是出于个人崇信,更多乃是出于与密教僧侣争夺"正统"意识形态的目的。他绝不会像元朝皇帝那样匍匐于喇嘛上师的脚下,甘心对其顶礼膜拜,成为一名纯粹的佛家弟子。他自称本人就是佛子,就是文殊菩萨化身而成的转轮王,理应受到信众膜拜。在《喇嘛说》这篇奇文中,乾隆帝把这层意思阐发得十分清楚,他说:"兴黄教,即所以安众蒙古,所系非小,故不可不保护之,而非若元朝之曲庇谄敬番僧也。"因为"元朝尊重喇嘛,有妨政事之弊,至不可问",明确宣称扶持黄

① 参见藏学研究中心西藏文化博物馆活佛转世数字展馆中的《乾隆皇帝僧装像》,转引自安子昂:《清代藏传佛教的王朝化》,中国人民大学2019年博士论文,第149页。

② 安子昂:《清代藏传佛教的王朝化》,第143—144页。

③ 孙逊:《包容神圣:清朝皇帝的文殊形象与藏传佛教的臣服——正统性传承中主导性虚构的凝聚力作用》,《西藏研究》2013年第3期。晚清以来达赖与清帝的地位高下日渐悬殊,也间接证明了藏地佛教领袖与清帝之间不可能是一种"供施关系",参见扎洛:《十三世达赖喇嘛晋京期间的礼仪与奏事权之争新探:民族国家建构视角》,《近代史研究》2019年第2期。

教的动机是"以为怀柔之道而已"。至于习学密法的目的,完全是因为"夫定其事之是非者,必习其事,而又明其理,然后可。"他质问道:"予若不习番经,不能为此言。始习之时,或有讥为过兴黄教者,使予徒泥沙汰之虚誉,则今之新旧蒙古畏威怀德,太平数十年可得乎?"[①]表示根本不相信呼图克图有转世能力。

乾隆帝在处理喇嘛教问题时的心境相当复杂,他一方面对蒙古王公利用喇嘛教肆行自身之政治目的深表不满,曾做《伊犁喇嘛行》加以讥讽,其中对顾实汗假借喇嘛教扩张权势颇有微词。诗中说:"昔顾实汗以此雄据卫藏摄群部,然亦不过假名敬佛,要乃所以收众方。强吞弱噬互攘窃,无不垂涎达赖喇嘛,貌为恭谨其实心弗良。"与此同时,乾隆帝又对噶尔丹策凌等人崇奉喇嘛教的举动流露出赞赏的语气,诗中称:"噶尔丹策凌遂兴黄教名曰安众生,亦效西域建都纲(自注:都纲者,西藏众喇嘛聚而诵经之处也)。白毡为室布为墙,后遂范金作瓦覆栋梁。金仙相好备庄严,六时梵呗声无央。嗒本吉赛供糇粮(自注:噶尔丹策凌于伊犁河滨创构佛寺,北曰固尔扎,南曰海弩克,聚众喇嘛,令其五鄂托克轮值供养之。蒙古语谓五为嗒本,轮值为集赛)。西勒图者凡四床(自注:喇嘛坐床者为西勒图,亦蒙古语),膜拜台吉诸宰桑。"接着却又笔锋一转,仍对这些蒙古王公刻意利用喇嘛教兴兵作乱的行为表示警觉和担忧,认为"其善在此其弊即为殃",他举例说:"喇嘛达尔济及达瓦齐相继篡立,无不藉诸喇嘛之力已肆强。逆贼阿睦尔撒纳亦结若辈为党以煽乱,其穷窜也,旋劫夺喇嘛马驼用致远去飏。喇嘛散去乃同玛哈沁(自注:蒙古谓肉为玛哈,厄鲁特中贫无赖觅肉食自活者为玛哈沁)。安知五戒六度如佛所云皮肉骨髓尽舍以救人饥荒?是诚楞严所谓外道貌佛弟子为诪张,勿谓佛不慈汝俾汝遭丧亡。"[②]乾隆帝评价这些人都不是真正信奉喇嘛教,而是利用其达到自己卑劣的政治目的。

在乾隆帝眼里,无论是自己化身转轮王,还是密教僧侣掌教超度众生,从根本意义上都是为了"佐治",如下文碑记中所云:"上人演法轮,蠢蠢普超度,佐我无为治,雨顺与风调。众生登寿世,慧炬永光明。合十作赞言,初非为一己。"[③]对密教的崇拜被严格限制在私人空间里,正说明清帝并没有在公开场合让渡宗教权的意思,至于清帝很少用密教身份"自称",也是为了小心翼翼地维护密教首领的权威性,以便在与西藏宗教领袖交往时让他们能够保持一种心理平衡,他默认密教领袖给自己加封"转轮王"和"文殊菩萨"这个"他称",并纵容其向下属传达时使用此称号,恰恰证明清帝并没有放弃政教合一的"承统"地位,只不过在面向不同群体时会灵活采取更为多样的应对策略。

清廷君臣意识到信奉喇嘛教可能是把双刃剑,也许会导致王朝的丧亡。准噶尔因放纵喇嘛而亡国的逻辑,是18、19世纪在新疆、中亚地区比较流行的说法。以下两条史料可为佐证。其一是乾隆二十四年,将军富德向巴达克山索要大小和卓时,向巴达克山首领的行文,劝其不要拘执于伊斯兰教义,以免重蹈准噶尔的覆辙:"准噶尔败亡之时,亦全不晓此,由恶喇嘛妄行所致。今准噶尔如何,喇嘛等如何,汝未之闻耶。"[④]其二是19世纪前期新疆厄鲁特蒙古社会内部的一则传说,称西藏僧侣巴勒丹噶

① 《喇嘛说》,张羽新:《清政府与喇嘛教·附清代喇嘛教碑刻》,第340页。
② 乾隆帝:《伊犁喇嘛行》,《御制诗二集》卷64,《清代诗文集汇编》第321册,上海:上海古籍出版社,2010年,第314—315页。
③ 《须弥福寿之庙碑记》,张羽新:《清政府与喇嘛教·附清代喇嘛教碑刻》,第464页。
④ 《清代新疆满文档案汇编》,南宁:广西师范大学出版社,2012年,第41册,第362页。

布楚格隆为噶尔丹相地建寺,却有意选址于恶土,致政教崩坏,国祚受损。①可见乾隆帝对喇嘛教的态度并非完全是他个人情绪的表达,而是扩散到了整个官僚体系的整体意识之中持续发挥着作用。

国内一些学者总是强调明清两朝君主与藏传佛教领袖的交往如何保持着连续性,明清藏地宗教领袖又是如何同样授予明清君主如永乐帝和乾隆帝以"转轮王"和"文殊菩萨"的称号,借此为由来反驳新清史断定清帝国具有独特"内亚"性质的判断。据学者考证,明代皇帝如明成祖已经开始接受藏地宗教领袖奉献的"转轮王"尊号,史称西藏大乘法王昆泽思巴第一次致信明成祖,信的开头部分就称其为"统治诸法轮和七政宝的法王大皇帝"。昆泽思巴还给明成祖传授吉祥喜金刚坛城深奥成熟灌顶和大黑护法神加持。②这似乎证明清帝接受类似称号实非独创,而是在某种形式上延续了明朝和西藏的关系,两者并不是断裂的,并非如新清史研究者所说,"转轮王"和"文殊菩萨"的称号为清朝皇帝所独有。③尽管以上论证均有一定道理,但尚有两点可商榷之处。其一是这种论断忽略了明清两代在疆域拓展方面的差异性,而对广大空间的实际占有恰恰是拥有"正统观"的首要因素。一般而言,只有占据更广大土地的君主才有被称为"转轮王"的资格。这一点在藏文历史文献中多有反映,藏语史籍有一套对汉地王朝谱系的独特表述。以《松巴佛教史》为例,其中对周朝以后的汉地历史就按历代王朝持有宗教权威的大小划分出了若干等级:"国王因宗教和王政七宝的威力分转轮王(如秦与汉)、大国王(如南北朝)、边地大国王(如七雄)、小邦王四类"。④另一部藏文典籍《汉区佛教源流记》中也有类似的说法:"有四种王,即转轮王、君主、邦主和小邦邦主。转轮王不需经典,而其一切主张生于己之福泽神力。"⑤

在这个等级序列中,宗教权威的高低与占有土地范围的大小是密切相关的,《汉区佛教源流记》的作者贡布嘉就认为:"余曾见一般使用其强大的威力能够向四方外藩传旨者,被称为转轮王。"⑥在他的眼里,显然不是普通君主就能具备如此强大的统治能力,也无法轻易享有"转轮王"的称号,尊享"转轮王"名号的君主不仅应该拥有广大的领土,其统治权威还须有能力辐射到遥远的边疆地区。若遵循这

① 德迪:《蒙古溯源史》,收入巴岱、金峰等校注:《卫拉特历史文献》,乌鲁木齐:新疆人民出版社,1987年,324页。此两条史料承蒙马子木提示,特此致谢。

② 参见杨天雪:《明成祖召请大乘法王史事考》,《中国藏学》2020年第1期。此条史料承蒙安海燕提示,特此致谢。安海燕对历朝藏地宗教领袖尊奉汉地君主为"转轮王"与"文殊菩萨"称号的历史渊源做了详细的考订,特别分析了乾隆帝接受这两个封号的独特意蕴,参见安海燕:《作为"转轮王"和"文殊菩萨"的皇帝:再论乾隆帝与藏传佛教的关系》,《清史研究》2020年第2期。

③ 沈卫荣坚持认为明代与西藏关系的密切程度不亚于元朝,并撰有专文进行论证。参见沈卫荣:《"怀柔远夷"话语中的明代汉藏政治与文化关系》,《西藏历史和佛教的语文学研究》,上海:上海古籍出版社,2010年;《论蒙元王朝于明代中国的政治和宗教遗产:藏传佛教于西夏、元、明三代政治和宗教体制形成中的角色研究》,《8—15世纪中西部西藏的历史、文化和艺术》,北京:中国藏学出版社,2015年。沈卫荣认为,藏传佛教的传播在元明清三代具有相当大的延续性,甚至明朝与西藏的关涉甚至超越了元朝,但他同时也认为:"如果说明朝对藏的统治确实没有元朝那么直接和有效的话,其原因并不在于明朝的军事力量虚弱到甚至不足以控制西藏,而在于它固守了汉族'严夷夏之辨'的统治理念。"参见沈卫荣:《大元史与新清史:以元代和清代西藏和藏传佛教研究为中心》,第219页。钟焓也认为明代也具有"内亚性"的特征,这一特征并非清朝所独有,参见钟焓:《简析明帝国的内亚性:以与清朝的类比为中心》,《中国史研究动态》2016年第5期。但沈卫荣和钟焓都忽视了明清两朝的根本性区别乃是在于,清朝具有超越前朝的"大一统"疆域,而明朝仍像宋朝那样,一直苦于与北方民族的战争。故我的看法是,与其紧随着新清史有关"内亚"帝国的论述做抗辩,不如更多地从"正统观"的特性入手分析明清两朝的差异,也许能更准确地理解清朝统治的特性。

④ 松巴堪布益西班觉:《松巴佛教史》,蒲文成、才让泽,兰州:甘肃民族出版社,2013年,第503页。

⑤ 贡布嘉:《汉区佛教源流记》,罗桑旦增译,北京:中国藏学出版社,2005年,第24页。

⑥ 贡布嘉:《汉区佛教源流记》,罗桑旦增译,第38页。

个标准,那些实现了"大一统"目标的秦汉君主才真正配享"转轮王"的威名。成吉思汗开疆拓土至更广远的地区,拥有"转轮圣王"的尊号同样实至名归,其理由是"成吉思汗不同于有些仅统治五六千户的小首领,却誉称是转轮王,而真正是大地的梵天,强大的转轮圣王,天命之大汗",意思是说,那些被勉强授予"转轮王"称号的小邦领主其实并不配享有这个称号。同样缘故,乾隆帝亦因坐拥广大疆土,而蒙"转轮王"之名,《松巴佛教史》称其"现今以福德之轮统治汉、霍尔(即匈奴)、藏、女真、索伦、高丽等地的乾隆皇帝,迎请达察杰仲等卫藏多康的众善巧到内地,并缮修古寺,新建许多寺院和三佛田,以此供养来崇敬佛法"。[1]与之相比,明代的永乐皇帝实际上并不具备乾隆帝那样的"转轮王"地位,至于藏地宗教领袖称蒙古王公为"转轮王"更是带有一种政治交际的权益考量,今人对其授予尊号的动机是否真诚应持怀疑态度,不可轻易信以为真。

其二,对清朝君主是否拥有"转轮王"与"文殊菩萨"的称号,不能仅仅单方面从藏文文献中进行考察,而必须同时考察汉文史料中是否保存有皇帝对此称号做出反应的相关记载。据我所知,目前尚未发现明朝永乐皇帝对加诸其身的"转轮王"称号有何表态的原始记录。与之比较,在康熙和乾隆帝的相关文献中却屡屡发现自称"转轮王"和"文殊菩萨"的表述,这说明明朝帝王只是被动接受了这两个称号,并未自觉去认同和彰扬其中的权威性。也许是受制于"夷夏之辨"观念的束缚,明朝皇帝对边疆政教关系的构想和经营并无太大作为,更是从未有足够的信心通过具体的践履行动去昭示这两个称号的独特意义,而乾隆帝则是主动介入藏密佛教称号的授受程序,并极力把藩部的政教关系纳入"正统性"的构造之中,持续不断地与藏地宗教领袖争夺对藩部统治的话语权。

总结而言,"正统"的多元特性在清朝表现为两种"政教关系",一是基于儒家世俗统治,强调道德宣谕和基层教化的内地政教关系;另一个则是基于藩部民众信仰传统而形成的以藏传佛教为中心的宗教与政治的关系。这两种政教关系分别构成了"内"(内地)与"外"(藩部)的双重统治格局。

六、"一元"统摄"多元"的例证:儒家正统观对边疆战争意义的核心范导作用

尽管有学者认定,元、清两朝所建立的多民族统一国家,都是兼用汉唐式专制君主官僚制和内亚边疆帝国两种国家建构模式才得以成就的。[2]好像清朝统治模式可以自动归并到辽金元的统治谱系当中,完全照猫画虎地传承了它们的特点。实际情况并非如此简单,清朝不但继承了元朝兼有内亚与汉唐特色的统治方略,而且有史以来第一次成功地在"内地"与"藩部"两大截然异质的疆域版图上建立起了不同于前朝的"正统观"多元架构,这是清朝区别于辽金元的最重要成就。然而,这并不意味着"内地"与"藩部"的两种政教关系就理所当然地居于并列地位。事实上,儒家的"正统性"仍对以藏传佛教体系为核心的藩部政教统治模式具有优先的统摄作用,清朝对边远地区采取的军事行动是否具有正当性,对边疆地区的占领是否符合传统意义上的道德要求也必须经过儒教规范下的正统性加以认证。

---

① 《松巴佛教史》,第518页。
② 姚大力:《追寻"我们"的根源:中国历史上的民族与国家意识》,第113页。

以下拟以康雍乾三帝征战准噶尔后的纪功举措为例对如上观点予以验证和说明。

我们知道，开疆拓土，炫耀武力，勒石记功，诏示众人的举动可谓历代皆有。①清朝平定西北边疆历经康雍乾三朝，其控制版图延伸至以往各朝从未实际统治的广大疆域，这里要澄清一个误解，好像清朝平定西北的煌煌武功完全是一种"内亚"的征服模式，实则清廷对西域边疆的治理，明显受到了汉唐思维的影响，即葱岭以东地区，从地缘上看是一个整体区域。从汉武帝建河西四郡、设立西域都护府以来，此区域与中原内地必须是一个独立、完整的王朝，才能算经营成功。这是汉唐以来的边疆治理思路，并不是清朝的新发明。②

清朝历经每次战事后均仿汉唐模式，勒石战地。清廷君主自诩旷世武功，前朝难匹，当然少不了举行各种垂范后世的典礼。自康熙到乾隆朝，每当大战之后，类似阙前献俘、昭告太庙的仪式也不可或缺地次第举行，从未懈怠。但唯有一个礼仪却是清帝独具，历朝未有，那就是每经历一次重要战事，一定要向先师孔子举行释奠祭礼，并勒石太学，甚至在全国范围内，形成了各府州县自上而下立碑于孔庙的现象，从而把平定西北视为天下一统之共识。如此举动给人以清朝皇家一直在坚持不懈地延续内地道统一脉的印象。如果用"正统观"的多元特性衡量此举，正说明在遥远边疆动武尚需要归位于内地"正统"先师的认定才具有正当性的意义。有学者形容："清代新疆是一个在江南任何地方都可以开始叙述的故事。"③从具体事实而观，这个故事不仅在江南被反复叙述，在内地的其他区域也曾被广泛讲述。

最早鉴定这项发明归属权的人是魏源。他在《圣武记》里面就说过："古帝王武功，或命将，或亲征，惟以告于庙社，未有告先师者，在泮献馘，复古制，自我圣祖始。"康熙帝确实明确表示征伐边疆的行动乃是遵从三代以来的古义，不敢有所违背。故云："煌煌圣言，文武道一。礼乐征伐，自天子出。"同时又强调："师在安民，出非得已。古人有作，昭示斯旨。缅惟虞廷，诞敷文德。圣如先师，战慎必克。惟兵宜戢，惟德乃绥。亿万斯年，视此铭词。"一再表白出兵乃是万不得已，即使被迫动武也没有逃逸出宋明以来以文德服人的旧轨，高举的还是"王道"而非"霸道"的伦理旗帜。

康熙帝在纪功碑中特别强调："朕劳心于邦本，尝欲以文德化成天下，顾兹武略，廷臣佥谓所以建威消萌，宜昭斯绩于有永也。朕不获辞，考之《礼·王制》有曰：'天子将出征，受成于学。出征执有罪，反释奠于学，以讯馘告。'而《泮宫》之诗亦曰：'矫矫虎臣，在泮献馘。'又《礼》：'王师大献则奏恺乐，大司乐掌其事'。则是古者文事武事为一，折冲之用，具在樽俎之间。故受成、献馘，一归于学。此文武

---

① 关于中国古人以金石素材纪功留德的研究，近期可观巫鸿：《中国古代艺术与建筑的"纪念碑性"》，上海人民出版社，2009年。仇鹿鸣也讨论了德政碑建立作为政治景观的"视觉性"意义，其中说道："对于控制了大量人力物力的王朝而言，一旦确有需要，具有重要政治意义的石刻本身也可以被复制，安置于帝国的各个角落，这一昂贵而巨大的复制品本身便是权威与力量的象征。"这种象征权力的石制纪念碑的树立从汉唐一直延续到了清朝。仇鹿鸣：《长安与河北之间：中晚唐的政治与文化》，北京：北京师范大学出版社，2018年，第124—173页，尤其是第140—141页。

② 朱玉麒：《朱玉麒谈清代边塞纪功碑与国家认同》，葛兆光等：《殊方未远：古代中国的疆域、民族与认同》，北京：中华书局，2016年，第401页。

③ 朱玉麒：《朱玉麒谈清代边塞纪功碑与国家认同》，葛兆光等：《殊方未远：古代中国的疆域、民族与认同》，第393页。更为详细的研究请参见朱玉麒：《从告于庙社到告成太学：清代西北边疆平定的礼仪重建》，《高田时雄教授退职纪念东方学研究论集》，京都：临川书店，2014年，第403—410页。

之盛制也。朕向意于三代，故斯举也，出则告于神祇，归而遣祀阙里。兹允廷臣之请，犹礼先师以告克之遗意，而于六经之旨，为相符合也。"①

令人惊诧的是，平定边疆班师回朝告成太学复古周礼的典雅举动，完全不是汉人皇帝的发明，却反而是曾身为"夷狄"的满人皇帝的执念，这才是新清史研究者需要深思的关键之所在。雍正帝则完全照搬了康熙告成太学的规制，在平定青海之后，听从廷臣"稽古典礼，出征而受成于学，所以定兵谋也。献馘而释奠于学，所以告凯捷也"的建言，雍正三年在京师太庙立平定青海告成太学御制文，宣称："橐戈偃革，告成辟雍。声教遐暨，万国来同。"②

清朝继承汉唐旧仪，同样会在战地树立纪功碑，位于归化城、金川、格登山、宁远城、伊西洱库尔淖尔、叶尔羌等战地的纪功碑，都属于对汉唐传统的沿袭，但特别令人注意的是，清帝往往首先撰写的是告成太学碑文，其次才是在战地树立的纪功碑文。朱玉麒就发现，最早平定朔漠战争后，康熙三十七年（1698），康熙帝首先撰写了《平定朔漠告成太学碑》，立于京师太学。到康熙四十二年，才御制《敕赐归化城崇福寺碑记》，分别勒石立于曾经驻跸的崇福寺和参加诵经法会的席力图召寺。同样乾隆帝也是在格登山之战后先撰写《平定准噶尔告成太学碑》立于太庙，而《格登山纪功碑》却是在准噶尔战事结束多年后才在格登山树立起来，所以纪功碑的真正意义已经为太学立碑所取代。

乾隆帝还特别提到康熙帝平定三藩后东巡拜谒阙里孔庙，觉得自己应该效法先祖，在征伐准噶尔胜利之后亲自去孔庙致敬孔子。③所以才有了后来的祭孔之行，向孔子述说平定西北之功变成了其祭孔的主要目的之一。④

再从纪功碑文的文字选择上看，同样体现了乾隆帝对内地"正统性"优先统领作用的认识。新清史一直特别强调清朝君主使用满文建构满洲统治的特殊意义，但乾隆帝在撰写《格登山纪功碑》时虽然使用了汉、满、蒙、藏等四种文字，汉文书写却最早完成，其余均从汉文翻译而来。告成太学碑拓片会分赠封疆大吏，他们心领旨意，在各地学宫文庙中立碑纪念，以此延续在京师孔庙的仪轨。以致后来攀比之风愈演愈烈，迫使乾隆帝紧急下旨，决定各省府州县地方学宫可以根据当地情况在形制设计方面酌量随宜制作，如外省找不到熟悉满文之人，在刻碑时可以省去满文，此谕旨的下达完全是针对

① 梁国治等撰：《钦定国子监志》卷3《御制一·御制平定朔漠告成太学碑文》，《景印文渊阁四库全书》第600册，台北：台湾商务印书馆，1986年，第40页。

② 梁国治等撰：《钦定国子监志》卷4《御制一·御制平定青海告成太学碑文》，《景印文渊阁四库全书》第600册，第47—48页。

③ 乾隆帝有一段话把这种继承关系说得很明白："缅维皇祖圣祖仁皇帝，削平三孽，于康熙二十三年诹吉东巡亲祭阙里。武功文德，彪炳简册。朕仰承先烈，集此大勋，保泰持盈，弥深兢业，亲告成功于太庙、郊、社、岳、渎诸祀，次第遣官，敬谨举行，以昭茂典。先师孔子阙里，理应恪循成宪，躬诣行礼，用申诚敬。且自瞻谒林泉，已逾六载，仰止之念，时切于怀。"《清高宗实录》卷490，乾隆二十年六月己酉。

④ 平定金川后军机大臣上奏云："圣祖仁皇帝平定沙漠，世宗宪皇帝平定青海，均御制碑文，垂示久远。金川平定，恭请御制文勒石太学。从之。"参见《清高宗实录》卷335，乾隆十四年二月甲午。军机大臣又奏平定金川，遣官祭告先师孔子，均从之。参见《清高宗实录》卷335，乾隆十四年二月庚子。查《大清会典图》卷16《礼十六·先师庙图》，乾隆四次在京师文庙立碑纪功，即乾隆十四年平定金川告成太学御制文，乾隆二十年平定准噶尔告成太学御制文，乾隆二十四年平定回部告成太学御制文，乾隆四十一年平定两金川告成太学御制文。

内地士人不谙满文的情况做出的随机调整,实是急于向内地特别是江南士人昭示武功。①这说明广大疆域扩展的业绩必须得到先师孔子与士大夫阶层的认可始终是清朝君主的必修功课。即使他们已经拥有了盖世武功和前所未有地吸纳了藩部的政教关系以为统治资源,其最终的价值取向依然会指向内地的"正统性"。即从藏地对清朝的理解多少可以印证这个观点,有学者就已发现藏人对"满人"的理解与"汉人"的表述相互重叠。

这一时期的藏语文献对于"རྒྱ"或"རྒྱ་ནག"一词的理解和使用,可能并不完全等同于中原语境中的"汉",而与"满"存在一定意义上的重合。而且,通过对清代藏语文献中与"满"和"清"相关记载的梳理,可以发现大量关于满或清的史实被置于与"རྒྱ་ནག"有关的叙述范围之中。②

藏区历史文献中对汉唐元明清等朝代的记述出现频率很高,却很少用"清"来表述清朝。对此现象大致可以从两方面理解。其一是藏地之人确实把"清朝"看做是与前朝不一样的王朝,其二是藏人把清朝属地与汉地相叠合在一起加以想象,说明清朝的汉化程度已经高到基本湮灭了其满洲特性,以至于无法加以有效辨识。这个现象从侧面印证了内地形成的"正统性"对边疆少数族群的统摄作用。

实际上,内地以儒教为核心的"正统性"的确立绝非一朝一夕所能达成,而是长期以来南北政权反复交锋形成的一种示范效应,哪怕是北方"异族"攫取了汉人的大片土地,也常常不能不默认南方政权所拥有的正朔意义。最著名的一段话可能就是魏晋时期符融规劝苻坚不要轻易攻晋的劝诫之言了。晋孝武帝太元二年(377)苻坚执意攻晋,符融苦谏的一个理由即是:"国家本戎狄也,正朔会不归人,江东虽微弱仅存,然中华正统,天意必不绝之。"③在这句话里,"夷狄"身份必须依附于"正统性"的确认已经表达得非常清楚。这才是清朝平定西北后仍需要在内地儒教正统性的传承谱系中寻求一个恰当理由的真实原因。④

七、清朝边疆治理模式对前朝的继承性

在治理边疆的过程中,除了力求保持满洲特性的原貌和尊重其他少数族群的信仰与习俗,清朝统治者自觉或不自觉地仍会遵从前朝特别是宋明以来确立的"道统"及其延伸出来的一系列规则。这一方面体现在清廷皇室刻意模仿汉家制度,更多则表现为一种心理上的无形趋同。以色列社会学家艾森斯塔得对此现象有着精准的评价。他把中国历史上的王朝体制概括为具有"文化取向与目标"的政权,以区别于奉行"集体—行政取向目标"的政权。艾森斯塔得认为,在任何历史官僚国家之中,统治

---

① 江苏布政使苏尔德奏:"平定准噶尔碑文,各省学宫地势不一,不必拘定尺寸,并遴委通晓清文旗员,摹写刊刻。"对此,乾隆帝下谕旨:"各省府州县卫学宫,自不能一律高敞,若必照部颁碑式竖立,转难位置适宜。至外省士子,本不谙习国书,碑内亦不可毋庸令其镌刻。嗣后各学立碑,视该处采石难易,及学宫地势,听其酌量,随宜建竖。其清文竟不必刻入,兼可省传写讹化之弊。著于各督抚奏事之便,一并传谕知之。"《清高宗实录》卷724,乾隆二十九年十二月甲申。

② 罗宏:《从"རྒྱ་ནག"(汉)一词看清代藏文文献中的"满""汉"观念》,四川大学中国藏学研究所编:《藏学学刊》第18辑,北京:中国藏学出版社,2018年。

③ 司马光:《资治通鉴》卷104,《晋纪》26,四部丛刊景宋本。

④ 有些美国学者认为乾隆帝自诩的两大功绩即"西师"和"南巡"并非是并列的两大事件,"南巡"乃是为"西师"的战争做后勤准备。参见张勉治:《马背上的朝廷:巡幸与清朝统治的建构(1680—1785)》,董建中译,南京:江苏人民出版社,2019年。这种观点显然没有领悟到内地"正统观"对边疆战争意义的统领作用。

者都需要配置多种人力和经济资源，以实现其权利和完成政治目标。但如果表现出一种强烈的文化取向，那么统治者对大量占有资源的欲望就会较小，因为实现目标代价昂贵和成本偏高，他们对诸如领土扩张、军事强盛和经济增长这些指标给予较少的重视。这并非说中国统治者不把集体强盛和扩张当做重要目标，而是在实现这些目标的过程中，他们总是在文化方面被表达出来，并且是作为文化价值与取向的从属物而形成的。即使一位皇帝热衷于纯粹的军事扩张目的，他贯彻这一目标的能力，在很大程度上也依然取决于文化取向的群体。这样一来，皇帝就必须把他的基本合法性考虑在内，而这些合法性强调的就是那些文化取向。①

按我的理解，所谓"文化取向"乃是宋明以来士人阶层所倡导的一系列"道统"规则及其对政治体制的支配性影响。每当皇帝倾向于实施各种各样的集体扩张目标时，这些儒家士大夫就会动用"道统"原则加以规劝和修正，以防止为达此目标不择手段。儒生迫使最高统治者相信，行政与政策的问题可以通过礼仪教化等正当性的文化与道德行为自动加以解决，反过来说也是一样，这些问题的解决将有助于正当的文化秩序的延续。②

刘子健对宋代整体转向内在有相当独到的见解。他发现，处于11世纪的北宋与12世纪的南宋在整体风格上差异很大，11世纪士大夫在文化传播中扮演开启新的充满希望道路的乐观角色，而到了12世纪，士大夫则把注意力转向巩固自身地位和在整个社会中扩张其影响。它前所未有地变得容易怀旧和内省，态度温和，语气审慎，有时甚至悲观。所以北宋的特征是外向的，而南宋却在本质上趋向于内敛。③这是把宋朝拟象化成一个鲜活的生命有机体，借此手法去描述其独特的统治状态。

南宋政权转向内在的一个重要后果，是所有国家制度的维持、变动或者改革都不能仅仅置于纯粹功利性的考量之下，而是要经过道德伦理标准的检验和评估。原初的儒家信条只是一种普通的道德哲学，在宋代以前儒家要想取得突出地位就需要和其他思想流派不断进行竞争，而宋代特别是南宋以后，儒家已经完全变成了一种具有政治强制意义的意识形态权威，儒家士大夫的目标是当仁不让地帮助皇权设计政治经济社会和教育制度，用道德规范其运行，他们相信道德价值观与功利主义目标可以达成一致，但良好的制度必须服从于道德水准的制约。④刘子健的这一观点与艾森斯塔得认为中国王朝的行政制度必须受制于"文化取向"的看法相当接近。

宋明以后军事力量的衰弱与儒教趋"文"政策的实施有着密切关系，故清朝所依据的多样政教资源，在内地是儒教，在藩部是藏传佛教，儒教推崇道德教化，藏传佛教主张隐忍为怀，均属内敛型的文

---

① S.N.艾森斯塔得：《帝国的政治体系》，阎步克译，贵阳：贵州人民出版社，1992年，第233页。王国斌也发现，中国由于长期统治着广大的土地和人口，并非像欧洲国家那样分散成许多个政治单位，所以就不必像某个欧洲国家要大力向外扩张或与他国竞争抗衡。中国的国内秩序依赖有效的社会控制，这是基于古训和沿袭历代政治实践获得的治理经验。对中国国家的重要威胁不是来自外力入侵，而是源于内部瓦解，因此维持国内秩序是中国王朝投入最多精力的方面。参见王国斌：《转变的中国：历史变迁与欧洲经验的局限》，李伯重、连玲玲译，南京：江苏人民出版社，1998年，第96页。

② S.N.艾森斯塔得：《帝国的政治体系》，第234页。

③ 刘子健：《中国转向内在：两宋之际的文化内向》，赵冬梅译，第7页。

④ 实际上汉代儒生业已注意到孔子作《春秋》时已经开始强调"任德而不任力"的问题，如董仲舒在《春秋繁露》里明确指出："则《春秋》之所恶者，不任德而任力，驱民而残贼之。其所好者，设而勿用，仁义以服之也。"参见苏舆：《春秋繁露义证》卷2《竹林第三》，北京：中华书局，1992年，第46页。

化模式,都不以军事征服或者获取土地和资源为终极目的,所以对这两种政教关系采取合体性的兼收并蓄才是清朝统治最鲜明的特征。

与宋明的内敛性国策相比,清朝对疆域辽阔的渴求欲望似乎张扬了许多,没有那么克制隐忍。清朝帝王也确实通过武力征伐实现了有史以来最为恢弘的一统局面。清朝所采取的多次军事行动到底与前朝相比具有什么特点,曾引起学界颇多争议。新清史即把清帝征战西北看做类似于西方近代的殖民扩张,表面上,清廷对准噶尔的胜利似乎带有强烈的领土要求,但细究起来,清廷绝非如西方殖民者那样通过屠杀人口和掠夺资源,为海外贸易与殖民统治创造优厚的经济条件,而是基本恪守了宋明礼教对广大空间占有的"道德"定义。

艾森斯塔得有一段分析也许有助于我们对清帝扩张政策的理解。他说,在对外政治领域,中国皇帝经常追求领土扩张,卷入了许多战争。然而,他们也经常宣称其目的是为了帝国的团结,或文化统一体的维持。即使表白这些文化动机只是为了宣传的目的,它们也依然明显地影响了实际政策的制订和贯彻。进一步说,既然统一帝国的理想只有在儒家的框架之中才能实现,那么统治者就不得不在领土统一等方面借重文化群体和阶层。[①]这个阶层无疑指的就是儒家士大夫群体。

从表面上观察,清朝的边疆政策不仅与宋明有异,而且也违背了汉唐以来惯常使用的羁縻政策。清朝君主认为汉唐一直处于战争还是和议的两难选择之中,一些胸怀大志的有为之君,也曾想远征荒漠,底定天下。"然事不中机,材不副用,加以地远无定处,故尝劳众费财,十损一得",这就造成了"搢绅之儒守和亲,介胄之士言征伐。征伐则民力竭,和亲则国威丧"的尴尬局面。和亲与征伐的争论导致汉唐君主放弃了大片国土,北方"夷狄"步步紧逼,也间接造成后世宋明疆土逼窄窘迫的困境,于是才有"守在四夷,縻不绝,地不可耕,民不可臣"的舆论开始主导疆域政策。清帝以为:"然此以论汉唐宋明之中夏,而非谓我皇清之中夏也。"理由是,清朝在疆域扩张上接续的是元朝的传统,必须剿灭准噶尔也恰恰是因为他们破坏了元朝"大一统"的格局。所以才有如下的说法:"皇清荷天之宠,兴东海,抚华区。有元之裔,久属版章,岁朝贡,从征狩,执役惟谨。准噶尔、厄鲁特者,本有元之臣仆。叛出据海西,终明世为边患。至噶尔丹而稍强,吞噬邻蕃,阑入北塞。我皇祖三临朔漠,用大破其师。元恶伏冥诛,胁从远遁迹。"[②]

在后来撰写的《十全记》中,乾隆帝对发动边疆战争的意义有了一番自己的独到理解。他首先强调的是"守中国者,不可徒言偃武修文,以示自弱也"。否则"必致弃其故有而不能守"。同时他又引用《易经》中的一段话表示即使被迫动兵也要恪守"道"的轨则,做到"每于用武之际,更切深思,定于志以合乎道"。[③]

这个思考路向显然与汉唐宋明以来的边疆想象完全不同。清帝会坚持说不蹈宋明覆辙:"岂如宋

---

① S.N.艾森斯塔得:《帝国的政治体系》,第236页。

② 梁国治等撰:《钦定国子监志》卷5《御制一·御制平定准噶尔告成太学碑文》,《景印文渊阁四库全书》第600册,第54—55页。当时乾隆帝准备征伐准噶尔即遭到了众多大臣的阻挠,只有傅恒一人表示支持,乾隆帝也是顶着巨大压力才做出出兵的决定,其考量的焦点即在于出兵是否合乎唐宋以来征战与议和积累的历史教训。参见戴逸:《乾隆帝及其时代》,北京:中国人民大学出版社,2018年,第176页。

③《十全记》,张羽新:《清政府与喇嘛教·附清代喇嘛教碑刻》,第480页。

明,和市之为。"这并非意味着清廷的边疆政策完全脱离了宋明以来的轨辙,因为其攻取西北疆域后的最终治理方略,与汉唐宋明坚持赋予征服区域以道德意义的传统并无二致。故在同一纪功碑文中又有这样的话:"既知其然,饬我边吏。弗纵弗严,示之节制。不仁之守,再世斯斩。篡夺相仍,飘忽荏苒。"①

在平定回部以后,乾隆帝特别强调战争使"声教"远及于蛮荒之地,其诏书云:"斯声教益溥于要荒,将惠恺愈罩于海宇。殊勋既奏,庆典宜宣。"针对大小和卓的叛乱,他也表示本来不想动武,乃是被逼无奈,表示"是以不得已而申讨,初非更有事于穷兵"。②

在告成太学的碑文中,乾隆帝把这层意思昭示得更加明确,他说:"夷考西师之役,非予夙愿之图,何则? 实以国家幅员不为不广,属国不为不多,惟廑守成之志,无希开创之名。兼以承平日久,人习于逸,既无非常之人,安能举非常之事,而建非常之功哉?"可见他对征伐边疆是否能够成功是心存忧惧的。至于胜利的原因则归结为上天的佑护。于是说:"故曰非人力也,天也。夫天如是显佑国家者,以祖宗之敬天爱民,蒙眷顾者深也。则我后世子孙其何以心上苍之心,志列祖之志,勉继绳于有永,保丕基于无穷乎?"这套说辞其实与儒家对帝王占有疆域需提供足够的道德理由没有什么实质差别。所以碑文的最后才得出结论:"郊庙告成,诸典并举。皇皇太学,丰碑再树。丰碑再树,敢予喜功。用不得已,天眷屡蒙。始之以武,终之以文。戡乱惟义,抚众惟仁。"③立碑太学的目的就是要昭告世人,征伐边疆不是为了单纯占有土地,或者掠夺人口,只不过是一种仁政普施的教化手段而已,与在内地推行儒教礼仪没有根本的区别。

与碑文的意思相近,乾隆帝还说过这样的话:"我武既扬,必期扫穴犁庭,不遗一介,亦非体上天好生之德。即使尽得其地,而西藏边外,又数千里之遥,所谓不可耕而守者,亦将付之他人。"④在1795年一篇有关退位的文告中乾隆帝写道:"知进知退,易有明言。予实服膺弗敢忘。而每于用武之际,更切深思,定于志以合于道。"⑤细究其中之意,乾隆帝用兵一定要依托正统性赋予他的道德指令,不会单凭一时冲动就起了动武扬威的念头。

实际上,乾隆帝对发动准噶尔战争前只得到少数人支持这件事始终耿耿于怀,久久不能平复心中的怨气。以至于战后还专拟了一篇《开惑论》,借他人之口陈说自己发动战争的真实理由。这篇文章开篇即述说这场"西师之役"因为"决机于午夜之密勿,驰檄于绝域之阻阒",没有机会"能人人而告之,以祛其疑",因此才有此文的撰写与刊布。可见乾隆帝并非在打完胜仗后只知炫耀武功,他还是相当在意当朝的儒生臣子们到底如何评价这场战争的性质。

《开惑论》的场景设置好像一出三人戏剧,角色包括硕儒、士大夫和"信天主人",具体情节是硕儒与士大夫之间展开了一场发动某次战争(暗指准噶尔之役)是否恰当的争论,这位"信天主人"俨然是

①《十全记》,张羽新:《清政府与喇嘛教·附清代喇嘛教碑刻》,第480页。

②《清高宗实录》卷600,乾隆二十四十一月辛亥。

③ 梁国治等撰:《国子监志》卷5《御制一·御制平定回部告成太学碑文》,纪昀等撰:《景印文渊阁四库全书》第600册,第60页。

④《十全记》,张羽新:《清政府与喇嘛教·附清代喇嘛教碑刻》,第480页。

⑤ 欧立德:《乾隆帝》,青石译,北京:社会科学文献出版社,2014年,第152—153页。

争议的仲裁者,其身份暗指乾隆帝。在这出"信天主人"导演操控的"戏剧"冲突中,硕儒首先摆出一套反战说辞,士大夫随之加以驳论,双方唇枪舌剑,互不相让。硕儒反对这场战争的理由相当煽情:"阳舒阴惨,生民大情,离忧合欢,品物同性。绝者不可复属,死者不可复生,损兵折将,无补功成。"士大夫则极力证明战争并没有增加国力负担,他质问:"加征增算,何曾于民,凡有水旱,无不恤赈。运输给价,防其蚀侵,甘肃岁赋,预免庚辰。"清廷在战时不但没有加征税赋,还赈济饥民,如此才造成了"无不内属,慕义归仁。鸿庸爰建,千古未闻"之局面。紧接着士大夫又斥责硕儒不辨菽麦,"安足以知我信天主人哉!"在铺垫了一番话之后,信天主人终于以仲裁息争的身份隆重登场,一下子把战争意义升华到了"顺天者昌,逆天者亡"的高度,并搬用《易经》开示说,这场"御寇"之战获得了《易经》所预言的昊苍上天的眷顾,而"信天主人"态度又是如此诚恳,达到了"矜矜惴惴,凛凛皇皇,陨越是惧"的心理境界,既然有了苍天的佑护,那么还在乎这些论争的是非短长干什么呢?①

乾隆帝对边疆战争意义的辩护最终俘获了众多汉人士大夫的心。如钱陈群就指出,准噶尔之役完全遵奉天意,且并未造成民众的积怨:"故曰:天也,非人之所能为也,莫之为而为者也,兹之谓矣。惟是五载之中,皇帝运独,断炳先几,民无征发之劳,士有挟纩之感。"接着又颂扬道:"传檄而定者数十城,慕化而归者万余里"。"功至大而不有,业极盛而不居,于书传所称,若合符节。"②大意是说乾隆帝的解释完全符合文人对战争意义的想象,也暗合宋明以来文人领军传统中对战争理应具备仁义之师特点的论述。

我们只要读一段宋人范祖禹的话,就会明白乾隆帝的这套自辩之辞的确其来有自。范祖禹在元祐初年表上的《唐鉴》中曾说过:"有国者丧师之祸小而或以霸,秦穆公、越王勾践是也;得地之祸大而或以亡,楚灵王、齐湣王是也。是故广地不若广德,强兵不若强民。先王患德之不足而不患地之不广,患民之不安而不患兵之不强。封域之外声教所不及者,不以烦中国也。"③

如果仔细辨析清朝鼎盛时期的若干国策,我们可以看出基本吻合宋明以来儒家教导所规定的正当性原则,比如雍正朝有所谓"大小赌咒河界争与马白立界"之事。据史载,大赌咒河又称黑水河,小赌咒河即今云南省马关县马白镇之赌咒河。原本在地理位置上只有一条赌咒河,位于开化府城南240里,与安南渭川州接界,史书称"蛮夷于此立誓各不相侵之处,故名"。④雍正初年,安南曾意图侵占这一地区,故而引发了长达四年的疆界争端。

雍正二年,云贵总督高其倬着手整顿财政,清厘盐、铜、银厂三项赢余归公,并开始寻找新的矿脉,以备设厂开采。他听说都龙一处有矿,于是派人前往调查,回报称都龙系交趾属地,并非属云南之境。此后,高其倬发现开化府与安南原以赌咒河为界,康熙年间安南曾攻掠界内各寨,开化府知府与开化镇总兵不愿冒险救援,另指一条小河为赌咒河,称河外系安南之地,这样就放弃了一百余里的疆境,境

① 钟兴麒、王豪、韩慧校注:《西域图志校注》卷首一,《开惑论》,乌鲁木齐:新疆人民出版社,2002年,第6—8页。
② 钱陈群:《御制平定回部告成太学碑文跋》;董诰等辑:《皇清文颖续编》卷8,清嘉庆武英殿刻本。
③《唐鉴》卷3《高昌既平》条下,转引自邓小南:《祖宗之法:北宋前期政治述略》,北京:生活·读书·新知三联书店,2006年,第273—274页。
④ 和珅等:《大清一统志》,《景印文渊阁四库全书》第483册,台北:台湾商务印书馆,1986年,第58页。中国第一历史档案馆编:《雍正朝汉文朱批奏折汇编》第10册,南京:江苏古籍出版社,1991年,第734—736页。

内所属六寨民户田粮俱归安南所有,遂有"大赌咒河"和"小赌咒河"之称,而都龙正位于大小赌咒河之间。高其倬认为"铜矿事小,疆土事大",①即派新任开化镇总兵冯允中前往实地踏勘,并咨会安南派官员会同勘察疆界。

安南政府对此反应激烈,不仅不派员会议疆界,还派兵2000余人在铅厂山下小溪对岸驻扎。为防不测,高其倬亦派兵300名在马白汛外驻守,随后又亲率200人巡视地界。高其倬曾就安南派兵之事两次上奏朝廷,又将勘察结果比照康熙《云南通志》所载开化府疆域,于雍正三年正月再次上奏,辨析两河名称之由来,缕述边土被逐步蚕食的经过。

雍正帝阅后批复:"治天下之道,以分疆与柔远较,则柔远为尤重……安南国于我朝累世恭顺,深为可嘉,方当奖励,何必与争明季久失之区区弹丸之地乎? 且其地如果有利,则天朝岂与小邦争利? 如无利,则何必争矣。朕居心惟以至公至正,视中外皆赤子,况两地接壤最宜善处,以安静怀集之,非徒安彼民,亦所以安吾民也! 即以小溪为界,其何伤乎? 贪利幸功之举,皆不可。"②根据此谕,勘界甫一开始,清朝就放弃了对开化府疆域南界之"大赌咒河"权益的争取。

安南政府见清军控占了铅厂山以北之地,即通过两广总督向雍正帝控告,称清军侵占渭川州边地120里,在其境内立碑定界、占寨毁舍、建造营房。③雍正帝先后将参与处理界务的数名官员调职,总兵冯允中被召回京城,开化府知府吴文炎为佟世祐接替,布政使李卫调任浙江巡抚,连高其倬也被指斥"偏狭尚气",调任闽浙总督,云贵总督一职改由鄂尔泰接手。

在争夺铅厂山附近与安南有争议地界的过程中,雍正帝似乎并不特别在意实际占领土地的面积到底有多大,而更多关注安南政府态度是否恭顺,一旦安南方面表达了对清廷的谦卑恭敬之意,雍正帝就不再细究领土的归属问题。如雍正五年六月,安南国王一度拒不迎奉雍正帝敕谕,④直到鄂尔泰以发兵相威胁,安南才按照"三跪九叩"礼仪隆重迎接敕谕。⑤雍正帝对此甚为满意,决定将铅厂山周围40里赏赐安南。⑥

清朝皇帝对边境土地的处置完全符合宋明以来新儒家的基本认知态度,那就是只要国境之外的异族政权对清朝表示效忠和顺从,在归顺礼仪的谦恭程度方面符合既定的道德标准,那么是否真正拥有实际的土地就变得无足轻重,可知在清帝对领土占有的斟酌考量中哪有什么"满洲特性"在起作用,他分明是儒家天下理想的合格继承人。

八、对"体用""文质"观念的思想史诠释:"正统性"也是可以分殊的

理解清朝之统治特性十分不易,原因在于,估测其统治风格不能仅仅瞩目于一些属于"治理"层面的制度安排,或者眼睛仅仅盯住某些行政技术运作的得失短长,而是要揣摩清帝在具体使用这些治理

---

① 台北故宫博物院编:《宫中档雍正朝奏折》第3辑,台北:台北故宫博物院,1978年,第771—772页。
② 中国第一历史档案馆编:《雍正朝汉文朱批奏折汇编》第4册,第370页。
③ 中国第一历史档案馆编:《雍正朝汉文朱批奏折汇编》第5册,第148—154页。
④《清代档案史料选编》第2册,上海:上海书店出版社,2010年,第193页。
⑤《清代档案史料选编》第2册,第200—201页。
⑥《清世宗实录》卷65,雍正六年正月己卯。

技术时到底凭借着什么样的文化资源,采取了什么样的行动逻辑,它们大多深藏在一些很难捕捉到的心理活动之中,论者必须转换角色,置身于清帝时代细致观察方能悟其一二。如此一来,思想史的介入就成为必要的补充手段了。即如前面所示,清朝"统治"往往表现为一种"主导性虚构",这就意味着皇家采取任何"治理"层面的动作,其背后都需要预先设定一个理由,以作为行动的深层指导依据。照中国传统思想史的说法,这个依据就是"体",而那些治理手段只不过是"用"。至于这两者的关系,直到宋代才被理学家们表达得更加透彻。

理学家认为,那些恒常不变的"理"或"道"就是"体",由之繁衍出来的生生变化才是"用",体必然发显而成为用,但"用"的根基还须落实到"体",如果离开了"理"的普遍性,它所表现出的那些"用"就会流为无限多样的散殊之象,必然无所依凭,结果生生变化的世界统一性也就不复存在了。如果落在具体器物上,体用可以分殊,朱子曾以扇子作喻讲出一番道理。他说扇子有骨有柄,用纸糊,这就是"体",人把扇子摇动起来,就变成了"用",可见扇子之作为"体"和"用"是可以分离的。①朱子还更具体地认为,"礼是体",这就不是从抽象的哲学层次上来谈体用关系了,而是分明要把它落定在具体现实情境之中。②

从王朝正统性的建立而言,"体"就是"主导性虚构"(普遍王权),这部分相当于朱熹说的"扇骨","用"则是一种治理技术,略等于扇子摇动起来的状态,可看做是"正统性"的一种扩散与实施过程。"汉化论"仅仅拘守汉人本位的宋儒观,过度强调了"正统性"作为"体"的决定性作用,忽略了"体"还有发散为治理技术之多样性的"用"的一面;"内亚论"则正好相反,把清朝对边疆的特殊治理方式错当做"体"来看待,反而忽略了其与前朝"正统性"的关联,从而颠倒了传统的体用关系。③

这就关涉到清帝对"一"与"多"的理解。清朝统治版图包容了不同族群,迥异于以汉人为主体的宋明传统王朝。要弥合多样文化于一体,即使仅从处理多元语言并存与使用的繁复性而论,其难度之大也非前朝所可比拟。要真正实现多民族意义上的"大一统",就必须推行"同文之治",但在清朝的语境下,"同文"既要遵循儒家先贤的理想设计,不可逸出道德伦理规定下圣王之治的正统性标准,实施伦序、礼乐和教化的目标,又不能窄化到仅局限于汉语儒家经典范围,而罔顾多民族共同体之间实际存在语言差异的现实境遇。

清朝的"同文"规划常常处境微妙,清帝必须遵循传统王道政治中对"政"归于"道"之统摄的古旧训条,但与汉人相比乃是出身于非汉人族群,故又必须剔除前朝过于强调"以夏变夷"的极端排外思想,小心翼翼地把多民族语言融汇进来,构成"大一统"的必备要素。所以才有乾隆帝"天下之语万殊,天下之理则一"④的说辞。这个"理"仍是"声教"。在嘉庆三年(1798)一首诗的识语中,乾隆帝把这层意思阐发得十分明白:"各国之书,体不必同,而同我声教,斯诚一统无外之规也。"又说:"夫疆城既殊,

---

① 参见杨立华:《一本于生生:理一元论纲要》,北京:生活·读书·新知三联书店,2018年,第179页。

② 杨立华:《中国哲学十五讲》,北京:北京大学出版社,2019年,第246页。

③ 关于"体用"关系的讨论,至晚清仍不乏其人,如吴廷栋在致方宗诚书中对"体用关系"就有一段比较精粹的评论,他说:"尝谓世无无体之用,亦无无用之体。有用而无体,其用只是诈伪;有体而无用,其体必多缺陷。知体用一源,则所当致力者,宜知所先后矣。"吴廷栋:《拙修集》卷8,转引自王尔敏:《晚清政治思想史论》,台北:华世出版社,1970年,第53页。

④ 弘历:《御制满珠蒙古汉字三合切音清文鉴》御制序,《景印文渊阁四库全书》第234册,台北:台湾商务印书馆,1986年,第7页。

风土亦异,各国常用之书相沿已久,各从其便,正如五方言语嗜欲之不同,所谓修其教不易其俗,齐其政不易其宜也。"①

"修其教不易其俗,齐其政不易其宜",语出《礼记·王制》。在这里乾隆帝虽引用儒教经典,却偏向于强调其多元族群文化的差异,以有别于宋明的"夷夏之辨",但最终还是要把这种"多"归于"声教"的"一"。因为乾隆帝感觉到,以汉人为主体的"声教"规训,太过于突出儒教对周边民族所具有的道德优越感,并视之为辐射同化异族的利器,无法兼容其他文化的多样性,这并不是《礼记》所揭示的"大一统"之原义。多民族的"俗"与"宜"虽然要符合传统政教关系,但是不同风俗语文的差异也应该兼容并存,这样才能表现为一种"用",与作为"体"的道德伦理相辅相成,最终昭示出"同文"与"治道"的关联性。②

一个明显的例子是,不论乾隆帝多么强调语言表述的多样性,其内心深处还是以内地汉文化的正统性作为衡量的尺度。这就是"体"的意识在无形中起着范导作用。最著名的例子可能就是如下这段话了:"今以汉语指天,则曰天,以国语指天,则曰阿卜喀,以蒙古语、准语指天,则曰腾格里,以西番语指天,则曰那木喀,以回语指天,则曰阿思满。令回人指天以告汉人,曰此阿思满,汉人必以为非,汉人指天以告回人,曰此天,则回人亦必以为非。此亦一非也,彼亦一非也,庸讵知孰之为是乎?然仰首以望,昭昭之在上者,汉人以为天而敬之,回人以为阿思满而敬之,是即其大同也。实既同名,亦无不同焉。"③

这段话表面讲的是对"天"表达的多元性,实际上是以汉字"天"作为"大同"的标尺,去规范其他民族对"天"的表述,这就是大一统意识形态的优势,很难想象,从回人的角度能完全接受乾隆帝的这个解释。④

除了对"体用"关系有了全新的理解,清朝统治者对"文质"关系这一古老的思想史范畴也有一番自己的见解。因长期遭受明朝士人对其"蛮夷"身份的鄙夷,满人入关后在相当长一段时间内难以克服文化自卑的心理阴影,于是使用各种非常手段力图剔除自身"野蛮人"的烙印。比如清廷以征书为名删削宋明文献中有关"胡人"的描述,严禁刊刻明史私家著述,以杜绝对新朝满人具有北狄身份的评判与流播等等。但对自己非汉人身份的记载抱有如此强烈的过度反应,却恰恰证明其急欲改变在汉人心目中的北族形象,希望尽快融入内地汉文明的焦灼心态。与此同时,他们又似乎担心入关后满人日益被汉人腐化改造,不断强调保持满人传统习俗的重要性。清代早期的文治决策经常在两者之间来回摇摆。如何理解满人的这种深层焦虑及其诸种禁抑舆论的非常举措?我以为可以从中国传统的"文质之辩"思维中窥其一二。

"文质之辩"作为中国思想史的一个议题,其包含的内容相当驳杂难辨,有时它只是指一般的文辞

① 弘历:《御制文余集》卷2《题和阗玉笔筒诗识语》,《清高宗(乾隆)御制诗文全集》第10册,北京:中国人民大学出版社,1993年,第1011—1012页。

② 参见马子木、乌云毕力格:《"同文之治":清朝多语文政治文化的构拟与实践》,《民族研究》2017年第4期。

③ 弘历:《西域同文志序》,《清高宗(乾隆)御制诗文全集》第10册,第416页。

④ 欧立德说过,乾隆帝有意将一千多年前的汉代已经出现的名称用于他现在所控制的某些中亚地方和城市,可以说是借助汉人知识阶层容易接受的方式强调了他所取得的大一统成就。欧立德:《乾隆帝》,青石译,第147页。

修饰类型的嬗递,或者仅是对某类文章风格优劣的评鉴,如文章品性是浮华雕琢还是质朴简约等等,纯属文人欣赏趣味的差异。关于"文""质"相互关系的议论,古人曾留下许多记载,即使在音乐的理解上也讲究中和与平衡,如日本正仓院保存的古琴金银平文琴上就镌刻着如下几句话说:"琴之在音,荡涤邪心。虽有迟性,其感亦深。存雅却郑,浮侈是禁,条畅和正,乐而不淫",其中在听乐中体会戒抑娇奢之气,保持内心平衡的意蕴,折射出的仍是文质互补的逻辑。

在更多情况下,"文"与"质"的演变往往被置于世运变迁的框架内加以解读。历来的文质论都是对历史文化发展大势的一种描摹,汉儒就有所谓夏尚忠、殷尚质、周尚文的叙述模式,昭示的是一种三代更迭"质文代变"的观念。有关历史演进的判断,依赖对文/质这一对立范畴加以裁定,深刻影响了士人对社会文化深层变动的敏感,塑造了他们感知几微的能力。[1]对质文互变的评鉴反映在历史观层面往往会受时代际遇变化的深刻支配,比如在明清鼎革之际,"文质之辩"就被放在了反思明朝何以失败这个沉重的大话题之下予以讨论,以至于对明朝"文胜于质"的教训有所反思。如张履祥就沉痛于明末的"文弊极矣",极力主张用"质"的手段加以补救,他提出恢复宗族秩序等构想,就是从克服"文胜"的角度立论。[2]在明代的官方科举文字中即已有强调由文趋质的观点,把"经世致用"当作扭转崇文颓风的良药。如明人孙如游就称:"当开创之初,元气始合,故多质。质渐趋而文,文盛不已,辄极思以见奇。奇不能胜,爰吊诡以求异,遂至支离牵附,义悖辞淫,弊极矣。"[3]这种由质趋文、文盛思奇、最终走向吊诡求异、义悖辞淫的怪圈,随着改朝换代而不断地在历史上加速轮回着,只有倡导经世学风才能起到纠偏的作用。

但是另有一些议论却取相反的方向,认为鼎革之际潜藏着"质"胜于"文"的危险。如黄宗羲《明夷待访录》中未刊的《文质》篇,主旨就是从华夏文明沦丧于夷狄的现实危机出发来讨论文质之别,"文"相当于礼乐文化,质则是其反面,其中暗藏着的是与"夷夏论"纠缠在一起的担忧,如黄宗羲从服制、丧葬、燕饮、祭祀的损毁日废中看到了由文趋质带来的衰败之象。在王夫之的眼里,文衰而质胜的表征就是礼仪丧失,保存礼仪就是延续华夏礼乐文明,文衰则礼失,潜藏着由夏变夷,人沦为禽兽的大危机大变局。所以王夫之才说君子要慎言"质",而应该"重言文",厌恶那些"托质朴以毁礼乐"的说法。这与张履祥想通过恢复文化"质"之一面以挽救明末奢靡之风的言论又有差异,已经相当明显地对清朝满人是否能接续汉家礼仪表示了轻蔑和怀疑,文质论的批判性至此严峻到了极点。生活在鼎革时期的士人,其决绝的立场多少给刚入关的满人造成了一定的心理压力,逼使他们在是否汲取汉文明与保存满人文化方面左右摇摆,总是希望寻求到一种微妙的平衡。

如果要真正理解满人对汉文化的这种模仿式焦虑,就必须追溯到宋代对"文"的定义。隋唐时期

---

① 参见赵园:《制度·言论·心态:〈明清之际士大夫研究〉续编》,北京:北京大学出版社,2015年,第356页。有关文质之辩的讨论还可参照阎步克:《士大夫政治演生史稿》中第8章"独尊儒术下的汉政变迁"第1、2节"文敝的救治:'反质'和'文质彬彬'",北京:北京大学出版社,1998年。有关魏晋时期"文质",参见阎步克:《魏晋南北朝的质文论》,《乐师与史官:传统政治文化与政治论集》,北京:生活·读书·新知三联书店,2001年。有关"文质论"与中国历史观形成的分析,可参见杨念群:《"文质之辩"与中国历史观之构造》,《史林》2009年第5期。

② 参见杨念群:《何处是江南:清朝正统观的确立与山林精神世界的变异》第二章,北京:生活·读书·新知三联书店,2017年。

③ 孙如游:《顺天乡试录后序》,转引自陈维昭:《日藏孤本〈群芳一览〉与万历丙午丁未考试录》,《中国文学研究》2019年第2期。

对"文"的理解已经开始发生变化,"文"不仅仅代表一种文学抒情或者与文事相关的事情,如《隋书》所说:"然则文之为用,其大矣哉。上所以敷德教于下,下所以达情志于上,大则经纬天地,作训垂范,次则风谣歌颂,匡主和民。"①只不过唐代重视文章和辞藻,并不特别崇尚儒学,文学与儒学之间并未建立起互为表里的依存关系。这与唐朝皇帝并不专一于儒学信仰有关,宋朝则开始注重使用儒生理政治国。故《宋史·文苑传》才有以下判断:"艺祖革命,首用文吏而夺武臣之权,宋之尚文,端本于此。太宗、真宗其在藩邸,已有好学之名,作其即位,弥文日增。"②

宋代军事力量衰落,宋太祖为了遏制军人被周边随从黄袍加身的人间权力喜剧重演,开始改由文人领兵,或监控军事行动,造成军事指挥与文职人事相互窒碍,北方异族军事力量的崛起又造成了宋朝文人持续的心理恐慌,进一步弱化了军事力量。所谓"国家创造之初,则其大体必本于忠。风俗涵养之久,则其大势必趋于文",③"虚文"与"实政"的对峙关系实际上就是"文"与"质"差别的反映。崇文抑武的现象起始于宋代利用文臣制约武人的努力,这不但使武人的形象黯然失色,也加深了文人与武将之间的相互隔阂。欧阳修就把武人治国视为"霸且盗",认为"武为救世砭剂,文其膏粱欤!"意思是武不过是一剂救世的猛药,"文"才是治世滋补的佳品。"乱已定,必以文治之,否者,是病损而进砭剂,其伤多矣。"④效果肯定适得其反。

趋"文"之迹象还可以从南北文化对峙的格局中略加窥测。宋人偏安,起因于军力孱弱,故不思进取,但文化始终保持自信,对艺术与文学的爱好常常超越对武力的炫耀,故有人讥讽江南人有接受"苟安"和"偏安"的嗜好,其矫揉造作华而不实的行事风格也多为北人所耻笑。故南人中个别的豪放派诗人常常故意做出一副"南人孰谓不知兵"的姿态,还特别举证说"昔者亡秦楚三户",⑤又说"切勿轻书生,上马能击贼"⑥。但怎么看这架势都像是外强中干的自我安慰,或者是一种军事挫败后的心理补偿。一个有趣的现象是,北人一方面被描绘成野蛮人,另一方面对南方抗敌英雄的相貌描写却多接近于孔武有力的北方"异族"形象,称羡的是他们那种最原始的求生本能和身体的蛮武强壮。⑦

儒家"道统"的建构很大程度上是对军事力量衰弱不振的一个回应,即通过构筑文明的优越感抵消军事弱势带来的心理压抑。北宋时,复兴古文就已经不是一场单纯的文学浪漫运动,古文不仅仅被看作是文学风格的表达,而且更强烈地体现出一种道德观念,否则就被视为文风雕琢浇薄,道德衰靡,不利于风化,一旦"文"被添加了沉重的道德使命,就失去了文章本有的意趣。让价值观居于优先考量的位置,意味着道德涵养的努力是获取文学成就的必要基础,学道应先于学文。宋代"道统"谱系的建立实际上改变了原有的政教关系框架,使得儒教更强调道德教化的思路得以延伸到皇室,并通过宗族的再造渗透进基层社会。这进一步加剧了宋朝气质的"内向化"过程。

---

① 魏徵等:《隋书》卷76,北京:中华书局,1997年,第1729页。
② 脱脱等:《宋史》卷439,北京:中华书局,1985年,第12997页。
③ 吕中:《类编皇朝大事记讲义 类编皇朝中兴大事记讲义》,张其凡、白晓霞整理,上海:上海人民出版社,2014年,第61—62页。
④ 欧阳修、宋祁:《新唐书》卷198,北京:中华书局,1975年,第5637页。
⑤ 陆游:《陆游集》,《剑南诗稿》卷14,北京:中华书局,1976年,第392页。
⑥ 陆游:《陆游集》,《剑南诗稿》卷3,第75页。
⑦ 参见戴仁柱:《十三世纪中国政治与文化危机》,刘晓译,北京:中国广播电视出版社,2003年,第233页。

时人概括北宋在屡战屡败"偃兵息民"之后,"天下稍知有太平之乐,喜无事而畏生事,求无过而不求有功,而又文之以儒术,辅之以正论,人心日柔,人气日惰,人才日弱,举为懦弛之行,以相与奉繁密之法"。①故崇尚"文"与鄙视"质"的风气颇为明显,"文"是指儒教的精致化,"质"是对异族文化的贬斥,"夷夏之辨"在宋朝蔚为风气多与此构思有关。基本是这条延长线上流传下来的一种思维。满人入关之后,首先面对的问题是如何应对这种已成惯性的文人偏见。②

满人入关后,在心理上对江南汉文明抱着忧惧和艳羡的双重心理。他们并不排斥儒教的正统性,但对自己"质"的一面却也大加赞誉,满语骑射的提倡和对霸蛮武力的炫耀多少带点自卑心造成的补偿心理,但这种对满人传统习俗的崇尚亦可放在"文""质"互相转变的大文明史框架内加以认知,"质"不一定要被贬斥为"文"的绝对对立面,而要考虑到其转化成"文"的可能性,同时也应该为"质"本身的存在预留空间。③

有的学者对所谓"满洲特性"到底是一种本身文化固有的品质,或者只不过是对汉文化压迫做出的应激式回应与模仿,提出了自己的看法。比如清帝总是强调"满洲本性淳朴","廉洁""节俭"都应是满洲固有的风俗,满汉文字中的大量论述似乎也证明了这些"满洲特性"毫无疑义地确实存在着。但如果对比满语《加圈点字档》和《太宗文皇帝圣训》两种满文文本,就会发现,满汉两种文本的圣训中皇太极所言"国家崇尚节俭,毋事华靡"的表述,在《无圈点老档》中都不存在,完全是后来加进去的文字。④这就证明,入关前的满人根本没有意识到自身具有一种"节俭"的品质,因此,这也绝非几个字的改动这么简单,而是将整个节俭的故事套了圣训祖训的脉络中成为记忆重构的焦点,这就造成一种错觉,好像清朝立国之初,"节俭"之风就已被提升到了"国家崇尚"的地步,尽管在满人的初始记忆中本非存在什么"节俭"的概念。更为有趣的是,乾隆帝在回顾祖先留下的记忆时,主要使用汉文文本,汉文由此成为满洲统治者了解祖先行为的记忆来源。

换而言之,对"满洲淳朴"特性的记忆塑造恰恰是应对汉人奢靡生活威胁造成的结果,或者说是对汉人歧视眼光和观点的一种反弹式回应。汉人文明的巨大压力迫使满洲皇帝在论述自身的文化特质时不得不被迫戴上一副文明化的面具。⑤

至于满人为什么要保持自身文化特质,清朝统治者更多乃是出于权宜之计,而并不那么僵硬地固持己见。乾隆帝有一段话说得很清楚:"先时儒臣巴克什达海、库尔缠屡劝朕改满洲衣冠,效汉人服饰制度,朕不从。辄以为朕不纳谏,朕试设为比喻,如我等于此聚集,宽衣大袖,左佩矢,右挟弓,忽遇硕翁科罗巴图鲁劳萨挺身突入,我等能御之乎? 若废骑射,宽衣大袖,待他人割肉而后食,与尚左手之何异耶? 朕废此言,实为子孙万世之计也。"⑥这明显突出的是保留满人"质"的一面,然而我们再换个语

---

① 吕中:《类编皇朝大事记讲义 类编皇朝中兴大事记讲义》,第44页。相关的详细讨论可参见任锋:《治体、制度与国势:吕中〈宋大事记讲义〉引论》,《天府新论》2018年第6期。

② 包弼德:《斯文:唐宋思想的转型》,刘宁译,第186页。

③ 参见杨念群:《何处是江南:清朝正统观的确立与山林精神世界的变异》,第四、五章。

④ 蔡名哲:《满洲人的淳朴从何谈起:一个研究概念的探讨》,《成大历史学报》第49号,2015年12月,第225—230页。

⑤ 蔡名哲:《满洲人的淳朴从何谈起:一个研究概念的探讨》,第225—249页。

⑥ 于敏中:《钦定日下旧闻考》卷13,文渊阁四库全书本。

境观察,恰恰到了乾隆时期,满人制服上开始添加12章纹样,基本上与历代王权的服饰图案衔接了起来,这恰恰显示满人积极向汉人传统中"文"的方向靠拢,并纳入到统一的规制之中,最终完成了对前朝正统制度的接续。[①]

"文质"转化也与"夷夏之辨"有密切的关系,"夷""夏"互相转换正体现的是"质""文"关系变化的另一种表现形式。满人作为异族政权之所以被汉人所承认,一方面是因为他们接受了汉人中"文"的成分,这确实与某种汉化的程度有关,但其政权却有别于汉人王朝,所以其体现出的"质"的一面同样影响了汉人社会的审美取向。乾隆下江南对汉人文化的欣赏,与其在扬州建立藏传佛教的白塔之行为是双向互动的过程,也是相得益彰的结果,肯定不是一种单向的汉化行为。[②]

九、结论

清朝统治者因其祖先金人与宋朝为敌,背负胡狄之名,在宋明以来的正统观传承谱系中属于偏统遗脉,不入华夏主流。然满人入主大明江山,疆域之辽阔远超前代,治下族群之多元复杂亦非明人所能想象。故其对"何为正统"之理解必然迥异于汉人王朝,满洲君主必须甄别尊崇边疆广大地区民众信仰,承认其与内地的差异,不可能一刀切式地把非汉人族群完全统摄于儒学"正统观"的教化之列。清廷最终采取因地制宜的办法,分别在内地和藩部地区承继和接纳了两种政教关系,并以内地"正统观"引领统辖之,这就使得前朝以单一儒教为内涵的"正统观"被赋予了更加复杂的面相,满洲皇帝兼具多张统治面孔,以应对不同族群的文化心理预期,构成了新的"大一统"论述框架。

我个人认为,以往国内史界与"新清史"学派缠斗不休却终无定论的症结在于,大多数人并未区分"统治"和"治理"之间的界线,没有把握住清朝立国的多元要旨之所在。清朝入主大统极大扩张了地理版图,改变了前朝帝王因北方民族压力而过多看重南北分立格局的陈旧思路,开始把目光转移到东西差异及其统治之道,其正统根基立足于儒教和藏传佛教双重信仰,与宋明王朝所建立的单一"正统性"多有差异,却又并非截然异途,互不相容。

"新清史"以"族性"界分满汉,以内亚观替代中原"正统"论述,视清朝为中国之外的帝国,其失于偏颇者在于过度迷信人类学的族群论,不谙夷夏相互转化之奥妙玄机。没有意识到清帝倡导满语骑射强化满人特性等诸种举措大多只不过是一种治理策略,并非有意自立门户,与汉文明做断然裂分。有些不满于纯粹从族群差异入手定性清朝政权性质的学者主张应深究满人皇帝形象的多元性,这种思路已非常接近清朝"正统性"具备多样特性的看法,可惜仍把清帝的多种面目与自我认同意识归结为文化"建构"的结果,这种后现代主义式的"建构论"有消解清朝统治实质内涵的危险。

新清史研究者为了突出清朝对藏传佛教的尊奉和对"满洲特性"的彰扬,刻意强调藩部地区政教关系在清朝统治中的特殊性,并非没有一定道理。但这种比附太过机械地效法对西方"帝国"的认知套路,从某种意义上说,西方帝国往往具有鲜明的政教合一特点,其"教"的一面乃是指"宗教"信仰与

---

① 王跃工:《万国衣冠拜冕旒:卡地亚与故宫博物院特展中彰显王者风范的三件重要展品》,《紫禁城》2019年第5期。

② 梅尔清:《清初扬州文化》,朱修春译,上海:复旦大学出版社,2004年,第212页。其中说道:"扬州的景致在皇帝的手里被重写,题词和诗歌将这座城市、它的机构、盐业垄断以及帝国的中心黏合在一起。"

政治组织强势合体,在国策制定和实施方面起着支配作用。"帝国"之间的战争也往往体现出鲜明的"宗教战争"之特性。如十字军东征和奥斯曼帝国的征伐行动都是西方政教关系的延伸形式,与清廷发动战争背后所依恃的政教动机究有很大不同。传统中国并没有"意识形态"这一说法,经典文本中更多传达的是一种"政治"与"教化"互动的含义,"政"既指社会又指国家,不仅包括政府的行政规划和实践,也包括思想训导方面的要求,其规训对象上自皇帝,下至百姓。"教"也不单指教书和育人,更多是向全体民众灌输一种关于社会秩序的道德标准,并使之延绵不绝。相应的双语词"教化"为"教"的观念增加了"化"的意蕴。①清朝基本继承了前朝对"政教"关系的理解,其与西方统治的相异点主要体现在以下几个方面:

第一,清朝基于内外之别建立的两种政教关系,特别是面对边疆藩部的特殊语境确立的政教关系,对于皇权体制而言只具虚构意义上的象征特质。如皇帝拥有"转轮王"和"文殊菩萨"的身份,并不意味着皇帝本人一定具有对信众的实际宗教约束力,毕竟他与达赖和班禅喇嘛的宗教领袖身份不同。因此,清朝帝王不具备为了特殊的宗教目的进行暴力扩张的动机。这是区分西方"帝国"与东方"王朝"性质的关键之所在。

第二,基于藩部制度基础形成的政教关系之所以不具暴力扩张性,乃是因为它在根本上受制于内地儒教"正统性"的训化和制约,这并非简单的"汉化"过程所能解释。内地以儒教思想为核心构造的"政治"与"教化"关系,其"教"的涵义并非西方意义上之宗教,而是通过操练内心的道德训诫培养出的治世能力。宋明以来更是形塑成了一种"道统"—"政统"的二元互动模式,把道德制约人心的力量推向极致境界,并以此区分文野之别,激烈排斥和贬低非汉人文化,这明显违背了先秦原始儒家思想中包融少数族群,并允许其实现身份转换的古训。正因如此,雍正帝才在《大义觉迷录》里反复陈说满人作为夷狄入主大统乃是合乎夷夏可以互换位置的古义。这也是满人获取正统性的一个重要思想依据。

第三,与此同时,清朝皇帝始终没有忘记利用自身的非汉人身份建立新的正统性。满人在建国之初就与蒙古族群相互依存互助,具有一种天然的亲近感,其对自己的非汉人身份的认同感使其不可能限于仅仅单纯依附在以儒教为核心的政教关系制约之下,所以在建立清朝的过程中亦有意汲取藏传佛教思想和仪轨,使之整合进"大一统"观念支持下的正统性架构之中,这就是为什么我们不能把清朝"正统性"仅仅看做是儒教单一训化的结果,或者仅仅凭借"汉化论"解释其文化政策,而应该看到清朝的"大一统"实践融入了蒙藏满等多重族群的文化因素,这绝非儒教的单色调结构所能涵括。尽管如此,这种处于内地政教关系之外的异质元素,似乎并没有占据正统的主流位置,更没有构成清朝王权宗教化的一个触媒或契机。其原因在于,这两种"政教关系"虽然表面上处于并列态势,但究有内外之别,藩部的政教关系大体仍受制于内地"正统性"的引领和范导,形成了"体"(内地)与"用"(藩部)的二元运行逻辑,其体用互补关系所昭示出的仍是一种"中心"与"边缘"的状态。

第四,有学者把清帝的"一君多主制"形象作为区别于明代皇帝的最重要特征。但我认为仍可用

---

① 刘子健:《中国转向内在:两宋之际的文化内向》,赵冬梅译,第34页。

多元政教关系的建构加以解释,特别是藏传佛教作为清朝新型"正统性"支柱之一,或多或少削弱了清朝对外扩张的纯军事动机。这是因为西方和中亚帝国在扩展领土时常常是以讨伐异端宗教作为原始驱动力的,从拜占庭、罗马帝国到奥斯曼帝国,其背后都有宗教信仰作为扩张催动力。元代蒙古统治者改信藏传佛教以后,武力扩张能力却迅速下降。明朝俺答汗也曾获"转千金轮"称号,与忽必烈所获称号完全相同,蒙文史书《阿勒坦汗传》就记载,俺答汗皈依佛法后,就几乎完全停止了向外征服的行动,把主要精力都放在了大力弘扬佛法上面。[①]

故审观清代历史不可刻板地站在某个立场做单面观察,我更愿意视清朝政治为一个有着自主呼吸的有机体,它散发着特殊的气质。清初制度外观虽然仍残留着部落贵族凌霸蛮野的痕迹,可是在实现一统大业后并未从根本上逃逸出宋代以来趋于"文化内向"的走势脉络。即使从思想史的角度论之,"统治"与"治理"的区分仍完全可以通过经典"体用""文质"的思想维度重新诠释。

清朝以内地藩部为界重建"正统性"的目的,乃是充分考虑到未受或少受儒家思想影响的边疆地区精英和民众的真实感受。故只有通过对传统之"体"进行改造,兼顾内地与边疆族群的双重历史沿革境遇,才能使之弥散分殊为民族兼容共存的多样性,真正在"用"的层面上实现"大一统"的治理格局,这才符合中国古典"体用一源"与"体用分殊"交互映现的大历史规则。近些年西方历史学者也注意到了传统帝国与民族国家的一个重大区别,民族国家追求政治共同体的同质性(homogeneous),致力于创造内部个体平等而同质性的民族,帝国则有意识地维持其征服和纳入境内人群的多样性并保持其区别(distinctions),帝国统治在历史上是容纳差异性和促进和平共处最成功的统治方式。帝国善于使用混合的权力手法(repertoire of power),交替运用松散地监督中间人到从上至下的控制,从承认皇帝权威到拒绝皇帝的制度安排,而其他一些国家构建形式如联合王国、城邦国家、部落和民族国家,就不足以那么灵活地应付剧变的世界。[②]

若从文质之辩的角度观之,其原始义是描述朝代更迭带来的帝国整体气质的变化,但因为宋代以来过于强调文质分野,用"道统"标准强行设定夷夏之防的界线,终使原本鲜活的文质转换机制窒碍不通。满人本属非汉族群,故其文化政策致力于打乱宋明夷夏之间被固化的边界,重新激活了"文"与"质"之间活泼流动的状态。清朝的贡献在于重新定义"文""质"之别,并使两者转化趋于常态,这就从根本上洗白了满人的"蛮夷"身份,促使清朝名副其实地跻身到历代正统王朝的谱系之列,特别是其一系列的文化举措最终得到了拥有强烈优越感的汉人士大夫阶层的广泛支持。

(作者杨念群,中国人民大学清史研究所教授。原载《清史研究》2020年第4期)

---

① 甘德星:《"正统"之源:满洲入关前后王权思想之发展与蒙藏转轮王观念之关系考辨》,载汪荣祖等编:《民族认同与文化融合》,第129页。又参见吕文利:《试论俺答汗对意识形态的选择》,《学习与探索》2017年第5期。

② 参见 Jame Burbank, Frederic Cooper, *Empires in World History: Power and Politics of Difference*, Princeton University Press, 2011. 及相关书评尹钛:《帝国与多样性的治理》,《读书》2019年第2期。

盛清时期江南无赖的动态

吴金成

序 言

古今中外,任何地区都存在着无赖①。无赖自明中期开始在中国全境大量出现,其集体行动日渐凸显,至明末清初的大动荡时期达到了高峰。他们大多"五什成群"或"十百为伍",以桀黠者为盟主,在其指挥下肆意进行各种不法行为。明清时代最为著名的,"无所不为,无恶不作"的无赖团伙,是明末清初江南的打行、访行②,曾在江南的城市中引发了严重的治安问题。

经过明末清初之动荡,在清前期(康雍乾三代),内外比较安定、生产力发展、社会繁荣、人口激增,真有"盛世"之谓。此时期,汉人绅士已成为清朝的羽翼,成为君临百姓之上的支配势力。③不过,明清时代最为著名的打行、访行,自康熙年间起,反而逐渐销声匿迹。此征之于史:

①崇邑向有打行。……又名打降,团圆会。……地皇会,……国朝屯宿重兵,若辈衰息。④

②鼎革以来,官府不知其说。⑤

③打行最为民害,而我镇拳勇素有盛名,……见奉当事严禁,如前志所称诸不法事,今日不能行矣。⑥

④康熙年间,……善拳勇者为首,少年无赖属其部下,闻唤即至,……今则功令森严,此风不兴。⑦

---

① 无赖可以说是,平素不遵守人的本分,且不从事正常生计,只是依靠组织大小团伙,以不法(大多为拳勇、骗诈、刀笔)手段,牟取利益而生活的人。顾起元《客座赘语》卷4"莠民",第106页。在明清时代的史料中,被今人视为"无赖"的群体多被用"无赖""棍徒""光棍"等表述指称。本文中"无赖"这一措辞,是用作这些史料术语的代表。

② 崇祯《外冈志》卷1"俗蠹";郝秉键:《晚明清初江南"打行"研究》,《清史研究》2001年第1期;申浩:《明清以来江南市镇下层群体探微:以脚夫、访行及打行为例》,唐力行主编:《明清以来苏州城市社会研究》,上海:上海书店出版社,2013年;〔日〕上田信:《明末清初,江南の都市の"无赖"をめぐる社会关系—打行と脚夫—》,《史学杂誌》第90编第11号,1981年。

③ 瞿同祖:《清代地方政府》,范忠信、晏锋译,北京:法律出版社,2003年;颜晓红:《略论明清时期浙江地区城镇发展过程中的无赖阶层》,《江西社会科学》2008年第5期;吴金成:《国法与社会惯行——明清时代社会经济史研究》第2篇《国家权力和绅士》,首尔:知识产业社,2007年。

④ 康熙《崇明县志》卷6《风物志·风俗》,第389页。

⑤ 褚人获:《坚瓠集》九集卷2"打行"。

⑥ 乾隆《续外冈志》卷2《俗蠹》。

⑦ 顾公燮:《消夏闲记摘抄》"打降",乾隆五十年刊本。

那么，打行、访行这样的无赖在清代是否就完全消失了呢？首先就结论而言，自康熙年间，无赖们虽难以再像明末清初的"打行"那样，进行集团性的暴力活动，[1]但是依旧存在。清朝在康熙十二至十五年之间，处斩首犯、从犯，制定了严格的"光棍例"，用以管制无赖的活动。因此，他们之后多半是个别行动；即便集体行动，只有极少数是如同以前那样的大规模暴力行动，而以"三五成群"的小规模活动居多[2]。

但在此盛世之下，与大规模无赖活动的萎缩相反的是：①脚夫、乞丐的暴力行为大幅增加，②佣工、踹匠的罢工、粮食暴动亦大幅增加，③胥吏、衙役的弊害空前严重。首先就第①点而言，截至目前的既有研究多指出，清前期(三代盛世时期)脚夫和乞丐的暴力行为大幅增加，不仅是百姓，连官府都认为他们是"无赖"。[3]究其原因，伴随着人数不断增加，他们的生存条件日益艰难。就第②点而言，踹匠、佣工的罢工及粮食暴动多在1720—1750年间(康熙末期至乾隆初期)集中出现。其根本原因在于康熙以后米价的波动与工人的薪资结构。[4]就第③点而言，从来称[5]，第一，行政事务、规章及先例太复杂，所以州县官不得不依赖胥吏、衙役的丰富知识。第二，由于清代人口的增加，胥吏、衙役的人数也随之增长，随之大多原无工食的吏、役的贪赃、横暴亦增加。

但是，当时在清朝官府看来，除了第①②③问题，另有一更重要的原因。

一、无赖与脚夫[6]

"脚夫原系血汗营生"的良民，早在明朝脚夫亦被认为正当的职业。明中期以后，随着商品经济和市镇的发展，脚夫出现在许多水陆商业城镇。记录明末商人须知事项的《士商类要》[7]称，脚夫于全国各地无处不在，是不可或缺的"社会恶"。但在清代以前的资料中，尚不见脚夫这一群体为害之记载。

脚夫为害之问题，始见于康熙中期。征之于史：

①(康熙二十二年)松郡第一横害。[8]

②(康熙二十二年)"邑之肩挑脚夫，推强有力者为脚头，余夫受其统辖，俱请指使。[9]

① 巫仁恕：《激变良民——传统中国城市群众集体行动之分析》，北京：北京大学出版社，2011年，第36—41页。

② ［日］山本英史：《光棍例の成立とその背景—清初における秩序形成の一过程—》，山本英史编：《中国近世の规范と秩序》，东京：东洋文库，2014年。

③ 《金匮县禁止脚轿夫土工借称地界分别各色拦截苛诈碑》(雍正六年)，江苏省博物馆编：《江苏省明清以来碑刻资料选集》，北京：生活·读书·新知三联书店，1959年，第521—522页；上海博物馆图书资料室编：《上海碑刻资料选辑》，上海：上海人民出版社，1980年，第438—439页；《嘉定县为禁止丧葬扛抬人夫勒索告示碑》：参见山本英史：《光棍例の成立とその背景—清初における秩序形成の一过程—》。

④ 巫仁恕：《激变良民——传统中国城市群众集体行动之分析》，第53页，第171—234页。

⑤ 瞿同祖：《清代地方政府》第3、4章；赵世瑜：《吏与中国传统社会》，杭州：浙江人民出版社，1994年。

⑥ 樊树志：《江南市镇：传统的变革》，上海：复旦大学出版社，2005年，第352—356页；申浩：《明清以来江南市镇下层群体探微：以脚夫、访行及打行为例》；上田信：《明末清初，江南の都市の"无赖"をめぐる社会关系—打行と脚夫—》；吴金成：《国法与社会惯行：明清时代社会经济史研究》，第366—372页。

⑦ 程春宇：《士商类要》卷2，天启六年刊本。

⑧ 《松江府规定脚价工钱告示碑》，上海博物馆图书资料室编：《上海碑刻资料选辑》，上海人民出版社，1980年，第206页。

⑨ 康熙《上海县志》卷1《风俗》。

③（康熙二十五年）"士民石崧等目击脚夫肆横,激于公愤,环吁当道。……立碑永禁。①

④（康熙二十五年）吴下脚夫一项,什百成群,投托势要,私划地界,设立盘头、脚头等名目,盘踞一方。……倘不遂其所欲,则货抛河下,不能移动。……告官究治,则分□□□把持,有司碍于情面,不可惩创,养成骄悍,日甚一日。②

⑤（康熙二十六年）所以拳勇之患,脚夫为甚。"③

⑥（康熙二十年代）罗店四角,皆有脚夫。……什百成群,逞凶肆横。④

⑦（18世纪末至19世纪初）"镇有脚行三。……其间强而黠者为脚头。凡运商货,……把持勒掯。稍弗遂欲,即恃强生事,屡禁不止。……此等恶习,江苏通省谅皆如此。⑤

⑧（清末）嘉邑大害,莫甚于脚夫,而脚夫之横,莫甚于南翔、江湾两镇。若辈什百为群,投托势宦,接纳豪奴,私自分疆划界。⑥

那么,脚夫为何日益蛮横,最终变为仅次于"打行"的"无赖"集团呢?据前引史料可知,伴随着从业人数不断增加,脚夫就业机会有限,竞争日益激烈,生存条件日益艰难,因而脚夫们推戴"强有力者"或"强而黠者"为脚头（盘头）,其余脚夫受其统领,私立疆界、抬高脚价,暴力性逐渐增长,直至清末,脚夫之蛮横非但没有改善,反而日盛一日。长江三角洲地区的脚夫,逐渐变质为无赖团伙。官府亦因而感到脚夫的严重危害,称他们为"脚棍",将脚夫、无赖、棍徒都通称为恶棍,将脚夫这一群体视为另一个无赖恶棍之种类,下令严加惩治。⑦

不过,只靠人数增长并不能完全解释脚夫这样的形态变化（=暴力化）。领导者、求心点、动机诱发等要素亦需考虑。就此可参考以下史料:

①（康熙四十六年）豪强光棍,不畏国法,垄断市利。……分截□界,设立脚夫。……祈神□血,浩成大党。……横行滋事,……又大为民害。⑧

②（雍正年间）各镇游手强悍之徒,聚党结盟,自占为脚夫名色,分立段界。……⑨

③（道光十一年）（将康熙二十年的勒碑永远禁革在案,在道光十一年重新确认的内容）"棍徒纠党蠹法,重复设立轿夫、脚夫、盘头、丐头、柴担各项名色。……滋弊蜂起,日甚一日。不论婚

① 嘉庆《南翔镇志》卷12《杂志·纪事》。
②《嘉定县严禁脚夫结党横行告示碑》,上海博物馆图书资料室编:《上海碑刻资料选辑》,上海:上海人民出版社,1980年,第434页。
③ 石崧:《公建抚宪赵公长生书院碑记》,嘉庆《南翔镇志》卷2《营建·书院》。
④ 光绪《罗店镇志》卷1《疆里志上·风俗》。
⑤ 民国《法华乡志》卷2《风俗》,1922年铅印本。
⑥ 民国《江湾里志》卷3《徭役》。
⑦《金匮县禁止脚轿夫土工借称界地分别各色拦截苛诈碑》（雍正六年）,江苏省博物馆编:《江苏省明清以来碑刻资料选集》,第521—522页;《嘉定县为禁止丧葬扛抬人夫勒索告示碑》,上海博物馆图书资料室编:《上海碑刻资料选辑》,上海:上海人民出版社,1980年,第438—439页;山本英史:《光棍例の成立とその背景—清初における秩序形成の一过程—》。
⑧《常熟县呈准禁止豪强私占土地脚夫倚势诈民文》,江苏省博物馆编:《江苏省明清以来碑刻资料选集》,第633—635页。
⑨ 雍正《南汇县志》卷15《风俗》。

聚丧葬及铺户挑运,一切货物,藉以值差为名,百计勒索。稍不遂意,什百成群,逞凶肆横。……最为民害。①

可见,至清朝盛世时期,豪强、光棍、棍徒、游手强悍之徒等无赖,潜入脚夫这个原来凭借"血汗营生"的良民群体之中,他们一边通过歃血和向神祈祷等宗教仪式为盟,加强"同类意识",将脚夫变成有组织的无赖团伙。还分割地段,无视国法,蛮横地利用非法和武力手段垄断了所有搬运利权。

那么脚夫为害之问题,在清朝何以长期得不到解决?脚夫集团为了在竞争及官府的管控中生存下来,便投托于势宦、绅士、势豪,地保、胥吏、衙役等寻求庇护,甚至还收纳势豪家的奴仆。同时绅士、势豪也会视需要雇佣脚夫,而在绅士或势豪之中,还有人定期接受来自脚夫的钱财,作为提供庇护的报酬。因此脚夫的蛮横终未能根绝,也不可能被根绝,只能日渐严重。②

综上,随着清朝统治秩序的稳定,官府加强了统制,狡猾的无赖们为了躲避而积极谋求转变。其中一部分自行变身为脚夫,或者召集群体为脚夫,自己以为脚头,并将脚夫群体组织为无赖集团。但是地方官府却无法彻底禁止他们的活动,所以只是希望不要挑起太大的祸端而已。直至乾隆时期的18世纪中叶,江苏、江西、湖南、福建、浙江等地的地方官府通过选任和革充脚头,给脚头颁发执照,使脚头管制脚夫借以间接管控这一群体。③

二、无赖与乞丐④

古今中外,任何地区都有乞讨食物或金钱的乞丐(化子、叫化子、花子)。尽管朝廷为了收容乞丐,设有"养济院"或"栖流所",绅士和大商人亦建有义仓、广济堂,但是能够收容的定员并不多。没有被收容的乞丐们同类相聚,以乞讨为名目,做尽了所有非法勾当。

乞丐的成分非常复杂。乞丐分为①迫于无奈而临时乞讨者(原生乞丐),②因长期乞讨生活而成为职业者,③以乞讨为名目进行各种违法、犯罪活动者等。②③种的乞丐又称为"职业乞丐"。他们形式上是乞丐,但"大半皆属壮夫",是随时与无赖为伍的无赖生活者。

但是,乞丐这一问题,从清朝"盛世"开始的康熙年间中叶,已开始逐渐严重。尤其乾隆年间,乞丐的组织性和暴力性进一步增强,官府称他们为"丐匪"⑤。如下列典型记载所述:

① 光绪《罗店镇志》卷1《疆里志上·风俗》"知县毛正坦示谕论"。

② 郝秉键:《晚明清初江南"打行"研究》;樊树志:《江南市镇:传统的变革》,第352—356页;申浩:《明清以来江南市镇下层群体探微:以脚夫、访行及打行为例》,第128页。

③ 上田信:《明末清初,江南の都市の"无赖"をめぐる社会关系—打行と脚夫—》;山本进:《清代巴县の脚夫》,《东洋学报》第82卷第1号,2000年。

④ 徐珂:《清稗类钞》之"乞丐类",北京:中华书局,1986年,第11册;周德钧:《乞丐的历史》,北京:中国文史出版社,2005年;曲彦斌:《中国乞丐史》,北京:九州出版社,2007年;完颜绍元:《流氓世家》,北京:中国档案出版社,2007年,第185—188页;陆德阳:《流氓史》,上海:上海文艺出版社,1995年,第148—154页;韩大成:《明代城市研究》,北京:中国人民大学出版社,1991年,第366—374页;姜元默:《康乾时期江南乞丐问题와"盛世"의虚像》,《东洋史学研究》第111辑,2010年。

⑤ 姜元默:《康乾时期江南乞丐问题와"盛世"의虚像》,第212—213页。

①（康熙九至十年）无赖喇棍，似乞非丐，游手好闲，以精壮之徒，……每日窥探婚嫁丧寿大小有事之家，或三五成群，或十余人一伙，……因而索钱索酒。稍不如意，即行辱骂，若与理论，即肆凶扛打。……实窥家室之盈虚，并探门户之出入，以为盗窃计耳。……此辈以乞丐始，宁肯以乞丐终乎？①

②（康熙二十三至二十五年）苏属地方有等强悍棍徒，……甘入下流，管押乞丐，名曰纲头。而纲头之下又有甲头，布散城市乡村，各踞地界。……此等恶棍，苏松属邑俱有，而各乡镇尤甚。②

③（康熙年间）苏松嘉湖之民……四民之外，更有僧道之流，与夫游民乞丐，……至于乞丐一途，言之似属可悯，而其弊不可胜言。……近来乞丐，大半皆属壮夫，……更有丐头，其孤贫口粮，俱系丐头领出，与蠹役分肥，……且民间凡有吉凶庆吊之事，必先唤丐头，劳以酒食，给以银钱，否则群丐立聚其门，……是以富庶地方之丐头，类皆各拥厚赀，优游坐食。其温饱气象，反胜于士农工贾之家。③

④（康熙六十一年）恶棍统党多人……流丐鱼得水并非尸属，丐棍范二唆使喊控，……有恶丐鱼得水借尸图赖，纠集多丐，……致阊门一带铺户，各将店门关闭，远近传为罢市。……丐党多人，登门肆扰，毁坏家伙，居民闭店。……立速查明为首丐棍。……有无地方奸棍主使同行。……尚义桥图蠹蔡云生，……招窝流棍，名为乞丐，实为盗贼。……流丐成群结党。……地棍犹敢搭盖草房，窝留匪丐。④

⑤（雍正初）有等匪类勾通外来流棍，假乞丐为名，盘踞庙寺，日则白撞掏摸，夜则逾墙钻穴，居民受害难防。⑤

⑥（雍正年间）乞丐之中有奸匪混迹，为盗贼引线，皆由丐头容留。丐头之容留，皆由地方官之不稽查。⑥

⑦（乾隆五到六年）城乡村镇，向均设有丐头，地方居民，遇有年节婚丧红白之事，赏给钱米，专为管束乞丐不许行强横索而设。⑦

⑧（乾隆二十三年，1758）各处乞丐，多年力强壮之人，日间求乞，夜间行窃，求乞则强索滋扰，更借此窥探民间贫富路径，以便夜间行窃。……近来所获强盗及满贯之案，多系强壮之乞丐所为。图财杀命亦多此辈。此辈心粗胆大，党羽众多，……去住无定，……保甲不能约束，兵役亦难

① 陈司贞（即陈秉直，康熙九年至十年任江苏按察使）：《禁喇棍》，盘峤野人辑：《居官寡过录》卷3，道光青照堂丛书本，第466—486页。

② 汤斌（康熙二十三至二十五，江苏巡抚）：《严禁丐头肆横以除民害事》，汤斌：《汤斌集》，范志亭、范哲辑校，郑州：中州古籍出版社，2003年，上册，208页。

③ 靳辅：《生财裕饷第一疏》（康熙年间），贺长龄、魏源等编：《清朝经世文编》卷26《户政一》。

④《苏州府阊门程元芳香店门首有病丐跌毙丐棍借命图诈出示究办碑》，江苏省博物馆编：《江苏省明清以来碑刻资料选集》，第430—433页。

⑤ 张我观：《覆瓮余集》不分卷，《饬禁流匪以靖地方事》，《续修四库全书》，第538页。

⑥《署理江南安徽布政使噶尔泰奏》，《世宗宪皇帝朱批谕旨》卷170，《文渊阁四库全书》，台北：台湾商务印书馆，1983年。

⑦ 陈宏谋（乾隆五年至六年任江苏按察使）：《培远堂偶存稿》文稿卷10《弭盗议详》。

盘诘，竟成法外之人。……现在各州县设有罡头，给以执照专管乞丐。凡民间喜庆婚丧，有罡头给贴门首，则众丐不敢横索。各罡头所管乞丐，有定数，其行乞亦各有界址，似与甲长无异。正可将乞丐窃劫不法之事，均归罡头，一体管束。……地方官给以执照，凡于城乡强取横索及行凶匪窃，俱令管束，……将罡头责处，另选承充。……新来流丐，罡头向不识认者，一并查明，归于罡头。①

以上是从17世纪后半叶至18世纪中叶江苏省和浙江省的情况，就此具体分析如下。

第一，乞丐以乞讨为名，在节日或民间的婚丧嫁娶日一边讨钱，一边了解该家庭的情况，之后对其进行白天强索、夜间盗窃的勾当。因而庶民不得不事先向丐头送上钱米，以免乞丐的集体强索。这种现象严重到几乎成为一种社会惯例，但是庶民因惧怕后患而又不敢告发【①③⑦⑧】。②

第二，乞丐大体是"年力强壮之人"，且党羽众多，但是"不耕而食，不织而衣"，"去住无定"，所以亦无法通过保甲或兵役对其统制，社会亦不认同其为四民之一【①③⑧】。

第三，盛清时期，大批无赖潜入乞丐群体，一边乞讨，一边拥立相当于头领的丐头（团头、罡头、纲头）③，或干脆自己成为丐头，并在其下设甲头，进而将整个乞丐群体编成一个组织。丐头同打行、访行或脚夫一样，彼此分割一定的地段，互不侵犯，垄断各自地界内的无限利权【①②③⑤⑥⑧】。

第四，丐头被称为"恶棍"，而流丐、恶丐、丐匪（匪丐）则被称为"丐棍"，其群体被称为"丐党"，与奸棍、流棍、土棍、地棍、恶棍、图蠹等称呼并用【②④⑤⑥⑧】。且"此等恶棍，苏松属邑俱有"，乞丐常同棍徒、土棍等无赖或土匪"勾结成群，盘踞强索"，这类事情并非少数。④无赖将乞丐驱使为爪牙，乞丐则为无赖集团献出生命以示忠诚。⑤无赖之所以能够如此深入乞丐群体，是因为无赖和乞丐二者均是视需要而随时离合聚散的存在，同时亦得益于"地方官之不稽查"。盛清时期，在江南地区发生的盗窃、强盗、赌博、图赖事件，大多是乞丐所为⑥，江西⑦、陕西⑧、湖北⑨、广东⑩亦是如此。据说，其原因是这两个群体的联合使得其势力得到了增强。乞丐之存在不以水、陆为限。19世纪初，在苏州府一带，由

---

① 陈宏谋：《培远堂偶存稿》文檄卷43《稽查丐匪檄》。

② 潘杓灿：《乞丐》，丁日昌：《牧令书》卷20《戢暴》。

③ 光绪《罗店镇志》卷1《疆里志上·风俗》所录《知县毛正坦示谕论》亦称："棍徒纠党貌法，重复设立轿夫、脚夫、盘头、丐头、柴担各项名色。"

④ 《青浦县永禁流丐勒诈滋扰告示碑》（道光二十三年）、《松江府为禁流丐土棍勾结盘踞强索肆窃告示碑》（道光二十五年）、《严禁恶丐结党强索扰累闾里告示碑》（同治十二年），上海博物馆图书资料室编：《上海碑刻资料选辑》，第442—444页。

⑤ 陆德阳：《流氓史》，第148—154页。

⑥ 谢玉珩：《严拏匪徒痞棍为害并使病叟泼妇蚤扰示》，丁日昌：《牧令书》卷20《戢暴》。

⑦ 陈宏谋：《培远堂偶存稿》文檄卷15《严禁恶乞檄》（乾隆八年四月，江西巡抚）。

⑧ 陈宏谋：《培远堂偶存稿》文檄卷39《严查恶乞抢窃檄》（乾隆二十二年五月，陕西巡抚任）。

⑨ 第一历史档案馆藏《硃批奏折》乾隆二十二年二月二十六日，卢焯（湖北巡抚）称："此等盗贼出于各属流丐与江湖渔匪中者十之八九。臣查流丐一项，水陆皆有。昼则结伙恃强，遍赴孤村独户行乞，见老幼妇女之家，公然抢取衣物，甚至有奸淫略卖之案。现如孝感县，豫省流丐徐九等，因讨吃不遂，持刀杀死里民。流丐之横行无忌，看来楚省为甚，无怪盗贼多倚乞丐为巢穴。"

⑩ 倪根金、陈志国：《略论清代广东乡村的乞丐及其官治——以碑刻资料为中心》，《清史研究》2006年第2期。

于乞丐同棍徒合力肆意掠夺商店、湖广米船等,导致"各铺生意萧条,贸易零落"①,因而乞丐甚至被称为"盗匪、流氓、犯罪亡命者之巢穴"。在清代社会,"乞丐集团"和"无赖集团"都被认为是同样的"无赖"。

表面上看来,乞丐是以乞讨为生的存在。但是他们并不单纯限于乞讨,还从事强乞、勒索、敲诈、赌博、窃盗、强盗、暴行、小儿和妇女诱拐、人身买卖、杀人图赖等无赖所做的所有不法活动。而且最重要的是,盛清以降,大批无赖潜入乞丐群体成为丐头之后,将乞丐群体改编成了无赖团伙,最终结成丐帮。

但是,对于清政府而言,乞丐成了无法管制的"法外之人",却也对之无可奈何。国家亦不能从根本上杜绝此问题,其原因是:第一,其数量过于庞大,国家无法救济;第二,是全国性的现象;第三,他们与官府互相勾结,官府暗中为他们提供保护;第四,从表面上看,乞讨亦是一种生存手段。如上文所述,在城乡村镇的所有地区均有丐头率领的乞丐,所以国家亦只能"庶于听其营食之中,而即寓禁其滋事之意"②。

因此清朝于乾隆二十二年(1757),最终定立了保甲规程,其中一条规定:"议准,外来流丐,保正督率丐头稽查。少壮者询明籍贯,禀官递回原籍安插,其余归入栖流所管束,不许散处滋事。"③可见,清朝从中央层面认识到全国性的乞丐问题已经到了再也不能坐视不管的地步,但却又无奈地承认了他们的存在,进而令地方保甲组织的保正通过"丐头"间接管制乞丐。④而且按照乾隆二十二年(1757)的保甲规定,地方官府给以执照,给与丐头认可由其专管乞丐,乞丐群体反而藉之正式成为了丐帮。⑤但是,值得注意的是,此后,强乞勒索活动反而有增无减。在丐头的指挥下,乞丐的蛮横已成为社会的惯行,然而政府却无法直接统制他们,只能承认"丐头管束乞丐组织"的现状。

这就如上文所述的脚夫,"尽管其专干强索之事,且蛮横至极,但是官府却不能直接统制之,而是为脚头颁发执照,认可其地位,让脚头管束脚夫的蛮横,试图以此间接地统制脚夫之蛮横的做法"同出一辙。这亦与上述保甲规程中"议准:客民在地方开张贸易置有产业者,与土著一例顺编,至往来无定商贾,责令客长查察"所述的那样,委任客长管束时常往来于各省的外来客民和客商的情形,同出一辙。⑥进而又与保甲规程中,"议准:聚族而居,丁口众多者,择族中有品望者一人,立为族正,该族良莠,责令查举"所记录的,对于仅靠保甲组织统治乡村过程中尚有不足的部分,试图以宗族组织进行完善的做法,同出一辙。

---

① 《长元吴三县永禁棍徒乞丐假充河快勒索船户碑》(嘉庆十五年七月),江苏省博物馆编:《江苏省明清以来碑刻资料选集》,第242—243页;《元和县严禁滋扰虎丘山塘铺户及进香客船碑》(嘉庆十一年),苏州历史博物馆等编:《明清苏州工商业碑刻集》,南京:江苏人民出版社,1981年,第388页。
② 《高宗纯皇帝实录》卷560,乾隆二十三年四月上,第102页。
③ 嘉庆《大清会典事例》卷134《户部七·户口》,《近代中国史料丛刊》三编,第651册,第5994页。
④ 姜元默:《康乾时期江南乞丐问题와"盛世"의虚像》。
⑤ 曲彦斌:《中国乞丐史》,第65—99页。兼具民间职事集团和秘密社会组织双重属性的,丐帮是乞丐的行帮,已经存在于南宋时期。在清代,各地的乞丐群体大抵有管理乞丐的行帮首领,名叫"丐头"。丐头多由精壮强横无赖之徒,或地痞流氓充任。
⑥ 李俊甲:《中国四川社会研究,1644—1911—开发와地域秩序—》,首尔:首尔大学校出版部,2002年,第271—319页;山本进:《清代後期四川における地方財政の形成—會館と厘金》,《史林》第75卷第6号,1992年。

乾隆二十三年七月，江苏巡抚陈宏谋按照该保甲规程，分别委任设于各州县的丐头，使之管束各自势力地界内所有乞丐的不法现象和新来的流丐，并责令江南各地的州县官府为丐头颁发执照。①官府坐视乞丐无法言表的蛮横，只是干预"丐头"的革职和承充。②至此，丐头既是乞丐的头领，也获得了类似保甲长的地位。然而令人吃惊的是，从州县获得执照，且被正式认可的丐头，实际是在当地出了名的光棍、棍徒、流棍等"无赖"。③

如上所述，此后江南地区尽管立了很多要求管束乞丐之告示碑④，但其内容无一例外，均是让保长管束丐头约束其团伙。然而乞丐们断不会因为几个碑文便会停止横行。直至近现代，这些乞丐群体中的一部分仍被"黑社会"所吸收。⑤

三、无赖与踹匠

如上文所述，盛清时期脚夫、乞丐的暴力性增加，大城市劳动者、踹匠、佣工的罢工、暴力行为同样有所增长。具体而言，踹匠、佣工的罢工及粮食暴动，在1720—1750年（康熙末期至乾隆初期）集中出现。⑥

经过明末清初的动荡，到了盛清时期，罢工暴动为何反而发生得更为频繁？在所有行业，雇主机户和其所雇之机匠佣工间本是"工价有例，食用有条，原自相安"⑦，或者"机户出资经营，机匠计工受值，原属相需，各无异意"⑧，就是机户与佣工间"相互依存""相依为命"的关系，这种关系是长期传承的"社会惯行"。但是，至17世纪末18世纪初，雇主和佣工之间开始出现上述的难题，且日渐严重。就其原因，到目前为止学界的认识是，"康熙以后物价的波动与工人的薪资结构是最重要的因素"⑨。

但据当时的碑文所称，更根本的原因，是因为有大批无赖冒名潜入踹匠藉端滋扰。征之于史：

①（康熙三十二年）罗贵等一班流棍，冒名踹匠，肆行科敛，纠众打诈，……罗贵、张尔惠等，冒名踹匠，聚众齐行，威胁罢市，科敛炙诈。……踹匠皆系膂力凶悍之辈，俱非有家土著之民。散漫无稽，盗逃叵测。且异方杂处，奸宄易生。……结党横行，敛财惑众，毁□禁示，假工冒告，讵非恶棍而何？……科敛炙诈，煽惑齐行，增价若干。⑩

---

① 陈宏谋：《培远堂偶存稿》文檄卷43《稽查丐匪檄》。
② 岑大利、高永建：《中国古代的乞丐》，北京：商务印书馆，1996年，第165页；姜元默：《康乾时期江南乞丐问题与"盛世"的虚像》。
③ 参见曲彦斌：《中国乞丐史》，第70、72、128—129、134—136、168—171页。
④ 还有《上海县为严禁流丐结党盘踞扰累告示碑》（道光四年）、《严禁恶丐结党强索扰累间里告示碑》（同治十二年），上海博物馆图书资料室编：《上海碑刻资料选辑》，第441、444页。《元和县禁滋扰虎口山塘铺户及进香客船碑》（嘉庆十一年），苏州历史博物馆等编：《明清苏州工商业碑刻集》，第388页。
⑤ 曲彦斌：《中国乞丐史》。
⑥ 巫仁恕：《激变良民——传统中国城市群众集体行动之分析》，第53、175页。
⑦《苏州府约束踹匠碑》（康熙四十年），苏州历史博物馆等编：《明清苏州工商业碑刻集》，第62—65页。
⑧《奉各宪永禁机匠叫歇碑记》（雍正十二年），江苏省博物馆编：《江苏省明清以来碑刻资料选集》，第5—7页；《长州县永禁机匠叫歇碑》（雍正十二年），苏州历史博物馆等编：《明清苏州工商业碑刻集》，第15—17页。
⑨ 巫仁恕：《激变良民——传统中国城市群众集体行动之分析》，第232页。
⑩《苏州府为永禁踹匠齐行增价碑》（康熙三十二年），苏州历史博物馆等编：《明清苏州工商业碑刻集》，第55—57页。

②（康熙四十年）流棍煽惑踹匠，聚众肆横，仍为地方大害，……工价有例，食用有条，原自相安。其间为祸，并非真正踹匠。□□□办□□，流棍从中渔利，酿害非轻。……流棍之令一出，千百踹匠景从。成群结队，抄打竟无虚日。……踹匠穷民也，非流棍引诱，无以肆其奸。流棍亡命也，非穷民□□，无以行其术。自昔为然，于今为烈。盖匠之数万人，奸良不一，好恶易投。棍等从以笼络之、诱导之，东挑西拨，借景生端。①

③（康熙五十四年）王德、张先进、杜云升、陈晋侯等，皆一班流棍，前来蛊惑众匠，以增添工价为由，包揽告状，肆行科敛，以为□□之本。……复要各商增价，以助普济院、育婴堂之用。此岂目不识丁之踹匠所为？总皆流棍王德等数人从中簸弄，希图射利，病商病民，□□□克。……其王德等皆唆讼不法之徒，……张先进等亦皆冒匠煽惑之徒……前项流棍，仍前冒名染踹等匠借端兴讼，希图煽惑科敛。②

④（康熙五十九年）苏城内外踹匠，不下万余，均非土著，悉系外来，奸良莫辨。……兼有一班流棍，寄迹寺院，隐现踹坊。或称同乡，或认亲戚，煽惑众匠，齐行增价，代告扣克，科敛讼费，再索酬金。流棍贪婪，作俑倡乱不绝。……条约：……一、如有流棍窝顿各图，煽惑踹匠，构讼生端，及开赌招匠，立拿解究，驱回原籍。……一、流棍冒名踹匠，潜顿踹坊，皆因有等未入册籍之包头，任情容隐，流毒贻害。……一、如有奸匠拐布盗逃、赌博行奸斗殴、聚众歃盟、停工科敛、……。一、不法踹匠，不务本业，游荡为匪，酗酒赌博，谋为不法。③

⑤（道光二年，1822）每有匪匠，勒加工价。稍不遂欲，即以停工为挟制，以侵蚀为利薮。……稍向理论，即倡众歇诈，另投别户。此种恶习，甚为可恶。④

除上述史料外，同样被称为棍徒、地匪、流棍、地棍、匪徒、白拉等的无赖冒匠潜入相关领域，而煽动佣工、踹匠，如"藉端滋扰，把持阻挠"等不法行为的记载，在嘉庆以前以绵业的踹布业为最。⑤但从已知的清代碑文来看，⑥丝织业⑦、绸缎业、染色业、纸业（造纸、染纸）、刻书（印书）业、香烛业⑧、水木匠业、木器制造业、油漆业、钢铁锯锉业、金银珠宝业、金融典当高利贷业、钟表业、衣帽业、估衣业、缠绳

①《苏州府约束踹匠碑》（康熙四十年），苏州历史博物馆等编：《明清苏州工商业碑刻集》，第62—65页。

②《长吴二县禁立踹匠会馆碑》（康熙五十四年），苏州历史博物馆等编：《明清苏州工商业碑刻集》，第65—67页。

③《长洲吴县踹匠条约碑》（康熙五十九年），苏州历史博物馆等编：《明清苏州工商业碑刻集》，第68—71页。

④《元和县严禁机匠借端生事倡众停工碑》（道光二年），苏州历史博物馆等编：《明清苏州工商业碑刻集》，第24—25页。还有叫"匪匠"的无赖潜入丝织机匠，为了提高工价，煽动踹匠罢工，机户稍有异论，另投别户。18世纪后半叶，在江西省河口镇，福建出身无赖以纸工冒名潜入后，比较与其他工场的工资，为了增价做罢工，机户稍有异论，即转到别的工场去。参见吴金成：《矛与盾的共存——明清时期江西社会研究》，南京：江苏人民出版社，2018年，第325页。

⑤巫仁恕：《激变良民——传统中国城市群众集体行动之分析》，第213页。

⑥江苏省博物馆编：《江苏省明清以来碑刻资料选集》；上海博物馆图书资料室编：《上海碑刻选辑》；苏州历史博物馆等编：《明清苏州工商业碑刻集》；彭泽益：《清代工商行业碑文集粹》，郑州：中州古籍出版社，1997年；王国平、唐力行主编：《明清以来苏州社会史碑刻集》，苏州：苏州大学出版社，1998年。

⑦以王翔的估计，乾隆年间苏州城内丝织业就有十万余人，连带他们的家属，至少在二三十万人，而当时苏州城市人口为六七十万上下，居然占城市人口三分之一以上。参见王翔：《中国丝绸史研究》，团结出版社，1990年，第226页。

⑧《长元吴三县永禁烛业行头名目碑》（同治六年），江苏省博物馆：《江苏省明清以来碑刻资料选集》，第137页；完颜绍元：《流氓世家》，中国档案出版社，2007年，第102页。

业、南北货业、酱油业、柴炭煤烛业、裘皮业、私染业、交通运输业、生活服务业、烟草业、渔业、戏曲弹词等，几乎所有领域均有受到这些无赖不法妨碍的记载，还有不少是无赖设立行帮、会馆、公所的记载。

综合上述史料可知，苏州城内外许多行业的上万佣工、踹匠，大多是赤身而来的外来人①，"俱系愚民穷民，食力糊口"，"目不识丁"，"非流棍引诱，无以肆其奸"。但大批无赖或乡村奸猾、桀黠者，冒名潜入了这些愚昧纯朴的踹匠群体之中，煽惑众匠，并通过歃血结盟将其组织起来之后，向机户要求增加工银等，经常唆使他们"成群结队"地进行群体性罢工威胁作坊主。

可见，盛清时期，大批无赖或乡村奸猾、桀黠者冒名潜入许多行业的佣工、踹匠群体中，藉之谋生。"其间为祸，并非真正踹匠。流棍从中渔利，酿害非轻"②或者"惟有不法之徒，不谙工作，为主家所弃，遂怀妒忌之心，倡为行帮名色，挟众叫歇，勒加工银，使机户停职，机匠废业"③，就是大批无赖或乡村奸猾、桀黠者假冒佣工、踹匠，潜入其间，组织、煽惑他们。清代，无赖们只是就明末清初那样的集体行动有所节制而已，但是并未完全消失。他们恰似"变色龙"一般，通过改头换面，变身为踹匠、佣工来谋生。

四、无赖与胥吏、衙役

迄今为止既有研究之通说是，清代胥吏、衙役（合称"吏役""书役"）之弊害空前严重，④甚于虎狼。清初的顾炎武（1613—1682）即称："今夺百官之权而一切归之吏胥，是所谓百官者虚名，而柄国者吏胥而已。"⑤清末的郭嵩焘（1818—1891）亦曾叹息："本朝则与胥吏共天下耳。"⑥清初的侯方域（1618—1655）将吏胥比之为"狐与鼠"，或"虎与狼"，⑦因此，"民有愿死见阎罗而不愿生逢皂衣者"⑧。

那么，清代，胥吏、衙役弊害空前的原因是什么？既有研究普遍认为有以下两个原因：第一，行政事务、规章及先例过于复杂，所以州县官不得不依赖胥吏、衙役的丰富知识。况且，州县官是外来人，并不熟悉该地方情况及所有的问题，甚至连方言都听不懂。所以，谚云"清官难逃猾吏手"⑨。"不肖之官非惟藉（衙蠹）为爪牙，寄为耳目，久之且倚为心腹，资为呼吸。"⑩"书差为官之爪牙，一日不可无，一事不能少。""甚有上司访拿革役，本官从而呵护。"⑪

① 当时人估计苏州有踹匠就至少有万余人乃至二万人，他们工作于六、七百个踹坊，每个作坊平均有14至17人。他们大多为安徽省太平、宁国府、江苏省江宁府或江北地区之人。巫仁恕：《激变良民——传统中国城市群众集体行动之分析》，第206页。

②《苏州府约束踹匠碑》（康熙四十年），苏州历史博物馆等编：《明清苏州工商业碑刻集》，第62—65页。

③《长洲县永禁机匠叫歇碑》（雍正十二年），苏州历史博物馆等编：《明清苏州工商业碑刻集》，第15—17页。

④ 瞿同祖：《清代地方政府》第3、4章，范忠信等译，法律出版社，2011年。赵世瑜：《吏与中国传统社会》，浙江人民出版社，1994年。

⑤ 顾炎武：《日知录》卷8《吏胥》。

⑥ 赵世瑜：《吏与中国传统社会》，第275页。

⑦ 侯方域：《额吏胥》，《清朝经世文编》卷24《吏政十·吏胥》。

⑧《都察院右副都御史刘汉儒启本》（顺治元年），《明清史料》丙编，第3本，上海：商务印书馆，1936年。其外，牟愿相说他们"行己若狗彘，噬人若虎狼"（牟愿相：《说吏胥》，《清朝经世文编》卷24《吏政十·吏胥》）；田文镜（1662—1733）说"如狼似虎"[田文镜：《覆陈书役不必定额疏》（雍正七年），《清朝经世文编》卷24《吏政十·吏胥》]；清末民初的徐珂说："哆口嚼民如寇仇，官取其十吏取百"（徐珂：《清稗类钞》之《胥役类·周宗之横暴一时》）。

⑨ 王辉祖：《佐治药言》"检点书吏"条，台北：台湾商务印书馆，1966年。

⑩ 李之芳：《李文襄公别录》卷3《军旅纪略·饬禁司道府厅州县差扰》（康熙十八年）。

⑪ 刘兆麒：《总制浙闽文檄》卷3《访拿衙蠹》，康熙刊本。

第二，清代人口不断增加，胥吏、衙役的人数也随之增长，[1]吏、役大多原无薪资，因而愈发贪赃、横暴。胥吏和衙役都有"常年（规定）""额外""挂名"等情况。"额外"吏、役是姓名未列入政府档案的胥吏、衙役（亦称白役、帮役）。"挂名"吏、役虽列在官府名单中，但实际并不服役。况且，清朝胥吏任期为五年、衙役三年更替的服务规程不过是具文而已。因此，清代曾多次试图裁减吏役人数，然而均无成效。[2]清代的胥吏，从清初已经有"三十万"的推论，清末的游百川（1862年进士）说："大邑每至二三千人，次者六七百人，至少亦不下三四百人。"[3]可见，随着时代的推移，胥吏的人数不断增加。至于清代衙役人数，因为挂名衙役之职向州县官纳二到四两银子能买到，[4]很可能比胥吏更多。州县衙门中吏役的实际人数，远远超过政府规定的额数，确数其实谁都不知道。数量如此庞大的吏役们，其实社会地位又低[5]，俸禄又薄[6]。但是，一旦成为吏役，便可能朝秦暮楚，肆意贪腐。

但是，当时在清朝官府看来，除上述第一、第二点外，另有一更重要的原因。随着清朝统治秩序的稳定，官府加强了管制，在中国全域，大批无赖或乡村奸猾、桀黠者转变为胥吏、衙役，潜入该群体之中，或成为胥吏、衙役的爪牙。[7]关于胥吏，清初的侯方域曾论称："今天下吏胥之横，何其甚也！……奸猾者为之，无赖者为之，犯罪之人为之，搢绅豪强之仆、逃叛之奴为之，吏胥之子孙相沿袭，亲若友相援引者更迭为之。"[8]清初的黄宗羲（1610—1695）说："天下之吏，既为无赖子所据。"[9]储方庆（1633—1683）说："凡人出身为吏胥者，类皆乡里桀黠者流，不肯自安于耕凿，然后受役于官而为吏。"[10]牟愿相说："为吏胥者，则市井奸猾、巨家奴仆及犯罪之人，以是吏胥贱，吏胥既贱，为者皆甘心自弃于恶，行己若狗彘，噬人若虎狼。"[11]清末的王辉祖说："里有地棍，……若辈（地棍）倚胥吏为爪牙，胥吏倚若辈为腹心。"[12]

至于衙役，是类多无赖出身，常常与无赖、盗贼来往。[13]康熙二十九年李铎说："绍郡向有打降积习。或交结衙门蠹役为声势，……或系武进士，或系不肖衿监。"[14]田文镜（雍正7年）说："有一等游手好闲无业贫人，每于额设吏役之下，空挂一名，……曰帮役，曰白役，……市井无赖，一无恒产之穷

① 瞿同祖：《清代地方政府》第3、4章；赵世瑜：《吏与中国传统社会》。
② 侯方域：《额吏胥》，《清朝经世文编》卷24《吏政十·吏胥》；鲁一同：《胥吏论》，《清朝经世文编》卷24《吏政十·吏胥》。
③ 游百川：《请惩治贪残吏胥疏》，饶玉成编：《清朝经世文续编》卷24《吏政·胥吏》，光绪八年双峰书局刊本。
④ 瞿同祖：《清代地方政府》，第99页。
⑤ 牟愿相：《说吏胥》，《清朝经世文编》卷24《吏政十·吏胥》。
⑥ 王辉祖：《佐治药言》"检点书吏"条，台北：台湾商务印书馆，1966年。
⑦ 光绪《桐乡县志》卷2《疆域下·风俗》；王灿：《明清时期徽州社会陋俗述论》，《佳木斯大学社会科学学报》2014年第6期。
⑧ 侯方域：《额吏胥》，《清朝经世文编》卷24《吏政十·吏胥》。
⑨ 黄宗羲：《明夷待访录》"胥吏"。在此，黄梨洲的所谓"吏胥"，包括胥吏和"库子、解户、坊里长、弓兵、捕盗、皂隶、快手、承差"之类，就是意味着胥吏和衙役所有的人。
⑩ 储方庆：《驭吏论》，《清朝经世文编》卷24《吏政十·吏胥》。
⑪ 牟愿相：《说吏胥》，《清朝经世文编》卷24《吏政十·吏胥》。
⑫ 王辉祖：《佐治药言》"严治地棍"条："无赖投充衙役，或衙役的爪牙"：打行、访行变身为胥吏，或者无赖转为胥吏、讼师的爪牙。
⑬ 瞿同祖：《清代地方政府》，第104页。
⑭ 李铎：《越州临民录》卷4《告示·严禁打降》（康熙二十九年）。

民,……窝盗之人,半属挂名之役。"①清末人也说:"书办大率贫猾无赖,窜身于官。"②王辉祖:"唆讼者最讼师,害民者最地棍,……盖若辈平日多与吏、役关通,若辈藉吏、役为护符,吏、役借若辈为爪牙。"③《清朝文献通考》亦称:"快手、皂隶……大半皆土棍、游民。"④可见,盛清时期,大批无赖或乡村奸猾、桀黠者不仅改头换面成为胥吏、衙役,或者成为胥吏、衙役的爪牙,甚至有的地区衙役本身就是当地的犯罪团伙头目。

脚夫、乞丐、踹匠等群体相对而言更容易混入,但无赖们为什么选择相对难以混入的胥吏、衙役呢?清初的储方庆说:"今豪家皆破败,群慑于功令,而武夫之气亦少衰,独有吏胥一涂,可以凭官府之威灵,肆行其纵恣。故举一邑之奸人,群起而趋之"⑤。

其实,更恶劣、狡猾的无赖混入了吏役当中,使这一腐败的温床逐渐变为"甚于虎狼"、弊害空前的团伙。尽管如此,也不能将吏役还是踹匠全部视为无赖。依同样的逻辑,在生员、监生之中亦有相当数量的无赖,被称为"衿棍",他们中也有日后入仕为官之情况,但却不能将生员、监生阶层均视为无赖。

结　语

改头换面的无赖几乎无孔不入。根据记载,盛清时期,无赖还混入了如下诸多的社会阶层。第一,无赖为了逃避官府惩治,还化身为绅士、势豪家的家人、奴仆、爪牙。⑥甚至绅士也成为无赖的幕后操纵者。⑦第二,他们投身于旗下、营兵,或者窜入军队⑧。清代八旗子弟或者军兵的无赖化是普遍现象。清末各地"设局团练",至于募集的团勇,多半为地方之无赖。第三,无赖潜入寺院、祠庙、道观,成为神棍、善棍。⑨第四,无赖通过捐纳成为生员、监生的例子亦不少。第五,无赖有时还成为乡村的里长、粮长或保正、保长。第六,无赖或成为开发矿山的矿夫;或成为盐枭(贩私盐者),或为偷贩私盐贼首。但是,此类问题并不仅限于在江南地方出现。

无赖集团的形态,视国家权力的强弱、社会动荡与否而有所变化。在明末清初的动荡期,国家权力或者处于弱化状态,或者处于无政府状态,所以无赖可以肆意活动。无赖的活动自明中期开始日渐凸显,至明末清初达到高潮,便缘于此。万历至崇祯年间,江南嘉定县南翔镇,甚至由于以打行为首的

---

① 田文镜:《覆陈书役不必定额疏》(雍正七年),《清朝经世文编》卷24《吏政十·吏胥》。

②《吏治悬镜》卷1《驭书役》(转引自赵世瑜《吏与中国传统社会》第297页)。

③ 王辉祖:《学治臆说》"地棍讼师当治其根本"条,台北:台湾商务印书馆,1966年。

④《清朝文献通考》卷24《职役考四》,上海:商务印书馆,万有文库本,1936年,第5059页。

⑤ 储方庆:《吏胥议》,《清朝经世文编》卷24《吏政十·吏胥》。

⑥ 完颜绍元:《流氓世家》,第181—184页;陈宝良:《中国流氓史》(修订本),上海:上海人民出版社,2013年,第412—413页;山本英史:《光棍例の成立とその背景—清初における秩序形成の一过程—》,尾注66、71。

⑦ 田文镜:《抚豫宣化录》卷3《再行严禁窝贼窝娼窝赌以靖地方以肃功令事》;同书卷4《严禁势恶土豪藐法殃民等事》。以上转引自陈宝良:《中国流氓史》(修订本),第412—413页。

⑧ 完颜绍元:《流氓世家》,第175—177页;陈宝良:《中国流氓史》(修订本),第224—225、393—400页;山本英史:《光棍例の成立とその背景—清初における秩序形成の一过程—》,尾注90、91。八旗子弟经济地位日渐下降,与地方无赖臭味相投,使旗人日趋无赖化。

⑨ 高秀清、张立鹏:《流氓的历史》,北京:中国文史出版社,2005年,第198页;陈宝良:《中国流氓史》(修订本),第270—274页。

无赖的横行,导致当地经济一度萎缩。[1]但至清朝入关,平定三藩及台湾的郑氏势力,重新统一中国后,政治秩序日渐稳定,清朝权力自18世纪起就此加强了管控。此后,绅士阶层的作用亦转变为同清朝权力相互协作的关系,[2]随之,至少从表面上看,无赖的暴力性活动亦日渐萎缩,不得不潜入"地下"。但是,其活动也不是从此销声匿迹。其中相当一部分潜入了脚夫、乞丐、踹匠或吏役之中,维持其命脉,一旦机会来临便会即刻浮现于社会。他们时而参与罢工等城市民变,时而转入会党组织,参与教案。[3]

清代,无赖之间共享着"同类意识"。他们不但通过焚香歃血、文身、祭拜天地神明、共同发誓等宗教仪式结盟,还设置头领,结成等级森严的组织,上下级之间秩序严明。平日里他们聘请武师共同练习武术,外出时则以群体活动。他们通过这种行为,鼓吹他们独有的"同类意识"。因而亦应将这些无赖视为在明清时代社会底层俨然存在的"社会阶层"之一。

在明代,朝廷将绅士作为羽翼而委以一定的社会支配权。但盛清时期之社会状况较之前更加复杂,除绅士外,还存在多样的组织领袖,清初,清官于成龙(1617—1684)称:"势宦挟制、嚣(恶)衿把持、光棍肆恶"[4]。换言之,清代的中国社会,中间隔着农村"小农民"和"市民"(即城市居民),社会的一极是支配者绅士阶层,另一极则是所谓的"无赖"阶层。当然,正式的社会支配者是国家权力。但是,中国领土过于辽阔,人口过众,所以在国家权力对地方的统治中存在太多的空白。于是绅士被委任支配这些空白地区成为惯例。但是,绅士的支配只在"昼间"("地上"="阳地")行得通,而如果说"夜间"("地下"="阴地"),则可以说是由无赖支配亦不为过。尽管国法统制无赖,但社会惯行却是如此地同"国法"乖离。无赖们或有如下抗议:"你们绅士公然地进行不法来大吃大喝,而我们躲在"地下"又被非难为非法,又吃得很少。但是,违背国法不是彼此都一样吗?"所以,从宏观来看,清代的中国社会,其实是绅士、无赖两大集团在起主导作用[5]。

(作者吴金成,韩国首尔大学校名誉教授。未刊稿)

① 姜元默:《"金罗店银南翔"论에 대한再考察》,首尔大学《东洋史学科论集》总第27辑,2003年。
② 吴金成:《国法与社会惯行》第二篇第二章。
③ 巫仁恕:《激变良民——传统中国城市群众集体行动之分析》;陈宝良:《中国流氓史》(修订本)第8章《清代的无赖棍徒》;蔡惠琴:《明清无赖的社会活动及其人际关系网之探讨——兼论无赖集团、打行及窝访》,台湾清华大学硕士论文,1993年。
④ 于成龙:《条陈粤西二事上金抚军》,《清经世文编》卷20《吏政六》。
⑤ 陈宝良《中国流氓史》(修订本)第410-418页,表示了相似的意见。

溺女与教诲

——以中日两国的杀婴对策为中心

山本英史

前　言

在中国,如同"溺女"的称呼成为一种象征,明代中期以后,这个杀婴习俗逐渐集中在女婴,并且渗透到以华中南为中心的农村,甚至是都会。虽然不少明代外官寻求其防止之策,但是并无成效。到了清代,杀婴习俗不仅继续存在,甚至还更加猖獗。

对于这种溺女习俗,清政府和当地领袖们如何理解,又如何应对呢? 与世界各地相较的话,杀婴这个行为的流行并非是中国固有的传统,而是于前近代已普遍存在于基层社会的现象。又,如溺女这个称呼所示,受到杀害的对象多为女婴,可说是中国杀婴的最大特色。

因此,本稿将比较中日两国的杀婴对策,藉此,再次探究传统中国杀婴的固有背景,并且阐明清朝国家对基层社会的统治构造之一部分。

一、清代溺女习俗的发展

(一)中国杀婴

关于中国杀婴研究,已积累了不少成果[①]。本稿将依据这些研究的成果,先阐述中国杀婴研究的概要。

在中国,将杀婴习俗视为一种严重问题的看法始于宋代以后。根据个人浅见,作为史料用语的"溺女"这个名称大量出现于明代,特别是明代中期以后的文献,整个明清时代都普遍可见这个名称。

---

① 例如,徐永志:《近代溺女之风盛行探析》,《近代史研究》1992年第5期;赵建群:《清代"溺女之风"述论》,《福建师范大学学报(哲学科学版)》1993年第4期;张建民:《论清代溺婴问题》,《经济评论》1995年第2期;赵建群:《试述清代拯救女婴的社会措施》,《中国社会经济史研究》1995年第4期;常建华:《清代溺婴问题新探》,收入李中清、郭松义、定宜庄编:《婚姻家庭与人口行为》北京:北京大学出版社,2000年;刘静贞:《不举子:宋代的生育问题》,台北:稻乡出版社,1998年;郭松义:《伦理与生活——清代的婚姻关系》,北京:商务印书馆,2000年;肖倩:《清代江西溺女状况与禁诫文》,《史林》2001年第1期;常建华:《明代溺婴问题初探》,收入张国刚主编:《中国社会历史评论》第4卷,北京:商务印书馆,2002年,后收入常建华:《观念、史料与视野:中国社会史研究再探》,北京:北京大学出版社,2013年;林丽月:《风俗与罪愆:明代的溺女记叙及其文化意涵》,收入游鉴明主编:《近代中国的妇女与社会(1600—1950)无声之声Ⅱ》,台北:"中央研究院"近代史研究所,2003年。又,日本方面的研究则是如下。西山荣久:《支那民间のInfanticideについて》,《东亚经济研究》第13卷1号,1929年;曾我部静雄:《溺女考》,收入同氏著《支那政治习俗论考》,东京:筑摩书房,1943年;西山荣久:《杀儿(Infanticide)殊に溺女の研究》,收入同氏著《支那の姓氏と家族制度》,东京:六兴出版部,1944年等。最近的研究仅止于小川快之:《清代江西·福建における「厚嫁」「童养媳」等の习俗との关系をめぐって—》,收入山本英史编:《中国近世の规范と秩序》,东京:公益财团法人东洋文库／研文出版,2014年,后收入赵晶编译:《传统中国的法与秩序》,台北:元华文创股份公司,2018年。

进入明代,由于人口增加以及农业生产的不平衡与停滞之故,农村贫穷问题日益严重,甚至牺牲女婴的趋势越来越强烈,因此,"溺女"这个名称逐渐一般化了。

到了清代,这种状况更加明显。18世纪,也就是清中叶后,尤其人口过剩的缘故,每人平均耕地面积亦随之减少。接着清末,在半殖民地半封建的处境下,社会生产力停滞不前,民众的生活也跟着恶化了。于是这种环境导致了溺女的盛行。

(二)民众为何溺女?

据过去的研究,清代溺女的主要原因多半和父母的状态有关,大致可以列举出两个原因。一个是经济方面的问题,另一个则是"重男轻女"之观念。

经济原因当中,一个是贫穷导致难以抚养。由于各个时代皆存在着不堪养儿育女的贫困家庭,所以,这可说是固定不变的原因。另一个则是厚嫁(即女婴长大后,必须负担一笔可观的婚礼费用)。在明清时代的溺女原因之中,厚嫁尤其占有主要的地位。

明中叶后,商品生产的发展与货币经济的渗透对民众的生活模式带来了巨大的影响,消费成为一种流行,社会风俗日益奢侈。这个过程之中,花费大笔开销在婚礼或是嫁妆的风潮(即厚嫁)开始蔓延于南方地方,给明中叶后的溺女潮流带来了全新的趋势。到了清代,厚嫁风潮仍未衰退。因此,担心女儿将来出嫁时的开销过于庞大,部分父母生了女孩就进行杀害。在这样的状况之下,实行溺女的原因当中,厚嫁占有主要的地位。

溺女的另一个理由是重男轻女观念,以及受到这个观念的影响而想要生下男婴的愿望。在农业社会当中,贫困的农民不得以杀婴之时,其对象往往是将来的劳动力劣于男婴的女婴。又,渴望生下男婴的民众深信,"该实行溺女,不然的话,就不能生下男婴"。这种观念还成为不少民众溺女的动机。

(三)对清政府和当地领袖们来说,溺女的哪些地方成为问题呢?

第一是伦理道德上的问题。清朝官僚们多提到溺女行为的残忍性,认为溺女是"违背伦理的行为",将会"损害天地的好生之德",并且"绝灭天理",打乱自然的调和,甚至引发天灾人祸。虽然这种论调早已出现于宋代,但是在明末,作为"万物一体之仁"的观念受到重视后,这种论调越来越兴盛,并且频繁出现于上谕或外官所发布的告示。对教化人民的士大夫官僚来说,溺女不符合儒教道德所阐扬的家族伦理,绝不能置诸不理。

第二则是社会秩序的问题。关于溺女所带来的弊害,过去的研究先是举出"人口性别比例失衡"这一点,接着则是随之而来的婚姻买卖的流行、诱拐或是性犯罪的增加等等。对执政者而言,这些弊害乃是自"安定维持社会秩序"这个立场,必须重视的问题。

后世将人口减少视为另一个社会问题,不过,当时对于人口减少的问题,官方却是不甚担心。这一点相当有意思。

(四)溺女对策的走向

对于溺女,清政府以"禁止""救济""教诲"这三个方法来对应。

关于"禁止",清政府于17世纪后半期援用"故杀子孙律",针对溺女一贯表明着严格取缔的态度。但是,整个清代却没有将这个法令实际适用于溺女的事实。外官只宣布法令,提倡禁止而已,并无为使法令生效的措施,例如,监视机构的整备。

如果法令禁不了溺女,防范溺女于未然的方法便成为次善之策。作为溺女对策,清政府倡设育婴堂。但是,育婴堂多由乡绅或商人等都市富裕阶层主动推动,清政府本身几乎没有提供资金。所以育婴堂限于城内,给运营带来不少障碍,对乡民而言,难以有效利用。

所以最后的办法就是诉诸民众感性的教诲。

二、教诲给溺女带来什么?

(一)外官的教诲

关于溺女的无人性,江西巡抚郎廷极〔康熙四十四年(1705)任〕谴责道:"试思,狠如狼虎,尚不忍食其子。岂有为人父母而反自溺其女,则其有心惨毒,岂不甚于虎狼。"①湖南巡抚左辅〔嘉庆25年(1820)任〕讲道:"试看,虎不食儿,牛皆舐犊,鸡抱卵,鸟哺雏。一切禽兽尚具天性。乃俨然为人而忍于溺女,是真禽兽之不如。"②浙江巡抚程含章〔道光5年(1825)任〕讲道:"父子之恩,本于天性。虎毒尚不吃儿,何况于人。"③这些说法的主要观点如下,也就是,无论多么残暴的猛兽都不吃自己的儿女,身为万物之灵的人类却违背道德,真是禽兽不如。不管是哪个时代或是哪个地区,地方官僚都用陈腐不堪的刻板文言作成禁止溺女的告示。

郎廷极还说:"自古以来,有得孝女而代父抵刑,有因女贵而门闾光显。曹娥能抱尸出水,木兰曾负戟从军。"④同江西吉安府知府张官始〔康熙三十一年(1692)任〕说:"独不思缇萦救父,擅美千秋,孝娥掖亲,流芳万世。木兰女代父出征,吕良子为亲受病。巾帼丈夫古来不少。"⑤他们都举出历史上著名的女性,极力主张女性与男性相比,并无不及。

关于厚嫁,郎廷极则说:"至于遣嫁之厚薄,原可称家之有无。于其忍心海害理,置之惨死于须臾,何如布裙荆钗,得全生而得所"⑥,程含章为了劝人节约大批婚费说:"如果有福,虽嫁妆菲薄,而多生贵子贤孙,何患贫苦。如无德无福,虽妆奁丰厚,岂能保守。古有公主下嫁而能荆钗裙布,敦行妇道者,史官书之以为美谈"⑦。这里所谓的"布裙荆钗"指的是东汉梁鸿的妻子孟光穿着粗布衣裙,戴着棘。这也是清代外官们经常引用的典故。

但是,这些典故都源自明代的"劝民举女歌"或明代官僚的告示⑧。由此可见,清代外官也用陈旧的文言,反复地教诲民众。另一方面,听遍了这些陈词滥调的老百姓们是如何看待教诲的呢? 单靠这样的教诲就想可以打动民众,并且打消他们溺女的念头,实在是天方夜谭,这不过是士大夫官僚们的

---

① 乾隆《广信府志》卷三,建置、蠲恤、寺观附。乾隆《广信府志》卷三、建置、蠲恤、寺观附。
② (清)左辅:《念宛斋官书》卷一,禁溺女示。
③ (清)余治:《得一录》卷二,保婴,浙江程大中丞严禁溺女并酌定嫁资示。
④ 乾隆《广信府志》卷三,建置、蠲恤、寺观附。
⑤ (清)张官始:《守邦近略》第一集,禁止溺女。
⑥ 乾隆《广信府志》卷三,建置、蠲恤、寺观附。
⑦ (清)余治:《得一录》卷二,保婴,浙江程大中丞严禁溺女并酌定嫁资示。
⑧ 乾隆《广信府志》卷三,建置、蠲恤、寺观附。

"自我安慰"罢了。

(二)善书的教诲

对此,作为另一个教诲方法则是"善书",即普及于明末以后的道德书所载的禁戒。这些善书所说的劝善惩恶和因果应报能够规制溺女多少呢?

清代的代表性善书《文昌帝君功过格》〔雍正二年(1720)刊〕说:"溺杀一婴,百过。"①由此可见,对于溺女的罪过,比明代提高了两倍。百过相当于杀人的罪过。这样的"通涨"现象出现于清代功过格,相当有意思。将功过格加倍的目的大概是加强对民众的教诫。

到了清代,介绍溺女果报的新闻屡次刊登在善书之中,特别到了19世纪,以图画禁戒的报道格外引人注目。其中,如其书名所示,专门禁戒溺女的善书也纷纷出现了。到现在为止,笔者所知的附图画的善书之中,出版时间比较明确的善书如下,

①《海南一勺合编》内函卷六,拯婴门,又名《拯婴报应录》,清徐谦(鹤洞子),道光二十八年(1848)刻本,11件11幅

②《学堂日记故事图说》一卷,同治七年(1868)刻本,4件4幅

③《果报图》四卷,清柳浦散人编辑,西麓山人评点,同治十一年(1872)刻本,12件12幅

④《救婴捷法》卷三《显报图说》,清严江寄湘渔父编辑,光绪八年(1882)刻本,10件10幅

⑤《溺婴果报全图》,清云耿光撰,光绪十八年(1892)序,1925年缙云文华阁石印本,16件16幅

⑥《拯婴痛言》,佚名撰,1932年刊,上海明善书局石印本,18件18幅②

收录于善书的果报故事当中,从明末清初流传下来的逸闻不少,有几本善书所采用的逸闻为人所知。到了清末,还出版了很多有插图的故事。有些故事仿佛是真人真事一样,清楚记载了事件发生的时间和地方,强调这是"实际发生的恐怖案件"。这些善书不是基于官方主导的,而是由熟悉溺女实际状态的在野知识人士所创作的。

太平天国的占领,导致无锡荒芜不已。目睹其惨状的余治在其著作《得一录》说道:

> 溺女之风,久成习惯。虽有煌煌告示以禁之,种种篇章以劝之,而蚩蚩之氓,既不识字,复不明理。即诫之深而言之切,何能家喻户晓,执涂人而告之。惟有将古今溺女救穷,彰彰报应编成俚语,明白晓畅。③

这种在野人士的自发努力促使善书的教诲有所收效。到了20世纪,石印印刷技术有了极大发展,促使插图更加逼真。

顺道一提,这种果报故事当中,善报故事被认为有一定的格式。即,打消溺女念头或阻止溺女的

---

① 前引林丽月:《风俗与罪愆》,第13—19页。

② 另外,还有一本书,叫《拯婴图编》佚名撰,光绪刻本,粤东城西湖街藏珍阁本,53件35幅,宁波大学图书馆藏。相关解题参见在陈瑛、邹颐韬:《清本劝善书《拯婴图编》解读》,《宁波大学学报(人文科学版)》2018年第1卷4期。笔者未见。

③《得一录》卷2,保婴规条。

家庭会生男,将来科举及第,一家繁盛。这种故事如下:

养女获子

　　福建长乐县民王隽娶妻和氏,连生四女,皆养之。及第五胎,仍生一女。或劝溺之冀转胎生男。隽曰:"天地以生育为心。溺女以逆天。吾不忍也。"仍养之。后夫妇同梦天神自云端谓曰:"汝命本无男。因汝力养女儿,不负天地生成之意,吾送贤儿与汝,以光大汝门户。"后果生子,成进士。[1]

《养女获子图》

　　也就是说,善报故事多半强调"养女"的话,即可享受"获子"的福报。

　　另一方面,清代善书有许多溺女恶报故事,这些故事可以分为三种恶报:①异常怀孕、异常生产;②复仇;③绝子绝孙。

　　①异常怀孕、异常生产,乃是怀孕时间比正常情况还要长,而且生下来的小孩奇形怪状,多为人头蛇身,甚至一口咬住母亲,置之死地。随之而来产妇的阵痛还会持续一阵子,最后,胎儿说话。这种故事如下:

溺女生怪

　　杭州昌民妻许氏初胎双生二女,俱溺死。后怀胎十月不产。腹中疼痛,欲死不能。至十六月产下一物。人面蛇身,半身仍在腹中,腹痛数日死。蛇亦死。死之夜其夫梦妻坐血盆。蛇盘身上啮咬。夫怒欲杀蛇。妻哭止之曰:"此乃我从前溺死两女变蛇来索命。万望尔遍告阳间人,勿学我受此苦楚也。"[2]

　　②复仇则是遭受溺杀的女婴出现于梦里,向母亲复仇。她咬住母亲的乳房,将母亲带去地狱。这

---

[1]《海南一勺合编》内函卷六,拯婴门,《养女获子图》。
[2]《海南一勺合编》内函卷六,拯婴门,《溺女生怪图》。

种故事如下:

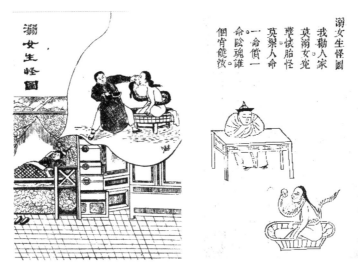

《溺女生怪图》

溺女索命

　　浙江遂安县有妇人刘氏,初生两女,皆溺死。后生一男,喜甚。一日抱男哺乳,忽跌倒在地。见两个小女鬼,啮其乳不放。又见一马面鬼,持大刀指曰:"这是你淹死的两女儿。阎王命我带来索你命。"刘醒,觉乳微痛。次日两乳生疔疮,痛不可忍。后遍身溃烂而死。其儿因无人乳哺,亦死。[①]

《溺女索命图》

　　③绝子绝孙的溺女报应乃是家里的男丁祸不单行,最后导致绝子绝孙。相反地,阻止溺女的家庭则会生男,将来科举及第,一家繁盛。这种故事如下:

――――――――――――――――

　　①《海南一勺合编》内函卷六,拯婴门,《溺女索命图》。

溺女破家

江南广德州富民陈达先,初生一女。夫妇商曰:"溺女好早生男。"邻妇张氏帮其取水溺之。次年达先同张氏各生一男。陈子幼伶俐,及长,日习赌荡败家。因与张氏之子妒奸,将张氏之子打死,告官问成死罪。临刑时,达先夫妇抱之哭,儿忽大声曰:"我原是你初胎女儿。因你将我溺死。阎王命我转作男身,破你家产,坏你门风。当初溺我时,张氏不出言劝止,反帮助取水。所以我将他子打死。这是前生冤业,哭来何益。"达先同张氏,皆至老无子。①

溺女破家图
戒劝人家
莫溺女女
死男生未
足喜败尽
家财命亦
休漫图溺
女生男子。

《溺女破家图》

溺女绝男

浙江金华县常金兰妻杨氏,年三十,初生一女。金兰怒曰:"养女无益。况哺乳三年,耗你气血,担搁不产。不如溺死及早生男。"是夜金兰梦亡父大泣谓曰:"吾仅产汝。汝命中本有儿。因汝溺女,阎君大怒,将汝命中子嗣削去。今斩吾嗣矣。"既醒以告妻,妻梦亦同。果终身无子。追悔莫及。②

---

①《海南一勺合编》内函卷六,拯婴门,《溺女破家图》。
②《海南一勺合编》内函卷六,拯婴门,《溺女绝男图》。

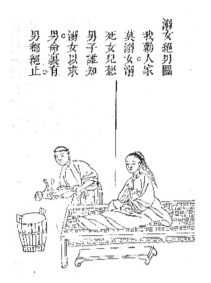

《溺女绝男图》

(三)从教诲内容看溺女的特色

官方经常以张贴于城内官署门前的告示转达教诲,所以乡民少有机会看这样的教诲。又,官方用难懂的文言写教诲,所以老百姓是否都能理解其内容,值得怀疑。而且那些教诲充满了儒教道德观,而是陈腐不堪的刻板文章,对民众不会有说服力。即使有些效果,也许仅限于有一定识字能力的都市富裕层而已。

就善书所说的因果应报而言,作为阻止溺女的善报,有男婴诞生、科举及第、一家繁盛等,作为实行溺女的恶报,则有本人之死,甚至还有因儿子身亡导致断绝后嗣。

受到恶报的对象大多是实行溺女的产妇或帮助溺女的稳婆。但是如上述的陈某和陈达先,主动吩咐溺女的男性也不在少数。由此推知,对于冀望善报、害怕恶报的某些阶层来说,善书所说的教诲或许能发挥一些效果。

因为溺女受到的恶报多是"作祟",这深刻反映了被溺杀的孩子们所怀的仇恨,许多故事既阴郁又凄惨。而且有些故事仿佛是真人真事一样,清楚记载了事件发生的时间和地方。由此可见,当时如果不如此描述这些故事的话,是防不了溺女的。

林丽月教授指出:"值得注意的是,在清初宣扬果报观念的善书中,收录了几个母亲杀女、稳婆堕胎的故事,报应都极为悲惨。"[1]到了清代,功祸格的发展形态(特别是对于"过"的定义)变得更为具体,不少可信度极高的故事被流传下来了,于是这些"加油添醋"的传闻也随之广为人知。

中国杀婴特别集中在女婴的这个现象背后,应该与作为父系同族集团的宗族组织发展有所关联。这是因为"溺女"这个语词出现的时代,以及这个现象被视为一个问题的时代,都和统合宗族组织的动向日益明显的时代大致重叠。溺女最初盛行的地方,就是浙江、江西、福建、广东等,和宗族发达的地方完全一致。由此看来,两者之间一定有密切的关联。

从汉族固有特征的祖先崇拜和子孙继承的"气"观念而言,宗族对男婴诞生赋予了特别的价值,反

---

① 前引林丽月:《风俗与罪愆》,第20页。

过来说,对不能继承"气"的女婴,不但不感兴趣,甚至认为会妨碍生男,也就是给宗族繁荣带来恶劣影响。又,对宗族来说,为了顾及面子而无法省略的妆奁,乃是不小的经济负担。溺女是为了防范日后厚嫁负担的有效办法。所以溺女习俗仍然存在着。

至于宗族组织极为发达的地方,王朝政府无法通过禁令来解决当地溺女问题的原因之一,乃是因为他们要求民众尽可能通过宗族内部自己解决问题的缘故。溺女问题说到底还是民间的问题,认为民间的问题就该由民间解决的王朝政府,自然而然地也将溺女问题的解决委托给宗族。宗族自身多半会设立族规来禁止溺女。不过,宗族自身对溺女行为并未采取严厉的宗法措施①。宗族原本就是孕育厚嫁与重男轻女观念的温床,因此,并无防止溺女的功能。

普及于清末的善书所示的教诲,微妙地反映了宗族的这种价值观,也许是因为刺激到他们的感性,因此,对于防范溺女带来了一些效果。但是,在善书恶报故事的类型化之下,这种教诲也越来越陈腐了。

三、江户时代、明治初期的杀婴对策

(一)间引的背景

日本的杀婴习俗一般称为"间引"。其含义乃是稻秧成长过程之中,除去发育不好的秧子,就可以给予健康的秧子营养,获得更多收获。为了同样的目的,人也会除去多余的婴儿。

"间引"这个称呼仅限于部分地方,当时一般的名称是「子返し(还孩子)」、「子ころし(杀孩子)」、「押し返し(推回)」等。②遍及全国的杀婴习俗至少在江户时代以前也存在,但是,到了江户时代大量增加,引起了为政者们的关注。

间引研究的成果很多。对于这个问题,以战前时期的本庄荣治郎和高桥梵仙的研究为初,近年千叶德尔、大津忠男从民俗学的观点进行研究。以后,间引习俗引起历史人口学、社会经济史、社会身体史等不少学问领域的关心,从1994年起,自女性史角度出发的研究逐渐活跃至今。其间发现很多史料,并且阐明了各个区域的特色。③

本节依据这些研究所阐明的各种成果,将针对江户时代、明治初期的间引对策进行概观。

据太田素子,江户时代的间引习俗历经了以下时代变迁。④即:17世纪几个藩已经将其视为问题,17世纪末至18世纪初,在"生类怜みの令"(生类怜悯令)的影响之下,知识分子和有儒教理想主义的领主首次批评这种间引习俗。其后,自18世纪后半叶至18世纪末的农村荒芜的时代,间引习俗成为

---

① 施由明:《论清代江西农村社会的溺女之风与宗族应对》,《中国农史》2017年第5期。

② 太田素子:《子宝と子返し—近世农村の家族生活と子育て》,东京:藤原书店,2007年,第45—46页。

③ 本庄荣治郎:《日本人口史》,东京:日本评论社,1930年,1941年增补,后收入《本庄荣治郎著作集》第5册,东京:清文堂出版,1973年;高桥梵仙:《堕胎间引きの研究》,东京:中央社会事业协会社会事业研究所,1936年;同氏著:《日本人口史之研究》全3卷,东京:日本学术振兴会,1941—1956年;速水融:《近世农村の历史人口学的研究:信州诹访地方の宗门改帐分析》,东京:东洋经济新报社,1973年;千叶德尔、大津忠男:《间引きと水子—子育てのフォークロア—》,东京:农山渔村文化协会,1983年;高桥敏:《近世村落生活文化史序说—上野国原之乡村の研究》,东京:未来社,1990年;泽山美果子:《出产と身体の近世》,东京:劲草书房,1998年;速水融编:《历史人口学と家族史》,东京:藤原书店,2003年;前引太田素子:《子宝と子返し》等。

④ 太田素子编:《近世日本マビキ惯行史料集成》,东京:刀水书房,1997年,第16—19页。

真正的问题了。当时,由于饥荒、商品经济的渗透、农村阶级化进展的缘故,连上层农民也面临了走向没落的危机,于是,实行了作为萌芽性家族计划的间引。对此,在日本东北地方,开始严格取缔出生管理,并且支付养育费。到了19世纪,领主、代官、豪农、村方役人、宗教家所实行的消灭间引和育子事业愈来愈普遍了。

从前,间引的主因被认为是贫困和饥荒,"其原因在于他们从事农业的生产力赶不上人口增加"[①],是学术界的一般看法。但是,近年"间引可能与回避家产分割、管理家内劳动力、消费水平的提高、浓厚的养育孩子等,民众积极追求幸福的意识有关系"[②],这个见解较为普遍化。

日本也有瞧不起女儿的倾向,实行间引时,女婴相对成为选择对象是不争的事实。不过,从"到了日本东西边境,生下多余的男女婴的话,其父母往往使稳婆杀婴"[③]和"不管是男婴,还是女婴,其数量超过的话,民众委托稳婆杀婴。所以经常事先嘱咐稳婆:如果是男婴的话就不举,如果是女婴的话就不"[④],由此可见,当时对于间引,并未特别区分性别。

(二)幕藩政府对间引习俗抱有什么态度呢?

近世社会的人口,以享保期(1716—1735)的2700万为最多,经过天明、天保的饥荒,到天保期(1830—1843)为止,人口仍然处于减少的倾势[⑤]。

过去认为人口减少的主要原因乃是间引,但是,近年一般认为其他因素对人口减少的影响更大[⑥]。

但是,当时为政者的目的在于增加人口(即农民),让他们开垦荒地,开发新田,促进税收增加,挽救财政贫困。所以与人口减少息息相关的间引被认为是一个重大问题。[⑦]

就表面上批判间引的借口而言,中井竹山(1730—1804),佐藤信渊(1769—1850)等儒学者们主张:间引是禽兽不如的行为,置诸人道问题。另一方面,铃木重胤(1812—1863)、宫内嘉长(1798—1843)、宫负定雄(1798—1858)等国学者们则主张:父母将基于神的恩典而出生的孩子随便杀害的行为是对神的亵渎,因违反"天好生々之心",必须遭受天罚。[⑧]

(三)间引习俗的应对

太田素子说,东北各藩所实施的防间引对策大概有四个方法:①禁令,②支付育儿金,③对怀孕、生产的行政管理,④展开教诲活动。[⑨]东北以外的诸藩和天领实施的对策差不多一样。

认为人口减少原因在于间引的德川幕府在明和四年(1767)宣布以下的禁令。

① 前引高桥梵仙:《堕胎间引きの研究》,第1页。

② 前引太田素子《子宝と子返し》,第162页。

③《本朝要枢》卷四。前引高桥梵仙:《堕胎间引きの研究》第16页。

④ 前引太田素子:《子宝と子返し》第24页所引的高知慈善协会"育儿事业开始の动机"(1887年)。

⑤ 前引高桥梵仙:《堕胎间引きの研究》第1页。关山直太郎:《近世日本の人口构造:德川时代の人口调查と人口状态に关する研究》,东京:吉川弘文馆,1958年,第122—210页。

⑥ 前引千叶、大津:《间引きと水子》,第81—110页。

⑦ 前引高桥梵仙:《堕胎间引きの研究》,第3页。

⑧ W.R,LaFleur(森下直贵等翻译):《水子—〈中绝〉をめぐる日本文化の底流》,东京:青木书店,2006年,第134—154页。

⑨ 前引太田素子编:《近世日本マビキ惯行史料集成》,第24页。

百姓共大勢子共有之候得は、出生之子を産所ニて直ニ殺候国柄も有之段相聞、不仁之至ニ
候、以来右体之儀無之様、村役人は勿論、百姓共も相互に心を附可申候、常陸、下総辺ニては、別
て右之取沙汰有之由、若外より相顕におゐてハ、可為曲事者也。①

听说,有许多小孩的农民当中,也有将刚出生的婴儿杀害的事情。实在是不仁至极。为了以后没
有这样的情况,不仅是村役人,农民们也要互相注意。常陆、下总等地方特有这种传说。如果被揭发
的话,应该处罚。

虽然幕府用法令禁止间引只有这一次,但是接到此禁令,诸藩和天领开始设法加强禁止间引。另
外,不只是单方面地处罚而已,作为预防对策,还同时举行育儿制度。其代表是仙台藩的《赤子养育
仕法》。②

仙台藩向来发布间引禁令,经过天明饥荒,在严重的人口减少和伴随而来的田地荒芜之下,文化
四年(1807)实施《赤子养育仕法》。

其概要是:将全领土内的郡村划分成为四区,配备担任"赤子养育系"的职员于各区,他们巡回区
内,教诲农民禁止堕胎间引,并且将孕妇调查注册,将有堕胎间引嫌疑者严重惩罚,支付养育金给养育
困难的贫民。

为一般所知,诸藩所实施的防堕胎间引对策当中,《赤子养育仕法》是最彻底的出生管理法。在严
苛的取缔法的相辅相成下,发行了许多文件,例如,怀妊出生调书、死胎披露书、赤子养育御手当愿等。
这个对策可能有一些效果。不过,希望堕胎间引的农民却以"死产""流产"的名义,巧妙蒙混这种怀
孕出生管理法的法眼。导致第四种对策,即教诲活动受到了重视。

关于教诲活动,官员、担任"赤子制道役"的农民、僧侣等实施口头劝说的同时,发行分发"教谕
书",用通俗体文禁戒间引。从幕末到明治初所发行的教谕书当中,有不少经过多次修改,普及到广泛
地域的书籍。③另外还有献纳至东北南部、关东的寺院的"绘马(一种求愿的小木牌)",透过图画来诉

① 明和四年10月15日御触:收入高柳真三、石井良助编:《御触书天明集成》,东京:岩波书店,1936年。
② 关于仙台藩《赤子养育仕法》的研究如下。前引高桥梵仙:《堕胎间引きの研究》,第111—119页;泽山美果子:《近世农民家族
における「子产み」と「产む」身体—出产管理としての仙台藩の赤子养育仕法を手がかりに—》,《日本史研究》第383号,1994年,后作
为《农民家族の〈子产み〉と出产管理》,收入前引同氏著:《出产の身体と近世》;泽山美果子:《仙台藩领内赤子养育仕法と关联史料—
东山地方を中心に—》,收入前引太田素子:《近世日本マビキ慣行史料集成》,第33—127页。
③ 关于教谕书,前引高桥梵仙:《日本人口史之研究》第二,第573—903页;山住正巳等编注:《子育ての书》3,东京:平凡社,1976
年;菊池义昭:《仙台藩の赤子养育制度とマビキ教谕书—マビキ教谕书の内容の变迁史—》,《东北社会福祉史研究》第10号,1990年;
金津日出美:《「堕胎・间引」考—《子育繁昌手引草》をめぐって—》,收入衣笠安喜编:《近世思想史研究の现在》,东京:思文阁出版,
1995年;泽山美果子:《间引き教谕书への女/夫妇の登场—〈产む〉身体と婚姻の管理へ—》,收入前引同氏著:《出产の身体と近世》;
泽山美果子《产むこと/产まないこと—堕胎・间引きをめぐる权利关系》,收入中内敏夫他编:《人间形成の全体史—比较发达社会史
への道》,东京:大月书店,1998年,后作为《堕胎・间引きをめぐる权利关系》再收入泽山美果子:《性と生殖の近世》,东京:劲草书房,
2005年;太田素子:《近世农民家族における情爱と功利主义》收入中内敏夫他编:《人间形成の全体史—比较发达社会史への道》,收入
前引中内敏夫他编:《人间形成の全体史》,后作为《教谕活动と习俗の相剋—子育て教谕书《子育繁盛手引草》「子そだてのおしへ」
—》,再收入前引太田素子:《子宝と子返し》。

诸禁戒间引①。

福岛县须贺川的一张木板印刷壁纸《子そだてのおしへ》〔文化年间(1804—1818)以前刊〕②,可说是明确保存至今的《子そだてのおしへ》当中,年代最为久远,被认为是这样类型的原型(太田素子)。③这里有以下内容:

> やけ野に死せるきゞすをミるに、ほのほハさかんにもへかゝり遁れんとすれど、うみたる子ハすてかたくとやせん、かくやと身をもだへ、その身をおしまず子をたすけしといだきしめ、終に其身ハやき鳥となりしもあり。然るをたまたまあひがたき人間に生れ、仏心をそなハる赤子を殺すハ、鬼とも蛇ともちく生とも鳥にも劣ると戒て人面獣心と説給へり。
>
> 我劝说各位,看看死于烧野的雉鸟,在野火燎原时雉奋勇救其雏。相形之下,将偶尔生在难得人间世界,具有佛心的婴儿杀害者,真是禽兽不如。

一般所知,这个"死于烧野的雉鸟"是父母爱子的比喻。④另外,"夜寒降霜时鹤张翼覆其子","紧急时,连微小蚂蚁也将卵叼跑"等表述,也共同出现于教谕书,并且不约而同提到"连禽兽也知爱子。况人类乎?"

另外,这里还添上了《人面兽心图》的画。

据说,这幅画是以天明九年(1789)黑羽藩(栃木县)铃木武助所作的《人面兽心壁纸》为题材所绘制的。⑤其上添了以下文字:

> 万物の霊たる人間我子をわざと押殺し、安然として悲しむ事なく愧る事もなきハ大悪風のしみこみたるにて心ハ悪獣なり。
>
> 身为万物之灵的人类故杀自己的儿子,却安之若素,不悲伤不惭愧者抱有大恶习,其心好像恶兽一般。

据说,猫面是因为猫有时会吃子的缘故。⑥

---

① 关于「间引き絵马」,参考前引千叶、大津:《间引きと水子》第65—80页;久野俊彦:《间引き图に见る子杀しの方法—间引き絵马等の类型と変迁—》,《佛教民俗研究》1989年第6号。

②《福岛县史》第2卷,近世1,第108页。

③ 前引太田素子:《子宝と子返し》,第211页。

④ 前引久野俊彦:《间引き图に见る子杀しの方法》,第13页。

⑤ 前引太田素子:《子宝と子返し》,第212—213页。

⑥ 前引久野俊彦:《间引き图に见る子杀しの方法》,第15页。

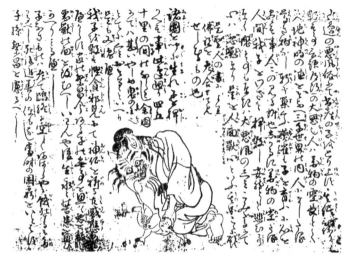

须贺藩《人面兽心图》　　　　　　　　　　黑羽藩《人面兽心壁纸》

《子育繁昌手引草》是更加广泛的教谕书。因为修改、再版、分发频繁，所以很多类似的书籍流传后世。以防范间引出名的磐城国（福岛县）确代官寺西重次郎于宽政5年（1793）将已有的原版本再版、分发至领内的书籍，以及菊水寺于埼玉县秩父郡吉田町出版的书籍〔文政期（1818—1830）?〕，这两本书被认为是其原型。

这幅画的特色是，将产妇自己杀子的场景和变成魔鬼的面貌描绘为一对图画。产妇图附有称为《子がゑしのゑづ（间引图）》的以下文字：

　　此をんな、かほはやさしげなれど、わが子をさへ、ころすからは、まして、たにんの子を、ころすことは、なにともおもふまい。さすれば、おにのやうなこゝろにて、かほつきに、にあはぬ、どうよくなをんななり。このやうなをんなのおつとは、さそかしおそろしきひとならん

　　这个女人，其脸和蔼，可是连她都会杀害自己的儿子，更何况是杀害他人的儿子了。如果这样的话，那么，她就是具有魔鬼一般的心，是一个不像外表那样温和的残酷女人。这样女人的丈夫一定是可怕的人。

又，变成魔鬼的面貌图附有称为《子がへしする人のこゝろのすがた（实行间引之人的内心）》的以下文字：

　　子返ししたる人、わがかほをみたくは、此ゑをみよ。かゞみにうつるのは、うはつらのかほにて、ほんのかおにあらず。このゑがまことのすがたなり。子がへしするものは、うまれつきのかほはやさしくても、こゝろのすがたは、鬼よりも、恐ろしきさま也。此やうなをんなを、つまにもつおとこのゝろのすがたは、さそおそろしからん

　　杀婴者，如果你想看自己的脸，就看这幅图画。照到镜子里的脸是表面的脸，不是真实的脸。这幅图画描写了真实的容貌。杀婴者，一脸和蔼，但是，其内心却比魔鬼更残酷。娶这种女人为

妻的男人,其心一定是可怕的。

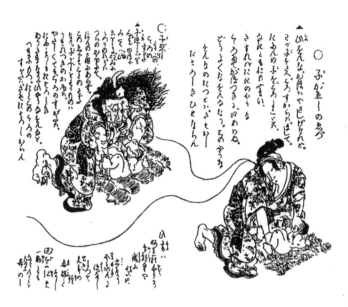

菊水寺系统《子育繁昌手引草》

此后,《子育繁昌手引草》和绘马继承了这个系统的图画。

到了天保时代,如同《子育繁昌手引草》里"怨灵のたたりにて、いろいろの灾难が有りて、终に家断绝し后生は地狱の责めを受くべし(由于冤魂作祟,将遇到很多灾难,最终断绝家系,后生必须受到地狱一般的折磨)",出现了以"间引应报"为禁戒的词句。

特别是,下总国香取郡镝木村豪农平山忠兵卫(1807—1862)将原版本独自修改,并且于安政元年(1854)发放给每位农民的《子育繁昌手引草》写道:

> 己が子といへども、杀せば其罪必ず报ひ来るを、むくひなしと思ふは愚かなり。其故は天より我にそだてよとてさづけ下さるを、其命に背て杀す故に、天道のにくみを受、或はその母病身になるもあり、又は流产して死するもあり。

> 即使是自己的儿子,杀害他们的父母一定会遭受报应。不担心报应的人就是愚人。因为他们违反天命,将天命所授的孩子随便杀害,招天厌恶,母亲当中也有人患病或流产而死。

他主张违反天命的间引行为一定会遭受报应。①可是,具体描绘这种情景的插图却非常稀少。

福岛县白河市常宣寺所藏的《受苦图》被认为具有跟教谕书的插图同样的特色。白河藩主松平定信将它交给常宣寺,从文化七年(1810)以来的9年时间,让寺僧们带着这幅画巡村教诲。②

① 关于平山忠兵卫的《子育繁昌手引草》,参考前引高桥梵仙:《日本人口史之研究》第二,第599—605页;前引金津日出美:《「堕胎·间引」考》。
② 关于《受苦图》,参考高达奈绪美、松冈秀明:《白河常宣寺「受苦图」をめぐって一行政关与下で行なわれた绘解き—》,《绘解き研究》第5号,1987年。

175

《受苦图》上段描绘了产妇勒死婴儿的场景,下段则是由于这个行为下地狱的产妇据魔镜所照映出来的现世罪状接受审判,并且受到地狱折磨的场景。遭受间引的多数婴儿注视着这个情景。这是地狱图之一,与间引互作关联,乃是其特色。定信令人带着这幅画,有时还会以巫女的招魂威胁村民①。因此,其效果可能不小。

结 语

以上概观了江户明治初期日本的防间引对策。最后要将防溺女对策跟防间引对策重新进行比较,阐明其中的差异。

在中国,杀婴从宋代以来就已经是一个问题了。对此,在日本,稍晚才意识到这个问题,到了江户时代才受人关注。

在中国,杀婴被认为是违背人伦的行为。对此,在日本,则是重视其所招致的现实层面问题,例如,人口减少和伴随而来的生产力低下、租税减收。所以,即使提倡"天好生生",这也不过是表面上的理由而已。

杀婴原因之一的贫困是中日两国共同之点。有人指出,在日本,杀婴另一个原因是为了改善生活水平。某种程度而言,中国杀婴另一个原因的厚嫁也许与此有共同之处。即:均分遗产的习俗之下,控制将来的费用,维持财产,防卫生活。

中国杀婴的特色在于杀害对象集中在女婴。由此看来,溺女巧妙地反映了传统宗族制度的价值观。重视能够继承祖先祭祀的男婴,另一方向,则是轻视不能继承祖先祭祀的女婴。在日本,也有女婴容易成为间引牺牲品的意见。但是,一般说来,杀害女孩不会成为特别的问题。另外,高桥梵仙指出,"女婴尤其容易遭受间引,这是因为女婴孩成长后还需要妆奁费"。这个见解与中国溺女的原因相同,极有意思。不过,高桥并未提出可靠的证据。

作为防杀婴对策,中日两国政府选取的方法有极大的区别。对中国来说,虽然中央和地方两级政府多次发布禁令,但是命令没有贯彻下去,禁止溺女还是以失败告终了。基层社会几乎没有强制民众守法的完善设备和管理体制。另外,对于防溺女于未然的救济事业,政府也并未积极提供资金,总体来说,没有想要认真解决这个问题的意愿。对日本来说,诸藩和天领的领袖们积极看待这个问题,彻底进行了出生管理、监视设备、支付养育费等政策。

关于作为防杀婴对策之一的教诲,中日两国均透过禽兽行为的比喻来诉诸人类的残忍性,这一点令人感兴趣。但是,在中国,这种教诲多半出现于外官的告示中;在日本,这种教诲则是频繁登场于民众之间普遍流传的教谕书,这种诉诸伦理的教诲可能有了一些效果。

到了清末,中国善书所述的因果报应越来越激烈,父母被女婴的怨魂诅咒而死的场景频繁出现了。对此,日本教谕书则是一贯以间引者等于魔鬼的论调进行劝说。尽管有些国学者警告间引者将受到恶报,不过,他们几乎没有具体提示"恶报"究竟是什么。在《受苦图》中,间引者受到地狱一般的

---

① 前引高桥梵仙:《堕胎间引きの研究》,第174页。

折磨,被杀的婴儿们周围出现的情景和善书所描绘的画面共通,令人关注。但是,据说,这种因为间引受到折磨的地狱图其实不多。①

《学堂日记》插图

群马县角谷户药师堂天井绘马　　　　　　　　　茨城县德满寺绘马

那么,为什么这样的差别发生于中日两国防杀婴对策之间呢？从18世纪到19世纪,中国人口激增,康熙十八年(1679)约1.6亿,到了乾隆四十一年(1776)约3.1亿,嘉庆二十五年(1820)约3.8亿,咸丰元年(1851)约4.3亿,其间差不多增长了三倍②(曹树基)。中国是在这个状况之下应对溺女问题的。因此,中国政府也许认为溺女是不必优先,可以缓办解决的"陋俗"。对此,在日本,诸藩则是在人口停滞状态之下,为了财源不足而大伤脑筋,因此采取紧急措施。我认为,这一点给两国的防杀婴对策带来根本的差异。

另外,也有其他种种要因,例如,国家制度上的差异(中国必须以少数官员所构成的官僚机构来统治广泛地域和大批人民,因此,国家统治难以渗透至基层社会;日本则是以藩为代表,对限定地域进行集约统治,因此,基层社会受到了周密的管理统治),行政机构上的差异,关于家族观、养育观、死生观的两国差异等。

当然,这些差异说到底乃是基于中日两国历史上的特点。探讨中国和日本,哪个国家优,哪个国

---

① 前引千叶、大津:《间引きと水子》,第75页。

② 曹树基:《中国人口史》第5卷·清时期,上海:复旦大学出版社,2001年,第832—833页。

家劣,并非本文重点。

　　总之,到了明治维新,日本仍然继承了防止事业,并且于19世纪末以前,将间引习俗斩草除根。对此,中国还处于艰难的道路,有效的防溺女对策必须等到1930年代才正式开始了。

　　［作者山本英史,南开大学历史学院讲座教授,日本庆应义塾大学荣誉教授。本文为山本英史著『郷役と溺女—近代中国郷村管理史研究』第5章"清朝の溺女問題への対応"(汲古书院2021年),收入本文集时略有修改］

明清幕府人事制度新探

——以"幕宾""幕友""师爷"为例

陈宝良

引论：问题的提出

幕府与衙署，均属官府，却稍有差异：幕府属临时开府，最初无衙门，无专属佐治人员，需要自辟幕僚；衙署属专设官府，有衙门廨舍以供治事休息，且有专属幕官佐治。在明代，总督、巡抚开府地方，既是"添设官"，是在"诸司职掌"之外增设之官；又是"专敕官"，随带皇帝亲自赐予的敕谕，以规范其临时性的具体职掌。一至清代，幕府从临时开府转而变为专设衙署，总督、巡抚随之成为固定的地方大僚，幕府与衙署趋于合一。

在明清两代，幕府、衙署人员，大抵包括官、吏与宾。所谓官，其义为"倌"或"管"，"一职皆立一官，使之典管，而以治人为重，故又从倌"。[①]可见，官的的职掌偏重于"治人"。所谓吏，"即府吏胥徒也，各役执事，亦庶人在官也"。[②]吏的身份是庶人，他们服务于官府，其职掌偏重于"执事"。比较而言，官与吏如钱币之两面，不可分离。明清朝廷檄下地方，或云"该管官吏"，或云"官参吏处"。事无大小，有主持之官，即不能无承行之吏。[③]所谓宾，即幕宾，是幕府、衙署长官私人聘请的佐治人员。唐代节度使、观察使开府地方，可以自辟僚属，称为"记室""参谋"。此即明清幕宾的嚆矢。

通观前人研究成果，其中关于明清幕府幕宾的起源，大抵有下面三种说法：一种说法认为，幕友可能起源于明代京官出外任地方督抚时"随带京吏"的官场习惯；[④]另一种说法认为，南宋的狱吏趋于专业化、世袭化，经过元明清历史演变，私募化的狱吏队伍日益壮大，极易成为地方官员竞相聘用的专职法律帮办，谓之"刑名幕友"；[⑤]还有一种说法，根据明万历年间王肯堂的一则记载，认为可以将"讼师"作为"刑名幕友"前身之一的一个证据，当然这不能作为后来幕友都起源于讼师的证据。[⑥]

仔细考察上面三种说法，幕友源于明代京官出外任地方督抚时"随带京吏"的官场习惯，显然可以得到史料的印证，这在明代称为"奏带人役"。按照明代惯例，总督军务等官，到了地方，大抵均有"奏

---

① 沈榜：《宛署杂记》卷3《光字·职官》，北京：北京古籍出版社，1982年，第25页。

② 沈榜：《宛署杂记》卷3《光字·职官》，第25页。

③ 陈弘谋辑：《在官法戒录》卷1《总论》，氏编：《五种遗规》，清道光三十年重刊本，第19a页。

④ 缪全吉：《清代幕府人事制度》，台北：中国人事行政月刊社，1971年，第7—11页。

⑤ 戴建国：《南宋基层社会的法律人——以私募贴书、讼师为考察中心》，《史学月刊》2014年第2期。

⑥ 王肯堂：《王仪部先生笺释·原序》，杨一凡编：《中国律学文献》，第2辑第3册，第9页，哈尔滨：黑龙江人民出版社，2006年。参见邱澎生：《以法为名——讼师与幕友对明清法律秩序的冲击》，（台北）《新史学》第15卷第4期，2004年，第135—136页。

带人役"。故毛伯温在上疏中,要求上任时奏带"官舍、通事、吏差、医士人等",藉此"传报号令、译审夷情、催督军需、书办写本、疗病等项";此外,又要求奏带"弟男并侄以备肘腋,家人以供使令"。所有这些在军门效用的人数,均由朝廷支给口粮、马匹、草料。①在这则奏疏的旁批中,《明经世文编》的编者刻意加批云:"军中用人,断不可拘拘朝廷现任职官,非开府辟召不可。"可见,这些奏带人役,决非朝廷现任职官,而是"开府辟召",属于自己用人。然这种自己用人,由于尚须朝廷支给口粮、马匹、草料,故很难称为真正意义上的自己用人。刑名幕友来源于南宋以来专业化、世袭化的狱吏一说,尽管明代不乏书吏入幕之例,终究缺乏联接二者必然联系的充足证据。至于讼师成为刑名幕友的前身,仅仅证明有讼师成为刑名幕友的个案,并不能成为幕友起源于讼师的有力证据。

　　笔者曾撰有关明代幕宾制度一文,其意有二:一则厘定幕宾的起源;二是系统阐述明代的幕宾制度。②很多学者论定幕宾的起源,大多喜引用王阳明《答方叔贤》一信,信中提到了"荐贤于朝"与"自己用人"的不同。③此信写于弘治四年(1491),过去的研究者多以此为依据,证明至迟在弘治初年即有"自己用人"之例,④而幕宾则为自己用人的典型产物。可是,引用此说者又无法找出实例,证明弘治初年即有幕宾的存在,只是以嘉靖年间胡宗宪幕中徐渭、王寅、沈明臣诸人为例。瞿同祖据况钟《明况太守龙冈公治苏政绩全集》卷3《太守列传》之记载,"内署不延幕客,一切奏疏、榜谕、谳案,皆公所亲裁",证明宣德、正统年间已有幕宾的存在。然此说为房兆楹反对,理由很简单,况钟文集为其后人编定,其中所言无法作为可靠的证据。⑤在旧文中,笔者根据前人的研究成果,再结合一些发现的新材料,大抵断定:明初幕府制度即已存在,它是元末群雄四起,自置幕府、自己用人的延续。而至少在正统年间,即已出现幕宾人员入幕的例子。至于王阳明的"自己用人"说,更非空口白言,确实有自己用人实例的存在。⑥在此,笔者拟在旧文的基础上,以"幕宾""幕友""师爷"三个称谓为考察中心,对明清幕府人事制度重加论定。

一、幕府:从帷帐到衙署

　　据清人平步青引王衍梅《绿雪堂遗集》卷17《幕学类要序》,以及赵翼《陔余丛考》可知,幕府一词,最早出现于《汉书·李广传》"莫府省文书"一语。"莫"有"大"义,如卫青征讨匈奴,"绝大莫,帝就拜大将军于莫中府,故曰莫府"。莫府之名,始于此。然据颜师古注,"莫府"之"莫",并非"大"义,而是指"军幕",古字"莫"与"幕"通用,亦即"帐幕"与"帷幄"。"幕"作为帷幄的通称,见于《周礼·天官》《仪礼·聘礼》及《左氏传》。如廉颇、李牧皆入幕府,并非因卫青有"莫府"一称。由此可见,"幕府"一名始于战

---

① 毛伯温:《陈征南方略疏》,《明经世文编》卷158,北京:中华书局,1997年,第2册,第1588页。

② 陈宝良:《明代幕宾制度初探》,《中国史研究》2001年第2期,第136—148页。

③ 王阳明:《王阳明全集》卷21《答方叔贤》,上海:上海古籍出版社,1992年,第828页。

④ 郑天挺:《清代的幕府》,《明清史国际学术讨论会论文集》,天津:天津人民出版社,1982年,第189页。

⑤ 相关的阐述,可参见〔日〕中岛乐章《明末清初绍兴の幕友》,载《山根幸夫教授退休纪念明代史论丛》,东京:汲古书院,1992年,第1062页。按:中岛氏在文中分别引用了瞿同祖之说,以及房兆楹的不同意见。瞿同祖、房兆楹之论,分见:T'ung-tsu Ch'u, *Local Government in China under the Ch'ing*, pp.258-259, note 9, Cambridge and London: Harvard University Press, 1988; L. Carrinyton Goodrich and Chaoying Fang (eds.), *Dictionary of Ming Biography*, 1368-1644, p754, New York: Columbia University Press, 1976.

⑥ 王阳明:《王阳明全集》卷18《犒奖儒士岑伯高》,第642—643页。

国。但古人所谓的幕府,原本指将帅在外之营帐而言,亦即指兵门帷帐,官吏衙署并不称"幕府"。《后汉书·班固传》:永平初,东平王苍以至戚为骠骑将军辅政,开东阁,固奏记于王曰:"今幕府新开,广延英俊。"后世称衙署为幕府始于此,且成为"连帅"(如唐之观察使、节度使)的通称,如陈琳称袁绍幕府,即为此例。于是,幕府转而为衙署,幕府与衙署之间的区别随之消失。①

(一)幕府兴起的原因

明清两代,幕府兴盛,私人聘请幕宾成风。究其原因,大抵有如下四个:

其一,幕府缺乏官属。自明代出现专敕的总督、巡抚之后,无专门的衙署,因而缺少属官听用。尤其是身处边地的总督、巡抚,举凡军马、钱粮、城池、关隘,皆其职掌所关,凭借一人而兼摄众事,平时或能竭力支持,而到了倥偬之日,思虑恐难周悉,才识也不能兼该。值此之时,幕府佐治人员尤显重要。为了解决这一难题,总督、巡抚大致采用以下两种方法加以解决:一是从现任官员中选任幕僚,充任参赞、赞画、纪功诸职。如韩雍与胡共之,早在正统年间,同为都察院监察御史。成化元年(1465),韩雍出任总督两广军务,胡共之则正好担任广西右布政使,韩雍就将胡共之"礼致幕下,凡行师机宜,多与共之计"。②这是现任官员充任总督幕僚之例。明代一有大的军事行动,除了由总督加以督理之外,总督幕下通常设有参赞、纪功二职:"参赞者,筹画之辅;纪功者,赏罚之司。"③参赞有时又称赞画,大抵也是从现任官员中选任。如明代宣府、大同、偏头关、保定四镇总督,开始只是专督兵马,后来事务渐繁,兼理四镇钱粮,而且各边文移往还,靠一人批答,更是"昼夜不遑",所以专设兵备道一员,"赞理边务"。④二是奏带人役。明代总督军务等官,"俱有奏带人役"。如毛伯温在开府外地时,就要求奏带官舍、通事、吏差、医士等若干员名,甚至自己携带家人"以供使令"。⑤

其二,各级衙门幕官权力受到长官的侵夺,时常处于一种尴尬的境地,无法发挥佐治的职能。长官下属幕官,其职掌有类于幕宾,故在明代将幕官同样称为"幕宾"。如布政司中幕职都事,其职掌是"以代书记之劳";府一级衙门中的幕职经历、知事,属于"古莲幕之职",相当于"古参军、掌记之流",其职掌是"参军之事也";军事单位卫下属的幕官经历,属于"古掌书记之任",其职掌是"赞军政、辅戎机,治籍幕下,以文事佐诸武臣"。⑥明代各级衙门所设幕官,显然出现了两大变化,进而导致幕官陷入尴尬的境地,甚至形同虚设。这两大变化分别为:一是幕职从地方长官自辟,进而变为朝廷铨选。如按照明代的制度,布政司下的都事一职,布政使无权自辟,故"废置悉诏于朝";卫下属的经历,在明代也

---

① 平步青:《霞外捃屑》卷7上《无饥其师非宾师之师》,北京:中华书局,1959年,第511页;赵翼:《陔余丛考》卷21《幕府》,石家庄:河北人民出版社,1990年,第340页。按:近人关于"幕府"的探讨,可参见缪全吉:《清代幕府人事制度》,第2页;郭润涛:《官府、幕友与书生——"绍兴师爷"研究》,王庆成序,北京:中国社会科学出版社,1996年,第1页。

② 韩雍:《送胡共之方伯之任四川序》,《明经世文编》卷55,第1册,第437—438页。

③ 叶盛:《军务疏》,《明经世文编》卷59,第1册,第463页。

④ 赵炳然:《题为条陈边务以俾安攘事》,《明经世文编》卷252,第4册,第2651页。

⑤ 毛伯温:《陈征南方略疏》,《明经世文编》卷158,第2册,第1588页。

⑥ 徐学谟:《徐氏海隅集·文编》卷3《赠金都事之任闽藩序》,《四库全书存目丛书》影印明万历五年刻四十年徐元暇重修本;薪贵:《戒庵文集》卷8《赠经府曹君崇本序》,《四库全书存目丛书》影印明嘉靖三十九年薪懋仁刻本;沈炼:《青霞集》卷3《送陈蓝田赴赣州幕府序》,《四库明人文集丛刊》本,上海:上海古籍出版社,1993年;董份:《董学士泌园集》卷18《赠蔚州卫经卫萧君考绩序》,《四库全书存目丛书》影印明万历董嗣茂刻本。

是"以资选"。①二是自宋以后,尤其是到了明清,幕官权力逐渐受到削弱,无法真正发挥佐治的功能。在地方府、州、县衙门中,长官与佐贰、幕官之间的关系,自宋代已有所改变,即长官逐渐剥夺了佐杂官处理地方司法事务的权利,并将司法权完全揽入自己手中。明清两代,朝廷三令五申,下令佐杂官"不准擅受"词讼,②就是最好的例证。

其三,权在胥吏。官设幕官一旦失去佐治检吏的功能,其结果必然形成一种权在胥吏的局面。揆诸宋、元、明以降的政治史,虽号称"官治",实则不过是"吏治"而已。究其原因,主要还是在于治国人才的选拔,出现了很大的转变,即从"吏与士同途",转而变为"儒吏分为两途"。吏与士同途,"吏习于民事,故循绩易奏","人不耻为吏"。科举兴起,儒吏分为两途:科举凭借文采声华取士,以致士"不习民事";吏习于民事,却"不得美仕"。吏日下,士日尊,判然两途。其结果,则造成"士之子恒为士,降而为吏,即为隳其家声,于是吏益以无赖",甚至有些胥吏甘心于顽钝无耻,惟日以舞文黩货为事。最为值得关注的是,官有除降,而吏则长子养孙;官须避本籍,而吏则土著世守。这更使胥吏得以把持地方政治,作奸犯科,为所欲为。③

其四,读书仕进之途受堵,缺乏出路,只得靠入幕维持生计。明清科举取士,举人、进士均有定额,一个庞大的读书人群体,能中举人、进士得以出仕者终究是少数幸运儿,其中绝大多数的读书人,往往止步于生员这一科名身份。

明清两代庞大的生员群体,其谋生之路,大抵不出处馆、入幕、从医、做讼师,尤以处馆、入幕居多。不妨试举几例:如明人梁朝锺,广东番禺人,为县学廪生。当时任两广总督的熊文灿,欣赏梁朝锺的文才,就将他"延为馆宾"。至熊文灿出任总理九省军务时,又将梁朝锺携入军中,"参谋军务"④。又清人赵大润,后改名肃,常州府江阴县人,为郡诸生。赵大润的友人贡息甫任建平知县时,邀请赵大润前往相助,代为处理县内讼牍。⑤

读书人谋生之具,以处馆、入幕居多,此即所谓的"书馆"与"幕馆",且均被称为"馆宾"。馆宾一称,至晚见于元末孔齐《至正直记》的记载。⑥孔齐所云的"馆宾",是教书先生,抑或入幕之宾,不可遽下论断。然从孔齐另一则记载可知,所谓的"馆宾",即"村馆先生"之流,亦即教书先生。⑦此类馆宾,在明代尚有遗存。如李廷机,中隆庆四年(1540)乡试解元。当时的主考是申时行,将李廷机"留为馆宾,转馆于董宗伯家"⑧。书馆、幕馆虽均为明清读书人无奈之下的谋生手段,然在当时人的眼中,却有高下之分。如吕留良论道:"惟幕馆则必不可为,书馆犹不失故吾,一为幕师,即于本根断绝。"在吕留良看来,入幕成为幕宾,尽管"其名甚噪,而所获良厚",但最终会坏人心术,"人品至污极下,一总坏尽,

① 徐学谟:《徐氏海隅集·文编》卷3《赠金都事之任闽藩序》;董份:《董学士泌园集》卷18《赠蔚州卫经卫萧君考绩序》。
② 梁章钜:《浪迹三谈》卷3《佐杂擅受》,北京:中华书局,1997年,第442页。
③ 相关的阐述,可参见阮葵生:《茶余客话》卷7《吏之重要》《论吏道》,上海:上海古籍出版社,2012年,上册,第142—144页。
④ 黎景义:《二丸居集选》卷7《梁未央私传》,《四库禁毁书丛刊》影印旧钞本。
⑤ 卢文弨:《抱经堂文集》卷29《瞰江山人传》,北京:中华书局,2006年,第387页。
⑥ 孔齐:《至正直记》卷1《馆宾议论》,载《宋元笔记小说大观》,第6册,上海:上海古籍出版社,2007年,第6507页。
⑦ 孔齐:《至正直记》卷4《村馆先生》,《宋元笔记小说大观》,第6册,第6648页。
⑧ 朱国祯撰、王根林校点:《涌幢小品》卷7《失中三元》,上海:上海古籍出版社,2012年,第121页。

骄诮并行,机械杂出",其行为甚至类同于法律所称的"光棍"。①在读书人的眼中,书馆优于幕馆,但读书人"托客授为活",即使称得上是本分事,"实不足给俯仰",无奈之下,读书人只好"去而为从事、为衙推者,如恶影而走日重,非计之得也"。②可见,幕馆更是读书人末路中之末路。

(二)明代幕府的兴盛

明代中期以后,幕府趋于兴盛。一方面,大臣开府地方,幕下宾客云集;另一方面,文武各级衙门,大多自己聘有幕宾佐治。

明代的大臣幕府,以胡宗宪、孙承宗、史可法幕府为盛。胡宗宪总督浙江时,幕下会聚幕客数十人,较为著名者有沈明臣、王寅、徐渭。③明末孙承宗督师时,曾设立占天、察地、译审、侦谍、异材剑、大力六馆,"招天下豪杰,奇材剑客,争摩厉以求自效"④。在孙承宗的幕下,聚集了很多幕宾。如周文郁,字蔚宗,常州宜兴人。其人能谈文武大略,当天启年间,满族势力攻占辽阳时,他就仗剑出关,谒见孙承宗,首上四卫之议,被孙承宗称为"紫髯将军",留在幕中,"参预谋议"⑤。史可法督师,开府扬州,曾设礼贤馆,"招四方智谋之士及通晓天文、阴符、遁甲诸术者"⑥,一时幕客丛集,人才济济。⑦

在明代,文武官员聘幕成风。以文官为例,知府上任,就需要聘请幕宾佐治。如明末清初小说《鸳鸯针》记广东潮州知府前去上任,"要在本地请个幕宾"。最后秀才时大来前去应聘,讲妥聘金6两,每年的俸金120两,先兑一半安家。⑧武将聘幕,其例甚多。早在明初,大将常遇春幕中,就有一位姓上官的幕客,"专掌书记"。⑨明代中期以后,大将幕下更是幕客、幕弁、私人云集。如嘉靖二十九年(1550),蒙古人侵犯京城,明世宗特别宠信大将军仇鸾,而仇鸾因此也广招天下奇才剑侠入幕。当时仇鸾听到茅乾的名声之后,就将其招之入幕府,并尊之为"上客"⑩。嘉靖年间,倭寇起于海上,康从理即追随将军刘子高入吴,成为幕下宾客,"闻关兵革间,濒死数四"。倭寇平定后,刘子高官拜大将,"幕下士日众"⑪。据汪道昆的记载,当戚继光领兵入闽之时,汪长公就以布衣的身份随从入闽,并且献计建功。为此,"诸戚将军客善长君,则交誉长君戚将军所"。汪道昆又称,在戚继光幕下的"诸儒"有若干人,无不都是"济济良士"⑫。可见,戚继光幕下也聚集了不少幕客。明末崇祯十二年(1639),杨嗣昌在上疏中称:"督监各携幕弁,镇将各有私人。"⑬各镇将领有"私人",其实就是私人聘请的幕宾。如山

---

① 吕留良:《吕晚村先生文集》卷4《与董方白书》,载氏撰、徐正点校:《吕留良诗文集》,杭州:浙江古籍出版社,2011年,上册,第89—90页。

② 周广业:《三余摭录》卷1,周广业著,祝鸿熹、王国珍点校:《周广业笔记四种》,杭州:浙江古籍出版社,2019年,上册,第28页。

③ 钱谦益:《列朝诗集小传》丁集中《沈记室明臣》《十岳山人王寅》《徐记室渭》,上海:上海古籍出版社,1983年,第496、511、560页。

④ 钱谦益:《初学集》卷47《特进光禄大夫左柱国少师兼太子太师兵部尚书中极殿大学士孙公行状》,《钱牧斋全集》,第2册,第1180页。

⑤ 钱谦益:《初学集》卷73《紫髯将军传》,《钱牧斋全集》,第3册,第1628—1629页。

⑥ 唐振常辑:《史可法别传》,载《史可法集》附录,第145页,上海:上海古籍出版社,1984年。

⑦ 关于史可法幕府人物,可参见何龄修:《史可法扬州督师期间的幕府人物》(上)(下),《燕京学报》,新3期(1997年)、新4期(1998年)。

⑧ 华阳散人编辑:《鸳鸯针》第2卷、第1回,沈阳:春风文艺出版社,1985年,第70页。

⑨ 谈迁:《枣林杂俎》和集《丛赘·镇海卫指挥》,北京:中华书局,2006年,第540页。

⑩ 茅坤:《茅鹿门先生文集》卷23《伯兄少溪公墓志铭》,茅坤:《茅坤集》,杭州:浙江古籍出版社,1993年,下册,第677—678页。

⑪ 张怡:《玉光剑气集》卷16《义士》,北京:中华书局,2006年,第639—640页。

⑫ 汪道昆:《太函集》卷1《汪长君论最序》;卷24《止止堂集序》,合肥:黄山书社,2004年,第48、524页。

⑬ 杨嗣昌著,梁颂成辑校:《杨嗣昌集》卷31《敬陈赏罚等事疏》,长沙:岳麓书社,2005年,第765页。

人许氏,河南开封人,曾被举为茂才。崇祯年间,曾向杨嗣昌献剿贼三策,不被杨氏所用。随后,许氏成为东平侯刘泽清的幕客,又因言语不合,辞去。①

二、入幕之人:"幕宾""幕友"与"师爷"

入幕之人,称谓众多。最为闻名者,当数"幕宾""幕友"与"师爷",通称"幕僚"(又作"幕寮"),一身而兼具宾、友、师三重身份。所谓幕寮,大抵是指寮属,若称幕寮,则"近乎卑";若是依从"德",称之为"师",则"过乎尊";至于称"幕宾",则以礼而论,且"介乎尊与卑之间"。近于卑、过乎尊,或者介于尊与卑之间,多不合理,于是转而改称"幕友"。这就需要就幕宾、幕友、师爷诸称谓起源及其含义稍作考辨。

(一)幕宾

入幕佐治之人,为何称为"幕宾"? 对此,小说《醒世恒言》对幕宾有下面的解释:

> 如何叫做幕宾? 但凡幕府军民事冗,要人商议,况一应章奏及书札,亦须要个代笔,必得才智兼全之士,方称其职,厚其礼币,奉为上宾,所以谓之幕宾,又谓之书记。有官职者,则谓之记室参军。②

由此可见,所谓幕宾,又称"书记"。称之为"宾",是幕主将入幕之人"奉为上宾",故有此称。其起源来自唐之节度使、观察使赴任时自己征辟幕僚,即"参谋""记室"之类。然唐代参谋(又称参军)、记室,是有官职之人。明清幕府佐治之人,属私人聘请,已无官职,所以称为"幕宾"。③

早在唐宋两代,就有幕客与幕宾混称之例。④至明清时期,幕客与幕宾通常也并称。幕客始于春秋以后列国养士之风,当时儒术之士,只要名闻诸侯,即可以成为列国的"客卿",陈述王霸之道。自中和以后,藩镇道宾,亦被称为"客卿"。⑤然幕客终究与幕宾稍异:幕客为大臣、名公所养之士,类似于早期的门客,以及明清时期的山人、清客。换言之,幕客为一通称,如宋秦桧门下有"十客",分别为门客、亲客、逐客、娇客、刺客、羽客、庄客、狎客、说客、吊客。⑥然宋代的幕客,大多是陪主人赋诗,或陪官员游山玩水。⑦

有一个史实必须引起关注,即明代承继唐代节度使、观察使自辟幕下属官的惯例,将地方各级衙门的幕官称为"幕宾"。如明代史料云:"佐贰官,职居次而辅政者也,皆当钦敬长官,友爱幕宾。"①其中

① 毛奇龄:《桑山人传》,张潮辑:《虞初新志》卷13,《笔记小说大观》,扬州:江苏广陵古籍刻印社,1983年,第14册,第280页。
② 冯梦龙:《醒世恒言》第32卷,长沙:岳麓书社,2002年,第412页。
③ 相关的阐述,亦可参见田文镜:《州县事宜·慎延幕宾》,《官箴书集成》,合肥:黄山书社,1997年,第3册,第675—676页。
④ 钱易:《南部新书》辛,北京:中华书局,2002年,第129页;江休复:《江邻幾杂志》,《宋元笔记小说大观》,第1册,第573页。
⑤ 李涪:《刊误》卷下《客卿》,北京:中华书局,2012年,第256—257页。
⑥ 叶向高辑,林茂槐增定:《说类》卷28《人物·幕客》,引《老学庵笔记》,《四库全书存目丛书》影印明刻本。
⑦ 洪迈:《容斋四笔》卷2《大观元夕诗》,北京:中华书局,2005年,下册,第652页;范成大:《吴船录》卷上,《范成大笔记六种》,北京:中华书局,2004年,第202—203页。
① 汪天锡辑:《官箴集要》卷上《职守篇·佐贰》,《官箴书集成》,第1册,第268页。

所云佐贰官,指同知、通判、县丞、主簿之类,而幕宾显指幕官。在明代省一级的都司衙门中,幕官即称"幕宾"。按照袁忠彻的看法,都指挥使可以称为"元戎",其职责在于"当一面之重,整齐兵甲,折冲御侮而为朝廷之倚赖";而都事一类的幕官,则称"幕宾",其职责在于"植密赞划军政,从容于樽俎之间,以制其过而泄其不及"。②元戎与幕宾之间,是一种互为表里的关系。

(二)幕友

在明清两代,入幕佐治之人,又可称为"幕友"。幕友一称,来源于幕主称幕宾为"朋友"。至于何以称为幕友,清人何士祁云:"幕宾谓之朋友,顾名思义,庶指臂之助可收。"③换言之,主、宾之间,应该情意相协,可收以友辅仁之功。

"朋友"一称,广见于明清科举时代士人相交时的称谓惯例。清人吴敬梓所著小说《儒林外史》,在说到明代知识圈社交习惯时有云:"原来明朝士大夫称儒学生员叫做'朋友',称童生是'小友'。比如童生进了学,不怕十几岁,也称为'老友';若是不进学,就到八十岁,也还称'小友'。"④这是生员、童生称"友"之例,只是"朋友"是儒学生员(俗称秀才)的专称。在清代官场,同样将幕宾称为"朋友"。如清代史料云:"外荐来之朋友,或官府,收与不收,吾辈在官面前美言相助,零星使用,稍有资助若干,实无可奈何。"⑤在明清两代,幕宾的身份以儒学生员居多,幕友一称,显是将知识圈的社交称谓引入官场所致。

至于幕友一称的起源,可以先引清人觉罗乌尔通阿编辑的《居官日省录》为例加以疏证。此书引用明代苏州知府况钟下车各政,凡17条,其中一条云:"严查家丁撞骗。幕友须有品方延,匪人勿请。"⑥况钟出任苏州知府是在宣德至正统年间,然此书为清人所编,尚不能完全证明宣德至正统年间已经有幕友一称。至嘉靖四十二年(1563),王叔杲任常州府靖江县知县,在任期间,在《与严洞庭先生》书牍中有云:"适县友告行,草率附此奉候,伏惟俯垂照之。"⑦书牍中所谓的"县友",虽不能遽下确断,然就文意推测,疑指县衙中的幕友。

至明末,王思任的一段记载,已经足证当时幕友已经颇为常见,其云:

> 沃土之民谑,瘠土之民忍。谑者不过身体口腹之有余也,从身体口腹起见,而忍者已在心性之间矣。吾乡姚人处瘠土,即簪笏奕望,身体口腹常不足。游学走三吴,三吴有余者每谑之。常不为吴语,作姚语,而实暗庇其心性,十七为师,十三友也。三吴人不论其师其友,而但论其土之瘠。⑧

这是一则相当重要的史料,却被过去的研究者所忽略。史料大抵可以证实以下两点:一是绍兴府

② 袁忠彻:《符台外集》卷下《送浙江都阃幕宾陈侯献绩序》,《四明丛书》,扬州:广陵书社,2006年,第26册,第15979页。
③ 徐栋辑:《牧令书》卷4《用人·幕友宜待之以礼》,《官箴书集成》,第7册,第81页。
④ 吴敬梓:《儒林外史》第2回,北京:人民文学出版社,1982年,第18页。
⑤ 不著撰者:《外官新任辑要·大略须知》,《官箴书集成》,第6册,第756页。
⑥ 觉罗乌尔通阿编辑:《居官日省录》卷1《莅任》,《官箴书集成》,第8册,第9页。
⑦ 王叔杲著、张宪文校注:《王叔杲集》卷12,上海:上海社会科学院出版社,2005年,第252页。
⑧ 王思任:《杂序·〈醉吟近草〉序》,载氏著:《王季重十种》,杭州:浙江古籍出版社,1987年,第47页。

属下的余姚县，因为读书之风兴盛，以致"簪笏奕望"，再兼"人处瘠土"，身体口腹常感不足，只好"游学走三吴"。这是绍兴人大量外出游学、游幕、游寓的确证。二是余姚人游学至三吴，"十七为师，十三友也"。所谓的"师"，指处馆谋生；而所谓的"友"，则指入幕为友，即做幕友。

入清以后，入幕之人，已经多称"幕友"。如清初人钮琇《觚賸》正编，成于康熙三十九年(1700)，其中记载："张玄著先生起自海中，部落解散，窜身僧寺。杭守臣觇得之，与爱仆杨贯玉、幕友罗自牧同被执。"①又《福惠全书》记载："州邑事繁，钱谷、刑名、书启，自须助理之人。若地当冲剧，钱粮比较，词讼审理，与夫往来迎送，非才长肆应，势难兼顾。幕友又须酌量事之烦简，而增减其人。"②可见，入清以后，幕友已成州县衙门钱谷、刑名、书启三席的通称。

(三)师爷

究"师爷"一称，来源有二：一为府州县学校的学官，二为家馆中的塾师。衙门中的书吏、承差，或者家族中的仆人，为了对学官、塾师表示尊敬，因而称之为"师爷"。其后，幕中杂役人员，亦随之敬称幕宾为"师爷"，甚至出现于官府文书中。此外，在清代民间，"师爷"一称更是广泛使用，无不体现一种他尊甚至自尊之义。③

在明代，一般将教官称为"师爷"。如小说《二刻拍案惊奇》记一位廪膳秀才高广，一向以处馆为业。通过挨贡，选授山东费县教官。后来他的学生出任巡按御史，请承差前来相请至任上。这位承差就称高广为"高师爷"。④

入清以后，史籍亦称学校教官为"师爷"。不妨引述一例如下：

> 予邑(东莞——引者)钟冠斗先生，良平乡人也。才思富丽，善于属文。康熙初，冒籍风行，钟随叔至廉州，得典试。(中略)康熙十七年(1678)七月念九日，钟如省制锦屏为祝叔寿，偶经双门，遇钦(钦州——引者)学役，学役喜对钟曰："师爷望秀才来战棘闱，眼穿千里矣，今及时也。"挟同诣学官，欣悦，录送监临，钟不得已，遂逐队入试。⑤

而在小说《儒林外史》中，同样称学校教官为"师爷"。⑥小说整理者在校注中作如下解释："指儒学教官。教官是管秀才的，尊称'学师'或'学里老师'，一般没有称'师爷'的，这里也是作者描摹夏总甲口吻的写法。"⑦此说为是。学校中的书役以及如小说中夏总甲一类，为了表示一种尊敬，方称学中教官为师爷。

至于家塾中的塾师，大家仆人有时亦敬称其为"师爷"。如丁腹松，博学能文。30岁中举人，屡次

① 钮琇：《觚賸》卷1《吴觚》上《布囊焚余》，上海：上海古籍出版社，1986年，第5页。
② 黄六鸿：《福惠全书》卷1《筮仕部·延幕友》，《官箴书集成》，第3册，第228页。
③ 傅崇榘编：《成都通览·成都人之称谓·师爷》，成都：成都时代出版社，2006年，第227页。
④ 凌濛初：《二刻拍案惊奇》卷26，长沙：岳麓书社，2002年，第276、281—282页。
⑤ 欧苏：《蔼楼逸志》卷1《文冠斗》，李龙潜等点校：《明清广东稀见笔记七种》，广州：广东人民出版社，2010年，第165页。
⑥ 吴敬梓：《儒林外史》第2回，第17页。
⑦ 吴敬梓：《儒林外史》第2回，第24页。

参加会试不第。当时正是明珠当国,听闻他的名头,"延之课子"。丁氏后又参加会试,在发榜前数日,明珠府中宠仆安三忽然入贺道:"师爷中式矣。"①此即仆人称塾中教师为"师爷"之例。

仿照上述之例,清代民间亦称幕宾为师爷。据清末人傅崇矩记载,成都民间一概将就幕之人称为"师爷",或尊称"师大老爷""师老爷"。至于军营中的"书记",一般称为"师爷",或称"师太爷"。②时风所染,以致官方文书中,地方官员亦有称入幕之人为"师爷"的例子。如清代地方官文书有云:"凡刑钱批过副呈,即送官府阅过,交管黑笔师爷誊正,对明批语不错,即在批之示尾用官府图章盖上一颗。有誊错者,或添该涂抹者,即用官府图章遮盖。"③此"黑笔师爷"一称,即指幕宾。

(四)相公与先生

在明清两代,入幕的幕宾,通常又被称为"相公"与"先生"。

究"相公"一称,在明代所指有二:一是内阁大学士,二是秀才。④入清以后,秀才被称相公,同样不乏其例。清代咸丰以前,奴仆之于尚未入仕之人,如监生、诸生,均称"相公"。有时将其姓或名或号"列冠于上",称"某某相公"。⑤

至于幕宾被称"相公",显然源于明代的"主文"与"主文相公"。明人王廷相云:"各衙门积年主文、书手、老人、皂隶、弓兵、门子、马夫,由其凡百事情,无所不知,经历乖滑,无处不透,是以通同作弊,易如吹毛。主文则改抹文卷,出入罪名。"云云。⑥文中所云"主文",即"主文相公"。随后,明代史料已经出现"相公掌稿"一称,云:"刁悍之地,多有保歇诈骗,私向人犯称云:我能打点衙门,我能关通相公掌稿。"⑦所云"相公掌稿",同样是指"主文相公"。

仿上述之例,清代也称幕宾为"相公"。如小说《儒林外史》即有如此称谓。⑧在小说这段文字后面,整理者对"幕客"一称作如下解释:"一般指的是受地方官私人聘请,帮助官员办理公事的人。学政聘请的幕客,只管看考生的文章,就是前面说过的'看文章的相公'。"⑨又《儒林外史》记范进中进士后,历任山东学道。在考童生时,"随即在各幕客房里把童生落卷取来"。又云:"一会同幕客们吃酒,心里只将这件事委决不下。众幕宾也替疑不定。"⑩可见,这些学道内的幕客,其实就是"主文相公",又称"幕宾"。

根据《儒林外史》所载,幕宾称为"相公"者,又分"刑名相公"与"钱谷相公"。⑪有时又"幕宾相公"连称。如小说《儒林外史》记道:"不说别的,府里太尊、县里王公,都同他们是一个人,时时有内里幕宾

---

① 徐珂:《清稗类钞》,《考试类·丁腹松中进士而辞馆》,北京:中华书局,2003年,第2册,第660—661页。

② 傅崇矩编:《成都通览·成都人之称谓·师爷》,第227页。

③ 不著撰者:《外官新任辑要·计开各款》,《官箴书集成》,第6册,第740页。

④ 参见陈宝良:《明代儒学生员与地方社会》,北京:中国社会科学出版社,2005年,第173页。

⑤ 徐珂:《清稗类钞》,《称谓类·相公》,第4册,第2176—2177页。

⑥ 王廷相:《浚川公移集》卷3《巡按陕西告示禁约》,王廷相著、王孝鱼点校:《王廷相集》,北京:中华书局,2009年,第4册,第1164页。

⑦ 余自强:《治谱》卷4《词讼门·衙役不许作保》,《官箴书集成》,第2册,第111页。

⑧ 吴敬梓:《儒林外史》第3回,第29页。

⑨ 吴敬梓:《儒林外史》第3回,第39页。

⑩ 吴敬梓:《儒林外史》第7回,第74页。

⑪ 吴敬梓:《儒林外史》第26回,第256页。

相公到他家来说要紧的话。百姓怎的不怕他！像这内里幕宾相公，再不肯到别人家去。"[1]

幕宾称"先生"，源起于明初的"门馆先生"。[2]其后，方称幕宾为"先生"，随之出现了"幕宾先生""内幕先生"诸称。如小说《儒林外史》记载蘧公子蘧景玉，说自己父亲任知县时，有言："家君在这里无他好处，只落得个讼简刑清；所以这些幕宾先生，在衙门里都也吟啸自若。"[3]又清人谢金銮云："内幕先生，有刑名，有钱谷，固矣。"[4]此即清人称幕宾为"先生"的佐证。

三、佐治检吏：幕宾职掌及主幕关系

明清私人聘请的幕宾，其职掌主要在于佐治、检吏两个层面。这两项职能，原本是由朝廷铨选的幕职承担。事实却并非如此。自明代以后，一方面幕官不再由长官自辟，而是改由朝廷铨选；另一方面，幕官之权已被长官侵夺，成为形同虚设的冗员。随之而来者，则是胥吏承担了佐治之职，甚至舞文作弊，把持衙门之政。诸如此类的"奸蠹"，导致地方长官不得不私人聘请幕宾，藉此佐治检吏。

在明代，幕宾大抵已经承担刑名、钱谷、书启三大职掌，但尚未系统归类，更未出现专职的幕席。至清代，随着幕府人事制度的定型化，幕宾开始有所区别，幕席随之专门化，职掌也更加细化。如钱谷一席之中，又可细分为"案总""钱粮总""征比"；书启一席之中，又可细分为"书禀""号件""红黑笔"等。[5]

（一）幕宾职掌

细究明清幕宾的职掌，大抵可以分为主持文稿、参赞军事、阅卷、钱谷、刑名诸项。下面分类述之。

一是主持文稿。幕宾主持文稿，源于记室、书记、掌记诸称。在早期，幕宾有"记室"之称。所谓记室，其意是指"宾佐"。[6]明清私人聘请记室以掌文稿，其例甚多。如山人黄之璧，自负其才，旁无一人，被西宁侯宋氏延为"记室"；[7]昆山徐乾学的祖父，在明朝时曾为严讷的"记室"，当三吴发生水灾时，代严讷"具疏草请赈"。[8]

书记一称，同于记室，其职掌可以由家人承充。如练子宁死国时，有侍妾抱其幼子匿于民间，展转入闽，"为人佣保"。后练子宁的六世孙，在万历二十六年（1598），替一位陈姓举人"掌书记"。从需要"赎取"可以看出，这位练氏子孙替人"掌书记"，实与"书佣"身份相近。[9]又明代有一位胡姓佥事，是徽州人，任职贵州按察使佥事，随带的仆人胡文训、胡文学，"掌书记，得其意"。[10]地方官上任，一般的"套

① 吴敬梓：《儒林外史》第46回，第449页。
② 明太祖钦录：《逆臣录》卷上，北京：北京大学出版社，1991年，第15页；陈洪谟：《治世余闻》下篇卷4，北京：中华书局，1985年，第62页。
③ 吴敬梓：《儒林外史》第8回，第84—85页。
④ 徐栋辑：《牧令书》卷4《用人·居官致用》，《官箴书集成》，第7册，第84页。
⑤ 徐栋辑：《牧令书》卷4《用人·居官致用》，《官箴书集成》，第7册，第84页。
⑥ 彭乘辑撰：《墨客挥犀》卷4《名位称呼》，北京：中华书局，2004年，第319页。
⑦ 周晖：《金陵琐事》卷3《买太史公叫》，南京：南京出版社，2007年，第128页。
⑧ 钱泳：《履园丛话》13《科第·种德》，北京：中华书局，1997年，下册，第336页。
⑨ 张怡：《玉光剑气集》卷6《忠节》，第235—236页。
⑩ 张怡：《玉光剑气集》卷16《义士》，第639页。

启套书,俱发礼房誊写"。至于那些"密禀密事",则完全依靠"内书"。在明代,"内书"一职,新官上任时多视"书仆"为首选,一般将善书、通文义,且又可"托腹心"者视为"内书"的上佳人选,其次方为"不通文义,而善书"的仆人。只有本家无此内书,才"聘掌稿进衙,凡事倚赖"①。这种外聘的掌稿,就是书记,主要负责文稿事务。如余怀自称,在崇祯十三、十四年(1640、1641)以后,"入范大司马莲幕中,为平安书记"②。清初勇略将军赵良栋入成都时,有一位浙人王某,任赵良栋"幕下掌书记",负责"削稿"之事。③

至于掌记,原本指剧本或执剧本以提示台词者,类似于后世的场记。④入明之后,掌记演变为"掌书记",已成幕宾之职。如昆山人王逢年游京师,为内阁大学士袁炜"掌记";⑤郑晓任刑部尚书时,已知严嵩必败,"不欲以一名刺留其记室",于是倡议,"自今各部大僚往来名刺,率以月朔命掌记聚往本官"。⑥此为掌记掌管官场官员间名刺往来的例证。

书记掌管幕府中的"削稿"事务,这是明清幕府的普遍特征。如崇祯十七年(1644),皖督马士英开府江、浙,幕下有一位秀才顾观生,"与谋削稿"⑦。为此,形成一种幕客文章。但凡幕府大僚文集中的升迁贺序,均属应酬文章,无不是"假时贵之官阶,多门客为之"⑧。这些幕客所为文章,在清初人郑禹梅看来,不过是"以割裂为修辞",根本算不上是真正的文章。⑨

二是参赞军事。早在秦汉之时,专设一种幕职,"在宾幕中筹划戎机",且由"多学深识者"担任。⑩在明代,各边巡抚都御史幕下,设有选自在京、在外,"晓畅军事"的官员作为幕僚,"补其谋议之缺,相战守之宜"⑪。其后,参赞军事,多由私人聘请的幕宾承担。如孙燧开府江右时,新建有一位李生,入孙氏幕中。当时宸濠谋反已显,李生"数密言当预为之备"⑫。此即幕宾参赞军事之例。

三是阅卷。明清两代,学使、知府校文地方,时常聘私人阅卷。所聘之人,除了学官之外,多以幕宾居多。如明景泰年间,聂大年凭荐举出仕,任仁和县学训导,为地方官员与达官显宦所礼重。景泰四年(1453),正值大比之年,两广、湖、湘、山西、云南"皆以校文来聘",最后应"云南之聘"。⑬此即学官被聘阅卷之例。

至于私人幕宾参与阅卷之事,其例更多。以明代为例,如沈金马,少有俊才,为文率意口占而成,

---

① 余自强:《治谱》卷1《初选门·内书算》,《官箴书集成》,第2册,第88页。
② 张潮辑:《虞初新志》卷20,《笔记小说大观》第14册,第326页。
③ 钮琇:《觚剩》卷6《秦觚·秦将礼客》,上海:上海古籍出版社,1986年,第109页。
④ 王锳:《宋元明市语汇释》(修订增补本),北京:中华书局,2012年,第143页。
⑤ 谈迁:《枣林杂俎》义集《炯鉴·狂诞》,第318页。
⑥ 姚士麟:《见只编》卷上,载《盐邑志林》卷53,影印明刻本。
⑦ 钱谦益:《有学集》卷7,《钱牧斋全集》,第346页。
⑧ 黄宗羲:《南雷诗文集》,《寿序类·施恭人六十寿序》,黄宗羲:《黄宗羲全集》,杭州:浙江古籍出版社,2005年,第10册,第689页。
⑨ 黄宗羲:《南雷诗文集》,《寿序类·范母李太夫人七旬寿序》,《黄宗羲全集》,第10册,第688页。
⑩ 李涴:《刊误》卷下《参谋》,第257页。
⑪ 储巏:《防房疏》,《明经世文编》卷96,第843页。按:储巏此文又收入其所著《柴虚文集》卷12,标题为《题议防房患》,《四库全书存目丛书》影印明嘉靖四年刻本。
⑫ 张怡:《玉光剑气集》卷9《识鉴》,第391页。
⑬ 蒋一葵:《尧山堂外纪》卷84《国朝·聂大年》,明万历刻本。

"督学御史与之有故,檄令读卷,玄朗不屑意,故为妄言却之,御史莫能致也"①。事虽未成,然督学御史聘人阅卷,显已成惯例。以清代为例,如费元杰,18岁时补府学生员,随后每次考试,均"冠其曹"。前后出任湖广提学的官员,如董养斋、李渭湄,"咸聘佐衡校之人,所取士,率满人望"②。

四是佐理钱谷之事。幕宾佐理钱谷之事,一般被称为"钱谷师爷"。此类幕宾,当源起于元末私家之"掌事",以及明代商人聘请的"掌计簿"之人。在元末,有些人家会聘请"掌事",具体掌管财货出纳,属于"佣工受雇之役"。其所管账簿,一般称为"黄簿",又称"帐目",其式分为"旧管""新收""开除""见在"四柱。③这几与钱谷幕宾所管之事相近,所异者不过一服务于私家,一服务于官府。此外,在明代的商人经营中,也有一种专门替商人"掌计簿"之人。这些人因为没有资金,尽管自己识得一些字,并懂会计之术,却只能替一些商人掌管"计簿"。④

明代程大位《算法统宗》一书的出现,其专门讲究珠算的特点,显然属于"胥吏商贾之书",⑤并为钱谷幕宾的广泛出现提供了帮助。而明代的记载更是证明,每当知县上任,有时也会聘"写算人"。此类写算人,其实就是钱谷幕宾。如小说《警世通言》记一位范举人任浙江衢州府江山县知县后,就需要寻一个"写算的人"。当时有一位名叫宋金的人,因为自幼学得一件本事,会写会算。经过范知县的考察,其人确是"书通真草,算善归除"。于是就将他留下,并一同上任。小说称此类人为"门馆先生"。⑥

五是佐理刑名事务。至晚在元代末年,就已经出现了"宪幕宾"的说法。如孔齐《至正直记》记载:"时安吉凌时中石岩为宪幕宾,一见甚喜。"⑦这或许就是刑名师爷的源起。至明初,如湖广、江西、直隶府州县,六房大多有"主文老先生书写,积年把持官府,蠹政害民"。⑧这是胥吏"主文"之例。其后,明代知县上任,则开始出现私人聘请"主文"之风。如李乐最初出任江西新淦县知县时,其兄考虑到李乐"不理会民事",建议"请一老主文同行"。李乐虽未采纳建议,但在明代官场,知县聘请主文之风甚盛,"雇主文行者,十有四五"。⑨明末清初人魏禧曾记载其长兄魏际瑞客居北京时,"有按察使要之入幕,坚不肯往"。魏际瑞不入幕的理由很简单:"刑名之事,吾未素学。此人命所系,岂可以骤习幸中而苟富其利乎?"⑩可见,魏际瑞被按察使所聘者,为担当刑名师爷一职。

入清以后,幕宾佐理刑名事务,其风更盛。如清顺治十四年(1657),姚廷遴自记:

是年四月,因老家人吴元受、顾明甫等商议,对大兄二兄曰:"看来我家官私还有,不如将大官进一房科,一可熟衙门人面,二可习熟文移律例,后日好去作幕,每年可得百金,比处馆者差几

① 归有光著、周本淳校点:《震川先生集》卷24《玄朗先生墓碣》,上海:上海古籍出版社,1981年,第563页。
② 卢文弨:《抱经堂文集》卷33《赠奉直大夫永顺县教谕费君墓志铭》,第431—432页。
③ 孔齐:《至正直记》卷3《出纳财货》,《宋元笔记小说大观》,第6册,第6642页。
④ 魏禧:《魏叔子文集》卷10《善德纪闻录叙》,《四库禁毁书丛刊》影印清道光二十五年宁都谢庭绥绂园书塾重刻本。
⑤ 凌廷堪:《校礼堂文集》卷32《书程宾渠算法统宗后》,北京:中华书局,1998年,第286—288页。
⑥ 冯梦龙:《警世通言》第22卷,长沙:岳麓书社,2002年,第167页。
⑦ 孔齐:《至正直记》卷4《先君教谕》,《宋元笔记小说大观》,第6册,第6655页。
⑧ 万表:《灼艾别集》上,引《传信录》,《四明丛书》,第27册,第16746页。
⑨ 李乐:《见闻杂记》卷8,上海:上海古籍出版社,1986年,第706页。
⑩ 魏禧:《魏叔子日录》卷1《俚言》,《四库禁毁书丛刊》影印清道光二十五年宁都谢庭绥绂园书塾重刻本。

倍。"因此乘阁县将去,随入供招房,拜徐翰远为师,学习律例起,自此沦落十五年,后悔无及。[①]

这段记载提供了以下三个信息:一是进入刑房为胥吏,通过熟悉"衙门人面",或者习熟"文移律例",拜人为师,其目的是为了"后日好去作幕";二是"作幕"脩金,每年可得百金,明显优于处馆;三是相较于处馆,"作幕"更是一种"沦落",是读书人的无奈之举。即使如此,清代士人出任幕宾,佐理刑名事务,仍然相当普遍。如赵大润,常州府江阴县人,为府学生员。其同门友人贡息甫任建平知县,邀请赵大润前往相助。"邑多地讼,岁久不决,一案之牍,高几盈尺。山人不惮烦,为之一一爬梳,要领既得,先以曲直之大判明示之,而期日与质,两造往往各自输服,请无对簿而愿寝息者过半矣。诸欲为奸黠狱者,咸不便山人所为,谗言繁兴,而终不得闲,于是建平之政声为群有司最。"[②]这是幕宾佐理刑名事务的典型例证。

(二)主幕关系

揆诸明清两代士人入幕之风,不过是哗啴落魄之士的下场头而已,其目的在于从幕主那里获取"筐筐之赠遗、蓬蒿之霑润而已耳"。毋庸讳言,在幕主与幕宾之间,"间亦以意气之投,缔为石交",但很少有幕主"汲汲求士者也"。[③]正如清初学者张履祥所言:"近世居官恶劳,辄延幕客;书生不安贫,辄求为幕宾。"官员聘幕宾治事,其本意是为了"相与有成",而其结果则反使"官方"与"士行"两败。[④]

幕主与幕宾之间,是一种相互依凭的关系:幕主得幕宾之助以治事,幕宾得幕主之脩金以糊口。幕主与幕宾之间,是一种东翁与西宾之间的关系。在幕宾眼里,幕主是主人,是东翁。如在明代军队中,幕宾若是稍为雅谈,一般称总兵官为"兵主"。[⑤]在幕主眼里,幕宾则是客,是"西宾""西席"。至于西宾、西席称谓的由来,则源于衙门建筑的固有特点。按照制度规定,所谓的"塾",属于门外之舍。一般说来,家庙在东,西堂为塾。塾师则称"西宾""西席",后转将幕宾称为"西宾""西席"。[⑥]

从根本上说,幕宾是幕主的"心腹"。[⑦]正如清人叶可润所云:"作令不能不用幕友。"[⑧]究其原因,实则缘于幕宾有佐治之功。除却主人私事不必与闻之外,其他只要"在官之事,以及官声之所系",如"门丁之有无舞弊,书差之有无朦混,押犯之有无淹滥",均属幕宾职掌。[⑨]换言之,就身份地位而言,幕宾具有宾与师双重身份,即"幕友居宾师之位分,第本非甚卑"。[⑩]一方面,幕宾是客,"主人以宾礼待之,见主人用晚生帖";另一方面,幕宾又是师,"有师道,不可屈"。[⑪]

① 姚廷遴:《历年记》中,《清代日记汇抄》,上海:上海人民出版社,1982年,第74—75页。
② 卢文弨:《抱经堂文集》卷29《瞰江山人传》,第387页。
③ 黄凤翔著、林中和点校:《田亭草》卷2《送张山人之宁夏序》,北京:商务印书馆,2018年,第50—51页。
④ 张履祥:《杨园先生全集》卷40《备忘二》,北京:中华书局,2002年,下册,第1096页。
⑤ 谈迁:《枣林杂俎》智集《逸典·勋嫡》,第17页。
⑥ 朱国祯撰、王根林校点:《涌幢小品》卷4《衙宇房屋》,第74页。
⑦ 徐栋辑:《牧令书》卷4《用人·用人为仕宦亟务》,《官箴书集成》,第7册,第78页。
⑧ 徐栋辑:《牧令书》卷4《用人·幕友》,《官箴书集成》,第7册,第80页。
⑨ 张廷骧:《赘言十则》,收入不著撰者:《刑幕要略》附录,载《官箴书集成》,第5册,第27页。
⑩ 张廷骧:《赘言十则》,收入《刑幕要略》附录,《官箴书集成》,第5册,第26页。
⑪ 徐栋辑:《牧令书》卷4《用人·署规》,《官箴书集成》,第7册,第78—79页。

有鉴于此,幕主对幕宾,必须以礼相待。如聘请幕宾时,必须下一"关聘",即所谓的聘书。①这大抵还是因为幕宾,如钱谷、发审、书启、征收、挂号、硃墨、帐房及一切杂务之属,均属"佐官治事者也"。所以幕主对待幕宾,必须做到"有休戚事,必尽吾情;良时佳节,致敬尽欢"。②

就明清幕府人事制度而言,主幕关系并非一概如师、如宾、如友,情洽无疏,而是存在着一些疏隔。一方面,居官者"间有薄视幕友,趾高气扬,遇事独出己见,不待商榷",幕宾与幕主"难与共事"。③另一方面,在幕宾群体中,其才品也是参差不齐,难得全才。细分之,大抵有如下三等:上等的幕宾识力俱卓,才品兼优,例案精通,笔墨畅达;中等的幕宾人品谨饬,例案精熟,笔下明顺;下等的幕宾人品不苟,例案熟练,而笔墨稍逊。④更有甚者,有些幕宾立品不端,"宾主少有失意,辄操其短长,恐吓诈骗,往往有之"⑤。

余论:对"绍兴师爷"一说的重新审视

幕宾俗称"师爷"。今日一论及幕宾,就联想到"绍兴师爷"一称。对此,缪全吉有自己的初步解释。⑥而郑天挺对"绍兴师爷"一称有所质疑,认为绍兴府属八县并非人人都学幕,而幕友也不仅仅限于绍兴附郭之山阴、会稽两县,更不是除绍兴以外无人学幕。⑦此说承袭清人梁章钜之说,且具一定的道理,但仍然没有解决"绍兴师爷"一称的起源问题。

在清代有两则俗谚,大抵可以证实绍兴人已经行遍海内。一则俗谚是"无绍不成衙"。其意是说绍兴人遍及各地衙门,已经成为各地方衙门佐治人员的主要来源。这则俗谚可以从明代的史料及其小说中得到印证。如明人崔铣云:"越、闽胥人革役者货县胥,窜名吏籍中,上部,往往冒官去。"⑧冯梦龙在小说《醒世恒言》中,更是直云:"天下衙官,大半都出绍兴。"⑨另一则俗谚是"鹪鸟豆腐绍兴人","此三者,不论异域殊方,皆有"⑩。此谚出自范寅《越谚》,其意是说绍兴人如麻雀、豆腐一样遍布全国各地。

其实,并非绍兴人天生好游,轻弃乡土,而是时势所迫,为了维持一家生计,不得已而为之。细究绍兴人远游的原因,大抵不外以下两点:

一是绍兴"地窄民稠",生存压力大,为求生计,不得不外出。对此,万历年间纂修的《绍兴府志》有系统的记载。据此可知,在经历了六朝东徙、宋代南迁之后,绍兴已是"生齿甚繁,地更苦狭,非复昔之

① 不著撰者:《外官新任辑要·请幕友关聘》,《官箴书集成》,第6册,第738页。
② 徐栋辑:《牧令书》卷4《用人·幕友宜待之以礼》,《官箴书集成》,第7册,第81页。
③ 张廷骧:《赘言十则》,收入《刑幕要略》附录,《官箴书集成》,第5册,第26页。
④ 张廷骧:《赘言十则》,收《刑幕要略》附录,《官箴书集成》,第5册,第26页。
⑤ 黄六鸿:《福惠全书》卷1《筮仕部·延幕友》,《官箴书集成》,第3册,第228—229页。
⑥ 缪全吉对"绍兴师爷"一称的起源有考察,认为"幕宾殆多京吏出身,谅与明代部吏独多绍兴人有关"。尽管可具一说,但不全面。参见氏著:《清代幕府人事制度》,第10—11页。
⑦ 郑天挺:《清代的幕府》,《明清史国际学术讨论会论文集》,第10—11页。
⑧ 崔铣著、周国瑞选编:《崔铣洹词选·刘少傅传》,郑州:中州古籍出版社,1993年,第89页。
⑨ 冯梦龙编小说《醒世恒言》就说绍兴地方,"惯做一项生意",就是花钱钻谋地方佐贰官,进而认为"天下衙官,大半都出绍兴"。参见冯梦龙:《醒世恒言》第36卷,第470页。可见,至晚从明代中期以后直至明末,"无绍不成衙"一谚,确乎已成事实。
⑩ 范寅著、侯友兰等点注:《越谚点注》卷上,北京:人民出版社,2006年,第32页。

地广人稀矣"①。明末绍兴人祁彪佳的记载,更将绍兴因"地窄民稠"而导致粮食自给不足的窘况暴露无遗。祁彪佳对山阴一县做了初步的统计,全县田仅62万余亩,"民庶之稠",人口则超过124万。这无疑是"以二人食一亩之粟",即使是丰登之年,亦止供半年之食,所以"每藉外贩,方可卒岁"。②正如明末绍兴人王思任所言,"民稠则欲不足,欲不足则争,争之不得则骛,骛之思,必起于贤智者"。绍兴既是"贤智之乡",且又"喜骛又善骛者也",所以"骛必极于四方,而京师尤甚,得其意者什三,失者什七"。③

二是绍兴人识字率高,士人科举仕途竞争加剧,那些在科举仕途上已经绝望的士子,只好外出觅生计。在明清时期,绍兴人好学成风,史称:"下至蓬户,耻不以《诗》《书》训其子;自商贾,鲜不通章句;舆隶亦多识字。"④明末清初人张岱,更是说余姚风俗,"后生小子无不读书"。⑤上述两则记载,大抵已经证明绍兴人读书成风,识字率相对较高。这就导致以下两大结果:一是绍兴一府科名甚盛,二是绍兴人外出处馆成风。就此而论,明朝人王士性说"宁、绍盛科名缝掖",⑥显非空穴来风。

相较而言,尽管在明代绍兴人已经遍布天下,且不乏入幕府为幕宾的例子,⑦甚至出现了像徐渭这样闻名的师爷,然就明代绍兴外出佐治而言,大抵还是以入京城、地方衙门为胥办与佐贰官居多。如明人王士性云:"山阴、会稽、余姚生齿繁多,本处室庐田土,半不足供,其儇巧敏捷者入都为胥办,自九卿至闲曹细局无非越人。"⑧又如绍兴府山阴县人胡兆龙,就"佐书铨曹",同县人丁某"亦同事相善"。⑨

众所周知,根据明代的制度规定,鉴于浙江及苏州、松江二府,均属财赋之地,且江西士风谲诡,所以禁止此三处士人,不得出任户部官员。然户部的胥吏,大多是"浙东巨奸",尤其是绍兴人。他们"窟穴其间,挪移上下,尽出其手,且精于握算,视官长犹木偶"⑩京城官员,无论是政事,还是拜客赴席的日课,均不得自由,"前后左右皆绍兴人"。其结果,则导致衙门政事把持在绍兴人手上,即史料所云:"坐堂皇者如傀儡在牵丝之手,提东则东,提西则西,间有苛察者欲自为政,则故举疑似难明之案,引久远不行之例,使其耳目瞀乱,精彩凋疲,必至取上谴责而已。"⑪

入清以后,尽管"六部直省胥吏",仍然是"大半为浙东游手窟穴",⑫然就其大势而言,绍兴人则更是游幕天下。如汪辉祖云:"吾越业儒无成及儒术不足治生,皆迁而之幕,以幕之与儒近也。"⑬清代湘

---

① 萧良幹等修、张元忭等纂:万历《绍兴府志》卷12《风俗志》,《中国方志丛书》,台北:成文出版有限公司,1983年,第951页。
② 祁彪佳:《祁彪佳集》卷6《节食议》,北京:中华书局,1960年,第116页。
③ 王思任:《杂记·二还亭记》,载《王季重十种》,第189页。
④ 萧良幹等修、张元忭等纂:万历《绍兴府志》卷12《风俗志》,《中国方志丛书》,第947页。
⑤ 张岱著,云告点校:《琅嬛文集》卷1《夜航船序》,长沙:岳麓书社,1985年,第49页。
⑥ 王士性:《广志绎》卷4《江南诸省》,北京:中华书局,1981年,第67页。
⑦ 如憨山大师记载:"时越人吴天赏者,先籍名诸生,屡试不售,遂弃举子业,从史椽,奉部檄为制府记室。"此即绍兴人入幕府为幕宾典型之例。参见憨山著、福善日录、通炯编辑:《憨山老人梦游集》卷23《忠勇庙碑记》,清光绪五年江北刻经处重刻本,第11a—b页。
⑧ 王士性:《广志绎》卷4《江南诸省》,第70—71页。
⑨ 谈迁:《北游录》,《纪闻》下《离婚》,北京:中华书局,1997年,第352页。
⑩ 沈德符:《万历野获编补编》卷3《历法·算学》,北京:中华书局,2004年,下册,第889页。
⑪ 沈德符:《万历野获编》卷24《畿辅·京师名实相违》,中华书局,2004年,中册,第610页。
⑫ 阮葵生:《茶余客话》卷7《禁回民任胥吏》,上册,第144页。
⑬ 汪辉祖:《双节堂庸训》卷5《蕃后·幕道不可轻学》,天津:天津古籍出版社,1995年,第180页。

乡人知府罗镜塈所撰《公余拾唾》自序亦云:"天下刑名、钱谷幕友,盛称浙之山阴、会稽。父诏其子,兄勉其弟,几于人人诵法律之书,家家夸馆谷之富。"[1]据清人梁章钜的记载,清代更是有绍兴"三通行"之说,分别为绍兴人、绍兴酒与绍兴师爷。尤其是绍兴人的"刑名钱谷之学","本非人人皆擅绝技,而竟以此横行各直省,恰似真有秘传"。[2]可见,至清代,"绍兴师爷"一称方最终定型,并与绍兴话、绍兴酒二者相合,"通行海内",成为绍兴的地方名片。

(作者陈宝良,西南大学历史文化学院教授。原载《史学集刊》2020年第4期)

① 刘声木:《苌楚斋随笔》卷10《论幕派骄横》,北京:中华书局,1998年,第221页。
② 梁章钜:《浪迹续谈》卷4《绍兴酒》,北京:中华书局,1997年,第317页。

明清城隍神的等级性及其表达

张传勇

城隍神是明清时期最为重要的神祇之一,由于它连接官民,成为透视传统信仰与社会的重要窗口。根据传世文献,城隍神最初即建庙于城墙之内,与同样居于其中的地方官员(治所通常有城墙,至少观念如此)多有互动。迨至隋唐时期,与官员联系密切,具有了"冥官"身份(官僚化的神格)。至明初,以国家典制的形式,确立了城隍神与阳世地方官幽冥共治的关系,成为官方神道设教的重要工具。对后世城隍信仰产生深远影响。

与城隍神冥官身份相关的,是其具有的强烈的等级性。这在明清时期尤为突出。概言之,城隍神建立起与阳世官僚体系高度相似的等级体系,对这一体系的强调成为城隍信仰的重要方面。相较于其他大多具有官僚形象、有封号、阶层化的传统神祇,城隍本身即是冥界官员,其等级性因之独一无二。关于此点,学者未给以充分关注。笔者曾在明清城隍庙建置的研究中,关照到隍庙的等级体系,对首府、首县城隍神祔祀于上级城隍庙的情形有所揭示。[1]林俞君则关注城隍庙内陪祀诸神的身份问题,涉及了下级城隍神。[2]此外,由于城隍神的等级性与其官方身份密切相关,因此,有关明清城隍神官方身份的研究,亦对城隍等级性有所涉及。[3]

本文将在既有研究的基础上,对明清时期城隍神的等级性及其表现形式做一系统考察。首先探讨城隍神的等级体系及其在城隍庙建置中的体现。其次,透过隍庙中的祔祀现象揭示其中体现的等级性。再次,就城隍神信仰中的"自大"观念,分析特定城隍神在民间叙事中如何突破等级体系而获得较高等第。最后,尝试从等级性的角度,对州县以下聚落城隍神的地位问题略作讨论。

一、明清城隍神等级体系与城隍庙建置

唐宋以来,城隍神依所在政区级别而有府城隍、州城隍、县城隍之称,至迟元代,与行政体系同构

---

① 张传勇:《省城隍庙考》,《清史研究》2004年第3期,第115—120页;《附郭城隍庙考》,《世界宗教研究》2006年第1期,第63—71页;《都城隍庙考》,《史学月刊》2007年第12期,第45—51页。上述研究主要依据方志资料,由于当时方志获取不易,一些重要问题未得到应有关注,其中涉及的一些话题亦欠深入。本文在涉及相关问题时,有对旧作的引述,更多的则是补充和深化。

② 林俞君:《从城隍庙陪祀神观察城隍神的角色与职能——以台湾本岛城隍庙为核心》,台湾政治大学宗教研究所硕士论文,2014年,第77—94页。该文主要使用北京爱如生数字化技术研究中心研制的"中国方志库""中国基本古籍库",并以"城隍庙"为检索词条,收录关于城隍庙陪祀神的记载。资料搜集受到一定限制。

③ 比较重要的研究,主要有郑土有、王贤淼《中国城隍信仰》,通过对城隍庙布局及祔祀诸神的考察,强调了城隍庙"恰似人间衙门"、城隍神作为冥官身份的特性(上海三联书店,1994年,第142—161页)。滨岛敦俊则开创性地揭示出明初城隍制度对城隍信仰的影响,尤其是城隍的制度化与"冥官"身份的强化等问题(滨岛敦俊:《朱元璋政权城隍改制考》,《史学集刊》1995年第4期,第7—15页)。

的城隍神等级体系初步形成。①明清时代,这一体系正式确立。

明初洪武二年(1369),朱元璋大封天下城隍,分为五个等级。在京都应天府者,封王爵。北京开封、临濠、太平、和、滁等五府州皆封王,正一品。其余各府州县,府为威灵公,秩正二品;州为灵佑侯,秩三品;县为显佑伯,秩四品。各系以"鉴察司民"之号。②各地城隍所受封爵主要依照各该地行政等级。例外之处是,开封等五府州,皆为朱元璋创建大业过程中意义非凡之地。③至次年六月,朱元璋下令去除封号,止以各该地名,称府、州、县城隍之神。滨岛敦俊指出,洪武二年封爵的特征之一是,在逻辑上,城隍神成为与现世地方官对称的冥界地方官的形象正式出现了。三年改制,天下城隍庙简化为京都=应天府、府、州县三级,形成与现世皇帝统治相对应的一元化城隍序列。同时,对于城隍庙的规模以及内部设置仿照相应的官府衙门之规定,强化了城隍神作为"冥官"与阳世官员对应的性质。④

明清城隍神等级体系最为重要的特征,即是严格地乃至刻板地按照府州县行政系统建立。表现在以下几个方面。

首先,每一府州县治都应建庙立祀。嘉靖年间,有城隍庙记称天下城隍有1472处。这一数字的获得,未必出自一州一县的统计,大约只是依据当时府州县之数得出。⑤反映的观念是,每一处治所均应有其庙。一些高级政区的志书,在记本区域隍庙时,也会有一个与所辖基层政区治所相符的数字,体现出同样的观念。⑥

事实也大致如此。随着行政区的新置与裁并,城隍庙原则上亦当出现相应变动。以雍正间江南地区的新置县为例,阳湖县于雍正四年(1726)从武进县析置,乾隆二十四年(1759),阳湖县新建隍庙。⑦由于新置县大多与母县同城而治,隍庙在建置上也存在较为特殊的情形。雍正四年宜兴县分置荆溪县,其后,原宜兴城隍庙变为"两邑同之,一切营造修茸俱两邑任其事"⑧。同光间的重建,亦为两邑知县倡捐。⑨再则,在隍庙毁坏或一时未备时,作为权宜之计,亦或供奉城隍于其他处所。新田县在崇祯间新置,因隍庙未建,奉神于所谓"社宇"。⑩靖安县隍庙毁于咸丰兵燹,同治己巳重建前,设位于法药寺正殿。⑪这就提示我们,对明清时代治所城隍庙数目的统计及地域分布的考察,不可过于机械。

其次,明清时期最为常见的隍庙分府、州、县等层级,同时存在其他类型。比如王国城隍。洪武三

① 郑土有、王贤森:《中国城隍信仰》,第102页;宋永志:《隍庙佑城:宋代以来的城隍神信仰与城隍庙研究》,广州:广东人民出版社,2015年,第95—96页。

② 《明太祖实录》卷38,洪武二年春正月丙申朔,台北:"中央研究院"历史语言研究所校印本,1962年,第755—757页。

③ 滨岛敦俊:《朱元璋政权城隍改制考》,第8页。

④ 滨岛敦俊:《朱元璋政权城隍改制考》,第8—9页。按:三年改制后,天下城隍依所在地的行政级别,府州应为一级,县为一级。清代又有不同。详见后文。

⑤ 张鹤:《重修城隍庙》,同治《恩施县志》卷10《艺文》,同治七年刻本,第12页。张鹤为嘉靖间人,恩施贡生。此数据出处不详。

⑥ 例见成化《山西通志》卷5《祠庙》,《四库全书存目丛书》史部174册,济南:齐鲁书社,1996年,第113页。

⑦ 道光《武进阳湖县合志》卷14《坛庙志》,道光二十三年刻本,第9页;同书卷四《禋祀·庙祀》,第8页。光绪《武阳志余》卷4《祠庙下》,光绪十四年刊本,第11页。

⑧ 嘉庆《重刊宜兴县志》卷1《营建志·坛庙》,光绪八年刊本,第20页。

⑨ 光绪《宜兴荆溪县新志》卷2《营建》,光绪八年刻本,第6页。

⑩ 钟运泰:《鼎建城隍庙碑记》,康熙《永州府志》卷16《祀典》,康熙三十三年刻本,第78页。

⑪ 徐家瀛:《重建靖安城隍庙碑记》,同治《续纂靖安县志》卷9《艺文》,同治九年刻本,第45页。

年四月，朱元璋初封诸子为王。藩王之国，原府州城隍即改称本国城隍之神，例由藩王主祭。由于王国典礼不载祭厉，[①]因此有志书明确记载，国城隍在祭厉时仍称本府城隍。[②]再如省城隍，明代礼制无省城隍，[③]城隍祭祀体系中，地方最高等级是府城隍，则驻各首府之省级官员，只能参谒首府城隍。首府隍庙因之具有省城隍庙职能。明中叶以后，前者亦逐步完成向后者的转变。[④]此外，随着新的政区类型的出现，与之相关的隍庙建立起来，如厅城隍等。[⑤]明清少数民族地区设立的军民府、土府、土州，清代边疆特别行政区下辖州县，也都设有隍庙。此不赘述。

再次，明清官僚系统远比依照行政区划建立的城隍神体系要复杂，尽管在清代出现了与部分特定官僚对应的城隍神，[⑥]但官员经常遇到的情形是，在需要祭拜隍神时，并不总会有与其品级对应者。在仅有一位城隍的情况下，不管隍神等级如何，官员只得行礼如仪。因此拜谒下级城隍之情形在所难免。甚至是一种常态。徐珂所辑《清稗类钞》收录一则轶闻，说清初陕西人魏某出任某省巡道，此人迷信鬼神，喜欢与神祇较量品秩，很较真。

初抵省，具职名手版晋谒省城隍，行庭参礼毕，有所禀白，唯唯诺诺，如面谒上官，肃然而退。洎莅任，书吏援故事请谒城隍，魏曰："府城隍，吾属僚也，乌可先施。"乃使司祝持城隍手版，谒辕称贺。逾日，始往答拜。礼毕，置座于神左，口喃喃有晶于神，岸然出，曰："幽明虽殊，名分不容紊也。"[⑦]

徐珂所据，为李怀霜(1874—1950)《装愁庵随笔》，载《民权素》月刊第八集，民国四年(1915)出版。更早的出处不详。这一记载中，魏某十分在意城隍神与阳世官员的幽明对应关系，但实际的行政系统中并没有与其对应的城隍——清代处于省、府州之间的道台一级，其所驻之府州县城通常没有道城隍——这种情况下，莅任拜谒的只能是本地城隍，此即故事中所谓"援故事请谒城隍"。魏某计较的，

① 万历《大明会典》卷56《王国礼二》，《续修四库全书》第790册，上海古籍出版社，2002年，第160—162页。

② 正德《怀庆府志》卷2《国都》祠庙，《上海图书馆藏稀见方志丛刊》第168册，北京：国家图书馆出版社，2011年，第696页。

③ 张廷玉等修《明史·礼志四》记洪武三年定制，京都祭泰厉，"祭日，设京省城隍神位于坛上。"(北京：中华书局，1974年，第1311页)有清代文献据此认定"是为省城隍之征"[例见朱文藻等纂：《吴山城隍庙志》卷2《祀典》(成于乾隆五十三年)，《西湖文献集成·西湖祠庙志专辑》，杭州：杭州出版社2004年版，第766页]。笔者《省城隍庙考》一文亦未深究，将"京省城隍"误解为"都城隍"与"省城隍"，怀疑"京省城隍"为"京都城隍"之误。(第115页)实际上，所谓"京省城隍"，在明代典籍中指京都城隍与天下城隍，而所谓"天下城隍"中，并无省城隍。

④ 详参张传勇：《省城隍庙考》；朱海滨：《明代浙江城隍周新信仰成立考——兼论省城隍神的诞生》，《上海师范大学学报(哲学社会科学版)》2016年第5期，第143页。

⑤ 明清时代，既有分管府内一定区域的某些专项事务的厅，也有作为行政区划而与府州县并列的抚民厅。后者出现于明末以后，分为直隶厅、散厅(参傅林祥：《清代抚民厅制度形成过程初探》，《中国历史地理论丛》2007年第1期，第82—89页)。抚民厅亦有城隍神及其庙宇。

⑥ 道光年间顾震涛《吴门表隐》谈道，苏州城除苏州府及吴、长洲、元和三附郭县的四座城隍庙外，还有巡抚都城隍庙、财布司城隍庙、按察纠察司城隍庙、粮巡道城隍庙。此外，长洲县城隍兼"七省漕运都城隍"；赤兰相王庙兼苏州的江南织造都城隍。(南京：江苏古籍出版社，1999年，第26—27、34—35页)上述城隍，滨岛敦俊称之为"特殊城隍"(《朱元璋政权城隍改制考》，第9页)。类似情形，的确非常少见，但非绝无仅有。江苏清河县光绪间所修志书记载了四座城隍庙，在邑庙之外，有所谓云县口城隍庙(《光绪丙子清河县志》卷3《建置》，光绪五年刻本，第15页)。署江南河道总督李奉翰所编《南工庙祠祀典》记载，该庙奉祀"佑民护河城隍之神"(乾隆四十四年刻本，第1页)。

⑦ 徐珂编撰：《清稗类钞·迷信类》"官与城隍神较品秩"，北京：中华书局，1986年，第4780页。

显然不是往拜品级上低一级的府城隍，而是对往来先后的讲究，借以体现尊卑有序。置座于神"左"，亦是如此。

若同时存在多位城隍，且没有与自己品级相当的，则通常采取"就高不就低"的原则。周厚地《干山志》[乾隆五十一年（1786）自序]记城隍行庙，该庙为崇祯十一年（1638）吏部文选司郎中朱永佑居乡时所建。①缘起是，其人"每月朔望必躬谒郡庙进香"，往返近六十里，很辛苦。"即谋于山间增塑府城隍神像于道院旁，创立别庙以便展谒。"②干山隶松江府附郭华亭县，城中有府、县二隍庙。明代吏部郎中正五品，高于正七品的知县，低于正四品的知府。他选择拜谒并建庙的是府城隍，而非县城隍。

最后，需要厘清京都城隍在明清城隍神等级体系中的地位问题。明清时期，都城隍居于城隍神等级体系顶端，明代包括南北两京城隍、中都凤阳府城隍，清代则为京师城隍、盛京城隍。洪武二年封爵，应天府城隍为"承天鉴国司民显圣王"，无品秩。滨岛敦俊明确指出，之所以未授官品，是因为首都的城隍被比拟为皇帝。③应天府城隍之衮冕为十二章，正说明此点。去除封爵后，亦是如此。洪武三年九月京师城隍庙成，"主用丹漆，字涂以金，旁饰以龙文"。由尚书陶凯等迎主入庙，"用王者仪仗"。朱元璋亲自为文以告之。其后，中都城隍神主，亦如京都城隍之制。④显然，其仪式比拟帝王。洪武二十年（1387）改建京都城隍庙，朱元璋对刘三吾等所说"俾专阴道，统若府若州若县之神"云云，⑤亦显示京都城隍在整个城隍神等级体系中的地位至高无上。因之，明代有观念认为，京都城隍在明初受封为帝。万历十年（1582），进士、时任太常寺卿的温纯，为家乡咸阳城隍庙所作记文称："明兴，高皇帝诏封天下城隍，帝金陵者，王开封、临濠、太平、滁、和者，公侯伯其府州县者，各以监察司民属焉。"⑥这一说法很有代表性，清代仍很多见。⑦

但更多的迹象显示，人们基本不会依据幽明对应原则，将京都城隍比拟现世帝王。成书于洪武三年九月的《大明集礼》记明初大封天下城隍，京都为"承天鉴国司民统神升福大帝"而非王爵。⑧再则，至迟明后期，存在称京都城隍为顺天府都城隍的情形。姚希孟在天启五年（1625）有《祭顺天府都城隍之神文》。⑨在丁耀亢（1599—1669）所编表彰杨继盛（嘉靖中人）的剧作中，杨氏死后被上帝封为"顺天府都城隍"（又称"北京都城隍"），自称"位冠群臣""职同都宪"，又说自己的装束"绿袍紫绶，冠玉垂绅"。⑩也有以都城隍与顺天府尹对应之说。成书于天启元年的朱国祯《涌幢小品》记北京都城隍庙仪

① 朱永佑仕途，见乾隆《华亭县志》卷13《人物志·忠孝传》，乾隆五十六年刊本，第7页。

② 周厚地辑：《干山志》卷5《坛庙》，《上海乡镇旧志丛书》第9辑，上海：上海社会科学院出版社，2005年，第57页。

③ 参滨岛敦俊：《明清江南农村社会与民间信仰》，朱海滨译，厦门：厦门大学出版社，2008年，第116页。

④《明太祖实录》卷56，洪武三年九月戊子，第1087—1088页；同卷79，洪武六年二月丁丑，第1439页。

⑤ 刘三吾：《勅建都城隍庙记》，《坦斋刘先生文集》卷上，《四库全书存目丛书》集部第25册，济南：齐鲁书社，1997年，第99页。

⑥ 温纯：《城隍庙竖绰楔记》，《温恭毅集》卷9，《景印文渊阁四库全书》第1288册，台北：台湾商务印书馆，1983年，第609页。该碑题名，见王友怀主编：《咸阳碑刻》，西安：三秦出版社，2003年，第539页。

⑦ 见乾隆《嵩县志》卷17《祀典》，乾隆三十二年刊本，第1—2页；同治《静海县志》卷2《建置志》，同治十二年刻本，第9页。

⑧《大明集礼》卷14《吉礼》，嘉靖九年内府刻本，第7页。这可能是当时的方案之一，它同洪武二年定制间的关系值得进一步探究。按：《大明集礼》成书后未即刊印，至嘉靖年间增修印行。有关《大明集礼》的编修情况，参赵克生：《〈大明集礼〉的初修与刊布》，《史学史研究》2004年第3期，第65—69页。

⑨ 姚希孟：《棘门集》卷6，《四库禁毁书丛刊》集部第179册，北京：北京出版社，1997年，第64页。

⑩ 丁耀亢：《新编杨椒山表忠蚺蛇胆》，丁耀亢撰，李增坡主编，张清吉校点：《丁耀亢全集》上册，郑州：中州古籍出版社，1999年，第996页。

门塑十三省城隍,左右相对,"每岁顺天府官致祭,府尹可以配都城隍,则布政可以配省城隍,势位略均"。怀疑这是后人附益的非礼之举。①反映出明清时人对京都城隍地位有不同认识。

　　总之,明清城隍神等级体系仿照现实行政系统建立起来,城隍庙相应地主要建于都、省(府)、府、州、县之地,这些庙宇共同构成隍庙等级体系。这一体系之成立,与隍神个体具有的独立性相关:城隍神除上下级间的隶属关系外,身份上没有本尊、分身之事。万历年间的一篇重修徐王圣母庙记文,作者以隍神作喻,批驳了此庙乃泰山圣母行宫之说:"有一省之城隍,有一府之城隍,有一州一县之城隍,各分壤土,各有攸司,谓此地之城隍即为彼处城隍之行宫,可乎?"②这清楚地表明行政体系中的城隍神各自具有独立性。③

二、祔祀:隍庙诸神体系及其象征

　　洪武三年六月正城隍祀典,命府州县城隍庙依各该地公廨起盖。明初方志的记载表明,各地应是遵守了定制。④不过,从中不易看出祀神状况。天顺《重刊襄阳郡志》记天顺间襄阳府城隍庙改建后的格局:

> 更旧殿为后宫,以居公之夫人及其众媵之执巾栉奉粢盛者。宫前作正殿以居公及其近臣。文者吏户礼兵刑工诸曹,若受公命而出;武者称戈比干立矛,若入而为公卫。殿两庑,则公之远臣。分地以治者州邑城隍,分事以治者二十四司。司之前为门,立公所乘马,又其前为外门,左右二神曰雕与孤,塑绘间错,丹碧辉焕。⑤

　　这非常典型地显示出城隍庙作为阴间"衙司"的性质。正殿中的文武辅助人员、两庑之所谓"二十四司"及其下属州县城隍,是城隍庙作为阴司衙门不可或缺的。根据洪武初年营建都城隍庙时礼部尚书陶凯的上奏,前代隍庙即设六曹、左右二司。⑥明清时代,上级城隍庙存在祔祀下级城隍的现象;处于行政系统最底端的州县城隍庙,则将各乡里土地神祔祀其中,藉以体现上下统属的关系。这种现象在宋元时代是否存在不得而知,根据方志所载,明代中叶即已出现。不同层级城隍庙的表现形式,有所不同。

京都城隍庙

　　根据明代文献的说法,至迟明中叶,北京都城隍庙以各省城隍配享,十三省城隍神像位列都城隍

---

　　① 朱国祯:《涌幢小品》卷19,"城隍"条,上海古籍出版社,2012年,第367页。宣城吴肃公(1626—1699)也在一篇讨论建于地方的都城隍庙的文章中,提出同样的疑问(《街南文集》卷4,《四库禁毁书丛刊》集部第148册,北京:北京出版社,1997年,第68—69页)。

　　② 李懿:《重修徐王圣母庙记》,康熙《吴桥县志》卷2《宫室》,康熙十九年鹿廷瑄增刻本,第21页。

　　③ 闽台等地城隍有分香之事,成为城隍向乡村发展的重要途径。参张传勇:《乡下的城隍庙——明清村镇城隍信仰新考》,待刊稿。

　　④ 参明初《吴兴续志》,见马蓉等点校:《永乐大典方志辑佚》,北京:中华书局,2004年,第246、816页。

　　⑤ 刘定之:《襄阳府城隍庙记》(天顺七年),天顺《重刊襄阳郡志》卷4《文》,《陕西省图书馆藏稀见方志丛刊》第1册,北京图书馆出版社,2006年,第467页。

　　⑥ 《明太祖实录》卷56,洪武三年九月戊子,第1087—1088页。最后罢六曹,不设左右二司,止称左司神、右司神。

庙二门。十三省与十三布政使司对应,而不包括南直隶。明清易代后,南直隶改为江南省,北京都城隍庙并未增设江南省城隍。大约在清前期,庙中有十二尊。与此同时,北京城内又存在所谓江南城隍庙。于是有一种说法,认为江南城隍庙是明代为尊崇南都地位所建,其神本在都城隍庙二门,既建江南城隍庙,都城隍庙二门省城隍像随之少了一尊。[①]

明清时期有些称为都城隍庙的,也会模拟这一情形。明人杨继盛身后被附会为都城隍,乾隆五十一年,阮葵生《重修明杨椒山先生故宅碑记》称,人们仿照京师城隍庙以直省城隍分列两庑之制,"以诸城隍神主列置公神座左右"[②]。显然,"诸城隍神"应是王朝政区的物化标志物。此外,京都城隍庙的建置对各地城隍庙亦有所影响,隍庙以下级城隍袝祀时,往往宣称是对京都城隍庙的模仿。

省城隍庙

省城隍既袝祀于北京都城隍庙,明末清初以来,又相继在各该省城设庙立祀。由于没有相关定制,其产生方式多不相同。所领郡县城隍的袝祀方式亦存在不同情形。

其一,新设的省城隍庙。乾隆二十八年(1763),湖南巡抚陈宏谋改造长沙府城隍庙,"增立省城隍像于中,移府城隍像于东,改称省城隍庙"[③]。咸丰九年(1859)庙毁,省庙、郡庙乃分别建立。光绪四年(1878)新建成的省庙布局是,"东西庑各八楹,分祀九府、三厅、四直隶州各城隍神,犹节署之有属官厅事也"[④]。

其二,由首郡城隍庙改易者。分为三种情况。一种以清代直隶为代表。康熙间以保定为直隶省会。府治隍庙重建于洪武三年。乾隆二十四年,直隶总督方观承奉敕重修,其格局为:

> 城隍神像正中一室,……东西配殿各三间,左为永平、宣化、河间、天津四府城隍殿,神像皆西向;右为正定、顺德、广平、大名四府城隍殿,神像皆东向。[⑤]

各府城隍的安置,大致以各府的地理方位而定。当时,直隶省辖九府,除上述八府,尚缺保定府。保定府城隍,应该就是端坐正殿者。再如江西首郡南昌府城隍庙,万历十五年(1587),知府范涞重修郡庙两庑,记有云:"黄耆时为余言,神之尊统乎省会,犹及见旧庑壁间绘十二郡城隍像与诸善恶所作所受状甚悉。"[⑥]江西布政使司时辖十三府,则十二府城隍像理应不包括南昌府。

第二种情况是,首郡城隍庙改易省城隍庙后,仅以首郡、首县城隍袝祀。康熙《云南府志》记城隍庙三楹,"中祀云南省都城隍之神,左祀云南府城隍之神,右祀昆明县城隍之神"[⑦]。

---

① 相关考察,参张传勇:《北京"江南城隍庙"考》,《北京档案史料》2004年第4期,第253—255页。
② 阮葵生:《七录斋文钞》卷4,《续修四库全书》第1446册,上海古籍出版社,2002年,第109页。
③ 嘉庆《长沙县志》卷12《秩祀》,嘉庆十五年刻本,第97页。
④ 光绪《湖南通志》卷74《典礼志四》录光绪四年崇福撰省城隍庙碑,《续修四库全书》第663册,上海古籍出版社,2002年,第169页。
⑤ 方观承辑:《坛庙祀典》卷下,《中国祠墓志丛刊》第1册,扬州:广陵书社,2004年,第320页。
⑥ 万历《新修南昌府志》卷28《艺文》,《日本藏中国罕见地方志丛刊》第5册,北京:书目文献出版社,1990年,第573页。
⑦ 康熙《云南府志》卷16《祀典志》,康熙三十五年刊本,第2页。

第三种情况是，仅就方志所见，与此前作为首郡城隍庙无异。如乾隆《皋兰县志》记甘肃（康熙初年建省）首郡兰州府城隍庙"正殿左右为六属城隍殿"①。福建省治福州府，闽县、侯官附郭，不别为庙。乾隆《福州府志》记两县"城隍庙"分别在府城隍庙东、西庑。②

由于历史文献尤其方志记述上的局限，首郡城隍庙祔祀神祇的更为具体的情况，往往不甚清楚。以下依据西安城隍庙内残存的几块碑石，对该庙祔祀诸神作一较为详实的考察。

陕西首郡西安府城隍庙重建于明代，雍正初年改建。③咸宁、长安附郭，不别建。根据庙内现存的几通清代碑刻，可约略勾勒出庙中有关的神祇及其位置。《陕西省城隍庙□列塑同州府城隍神□□暖阁□》碑文漫漶不清，大意是，雍正十三年乙卯（1735）同州升府，例应与其他府一样在某殿设暖阁，塑像其中。碑文说：

> 故明则隶藩伯，幽则隶城隍庙，省庙之所以合□各地<u>幽主</u>。顾□同旧州，秩与华、商、邠比，□□□别□而□殿无位焉，今而后有加□□□别属采齐升堂……暖阁金□冕□辉煌，亦略与各府同，而南面正□，望之欲生□之□□□，则奕奕乎其可亲也。

乾隆二十七年（1762）重塑邠州城隍神像，有碑云：

> 省城威灵王大殿之前旧有三十六属土主殿宇，缘建歌楼，遂移两庑。邠郡冥侯爰居于左，但神像历年久远，兼值迁移，不无损伤。

又有光绪三十四年（1908）鄠县神龛碑与某年《重修郃阳县城隍神龛金像碑》，后者碑文不可得见，前碑有云：

> 省垣城隍庙各县城隍□共□□，乾嘉以来，敬神固有常期，赛会均有定例。自咸同以后，兵戈扰攘，水旱频仍，庙貌倾颓，阁楹毁坏，惟我鄠邑神龛汗漫秽汙□□他县，城内经商人等触目伤心，惨不忍睹。

据此推测，大殿都城隍神像左右两侧，各有暖阁，诸府城隍神像南面列塑。大殿前旧有殿宇，供奉西安府属州县城隍神龛，内塑神像。其数有三十六。后来移至两庑。三十六之数，确指不详。明后期至雍正三年（1725），西安府属州县三十有七，其中包括前述同、华、商、邠四属州及鄠、郃阳二县。雍正三年，同、华、商、邠等六州升直隶州，郃阳隶同州。这些州县的神像，大约一仍其旧。仅同州于雍正十三年升府后，神像升入大殿暖阁。

---

① 乾隆《皋兰县志》卷10《祠祀》，乾隆四十三年刻本，第2页。
② 乾隆《福州府志》卷14《坛庙》，乾隆二十一年刻本，第7、35页。
③ 雍正《陕西通志》卷28《祠祀一》，雍正十三年刻本，第2页。

上述情形,对于理解以首郡城隍庙作为省城隍庙而称都城隍庙,具有十分重要的意义。可以想见,尽管上文对省城隍庙做了细致区分,但一定有某些重要面向,因资料未载而未得以呈现。

府城隍庙

通常情况下,府城隍庙会以属州县城隍祔祀。但就祔祀范围看,有将所有属县城隍均祔祀其中的。如济南府城隍庙改易为山东省督城隍庙后,同治间知府龚易图新建庙,格局为大殿前"东西廊为屋各十四楹,以祀十六属州县城隍神及俗所传十司及牛马神"①。类似情形十分常见。嘉靖间南宁府城隍庙重修记提到:"其两庑则添设四州、四县城隍神位,明所隶也。犹等而列之,秩其分也。"②康熙十二年(1673),湖南宝庆府城隍庙重修碑亦载及郡庙"东西两庑附以五属州县城隍之神,兼七十二司,亦犹京师都城隍庙二门列十三省之城隍,非越制也"③。

府城隍庙祔祀属县城隍,通常分列两庑。也有同处一殿者。韶州府城隍庙,郡神植璧秉圭南向而坐,六属隍神东西对立。直到康熙十年,知府马元重修郡庙,在殿前厅事左右隙地各建三楹,供奉六邑城隍。记文解释说,郡守是重要的地方官员,作为县令的顶头上司,在政务上不需要与县令经常见面("簿书期会之顷,相见或以岁计,或以月计"),所谓"固严而有则,近而不可狎也"。郡邑城隍亦当如此。因此,韶州府城隍与六属城隍同列正殿,"十步之内,视履于斯",而六邑之神"倒持手版,鹄耸一堂,毋论重跬错趾,朝夕靡宁",郡城隍"恐心有未安也",有失体统。于是,将邑城隍搬离正殿,其旧位则代以六曹。如此一来,尊卑有序,殿堂亦焕发生机,"神所凭依,庶几在是"④。这一说辞很有意思,代表了一种十分世俗的观念。

府城隍庙以州县城隍祔祀的第二种情形是,仅祔祀附郭隍神。杭州府城隍庙在明末清初改易为省城隍庙前,正殿府城隍神座左右,祔仁和、钱塘二县城隍;乾隆初复设府城隍庙,一仍其旧。⑤虽为郡邑同堂,但与韶州府庙不同。

上述两种情形,也会同时出现于郡庙。光绪《邵武府志》记郡庙:

> 隆庆五年,同知包柽芳于仪门外东增邵武县神祠,西增光泽、泰宁、建宁三县神祠。……嘉庆十八年复毁。知府周宗泰谕四邑捐建,设邵武、建宁二县神祠于东庑,设光泽、泰宁二县神祠于西庑。⑥

隆庆间增设四县城隍祔祀,因邵武附郭,与他县不同,单设于仪门之东,表示了作为邵武县城隍庙的意味,又有祔祀之意。以故,光绪郡志记邵武县庙,称旧附于郡庙仪门东。又记万历三十二年

---

① 民国《续修历城县志》卷14《建置考·坛庙》,民国十五年铅印本,第3页。
② 嘉靖四十三年修《南宁府志》卷5《祀典志》,《日本藏中国罕见地方志丛刊》第3册,北京:书目文献出版社,1990年,第390页。
③ 道光《宝庆府志》卷87《礼书一》,道光间刊本,第9页。
④ 同治《韶州府志》卷19《建置略·坛庙》,同治十三年刻本,第5页。
⑤ 朱文藻等:《吴山城隍庙志》卷1《图说》,《西湖文献集成·西湖祠庙志专辑》,第747页。
⑥ 光绪《邵武府志》卷11《典礼》,光绪二十六年刊本,第17—18页。

（1604）知县商周祚始建庙，在城南隅下水寨。①在此情况下，当嘉庆间重建郡庙时，四县原有格局得以改变。邵武县仅以属县身份，与其他三县城隍一道袝祀其中。

邵武府城隍庙内部属州县城隍的袝祀，具有典型性。附郭县单独建庙前，其神通常仅列郡庙两庑，其所在处所并非实在的庙宇。独立建庙后，即便位于郡庙之内，也是一座庙宇。且其神仍当位列郡庙两庑。即如康熙《广信郡志》记附郭县上饶隍庙于万历二十八年（1600）建于郡庙二门外左介，天启间知县迁至县治左。又记郡庙，康熙四年（1665）分守道李士桢率属修葺两廊，"增置二栋，祀七邑城隍及府社令。"②上饶即在七邑之列。

直隶州、府属州、县城隍庙

明清直隶州与明代属州（属府之州），大多既领县又有"本州"（州治所在不置属县，而为"本州"，即直辖区）；清代属州则与县同。因此，在明清城隍神等级体系中，"州"城隍是一个笼统的级别。③与此相对照，明代知州无论是直隶于布政司的直隶州，还是隶属于府的属州，皆为从五品。清代则将直隶州知州官品提升半级为正五品，散州知州仍为从五品。

在城隍庙内部设置上，领县的直隶州与属州城隍庙，均存在袝祀属县城隍神的现象。万历《滨州志》记州庙二门"内列三县城隍肖像"，康熙州志则记为"二门之外，东为三县城隍祠，西为五乡土地祠"④。滨州时为济南府属州，领三县。明清的县与清代属州的城隍庙，则在殿前两侧廊庑，立乡里土地。嘉靖《新河县志》记城隍庙，中为正殿，"左右庑各六楹，以像十二社之神"。应是正德六年（1511）重修后的情形。⑤嘉靖《桐庐县志》记城隍庙，隆庆五年（1571），"本府通判陈彝建东、西二廊，立各乡土地之神"⑥。这些土地神，明确指为基层乡里土地神。因此，土地神数量与乡里数相同。乾隆二十九年（1764）刊甘肃《直隶秦州新志》记徽县城隍庙，左右土地祠各三间。注云："每间坐土神三，谓十八里，里一土神也。"据该志所载，徽县时分十八里。⑦由今平遥县城隍庙正殿院之西庑土地祠的情形看，土神与乡里有着对应关系。⑧

明清直隶州与明代属州，由于都有自己的直辖区，也会将直辖区乡里土地神袝祀城隍庙。即如上

① 光绪《邵武府志》卷11《典礼》，第18页。
② 康熙《广信郡志》卷9《职官志》，《稀见中国地方志丛刊》第28册，北京：中国书店，1992年，第931—932页。
③ 明初沿袭元制，以行中书省统领地方，并承袭了元代出现的"属州"之制，即府属之州，因此，明代存在直隶州、属州两种州制。它们大多既有领县（有的属州无辖县），又有"本州"。清雍正以后，隶府领县的"属"这一层级消亡，州制分为领县的直隶州与不领县的散州两种。参郭润涛：《明朝"州"的建设与特点》，王天有、徐凯主编：《纪念许大龄教授诞辰八十五周年学术论文集》，北京大学出版社，2007年，第120—145页；李大海：《"属州视县，直隶州视府"：明清州制新解》，《清史研究》2017年第2期，第50—58页。
④ 万历《滨州志》卷2《庙祠》，《原北平图书馆甲库善本丛书》第330册，北京：国家图书馆出版社，2013年，第38页。康熙《滨州志》卷2《建置志》，康熙四十年刻本，第62页。
⑤ 嘉靖《新河县志》卷4《祠祀》，《中国人民大学图书馆藏稀见方志丛刊》第3册，北京：国家图书馆出版社，2011年，第102页。
⑥ 嘉靖《桐庐县志》卷2《官政类·坛壝》，《上海图书馆藏稀见方志丛刊》第85册，北京：国家图书馆出版社，2011年，第386页。
⑦ 乾隆《直隶秦州新志》卷3《徽县》，乾隆二十九年刊本，第35页；同书卷1《沿革》，第14页。
⑧ 土地祠中塑四十里、坊土地神像，其后壁上均绘一木主，上书"某某里（坊）土地之神位"，是同治年间重修时的画迹。按：平遥城隍庙正殿及两廊等毁于咸丰九年，同治三年重修，"或仍旧或改造"（光绪《平遥县志》卷5《典礼志》，光绪九年刻本，第9页）。据康熙四十五年刊《平遥县志》卷二《建置》坊里，有10坊、30里，合40之数（太原：山西经济出版社，2008年，第82—83页）。至光绪《平遥县志》，多出1里（卷2《建置志》，第13—14页）。

引康熙《滨州志》所载。同书又载滨州有五乡。①与土地神之数相合。再如陕西华州城隍庙，清代初年"于两庑创修四十一里土神像"②。可能是志书失载，也可能与省、府等上级政区城隍庙仅以首府、首县城隍祔祀一样，华州隍庙只是将直辖区土地神祔祀，而不及属县城隍。

唐宋以来，在一定区域以及重要衙署、庙宇场所，各有土地神庙。③而且，至少在宋代，已经形成城隍神对土地神的统辖体系。④但以乡里土地神祔祀城隍庙，表明一种附丽、等级关系，主要是明代以来的事情。⑤

以上对各级城隍庙的祔祀情况作了梳理，能够看出，这是对现实行政隶属关系的比附。前引有关的庙记以及志书的记述中，均有类似表述。既是如此，行政隶属关系调整后，城隍庙内祔祀的诸神，往往亦随之变动。即如，福宁县于成化九年（1473）升直隶州，辖福安、宁德二县。雍正十二年（1734）直隶州升府，以原本州地设霞浦县，割建宁府属之寿宁县以隶之。乾隆四年，复割霞浦县地置福鼎县。其间，各属县隍神依该县进入福宁州（府）之进程，先后祔祀郡庙。乾隆《福宁府志》记郡庙："明嘉靖间知县谢廷举增祀福安、宁德二县城隍于西庑。国朝雍正十三年改府，新增霞、寿二神，乾隆四年又增福鼎邑神，俱于两庑祀之。"又记附郭霞浦县城隍庙，乾隆二十二年建于闽东境蓝溪书院旧址。⑥

但是，不能及时调整或不作调整的情形更为常见。前文已见，西安都城隍庙在雍正年间陕西区划调整后，除个别府州城隍做出调整外，基本保持旧貌。另一个例子是，乾隆二十八年长沙府城隍庙改易为湖南省城隍庙，三十八年（1773）知府王鸣重修，"添立八府、四州城隍像，立十殿阎王像于两庑，塑皂隶像于两旁"。嘉庆十四年（1809），臬宪傅鼐又添立乾州、凤凰、永绥三直隶厅城隍像。⑦此三厅皆设于嘉庆二年（1797）。以上府州厅城隍在庙中的所在不详。光绪初年新的省庙建成，东西庑各八楹，分祀九府、三厅、四直隶州各城隍神。令人意外的是，嘉庆二十二年新置晃州直隶厅，在新省庙中竟未增塑其神。

再如，乾隆四十三年（1778）修《赣州府志》记郡庙于明嘉靖四十五年（1566）迁建，"左右廊庑列十二邑城隍位"，并指明"俱如旧制"。⑧考赣州府政区沿革，嘉靖四十五年时辖十县，至万历四年（1576）方增为十二县。至乾隆十九年（1754），升宁都县为直隶州，割府属瑞金、石城两县隶之。赣州府所辖

① 康熙《滨州志》卷1《方舆志·乡图》，第7页。
② 武维宁：《重修城隍庙碑记》（康熙二十五年），光绪《三续华州志》卷12《艺文志》，光绪八年合刻华州志本，第60页。按：华州，明末隶西安府，辖华阴、蒲城；雍正三年升直隶州，辖蒲城、华阴、潼关三县。乾隆元年，降为散州，属同州府。
③ 参贾二强：《唐宋民间信仰》，福州：福建人民出版社，2002年，第75—81页。
④ 例见洪迈：《夷坚志》支志景卷6《孝义坊土地》，北京：中华书局，1981年，第927页。
⑤ 城隍庙祔祀土地神，还有其他情形。比如，同省、府城隍庙可能仅以首郡、首县城隍祔祀一样，县隍庙也存在仅祔祀在城坊厢土地的情形。崇祯十年，曲江知县潘复敏创建县庙，其中，"塑七坊厢及本庙土地，东西各四座。"未见乡里土地。（同治《韶州府志》卷19《建置略·坛庙》录崇祯十年知县潘复敏重修记，同治十三年刻本，第7页）也会存在所谓"阖县土地祠"，塑阖县土地像。如万历间柏乡县城隍庙之例（乾隆《柏乡县志》卷3《祠祀》录万历四十五年张汝雨重修碑记略，乾隆三十二年刻本，第2—3页）。按：此祠建于柏乡县城隍庙二门外，应是作为城隍神庙的一部分，祀各里土地之神，表示附丽之意。万历三十九年，移建城隍庙前，称"都土地祠"，则似乎是以所谓"都土地"为主神了）。此外，城隍庙内还会有"本庙土地"或所在郡县的县社令、府社令，等等。
⑥ 乾隆《福宁府志》卷34《杂志·坛庙》，乾隆二十七年刻本，第1—2、14页。
⑦ 光绪《善化县志》卷14《秩祀二》，光绪三年刻本，第24页。
⑧ 乾隆《赣州府志》卷13《建置志》，乾隆四十七年刻本，第7页。

州县数,由十二变为九。①则若嘉靖时乃至之前已将属县城隍祔祀郡庙两庑,十二县之数应是万历四年后形成的。但此后,这一数字再无变动。同治郡志记乾隆五十四年(1789)重修郡庙,"仍列十二城隍位"。同时记载,"惟宁都州城隍,州人于道光元年立专庙于郡城东方以祀焉"②。就表述来看,宁都州及其辖下瑞金、石城二县的城隍,仍留在赣州府城隍庙中。

可以认为,从较长历史时段看,城隍庙内祔祀诸神未必会与行政区划完全吻合,迟迟未能调整的现象更为常见,甚至是一种常态。原因是多方面的。就像明清时代城隍信仰的其他事象一样,制度的有无并不重要,关键是有否加意于此者。由于城隍神及其庙宇所具有的象征性,城隍庙内祔祀诸神的设置(包括变动)通常是官员主导的。明代中后期以来,民间力量逐渐介入城隍庙的修缮与管理。③因此,也会存在民间人士参与神像设置之事。如乾隆初年新置杭州府城隍庙,并将省城隍庙正殿中的二附郭县城隍移至府庙配享,皆系地方"绅士"因郡神托梦,醵金改作。但这一行为是在"呈请"之后,有官方授权。④因此,值城隍庙兴作之际,主事者以诸神祔祀其中,或作些变动。其后,如果没有加意于此者,即便行政区划有所变动,城隍庙内呈现的仍然是旧的行政隶属关系。

除体现行政隶属关系外,城隍庙内祔祀诸神在排列上亦或遵从一定规则。一如属于同一政区的低级政区,总会以某种准则形成序列,从而有前后之别。⑤较有代表性的例子是德安府城隍庙,崇祯间该庙增置州县城隍神祠于大门以内,左右六所,"若牧令来谒,守先以次列坐官厅者然"。六所者,安陆(附郭)、随州、云梦、应城、应山与孝感。至雍正七年(1729),孝感改隶汉阳府。对于如何填补孝感城隍改隶后遗留的空间,引起一番讨论。乾隆三十七年(1772)知府罗暹春在庙记中有所记述:

> 先是,汉阳府之孝感县隶德安,合随一州,云梦、应城、应山三县,故祠六。我雍正七年始改隶。孝感其神当归而谒诸汉阳,此间虚悬位号无祀者。议者谓守御所有征纳,有常平、社仓,得自理军屯田讼,亦当得庙城隍,可即以替孝感神。谓他年倘又有以孝感士民便德安为请还者,其神再议还,顾所称宪纲。在昔孝感后随,随后应城。今偕谒守者,或以知州五品官,随州恒在安陆先,而守御所亦与偕,则恒列末座。如以所神替孝感神,不易祠且凌应山。亦既左首随,次云梦,右首安陆,次应城矣。宜左更次应山,右更次守御所,二神如迁新居,庶与四神者咸以即于安焉。⑥

上文围绕如何处置位号虚悬的孝感神,以及如何给守御所、州、县城隍排列位次展开。德安府城

---

　　① 天启《赣州府志》卷1《舆地志》,《北京图书馆古籍珍本丛刊》第32册,北京:书目文献出版社,1998年,第31页。同治《赣州府志》卷2《舆地志·疆域》,第4—5页。

　　② 同治《赣州府志》卷11《舆地志·祠庙》,第11页。

　　③ 参王健:《官民共享空间的形成:明清江南的城隍庙与城市社会》,《史学月刊》2011年第7期,第57—66页。

　　④ 朱文藻等:《吴山城隍庙志》卷2《建置》、卷4《祠宇》,《西湖文献集成·西湖祠庙志专辑》,第775、817页。

　　⑤ 有关明清行政区序列的安排及其背后的各种因素,可参看李甜:《县名排序与地方利益:明清宁国府地域关系及其社会变迁》,《中国历史地理论丛》2016年第1期,第99—108页。

　　⑥ 光绪《安陆县志》卷5《建置下·祠庙》,光绪十四年刻本,第11—12页。

隍庙内的州县城隍,神各一祠。孝感改隶他郡后,德安府庙中的孝感神祠即名不副实。如果将孝感神移往他处,原有神祠即虚悬,有碍观瞻。于是想到找一可作替代的隍神。当时,德安府境内州县一级行政层级的隍神,已位列府庙。唯一可以考虑的,是已经成为行政机构的德安守御所。[1]如果这一设想最终实现,则德安府城隍庙的设置,可谓创见。至于诸神位次,此前左侧依次为安陆、应城、随州,右侧依次为云梦、孝感、应山;拟议的次序,左为随州、云梦、应山,右为安陆、应城、守御所,与明清湖广总志、德安郡志中以安陆、云梦、应城、孝感、随州、应山为序相合。[2]

三、城隍信仰中的"自大"观念

城隍神的等级性,除依照行政层级排列外,还有爵位序列。二者间的关系较为复杂。洪武二年大封城隍以前,封爵与行政层级没有固定的对应关系。[3]此后,一定行政层级的城隍方与固定的爵位相对应。洪武三年六月去除封爵后,典制中已无城隍封爵之事,但社会上普遍存在城隍当有其爵的氛围,人们仍以旧封称呼城隍。大致而言,基本遵循了层级与爵位的对应关系。[4]

这两种等级序列,维系了城隍神等级体系的基本稳定。但城隍信仰中的"自大"观念,却使本地城隍能够超出应有的等级,隍神等级体系从而出现诸多变数。

城隍信仰中的"自大"观念与城隍神"冥官"属性密切相关,是一种天然的存在。最为常见的是,认为本地城隍具有非同一般的地位(爵位、层级)。相应地表现为,庙宇更加宏伟、富丽堂皇;城隍装扮、出行仪仗无不反映其地位,非同寻常。这种观念与传统信仰观念中神祇被强调其灵验有所不同。灵验的存在,是一种信仰得以巩固与延续的重要条件。隍神亦是如此。较有代表性的叙述是,万历间重修万泉县城隍庙碑记强调"本邑城隍独灵于他处":"故郡中有总城隍庙,郡人负屈赴诉者不之他而独之万城隍,香火独盛,神明灵应可知矣。"[5]相较而言,"自大"观念更强调隍神的等级性。

为了更好地说明这一问题,本文将对几种不同的情形加以说明。令人遗憾的是,明清乃至民国的文献尤其方志资料,对于这种"自大"观念的记述,非常不充分。大多只是记述其何以与众不同,但对

---

① 德安所在清初曾被裁撤,时间不详。乾隆二十六年复建。就其掌管户口、屯田地粮来看,已与行政机构无异。

② 对照罗氏记文,此前隍庙中诸州县城隍的安排,应是按此顺序,左右分置的。这一排序的依据不详。新拟议的次序,则明显考虑到了政区级别。

③ 五代城隍封爵,府多封王,也有县封王、州封侯的情况。见王溥:《五代会要》卷11《封岳渎》,上海:上海古籍出版社,1978年,第192—193页;赵与时:《宾退录》卷8,上海:上海古籍出版社,1983年,第103—104页。宋代勅封频繁,曾于元丰六年定制,对民间神祇的赐封加以规范。(《宋会要辑稿》礼二〇之六、之七,北京:中华书局,1957年,第767、768页)但爵位高低与受封次数有关,该地行政级别则未考虑。建炎三年,勅文重申(《八琼室金石补正》卷117《渠渡庙赐灵济额牒》,《续修四库全书》第898册,上海:上海古籍出版社,2002年,第453页)。

④ 通常而言,城隍的爵位只是与其所处的政区层级相关,不能与官员品级相提并论。但这样的事例是有的。如殷聘尹《外冈志》(崇祯四年自序)卷2《寺观》批评一邑城隍等同县令之说,指出城隍之地位非县令可比:"夫古之祀典,五岳视三公,四渎视诸侯。高皇混一区宇,诏毁天下淫祠,惟城隍之神不去,封郡与州为侯,县为伯,则其位与岳渎比,非县令尊也。"(《上海乡镇旧志丛书》第2辑,上海社会科学院出版社,2005年,第18页)另一个例子是,田艺蘅(嘉靖、万历间人)《留青日札》卷28"布政使司城隍庙"条,批评省级官员拜谒首郡城隍为"冠履倒置,幽明悖礼"(《四库全书存目丛书》子部第105册,济南:齐鲁书社,1995年,第370页)。其中提及杭州府城隍庙之情形。《吴山城隍庙志》卷2《祀典》引此条,按语不以为然:"(城隍)明初亦封为公,秩正二品,后虽革封爵而秩未尝降。明尚书秩亦二品,以人拜神,谁曰不宜。"(《西湖文献集成·西湖寺庙志专辑》,第763页)类似说法异于一般认知。

⑤ 民国《万泉县志》卷7《艺文》,民国七年石印本,无页码。

表现类似心理的事象,则较为疏略。反倒是现代资料,包括文史资料、社会调查乃至现当代人收集整理的故事传说等等,对于民众的信仰观念有多方面的呈现。虽然它们反映的事实以及叙事的逻辑未必经得起推敲,但笔者相信,就其反映的观念而言,与传统时代应是一脉相承的。用晚近的资料讨论明清以来的城隍信仰问题,是可行的。

在一定的行政体系中,由于行政层级较为固定,一地城隍的品秩通常确定不移,除非该地行政地位出现升降。因此,将一地县级城隍说成府级城隍,在现实中存在难度。但是,将行政体系之外的城隍纳入行政体系,却可以做到此点。《榆林市鱼河堡府城隍庙志》记述说,明崇祯十六年(1643),李自成建立大顺政权,升米脂县为天保府,第二年,李自成在北京称帝,改封米脂府城隍为京城隍;于是将鱼河堡城隍升格为府城隍。又说,康熙十二年,康熙私访榆林卫,因路途恶人打劫时鱼河城隍显灵救驾,封城隍为"府城隍""灵应侯"。赐半副銮驾,龙虎月牙旗,红头伞盖一顶。①鱼河堡在明代属于北边军事城堡,入清后仍作为重要军事设施。借助城隍神"显灵-受封"这一叙述模式,鱼河堡城隍成为府级城隍,说明正常情况下很难做到这种转变。

明清城隍的爵位等级中,使用高于洪武始封爵位的情况较为多见。我们可以罗列一些方志的记载。康熙《平山县志》收录康熙间知县汤聘《重修城隍庙记》,称邑神封显灵公,"神之灵甲于他邑"②。乾隆《嵩县志》则对本地城隍按洪武封爵原则当为侯伯之列,但相沿称显忠王之事,表示不能理解。③民国《宣化县新志》亦明确记载,城隍神有封爵,"然所封皆公以下,惟宣化城隍特晋王爵,号曰镇朔王。"每出巡,"服御扈从一如王者,奉祀者皆县署书吏,谓之銮驾社"④。民国《蒲城县志》则不无骄傲地宣称,明初封城隍,府曰公,州曰侯,县曰伯,"惟吾邑以金天会中有白马解围一事,敕封'镇西侯'。庙宇宏大壮丽,结构精巧,为各县所未有"。⑤

最为常见的则是附会为都城隍。前文已提到,京都城隍的至高无上性在官僚等级体系与封爵体系中,都无法得以体现。正因如此,以府州县甚或低层聚落而称都城隍,十分常见。其途径,或经由附会其地为帝都,则其地城隍顺理成章地称为都城隍。道光《镇原县志》记高平古城,引《辑志》云:"后魏于此置高平镇,魏孝昌四年,万俟丑奴于此称帝,今其地有万俟垣碑。有城隍庙、土地庙,土人传为京城隍、京土地。"⑥更多的则是因为某种机缘,由皇帝封赐为都城隍。或为皇帝驻跸于此,⑦或因救驾有功。⑧较有代表性的是浙江天台县城隍,今人对天台县社会文化的调查中有所涉及:

天台的城隍与各府州县城隍相比,品位要高得多。早在南宋咸淳年间,就因"祈祷复应"封为

---

① 鱼自泳主编:《榆林市鱼河堡府城隍庙志》,鱼河堡府城隍庙志编委会印行,2010年,第7—8页。

② 康熙《平山县志》卷5《艺文》,康熙十二年刻本,第33页。

③ 乾隆《嵩县志》卷17《祀典》,乾隆三十二年刊本,第1—2页。

④ 民国《宣化县新志》卷2《建置志》,民国二十三年铅印本,第23页。

⑤ 《民国三十七年蒲城县志稿》之《宗教祠祀志》,北京:中国文史出版社,2015年,第443页。

⑥ 道光《镇原县志》卷8《地理·古迹》,道光二十七年刻本,第13页。

⑦ 光绪《湘阴县图志》卷23《典礼志》记位于长乐市的"都总城隍祠",元顺帝尝驻跸于此,乃特加封号(光绪六年刻本,第21页)。

⑧ 长治县南大掌村都城隍庙神,据说是汉光武帝封的。较早见于光绪十年《重修都城隍庙碑记》,贾圪堆主编:《三晋石刻大全·长治市长治县卷》,太原:三晋出版社,2012年,第230页。

"孚佑广济王"。不久，又加封为"孚佑广济大帝"，朱元璋当然不能将他降下来成为"显佑伯"了。所以，天台的城隍不但在台州一府之中，名声最大，地位最高，就在全国范围也是首屈一指的，不但与京都、开封等六处城隍同荫"王"爵，秩正一品，还比这六处城隍高出一个等级，与朱元璋的皇帝并级，称为"大帝"。①

既然其品爵非同寻常，因此在很多方面表现出来，成为人们炫耀的资本，这些方面在某一种叙述中，或单独或将其中的几项放在一起强调，其中心即是，本地城隍比其他地方的城隍地位要高。

表现在庙宇建筑上，其与众不同往往不单单在高大宏伟、富丽堂皇上。今河南宜阳韩城镇东关有城隍庙，供奉的是所谓都城隍。乾隆五年本县张姓教谕的重修碑已有记载，称该庙"规模宏敞，堂序靓深"，当地"士人"说这是都城隍，与这里曾是韩国的旧都有关。今天当地人会说，此地都城隍等级高，能管县城的城隍。证据之一是该庙使用了黄色的琉璃瓦："只有都城隍才有资格用黄色，县城隍庙，你去看看，那儿用的是灰瓦呀！"②

在服饰穿戴方面，明清时代的城隍神多类公侯，这是与其所具有的封爵相称的。但也存在大量的据说高于所在等级的装扮。今浙江平阳县钱仓镇，因据说光武帝刘秀在流亡期间曾在钱仓下段的兴国寺登过基，因此，钱仓城隍享受京城隍的规格："城隍根据地域的不同有京城隍、府城隍、县城隍之分，如北京、南京、西安、开封、洛阳等地为京城隍，温州为府城隍，平阳县城为县城隍。其中京城隍可以穿龙袍，戴天官帽，而一般城市的城隍则不能享受此待遇。唯独钱仓城隍能穿龙袍戴天官盔，享受京城隍的规格。"钱仓镇城门洞建造的很低，也是因为钱仓城隍是京城隍，文武官员是必须下马落轿进城的。③此外，由于民间传说纪信救刘邦有功，死后被封都城隍，则以纪信为城隍之地，城隍塑像通常为王公打扮。兰州城隍纪信即被认为救主有功因而被封城隍，其神在明代即"冠皮弁，服赭袍"，为"帝王冠服"。④因此，当州县城隍神主被认为是纪信时，其装扮便与众不同，成为地方人士炫耀的资本。

从其仪仗来看，往往要提到所谓"銮驾"。如民国《宣化县新志》之例。銮驾是帝王的车驾，可见其等级之高。今人的调查显示，天台城隍出巡时的銮驾仪仗比其他县级城隍要排场隆重许多。不过，銮驾只有半副，人们解释说，"朱元璋只将天台城隍看成'王'，看做'一品'而不愿与自己并级。"⑤在仪仗的适当位置，也会以文字表示出等级性。比如灯笼上的文字。⑥

有时候则是，皇帝未必封爵，但只要与皇帝有关，一切都会与众不同。据说，静海县城隍的龙袍与王帽是乾隆皇帝赐予的，这成了静海城隍庙神一怪——"小神的官职，帝王的穿戴"⑦。

甚至于，一些"自大"叙述，也许本地人也不清楚本地城隍与他处城隍相比，到底高大在哪里！河

---

① 连晓鸣、康豹主编：《天台县传统经济社会文化调查》，北京：民族出版社，2005年，第141页。
② 乔文博：《县城隍与都城隍》，载氏著《人文宜阳》，郑州：中州古籍出版社，2006年，第105页。
③ 徐宏图、康豹主编：《平阳县、苍南县传统民俗文化研究》，北京：民族出版社，2005年，第112、106—107页。
④ 黄谏：《城隍庙记》（正统间），乾隆《皋兰县志》卷18《艺文》，乾隆四十三年刻本，第11—12页。
⑤ 连晓鸣、康豹主编：《天台县传统经济社会文化调查》，第141页。
⑥ 王孝楚：《记六安旧时代的迎神赛会》，《安徽文史资料选辑》第13辑，1983年，第146、148页。
⑦ 王敬模编著：《天津静海旧话》，天津：天津古籍出版社，2007年，第142页。

北涉县新建城隍庙,有《代碑记》称:刘秀为答谢涉县城隍救驾之功,册封其为"崇州天官",头戴天官冠,身穿蟒袍,足蹬朝靴,冠上加封二道金箍。[①]"崇州天官"是哪一品级?其穿戴有何与众不同?这些问题,叙述者未必能说清,当然这不会是问题的重点。叙述者关心的,乃是借此表现一种心态——本地城隍就是厉害!当讲起这些内容时,自豪感便会油然而生。

城隍信仰中的"自大"心态,突破了等级的限制,也打破了不同系统的制约,军事系统的、州县以下聚落没有等级的城隍神,均借以获得信奉者心目中理想的等级。

如何看待城隍信仰中的"自大"心态?人们对乡土都有自豪感,这种情感多藉由一定的实在的事项体现出来,与该事项相关的说法未必符合实际(真实),但这是一种真实情感(观念)的反映,能够激发乡土情感,增强认同。具体到城隍信仰,对于城隍祭祀制度的内容,限于获取途径,即便儒者亦未必通晓,何况生活在城隍当有封爵这样一种社会氛围中的普罗大众![②]在每地大多仅有一座城隍庙(只有一位城隍神)的情况下,由于缺乏比较,易于产生这样一种朴素的心态。实际上,区分这种观念所在的人群是有难度的。就方志编写者来说,有官员,有地方士绅,但透过方志对"自大"心态的记载,可见他们的态度并不统一,甚至截然不同。这在前面已有揭示。因此,在传统城隍信仰观念笼罩下,不管是地方士绅通过官方渠道为城隍请封位号,还是普通民众仅仅以某种叙述表达观念上的"高人一等",实在没有高下之分,它们只是一种观念的不同表现形式。[③]

四、余论:城隍神的等级性与下层聚落城隍

通过上文的考察,可以得出如下结论:城隍神等级体系与明清行政体制高度吻合,等级性是城隍神的基本属性,城隍神体系、庙宇建置、内部陈设等事项,均是这一属性的表达。也可以说,官僚体系的特征在城隍神的等级体系中得到充分体现。与此同时,围绕既有事项,也有一些叙述产生出来,表达一种"自大"观念。这种观念能够突破现实的等级性,借助一种"超等级"增强人们的信仰,构成明清城隍信仰的重要方面。

这些城隍神及其庙宇主要是行政体系的,也有军事系统的。还有一些建于州县以下聚落,它们出现于宋元时代,在明清时代十分常见。地域上以江南地区最为突出。由于没有制度规定,亦不合儒家祭祀观念,因之,其存在的合理性受到质疑。所以,正如前文所讨论的,城隍神等级体系末端的州县城隍庙中,如要体现上下附属关系,应以乡里土地祔祀,而不应是村镇城隍神。但若因此认为下层聚落城隍在城隍神等级体系中没有位置,还应做进一步探讨。

州县城隍庙所祔乡里土地,有各自对应的乡里。实际各乡里亦应有其庙。当然,作为官定的里社祭祀在明中叶之后大多隳废,代之以土神。这表明,作为州县官祀庙宇,如果祔祀基层神祇,应该是整

---

① 何金德主编:《城隍文化》第一辑,涉县城隍文化研究中心编印,2008年,第70页。

② 有关城隍信仰制度及知识的获取,是一个尚待深入考察的问题,笔者《明清城隍封爵考》已有涉及。单从方志记载城隍信仰的内容来看,可以视为知识阶层对城隍神的认识。其中涉及到制度的变化,尤其是对明初封爵与去除封号时间的记载,失实之处所在多有。

③ 明清时期为城隍请封的考察,参张传勇:《明清城隍封爵考》,《史林》2017年第5期,第91—95页。

体的,很难仅将其中的某些袝祀,而不管其他的。村镇城隍是不被认可的,更何况其在明清时代基层聚落的建立并不带普遍性!

若县以下聚落城隍庙所在地比较重要或其神十分灵验,在当地非同一般,则它们能否在州县城隍庙获得一席之地? 相关研究中,很难见到这样的例子。比如,通常认为,县下政区出现于清末新政后。但明清地方政府的一些派出机构或佐贰官驻守之地,管理大致固定的范围,代表了国家权力在地方的延伸。①就资料来看,州县派出机构或佐贰官驻守之地,大多建置城隍庙。它们之间有无关联,暂置不论。②首先需要指出,这些地方的城隍祭典,通常由官员主持,朔望拜谒。平利县丞设于道光四年(1824),驻镇坪。民国九年(1920)升县。民国《镇坪县乡土志》记城隍庙,"为县丞所祀之庙,不过朔望谒之,春秋祀典仍付阙如"③。甘肃固原直隶州硝河城分州,城隍庙附设于城南三圣庙内。州志注云:"查硝邑各庙,春秋祭典,所有祭品向未请领公款,皆系捐廉,谨敬预备,亦绵蕞之礼而已。"④这表明,城隍之祀列在分州地方祀典。

这些城隍庙神跟所在州县有何关系? 同治十二年(1873)升固原州为直隶州,改盐茶厅为海城县,新设平远县,皆隶固原直隶州。同治十年设州判驻硝河城,十三年设海城县丞驻打拉池。尽管在宣统《固原州志》中将固原本州辖区、海城县、平远县、硝河城分州、打拉池分县称为"固原五属",且在《硝河城志》中,有"硝邑"之称,但在回民起义后新建的州城隍庙中,献殿左右袝祀的仅为"海、平二县隍神"。⑤就一般的佐贰官分防之地而言,没有比"分县""分州"更接近政区的了。因此,其他的例子并不容易举出。青州府益都县颜神镇城隍庙之例更为常见,但或许并不恰当。颜神镇是有名的工商业城镇,由于地位重要,明中叶设巡检司,又于正德间设府通判。自嘉靖九年(1530)始,镇民即呼吁设县,直到雍正十二年方设博山县。⑥期间,嘉靖三十六年建城,随之建隍庙,"镇署朔望谒祭"⑦。康熙间知府陶锦重修府庙记中提到"中祀郡神而以十四邑之神配享之"⑧。十四邑,即青州府属一州十三县(未包括安东卫)。没有颜神镇城隍的影子。仅就这两个案例来看,分防佐贰驻扎之地的城隍,在城隍神体系中没有位置。

上述讨论,可视为官方立场的表达。从民间的角度,有没有可能将州县以下聚落城隍神视为城隍等级体系向州县以下的延续? 明清江南城隍信仰研究开拓者滨岛敦俊的研究,做了肯定的回答。滨岛基于他对江南农村社会的研究,认为明代后期以来,江南商品经济的发展使得农民的视野超出村

---

① 有关这一问题的研究较多,新近的最为系统全面的考察,参胡恒:《皇权不下县? ——清代县辖政区与基层社会治理》,北京师范大学出版社,2015年。

② 两者之间关联的讨论,参张传勇:《明清山东城隍庙"异例"考》,《聊城大学学报》2004年第6期,第49—51页;荣真:《中国古代民间信仰研究——以三皇和城隍为中心》,北京:中国商务出版社,2006年,第223—225页。

③ 民国《镇坪县乡土志》卷1《祠祀志》,《陕西省图书馆藏稀见方志丛刊》第16册,北京:北京图书馆出版社,2006年,第175页。

④ 宣统《固原州志》卷12《硝河城志》,宣统元年刊本,第5页。

⑤ 宣统《固原州志》卷1《图绘》《图说》,第3—4页,第37页。

⑥ 有关博山县设县过程最为细致的考察,见张景瑞:《明清时期市镇升县与地方社会变迁——以山东颜神镇为中心》,南京大学硕士学位论文,2019年,第6—37页。

⑦ 叶先登修:《颜神镇志》卷3《建置》,康熙九年刻本,第10页。

⑧ 陶锦:《重修青州府城隍庙碑记》,康熙六十年刊《青州府志》卷22《艺文》,第47页。

落,扩大到了以市镇为核心的市场圈。与此同时,出现以祀神为中心的固定的"庙界",每一个镇庙均有多个村庙被其管辖。村落的土神与市镇的神,分别作为下位、上位神存在。二者关系的突出表现,即是"解钱粮"惯习(又称解天饷,指当县或镇的特定庙宇举行庙会时,乡村庙宇往拜并象征性地交纳冥楮)。在这种习惯中,镇神通常是城隍。另一方面,这些城隍神大多由土地神发展而来,并以所在州县城隍为主神,称城隍行宫。这表明了市镇"还缺乏一种作为一个'城市'的意识(至少镇城隍神并没有表明这一点)"[1]。由此,滨岛敦俊提出如下重要论断:

> 镇城隍的发展,与其说是江南市镇作为城市要求自立、自治——这从城隍神即"城市守护神"的概念出发很容易联想到,倒不如说它希望把自己置位于首都——省府——府城——州县各级行政序列的下层。这从中国官僚制社会的特性来看是毫不奇怪的。[2]

在后来的论述中,对镇城隍又有这样的表述:"它们在'从属'上级的同时,却居于农村地区的上位,似乎可看出在以皇帝为顶点的统治体系的基础上,再进一步向其乡脚地区延伸。"[3]

上述议论很有启发性。不过,通过"解钱粮"习惯讨论镇城隍与村庄土神间的上下从属关系,未必十分适当。王健在探讨明清江南民间信仰中的庙界问题时指出,解天饷习惯从一个侧面反映了明代中后期以来,部分江南市镇与周边乡村相整合的过程。但不能以偏概全。因为镇城隍与其他土地神之间并非天然地具有地位上的隶属关系。[4]而且,若从民间信仰的角度进行分析,解天饷习惯中,东岳神的地位如此之高(冥楮最后解往东岳庙),是因其主管人们生死的功能。城隍则是作为冥神系统的中间环节出现的。[5]这也解释了上解钱粮的对象为何不是州县城隍。另外,吴滔在其清代江南市镇与农村关系的研究中指出,"解钱粮"所体现的镇庙与村庙之间的上下级关系,虽有刻意靠拢行政区划的意味,但更多的是按照市场层级呈现出一种模仿国家征税的贡献关系。滨岛在研究中更多地强调了"解钱粮"与商业化和都市化的关联,"似乎事先有一个市镇对农村具有绝对统治地位的预设"[6]。

就以所在州县城隍作为主神这一事象而言,江南地区的城隍庙与其他地区相比,的确很有特点。但各地域中的村镇城隍并非孤立的存在,势难进行简单化的跨区域比较。因此,如何看待与江南村镇城隍不尽相同的情形,需要多方面的考察。[7]至少,不能简单地认为,不以所属州县城隍为主神,可以

---

[1] 滨岛敦俊:《明清江南农村社会与民间信仰》,第222页。

[2] 滨岛敦俊:《明清江南城隍考——商品经济的发达与农民信仰》,《中国社会经济史研究》1991年第1期,第45页。

[3] 滨岛敦俊:《明清江南农村社会与民间信仰》,第222页。

[4] 王健:《明清以来江南民间信仰中的庙界:以苏、松为中心》,《史林》2008年第6期,第124页。

[5] 参见王健:《明清以来江南民间信仰中的庙界:以苏、松为中心》,第125页;荣真:《中国古代民间信仰研究——以三皇和城隍为中心》,第214—223页。有关冥神系统的论述,参郑土有、王贤淼:《中国城隍信仰》,第266—273页。

[6] 吴滔:《清代江南市镇与农村关系的空间透视——以苏州地区为中心》,上海:上海古籍出版社,2010年,第179—198页,引文在第197页。

[7] 相关区域考察,参凌淑菀:《台湾城隍信仰的建立与发展(1683—1945)》,台湾中正大学历史研究所硕士学位论文,2002年,第74—79页;张传勇:《明清陕西城隍考——堡寨与村镇城隍庙的建置》,《中国社会历史评论》第11卷,天津古籍出版社,2010年,第62—83页。

反映城隍庙所在村镇已具有城市的意识。那么,对于江南地区城隍信仰中的这一现象,是否还有其它的解读? 前文已见,行政体系最末端的州县城隍庙中,迄未发现祔祀有村镇城隍。作为等级性的体现而祔祀其中的,是各乡里之神。[①] 此点与时人从正统观念出发对城隍的认识相合。一则被广泛引用的史料是,乾隆《奉贤县志》直指村镇城隍庙不能称城隍庙,"宜称乡土地祠,名斯正焉"[②]。因此,以州县城隍为主神并称为"行宫",具有正名的意义。首先在于,"行宫"之称,可以取消其作为城隍庙的独立性。由于城隍神具有"冥官"身份,在一定区域内,通常只能存在一座城隍庙,以与特定的衙门相对应。当因故出现复数城隍庙时,若非毁掉,治所隍庙之外的即被称以另外一种称呼,或更名,或前缀"旧""老""小"之名。称为"行宫"最是常见。这一称呼,可视为部分儒者"正确的"祭祀理念之表达;从民间社会来看,亦可作为自我保护手段。从相关民间故事反映的主题来看,亦藉此将村镇城隍与州县(城隍)关联起来,既是对前者正当性的说明,也是"自大"心态的表达。[③]

由此可见,在州县以下聚落,很难说存在依照王朝行政序列自然下延的具有等级性的城隍神,当然,这并不妨碍信众利用其它形式,体现其在整个城隍神体系中的位置,正如前文所揭示的那样。[④]

[作者张传勇,南开大学中国社会史研究中心教授。原载《南开学报(哲学社会科学版)》2020年第3期]

---

① 今陕西周至县城隍庙系1992年异地新建,庭院一侧祔祀标注有各乡镇名称的土偶,通常称之为土地神,但近年所编《西安市志》记辖区各神灵,称其为"各乡的小城隍神像"(第7卷《社会 人物》,西安:西安出版社,2006年,第140页)。根据文献检索与实地考察,周至至少有十馀处村镇城隍庙,因此将这些土偶视为乡镇城隍,并非偶然。又,李庆辰《醉茶志怪》(光绪十八年序)卷3"定兴城隍"条,记直隶定兴县城隍庙两庑下塑有城隍像,大小不计其数。乡俗,每元宵节各村奉迎一尊,节后送还。计村之大小,取像之大小(济南:齐鲁书社,2004年,第126页)。两庑之像是否为城隍,较难判断,尤其各村对偶像的选取原则,较难理解。
② 乾隆《奉贤县志》卷4《祭祀》,《上海府县旧志丛书·奉贤县卷》,上海古籍出版社,2009年,第88页。
③ 这类故事重心在解释为何乡村建有城隍庙,详参张传勇:《乡下的城隍庙——明清村镇城隍信仰新考》,待刊稿。
④ 此处还可以追问,为什么可以在州县体系之外存在城隍神? 这一问题,涉及到城隍神在唐宋以来的不同发展道路,参看张传勇:《乡下的城隍庙——明清村镇城隍信仰新考》,待刊稿。

明代乡贤专祠的礼仪逻辑与实践样貌

赵克生

中国古代社会往往通过祠祀、传记等形式来表彰乡贤,昭往劝来,激励后进,从而形成历史悠久的乡贤文化。明代是乡贤文化繁荣与定型时期,特别是明朝政府对地方乡贤祠祀进行了较为彻底的儒家化改造,使之由地方之私祭而纳入国家政教系统,形成了由乡贤祠和乡贤专祠构成的双轨制体系。乡贤祠,通常指府、州、县等地方儒学里的乡贤祠,它以同堂合祀的形式集中祭祀某地的乡贤群体,故亦称乡贤总祠、乡贤合祠。乡贤专祠,又称乡贤特祠,是为奉祀某个或某几个乡贤而建立的专门祠宇,乡贤专祠大多不在地方儒学内。

近年来,学界主要关注明代的乡贤祠,梳理了乡贤祠的形成、规制与功能,探讨了乡贤冒滥、乡贤祠与基层社会的关系等问题。[①] 对于乡贤专祠,仍难见到可资参考的相关研究。不过,由于乡贤专祠与宋元以来先贤祠的渊源关系以及二者都属于非神异性祠庙,学界关于宋元先贤祠的相关研究成果应当予以重视。特别是包弼德(Peter K. Bol)、魏峰、郑承良等探讨了两宋以降一些地方出现了不同于先贤祠的乡先生祠及其向州县儒学转移的趋势,认为这是源于以士绅为主的地方社会势力的成熟、地方认同的彰显与士人重建乡里文化传统的努力。[②] 这些成果虽然不是直接研究明代乡贤专祠,但对笔者思考明代乡贤专祠的历史演变、运转模式等问题无疑具有启发性。

乡贤专祠既然是明代乡贤祠祀体系的"另一半",忽视乡贤专祠而仅仅关注地方儒学中的乡贤祠,显然难窥明代乡贤祠祀系统的全貌。故本稿拟用地方志、乡贤专祠志、族谱等文献,勾勒明代乡贤专祠的礼仪逻辑、主要类型、运转模式,试图从多重视角分析乡贤专祠的社会意义,从而为呈现清晰、完整的明代乡贤祭祀体系,构建明代乡贤文化史的整体框架提供坚实的基础。

一、明代乡贤祠祀双轨制下的乡贤专祠

要了解明代乡贤祠祀体系的形成,须回顾中国古代先贤祠祀的传统,特别是宋元以来先贤祭祀的历史演变。

---

① 代表性的成果参见赵克生《明代地方庙学中的乡贤祠与名宦祠》,《中国社会科学院研究生院学报》2005年第1期;林丽月《俎豆宫墙——乡贤祠与明清的基层社会》,载黄宽重主编《中国史新论·基层社会分册》,联经出版事业股份有限公司2009年;牛建强《地方先贤祭祀的展开与明清国家权力的基层渗透》,《史学月刊》2013年第4期;[日]奥崎裕司《蘇州府鄉賢祠の人々—鄉紳の地域性について》,《明代史研究》第10号特集号,东京,明代史研究会1982年。

② 〔美〕包弼德(Peter K. Bol):《地方传统的重建——以明代的金华府为例(1480—1758)》,载李伯重、周生春主编《江南的城市工业与地方文化(960—1850)》,清华大学出版社2004年。魏峰:《从先贤祠到乡贤祠——从先贤祭祀看宋明地方认同》,《浙江社会科学》2008年第9期;郑承良:《南宋明州先贤祠研究》,上海古籍出版社2013年。

中国古代先贤祠祀的传统可以追溯到《周礼》"祭于瞽宗"[1]，以及韩愈所说"乡先生殁而祭于社"[2]。乡先生附祭于学，配食于社，非如后世建立专门祠庙进行祭祀。图形立庙、专门而祭，或于墓所，或居一邑之中，是汉以后才流行的专祠祭祀模式。[3]历经唐宋，以至明代，这种专祠祭祀模式一直延续下来，先贤故里、府县儒学、城市通衢、书院、寺院等地方都有先贤（乡贤）专祠存在。然而，传统的延续中，转型也悄然发生，其大者有两点值得注意：一是长期以来人们对"乡"的概念并不深究，是乡贤、名宦或是寓贤也不细分，故多称先贤，祭祀的祠庙也多称先贤祠。但明人对先贤进行了"乡与非乡"的严格区分，按照地域的限定，乡贤必须是本县、本府之人："乡贤必产于其乡之贤达也。"[4]这种对乡贤地域身份的严格化，不仅有助于辨识先贤群体中的乡贤、名宦、寓贤，使乡贤祠从原先统称的先贤祠中分化出来，而且使某地乡贤群体因为有了同一地方身份而被集合起来，为乡贤合祠的形成准备了基础。二是乡贤祭祀开始向学校转移、集中。据清人考证，乡贤（先贤）祠祀向学校转移的时间起自北宋，《宋史·郑侠传》载，宣和元年（1119）郑氏卒，州县皆祀之于学。[5]元人许有壬也说："（乡贤）祭于社之制不可考，附庙学、作屋而祭之者，则间有之矣。"[6]宋元时期附学的先贤（乡贤）祠亦是专祠，其中有些可能发展为集中祭祀数人的祠堂，如南宋理宗时明州州学的五先生祠，但这种现象并不普遍，且仍作专祠看待，与其他先贤专祠并处。

与此不同，明朝开始在府州县儒学里建立一个乡贤祠，集中奉祀本地的乡贤，开启了乡贤祭祀的新模式。

> 昔朱邑为桐乡令，既没，桐乡人祠之，此名宦祠之权舆矣。张良食采于留，后人于留城为子房立庙，此乡贤祠之权舆矣。自是以后，见于史册者甚夥，然皆专祠，而非总祠也。明代始令府、州、县学立名宦、乡贤总祠，有司春秋致祭。国朝亦因其制。[7]

这种附于各地儒学的乡贤祠自洪武初开始推行，到嘉靖时其规制基本定型，并为清朝所继承。一般情况下，各地儒学的乡贤祠与名宦祠分立学宫门外之左右，二祠分布的常制是左为名宦祠，右为乡贤祠，体现名宦与乡贤的宾主关系。此外，乡贤祠有立于孔庙之侧，有立于启圣祠前后，有立于儒学之侧等。在庙学一体的明清时期，附学的乡贤祠其实融入了孔庙祭祀系统，成为孔庙的附祭，每年春秋

---

①《周礼注疏》卷二二，文渊阁《四库全书》，第90册，第404页。

②[唐]韩愈著，马其昶校注，马茂元整理：《韩昌黎集校注》卷四《送杨少尹序》，上海古籍出版社，1986年，第275页。

③[梁]沈约撰《宋书》卷一七《礼志四》载，步兵校尉习隆、中书侍郎向充等为立庙祭祀诸葛亮而向刘禅建言，曰："昔周人怀邵伯之美，甘棠为之不伐。越王思范蠡之功，铸金以存其像。自汉兴以来，小善小德而图形立庙者多矣。"中华书局1974年，第486页。

④[明]唐浩修，齐柯、刘埏纂：(嘉靖)《和州志》卷四《乡贤列传》，《原国立北平图书馆甲库善本丛书》第326册，国家图书馆出版社2013年，第344页。

⑤[清]苏勒通阿等修、王巡泰等纂：(乾隆)《兴业县志》卷三《学校第五》，《故宫珍本丛刊》第202册，海南出版社2001年，第302页。

⑥[元]许有壬：《至正集》卷四一《晋宁路乡贤祠堂记》，《北京图书馆古籍珍本丛刊》集部第95册，书目文献出版社1988年，第215页。

⑦[清]李璋煜：《厘正木主记》，载洪汝奎等修、徐成敟等纂：(光绪)《增修甘泉县志》卷六，《中国方志丛书》华中地方第408号，(台北)成文出版社有限公司1983年，第1079—1080页。以下所引《中国方志丛书》，均为该社出版，故只注地方及序号、年份、页码。

祭祀的时间也是在祭孔之后。

乡贤祠是在同一空间奉祀某地历史上的乡贤群体,这些乡贤之间可能的联系就是他们共同的乡土身份,正是由于这一身份,不同历史时期的乡贤被集合在一起。相较于乡贤专祠的独立、分散,乡贤祠集约的容纳空间能够奉祀众多的乡贤,祭祀的地点集中,且具有开放性。从制度设计的本意看,明朝似有以乡贤祠这种简单易行的祭祀模式代替乡贤专祀。但另一方面,当乡贤祠把乡贤作为一个整体进行集体奉祀时,学行、功业卓著者泯然若众,大贤与众贤之间的差别消失了。加之,一些地方乡贤祠祀存在冒滥之弊,入祀者良莠混杂,如莆田人刑部尚书彭韶(1430—1495)批评他家乡的儒学乡贤祠"所祀之人颇失之泛"①。这就使得乡贤祠在旌贤褒异方面的功能严重削弱,引起时人的质疑与不满,反对以乡贤祠代替乡贤专祠。弘治时,彭韶以疾卒于家,入祀原籍乡贤祠。莆田籍在朝官员以为:"惠安公一代之伟人,宜有专祠,俾后学有所矜式。"②福建晋江人陈琛(1477—1545)为明代名儒,死后祀之儒学乡贤祠,"然景行私淑之士犹谓不满崇尚之意,始议特祠"③。晚明大学士赵志皋为前首辅李春芳专祠撰写祠堂记时说:"乡贤祠祀,国之常典。凡孝友、廉节,其行谊有一节足以表正闾俗者,例得祀。"然而,以乡贤祠奉祀李春芳这样道德、勋业懋隆朝野者,是让大贤"涸以常典"④。郭子章(1543—1618)撰《大学士陈文端公祠堂碑》借物喻人,说出同样的道理:"日月不并出,狐不二雄,神龙不匹,猛兽不群。公道绳圣贤,功施社稷,其行纯矣,恶得无专祠。"⑤相对于总祀,专祠乃常典之外的特典,大贤应用专祠,亦即乡贤专祠可以弥补乡贤祠在旌贤褒异方面的功能缺失。故乡贤祠成为乡贤祭祀的主流模式之后,明代之前长期流行的专祠并没有废止。

明朝乡贤专祠得以延续不辍,除了旌表乡贤的历史传统,还与当时的恤典制度有关。恤典是古代王朝政府对已故官员的褒奖、对其家属的抚恤,包括赐祭葬、祠祀、荫子入监、赐给谥号等。祠祀是恤典中非常重要的一项内容,明人曾说:"恤典以谥、祠为重。祭、葬,特常格耳。"⑥其中赐祠于乡,朝廷敕建祠宇表彰忠烈、名臣、名儒,这些表彰功德的祠宇虽不以乡贤祠称之,但从地方看来,这些祠宇建在本乡、奉祀的是乡之先达,自然属于乡贤专祠,是常典之外的特典,属于一份特殊的荣耀。有明一代,能够在死后获得赐祭葬、赐谥等恤典且同时获得"赐祠于乡"者,或出于特恩,如仁宗追念故宫僚少詹事邹济、左春坊左赞徐善,赠官赐谥之外,命有司立祠墓侧;或"节义激烈者",可专祠于乡。⑦其他则是在其恤典之后若干年,通过单独的建祠申请,获得"祠于乡",这种情况可视为恤典之后的一种"补恤"。

---

① [明]彭韶:《彭惠安集》卷八《与郡守岳公书》,文渊阁《四库全书》第1247册,上海古籍出版社1987年,第90页。

② [明]何乔新:《椒邱文集》卷二八《赠太子少保彭惠安公祠堂碑》,文渊阁《四库全书》第1249册,第426页。

③ [清]吴之镖修、周学曾、尤逊恭等纂:(道光)《晋江县志》卷一四《附乡贤专祠之祭》,《中国地方志集成·福建府县志辑》第25册,上海书店出版社2000年,第229页。

④ [明]赵志皋:《赵文懿公文集》卷二《太师李文定公祠堂记》,《四库禁毁书丛刊》集部第180册,北京出版社1997年,第682页。

⑤ [明]郭子章:《蠙衣生蜀草》卷五《明光禄大夫柱国少傅兼太子太师吏部尚书武英殿大学士赠太保谥文端陈公祠堂碑并序》,《四库全书存目丛书》集部第154册,齐鲁书社1997年,第651页。

⑥《明熹宗实录》卷四二,天启三年十二月庚戌,台湾"中央研究院"历史语言研究所,1962年校印本,第2216页。本文以下所引《明实录》均为此版本,故只注页码。

⑦《明穆宗实录》卷四〇,隆庆三年十二月癸亥条载:"有祭葬、赠谥兼给而复立祠以表者。所谓死事,如抗节不屈身死纲常者,犯颜谏净身死国者,执锐先登身死战阵、危城固守身死封疆者,如此而立祠祀之,乃足以劝人心,维世教……至于立祠一节,合应慎重,必须节义激烈、真心死事者,抚按从实奏来,容本部酌议,奏请建立祠庙;其非此类者,并从覆寝议。上俱从之。"第1000页。

215

基于乡贤祠祀的自身演化与明代恤典的制度支撑,乡贤专祠得以与乡贤祠并行同处,两种模式并存,呈现出明代乡贤祠祀的双轨制。这种双轨制下,乡贤一般先入祀乡贤祠,再以专祠奉祀。这种专、总兼祭,看似重复,其实乃"标典刑(型),重文献,春秋与贤之义,不嫌于复也"①。这里以晋江的蔡文庄祠为例,具体考察专祠与总祠并祀的关系。蔡文庄祠是蔡清(1453—1508)专祠,蔡氏一生著述、讲学,阐扬朱子学术,被誉为一代儒宗师表。蔡清死后,从祀孔庙未果,但立祠乡郡,春秋祭祀。当然,蔡氏也附祭乡贤祠。为何并祀两处?明人曾有解释:"我国家既设乡贤祠,以祀其一乡之贤者。此外,又有专祠之举,盖以其人之贤将出于众贤之上而祀之者,亦不以众贤待之,所以旌异名儒,风励后学,甚盛典也。"②

概言之,明代保留、新建一些乡贤专祠,祭祀地方杰出人物,表达乡邦一份特别的敬意,弥补乡贤祠在旌扬杰出乡贤方面的功能缺失。二者在处理众贤与名贤、一般与特殊的关系上互为补充:有总祠,众乡贤能享春秋祠祀;有专祠,卓异者得以尊崇。二者结合,乡贤祠祀的激励风示意义方能够全面彰显。③

二、明代乡贤专祠的地区分布、立祠模式与祀典规制

在明代乡贤祠祀的双轨制下,每个府、州、县只建立一所乡贤祠,位于孔庙之旁,规制统一,地区分布均衡。而乡贤专祠则不同,不仅有当朝新建、重建的专祠,还有少数前朝遗存的专祠,不仅乡贤专祠分布存在较大的地区差异,其立祠模式也不尽相同。

明代乡贤专祠地区分布的差异性首先表现为专祠分布的地区不平衡,或多或少,因地而异。

明代六府乡贤专祠分布情况对比简表④

地区	专祠数量	资料来源	地区	专祠数量	资料来源
苏州府	43	乾隆《苏州府志》卷二一至二三	永州府	1	康熙《永州府志》卷九
泉州府	26	乾隆《泉州府志》卷一三至一五	廉州府	0	崇祯《廉州府志》卷一〇
松江府	11	崇祯《松江府志》卷二〇	大理府	0	康熙《大理府志》卷一七

表中显示,左边苏、松、泉三府属于文化、科举发达地区,乡贤专祠数量较多;右边永、廉、大理三府属于文化、科举落后的边鄙之地,乡贤专祠数量很少,二类不同地区拥有的乡贤专祠数量相差悬殊。乡贤专祠的不均衡分布看似无规律,其背后还是有可寻的线索:一个地区乡贤专祠的数量与这个地区的文化传统、科举兴盛等状况最为相关。因为专祠的多是名儒、名臣,这些人的出现是文化、科举发展的结果,一个地区文化、科举越发达,这个地区人文荟萃,乡贤的总数就会越多。而乡贤总数越多,出现名儒、名臣的几率就会越大,乡贤专祠就会越多。

乡贤专祠的地区分布与该地区的经济状况也应有一定的关系,但地区经济是通过影响地方文化发展而影响地方乡贤数量,进而影响乡贤专祠的地区分布,并非直接表现为有无经费建祠等问题。相

① [明]张天复:《鸣玉堂稿》卷四《茶陵三学士祠记》,《续修四库全书》第1348册,上海古籍出版社2002年,第520页。
② [明]李熙:《礼部覆本》,收于蔡清《蔡文庄公集》卷七,《四库全书存目丛书》集部第43册,第15页。
③ 赵克生:《明清乡贤祠祀的演化逻辑》,《古代文明》2018年第4期。
④ 本表统计的乡贤专祠包括前代留存至明代的专祠和明代新建的专祠,但排除了一些神异性的祠庙。

较于富庶的东南沿海，廉州、大理等边地之贫瘠自不待言，不过，两地无乡贤专祠，却有很多其他祠庙，包括不少的名宦专祠、名将专祠，这说明这些地方不缺建祠的经费，而是缺少乡贤；不缺外来的名宦、名将，而缺生于斯、长于斯的本土名儒、名臣。归根结底，该地区人文不昌，科举不发达，乡贤专祠才十分罕见。

其次，明代乡贤专祠分布的地区差异性还表现在同一地区内的不平衡。这种情况在泉州府表现得很明显，泉州府辖晋江、惠安、南安、同安、安溪、永春、德化等县，其中晋江有16座乡贤专祠，安溪1座，惠安、南安、同安各3座。苏州府乡贤专祠数量多，但大多集中在吴县、长洲县，而昆山、常熟、吴江等县较少。通过比较，可以发现晋江县、吴县和长洲县具有某些共同的特点：都是府治所在的附郭县，为该府的政治、文化中心；都是科举大县。也就是说，附郭县的中心地位及其文化、科举的发达是该县乡贤专祠较多的重要原因。

对于这些分布各地的乡贤专祠，根据不同的标准进行分类研究可能是一个行之有效的方法。本文从探讨明代乡贤专祠的实践样貌着眼，主要根据立祠模式，将明代乡贤专祠分为两个类型：

（一）敕建的乡贤专祠

这是朝廷钦准、由地方政府奉敕建立的专祠，这类专祠列入地方祀典，有的还能蒙赐祠额。明代敕建的专祠除少数崇祀前朝先贤（如宋代的真德秀、刘安世等）外，绝大多数专祀当朝人物，或是大臣，如杨士奇、顾鼎臣，两人专祠分别赐额"褒功""崇功"；或是名儒，如薛瑄、吴与弼、蔡清，其中薛瑄专祠赐额"正学"，吴与弼专祠额曰"崇儒"；或为忠烈，如在安南死难的兵部尚书陈洽、弹劾严嵩的杨继盛，所立专祠分别赐额"忠节""旌忠"。这些专祠皆立于所祀之人的家乡故里，敕建与赐额使朝廷给予的荣耀泽及桑梓，代表了乡贤祠祀的最高层级。

敕建乡贤专祠，恩命出自朝廷。如系恤典赐祠，即按照请恤程序，祠祀与赐祭葬、赠官等一道给予。否则，就需要在朝官员或地方官员向朝廷具疏，代为申请，这上下两种途径在明代都很常用。一般来说，在朝以给事中、御史等言官为主，他们上疏题请，经礼部覆议，最后请皇帝批准；如果乡贤后裔中有上疏之权的官员，也可私家上请建祠。地方则以巡抚、巡按、知府等官员具疏呈请，经礼部而达御前。二者相较，地方的申请程序繁多、严格，相关细节可从顾鼎臣专祠的申请过程中得以一窥。顾鼎臣（1473—1540），南直隶苏州府昆山（今属江苏）人，官至礼部尚书兼文渊阁大学士，嘉靖十九年卒于官，谥文康。顾氏曾敦促昆山县建城池以防倭寇，后倭寇猖獗，而昆山依赖城池得以保全。昆山人感恩顾氏，在他死后十多年，题请修祠专祀。昆山士民的建祠请求先由昆山县学生员陶子鸣等具呈总理粮道提督军务兼巡抚应天等府地方都察院右佥都御史张景贤。张景贤先将呈请建祠事状责令府、县勘查复核，经昆山县学训导会集通学生员复查，所呈事情真实，吻合祭法；接下来，由学校到昆山县，由县到苏州府，层层勘查，写立结状。最后，张景贤将专祠顾鼎臣之事上报朝廷，礼部祠祭清吏司拟议"似应俯从所请"，嘉靖皇帝钦准。官为建祠，春秋致祭，赐给祠额、祭文。[①]

赐额对于敕建的专祠来说，不仅仅是一个祠额，而是一种特殊的荣誉。祠额出自翰林院拟名，经

---

① [明]徐学谟：《徐氏海隅集》卷二《题专祀辅臣顾鼎臣疏》，《四库全书存目丛书》集部第125册，第246—247页。

皇帝钦定,是在祠主一生功业、行事的基础上抽绎出的道德评价,是对祠主的崇高褒奖,并非所有的敕建专祠都能得到赐额的恩宠。赐额与建祠的时间也并非像顾鼎臣专祠、陈洽专祠那样总是同一的。杨士奇专祠建于弘治十二年(1499),赐额在嘉靖三十二年(1553),前后相隔半个多世纪,这也从一个侧面表明赐额对于专祠的难能可贵。为了郑重其事,礼部可能对制作、悬挂匾额也有一些要求,如嘉靖时礼部移文江西地方:杨士奇祠额"褒功"是皇上根据翰林院初拟的"崇功""褒德"御批钦定的,制匾务求浑坚,书额需极端楷;分守道官员亲诣悬挂,方面官员致祭(以后交由泰和县祭祀)。①

需要补充的是,敕建专祠并非都是官建,事实上顾鼎臣专祠建立之前,顾氏孙子尚宝司丞顾谦亨曾奏称,顾家欲自备工料建造祠堂。只是当时主拟题疏的徐学谟可能因为同乡之谊,没有采纳顾家自建的请求,仍给予官建的待遇。早在成化初,工部尚书、大学士杨荣的专祠虽曰敕建,实际是杨氏嫡孙杨泰自建的。②故而,敕建与否,不在于官府建祠还是私家建祠,而在于是否获得朝廷的批准,是否被列入祀典。

(二)檄建的乡贤专祠

"檄"是官府间的下行文书,"檄建"可理解为"檄令府县建立"或"府县奉檄而建"。明代建立地方乡贤专祠,需巡抚、巡按、提学的批准,得到令函,开始建祠,这就是所谓檄建的乡贤专祠。相对敕建的乡贤专祠,檄建的乡贤专祠虽少了赐额等恩荣,但在祀典规制方面,二者仍是相同的。

明代檄建乡贤专祠的申请程序与儒学乡贤入祀申请程序类同,也与地方申请敕建专祠的前半段(从儒学生员呈请到巡抚、巡按准许)相同,兹不赘述。需要特别指出的是,檄建乡贤专祠的建设方式多样。大致存在三种方式:(1)官给建祠。府、州、县地方政府负责建祠,经费、经办等相关事宜操之于官。何孟春(1474—1536),郴州人。郴州原有何孟春专祠,后何氏门祚中衰,祠事废弛。隆庆时,巡抚赵某为孟春重新建祠,"檄郴州,发笇库,新其祠……岁编守者一人,供洒扫。"③轩𫐐(?—1464),鹿邑人,是大学士沈鲤敬重的同乡前辈。归德府欲用府库结余经费为沈氏修坊,沈鲤辞谢,让鹿邑县用这笔钱为轩𫐐建立了一座乡贤专祠。④山东德平葛端肃专祠祭祀葛守礼,"时山东巡抚为汝泉赵公,直指使者为次山王君,以士民之请,檄邑令何君,创公祠于东门之外"⑤。

(2)乡贤后裔、门人自建。由乡贤后裔等人自费新建祠堂,或就原有的屋宇改建而成,不劳官府,不耗公帑,避免劳民伤财起民怨,以损乡贤令德,是明代常见的乡贤专祠建立方式。刘龙(1476—1554),山西襄垣人,官至南京兵部尚书。其子刘承恩、孙刘珙追崇父祖之德,欲建祠于乡:

> 请于督学宪使宋君洎巡抚都御史杨公,专祠祀公。而又虑勤父老子弟,或生仇訾,于是议即

① [明]欧阳德:《欧阳南野先生文集》卷一五《大学士杨士奇祠额祭文》,《四库全书存目丛书》集部第80册,第588页。

② [明]陈道监修、黄仲昭编纂:(弘治)《八闽通志》卷五九《杨文敏公祠》,《四库全书存目丛书》史部第178册,第398页。

③ [明]汪道昆:《太函集》卷七三《何文简公祠堂记》,《续修四库全书》第1347册,上海古籍出版社2002年,第607页。

④ [明]吕坤:《去伪斋文集》卷八《都察院左都御史静斋轩公祠堂碑》,王国轩、王秀梅整理《吕坤全集》上册,中华书局2008年,第453页。

⑤ [明]郑洛:《葛公祠堂碑记》,见[清]凌锡祺、李敬熙总纂:《(光绪)德平县志》卷一一,《中国方志丛书》华北地方第356号,1976年,第565页。

公生存所建紫岩书院改为之,费不烦乎公室,劳弗逮乎齐民。两公并加奖赞,檄有司以时致祭如仪。①

类似的还有万历时四川南充人大学士陈以勤(1511—1586)专祠,先请于巡抚等官,初议由地方建祠,但陈家谢绝官建,最终拓建旧居而成,"下无烦里旅,上无损于公帑,以终先公志,以徽诸大夫之惠于百世"。官府仅以祠祀载入祀典。②

乡贤专祠的自建与官建的区别主要在于经办、经费来源的不同,建祠程序则一样,自建不是私建,必须向巡抚、巡按、督学等官员呈请,获准而后建,这样的专祠才可能被纳入地方祀典。否则,私建祠庙就不能获得官祠的公共身份。崇祯时,理学家张信民(1561—1633)专祠就是由他的学生们私建的,"专祠未经上文,终属私典。"后补办了呈请手续,专祠才得到官方表彰,入了祀典。③

(3)官绅捐建。崇祀乡贤、建立专祠,一定程度上反映了地方各阶层的民意,官员、士绅、乡民会不同程度参与其中,由此,明代出现了许多官、绅、民捐建立乡贤专祠的现象。有官捐,如巡按御史王应鹏、聂豹前后捐助170余金建陈茂烈专祠。④有民捐,福建崇武百姓"醵金创祠",祭祀已故兵备按察副使戴一俊。⑤而崔铣专祠比较典型地体现了官、民捐建的复合形态。崔铣(1478—1541),河南安阳人。崔铣因弹劾权监刘瑾而名闻天下,崔铣死后,其门人与旧友拟捐资修祠,安阳知府高某遂请于巡抚都御史、巡按,两官同意,檄府建祠,闻知此事的藩王也慷慨解囊:

　　以公门人所寓六十金易地一区,官给建宇费。或有闻之赵王者,王雅重公,乃曰:"固知文敏当祀,即为宇不称,亦非所以祠也。"与弟江宁郡王各助资若干……董工者为郡贰隆文良氏。⑥

敕建、檄建的乡贤专祠都是明朝政府控制下建立的乡贤祠祀体系的一个部分。敕建的乡贤专祠可能有皇帝赐额,檄建的乡贤专祠也可能有巡抚、巡按的题额。⑦乡贤专祠虽有敕建与檄建之别,有官修与自建之分,但其祭祀空间设置则大致相近,纳入祀典的乡贤专祠春秋祭祀安排也是相同的。

乡贤专祠祭祀空间的设置都是在"正堂祭神"的基础上略有繁简之别。如章懋专祠:中为堂四楹,前为门,如堂之数。两序傍翼,缭以周垣。中位神主,而颜其门曰"枫山先生祠堂"。⑧

　　① [明]胡松:《胡庄肃公文集》卷四《文菴刘公祠堂记》,《四库全书存目丛书》集部第91册,第171页。按,"洎"通"及"。
　　② [明]郭子章:《批衣生蜀草》卷五《明光禄大夫柱国少傅兼太子太师吏部尚书武英殿大学士赠太保谥文端陈公祠堂碑并序》,《四库全书存目丛书》集部第154册,第652页。
　　③ [清]冯奋庸:《理学张抱初先生年谱》,《北京图书馆藏珍本年谱丛刊》第54册,第724页。
　　④ [明]郑岳:《山斋文集》卷一三《孝廉陈先生祠堂碑铭》,文渊阁《四库全书》第1263册,第78页。
　　⑤ [清]怀荫布修,黄任、郭赓武纂:(乾隆)《泉州府志》卷一四《乡贤专祠附》,《中国地方志集成·福建府县志辑》第22册,上海书店出版社2000年,第344页。
　　⑥ [明]葛守礼:《葛端肃公文集》卷三《崔文敏公祠堂记》,《四库全书存目丛书》集部第93册,第291页。
　　⑦ [明]张天复:《鸣玉堂稿》卷四《茶陵三学士祠记》曰:"请御史台吴公书额。"《续修四库全书》第1348册,第520页;[明]皇甫汸《皇甫司勋集》卷四七《徐文敏公祠碑》曰:"题其额者,按院洛阳董公尧封。"文渊阁《四库全书》第1275册,第812页。
　　⑧ [明]邵宝:《容春堂续集》卷一一《枫山先生祠堂记》,文渊阁《四库全书》第1258册,第571页。

徐缙专祠:为堂三楹,肖像其中。旁为斋室,翼以廊庑,前又亭树碑,凡制诰、御祭诸文及题咏诗词具勒焉。伉而为门,缭而为垣,浚而为池,邃而为道。①

张信民专祠:

祠宇正堂三楹,享堂三楹,耳房各三楹,内立神龛,肖先生像。②

以上三祠,章懋专祠用神主,另二祠设像而祭。事实上,明代乡贤专祠设像而祭的情况更加普遍,即使是在嘉靖礼制改革之后,也是多设像而少置主。这种设像而祭的模式既受汉代"图形立庙"祭祀先贤传统的影响,也源于后世佛、道等宗教偶像崇拜的流行。从观感上讲,图像直接简易,"盖使观者形感而得之深"③。因而,明代乡贤专祠多设像而祭,但统属于庙学祭祀系统的乡贤祠,须与孔庙一致,嘉靖礼制改革之后乡贤祠皆用木主。

乡贤专祠只要纳入地方祀典,地方官就会定期致祭,即在每年阴历二月、八月祭祀孔子(称丁祭)之后一、二日举行。由府、县正官或正印官(掌印官)来主持,飨以少牢之礼。至于是知县还是知府主祭,看专祠坐落何处。如杨士奇"褒功祠"位于江西泰和县,故由该县掌印官按时举祭。④陈洽专祠位于的武进县城,是常州府府治所在,祀典就由常州知府主祭。少牢之礼是以猪、羊为主要仪物的祭祀,如陈洽专祠的祭品:猪一口,羊一只,鱼醢、肉醢、葅菜共五品,米、面食共五品,果子五品,香一炷,烛一对,帛一段,酒二瓶。主祭者行三献礼。⑤

府、县正官主祭之外,还有府、县其他官员和儒学生员参加祭祀活动。如陈琛专祠,"丁后二日,府县正印官率僚属、师生临祭"⑥。真德秀专祠,"春秋丁期,支动额编。祀典、邑候、学师、僚属官员同致祭焉"⑦。乡贤后裔中有功名的族人一般作为陪祭参加典礼。平湖陆氏甚至把参加这样的活动作为一项任务写进家规:"(景贤)祠中春秋二祭,有司修祀孔严。子孙既列章缝,当从骏奔之列。凡遇祭日……合族衣冠皆宜陪祭,每位给与盘费银一钱,无故不到者议罚。"⑧

总之,通过不同途径建立的乡贤专祠为享祀的乡贤提供了独立祭祀空间,并在专有空间独享少牢之礼。明代乡贤专祀实践再一次显示,乡贤专祠乃是在乡贤合祀之外对大贤、名贤的特别表彰,正所谓"优出常典"。

三、明代乡贤专祠的运转模式

乡贤专祠无论在市镇通衢还是在乡野僻邑,都是地方的公共祠庙。只有祭祀以时,启闭有常,维持祠庙正常运转,让观者登祠瞻拜,睹祠而思,才能发挥其风示激励的功能。那么,明人是如何维持乡

① [明]皇甫汸:《皇甫司勋集》卷四七《徐文敏公祠碑》,文渊阁《四库全书》第1275册,第812页。
② 冯奋庸:《理学张抱初先生年谱》,崇祯七年十二月初三日,《北京图书馆藏珍本年谱丛刊》第54册,第723页。
③ [明]张梯修、葛臣纂:(嘉靖)《固始县志》卷首,《天一阁藏明代方志选刊》,上海书店1963年,第3页。
④ [明]欧阳德:《欧阳南野先生文集》卷一五《大学士杨士奇祠额祭文》,《四库全书存目丛书》集部第80册,第588页。
⑤ [清]陈懋和:《江苏毗陵双桂里陈氏宗谱》卷一《忠节录》,《中华族谱集成》第1册,巴蜀书社1995年,第96页。
⑥ [明]陈敦履:《陈紫峰先生年谱》卷二,万历二年甲戌,《北京图书馆藏珍本年谱丛刊》第44册,第410页。
⑦ [清]真采:《西山真文忠公年谱》(不分卷),成化三年丁亥,《北京图书馆藏珍本年谱丛刊》第33册,第329页。
⑧ [明]陆基忠:《平湖陆氏景贤祠志》卷四《陆氏家训》,《中国祠墓志丛刊》第59册,广陵书社2004年,第292页。

贤专祠的运转？这里先从平湖陆氏景贤祠谈起。

平湖陆氏为世家望族，名人辈出。先是，平湖有忠宣庙，祭祀唐宰相忠宣公陆贽；有靖献祠，祀宋儒靖献先生陆正。嘉靖中，倭寇侵扰平湖，遂合祠忠宣、靖献于平湖城内，祠名"景贤"。"祠虽建于陆氏子孙，缘系申详学道，春秋二祭，有司主之，故子姓不敢自专。"①在陆氏后裔的努力下，景贤祠先后配祀宣德间布衣陆宗秀、弘治间岁贡陆铢；万历三十三年（1605），陆光祖入祠配飨。于是，景贤祠中祀忠宣公，侧侍陆正、陆宗秀、陆铢、陆光祖，为四配。景贤祠实际上兼有了陆氏大宗祠与平湖乡贤专祠的双重性质。景贤祠建立不久，官给奉祀生二名，负责典守祠事，后以为常。景贤祠有祠田千亩，为陆氏后裔捐立，在陆氏家族的周旋下，以祭祀名贤的名义，援例获得优免，只需完纳正粮，豁免一切杂泛差徭，这不仅使景贤祠祭祀、修缮之费得到保障，也使陆氏祠田能够瞻族济困。朝廷在批准优免的同时，要求陆氏宗族订立规制，完善管理，《陆氏家训》《景贤祠族田规则》相继议立。

从景贤祠的情况看，除了陆氏宗族的影响力及其对景贤祠管理的深度介入，要维持乡贤祠的正常运转，必须守祠有人，祭祀有费，管理有制。

所谓守祠有人，即乡贤专祠需要实际的管理者来负责日常洒扫、上香、修葺、祠田租种等事务。就所见文献而论，明代乡贤专祠守祠人大致可分三类，或者说有三种来源。一是由地方政府佥派。如同官给祭祀一样，作为地方徭役编派，佥派"门子"之类，负责看护某个乡贤专祠。正德时，河南河内县修复了元代大儒许衡的专祠，官给祭祀、立祀田之外，还为之安排守祠人："庙无典守之人，非惟易致倾坏，而市井之徒、鸡犬之类不免杂入，践秽亵渎，不敬孰甚。"遂取附近人户，"审编门子一名，责令看守本庙，司其启闭，时其洒扫。"②隆庆时，郴州何孟春专祠由于何氏子嗣不振，无人看守，亦由地方政府"岁编守者一人，供洒扫"③。二是僧、道守祠。把乡贤祠这样的公共祠庙交给黄冠缁徒看守，通常出自官方的委命，陈洽专祠比较典型地体现了这一官方委托模式。嘉靖八年（1529）敕建陈洽专祠"忠节祠"，礼部在给常州府的勘合中批准了地方的题请，将专祠委托给常州府武进县正觉寺僧圆仁等看守。因为忠节祠与圆仁的精舍接连，圆仁与其徒明洁、性恺等朴实雅静，清规无玷，情愿看守，礼部和常州府一致认为是看守忠节祠的合适人选，并给予委命文书。④三是选任乡贤后裔为奉祀生（或称守祠生），负责典守乡贤专祠。佥派门子，委命僧道，通常是在乡贤子孙断绝或贫弱无力等后嗣不振情况下的无奈之举。只要乡贤后继有人，他们子孙有能力看守祖先的乡贤祠庙，给乡贤后裔一个奉祀生的身份，这些后裔就成为世袭的合法的乡贤祠守护人。从制度渊源讲，明代的乡贤奉祀生脱胎于孔、孟、颜氏等圣裔奉祀，近代地方史志名家王葆心说："奉祀生之制，始于明太祖。洪武中，改颜池为三氏学教授，以奉祀事。至武宗正德二年，命衍圣公次子袭五经博士，主子恩书院祀事……明英宗正统十一年，令颜希仁主颜子庙祀事。孝宗弘治元年，抚按给周公之裔东野禄奉祀生，此给衣巾以奉祀者，即奉祀

① [明]陆基忠：《平湖陆氏景贤祠志》卷四《嘉兴府平湖县为恳批配飨本邑宗祠以隆祀典以光先德事》，《中国祠墓志丛刊》第59册，第324页。

② [明]何瑭：《柏斋集》卷七《元魏国许文正公庙祀记》，文渊阁《四库全书》第1266册，第561—562页。

③ [明]汪道昆：《太函集》卷七三《何文简公祠堂记》，《续修四库全书》第1347册，第607页。

④ [清]陈懋和：《江苏毗陵双桂里陈氏宗谱》凡例，《中华族谱集成》第1册，第96—97页。

生之始。以后渐推及各府县名宦、乡贤祠，每代择适裔一人，由督抚、提学咨部给照，充奉祀生。"①王氏所论明朝推行乡贤奉祀生制度，虽不甚准确，大致可证明代中期之后乡贤奉祀成为一种惯例，故嘉靖时有人说："凡先贤祠宇，例有生员守祠。"②这里的守祠生员即奉祀生，他们拥有生员的身份，但不同于府、州、县学的廪、增、附学生员，其职事在守祠，属于生员中的另类名色。奉祀生可世代接任，永久守祠，如况钟祠，"子孙世续奉祀生"；如平湖陆氏景贤祠、吴县王鏊专祠等，皆是乡贤后裔世代守祠，自明至清，相传数百年。相较于前两种守祠人，乡贤后裔守祠奉祀，往往有一种与乡贤祠荣辱与共、息息相关的责任感与使命感，也就更能尽心尽力。

所谓祭祀有费，首先是春、秋二季的祭祀经费。敕建或檄建的乡贤专祠列入地方祀典，春秋两祭经费出自地方，用银一、二两到七、八两不等，主要购买祭祀物品等。如陈紫峰祠每祭需"猪壹只，重壹百斤；羊壹只，重贰拾斤；糖饼壹桌，油□壹桌，果伍色，粉伍碗，果酒贰事，大金壹架。其银，贰两叁钱"③。春秋二祭经费就是四两六钱。这笔钱只是用于春秋办祭，无可他用。乡贤祠平时的香烛、修缮、守祠等开支需另外措办，因此，祭祀用费还包括这部分经费，其数量远大于春秋办祭的费用，恐非地方财政所能承担。《定山庄先生祠田记》载：

> 定山庄先生祠在江浦之涯……岁时春秋二祭，其祭仪、修葺之费皆取诸里甲，然不奉额设，故公私皆称未便。嘉靖乙巳秋，侍御史午山冯公奉命提督南畿学正，倡明正学，殚精竭思，乃谒先生祠，谋祀事，顾张尹峰曰，此有司责也……孝义里民奚瀛有定山北麓田若地，凡八十八亩，时将他售。尹乃以俸资二十三金贸之，盖不欲重烦民也。田去先生故居北三里而近，酌肥硗、丰歉之常，岁得租约凡五十石。岁会所得，料理二祭、公输之外，稍存羡余，以备荒歉、修葺。于是，尊崇先生始有成典矣。④

庄昶祠的经费解决方案其实是明代乡贤专祠普遍采取的方案：买田置地，以租息为祭祀、修缮等费。此举被认为是那个时代最为可靠的长远之策，各地纷纷仿效，于是祠田成为乡贤祠运转的经济基础。至于祠田的来源则途径多样，常见的有官员捐俸购置，上述庄昶祠就是如此。在《(同治)江山县志》保留的一份明代祭祀乡贤的文件中，比较详细地记载了从正德十六年(1521)到万历十三年(1585)间，地方官员先后五次为江山县的两座乡贤祠捐俸，不仅购置了祠田，还为乡贤后裔娶妻成家。⑤有乡绅富民捐献，如陈洽专祠的26亩祠田。也有乡贤后裔捐献，如平湖陆氏捐献千余亩，德平葛氏捐献二顷。⑥只要乡贤

---

① 王葆心：《湖北罗田东安王氏庚申宗谱》卷六之一，1930年铅印本。按，王氏所论不确者有二，一是乡贤祠奉祀生并非在弘治之后才有。如陆宣公庙于景泰四年给守祠生。二是奉祀生一般是一人，但也有两人者，如景贤祠、高拱专祠。

② [明]陆基忠：《平湖陆氏景贤祠志》卷四《嘉兴府帖·激励忠良事》，《中国祠墓志丛刊》第59册，第353页。

③ [明]陈敦履：《陈紫峰先生年谱》卷二，万历二年甲戌，《北京图书馆藏珍本年谱丛刊》第44册，第409页。

④ [明]庄昶：《定山集·补遗》，文渊阁《四库全书》第1254册，第358页。

⑤ [明]易仿之：《崇祀乡贤文案》，载[清]王彬修、陈鹤翔等纂：(同治)《江山县志》卷一一，《中国方志丛书》华北地方第67号，1970年，第1277—1278页。

⑥ [清]凌锡祺、李敬熙总纂：(光绪)《德平县志》卷一一《葛公祠堂碑记》，《中国方志丛书》华北地方第356号，1976年，第565页。

后继有人,或其宗族势力强大,就会有后裔捐献田产作为祠田,维持先祖的祠祀,毕竟这些后裔分享了先辈的荣耀与声名,他们会通过建祠、捐产等方式维护这种家族声望。捐献的祠田单独立籍,可以申请优免杂泛差徭的待遇,就像平湖陆氏的千余亩祠田直接以"陆景贤"名字另行登记,只纳正粮即可。

所谓管理有制,即关于乡贤专祠的一套规章制度,是保障乡贤专祠正常运转的规矩。这些规章制度一般来自公、私两方面,也就是由政府制定和参与乡贤祠管理的乡贤宗族制定。政府制定的有关祀典安排、奉祀生选任、祠田优免等内容。宗族制定的规矩表现为家训、族规对于祠宇、祠产的保护,以防侵占、盗卖等行为。

国法、家规相资为用。陆氏把千余亩祠田登记在官,单独立籍,也是借用国法保护祠田。经办此事的陆光祖长子陆基忠就说过:"族田原以赡乏,而非册籍在官,则久后不无湮没;赡族虽有家规,而非仰赖国法,则人众易至纷更。"[1]守祠人与乡贤祠兴废密切相关,为规范守祠人,官府予之以帖文,上载祀典、祠产(田)等详情,既为守祠人应对外来侵占之保障,也是守祠人谨守之规条、官府稽查之根据。

当然,守祠有人、祭祀有费与管理有制只是乡贤专祠运转的必要条件。一个乡贤祠能不能垂之久远,还与其他多种因素相关。因为蔡清的名儒声望,建于隆庆四年的蔡文庄祠,到清代康熙年间李光地等人募众修建,乾隆十八年教授唐山倡修,"苗裔之贤、后学之好义者咸量力捐赀"[2],旧祠焕然一新。顾鼎臣专祠"崇功祠",也持续得到家族、官方的支持,专祠自明至清运转良好,不断发展、完善,但咸丰时毁于兵火。这些表明,乡贤宗族强弱、乡贤本身影响、甚至社会秩序都会影响到乡贤专祠的运转与存废。

四、官方话语之下的地方诉求与家族策略

明代乡贤祠祀作为一种政治伦理信仰,藉由表彰乡贤、激励后人,传导儒家政治伦理,必然承载着政治教化的使命,因此,乡贤专祠与乡贤总祠一样,总是关涉世道人心。祠之所立,旨在"表扬忠义以激劝风化""表名臣以端风化""崇功德而为世道劝""表章贤哲以扬励世风"等[3]。这是明朝朝野上下关于乡贤专祠意义的普遍认识,明代乡贤专祠就是在这样的话语环境下展开,并获得其存在的正当性。

需要注意的是,熟稔这套话语的地方士绅、乡贤后裔往往在乡贤专祠的政治教化意义之外赋予其另外的意义,以表达他们各自的诉求,实现他们各自的目标。

经由祠祀、传记等形式把乡贤集合在一起,形成一个乡里文化传统,并通过这种传统来定位个

---

① [明]陆基忠:《平湖陆氏景贤祠志》卷四《奏请遵守义田疏》,《中国祠墓志丛刊》第59册,第275页。

② [清] 吴之铦修、周学曾、尤逊恭等纂:(道光)《晋江县志》卷一四《附乡贤专祠之祭》,《中国地方志集成·福建府县志辑》第25册,第229页。

③ 分别见[清]陈懋和《江苏毗陵双桂里陈氏宗谱》卷一《忠节录》,《中华族谱集成》第1册,第94页;[清]凌锡祺、李敬熙总纂(光绪)《德平县志》卷一一《葛公祠堂碑记》,第565页;[明]王恕《王端毅公文集》卷一《刑部尚书彭公祠堂记》,《四库全书存目丛书》集部第36册,第174页;[明]黄凤翔《田亭草》卷七《陈紫峰先生黉宫特祠记》,《四库禁毁书丛刊》集部第44册,第459页。

人。①这样的策略揭示了表彰乡贤对于当时士人的意义。明代有类似的例子,如闽籍士人表彰蔡清,为其建立乡贤专祠。闽籍士人并不仅仅是在政治教化的目标下表彰蔡清,而是因为蔡清乃闽学之关键人物,与地方文化传统密切相关。身为闽人的李光地曾说:

> 吾闽僻在天末,然自朱子以来,道学之正,为海内宗。至于明兴,科名与吴越争雄焉。暨成、弘间,虚斋先生崛起温陵,首以穷经析理为事,非孔孟之书不读,非程朱之说不讲……故前辈遵岩王氏谓,自明兴以来,尽心于朱子之学者,虚斋先生一人而已。②

明代八闽人文蔚起,伊然东南邹鲁,闽人引以为自豪。他们为蔡清建立专祠,是要借助对乡贤的表彰来标识这种地方儒学传统,表彰蔡清便是表彰闽学。蔡氏代表的闽学既为明代儒学之正统,推崇、服膺蔡氏之学的闽籍士人,无疑就置身于这种儒学正统的谱系中,因此表彰蔡清成为闽籍士人定位自身学术的一种方式。

另一个例子是地方争抢名人,无论是名臣或是名儒,只要与该地有一丝联系,即便难以确考其人就是该地人,也要为之立祠祭祀,树碑立传。如平湖陆氏景贤祠所祀陆贽,华亭县在正德时也为之建祠奉祀,因为华亭人相信陆氏本来就是"生于华亭无疑矣"③。一乡之贤乃一乡之山斗,尤其是名贤,实际上成为地方的文化坐标,地方为之立祠是标识这种文化坐标的一种方式,因此,争祀的背后其实隐藏着地域间的文化竞争。

至于乡贤后裔如何运用乡贤专祠来实现家族目标,在《平湖陆氏景贤祠志》中看得比较清楚。陆氏通过景贤祠首先获得世袭的奉祀生身份、千余亩祠田(也是族田、义庄)的差徭优免。更为重要的是,陆氏通过增加景贤祠的配飨,把陆氏有功德的祖先安放于祠内,乡贤专祠实际上具有陆氏大宗祠的意味。无独有偶,顾鼎臣专祠也有这样的发展趋势,直到清代雍正时才完成乡贤专祠宗祠化。林济教授曾指出,明代徽州的一些乡贤专祠也出现过类似情况。④可见,乡贤专祠宗祠化在一些地方并不罕见。作为一种策略,乡贤专祠宗祠化实质上就是乡贤后裔得以改造公共的乡贤专祠,使之成为家族开基祖先的专祠,家贤与乡贤合而为一。乡贤专祠宗祠化既使乡贤后裔实现了"把家标识于乡",家族直接、完整地分享了乡贤声望,又使乡贤后裔更深入地参与专祠的管理,防止乡贤专祠兴废无常。

综观以上,本文把乡贤专祠与乡贤祠相联系,提出明代乡贤祠祀双轨制,重构了完整的明代乡贤祠祀体系,一定程度上深化了学界对明代乡贤祠祀的认知。同时,在双轨制的架构中,使乡贤祠与乡贤专祠相并、互视。正是在这种互视中,我们看到乡贤专祠与乡贤祠在处理众贤与名贤的关系方面可

---

① 陈雯怡:《"吾婺文献之懿"——元代一个乡里传统的建构及其意义》,台北《新史学》二十卷二期,2009年6月。
② [清]李光地:《榕村集》卷一三《重修蔡虚斋先生祠引》,文渊阁《四库全书》第1324册,第713页。
③ 崇祯《松江府志(上册)》卷二〇《杨枢记》曰:"陆宣公贽世传嘉兴人,稽之载籍,钱起《送贽第还乡诗》'乡路归何处? 云间独擅名。华亭养仙鹄,指日再飞鸣。'则贽之生于华亭无疑矣。"载《日本藏中国稀见地方志丛刊》,书目文献出版社1991年,第521页。
④ 参见林济《"专祠"与宗祠——明中期前后徽州宗祠的发展》,常建华主编:《中国社会历史评论》第10卷,天津古籍出版社2009年。

224

以相互补充,乡贤专祠可以弥补乡贤祠在表彰著名乡贤方面的功能缺失,乡贤专祠特祀的礼仪逻辑得以展现,即优出常典,大贤须专祀。

乡贤专祠总是建于乡贤的桑梓故土,在明王朝政令或国家话语下,其背后交织着地方政府、士绅与乡贤后裔等多元社会力量。应和了这些社会力量的各自诉求,乡贤专祠的建立有敕建与檄建之分,乡贤专祠的守护有签派徭役、委托僧道与乡贤后裔奉祀等多种形式,乡贤专祠的祭费出自祀典公费或祠田收入等。乡贤专祠就是在明代历史进程中被多元社会力量综合型塑,并表达了他们的目标、诉求,或标识地方文化传统,或实现专祠宗祠化。因此,乡贤专祠在承载政治教化的使命之外,具有多元的社会意义。

(作者赵克生,海南师范大学历史文化学院教授。原载《中国史研究》2020年第1期)

明初文官考核制度建立新论

黄阿明

　　明朝文官考核制度近承元制，远绍周官，是中国古代考核制度发展的重要阶段，综兼往代，下启有清，独具特色。《明史·选举志》云："考满、考察，二者相辅而行。考满，论一身所历之俸，其目有三：曰称职，曰平常，曰不称职，为上、中、下三等。考察，通天下内外官计之，其目有八：曰贪，曰酷，曰浮躁，曰不及，曰老，曰病，曰罢，曰不谨。"①明代文官考核主要由考满与考察构成，相辅而行。考满侧重对官吏行政能力和任职业绩的常规考核，考察则是通过对法纪素质的检验来实施对违法官员的行政处罚。②但《明史·选举志》记载简略，没有反映出明初的文官考核制度情况，也未能反映出明代文官考核制度建立、发展和复杂的演变情形。③

　　明朝文官考核制度经历了一个相当长的时期，从元末明初初创至弘治正德时期基本确立，直到隆万之际最终定制。学界关于明朝文官考核制度多有论述，除个别研究者认为明朝文官考核制度确立于洪武时期，④绝大多数的研究者都注意到了明代文官考核制度建立发展的阶段性。杜婉言、方志远认为，明朝考核开端于洪武元年，经历洪武十一年临时性朝觐考绩，到洪武十四年普遍开始考课，成于洪武二十六年颁布《诸司职掌》《考核通例》。考察普遍始于洪武四年，至弘治时外察的程序基本制度化。⑤柳海松认为，明代官吏考课制度同其他制度一样经历了一个由建立到完善，再趋于衰败的过程。明朝建立到建文年间多次定立官吏考课法，尽管并不完善，却奠定了明代官吏考课制度的基础，初具规模；永乐到弘治时期发生了空前飞跃；正德至万历初在继承祖制的同时进行了某些变革；张居正改革失败后走向衰亡。⑥柳氏还认为明代京官考课也是逐渐建立的，始于洪武九年，定于洪武十四年，京察制度最迟产生于天顺八年，弘治十年定下六年一察制。⑦刘志坚将洪武时期朝觐与考察的关系分为四个阶段，认为三年一次朝觐考察制度确立于洪武年间，京官考察期限先后三变，至弘治十七年形成六年一察定制。⑧他认为明代京察经历了三个阶段：第一阶段从明太祖到天顺八年；第二阶段从天顺八年到弘治十七年；第三阶段自弘治十八年到明亡。⑨阎德民、郑金良认为，明朝考课制度大体经历了

---

　　① 张廷玉：《明史》卷71《选举志三》，北京：中华书局，1974年，第1721页。
　　② 白钢：《中国政治制度通史》，第九卷 明代，北京：人民出版社，1990年，第332页。
　　③ 张廷玉：《明史》卷71《选举志三》，第1721—1724页。
　　④ 于天娇：《明代文官考核制度》，哈尔滨师范大学硕士学位论文，2013年，第13—15页。
　　⑤ 白钢：《中国政治制度通史》，第九卷 明代，第332—333页。
　　⑥ 柳海松：《明代官吏考课制度的建立与演变》，《社会科学辑刊》1990年第2期。
　　⑦ 柳海松：《论明代的京官考课制度》，《辽东大学学报》2001年第1期。
　　⑧ 刘志坚：《关于明代官吏考核制度的几个问题》，《兰州大学学报》1992年第1期。
　　⑨ 刘志坚、刘杰：《试论明代官吏考察制度》，《西北师大学报》2001年第5期。

草创、完善、改革与发展几个阶段,考课内容、程序、方法等呈现出一系列变化。太祖、惠宗两朝是草创时期,永乐至弘治时期是臻于完善时期,正德到万历时期是考课制度改革和进一步发展的时期。[1]杨万贺认为洪武至天顺是明代朝觐考察创制与奠基时期,成化至万历前期是发展与完善时期,万历中后期至崇祯是僵化与衰坏时期。[2]余劲东认为,明朝京察制度建立经过了一个漫长的过程。明太祖时期已经开始京察的尝试,时兴时废,至正统初形成一定的制度,经过英宗、景帝、宪宗、孝宗四帝不断调整尝试,最终在武宗年间形成六年一察制。[3]

既有研究主要存在三个方面问题:首先,概念运用不清晰,研究者对于考课、考核、考绩、考满、朝觐、考察、朝觐考察等概念未能做出严格辨别。其次,因概念不清,导致研究者无法达成一致意见,最典型的是朝觐考察制度确立的时间问题。其三,忽视明朝建国前的考核历史。鉴于此,笔者就明朝初期文官考核制度的建立情况进行再探讨,以期呈现明初文官考核制度建立的复杂历史图景。

一、考满制的建立

《明史·选举志》云:"考满之法,三年给由,曰初考,六年曰再考,九年曰通考。"[4]这是明朝文官考核定制后的考满制度,适用于绝大部分文官,但并不适用于全体文官。《明史·选举志》又说:"杂考,或一二年,或三年、九年。"[5]也就是说,明代文官考核制度定制后,官员个体完整的考核周期是九年,三年一考满,三个考数构成一个通考。每三年一考满可称为"小考",通考可称"大考"。[6]可以说,明代以"初考""再考""通考"进行区分,非常准确。

朱元璋定鼎金陵,沿袭元朝考核制度对官员进行考核。洪武三年,高启赠大都督府参议樊思民赴任江西行省参政序云:"洪武三年四月,制以大都督府参议琅琊樊公为江西行省参知政事,金都督事濮阳吴公遣其掾来致言曰:……樊公时以材选,首署府僚,自照磨历都事、经历以至今职,处幕府者盖十五年矣。"又云:"今樊公四迁其官,更十五年不出宥府。"[7]大都督金事吴公即吴祯,不过吴祯关于樊思民仕途履历叙述有误。大都督府置于至正二十一年,至洪武三年只10年时间,并非"更十五年",樊思民仕宦履历自至正十六年至洪武三年才合15年。实际上,洪武二年十二月樊思民还短暂担任户部尚书,寻改大都督府参议。[8]这样,樊思民自至正十六年至洪武三年相继担任的职官是江南等处行中书省照磨、都事、经历、户部尚书、大都督府参议,自照磨→都事为一迁,自都事→经历为二迁,自经历→

---

① 阎德民、郑金民:《中国考绩制度史》第八章《明朝的考绩制度》,郑州:河南人民出版社,1994年,第249—266页。

② 杨万贺:《明代朝觐考察制度研究》,辽宁师范大学硕士学位论文,2008年。

③ 余劲东:《明代京察制度研究》,中央民族大学硕士学位论文,2013年。

④ 张廷玉:《明史》卷71《选举志三》,第1721页。

⑤ 张廷玉:《明史》卷71《选举志三》,第1721页。

⑥ 按,"小考"与"大考",这里借用台湾学者黄清连的说法。黄清连在论述唐代考课制度时说:"三考只对官吏的能力加以考定,并非决定他们的升迁,因此只能称作"小考",三个小考加起来(也就是九年的考绩)才是决定升迁的依据,是为"大考"。"参见黄清连《唐代的文官考课制度》,黄清连:《制度与国家》,北京:中国大百科全书出版社,2005年,第206—267页。但是,明代与唐代又有所不同。明代的文官考满制具有更大的弹性,不是必须等待九年考满才能决定升降,而是可以经一考或二考,政绩卓异,亦可升迁。

⑦ 高启:《凫藻集》卷2《送樊参议赴江西参政序》,高启:《高青丘集》,上海:上海古籍出版社,2013年,第884页。

⑧ 《明太祖实录》卷47,洪武二年十一月辛酉,台湾"中央研究院"历史语言研究所,1962年,第933页。

227

(户部尚书)大都督府参议为三迁,自大都督府参议→江西行省参政为四迁,与高启所说四迁其官、更十五年完全吻合,基本符合元代官员考核升迁制度[①]。

甲辰建制,"建百司官属",置中书省、参议府、都镇抚司、考功所等机构。其中考功所系考核官员机构,设考功郎中,秩正七品。[②]可见,明建国前朱元璋政权已初步建立起一套考核机制。

洪武元年《大明令》是明初非常重要的文献,关于明代考满制之"小考"有若干明确令文:

(1)凡各处任满官员,须要随即将带家小起离任所,亲赍解由到省,次日引见。如到来,当该房分不行引见,问罪。[③]

(2)凡文职在京官,以三十月为一考,每一考升一等;外任官三周岁为一任,每一任升一等。先尽考满给由在选者铨注,次及举到人材。其正、从四品不分内外,六十月升三品。正、从三品,非有司定夺,其奉上命升除者,除二品以上,散官对品;其余职事虽高,散官仍从本等。

(3)凡中书省、大都督府、御史台及在京诸衙门,在外行中书省、提刑按察司掾、令、史、书吏、知印、宣使、奏差、典吏、贴书及以下诸衙门吏员,历俸三十月为满。

(4)凡中书省、大都督府、御史台、在外行中书省公使人,今后曾充首领,九十月无过者,于站官内铨注。[④]

(5)凡各处府、州、县官员,任内以户口增、田野辟为尚,所行事迹,从监察御史、按察司考核明白,开坐实迹申闻,以凭黜陟。[⑤]

令文(1)规定地方官员任满起离任所到省及考核程序,令文(2)规定内外官考满升迁,令文(3)(4)规定内外高品级文武衙门吏员任满考核升迁。

需要注意,《大明令·吏令·官吏月日》关于内外官吏考核规定差异。令文(2)规定,文职在京官三十月一考,外任官三周岁一任。即文职京官计月考满,外官计岁考满。令文又云"其正、从四品不分内外,六十月升三品",也就是说,四品以上文官也是计月考满。因此,"外任官三周岁为一任",其实是针对五品以下外任官而言。令文(3)(4)揭示,内外衙门掾史吏员计俸考满,而"公使人"则是计月考满。可见,《大明令》对内官、四品以上外官、五品以下外官、掾史吏员以及公使人五类人等任满期限,采取不同的计时方式考核。

上揭令文表现出浓厚的元制色彩,甚至"正、从三品以上非有司定夺"的用语都是直接抄录元朝条格。首先,元制以三品分界,在京左右司郎中、员外郎、都事,三十月考满升一等,两考通升二等;[⑥]而《大明令·吏令》亦规定在京文官三十月一考,考满升一等。其次,元制规定四品升三品通理周期

①《元典章》吏部卷1—2,陈高华、张帆、刘晓、党宝海点校,天津:天津古籍出版社,北京:人民出版社,2013年,第192—235页。
②《明太祖实录》卷14,甲辰正月丙寅,第176页。
③《大明令·吏令·任满官员》,(明)刘惟谦等修,怀效锋点校:《大明律》附《大明令》,北京:法律出版社,1999年,第239页。
④《大明令·吏令·官吏月日》,(明)刘惟谦等修,怀效锋点校:《大明律》附《大明令》,第240页。
⑤《大明令·吏令·守令考绩》,(明)刘惟谦等修,怀效锋点校:《大明律》附《大明令》,第238页。
⑥《元典章》卷8《吏部二·官制二》,第234、237、247页。

是八十月,《大明令·吏令》则改为六十月,考满周期少于元制20月。此外,较诸复杂的元制,《大明令》关于内外衙门吏差考满月数有所简化,统一规定为三十月、九十月二种。①实际上,直到洪武七年定掾史、宣使、令史、奏差司吏考满时,还依然是以三十月作为一个考满周期。②不过,在明朝职官品秩、资格、勋阶等制度尚未完全建立的情况下,《大明令》规定的官员考满升等制度并不具有实际操作意义。

令文(5)则是规定应考官员考核的内容,明确以户口增减、田野垦辟作为主要业绩考核内容。

显而易见,《大明令》关于考满考核的规定是继承元制,并总结此前官员考核实践而形成的,这是明代考满制的基础。

洪武二年九月,明太祖诏:"府州县正官,三年一考课于吏部,核其贤否而黜陟之;佐贰及首领官在任三年,所司具其政绩,申达省部;吏目、典史在任者,给由赴京。"③洪武三年十二月,吏部言守令职主牧民,宜久任,治效始著,知府职任尤难,非老成廉能无过者不可居任,奏请自今同知一考无过者升知府,知县二考无过者升知州,县丞一考无过者升知县。明太祖从之。④上述新规定,对洪武元年《大明令》规定的考满制度多有调整。首先,洪武二年诏对《大明令》规定各处府州县官员从监察御史、按察司考核做出变更,改为从吏部考核;佐贰、首领官任满,亦申达吏部考核。⑤

其次,修改了令文(2)的规定。《大明令》规定五品以下外任官三周岁一考,一考升一等;内外四品官满六十月升三品;三品由上升除。

这里,有必要首先弄清楚《大明令》所云府、州、县三级地方行政单位正官、佐贰官的品秩情况。吴元年,定县上中下三等,上县知县从六品,中县知县正七品,下县知县从七品。⑥洪武元年前后的知府品秩,史无明载,根据洪武三年礼部尚书崔亮所言,按察使、知府皆三品,府通判及知州与千户品秩等,千户、守御品秩在知府同知之下;⑦而吴元年重定大都督府、卫所官制时,规定千户从六品,⑧以此反推,可知知县是七品、从六品;定制以后,知州是从五品,明初知州正五品亦有可能;洪武六年定府三等,上府知府从三品,中府知府正四品,下府知府从四品,⑨则此时知府当是正三品⑩。参考吴元年重定官制时的做法,副职降一品设置,则府同知当为正四品。

这样再分析洪武二年诏、洪武三年吏部奏定内容,便易于理解了。根据《大明令》规定,正三品知府由皇帝考核决定升除,正四品府同知需任满六十月才能升三品,洪武二年诏将知府的业绩考核改归吏部考核,意味着地方府州县正官全部归口吏部考核。根据洪武三年吏部奏定,府同知毋需任满六十

①《元史》卷84《选举志四》,北京:中华书局,1976年,第2093、2095—2096页。

②《明太祖实录》卷87,洪武七年二月丙寅,第1556页。

③《明太祖实录》卷45,洪武二年九月癸卯,第882页。

④《明太祖实录》卷59,洪武三年十二月癸酉,第1161页。

⑤《大明令·吏令·守令考绩》,刘惟谦等修,怀效锋点校:《大明律》附《大明令》,第236页。

⑥《明太祖实录》卷28下,吴元年十二月,第474页。

⑦《明太祖实录》卷54,洪武三年七月己亥,第1063页。

⑧《明太祖实录》卷27,吴元年十一月乙酉,第412页。

⑨张廷玉:《明史》卷75《职官志四》,第1850页。

⑩《明太祖实录》卷26,吴元年十月壬子定按察司按察使正三品,副使正四品,据此知府正三品,第385页。

个月,只需任满三周岁即升知府,缩短了一半考核周期;知县升知州、县丞升知县也缩短了相应的考核周期。同时,四品"计月"考核也改为"计岁"考核。可见,洪武二年诏、洪武三年吏部奏定对此前的文官考核制度进行了大幅度改革。

准确地说,洪武初的外官任满赴京考核,应称作考满朝京制或考满入觐制。宋濂云:"皇帝奄有九围,宵衣旰食,以治安苍生为务。凡守令满三载者朝京师,诏铨曹考核治行,其昭著者皆复旧职,命仪曹燕飨之。"①例如,洪武七年朱同在赠休宁知县杜贯道任满赴京考核序中说:"会稽杜侯贯道,宰休阳之三年,秩满朝京有日。徽郡士夫及僚佐交从惜其别者,咸有言以赠。"②洪武八年,邳州睢宁主簿何振纪三年任满考核,鄞县郑真赠序云:"既三年,遂以考满入觐明廷矣。"③责令外官朝京的目的,在于尽得外官施政行事之实迹,通过朝觐方式以"重审察之法"。④

洪武九年,明太祖对文官考满制进行了一次重大改革。改革内容包括:第一,诸司正佐、首领官、杂职官,俱以九年为满;明确增加了地方官佐施政过程中所犯公私死罪以下罪过每岁一考核的规定及衙门归属关系:"其犯公私罪,应笞者赎,应徒、流、杖者纪,每岁一考,岁终布政使司呈中书省;监察御史、按察司呈御史台,俱送吏部纪录。"公私死罪以下罪过,一岁一考,实行累积制。每三年一小考,九年三考为满考。第二,规定各处有司、知府,以实历俸月日为始,每年一朝觐;其佐贰官及知州、知县每三年一朝觐。这里的朝觐指考满朝觐。与洪武元年《大明令》规定稍有不同的是,洪武九年规定司、府佐贰官亦可朝觐。第三,仓库司局钱谷官吏,以历俸周岁为满,亦以九年通论。第四,省、府、台、六部、各布政司、都指挥司、按察司、各卫、各相府等衙门掾史、令史、典吏、舍人、知印、宣使、奏差已有资格出身者,"亦以九年为满"。第五,有司吏以历俸三年为满。第六,布政使司等衙门典吏三年一考,九年为满。第七,不久恢复知府三年一朝觐的制度。⑤

此即丙辰改革,宋讷说:"洪武丙辰,俾任内外职九年为秩满。每三年,具录行事之实朝京,以考绩焉。"⑥丙辰改革最显著的变化是,官吏考满考核不再实行内外分别、官吏区分,全体文职官吏统一改为"历俸计年",取消京官"计月"考核,俱以九年为一个完整考满周期⑦;有司吏以历俸三年为一考核周期。

但是,洪武九年考满制实行一刀切,未能充分考虑到边远地区的实际地情。洪武十二年,琼州府儋州仓副使李德奏:"天下有司官,例以九年为满。今两广所属俱瘴疠之地,其官员请量减三年升调。"吏部以为两广所属之地有瘴疠者,有司杂职等官,宜如所言,其余虽系两广所属而非瘴疠之地者,仍以九年为满。若福建所属汀、漳二府,湖广所属郴州,江西赣州府所属龙南、安远二县,其地亦瘴疠,宜一

① 宋濂:《宋濂全集》卷26《送魏知府起潜复任东昌序》,北京:人民文学出版社,2013年,第535页。
② 朱同:《覆瓿集》卷4《送休宁县尹杜贯道秩满序》,《景印文渊阁四库全书》,集部,第1227册,台北:台湾商务印书馆,1986年,第687页。
③ 郑真:《荥阳外史集》卷21《送邳州睢宁县主簿何振纪朝京序》,上海:上海古籍出版社,1991年,第82页。
④ 宋讷:《西隐集》卷6《送知县金子肃朝京序》,《景印文渊阁四库全书》,集部,第1225册,台北:台湾商务印书馆,1986年,第876页。
⑤《明太祖实录》卷110,洪武九年十二月己未,第1830—1831页。
⑥ 宋讷:《西隐集》卷6《送祖州判朝京序》,第881页。
⑦ 宋讷:《西隐集》卷6《送知县金子肃朝京序义》,第877页。

体量减从之。著为令。①因此,福建、湖广、江西等"瘴疠之地"有司官属正杂等职官成为特例,以六年考满,而非九年考满。

洪武十四年,明太祖对全国文职系统官员考满考核制度进行了建国以来规模最大的一次改革:

其一,对全体文职官员实行分级分等、内外有别考核。以四品为界,四品以上文官考满考核,"取自上裁";在京六部五品以上文官考满考核,由本衙门正官考核,定称职、平常、不称职三等考第。

其二,近侍衙门、风宪衙门、特定衙门,不论品秩,取自上裁。包括通政司、光禄司、翰林院、尚宝司、考功监、给事中、承敕郎、中书舍人、殿廷仪礼司、磨勘司、判禄司、东宫官属等近侍衙门;监察御史、太医院、钦天监及王府官,按察司、盐运司五品以上官,任满黜陟,俱取自上裁。

其三,太常司、国子监由本衙门正官考满考核。

其四,规定了大部分衙门首领官及属官的考核办法。五军、各卫首领官,俱从监察御史考核,三年一考,九年通考黜陟;直隶、有司首领官及属官,由本司正官考核,任满,从监察御史覆核;布政司首领官及属官,从按察司考核;茶马司、盐马司、盐运司、盐课提举司并军职首领官,俱从布政司正官考核,按察司覆核。

其五,规定低品级入流官并杂职官的考核办法,九年任满,赴吏部考核,殊勋异能超迈等伦者,由皇帝亲自裁决。

其六,规定考核结果三等累积计算方法以及根据考核等第黜陟的确切准则。

其七,将繁简则例引入考满考核。在京诸司俱从繁例,外官视府州县等级和地位而定繁简。②

洪武十四年改革在明代文官考满制度发展史上占有重要地位,但是改革并不彻底全面。

因此,洪武十六年吏部进一步进行了补充与调整。首先,补充六部、近侍衙门属官以及五军都府、各卫、应天府首领官并所属上元、江宁二县官的考核归口关系,"俱从各衙门正官考核";特别规定京府应天府五品以下官由都御史考核。其次,将监察御史、给事中退出"取自上裁"考核系列,改归本衙掌事官考核,吏部覆核。最后,除通政司、光禄司、翰林院外,其余近侍衙门正官、东宫官属并五军十卫参军府改归吏部考核,不再取自上裁。③洪武十六年改革,一方面完善了文官考满考核制度,另一方面大大减轻了皇帝考核官员的负担。

次年,监察御史李端建言任官宜内外相参,"以杜权党",明太祖命吏部议铨选任官措施,吏部余熂等提出新的考绩法。但明太祖否定了吏部余熂等"京官三年为满,外官九年为满"的建议,因此洪武十七年议定的新的考满考核实际改动很小,仅是恢复了近侍、风宪和特定衙门官任满黜陟取自上裁的做法,同时确定了"京官有缺,则于在外曾经考核称职者对迁任用"的铨选政策。④

洪武十九年,吏部奏定改革部分衙门正官、首领官的考核方式。规定各布政使司、按察司、都转运盐使司首领官、理问所正官、首领官,三年秩满,从本司正官所辖上司、按察司考核,或称职或平常仍令

---

① 《明太祖实录》卷122,洪武十二年正月丁亥,第1973页。
② 《明太祖实录》卷139,洪武十四年十月辛丑,第2197—2199页。
③ 《明太祖实录》卷155,洪武十六年六月己卯,第2411页。
④ 《明太祖实录》卷164,洪武十七年八月癸未,第2536页。

守职,具考过实迹呈部;其不称职者,则给由赴部覆考。茶马司、盐马司、盐课提举司正官、首领官并在外军职首领官,从本司及上司考核,仍赴布政使司、按察司覆核。府州县首领官,亦从本衙门正官考核,县赴州,州赴府,府赴布政使司、按察司覆考。凡三年一考,九年任满给由,监察御史及吏部通考而黜陟之。①

洪武二十三年,诏令今后在京官三年皆迁调,著为令。②最终,还是采纳了洪武十七年吏部的建议。洪武二十九年,取消京官三年一调用制度,也实行九年考满法,回到洪武九年规定内外官俱九年考满的制度。次年,明太祖命吏部尚书杜泽定官员考核等第法。洪武三十一年,明太祖命吏部定考核府州县首领官法,规定首领官不分在任浅深,不称职者俱发充吏役。③这样,"大考"考满制基本定型。

明代"大考"考满制,还包括教职官的考满考核。洪武十五年,明太祖命吏部今后凡府州县儒学训导九年考满,用为教谕。④洪武二十六年五月定学官考课法,以科举生员多寡殿最府州县学教官,教官考核制度定制。⑤因此,建文时期吏部论及教官考满时才有"旧例九年"之说。⑥

二、从朝觐与到朝觐考察初步建立

考满是论官员一身历俸考核,而朝觐考察则是明代国家对全体外官进行统一考核的一项制度。朝觐考察,是在官吏考核实践过程中逐渐形成的一套考核制度。包括几个基本要素:首先,朝觐年的前一年十二月二十五日前到京,即年终到京,等待朝觐;其次,朝觐年正月先朝觐,再考察;最后,朝觐考察固定在辰、戌、丑、未四个年份。⑦这里,以朝觐考察中的朝觐之年前一年年终到京、朝觐之年正月朝觐两个要素作为指标来判定洪武时期的朝觐。

从洪武元年到洪武十八年,明朝有多少次朝觐?学界存在两种意见:一种认为是一年一朝觐⑧,一种认为是从洪武元年到洪武十年有多次朝觐⑨。认为洪武十八年以前一年一朝觐,主要依据有二:一是万历《大明会典》云:"洪武初,外官每年一朝。"⑩二是洪武十八年明太祖的一段谈话。⑪但是,这两则史料不能确证洪武十八年里外官每年一朝觐的实况。其实,《明太祖实录》记载洪武元年至洪武十年的外官朝觐仅寥寥三四次而已,看不出这一期间实行一年一朝觐。

既有研究往往将洪武时期的"朝觐"与"朝觐考察"混为一谈,不做审辨,唯有刘志坚敏锐地意识到

---

① 《明太祖实录》卷177,洪武十九年二月戊申,第2680页。
② 《明太祖实录》卷202,洪武二十三年五月癸巳,第3019页。
③ 王逢年:《南京吏部志》卷2《圣政》,金陵全书乙编15册,南京:南京出版社,2015年,第185—186页。
④ 《明太祖实录》卷150,洪武十五年十二月庚子,第2371页。
⑤ 《明太祖实录》卷227,洪武二十六年五月丙寅,第3317页。
⑥ 《明太宗实录》卷14,洪武三十五年十一月甲辰,第263页。
⑦ 正德《大明会典》卷15《朝觐》,东京:汲古书院,1989年,第178页。
⑧ 陈连营:《明代外官朝觐制度》,《河南大学学报》1992年第1期,第45页。
⑨ 柳海松:《论明代的朝觐制度》,《社会科学战线》1994年第4期,第147页;阎德民、郑全良:《中国考绩制度史》,第252页。
⑩ 万历《大明会典》卷13《吏部十二·朝觐考察》,扬州:广陵书社,2007年,第235页。
⑪ 《明太祖实录》卷173,洪武十八年六月戊申,第2640页。

朝觐与考察是两个有所差别的概念。①事实上,这是两个不同的概念。在相当长时期里朝觐主要是朝觐考核业绩,而朝觐考察则是侧重外官员操守、身体健康方面的考核。

明代朝觐制起源可能比考满朝京制要稍晚,刘辰《国初事迹》记载:

> 太祖于国初,以湖广、江西等处按察司坐事官吏贪赃,致民受害无伸,今后务要年终来朝考。其问过贪赃人数,以凭黜陟。如贪赃不孥,体察得出,处以重罪。②

刘氏这段史料所说是明朝建国前的事情。江西至正二十二年置省,湖广至正二十四年置省。这是目前所见明代地方官员年终赴京朝考最早的记载,"年终来朝考"主要是考核地方官员任内的廉能操守,应是一岁一朝考。

有一则史料广为征引,即明太祖曰:"天下初定,百姓财力俱困,譬犹初飞之鸟,不可拔其羽;新植之木,不可摇其根,要在安养生息之。"③这段史料的背景是洪武元年正月天下来朝府、州、县官陛辞,朱元璋对外官的诫谕。显然,洪武元年府州县朝觐陛辞官只能是至正二十七年岁末至京的。

明朝建国前后,朱元璋政权辖境未袤,责令外官一岁一朝完全可能;当时内部文武将官复杂多途的来源成分背景,"赴京朝觐"既是及时掌握地方官员施政得失与操守状况,同时亦便于观察地方官员对朱元璋的忠诚程度。因此,明建国前实行的应是一岁一朝觐的制度。

值得注意的是,洪武元年《大明令·官员朝觐》规定:

> 凡各处府、州、县有司官员,在任三年,不许注代,许令亲赍三载任内行过事迹,赴京朝觐。如无规避,依旧复任。其佐贰官、首领官,一体三载来朝。如一时勾当者,轮换前来。④

该条令文明确规定地方府州县正官、佐贰官、首领官,三年任满,"一体三载"赴京朝觐。据此,这就改变此前一年一朝觐为三年一朝。宋讷说:"皇明选牧,以安养斯民为责,尤谨考绩焉。天下曰郡曰县,任牧者三年乃朝。盖朝非朝宗觐遇之礼,期四时同一日也。为牧有先后,来朝有远近,得少接至,俾各陈其为治之说,而尽夫询考牧之贤否,事之得失判矣。"⑤宋讷撰写这篇赠序的时间是洪武五年二

---

① 刘志坚:《关于明代官吏考核制度的几个问题》,《兰州大学学报》1992年第1期。刘氏认为"明代朝觐考察即外察制度是在洪武年间而不是在弘治年间建立起来的。明代朝觐与考察的相互关系经历了四个发展阶段:第一个阶段始于洪武元年,终于洪武十一年。此时一年一次朝觐但不考察官吏,考察制度尚未建立,朝觐与考察无甚关系。第二阶段始于洪武十一年,终于洪武十八年。洪武十一年始举行朝觐考察,此后凡举行外察总是在朝觐之年进行。但此时朝觐仍为一年一次,考察并无固定期限。第三阶段始于洪武十八年,终于洪武二十九年。洪武十八年鉴于一年一次朝觐颇多劳费、不利政务等弊端,遂将其改为三年一次朝觐,但对考察的期限仍未作具体规定,朝觐考察仍是随机举行。第四阶段始于洪武二十九年,终于明亡。洪武二十九年始规定对地方官吏每三年一次考察,与朝觐同时举行,直到明末遵行不改。"应该说,刘氏意识到朝觐与考察有所不同具有相当的见地,遗憾的是他仍然未能清晰辨别朝觐与朝觐考察的差别。

② 刘辰:《国初事迹》,北京:中华书局,1985年,第29页。

③《明太祖实录》卷29,洪武元年正月辛丑,第205页。

④《大明令·吏令·官员朝觐》,刘惟谦等纂,怀效锋点校:《大明律》附《大明令》,第239—240页。

⑤ 宋讷:《西隐集》卷6《送阳城知县李文辉序》,第890页。

月。在此,他说得十分清楚,三年朝觐非"朝宗觐遇之例,期四时同一日也"。此即宋氏所说的天开大明"诏天下守令朝京,参朝觐于《周礼》,明黜陟于虞廷"之义。①

需要注意,《大明令》规定的是府、州、县官员三载一朝觐;佐贰官、首领官三年一朝,而不云朝觐。洪武五年三月,宋讷在送阳城知县李文辉的序中明确说:"朝廷考绩之法,若知郡知县,则朝觐述职,黜陟详于考;非若郡县之贰佐述职,而朝觐不预焉。"②易言之,即郡县守令三年朝觐皇帝述职考核,而佐贰需朝京由吏部考核而不觐见皇帝。当然,此时国家制度尚处于草创阶段,洪武君臣还不具有定制的"朝觐考察"的明确意识。

洪武五年六月,定六部职掌,总结开国以来的岁终朝觐考绩办法,定岁终考绩法,以行黜陟。③由于史籍缺载,我们对于"岁终考绩法"的具体内容不得其详。但是,《明太祖实录》载洪武六年正月守令朝觐,显然实施的是洪武五年岁终考绩法。④岁终考绩法,其实就是战国秦汉时期的上计制。从某种意义上来说,洪武五年岁终考绩法的出台,意味着国家规定统一时间外官朝觐考核的制度呼之即出。

无论真相如何,有一点可以肯定:天下朝觐官员是指守令,包括知府、知州和知县,而不包括行省、按察使司官。很有可能,明朝建国之初并没有对行省、按察司官员做出统一朝觐考核的要求。行省最高行政长官参政,是由皇帝召见赴京朝觐考核,如洪武二年十二月明太祖召福建行省参政蔡哲入朝,⑤次年正月复遣还职⑥。

洪武九年丙辰改革,规定:"各处有司、知府以实历俸月日为始,每年一朝觐;其佐贰官及知州、知县,每三年一朝觐。"与宋讷同时代的鄞县人教谕郑真说:"洪惟天朝,万方一统,礼乐会朝,具有成制。凡列郡守长每岁一朝,州县长、贰三年一朝,考功即户口、钱粮之多寡,农桑、学校之兴废,以时其殿最焉。"⑦根据郑真所说渭南县主簿章宗盛三年考满经布政司、按察司两阃考核称职,可知该序文撰于洪武九年朝觐考绩制改革之后,渭南县主簿章宗盛遵行的是洪武九年诏令规定的考核制度。据此,有司、知府,每年一朝觐;司、府佐贰官与知州、知县,每三年一朝觐,首次把司官纳入朝觐范畴。又,有司、知府以实历俸月日为始,如此则朝觐与考满重合在一起。换言之,有司、知府、司府佐贰、知州、知县考满赴京,也同时朝觐,但这样就否定了洪武五年岁终考绩法。

明代第一任文渊阁大学士宋讷文集中收录有三篇《春朝赋》,记述的是外官正月朝觐明太祖朱元璋的场景。《春朝赋三》云:"有美周候,表表仪形。选膺通守,廉袛饮冰。……爰录成绩,朝天始行。……凡百有位,各尽乃诚。惟群臣之感谢,腾万岁之欢声。"⑧《春朝赋》又云:"仰圣朝之立制,追唐虞以是行。考绩之典,守正持平。朝觐之礼,陈善书诚。明黜陟于天下,蔼四海之颂声。惟郡守之岁见,偕

① 宋讷:《西隐集》卷1《又春朝赋》,第821—822页。
② 宋讷:《西隐集》卷6《送李阳城朝觐序》,第892页。
③《明太祖实录》卷74,洪武五年六月癸巳,第1360—1361页。
④《明太祖实录》卷78,洪武六年正月乙巳,第1421页。
⑤《明太祖实录》卷47,洪武二年十一月辛酉,第933页。
⑥《明太祖实录》卷48,洪武三年正月甲午,第951页。
⑦ 郑真:《荥阳外史集》卷21《送渭南县主簿章宗盛朝觐复职序》,上海:上海古籍出版社,1990年,第86页。
⑧ 宋讷:《西隐集》卷1《又春朝赋》,第823页。

幕宾以同征……列文武之衣冠,映阊阖之旗旌。拜日月之光华,瞻稷契之仪形。闻天语之从容,凛臣心之屏营。"①宋氏所说知府偕幕宾以同征之"岁见"的春朝,与郑真所说郡守长每岁一朝吻合,反映的是洪武九年改革以后的朝觐场景。

但是问题又来了。郡守岁见的春朝,春朝官只能在前一年年终到京,才能于次年正月朝觐。然而,这便与洪武九年规定朝觐时的以实际历俸月日为始相矛盾。所以,洪武九年丙辰对外官朝觐的改革,应是与洪武五年岁终考绩法结合在一起,而不是"非此即彼、非彼即此"的简单替代。

前引《明太祖实录》云:"寻,诏知府亦三年一朝。"但是,不云"寻"的确切年月?

洪武十一年,明太祖征天下布政使司官及各府知府来朝,谕廷臣曰:"古者帝王治天下,必广聪明,以防壅蔽。今布政使司官即古方伯之职,各府知府即古刺史之职,所以承流宣化,抚安吾民者也。然得人则治,否则瘝官旷职,病吾民多矣。朕今令之来朝,使识朝廷治体,以警其玩愒之心,且以询察言行,考其治绩,以观其能否。苟治效有成,即为贤才,天下何忧不治?"②可见,洪武十一年明太祖征布政使司官、各府知府来朝的目的十分明确,就是要令其"识朝廷治体,以警其玩愒之心",通过询察言行,"考其治绩,以观其能否"。依据知府任内施政业绩,"考其功能,课其殿最",第为称职无过、称职有过、有过不称职三等,"称职而无过者为上,赐坐而宴;有过而称职者为中,宴而不坐;有过而不称职者为下,不预宴,序立于门,宴者出,然后退,庶使有司知所激劝。"③这提示我们朝觐与考满朝京所用的考核办法与标准是二者通用,故朝觐是朝觐考绩,即岁终考绩法。

洪武十一年,明太祖首次对官员考核等第进行了系统论述,因此《明史》称洪武十一年是"朝觐考核之始"④。然而,龙文彬将《明史》"朝觐考核之始"理解为"朝觐考察自此始",⑤则是误解。"朝觐考核"与"朝觐考察",并不完全是同一概念。明朝定制后的朝觐考察是以贪、酷、浮躁、不及、老、病、罢、不谨"八目"作为考核标准来对朝觐官员进行考核,而洪武十一年朝觐考核定为称职无过、称职有过、有过不称职三等,侧重于政绩的考核,因此与"朝觐考察"还是有根本区别。不过,我们也察觉到洪武十一年朝觐考核三等第的划分已经蕴含着道德操守、行政能力考核的味道。

《明太祖实录》没有记载洪武十一年朝觐时,明太祖是否将知府又改为三年一朝觐。洪武十二年,宋讷《送吕经历朝京序》说:"圣天子本唐虞之考绩,参成周之岁见,诏郡县三岁一朝,布政司岁一朝也。因时损益,繁简异制,其帝王治天下之大经大法欤。"⑥据此判断,应是洪武十一年"诏知府亦三年一朝"。

可以认为,洪武九年丙辰改革,有司、知府实行一年一朝觐,司、府佐贰与知州、知县三年一朝觐。洪武十一年,诏知府三岁一朝觐,即布政司一岁一朝,司佐贰官、府州县正佐官三岁一朝。换言之,洪武十一年,府州县官朝觐又回到洪武元年《大明令》规定的旧体制。同时,我们也可以准确理解洪武九年丙辰改革时所谓"有司",是指布政司,而不包括按察司。

---

① 宋讷:《西隐集》卷1《春朝赋》,第821页。

② 《明太祖宝训》卷3《任官》,北京:中华书局,2016年,第167页。

③ 《明太祖实录》卷117,洪武十一年三月丁丑,第1916页。

④ 张廷玉:《明史》卷71《选举志三》,第1721页。

⑤ 龙文彬:《明会要》卷46《职官十八·考课》,北京:中华书局,2005年,第854页。

⑥ 宋讷:《西隐集》卷6《送吕经历朝京序》,第872页。

迫至洪武十一年,在朝觐考绩的视域下,按察司官的朝觐情况并不清晰。这一时期,与丙辰改革之前行省长官一样,按察司官实行应召朝觐考核的做法。如洪武七年正月,明太祖朱元璋召四川按察司佥事茹太素、郑思先入朝。①洪武中,北平按察副使刘崧则明确说各道按察司官由皇帝征召朝觐。②核检《明太祖实录》,洪武十三年以前仅见洪武三年③、洪武十年④两次按察司官朝觐的记录,这应是按察司官朝觐考绩的实相。

洪武十三年九月,明太祖命天下诸司正官、首领官来朝明朝正旦。⑤这则诏命,应是将在外布、按二司,府州县正佐官、首领官全部纳入朝觐范畴,即春朝。洪武十五年七月,命天下诸司官来朝明年正旦者,"期以今年十二月二十五日俱至京师"。⑥洪武十五年诏令非常重要,明确规定朝觐官员至京期限,必须在觐年前一年十二月二十五日俱至京师,这是朝觐考察最重要的构成要素之一。洪武十六年九月,命天下诸司官来朝明年正旦。⑦洪武十七年六月,诏天下诸司官吏来朝明年正旦。⑧

可见,明太祖自己破坏了洪武十一年确定的"布政司一年一朝觐,司佐贰、府州县官三年一朝觐"制度,从洪武十四年到十七年连续4年,布、按二司官与府、州、县官实际上皆行一年一朝觐考核的做法。郑真在一篇序文中说:"乃今圣明在上,朝觐之仪斟酌今古。凡在外藩及郡府州县之长,岁一朝觐;其余大小率以三年考满入觐,天官考其功过,而为之黜陟焉。"⑨郑氏所说情况,正是这几年里朝觐考核发生变化的真切写照。根据郑真序文,还可知洪武十一年以来天下诸司、府州县正官实行一岁一朝觐,而大小佐贰官、首领官仍是三年一朝觐。

洪武十八年在明代朝觐考察制度发展史上,是具有里程碑性意义的一个年份。正月,吏部奏言天下布政使司、按察使司及府州县朝觐,凡四千一百一十七人,"考其政绩,称职四百三十五人,平常二千八百九十七人,不称职四百七十一,贪污一百七十一人,阘茸一百四十三人",诏:"称职者升,平常者复其职,不称职者降;贪污者付法司罪之,阘茸者免为民。"⑩六月,明太祖朱元璋谕吏部臣曰:"天下府、州、县官一岁一朝,道里之费,得无烦民?自今定为三年一朝,赍其纪功图册、文移、稿簿赴部考核,吏典二人从;其布政司、按察司官亦然。著为令。"⑪这则史料作为判断明代朝觐考察制度确立的重要证据,被学者们广为引用,认为洪武十八年以前,明朝实行一年一朝觐的制度,洪武十八年以后实行三年一朝觐,洪武十八年是明代朝觐考察制度确立的标志。⑫

---

① 《明太祖实录》卷87,洪武七年正月戊辰,第1543页。

② 刘崧:《槎翁文集》卷7《按察司官朝会题名记》,《四库全书存目丛书》,集部,第24册,济南:齐鲁书社,1997年,第466页。

③ 《明太祖实录》卷48,洪武三年年正月甲午,第949页。

④ 《明太祖实录》卷116,洪武十年十二月癸酉,第1902页。

⑤ 《明太祖实录》卷133,洪武十三年九月乙未,第2112页。

⑥ 《明太祖实录》卷146,洪武十五年七月丙子,第2295页。

⑦ 《明太祖实录》卷156,洪武十六年九月戊辰,第2431页。

⑧ 《明太祖实录》卷162,洪武十七年六月戊辰,第2516页。

⑨ 郑真:《荥阳外史集》卷26《送陕西承宣布政司参政陈公入觐序》,第129—130页。

⑩ 《明太祖实录》卷170,洪武十八年正月癸酉,第2583页。

⑪ 《明太祖实录》卷173,洪武十八年六月戊申,第2640页。

⑫ 郭培贵:《明史选举志考论》,北京:中华书局,2006年,第374页;杨万贺:《明到朝觐考察制度研究》,辽宁师范大学2011年硕士学位论文,第6页;余劲东:《明代朝觐考察馈遗研究》,《廊坊师范学院学报》2017年第4期,第68页。

但是,将洪武十八年作为明代朝觐考察制确立的标志,似乎过于乐观。首先,吏部明确说对天下诸司及府州县朝觐官是"考其政绩"。考核结果五等,其中称职、平常、不称职应用的是洪武十四年规定的考满朝京制的三等第,仍是偏重业绩考核。其次,洪武十八年朝觐考核又与此前岁终朝觐考绩制显著不同。就是在于,首次引入"贪污""阘茸"二目考核朝觐外官。这与朝觐考察的精神和目的具有方向的一致性,处置措施也相同。

准确地说,洪武十八年朝觐考核其实是一次朝觐考绩和朝觐考察兼而有之的复合型考核,但表现为重考绩、轻考察的特征。正因为如此,《明史》概括这次朝觐考核说"朝觐官分五等考绩,黜陟有差"①。因此,洪武十八年朝觐考核不能视作朝觐考察的确立,三年觐期仅是判定朝觐考察的必要条件,而非充要条件。

明代朝觐考察,确立于洪武二十九年。正德《大明会典》记载:"洪武二十九年,始定三年一朝之制,以辰、戌、丑、未为期。朝正后,本部(吏部)会同都察院考察,奏请定夺。其存留者,俱引至御前,刑部及科道官各露章纠劾怠职之罪。"②万历《大明会典》记载:"洪武二十九年,始定以辰、戌、丑、未年为朝觐之期。朝毕,吏部尚书会同都察院考察,奏请定夺。其存留者,引至御前,刑部及科道官各露章弹劾,责以怠职……若廉能卓异、贪酷异常,则又有旌别之典,以示劝惩。"③

令人困惑的是,如此重大的历史事件,《明太祖实录》竟然缺载。《古今治平略》云,洪武二十九年吏部尚书杜泽奏定朝觐之制,以辰、戌、丑、未年为期,朝正后吏部会同都察院考入觐官员,奏请定夺其存留者。④《南京吏部志》记载亦同。⑤

这样,历经洪武一朝,洪武二十九年终于完成外官从岁终朝觐考绩制到朝觐考察制的巨大转变,规定的朝觐考察与此后的朝觐考察,在考察机构、考察程序、精神和目标方面完全一致,侧重考察官员道德操守,弱化业绩考核。但朝觐考察,只能算是初步确立。

三、文官考核与相关制度的建立

明代文官考核制度是一套管理文官的制度系统,核心是考核制度,但还包括与之相关的散官、诰敕、荫叙等制度,从而决定官员黜陟奖惩,是明代文官考核的重要组成部分。

明代文官散阶制度从一开始建立就与文官考核制度紧密相关,不可分割。洪武六年,明太祖诏定散官资级,规定:凡除授官员,即与对品散官。在京官,以三十月为一考,每考升一等。在外官,以三岁为一考,每考升一阶。⑥这段史料,清楚规定凡除授官员,即可获得对品初授散官,但是散官晋升则必须经过考核,京官与外官散官晋升时间不同,京官计月,以三十月一考升一等,外官计年,以三岁一考升一阶。需要注意的是,明代散官制度与考核发生关联的是考满考核,而不是考察考核。但是,洪武

① 张廷玉:《明史》卷2《太祖本纪》,第42页。
② 正德《大明会典》卷15《朝觐》,第178页。
③ 万历《大明会典》卷13《朝觐考察》,第235页。
④ 朱健:《古今治平略》卷17《国朝考课》,《续修四库全书》,史部,第756册,上海:上海古籍出版社,1997年,第653页。
⑤ 王逢年:《南京吏部志》卷2《圣政》,《金陵全书》乙编第15册,第184页。
⑥ 《明太祖实录》卷85,洪武六年九月癸卯,第1508页。

七年明廷很快就对散官制度作出调整改革,定初授散官资格,初授散官阶降二品授予,规定:三品职事官授正五品下阶散官,四品职事官授正六品下阶散官,五品职事官授正七品下阶散官,"及考满,俱各比例递升",六品以下除授职事官,"亦依定制"。对于此前已授予散官者,"须历及所授散官品级",然后递升。①由此可见,不论是已授散官,还是未授散官者,必须经过考满考核才能晋升散阶。

洪武十年,明太祖命内外百司官,散官视其品给之。②这一命令事实上废除了洪武七年初授散官的做法,恢复到职事官品与散官实行对品授予的制度。

随着考满考核制度不断完善,洪武十四年对文官考核与散官授予关系进一步作出明确补充规定:"凡布衣初入仕,杂职初入流,任内未及初考,而迁调改除、升等者,有罪及不称职者、贬降者,考核平常量才降等非贬降者,皆得初授阶。凡初考称职、任内已及初考迁调改除,而品级仍前者,任内已升授未及再考,迁调改除而品级仍前者,皆得升授阶。凡及两考而事迹显著者,皆得加授阶。"③这是对官员任职考满中出现特殊情形如何授予散阶做出统一规定,显然由于官员任职考满的复杂情形造成散官授予情况也变得复杂。洪武二十六年颁布的《诸司职掌》对文官考核与散官授予作出全面规定,④标志着文官考核与散官授予关系基本确定。

明代颁赐诰敕行为比较早,洪武元年就曾大量颁赐一批文臣武官诰敕,不过直到洪武四年明朝才将官员考核与诰敕制度联系在一起,规定有司官员今后历任三年,"考核称职无私过者,然后给诰"。⑤洪武六年在定文官散官资级的同时,正式诏定文武官诰命制度,公侯、一品至五品诰命,六品至九品敕命。⑥洪武十二年,吏部试尚书陈昱奉命定内外文武官致仕颁给诰命制度,品秩三品以上仍旧,四品以下各升一级,给与诰敕,但是又规定未完成三年考满或以事降用,"依本等职事致仕,不给诰敕",稍后奏定六十年以上致仕,"皆给诰敕"。⑦

洪武十六年五月,诏吏部尚书李信与李善长等议定文官封赠荫序之制,议定封赠之例十一、荫叙之例五,对官员父母妻室封赠、散官授受、诰敕颁赐、子弟荫序各种情况作出比较详细的规定,其中第十、十一两例规定诰敕颁赐。例十规定:京官四品以上试职、实授,颁给诰敕,取自上裁。其已授诰命者,须一考满秩,方许封赠。五品以下官试职一年,考核称职者实授,颁给诰命,不称职黜降。例十一规定:凡外官三年为一考,称职者颁给诰命,再考称职,听请封赠,出自特恩,不在此例。⑧稍后,明太祖接受吏部试侍郎刘逢吉建议,除授京官俱试职一年,"考核称职者实授,颁给诰,不称职者罢黜"⑨。洪武十九年,明太祖命吏部:"自今除授外任官员,不给符契,止给劄付;若布政司正官给照会,九年考称

①《明太祖实录》卷93,洪武七年十月戊午,第1628页。

②《明太祖实录》卷113,洪武十年七月壬寅,第1871页。

③《明太祖实录》卷138,洪武十四年七月丁未,第2178页。

④ 翟善:《诸司职掌》之"吏部",《泰州文献》第四辑25册,南京:凤凰出版社,2015年,第424页。

⑤《明太祖实录》卷62,洪武四年三月庚戌,第1202页。

⑥《明太祖实录》卷85,洪武六年九月癸卯,第1508—1509页。

⑦ 王逢年:《南京吏部志》卷2《圣政》,《金陵全书》乙编15册,第146—147页。

⑧ 王逢年:《南京吏部志》卷2《圣政》,《金陵全书》乙编15册,第147—148页。

⑨《明太祖实录》卷157,洪武十六年十月戊子,第2435页。

职者,颁给诰。"①洪武二十六年《诸司职掌》,补充完善了与官员考核有关的外任官颁给诰敕的规定:"外任官员三年为一考,称职者颁给诰敕。升除官员合与实授者,于本任内历事一年后,方可出给诰敕。若才能卓异之人,出自特恩者,不拘此例。"②至此,明代文官考核与颁给诰敕制度的关系基本确定。

值得注意的是,尽管洪武十六年明廷奏定荫序之例,但是却没有将荫序之例与文官考核挂钩,随着考核制度的实施,从明中期开始文官考核与荫序逐渐建立起制度联系。

此外,洪武十九年规定对天下来朝官员给与路费补贴:"无问远迩,皆给钞二十锭为道里费。"③

四、明初文官考核依据、内容和等第的确立

关于明代文官考核的依据、标准和内容,高寿仙曾有专文讨论,④其结论为研究者广为引用,但稍嫌粗疏,未能呈现明代文官考核依据、标准和内容制定的复杂历史过程,因此仍有可深入和充实之处。

客观而言,明代文官考核的依据、内容、标准和等第四项不如前朝清晰,颇具模糊性,亦非按照考核依据、内容、标准和等第顺序依次建立的。明初首先是从地方官员的考核内容开始的,在较长时间内考核依据与考核内容、考核标准与考核等第难以截然而分。《大明令》"吏令·守令考绩"规定:

> 凡各处府、州、县官员,任内以户口增、田野辟为尚,所行事迹,从监察御史、按察司考核,明白开坐实迹申闻,以凭黜陟。

《大明令》"吏令·官员朝觐"规定:

> 凡各处府、州、县有司官员,在任三年,不许注代。许令亲赍三载任内行过事迹,赴京朝觐。如无规避,依旧复任。其佐贰官、首领官,一体三载来朝。

《大明令》"吏令·守令到任"规定:

> 凡府、州、县长官到任,须要将交割前官应有户口、田粮总数,先申上司,转达都省,以凭考验。
> 又《大明令》"吏令·行止文簿"规定:
> 凡中书省吏房行止科,置立文簿一扇,编排字号,当该掾典掌管,首领官一员提调。将在选官员各三代年甲、籍贯、历事、根脚、到任、考满、得代、改除月日、资品、等第,逐一备细附写,以凭照勘。如有漏附者,依律治罪。⑤

---

①《明太祖实录》卷177,洪武十九年二月壬子,第2680页。
② 翟善:《诸司职掌》之"吏部",《泰州文献》第四辑25册,第423—424页。
③《明太祖实录》卷177,洪武十九年三月己巳,第2682页。
④ 高寿仙:《明代官员考核标准和考核内容考析》,张中正:《明史论集》,合肥:黄山书社,1993年,第265—287页。
⑤ 刘惟谦等纂,怀效锋点校:《大明律》附《大明令》,第238、239、240页。

上引《大明令》"吏令"，是明代最早涉及到外任文官考核的依据、内容以及交代、行止、给由等其他要求的法规文字。我们看到在府、州、县官任内以"户口增、田野辟"为尚，将"所行事迹""三载任内行过事迹"明白开坐，"以凭黜陟"。"守令到任"条规定新旧官员交代时，"将交割前官应有户口、田粮总数"，先申上司，转达都省，"以凭考验"。《大明令》将户口、土地数、税粮数三项内容作为地方官考核的内容，官员开写的行过事迹显然也是以这三大项内容为主的事迹，"以凭考验""以凭黜陟"。可见《大明令》规定的是地方官考核的内容，同时也是其考核的依据。"吏令·行止文簿"规定的项目也构成官员考核的一部分。只有符合上述规定，地方官员才能"给由"，进入考核程序。①

洪武元年，明太祖任命宋冕为开封府知府，谕之曰："元以六事责守令，徒具虚文。今丧礼之后，中原草莽，人民稀少，所谓田野辟、户口增，此正中原今日之急务。若江南，则无此旷土流民矣。汝往治郡，务在安辑民人，劝课农桑，以求实效，勿学迂儒，但能谈论而已。"②这里，明太祖称元以六事考课守令徒具虚文，按《元史·选举志》记载："凡选举守令，至元八年，诏以户口增、田野辟、词讼简、盗贼息、赋役均，五事备者，为上选。"至元二十八年诏路府州县长官，除达鲁花赤外，蒙古人、汉人、色目人等参用，"庶期于政平讼理，民安盗息，而五事备矣"③。但是《元史·选举志》记载有缺漏。以"五事责守令"，其实是元初忽必烈至元年间的制度，迨至元顺帝至正四年重定守令黜陟之法，改革成以"六事责守令"④。不过，至正四年诏定六事责守令却未言是哪六事。元季陶安在赠张诚之序中曾言："朝廷课守令，兴学居六事之一，屡饬风宪勉励人才，风化之寄有所委属。"⑤因此，至正四年(1344)诏定六事责守令，应是以至元五事为基础增"兴学校"一事为六事"责守令"。

明朝立国之初，户口增、田野辟、兴学校是洪武君臣的共识。洪武五年，明太祖诏："农桑衣食之本，学校理道之原。朕尝设置有司，颁降条章，敦笃教化，务欲使民丰衣足食，理道畅焉。何有司不遵朕命？秩满赴京者，往往不书农桑之务，学校之教，甚违朕意，特敕中书令有司今后考课必书农桑学校之绩，违者降罚。"⑥洪武六年，明太祖引入赋役、诉讼二项内容责之来朝守令，他说："朕设置百官，各司厥职，以分理庶务，惟郡守县令为牧民之官，凡赋敛、徭役、诉讼皆先有县，次至府。若县令贤明，则赋敛平、徭役均、诉讼简，一县之事既治，则府可以无忧矣。"⑦可见明初考核地方官员所行措施既是对元朝考课制度的继承，同时又是立足于客观现实，逐步推行元制"六事责守令"的考核内容。违背此六事者皆被斥为不称职，直接责罚降黜。例如，洪武九年山东日照县知县马亮考满入觐，州上其考语曰："课农兴学之绩，而长于督运。"吏部以闻，太祖曰："农桑衣食之本，学校风化之原。皆守令先务，不知务此，而曰长于督运，是弃本而物末，岂其职哉？苟任督责以为能，非恺悌之政也……宜黜降之，使有

①《大明令·吏令·任满官员》，刘惟谦等纂，怀效锋点校：《大明律》附《大明令》，第240页。
②《明太祖宝训》卷6《谕群臣》，第452页。
③宋濂：《元史》卷82《选举志二·铨选》，第2038页。又《元史》卷84《选举志四·考课》，第2114页。
④宋濂：《元史》卷41《元顺帝本纪四》，第869页。
⑤陶安：《陶学士集》卷11《送张诚之序》，《景印文渊阁四库全书》，集部，第1225册，台北：台湾商务印书馆，1986年，第729页。
⑥朱元璋：《农桑学校诏》，钱伯城：《全明文》卷一《朱元璋一》，上海：上海古籍出版社，1992年，第2页。
⑦《明太祖实录》卷78，洪武六年正月乙巳，第1422页。

所惩。"①同年同月,山西平遥主簿成乐任满来朝考满,州上其考语曰:"能恢办商税。"太祖谓吏部曰:"商税自有定额,何俟恢办? 若额外恢办,得无剥削于民? 主簿之职在佐理县政,抚按百姓,岂以办课为能,若止以办课为能,其他不见,可称是失职矣! 州之考非是,尔吏部其移文讯之。"②

洪武前期以元制"六事责守令",所行事迹也是以此为中心开写,赴京考绩。洪武十七年,明太祖以"六事考课守令"为基础进行改造,颁布"八事考课守令"。明太祖曰:"朕尝命县考于州,州考于府,府考于布政司,各以所临,精其考核,以凭黜陟,昭示劝戒。令上下之政,惟务苟且,县之贤否,州不能知;州之贤否,府不能察;府之贤否,布政司不能举,善无所劝,而恶无所惩。"因此命以八事,榜示天下:

> 其一,州县之官,宜宣扬风化,抚字其民,均赋役,恤穷困,审冤抑,禁盗贼。时命里长告戒其里人,敦行孝弟,尽力南亩,毋作非为,以罹刑罚,行乡饮酒礼,使知尊卑贵贱之体,岁终察其所行善恶,而旌别之。
>
> 其二,为府官者,当平其政令,廉察属官,致治有方,吏民称贤者,优加礼遇,纪其善绩。其有阘茸及蠹政病民者,轻则治之以法,重则申闻黜罚。然不得下侵其职,以扰吾民。
>
> 其三,布政司官宜宣布德化,考核府州县官能否,询知民风美恶及士习情伪奸弊,甚者具闻鞫之。如所治不公,则从按察司纠举。
>
> 其四,凡民有犯笞杖罪者,县自断决,具实以闻。
>
> 其五,犯徒流罪者,县拟其罪申州若府,以达布政司定拟。
>
> 其六,有犯死罪者,县拟其罪申州若府,以达布政司,布政司达刑部定拟。杂犯者,准工赎罪;真犯者,奏闻遣官审决。
>
> 其七,凡诸司狱讼,当详审轻重,按律决遣,毋得淹禁。
>
> 其八,民间词讼,务自下而上,不许越诉。③

明太祖令天下有司"永为遵守"。此八事,既是明廷考核官员的内容,也是考核官员的依据,时人所谓"是时以八事考课外吏"④。不过,洪武十七年所颁"八事"显然不及元制"六事"言简意赅,内容也不及元制"六事"全面,甚至有所倒退,缺少"户口增、兴学校"二项,更多反映的是对地方司、府、州、县官职掌的要求和规定。

因此,稍后不久明太祖颁定了明代历史上非常重要的文献之一《到任须知》。万历《大明会典》载《到任须知》目录如下:

> 一祀神。二恤孤。三狱囚。四田粮。五制书榜文。六吏典。七吏典不许那移。八承行事

---

① 《明太祖宝训》卷3《任官》,第164页。
② 《明太祖实录》卷106,洪武九年六月庚戌,第1776—1777页。
③ 《明太祖实录》卷161,洪武十七年四月壬午,第2496—2497页。
④ 张廷玉:《明史》卷136《任昂传》,第3937页。

务。九印信衙门。十仓库。十一所属仓场库务。十二系官头匹。十三会计粮储。十四各色课程。十五鱼湖。十六金银场。十七窑冶。十八盐场。十九公廨。二十系官房屋。二十一书生员数。二十二耆宿。二十三孝子顺孙义夫节妇。二十四官户。二十五境内儒者。二十六起灭词讼。二十七好闲不务生理。二十八祗禁弓兵。二十九犯法官吏。三十犯法民户。三十一警迹人。

《到任须知》是在洪武十七年"八事"基础上，以纲目形式进一步将"八事"细化，分解成31项指标，但又比"八事"更为详尽周瞻。准确地说，《到任须知》其实更像是以元制"六事"为蓝本细化、分解而来。显然，《到任须知》既是地方官员施政的纲领性文件，同时也是作为考核地方官员的重要依据。而且，明太祖还对《到任须知》31项指标逐条进行具体阐述说明，以令地方官到任明确清楚做哪些、如何做。①

但是，明太祖很快发现地方官并不严格执行《到任须知》，而是阳奉阴违，"各人（布按二司、府州县官）授职到任之后，略不以《到任须知》为重，公事不谋，体统不行，终日听信小人浸润，谋取赃死，酷害下民"，因此洪武二十三年明太祖"惩吏之弗称"，亲制《责任条例》一篇，"颁行各司府州县，令刻而悬之，永为遵守，务使上下相司，以稽成效"。《责任条例》一篇七款：

一，布政司治理亲属临府，岁月稽求所行事务，察其勤惰，辩其廉能，纲举《到任须知》内事目，一一务必施行。少有顽慢及贪污，坐视恬忍害民者，验其实迹奏闻。设若用心提调，催督宣布条章，去恶安善，倘耳目有所不及，精神有所不至，遗下贪官污吏及无藉顽民，按察司方乃是清。

一，府临州治，亦体布政司施行。耳目有所不及，精神有所不至，遗下贪官污吏及无藉顽民，布政司方乃是清。

一，州临县治，亦体府治施行。耳目有所不及，精神有所不至，遗下贪官污吏及无藉顽民，本府方乃是清。

一，县亲临里甲，务要明播条章，去恶安善，不致长奸损良。如此上下之分定，民知有所依，巨细事务诉有所归。上不紊政于朝廷，下不衔冤于满地，此其治也欤。若耳目有所不及，精神有所不至，遗下无藉顽恶之民，本州方乃是清。

一，若布政司不能清府、府不能清州、州不能清县、县不能去恶安善，遗下不公不法，按察司方乃是清。

一，按察司治理布政司府州县，务要尽除奸弊，肃清一方。耳目有所不及，精神有所不至，巡按御史方乃是清。倘有通同贪官污吏，以致民冤事枉者，一体究治。

一，此令一出，诸司置立文簿，将行过事迹逐一开写，每季轮差吏典一名赍送本管上司查考。布政司考府、府考州、州考县，务从实效。毋得诳惑繁文，因而生事科扰。每岁进课之时，布政司

① 万历《大明会典》卷9《吏部八·关给须知》，第168—173页。

将本司事迹并府州县各赍考过事迹文簿,赴京通考。敢有坐视不理、有违责任者,罪以重刑。①

《责任条例》首先申明地方官员必须遵行《到任须知》,务必据之一一施行。其次,《责任条例》明确了布、按二司,府州县各级责任、考核归属权责关系及弥补机制;违者降罚。最后,规定各级地方官员设置考核凭据以及考核程序。

《责任条例》颁布以后,终至洪武一朝结束,明太祖朱元璋再未向地方官员颁布过任何条例。至此,洎洪武元年以来逐步推行以元制"六事责守令",历经洪武十七年榜示八事,至颁定《到任须知》,再至洪武二十三年颁布《责任条例》,一系列考核地方官的考核依据渐次出台,付诸实施。《到任须知》《责任条例》颁布后,洪武十七年榜示八事逐渐退出地方官员考核依据的领域,最终被淘汰。

事实上,明代中期以后对地方官实施考核的内容又重新落实到"以六事责守令"上来。正德时,王鏊说:"顷予还南,历数十郡县,入其疆,其六事举者盖少也,独得三四人焉耳。"②杨循吉称颂吴县令史侯云:"凛兮其洁已,恂兮其下士,绰兮其宽,劲兮其不可犯,故得四境修,六事治,书考惟最。"③林希元更是明确说明:"学校、田野、户口、赋役、讼狱、盗贼之六事,乃国朝督察守令之令典。"④可见,明代中期以后又回到以"六事责守令"为中心内容考核地方守令的办法。

不难发现,明朝建国后明太祖主要是围绕地方官员在制定考核依据和考核内容,而不涉及到京官。事实也是如此。明初在相当长时期内没有制订出京官考核的准则,高守仙说:"由于京官居于辇毂之下,皇帝易于了解并随时予以黜陟",因此对于京官考核准则制订要稍迟一些。⑤最早制订的京官考核依据是洪武五年《六部职掌》,但因史籍缺载,《六部职掌》内容不详。⑥直到洪武二十六年,明太祖"以诸司职有崇卑,政有大小,无方册以著成法,恐后之莅官者罔知职任,政事施设之详",乃命吏部同翰林儒臣仿《唐六典》之制,自五府六部都察院以下诸司凡其设官分职之务,类编成《诸司职掌》。⑦《诸司职掌》不分卷,内容包括六部、都察院、通政司、大理寺九部门职掌,因此《诸司职掌》其实是"九卿职掌"。换言之,《诸司职掌》主要是九卿衙门官员考核的基本依据和准则。

正德中,吏部奏言:"《诸司职掌》内外官考察黜陟及《宪纲》内御史巡历纠劾有司,各有定制。"⑧据此可知,职掌司法监察系统官员除遵守《诸司职掌》外,御史、按察司官还需遵守《宪纲》,也就是说洪武初制订的《宪纲》也是监察御史考核所需依据的准则,即考核依据之一。⑨此外,洪武十五年颁布的《巡

① 万历《大明会典》卷12《吏部十一·考功清吏司·责任条例》,第233—234页。
② 王鏊著,吴建华点校:《王鏊集》之《震泽先生集》卷10《送姜太守改任宁波序》,上海:上海古籍出版社,2013年,第193页。
③ 杨循吉:《松筹堂集》卷11《送史县侯考绩序》,上海:上海古籍出版社,2013年,第618页。
④ 林希元:《林次崖先生文集》(上册)卷9《赠郡侯西川方公朝觐序》,厦门:厦门大学出版社,2017年,第327页。
⑤ 高寿仙:《明代官员考核标准和考核内容考析》,张中正:《明史论集》,第269页。
⑥《明太祖实录》卷74,洪武五年六月癸巳,第1360页。
⑦《明太祖实录》卷226,洪武二十六年三月庚午,第3308页。
⑧《明武宗宝训》,台湾"中央研究院"历史语言研究所,1962年,第83页。
⑨ 按明代《宪纲》经过多次纂修,最早修于至正二十六年,次修于洪武四年,正统四年以宣德间增修之《宪纲》颁布天下。参见《明太祖实录》卷19丙午正月;《明太祖实录》卷60洪武四年正月己亥;《明英宗实录》卷60正统四年十月庚子。

按事宜》也是巡按御史、按察使司官必须遵守的考核依据条例。①

洪武元年《大明令》清楚规定守令考绩、朝觐时将任内所行事迹，"开坐实迹"，以凭考核黜陟。洪武二年规定，府佐贰官、首领官三年任满，"所司具其政绩，申达省部"②。明初沈文亦云内外官九年考满，外官"每三年具录行事之实朝京"以考绩。③据此可知，明廷只是要求应接受考核的地方官开写行过事迹，这是后来事迹册、纪功图的雏形，但并未对其形制做出统一规定。

洪武十六年，明太祖规定天下诸司朝觐明年正旦的地方官员，"预进《功业册》"④。洪武十七年，规定朝觐官员"各书其事功于册，仍绘土地、人民图来上"⑤。洪武十八年，明廷将赋役黄册纳入朝觐官员考核范畴，规定"置造上中下三等黄册，朝觐之时，明白开谕"⑥。洪武二十年，明太祖补充了盐运司官的朝觐要求，规定：每司止令正官、首领官吏各一人来朝，盐运司官亦令其来，皆以所行事迹开具《纪功图簿》《隔眼草稿》，亲赍奏考。⑦洪武二十六年，《诸司职掌》规定官员考满，京官：东宫官、王府官、尚宝司、中书舍人、都给事中、仪礼司、行人司正官，"从本衙门将该考官员行过事迹，并应有过错备细开写"，送吏部考核；六部五品以下、太常司、光禄司、通政司、大理寺、国子监、太仆寺、钦天监、翰林院、太医院、仪礼司属官，历任三年，"听于本衙门正官，察其行能，验其勤惰，从公考核，明白开写称职、平常、不称职词语"，送监察御史考核，吏部覆考；四品以上任满，黜陟取自上裁。外官：凡在外有司、府州县官，三年考满，将本官任内行过事迹保勘覆实明白，出给纸牌，攒造《功业文册》《纪功文簿》，称臣佥名，交付本官，亲赍给由。⑧《诸司职掌》又规定朝觐："凡在外官员，三年遍行朝觐。其各布政司、按察司、盐运司、府州县及土官衙门流官等衙门官员，带首领官吏各一员，理问所官一员，照依《到任须知》，依式对款攒造文册，及将原领敕谕、《诸司职掌》内事迹文簿，具本亲赍奏缴，以凭考核。"⑨

由上可知，明初京官考满考核主要有三种形式，采取的考核办法也不同，四品以上京官由皇帝亲自裁决；五品以下监司、翰院系统属官，由本衙门正官观察考核，开写称职与否考语，送都察院考核，吏部覆考；东宫官、王府官、尚宝司、中书舍人、都给事中、仪礼司、行人司正官则需从本衙门将该考官员"行过事迹，并应有过错备细开写"，送吏部考核。对于外官而言，不论是官员个体的考满，还是国家规定的地方官群体朝觐考核，都是以地方官任内实际事迹为基础，攒造《功业文册》（或曰《功业册》《功绩文册》）、《纪功文簿》（或曰《纪功图簿》）、《隔眼文稿》，还有赋役黄册，作为考核的凭证接受考核；不进功绩文册者降任使用。⑩由此可见，官员个人考满赴京与朝觐考察赴京所携带的考核材料基本相同。

在相当长时期内，明朝初期的官员考核是不作考满和考察区分，官员考核既无统一标准，也不划

①《明太祖实录》卷150，洪武十五年十一月戊辰，第2363页。

②《明太祖实录》卷45，洪武二年九月癸卯，第882页。

③沈文：《圣君初政记》，北京：中华书局，1985年，第3页。

④《明太祖实录》卷156，洪武十六年九月戊辰，第2431页。

⑤《明太祖实录》卷162，洪武十七年六月戊辰，第2516页。

⑥朱元璋：《大诰》"造册科敛第五十四"，钱伯城：《全明文》卷一《朱元璋一》，第609页。

⑦《明太祖实录》卷184，洪武二十年八月壬申，第2770页。

⑧翟善：《诸司职掌》之"吏部·考核"，《泰州文献》第四辑25册，第433页。

⑨翟善：《诸司职掌》之"吏部·朝觐"，第438页。

⑩《明太祖实录》卷232，洪武二十七年三月癸丑，第3390页。

分考核结果等第。洪武二年,明太祖诏府州县正官,三年一考课于吏部,仅云"核其贤否而黜陟之"①,但却无考核标准。洪武三年,吏部引入"老成廉能"与"无过"二项指标以区分考核结果,知府老成廉能无过久其任,同知一考无过升知府,知县二考无过升知州,县丞一考无过升知县。②显而易见,此时吏部是将官员道德操守领域的指标要素与官员任满挂钩来进行考核。不久,吏部将称职与否和行事有无过错结合起来,引入任满官员考核领域,与考核结果挂钩。③洪武九年,"以考课第优等",一次性擢升济南府德州知州张瑛等343人为知府有差,④但是我们依然不清楚考课结果划分几个等第,考课等第优等究竟如何确定?

洪武十一年,明朝开始第一次对赴京朝觐的地方知府考核结果作出等第划分,通过"察其言行,考其功能",课其殿最,第为三等:称职无过,上等;称职有过,中等;有过不称职,下等。⑤洪武十四年,初步全面制定考核法,颁布如何确定考满考核三等第法:

> 事繁而称职,无过者升二等,有私笞公过者升一等;有纪录徒流罪,一次者本等用,二次者降一等,三次者降二等,四次者降三等,五次以上者杂职内用;
>
> 繁而平常,无过者升一等;有纪录徒流罪,一次者降一等,二次者降二等,三次者降三等,四次以上者杂职内用;
>
> 简而称职与繁而平常同。简而平常、无过者,本等用;有私笞公过者,降一等;有纪录徒流,一次者降二等,二次者杂职内用,三次以上者黜之;
>
> 其繁而不称职,初考降二等;简而不称职,初考降三等。若有纪录徒流罪者,俱于杂职内用;
>
> 九年之内,二考称职、一考平常,从称职;二考称职、一考不称职,或二考平常、一考称职,或称职、平常、不称职各一考,皆从平常。⑥

这是明朝官员考满考核结果等第最明确清晰的规定,将任地繁简与考核结果结合,分类分等,确定考核等第,并且明确规定一个通考周期内如何确定三次考满考核结果最终的称职、平常、不称职等第。洪武十四年考满考核等第出台后,明朝再未颁布其他考核等第办法。

但是,明朝考满考核等第的确定缺少精准量化的考核标准依据。如众所知,唐代对流内官的九等考核,在"四善二十七"中,规定一最以上四善,上上等;一最以上三善,或无最四善,上中等,依次而下至"居官谄诈,贪浊有状"下下等,计九等。⑦尽管宋代考核官员的标准变动不居,但是宋代官员考核等

①《明太祖实录》卷45,洪武二年九月癸卯,第882页。

②《明太祖实录》卷59,洪武三年十二月癸酉,第1161页。

③《明太祖实录》卷62,洪武四年三月庚戌,第1202页。

④《明太祖实录》卷106,洪武九年六月辛卯,第1771页。

⑤《明太祖实录》卷117,洪武十一年三月丁丑,第1916页。

⑥《明太祖实录》卷139,洪武十四年十月辛丑,第2198—2199页。

⑦李林甫等撰,陈仲夫点校:《唐六典》卷2《尚书吏部》,北京:中华书局,2005年,第42—43页。

第的确认还是有比较明确的考核标准依据的。[1]元代,至元年间以五事责守令,规定五事备者为上选,四事备者减一资,三事有成为中选,四事不备添一资,五事俱不备降一等;[2]至正四年定六事责守令,规定六事备者升一等,四事备者减一资,三事备者平迁,六事俱不备者降一等。[3]然而,明朝自始至终都没有制订类似的量化标准。换句话说,由于明朝没有明确的标准依据,我们完全不清楚地方官在考满考核时,六事完成几事是称职、平常,未完成几事是不称职,或者《到任须知》31款完成多少款才算是称职、平常,完不成多少是不称职。

相较于一般地方官考满考核没有确切考核标准不同,教职官的考满考核却有非常明确的考核标准依据。洪武二十六年规定,训导给由到部出题考试,由翰林学士批改,通经者于县学教谕内叙用;不通经者,本处复充训导。教官考核称职升一等,平常者本等用,不称职者黜降。[4]明太祖又命吏部尚书詹徽议立教官考满法,[5]以科举生员多寡为殿最,县学生员二十名,教谕九年任内有举人三名,又通经者,称职升用;举人二人,通经,平常本等用;举人不及二名,又考不通经,不称职黜降别用;州学生员三十名,学正九年任内有举人六名,又通经者,称职升用;举人三名、通经,本等用;不及三人,又考不通经,不称职黜降别用;府学生员四十名,教授九年任内,举人九名,又考通经者,称职升用;举人四名,通经,本等用;举人不及四名,又考不通经,不称职黜降别用;府州县学训导,九年任内,举人三名,又考通经者,称职升职;举人二名或一名,通经,本等用;举人全无,又考不通经者,不称职,黜退别用。[6]可见,地方府州县学的训导、教谕、教授九年考满,不仅教官自身赴京接受吏部考试,以定通经与不通经,还根据各学级别定教官任内所拔额定举人数以定称职、平常和不称职三等黜陟。

因此,从某种意义上说,明代考核制度存在先天性缺陷,即考核制度中没有制订考满考核官员的标准依据,故而明朝官员考核在确定考满考核等第时便存在一定弹性,也给官员考满考核创造了作弊空间。

由于朝觐考察晚至洪武二十九年才确立,京察制更是迟至明代中期才逐渐确定,因此这里不拟对明代考察制度建立的历史展开探讨。

结 语

明朝文官考核制度以考满、考察为核心,同时包括考满考核与散官制度、诰敕制度、荫序制度之间建立起密不可分的制度关系,配合考核制度运行的一套制度管理系统。明初文官考核制度的建立经历了一个非常复杂的演变之路,充分体现了"摸着石子过河"的特征。考满制,洪武元年从改造元朝考课制度开始,实行地方官三年一考核。洪武九年确定内外文职官九年通考制度,洪武十二年稍作修订。洪武十四年,明太祖对考满制进行全面大改革,实行内外有别,特殊衙门特殊考满考核的做法,确

① 脱脱:《宋史》卷160《选举志·考课》,北京:中华书局,2011年,第3757—3764页。
② 宋濂:《元史》卷82《选举志二·铨选》,第2038页。
③ 宋濂:《元史》卷41《元顺帝本纪四》,第869页。
④ 万历《大明会典》卷12《吏部十一·考功清吏司·考核一》,第223页。
⑤ 王逢年:《南京吏部志》卷2《圣政》,《金陵全书》乙编15册,第179页
⑥《明太祖实录》卷227,洪武二十六年五月丙寅,第3317页。

定了三等考核等第法等内容,奠定了明代考满制度确立的重要基础。此后经过不断修订、补充、完善甚至反复,至洪武三十一年考满制基本确立。明朝建国前,取法周制,实行地方官一年一朝觐的做法。明朝建立后,实行府州县官三年一朝觐的制度,布政使司、按察使司官无定期征召朝觐,至洪武九年才实行一年一朝觐。洪武十一年,开始对朝觐官员进行三等第考核。洪武十三年到洪武十八年之间,又实际上实行了全体地方官一年一朝觐的做法,直到洪武十八年正式实行三年一朝觐的制度。在相当长时间内,朝觐与考察没有多少关系,朝觐、朝觐考核与具有考满性质的业绩考核纠葛在一起。但在朝觐制实行的过程中,考察考核的比重日益增加,朝觐考察逐渐从朝觐考核中分离出来,呈现独立发展趋势,洪武十八年是出现朝觐考察的分水岭,至洪武二十九年初步建立。在文官考核制度逐渐建立的过程中,考核的依据、内容、标准和等第等核心要素从无到有,从模糊不分到明确析分,也经过了一个相当长的时期才逐渐确立下来。但是,考满制还不够完善,朝觐考察八目、京察皆未确定,文官考核制度距离定制还有遥远的路程,因此明初的文官考核制度只能说是初步确立,制度的完善、健全尚有大量的工作需要去做。

(作者黄阿明,华东师范大学历史系副教授。原载《社会科学》2019年第7期)

防范第二个张居正的出现:万历朝的政治特点

——"明亡于万历"新解

田 澍

对于万历政治的叙述,学界主流的叙事模式是先讲张居正改革,然后讲反对张居正和神宗怠政所带来的严重后果,并因此导致明朝的灭亡,一再凸显"明亡于万历",即张居正死后的万历时期。其中一些学者对张居正"人亡政息"遗憾不已,想当然地指望他的后继者能够延续张居正的作风与政策。同时对张居正"人亡政息"的原因简单地归于神宗的翻脸,而不及张居正个人的因素。如言:"张居正虽然有远见之明,但再多的智慧与权谋,也敌不过皇帝的变脸。人在政在,人亡政息。"[①]黄仁宇也说道:"张居正的不在人间,使我们这个庞大的帝国失去重心,步伐不稳,最终失足而坠入深渊。"[②]

神宗即位后发生的第一件大事,就是张居正与内廷勾结赶走顾命首臣高拱。该行为破坏了穆宗生前的顾命安排,在极短的时间里张居正由次辅变为首辅,极大地改变了隆庆、万历之际的政治生态,对万历朝政治带来了莫大的影响。第二件大事就是万历十年(1582)张居正突然病逝,使万历初年的顾命政治局面因张居正倒在首辅岗位上而被动中止,使其未能按照穆宗的遗愿将皇权主动而又顺利地移交于神宗,对其身后的万历政治带来了难以估量的影响。这两件大事其实就是一个问题,即张居正与万历政治关系的问题,一个是头,一个是尾,是一个问题的两个方面。长期以来,学界简单地割裂张居正去世前后的万历朝政治,以片面的"改革"视角人为地将万历朝划分为张居正生前和死后两个截然不同的时期。[③]如有的学者在全面肯定张居正的同时,一味地否定张四维等后继首辅,认为"张居正卒,张四维、申时行先后继为首辅,皆无格君之术",其中申时行"继为首辅,其为祸尤大,万历政敝与其有莫大关系",并对其柔软自守、循墨避事的品行大加挞伐,[④]而极力回避张四维、申时行等阁臣被张居正荐用的基本事实和应负的连带责任。事实上,自张居正夺取首辅之后,明朝政治便向弱化首辅权力的政治陷阱发展,张居正身在其中而不自知。自张居正担任首辅开始,防止出现第二个张居正式的人物便成为万历政治的最大特点。张居正本人就没有指望自己的权力格局在其身后延续,对阁臣人选的过硬素质没有清醒的认识,未能选拔任用有担当、有能力、有品行的朝臣进入内阁,当然更谈不上对内阁制度的改革和对阁权的进一步强化。换言之,因顾命政治而形成的张居正的政治作风不可能延续下去,在这一特殊时期,张居正的表现只与张居正个人有关,随着张居正的突然病逝,所谓张居正

---

① 刘志琴:《张居正评传》,南京:南京大学出版社,2006年,第310页。
② 黄仁宇:《万历十五年》,北京:中华书局,1982年,第76页。
③ 商传:《走进晚明》,北京:商务印书馆,2014年,第95页。
④ 马楚坚:《明清边政与治乱》,天津:天津人民出版社,1994年,第5—6页。

的行政风格和特点必然消失,绝不可能延续下去。把这一变化的原因简单地推卸到神宗或后继阁臣身上,而刻意回避甚至无视张居正的责任,则是偏颇的。

一、阁权的逐渐强化是明代政治发展的客观要求

尽管明朝政治像每一个封建王朝一样存在这样或那样的弊端,但朱元璋等明代统治者能够深刻反思历史,吸取历史教训,不断改革政治体制,有效防范各类害政势力,制度的后发优势明显。在明初制度变革中,最显著的莫过于朱元璋废除传统相权之举措,这是学界所普遍认可的。至于废相是否具有积极作用和意义,学界一直存在着激烈的争论。

随着明史研究的不断深入,把明代内阁简单地比附为传统相权的观点被越来越多的学者所否定,相当一部分学者以动态的眼光来认识明代阁权的演变与政治的互动关系,分阶段认识阁权的变动趋势。总体而言,有明一代阁权经历了由弱变强和由强到弱的过程,但两头的"弱",其形式与内涵完全不同。前一个"弱",是废相之后内阁形成初期的必然现象,内阁在废相后的政治挤压中艰难地适应新的政治生态,在各种政治势力的夹缝中不断利用特殊的政治机遇来试图扩张权力。所以,此时的阁权之"弱"是常态,而非变态。后一个"弱"是相对于阁权在不断强化之后的一种状态而言,是一种变态,而非常态。明朝就在阁权由强变弱的变态中活力减弱,逐渐走向衰亡,其亡国模式具有自身的独特性。

明朝的阁权在嘉靖初年至万历初年的五十多年间达到了高峰,这是学界的主流看法。[①]具体而言,就是从阁臣张璁到张居正在职时阁权的表现形态。[②]在这一阶段,张璁、夏言、严嵩、徐阶、高拱和张居正等人在阁期间都与在位皇帝关系密切,得到了各皇帝的支持,成为明代历史上阁臣特别是首辅与皇帝密切关系持续时间最久的时期。尽管这一时期有这样那样的问题,甚至是巨大的政治或军事危机,但最终都能化险为夷,转危为安,没有对政治造成本质性和无法扭转的伤害。其根本原因就在于政治中枢具有活力,内阁与皇帝之间的互动关系正常而又密切。

在这一时期阁权的强势扩张中,尽管有些人对阁权突破祖制而不断强化表示了担忧,但难以对内阁的强化趋势有所影响。在严嵩被罢免之后,徐阶为了迎合部分舆论,一度提出了所谓"以威福还主上,以政务还诸司,以用舍刑赏还公论"[③]的"三语政纲",试图借此来笼络人心,改变形象,但由于惯性强大,难以在短期内改变强势阁权的走向。一些学者一再凸显此时的徐阶,自觉或不自觉地把徐阶看成嘉靖、隆庆之际的栋梁!事实上,这种观点是在自觉或不自觉地承认此时内阁的依然强大。徐阶之后的高拱和张居正将阁权继续向前推进,首辅权力不断扩大,这应该是学界主流的看法。

对这一时期阁权的显著变化,长期以来大多数学者用"混斗"来描述,而不论及阁权的强化必然会引起政治系统的不适应和由此引发的系统内部的剧烈震荡,指望阁权的强化不经过内部的巨变而一步到位或朝夕完成显然是不切实际的。而强化的态势是一个渐进的过程,同时也是由不平衡到平衡

---

① 参见田澍:《八十年代以来明代政治中枢模式研究述评》,《政治学研究》,2005年第1期。

② 参见田澍:《张璁与嘉靖内阁》,《中国史研究》,2008年第4期。

③《明史》卷213《徐阶传》,中华书局1974年。

的过程。在这一过程中，不仅非阁臣的朝臣乃至一部分士人会有异议，即就是阁臣之间也有不同的看法。出现这些现象，都是极其正常的，不足为奇！

但是，核心的问题是嘉靖、隆庆、万历之际的阁权最终要往何处发展，明史学界对此问题的探索远远不够！总体而言，从张璁到张居正，阁权是不断扩张的，但扩张毕竟还是有限的。从现有的认知水平来讲，学界一致的看法是在这一过程中首辅张居正时期的阁权达到了峰值，甚至超出了内阁的职权范围。如王天有所言："张居正推行考成法，虽然当时提高了行政效率，但是以内阁控制六科，监督六部，就超出了内阁议政的权限，明显地把权力延伸到监督百官执行权的领域。所以张居正改革已失败告终，死后被抄家，罪名就是'侵权'。"[1]张居正被大多数人所肯定，被人们自觉或不自觉地誉为"宰相之杰"，事实上就是对明代阁权峰值的另外一种表达。如果这种认识能够成立，那就必须回答后张居正时代阁权走向这一重大问题。这是研究晚明历史必须正视的首要问题。

二、张居正防范第二个张居正的出现

对于嘉隆万时期阁权由强变弱的时间，大多数学者认为是在张居正之后。这种认识只是看到了问题的表象，简单地将张居正与其身后的万历政治割裂开来。事实上，由于惯性和特殊机遇使然，张居正时代既是阁权所能达到的高峰时代，又是阁权必然开始弱化的时代。

很多学者用"宰相之杰"来形容张居正的权势和地位，从阁权的高峰状态来讲是有一定道理的，但在理解时并没有看清问题的真相。与张璁、严嵩、徐阶、高拱等首辅相比，张居正执掌内阁的确有其自身的特殊性，从表面上看，此时首辅张居正如同摄政者，确实发挥着独特而又显著的作用。神宗的年幼使首辅张居正事实上具有辅政的权力和地位，与皇帝能够独立行使皇权时的内阁作用确实有明显的不同。换言之，万历初年的内阁就是"顾命内阁"，在特殊的时期具有特殊的使命。而这一顾命内阁本来的设计是集体顾命模式，而不是张居正一人的顾命模式。众所周知，经过张居正与内廷的勾结，强势而又有个性的顾命首臣高拱被赶走，高仪很快去世，三位顾命阁臣只剩下了张居正一人。这样，穆宗临终时安排的三人顾命模式瞬间就变成了张居正一人的顾命模式。特别是"顾命元臣"高拱"以片言遣罢，如叱一奴"，[2]是明代从未有过的政治现象，自然也是从未有过的变局。内阁集体的权力就变成了张居正一人的权力，这也是明代内阁演变中极为特殊的一幕。[3]毋庸置疑，有内廷支持且以顾命名义执掌内阁的张居正自然也就成为明代阁臣中空前绝后的权势显赫之人了。但必须指出的是，张居正的这种权势绝不是阁权的常态，恰恰相反，是阁权的变态。在这一看似风光的政治权力背后，如果把握不好，将给万历政治带来灾难性的后果。

不论阁权或大或小，也不论首辅次辅地位有多大的差异，明代内阁不变的特征就是集体讨论，集体决策。尽管阁权的运行过程中有个别强势首辅出现，但在万历之前，这一基本格局没有发生根本性变化。只是到了神宗即位之时，自张璁以来不断强化的阁权才因特殊的政情而发生了显著变化，正如

① 王天有：《王天有史学论集》，北京：北京大学出版社，2018年，第115页。
② 于慎行：《谷山笔麈》卷6《阁伶》，中华书局1984年。
③ 田澍：《顾命政治视野下张居正的行政轨迹——张居正"人亡政息"新解》，《西南大学学报》，2019年第5期。

《明史》所言:"迨张居正时,部权尽归内阁,逡巡请事如属吏,祖制由此变。"①张居正以极为特殊的身份控制了内阁,掌控着朝政。长期以来,人们一再凸显的就是张居正所拥有的这一非常态的权力模式。

事实上,对于自己的阁权,张居正并没有充分的自信。在他担任首辅之前,阁臣之间的权力争夺让张居正刻骨铭心,牢记教训,所以他要韬光养晦,藏而不露。一旦时机成熟,他就毫不犹豫,迅速出手,将对手置于绝地,使其难以东山再起,无法对自己构成威胁。张居正对高拱前后态度的变化就集中反映着他的这一性格和作风。尽管张居正获得了暂时的成功,但其内心的恐惧并没有因此而减少,反而在增加。他担心像他一样的人在暗地里注视着自己,算计着自己,在力量聚集到足以下手时将自己置于死地,使自己又变成了第二个高拱。换言之,要使自己不再成为第二个高拱,就必须防止出现第二个张居正。这是张居正确保自己权力稳定而必须要全力实现的目标,也是张居正在获得首辅权力后所有行政行为的核心工作。

纵观万历之前的阁权演变,对现任首辅权力造成最大威胁的无外乎两种力量,一是比其资历深、被当朝皇帝看重的致仕阁臣;二是像张居正自己一样觊觎首辅权位、伺机取而代之的现任阁臣。

就第一种情况而言,在张居正夺得首辅之后,健在的致仕阁臣有69岁的徐阶,68岁的吕本,64岁的赵贞吉,61岁的严讷、李春芳、郭朴和陈以勤,60岁的高拱,50岁的殷士儋等人,一共9位。其中对张居正最大的威胁来自于高拱,所以,他要竭力防止高拱的复出。其他8位对张居正威胁不大,要么年事已高,要么魄力不足。但即使如此,防范意识极强的张居正也不会掉以轻心。万历初年,在一次朝讲结束之后,神宗"顾辅臣,问阁臣吕本在家安否,江陵大怒,退召其子中书兑至朝房,问曰:'主上问尊公起居,何缘受知?'兑大恐,即上疏自罢,旋被内察。盖见上问及,恐其复用,故排抑之如此。"②从中可以看出张居正对致仕老臣内心的极大恐惧,故必须严加防范,不能有所闪失。万历六年(1578),张居正在前往湖北葬父之际,"念阁臣在乡里者,高拱与己已有深隙,殷士儋多奥援,或乘间以出,惟徐阶老易与,拟荐之自代。已遣使报阶,既念阶前辈,已还,当位其下,乃请增置阁臣。"③由于张居正的严防死守,故没有出现嘉靖前期启用谢迁、杨一清、费宏和隆庆年间召复高拱等现象。可以说,在防止启用退休阁臣方面,张居正取得了极大的成功,使这一势力对张居正的阁权没能出现丝毫的威胁,确保了张居正始终以唯一的老资格身份掌控着万历初年的内阁。

就第二种情况而言,是张居正防范的重点。当三人集体顾命的阁臣变为张居正一人顾命时,如何构建万历新朝的内阁,将是考察张居正是否具有政治远见的关键之处。换言之,在确保张居正权力稳定的前提下,如何组建后张居正时代的万历内阁,应该是张居正必须妥善解决的重大政治问题,当然也是首要问题。人们应该清楚张居正之所以能够有所作为,前提在于有较大空间的独断权力,即在内廷支持下能够独享阁权。所以说,独享阁权既是张居正有所作为的主要原因,也是张居正将对万历政治造成深度影响的主要原因。

与明代所有阁臣不同的是,张居正在选用阁臣时完全是在白纸上写字,自己能够一手操控。但

---

① 《明史》卷225《杨巍传》。

② 于慎行:《谷山笔麈》卷4《相鉴》。

③ 《明史》卷219《马自强传》。

是,让人不可思议的是,张居正在这一关键环节的表现让人大跌眼镜,将其无能、自私、短视的一面暴露无遗。为了防范现任阁臣对其阁权的危害,张居正用尽了心机,利用自己独掌内阁的特殊时机,完全改变了明代阁臣的选用方式,将性格柔弱、不敢担当甚至善于伪装且能讨好自己的人选入内阁,避免像张璁、夏言、高拱和自己一样的强臣进入内阁,完全改变了选用阁臣的传统,成为明代内阁设置以来最大的变化。隆庆六年(1572)六月二十三日,顾命阁臣高仪去世,第六天,即二十八日,礼部尚书吕调阳入阁。万历三年(1575),礼部尚书张四维入阁。万历六年(1578),礼部尚书马自强和吏部左侍郎申时行入阁。张居正临终时又密荐致仕的礼部尚书潘晟和现任吏部侍郎余有丁入阁。下诏此二人入阁的第二天,张居正病故,远在浙江的潘晟因"秽迹昭著""舆情共恶"而遭到严厉的弹劾,未能入阁,①故被张居正推荐入阁者共五人。现将这五位阁臣的行事风格列表说明如下:

姓名	行事风格	材料出处
吕调阳	"张居正当国,同列吕调阳莫敢异同"	《明史》卷213《张居正传》
张四维	高拱为首辅时,张四维"干进不已,朝士颇有疾之者"。因张居正推荐入阁,"谨事之,不敢相可否,随其后,拜赐进官而已。"	《明史》卷219《张四维传》
马自强	"虽持正,亦不能有所为,守位而已。"	《明史》卷219《马自强传》
申时行	"以文字受知张居正,蕴藉不立崖异,居正安之。"	《明史》卷218《申时行传》
余有丁	"性阔大,喜宾客,不设城府。"	《明神宗实录》卷155,万历十二年十一月己丑

从该表中不难看出,与首辅张居正在万历前期共事的这五位阁臣中,没有刚强之人,不可能与张居正相抵牾。《明史·张居正传》认为:"当是时,太后以帝冲年,尊礼居正甚至,同列吕调阳莫敢异同。及吏部左侍郎张四维入,恂恂若属吏,不敢以僚自处。"②张居正的个人意志因此能够得以推行,故《明史·申时行传》论道:"(张居正)揽权久,操群下如束湿,异己者率逐去之。"③《明史·张四维传》亦言:"当是时,政事一决居正。居正无所推让,视同列蔑如也。"④在回湖北葬父之时,小事由张四维"代拟旨,大事则驰报居正于江陵,听其裁决",⑤被边缘化的吕调阳则"坚卧称疾不出,累疏乞休"⑥。张居正因此开创了首辅个人独断的新例,明朝的决策中心便由北京转移到了湖北江陵,此为明代空前绝后之事。可以说,万历前期的内阁,表面上是集体内阁,实为张居正一人的独裁内阁。长期以来,人们所赞誉的张居正的权力,其实就是这种极不正常的独裁阁权。在这一政治生态中,与张居正共事的阁臣为了自保,职如纸糊,形同泥塑,在张居正目前唯唯诺诺,不敢吱声,故皆能在表面上与张居正暂时和谐相处,确保自己权位的稳当,以防被张居正赶出内阁。正如商传所言:张居正"是强势的,在他把持的内阁中,实在容不得任何强者的苗头","伴随居正而去的还有内阁的权威的丧失,留下的只是举朝的茫然"⑦。毋庸

---

① 谈迁:《国榷》卷71,万历十年六月庚戌,北京:中华书局1958年。

②《明史》卷213《张居正传》。

③《明史》卷218《申时行传》。

④《明史》卷219《张四维传》。

⑤《明史》卷219《马自强传》。

⑥ 夏燮:《明通鉴》卷67,隆庆六年七月乙卯,北京:中华书局1959年。

⑦ 商传:《走进晚明》,第95页。

置疑,在防范第二个张居正的缜密设计和刻意实践中,张居正利用或明或暗的方式,完全实现了自己的预定目标,暂时确保了自己阁权的绝对安全,没有出现此前他人取而代之的常例。与高拱的失败相比,尽管张居正较好地解决了与后宫和太监的关系,但同样没有解决好与皇帝的关系。《明神宗实录》的编纂者论道:"(神宗)冲年在疚,拱默受成于两宫,权不自制,惟恐外廷之擅。而顾命之臣自负付托之重,专行壹意,以致内猜外忌,同列阴行其谋,而内竖黠者亦谋间旧以自固,相比伺衅,骤移两宫之意,而权复偏有所归。后先同辙,相寻以败。专擅之疑,深中圣心。魁柄独持,以终其世。晚虽倦勤,而内外之间无复挟重恣行如初年者。主术所操,犹未得其大也。"①与世宗即位之初必须围绕新帝建立新秩序一样,万历初年也必须围绕神宗建立新的政治秩序,这是当时的头等大事,高拱与张居正等阁臣必须处理好与新皇帝的关系,否则下场与杨廷和等旧臣一样,甚至更惨。但他们二位都没能很好地解决这一问题,这是他们最大的政治失误。而张居正为了维持自己的首辅权力只能与太监勾结,政治风险更大,故比高拱付出的代价更高,受到的清算更严厉。

三、后张居正时代防范第二个张居正的出现

在张居正成功防范出现第二个张居正之后,后张居正时代无缝对接,对防范出现第二个张居正采取公开和严厉的手段,不遗余力,也完全达到了预期的目的。

长期以来,相当一部分学者对张居正的政治作风不能延续深表不满,并对反对张居正势力大加挞伐。其实这种看法是没有任何道理的。因为问题的根本在于张居正的权势只属于张居正个人,张居正的行事作风也只属于张居正个人,其他人根本不可能效法,也没有条件效法。除了前述被张居正推荐选拔的阁臣自身软弱之外,张居正的死,意味着万历初政即顾命政治的结束,这是万历政治的一大变化。要在张居正死后还延续其行政风格和特点,即要延续顾命政治,完全是不切合实际的臆想,既是对万历前十年的误读,也是对后张居正时代的误读,当然归根结底是对明代政治的误读。正是因为强势的张居正选择的都是弱势的阁臣,所以在他之后就根本不可能再出现第二个张居正来推进自张璁以来不断强化的阁权。也就是说,是张居正自己阉割了万历初期的内阁,使其后继者既无心也无力来延续张居正式的阁权。正如刘志琴所言:在张居正身边的次辅张四维、申时行,是"居于六部之上的内阁重臣,是主导政务的政治家,也是能不能继续坚持新政的关键人物,对这要害人物,张居正一个也没有看准"。②特别是为了与张居正彻底划清界限,避免使自己成为第二个张居正,张四维、申时行等阁臣坚决站在张居正的对立面,向天下表明自己决不做张居正式的阁臣,自然也就不会成为第二个张居正。如张四维"曲事居正,积不能堪,拟旨不尽如居正意,居正亦渐恶之。既得政,知中外积苦居正,欲大收人心"③,"力反前事,时望颇属焉"④。其与申时行"务为宽大","罢居正时所行考成法"⑤,"以次

①《明神宗实录》卷2,隆庆六年六月庚午,台湾"中央研究院"历史语言研究所校印本,1963年。
② 刘志琴:《张居正评传》,第358页。
③《明史》卷219《张四维传》。
④《明史》卷219《张四维传》。
⑤《明史》卷218《申时行传》。

招收老成,布列庶位,朝论多称之。"①摆脱顾命束缚的神宗也"乐言者讦居正短",②"居正诸所引用者,斥削殆尽"。③正如夏燮所言:"(申时行)在阁九年,政令务承上指,不能有所匡正。又惩居正综核之弊,一切务为简易。由是上下恬熙,法纪渐至不振云。"④死后的张居正受到皇帝和阁臣的全力碾压,尽管得到了后人的同情乃至喊冤,但无法超越现实的政治。君臣对张居正的清算在于试图结束张居正高压的顾命时代,不论张居正利用手中的强权做出了多大的政绩,在朝野上下皆要求结束其顾命政治的期望和呼声之中,清算张居正在短时期内符合民意。如对申时行沿用张居正密荐阁臣的做法,吏部尚书陆光祖就提出了尖锐的批评:"旧制,阁臣必由廷推,若令一人密荐,恐开植党之门。"⑤而从申时行密荐的赵志皋和张位两位阁臣上任后平淡的政治表现中,人们进一步看清了密荐阁臣的弊端,所以,朝野必然强烈要求摒弃张居正的做法,杜绝"植党树援""挟私"用人的再次出现。御史钱一本对张居正死后强势阁权的延续提出了批评:"朝廷之政,辅臣安得总之?内阁代言拟旨,本顾问之遗,遇有章奏,阁臣宜各拟一旨。今一出时行专断。皇上断者十一,时行断者十九。皇上断谓之圣旨,时行断亦谓之圣旨","我国家仿古为治,部院即分职之六卿,内阁即论道之三公。未闻三公可尽揽六卿之权,归一人掌握,而六卿有颡首屏气,唯唯听命于三公,必为请教而后行也","国家命相之大任,仅为阁臣援引之私物"。⑥由于张居正自身不正被攻击,故将其与严嵩败政行为相提并论,钱一本认为:"以远臣为近臣府库,又合远近之臣为内阁府库,开门受赂自执政始","故自来内阁之臣一据其位,远者二十年,近者十年,不败不止。嵩之鉴不远,而居正蹈之;居正之鉴不远,而时行有蹈之。继其后者庸碌罢驽,或甚于时行;褊隘执拗,又复为居正"。⑦

要结束顾命政治,清算张居正是不可避免的,这是专制政治的正常现象。学界需要理性探究的问题应该是为何被后人夸大能耐的张居正难以幸免。人们在讨伐反张的各种势力的同时,难道就不能正视张居正本人的责任吗?在担任首辅之时,他一方面把其他阁臣不放在眼中,颐指气使,盛气凌人,视为无有;另一方面,挑选的阁臣都是忍气吞声、逆来顺受的怯懦之人,无振兴之意,无担当之能。人们对后继阁臣无能的讽刺挖苦,事实上是对张居正所选阁臣的嘲弄。如张四维就是张居正与冯保联手选入内阁的。据《明史·张四维传》记载:"四维家素封,岁时馈问居正不绝。武清伯李伟,慈圣太后父也,故籍山西,四伟结为援。万历二年伟复召掌詹事府。明年三月,居正请增阁臣,引荐四维,冯保亦与善,遂以礼部尚书兼东阁大学士入赞机务。"张四维的入阁,集中反映着万历初年的政治生态,其与当时掌握最高权力的三方都有良好的关系。但让张居正根本想不到的是,他是在选拔自己的掘墓人。人们对后张居正时代的一再讥讽,事实上就是在揭露张居正的无能。目前学界对万历朝研究的最大问题,就在于人为地割裂首辅张居正时代与后张居正时代的关系,无限度地肯定前者而否定后

---

①《明史》卷218《申时行传》。

②《明史》卷218《申时行传》。

③《明史》卷213《张居正传》。

④夏燮:《明通鉴》卷69,万历十九年九月甲申。

⑤夏燮:《明通鉴》卷69,万历十九年九月丁丑。

⑥《明史》卷231《钱一本传》。

⑦《明史》卷231《钱一本传》。

者,并因此导致张居正的研究止步不前。

张居正刻意推选的阁臣确实在其生前给足了面子,既没有冒犯张居正,也没有像张居正那样在背后捣鬼而暗算张居正,使张居正的首辅地位得以稳定。这样一种只顾自己权势的短视目的和行为,是张居正最大的政治失误。张居正只顾自己的行政,而忽视身后政策的延续;只顾自己的权位,而不防后继者的背叛;只顾自己为所欲为,而无视后继者的厌恶与疏远。神宗为什么能够轻易地发动对张居正的持久清算,根本原因就在于张居正无力平衡各种关系,无力凝聚人心,无力培养忠于自己的政治势力,无力延续自己的风格。他应该明白,自己的权势不可能被其后继者所沿袭或复制,他的离世必然标志着政局的巨变和顾命政治的结束,无人能够填补他的空白。日本学者小野和子论道:“张居正施行了以强化对六科管理体制为内容的考成法,想封住批判政治的言论。但是,在张居正死后,考成法被接掌内阁的申时行事实上废止了。因为以他的政治力量,怎么也难以维持这样的体制。”①商传亦言:“自居正去世,内阁再无权威所言。一个失去内阁权威的明帝国,也就失去了它应有的政府管理。治国方面先天不足的明神宗们无法在短时间内担负起国家管理的责任。”②

反对和清算张居正,客观上就是在削弱阁权。此前高拱虽以“专擅”之名被驱逐,但张居正并没有开展对高拱“专擅”的清算,也没有像徐阶之于严嵩提出所谓的“三语政纲”来糊弄舆论,而是喜欢高拱式的“专擅”,而且是越“专擅”越好。但在张居正之后,清算首辅的“专擅”再不是虚晃一枪,走走过场,而是全面的、切实的、持久的政治运动。特别是在这一政治运动中,各方势力的认知高度一致,连张居正所选的阁臣都集体背叛,主张削弱阁权,避免再次出现张居正式的人物。万历十二年(1584),申时行向神宗疏言:“照得阁臣之设,所以备顾问,赞枢机,其务至繁,其职至重,必登延哲义,广集众思,乃可以裨翼皇猷,弼成治理。仰惟皇上聪明天纵,总揽权纲,万化聿新,百废具举,臣等才疏识暗,莫能仰佐下风,近又该臣余有丁病故,止臣等二人在阁,一应事务,窃恐办理不前,有负任使。今在廷诸臣人品学术,俱莫逃于圣览,伏乞皇上断自宸衷,简单求贤哲,以充是任。或查照旧例,敕下吏部,会同九卿科道官推举,上请圣明简用,以昭公道,以服舆情。”神宗允准,“着便会推堪是任的五六员来看。吏部知道”③。这样,就完全改变了张居正秘密推荐的做法,恢复公推使被推阁臣有了独立感,不再对首辅心怀感激而不敢发表不同意见,亦即不再属于首辅的附属者。然而由于对张居正的过度清算,内阁地位和作用的迅速下降是不可避免的。对此,阁臣叶向高倾吐了自己尸位素餐的尴尬处境:“自不肖受事以来,六曹之政,绝未尝有一语相闻,甚至上疏之后,揭帖亦无,直至发拟,然后知之。仓卒之间,无从商榷,直以意为之票答而已。至于事有壅格,则无人不相委罪,即六曹亦云:‘吾疏上已了矣,其得旨与否,阁臣事也。’故尝谓今日人情,论事权,则共推阁臣于事外,惟恐有一毫之干涉;论利害,则共扯阁臣于事中,惟恐有一毫之躲避。其难易苦乐已大失其平矣。而事无大小皆须催请。催请稍迟,便相督过。每日阁揭,常数十上,至有一事用二三十揭,而谭者犹病其缄默也。岂不困哉! 不肖无聊之中,每思高皇帝罢中书省,分置六部,是明以六部为相也,阁臣无相之实,而虚被相之名,所以其害一至

① 小野和子:《明季党社考》,李庆、张荣湄译,上海:上海古籍出版社,2013年,第105—106页。
② 商传:《走进晚明》,第186页。
③ 南炳文、吴彦玲:《辑校万历起居注》,天津:天津古籍出版社,2010年,第502—503页。

于此。"①

　　与所有阁臣特别是首辅不同的是,张居正遇到的神宗是明代在位最久的皇帝,在张居正去世后神宗又有38年的在位时间。由于神宗同样对张居正恨之入骨,所以张居正不可能被神宗所平反。"终万历朝,无敢白居正者。"②在反张运动持续而又深入进行之中,明代中枢政治受到致命打击,在张居正之后,再无强势阁臣出现,政治环境为之大变。于慎行说道:张居正死后,"太后惮上威灵,不复有所谕,辅导诸臣,亦不敢极力匡维,而初政渐不克终矣。江陵自失臣礼,自取祸机,败在身家,不足深论,而于国家大政,有一坏而不可转者,何也? 凡天下之事持之过甚,则一发而溃不可收,辟如张鼓急则易裂,辟如壅水决则多伤"。③尽管防范出现"专擅"的第二个张居正的目标实现了,但在这一过程中,明朝也就同步走向衰亡。看似热闹的晚明其实就像迷失方向的破船漫无目的地乱撞,"当事者痛饮于危墙之下,歌笑于漏舟之中"。④孟森先生认为:"熹宗,亡国之君也,而不遽亡,祖泽犹未尽也;思宗,自以为非亡国之君也,及其将亡,乃曰有君无臣。夫臣果安往? 昔日风气未坏,正人君子,屠戮之而不能遽尽,故无君而犹有臣;至崇祯时,则经万历之败坏,天启之椓丧,不得挽回风气之君,士大夫无由露头角矣。思宗而在万历之前,非亡国之君也;在天启之后,则必亡而已矣。"⑤此言虽有一定道理,但"无臣"并不是缺少人才,缺少能臣,而是朝臣失去了发挥作用的机制,其根本原因就在于内阁制度的破坏和由此导致的人心涣散。天启元年(1621),御史袁化中认为当时的政治是"宫禁渐弛""言路渐轻""法纪渐替""贿赂渐章""边疆日坏""职掌渐失""宦官渐盛""人心渐离",⑥可谓一针见血。在熹宗折腾之后,要凭崇祯皇帝一人的单打独斗根本不可能阻挡明朝灭亡的趋势。对此,崇祯五年(1632)兵部员外郎华允诚就有清醒的认识,他说:"窃见三四年来,皇上焦劳于上,群百工执事鞅掌拮据于下,匆匆孜孜,日不暇给。而法令滋章,臣民解体,人才荡尽,根本受伤,此臣所谓可惜可忧者也……庙堂不以人心为忧,政本不以人才为重,四海渐成土崩瓦解之形。"⑦正是由于内阁的疲软和阁权的流失,明朝政治中枢失去了支柱,其他力量没有能力填补空缺,导致议论纷扰,"书生误国",无人担责。对于万历时期,黄仁宇论道:"大明帝国却已经走到了它发展的尽头。在这个时候,皇帝的励精图治或者宴安耽乐,首辅的独裁或者调和,高级将领的富于创造或者习于苟安,文官的廉洁奉公或者贪污舞弊,思想家的极端进步或者绝对保守,最后的结果,都是无分善恶,统统不能在事业上取得有意义的发展,有的身败,有的名裂,还有的人身败而兼名裂。"⑧高寿先亦言:"皇帝权威的下降和党社运动的活跃,也未能促进政治体制的变革,反而干扰了朝廷解决问题的能力。"⑨在这种政治和社会的生态中,指望明朝在自身不保的情况下带领17世纪中叶的中国进入新时代,是根本不可能的。任何对晚明社会"新因素"的放大

　　①　叶向高:《与申瑶老第二书》,(明)陈子龙等:《明经世文编》卷461,北京:中华书局,1962年。
　　②《明史》卷213《张居正传》。
　　③　于慎行:《谷山笔麈》卷2《纪述二》。
　　④　梁份著,赵盛世等校注:《秦边纪略》卷1《西宁卫》,西宁:青海人民出版社,2016年。
　　⑤　孟森:《明史讲义》,上海:上海古籍出版社,2008年,第264页。
　　⑥《明史》卷144《袁化中传》。
　　⑦　孙承泽:《春明梦余录》卷24《内阁二·纶扉药石》,北京:北京出版社,2018年。
　　⑧　黄仁宇:《万历十五年》,第238页。
　　⑨　高寿仙:《变与乱:明代社会与思想史论》,北京:人民出版社,2018年版,第337页。

和鼓吹,都是只见树木不见森林。

结　语

在晚明史的研究中,一些学者过多地注意了明代新因素的出现,而极少关注明代政治的真正走向。事实上,16—17世纪的明代社会变迁是缓慢的,传统政治仍然起着极大的作用。明代政治中枢与社会如何互动,是研究晚明社会变化的核心问题。后张居正时代阁权的衰落使朝廷控制社会的能力迅速下降,即明代国家的领导力越来越弱,而当时社会的发展不可能产生新的力量来弥补这一权力巨变中的真空,相反依然需要强有力的中央集权。也就是说,晚明时代并不意味着需要一个弱化的中央集权,否则,面对日益繁杂的内外情势,无法做出正确的选择和强有力的政治引导。在晚明时代,强力的行政中枢决策仍然是第一位的。而在防范出现第二个张居正式的"专擅"阁臣的集体无意识的喧嚣中,除了张居正个人及家庭遭遇无情的打击和羞辱之外,明朝政治也因此付出了惨重的代价,影响深远,教训深刻。可以说,在这一集体无意识的喧嚣与争闹之中,反映出晚明社会的迷茫与无奈。在防范第二个张居正所导致的政治中枢弱化的背景下,各种政治势力都不会成为赢者,没有任何一种力量能来承担挽救明朝命运的历史重任。

在这一历史演变中,不能因为张居正有功和付出代价而完全忽略张居正个人的责任。在张璁之后,明代内阁功能的弱化从张居正夺取首辅的那一刻就开始出现了,只是张居正本人根本没有意识到自己的行为对未来政局的巨大影响。张居正生前与身后两个阶段防范第二个张居正的出现,其实反映的是同一个问题,都是在不自觉的政治活动中完成的,而且都真正达到了各自的目的。换言之,张居正赶走高拱而防范第二个张居正的出现,标志着晚明政治的开始,自然也是晚明政治的最大特点,这是明代独有的政治现象。长期以来,学界以"改革"的视角来认识张居正的思维模式又极大地掩盖了这一现象,导致对张居正认识过于片面,使对晚明政治缺乏深度认知和理性反思。

从政治制度的角度来讲,"明亡于万历"其实就是亡于万历时期内阁制度的破坏,而这个起点并不是在张居正去世之后,而是在张居正夺取首辅之时。不论是首辅张居正,还是亲政后的明神宗,他们严防第二个张居正的出现,事实上都是在有意或无意地冲击着内阁制度,使嘉靖以来不断增强的内阁中枢化进程被打断,并发生逆转,不可收拾。"明亡于万历"表明明朝的灭亡是一个渐进的过程,其亡国的根本原因在于中枢政治出现了严重的故障,自身又无力修正。长期以来,学界以张居正个人来命名万历新政,一再凸显所谓"张居正改革",从另一个侧面说明张居正在万历初政中的绝对影响力,年幼的皇帝处于被架空的状态,使万历初政在张居正个人权力的异化中逐渐走向不可控制,延至崇祯时彻底崩溃。

(作者田澍,西北师范大学历史文化学院教授、中国历史研究院田澍工作室首席专家。原载《史学集刊》2020年第4期)

明代中期社会变革的再探讨

——兼以王国光的事迹为观察视角

彭　勇

　　明代的历史进入到中期,各种矛盾陆续出现,化解危机成为统治者阶层必须面对的重要问题。穷则思变,从中央到地方,要求变革的呼声渐起。明代中期时,已有"弘治中兴"之说,它可以视为孝宗即位后尝试以明初"祖宗法制"来整肃统治秩序的短暂努力,到正德时,各种矛盾变得越来越尖锐。嘉靖初立,以稳固皇权为动机和契机进行了"大礼议",君臣力图更新气象,采取一系列以政治为中心的变革。嘉靖中期以后,在地方官的主持下,尝试进行了以赋役改革为中心的革新运动,逐渐汇成改革浪潮,到隆庆朝至万历初年,社会大变革达到高潮,是为"张居正改革"。期间,王国光相继执掌户部和礼部,是万历大变革重要的参与者和组织者,其历史贡献不可泯灭。

　　对以张居正改革为中心的明代中期变革的评价,不同时代、不同学者的差别比较大,有认为张居正是伟大的改革家、挽救了明朝危亡的,也有认为他无一新政、不过是沿袭旧章而已;有人认为他为此后的晚明开创了一个新时代,也有人认为他的做法不过是旧制度下"无解"的循环。本文尝试在前人研究的基础上,把张居正改革置入整个明代中期的历史时段内,对明代中期的社会变革及其对后世的影响谈一点认识,以丰富对明代这段历史的认识和理解。同时,鉴于对这一时期参与改革的重臣王国光的表现研究尚可深入,故结合他的事迹对张居正改革再加以分析。

一、学界对明代中期社会变革认识的分歧

　　传统史学界对明代中期变革浪潮的定位或评价,在不同历史时期有不同的观点,时代不同,观察的视角不一,这大抵是可以理解的。近代以来,对张居正改革的评价总体是予以充分肯定的,20世纪六七十年代,张居正被视为法家思想的代表,是"中国古代三大改革家"之一。近三十年来,对张居正改革的评价趋于多元,一些批评的声音也有出现,如毛佩琦教授发表有几篇论文,认为"对张居正无限拔高的做法是不妥的,因为它违背了历史逻辑"[①]。他认为,张居正够不上一位改革家,因为没有提出足以挽救明朝统治衰败的根本办法,只是对旧制度修修补补,使其得到加固。他说:"改革是一个怎样的概念? 改革就是破旧立新,就是推动社会进步。一个'旧'、一个'新'是其中的关键所在,进步则是改革的结果。在这个意义上,中国历史上有一些人被称为改革家,是大家公认的、无异议的,比如商鞅,比如王安石",但张居正不能称之为改革家,"他更强硬、更专制,更强调维护传统秩序。他并没有

---

① 毛佩琦:《无关进步改革:从历史逻辑出发给张居正定位》,《博览群书》2010年第10期。

提出系统的新法去取代旧法。"①

　　高寿仙先生的看法则与之有所不同。他认为:"事实上,要给改革下一个严谨、周延的定义,是非常困难的,更不可能提出一套量化指标。因此,还是'允执其中'为好。即凡是针对旧体制弊端或危机局面,提出成系统的变革或整顿方案,付诸实施并产生较大社会影响的行为,都可称之为改革,无论其结果是好是坏,是成是败。""改革皆起因于深刻的社会背景。改革的发生,绝非个人或集团的心血来潮,而是产生于深刻的社会背景下。"②对张居正改革思想的研究,高先生认为:"张居正既是一位率有成效的政治实干家,又是一位独具特色的政治理论家……张居正继承并融贯了儒法两家的政治理念和治国技术,形成了一种崇尚实学的实用主义政治理论",在文章中,作者仍然称张居正是"明代著名改革家"。③

　　从学术层面上讲,传统的"张居正改革"有被"隆万改革"的称谓所取代的明显倾向,这已成为普遍共识。不过,学者的探讨也存在差异和分歧。韦庆远先生认为,所谓的张居正改革,应该从隆庆三年(1569年)高拱复出、张居正任重要阁员开始。④高寿仙先生称之为"隆万大改革",他认为:"隆万大改革始于明穆宗继位,终于张居正去世。隆庆大阅的发起者,正是锐意改革的一代名臣张居正。他建议皇帝'饬武备''申严军政,设法训练'……张居正溘然长逝,改革戛然而止,明朝开始走上衰亡之路。"⑤长期研究高拱的岳金西、岳天雷二先生则认为,高拱在位及其主政时期的改革,实际是万历改革的先导,必须充分肯定高拱的改革地位。⑥田澍先生《嘉靖革新研究》(中国社会科学出版社,2002年)提出明代中期的改革,以嘉靖"大礼议"开始的嘉靖革新为标志。嘉靖革新说也面临学者的质疑,如颜广文教授就认为,嘉靖在"大礼议"之后的长期怠政,明朝的政治、军事等形势并没有明显的好转,反而有所恶化,田先生视"张居正改革为嘉靖革新的余波"的观点判断有误。⑦此后,田澍先生在坚持已有的"张居正时代是嘉靖革新的余波"基础上,认为"嘉隆万改革"是明代改革的新模式,而"嘉靖革新"是明代历史的转折点。⑧

　　对张居正改革及其时代意义的评价,当下的学界也存在较大的分歧。如前述,在毛佩琦先生看来,张居正的历史作用被夸大了,他甚至认为"张居正的改革,与同朝大多数官僚的治国理念并无不同",他说:"张居正对旧制度修修补补,使其得到加固,如同给垂死的旧制度服了一剂强心剂,延缓了它的寿命。但是,通过加强专制巩固旧制度,是与当时迅猛发展的社会经济和思想解放潮流背道而驰的。所以张居正死后,社会变迁的潮流如同洪水冲决堤岸,不可阻挡,明朝历史进入了转型期。张居正成了最后的卫道士,历史走向了他的反面。"⑨秦晖先生认为,张居正丈田的时候,"都说是丈权贵隐

---

　　① 毛佩琦:《张居正改革,一个神话:为张居正正名》,《晋阳学刊》2010年第4期。
　　② 高寿仙:《改革需要智慧——"改革"之义》,《金融博览》2012年第7期。
　　③ 高寿仙:《治体用刚:张居正政治思想论析》,《江南大学学报》2013年第1期。
　　④ 韦庆远:《张居正和明代中后期政局》,广州:广东高等教育出版社,1999年。
　　⑤ 高寿仙:《"大阅"之礼的面子与里子:作为改革产物的明代隆万大阅》,《人民论坛》2015年第25期。
　　⑥ 高拱:《高拱全集》(上下)(岳金西、岳天雷整理),郑州:中州古籍出版社,2006年,序言。
　　⑦ 吕延明、颜广文:《"张居正改革""隆万改革"还是"嘉隆万改革"——明朝中期改革》,《广东教育学院学报》2010年第4期。
　　⑧ 田澍:《正德十六年——"大礼议"与嘉隆万改革》,北京:人民出版社,2013年,第6—16页。
　　⑨ 毛佩琦:《张居正的历史作用被夸大了》,《北京日报》2013年1月21日第9版。

匿的田,可实际丈的都是老百姓","真正清丈都是清丈到没有权势的老百姓头上……而如果不丈田,那些权贵会更厉害";他认为"这些问题在体制没有改变之前没有办法跳出怪圈";他又说:"如果体制真的松懈下来,真正占到好处的也不是老百姓。所以这个问题在当时是个无解的问题,就这个无解的问题而言,我觉得不管是司马光式的还是张居正式的,形成一种循环很难避免",所以,他的结论就是:"制度不变,思想难有作为……与其说是时代局限性,不如说是制度的局限性",基本否定了在明朝后期革新的努力,实际上"是白费的"。①

相反,万明教授结合对《万历会计录》的研究,高度评价张居正改革的时代意义,"张居正改革改变了中国两千年传统财政体系,改革前以实物和力役为主,改革后以白银货币为主,财政体系的转型是传统中国走向近代国家的历程,无疑是中国近代化的历程"。"晚明中国进入了一个由货币商品经济发展启动的大动荡、大转折、大变革时代。危机与转型是时代赋予的特征,张居正改革前面临的危机不仅是财政危机,也是统治危机;张居正改革后转型的不仅是国家财政体系,而且是中国传统国家向近代国家的转型。处于时代拐点的张居正改革的意义正在于此。"②

显然,改革的作用有主观目的和客观影响之别,二者不可以划等号。实际上,即便是学界普遍认可的"一条鞭法",它的推行是在明代国家财政结构发生了重大变化的背景中自下而上分别进行,而非自上而下的统一实行,各地的办法和标准并不一致,这样的观点在学界尚未形成共识。此外,即使是明后期财政白银化倾向加剧,但对比隆庆至万历初年、万历中后期的财政收入状况,除了明末"三饷"加派之后白银所占比例大幅度上涨外,与清初之后财政收入中的白银规模量相对,明朝与清初也是不可同日而语,对晚明白银的认识仍然存在很大的分歧,这些问题都值得我们慎重、深入的探讨。

二、对明代中期社会变革的新认识

以张居正改革为标志的社会变革,实际上是明代中期统治者阶层自上而下的自救运动。当社会矛盾影响到统治秩序时,从皇帝到各级官员势必要尝试改变,寻找应对措施。如果说"弘治中兴"是孝宗尝试用明初"祖宗之法"来挽救危机的努力的话,杨廷和借皇位更迭时尝试除旧布新,世宗则是以藩王登基的"大礼议"为契机,迎来了政治革新的良机。到嘉靖中后期,尽管世宗怠政,但明朝的行政运作机制,仍然给各级地方官以赋税为中心的改革权限,一条鞭法在多地自发推行;隆万年间,高拱、张居正主政,明代中期的社会变革汇聚成了高潮。到万历十年(1583年)张居正被抄家之后,改革气象渐失,明代政局越来越恶化。因此,明代中期的社会变革呈现明显的阶段性特征。

第一阶段:以"大礼议"为契机的政治改革

武宗遗诏和世宗即位诏都体现出了对正德朝弊政的批评,杨廷和利用其主政的短暂时间,旗帜鲜

---

① 2017年6月17日晚,韦庆远先生《张居正和明代中后期政局》一书再版之作《暮日耀光:张居正与晚清政局》(江苏文艺出版社,2017年)出版座谈会上的发言。秦晖教授的发言稍后被录音整理发表,名为《制度不变革,古代王朝的改革陷入怪圈》,载凤凰网(2017-06-26)[2023-03-05],http://finance.ifeng.com/a/20170626/15486138_0.shtml。笔者应邀参加了此次座谈讨论。

② 万明:《传统国家近代转型的开端:张居正改革新论》,《文史哲》2015年第1期。

明地表达了政治改革的决心。①而嘉靖以枝藩入继大统,给政治改革提供了良好的契机。因此,看似敌对的统治者阶层,都在想办法努力改善政治环境,而不是延续正德朝留下的秕政。这正像嘉、隆、万时期的阁臣争斗虽然激烈,但内阁首辅们在稳定自己的政治地位后,也都努力做出一些政绩,以治国平天下。

嘉靖三年(1524年),"大礼议"之争初告一段落,明世宗初步获胜,他开始把大礼议与除旧布新结合起来,他说:"凡旧章未复,弊政未除,人才未用,民生未安,边备未饬,军储未充,一切有裨于政理、利于军民者,其一一条具奏闻,朕将举而行之。期于得万国之欢心,致夫人之祐助,以成至治,以全大孝。则朕之志于是乎可慰矣! 布告中外,咸使闻知。"②在张璁、桂萼等"大礼新贵"的辅佐下,明世宗以此前的革新为基础,继续采取一系列大胆而务实的变革措施,其中之一是扩大内阁事权。明世宗继位后,朝臣鉴于此前宦官专权之害,力主政归内阁。张璁当上首辅后,"排六卿而成相之尊"③,内阁开始侵夺六部之权。内阁事权扩大,提高内阁地位,旨在加强专制皇权,排挤、压迫不肯服从者,隆万时期的内阁成为改革的组织者,即与此为关。嘉靖前期的政治改革,还包括整顿都察院、革除镇守中官、革除外戚世封和裁减宗室禄米等等。④

然而,随着统治地位的不断巩固,明世宗革新的劲头越来越小。世宗长期深居西内,疏于上朝听政。由于言路闭塞,正直之士难以立朝,而柔媚奉承之徒却可依媚得宠,得到重用。内阁权重之后,内阁首辅成为中央辅政体制中权力斗争的焦点。嘉靖十四年(1535年),张璁因病垂重而去职,接替他担任首辅的是夏言,而后又有严嵩和徐阶,他们都投明世宗之所好,以赞助玄修、善写青词而得宠。处于外廷权力中心的辅臣大都是这种角色,特别是出任首辅达15年之久的严嵩,排斥异己,遍引私人,贪污受贿,卖官鬻爵,政治腐败出现了新的情况。当然,必须肯定的是嘉靖前期的政治革新,一是付诸了努力,二是产生了一定的积极影响。

第二阶段:嘉靖中后期地方官员主导的经济改革

嘉靖初年主要进行的是政治改革,严峻的经济和社会问题并没有太多涉及。早在成化、弘治至正德年间,由于商品经济的快速发展,引发社会消费观和风气的变化,明初的许多经济制度已不太适应社会发展的需要。因此,以赋役改革为核心的经济改革已迫在眉睫。这时的改革呈现分散进行、探索渐进式的特点。

明代赋役的主要特点:一是以籍定役,二是完纳钱粮。前者划分了不同的户类,后者以各纳税单元完成额定的赋役为原则,同时赋予地方官员在赋役征派时一定的自主权。江南对赋役的自我调整

---

① 目前学术界研究明代遗诏和即位诏的大部分学者均认为,改元更化是清理旧朝弊政、树立新政的重要时期,如赵轶峰认为"嘉靖以藩王入继大统,对'合法性有特别交代',并显示出鲜明的'去正德化'和限制皇权的士大夫改革意向"(《明代中期皇帝的即位诏——从景泰到嘉靖》,《古代文明》2013年第1期)。李静:《一道非同寻常的"即位诏"——明世宗'即位诏'与嘉靖初期改革》(《西南大学学报》2007年第5期)认为即位诏反映了杨廷和等人对正德弊政的清醒认识,并成为嘉靖世宗改革的重要内容。田澍充分肯定嘉靖前期的政治改革,但认为张璁是隆庆万改革的开启者,杨廷和并不具备革新的条件(见前引《正德十六年》第101页)。

② 《明世宗实录》卷43,"嘉靖三年九月丙子"条,台北:"中央研究院"历史语言研究所校勘本,第1121页。

③ 王世贞:《嘉靖以来内阁首辅传》序,丛书集成初编本。

④ 嘉靖前期的政治革新,参见田澍《正德十六年——"大礼议"与嘉隆万改革》,北京:人民出版社,2013年,第139—213页。

比较早。宣德年间,江南巡抚周忱创"平米法",对田赋运输的附加税即"加耗"进行调整,以均平负担。他的改革遭到重重阻力,景泰二年(1451年)被罢官,改革随之流产。此后,又有一批巡抚、知府,先后在浙江、南直隶、福建等地推行过类似的改革。不过,这些改革都没有涉及田则和科则等问题。随着改革的深化,正德以后开始出现以改变征收科则为主的改革。正德十四年(1519年)都御史许庭光上疏,请求官民田"各均一则办纳税粮"。不仅实质上、就连名义上也实行官民田一则起科的改革也出现了。嘉靖十六年(1537年),明世宗采纳礼部尚书顾鼎臣的建议,命右副都御史、应天等十府巡抚欧阳铎清理江南田赋。欧阳铎提出"计亩均输"的改革方案,保留原黄册上登载的科则不动,而用摊派不同数量的耗米和金花银,来调整不同科则田地的负担,使之趋于均平,时称"牵耗""摊耗""均耗"。欧阳铎的门生、苏州知府王仪在苏州府积极推行此法。从嘉靖前期到万历前期,常州、松江、宁国、应天、镇江各府和浙江、江西、福建等地都纷纷仿效欧阳铎、王仪的做法,施行"官民一则"的改革。明代常州人唐鹤征对这种官民田一则的改革极为不满,认为它"上夺朝廷之田,以惠奸宄"①。改革中出现不同的声音,也是很正常的。

一条鞭法最初的倡导者是桂萼。嘉靖九年(1530年),吏部尚书、武英殿大学士、曾经有过三任知县经历的桂萼,根据他过去在成化县任内改革赋役的经验,提出了"清图""清籍""攒造""军匠开户""新增田地""寺观田土"和"编审徭役"七项改革方案②。他在"编审徭役"中建议,徭役不再按黄册派定的年份轮当,而是由县、州、府、布政司层层汇总,以一省之丁粮,分派一省之徭役。五个月后,御史傅汉臣在奏疏中,将户部根据桂萼拟定的赋役改革措施称为"一条鞭法",奏曰:"顷行一条鞭法,十甲丁粮总于一里,各里丁粮总于一州一县,各州县总于府,各府总于布政司。布政司通将一省丁粮均派一省徭役内,量除优免之数,每粮一石审银若干,每丁审银若干。斟酌繁简,通融科派,造定册籍,行令各府州县永为遵守。则徭役公平而无不均之叹矣。"③

桂萼的徭役改革方案并未能在全国推广开来。在经济发展水平较高的江南地区,一些开明的地方官,针对当地的具体情况,便自发进行改革的实验,形成一股改革的潮流。这些改革试验名称并不统一,有叫"一条鞭"的,或"一条边""条编""条边""条鞭""总编""类编""明编"等等;改革的对象也不甚一致,有的是针对徭役的改革,有的则是针对田赋,有的是针对役的编审方法,有的则针对征收方式或者解运方式。嘉靖十六年(1537年),应天巡抚欧阳铎鉴于苏松地区严重的税负不均,试行"征一法",即"总征银米之凡,而计亩均输之",④并对均平差役也提出了许多设想。这种征一法,实际上是一条鞭法产生的前奏曲。嘉靖四十年,广东巡按御史潘季驯试行"均平里甲法",变革力役制度,"先计州县之冲僻,以为用之繁简,令民各随丁力输银于官,每遇供应过客一切公费,官为发银"⑤。此法深得民心,经朝廷批准,在广东全省实行。嘉靖四十年(1561年)至隆庆初年,浙江巡按御史庞尚鹏多次试行

① 顾炎武:《天下郡国利病书》,《常镇备录》,上海:上海古籍出版社,2012年,第753页。
② 《明世宗实录》卷118,"嘉靖九年十月戊寅"条,第2814—2815页。
③ 《明世宗实录》卷123,"嘉靖十年三月己酉"条,第2970页。
④ 张廷玉等:《明史》卷78,《食货志一》,北京:中华书局,1975年,第1900页。
⑤ 《明世宗实录》卷492,"嘉靖四十年正月庚寅"条,第8181—8182页。

赋役改革,推行一条鞭法,其意在公平税负、简化税制、杜绝经手胥吏营私舞弊。后来他任福建巡抚,也倡导"一条鞭法"。王宗沐在嘉靖中期先后担任江西提学副史、山东左布政使、右副都御史总督漕运兼巡抚凤阳等职,在各任内都积极推行一条鞭法,将赋役合并,总征均支;征收不轮甲,通一县丁粮均派。海瑞在嘉靖末年任江西兴国知县时,也推行过一条鞭法。隆庆三年(1569年)六月出任应天巡抚时,又在丈量土地、扒平田则的基础上推行自行设计的一条鞭法。上述赋役改革的尝试,为张居正时代的赋役改革提供了蓝本。①

第三阶段:隆万年间张居正主导的全面改革

嘉靖中后期,中央层面的政治环境、军事防御、民族关系和财政状况等,并没有因此有明显的好转,相反,像"北虏"和南倭的矛盾持续激化。隆庆元年(1567年),户部尚书马森清查内库太仓银情况时就说:"太仓见存银一百三十万四千六百五十二两,岁支官官俸该一百三十五万有奇,边饷二百三十六万有奇,补发年例一百捌十二万有奇,通计所出须得银五百五十三万有奇。以今数抵算,仅足三月。"②

张居正于隆庆元年(1567年)入阁为大学士。明穆宗死后,明神宗年幼,阁事由他主持,前后当国十年。由于当时社会改革的各项条件已具备,改革措施基本得到贯彻落实,并产生了积极的成效。

以张居正为代表的改革实践,在隆庆年间就已经逐步展开。他与他的两位前任徐阶和高拱密切配合,不断从中央层面推进改革措施。在军事改革方面,鉴于当时重文轻武、以文驭武的弊病,破格提拔了一批军事将领,如谭纶、戚继光、王崇古、方逢时和李成梁等人,给他们更多的实权。这些武官也全力支持张居正在各个领域的改革。隆庆年间,明代的两大"边患"都得到了解决,实现了"隆庆开关"和"俺答封贡",张居正等大臣功不可没。

在政治改革方面,立"考成之法"。考核的程序是以部院考察抚按、以六科监督部院、以内阁督查六科,所以内阁就总揽了行政责任和监察责任,内阁首辅掌控官员的命运。在经济领域推行的一条鞭法和清丈土地,也陆续在发挥作用。此外,他还整顿学校,倡导务实之学。张居正认为"养士之本,在于学校",通过整顿学校的教育、教学风气和理念,打造"务实黜虚"的良好学风,为"尊主权、课吏职、信赏罚、一号令"的改革创造良性发展的外部环境。所以,端正士风和学风被纳入改革体系之中。

张居正改革对明代以后的社会经济影响是巨大的,直接的影响是清丈田亩和推行一条鞭法卓有成效,解决了困扰政府的赋役不均、百姓苦于科差、中央财政征解困难等问题,国家财政状况大为改善。张居正"力筹富国,太仓粟可支十年,同寺积金,至四百余万",成为正德以来国家财政最好的时期。他"严考法,核名实,清邮传,核地亩,一时治绩炳然","十年来海内肃清"。③

改革的间接影响尤为深远。明代中后期的白银货币化浪潮已经席卷政治经济与社会生活的方方面面。明代国内市场与世界市场也连接起来,全球的白银源源不断地流入中国。受到世界市场的影响,中国的白银价格也出现了明显的变化。明末的财政状况、白银流通状况以及明朝的国运,紧紧地

---

① 彭勇:《明史》,北京:人民出版社,2019年,第141—144页。

②《明穆宗实录》卷15,"隆庆元年十二月戊戌"条,第414—415页。

③ 谷应泰:《明史纪事末本》卷61《江陵柄政》,北京:中华书局,2015年,第958页。

结合在了一起,并对清前期经济产生很大的影响。①

三、从王国光的宦绩看万历初年的改革

张居正执政时代,是明代社会改革的高潮。如本文第一部分的评述,对张居正改革的命题能否成立? 他到底进行了哪些改革? 应当如何评价? 本部分尝试换一种观察的角度来阐释自己的观点,即通过王国光在改革大潮中的表现来审视张居正及其时代的变革。

王国光,字汝观,山西阳城人。嘉靖二十三年(1544年)进士,初授吴江知县,后升兵部主事,改吏部,屡迁户部右侍郎。隆庆四年,任职于户部,再督仓场。神宗初年先任户部尚书,主持编写《万历会计录》,进呈御览。万历五年(1577年),因吏部尚书张翰被罢,王国光再主理吏部。王国光担任明代中央六部最重要的两个部门尚书的时间,恰是张居正当国之期,他也被认为是张居正最信任的官员之一,是张居正主持改革时期负责人财政和人事最重要的辅臣之一。也由于这一原因,"及居正卒,御史杨寅秋劾国光六罪。帝遂怒,落职闲住。已,念其劳,命复官致仕"。②

毫无疑问,王国光是万历初年张居正改革的直接参与者,对王国光事迹的考察有助于我们了解这场改革的实际运作。幸运的是,王国光留下来他编修的两部重要文献,一是《万历会计录》,二是《司铨奏草》,分别记录了他在户部和吏部任职时的重要活动,为我们提供了张居正改革的重要内容。

(一)万历初年的经济改革与《万历会计录》

隆庆二年(1568年)张居正所上的《陈六事疏》,被视为他全面改革的重要规划方案。经济改革是张居正改革最重要的内容之一,也是对自嘉靖后期和隆庆年间地方赋役改革的继续、深化和全面展开。

今天我们看到的《万历会计录》,最初是由户部尚书王国光与侍郎李幼滋等人编辑的有明一代直到万历初年的经济文书,再到万历六年(1578年)由新任户部尚书张学颜主持再行订正后进呈的。"会计录"之中大量收录了王国光主持进行的经济改革措施,他处置国家财政管理的重要批复数百条,涉及经济运行的方方面面,凡田粮、边镇饷数、库监、光禄、宗藩、职官俸禄、漕运、仓场、屯田、盐法、茶法、钱法、钞关和杂课等,多有更张损益。虽然因会计录编辑体例的需要,内容被大量删减,但仍可见他在这一时期参与改革经济管理制度的贡献,为张居正改革提供了最强有力的经济保障。

张居正就任内阁首辅之后,对于创制已历50年之久而又议论纷纭、数行数止的一条鞭法,是持坚决支持态度的。万历元年,他在给应天巡抚宋阳山讨论条编问题的信中即表示:"仆以一身当天下之重,不难破家以利国,陨首以求济,岂区区浮议而摇夺者乎? 公第任法行之,有敢挠公法、伤任事之臣者,国典俱存,必不容贷。"③后来,他在给山东巡抚李世达的信中,更断然表示,为推行一条鞭法,将不惜付出最大的牺牲:"仆今不难破家沉族,以殉公家之事,而一时士大夫乃不为之分谤任怨,以图共济,亦将奈之何哉? 计独有力竭而死足矣!"④但是,张居正又极为冷静清醒,他深知一条鞭法的推行是件

① 彭勇:《开创明代国家财政研究的新局面——读〈明代《万历会计录》整理与研究〉》,《古代文明》2017年第2期。
② 《明史》卷225《王国光传》,第5914页。
③ 张居正:《张太岳集》卷26,《答应天巡抚宋阳山论均田足民》,上海:上海古籍出版社,1984年,第317页。
④ 《张太岳集》卷29,《答总宪李渐庵言驿递条编任怨》,第349页。

十分复杂的工作,各地情况千差万别,因此就任首辅后并没有马上发布在全国普遍推行一条鞭法的政令,而是强调:"行法在人,又贵因地","须得良有司行之耳",①主张采取因地制宜、慎重灵活的政策。如果当地条件已经成熟,又"得良有司"即有坚决支持一条鞭法而得力的负责官员,即推行之;否则,不应勉强推行。

万历元年(1573年),张居正大力鼓励和支持地方官员推行一条鞭法。他认真选拔和重用一批能干的官员到地方任职,大力推行一条鞭法。万历二年(1574年)擢用早年任吴县知县时曾"计役授田",转为御史后又曾数忤严嵩父子的宋仪望,去巡抚赋役不均最为严重的应天府。宋仪望到任后,从万历二年至四年,一面大力进行清丈,另一面结合清丈推行条鞭,除苏、松、常、嘉、湖等中心地区之外,连较为边远的滁州、和州、池州等地,也开始改行条鞭。万历四年(1576年)三月,张居正又擢用一条鞭法的早期创建者之一、在广东试行卓有成效的潘季驯出任江西巡抚,并授予兼理军务、全责裁理民田、官田和军(屯)田的事务。潘季驯入赣后,即率省内府卫各官亲临地方,清勘田亩,"以人认地,以地计田,以田计粮"②。同年冬,张居正起用一条鞭法的创建者之一、后因得罪巡盐都御史郜永春而被罢斥为民的庞尚鹏,到福建担任巡抚。仅一年半稍多一点时间,福州、延平、建宁、邵武、泉州、兴化、汀州等府以及福宁州,便改行条鞭,其速度之快远超各省。

正是由于张居正的大力支持和鼓励,一条鞭法迅速推行,涉及的地区和取得的成就,都是嘉隆时期远不能比拟的。至此,一条鞭法全面铺开的时机已经成熟,加上万历八年底下令在全国清丈土地,重新编制鱼鳞图册,又为推行一条鞭法扫除了一大障碍,张居正便在万历九年(1581年)下令在全国普遍推行一条鞭法,这就是《明史·食货志》所说的"(条鞭之法)嘉靖间数行数止,至万历九年乃尽行之"。所以,梁方仲明确指出:"条鞭法到了万历初年发展得甚快。这件事与当时首相张居正锄抑豪强的政策相配合。如果没有张居正的极力支持,条鞭法恐怕不易推行。从这点说,我们认为张氏是推行一条鞭法最有功的人亦未尝不可。"③这一时期经济措施的推行和人事调整,都得到了王国光的密切配合,《明史》称赞王国光"有才智,除掌邦计,多所建白"。

王国光最初完成的《万历会计录》是张居正改革时代的部分产物,其中的赋税征收与支出,已呈现逐步走向采用统一白银为计量单位的发展趋势。但当时还未展开普遍的田亩清丈,一条鞭法也未推向全国,因此这一财政总册中还保存有不少实物部分,计量单位并未完全统一,呈现新旧混杂的现象。到万历中期,在清丈田亩和普遍推行一条鞭法之后编撰的《赋役全书》中,这种计量标准混杂的现象便不复存在,即使一些地方仍有实物征收,但都以白银作为统一计量单位。国家的财政体系,由以实物为主向以白银为主转变,具有重大的历史意义。

(二)《司铨奏草》与万历初年的吏治改革

《司铨奏草》是王国光在吏部尚书任上的奏疏结集,所记内容从万历五年(1577年)十月至万历十年(1582年)十月间。时王国光刚刚解职回乡,张居正还未被抄家,故内容未受到后来政治环境的变

---

①《张太岳集》卷28,《答楚按院向明台》,上海:上海古籍出版社,1984年,第345页。
②潘季驯:《潘司空奏疏》卷4,《报丈勘各卫所屯田疏》,钦定文渊阁四库全书本。
③梁方仲:《明代一条鞭法的论战》,《明代赋役制度》,第145页。

化而遭删改,且幸得有万历孤本传世。①从本书内容的编排看,卷一前几篇奏疏也体现了王国光与张居正之间的密切关系,分别是《敦趣元辅趋朝疏》《题元辅十二年考满疏》《会留元辅张疏》等,第四篇《条议吏治疏》是综合体现王国光吏治改革思想的奏疏,包括采实政、禁投揭、别繁简、议调处、恤卑官、停加纳、责有司、重捕官等八项主张。②

结合隆庆二年(1568年)44岁的张居正初入内阁不久上《陈六事疏》,其中指出当时迫切需要解决的六大问题:即省议论、振纪纲、重诏令、核名实、固邦本、饬武备等。奏疏比较详细地论述嘉隆之际国内的形势及其解决方案,是其全国改革思想的基本思路。③在王国光主持户部、吏部时,均予以全力支持和配合,他的八项建议与张居正的六事疏,革新思想是一致的。《司铨奏草》集中体现了张居正的振纪纲、重诏令、核名实等思想,也就是王国光所讲到的采实政、禁投揭、别繁简、责有司等内容。王国光重在执行改革方针,如他主持吏部时对书院的整治,便有"省议论"之意,事见《司铨奏草》卷七的奏疏。④

王国光在官员选拔考察和整饬吏治等方面的措施颇为严厉,张居正以"考成法"为抓手推行的政治改革此前已经普遍实施,此时在具体的落实和实践上更严厉坚持,以期加强对官员的考核,整饬吏伍、裁汰冗员、肃清吏治、严明法纪,从而达到提高行政效率的目的。《司铨奏草》卷七收录有王国光数十份"复"各地巡抚等官疏稿,主要议题是裁革各类官员的。⑤

张居正对以考成法为代表的吏治改革的推行和效果比较满意,认为改革措施的顺利落实,"皆以考成法行",他说:"考成一事,行之数年,自可不加赋而上用足。"⑥明人对考成法及其作用评价也非常高,史学家谈迁说:"江陵立考成法,以为制治之本。向者因循玩愒,至是始中外淬砺,莫敢有偷心焉。"⑦清人评价说,考成法之后,"虽万里外,朝下而夕奉行","一切不敢饰非,政体为肃"。⑧

改革是对原有结构的打破和重组,打破的方式既可以是创造新的组织形式,也可能是实质性重组。张居正的综合改革是承袭明代中期改革之风,解决问题,务求实效,改善国计和民生。改革需要一批有执行力的官员,也需要罢黜反对改革的官员,因而必须通过官员队伍的调整来实现。像出任福建巡抚的庞尚鹏(万历四年至六年中任职)、耿定向(万历六年中至八年年初任职)、劳堪等三位坚决主张丈量田亩的官员,主持地方的清丈工作,均与张居正的大力推荐有关。王国光从万历初年到万历二年间,分别就任户部、吏部这样位高权重的部门,也得益于与张居正的密切关系。重用一批官员,也有

① 《司铨奏草》(全二册),载"中国文献珍本丛书",北京:全国图书馆文献缩微复制中心影印中国国家图书馆藏万历十年刻本,2009年。

② 《司铨奏草》卷1,第19—40页。

③ 《张太岳集》卷36,《陈六事疏》,第453—459页。

④ 张兆裕:《万历初年的书院整顿探微——基于〈司铨奏草〉中相关资料的考察》,载《明史研究论丛》(第十六辑),北京:中国社会科学出版社,2017年,第3—15页。

⑤ 对王国光及其《司铨奏草》集中的研究,有刘伯伦:《王国光评传》(太原:北岳文艺出版社,2016年)和任健《明王国光〈司铨奏草〉研究》(山西大学硕士论文,2010年),他们对奏议进行了分类和分析,可参考。

⑥ 《张太岳集》卷27,《答山东抚按李渐庵言吏治河漕》,第329页。

⑦ 谈迁:《国榷》卷68,"万历元年六月"条,北京:中华书局,1958年,第4227页。

⑧ 《明史》卷213《张居正传》,第5645页。

可能得罪另外一批官员,这样的矛盾有时候是很难调和的。也可以说,一条鞭法与清丈田地等看似经济改革问题,实际背后都牵涉到人事问题。

王国光为配合张居正的改革而卷入复杂的人际关系,也就在所难免了。对此,《明史·王国光传》后有"赞曰"所论同传诸臣"张瀚、王国光、梁梦龙皆以才办称,杨巍、赵焕、郑继之亦负清望,及秉铨政,蒙诟议焉。于时政府参怀,言路胁制,固积重难返,然以公灭私之节,诸人盖不能无愧云。"①他们都"皆以才办称",时值张居正当国之期,张居正以雷厉风行的作风,强势施政,他的同僚不可避免地参与到当时的人事、政事争斗之中,也曾经"亦负清望",然后一旦掌握大权,在那个时代,受人诟病或"不能无愧"之事也难自证清白。王国光便是这样的人物。

可悲之处是,张居正被抄家惩处后,内阁大臣中再无法形成相对集中的权力,官员们分成多种政治派别,争斗不已。不久,明神宗长期怠政,官员奏疏多被"留中",严重挫伤了官员的积极性。官位久虚,助长了官场上的因循拖沓之风。此时,始自明代中期的改革气象荡然无存,政治环境日趋恶劣,社会矛盾加剧,农民起义、市民暴动、军兵哗变、民族矛盾尖锐等问题日显突出。所以也可以说张居正被抄家,他的一些改革措施还在实行,以他为代表的"工于谋国,拙于谋身"的精气神却消失了。也难怪当初大骂张居正是禽兽而被廷杖致残的邹元标,后来拖着一条拐腿,积极为张居正的昭雪奔走呼号,试图召回失去的新政,可惜这一切都太晚了。

(作者彭勇,中央民族大学历史文化学院教授。原载《西部史学》第三辑,西南大学出版社2020年)

---

① 《明史》卷225《王国光传》,第5925页。

树之风声：明正德年间镇守中官刘璟的德政塑造

吴兆丰

明代宣德年间以后，边镇和各省普遍设置镇守中官，到明中期形成巡抚、总兵、镇守中官"三堂"并立局面，后因正德朝宦官权力膨胀，至嘉靖初年基本革除运行百余年之久的镇守中官制度。①班固（32—92）称循吏"所去见思，生有荣号，死见奉祀"②，后世形成颂扬、报答和纪念循吏德政、实政传统③。明中期镇守中官俨然地方大员，在边镇和各省事务中处于关键位置，成为地方政治运作重要一环。虽然镇守中官任命与调遣均出自内廷，加之其身份特殊，经常受外廷诟病，但其作为地方长官与中国古代循吏文化实有关系。明代成化和弘治年间出现地方士民褒扬、播传镇守中官美政和德政现象，这是镇守中官与地方官绅、民众交融互动的展现，不仅反映镇守中官制度化情形，而且彰显镇守中官受循吏文化模塑和影响。④本文以正德年间两种褒扬镇守太监刘璟德政的稀见文献——《萃美录》和《两广去思录》为中心，探析明中期地方官绅如何利用循吏文化制造镇守中官模范的过程、结果与历史意涵，为明中期地方政治制度和政治文化研究提供助益。

一、贤恶之间：镇守中官刘璟的两面形象

正德年间镇守太监刘璟（1459—1531）在官方正史《明实录》中形象极为负面。正德元年，内官监太监刘璟镇守浙江⑤，接替镇守中官模范麦秀。御史赵佑称麦秀"颇简静不扰"，上疏反对刘璟"挤而代之"⑥，不果。二年，刘璟上疏"收买果品及捕罗禽鸟输送京师"，史称"采逻四出，东南骚动"⑦。九年，刘璟以讨贼平盗受赏⑧，同年十一月改镇两广⑨，十年十二月调回南京闲住，十二年十一月守备南京⑩，十四年二月改镇河南⑪，次年革职。刘璟革职之由，国史谓其"初镇浙江，贪利亡厌，赂钱宁，改两广总镇，

---

① 参方志远：《明代的镇守中官制度》，《文史》第40辑，中华书局1994年版，第131—145页；野田彻：《明代在外宦官の一形态について：镇守宦官をめぐって》，《九州大学东洋史论集》第24卷，第25—54页；胡丹：《明代"三堂体制"的建构与解体——以镇守内官为中心》，《"国立"政治大学历史学报》第32期，第1—40页；李建武：《明代镇守内官研究》，天津古籍出版社2016年版。

② 班固：《汉书》卷89，《循吏列传序》，中华书局1962年标点本，第3624页。

③ 参林存光：《儒家的仁爱政治观与循吏文化》，《孔子研究》2008年第5期。

④ 参吴兆丰：《模范与教化：循吏文化与明中期镇守中官善政塑造》，《西南大学学报》2020年第4期。

⑤《明武宗实录》卷14，正德元年六月己酉条，台湾"中央研究院"历史语言研究所1962年影印版，第417页。

⑥《明武宗实录》卷15，正德元年七月戊子条，第468页。

⑦《明武宗实录》卷29，正德二年八月乙亥条，第736页。

⑧《明武宗实录》卷110，正德九年三月乙亥条，第2251页；《明武宗实录》卷114，正德九年七月己卯条，第2316页。

⑨《明武宗实录》卷118，正德九年十一月壬申条，第2389页。

⑩《明武宗实录》卷155，正德十二年十一月丁丑条，第2977页。

⑪《明武宗实录》卷171，正德十四年二月己卯条，第3295页。

及还,又赂(钱)宁,得再镇河南,过江西特受(朱宸)濠馈,遂与通"①。嘉靖元年,浙江巡按奏劾前浙江镇守太监刘璟、王堂等"皆黩货害民",得旨"免逮问,所坐赃物如议追没"②。括言之,《明实录》中的刘璟,是一位"贪利亡厌""黩货害民"且与宁王朱宸濠(1476—1521)私通受馈的"恶宦"。

然而官至户部尚书李瓒(弘治九年进士)为刘璟撰墓志铭却突出其"贤镇守"形象。刘璟,河北清苑人,早年"入社学,读书通大义"。成化十八年,刘璟入宫为内侍,"侍孝宗青宫",官至内官监太监。正德年间,他先后出任浙江、两广、南京和河南镇守太监,后"谪归私第",嘉靖十年卒。正德五年,李瓒与刘璟"燕集武林驿中",现存《萃美录》录李瓒"颂德诗"一首③。李瓒强调刘璟在浙江和两广德政情形谓:

> 其在浙有《萃美录》,侍郎瓯滨王公、洗马九川滕公,作诗序以赠之。在广有《去思录》,大学士鹅湖费公、大宗伯二泉邵公,俱有诗文。公之贤可知矣!然浙之人立感惠祠以致祭者,广之人有留靴以警俗者,是岂强求耶!盖人感公自有不能已者尔。④

由此可见,浙江永嘉人王瓒(1462—1524)和福建建安人滕霄以及江西铅山人费宏(1468—1535)和江苏无锡人邵宝(1460—1527)分别为《萃美录》和《两广去思录》撰作序跋⑤。王瓒历任翰林院侍讲,南、北京国子监祭酒,官至礼部侍郎。滕霄于正德年间任司经局洗马。费宏是经世名臣丘濬(1421—1495)弟子⑥。邵宝则是"学以洛闽为的"的著名理学家⑦。要之,李瓒将海内巨公名儒作序撰跋的《萃美录》和《两广去思录》,视作刘璟"贤镇守"的有力证示。

《萃美录》和《两广去思录》今均存世。清廷以两书折射士人取媚中官,有违节操,下令销毁⑧。两书载录大量颂扬镇守中官刘璟德政诗文,的确不能排除有出于个人谄媚的意图,更存在极尽虚美和夸饰之辞。然仅以其体现士人屈于中官权势或地方士民逢迎溢美镇守太监,亦即以虚美或谀佞的角度看待这类诗文集合文本,并不是有效的历史观察角度⑨。此类文本究竟为何、如何生成,何以浙江、两广地方官绅"无一幸免"地乐于褒美刘璟"言过其实"的德政,在宦官权力膨胀、权幸当道的正德朝其意义何在等,这些都是尤其值得追问和研究的历史问题。

---

① 《明武宗实录》卷182,正德十五年正月戊午条,第3530页。

② 《明世宗实录》卷10,嘉靖元年正月壬戌条,第373页。

③ 《萃美录》卷7,李瓒"诗",香港大学藏美国国会图书馆摄制北平图书馆善本书胶片明正德年间刻本,叶7a。

④ 李瓒:《明故前内官监太监湛菴刘公墓志铭》,中国文物研究所等编:《新中国出土墓志(北京卷)》,文物出版社2003年版,第208页。

⑤ 现存《萃美录》书首王瓒序文仅见较为模糊的署名和落款信息,至于王瓒序文内容及滕霄序跋文均已佚失。

⑥ 夏言:《明故光禄大夫柱国少师兼太子太师吏部尚书华盖殿大学士赠太保谥文宪费公墓志铭》,费宏:《费宏集》,上海古籍出版社2007年标点本,第769页。

⑦ 张廷玉等:《明史》卷282,《邵宝传》,中华书局1974年标点本,第7246页。

⑧ 中国第一历史档案馆编:《纂修四库全书档案》下册,第977件《应销毁书籍总档》,上海古籍出版社1997年版,第1741—1747页。

⑨ 参陈雯怡:《从朝廷到地方——元代去思碑的盛行与应用场域的转移》,《台大历史学报》2014年第54期。

二、《萃美录》：刘璟在浙德政塑造

《萃美录》共13卷，今存前7卷。书前有刘璟生祠——感惠祠图和西湖图景。此书卷一载建感惠祠奏疏勘合一道；卷二至卷十三收录浙江官员士绅为感惠祠及刘璟在浙德政、平寇之功、改镇两广之际去思送别等撰写的记、序、律诗绝句、歌、词、赞、跋等（表1）。

表1　《萃美录》内容

卷一：奏疏类	感惠祠勘合一道
卷二：碑记类	感惠祠碑记　平寇褒功记　去思记
卷三至五：序类	感惠祠落成序　感惠祠诗序　两浙怀思歌序　儒林颂德序　劝功祠序　奏凯图诗序　总镇两广赠行文序　江亭别意诗序　怀德诗序
卷六至十：诗类	感惠诗　题感惠祠诗　颂德诗　怀思诗　儒林颂德诗　奏凯诗　总镇两广怀德赠行诗
卷十一：歌类	感惠歌　颂德歌　怀思歌　儒林颂德歌　奏凯歌　总镇两广怀德赠行歌
卷十二：词类	感惠词　儒林颂德词　奏凯词
卷十三：赞跋类	感惠祠赞　感惠祠跋

浙江士民以兴建感惠祠为契机，形成完整而系统的颂扬镇守中官刘璟德政的建构活动。正德六年，刘璟奏疾回京，杭州仁和县耆老沈安寿等赴京上言刘璟"善政实绩"，称其"一以为国为民为心，除奸革弊为念"，奏请立祠敕额，使"后世景仰模范，以励臣子忠爱之风"。七年，礼部尚书傅珪（1459—1515）以《大明律》"凡见任官实无政绩辄自立碑建祠者杖一百"条及本官见在留任为由提出驳议，然得旨建祠，敕额"感惠"，下浙江布政司施行①。

《明实录》称浙江建立感惠祠并非出自民意，而是刘璟讽杭民为之，其后接替刘璟而为浙江镇守太监的王堂也如法炮制②。然明中期镇守中官何以留心于为己立祠、颂己美政？浙江地方官绅为何以建立感惠祠为契机异口同声地加入到表彰刘璟德政活动中？刘璟改镇两广不到一年，两广士民何以接力褒扬刘璟德政？其后浙江官绅又为何主持刊刻刘璟两广德政文本？换言之，以刘璟好名私利或士民逢迎中贵权势视角定位《萃美录》和《两广去思录》，并不能揭示明中期地方官绅褒扬刘璟德政的历史意涵。

感惠祠于正德六年秋开始营建，七年冬落成③。以感惠祠兴建为契机，浙江士民投入到建构刘璟德政活动中。正德七年冬至八年，上至浙江巡视和三司官员及其僚属，巡按、巡盐御史，户部抽分主事，下至杭州府学、钱塘和仁和县学教官、生员，以及浙籍居乡致仕官绅，都参与到褒扬刘璟德政活动中（表2）。"凡诸缙绅朝著与夫乡之大夫士，各有诗章，相与赞颂纪述之者甚众"④，形成"颂声四起，洋洋盈耳"的局面⑤。

---

① 《萃美录》卷1，《奏疏·勘合一道》，第1a—4b页。
② 《明武宗实录》卷158，正德十三年正月壬寅条，第3020页。
③ 洪钟：《感惠祠记》，《萃美录》卷2，第1a—4a页。
④ 洪钟：《感惠祠记》，《萃美录》卷2，第3b—4a页。
⑤ 李璧：《儒林颂德序》，《萃美录》卷3，第9a页。

表 2 《萃美录》所载感惠祠序记文

篇名	作者生平简历	邀请序记者	撰作时间
感惠祠记	浙江钱塘人洪钟,官至总督	乡之诸先达与其耆老辈	七年冬
感惠祠记	山西绛州人陶琰,巡视浙江	浙江金华人潘希曾(给事中)、浙江仁和人周谟(御史)	七年冬
感惠祠碑	浙江余姚人王华,以南京吏部尚书致仕	浙江布政使王懋中、按察使席书、都指挥使陈瑶及其僚属	七年冬
两浙怀思歌诗序	浙江仁和人邹虞,官至广东右参政	提督市舶太监梁瑶,浙江巡按张承仁,巡盐李玑及浙江三司官员	七年
感惠祠落成序	浙江仁和人陈良器官至应天知府	浙江仁和人沈锐(刑部侍郎)等	七年冬
儒林颂德序	福建仙游人曾大有,杭州府学教授	杭州府学教授、训导及诸生	七年冬
儒林颂德序	南直隶祁门人方用,钱塘县学教谕	钱塘县学教谕及诸生	七年
感惠祠碑	浙江永嘉人王瓒,南京国子祭酒	浙江巡视陶琰、巡按袁宗儒、清军喻文璧、巡盐师存智、南关户部主事伍全、北关户部主事王念	八年冬
感惠祠诗序	邹虞	浙江三司及其僚属,杭州致仕士绅	八年
感惠祠诗序	浙江钱塘人王谊,顺天府学教授	乡老	八年
儒林颂德序	广西武缘人李璧,浙江仁和县教谕	仁和县学教谕、诸生	八年

《萃美录》所载感惠祠序记文都以褒美劝善为指归。曾大有称刘璟"政平讼理,赋均役轻,他省弗宁,而浙独晏然",鼓励其忠君爱国,青史留名。[①]李璧强调感惠祠并非刘璟"要于众",勉励其继续修德修政,成就甘棠遗爱佳话[②]。陶琰(1449—1532)劝勉刘璟"益图所以报称,务使德泽入人,扩充积累,弥盛于前"[③]。

浙江官绅褒扬刘璟德政的目的是为嘉善矜恶,"激劝来者"。洪钟(?—1523)表彰刘璟封闭矿采、停供贡物、禁处科扰、除废造闽艘夫料、赈济灾民、抚捕盗贼等多项惠政后称:

> 汉唐以来,中贵之贤者,若育蒙著训则有史游,殚忠奉公则有吕强,是皆流芳后世……(刘璟)德惠所施,被之者众,较之古人,曾不多让……后之视今,亦犹今之视昔。使后之居乎上者,皆曰善政之施,获报如斯,莫不勉而各务施其惠于下……所谓上好仁以爱其下,则下好义以忠其上矣,政治风教岂不大有补益哉![④]

洪钟以刘璟比贤汉唐历史上著名内监,强调感惠祠之建,彰善瘅恶,有补"政治风教"。明中期心学家王阳明(1472—1529)父亲王华(1446—1522)也称:

> 自古中贵人之贤而有功于世道者,咏于周诗,传于汉史。圣贤何心哉,亦惟徇三代遗直于吾民之心,以激劝来者于无穷耳。予于士夫之惠政及民深者,每大书特书,以为世劝,而于近侍臣则

---

① 曾大有:《儒林颂德序》,《萃美录》卷3,第7页。

② 李璧:《儒林颂德序》,《萃美录》卷3,第9a页。

③ 陶琰:《感惠祠记》,《萃美录》卷2,第6a页。

④ 洪钟:《感惠祠记》,《萃美录》卷2,第3a—4a页。

鲜及焉，非靳也。盖天视自我民视，天听自我民听，民弗与，吾恶乎与？民与之，吾恶乎弗与？吾岂敢疑吾民非三代直道之民哉！浙江为天下名藩，地大民众，而侍臣之镇守于兹者，鲜克称厥任……后之人，嗣公（刘璟）之位，登公之堂，瞻公之像，有不感慕而思齐者乎？则此祠之建，有裨于世道也大矣。故因诸公之请，遂不辞而为之记，以窃附于周诗汉史之后，以劝来者。①

由上可见，浙江官绅所以褒美刘璟德政，既为劝勉刘璟修德修政，又以此树之风声，激劝来者，裨益地方治道。王瓒更直接指出浙江士民褒美揄扬刘璟的目的，不仅在于"激其志于方来，而民益沐浴其当任之泽"，而且"俾后之莅是位者，目有所击，心有所劝，全浙之民，永永享无穷之惠矣"②，可谓一语道破。

正德八年至九年，浙江封疆大吏、三司官员以及地方士绅纷纷褒美刘璟平寇之功。正德八年九月，浙江巡视陶琰称："凡政之不便于民者，予议更之，而公（刘璟）不以为嫌。吏之不优于事者，予议易之，而公不以为异。"③正德九年，浙江衢州官绅作诗绘图，歌颂刘璟平定开化、常山两地流寇之功，并请乡宦徐海作序以赠④。同年七月，刘璟因功受赏，以浙江布政使方良永（1454—1528）为首的三司官员邀请致仕南归大学士费宏撰记褒美。方良永与其弟方良节（1464—1516）均为弘治三年进士，二人都是费宏识拔之士。⑤方氏兄弟节操治行俱优，尤其方良永前因不谒刘瑾被勒致仕，正德九年七月始任浙江布政使，后又以讼言权幸钱宁、阻其在浙鬻钞著闻天下，次年底致仕去。⑥九年十月，费宏南归道浙，与浙江布按官员方良永、任鉴、官昶、高贯、张琏、罗钦德、顾可学、吴希由、韩邦奇、许瓒同游西湖。⑦费宏称刘璟："在镇最久，美政最多，民感其惠，至相率请诸朝，为立生祠，士论翕然归之"，而浙江三司官员述其"累受褒赏之故，以为来者劝"⑧。

正德九年、十年之际，刘璟改镇两广，浙江地方官绅士民为之立碑展思，饯别赠行⑨。屠勋（1446—1516）强调浙人感惠立祠，去任立碑，是民意的体现："何武居官无赫赫之誉，去后常见思，此去思之权舆也。狄仁杰为刺史，吏民为之立生祠，后凡遗爱、异政、平盗、尚教者，有一皆生祠之。公（刘璟）兼二者，非得民之深而何？"⑩洪钟劝勉刘璟不自满假，"益黾勉而愈求进于至善，则广人感戴愈深，而朝廷之倚毗愈至，名实愈敷，而仁民泽物之功，愈溥而愈大"⑪。除序记文外，《萃美录》还收录以感惠祠、平寇

---

① 王华：《感惠祠碑》，《萃美录》卷2，第6a—8b页。
② 王瓒：《感惠祠碑》，《萃美录》卷2，第11b—12a页。
③ 陶琰：《劝功祠序》，《萃美录》卷4，第2a页。
④ 徐海：《奏凯图诗序》，《萃美录》卷4，第5a—7a页。
⑤ 费宏：《费宏集》卷17，《明故中奉大夫广东左布政使方君墓志铭》，第601页。
⑥ 费宏：《费宏集》卷15，《答方寿卿》，第515—516页；费宏：《费宏集》卷20，《祭松崖方公文》，第697页；张廷玉等：《明史》卷201，《方良永传》，第5311—5312页。
⑦ 费宏：《费宏集》卷1，《与方寿卿诸公游西湖和东坡游孤山韵》，第35页。
⑧ 费宏：《平寇褒功记》，《萃美录》卷2，第13a—14b页。
⑨ 序记文包括：屠勋应仁和、钱塘知县作《去思记》；洪钟应镇守浙江太监王堂等及巡按、巡盐、清军御史及南、北关户部主事作《总镇两广赠行序》；洪钟应浙江三司官员作《总镇两广赠行序》；陈良器应仁和、钱塘致仕乡宦作《总镇两广赠行序》；李坚应浙江镇守太监、巡按、苏杭织造太监等作《江亭别意诗序》；朱京应仁和、钱塘士绅作《怀德诗卷序》。
⑩ 屠勋：《去思记》，《萃美录》卷2，第17b—18a页。
⑪ 洪钟：《总镇两广赠行序》，《萃美录》卷5，第4页。

功和去思赠行为主题的诗词歌赋，今仅存卷六颂德诗和卷七感惠诗。从诗词作者构成来看，仍以浙江官司、地方士绅为主，其中不乏清流名士，如屠勋、姚镆（1465—1538）、王懋中（成化二十三年进士）、罗钦德（1472—1550）、袁宗儒（？—1539）、徐蕃（1463—1530）等。

《萃美录》和《两广去思录》板框高度、行款、字体均一致，从《两广去思录》书前费宏冠序时间，似可断两书均刊于正德十一年，即刘璟从两广返南京途次杭州之时。然《萃美录》实际成书刊行实早于《两广去思录》，其编刊于正德十年初，即刘璟由浙江改镇两广之际。李坚称"感惠有祠，萃美有录，既已口碑公且尸祝公"①。"尸祝公"指感惠祠，"口碑公"乃编刊《萃美录》之谓。浙江按察副使罗钦德赠诗谓"从前勋业谁堪伍，试看床头《萃美编》"②，亦可佐证。费宏亦称："刘公之镇两浙也，能殚力保障其民，民甚德公，既尸祝而俎豆之。及其移镇两广，度弗能借而留焉，则又相率脱公之履，以系其思，大夫士贤之，往往见诸文词，联为巨帙，所谓《萃美录》者是也。"③另外，《两广去思录》收录浙江杭州人唐时《太监刘公脱靴记》，称："乙亥有两广之迁，军民父老不忍舍公去，往往脱衣留靴。"④此文《萃美录》失收，竟补入《两广去思录》，亦可证两书并非同时刊行。

要之，刘璟改镇两广之际，《萃美录》即已刊行，成为两广士人接力褒扬刘璟德政的文本参照。浙江仁和人、广西佥事周谟称："吾乡之为元老、卿长、太史以及乡校里巷，皆以公之德美，播于诗文，汇成巨帙。"⑤广州府学教授陆嘉鲤观阅《萃美录》，谓其"多出名公手，若王公德辉、费公子充，皆名魁天下、史掌总裁者，必不虚美乎人"⑥。广东南海人何文缙称刘璟"丰功峻德，《萃美》一录，足以概之"⑦。番禺人金山亦称"名公硕儒之播诵，《萃美》一录，班班可考"⑧。南海人区玉则称"获睹其《萃美录》之所纪载，亦可以知其为人"⑨。南雄人李昕谓："内台阁、九卿，外藩臬、郡邑大夫士，为序、为记、为诗词歌赋若干，悉载其实事，曰《萃美录》。"⑩保昌知县张奎称刘璟"感惠有祠，《萃美》有录，海内传诵"，并谓"感惠颂比归朝曲，《萃美》编成载道碑"⑪。《萃美录》既已"海内传诵"，并比其为"载道碑"，可见其的确早于《两广去思录》流传刊行。

综上所述，由费宏、王华、王瓒、屠勋等名公硕儒撰序作记、反映刘璟在浙美政的《萃美录》，在刘璟改镇两广之际即已编刊。这有力促使了两广士绅接续褒扬刘璟德政，甚至与之竞赛。广东生员冯杰诗谓"萃美有歌犹在耳，浙人先唱粤人随"⑫，可谓一语中的。

---

① 李坚：《江亭别意诗序》，《萃美录》卷5，第8a页。
② 罗钦德：《感惠诗》，《萃美录》卷7，第5a页。
③ 费宏：《两广去思录序》，《两广去思录》卷首，香港大学藏美国国会图书馆摄制北平图书馆善本书胶片明正德年间刻本，第1a页。
④ 唐时：《太监刘公脱靴记》，《两广去思录》卷上，第45a页。
⑤ 周谟：《诗引》，《两广去思录》卷上，第40b页。
⑥ 陆嘉鲤：《送大总镇刘公还阙序》，《两广去思录》卷上，第15b页。
⑦ 何文缙：《士林颂德诗序》，《两广去思录》卷上，第17b页。
⑧ 金山：《章缝歌颂诗序》，《两广去思录》卷上，第25b页。
⑨ 区玉：《泮水歌贤序》，《两广去思录》卷上，第27a页。
⑩ 李昕：《梅关咏德序》，《两广去思录》卷上，第24页。
⑪ 张奎：《梅关锦旋（四咏）》，《两广去思录》卷上，第41b、43a页。
⑫ 冯杰：《士林颂德诗》，《两广去思录》卷下，第79a页。

三、《两广去思录》：两广接力颂扬刘璟善政

《两广去思录》共2卷，是两广官绅褒扬刘璟善政、表达去思的诗文汇编。首为序文，诗引次之，又次为南海耆老霍祯等奉谢革除抽分税启文，再次为旗帐文四首，最后为各体诗歌近百首。《两广去思录》所收赠行刘璟序记文，都是正德十一年二月至四月即刘璟离任两广之际，由两广三司以及梧州、广州等地官绅撰作，尤以广东三司和广州府县学校师生为多（表3）。诗文创作时间明显遵循刘璟离开路线顺序，由广西三司至梧州府，再到广东三司、广州府县，最后到广东南雄府，这是刘璟离开广东、北上进入江西的最后一站。

表3 《两广去思录》所载赠行刘璟序记文

篇名	作者生平简历	邀请序记者	撰作时间
大总镇刘公之南都序	福建莆田人翁茂南，广西按察使	广西三司官员	十一年二月
送大总镇刘公之南都序	广西藤县人万祥，官至江西佥事	梧州府藤县官员	十一年二月
士林颂德诗序	广西庆元人王崌，曾任教谕	梧州府学教授、训导及生员等	十一年二月
士林颂德诗序	南直隶凤阳人李森，梧州所千户	——	十一年二月
送总镇刘公还南都诗序	福建莆田人方良节，广东左布政使	广东三司官员	十一年三月
送总镇刘公还南都序	浙江山阴人汪获麟，广东按察使	广东三司方良节、吴廷举、汪获麟等	十一年三月
赠总镇刘公荣归序	广东番禺人陈稊，官至广西右布政使	广州府官员及番禺县官员	十一年三月
送大总镇刘公还阙序	广西横州人陆嘉鲤，广州府学教授	广州府学教授及南海、番禺县学教谕、训导等	十一年三月
南粤兴思诗序	广东南海人梁方，官至云南右布政使	广之衣冠士夫	十一年三月
章缝歌颂诗序	广东番禺人金山，正德九年进士	南海县学教谕、训导及县学生	十一年三月
士林颂德诗序	广东南海人何文缙，官至梧州知府	南海县学诸生	十一年三月
泮水歌贤诗序	广东番禺人区玉，曾任建宁知县	番禺县学师生	十一年三月
粤人怀德诗序	广东南海人蒋隆，曾任苍梧知县	南海县乡饮耆老等	十一年三月
贤相归朝诗序	广东番禺人徐志学，生员	——	十一年三月
梅关咏德诗序	广东保昌人李昕，曾任长泰知县	南雄府学师生	十一年四月

以方良节和吴廷举为首广东布、按二司官员尤为积极，他们还以前此费宏赠刘璟诗韵，和诗以赠①。方良节认为镇守中官关系地方安危治乱，然其多"惟货其吉"，不负所任，而刘璟"总百司庶政，造福民夷，恒加惠于浙，群心爱戴亦惟浙"②。吴廷举（1460—1526）与费宏同年，是明中期声名藉甚的政治名臣，屡抗击中官权贵，正德初任广东副使，疏劾两广镇守太监潘忠二十罪。③吴廷举称许刘璟"刻意保厘，尽心所事，未期年，利兴弊革，事集民安"④。汪获麟详举刘璟三大"德政"：调和两广总督与总兵二者关系；贼寇进犯府江，惩治官吏，不滥及无辜；禁止广东豪右征收鱼埠之税，前任总镇潘忠征收米栏之税"不自取（用）"⑤。总之，刘璟到任两广不到一年，刻意推行德政，"一以待浙人者待粤人"⑥。

---

① 两广总督周南、广东布政使方良节和吴廷举、右参政张恩、按察副使汪铉和蒋曙，都以费宏诗韵，和诗赠行刘璟。
② 方良节：《送总镇刘公还南都诗序》，《两广去思录》卷上，第2a页。
③ 张廷玉等：《明史》卷201，《吴廷举传》，第5309页。
④ 吴廷举：《诗引》，《两广去思录》卷上，第37b—38a页。
⑤ 汪获麟：《送总镇刘公还南都序》，《两广去思录》卷上，第3a—4b页。
⑥ 王崌：《士林颂德诗序》，《两广去思录》卷上，第18b页。

以方良节为首广东三司官员积极褒扬刘璟德政,与前此方良永等在浙颂扬活动相为呼应,且大有与之竞赛意味。何文缙称刘璟"出镇两浙,乞留有疏,感惠有祠,儒林有颂,怀德有诗",而广东士人也"争相赠言","九罭之章,尤当继周公颂"①。李昕称刘璟在浙有"《萃美录》,在吾广又有《南粤兴思卷》,有《士林颂德》《粤人怀德》《泮水歌贤》诸卷"②,不相伯仲。梁方称刘璟"于两广若幸少留,则一祠之建,一靴之脱,未必专于浙人也"③。要之,如汪铉赠诗所谓"东南两地竞留靴……吴人歌罢粤人歌"④,广东士绅以浙江为参照,竞相颂扬刘璟德政。

两广地方官绅接力颂扬刘璟德政的用意在于劝善戒恶。陆嘉鲤鼓励刘璟"以尧舜君民为心,以伊周事业自待,名勒鼎彝,芳流汗简,(吕)强不得专美于前矣"⑤。区玉称刘璟"严约束而市无课买之名,忤权势而人无抽分之扰,此尤人之所难者",勉励其"慎厥终,不愧于始,保厥后,毋怠于前",成为"有斐君子"⑥。金山所述更值得征引:

> 自巷伯孟子,见于《小雅》,后世管(苏)、缪(贤)、吕(强)、郑(众)之贤,相望史册,不让古士之可称。初无歌颂之者,岂以美刺不见采于民间,无以公勋惩于天下,视此有无若无所庸?然舆情有关于国论,识者重之,则今日之歌颂,所存不细。后之闻者将曰公(刘璟)行何德政,以悬不朽若此?视彼泯泯,虽不见过举,自隐然有可讳者在,必将退省所致,以兴其良。⑦

可见,两广士人歌颂刘璟德政乃为"制造"舆情,将刘璟打造为镇守中官模范,规劝天下镇守中官见贤思齐,"以兴其良",改善地方治理。换言之,浙江、两广地方竞相褒扬镇守中官刘璟德政目的在于塑造模范,"俾后之嗣公而来镇者,有所观感兴起而思齐焉"⑧。

两广官绅确以古代循吏文化模塑刘璟德政。蒋隆称刘璟兴学校、修武备、均徭薄敛、兴利除害,谓其"感民之深,则亦古之良吏似矣"⑨。福建侯官人秦行健整理《两广去思录》初稿并作跋称:"尝怪世之为政有不知务者,鱼鳖其民人,陵轹其士类,故人之待之,未去惟恐其不去,既去惟恐其不速,况欲愿留而歌颂之……观是编者,不可以想见公(刘璟)之为政耶?"⑩浙江和两广地方褒扬刘璟德政,制造模范,正是针砭"鱼鳖其民人,陵轹其士类"的镇守中官,达到彰善瘅恶的教化目的。

两广士人甚至希望刘璟入内廷掌理枢政。汪获麟称刘璟"必奉召趋装,入内庭,位内相,辅翊吾

① 何文缙:《士林颂德诗序》,《两广去思录》卷上,第16b—17b页。
② 李昕:《梅关咏德序》,《两广去思录》卷上,第24b页。
③ 梁方:《南粤兴思序》,《两广去思录》卷上,第12a页。
④ 汪铉:《诗引》,《两广去思录》卷上,第39a页。
⑤ 陆嘉鲤:《送大总镇刘公还阙序》,《两广去思录》卷上,第15页。
⑥ 区玉:《泮水歌贤序》,《两广去思录》卷上,第27b—29b页。
⑦ 金山:《章缝歌颂诗序》,《两广去思录》卷上,第26b页。
⑧ 区玉:《泮水歌贤序》,《两广去思录》卷上,第29b页。
⑨ 蒋隆:《粤人怀德序》,《两广去思录》卷上,第32a页。
⑩ 秦行健:《跋》,《两广去思录》卷下,第84a页。

君,需膏泽于天下,垂芳声于后世"①,赠诗有谓"前席还期召贾生……朝朝补衮侍承明"②。陈稔称刘璟"才德闻望在人耳目,勤学好问,谙典故,悉民瘼,足备顾问"③。陆嘉鲤认为刘璟"兹还必近天颜,秉内政,旦夕承弼"④。王崐则谓:"使公(刘璟)进之于朝,与馆阁诸公,共守丕大基业,以光太平,则天下虽大,士民大夫犹广、浙也,其称公贤而与之者,又岂特两浙、两广而已哉!"⑤以上声音在《两广去思录》中随处可见,如"炎刘策定张良赖,谢老忧游晋运隆"⑥,"东山未必终高遁,好慰苍生翊紫宸"⑦。方良节更希望刘璟"迟迟其行,公论方腾,舆情未释,圣天子殆将处公俾移福浙福广者于天下,用能保我宗社黎元"⑧,以此讽切正德年间权幸当道,并表达对贤明政治与治理的期许。

四、彰善以瘅恶:《两广去思录》在浙刊行

《两广去思录》虽是两广官绅褒扬刘璟德政诗文汇编,但其由浙江布政司官员邀请致仕家居的费宏和邵宝撰作序跋,于正德十一年七月刊于杭州。邵宝谓:"《两广去思录》一编……公(刘璟)携之过浙。浙,公旧镇也,藩臬以下诸大夫士读而感焉,请梓以传。"⑨浙江布政使任鉴、汤沐,参政周曾、官昶,参议潘铎、杨清等人负责、主持刊行《两广去思录》。任鉴、周曾、官昶都是刘璟任浙时属官,潘铎、杨清则是费宏门下士,任鉴与费宏乃为同年关系。

要言之,刘璟从两广回南京,取道铅山访费宏,以两广士绅颂德诗文相示,又途经杭州,浙江藩司遂为之刻梓《两广去思录》,并请费宏冠序以传。可见,《两广去思录》编刊与费宏推动似有关系,但费宏否认浙江官绅刊行此书是"聚于所好":

> 予尝读史,至于史游、良贺、吕强及俱文珍、马存亮、严遵美、张承业之传,未尝不心赏其贤,以为使事君皆若而人,则旦夕承弼之功,亦岂少哉! 及观庐陵欧阳氏、考亭朱氏、西山真氏之所论著,又往往深嘉而乐道之,若将有劝焉者。此盖秉彝好德,有不可昧且废焉者也。然则大夫士之贤公,夫岂不宜? 而兹录之传,庶亦有劝于来者。⑩

费宏相信人人都有"秉彝好德之良心",宦官自不能外,他认为先贤真德秀(1178—1235)等表彰贤宦是为劝勉宦官向善⑪。丘濬主张引导和教化宦官为善⑫,费宏作为丘濬弟子,也不主张攻击和排斥宦

---

① 汪获麟:《送总镇刘公还南都序》,《两广去思录》卷上,第5b页。
② 汪获麟:《送行》,《两广去思录》卷上,第57a页。
③ 陈稔:《赠总镇刘公荣归序》,《两广去思录》卷上,第10a页。
④ 陆嘉鲤:《送大总镇刘公还阙序》,《两广去思录》卷上,第15b—16a页。
⑤ 王崐:《士林颂德诗序》,《两广去思录》卷上,第19b页。
⑥ 朱翠:《士林颂德诗》,《两广去思录》卷下,第79a页。
⑦ 董奎:《苍生凝望诗》,《两广去思录》卷上,第44b—45a页。
⑧ 方良节:《送总镇刘公还南都诗序》,《两广去思录》卷上,第2b页。
⑨ 邵宝:《书两广去思录后》,《两广去思录》卷末,第1a页。
⑩ 费宏:《两广去思录序》,《两广去思录》卷上,第2b—3b页。
⑪ 费宏所引历史上贤善宦官直接出自真德秀《大学衍义·内臣忠谨之福》,参吴兆丰:《真德秀〈大学衍义〉的宦官书写及其在明代的反应》,《史林》2014年第5期。
⑫ 参吴兆丰:《"化宦"——明中期士大夫对宦官的新认知与行动》,《汉学研究》第34卷第2期。

官的激进路线①。在费宏看来,地方士大夫编刊《两广去思录》并非出于投其所好,乃是为感召宦官向善,"劝于来者"。

邵宝同样指出浙江和两广士民颂扬刘璟德政并非"谀以从好"。正德二年,邵宝任浙江右布政使,与刘璟"勘处州银矿,宝曰:'费多获少,劳民伤财,虑生他变。'卒奏寝其事"②。邵宝称刘璟"急民病而图曲成,不啻恫瘝之在躬者,则宝也实见之",即指刘璟疏停处州银矿之事。邵宝认为浙江和两广地异俗殊,然两地"如出一口"地颂扬刘璟德政,可见刘氏为"德之恒者"的君子,至于《两广去思录》本为广人颂德诗文,却由浙人刊行以传,足见士绅非出于私利或屈于权势而为之。他说:"若曰谀以从好,浙人之言,公去浙矣,广人之言,公去广矣,且言出于广人,而浙人传之,又何为者?"③言下之意,刘璟德符其实,浙江士绅刊行其在广德政文本,用意在于劝世,而非"谀以从好"。

浙江三司刊行《两广去思录》更可能直接规戒时任浙江镇守太监王堂。韩邦奇(1479—1556)与其弟韩邦靖(1488—1523)均以气节著称④。韩邦靖任浙江抽分主事,"故事,抽分司馈镇守太监岁千金。是时,镇守刘太监者,又谷大用之党,五泉子(韩邦靖)固不与金,刘太监怒。又知其为人,不怒,愈益敬之。会宦者从京师来,倚其近幸,索抽分钱甚急,刘太监从旁劝曰:'幸无求韩主事,我当有以赠公也。'"⑤韩邦奇亦称:"镇守刘太监者,谷大用党也,多权术,荣辱生于造次,浙之百司,皆倚事之。故事,每抽分,岁听嘱客赂千金。(韩邦)靖一无所听,刘始怒而终信之。后某宦来浙,将索之分司。刘曰:'某愿代奉,勿求韩主事也。'"⑥李重督赋浙江,"时镇守刘璟,所侵官银至二十万计,密欲重有所遗以缄口。先生(李重)正色曰:'与其遗我,孰若为民,偿所负以足国。'(刘)璟知不可犯,尽以所侵输官"⑦。由以上诸条史料来看,韩邦靖坚不与之金,刘璟不仅终无所扰,还劝阻来浙近幸勿为求索;李重谕以为民之义,刘璟即以所侵银两充官。可见刘璟虽权势显赫,但他并非嚣横之辈,有转恶为善、舍私为公之机,这是"浙之百司,皆倚事之"的真实历史语境。

然与刘璟相较,王堂与地方官绅关系紧张,甚至令浙江布政使方良永乞休,按察佥事韩邦奇被黜为民。正德九年,浙江市舶太监王堂代刘璟为浙江镇守。十年底,王堂"假和卖以媚贵近(钱宁)",方良永"固执不可,守臣(王堂)强之益急",方氏"弗即给,密具疏上闻,辞旨甚激切",因不安于位,"三疏竟辞去"⑧。十一年四月,与方良永有交谊的韩邦奇⑨,奏劾王堂以进贡为由,需索财物,苛扰害民⑩。同

---

① 费宏:《费宏集》卷15,《答吴克温》,第513页。

② 张廷玉等:《明史》卷282,《邵宝传》,第7245页。

③ 邵宝:《书两广去思录后》,《两广去思录》卷末,第1b—2b页。

④ 黄宗羲:《明儒学案》卷9,《三原学案·恭简韩苑洛先生邦奇》,中华书局2008年标点本,第165—167页。

⑤ 王九思:《渼陂集》卷13,《明故朝列大夫山西等处承宣布政使司左参议五泉韩子墓志铭》,《续修四库全书》集部第1334册,上海古籍出版社1995年影印本,第122页。

⑥ 韩邦奇:《苑洛集》卷8,《韩邦靖传》,《韩邦奇集》,西北大学出版社2015年标点本,第1507页。韩邦奇《刘中镇萃美》,现存《萃美录》不载。该诗明褒暗贬,谓"号令一出神鬼惊,两浙六月寒风生……上方四时充珍鲜,长江大海飞黄船"。此诗还记载浙江士民为刘璟建立生祠情形:"湖山奇处起生祠,飞碧流丹百尺危。穷碑高碣凿瑶石,雄文大字论功绩。复有钱塘百万民,黄童白叟传俱真。"见韩邦奇:《苑洛集》卷11,《刘中镇萃美》,《韩邦奇集》,第1555页。

⑦ 焦竑:《国朝献征录》卷86,《江西按察司副使李公重墓志铭》,《续修四库全书》史部第529册,第617页。

⑧ 韩邦奇:《苑洛集》卷2,《赠大方伯松崖方公致仕序》,《韩邦奇集》,第1382页。

⑨ 正德十年,方良永于杭州刊刻韩邦奇《律吕直解》。见王道:《洪范图解后序》,《韩邦奇集》,第432页。

⑩ 韩邦奇:《苑洛集》卷13,《苏民困以保安地方事》,《韩邦奇集》,第1606页。

277

年六月,王堂参奏韩邦奇阻绝进贡,是年十月韩邦奇被勒为民。①清修《明史》所载最为全面详实:"时中官在浙者凡四人……爪牙四出,民不聊生。邦奇疏请禁止,又数裁抑(王)堂。邦奇闵中官采富阳茶鱼为民害,作歌哀之。堂遂奏邦奇沮格上供,作歌怨谤。帝怒,逮至京,下诏狱。廷臣论救,皆不听,斥为民。"②总之,相较于刘璟,浙江镇守中官王堂为迎合权幸肆无忌惮,与地方官绅关系形同水火。正德十一年七月前后,浙江士民刊行前镇守浙江太监刘璟在广德政文本《两广去思录》,势必有箴规时任镇守太监王堂之意,彰善以瘅恶,用为劝戒。

结 论

《萃美录》与《两广去思录》中刘璟"贤镇守"形象与刘璟在浙江和两广地方实际作为,并不能划上等号。仔细甄别和考辨文本与史实之间的张力当为题中之义,而深入探析和揭示文本制作的政治文化语境更具历史意义。

《萃美录》和《两广去思录》所载各类诗文作品,既有个人之作,又有集体署名之文;作者既有致仕大学士费宏、礼部尚书王华、国子祭酒王瓒、户部侍郎邵宝等名臣硕儒,又有浙江、广东布按二司长官方良永、方良节、吴廷举等清流节义之士;既有府、县学校教官和生员,又有地方耆老和百姓。这两份文本既具地方集体参与和制作特征,又明显存在浙江与两广地方前后唱和乃至竞赛意味。浙江、两广地方官绅如此步调一致褒扬镇守中官刘璟德政,是明中期以循吏文化塑造镇守中官模范的延续,利用彰善瘅恶的教化手段,达致感召和规劝镇守中官美政的效果与努力。要之,《萃美录》《两广去思录》汇集与刊行,既是刘璟刻意施惠于民、主动谋求惠政形象的结果③,又是明中期地方士绅以循吏文化模塑镇守中官典范的产物,更是浙江、两广地方官民在权幸当道、政治风云诡谲的正德年间对"循良"镇守中官的认可与宣示,制造模范,用为世劝。

如果说传统循吏褒扬属于"正向塑造",彰显循良,树立风声,那么明中期地方官绅对镇守中官善政褒扬更像一种"逆向塑造",将原本不在循吏体系中的宦官纳入其中,制造舆论,树立"模范"。明代宦官群体是相对独立的强势政治群体,镇守中官更成为地方政治运作关键一环,其常与官僚群体对立斗争并处于优势位置,到正德朝权力膨胀达到顶点。在这一政治背景下,地方官绅试图建构并制造可改造性的镇守中官模范形象,减损镇守中官权力膨胀带来的危害,补益地方治理。换个角度看,宦官作为皇帝私人奴仆更为亲近君主,甚至成为皇权代理人,加之宦官官僚化和权力制度化,以故明代官绅必须依托与宦官建立和善关系,间接获得与君主的"信—任型关系"④,才能更好施展政治理想,实现政治抱负⑤。《萃美录》和《两广去思录》同样可视为地方官绅建立与镇守中官良好权力关系的文本表

---

① 《明武宗实录》卷142,正德十一年十月甲戌条,第2805—2806页。
② 张廷玉等:《明史》卷201,《韩邦奇传》,第5318页。
③ 刘璟刻意模仿前任浙江镇守中官模范麦秀,复修岳武穆祠并重刊《精忠录》,见李春芳《重刊精忠录序》、王华《重修敕赐忠烈庙记》,《精忠录》,上海古籍出版社2014年标点本,第260—266页。
④ 有学者从权力的关系网络视角将古代君臣关系分为"礼仪型"和"信—任型",详参侯旭东:《宠:信—任型君臣关系与西汉历史的展开》,北京师范大学出版社2018年版,第12页。
⑤ 明中后期儒臣主张改善与宦官对立关系,主张教化宦官并付诸行动,曲折施展得君行道理想,参前揭《"化宦"——明中期士大夫对宦官的新认知与行动》一文。

达,但其目标并不限于维系这种关系本身,而是作为劝惩镇守中官、有益地方治理的手段。换言之,在权力的关系网络视域下,实不可忽视超越其上的致治理念的存在和价值。

从明中期地方官绅利用循吏文化制造中官模范的过程来看,士人与宦官关系已非中古时期截然分立①,二者在政治文化中存在隐而不显的良性互动和沟通。进言之,明代士人与宦官大多同样出身寒庶,二者在中央和地方政治制度和权力运作上既相互协作又彼此牵制,且在社会生活上存在千丝万缕联系。②中晚明时期宦官更因读书教育之故而与外廷官僚群体共享儒家思想和文化③,不仅宦官机构"衙门化",宦官自身定位也与"致君尧舜"的外廷儒臣别无二致。④值得注意的是,《萃美录》和《两广去思录》在清代盛世遭到禁毁,两份文本所载诗文绝大多数不见于撰作者如费宏、王瓒、邵宝等人诗文集⑤,由诸如此类现象可见,明代宦官与士人在实际政治文化和历史语境中原有的鲜活而复杂的权力关系与人际网络,会因固有的主流道德评判被有意或无意地过滤殆尽,遮蔽不显。⑥

(作者吴兆丰,武汉大学历史学院副教授。原载《史林》2021年第2期)

① 陈寅恪先生称魏晋兴亡递嬗是东汉晚年两大统治阶级竞争胜败问题:出身为非儒家之寒族的东汉宦官尚文辞而重智术,出身为地方豪门贵族的士大夫尚经义而贵仁孝,二者渊源已异,衍变所致,大不相同。参陈寅恪:《书世说新语文学类钟会撰四本论始毕条后》,《金明馆丛稿初编》,生活·读书·新知三联书店2001年版,第48页。

② 参齐畅:《明代宦官与士大夫关系的另一面——以宦官钱能为中心》,《史学集刊》2008年第4期。

③ 参朱鸿林:《明神宗经筵进讲书考》,《华学》第九、十辑,上海古籍出版社2008年版,第1367—1378页。

④ 明末太监孙隆、金忠即是个案,分参吴兆丰:《明末苏杭织造太监孙隆生平事迹新探》,《廊坊师范学院学报(社会科学版)》2018年第2期;刘训茜:《晚明宦官的致君之学——〈御世仁风〉思想史意义》,《北京社会科学》2017年第12期。

⑤ 目前仅见一例,见蒋曙:《竹塘先生遗稿》卷1,《送刘镇守还南京用费鹅湖韵二首》,日本内阁文库藏万历九年序刊本。又,《萃美录》所载屠勋《感惠诗》不见于屠勋文集,然《屠康僖公文集》收录另一首为刘璟撰作的律诗,见屠勋:《屠康僖公文集》卷4,《湖山游乐图为刘总镇赋》,台北"国家图书馆"藏万历四十三年刊本,第40a页。

⑥ 将社会网络引入传统政治史研究,参仇鹿鸣:《事件、过程与政治文化——近年来中古政治史研究的评述与思考》,《学术月刊》2019年第10期。

"共说张春第一人":东亚视野下明末将领张春事迹的流布与书写

秦 丽

前 言

清崇德二年(明崇祯十年,朝鲜仁祖十五年,丁丑,1637)正月,皇太极(1592—1643,1626—1643年在位)在汉城(今韩国首尔)东南之三田渡接受朝鲜仁祖(1595—1649,1623—1649年在位)三跪九叩之礼,正式解决了攻打明朝的后顾之忧。随后,仁祖之子昭显世子(1612—1645)、凤林大君(1619—1659,即后来的朝鲜孝宗,1649—1659年在位)等王室成员偕同一批朝鲜官员,以人质身份前往沈阳。其中朝鲜对清斥和派领袖金尚宪(1570—1652)客居期间曾作诗云:"鼎水龙沉隔上宾,满朝冠冕尽逋臣。欲求前后从容死,共说张春第一人。"①那么,所谓"张春"究竟何许人也?

张春(1565—1641)是崇祯年间之明朝将领。大凌河之战后,他被后金俘虏,坚守气节,始终不降,为时人所推重,褒扬之声及于异域之朝鲜。上引金尚宪诗中的"共说"二字,道出了其人其事在当时之广泛流传。不止朝鲜人,清朝官方、士大夫都加入歌颂张春的行列,由此形成了许多咏叹张春的诗文传记。揆诸历史,清人和朝鲜人对张春事迹与传记如此热衷,其背后有各自政治背景的深刻动因。我们也能发现,朝鲜人对张春传记的书写,与清人在史学与政治上存在着密切联系。

回到学术史的视野中,可以发现,目前学界针对张春的研究并不多见,主要有王崇武(1911—1957)、张玉兴等明清史学者的零星几篇文章,且多依据《明史》本传、张氏《不二歌集》、清实录、明清档案等资料,集中于相关史事的钩沉考证,很少注意到张春事迹在当时和后世的传播、评价及其背后的原因。②鉴于此,本文拟以此议题为中心,结合清初汤斌(1627—1687)《张春传》、朝鲜成大中(1732—1812)编《张春传》、清官修《明史·张春传》等大量有关张氏的诗文传记,综合考察其事迹的传播与特点,并从东亚视角出发,深入探究张春形象在17、18世纪的清朝和朝鲜王朝所具有的特殊意涵。为此,本文首先简要勾勒张春在明末之行迹,其次考察当时清人、朝鲜人为张氏所撰的诸种传记,在此基础上分析张春受到各方赞誉和歌颂之缘由,以就教于方家。

---

① (朝鲜王朝)金尚宪:《清阴集》卷13《次右相凤岩公韵》,《影印标点韩国文集丛刊》第77册,汉城:韩国民族文化推进会,1991年,第188页。本文所引韩国文集均出自韩国古典综合数据库网站,网址:http://db.itkc.or.kr/itkcdb/mainIndexIframe.jsp。

② 相关研究可参考全祖望:《鲒埼亭集外编》卷28《读〈明史·张春传〉》,收入《清代诗文集汇编》第303册,上海:上海古籍出版社,2010年,第310页;王崇武:《〈明史·张春传〉考证》,《人文科学学报》第8期,1943年;张玉兴:《沈阳三官庙与清初史实》,《清史研究》1986年第1期;张玉兴:《皇太极留养张春史事考论》,《历史档案》1986年第4期;张玉兴:《张春及其〈不二歌〉——兼论沈阳三官庙与盛京皇宫之关系》,《清史研究》1992年第4期;王芳:《张春之死——〈明史·张春传〉补遗》,《中国历史博物馆馆刊》1995年第2期;李勤璞:《白喇嘛与清朝藏传佛教的建立》,台湾"中央研究院"近代史研究所集刊》第30期,1998年;温淑萍:《张春拒降与清初剃发政策的转变》,《故宫学刊》2014年第1期;华云松:《清初辽宁战乱的满族文言小说叙事研究》,《辽宁师范大学学报(社会科学版)》2016年第2期。

一、历史场景中的张春其人其事(1631—1641)

张春字景和,号泰宇,又号明夷子,陕西同州人。万历二十八年(1600)举人,历任山东佥事,永平、燕建二路兵备道等职,生平撰有《不二歌集》。《明史·忠义传》有传。

据《明史》本传记载,张春为人正直,富于谋略,在地方官任上颇有政绩,很受百姓拥戴;担任永平兵备期间,偕诸将收复永平诸城,得到崇祯皇帝嘉奖,加太仆寺少卿。[1]崇祯四年(后金天聪五年,1631)后金与明朝爆发大凌河之战,此次战役成为张春人生命运的重要转折点。这年七月,明军将领祖大寿(1579—1656)驻守的大凌河城被后金围困,守城明军坚壁清野、闭城不出,战事陷入僵局。九月二十四日,监军兵备道张春率四万大军前来增援,二十七日,明军与后金军队在大凌河城附近激烈交战,明军战败,张春和参将张洪谟、杨华徵,游击薛大湖等三十三人被执。后金将其中二十五人杀死,而对剩余几位重要将领实行"纳降收养"之策。面对后金之威逼利诱,唯独张春见到金汗皇太极坚决不跪,闭目求杀,"太宗欲诛之",在大贝勒代善(1583—1648)的谏言之下,决定姑且留之。[2]十一月,皇太极返回沈阳后,出于政治考虑,将张氏安置在后金宫殿附近的庙观三官庙居住,并派遣藏传佛教僧侣白喇嘛照看其生活起居,试图拉拢其为后金服务。[3]但张春"身在沈阳,心在天朝",坚持不薙发,服大明衣冠,始终不臣事后金,其忠贞"不二"的高贵品格为时人所称颂。

此后,张春在沈阳度过了十年的羁旅岁月。在此期间,他并非苟延残喘、无所事事,而是展开了诸多有意义的活动。其一,他积极斡旋后金和明朝之间的议和活动。尽管当时后金在军事上占据优势地位,但长期的战乱破坏了后金与明之间正常的人员和贸易交流,对后金也造成了巨大损失。因此,从努尔哈赤(1559—1626,1616—1626年在位)后期开始,特别是皇太极即位后,积极寻求与明朝议和,"共享太平",通过各种途径紧扣议和之门。[4]后金俘虏了张春这位明军高级将领之后,旋即对其展开劝降工作,试图以张氏为媒介,推进与明朝的议和活动。就当时明金双方面临的形势来看,明朝党争激烈,内讧不断,加之连年征战,国库空虚,与后金实行议和是明朝整修内备、保存实力的可行之策,所谓"讲和之策,利于彼(按:明朝)而不利于我"。[5]因此,张春自言:"春苟延八年,只为讲和","春当死而复生者,八年于兹矣。非是苟延残喘,止忠孝之念,生灵之念,不能自已"。[6]张春从明朝的立场出发,力图以暂时通款的权宜之计"修我内备",使明朝摆脱内外交困的危局,这也是他寄居后金多年、忍辱偷生的原因所在。

值得一提的是,关于张春最初为后金向明朝寄出讲和揭帖的时间,王芳主张是张氏被俘后的第二年,即崇祯五年(1632),[7]似不确。据《崇祯长编》载,崇祯四年十月,直隶巡按王道直疏奏"张春被执,

---

① 张廷玉等:《明史》卷291《忠义三·张春传》,北京:中华书局,1974年,第7463页。

② 《清太宗实录》卷9,天聪五年九月乙未,北京:中华书局,1985年,第134页。

③ 可参考李勤璞:《白喇嘛与清朝藏传佛教的建立》,台湾"中央研究院"近代史研究所集刊》第30期,1998年。

④ 张玉兴:《十七世纪前期明清议和述评》,《中国社会科学院研究生院学报》1990年第3期。

⑤ 王锺翰点校:《清史列传》卷78《祖可法传》,北京:中华书局,1987年,第20册,第6437页。

⑥ 《张春为与明朝议和开款直言》,《历史档案》1982年第2期,第24页。

⑦ 王芳:《张春之死——〈明史·张春传〉补遗》,《中国历史博物馆馆刊》1995年第2期,第49页。

其妻翟氏绝食自缢,春乃偷生异地,不能以死报国,且远寄揭帖,反为代言款事",①此点王崇武文中也已指出。②这样,从张氏被俘之初便寄送揭帖可推断,他经过审慎思考后,认为议和有益于明朝,故"苦留讲和",以期"有益于国家,然后死而复生"。③但在明朝反对议和,乃至"言和见杀"的政治环境下,张春此举也造成了极大误会。《明史》本传记载,张氏被俘之初,传闻殉难,其妻翟氏不食自缢死,崇祯皇帝感张春之忠义,遥授右副都御史,并抚恤其家。但当议和揭帖送达明廷后,除前述王道直之弹劾外,十一月诚意伯刘孔昭(约1605—1660)上疏抨击张春"失身陷国,乞削职以为不忠之诫"。④另据王崇武考证,钱谦益(1582—1664)所撰孙承宗(1563—1638)行状亦言及此事,指出孙氏对张春颇有微词。⑤在此背景下,张氏二子下狱而死。朝臣攻讦之外,谈迁(1594—1658)《枣林杂俎》也曾记张春"叛变"事:"陷穹庐中,误闻殉难……春妾□氏年二十一,自经官舍……(春)愧其妾多矣,盖洪承畴之前茅也。"⑥这里将张春妻翟氏误书为妾,是为小误,更关键者,他把张春和洪承畴(1593—1665)等同视之,认为张春被俘后为后金寄送揭帖之举,刺激了洪氏投降清朝,这无疑是对张春的贬斥和抨击。

就议和的效果看,实际并不理想,明金议和久而未成,双方再度兵戎相见。崇祯十三年(清崇德五年,1640)松锦之战爆发,彻底宣告了议和活动的终结,也断送了张春报国求生之欲望,他最后郁郁而终。而对于张氏在明金议和中的作用,皇太极在洪承畴受降时曾言:"昔阵前所获张春,亦曾养之。彼不能为明死节,又不能效力事朕,一无所成而死。尔慎勿如彼之所为也。"⑦一方面从伦常道德角度批评张氏未能为国捐躯,另一方面从政治利益出发,明确表达了对张春未能促成议和的失望之情。尽管皇太极此言作为劝降说辞,存在一定的夸张和刻意之处,但从中不难窥探出他对张春的总体评价。

其二,聚徒授课,开展教育活动。张春在寓居地三官庙教育生徒,为他们讲论儒家经史大义,客观上为后金培养了不少人才。清朝宗室昭梿(1776—1830)曾追记张春事迹云:"公独处萧寺中,聚徒课读,一时开创名臣如范忠贞、宁文成辈,皆曾执经受业者也……时人比之文中子教授河汾诸徒,所以启唐之基也。"⑧由于范文程(1597—1666)、宁完我(1593—1665)等清初重要智囊,甚至一些满人子弟都在张春门下聆听过教诲,所以在当时的清人看来,张春乃是开启清朝基业的重要功臣,他们为表达崇敬感激之情,尊称张春为"张夫子"。实际上,当时张春讲学之事也传到了明朝。崇德三年(1638)清国官员张福宏奏本显示,面对张春之前所寄讲和揭帖,明朝方面"因先日塘报内云,张兵道投顺,在此作学道,似为不忠,难以准信"。⑨明朝官员因为获悉张春在后金从事教学活动,以为他已投敌叛国,从而对其请款揭帖多有疑虑,议和活动自然无法取得进展。由上可见,张春在后金聚徒讲学,不仅大有功于清人,同时一定程度上也影响了当时明清双方的议和进程。

---

① 《崇祯长编》卷51,崇祯四年十月丁卯,台北:"中央研究院"历史语言研究所校印本,1962年,第2998页。

② 王崇武:《〈明史·张春传〉考证》,第80页。

③ 《张春为与明朝议和事开款直言》,《历史档案》1982年第2期,第23页。

④ 《崇祯长编》卷52,崇祯四年十一月壬午,第3023页。

⑤ 王崇武:《〈明史·张春传〉考证》,第80页。

⑥ 谈迁:《枣林杂俎》智集《张春》,北京:中华书局,2006年,第85页。

⑦ 《清太宗实录》卷60,崇德七年壬午五月癸酉,北京:中华书局,1986年,第2册,第823页。

⑧ 昭梿:《啸亭续录》卷2《张夫子》,北京:中华书局,1980年,第413—414页。

⑨ 《张福宏奏为清派员赴明议和事本》,《历史档案》1982年第2期,第24页。

其三,与朝鲜人的接触。清崇德二年(1637)二月,朝鲜昭显世子、凤林大君和诸多当朝大臣被押送沈阳作为人质,一些朝臣之后陆续被允回国,而两位王子则直到顺治元年(1644)十一月,才被释放归国。故张春与昭显世子等朝鲜人有数年的时空交集,他们当时分别作为俘虏和人质,同样背负着国仇家恨,颇有"同是天涯沦落人"之感,彼此亦有所来往。崇德三年(1638)举行新年岁首贺礼时,昭显世子"适过其所寓,而入见之,则张春言:'我不东向坐久矣。'其谈论琅琅可听,房中亦极尊敬,比之于苏武矣"①。张氏亦曾拜访昭显世子,并说道:"朝鲜礼义之国也,今日之事,出于不获已也。天朝不得救难,以致如此,反为惭愧。"②对于明朝未能帮助朝鲜解除南汉之围,导致其沦为后金之属国,并造成朝鲜世子流落沈阳一事,流露出同情和愧疚之意。由此,张春守志不屈、心向明朝、致意属国的可贵精神,给同样身处沈阳的朝鲜世子等人留下深刻印象。难怪金尚宪诗云"欲求前后从容死,共说张春第一人",称誉张春不同于毫无骨气的明朝降臣,面对敌人淫威,十年间从容镇定、不为所动,乃是明末第一位为国守节的忠臣。

关于张春在后金殉难的确切时间,清初张弨所撰《总记张公并淑人翟氏子伸节孝事略》(以下简称《事略》)有较详细的记录。道光二十八年(1848),张春后人张生铭汇集张氏《不二歌》《庭训迩言》《祭白喇嘛文》等遗文及相关传记资料,刊为《不二歌集》二卷,其中收录了张弨《事略》一文。张弨系清初同州绅士,与张春同乡,③该文具体撰写年份不详,据文末"康熙四年,据阖州绅衿士民呈,奉圣旨入祠乡贤",知其成文不早于康熙四年(1665)。其文论述张春事迹时间、地点等信息均甚为详细,当有较为可靠的资料来源,或即出自张春子孙之转述,文中指出:"公……于庚辰十二月十三日戌时,不食卒",④可见其在庚辰年底绝食而死,即崇德五年(1640)。张氏亡故后,皇太极将之礼葬于辽阳之南,并建石塔加以纪念。⑤

张春生前最后十年的活动场所盛京(沈阳),作为当时后金政权的都城,有着相对复杂的人员构成。故而张春羁旅期间可接触到的人群亦相当广泛,既有后金政权的满汉臣子,又有来自朝鲜王朝的王子、士夫,以及在地的各色人等,由此,其忠贞爱国的光辉事迹与"传说"借助这些人的口耳相传而得以迅速流传。特别是明清鼎革后,其形象更被清朝和朝鲜王朝赋予不同的文化意涵,成为解读明清之际东亚政治文化史的一个重要窗口。

二、清代张春传记的源流与特点

如前所述,张春生前便以其高尚品格受到清人尊敬,被誉为当代苏武。他死后不久,伴随清朝定鼎中原并逐渐奠定对全国的统治,其事迹也开始突破沈阳的地域限制,在民间和士大夫群体中迅速传播,成为社会上备受关注的人物。

---

①《朝鲜仁祖实录》卷37,仁祖十六年八月四日甲午,汉城:韩国国史编纂委员会影印本,1955—1958年,第35册,第31页。

②《承政院日记》仁祖十六年五月十八日庚辰。引自韩国《承政院日记》电子数据库,网址:http://sjw.history.go.kr/main/main.jsp。

③ 徐珂:《清稗类钞》,性理学类二曲学派,北京:中华书局,1986年,第8册,第3779页。

④ 张弨:《总记张公并淑人翟氏子伸节孝事略》,见《不二歌集》卷2,收入释函可、张春著《千山诗集·不二歌集》,东北流人文库之《千山诗集·不二歌集》,哈尔滨:黑龙江大学出版社,2011年,第474页。

⑤ 左懋泰:《张公传》,见《不二歌集》卷2,收入《千山诗集·不二歌集》,第478页。

清人入关之后,将沈阳、尚阳堡、宁古塔等东北地方作为流放罪犯之所。在这些被流徙至东北的犯人中,有许多知识分子和士大夫。函可(1612—1660)乃明末清初的僧人,顺治初因撰书暴露清人暴行、讴歌抗清死事人士,被流放至沈阳。在沈阳期间,函可曾参观张春旧时住所,写有《三官庙——张公旧住处》一诗。其诗云:"宫阙崔嵬近大罗,云裾琼佩老仙多。琅璈奏罢星辰隐,永夜如闻不二歌。"①以"永夜如闻不二歌"来表达张春精神之长存人间。同一时期流放东北的还有左懋泰(1597—1656),左氏乃明崇祯年间进士,南明弘光政权兵部右侍郎左懋第(1601—1645)之堂兄,与函可均为流人群体"冰山诗社"之成员。他在当地听闻张春事迹之后,有感于张氏之忠义,专门撰作《张公传》予以表彰,该文被张春后人收入《不二歌集》。

丁澎(1622—1686)是浙江仁和人,清初诗坛"燕台七子"之一。顺治十四年(1657)典试河南时,丁氏因科场案起,谪戍辽东尚阳堡,流寓期间听闻张春事迹,以是撰有《宁前兵备张公传》,收入丁氏著《扶荔堂文集》卷九。据丁氏传文末之"论曰"载:"余过营州之墟,得闻张公抗节事甚晰。野夫牧竖,皆能言之,皎皎昭日月也。苗知观谯明每向余述其事,必泫状流涕。"②营州即今辽宁朝阳,"野夫牧竖,皆能言之",则说明当时张春事迹在辽宁地区大致家喻户晓。谯明乃丁氏友人张文光(1595—1660),由"必泫状流涕"可见张春之大义对其触动之深。需要注意,丁传正文与前述左懋泰传记文字大部雷同,唯在文后增加"公死一年,李自成陷京师,明亡"一句。③张玉兴也注意到这一现象,认为著作权应归于左懋泰,惜未详言。④考虑到丁氏到达东北时,左懋泰业已亡故,故左文必早于丁文,可推断后者乃参照甚至抄录前者而成。又,丁传文末附有丁氏友人施闰章(1618—1683)、唐阆思对该传的高度评价,指出该传"独将文皇委曲保全忠义之心随处写出,见朝廷培养士气即在草昧初开之始,实为国脉灵长所由肇,确是有关系文字","读此传,觉胸中之气勃勃飞动,非昌黎不足以传睢阳(按:张巡),非药园不足以传张公,其人其文均可彪炳千古"。⑤然此文实左懋泰所作,这种赞誉应加诸左懋泰。

除左、丁二传之外,清初一些未亲临东北的士人,如汤斌、何犿(1620—1696)、黄瑚等获知张春事迹后,也纷纷为其作传。对此,前人较少注意,今梳理如次。

汤斌乃清初理学家,官至工部尚书。萧一山(1902—1978)《清代通史》在论述皇太极善待降人时,曾援引汤斌所作张春传记,⑥但萧氏并未注明具体出处。王崇武亦言"汤氏撰有春传",然查该文字不见于今本汤氏文集及其拟明史稿,汤氏年谱同样未提及作传事,待考。

黄瑚,字夏苏,无锡人。《无锡金匮县志》称其:"少时名著云门社,其所作《张春传》,睢州汤斌亟称之。时邑中多好古之士,而以文名家者无如瑚。娄东吴伟业尝延之至家。康熙十七年属举博学鸿儒,

---

① 函可:《千山诗集》卷17《七言绝三晓钟二首》,收入《千山诗集·不二歌集》,第383页。清初称颂张春的文人、士大夫仍有许多,此处仅以此为例,恕不赘举。

② 丁澎:《扶荔堂诗集选》卷9《宁前兵备张公传》,《清代诗文集汇编》第78册,上海:上海古籍出版社,2010年,第546页。

③ 此亦有误,如前所述,张春卒于崇德五年(1640)年底,而李自成陷京师在1644年。

④ 张玉兴:《张春及其〈不二歌〉——兼论沈阳三官庙与盛京皇宫之关系》,《清史研究》1992年第4期,第2页。

⑤ 丁澎:《扶荔堂诗集选》卷9《宁前兵备张公传》,第547页。

⑥ 萧一山:《清代通史》上卷,北京:中华书局,1986年,第147页。

昆山叶方蔼以瑚名上,征书下,病厉不行,寻卒。"①可知,黄氏所作传记曾在文人群体中流传,汤斌也对该文赞赏有加。惟今已佚。

何焯,字雍南,丹徒人。所著《晴江阁文集》三十卷,其卷二二有《张金事传》,记载张春事迹。民国年间柳诒徵(1880—1956)曾择其中三传影印刊行,题为《晴江阁文钞》,特别指出:"卷中以张春、楚壮士、堵胤锡诸人之传,尤裨明季史事。"②

以上黄、何二传的形成实以汤斌为纽带。据何焯《张金事传》云:

> 庚子岁,河南睢州汤斌出备兵潼关,奉春祀乡贤祠。康熙初,辅政索公召春子某,某哭乞父春骨归葬。公赙之银三百两,下兵部给牌邮送。已,辄取回兵部牌曰:"募人舆榇,春之魂魄乃安,加赙银三百两。"其子得扶春榇归潼州,合葬翟宜人之墓。论曰:往参政汤斌官翰林时,尝从诸老臣贵戚问太宗朝轶事。诸老臣贵戚多称张春为真忠臣。斌来游江南,为余详述其实。且云本朝作忠之法,宜笔之以风后世为人臣者。③

据汤氏年谱,他于顺治九年(1652,壬辰)中进士,历任弘文院庶吉士、国史院检讨等,直到顺治十三年(1656,丙申)补授潼关道副使,故引文所言"庚子岁……出备兵潼关"有误。④汤斌担任国史院检讨期间,曾在明史馆参与修史,并上疏请求褒奖明末抗清义士。⑤由此,他时常向朝中元老询问先朝典故,包括"索公"即索尼(1601—1667)在内的勋臣贵戚,也成为汤氏获悉张春忠节事迹的重要来源。汤斌身为清初举足轻重的理学名臣,素重伦理道德之修养,不难理解为何张春能够获得他的敬仰与关注。巧合的是,几年之后,汤斌恰恰转授张氏故乡——潼关。他在地方官任上积极重建社会伦理道德秩序,致力于移风易俗、推行教化,不仅重修了潼关卫儒学启圣祠,还将张春升入乡贤祠加以祭祀,通过表彰其"纯孝精忠"的高贵精神,来宣扬儒家忠义观念,砥砺乡人效法践行。⑥康熙二十三年(1684),汤斌调任江宁巡抚,仍对张氏事迹念念不忘,不仅向何焯详述此事,由于黄瑚与汤斌同为梁溪诗派成员,互有唱和,⑦故黄氏之作传,或同受汤斌影响。因此,汤斌不仅以祠祀张春,还欲为文传之久远,表彰可谓不遗余力。

上述左懋泰、丁澎、汤斌、何焯等颂扬张春行迹者,多是在新朝为官或亲近新朝者。大体来说,他们为张春作传的出发点有二,一是为突出清太宗皇太极优待胜国忠臣之胸襟气度,所谓"自古款待胜国忠臣莫之能及,既能全彼之忠,又不伤我之德,以元世祖之戮文文山,视我文皇殊有愧也"⑧;二是以

① 裴大中、秦缃业等纂:《无锡金匮县志》卷22《文苑》,台湾:成文出版社,1970年,第384页。
② 谢国桢:《增订晚明史籍考》卷20,北京:北京出版社,2014年,下册,第998—999页。
③ 何焯:《晴江阁集》卷22《张金事传》,《四库未收书辑刊》第七辑第30册,北京:北京出版社,2000年,第175页。
④ 汤斌著、范志亭、范哲辑校:《汤斌集》第六编《汤斌研究资料》,郑州:中州古籍出版社,2003年,下册,第1751页。
⑤ 朱端强:《万斯同与〈明史〉纂修纪年》,北京:中华书局,2004年,第32—33页。
⑥ 汤斌著、范志亭、范哲辑校:《汤斌集》第一编《汤子遗书》卷7《公举纯孝精忠,祈祀乡贤,以光大典事》,上册,第388页。
⑦ 可参考王文荣:《梁溪诗派述论》,《苏州大学学报》2011年第3期。
⑧ 昭梿:《啸亭续录》卷2《张夫子》,第413—414页。

张春之忠节形象来实施教化,维护儒家纲常伦理,即前述汤斌所言:"本朝作忠之法,宜笔之以风后世为人臣者。"

实际上,张春的忠节形象也得到了清廷官方的肯定。"自皇清定鼎,褒崇节义,善无微而不彰。凡以激劝一代之士气人心。"①由于张春与太宗朝历史密切相关,《清太宗实录》《皇清开国方略》等清代官方史书多有提及。更重要者,官修《明史》将张春列入《忠义传》,予以表彰。今存天一阁藏万斯同(1638—1702)《明史稿》、中国国家图书馆藏313卷本《明史稿》等《明史》纂修初期的稿本中,均设有忠义传,后续的416卷本《明史》、王鸿绪(1645—1723)《明史稿》及殿本《明史》皆相沿不改。在这些明史稿本中,除天一阁本《明史稿》、416卷本《明史》外,其余版本皆存张春传。大致而言,殿本《明史》乃沿袭王鸿绪《明史稿》而来,王稿则是在节略313卷本的基础上,内容稍有调整。

据学者统计,殿本《明史·忠义传》共七卷,凡录331位殉国者,其中仅48人为反抗女真而死,其他均为对抗流寇和倭寇而亡者。②而在这48人中,除张春外,均为与清军交锋之时,通过投井、自刎、自缢、力战而死等激烈方式死节者,譬如何廷魁(? —1621)"率其妾高氏、金氏投井死",刘廷训(? —1638)"中流矢,束胸力战,又中六矢乃死"。③只有张春以俘虏身份入《忠义传》,显得十分另类,是知在清官方和史馆馆臣眼中,表彰俘虏张春和壮烈殉国诸明臣,二者实具有同等重要的意义。清康熙时重臣徐秉义(1633—1711)道出了其中关键:"我大清肇造区夏,轶驾前王,列圣相传,以仁厚立国。张春抗命,则赦而不诛;范景文等殉君,则赐以美谥。大矣哉。真尧舜公溥之心,其视前朝之忠烈,与当代一例。"④因此,不论赦免张春还是赐谥明臣,都已成为大清"以仁厚立国"、得国之正的实在证据,换言之,皇太极不杀张春的事迹,俨然已成为彰显清朝君主"有德者"形象必不可少的一环。

在官方意志和政治需要的作用之下,身为俘虏但"不失臣节而死"的张春得以进入《明史·忠义传》之列。不过,这样的传记安排,在某种程度上也契合了万斯同等明遗民讴歌先朝忠烈的心绪。如所周知,清初明遗民多热衷为故国撰史,表彰忠义。万斯同在清初编纂《明史》的事业中厥功至伟,尽管我们在天一阁万氏手稿本《明史稿·忠义传》中未能找到张春的踪迹,但诸多迹象表明,万氏实对张春持赞扬态度。康熙四十年(1701)正月,他与陈心简、李塨(1659—1733)等人共赴孔尚任(1648—1718)家宴,席间即曾以张春为题,分韵赋诗。万诗今已亡佚,但据李塨"此日何方留圣裔,昔年遗事说忠魂"的诗句,可知万斯同大很可能同样以忠臣看待张春。⑤

不过,屈大均(1630—1696)《皇明四朝成仁录》、温睿临《南疆逸史》、查继佐(1601—1676)《罪惟录》、邹漪《启祯野乘》等清中前期成书的明季忠烈或遗民传记,皆未细述张春行事,大多一笔带过,如"惟春不屈,但求速死,故义之"。⑥换言之,清初明遗民反倒没有专为张春树碑立传。其原因或与张春

① 汤斌著,范志亭、范哲辑校:《汤斌集》第一编《汤子遗书》卷7《公举殉难烈臣等事》,第379页。
② 区志坚:《明遗民查继佐〈罪惟录〉史学之研究——以身份认同、正统观、褒贬笔法为中心》,《明史研究专刊》2002年3月第13期,转引自衣若兰《史学与性别:〈明史·列女传〉与明代女性史之建构》,第342页。
③ 参见张廷玉:《明史》卷291《张春传》,第7453—7477页。
④ 徐秉义:《明末忠烈纪实》凡例,杭州:浙江古籍出版社,1987年。
⑤ 朱端强:《万斯同与〈明史〉纂修纪年》,第227页。
⑥ 屈大均:《皇明四朝成仁录》卷1《大凌河死事曰何可刚》,《四库禁毁书丛刊》史部第50册,北京:北京出版社,1997年,第480页。

被俘后明廷的态度有关。明廷接到张氏议和揭帖后,朝臣交章弹劾张春降敌不忠,可见当时明朝方面并不认可张春寄身敌营、主张议和的做法。随着张春被俘投敌的传言不断流播,极大影响了明遗民对他的认识与评价。谈迁曾先后在《枣林杂俎》《北游录》和《国榷》中记载张春之事,先言张氏叛敌,北游期间从吴伟业处得知流言之误,最后乃为张春辩白:"夫春实未尝诎膝,流离殊域,其志有足悲者。此莸彼薰,宁可概论。宋王继忠陷契丹,上书言款,即张春之前茅也。继忠见原,春见疑,势有固然,无俟言之毕矣。"①伴随对张春事迹的逐渐明晰,他对张氏的评价发生了从怀疑、贬斥到褒扬,变化显著,这也从侧面反映出明清之际双方信息传递之混乱与滞后。

综上所述,清中前期出现的张春传记,主要有左懋泰、汤斌、何絜所作私传,及《明史》诸稿本所载张春传。我们再结合《清太宗实录》等官书所载张春行事予以综合分析,可以看出各传具体内容及撰作者撰述旨趣的异同(表1)。

表1 各官私记录中关于张春事迹记载异同简表

	左懋泰《传》	汤斌《传》	何絜《传》	《清太宗实录》	313卷本《明史稿》	王鸿绪《明史稿》	《明史》
代善纳谏	—	—	—	○	—	—	—
清太宗"穴壁为牖"	—	○	○	—	—	—	—
与洪承畴对比	—	○	—	—	—	—	—
张春书崇祯年号	—	○	○	—	—	—	—
张春上疏崇祯	—	—	—	—	○	○	○
陈炳疏救张春	—	—	—	—	○	○	○
张春被俘不跪	○	—	—	—	○	○	○
张春代为议和	—	—	—	—	○	○	○
明廷杀张春二子	—	—	—	—	○	○	○

注:表中"—"表示"有","○"表示"无"。

第一,从传记写作手法的角度而言,私人传记和官修史传存在内容完整度上的差异。首先,左懋泰、汤斌、何絜等人所撰私人传记,没有完整记述传主事迹,而是从表彰张春不事二主的光辉事迹出发,借以突出皇太极的开明形象。所以,这些传记起首便写张春被俘后在沈阳期间的忠贞诸事,仅"拾掇其动人事迹以成篇"。②官修《明史》则不同,从较早的313卷本《明史稿》开始,传文即囊括了张春主要的生平事迹,包括他永平任上击退哈喇慎部汪烧饼部叛乱、被兵部尚书王在晋弹劾其滥杀等,最后写到张春被俘、代为议和、其二子为明朝处死等事。其次,私人传记所载情节具体而离奇,官修《明史》的内容和文字则较为平实质朴。前面提到,何絜对张春事迹的了解乃得自汤斌,所以何、汤二传存在一些相似细节,如他们在传中都写到皇太极挖墙洞偷窥张春之事("穿壁成小牖视春"),汤传甚至记载皇太极同时邀请被俘虏的洪承畴和张春为后金选拔人才,然而洪、张二人不可能同时出现在沈阳,故其传记的可信度令人怀疑。

如前所述,据张春同乡后辈张弨所撰《事略》一文,张春卒于"庚辰十二月十三日戌时",③也就是后金崇德五年。崇德七年(1642)二月十九日,洪承畴兵败被后金生擒,起初坚决不降,被清人羁押囚禁,

① 谈迁:《国榷》卷91,思宗崇祯四年八月庚午,北京:中华书局,1958年,第5571页。
② 王崇武:《〈明史·张春传〉考证》,第81页。
③ 张弨:《总记张公并淑人翟氏子伸节孝事略》,第474页。

直到同年五月才正式归顺。皇太极在受降仪式上劝诚洪氏时曾言：“昔阵前所获张春……一无所成而死。尔慎勿如彼之所为也。”①据此，即使张春未卒于崇德五年年底，此时也早已亡故。种种证据表明，张春和洪承畴绝无同时身居沈阳的机会，汤传中的这一情节必系编造或谣传。明清交替后，关于“大骂洪承畴”的传说颇多，此亦为其中一例。②其旨在透过二人的强烈对比，达到歌颂忠节、贬斥叛降的道德教化目的，往往忽视了历史的真实性。

事实上，以《明史》传记系统为代表的张春传，才是史传应有的正规写法，而汤斌等人的记述则近乎说部。除张弨《事略》这样的乡贤记录外，无论官修还是私家系统的传记均没有记载张春的逝世时间，这意味着，既然各家对这一关键信息的处理都十分模糊，洪承畴也就可以顺理成章地出现在张春的晚年事迹中。特别是由于洪承畴的投敌，这一情节在张春故事中显得十分合理，二人的“忠奸”对比能给读者形成强烈的刺激。不过，《明史》在这一方面保持了史传的严肃性，并没有在传末强加一些未经证实的情节。

第二，《明史》系统下的诸版本张春传有一重要特点，即在内容上详前略后，对张春被俘之前的事迹描述颇为详尽。鉴于313卷本《明史稿》张春传是目前可知的《明史》系统的最早版本，③因此，形成以上特征的原因，就要从313卷本的文献来源说起。

根据313卷本传记的内容，可知明史馆臣在修传过程中当未参考张弨《事略》，否则不会出现本传中张春卒年阙如的情况。再者，313卷本中详载了崇祯元年（1628）御使李炳疏救张春所陈五事，及崇祯三年张春之上疏。由于张春早年的科举与仕宦履历在313卷本中记载十分详细，即便像《疏议辑略》之类的明人奏议合集中也未必有如此细致的记录，所以这些内容很可能来自明朝官方保存的档案文书，甚至直接出自史馆为官员所修的个人传记。查明代修史制度，隶属于翰林院的史馆，是纂修实录等官修史书的主要机构。纂修实录时，会从中央和各级政府衙门收集大量原始资料，包括皇帝诏令、政府公牍、大臣奏疏。④清初明史馆为纂修《明史》，曾据当时宫中留存档册修成《崇祯实录》和《崇祯长编》，检核这些资料，可发现其中有不少与张春相关的记录。此外，宋、明时期的实录纂修具有编年附传的特征，即在编年体记事的大脉络下，于官员卒年载其小传。揆诸张春事迹，大凌河之战后，他最初曾被传殉国，明廷以此抚恤其家、赠官褒奖。故张氏虽官职不高，然其“殉国”事迹壮烈，不排除当时崇祯史馆曾为其作传的可能。若此，该传可能流传至清初，而成为明史馆臣参考的依据。

第三，从左懋泰、汤斌等私人传记，清官方《太宗实录》等所载张春行事，到《明史》诸稿本，直至殿本《明史》，⑤这些文献关于张春被俘后史实的记述，存在一些微妙的不同。诸传多笼统言及太宗

①《清太宗实录》卷60，崇德七年壬午五月癸酉，第823页。

② 沈茂华：《追忆英雄：南明人物的传说、历史与塑造》，《清史论丛》2015年第2期。该文针对南明时期“英雄骂洪承畴”故事母题进行了详细分析，指出在黄道周、金声、左懋第、顾咸正、夏完淳、江天一、孙兆奎等诸多南明人物的史料中都曾出现过“斥骂洪承畴”的情节，不过该文并未提及张春之事。关于中国古代史传中的模式化书写，可参考孙正军：《中古良吏书写的两种模式》，《历史研究》2014年第3期。

③ 廉敏：《天一阁藏〈明史稿〉之〈郝杰传〉研究》，《北京联合大学学报（人文社会科学版）》2009年第1期。

④ 谢贵安：《明实录研究》，武汉：湖北人民出版社，2003年，第67页。

⑤ 经查，《四库全书》本《明史·张春传》与殿本传记基本相同，唯将原稿中的少数民族译名“哈喇慎”改为“哈喇沁”，“汪烧饼”改为“汪萨本”，以去其俚鄙之意。

在张春被俘后对其礼遇有加,如左懋泰传云:"太宗起令解其缚,欲降之……太宗大奇之,从容语春曰……",[1]何珙传言:"太宗甚重春,礼遇极隆渥",[2]《明史》本传也仅言"春独植立不跪,至晚,遣使赐以珍馔"。[3]而据《清太宗实录》载:"独张春不跪,上怒,援弓欲射之。代善谏曰:'我前此阵获之人何尝不收养,此人既欲以死成名,奈何杀之以遂其志乎?'遂置之。"[4]清宗室昭梿熟悉本朝掌故,"于天聪、崇德以降,琐事丕事,皆说其年月不误",[5]其《啸亭续录》亦言:"明监军张公春,于大凌河被擒,见太宗不屈,上挽弓欲射之,先烈王谏曰……"[6]这些证据表明代善讽谏之事当属无误。事实上,代善早先在萨尔浒之战(1619)后,就力劝太祖不杀投降后金的朝鲜姜弘立(1560—1627)部军队。他主张:"或听其来降,或拒而杀之,想收养之名贵乎杀戮之名也。与其杀戮,不如纳降抚养之,"[7]将其招纳降将以邀买人心的意图和盘托出。

综上可见,不论私人传记还是《明史》本传,均有意无意间遮蔽了代善在其中的作用,只字不提太宗最初对张春的不满,而是突出太宗叹服于张春的气节。如此自然有助于塑造太宗仁厚宽容的君主形象,也可隐去代善所言试图赚取"收养之名"、招纳降人的现实目的。而另一方面,王鸿绪《明史稿》张春传中有"守者恳劝,(张春)乃感太宗文皇帝恩,始一食"[8]的文字,后为殿本《明史》所继承,然这段记载不见于更早的313卷本《明史稿》,这样书写应是为了展现太宗礼遇张春的功效——太宗恩养降人的形象已感化张春。清官方和明史馆臣在史书撰写中的取舍和用意,于此可见一斑。

此外,在《明史》系统张春传末尾,史馆馆臣专门记述了张春被俘后,明廷对此事件的反应,即朝臣交章弹劾张春并杀其二子。相较于清太宗礼遇张春,这些文字实际是"寓褒贬于叙事之中",隐含批评明末政治之意。值得注意的是,在清朝官私各方大为宣扬张春事迹的同时,作为清朝藩属国的朝鲜王朝也充分关注此事。然而,清人借助张春来歌颂皇太极的写法,未能得到朝鲜人的认同。下文就此展开分析。

三、成大中《张春传》与朝鲜王朝的"张春"书写

张春的故事不仅在中原大地广为传颂,他逝去后数十乃至数百年间,其不事二主的忠义形象同样为朝鲜士人津津乐道,以致燕行使臣行至沈阳,每每登访、瞻仰张氏故居,寄托思古幽情,从而也造就了许多专门咏叹张春的诗文传记,可谓"有酒不浇降大寿,为文欲吊死张春"。[9]朝鲜官修史书《尊周汇

① 左懋泰:《张公传》,载东北流人文库之《千山诗集·不二歌集》,第476页。

② 何珙:《晴江阁集》卷22《张金事传》,第175页。

③ 张廷玉:《明史》卷291《忠义三·张春传》,第7463页。

④ 《清太宗实录》卷9,天聪五年九月乙未条,北京:中华书局影印本,1985年,第134页。

⑤ 龚自珍:《龚自珍全集》第五辑《与人笺》,上海:上海人民出版社,1975年,第343—344页。

⑥ 昭梿:《啸亭续录》卷2《张夫子》,第413页。

⑦ 参见《满文老档》,北京:中华书局,1990年,上册,第81页。

⑧ 王鸿绪:《明史稿》卷272,台北:文海出版社,1962年,第6册,第234页。在乾隆中后期,校对官章宗瀛已发现《明史·张春传》与《清太宗实录》的记载存在偏差。他根据实录指出:"并无春仍不食、守者恳劝二语,此误。"然未注意到"感太宗文皇帝恩"为明史馆臣有意增补。见张廷玉:《明史》,《景印文渊阁四库全书》第291册,台北:台湾商务印书馆,1983年,第47页。

⑨ (朝鲜王朝)李瑞雨:《松坡集》卷3,《影印标点韩国文集丛刊续集》第41册,汉城:韩国民族文化推进会,2006年,第48页。

编》所收朝鲜士人成大中编《张春传》,正是其中颇具代表性的一例。

朝鲜王朝(1392—1910)自与明朝建立宗藩关系后,秉承"皇明,中华也,吾初受命之上国也"[①]的观念,奉明正朔,受明册封,谨守藩邦职责,精诚事大,与明朝维持着稳定的政治联系。同时,由于朝鲜王朝以朱子学立国,向慕华风,华夷观念浓厚,故对明朝作为汉族中华文化正统的文化认同感亦十分强烈。到朝鲜后期壬辰战争(1592)爆发,明朝万历皇帝出师援助,保全朝鲜免于覆亡,在传统的"字小——事大"的宗藩关系基础上,二者名分与情感上的联系进一步加强,所谓"义则君臣,恩犹父子"。[②]与之相反,对于女真与后金政权,朝鲜长期视其为夷狄、藩篱,然而清人于丁卯(1627)、丙子(1636)两度兵临城下,通过武力征服逆转了彼此的政治地位,仁祖在三田渡向皇太极跪拜迎降的屈辱记忆,更加重了朝鲜敌视清廷的态度。不久,明朝灭亡,朝鲜王朝失去其政权赖以维系的正统性来源。在朱子学的长期熏陶下,视华夷正统、君臣父子为绝对伦理的朝鲜人,因现实形势的催逼,不得不背弃这些根本原则,奉清人为宗主,遂使得作为朝鲜社会统治基础的道德秩序出现了严重危机。

为重建国内的意识形态和社会伦常秩序,进而巩固王权和强化自身正统地位,以摆脱前述困境,朝鲜王朝在明亡后,长期坚持尊周思明理念,强调尊明贬清。一方面在政治上臣服于清朝,维持与清朝的宗藩关系,另一方面在文化心态上继续视清朝为夷狄,强调朝鲜与作为"中华"象征的明朝相联系,将自身看作明朝的继承者,亦即中华余脉。[③]朝鲜王朝把尊周思明奉为"列圣相承"的家法而长期施行,借助朝鲜对明朝的忠诚,塑造其"小中华"形象,强化国内士大夫与臣民阶层对王权的效忠与支持。到18世纪的英祖(1694—1776,1724—1776年在位)、正祖(1752—1800,1776—1800年在位)时期,这一理念得到进一步强化,无论官方、士林均着意强调对明义理,并在尊周思明的旗帜下开展了设坛祭祀、修撰史书等诸多纪念活动。[④]

正祖二十年(1796)下令编纂的《尊周汇编》,即是这一国家理念下的产物。《尊周汇编》全面载录了朝鲜王朝的尊周思明活动,在尊周类史书中最为重要。该书由李书九(1754—1825)、成大中、成海应(1760—1839)等人奉王命编纂而成,前后历时几近三十年,今存草本三十三卷与正本十五卷两种。[⑤]草本中的《诸臣诗文》十二卷为正本所无,特别是其中收录的成大中编《张春传》亦不见于成氏《青城集》《青城杂记》等个人著述中,因而具有独特的史料与研究价值。

成大中,字士执,号龙渊,又号青城,昌宁人,乃朝鲜后期著名学者成海应之父。成大中在朝鲜英祖、正祖时期曾任校书馆校理、成均馆典籍等职,期间多次参与官方的修史活动,如奉命纂修《庄陵史补》《春秋左氏传》《尊周汇编》等。其所编《张春传》即参与纂修《尊周汇编》时的成果。此外,英祖四十

① (朝鲜王朝)朴趾源:《热河日记》,上海:上海书店,1997年,第1页。

②《朝鲜孝宗实录》卷19,孝宗八年十月二十五日甲午,汉城:韩国国史编纂委员会,1955—1958年影印本,第36册,第120页。

③ 参见孙卫国:《大明旗号与小中华意识:朝鲜王朝尊周思明问题研究(1637—1800)》,北京:商务印书馆,2007年;(韩)Seung B. Kye:"The Altar of Great Gratutide: A Korean Memory of Ming China Under Manchu Dominance, 1704-1894," Journal of Korea Religions 5, no. 2 (2014, Honolulu), pp. 71-88.

④ 参见孙卫国:《朝鲜王朝所编之中国史书》,《史学史研究》2002年第2期;(韩)허태용:《英·正朝代中华继承意识의 강화와宋·明역사서의 편찬》,《朝鲜时代史学报》第42辑,2007年;(韩)김영식:《중국과 조선, 그리고 중화:조선 후기 중국 인식의 전개와 중화 사상의 굴절》,서울:아카넷,2018年。

⑤ 张光宇:《朝鲜王朝〈尊周汇编〉纂修略考》,《史学史研究》2014年第3期。

年(1764),成氏以通信使正使书记身份出使日本,并撰有出使行记《槎上记》和日本研究著作《日本录》,这种对域外的直接观察和体验,使他能相对客观地看待东亚世界的邻邦,即清朝与日本,一定程度上也为其后"北学论"的兴起奠定了思想基础。

尽管如此,在朝鲜王朝性理学的长期熏陶下,成大中的思想底色仍在于尊华攘夷,强调夷夏大防,[1]加之英祖、正祖时期尊周思明意识日益强烈,当时朝鲜社会形成了编撰中国宋、明史书与研究相关史事特别是明史的风潮。[2]而在朝鲜王朝的积极搜求下,大量明清书籍通过官私途径传入朝鲜半岛,为朝鲜的明史撰述活动奠定了资料基础。在这当中,由于清官修《明史》具有纪传体正史的地位,朝鲜人持续关注《明史》的纂修进展。乾隆四年(1739),《明史》由武英殿刊印问世,不久即流入朝鲜,获得朝鲜士人的广泛阅读和评论,成大中亦不例外。如前所述,清人相当敬重张春为人,将之列入《明史·忠义传》。而成大中版本的《张春传》,一方面继承了清修《明史·张春传》的部分内容,另一方面又进行了大幅修订和补充,力图使整个传记更为完备。成氏对《明史·张春传》的修订,首先体现在改动清的称谓和删节相关文字。成大中将原传中的"大清"悉数改为"清",将清人尊称之"我太祖文皇帝"改为"清主",虽未强烈贬低清朝,其间无不流露出他对清朝的不屑态度。同时,他对张氏被俘前后的叙述进行适当删节。例如,关于张春在天启七年(1627)平定哈剌慎部长汪烧饼叛乱,以及御史李炳疏救张春之事,成大中尽行删削。此外,成氏还删去了《明史》所载张春被俘之初的情景:"……遂不食。越三日,复以酒馔赐之,春仍不食,守者恳劝,感太宗文皇帝恩,始一食。"[3]以减少原传中所含对清太宗厚待俘虏的溢美之词。值得玩味的是,如前所述,此句正是王鸿绪在其《明史稿》中所特意增补者。

由于《明史》对张春被俘后的描述一笔带过、语焉不详,成大中特别补充了张氏羁禁沈阳期间的具体行迹,可与前述汤斌等私人传记中所记张春晚年事迹对读分析。为便于论述,暂录之如次:

春见清主,独植立不跪。清人欲降之,胁以白刃,终不屈。清主壮其节,筑馆处之,廪食甚厚。春与从者十余人,汉衣冠以居。清主出猎,过春,盛具酒食馈之,春据几坐,不为起姿,饮啖自若。清主曰:"吾饮食子,子无所辞,独不臣我,何哉?"春曰:"普天莫非王土,凡出于他者,皆天子有也。吾食吾天子物,尔直为我具尔,安辞为?"清主笑而去。

清连陷松、杏,执洪承畴以归。大犒三军,承畴亦坐,诸将下酒行,清主召春至,春从数人骑驴缓行,直造坛际,下马直上,坐清主右。清主笑曰:"尔安敢坐吾右耶?"春曰:"春秋之义,王人虽微,序于诸侯之上,吾天子使也。女(汝)敢下我哉?"仍擘其黄袍裂之曰:"天无二日,虏敢潜帝服

① 例如,成大中曾言:"呜呼,靖康之乱,实华夷翻覆之运,而盗贼为之兆,水浒居其一也。孔子曰,天下有道,盗其先变乎……罗贯中生于元世,痛夷狄之灭夏,作此传以舒愤,恨宋之失其用也。然罗犹喜乱者,龚圣予,文、陆徒也,宋亡不仕,卖画自食,喜画水浒群雄。龚岂奖盗者耶,其意亦罗比也。"他认为施耐庵、罗贯中生当元世,编辑《水浒传》,表面歌颂宋江等盗贼,实则与龚圣予一样,均蕴含有华夷意识,乃是借助小说抒发内心对元朝灭宋的愤恨。成大中此番言论反映出当时朝鲜士人浓厚的华夷观念。参见成大中:《青城集》卷8《书仇十洲画水浒轴后》,《影印标点韩国文集丛刊》第248册,汉城:韩国民族文化推进会,2000年,第505页。

② 孙卫国:《朝鲜王朝所编之中国史书》,第66—75页;(韩)吴金成:《朝鲜学者之明史研究》,收入台湾韩国研究会编《中韩关系史国际研讨会论文集》,台北:"中华民国"韩国研究学会,1983年,第1—14页。

③ 张廷玉:《明史》卷291《张春传》,第7464页。

耶?"清诸将左右侍者相顾大愕,瞋目抚剑,皆欲击杀春,第视清主气色,清主大笑曰:"汝不识天命耶?今天命在我,明运已讫,岂汝匹夫所能扶耶?彼承畴亦明臣也,今臣服于我,真知天命者也。"春骂曰:"圣天子在,虏安敢言天命耶?承畴战不能死,背君亲降虏,禽兽不若也。若乃以承畴望我耶?"承畴俯首泣涕,不能仰观。酒数行,春呼驭者至阶,骑以出,观者无不易色惊悸。

及闻崇祯殉社稷,春号哭谓从者曰:"吾不死,为皇帝在,尚可以有为,今皇帝崩,吾谁为生?死而归侍于地下耳。"遂不食死。清人闻者无不为之流涕。春既死,清主问其从者以殡葬所当得,愿得大木、假帛,清主具赠之。礼服、棺殓一依朱文公家礼,葬于沈阳东二十里高平地,从者十人自负土起茔,自殓至葬,一不使清人。与事讫,相持而哭,环春墓,穿十穴,皆自到从之。清益大惊叹。

赞曰:张春之烈,文山类也。然中华人之知之详,反不如我。金文正尚宪诗奖以第一人。内医安礼从昭显世子入沈,目睹其系后状,归语之权愈,愈为立传,《明史》亦列之《忠义传》。然详于系前,愈则详于系后,余故合之为传,以补二传之遗。崇德能容春烈,而明则瘐死其二子,悲夫。[①]

根据成大中的赞语,权愈(1633—1704)曾从昭显世子随行医官安礼处得知张春事迹,故为张春作传。权愈,字退甫,号霞谷,肃宗朝文臣,官至艺文馆大提学。权氏所撰张春传记今已不存,仅可依据成大中之合传以管窥其豹。权氏着重描绘了张氏被扣沈阳期间的人物风貌,可补《明史》之阙。由此,成大中才得以将《明史》原传与权愈传记合而为一,汇为完帙。

安礼是朝鲜后期宫廷御医,医术高超,尤善施针,备受朝鲜王室仰仗和信任。1637年至1644年底,昭显世子质居沈阳和北京期间,他曾作为陪侍内医一同前行。前已述及,昭显世子在沈期间与张春有所往来,且张氏行迹在当时颇受瞩目,故安礼熟知张春故事,应属可信。此外,清康熙元年(朝鲜显宗三年,1662),朝鲜王廷派出正使郑太和、副使许积(1610—1680)、书状官李东溟为首的进贺兼陈奏使团出使清朝,安礼是随行医官,期间因清朝辅政大臣索尼病重,急需针治,他滞留北京为其医治。巧合的是,索尼颇敬重张春气节,且其府中有两人曾亲历过张春葬礼,或许安礼从他们口中获得更多信息亦未可知。[②]无论如何,安氏应是折服于张春不辱臣节的人格魅力,才向权愈乃至其他朝鲜人宣扬张氏的英雄事迹。

事实上,朝鲜士人李秀彦(1636—1697)亦曾为张春作传。李氏字美叔,号聋溪、醉梦轩,显宗(1641—1674,1659—1674年在位)、肃宗(1661—1720,1674—1720年在位)年间曾任庆尚道观察使、

① (朝鲜王朝)李书九等《尊周汇编》卷33,奎章阁:古4252. 4-22-v. 1—16,第16册,第139—141页。
② 参见李春梅《〈燕行录全集〉中的医学史料研究》,中国中医科学院硕士学位论文,2008年;张春:《不二歌集》卷2,第475页;何炅:《晴江阁集》卷22《张金事传》,第176页。不过,李春梅文中提到安礼滞留北京后"最终未能回归故国,在燕京度过了余生"(该文第48页),此说有误。实际上,安礼不久后即随同年的朝鲜冬至使团启程归国。由于安礼颇受朝鲜王室重视,显宗还专门过问安氏滞留之事。《承政院日记》显宗三年十二月十一日庚戌载:"上曰:'落在北京之医官安礼,留日已多,有何消息?'太和曰:'臣在北京时,因译辈闻之,当于冬至使回还时,同为出来云。……'"查《承政院日记》显宗四年三月四日壬申载:"政院以都监言启曰:次通官张孝礼,自行路重患顶肿,即刻愿得见针医安礼,而安礼乃是御医,不敢擅许,何以为之?敢禀。传曰:依愿招见,可也。"故知安礼在次年三月即已归国履职。

大司宪、刑曹判书等要职。他有感于张氏事迹，特意作传赞颂之。其传今虽不传，然李氏为宋时烈（1607—1689）门人，二人过从甚密。宋时烈曾读过李氏该传，并作有《书李美叔所作张春及端川烈妇二传后》，其中写道："观此二传，其有补于世教者大矣，亦可见仁人之用心也。"由于"古恒以忠臣烈女相配，谓委贽与致命之义同也"①，史家把这些忠烈男女的行事付诸笔端，传之久远，不仅是对死事者道德高行的表旌，同时亦在于移风化俗，教化民众在实践中向他们看齐。身处性理学发达的朝鲜王朝，李秀彦继承了此种强调纲常名教的价值观念，他将张春和端川妇共同树立为忠臣烈女之典范，希图借以扶植世道人心、维护道德秩序，得到了宋时烈的充分肯定。宋氏还说道："惟张传以得闻于医官者为可少者，岂不闻史迁传荆轲，征于夏无且耶?"他将李秀彦书写张春之事与太史公记荆轲事等量齐观，给予了高度评价。不难看出，宋时烈毫不怀疑医官所传信息的真实性，相信并景仰张春事迹。由此也可知，权愈和李秀彦笔下的张春故事应是同源，俱出自医官安礼之传述。

成氏所补充内容的来源，已如上述，再回到前述引文所刻画张氏被俘后的相关情景。大致而言，传文主要包括三大情节：其一，张氏面对皇太极毫无惧色，甚至屡屡怫其颜面；其二，张氏当面痛骂洪承畴；其三，崇祯驾崩后，张氏及其随从自杀殉国。后两个情节尤其引人注目。以下详述之。

首先，传中所载张春针对皇太极的"傲慢言行"之仅击，主要体现在如下几点：将皇太极赐予酒食视作理所当然，"不为起姿"致谢；骑驴赴宴，"直造坛际"；大犒三军宴中，坐于皇太极之上位，并裂其黄袍，指斥其僭据天子舆服。这些颇具传奇性的细节描写，体现了张春以明朝为正统、视后金为僭伪的忠肝义胆。另一方面，此类举动无一不在挑战皇太极的权威，而后者始终一笑付之，着实令人惊叹。事实上，传中所述未必完全符合历史真相。张春在崇德三年（1638）向皇太极进言曰："天命未改，尺土皆汉有也。则今日土地可知也，天命可知也。"②而且他始终以金汗称皇太极，表明他坚持以明朝为正统所在而毫无动摇，在此基础上，张春认为普天之下皆为明有，故成氏传中所言张春坦然接受皇太极赐物，大致符合事实。但也应留意，其语气言辞并不像成氏传中那般激烈，张氏甚至说："金汗海阔天空，仍宽假之，正是人不能及处"，③表现出对皇太极的些许好感。因此，上述情节未必全部真实发生过，很可能是为表现张春忠烈品格而做的夸饰。

其次，前已述及，张春在崇德五年（1640）已绝食身故，在时间上早于洪承畴投降清朝，不可能当面痛斥洪承畴。与汤斌传记类似，成氏传中的这一情节当同属民间流传的"传奇故事"，与清初汤斌等人的记录有着相同或近似的来源，很可能得自清初元老、朝鲜医官等时人之口说或传闻之辞，而非历史事实的真切反映。

第三，如上条所述，张春断不可能经历明亡之事。由于该情节只在朝鲜人的传记中出现，张氏为皇帝殉节的传闻，很可能出自朝鲜士人的误传，甚至有意改造，最终落实于成大中之笔。成氏传中替张春剖白了客居多年而不死节的原因，所谓"皇帝在，尚可以有为"，故当崇祯殉国之后，张氏失去赖以

① 李东阳：《怀麓堂集》卷49《封孺人张母姚氏墓志铭》，《景印文渊阁四库全书》第1250册，台北：台湾商务印书馆，1983年，第257页。

②《张春为与明朝议和事开款直言》，载《历史档案》1982年第2期，第23页。

③《张春为与明朝议和事开款直言》，载《历史档案》1982年第2期，第23页。

生存的精神动力，以死殉国，在在彰显出君为臣纲、士为君死的儒家伦常。实际上，朝鲜士人期望张春殉死的对象是崇祯皇帝，或许是他们一厢情愿的看法。张春自言："春苟延八年，只为讲和"，"春当死而复生者，八年于兹矣。非是苟延残喘，止忠孝之念，生灵之念不能自已"。[①]他是本着在明朝和后金之间积极牵线搭桥、促成和议的初衷，才在被俘后选择忍辱偷生，其所作所为无疑是忠孝之举，但绝不止于狭义的忠君范畴，而是着眼于有益国家、苍生的大处。当明清松锦之战拉开帷幕后，张春眼见双方议和无望，同时，自己又因欲迁辽阳之事为清人所疑，[②]最终决定以一死报效故国。因此，无论从时间还是动机上看，其为崇祯殉国说本属无稽之谈。

另外，传中提到张氏随从操办丧礼和壮烈殉节事。这些汉人随从很可能是张春作战时率领的本乡子弟和乡勇，他们被俘后，与张春一同被羁押至沈阳，因张春的缘故受到白喇嘛的照顾。[③]成氏在传中特别指出，张氏去世后，其随从完全按照《朱子家礼》操办葬礼，这实际暗含着朝鲜人对清人风习的厌恶与鄙薄。我们在《燕行录》中，常常可以看到燕行使者对于辽东丧礼行乐、"埋葬无法"等民俗的诟病，且他们往往将原因归结为"是必北俗习染夷虏之致也"。[④]此处强调张氏丧礼悉遵《朱子家礼》，拒不用清人，不仅意在表彰张春等人坚守儒家礼乐文化，贬斥清人之"胡风"，同时由于朝鲜王朝社会风俗一遵程朱礼法，此举实际也衬托出朝鲜长期"沐浴华风"的"小中华"本色。

然而，紧随其后，传中出现了令人惊异的一幕，这些张氏往日的从人在丧礼结束后，竟然集体当场自刭殉葬。这一颇具戏剧性的情节，由于无其他旁证，我们尚无法确认其真实性。不过，当时在八旗将士中妇女和奴仆殉主之事十分普遍，[⑤]而且诸如墓侧殉葬的举动在文献中早已有之。在元末明初的小说《水浒传》中，吴用和花荣一同自缢于宋江墓前，颇有为主殉节之意。历代《列女传》中也常常出现妇殉夫的记述，其间蕴含的纲常伦理庶几与仆殉主并无二致。清雍正年间(1722—1735)成书之《山西通志》即载有多个类似案例，如"张子修妻段氏。年二十二，夫亡，乘隙缢于柩侧。绅士公诔之。""史铁妻崔氏。夫妇孤寒，佣工度日。夫亡，氏有姿，乡人争欲娶之，即诣夫墓侧自缢。"[⑥]可知，为君、为夫而墓侧殉节，乃是表现男女忠节的常见叙事模式。而在诸多死亡方式中，自刭的行径更加激烈，更能凸显殉难者慷慨赴死的决绝心志。成氏传中对张春随从的刻画，尽管很大程度上出自作者的虚构或杜撰，但却是朝鲜人仇恨清人、讴歌忠烈的心理投射。

事实上，朝鲜士人大肆褒扬张春，固然与部分士人在沈期间曾目睹张氏事迹，有切身感受密切相关。但更重要的是，张氏当时有着和他们相似的处境，即客观上虽被外力征服，但在精神上却不愿屈服于强权，而是极力维持人格上的尊严。如本文起首所述，"丙子胡乱"后，仁祖国王亲自在三田渡向"虏酋"皇太极屈膝称臣，世子亦被送往沈阳为质，都成为朝鲜士人的奇耻大辱。显然，他们无法在强大的军事力量前实现平等对话，遑论维持国家的尊严。就连朝鲜士人都直言："东人懦弱，徒尚言议，

① 《张春为与明朝议和事开款直言》，载《历史档案》1982年第2期，第24页。

② 参见何棨：《晴江阁集》卷22《张金事传》，第175页。

③ 李勤璞：《白喇嘛与清朝藏传佛教的建立》，第90页。

④ （朝鲜王朝）黄汝一：《银槎录》，林基中编：《燕行录全集》第8册，汉城：东国大学出版部，2001年，第308页。

⑤ 参见徐凯：《燕园明清史论稿(下)》，沈阳：辽宁民族出版社，2014年，第611页。

⑥ 分见储大文等编纂：《山西通志》卷154、155，《景印文渊阁四库全书》第547册，台北：台湾商务印书馆，1983年，第346、352页。

遇事则辄退缩,况又丙丁之余怯耶?"①而张春与此不同,他虽身在"虏营",却能守志不屈,坚持不薙发易服,甚至时时面折皇太极,这些行为触动了朝鲜士人"敢怒不敢言"的心态。他们乃借张氏行迹,浇自身之块垒,发泄内心的不甘与怒火。成大中在传中删去原清修《明史》"守者恳劝,感太宗文皇帝恩"之语,取而代之的乃是张春痛斥清人之文字,此类改动正是这种情绪的生动反映。

四、清人与朝鲜人"张春"书写的内在联系

明清鼎革乃是17世纪中叶震动东亚世界的重大历史事件,面对这一历史巨变,清人与其东邻朝鲜人如何认识和接受这段历史,如何书写其间纷繁复杂的兴亡故事?上文分析的清朝和朝鲜王朝的数种张春传记,为我们提供了一个很好的观察点。

首先,通过上文对诸多张春传记的分析,可以发现,从张春事迹的传播渠道与相关传记的文献来源观之,除清官修《明史》之外,其他张春传记都经历了从"口述"到"书写"的过程。具体而言,汤斌从索尼等清初老臣贵戚处获悉张春事迹,并将之转告何焯、黄瑚等江南士人,朝鲜士人权愈、李秀彦、成大中等对张春的了解,则源自质居沈阳的医官安礼,而未给张春作传的谈迁,最终也从吴伟业处获得了关于张春的消息。这些事例充分说明,明清易代之后,有关张春的传说在清朝和朝鲜的士大夫群体中有相当广泛的传播与影响。须注意的是,最初撰成张春传的汤斌、左懋泰、权愈等人,均未亲历过该事件,他们所作传记属于唐代史家刘知幾(661—721)所言"后来之笔",而非"当时之简"。②在辗转传闻的过程中,史料的原始性和可靠性无法保证,加之作传者在其中灌注的个人动机与主观意图,很容易导致传记失实。职是之故,在汤斌、成大中等人所撰传记中存在诸多夸张怪诞之处,包括张春与洪承畴同场较量、张春坼裂皇太极黄袍等等,不一而足。相比之下,清官修《明史·张春传》的文献来源当为清初遗留在宫中的明朝公牍档案及清朝实录等资料,相对可靠的文献基础与严谨的史传体裁,确保了其叙述质朴而不尚奇,基本符合史实。张春的事例或许对我们考察明末清初的相关人物传记有所启示。

其次,张春事迹之所以在清朝和朝鲜社会激起了层层涟漪、余波不断,固然与张氏的磊落气节感人至深密切相关,实际也是一种主动经营和宣传的结果。17、18世纪的东亚世界,朱子学在清代仍然维持着正统学术和官方意识形态的主导地位,而朝鲜王朝自建国伊始即奉朱子为圭臬,逐渐形成了性理学一枝独秀的学术景象,朱子学的研究重心亦逐渐东移朝鲜。③由此,朱子学在规范社会礼俗中所强调的纲常名教、忠孝节烈等观念,成为清人和朝鲜人共享的价值理念与道德标准。在此背景下,张春身处敌营而始终不屈服于淫威的节烈形象,很轻易成为双方统治者和官僚、士人宣扬忠义思想的历史素材。于是,他们共同诉诸张春展开历史书写,导致大量称颂张春传记的出现。

然而,不同的政治立场与现实需求,同样是叙述张春,清朝官方、士人与朝鲜人各自的书写导向不尽相同,汤斌、何焯等清初官僚、士人在表彰张春守志不屈的同时,着重在突出清太宗保全忠义的仁厚

① (朝鲜王朝)李书九等:《尊周汇编》卷33,第16册,第161页。

② 刘知幾:《史通》外篇《史官建置》,上海:上海古籍出版社,2009年,第301页。

③ 陈来:《近世东亚儒学研究》,北京:北京大学出版社,2018年,第3页。

之心,而成大中讴歌张春的背后,则体现了尊周思明的时代背景下众多朝鲜士人对清人的憎恶与反感。由此,针对张氏事迹的追述,各传也进行了差别化的取材与润色,形成了不同的叙述模式。汤斌、何㡣、左懋泰传记专门载录了张春被俘后的忠节事迹,清修《明史》完整叙述张春生平事迹,其特点在于详前略后。朝鲜人成大中为补《明史》之缺,集中描绘了张春被俘期间与清最高统治者对抗的"光辉事迹",构成了朝鲜王朝版的《张春传》。

毋庸置疑,相关私家传记所载洪承畴、张春对比之事绝非真实历史,当属撰作者着意褒奖忠义、贬斥叛逆之教化意图所致。即便是基本符合史实的清官修《明史·张春传》,仍有为清太宗回护或缘饰之嫌。事实上,皇太极虽欣赏张氏气节,对其恩礼有加,大方包容他拒不投降的种种行为,但这无非是一种权宜之计,意在透过张春推展议和活动,乃至"借为向导,以图大举"。①如前所引,"彼不能为明死节,又不能效力事朕,一无所成而死",才真实展现了皇太极对张氏的评价。于是,皇太极对张春不薙发等种种行为的优容,在某种程度上显得虚伪。不过,《清实录》中这种记载连同张春议和之事,在后来的记述中逐渐被淡化,取而代之的是皇太极对张氏的交口称赞,如此既强化了明将张春的忠烈形象,也彰显了皇太极礼遇士人的帝王心术,是一种符合各方需要的书写策略。

这里还要提到一点,本文提到的所有张春传记,几乎都指向了张氏的忠义精神。事实上,就清朝中前期而言,伴随政治形势的不断变化,其关于忠义问题或道德秩序的主导权,存在一个由私家到官方的转换过程。清朝立国初期,国家战事未息,统治仍未稳固,清廷一方面尚无暇顾及文化层面的道德建设,一方面也忌惮表彰明末忠臣对抗清势力的煽动作用。因此,除定鼎之初曾特恩赐谥范景文(1587—1644)等二十人之外,亦主张褒扬忠义,特别是明末忠义之士,其主导力量乃在于秉持儒家道德观的汉族官僚与士大夫等。如上所述,清初关于张春的传记,基本是汤斌、左懋泰等官僚、士大夫主动撰写的私家传记,而尽管诸多老臣贵戚甚至满洲高层称颂张春为"真忠臣",朝廷层面并未有实质性的表彰之举。《明史》纂修之初,明史馆臣在修史凡例中,针对忠义传的设立问题展开过讨论。时任纂修总裁徐乾学(1631—1694)曾云:"忠义之士,莫多于明。一盛于建文之朝,再盛于崇祯之季,此固当大书特书,用光史籍。"②王鸿绪亦援引元修《宋史》、明修《元史》为前朝殉节之臣立传之先例,指出:"今修《明史》,甲申以后,忠于所事者,亦不没其实云。"③积极主张设立忠义传表彰明末、南明时期的忠义之士。最终,张春得以后金俘虏的特殊身分进入《忠义传》之列,他的事迹成为清廷张扬忠义精神的典型事例,清修《明史》对张春而言,实具有里程碑的意义。

到乾隆中后期,为巩固统治,笼络人心,清廷进行了多方面的意识形态建设工作。《胜朝殉节诸臣录》(以下简称《诸臣录》)、《贰臣传》《宗室王公功绩表传》《蒙古王公功绩表传》等文化整理工作,在乾隆时期相继登上历史舞台。④清高宗尤其强调"褒显忠贞,风励臣节",谕令史官编成《钦定胜朝殉节诸

① 萧一山:《清代通史》上卷,第147页。
② 徐乾学:《憺园文集》卷14《修史条议》,《续修四库全书》第1412册,济南:齐鲁书社,1996年,第490页。
③ 刘承幹编:《明史例案》卷2《王横云史例议上》,《四库未收书辑刊》第5辑第4册,北京:北京出版社,2000年,第566页。
④ 可参考乔治忠:《清朝官方史学研究》,台北:文津出版社,1994年,第255—272页;Pamela Kyle Crossley, *A Translucent Mirror: History and Identity in Qing Imperial Ideology*, London, England: University of California Press, 1999, pp. 290–296.

臣录》和《贰臣传》，表彰明季忠臣，贬斥变节之人，将表彰忠义的问题提升为君主直接掌控的国家政策。[1]值得玩味的是，《四库全书》校对官章宗瀛在《四库全书》本《明史》卷291的考证中，声称张春于乾隆四十一年赐谥"节愍"，[2]但是通过对勘可以发现，清高宗在乾隆四十年（1775）十一月初十日所发褒奖明末殉节臣子的上谕并未提及张春，而遍检《诸臣录》中"通谥节愍"者，甚至全书收录的殉节人物，亦无张春的踪影。

《诸臣录》是于敏中（1714—1779）、舒赫德（1710—1777）等廷臣遵照清高宗赐谥明臣的谕旨所编成的唯一成果。因此，可以确定，章宗瀛所述乾隆四十一年张春赐谥"节愍"之事应属误记。考察《诸臣录》收录人物的标准，也能发现一些问题。此书对"通谥节愍"的说明是"虽其死事情状非甚激烈，然或克昭遂志，或自矢全贞，或迹晦名留，或城危身殉，节义足称，均通谥节愍"。[3]根据这一标准，《诸臣录》从《明史》《通鉴辑览》《大清一统志》及各省"通志"等书中辑录的殉节人物，基本为"遇山贼，被执，不屈，死"、"城破，投井死"、"骂贼，死之"[4]等流血牺牲、英勇就义的忠臣类型。而我们看到清高宗在上谕中明言："凡明季尽节诸臣，既能为国抒忠，优奖实同一视。至钱谦益之自诩清流，觍颜降附，及金堡、屈大均辈之幸生畏死，诡托缁流，均属丧心无耻。"[5]把降附清朝的祖大寿、洪承畴、钱谦益、龚鼎孳（1616—1673）、吴伟业等清初显宦均置诸《贰臣传》之中。可见，他对明季忠义问题的认识，秉持着严苛的道德观，以流血死节为衡量准绳，否则即为幸生畏死、丧心无耻。《诸臣录》的收录标准贯彻了高宗的道德裁决。以此观之，张春被俘后羁旅十年，虽志气高昂，终未臣服，但并不属于清中期统治者所青睐的壮烈惨死的忠臣类型，无助于皇帝以死节渲染忠贞、阐明风教。事实上，即便在早先编纂的《明史·忠义传》中，他"居古庙，服故衣冠，迄不失臣节而死"的殉节方式，也与其他入传人物存在显著差异。加之《明史》对张氏事迹的描写详前略后，对其忠义行为着墨不多，受此影响，《诸臣录》的编修者最终将张春排除在明季殉节诸臣的序列之外。而章宗瀛在依照《诸臣录》撰写《考证》时失于检核，导致了上述误植事件。而另一方面，张春也从清朝早期士人共说的"第一人"，逐渐隐没在历史的长河之中，直至近代才被王崇武等学者从尘封已久的明清档案中重新挖掘出来。

不过，几乎与乾隆朝同时的朝鲜英祖、正祖朝的文化建设则呈现为另一种景象，这就是我们要说的第三点内容。如前所述，本文提到的《张春传》中，对张春事迹叙述最完整的是后出的成大中所编《张春传》，尽管该传记本身也存在严重的史实缺陷。成氏的这一传记具有重要的象征意义：它一方面吸收清官修《明史》对大凌河战役之前张春生平履历的叙述，另一方面补充流传于朝鲜王朝的张春故事与传记，将二者加以拼合，从而形成明末清初以来最完整的张春传记。更重要的是，成大中力求传记臻于至善，象征着朝鲜王朝在明亡之后力图与清人在明史纂修一争高下的"文化竞赛"心态。

前面提到，朝鲜王朝在明朝灭亡之后，形成了浓厚的尊周思明氛围。曾经质居沈阳的孝宗

① 舒赫德等：《钦定胜朝殉节诸臣录》卷首《御制题胜朝殉节诸臣录（有序）》，《台湾文献史料丛刊》第6辑第291种，台北：大通书局，1987年，第5页。

② 张廷玉：《明史》卷291《张春传》，《景印文渊阁四库全书》第291册，第48页。

③ 舒赫德等：《钦定胜朝殉节诸臣录》卷8《通谥节愍诸臣（下）》，第190页。

④ 舒赫德等：《钦定胜朝殉节诸臣录》卷8《通谥节愍诸臣（下）》，第187、189页。

⑤ 《清高宗实录》卷996，乾隆四十年十一月十日己巳，第21册，北京：中华书局，1985年，第317页。

（1649—1659年在位）反清之念尤重，他起用宋时烈等西人党，以"尊王攘夷"为旗号，大倡征伐清朝，扫除夷狄，为明复仇，朝鲜国内的北伐论达到高潮。随着清朝统治日益稳定，朝鲜人逐渐认识到明朝已不可能恢复，因此，"尊周心法"的重点逐渐由激烈的攘夷反清转向相对缓和的纪念明朝，具体表现为举办祭祀仪式、编撰史书等文教活动。众所周知，宋元时期以来，出现了"国可灭，史不可灭"的观念，易代之后，前朝遗民往往著史以报故国，寄托黍离之思。朝鲜朝野热衷于撰修明史，在某种程度上也与此颇有相似之处。朝鲜人自称"明陪臣"，于是，"使皇明不亡于书册"，[①]为故国书史，便成为其作为明朝臣子的应有职责。特别是英祖、正祖在位时期，大兴文教，促成了朝鲜社会大量明史史书的问世，譬如《资治通鉴纲目新编》《明纪提挈》等，均是正祖时期成书的代表性官修明史史书。此外，朝鲜王朝还诞生了李玄锡《明史纲目》、南有容《明书纂要正纲》、成海应《皇明遗民传》、洪奭周《续史略翼笺》、赵彻永（1777—1853）《续明史》、郑乔《南明纲目》等大量私家明史史书。此种纂修明史的风气一直延续至王朝灭亡而后已，可谓源远流长。

由于朝鲜自视为中华文明之继承者，不认可清朝所宣扬的明朝继承者地位，也无法认同清人为胜朝编修的《明史》。朝鲜人对《明史》最不满者在于其对明亡时间和南明政权的处理。乾隆初年，官修纪传体《明史》和编年体《御撰资治通鉴纲目三编》相继纂成，两书均将明史下限定在崇祯十七年（1644）三月，意即明统终于崇祯殉国，其后清承明统。到乾隆中后期，官方在纂修《四库全书》期间，对二书加以修订增补。其中，《明史》对明亡年份的定位未出现大变动，而《纲目三编》则按《御批历代通鉴辑览》的纪年书法，将明统下限延至弘光元年（1645），较先前略有让步，然书中仍视南明隆武、永历政权为僭伪，未载录唐、桂二王事迹。故而，无论《明史》还是《纲目三编》，都遭到朝鲜朝野的严厉批评，官方和私家因而重新撰著了不少朝鲜版本的"明史"。

在这样的时代思潮之下，成大中也十分注重明代历史的整理与研究。不过，与帝王本纪相比，他更侧重明史传记的撰述工作，完成了不少相关著述。《青城杂记》之《醒言》中收录有成氏关于明代人物、史事的诸多评论，包括用以补充清修《明史》的不少内容。譬如，成氏曾以郑廉《豫变纪略》、王士禛（1634—1711）《池北偶谈》补充清官修《明史》孙传庭传、史可法传，以及左懋第事迹等。成大中所编〈张春传〉正是这一现象的缩影。

在成大中的影响下，其子成海应亦汲汲于明史的整理与撰述。成海应在《明季书稿》序中说："《明史》出清人之笔，彼皆故皇朝遗黎，固多忌讳。当弘光、隆武、永历三皇帝之时，凡属皇朝事，多遏而不章。如李定国之诛孔有德，郑成功之伐金陵，皆清人之所欲掩护也。是故不见于《明史》，而散见于他书。如此类者甚多，余故搜罗之而为明季书稿。其遗佚者，别具忠义小传。"[②]不仅如此，他还撰成了《皇明遗民传》《风泉录》《明季书稿》《崇祯逸事》《丁未传信录》《东江记事》等相关著作。这些明史书籍与清朝的明史撰述活动交相辉映，成为我们研究明清史、中朝关系史的重要域外资料。

---

① （朝鲜王朝）徐命膺：《保晚斋集》卷7《〈纲目新编〉序》，《影印标点韩国文集丛刊》第233册，汉城：韩国民族文化推进会，1999年，第200页。

② （朝鲜王朝）成海应：《研经斋全集》卷36《〈明季书稿〉序》，《影印标点韩国文集丛刊》第274册，汉城：韩国民族文化推进会，2001年，第270页。

结　语

经过上文的考察分析,"共说张春第一人"的"共"字可谓带有多重面向。其一,褒扬张春的人群广泛性,形成了一幅包括清人、朝鲜人、官方、士大夫等在内的图景。其二,清朝和朝鲜共同诉诸以张春传为代表的明史书写,来塑造和竞争自身作为明朝继承者的正统地位。其三,跳脱出清和朝鲜在政治与文化上的纷争,双方对张春忠义事迹的表彰,无不体现出东亚世界的传统国家对纲常名教的热衷与利用。

上述这些共性,其实质乃在于当时包括清朝和朝鲜在内的东亚世界对儒家文化,特别是朱子学意识形态的共享。因此,关于张春的个案研究暗示我们,摆脱一国史的限制,从更广阔的东亚史视角出发,来重新审视17、18世纪东亚文化圈中的明史纂修与朱子学指导下的国家治理等问题,不失为今后可行的研究方向。

［作者秦丽,南开大学历史学院助理研究员。原载台湾《台大历史学报》第68期(2021年12月)］

明代基层士人中的蓝袍大王

——传统士人精神的背叛者

赵毅　武霞

　　"士"作为一个社会阶层,在中国社会历史中具有特殊的地位和作用,与政治、经济、思想文化等诸多领域都密切相关,尤其是认为他们承载了人类的基本价值观,被当作时代精神风貌的引领者,"士"已然成为一个思想文化传统,流传至今而意蕴犹深,因此士人群体一直备受重视,学界对其进行的多角度、深层次考察方兴未艾。明代的基层士人随着社会和教育的发展,社会影响力渐增,成为士人阶层中一个愈发重要的群体,学者们对其研究的重点主要集中于士绅与地方社会、生员与科举、教育以及基层士人社会生活方面的生计、出路等问题。李洵先生撰文从政治态度转变、地方势力兴起、社会地位、人生际遇等方面,对江南地区的士大夫阶层进行了探讨,展现了明代知识阶层的一个侧影。①费孝通先生着力于传统社会城乡关系中士绅的作用,探讨乡村的基本权力结构对社会发展变迁的影响。②王先明先生从社会结构的角度出发,认为士绅为地方翘楚,属特权阶层,有维护传统伦理纲常的责任。③士绅与地方政务,如钱粮、刑名、水利、儒学以及地域宗族等问题的探究也是成果斐然。陈宝良先生研究明代生员群体尤为全面、细致,不仅考察了生员整体的构成、数量、儒学教育及科举仕途,还讨论了生员的社会地位、谋生之道、对地方社会的影响等。④台湾学者吴智和先生对明代的儒学教官作了整体性的阐释,从学业传授者、德行教化者、科举考核者的视角探察教官的身份与责任,有助于加深对生员的认识。⑤

　　这些令人瞩目的学术成果基本上都是从正面积极的角度定位士人阶层,具有一定社会和文化地位的"精英"是研究的重点,探究他们与地域社会的良性互动,鲜少关注基层士人中的负面人物及他们的所作所为产生的影响。蓝袍大王即是明代基层士人的另类。本文拟从这样的人物入手,分析他们的行为活动以及相关的士风、地方社会治理等问题,力求更加全面地认识"士"这个群体。

一、蓝袍大王的斑斑劣迹

　　《诗经·郑风》"青青子衿,悠悠我心"⑥,《毛诗正义》注:"青衿,青领也,学子之所服"⑦,而《尔雅·释

---

①李洵:《论明代江南地区士大夫势力的兴衰》,《史学集刊》1984年第4期。
②费孝通:《中国士绅》,赵旭东、秦志杰译,北京:生活·读书·新知三联书店,2009年。
③王先明:《清代社会结构中绅士阶层的地位与角色》,《中国史研究》1995年第4期。
④陈宝良:《明代儒学生员与地方社会》,北京:中国社会科学出版社,2005年。
⑤吴智和:《明代的儒学教官》,台北:学生书局,1991年。
⑥《诗经》,王秀梅译注,北京:中华书局,2006年,第122页。
⑦毛亨传,郑玄笺,孔颖达疏:《毛诗正义》,十三经注疏标点本,李学勤主编,北京:北京大学出版社,1999年,第314页。

鸟》中写道:"秋鴜,窃蓝",郭璞云:"窃蓝,青色",①所以,"青衿"或"蓝袍"即代指古之学士。"大王"一词在中国古典戏曲小说中是对强盗首领的俗称,如《彭公案》第二百九十五回"六英雄闲游逢山寇,二大王醉吃活人心"②。《虞谐志·四大王》中解释:"好为诸不法事,以残虐乡里,此大王之所以称也。"③那么所谓蓝袍大王,即学子中之劣者、恶者。明季学人管志道状其貌曰:"一呼则数十成群,强府县以理外法外所不可从之事,稍拂其意,则攘臂奋袂,哄然而起,提调官莫可谁何。于是,'蓝袍大王'之号兴。"④

明王朝立国之后重视儒家思想的教化作用,建立起一整套十分完备的教育制度,其学校教育体系的发达程度远超前代,官方的教学机构,中央有国子监,地方有府、州、县学,一些边疆地区则设有诸多都司卫所儒学,如宣慰司儒学、按抚司儒学、土司儒学等,并且开办初级基础教育学校——社学,与地方的儒学体系形成对接。明代的基层教育结构中还存在大量由私人兴办的乡学,同时书院大兴,再次达到发展的辉煌时期,数量增多,规模扩大,制度健全,配合了以科举为导向的学校教育,扩充了明代的教育资源,完善了教育体系。这样的教育现实导致的直接结果就是出现了大量的读书人。传统意义上称之为"秀才"的读书人在明代称为"生员",即国子监及政府地方学校的学生。

生员阶段是晋升仕途的起点,有此志向之人就学于学宫,获得生员身份,通过科举的层级考试,可以跻身仕途。在以科举制为最主要途径的抢才体制下,生员与缙绅在身份地位上迥然相异,可以说是两个不同的阶层,在地方社会中,生员虽然远不及缙绅,没有官僚的待遇和权利,但却超越普通庶民,在政治、经济、法律上拥有某种程度的特权。这些特权一部分是官方政府在制度内赋予的,另一部分是民间社会在实际运行中衍生出来的,生员晓识文墨,有一定的文化修养,对于一些地方事务的处理能有所助益,所以生员在地方社会生活中具有一定程度上的影响力。

这些习举子业的生员本应是凤叹虎视、宵旰攻苦、力学笃行,然而事实却是虚骄恃气、贪财好利、心术不正之人充斥其中,甚至不乏暴戾恣睢、豺狼成性、为非作歹之辈,身份上的权利更是给予了他们拨云弄雨、肆行无忌的可能,使得这样的劣衿成为地方社会上的"蓝袍大王"。

"青衿把持官府",纵横闾里,在各种史料中擢发难数,纵观这些记载,他们搅拨地方风云、任情肆意的情状可以归为以下几类:

(一)捏词构讼,扛帮教唆

在地方基层的司法实践中,乡野百姓大多目不识丁,一旦涉讼,绝大多数人无法自书状牒,因此需要专人代为书写,代书制从唐宋时期开始一直沿续到明清时期,清代的官代书是代书制的完备阶段。职业代书是官府赋予职业法律诉讼者的合法身份,明初规定诉讼者的状词是由官府选吏书写,《大明令·刑令》:"凡诉讼之人,有司置立口告文簿一扇,选设书状人吏一名。如应受理者,即便附簿发付书状,随即施行。如不应受理者,亦须书写不受理缘由明白,附簿官吏署押,以凭稽考。"⑤清朝通过律令

---

① 郭璞注,邢昺疏:《尔雅注疏》,十三经注疏标点本,李学勤主编,北京:北京大学出版社,1999年,第312页。
② 贪梦道人:《彭公案》,文平校点,北京:宝文堂书店,1986年,第1463页。
③ 尚湖渔父:《虞谐志·四大王》,丁祖荫辑:《虞阳说苑》乙编,于浩编:《明清史料丛书续编》第十八册,北京:国家图书馆出版社,2009年,第28页。
④ 管志道:《从先维俗议·崇礼让以挽士风议》,故宫博物院编:《故宫珍本丛刊》第477册,海口:海南出版社,2001年,第106页。
⑤ 《大明律》,怀效锋点校,北京:法律出版社,1999年,第265页。

确定下来专业写状人,即管代书,衙门择人考取代书资格,并授予官方印信,明确其司法责任。但还有一类官府严禁的非法的职业诉讼参与者一直活跃在基层司法管理运作中,发挥着不可忽视的作用,这就是讼师。讼师代写呈状,为诉讼人提供法律援助,交涉官府,以此来谋利。他们出入公门,熟悉法律程序,巧言善辩,专营诉讼。在这个过程中,他们常常一方面串通勾结吏役,恐吓、威胁、诈骗涉讼人钱财,欺压良善,鱼肉乡民,另一方面捏词越讼,舞文弄墨,颠倒是非,罗织罪名,构陷他人,"教唆词讼,告状实封,上书陈言,把持官府"①,扰乱司法,为官府所恶,为百姓所惧,对其避如蛇蝎。因此,讼师一贯被视为地痞无赖般的人物,称他们为"讼棍""讼鬼""扛棍""哗鬼""哗徒"。

明清时期的生员中很多人参与诉讼,或充当讼师,获利谋生,尽显讼师的恶行恶状,或为一己之私,贪昧钱财,诬告兴讼。崇祯末年,颜俊彦任职广州府推官期间,汇集而成的《盟水斋存牍》中就记有:生员何与球惯于诉讼,随意摘取事头,胡乱编造,刁讼不休,简直是把讼事当成他脱贫的捷径,久讼成癖。部院、两司、粮宪、学宪,没有他不上告的地方,案牍经历几任官员都已堆积如山,诉讼涉及的人员从他的兄弟叔侄到同辈到百姓,波及甚广。四十年前,他的父亲、叔叔一起变卖了田产,皆有契约,而他却拿这些田产说事,告于县丞,意在投献避税,四十年来此田产一直没有任何异议,但却成为何与球构讼的由头,此案历经几年,几任官员,牵涉了二十多人,最后判定仍然按照四十年前的约定施行,而何与球这"惯讼刁徒"也被戒饬。②

另,《檀雪斋集》中辑有胡敬辰任县令时的谳牍,反映的是天启初年江西地区的基层司法情况,其中记有生员乐洽中依兄兴讼的案例。乐洽中的兄长乐鸣时为"乡官同知",乐洽中放纵他的儿子逞凶于乡里,拖欠税粮并殴打差官,辱官犯上而无所顾忌,他自己则以此捏词健讼激起众怒。这真是生员"翼虎之威更猛",名教、法纪难容。③这些混迹司法领域的"蓝袍大王"们,依仗知识与身份嗜财利而妄造事端,与官府奸徒蛇鼠一窝,欺害乡里。即使官府中强势精干的主官对他们也难以禁绝,甚至不免受其挟制而终也无可奈何。于财眈眈逐逐、狡诈钻营的蓝袍大王们已完全丧失了士人的清明雅正而满身奸邪。明人王廷相称之为"学霸",④而《客滇述》中也将"生员包揽词讼生事害人者"列为"学蠹"。⑤

(二)地方豪霸,为祸一方

"有匪君子,如切如磋,如琢如磨。瑟兮僩兮,赫兮咺兮",⑥应是青衿君子,却为地方土豪,横行无忌,凌虐乡里,作恶多端,士衿之匪类,让人亟除之而后快。《盟水斋存牍》载败群子衿梁台华,为地方一霸,民之蟊贼,荼毒乡里,所做之恶事,罄竹难书,如开赌局诱骗,赌资不足者则勒令以田产、房屋抵偿,获取大量赃银;纵仆诬陷,诈取银两;侵占田产;扛帮教唆,肆行不义,坏事做尽。⑦

① 《皇明诏令》卷五《戒谕五府禁访刁顽逃军敕》,嘉靖十八年刻本,嘉靖二十七年校补,第33页。
② 颜俊彦:《盟水斋存牍》,北京:中国政法大学出版社,2002年,第141页。
③ 杨一凡、徐立志:《历代判例判牍》第三册,北京:中国社会科学出版社,2005年,第630页。
④ 王廷相:《浚川公移集·巡按山西告示条约》,王孝渔点校:《王廷相集》第四册卷三,北京:中华书局,1989年,第1164页。
⑤ 顾山贞:《客滇述》,于浩辑:《明清史料丛书八种》第八册,北京:北京图书馆出版社,2005年,第272页。
⑥ 程俊英:《诗经译注》,上海:上海古籍出版社,1985年,第99页。
⑦ 颜俊彦:《盟水斋存牍》,北京:中国政法大学出版社,2002年,第81页。

此类蓝袍最符合"大王"之称,"盖不啻南山白额虎,桥头水中蛟"①。其实质是为利益所驱而成一方的黑恶势力。"利欲熏心,随人翕张"②。钱财惑人,使其忘本而逐利,含霜履雪的学子做尽鸡鹜争食的恶事。儒学生员在地方社会具有优于平民百姓的身份和地位,给他们创造了机会,使他们得"衣冠"之助,仗势欺人,争夺、侵吞、强占财产。而他们惯用的手段即为恐吓威胁,伪造冒认,与官勾结,托官吏之名而以假谤真,狐假虎威,或诓骗或讹诈或掠夺,欺人害乡。

(三)访行、窝盗

"访行"是明代地方社会中一个祸盈恶稔的群体,它的出现与明代政治、法律中的特殊制度有关。明代的巡抚、巡按或御史要对地方进行访察,访察的内容主要是作恶犯罪的豪蠹、诉讼案件的真实情况,乃至地方官的政绩与官声。衙门的差役胥吏是访察的具体执行人,并且访察的权柄很大,可以直接在没有原告和证据的情况下捉人问罪,所以一些应该被访的豪蠹、大奸与胥吏勾结,避访的同时行害人之事。罗织构陷、敲诈勒索、行贿受贿、暗报私仇,这样的行为被称为"造访",而"造访之人必推一人为宗而群凶附和之,一倡百从,竞相标榜,名曰访行"③。土豪恶霸、市井猾棍、无赖、豪奴、诡诈讼师、恶衿生员纷纷加入访行,聚集成"窝","窝访之家""造访之人"越来越多,势力越来越强,肆无忌惮,为害一方。

青衿参与访行,无疑还是借"蓝袍"之便与恶相交,他们沆瀣一气,有的甚至成为强盗的窝主,窝藏盗贼、主谋行动、为其寄赃,共同为恶。例如崇祯末年,广州番禺的黄飞岫虽列名簧序却无士行,以包揽词讼为业,交通官府,开设赌局,诱人赌博,同时窝盗寄赃,"以衣巾为其虎翼,借笔墨肆其蛊毒"。④虽身披儒袍却与盗匪无异,"蓝袍大王"之状尽显。

(四)打架斗殴、学校闹事

传统儒家教导"君子博学于文,约之以礼"⑤,读书人应颇具君子之谦谦风范,并以"惇信明义为贵","以更化善治为贤"⑥。但儒学生员中有一些人稍有不合就攘臂斗殴,暴力相向,聚众闹事,甚至"煽祸于学宫"⑦。《盟水斋存牍》记:广州番禺县三十多个生员大闹府衙,称秀才潘云衍被举人詹炎殴伤,随后詹炎也扶着披发负伤的父亲詹著到府衙,说是被秀才潘云衍打伤,众人闹作一团,"其时光景,大不堪再述,真可谓斯文扫地矣"⑧。逞凶斗狠、戾气四溢,此类儒生尽失书生意气而匪气营身,形同市井无赖、山头大王。

而且学校当中的学子也并不是全都潜心治学,修养身心,有"蓝袍大王"之徒投匿名文书以泄私怨,构陷学官置其于死地,卷堂作乱等。《重刻释音参审批驳四语活套》载监生吴巳,漠视监规,因私怨

① 颜俊彦:《盟水斋存牍》,北京:中国政法大学出版社,2002年,第126页。
② 黄庭坚:《赠别李次翁》,《黄庭坚全集》第一册,成都:四川大学出版社,2001年,第2页。
③ 尚湖渔父:《虞谐志·四大王》,于浩编:《明清史料丛书续编》第十八册,北京:国家图书馆出版社,2009年,第2页。
④ 颜俊彦:《盟水斋存牍》,北京:中国政法大学出版社,2002年,第568页。
⑤《论语》,张燕婴译注,北京:中华书局,2006年,第82页。
⑥ 薛应旂:《浙江学政》,杨一凡、刘笃才编:《中国古代地方法律文献》甲编第四册,北京:世界图书出版公司,2006年,第320页。
⑦《明熹宗实录》卷6,天启元年二月丁未,台北:"中央研究院"历史语言研究所校印本,1962年,第278页。
⑧ 颜俊彦:《盟水斋存牍》,北京:中国政法大学出版社,2002年,第588页。

而投匿名文书。①《明英宗实录》则记有学官被生员诬陷收赃,于押解路上自杀身亡。②而"作卷堂文,以辞先圣"③,借此表达私欲私怨,哗众取宠。

此番"蓝袍大王"的行止鲜明地反映出明代中后期,士风、学风之堕变,诚如弇州先生与王文肃书有云:"近日风俗愈浇,健儿之能哗伍者,青衿之能卷堂者,山人之能骂坐者,则上官即畏而奉之如骄子矣。"④

(五)蓄谋作乱与"士变"

"秀才造反"在有明一代一直是此起彼伏,尤其是中后期,生员成为地方事变的领导者和参与者。这些事变主要为三类:

一是生员与歹人蓄谋作乱,如《倭变事略》记:嘉靖三十五年二月,钱灿作乱,依仗救援之功,肆恶劫掠无惮。桐乡生员胡鹤龄,与钱灿交好,共同蓄谋为乱。⑤万历二十八年生员许显吾参与了西安府同知宋言与揽头王守胤侵冒官银的作乱。⑥

二是生员受到其他阶层的欺侮,由不平而起哗变,造成群体暴动。这样的闹事行动大多为意气所激,但其中不乏报私仇的情绪,有时行为过激,甚至构成犯罪,尤其是生员殴辱地方官,败坏纲纪、扰乱秩序。如:隆庆五年二月浙江处州府生员冯椿等人,因为本府同知江应昴笞辱生员朱正色的父亲朱咏,于是聚集数十名生员向分守参议方岳控诉,"椿等遂群殴岳,鼓噪而出事"⑦。万历十七年二月,"东应试生员夏宗尧以怀挟抵罪,诸生群噪者数十人"⑧。万历四十三年三月南直宁国府泾县童生张载通等人,在元夕到乡宦颜文选宅内观戏,称张载通被颜宦殴死,时值宁国府试士,第二天宣、南、泾、宁、旌五县童生围住颜文选宅院,和城中的无籍之徒一起,"破屋入室,尽劫其赀去"⑨。

三是对抗有司而兴起大规模群体暴乱。生员的哗变行为与地方"民变"结合在一起,尤其是在晚明,出现了多起以抗税、抗租为由的生员领导参与的民变运动。虽事由具有一定的正义性,但这种群体暴力行为严重危害社会稳定,极具破坏性、危险性。生员也由文雅儒生转为煽动造事的"山大王"。如万历六年七月婺源县民程任卿因不满丝绢加派,聚集生员汪时等十五人胁迫、殴伤官吏,⑩万历二十八年六月通州香河县生员、士民千余人持枪棍、抛瓦石,喧嚷暴乱,反抗鱼苇课税。⑪

士人由芝兰玉树沦为祸乱地方的蓝袍大王,尤其是与重大事变相结合,成为明代基层治理的忧心之症。

---

① 杨一凡、徐立志:《历代判例判牍》第四册,北京:中国社会科学出版社,2005年,第18页。

②《明英宗实录》卷252,景泰六年夏四月丙子朔,第5441页。

③ 张岱:《夜航船》,汕头:汕头大学出版社,2009年,第120页。

④ 沈德符:《万历野获编》,北京:中华书局,1959年,第587页。

⑤ 宋九德:《倭变事略》,于浩编:《明清史料丛书续编》第十一册,北京:国家图书馆出版社,2009年,第69—70页。

⑥《明神宗实录》卷343,万历二十八年正月丁卯,第6371页。

⑦《明穆宗实录》卷54,隆庆五年二月癸卯,第1345页。

⑧《明神宗实录》卷208,万历十七年二月乙酉,第3893页。

⑨《明神宗实录》卷493,万历四十三年三月己未,第9293—9294页。

⑩《明神宗实录》卷77,万历六年七月丁巳,第1654—1655页。

⑪《明神宗实录》卷348,万历二十八年六月丁亥,第6501页。

二、蓝袍大王与士风瑕玷

中国传统的士人精神以道德完全为价值旨归，强调以身载道，追求"内圣外王"的人格理想和济世抱负。仁义礼智是士人的基本素养，修身齐家是基本要求。蓝袍大王寡廉鲜耻、弃礼舍义，耽于求名求利的种种行径，反映出他们已经失去了传统士人的素养和价值取向，不以修身、养德、治世为业，而为崇名拜利不择手段、怙恶不悛，这无疑是对传统士人精神的一种背叛。

蓝袍大王行为、思想上的堕落与背叛是明代中后期士风转变的表征。明人沈德符在《万历野获编》中说："士人无耻莫甚于成正间，至弘治而诡风稍衰，惟嘉靖以来又见之。"[1]陈宝良也认为纵观整个明代的士风，基本是以成化、弘治朝为分界，成、弘以前，士风"端谨、宁静"，成、弘以后，"士风嚣张"。[2]

时移世易，社会变迁是世风变革趋向的决定因素，而士风也必然受世风影响，带有世俗风气的鲜明印记。商品货币经济的发展给明代尤其是中后期的社会带来了翻天覆地的变化，商业化的巨浪以锐不可当的势头席卷整个社会。社会生活增添了许多新的内容，传统的生活方式受到激荡，且这些现实的生存状态的改变使人们的思想观念也随之转变，在传统文化与价值理念濡染下的士人阶层的集体精神意识受到了冲击，士之风尚习气日益名利化、流俗化、虚憍化。

举史籍中的例子，以证士风之恶："三吴小民，刁顽甲于海内，则庚午、辛未间启之也"，"书生之无赖者"充溢其间，"又如吴中士习最醇，间有挟娼女出游者，必托名齐民，匿舟中不敢出。自丁亥有凌司马洋山（云翼）殴诸生一事，大拂物情，吴士伏阙诉冤，严旨系治，凌削官衔，任子遣戍，人心甚快。然此后青衿日恣，动以秦坑胁上官，至乡绅则畏之如伥子。间有豪民拥姝丽游宴，必邀一二庠士置上座以防意外。至民间兴讼，各倩所知儒生，直之公庭，于是吴中相诮，遂有'雇秀才打汝'之语。盖民风士习，惟上所导，所从来久矣"。[3]

即使作为官学之首，广纳人才，培养王朝官僚最为得力的国子监，也是士行鄙陋，士节沦落，明人李贤论国子监的生员说："天下之士入太学者，蔑教戒之严，无居养之正，置礼义为外物，轻廉耻如锱铢，杂处于军民之家，浑住于营巷之地，与市井之人为伍，与无籍之徒相接，同其室而共其食，唉其夫而私其妇，易君子之操为鄙夫之行，改士夫之节为穿窬之心"。[4]

而明代中期以后至晚明，士气低迷，士风趋坏的本质是社会现实改变了人们的义利观，使之重利轻义，更乐于把追名逐利作为人生价值取向，反映到士人阶层就是好名利而辱气节，媚俗而虚憍。孟子有义利之辨，与梁惠王对曰："何必曰利？亦有仁义而已矣"，"上下交征利而国危矣"，"苟为后义而先利，不夺不厌"，[5]人人舍义趋利，士大夫欲利家，士庶人欲利身，则以私利害国害己，传统儒家思想观念教育下的读书人当好义轻利，这是其修身立命之本，是评价道德人格的基本标准，同时也是世人认

① 沈德符：《万历野获编》，北京：中华书局，1959年，第549页。

② 陈宝良：《明代儒学生员与地方社会》，北京：中国社会科学出版社，2005年，第388页。

③ 沈德符：《万历野获编》，北京：中华书局，1959年，第556页。

④ 李贤：《论太学疏》，黄宗羲编：《明文海》卷四十八，北京：中华书局，1987年，第365页。

⑤ 杨伯峻：《孟子译注》，北京：中华书局，2010年，第19页。

同并努力追求的普世价值。"君子立身行已,莫先于辨义利。夫义者,保身之本;利者,败名之源,常人则惟利是趋而不知有义,君子则惟义是守而竟亡乎利,此所以异于常人者也"。① 而明代商品经济的活跃发展使人们越来越重视金钱与利益,富贵易使人沉溺,不惜弃置道义而汲汲取利。明季士人也感受到财利之风,在习举业、谋出身的过程中把四书五经当做"干禄之具",应科举入仕途以求膏腴。"其士子童时入塾,以迫应试登科,只以富贵温饱为志",② 因此"士大夫只为爵禄,靡然从风"。③

史料记载,士人为官之后日常生活发生巨大的变化,并与以前的官员形成鲜明的对比,由此可以看出"好利之风"是如此的深入人心,渗透于思想,付之于行动,《余冬序录》:"陈翰林师召,所乘盲马,售钱六百文。西涯先生,以诗诮之,有'斗酒杜陵堪再醉'之句,盖用子美'三百青铜'语也。时李刑部若虚,旧屋为积潦所坏,数年不售,竟得银四两。涯翁亦诮之以诗,云'词林马价知多少',即前师召事也。前辈居处、乘骑如此,凡口体之奉可知。今日士夫,一登仕途,必华屋而居,出必驱坚策肥,其于饮食衣物,能省节者几人。视数十年前,为费何啻千万。噫!可以观世变矣"。④

甚至还未为官,仅为生员,一旦得到机会便蝇营狗苟,想方设法求财,《明宣宗实录》有载:"行在都察院奏北京国子监生许节等三人公差往应天府,受民白金,于律当徒。上曰:'为士当谨义利之辨,诸生尚未受官便汲汲求利,若使得位,岂能卓然有立。今太学诸生不少,宜如律治之以示警。'"⑤ 如果尽是这样的青衿儒生入仕,那么必会"以官爵为性命,以钻刺为风俗,以贿赂为交际,以嘱托为当然,以循情为感德,以请教为谦厚",⑥ 士人群体的污浊,官场的黑暗混乱可窥一斑。

因此,惠栋在《九曜斋笔记》中控诉好利之士人犹不如商贾,"商贾逐什一之利,犹以信行于侪类。士大夫趣势利而忘大义,无可信之人矣"。⑦

不仅如此,士风浇恶还表现为"好名",名扬天下抑或汗青留名是一些人对人生意义与价值的终极追求,这本无可非议,但晚明士人"逐名"已经偏颇,甚至开始极端化,好虚名而枉道义,不为真心,只图扬名,不择手段,不计后果。《居易录》中转载陈僖《酒间述》:"崇祯中,浙西人祝渊北游上谷,寓其家。一日,与僖父□□翁饮酒酣,忽发愤曰:'丈夫负此七尺,贵有传于后世耳,吾欲以诗文自见。则当世已有某某,度不能与争名。方今可为之事,惟上书救石斋耳。'石斋,谓漳浦也。明日,遂入京师,诣长安门上疏论救。予门杖,旧例,门杖甚于廷杖,十死八九。祝谈笑解衣,无恐怖色。监杖内阉曰:'奇男子也。'令轻其罚。真定梁金金吾清宏左右护持之,得遣戍。盖明季士人好名如此。"⑧

明代中期以后,蓝袍大王频现,士风虚薄的另一个重要原因是朝廷学校教育出现的弊政以及学校管理运行不当,以致学纲松弛,学纪败坏,生员杂冗、陈滥,"贩夫俗子皆滥列章缝,士风日流

① 《明太祖实录》卷42,洪武二年五月癸丑,第832页。
② 福格:《听雨丛谈》卷十一《生员》,北京:中华书局,1984年,第237页。
③ 林时对:《荷闸丛谈》卷三《国事诿张拱手以辽阳予敌》,《台湾文献史料丛刊》第八辑,台北:大通书局,1987年,第87页。
④ 何孟春:《余冬序录摘抄内外篇》,王云五主编:《丛书集成初编》,上海:商务印书馆,1937年,第82页。
⑤ 《明宣宗实录》卷64,宣德五年三月巳未,第1514页。
⑥ 林时对:《荷闸丛谈》卷二《赵忠毅公奏铨曹积弊》,《台湾文献史料丛刊》第八辑,台北:大通书局,1987年,第70页。
⑦ 惠栋:《九曜斋笔记》,刘世珩辑:《聚学轩丛书(第三集)》,清光绪中贵池刘氏刻本,第17页。
⑧ 王士禛:《居易录谈》,王云五主编:《丛书集成初编》,上海:商务印书馆,1937年,第11页。

于薄恶矣"①。

(一)教育弊政

明初生员资格选拔较为严格,且数量有所限定,洪武后期朝廷开始增广生员,学校教育勃兴。英宗时期有所调整,不限增广名额,并且规定凡本土民众子弟自愿入学读书的,由府州县正官及学官考选,优秀者待缺补充增广生员。成化初年,宪宗又下令准许官民子弟纳监入学,因此明中期开始,儒学生员数量逐渐增多,加上科举出路壅滞,到嘉靖、万历两朝,生员数量已经非常庞大,这就给教育带来了很多问题:

首先就是冒滥、冒籍的现象非常严重,"廪膳增广旧有定额,迨后增置附学名色,冒滥居多"②,使奸诈之徒滥充士林;其次是纳监之政陡增财利之心,对于国家来说,学校是教养贤士之所,正本清源之地,对于个人来说,入学读书是笃厚学识、修身养德之途,而纳粟纳银入监就是把读书、教育作为买卖,人们可以以财利跻身士林,那么,"为士子者知财利者可以进身,则无所往而不谋利,或买卖,或举放,或取之官府,或取之乡里,视经书如土苴,而苟且是求;弃仁义如敝屣,而货财是殖,士心一蠹,则士气士节由此而丧,他日致用,何望其能兴治有补于国家哉!"③最后,少才寡德之人滥充学府,不求务实进学,"将向来文物荟萃之区,浸变为荒芜谫陋之习"。④生员质量的下滑,导致教育危机四伏,"真才出而国强","伪士多而国弱"。⑤

(二)学校管理不当

明初,各级儒学管理规范、严格,学生在学校肄业,循规蹈矩,勤勉自律,教官尽职,师道勃兴。明代中期以后,学校管理松懈,学规的约束力渐失,以致秩序混乱。管理出现的问题首先就是提学渎职。朝廷设提学官专俾学政,委以重任,为国养士,敦行教化,但如今的提学官一是贪重贿,谋私利,取士罔公,不加精选,"童生入学,先尽乡宦士夫子弟,而后及于民间富民。白丁子弟,欲进无阶,乃以重赂夤缘仕宦。多者费百金,少亦不下数十。乃为改姓易名,冒籍更贯,大开幸门。有司曲意承奉,无不如意。寒素之士,纵有可取亦见黜。抑徇情肆意而无所忌惮也?其上负朝廷,下负所学多矣"⑥。二是提学官玩忽职守,督学不力,对于学校一年巡视一遍,甚至两三年才巡视一遍,以致"教官生员肆无忌惮,学校之政废于往时"⑦。其次是教官素质差且人员不足。生员人数的剧增使学校的教官严重不足,为补充教员,考贡之法开始宽纵,使那些年老贫困的士子充任教职,他们"精力既倦于鼓舞,学行又歉于模范,优游苟禄,潦倒穷途",使学校从"造士育才之宫"变成"养老济贫之地","冗蠹甚矣"!⑧

学政荒,士风坏,滋生了蓝袍大王,而蓝袍大王叛离传统士人精神,也乱了学政,败了士风。而士

---

① 焦竑:《玉堂丛语》,北京:中华书局,1981年,第116页。

② 张居正:《张太岳集》卷三十九《请申旧章饬学政以振兴人才疏》,上海:上海古籍出版社,1984年,第497页。

③ 余继登:《典故纪闻》,北京:中华书局,1981年,第256—257页。

④ 王之春:《椒生随笔》卷二《论加广学额》,沈云龙主编:《近代中国史料丛刊》第二十九辑,台北:文海出版社,1966年,第54页。

⑤ 王之春:《椒生随笔》卷二《论加广学额》,沈云龙主编:《近代中国史料丛刊》第二十九辑,台北:文海出版社,1966年,第55页。

⑥ 徐咸:《西园杂记》,《丛书集成新编》第八十八册,台北:新文丰出版公司,1988年,第71页。

⑦《明宪宗实录》卷40,成化三年三月甲申,第818—819页。

⑧ 张居正:《张太岳集》卷三十九《请申旧章饬学政以振兴人才疏》,上海:上海古籍出版社,1984年,第495—496页。

人攸关国家政治、教化,政教不兴,则长治久安难矣。

三、蓝袍大王与地方基层治理之难

明代地方儒学的管理,从行政上来说隶属于地方各级政府,府、州、县官的职权责任包括对府、州、县学的管理,吏部任命官员颁发的《敕谕授职到任须知》中规定:"培养生员,所以作成人才,以资任用。如一府所属本府学肄业生员几名,中间通经成才者几名,年幼及未成才者几名。时加考试勉励,劝勤惩怠。遇有缺员,随即选补。其有入学已久不遵教养者,随即黜退,罚充令典。若建言实封,告讦把持公事者,照依已行榜文内事理治罪。所属州县,依前开报。考试勉励,务求实效,以称善俗良才之意。"①同时也受巡按御史,布、按两司的监察。正统时期,朝廷又设立提督儒学的官员,即各省提学,专门监管学政。且早在太祖时期,地方儒学的管理就已经被纳入到官员政绩考课的范围,洪武五年诏曰:"农桑,衣食之本,学校,理道之原。朕尝设置有司,颁降条章,敦笃教化,务欲使民丰衣足食,理道畅焉。何有司不遵朕命,秩满赴京者往往不书农桑之务、学校之教,甚违朕意。特敕中书,令有司今后考课必书农桑学校之绩,违者降罚。"②由此可见,对学校及儒学生员的管理是地方政府的大事、要事。因此,生员们是否"安分守己"对地方官来说是非常重要的,而"秀才难管"又是很多地方官们共同的看法。

那么"难"在哪里?生员分属士林阶层,身份上有天然的特权,在政治、经济、威望上凌驾于庶民百姓之上,虽然在地方政治中地位和作用远不如缙绅乡宦,但乡间政治、经济、社会的管理绝绕不开生员群体,正是这样的特权和身份依仗使生员阶层在地方社会中扮演着两面角色:鸾翔凤集,儒学勃兴,可为官员造官声、政绩;反之,恣意横行,拨弄是非,扰乱地方秩序,成为地方官的心疾。具体来说:

第一,生员能够参与地方事务,并以此交结官绅、沟通乡民,成为地方社会管理中不可忽视的一层。虽然"卧碑"严格限制了生员的政治权利和活动,但在现实社会生活中,生员可以参与很多地方政务,指陈政事,且影响力越来越大。首先"乡饮酒礼"就是规定生员需要参加的公共事务,"洪武五年诏礼部奏定乡饮礼仪,命有司与学官率士大夫之老者,行于学校,民间里社亦行之。十六年诏颁乡饮酒礼图式于天下,每岁正月十五日、十月初一日,于儒学行之"③。且推选乡贤名宦,旌表节妇孝子,举乡饮礼宾也是经学校师生众议,由其公举而成,万历三年朝廷敕谕学政提督,针对学校公选中出现的问题,提出了更加规范且严格的要求:"名宦乡贤、孝子节妇及乡饮礼宾,皆国之重典,风教所关。近来有司忽于教化,学校是非不公,滥举失实,激劝何有?今后提学官宜以纲常为己任,遇有呈请,务须核真。非年久论定者,不得举乡贤名宦;非终始无议者,不得举节妇孝子;非乡里推服者,不得举乡饮礼僎。如有妄举受人请求者,师生人等即以行止有亏论。"④其次举行乡约会议,生员有权列席参加,共同商讨组织大事,参与乡约建设,生员作为士冠之族,有责任倡行风化,是乡约的中坚力量。《许昌新建乡约所记》:"行令儒学官,会同诸生于公堂,同举治政敦德者一员为约正,以率约士,闲礼者二员为约副,以掌

---

① 申时行等:《明会典》卷九《吏部八·敕谕授职到任须知》,万历朝重修本,北京:中华书局,1989年,第55页。

②《明太祖实录》卷77,洪武五年十二月甲戌朔,第1409页。

③ 张廷玉等:《明史》卷五十六,志第三十二《礼十》,北京:中华书局,1974年,第1419页。

④ 申时行等:《明会典》卷七十八《礼部三十六·风宪官提督》,万历朝重修本,北京:中华书局,1989年,第455页。

约仪,才识公正者一员为约史,以监约事,乡间耆民六行克敦者三十人为耆老,皆免其杂泛差徭,以见优崇之意,仍举生员年长、熟于礼仪者八人为礼生,年少生员十人者肄诗歌焉。"①同时郡县乡里大事,凡救灾、赈济、修桥造渠、建书院等,生员都是作为一份子与缙绅、里父老共同聚议商讨,学校的明伦堂也是作为集结民众,商议地方政务的公所。生员还可以向官府递交呈文,建言政事得失,联名发表公书、公揭,引导舆论,为影响政治事件发展造势。此外"官员称职与否,务从至公"②,晋升或入选名宦,都需要生员的支持,生员最能左右乡评,因此,无论是基层管理、控制,还是个人仕途发展,地方官在某种程度上可以说是依赖生员阶层的。

第二,生员身份可以作为行事依仗,甚至是做恶的保护伞。生员在参与地方事务的过程中,接触公门,熟悉事务,活跃于地方官、乡宦、庶民等各个阶层之间,有更多的机会在地方社会管理中任意行事、操弄把持。而对生员的惩处,先是黜革衣巾,相较某些蓝袍大王的恶行,这样的惩罚未免让人发出"褫巾之外,法无所加,犹有遗恨"③的感叹。他们惯做之事一为揽拖税粮,利用生员减免赋税、差徭的经济特权,与粮户串通谋求私利,《文忠集》所载谳牍:叶时新为王家瑞塾师,袒护家瑞,助其避差徭,"以青衿而干预人事,真有玷士风。"④二为主唆词讼,舞文弄墨,兜揽、构陷,颠倒是非黑白,讦讼不已,扰乱司法秩序;三为嘱托公事,代人关说,过钱谋利,《莆阳谳牍》记:"审得陈章华被讦于杨县官,央托黄监生赞为先容议,免责谢四两,免罪谢四两";⑤四为靠衣巾之助,顶门立户,为虎作伥,"大抵乡间有一青衿,则一族一家皆倚赖之。一族一家而有事也,本生必不容不出头,谓之撑持门户。所以每见乡生之尊,大有甚于缙绅者"⑥。

第三,生员态度上不把官府放在眼里,他们结党陈言,以指刺官府为己任,乃至联合众生员挟制有司,谩骂、殴打官吏。蓝袍大王们的案例史籍中比比皆是,前文已有所列,此处再举几例。《芹山集》:"近闻萧山等处生员,不思平日学问荒疏,一时失意,辄敢攘臂赴别衙门告扰,抗违敕谕,蔑视本道。"⑦《明神宗实录》:"生员司绍胤横肆无状,有旨行提学官究治,至是忠复言,绍胤纠众数百围绕公署号呼竟夜,乞敕锦衣卫拏解。"⑧"合肥县生员金文华等殴其县令曹光彦。"⑨"近来诸生不遵卧碑,专一结党横行,把持官府,士习日坏,法纪荡然。"⑩

综上所述,在基层社会结构中,生员阶层处于官下民上,非官但可能为官,是地方教育与社会控制的重要对象,他们与缙绅、地方官员的关系复杂交错,既可相辅相成又有矛盾冲突。同时蓝袍大王们又与豪强、无赖、盗贼、胥吏等勾结一起,沆瀣一气,在地方官员眼中心内,他们就是一群披着青衣的

① 吕柟:《吕柟集·泾野先生文集》上册卷十九《许昌新建乡约所记》,西安:西北大学出版社,2015年,第655页。
②《明太祖实录》卷163,洪武十七年七月丙午,第2525页。
③ 杨一凡、徐立志:《历代判例判牍》第三册,北京:中国社会科学出版社,2005年,第620页。
④ 杨一凡、徐立志:《历代判例判牍》第三册,北京:中国社会科学出版社,2005年,第620页。
⑤ 杨一凡、徐立志:《历代判例判牍》第五册,北京:中国社会科学出版社,2005年,第183页。
⑥ 杨一凡、徐立志:《历代判例判牍》第五册,北京:中国社会科学出版社,2005年,第253页。
⑦ 陈儒:《芹山集》,《北京图书馆古籍珍本丛刊》106集部·明别集类,北京:书目文献出版社,1988年,199页。
⑧《明神宗实录》卷416,万历三十三年十二月甲寅,第7836页。
⑨《明神宗实录》卷461,万历三十七年八月己酉,第8693页。
⑩《明神宗实录》卷524,万历四十二年九月戊寅,第9879页。

"山大王"，为地方社会的治理平添障碍，是明代特别是中晚期基层治理的难症。而且明中期以后，数量渐多，势力日强的生员群体，不仅事关地方治理，而且已经成为中央政府亟待解决的问题。

四、余论

"士"作为四民之首，一直是古代社会中的精英群体，明代地方基层士人中蓝袍大王的涌现，无疑反映出"士"并不是世人眼中完美、高尚的存在。"夫玉者，君子比德焉"①，这是传统思想对读书人人格形象的完满设定，然而社会现实却是明珠有颣，美玉有瑕，这反映出：

一、士人群体具有复杂性。自古以来，中国的读书人都是要求德才兼备，尤其注重养德，忠孝节义是其基本的道德操守，礼义廉耻是其基本的修身原则，在精神价值观中要坚持"贵莫贵于为圣贤，富莫富于畜道德，贫莫贫于未闻道，贱莫贱于不知耻。"②而蓝袍大王们也是读书人，他们背信弃义、寡廉少耻，德行有亏，传统的士人价值观在他们身上无疑是崩塌的。这就体现出在士人群体中是精致与粗糙、雅与俗、君子与小人错杂相交。我们要辩证地认识"士"这个群体，正视其复杂性。

二、蓝袍大王所代表的部分基层士人如何从社会的稳定因素转化为社会的动荡因素，从社会的正能量转化为社会的负能量，从社会秩序的维护者转化为社会秩序的破坏者，这是令人值得思考的。

三、读书人的社会角色与社会责任。在传统社会，帝制时代，士为民所瞻仰，风俗教化所导向，士习端则人心正，且士人作为官僚的预备队伍，士风、士行即为仕风、仕行，如此，士风、仕风、世风紧密相连，风气淳厚则国家可兴。"士不可以不弘毅，任重而道远"，这是中国传统思想对读书人提出的要求，赋予他们的责任，而时至今日，社会发展、文化昌兴，读书人的作用也是举足轻重，这就希望读书人能严于律己、时时自勉，更好地承担作为文化精神与人类价值的传承者、创新者、守护者的责任。

［作者赵毅，辽宁师范大学教授；作者武霞，辽宁师范大学讲师。原载《西南大学学报（社会科学版）》2020年第2期］

---

① 梁启雄：《荀子简释》，北京：中华书局，1983年，第398页。
② 朗瑛：《七修类稿》卷二十《辩证类·格言》，上海：上海书店出版社，2009年，第208页。

晚明乡村士人的科举生活与社会交往

——以魏大中的坐馆与举业为中心

冯贤亮

一、引言

明清时期的中国社会,呈现出复杂而多变的样貌。无论是制度、经济、社会,还是文化、生活等层面,既有其内在承继的脉络,也有明晰可辨的变化情态。在社会变迁与文化生活方面,作为社会重心的文人士大夫,从晚明以来就被卷入辉煌而持久的王朝历史大变革进程中。他们的生死往事、生活经历、权力关系和文化网络等,都形塑了当时最值得关注的日常生活形态。要进入明清时期那个已逝的世界,窥探士人的生死往事,挖掘其经历和体验,甚至是在历史上留下的一道轻轻划痕①,当然仍需要从基本的叙事出发。

至于士人的早期奋斗历程,特别是从乡村生活世界,藉由科举、姻亲、师友与谋生等途径,介入城镇生活,如何扩大并强化社交网络,奠立其基本的社会网,并逐步在一般士绅社交圈中形成结构性的力量,都值得进一步探讨,进而更好地理解传统时代中国的社会史与中国人的生活世界。

在万历四十四年(1616)的浙江嘉善县,考中进士的士人中,以魏大中(1575—1625,字孔时,号廓园)的出身最为低微。而且相较他的同学好友钱继登、钱士升、陈龙正及其子孙辈,在地方上建构的阶层性力量及其发生的"链接性"作用中,魏大中的影响力其实都不大。对于这样一位纯粹由乡村而来的士人,其科举生涯的早期阶段,往往是不清晰的,甚至是被忽略的。而魏大中在天启五年被捕北上,途中在轿中(其实是囚车)完成的"自谱",虽然"详略缓急,俱未停当"②,但已清晰地提供出一个乡村世界中青年学子平淡而不平凡的人生历程。

显得更为普通的,还有一生都在乡村生活的魏大中的父亲魏邦直(初名德成,字君贤,别号继川),也曾努力举子业,但并不理想,就弃而不为,以处士终。③母亲薛氏在魏邦直故后,与魏大中及其三个姐妹相依为命,尽力支撑家庭生活,备极艰辛,八年后也过世了。大中的姐妹三人,长适凌守义,次适吴浚,三适沈应逵,这些对象的身份都是农家子弟。这样固定于乡村普通农家之间的婚配关系,对魏家的社会网没有任何影响与促进意义。但魏大中后来娶了钱惺寰之女,就因为魏邦直认为钱惺寰是

---

① 这方面的思考性论述,可参罗伯特·达恩顿:《拉莫莱特之吻:有关文化史的思考》,萧知纬译,上海:华东师范大学出版社,2011年,"导论",第2、6页。

② 魏大中:《藏密斋集》卷一《自谱》,崇祯刻本,收入《续修四库全书》集部第1374册,上海:上海古籍出版社,2002年,第517页。

③ 魏大中:《藏密斋集》卷十三《杂著二·先考继川府君行实》,第667页。

一位秀才（"庠士"），对魏家提升社会地位肯定会有助益。大中后来育有三子，长子学泗获增广生的资格，聘秀才吴邦辅女，后娶吴江秀才严与敬女；次子学濂，聘浙江乡试解元陈山毓（陈龙正胞兄）女；三子学洙未聘，过世较早。孙女一人，配秀才曹棻之子曹培，另有曾孙女一人。[①]姻亲关系到了大中时代，显然有了较好的改善，选择的都是地方上精英家庭的子女。他们的父辈及其子孙之间，都是大中所谓的"情好斯联，道谊逾笃"[②]。

在大中为生计忧怀、为前途奔忙的过程中，晚明中国的阽危局面，已然开启。不仅在士人努力的科考与仕途层面，而且在社会秩序与日常生活中，都可感知的普遍存在的紧张与焦虑，至此际已变得深重。

如何在有限的生活条件下，进一步扩展生活世界、丰富社会活动，是每一个有抱负的士人应该努力的方向。对长期居于乡间的魏大中而言，商业化的促动自然也席卷了日常生活的各个角落，而经济上的压力，决定了魏氏这个相当松散的家族生活的基本内容。

另外，据魏大中的生活轨迹，他基本没有什么宗教性质的精神生活或信仰活动，涉足的城市，除了本地的县城外，主要在府城嘉兴、省城杭州以及帝都北京，而且都是为了科考；至于晚明士人多好讲学而喜持清议的风习[③]，在他身上也很难见到，占据其日常大部分内容的仍在八股时艺的习学训练。士人生活中追求"宫室之美，妻妾之奉，口厌粱肉，身薄纨绮，通宵歌舞之场，半昼床第之上"这样一种"闲"的境界或处世态度[④]，或者是所谓"喜谈天者，放志乎乾坤之表；作小说者，游心于风月之乡"的品味与情感的表达方式[⑤]，在魏大中那儿根本不可能发生。总体而论，日常生活的艰辛感与清俭处世，贯穿魏大中一生。大概自大中幼时已注定了这样的命运，命中应有的"贫贱"[⑥]，并没有因后来举业的成功而有太大的改变。所以有人说他"居官六年，家徒四壁"[⑦]，堪称的论。

魏大中考中进士后，历任行人司行人、工、礼、户、吏各科给事中，都给事中等职，与杨涟、左光斗、袁化中、周朝瑞、顾大章并称"东林前六君子"。天启元年(1621)疏奏杨镐等罪，又上两疏弹劾大学士沈灌，语侵大太监魏忠贤和客氏。及其议"红丸案"，又力请朝廷诛杀方从哲、崔文升、李可灼，并建议追论郑国泰陷害东宫太子之罪。大中有《击逆珰疏》，弹劾魏忠贤，参劾与魏忠贤表里为奸的大学士魏广微。天启四年，魏广微指使亲信陈九畴弹劾魏大中，大中遂被贬三级外放。后于十月南返故里，不到半年，阉党又矫旨逮捕汪文言，刑逼汪文言诬陷魏大中收受杨镐等人贿金3000两。天启五年四月二十四日，魏大中蒙冤被捕。六月入北镇抚司监，惨遭酷刑，留有《临危遗书》，主要内容是嘱咐家人安贫、勤读、积德、患难相守。七月二十六日，与杨涟、左光斗同死于狱中。崇祯元年(1628)，魏忠贤倒台，

①　魏大中：《藏密斋集》卷一《自谱》、卷十三《杂著二·先考继川府君行实》，第502、671页。
②　魏大中：《藏密斋集》卷二十四《与陈鸣迁兄弟》，收入《续修四库全书》集部第1375册，第162页。
③　管同：《因寄轩文集》初集卷四《拟言风俗书》，道光十三年管氏刻本，收入《续修四库全书》集部第1504册，上海：上海古籍出版社，2002年，第423页。
④　谢肇淛：《五杂组》卷十三《事部一》，北京：中华书局，1959年，第374页。
⑤　西湖渔隐主人：《欢喜冤家》，"序"，沈阳：春风文艺出版社，1989年，第1页。
⑥　魏大中：《藏密斋集》卷一《自谱》，第506页。
⑦　张溥：《七录斋诗文合集》近稿卷五《祭魏廓园先生文》，崇祯九年刻本，收入《续修四库全书》集部第1387册，上海：上海古籍出版社，2002年，第377页。

曾任嘉善知县的谢应祥及地方父老乡亲陪魏学濂刺血上《痛陈家难疏》,诉说其父受冤狱、兄长学洢死孝之惨状。[①]

崇祯帝为魏大中平反昭雪的公告中,表彰了魏大中父子的忠孝节烈,魏大中被追赠为太常寺卿,谥"忠节"。崇祯元年十月廿九日颁发的由倪元璐(1594—1644,天启二年进士)撰写的"制"文中,还强调了"洢、濂之义,生死同揆"[②]。嘉善自宣德五年建县后科第绵延,从未有得朝廷赠谥者,得谥是从魏大中开始的。[③]为纪念他们父子而建的魏家牌坊与祠堂,就位于嘉善县衙以东的丁宾祠与节孝祠之间(现代已拆)。[④]"忠孝千古事",对魏家子孙来说,已形成一种"家风"。[⑤]

本文将以魏大中的举业生涯与坐馆生活为例[⑥],重点论述在他考中进士前的人生历程[⑦],以及家族关系与姻亲友朋在科考层面的具体影响,呈现16世纪晚期到17世纪早期一个下层士人的生活世界及其社会网的形成。士人群体最为密集的江南地区,最具影响力的"官僚政治精英"阶层的出身[⑧],如滨岛敦俊所论,大多是所谓的"耕读之家",其次有少数来自都市富商阶层,第三则来自更少的都市平民家庭(可能是基层教师,小生意经营者,地方官衙的胥吏,或依赖乡村富室的赘婿身份,获得向上攀升、立身出世的支撑点)。[⑨]这在完全是由一个乡村贫民向上攀升成为社会精英的魏大中身上,也可以得到些更清晰的认识。

二、乡村教育与早期生活史的建构

魏家认定的始祖,是洪武年间已居于嘉兴府嘉兴县迁善乡三十五都北区东二岁圩的魏伴。魏伴是徐成三的女婿,徐家到洪武十九年一直是驻守云南大理卫的军户,男性家人断绝后,就以女婿补伍。因此魏家世隶军籍了。到宣德五年新设嘉善县后,魏家就属嘉善人。[⑩]

万历三年(1575),魏大中出生于北距县城约三十五里相对偏僻的东二岁圩(今南早浜地方),已经属于迁北区管辖,区内重要的集市中心就是西塘镇。[⑪]其邻近的是西面的陶庄镇、东面的丁(家)栅镇以及北面吴江县的芦墟镇。与其他乡民一样,魏家人处在这样相对低洼的水乡地区,只能凭借水路与舟船运输,拓展除了农业生产之外的生计活动,且通常去一个特定的中心地(市镇)进行交易,很少会

---

① 详参李勇:《魏大中评传》,上海:上海三联书店,2017年。
② 魏大中:《藏密斋集》,"诰命",第499—500页。
③ 支允坚:《梅花渡异林》卷三《时事漫纪》,崇祯刻本,《四库全书存目丛书》子部第105册,济南:齐鲁书社,1995年,第658页。
④ 杨钝汉:《魏塘话旧》,金身强注,嘉善:嘉善县档案馆、嘉善县地方档案史料收藏研究会,2015年,第44页。
⑤ 魏学濂:《后藏密斋集》,不分卷,"前绝命"条,清抄本。
⑥ 魏大中家世的基本情况,特别是魏氏的从政生活史,李勇的梳理与分析是全面的,详参氏著《魏大中评传》,上海:上海三联书店,2017年。
⑦ 李勇的《魏大中评传》是目前所见有关魏大中最全面的论述,"铺陈的魏大中、魏学濂父子的故事,便是围绕党争展开的一段历史"(第9页),也涉及魏大中父祖家世、少年生活与坎坷举业的内容。这些都是本文得以进一步推进研究与思考的重要前提。
⑧ 陈宝良:《明代的士大夫、士大夫家族及其关系网络》,《福建论坛(人文社会科学版)》2012年第2期。
⑨ 滨岛敦俊:《从〈放生河约〉看明代后期江南士大夫家族》,《明代研究》2011年第17期。
⑩ 魏大中:《藏密斋集》卷一《自谱》,第500页。
⑪ 光绪《重修嘉善县志》卷二《区域志·乡镇》,光绪十八年重修、民国七年重印本。

奔赴数个商业中心地。① 魏家常去哪一个市镇，魏大中在他的《自谱》中并没有交代。

魏大中属于嘉善魏氏成、显二公派，远在大理的魏氏后人则为真公派。魏成、魏显与魏真是同父兄弟，魏成这一支绝后，魏显在嘉善传承有绪，是为大中的高祖。据说魏显"以农侠"，在乡间被称为"老长官"，是基层社会的管理者，以其威望能压制住乡间的"豪横"者。大中的曾祖是魏显的次子"隐斋公"，祖父是南川公魏祥，南川公育有四子，次子即为大中的父亲魏邦直，尊称继川府君，因大中后来中举入仕，而拥有朝廷恩赠的"都谏"荣衔。魏邦直曾承担了其父"里徭"的职任，家境因而破落，基本到了田庐服物朝夕罄尽的地步，家中嗷嗷五口的生活，主要依赖大中母亲的纺织收益维持。在这样屋庐荡析的困窘状况下，魏大中即将降生人间。魏邦直的生活日常倒很洒脱，"陶陶自若"，"每昼出与人象棋"。但家境贫寒，朝夕馕粥。大中母亲薛氏、姐姐辛勤纺织，换取米盐与单衫，"彻冬胝龟指手"。所以大中后来说，母亲拮据支吾，"生人之趣都尽"。十一月十四日亥时大中出生后，魏邦直决心外出授徒，贴补家用。②

与普通乡民相比，大中的祖上显然在乡间具有一定的社会地位与经济能力，否则很难承担明代里甲制度要求下的徭役责任。到魏邦直时期，家境已然破落，与普通乡民无异，常赖妇女的纺织收益度日。从这个层面而论，魏家受益于晚明活跃的商品经济与商业网络，能换得必要的粮食、生活用品与手工再生产的原料。但这样的经济收益，仍是非常有限的。

因经济能力与知识水平的局限，魏邦直所择的坐馆地点，是万历四年到距家三里的邬家村、万历七年（但在魏大中的"自谱"中记作万历六年）至距家十五里的凌巷、万历十五年到距家三里的短浜、万历十九年再至凌巷，空间距离魏家的祖居地都很近，而所授生徒对他都谨严以礼。③ 地方志中记录了世人对于邦直的高度评价，称他"少丧母，怀慕不置，事舅氏如事母，居家友爱，慈和终身，无疾言遽色"，乡间因而"化其德行，卒私谥'康惠'"。④

邦直最初至邬家村选择做童蒙之师时，全家是伴随前往。到万历六年，全家跟随邦直到陶庄的凌巷坐馆。已经4岁的魏大中，在邦直身边已经受到了《孝经》《大学》诸书教学的影响，也能"日渐成诵"了。万历八年，邦直正式教6岁的大中读书，大中记性很强，"偶语颇能捷应"，这大概让邦直引以为傲，且曾经让大中见客，以试大中的学力。⑤

大中后来回忆说："七八岁时，每就枕，先都谏口授古忠孝节烈事一二条，睡醒即令占昨所诵书。"这对大中的影响应该是深远的。此外，读书之暇，大中会到忙于纺织的母亲那儿，为劳累背痛的母亲敲背。有时在散步之际，还会考虑"做官何所事事"的问题。⑥

8岁开始大中的读书过程较为顺利，魏邦直课读五帙并授，每授十余行，大中虽能过目辄诵，但也易忘，新学内容稍快，温习稍苦。邦直要求大中帮着教蒙童们诵习，又兼大中小楷颇工，也教他们学书

① [日]滨岛敦俊：《明清江南农村社会与民间信仰》，朱海滨译，厦门：厦门大学出版社，2008年，第177页。
② 魏大中：《藏密斋集》卷一《自谱》，卷十三《杂著二·先考继川府君行实》，第500—501、667—668页。
③ 魏大中：《藏密斋集》卷十三《杂著二·先考继川府君行实》，第668页。
④ 光绪《重修嘉善县志》卷二十一《人物志三·孝友》。
⑤ 魏大中：《藏密斋集》卷一《自谱》，第501页。
⑥ 魏大中：《藏密斋集》卷一《自谱》，第501—502页。

法,因此大中被称作"小先生"。此际魏家的生活仍处在相当艰辛的境地,大中回忆说:"八九岁时,家常并日而食,或野菜和米作粥,淅粒饲予",而父母与三个姊妹只是吃些"菜羹"。魏邦直对大中的课读堪称严厉,"稍弗中程,箠辄数十下"。祖父见到这样的场景,忍不住落泪说:"一儿忍乃如此!"大中性格中的坚忍,在少儿时期就很明显。当然,大中的聪明颖异,在乡村中颇具声誉,家中有女儿的多想招他为婿。魏邦直择亲的基本看法,是要女方能在大中读书攻举方面有所佐助者,否则虽富不许。在上门提亲的人家中,魏邦直最后选中了钱惺寰的女儿,理由主要在惺寰是"庠士"。大概他认定出身读书人家的女儿,应当对大中的读书进学会有所助力。比较有意思的是,大中还只有11岁时,钱惺寰已经非常着急地想让大中到钱家为婿,而魏邦直最关心的只在大中的读书问题,在他听说教学严格的贺正泉已为钱家所聘,就很快答应钱家的请求。实际上,钱家并未延请贺正泉。大中只好到离钱家只有几百步远的尤济涵先生家就学。可惜不到一月,钱家就搬了,大中上学不便,只得归学于家塾。魏邦直每天感到大中有"废读"之忧。很快,万历十四年,钱惺寰就馆于莲花泾的徐家(在县城以东18里地方,以种植莲藕出名①),大中跟随附学。不久钱氏病重,徐家主人死了,魏家当时请的塾师是吕云岩先生,大中附学,数月下来觉得"无益"。②

表1　万历六年至万历十九年魏大中读书简历

时间	塾师	地点(馆主)
万历六年至万历十二年	魏邦直	陶之凌巷等地
万历十三年(不足一月)	尤济涌	钱惺寰
万历十四年(数月)	钱惺寰、吕云岩	莲花泾徐氏
万历十五年	沈月台	孙竹亭等
万历十六年	叶鹿昊、沈元封	钱惺寰
万历十六年(九月起)	魏邦杰	东岁圩
万历十七年	金凤台	俞氏
万历十八年	随魏邦杰及其友人读书	邑之东塔、陆庄
万历十九年	曹穗	陶之凌巷

资料来源:李勇:《魏大中评传》,第38页。

虽然在明清时代,很多家庭在攻读举业过程中,确实多有专治一经,重视家庭内部的经学授受,甚至父子相沿肆习一经以应科举的传统③,但在大中晚年的回忆,并未提及这方面的内容。

万历十五年,魏邦直到迁北区赵巷荡的短浜坐馆④,而族叔魏月台与孙竹亭拉了朋徒十余人,延请沈玉台先生为塾师,邦直带着大中前往附学,遭到势利的族叔的反对,最后是勉强入学。大中对族人反对他入学的解释是:"盖人情忮予之慧,憎予之儇,幸予之贫,夺予之便,谓可以终废业也。"不久,他们又唆使沈玉台辞退大中,大中问其故,沈说:"汝日偕某儇。"大中说既然是两人有儇诈(奸诈)行为,为何只辞其一人。魏邦直被迫绑着大中前来谢罪,甚至打到大中流血,沈玉台才允许大中卒业。当年秋

---

① 光绪《重修嘉善县志》卷一《区域志一·山川》。

② 魏大中:《藏密斋集》卷一《自谱》,第502页。

③ 陈时龙:《明代的科举与经学》,北京:中国社会科学出版社,2018年,第62—65页。

④ 光绪《重修嘉善县志》卷一《区域志一·山川》。

天,大中觉得自己可以尝试科考论题的写作,私自行文,不问何题,只要有所闻见,必能拈入成章。此时已迁馆就学至孙竹亭处,大中每见孙竹亭与君兴叔(魏邦杰)、沈师谈论少年时从王畿游学事,讲说王阳明与王艮两先生故事。①

孙竹亭他们所述的晚明文人交游等事,可能多为嘉靖年间王畿与罗洪先在平湖县城南面的南村书堆讲学时他们获得的见闻。② 毕竟两县相邻,信息获取不难。其中,嘉靖四十五年(1566),刚考中举人不久、24岁的丁家栅人丁宾,就在平湖天心精舍与他的老师王畿、王畿的学生陆光宅等八人订下"天心盟约",这时的王畿已经在南方讲学近二十年了。作为嘉善人的代表,丁宾得到了王畿对他资性敦茂、有志于古道、不肯以俗套埋没自己、能追求日新之益等语的高度评价。③ 这些故事,对年少的大中应该产生过不少激励作用。

经历了上一年祖父魏祥过世的伤痛后④,万历十六年出现的大饥荒,使魏家的生活也陷入困境。钱家聚徒授业,大中参与了坐馆的工作,当中岳父钱惺寰的妹夫李全吾对大中帮衬甚多,并向当时的名流叶继美(万历十一年进士,曾任金溪县令、刑科给事中等职⑤)引荐,大中的才学因而得到叶继美的高度称赏。叶继美认为,大中的文章应该"置之好师友间"交流。可惜不久参加的县试中,大中很不顺利。九月份,叔父魏邦杰乡试落第返乡。魏邦直每天裹米一升,后又杂送鱼肉之类,作为学费,令大中跟随叔父学习举业。此际魏邦杰感激邦直在生活上的照顾,更感动于邦直望子成龙的决心,认真教习大中读书与作文。大中后来反思这段时间的学习进步较大,有赖叔父的教育:"说书,则叔父不躬说书,或四五更而弗当,常笑曰:汝初说已近吾,怪汝之颖而思弗沉耳。谓作文之益,不在作文,在阅文。每阅先正一文,辄闭不令阅,先以其题令口占一篇大意,弗善,则令更占,占数过而后阅文,又不令竟阅,或阅半而令续,或阅遍而令偶。于是规矩准绳转折浅深之妙大进。当意则歌互答,如对好友。不当,则长跪至丙夜呵切弗休。予文章之有根基,三冬之力也。"⑥从这时开始,大中的举业学习有了很大的进步,并为将来的发展奠定了较好的基础。

三、坐馆与举业

困扰魏家与大中少年时代生活的,主要仍是生计问题。在他们的生活世界中,纺织、教书以及可以确定的农业生产(主要是水稻种植)甚至非常简单的渔业收益——生活于低洼水乡的任何个体都可获取的水产,是他们日常衣食的基本支撑。每当魏邦直心神不安时,大中的三叔如川公就说:"兄箸总废耳,不如以其住基傍基者归我,我以其野田易兄。"魏氏兄弟的分家析产,到万历十七年已垂二十年,族长对于魏家财产的分配问题一直不能让各方满意,但他曾劝大中三叔以田亩零余让归邦直,邦直承担三叔家的质贾问题,不过邦直往往是旦得之而夕售之,所得用以充当大中学费及粗食之费,让大中

① 魏大中:《藏密斋集》卷一《自谱》,第502—503页。
② 光绪《嘉兴府志》卷十五《古迹二》,光绪五年刊本。
③ 王畿:《王畿集》卷十五《册付丁宾收受后语》,吴震编校整理,南京:凤凰出版社,2007年,第438页。
④ 魏大中:《藏密斋集》卷一《自谱》,第502—503页。
⑤ 光绪《重修嘉善县志》卷十九《人物志一·宦业》。
⑥ 魏大中:《藏密斋集》卷一《自谱》,第503页。

跟随金凤台先生习学举业。已至垂暮之年的魏邦直，其实已到了"无立锥之地"的窘境。而在塾中，大中的贫寒生活既为他人所讪笑，而举业又不顺利。这令大中每忆及此，都有"痛恨欲死"的感喟。①

万历十八年生活的记忆，大中用"贫甚"两字作了概括。邦直的塾师收入完全"不足以充衣食"，但极力支撑大中需要给予教师的礼物与酬金，这份微薄的礼金就是一般的塾师也看不上。当年发生的饥荒，终使魏家跌入了生活绝境，大中的学业几乎停废。不过叔父魏邦杰一直很关爱大中，向邦直称赞大中"不成则已，成必越众"，数度坚定邦直支持大中学业的决心。魏邦杰当时还与友人们在东塔读书论学（东塔位于县城北门外后来于崇祯十年始建的鹤湖书院，在柳洲亭的东北隅②），也带着大中一起去；搬到陆庄就馆后，仍带着大中。很可惜，不到数月，邦杰病重就医，大中"彷徨无所归"。表戚沈少兰向大中提出叔父已有意招大中为嗣子，大中推辞说"家大人止予一子，予嗣叔父，予父又谁为嗣者?"邦杰病体康复后，更为敬重大中，"有事就而相商，如成人矣"。由于魏邦杰的帮助和魏邦直的努力，大中的举业学习得到了维续。次年，邦直到陶庄凌巷坐馆，而十七岁的大中开始跟随当时的名师曹穗学习。③

曹氏是从松江干巷迁居嘉善的望族，曹穗之父曹钥是一名岁贡生，曾任南安府学教授，曹穗在隆庆五年入嘉兴府庠，也获得补廪膳生的资格，但两次乡试不第，就放弃举业，"专事性命之学"。在他指导的学生中，最出名的应当是魏大中。④曹穗之子曹勋后来于崇祯元年考中进士，故后被奉入嘉善鹤湖书院中的五贤祠，与丁宾、袁黄、魏大中、钱士升并称"德尊望重"的乡宦。⑤

在地方而论，以孝义出名的曹穗，声望较著，"生平无疾行，无惰容，无哗语，无违心之言，无欺人之事"。⑥大中夙仰曹穗作为人师能规行矩步，而曹穗对大中的文章极为赏识，甚至"视为相长之友"，对于大中的课业助力较大。对这一时期的学习，大中比较谦虚地表示"读书得稍成片段"。⑦

魏邦直的身体每况愈下，这不由得年轻的大中不担心。大中回忆说，他参加"童子试，县府俱有名"，万历二十年二月，已经18岁的他正在嘉兴府城寓所准备道试，却有"怦怦心动"的感应，故赶紧回家看望邦直，已感寒疾的邦直仍然聚授生徒如故，对大中放弃考试回家照顾他的行动，表示了生气与失望，连说"负我! 负我!"邦直用刀截出约五分许的玉簪，作为大中的试卷费，催促大中坐船回去。大中回到府城一直很不安，不久果然接到了邦直二月十五日在家中亡故的消息，"惊怛号踊"，赤脚奔回，亲自为邦直棺殓。邦直弥留之际曾表示不愿葬于祖茔地，大中最终因经济条件所限，另改葬地，没有完成父亲的遗愿。直到三十四年后的天启五年，也没有更葬。邦直故后，大中专心于蒙师之业，承担家庭生计的重担。可是未及弱冠的大中，并未受到年纪相仿的诸生徒的普遍尊重，大中安排的学习要求常遭他们的抵制。他们甚至在教馆附近的五圣神祠燃烛祝大中死，都被大中所知晓。大中"从间户

① 魏大中:《藏密斋集》卷一《自谱》、卷十三《杂著二·先考继川府君行实》，第503—504、670页。
② 光绪《重修嘉善县志》卷五《建置志上·书院》。
③ 魏大中:《藏密斋集》卷一《自谱》，第504页。
④ 曹鉴咸续修，曹焕、曹焜校刊:《曹氏族谱》卷三《行次传》，乾隆三十年序刻本，第30b—31a页。
⑤ 嘉庆《嘉善县志》卷六《典秩志上·祠祀》，嘉庆五年刻本。
⑥ 光绪《嘉兴府志》卷五十四《列传·嘉善》。
⑦ 魏大中:《藏密斋集》卷一《自谱》，第504页。

潜归于塾,俨然坐",叱令为首的跪下,并问及他们在神祠的言行,"诸生徒相顾失魄",从此再也不敢违抗大中的言行。大中的威信因而树立,即使大中不在塾中,"诸生徒之驯约在家,如其在塾也"。教学之余,大中偶而作些古文、诗歌,"俱弗专"。①

表2　万历十九年至四十四年魏大中处馆及读书简况

时　间	馆地情况	时　间	馆地情况
万历十九年	父徙馆于陶庄凌巷	万历三十二年	仍馆吴江陈氏
万历二十年	接父馆为蒙师	万历三十三年	馆于夏瞻明家
万历二十一年	换馆陶庄李全吾家	万历三十四年	未馆,读书于沈园
万历二十二年	馆于陶庄张家	万历三十五年	馆于吴江高氏
万历二十三年	馆于陶庄凌家	万历三十六年	馆清风泾,秋迁于瓶山
万历二十四年	仍馆于凌家	万历三十七年	读书获秋庵,乡试中举
万历二十五年	馆于陶庄沈家	万历三十八年	下第,读书
万历二十六年	复馆于凌家	万历三十九年	馆夏述明家
万历二十七年	问学桐村书屋	万历四十年	复馆于高氏
万历二十八年	馆于陶庄许氏	万历四十一年	下第,读书慈云寺
万历二十九年	馆于平湖陆氏	万历四十二年	开家塾,数生徒及门
万历三十年	馆于吴江陈氏	万历四十三年	谢生徒不受,赴京会试
万历三十一年	仍馆于陈氏	万历四十四年	进士及第

资料来源:李勇:《魏大中评传》,第46—47页。

　　大中坐馆的基础,当然来自父亲魏邦直的塾师经营及社会活动网络,也是他在地方上人际互动、塾师实践区域以及社会交往关系的重要呈现。而且从整个嘉善县域社会来说,在坐馆生活中,大中的活动契合贫寒士人的常态,相对中心度较高的县城,处于边缘性的位置。以大中为中心的社会网仍是比较低端的,当然也不可能独立于整个地方社会建构之外,总体上符合晚明社会文化、政治生活与士人追求的整体脉络。

　　万历二十一年,大中仍在陶庄坐馆,授徒较多,岳父钱惺寰的妹夫李全吾恐因此影响大中的举业,就让大中到他那里教他子婿及其他唐姓、张姓二三个学生,李氏的家境其实并不具备作为"馆谷主"的经济能力,但李全吾的浓情厚意,让大中十分感动。这一时期,大中母亲已迁居至叔父魏邦杰家的披屋(侧楹)中。②

　　到万历二十二年,大中所教的学生,就以张全吾拉来的张生为主,另有孙氏诸徒。张生家以榨油为业,夜半兴工,大中也起来苦读。油坊主人知晓后,每以鱼饭相馈。有一天,一个书商挟带江南四府考卷来兜售,大中"心爱之而力弗能副"。书商走得急,居然遗落一帖,有五六篇,为大中所得。大中揣摩习学,以后作文,是所谓"气机触发,如决壅泉,搦管拈题,意兴淋漓,无所不有",举业习学达到了一个新境界。这年大中20岁,正处将要守丧期满除服的尴尬时节,还好因县试有未到的,在除服后得以一起参与补考。大中强调说,当时为免知县怀疑他冒籍,就更名魏廷鲠参试。大中的堂兄弟中有庠生,也是"廷"字排行。主考的县令是章士雅(吴县人,进士),对大中的答卷相当称赏,说:"文当如此,

<hr/>

① 魏大中:《藏密斋集》卷一《自谱》,第505—506页。
② 魏大中:《藏密斋集》卷一《自谱》,第505页。

如此。"大中表示想看下初交卷者之文,章士雅说:"不必看,汝持卷去,补原试三题来我前,汝立补三义以进。"最终大中补考的成绩排在第二,大中深以不能得首为憾。当时嘉善名士夏九鼎(璞斋,1573—1611)看到大中的试卷,也是十分称赏,并推荐给高攀龙(1562—1626,字存之,又字云从,世称"景逸先生",万历十七年进士)与吴志远(子往),不久大中以府试第一名、道试第四名的成绩得以补邑弟子员。当年十二月廿四日,大中在陶庄正式与钱氏完婚。大中并无能力置备新衣,"服御皆如常时"。两天后,母亲寄来了一件新油绿布道袍,三天后大中夫妇一起回家祭拜先祠,与母亲一起过年。①

《明史》说大中"自为诸生,读书砥行"②,相当发奋。次年,大中继续在陶庄凌斗垣家坐馆。③秋天感染的痢疾,差点送了大中的命,大中说当时"粘一死字于榻前,万缘都断"。病愈后,大中学习科考文章,"大明快"。根据当时王雨圃为大中算命的说法,大中会在丁酉(万历二十五年)中乡科、次年考中进士,又指出大中自身的问题并建议道:"趋吉避凶的话,公也不听,仕途上宽人些已。"他认为即使大中考中了,命中还有"三十年贫贱"。④

万历二十四年仍在凌家坐馆的大中,卷入了家族中田产的巨大冲突。族中的长支魏南郊是祖父魏祥的长兄,因无子,作为军籍的魏家就由其嗣子魏邦杰承继了28亩军田,"以供军需",而且全族人分受已久;至于魏邦杰承继的魏南郊自置的田产,并非军产,在邦杰过世后,遗下一个三岁的儿子(廷荐),可以继承遗产。大中的堂兄、魏邦杰的三子某,"父不以为子,兄不以为弟",对父兄十分不孝,此时鼓动族人聚讼,要争夺这部分田产。大中"以一人挺持其间,刃攒于胸",以死相抗,维护叔父家其实主要是年幼的堂弟廷荐的利益。此时大中的夫人在娘家,母家想念媳妇,就临时居于城中新街的一个平房,两人住在一起,互相有个照顾。此时大中的长子学洢刚出生不久,由于大中参与了族中利益的纠纷,结果族人日集而噪于室,"老者言死,饥者言食,强者言殴言杀无休",使大中一家无比困扰。还有人鼓动魏南郊:"我辈第恶之罪甚,何敢得罪叔公?"年老的南郊"颇为所愚"。大中仍然挺持无二意,告至府县,都判定大中的做法正确。大中保全了廷荐的合法权益,却得罪了大部分族人,从此与族人树怨。⑤大中详细记述了族内家人间那种长久难以弥合的裂隙,直到其人生最后的天启五年整理"自谱"时,仍无法忘怀。

大中在万历二十五年更换坐馆至沈垻家,被补为增广生后,到二十六年,仍回到凌巷坐馆。这时的大中经济状况开始稍有改善,一年馆资已有十两,在母亲安排用度的六七两外,大中可以有余钱买书。这时的生活,让大中感到很多愉快,特别是夫人钱氏虽然出身娇贵,但在魏家"春汲爨浣纺织咸习",让大中十分安慰。家庭生活和睦,"门无俗务",小儿聪明乖巧,囊中有些余钱,大中回忆说:"长读浩歌,乐莫乐于尔时矣。"万历二十七年又是大中专心举业习学的一年,他与赵归甫一起在西塘镇北著

---

① 魏大中:《藏密斋集》卷一《自谱》,第505—506页。
② 张廷玉等:《明史》卷二百四十四《魏大中传》,北京:中华书局,1974年,第6333页。
③ 凌斗垣,字丽天,诸生。少聪颖笃行,屡试棘闱不售,闭户著书,以庄骚诗赋自娱,著有《树杪阁集》。孙如升、如恒,俱诸生,绩学能文。参光绪《重修嘉善县志》卷二十四《人物志六·文苑》。
④ 魏大中:《藏密斋集》卷一《自谱》,第506页。
⑤ 魏大中:《藏密斋集》卷一《自谱》,第506—507页。

名的桐村书屋共事读书①。桐村书屋旧称"桐村小隐"②，原是正统年间著名文人周鼎的居所，周鼎即号"桐村"，博极经史，所教的学生中最有名者为吴江人史鉴。③大中在这里应能感受到桐村书屋的荣光，沉浸于纯粹的举业学习中。夏天，德清人许孚远(敬庵④)邀大中与其儿子一起读书，大中就在许家坐馆。为感念许孚远的厚谊，当年大中出生的长女就被取名为魏清。另外比较重要的事，是大中与山东邹县人周希孔(自淑⑤)定交。到万历二十八年，大中仍在许家坐馆。春天的时候，为了准备乡试，大中在皋亭山苦读，夏天改至西湖边的陈庄苦读，大概是为方便在杭州参加乡试，遗憾的是秋试未中。母亲薛氏病重，全家仍搬回魏南郊宅西的小屋二楹中居住，十二月二十八日母亲病殁。⑥

次年，大中选择到平湖陆家坐馆，家中所有事务与两个儿女的生活，全部交由夫人钱氏操持。钱氏居于魏家的日子，是相当艰辛与凄苦的："每昏则置二稚卧榻，而篝一灯先孺人枢前，独纺常至丙夜。"这种深夜在大中母亲灵枢前纺织不辍的举动，让魏家其他的女眷感到害怕，钱氏说："我时思见我娘娘，何惧!"⑦大中应该不属于那种迂陋的士人而对家人缺少怜惜与关爱，在其"自谱"中偶或流露其情感的文字中，已表达出对母亲、两个姐妹与妻子所怀的无尽心痛与内疚感。

万历三十年，大中就馆于吴江陈氏与新开湖二金生合办的塾中，馆主的"不文"、所授生徒的"不韵"，在教学上不太费力，且馆地"荒僻"，大中没有了"门外之交"，能够有比较多的精力专力于举子业，对于先正时流的举业时文，"一一比勘，分雅分俗，分正分偏，分古分今"，认真研读，悉心揣摩。不过让大中感到难过的，是岳父病重不治，岳家乏于财力，大中向夫人表示"吾将罄吾力任之"，要尽全力为岳父举办体面的丧事。⑧

万历三十一年，是29岁的魏大中在举业与社交方面颇为重要的一年。同乡前辈陈于王(1554—1615，万历十四年进士，曾任福建按察使等职)邀请大中与他的两个儿子陈山毓(贲闻)、陈龙正(发交)一起学习举业。早在二月份，大中终于将母亲薛氏安葬于七十亩兜地方。这快田地，本来就是魏邦直生前为了凑集大中的读书费用而卖掉的。大中将它赎回，因为魏邦直生前即表示不愿葬于祖茔地，大中就打算将父母合葬于此，先葬母亲，再虚其右，等合适时机将父亲的坟迁葬于此(邦直的墓地一直在东二岁圩，墓表由高攀龙所撰⑨)。大中后来说，"乃葬后多故，至今未尝合也"。这种感伤令他至死都不能释怀。为母亲守丧服阕后，大中参加了遗才试，县试录为第四名(负责录取大中的是知县、安福人

---

① 魏大中：《藏密斋集》卷一《自谱》，第507页。
② 曹庭栋：《魏塘纪胜》(即《产鹤亭诗三稿》)"桐村小隐"条，乾隆刻本，收入《四库全书存目丛书》集部第282册，济南：齐鲁书社，1997年，第183页。
③ 光绪《重修嘉善县志》卷二十四《人物志六·文苑》。
④ 许孚远，字孟中，号敬庵，世家乌山，天资卓伟，弱冠后即领乡荐，嘉靖四十一年成进士，在官场中以讲学忤时，引疾而归。参康熙《德清县志》卷七《人物传·儒行》，康熙十二年刻本。
⑤ 周希孔，字自淑，万历三十一年举人，是榆林卫经历周邦仕次子，为人端方正直。参康熙《邹县志》卷二《后贤志》，康熙五十四年刊本。
⑥ 魏大中：《藏密斋集》卷一《自谱》，第507页。
⑦ 魏大中：《藏密斋集》卷一《自谱》，第507—508页。
⑧ 魏大中：《藏密斋集》卷一《自谱》，第508页。
⑨ 光绪《重修嘉善县志》卷四《区域志四·冢墓》。

谢应祥[①]);府试取为第一名,嘉兴知县郑振先负责这次考试录取。[②] 当时为了这个考试排名,"竞者日奔走名绅之门自鬻,名绅亦复假文字以收门生",存在着各种请托疏通等弊端,当然也是地方科考中的习见现象。大中对此看不惯,但对郑振先的赏拔之恩,一直心存感激。大中道试录科,当年的乡试依然落第。[③]

万历三十二年,已经三十岁的魏大中,仍在陈家坐馆。在这一年中,大中后来强调了两件事。一是在陈家他第一次见到了高攀龙。二是清理多年塾师收益,"微有赢者",有赖夫人钱氏"刻苦自将"抚养儿女,生活异常艰辛。也因为经济上有赢余,大中得以买田十数亩,家中开始有了较多的储蓄。大中认为,这是夫人"俭德所致也"。[④]

排比魏大中弱冠前后的坐馆生涯及其举业表现,可以更好地理解一个乡村贫寒士人的奋斗历程。其间,魏大中已结交了很多同学与师长,像官宦家庭的陈山毓、陈龙正兄弟,出身地方名族的曹穗,东林领袖高攀龙(魏大中给高氏的信中经常称"高老师")等,为以后社会交往与仕途的拓展甚至姻亲的选择,并迈入比较高端的社会网,整合进县域社会的主流体系中,奠定了重要基础。

四、城居生活的开始与社交网络的扩大

在晚明,士人生活中对于山水审美与乡居文化的感知与评述,似乎造成了所谓有学问的士君子更加偏喜乡村生活的感觉[⑤],但大量事例表明,晚明乡村地主与绅士城居化的态势更具有普遍性,当然动因各有不同。[⑥] 城、乡观念十分淡漠的魏大中选择城居,并无相当的经济基础,也不真正是为拓展社交网,在财力比较拮据的情境下,他仍想尽办法执意僦居县城,主要为了消解乡居生活中的不快。这些不快乐,基本由魏家族人之间关系不睦所致。"戚间雀鼠之争,骨肉之衅",在魏邦直时代已时常发生。[⑦] 作为亲属组织的宗族,对魏大中乡村生活的影响当然不应忽视,但在大中家庭而言,勉强维系的这种关系,其实是比较松散而淡漠的,甚至连最普通的宗亲扶助组织这类特殊意义,在大中那里都不能被深切地感知到。

万历三十三年,大中选择在夏瞻明家坐馆。大中思考着如何脱离乡居不怿的生活,但卜居城市实乏财力。大中在城内县学北面偶然发现一处地方,北向而临水,售价是数十两,在三堂兄魏静我的帮助讲价下,大中想办法筹借到一半的购房款,又耗光了他所有的积蓄,买了下来。除了族中老人病死

---

① 谢应祥,字凤皋,江西安福人,进士。万历辛丑宰嘉善,严正有威,时赋役未定,贫富不均,应祥立照田起役法,豪右不能漏,细民不至赔累。考试童子,拔魏大中冠军,秩满召拜御史,历官都察院左都御史,入嘉善名宦祠。另,县城东门外罗星台彰义祠傍的棠荫祠,本为祭祀谢应祥而设。参光绪《重修嘉善县志》卷七《典秩志上·祠祀》、卷十五《官师志·名宦》。

② 郑振先,字太初,万历二十二年进士,曾官礼部主事。在任嘉兴知县时,年纪尚轻,驭下较严,对民间赋役问题有较多的调整与减轻举措。参光绪《武进阳湖县志》卷二十一《人物·宦绩》,清光绪五年刻本;光绪《嘉兴县志》卷十八《名宦》。

③ 魏大中:《藏密斋集》卷一《自谱》,第508页。

④ 魏大中:《藏密斋集》卷一《自谱》,第508页。

⑤ 施坚雅主编:《中华帝国晚期的城市》,北京:中华书局,2000年,第118页。

⑥ 有关乡绅城居动因及相关论说的归纳,可参冯贤亮:《明清时期中国的城乡关系》,《华东师范大学学报(哲社版)》2005年第3期;巫仁恕:《优游坊厢:明清江南城市的休闲消费与空间变迁》,台北:"中央研究院"近代史研究所,2013年,第353—354页。

⑦ 魏大中:《藏密斋集》卷二《奏疏一·比例陈情恳恩移赠疏》,收入《续修四库全书》集部第1374册,第523页。

诸事烦心外,让大中颇感忧心的,是钱氏得了疽病(实际上可能是痰症),因医生没治好,终至溃烂化脓,患处面积较大,吃了很多药也无良效。同时还让大中不安的,是长子学洢到学馆上学,过桥时被背棉花的乡人所挤,堕于桥下,结果右腿骨折,被住在桥边的人背回,又需费数十两医治。所以,在大中购得这个居所后不到一年,就被迫转手他人了。大中一家再度寻找新居,租居夏瞻明宅旁的小屋。学洢说要全力救治母亲,不要给他医治,否则家中根本没有多余的钱。学洢接骨治疗后,卧床数十日,睡中即使有疼痛呻吟,也不让父母知晓,"如无病者,以安父母心",每天读陶渊明诗自娱。因此,大中说他"有至性"。①

万历三十四年,大中仍与陈山毓、陈龙正兄弟一起,在南城沈园读书。很可惜,当年的乡试,大中依旧未能如愿。次年,在嘉兴县的高家坐馆,高家的高翼光、高昂光(道淳)与高轸光兄弟随大中读书(高家兄弟及其子孙后来在科考与仕途上多有成就②)。而且高家明确表示明年仍请大中坐馆,但大中不想再约而推辞了。这一阶段,大中仍在尝试写诗,尽情抛撒匠意,直抒胸臆,所得不过数首,但"意思开发矣"。次年,大中来到与松江府接壤的枫泾镇坐馆,秋天迁馆于县城南的瓶山③。这样更换坐馆地点的原因,或许与当年夏季爆发的特大水灾相关,大中特别强调说,因为这次大水,家中积蓄的粮食全被洪水淹没了。④

隆庆五年进士、官至南京工部尚书等职的嘉善人丁宾(1542—1632),给官场上的朋友写信说道:"万历三十六年,东南大水。不肖因目击留都垫溺之苦,偶尔感念敝乡泽国,衷心恻然,不遑安处。"时在南京任右金都御史、操江御史的丁宾,无法亲回家乡嘉善救荒,就命侄儿丁铉在嘉善(主要在丁家栅地区)代为操办救荒事宜,"晓谕小价,将所贮米粟,分散里中贫人"。⑤前后举行的施米活动有两次,每次都按早、晚陆续分发,"不问何人,不记何时",以家中每年所积之谷"出而赈给",凡是饥民都可以前往领取,价值白银约二万两之多。⑥

万历三十七年,大中与朱士翘一起⑦,在西塘镇祥符荡边的获秋庵读书。对嘉善人而言,这是一个相对偏僻却很重要的乡居交往空间。获秋是吴志远(字子往,号蓬庵,万历十六年举于乡)的居所,与高攀龙的"水居"、归子慕的"陶庵",并称于世,都是他们往来谈道的重要场所。而吴志远是在王畿之后,振兴明末理学的重要代表。⑧

很快,为了准备乡试,当年六月大中就去了杭州。他回忆说:"自肄舟中即时拈'谁能出不由户'

① 魏大中:《藏密斋集》卷一《自谱》,第508—509页。

② 详参光绪《嘉兴府志》卷四十九《选举六·嘉兴列传》、卷五十《列传·嘉兴列传》,光绪《嘉兴县志》卷二十一《列传一》、卷二十二《列传二》、卷二十四《列传四》。

③ 瓶山,在县治南洞虚道院北,高七丈,周围二百余步,山有草木阴翳,故老相传宋代曾置酒务于此,元废罂缶,弃积成山。参光绪《重修嘉善县志》卷三《区域志三·古迹》。

④ 魏大中:《藏密斋集》卷一《自谱》,第509页。

⑤ 丁宾:《丁清惠公遗集》卷八《书牍·与高东溟抚院》,崇祯间刻本,收入《四库禁毁书丛刊》集部第44册,北京:北京出版社,1997年,第266页。

⑥ 丁宾:《丁清惠公遗集》卷二《奏疏·乞免记录奖赈疏》,第58—59页。

⑦ 朱国望,字士翘,号芦墟。万历四十三年举人,崇祯中与魏学濂同举贤良方正,不赴。师事高攀龙,参订理学。参光绪《重修嘉善县志》卷二十二《人物志·行谊上》。

⑧ 嘉庆《嘉善县志》卷三《区域志下·古迹》;光绪《重修嘉善县志》卷二十《人物志二·理学》。

题,而机轴枯涩,时复置之思,纵其笔之所如,而恐不售,急模先正之最尊者,而袭取为难,于是降心于卑卑不及极格之文,而可以凑手,可以入时。【才】至八月初,始汩汩如有所凑泊,勉成'由户'一义,更成二义。而入场,为雨所苦,候点之时,已淋漓透湿。入号舍,复处下流,浸至腰腹,困顿特甚。幸第一义宿拘,遂酣睡及午,《庸》《孟》小小点次为之,夜刻烛为文,以更为率,每成一义,辄小憩。卷毕,神思乃渐平复,展阅自笑,亦复沾沾自喜。"整个乡试过程虽因大雨而备尝困顿之苦,但大中自我感觉尚好,所以出场后,他兴奋地与学洢说:"当是第二卷文字。"果然,大中考中了浙江乡试这一科的第22名,因而有了进京会试的机会,年底已北上进京,并改称本名大中,不再用廷鲠这个名字。① 大中中举之事,在乡间当然是轰动的。家人为此特别给他"易新衣冠",以贫俭为常的大中,竟然"怒而毁之"。②

不过,万历三十八年春天的会试大中并未如愿,返乡后就在县城北面某地读书。非常重要的是,夏天他在秀水县人徐必达(1562—1645,字德夫,号玄丈)园中③,与顾宪成(1550—1612,字叔时,号泾阳)、高攀龙、薛敷教(1554—1610,字以身,号玄台,薛应旗的孙子④)相会。在这样的过程中,大中与当时的名士有了更多的交流互动,有跻身晚明一流士人生活圈的愿望和行动。万历三十九年,大中在其《自谱》中,记得非常简单,除了为谋生在夏述明家坐馆外⑤,仅记了这样一句话:"是岁,执弟子礼于高先生。"⑥ 有意思的是,夏述明的儿子夏绩(字季修,号侣庞)后来成了大中的得意弟子,沉溺经史,倜傥负奇,天启四年举孝廉,与入籍嘉善读书的松江名士夏允彝(1596—1645,崇祯十年进士)交情极深,两人同姓而"不通谱牒";在究心于实学为现实服务的努力中,夏绩与陈龙正、周孔显两人交往较多。⑦

大中正式拜高攀龙为师后,常以"高老师"称呼高攀龙。高家与无锡的很多科考成功者如顾宪成、顾允成、安希范、陈幼学等一样,是以《尚书》为本经。而且顾宪成的教塾区域覆盖苏州、嘉兴等府,嘉善的夏九鼎,就是顾的学生,并于万二十年考中进士,专攻当然也是《尚书》。⑧ 或许可因而推知,既然大中以高攀龙为师,科举专经应以《尚书》为主。万历四十年,大中受邀到高家坐馆。学洢补上了县学生员。为了下一年会试,大中与吴志远结伴北上,寓居于北京的香河北寺。不过这一次会试,大中又未中第。但他仍不放弃,万历四十一年,他在县城内的慈云寺读书。对此时的举业习学,大中只说"时有解"。⑨ 历史悠久的慈云寺虽处城内,但四面环水,平时环境比较清幽⑩,适宜大中在这里潜心读书。

万历四十二年,已经40岁的大中,仍赁居夏家的房子。在大中的生活中,很少能让人得见其休闲逸趣之类的思想和表现。但对于这个租居的空间,大中却有比较细心的安排,令人颇感意趣:

① 魏大中:《藏密斋集》卷一《自谱》,第509—510页。

② 张廷玉等:《明史》卷二百四十四《魏大中传》,北京:中华书局,1974年,第6333页。

③ 徐必达是徐学周的次子,万历二十年进士,曾任太湖知县、南京兵部左侍郎等职。参崇祯《嘉兴县志》卷四《建置志·丘墓》,崇祯十年刻本。

④ 薛敷教,号玄台,武进人,万历十七年进士。参顺治《光州志》卷七《官秩考·宦业》,顺治十六年刊本。

⑤ 夏尚文,字述明,曾任沧州同知。参光绪《重修嘉善县志》卷十七《选举志上·例监》。

⑥ 魏大中:《藏密斋集》卷一《自谱》,第510页。

⑦ 光绪《重修嘉善县志》卷二十二《人物志四·行谊上》。

⑧ 陈时龙:《明代的科举与经学》,第233、248—249页。

⑨ 魏大中:《藏密斋集》卷一《自谱》,第510页。

⑩ 杨钝汉:《魏塘话旧》,第4页。

所居前列十余楹，东枕小桥，即沸儿伤足处；面溪，溪边无容足之地，虚一廊以通行。循桥而西数十武，于列楹中启一径，以通予居。径窄，行不可以并。又中凿一沟，以通檐溜。循径而入为三楹，则予居也。西一楹以对客，檐卑，俯而后可入。外廊割三之一以予西邻。其庭，则南、西邻溷秽杂置，篱落纵横如鱼鳞。复迤而东南，并不能以三之一，东二楹环堵，高称檐。东一楹为厨，屋势倾而东。主人于厨下斜设一木以支，家人出入其下，日数十俯。中楹之前为卧室，后截以置织具。西楹之后以通行，后更有三楹，高深广俱不能以丈。西以祠先主，中储书，东储柴而已。诸帘绳皆百年而上，黑脆垂垂。又址下而外崇，遇雨则上漏外涨，即晴霁亦湿以为常。己酉而后，又于径之东侧，赁一楹以居老仆。[1]

大中一家的生活空间促狭而有序，颇具螺蛳壳中做道场的意味。滨河的边廊、狭隘的居室、倾斜低矮的厨房以及更小的书屋、柴房、祖宗牌位置放并容的小屋等空间，雨天屋漏甚至晴天也潮湿为常的感受，构成了大中家居生活的常态。此外，在万历三十七年以后，大中专门租了一个空间让家中老仆居住。

对于如此简陋的居所，大中写有"吾无四壁赁人住，晦明风雨杂云雾"，"四壁笑人羞欲死"等句以自遣[2]，又说"借得茅檐住，低低不扫除"，由于地卑而屋漏，"春涨欲通鱼""雨后添鲜苔"这样的感受，也习以为常。[3] 后来他的两个儿子学洢、学濂也写有家居囿地的遣怀之作[4]，努力表现出一种比较淡然而轻松的心情。学濂在崇祯十六年考中进士，家居环境也未得到大的改善，常有"室无供具同书借，瓶有余粮当酒提"的自嘲，也习惯了这种"过槛不匡时打脚，遇檐还习昨低头"的陋室生活。[5] 大中为他读书的小空间命名为"藏密斋"，此前他所拜的老师曹穗，相信也曾到访过这里，指导大中的学业。直到大中在天启五年被捕，两人的师生之谊从未受到影响。曹穗的后人曹庭栋在乾隆年间就赋诗说："应是退藏藏不得，十年讲席有心传。"[6]

魏家所临东西向比较开阔的水域，就在县学北面至熙宁门（北城门）之间，俗称魏家漾，水上交通便利[7]，大概因有魏家（或者是魏塘得名的魏氏大族）的聚居而得名，属于城内经济产业活跃且较为富庶的区域。[8]

在家居空间相对安定的情势下，大中可以招收数名生徒，租了三堂兄廷相（卿云）的房子[9]，以安排生徒并展开教学工作。即使生病，大中仍勤力于课徒，一刻也不放松。大中回忆此时家庭经济的紧

---

① 魏大中：《藏密斋集》卷一《自谱》，第510—511页。
② 魏大中：《藏密斋集》卷十《诗·壁立斋歌》，第609页。
③ 魏大中：《藏密斋集》卷十《诗·茅檐小咏》，第611页。
④ 李勇：《魏大中评传》，第54—55页。
⑤ 魏学濂：《后藏密斋集》，不分卷，"移居"条，清抄本。
⑥ 曹庭栋：《魏塘纪胜》，"藏密斋"条，第183页。
⑦ 嘉庆《嘉善县志》卷首《绘图·水利全图》。
⑧ 杨钝汉：《魏塘话旧》，第7—8页。
⑨ 魏廷相，字卿云，万历三十二年成进士，曾授汝阳知县。参光绪《重修嘉善县志》卷十九《人物志一·宦业》。

张,举了次子学濂没有裤子穿的例子,当时从市肆赊夏布来做,价值不过四分。店家每来要钱,"窘中不能应"。而且当年四月四日,三子学洙出生①,更加重了大中的负担。②当然,大中在"自谱"中从未提及他这个举人北上科考,每一次来回究竟要花费多少③,但频繁提及的坐馆,表明大中经济上的紧张与日常生活的压力。

万历四十三年,戴玄趾(万历三十七年乡试录取大中的房师)在文安县上任为官④,写信说家人赴任过浙,要带大中一起,与他的两个儿子相伴北上。大中很高兴,可以早些起程应考,故辞退教授生徒的工作,但在动身前,大中为学泚完婚,并给学濂与陈山毓的女儿订下婚约。北上之途并不顺遂,戴的两个儿子并不真愿与大中同行,与他们相伴的李生,"日酒食声色相谑浪,交相怪也"。大中的心情很不愉快,不过为了这次北上,大中新买了一个仆人相伴,后者湛溺于赌,又好酒,对大中比较怠慢,有时常常过了中午,大中还不能吃上饭。大中当时写了"孤身万里,垂死空山"八字,观以自持。这时候的大中心情虽然较差,但他自认在文学上的造诣到了一个新境,"自觉潇洒夷旷"。后来听说吴志远已经入都,大中索性就离开了文安,赶往北京。⑤

万历四十四年,是42岁的魏大中最后一次会试。大中回忆了这次考试的感受:"场间文思蹇涩,有曳白之虑。入场日,遂全不构思,引笔直写,自谓免于曳白而已。而汩汩而就,灯下补稿,颇觉生动,乃人情以平日之蹇涩少之,即予亦自少也。"不过,"囊中金尽",考试后钱很快花完,所携仆人也合不来,南归至山东东阿不久,他听到消息自己考中了第209名,房师是商周祚(等轩)⑥,马上回京准备殿试,结果获选为第三甲第13名⑦,赐同进士出身,得以到大理寺观政实习。科考的成功似乎晚了一些,初入仕途的大中又很不合时宜,在六月选行人司行人时,觉得有所不满,就于众前否否,结果众人摇首吐舌而去,已开始遭"时人之忌"了。⑧

大中"不随地,亦不随时"⑨的品性,伴随此后其为时有限的仕途生涯,令人感慨。

五、余论

个体利益的追求,当然应该兼顾家庭、家族甚至社区生活的利益,但个体发展的成功,无疑为群体

---

① 魏学泚,字子闻,县学廪生,侍母钱氏至孝,患难中得母欢心,勤敏博学,试辄冠军,很受知县赏识。在柳洲文会中,同人都对他抱以很高的期望,年二十七而卒。参光绪《重修嘉善县志》卷二十一《人物志三·孝友》。

② 魏大中:《藏密斋集》卷一《自谱》,第511页。

③ 举人的经济地位其实是缺乏保障的。据明末平湖人赵维寰的看法,如果能够在经济上以馆俸的形式每年资助贫困举人120两至60两不等,则可保证地方举人有较为体面的生活。但魏大中每年依赖坐馆而能获得的经济收益,也就10两左右。有关明代举人科考路费的问题,丁修真从社会与国家的关系视野已作了通贯的论述,详参丁修真:《举人的路费:明代的科举、社会与国家》,《中国经济史研究》2018年第1期。

④ 戴九元,字大圆,江西新昌人,万历进士,历任枣强、临安、会稽、文安四县知县,升工部员外郎。参光绪《江西通志》卷一百四十一《列传八·瑞州府》,光绪七年刻本。

⑤ 魏大中:《藏密斋集》卷一《自谱》,第511页。

⑥ 商周祚,号等轩,万历二十九年进士。参康熙《会稽县志》卷二十三《人物志二·列传》,民国二十五年铅印本。

⑦《明清历科进士题名碑录》第2册,"明万历四十四年进士题名录(丙辰科)",台北:华文书局股份有限公司,1969年,第1175页。

⑧ 魏大中:《藏密斋集》卷一《自谱》,第511—512页。

⑨ 魏大中:《藏密斋集》卷一《自谱》,第517—518页。

地位的提升与获得较好的声望,发挥了重要作用,有时是具有转折性的。

追踪魏家的生活史,可以发现从魏大中父亲魏邦直时代开始,长期的贫困、生活的低收入,限制了他们的社会拓展,使他们囿于极为平凡的乡村塾师生涯与基本无望的科考努力。但魏邦直在坐馆时期已慢慢向周边世界扩展,接触到较魏家经济与文化较好的人群或家庭,选择合适的婚配关系,在乡村与市镇常年的往返活动中,逐步扩大了他们的活动空间与社交视野。魏邦直故后,尚未弱冠的魏大中,担负起家庭经济支撑的重任,接续父辈塾师的工作,以其聪慧与坚忍,使魏家的经济生活尽力摆脱紧张的边缘。但很快母亲弃世,使魏大中长期沉浸于无力很好安排父母下葬以及后来不能合葬的内疚与苦痛之中。毕竟魏大中年幼的儿女需要尽力抚育,为节约开支而一直借住叔父宅第披屋这样的居所,魏大中在外奔忙于塾师的工作,妻子在家中婆婆灵柩前常燃灯夜织。对魏家这样"酷贫"的生活境况,魏大中虽然是"意豁如也"[1],但仍逼使他要寻找新的出路。毕竟科举制度的压力,弥漫于整个明代文人文化。[2] 地方家族子弟的教育问题一直颇受重视,科举在他们的视野中,仍然是个人乃至家族于政治攀升方面最重要的途径,并可望达到较高的社会目标。[3] 出身贫寒的大中所坚持的科考之途,必然要耗费不少财力,成了大中心头的重压。虽然举业一直很不顺遂,但大中从不言弃。有意思的是,大中的同学好友陈龙正说大中在功名干济之暇,也玩禅理,也学古文辞,也作诗歌,也善书行楷,但于"花柳酣宴、骄奢淫佚之事"一生从未涉足。龙正表示,像这样有骨气的,堪称"巨擘"。[4]

所以,从个人生活史而言,魏大中的早期奋斗历程中,充分体现了贫困知识人的焦虑不安,对于周遭生活的不满但又无奈的纠结,屡次遭受科考挫败的打击,仍鼓勇前行。而且像大中这样,对社会、政治中存在的问题又绝不轻易妥协,梗直之中多含了几分"迂"。

在乡野生活中苦熬成长的魏大中,以其个体的能动性,终以科考的成功,改变了他们的生活,也为魏家赢得了荣誉与社会地位。这样的成功事例,在地方社会当然并不是鲜见的。但对无数生活于乡野的像魏大中这样的个体,毕竟还是少数。科举成功的渴望笼罩了那个时代士人的生活世界,与乡村相比,城市生活中成功的机会显然要多得多。这当然可通过魏大中生活时代及其前后科举成功的人物的出身比较,得到较为清楚的认知。不能否认,社会关系对魏大中的社会成长与科举成功是有积极意义的,而且,对大中影响较大的仍在那些"强连带"的社会网关系[5],像他与高攀龙、陈龙正、钱士升等人为中心的交往,即属此类,心理上的一致性也比较重要。

虽然万历四十四年大中终于得愿考中进士,但这一科会试过程出现的舞弊问题,即会榜遭人涂抹、原列榜首的吴江人沈同和被同乡举报、沈的文章与会试第六名的同乡赵鸣阳雷同等,对情绪平静

① 张廷玉等:《明史》卷二百四十四《魏大中传》,第6333页。
② 柯律格:《雅债:文徵明的社交性艺术》,北京:生活·读书·新知三联书店,2012年,第176页。
③ 何炳棣:《明清社会史论》,徐泓译注,台北:联经出版事业公司,2014年,第110—112页。
④ 陈龙正:《几亭外书》卷二《随处学问》,"无事可为之害"条,崇祯刻本,收入《续修四库全书》子部第1133册,上海:上海古籍出版社,2002年,第277页。
⑤ 有关社会网中微观与宏观、强弱连带关系的论述,可参马克·格兰诺维特:《镶嵌:社会网与经济行动》,罗家德等译,北京:社会科学文献出版社,2015年,特别是第56—59页。

的大中触动不小。①不过对嘉善地方士人而言,引以为傲的,是与他同一科考上的,出身望族的钱士升及其堂叔钱继登,一直居于嘉善县城内的生活核心区,拥有较好的文化资本及广泛的社会网②,且在万历四十四年这一科的排名上,远远高于魏大中,钱士升则是这一科的状元。③

无论怎样,魏大中的社会发展确实是受到了家族与亲友亲疏关系的影响,如费孝通所论的"依着中心的势力厚薄而定"④,大中一家基本处在比较"疏"的关系层面,宗族的日常关系堪称很弱,族人之间的提携其实是有限的。当然,社会地位的提升为亲缘圈的扩大建立了重要基础,两者存在着的交互建构的功能⑤,在大中科考成功后,显得明晰起来。

魏大中成功后,魏氏子孙的生活本来不必再像魏邦直、魏大中父子早期的奋斗那般艰辛。然而大中身居官场要津多年,"一夫之亩不盈",仍是"藜藿之羹常匮",堪称一贫如洗。⑥大中对其自身攀升社会上层的艰难,有着极为深刻的体认,更觉得有责任安排好其子孙的生活与仕途追求。既然他已经进入向上攀升的成功阶梯,又获益于这样的晋升体制,就需要考虑确认合适的交往关系,为子孙的发展构建良好的基础,以便让他们更好地适应竞争惨烈的明末社会。在嘉善生活的最后一段时间里,大中"一意杜门谢客",但所阅邸报中得到的消息有"汹汹"之势,并不因他已罢归而有所缓和,这种来自政治上的威压,竟让他"不敢宁居"。仓促之下,在天启五年四月安排魏学濂(崇祯十六年进士)迎取陈山毓的女儿为妻,当月二十四日大中就被捕了。嘉善士民为此号恸者约有万人之众(《明史》中则言"乡人闻大中逮去,号泣送者数千人"⑦)。他的囚车经过苏州时,周顺昌(1584—1626,号蓼洲,万历四十一年进士)出来见他,"盘桓舟中者积日夜",周顺昌的小女儿已与大中长孙允楠缔婚。高攀龙先是假道于吴江平望镇之南见他,顺着大运河经过无锡,又送到高桥之北,两人还留下了《高桥别语》这样的纪录。⑧陈龙正(崇祯七年进士)不避嫌疑,一直伴送魏大中到无锡⑨,正逢五月五日端午节,龙正携蒲觞登舟相饯,两人居然"欢笑竟日"。次日大中专门派次子学濂到周顺昌家行纳采礼。除了长子学洢扮成童仆相随北上外,其他人与大中的会面,都成了最后的诀别。⑩

魏大中的社会发展最终具有了核心性,拥有了被人感知的"派系""社会圈"的意味⑪,也就是说他介入的社会网,已具备社交关系的组织化,后来被目为"东林前六君子"这个群体之一。这种带有政治认同、社会认同甚至文化认同的意识,让魏大中跃身成为明末极具耀眼感的代表人物,也被地方社会

---

① 李勇:《魏大中评传》,第70—72页。

② 冯贤亮:《族以人重:明清之际魏塘钱氏的家族网络与政治变动》,《学术月刊》2019年第7期。

③《明清历科进士题名碑录》第2册,"明万历四十四年进士题名碑录(丙辰科)",第1171页。

④ 费孝通:《乡土中国·生育制度》,北京:北京大学出版社,1998年,第39页。

⑤ 高寿仙:《变与乱:明代社会与思想史论》,北京:人民出版社,2018年,第110—111页。

⑥ 陈龙正:《几亭全书》卷五十八《文录·祭魏忠节公》,康熙云书阁刻本,收入《四库禁毁书丛刊》集部第12册,北京:北京出版社,1997年,第628—629页。

⑦ 张廷玉等:《明史》卷二百四十四《魏大中传》,第6336页。

⑧ 魏大中:《藏密斋集》卷一《自谱》,收入《续修四库全书》集部第1374册,第517页;魏大中:《藏密斋集》卷二十四《与陈鸣迁兄弟》、《与陈发交》,收入《续修四库全书》集部第1375册,第162页。

⑨ 冯贤亮:《晚明的县域社会与绅士家族——以嘉善陈龙正中心》,《苏州大学学报(哲学社会科学版)》2018年第1期。

⑩ 魏大中:《藏密斋集》卷一《自谱》,魏学洢跋(天启五年八月初日),收入《续修四库全书》集部第1374册,第518页。

⑪ 约翰·斯科特:《社会网络分析法》,刘军译,重庆:重庆大学出版社,2016年,第10页。

广泛颂扬。魏大中颇具陈龙正笔下的所谓吸风食柏之心、冷铁严霜之质[①],或者如大中给周顺昌的信中所言,在政治最黑暗无望的时候必须担当"天下士"的角色,为了国家,为了"君父",绝不受一点世之淄垢[②],有极强的道德自觉与自律。只是没有想到,魏大中秉持的"忠""节"在天启年间很快给他带来了毁灭性的打击,他也只能坦然承受。他绝不会如时人所谓的"趋吉避凶",性格又不够"宽人"。[③] 所以张溥(1602—1641,崇祯四年进士)称他"身当患难,志在澄清;排击大奸,趋死不顾"。[④] 这都应该是父亲魏邦直在大中七八岁时,每天睡前都会给他讲授古代忠孝节烈的故事[⑤],已深入其血脉与精神世界的影响结果。

(作者冯贤亮,复旦大学历史系教授。原载《古代文明》2020年第4期)

① 陈龙正:《几亭全书》卷五十八《文录·祭魏忠节公》,第628页。
② 魏大中:《藏密斋集》卷十四《与周蓼洲》,收入《续修四库全书》集部第1374册,第715页。
③ 魏大中:《藏密斋集》卷一《自谱》,第506页。
④ 张溥:《七录斋诗文合集》近稿卷五《祭魏廓园先生文》,第377—378页。
⑤ 魏大中:《藏密斋集》卷一《自谱》,第501—502页。

晚明科举与思想、时政关系之考察

——以袁黄科举经历为中心

张献忠

科举制度自确立后,就成为中国传统社会最重要的选官制度,它承载和联接了文化、教育、政治等多方面的功能。晚明时期科举考试达至鼎盛,对当时的思想和时政都产生了重要影响;与此同时,思想与时政也反作用于科举考试,三者由此形成了复杂的互动关系。这种互动不仅体现在宏观层面,而且更体现在中观和微观层面,体现在个体的举业经历乃至每一次具体的考试中。但是迄今为止,相关的研究还很少,而且主要集中在宏观层面。[①]本文以袁黄科举考试的经历为中心,对晚明思想、时政与科举考试之间相互作用的具体情况进行深入考察。之所以选择袁黄为个案,不仅是因为袁黄编纂了很多举业用书,更是因为袁黄的思想在很大程度上反映着晚明思想的变迁,而且他坎坷的考试经历更能体现晚明思想、时政与科举之间复杂的互动关系。

一、袁黄的学术渊源及其科举经历

袁黄(1533—1606),初名表,后改名黄,字坤仪,号了凡,浙江嘉善县人,万历十四年(1586)进士。本部分拟对袁黄的学术渊源及科举考试经历予以阐述。

袁黄青少年时期就开始研习六经,并出入佛、道。他在给友人的信中也曾坦言:"某自束发,诵习六经,游神二氏,视尘世轩冕藐如也。"[②]就儒学而言,袁黄深受阳明心学的影响,其父袁仁(字良贵,号参坡)是阳明学的信徒,王畿在《袁参坡小传》中曾述及袁仁与王阳明及其弟子的关系:

> 心斋王艮见之(袁仁——引者注)于萝石所,与语,奇之曰:"王佐之才也!"引见阳明先师,初问良知之旨……先师以益友待之。嘉靖戊子,闻先师之变,公不远千里迎丧于途,哭甚哀。与余辈同返会稽。

> 自是而后,余至嘉禾,未尝不访公,公闻予来,亦未尝不扁舟相遇。故余知公最深。大率公之学,洞识性命之精,而未尝废人事之粗;雅彻玄禅之奥,而不敢悖仲尼之轨。[③]

---

① 从宏观角度阐释明中后期科举与思想及国家政治之间关系的研究成果主要有:吕妙芬:《阳明学士人社群历史、思想与实践》第一章"学派的建构与发展",北京:新星出版社,2006年,第27—61页;张献忠:《道统、文统与政统——明中后期科举考试中主流意识形态的分化》,《学术研究》2013年第9期;钱茂伟:《国家、科举与社会:以明代为中心的考察》,北京:北京图书馆出版社,2004年,第42—49页;Benjamin A. Elman, *A Cultural History of Civil Examinations in Late Imperial China*,University of California Press, 2000, pp.66-124.411-417.

② (明)袁黄:《两行斋集》卷10《尺牍·复吴巡青书》,(明)袁黄:《袁了凡文集》第12册,北京:线装书局影印本,2007年,第1375页。

③ (明)王畿著,吴震编校整理:《王畿集》附录三《逸文辑佚·袁参坡小传》,南京:凤凰出版社,2007年,第815页。

可见,袁仁不仅问学于王阳明,而且与阳明的弟子王畿、王艮都有很深的交往。袁黄所受阳明心学的影响,显然首先是来自于家学,来自于其父袁仁。不仅如此,后来袁黄还曾师事王畿,他在自己的文集中说:"我在学问中,初受龙溪先生之教,始知端倪。后参求七载,仅有所省。"①王畿讲述与袁黄的师徒关系说:"公(袁仁——引者注)没后二十年,武塘袁生表从予游,最称颖悟,余爱之而不知其为公之子也。"②袁黄的同乡好友沈大奎亦曾谈及袁黄与王畿等人的师承关系,他说:"司马坤仪袁公,幼即致圣贤之学,从事于龙溪诸先生之门。"③袁黄的思想还深受泰州学派王艮和罗汝芳的影响,他曾为王艮作传;④在《答杨复所座师书》中又谈及罗汝芳对他的影响,他说:"某自受官以来,轻徭缓刑,颇得民和,每朔望,群弟子员而授之经,讲《论》《孟》之遗言而实示以现在之至理,生童之属环明伦而观听者不下数百人,诵义之声达于四境,此皆先生及罗先生之教也。"⑤

阳明心学本来就融合了佛、道的思想,袁黄在这方面尤为突出。佛教方面,袁黄研习信奉的主要是禅宗。他曾与栖霞山高僧云谷禅师"对坐一室,凡三昼夜不瞑目"⑥,得其点拨后,发愿行善,并开始笃信佛教。其门徒杨士范在《刻了凡杂著序》中说:"了凡先生幼习禅观,已得定慧通明之学,欲弃人间事,从游方外,入终南山,遇异人,令其入尘修炼,谓一切世法皆与实理不相违背,复归家应举。"⑦袁黄的佛教思想集中体现在《了凡四训》和其所编纂的举业用书中。⑧袁黄受道家思想的影响也非常之深,杨士范说:"先生识高今古,学贯天人,上自天文、地理、历律、兵刑之属,下至奇门、六壬、遁甲、翻禽、阴阳、选择之类,靡不涉其津而咀其真。"⑨其中的"奇门、六壬、遁甲、翻禽、阴阳、选择之类"皆为与道教有关的方术,"天文、地理、历律"也涉及道家的知识。袁黄所著《祈嗣真诠》则是其道家思想的集中体现,该书分为祈祷、改过、积善、聚精、养气、存神、和室、知时、成胎、治病十篇,大都涉及道家的思想,其中的聚精、养气、存神三篇更是汲取了道教的内丹修养之术。

正是因为袁黄深受佛、道的影响,因此一些固守传统的士人公开批判袁黄,有的甚至将其与李贽并列,共目为"异端",如明末清初的张尔岐说:

> 文士之公为异端者,自昔有之。近代则李贽、袁黄为最著。李之书,好为激论,轻隽者多好之。既为当时朝论所斥,人颇觉其非是。至袁氏《立命说》,则取二氏因果报应之言,以附吾儒"惠迪吉,从逆凶","积善余庆,积不善余殃"之旨,好诞者,乐言之;急富贵、嗜功利者,更乐言之。递

① (明)袁黄:《了凡杂著·训儿俗说·立志第一》,《袁了凡文集》第1册,2007年,第9页。
② (明)王畿著,吴震编校整理:《王畿集》附录三《逸文辑佚·袁参坡小传》,第816页。
③ (明)沈大奎:《训儿俗说序》,(明)袁黄:《了凡杂著·训儿俗说》,《袁了凡文集》第1册,第4页。
④ (明)袁黄:《两行斋集》卷11《王汝止传》,《袁了凡文集》第12册,第1405—1410页。
⑤ (明)袁黄:《两行斋集》卷9《尺牍·答杨复所坐师书》,《袁了凡文集》第11册,第1314—1315页。
⑥ (明)袁黄:《游艺塾文规》卷1《立命之学》,《续修四库全书》第1718册,上海:上海古籍出版社影印本,2002年,第21页。
⑦ (明)杨士范:《刻〈了凡杂著〉序》,(明)袁黄:《了凡杂著》,《袁了凡文集》第1册,第1页。
⑧ 对于袁黄所纂举业用书中的佛教思想,参看拙文《阳明心学、佛学对明中后期科举考试的影响——以袁黄所纂举业用书为中心的考察》。
⑨ (明)杨士范:《刻〈了凡杂著〉序》,(明)袁黄:《了凡杂著》,《袁了凡文集》第1册,第2页。

相煽诱,附益流通,莫知其大悖于先圣而阴为之害也。①

袁黄编纂了大量举业用书并将阳明心学和佛、道融会其中。这些科举考试用书在当时产生了非常大的影响,以至于"天下士传诵……令都市纸增价"②。

袁黄青年时就"负一方盛名,浙中士子俱视为准的"③,他编纂的举业用书,有些是在中举以前所编。④但是,袁黄的举业之路却非常坎坷,他在给友人的信中说:"弟凡六应秋试,始获与丈齐升,又六上春官,仅叨末第,秦裘履敝,齐瑟知非,落魄春风,孤舟夜雨,此时此味,此恨此心,惟亲尝者脉脉识之,未易为傍人道也。"⑤由此可见,袁黄共参加了六次乡试、六次会试。

根据笔者所掌握的文献,有三次乡试的时间可以确定,分别是嘉靖三十四年(1555)、嘉靖四十年(1561)和隆庆四年(1570)。因为袁黄于嘉靖二十九(1550)年进学,与嘉靖三十四年之间还有一次乡试,时间是嘉靖三十一年(1552),笔者推测,因为刚进学两年,袁黄很可能没有参加此次乡试。如果这一推测成立的话,从嘉靖三十四年起到隆庆四年乡试中举,15年间共6次乡试,袁黄都参加了。

对于嘉靖三十四年的乡试,袁黄之弟袁衮曾经提及:"乙卯,四兄进浙场,文极工,本房取首卷。偶以《中庸》义太凌驾,不得中式。"⑥这里所说的"太凌驾",从字面意思看是指文字太奇纵、过于追求自我。实际上,这与袁黄所受阳明心学的影响不无关系,阳明心学注重自我,认为良知在心中,而且在时人看来,朱学主平实,王学主新奇。另外,就在这次乡试的同一年,袁黄编纂的举业用书《四书便蒙》和《书经详节》刊行,这两部书"大删朱注而略存其可通者"⑦,遭到了时人的批评,万历年间任礼部郎中的蔡献臣曾批评其"中间异说诐辞又多有与紫阳抵牾者"⑧。结合这些情况,笔者推断袁黄乙卯乡试《中庸》义太凌驾"很可能是指其所作八股文未遵程朱传注。袁黄在给秀水籍进士项笃寿的信中亦提及此次乡试落第的情况:"乙卯,不幸与足下同黜于乡。"⑨

嘉靖四十年(1561),袁黄又参加了乡试,因此时袁黄尚未贡入太学,故参加的仍然是浙江乡试,落第后袁黄还作《秋试败回戏言拟罪》以自嘲:

> 供状人袁某……本居蓬室,误入芹堂。壮志屡违,年年落地。春风积恨于流莺,处处羁游,夜雨惊寒于断雁。拟罚醇酒百斛,酏颜醉骨;暂命竹林之车济河焚舟,再申王官之战!⑩

---

① (清)张尔岐著,张翰勋等点校:《蒿庵集》卷1《袁氏立命说辨》,济南:齐鲁书社,1991年,第45页。

② (明)韩初命:《〈祈嗣真诠〉引》,(明)袁黄:《了凡杂著》,《北京图书馆古籍珍本丛刊》第80册,北京:书目文献出版社影印本,1988年,第546页。

③ (明)袁黄:《游艺塾续文规》卷1《荆川唐先生论文·答袁坤仪》,《续修四库全书》第1718册,第168页。

④ 参见张献忠:《袁黄与科举考试用书的编纂》,《西南大学学报》2010年第3期。

⑤ (明)袁黄:《两行斋集》卷9《尺牍·寄夏官明书》,《袁了凡文集》第11册,第1337页。

⑥ (明)袁衮等录,(明)钱晓订:《庭帏杂录》卷下,北京:中华书局,1985年,第17页。

⑦ (明)袁黄:《游艺塾续文规》卷3《与邓长洲》,《续修四库全书》第1718册,第199—200页。

⑧ (明)蔡献臣:《清白堂稿》卷3《烧毁四书书经删正等书札各提学》,明崇祯刻本,第34页。

⑨ (明)袁黄:《两行斋集》卷9《尺牍·与项少溪书》,《袁了凡文集》第11册,第1289页。

⑩ (明)袁黄:《两行斋集》卷4《骈语·秋试败回戏言拟罪》,《袁了凡文集》第9册,第1103—1104页。

袁黄第六次参加乡试是在隆庆四年(1570)。早在隆庆元年,袁黄就补岁贡入北监,两年后又转入南监,因此这次参加的是应天府乡试,且终于中举。①

袁黄中举后,次年就又参加了会试,结果下第,此后又接连参加了五次会试。也就是说从隆庆五年(1571)至万历十四年(1586),共有六科会试,袁黄都参加了。在这六次会试中,第三次会试是万历五年(1577),袁黄"本房取首卷",但最后却以"五策不合式下第"。②那么究竟是哪些方面不合式呢?关于这一点在其《游艺塾续文规》以及《两行斋集》中都多次提到。而且《两行斋集》还收录了这次考试的五篇策答。下面主要以万历五年(1577)会试为中心,并结合万历十四年(1586)袁黄第六次会试的情况,探讨科举考试与时政以及晚明思想之间的关系。

二、万历五年会试及袁黄下第原因

根据《万历五年会试录》可知,该科的主考官为礼部尚书兼东阁大学士张四维和詹事府詹事兼翰林院侍读学士申时行,同考官共17人,其中袁黄所在房的同考官为吏科都给事中陈三谟。明代科举考试共分三场:第一场试以《四书》义三道、《五经》本经义四道;第二场试以论一道,判五道,诏、诰、表内科一道;第三场试以经史时务策五道。本部分主要结合第三场的经史时务策、首场《四书》义中的第三题以及袁黄的作答展开论述。《四书》义第三题出自《孟子·滕文公下》中的一段:

> 我亦欲正人心、息邪说、距诐行、放淫辞,以承三圣者,岂好辩哉?予不得已也。③

首场考察的是八股文的写作水平,而第三场策问则重在考察对经邦治国的认识,多与现实政治有关。此次会试的五篇策问,也皆是就时事以及如何治国理政进行发问。

第一篇策问先以经史作引申和铺陈,然后就当下如何居安思危发问:

> 《书》称:"制治未乱,保邦未危。"《传》言:"图难于易,为大于细。"是知清夷暇豫之时,幽眇几微之衅,固明主荩臣之所竞竞惕虑者也。虞周之隆,君臣胥敕儆戒、张皇之说,在书可征已。汉唐之世,若"流涕太息",近于激谈,"十渐十思",疑于过计,而二主诉受千载美称焉,亦可方于古歟?"
>
> 我国家慕隆之业,迥轶前代。皇上嗣历以来,宪修政举,时和物丰,三垂晏然……顾处泰者危城复,居丰者戒日中。今宁无衅萌微作,当蚤见豫图以应《易》《书》之指者歟?皇上方上嘉虞周,励精求理,设有深恤远谟,补苴盛治。即激且过,亦宵旰所乐闻也。诸士其率意陈之,毋有所让。④

①隆庆四年应天府乡试,袁黄以第三十六名中举,参见龚延明主编《天一阁藏明代科举录选刊·乡试录(二)》,宁波:宁波出版社,2016年,第1645页。

②(明)袁黄:《游艺塾续文规》卷4《了凡先生论文》,《续修四库全书》第1718册,第215页。

③《万历五年会试录》,龚延明主编:《天一阁藏明代科举录选刊·会试录》下册,宁波:宁波出版社,2016年,第677页。

④《万历五年会试录》,龚延明主编:《天一阁藏明代科举录选刊·会试录》下册,第679页。

第二篇策问主要考察士子如何对待古文经之周官:

> 班固《艺文志》有称《周官》经者,其书不知所从出。然诋其为伪者,众也。自汉列于博士,始得与高堂生、萧奋之业抗而为三。至王仲淹氏、朱仲晦氏,盖亟称之矣……说者以为,先圣致太平之书是矣……程氏曰:"有《关雎》《麟趾》之意,然后可以行《周官》之法度。"则今之穷经者,无亦缘其意而求之欤? 吾愿与诸士相质正焉,以观稽古之学。[①]

这篇策问虽然属于"稽古之学",但实际上旨在考察士子的治国理念。

第三篇是关于儒者与黄老、申韩之术的问题:

> 儒者之说,尊周孔,而辟黄老、申韩尚矣。乃史氏述二家,或以为合于大道,或以为南面之术,或取其明分职,或称其辅礼制。于儒者,则各刺讥。何悖谬也,岂亦有见欤? 即以汉事论,文帝躬修玄默,其说出于黄老,然致治之美,庶几成、康;武帝尊儒术,黜百家,而其治顾不逮孝文远甚,何欤? 宣帝综核名实,大抵申韩术也。然号称中兴,与周宣侔德;元帝征用儒生,委之政事,而孝宣之业衰焉,其失安在? 岂儒者之道,曾黄老、申韩不若欤? 抑风会日趋,缘法而理,即黄老、申韩皆适于用,而儒者顾无关于理乱,将用之,有善不善也? 士贵明道术、习治体,其以得失之效著于篇。[②]

策问本身似有兼容黄老、申韩之意,旨在考察士子对道体和治术的理解以及有无从权之心,是涉及治国理政的大问题。

第四篇是关于文章与社会变迁的关系问题,考察的是士子对文风和学风的看法,策问如下:

> 文章与时高下,自古记之矣。历观盛世,其文皆温厚雅驯,啬于巧而安于朴。迨中叶,则学务多方,始竞瑰奇、夸炜丽矣。顾浮文胜,斯雅道伤。士习渐于浇薄,将文以时敝耶? 抑文敝,而世道从之耶?……
>
> 明兴二百余年,文凡几变矣,盖迨于今而称盛际。其沿袭变易之概,可略举而言欤? 今操觚之士,各欲纵其材情之所极,非不烂焉可观,而论者复有文胜之虑。抑别有见欤? 兹欲华不灭质,巧不斵朴,以无失先民之程,则何术而可? 夫正文体,变士习,明诏所申饬。诸士熟闻之矣,愿相与扬榷之。[③]

第五篇策问与现实的关联最为紧密,是关于如何处理明朝与"夷狄"的关系问题,尤其就俺答封贡

① 《万历五年会试录》,龚延明主编:《天一阁藏明代科举录选刊·会试录》下册,第680页。
② 《万历五年会试录》,龚延明主编:《天一阁藏明代科举录选刊·会试录》下册,第680页。
③ 《万历五年会试录》,龚延明主编:《天一阁藏明代科举录选刊·会试录》下册,第680页。

后如何从长远解决北部边患问题,请士子"揣度虏情,筹所以善后之画":

中国之于夷狄,顺则抚之,逆则威之,此制御常道也。史册所载,未暇枚举……

我国家威德陋视汉代,顷岁虏首款塞,乞贡市,愿外臣。廷议争言非便,乃庙谟弘远,推赤心待之。息兵罢警,亦既五六载于兹矣。顾未雨绸缪,国家至计。今贡市抚处之宜,边镇战守之备,果可恃欤? 有如黠虏渝约,能一大创之,使不敢窥欤? 多士必有抱先忧者,其揣度虏情,筹所以善后之画,有司者欲亟闻之。①

由上可见,第三场的五篇策问,都不同程度地与万历初年的政局有关。当时神宗幼冲,张居正秉国,此时的明朝虽然表面上"时和物丰,三垂晏然",但其背后却潜藏着诸多危机,张居正将其归纳为五大积弊:"曰宗室骄恣,曰庶官瘝旷,曰吏治因循,曰边备未修,曰财用大匮。"②正是在这一大背景下,为挽救明王朝的危机,张居正进行了改革。但是在专制体制下,任何改革倡导者和发起者如想取得成功,必须掌握足够的权势或曰权术,而儒家主张王道,反对申韩之流尊崇权、术、势的霸道。第一篇策问显然是基于明朝的危机而发,第三篇则是基于如何消弭儒家王道政治与法家权、术、势的矛盾,希望士子能够就此作出阐释,为张居正霸、王道并用,进而推动改革的顺利进行提供合法性论证和舆论支持。第四篇策问虽然是关于文章和学风的,但其主旨在题目中已经点明,那就是"正文体,变士习"。明朝自正德、嘉靖年间以来,民间讲学之风颇盛。"正文体,变士习"实际上就是要加强思想控制,为改革扫除舆论障碍。第五篇策问更是涉及张居正所谈及的五大积弊中的边备问题。"北虏"问题自明初以来就一直困扰着明朝,土木之变后明朝更是开始转入被动防御。隆庆五年(1571),在张居正、高拱、王崇古等人的努力下实现了俺答封贡,明朝北部边防换来了暂时的安宁,但"北虏"问题并没有彻底消除,第五篇策正是就此而发问。

对于此次会试,袁黄在《游艺塾续文规》中自称因"五策不合式下第",其子袁俨在《两行斋集》目录第四卷"丁丑下第谢主司启"下方,则以双行小字附注形式说明下第缘由:"丁丑会场,原拟先君卷作元,因五策太奇纵,故弃不录。"③在与友人的书信中袁黄也多次谈及此事,如在《与绍城书》中说道:"今年所以见黜于春官者,非以其愚耶? 夫欲行之志与欲言之事,百未露其一,读者已不能堪,使尽露其愚,人谁忍耶? 故某一身不足当百斧钺耳……"④其中对考官的抱怨和不满显而易见。但另一方面,袁黄在《丁丑下第谢主司启》中又作了辩解:

窃谓明镜无私,故见嗤而忘怨幽兰……虽吾舌之尚在,不敢干时;苟此道之可行,何须在我。伏念某学书不成,为箕未贤,佩洙泗战兢之训,久留意于三缄,慕洛阳慷慨之风,遂放言于五策,文

①《万历五年会试录》,龚延明主编:《天一阁藏明代科举录选刊·会试录》下册,第680—681页。
②(明)张居正:《张太岳先生文集》卷12《论时政疏》,明万历四十年唐国达刻本,第12页。
③(明)袁黄:《两行斋集》卷首《目录》,《袁了凡文集》第8册,第920页。
④(明)袁黄:《两行斋集》卷9《尺牍·与绍城书》,《袁了凡文集》第11册,第1332页。

诚过激,心实无他。忧社稷而危言,未可拟刘蕡之愤;诵诗书而自戕,断不为桑悦之狂。①

那么袁黄"五策不合式",究竟是哪些方面不合式呢?《两行斋集》以及国内收藏的几个版本的《续文规》中都没有具体说明,但日本内阁文库藏本《续文规》卷四中,对此有比较详细的解释:

> 丁丑会试……及场中果定予为第一,蒲州主试以"御夷"一策,予深辟和议之非,大触其怒,弃弗录。当时俺答之封,王公鉴川实主其事,原是利国便计,而书生不谙远略,矢口雌黄。初亦不知其故,今检《世宗实录》,明书云:"报入礼部,左侍郎张四维首以为可。"盖王即张之母舅,而予之所诋,乃深触其忌也,其见黜宜矣。然因是而开璞见宝,名重四方,身非刘蕡,误得佳誉,可愧矣!②

至此,我们基本上可以确认,袁黄在第五道策中"深辟和议之非"是其下第的主要原因。幸好《两行斋集》中收录了袁黄的五篇策,笔者得以认真研读。其中第五篇策几乎通篇都是对俺答封贡的否定。如前所述,俺答封贡是由高拱、张居正主导,王崇古等人参与的与俺答的议和活动。当时身为吏部右侍郎的张四维既是高拱的心腹,后又得张居正信任,同时还是王崇古的外甥。在隆庆议和中,他积极奔走,多方斡旋,最终促成了俺答封贡,而且取得了积极的效果,并得到了朝廷的认可。由此可见,无论是从张四维私人情感的角度,还是从朝廷的角度看,袁黄的这篇策答都不合时宜。其实,不仅仅这篇策答,其他四篇策答的观点也都或多或少与当时张居正的政策相抵牾,特别是第一篇更是有针对张居正整顿学校和裁抑生员的政策之嫌,如在该篇中袁黄谈及士风不振时说:

> 何谓士风不正?士在学校,隆之则贵,抑之则贱。今之待士者不超常格拔一人以作豪杰之气,独严为之令而裁抑之、禁锢之。当有司作养之日,固已垂首丧气矣。及其入仕,类以避事为智、捐身为愚,终日唯唯诺诺,望门而拜,鞠躬而揖以供臣职。此风不变,尚谓国有人乎?③

张居正厌恶讲学,他当政后,于万历三年(1575)上《请申旧章饬学政以振兴人才疏》,提出了十八条整顿学校、裁抑生员的具体措施。在这篇奏疏中,张居正反对"标立门户,聚党空谈",明确表示"不许别创书院,群聚徒党及招他方游食无行之徒,空谭废业"④,对讲学之风的打压由此可见。由于当时张居正当国,奏疏中所提政策措施自然得以实施,成为张居正改革的一项重要内容。袁黄的策答显然是对张居正相关改革措施的批评。

袁黄第三篇策答也与出题的旨意相悖,同样存在和张居正唱反调之嫌。为使改革顺利推行,张居正需要强化自己的权力,需要汲取法家的思想,他批评"腐儒不达时变"⑤,认为"法令政刑,世之所恃以

---

① (明)袁黄:《两行斋集》卷4《骈语·丁丑下第谢主司启》,《袁了凡文集》第9册,第1064页。
② (明)袁黄:《游艺塾续文规》卷4《了凡先生论文》,日本内阁文库藏本,第31页。
③ (明)袁黄:《两行斋集》卷3《策·丁丑五策》,《袁了凡文集》第9册,第1035页。
④ (明)张居正:《张太岳先生文集》卷39《请申旧章饬学政以振兴人才疏》,第10页。
⑤ (明)张居正:《张太岳先生文集》卷18《杂著》,第9页。

335

为治者也"①。结合张居正改革及其背景,我们就不难理解第三篇策问的意图了,其目的显然是调和儒法,希望士子从权变的角度理解道体和治术,从而为其改革的合法性提供舆论支持。但是,袁黄却在策答中对法家思想大加挞伐,批评"申韩以法把持天下,非知治者也"②。

对于此次会试策论中的过激言论,袁黄后来也有所反思,他在《游艺塾续文规》中说:"至二场、三场,只信手写去,不惟无一毫周旋世界之心,并文之工拙,亦所不计,第于不加检点之时,而粗心浮气,一时并出,足见予涵养之未至,则深可愧憾耳!"③

至此,我们对"五策不合式"有了更具体、更深入的认识。那么,"五策不合式"是不是袁黄此次会试下第的唯一原因呢?下面我们再作进一步分析。

袁黄是当时的八股文高手,他对自己的八股文非常自信,此次会试首场结束后,袁黄为同乡好友钱湛如诵读了自己写的第一篇八股文,"渠踊跃称快,谓必会元无疑矣"④。结合"取本房首卷"之语,我们一般会认为袁黄首场的八股文不会有问题,但实际上,正是由于袁黄比较自负,在做第三篇八股文时也犯了放言无忌的错误,这一点伍袁萃的《林居漫录》和吕毖的《明朝小史》中都有记载。《林居漫录》的记载如下:

> 袁了凡丁丑场中作《我亦欲正人心》,题结云:"韩愈谓孟子之功不在禹下,愚则谓孟子之罪不在桀下。"房考陈三谟阅之,喜甚!力荐为会元。蒲州(指张四维——引者注)恶而欲黜之,同列劝止,乃行国学戒饬之。即此而袁、陈两人之品亦可见矣!⑤

《明朝小史》的记载大同小异,故不再引述。虽然由于袁黄这次会试的首场八股文没有流传下来,因此伍袁萃《林居漫录》和吕毖《明朝小史》中所引袁黄的话,具体语境我们不得而知,但无论如何,径称"孟子之罪不在桀下",都是非圣无法之举,即使在今天也会受到非议。所以笔者认为,这道八股文也是袁黄落第的一个重要原因。袁黄是在后来检阅《世宗实录》时才知道张四维在隆庆和议中的作用及其与王崇古之关系的。如果万历五年会试时,袁黄了解这些情况,相信他虽然敢于直言,但断不会在如此关键的考试中直接否定主考官参与的重要国策。然而,即便假设成立,袁黄仍有可能因"孟子之罪不在桀下"之语而见黜。因此,笼统地说袁黄万历五年会试因"五策不合式"而下第是不全面、不妥当的。

三、科举中的思想与时政

由上我们可以看出,科举考试,尤其是其中第三场的策问与时政息息相关,是考官代表朝廷问计

---

① (明)张居正:《张太岳先生文集》卷9《宜都县重修儒学记》,第17页。
② (明)袁黄:《两行斋集》卷3《策·丁丑五策》,《袁了凡文集》第9册,第1041页。
③ (明)袁黄:《游艺塾续文规》卷4《了凡先生论文》,《续修四库全书》第1718册,第216页。
④ (明)袁黄:《游艺塾续文规》卷4《了凡先生论文》,《续修四库全书》第1718册,第215页。
⑤ (明)伍袁萃:《林居漫录·畸集》卷3,明万历刻本,第19页。

于广大士子,并借此考察士子对时事的见解及其处理政务的能力,考生虽然也可以"率意陈之",但必须在不违背朝廷旨意、不与现行政策相抵牾的前提下,否则就会落第。

除了政治观点,在意识形态上也必须尊崇儒家思想、尊崇孔孟,因此科举又和意识形态紧密地联系在了一起。但是,明中后期,随着阳明心学的兴起,主流意识形态开始发生分化,至嘉靖年间,阳明心学与程朱理学彼此颉颃,这种状况必然体现在科举考试中。明前期,科举考试基本上以程朱理学为宗,明太祖规定:"《四书》主朱子《集注》,《易》主程《传》、朱子《本义》,《书》主蔡氏《传》及古注疏,《诗》主朱子《集传》,《春秋》主左氏、公羊、谷梁三《传》及胡安国、张洽《传》,《礼记》主古注疏"[1];明成祖时期,命胡广等人编纂《五经大全》《四书大全》,"遂悉去汉儒之说,而专以程朱传注为主"[2],进一步确立了科举考试中程朱理学的独尊地位。对此,明末的八股文大家艾南英说:"国初功令严密,匪程朱之言弗遵也。"[3]清代的方苞也评论说:"自洪、永至化、治百余年中,皆恪遵传注,体会语气,谨守绳墨,尺寸不逾。"[4]由此可见,朝廷欲借程朱理学加强对士子思想的控制,而且在明前期效果显著,同时科举考试也进一步强化了程朱理学作为官学的霸主地位。

科举考试与程朱理学的联姻固然有利于加强思想控制,从而巩固明王朝的统治,但同时也导致了"偏离圣学之精要而落于'支离'的学问风气"。[5]王阳明不满于这种风气和程朱理学的独尊地位,认为:"夫道,天下之公道也;学,天下之公学也。非朱子可得而私也,非孔子可得而私也。"[6]他汲取了老庄和佛教中的心性论思想,提出了"致良知"和"知行合一"说,重构了儒学的意识形态,这就是阳明心学。[7]阳明心学发端于王阳明被贬贵州的"龙场悟道"时期,至嘉靖年间风行天下,很多士子都服膺王学,就连包括朝廷大员徐阶、耿定向等在内的很多士大夫也都成为王学信徒,甚至成为阳明学派的重要代表人物。科举考试的主体是士子,其中的阳明学信徒,必然自觉或不自觉地将阳明心学渗透进科举制义中,信奉王学的当政者一旦担任考官,也会对同道网开一面,甚至着力提携。与此同时,固守传统的士大夫则极力维护程朱理学的正统地位,科举场域中由此出现了阳明心学和程朱理学的竞争。嘉靖二年癸未(1523)会试,主考官为固守程朱理学的蒋冕,他借机在第三场的时务策中"阴诋阳明"[8],其中第二道策问最为明显,摘引如下:

> 《宋史》取周、程、张、朱诸大儒言行,述为列传,而以《道学》名焉。盖前无此例,而创为之,以崇正学也。大儒在当时,挺然以道学自任,而未尝以道学自名。流俗乃从而名之,又因而诋之,后又以伪学目之。时君不察,顾严为禁焉,何也?

---

① 《明史》卷70《选举二》,北京:中华书局,1974年,第1694页。

② (明)何良俊:《四友斋丛说》卷3《经三》,明万历七年张仲颐刻本,第1页。

③ (清)顾炎武著,严文儒、戴扬本校点:《日知录》卷18《举业》,上海:上海古籍出版社,2012年,第720页。

④ (清)方苞:《方望溪先生全集·集外文》卷2《奏札·进四书文选表》,北京:中国书店影印本,1991年,第287页。

⑤ 参见吕妙芬:《阳明学士人社群历史、思想与实践》,第31—32页。

⑥ 《王阳明全集》卷2《答罗整庵少宰书》,上海:上海古籍出版社,1992年,第78页。

⑦ 关于王阳明心学体系的建构及其与程朱理学的竞争,可参见张献忠:《道统、文统与政统——明中后期科举考试中主流意识形态的分化》,《学术研究》2013年第9期。

⑧ (清)欧阳桂:《西山志》卷5《丹陵书院》,清乾隆三十一年梅谷山房刻本,第5页。

程子亲授《太极图》于周子，而朱子释之，义理精微，殆无余蕴。金溪于此乃不能无疑焉，何欤？易简支离之论，终以不合。而今之学者，顾欲强而同之，果何所见欤？岂乐彼之径便，而欲阴诋吾朱子之学欤？究其用心，其与何澹、陈贾辈亦岂大相远欤？甚至笔之简册，公肆诋訾，以求售其私见者。礼官举祖宗朝故事，燔其书而禁斥之，得无不可乎？宗正学而不惑于异说，求仰副我皇上一道德以同风俗之盛意，是所望于尔诸生也。幸尽言之，无隐。[1]

整篇策问对阳明心学"阴诋吾朱子之学"大加批判，甚至目之为"异说"。虽然此策旨在引导士子辟王崇朱，但是王阳明的很多弟子也参加了这次会试，其中欧阳德、魏良弼"直发师旨，竟俱登第"[2]。参加这次会试的阳明弟子中还有至少8名中进士，分别是朱廷立、王激、王臣、萧璆、杨绍芳、薛宗铠、薛侨、徐阶。[3]这说明嘉靖初年阳明心学虽然受到非议，尚未跻身于官学，但其影响力日益扩大，对程朱理学形成了挑战。到嘉靖后期至隆万年间，阳明心学的影响力进一步扩大，甚至超过了程朱理学，从而使主流意识形态发生分化，所有这些在晚明科举考试中都有所反映。

如前所述，阳明心学本身就融汇了佛、道思想，随着其影响的扩大，佛、道开始向科举考试渗透。隆庆二年（1568）会试，主考官李春芳所作程文，首次引用阳明语录，并"以《庄子》之言入之文字"，顾炎武对此批评道："自此五十年间，举业所用，无非释老之书。"[4]他还进一步评论说："嘉靖中姚江之书虽盛行于世，而士子举业尚谨守程朱，无敢以禅窜圣者。自兴化（李春芳）、华亭（徐阶）两执政尊王氏学，于是隆庆戊辰《论语》程义首开宗门，此后浸淫无所底止。科试文字大半剽窃王氏门人之言，阴诋程朱。"[5]顾氏所言，虽有所夸张，但大体符合历史事实。万历五年，与袁黄一起参加会试的杨起元又"以禅入制义"[6]，艾南英认为"以宗门之糟粕为举业之偏者自斯人始"[7]。由此可见，至迟在隆庆年间，阳明心学已经被科举所接纳，佛、道也藉此渗透进科举考试。

袁黄在科举考试中称"孟子之罪不在桀下"，这在明初是不可想象的，伍袁萃对此也有深刻的认识，他评论说：

袁兵曹黄好奇吊诡，作《删正四书注》以攻紫阳，总其大旨不过以佛老之似乱孔孟之真而已，陈筠塘太守为《正删正》，力驳袁说之谬，崇正辟邪，其功伟矣！……

洪武初俞干（当为余干——引者注）人朱季支上书专攻紫阳之学，高皇震怒，令押季支至该县明伦堂，杖其人焚其书，以此二百年来圣教修明、彝伦攸序，高皇建极绥猷之功大矣！第不知季支

①《嘉靖二年会试录》，龚延明主编：《天一阁藏明代科举录选刊·会试录》下册，第61页。

②（清）欧阳桂：《西山志》卷5《丹陵书院》，清乾隆三十一年梅谷山房刻本，第5页。

③参见陈致：《晚明子学与制义考》，《诸子学刊》第1辑，上海：上海古籍出版社，2007年。

④（清）顾炎武著，严文儒、戴扬本校点：《日知录》卷18《破题用庄子》，第723页。

⑤（清）顾炎武著，严文儒、戴扬本校点：《日知录》卷18《举业》，第721页。

⑥（清）梁章钜、陈居渊点校：《制艺丛话 试律丛话》，上海：上海书店出版社，2001年，第72页。

⑦（清）顾炎武著，严文儒、戴扬本校点：《日知录》卷18《举业》，第721页。

之说何居意者,姚江袭其讹,管、袁踵其谬乎? 如遇高皇则三君之书皆当付之烈焰中矣! [①]

以上所提袁黄纂《删正四书注》,"大删朱注而略存其可通者"[②],实际上是对程朱理学的批判和反动,该书在当时大行天下。在万历五年(1577)的会试中,袁黄又非议孟子,而且还被"本房取首卷",甚至被"力荐为会元"。笔者认为这一方面固然反映了晚明时期思想文化的多元化,但另一方面也有王学同道互相提携之因素。袁黄是阳明学的信徒,曾师事王畿、王艮等人,而万历五年袁黄所在房的分考官陈三谟为诸生时,曾与阳明学信徒定期聚会,[③]因此也是阳明心学的传人。另外,万历十四年(1586),袁黄第六次参加会试,而且中式,这科负责袁黄所在房的同考官恰恰就是"以禅入制义"的杨起元,杨起元是罗汝芳的弟子,系泰州学派的传人。在阳明后学中,泰州学派在融合佛道上较阳明及其他阳明学派走得更远,杨起元更是公开崇奉佛道,他说:

> 三教皆务为治耳,譬之操舟然,吾儒掠舵理楫于波涛之中,二氏乃指顾提撕于高岸之上。处身虽殊,其求济之理则一……治天下之道,于斯三教,有不可缺者如此,则宜崇奉之矣! ……秦汉以还,微言中绝,不复知道为何物。而佛之教,能使其徒守其心性之法,递相传付,如灯相禅,毋令断绝。及至达磨西来,单传直指,宗徒布满,儒生学士从此悟入,然后稍接孔脉,以迄于兹,此其暗理者一也。[④]

由此可见,杨起元和袁黄不仅都与泰州学派有很深的渊源,而且都公然崇奉佛、道;不仅志同,而且道合。在这种情况下,杨起元看到袁黄的会试卷,定会有惺惺相惜之感,无怪乎后来他对袁黄说:"吾看至五策知必袁了凡,其余士子断然无此识见,恐复致蹉跎,不敢取作首。"[⑤]由此可见,杨起元不仅能断定是袁黄的答卷,而且如果不是担心重蹈万历五年的覆辙,很可能会取其为本房首卷。另外,此时王阳明已经于万历十二年(1584)获准从祀孔庙,这意味着王学正式被官学所接纳。

四、结语

综上,无论是袁黄万历五年会试落第还是万历十四年会试中式,都与当时的思想潮流有着紧密的关联,从中也可以看出晚明思想文化变迁对科举的影响。同时,科举考试与时政特别是朝廷的大政方针也存在着复杂的互动关系,这一点尤其体现在袁黄万历五年的会试经历中。通过对袁黄科举经历的考察,我们可以对晚明科举与思想、时政之间复杂的互动关系有更加深刻、更加直观的认识。

一般来说,思想潮流与科举考试的互动关系主要体现在首场制义,也就是俗称的八股文中。八股

---

① (明)伍袁萃:《林居漫录·畸集》卷3,明万历刻本,第18—19页。另朱季支上书遭杖事件,(明)杨士奇《东里诗集》、(明)徐竑《明名臣琬琰录》、(明)廖道南《殿阁词林记》、(明)黄佐《南雍志》、(明)薛应旂《宪章录》、(明)王世贞《弇州山人四部稿》等皆记载为永乐年间,其中杨士奇记载在永乐二年,且杨士奇是此事件的亲历者,故伍袁萃所言"洪武初"当系"永乐初"之误。

② (明)袁黄:《游艺塾续文规》卷3《与邓长洲》,《续修四库全书》第1718册,第199页。

③ 参见(明)王守仁:《王文成公全书》卷35《年谱附录二》,明隆庆谢氏刻本,第18页。

④ (明)杨起元:《证学编》卷首《论佛仙》,《续修四库全书》第1129册,第334—335页。

⑤ (明)袁黄:《游艺塾文规》卷7《正讲四》,《续修四库全书》第1718册,第96—97页。

文的写作必须符合主流的意识形态。但是主流意识形态也并非静止不变。洪武、永乐时期,由于皇帝明确规定士子在作八股文时"专以程朱传注为主",从而确立了程朱理学作为主流意识形态的独尊地位。有最高统治者为之张目,有科举这种制度化的强制性规定,程朱理学自然获得了难得的发展机遇。但是另一方面,为了应付科举考试,大部分士子只知道记诵程朱传注,而不再潜心于经书大意,从而扼杀了程朱理学进一步发展的活力。明前期,虽然也出现了像曹端、胡居仁、薛瑄等理学大家,但他们基本上都是谨守"程朱矩矱",而且大部分都是章句之儒。正是在这种情况下,阳明心学逐渐兴起并为很多士人所尊崇,从而对程朱理学形成了挑战。开始时,阳明心学受到压制,但是随着其影响的扩大,逐渐为官方所接受,官学由此产生了分化,科举考试中开始出现了阳明心学与程朱理学的竞争,至万历十二年(1584)王阳明从祀孔庙,科举考试中程朱理学的独尊地位彻底被打破。

作为官吏选拔制度的科举,还需体现国家也就是朝廷意志,并为朝廷贡献智慧,这就使其与国家政治特别是朝廷的大政方针产生了紧密的关联。这种关联尤其体现在第三场的策问中。策本身就是一种就当下政治、经济或军事问题阐发见解、向朝廷建言献策的古老文体。晚明时期,由于内忧外患频仍,这就使科举与时政的关系更加密切。第三场"策五道"以及殿试的时务策实际上就是朝廷直接就时事问题问计于广大士子,以此考察他们的政治见识和处理政务的能力。因此在科举考试中,除了首场的八股文,第三场也非常重要,它要求考生不仅要有问题意识和对时事的洞察力、判断力,而且还要与朝廷既定的方针政策保持一致。袁黄万历五年之所以落第,其中最主要的原因就是五篇策文的观点没有与朝廷大政方针保持一致。

袁黄的科举经历也说明,认为科举考试只重首场,二、三场只是走过场的传统观点是错误的。明代,因第三场而落第者,袁黄绝非个案。嘉靖十六年,《筹海图编》的作者郑若曾参加会试,结果因第三场"对策切直"[1]而落第;崇祯十二年,侯方域参加了南直隶的乡试,"举第三人",但最终却因第三场的策触犯时忌而见黜。[2]另一方面,因第三场成绩优异而中式者也不鲜见,如袁宏道万历二十六年参加乡试,考官"见其后场,出入周、秦间,急拔之"[3];再如归有光第九次参加会试时,首场的八股文"去有司之绳墨甚远",但却因第三场"真巨儒笔也","遂得中选"。[4]所有这些都说明首场虽然最关键,但因为第三场关乎时政,因此在科举考试中的地位亦非常重要。这也从另一个侧面体现了科举与国家政治之间的互动关系。

(作者张献忠,山东大学历史文化学院教授。原载《中国史研究》2020年第4期)

---

① (清)郑定远《先六世祖贞孝先生事述》,郑若曾撰、李致忠点校:《筹海图编》卷末《附录》,北京:中华书局,2007年,第986页。

② (明)侯方域:《壮悔堂文集》卷8《南省试策一》后附注,清顺治刻本,第4页。

③ (明)袁中道《吏部验封司郎中中郎先生行状》,(明)袁宏道著、钱伯城笺校:《袁宏道集笺校》附录二,下册,上海:上海古籍出版社,1981年,第1650页。

④ (明)袁黄:《游艺塾续文规》卷3《与邓长洲》,《续修四库全书》,第1718册,第204页。

晚清江南士大夫的致仕生涯

——以顾文彬为中心

范金民

　　苏州府元和县人顾文彬(1811—1889),字蔚如,号子山,晚号艮庵。道光二十一年(1841)进士,改刑部主事,升员外郎、郎中。出为湖北汉阳知府,擢武昌盐法道,以父忧去职。服阕起复,于同治九年(1870)十一月铨为浙江宁绍台道员,次年正月就任。光绪元年(1875)65岁时引疾辞任,五月初二日回到老家苏州城中,实际在任4年4个月。十五年十一月卒于里第,享年79岁。家居时期,乡贤王颂蔚所撰碑铭称颂他"家居十五年,义行不胜书";①金匮(今属无锡)人邹弢记述他:"自宁绍台道解任归,于宅后义庄余地筑一园,名怡园,诗酒自娱。尤好古玩,苟当其意,千金费靳也。平生爱填词,著有《眉绿楼诗馀》。"②老友吴云夸奖其所作诗:"风格苍老,嗣响唐音,而一种清隽之气,求之古人,惟高青邱可与抗席,馀子不足数也。"③高青邱即明初著名诗词大家苏州人高启。三人所论,均从某个角度或某些侧面着眼,高度评价,但远未展示出顾文彬家居期间的基本面貌。今人对这样一个晚清江南第一藏家的为宦家居生活更不甚了了,殊少提及。现主要利用顾文彬所记日记,试图一定程度上复原光绪早期苏州官宦的致仕生涯,揭示晚清时期江南绅士家居生活的实际情形,以丰富清代江南乡宦日常生活史的内容。

　　顾文彬的日记,于国家大事殊少着笔,而于其退官后之日常生活,尤其是前几年间之事,几于巨细无遗,一一记录。还在宁绍台道任上时,顾文彬曾总结其日常生活行为道:"余自履任以来,精神尚好,腰脚亦健,惟兴致则日减一日,平昔博弈饮酒,无所不好,今一概置之,独书画癖如故。暇则手一编,或作书,或翻阅书画,否则萧然枯坐如在家僧。"④这是在任官时,格于官场例规,顾的生活较为单一。退官居家苏州城时,顾曾赋诗自道称:"除却窥园事事慵,不衫不履不支筇。"⑤但观其日记所载,完全不是这番光景。顾之座中,常有经济博雅以金石收藏名满天下的吴云、陆心源,吴门望族出身擅长联语词赋的潘曾玮,情趣相投而并不热衷仕途的官宦绅士李鸿裔、杜文澜,甚至还有收藏丰富、为官颇著实绩的湖州归安人沈秉成,和曾为江苏巡抚流连苏州日后发达为大学士的张之万等人,同道心契,时相往还,聚宴饮酒、觥筹交错之余,赋诗度曲、鉴赏书画、唤妓博弈,无论公事私事,还是文会雅集狎斜之游,

　　① 王颂蔚:《浙江宁绍台道顾公墓志铭》,闵尔昌辑《碑传集补》卷17《监司一》,燕京大学国学研究所铅印,1933年,第20页下。

　　② 邹弢:《三借庐笔谈》卷4"眉绿楼"条,《笔记小说大观》第13册,扬州:广陵书社影印,2007年,第10196页。

　　③ 吴云:《两罍轩尺牍》卷7《顾子山观察》,沈云龙主编:《近代中国史料丛刊》第264册,台北:文海出版社,1966年,第491页。

　　④ 顾文彬:《过云楼日记》光绪元年正月初三日,苏州市档案局(馆)、苏州市过云楼文化研究会编,点校本,上海:文汇出版社,2015年,第333页。以下如正文中的日记叙明年月日者,一般不再出注,以省篇幅。

　　⑤ 顾文彬:《过云楼日记》,光绪四年三月初二日,第467页。

有声有色,顾之爱好特长,全部得到了发挥,正切合他夫子自道:"我辈行藏堪一笑,不辞行乐只辞官。"①

顾之日常生活,杂事之外,较为集中的,主要有如下几类情形。

一、酒食酬酢:友朋互相招饮

顾文彬于光绪元年五月初二日晚上由娄门乘轿抵家,安顿妥当。初七日,即应"潘玉泉、伟如邀饮,同席者李香严、张子青、杜小舫、吴退楼"。自此,开启了长达十数年友朋互相宴请的生活。初八日又往晤盛旭人,初九日往晤张子青。十一日,"吴退楼邀饮,同席者李香严、杜小舫、陆存斋、潘玉泉"。十三日,一天中间连访程卧云、王沐庵、蒋心香、俞荫甫,有来有往。十四日,李鸿裔来谈。二十五日,往晤吴云、杜文澜,作"长谈"。二十七日,杜文澜和吴云又"来谈"。二十九日,"往晤沈仲复、顾棣园"。六月初一日,"偕香严至杜小舫寓,并吴退楼同赴张子青招饮,坐有沈仲复、潘季玉,在远香堂设席"。初二日,李鸿裔"来谈"。回家一个月中,顾与友人或熟人的晤谈,日记未记所为何事,大约尚属了解家乡情形,内容应该无所不包,而无专门事项。自后往来叙谈,则多有具体事项,或同道赏鉴书画,切磋技艺,或园林赏景赋诗填词,或对地方事务商量应对措置,或于亲友之事谋求解决之道,或招妓饮品赏某花。

六月初四日,"潘季玉招饮,借郁氏花厅,同席者严伯雅、吴植卿、朱忆萱、吴语樵,侑觞者雅云、雅仙"。初六日,三孙媳生第二曾孙,"适请张子青、李眉生、杜小舫、吴退楼、盛旭人、潘季玉招饮。六客皆红顶,子青又是状元,而曾孙诞生,六客宛来送喜,岂非大吉之兆"。十四日,"小舫借听枫山馆招饮,同席者眉生、旭人、退楼、玉泉、伟如。酒罢,与退楼、旭人、小舫花和"。十六日,"旭人借听枫山馆招饮,同席者即十四日所请之客,酒罢花和"。十九日,"眉生招饮,同席如前。酒罢花和"。

七月初七日,在听枫山馆为杜小舫饯行,退楼、旭人皆主人,即花和。十八日,"次曾孙耀生剃头,贺客来者,午五席,晚四席"。二十二日,"李眉生邀午饭,同席者张子青、沈仲复、盛旭日、潘季玉。饭罢与季玉至护龙街察院场,闲游而返"。

九月十四日,"赴张子青、潘季玉之招,席设远香堂,同席者何煦斋、郭□□,侑觞者武雅仙、杨双凤,余唤殷蕙卿"。二十三日,"沈书森招饮,同席者潘季玉、伟如、瑶笙、吴植卿,侑觞者殷蕙卿"。二十六日,"与季玉、伟如公请应敏斋,邀李香严作陪"。

十月十五日,"盛旭人招饮,坐客郑谱香、费幼亭"。二十四日,"赴张菊垞之招。同席者退楼、敉闲。侑觞者,余唤双凤。……子青亦在坐。各出玉器多件赏玩,皆佳品也。余所心醉者,以子青所珍画钩为最"。

十一月初二日,"退楼、敉闲招饮,在金石寿世之居,坐客香严、仲复、小舫、彭南屏"。初六日,"午刻,香严招饮,坐客退楼、仲复、采香、敉闲,作为消寒第一集"。十六日,"消寒第二集,在过云楼下请客,李眉生、沈仲复、杜小舫、吴平斋、盛旭人、潘玉泉、潘伟如。午刻入集,未刻散"。

① 顾文彬:《过云楼日记》,光绪六年四月初六日,第511页。

十二月十七日，"午刻，赴潘伟如招饮，同席者张子青、李星严、吴平斋、杜小舫、沈仲复、潘玉泉"。十八日，"余与吴退楼、杜小舫、潘季玉公请张子青、菊垞，答菊垞之席也"。二十日，"午刻，赴沈仲复招饮，同席者张子青、李香严、杜小舫、吴退楼、潘季玉。沈仲复买宅在齐门新桥巷，即冯林一旧居"。

二年正月初六日，"张子青请春酒，同席者退楼、救闲、小舫、仲复、香严"。初九日，"午后，公请李质堂军门、张子青、勒少仲，共两席。主人仲复、香严、采香、救闲与余，在退楼新造之室"。初十日，"勒少仲招饮，同席退楼、采香、救闲、香严"。十三日，"午刻，吴中丞招饮，共两席。同席者潘顺之、救闲、伟如、蒋心香、仁卿、顾棣园"。二十二日，"李薇生招饮春酒，共两席，同席者蒋心香、顾棣园、盛旭人、费幼亭、吴语樵、程藻安、王仙根"。此处吴中丞，即时任巡抚吴元炳；李薇生，即时任苏州知府李铭皖。

二月初三日，"在退楼处公请眉生，作主者小舫、香严、仲复、余与退楼也"。

三月初二日，"沈仲复招饮，同席者子青、香严、退楼、救闲"。二十日，"李香严招游虎丘……同席者张子青、吴平斋、潘季玉、盛旭人，出局者孙小宝、褚秀宝，余所唤者杨双凤也"。二月十一日，"张菊垞招饮……同席者盛旭人、宋文轩，出局者周墨卿、武雅仙、琴仙、孙小宝，余所唤者双凤也"。二十三日，顾文彬生日，"请客两席，张子青、李香严、费幼亭、盛旭人、潘季玉、伟如、吴平斋，请而未到者沈书森、张菊垞。坐客为余补祝"。

四月初九日，"午初赴少仲、小舫招饮，席设听枫山馆，座客青帅、香严、季玉。散后偕季玉至墨卿、素仙、张二姑娘家茗谈。翠玲已出局，未遇"。十二日，"勒少仲、杜小舫招饮，座客张青翁、李香严、潘季玉"。十八日，"邀俞荫甫、沈仲复、蒋心香、吴引之、芍亭午饭，邀而未到者勒少仲、杜小舫，因是日往陪沈制军阅兵也。"二十二日，"救闲借余花厅请史伟堂，陪客旭人、书森，出局姚芝卿、褚秀宝、武雅仙，余唤双凤"。二十四日，"午刻，仲复招饮，坐客少仲、小舫、救闲、退楼"。

五月初三日，"余与旭人携樽至拙政园，各出五元为酒席费。子青、菊垞、救闲与余竹游。潘吟香、旭人后到。出局墨卿、芝卿，余改唤秀宝，救闲唤双凤，席散后始到，并不招陪"。初八日，"旭人在秀宝处招饮，坐客潘梅若、陆竹园与余。余唤素仙，梅若唤陈巧龄，竹园唤桂宝"。十一日，"午刻，旭人招饮，在秀宝处，坐客宋文轩、梁海翁，出局雅仙。是晚，余在秀宝家请旭人"。十二日，"潘救闲、梅若、陆竹园招饮，在梅若家，出局雅仙、芷卿、秀英、陈巧云，余所唤者素仙"；"旭人招饮，在秀宝家，坐客余幼冰"。

闰五月初一日，"盛旭人请金逸亭，在褚家，邀费幼亭与余作陪，余唤素仙，逸亭唤王秀英，幼亭唤杨宝珠"。初二日，"旭人、幼亭请逸亭，在沈荄白船，……所唤女伶均照昨日，客中添邀潘季玉，季玉唤姚芷卿"。初三日，"余与季玉、吴平斋请逸亭，在褚家，邀旭人、幼亭作陪，所唤女伶各照昨日"。初六日，"潘吟香招饮，坐客张子青、盛旭人。……余与子青、吟香、蕙卿竹游"。十二日，"退楼、小舫邀同子青、季玉与余竹游。酉刻而罢……随至褚家，适旭日、幼亭、竹园、梅若均在。旭人即作东，余唤素仙，幼亭唤张小宝，竹园唤姚芷卿，梅若唤陈巧云"。十六日，"旭人唤沈荄白船请客……坐客费幼亭、冯培之，余唤素仙，出局者秀宝、小宝、小翠"。十八日，"陆竹园家演剧请客，旭人、幼亭、梅若皆主人，坐客季玉、潘允之、汪云峰。余唤书金，而主人先为余唤素仙，故两美夹侍，出局者共十人"。

六月初二日，"退楼招饮，坐客勒少仲、杜小舫、潘季玉。饭后竹游，少仲观局"。初六日，"旭人在褚家招饮,余唤素仙,季玉唤芝卿,幼亭唤小翠"。十七日,"旭人邀往褚家小饮,坐客救闲、幼亭、冯培之、王介生,余唤湘芙"。十九日,"旭人招饮,适救闲来晤,遂偕往,余唤素仙,救闲唤小宝,宋文轩唤陈巧云"。二十日,"香严招往网师园观荷。……是日坐客救闲、旭人、退楼,余唤湘芙、素仙,救闲唤丽卿、芷卿,旭人唤秀宝"。二十一日,"彭芍亭招饮七襄公所,……坐客退楼、小舫、旭人、救闲、伟如"。二十二日,"冯培之招饮,仍在七襄公所。余未刻往,坐客救闲、旭日、幼亭、吴植卿。余唤素仙,出局者芝卿、丽卿、秀宝"。

一年后,顾文彬与同道至交仍然不时互相招饮酒叙,其具体情节基本未变,为免琐碎,不复引录。

如作统计,顾文彬回到家乡苏州的最初一年间,同道短则两三天,长则八九天,总要聚饮一次。发生在这些人之间的宴饮活动,主请者与与席者,通常情况下基本是固定的圈子中人。请客者,有个人,也有二人以上合请或公请的,应邀出席后,往往再行还请。这些人的聚饮,名目五花八门,本人生日会请,家中添了子嗣会请,买了第宅园囿会请,园中荷花盛开会请;同道中人需送往迎来,圈子内人有消寒会,官员抵任离任需请,在任地方官逢年会请春酒,喜逛青楼者往往会请花酒。很多情形下,聚饮只是圈子中人的吃吃喝喝,并无任何具体事项。但在任的地方官员一般不出席绅士的此类宴饮,与聚者只是较为固定的五六人,通常不到一席。请客的地点,似乎从不在酒楼饭庄,而多在私人园第。苏州的这些绅士,无论土著还是流寓,大多身家丰裕,拥有高门第宅或雅致园林,举办此类小规模的雅集,环境绝佳,陈设讲究,人地相宜。若自身没有合适宴请场地者,也可借用友人的宝地,招饮因而多在私家第宅园林。顾文彬的怡园过云楼,吴云的听枫山馆,盛康的刘园,沈秉成的东西园(即后来的耦园),李鸿裔新购的网师园,以及郁氏花厅,著名的拙政园、七襄公所,屡屡选为宴集场所。为图方便,财大气粗讲求声色的盛康辈,干脆频频在青楼招饮。游览虎丘,坐船则尤其便捷舒适,酒席通常设在茭白船上。

顾文彬善饮有酒量,一向颇为自许。在述一年的56起聚饮中,顾文彬应邀出席了44次,作东单独邀请了6次,其中2次为曾孙出生,1次为生日,1次为主持消寒会,1次大约为还礼,1次单请盛康;与人公请了4次,其中1次公请现任两江总督李宗羲和江苏按察使勒方锜等人,1次为公请刚刚卸任进京的江苏按察使应宝时,1次公请张菊垞为答席,1次公请李眉生即李鸿裔,大约也系还礼性质;与人合请了2次,均因娱乐。如此酬酢,有来有往,丰啬得宜,不失交友之道,也与在任地方官互相宴请,保持着良好关系。顾文彬参与并记录下来的这些聚饮,均未见如明后期江南缙绅那种通宵达旦、摆阔炫奇的豪奢之举,显得尚有节制。

顾文彬与上述诸人关系极为亲密,与吴云、李鸿裔、潘曾玮、盛康等私交尤笃。顾简为浙江宁绍台道临出京筹措别敬时,即自恃"平素交情",向吴、李、盛三人各借助银一千。[①]吴云与顾同年出生,而先顾6年去世,系同时代人,俩人至交长达近40年。顾致仕家居时,吴云已定居苏州十余年,鉴赏金石名声如日中天,[②]顾与其嗜好大多相同,日相过从。吴云《两罍轩尺牍》中给顾文彬尺牍4通,均是讨论书

① 顾文彬:《过云楼家书》,同治九年,第二十四号,苏州市档案局(馆)、苏州市过云楼文化研究会编,上海:文汇出版社,2016年,第39页。

② 吴云自称"频年以来专事金石考订之学","年来键关伏案读书,颇有所得,考据鉴赏之学似应与年俱进"(《两罍轩尺牍》卷7《顾子山观察》,第20、22页,沈云龙主编:《近代中国史料丛刊》第264册,第491、494页)

法、赏鉴金石的。光绪二年二月二十八日，吴云知道顾身体微有不适，即"赐闲书数种为消遣"。^①可见两人惺惺相惜，无间晨昏。吴之长孙幹臣又娶顾文彬之大孙女为妻，两家子嗣辈又为儿女亲家。李鸿裔虽比顾文彬小整整20岁，但自任职苏州时起，即与顾氏有交往，前后逾20年，关系莫逆，是典型的望年交。顾、李两家先曾同居铁瓶巷，比邻而居，顾有诗形容："一条家弄东西屋，衡宇相望过往频。"^②顾文彬常在家书中屡屡交代其子顾承如何与李鸿裔交流交易书画。日记所记顾文彬最后一次欣赏书画即光绪九年四月初二日常熟之行，也是李鸿裔陪同的，真正像黎庶昌所言所交有始有终。潘曾玮比顾文彬小不到十岁，两人交游长达30年左右，私谊颇深。潘的居第原来在顾文彬铁瓶巷里第西首。光绪元年九月十八日，顾之五孙新生一女，贺客盈门，顾于"客来者俱不见，惮烦也，惟潘季玉来，见之"^③。光绪四年潘曾玮因逃犯张松明事牵涉进案，被人贴匿名帖，潘托顾文彬到当道处剖白，顾即于当日往晤知府及勒方锜，略为剖白。^④可见两人关系非同常人。顾文彬日记中屡屡出场的伟如，即潘曾玮之侄潘霨，曾任福建按察使、福建布政使，当时解任在家。顾文彬之八子即娶潘伟如之侄女为妻，顾、潘两家也有秦晋之好。盛康与顾文彬为同时代人，其女可能嫁与顾文彬之八儿。两人常在一起聚饮，赏鉴书画，甚至常常一起作狎斜之游。其子盛宣怀也与顾文彬常有往来。盛家与顾家还长期合股开典当铺。顾在日记和家书中对盛氏父子的才干颇为推许。

顾文彬居家生活圈的这批人，互相之间关系错综交集。吴云与李鸿裔关系极为密切，李鸿裔《苏邻日记》常常提及吴云，却殊少提及与顾文彬之交往，两人还常常互相借阅书籍金石。吴云长俞樾10岁，所居苏州金太师场，与俞樾所居马医科巷仅苏人所谓"隔一条巷者"也，是几十年的老友。光绪七年，吴云借家藏《西洋记通俗演义》一书给俞。吴云的四个女儿均适名族，大学士潘祖荫之弟潘祖颐即其女婿。吴云与杜文澜是邻居。俞樾与杜文澜也交好，杜文澜权江苏布政使和江苏按察使时，俞樾寓居吴下，两人过从益熟，后来杜罢官居家嘉兴时，俞樾在苏、杭等地书院讲学，往返必经杜之里居。俞樾与勒少仲为同年，寓居吴下时，勒为江苏按察使三年之久，两人"往来甚密"，后来勒至皖北笕厘捐局事，寄上宣纸，要俞书写楹联大字，关系非同一般。^⑤俞樾与顾文彬的交友圈均有往来，前后至少致信吴云13通，杜文澜3通，勒方锜2通，陆心源5通，潘曾玮3通，沈秉成1通，盛康4通。^⑥吴云的《两罍轩尺牍》，主要是给友人之信札，其中致杜筱舫观察（杜文澜）5通，勒少仲中丞（勒方锜）23通，潘季玉观察（潘曾玮）3通；陆存斋观察（陆心源）7通；俞荫甫太史（俞樾）14通；顾子山观察（顾文彬）4通；张子青大司马（张之万）7通；吴清卿奉常（吴大澂）22通；李香严廉访（李鸿裔）5通；沈仲复廉访（沈秉成）8通。^⑦潘曾玮擅长撰联，其《致闲杂录》，其中在《过云楼日记》中出场的人，有金眉生廉访（金安清）六十寿联；应敏斋廉访（应宝时）太夫人寿联；立豫甫尚衣（立山）尊人双寿；李眉生方伯（李鸿裔）寿联；俞荫

①顾文彬：《过云楼日记》，第386页。

②顾文彬：《过云楼日记》，光绪元年十月廿一日，第367页。

③顾文彬：《过云楼日记》，第362页。

④顾文彬：《过云楼日记》，光绪四年八月廿三日，第475页。

⑤俞樾：《春在堂随笔》卷3，《续修四库全书》第1141册，第23页。

⑥张燕婴：《俞樾函札辑证》，凤凰出版社，2014年。

⑦吴云：《两罍轩尺牍》，沈云龙主编：《近代中国史料丛刊》第264册。

甫太史(俞樾)五十寿联;程藻安观察五十寿联;伟如(潘霨)大倅七十寿联;应敏斋太夫人挽联;冯林一宫允(冯桂芬)挽联;吴平斋亲家(吴云)挽联;吴平斋夫人挽联;薛慰农观察挽联;李眉生方伯挽联等。所撰挽联,大多凸显不凡手笔。[1]

顾文彬家居日相往来的这批人,其仕途经历大致相似,任官多为中高级官员,职位基本相等。其为官从政时,迭显才干,颇著政声。如顾文彬本人,服官京中和地方前后20年,"所至以贤能称",任职有名的肥缺浙江宁绍台道时,"于市易交聘事宜,刚柔操纵,胥中窾会,而填阏咸河一役,利赖农田尤普云",[2]尤其是反复比勘复核,迫使道衙老吏吐出一半赢羡银两,顾颇为自得,日记所记相当传神。其缺位也一直有人觊觎,但他连任4年,始终未有人能撼动。膺此任重肥缺,绰有余裕,有学有术,殊属少见。所以王颂蔚说他"文学淹赡而未参侍从,才堪方任而位终监司,雅性冲澹,不慕时荣,年未悬车,投劾归里",[3]不免婉惜。顾才堪大任,理政得心应手,精神也好,却早有从官场抽身之意。光绪元年年初,即预定秋天乞病归家,而实际在当年四月更提前辞官。后来在怡园落成后吐露其心迹:"宦海无涯防失足,家园初筑即抽身。"[4]对于仕途官位,较为恬退。

顾文彬的知交密友,出入之间,大多类似。任过江苏按察使的李鸿裔,黎庶昌赞他"才高而学赡",曾国藩说他"豁达精敏,应世才也"[5]。任过权江苏布政使、按察使的杜文澜,俞樾转述李鸿章的评价为"贤而才,且工文辞"[6]。寓居苏州前任过苏松太道、后来复出官至署两江总督的沈秉成,俞樾称颂他"起调词苑,而至封疆,理干开达,综事精良"[7]。官至广东高廉道的陆心源,直隶总督刘长佑称他"才识精明,志行清直,可大用",俞樾说他"仕学兼优","长于拨繁,案无稽牒,千端万绪,部分如流","君之仕也,器能政理为管萧亚匹,其为学也,研精坟典,超踰杨班张蔡之畴","综君一生,惟学与仕二事,仕则群公交荐,学则无语褒扬,仕学兼优,其弗信乎";李鸿章说他"学识闳通,气局远大,屡试艰巨,见义勇为,军务洋务,并所练习"[8]。平心而论,这些人绝大部分有理政才能,任职地方,屡著实绩,口碑较佳,如果继续在仕途上奋斗,发展空间较为宏阔。有些人后来也确实臻致辉煌,如张之万官至大学士,沈秉成官至署两江总督,陆心源则因辅相李鸿章推毂勉强入朝。然而这些人大多见好即收,或急流勇退,或盛年辞官,似乎并不热衷官场,于仕宦较为恬淡。

这些人,大多不是苏州人,但无论是当地人如顾文彬、潘曾玮,还是苏州近邻人如吴云、沈秉成、俞樾、陆心源,或曾在苏州任职的,无论是壮年辞官的李鸿裔、杜文澜,还是只是暂时离开官场日后还会秉钧大政的张之万,都极为留恋苏州,在苏州觞筹交错,诗文酬唱。如陆心源,俞樾记其卸任广东高廉道回到家乡,自其母亲逝世后,"惟以著书课子为事,或薄游苏沪,与诸老辈文酒燕游,自称潜园老人,

① 潘曾玮:《致闲杂录》,《清代诗文集汇编》第675册。
② 王颂蔚:《浙江宁绍台道顾公墓志铭》,闵尔昌辑《碑传集补》卷17《监司一》,第19、20页。
③ 王颂蔚:《浙江宁绍台道顾公墓志铭》,《碑传集补》卷17《监司一》,第20页。
④ 顾文彬:《过云楼园日记》,光绪三年十一月廿一日,第455页。
⑤ 黎庶昌:《拙尊园丛稿》卷4《江苏按察使中江李君墓志铭》,《续修四库全书》第1561册,第353页。
⑥ 俞樾:《春在堂杂文》四编卷3《江苏候补道杜君墓志铭》,《续修四库全书》第1550册,第400页。
⑦ 俞樾:《春在堂杂文》六编卷4《安徽巡抚沈公墓志铭》,《续修四库全书》第1551册,第45页。
⑧ 俞樾:《春在堂杂文》六编卷4《广东高廉道陆君墓志铭》,《续修四库全书》第1551册,第26—29页。

澹然有以自乐"①。这些人,无论来自江南还是外地,无论为官何方,家境大多优裕,社会地位较高,情操大致相同,素养基本相同,于诗文均有相当造诣,于金石书画鉴赏大多抱有浓厚兴趣,收藏摩娑,赏奇析疑,乐此不疲。尤其于文物鉴赏收藏一门,各人不但收藏丰夥,而且各有倚重,形成特色。顾文彬醉心于书画,吴云最擅长金石,李鸿裔潜心书法、遍阅古帖,潘曾玮倾心法帖楹联,陆心源标榜宋、元版本,沈秉成所收以钟鼎彝器出名,均各擅胜场。

通过频繁经常性的聚饮和平时的个别访问晤谈,顾文彬与同道、苏州地面上的致仕官宦和社会贤达,保持着频繁互动式的密切联系,与上自总督巡抚、中如知府粮道,下至附郭三县县令及中下级武官等地方官员,均维持着良好的关系,与前朝朝中大佬如潘祖荫和在任要员如张之万、翁同龢等也有适时的联系。即使公请地方官员花费较昂,顾文彬不时抱怨,但顾仍十分注意,礼数周到。②顾文彬与活跃在苏州的同道,并通过同道之间的关系,成功地编织起一张极为庞大细密的社会网络,③无论是处理家事私事,还是地方公事义行善举,无论是书画收藏赏鉴雅事,还是干谒请托的琐事俗举,似乎均能得心应手,如愿以偿。

二、鉴赏收藏:切磋书画文物之艺

顾文彬的老家苏州、早年出任京官的京师和后来起复为浙江宁绍台道的宁波地方,都是历代名迹收藏流通重地。顾文彬从道光八年起,留心收藏,尽力搜求,到同治末年,弆藏法书名画甚夥,已蔚然成一代收藏大家,在江南地域无出其右,书画鉴别眼力精审,堪为藏界翘楚。其光绪元年退官家居时,顾之收藏高峰已过,过云楼的镇楼珍品也已弆藏在库,东南或江南第一藏家的名声早已闻名遐迩,然而直到光绪八年底其子顾承病逝,顾文彬不但谆谆教导其子嗣要留心书画讲究艺事,而且其本人雅好收藏鉴赏书画的兴致丝毫未减,仍然利用一切机会,倾心于此,过云楼从而出旧补新,拾遗补缺,持续增添了不少瑰宝。

顾文彬居乡期间的书画赏鉴收藏活动,与以前相同,大体可分为两类,一类主要是赏鉴,另一类是收藏与出售。而赏鉴又可分为同道共赏或个人鉴赏。

同道共赏往往是同好相约,或前往所约客场,或前来主家观赏,所观藏品或由某人携示,或由同道互相提供。其时的苏州,顾文彬之外,有如前述,活动着如吴云、李鸿裔、陆心源、潘曾玮、沈秉成等一批收藏鉴赏家,同道赏鉴最利于锻炼收藏眼光,苏州绅士时时举办同好鉴赏活动。光绪元年五月,十一日,在吴云邀饮的宴席上,顾文彬与李鸿裔、杜文澜、陆心源、潘曾玮等同好,观赏著名的皕宋楼主湖州人陆心源携示的东坡行书《昆阳城赋》卷,吴渔山《春耕烟卷》图和宋刻四家帖。二十六日,汪琴霞携示《靖难三忠》卷,"三忠者,方正学、黄子澄、俞贞木也。黄令之携示魏大中《狱中遗嘱》册。以上二件

① 俞樾:《春在堂杂文》六编卷4《广东高廉道陆君墓志铭》,《续修四库全书》第1551册,第28页。
② 光绪五年正月初八日,顾文彬等同道6人公请年酒,所请者司道及现任、候任厅州县官共40余人,席间有京班表演,所派公费每人32元;六年正月二十二日,顾等绅士公请署藩台等人春酒,公份每人派43元,顾直呼"可谓费矣"(顾文彬:《过云楼日记》,第486、504页)。
③ 如吴云,是大学士潘祖荫之弟祖颐的岳父,祖荫因而"十余年来月必三四通问,即少亦一二往返也,金石外无一语他"(潘祖荫《两罍轩尺牍序》)。

皆陈良斋物也"。六月初一日,赴张之万之招饮到远香堂,顾亲携巨然画,张之万留观。张也出示黄子久山水、梅道人山水、山谷小像轴、宋徽宗《竹禽图》绢本,王叔明山水轴、钱舜举山水卷,皆纸本,"见出皆真迹也"。二十日,顾赴沈秉成招饮,席上"盛膳之器,俱用古铜器,镕锡作胆,颇新奇可喜"。同时所见画卷数件,"皆不佳,铜器最佳,玉器次之",顾拟购取提梁卣1件、周甗1件、皮糙白玉扳指1件。三年,二月二十七日,吴云与杜文澜招饮,预嘱各人携带书画数种共相欣赏。与席者另有李鸿裔、陆心源、吴清如和潘曾玮。顾携宋拓《十三行》两种,并梁少甫所押赵松雪书《秋兴赋》卷。各人所携者"瑕瑜互见"。观赏之余,顾大发感慨,思忖"此种雅集已不可多得矣"。但三月十八日,李鸿裔与吴大澂共为主人,在网师园招饮,坐客有吴云、杜文澜、潘曾玮和盛康,"各出书画,共相欣赏"。李鸿裔出示上年以千金所得宋元名人书简,系松下清斋旧藏,当年书法大家翁方纲每页皆题,"真无上妙品";顾携以石谷《秋山图》卷、石涛书画卷,叮嘱吴大澂篆书观感。从此,此类共赏雅集确如顾文彬所言,不可多得,但零星的赏鉴活动仍有。五年二月十八日,顾赴网师园,与勒方锜、吴云、沈秉成、潘曾玮等人,一起欣赏李鸿裔新押到的《醴泉铭》,系张小华旧藏,翁方纲"精楷题满,固是宋拓佳本,尤以翁题增重"。另有宋拓王《圣教序》,王石谷《趋古册》,石涛《长水对题》册,张得天、陈香泉两字册。顾颇有艳羡之意。据李鸿裔日记所记,七年四月初九日,李"赴过云楼看碑帖及宋元书画,薄暮乃归",同月二十日又"至过云楼,阅古劳甚";五月初七日,"过云楼送交书画碑帖十九种,无心展玩",初十日"赴过云楼评赏书画,语多率易,戒之"。[①]李鸿裔所记几次小范围书画赏鉴,顾文彬均未着笔,说明其后几年的日记所载极为简略,于书画赏鉴更殊少着笔。

如果进一步考察顾文彬等人的书画鉴赏圈,可谓圈中有圈。顾文彬与吴云、李鸿裔等人赏鉴频频,吴云、李鸿裔与寓居常熟的常州人赵烈文常常切磋,信札往来极频,但顾文彬与赵烈文之间却殊少交集,更罕见两人一起赏鉴书画。个中原由,或许与两人私交不深有关。

上述小范围集体赏鉴,重在赏鉴珍品,各人不时展示珍藏,分享收藏的乐趣,交流心得经验,切磋鉴别古董技艺,至若辨别真赝,品第优劣,甚至估算价格,均是题中应有之义,在赏心悦目的过程中,这些收藏家或鉴赏家颐情养性,也藉以满足个人收藏欲望。诚然,细究上述藏家的共鉴共赏活动,从晚清苏州的古董行情来看,赏鉴与购售不能截然分开,藏主在共鉴共赏之时,估算价格,判断眼光,较量心智,实际上时刻左右着古董市场行情,忖量着藏品的潜在价值,这样的集体赏鉴,就含有一定的展销成份,藏主恰可以利用展陈之机寻觅出售的适当时机和合宜价格。事实上,不少藏品就是在观赏过程中完成其转让或易主过程的。

个人鉴赏头绪较为烦多,或顾文彬个人出外欣赏他人所藏,或携示自身所藏,或同道前来欣赏。前者如,光绪元年,八月十七日,顾于午后前往无锡荡口镇,拜访华笛秋,观其所藏书画,"以王廉州大册小卷、王蓬心大册为佳";又往拜华芸庄,观其古玉、铜器,并携归汉玉杠头一个,商卣一个。十月初九日,往晤吴云,携示文兰卷。十九日,往晤潘曾玮和陆心源,取陆氏所藏虞永兴书《汝南公主墓志序》,后有李东阳、王世贞等明贤十余家跋及看款。归家后"示三儿与陆芝翁,皆以为伪迹,即日还之"。

① 李鸿裔:《靡苍阁日记》,《上海图书馆未刊古籍稿本》第18册,上海:复旦大学出版社,2008年,第166、168、173、174页。

二十四日,在张菊垞招饮席上,吴云、潘曾玮、张之万"各出汉器多件赏玩,皆佳品也。余所心醉者,以子青所珍画歌为最"。十二月十六日,晤杜文澜,"嘱将所书南雪匲添跋;晤李鸿裔,"观其藏砚数方"。二年,二月十五日,与三儿顾承至道前街联升客寓,观赏吴子敬封翁所携怀素草书、颜鲁公楷书册四本、晋唐集帖四本、阁帖残本二册、祝枝山行草书册、陈白阳花卉八页、大涤子补四页册、国朝名人集书二册、大西洞端砚一方,"俱取来阅看"。十九日,访沈秉成,送吴子敬所藏怀、颜墨迹册与阅。次日,沈秉成送还,即转还主人。三年,正月初四日,与李鸿裔一起到沈秉成处,观其新得虢叔大霖钟及仲敦,"皆周器中精品"。四月二十日,往晤李鸿裔,取回小米卷。午后往晤沈秉成,送小米《云山》、石田两卷与张之万阅看。九年,四月初一日,应李鸿裔之邀,同访寓居常熟的武进人赵烈文,俩人"盘桓至暮而归"。赵烈文诗、古文、词皆佳,尤深于金石,"出示所蓄金石拓本十余册,多有考据"。次日,俩人同访赵次侯,赵烈文也踵至。次侯"收藏颇多,出示王元章梅花卷、钱叔美小册,皆佳"。[①]主客均相当满意。

后者如,元年九月十五日,李鸿裔来谈,携去宋拓《十三行》、《靖难三忠》卷。十月初九日,李鸿裔和吴云来观书画,并游后园。吴云携去徐天池卷,李鸿裔携去王文成楷书册。二十五日,何寿林携示绢本仇十洲《赤壁图》、董思翁山水卷,唐六如书画合璧卷,"皆昔年避兵沪上时为其代购,皆佳物也"。又有洞庭西山人蒋恂如携示徐姓所藏仇十洲画《兰亭卷》,正好汪琴霞在坐,指为伪品。二年四月初九日,吴云出示汉玉钩,与顾所藏两钩如出一手,"索价太昂,未识能得否"。十八日,吴云借渔山图、卞文瑜册、刘彦冲册。三年六月初三日,张之万来游怡园,阅字画20件。次日,张之万借去渔山《临山樵〈横山晴霭〉》卷,南田花卉七页册。四年二月二十六日,金保三从沪上来,携视柳如是、黄皆令设色山水合卷,"系孙古云旧藏,近为张祥伯之物,索价太昂,恐不得矣"。卷上又有欧阳修题《杂法帖》,有"寓心于此,其乐何涯"八字,顾私忖:"若搞此八字刻一印章,印于书画跋尾甚妙,可与'足我所好,玩而老焉'作对。"九月初十日,吴云送来所题褚《兰亭》墨迹卷、宋拓《十三行》小册,"考据甚精,小草亦精绝"。五年二月二十九日,勒方锜托售宋徽宗画山水卷,顾因不收绢本,让与李鸿裔。十月初三日,李鸿裔来,取去石曼卿、黄山谷、祝枝山、王觉斯四卷。

个人鉴赏无论是顾文彬主动外出观赏,还是同道或他人前来品题,也含有较多藏品搜购或出售的成份,前者多含有搜罗藏品的成份,后者多含有推销藏品的成份。

购藏一类,就顾文彬而言,主要是搜罗收购,即使零星出售也主要体现为出让性质,出陈易新,进多出少,优化藏品。光绪元年,十月初一日,顾以80元之价得徐天池花卉、文征明兰竹两卷。初七日,又因华芸庄所荐,以65元之价得天文钟一具。二十七日,秦淡如之子即华笛秋之婿号乙青者,从无锡来,携示绢本陆探微卷,顾昔年在沪见过,系伪迹。三十日,由汪琴霞经手,以60元之价得石谷卷。十一月初一日,汪琴霞携示宋克所书《画谱》,纸已受伤,不甚精,索价70,还价10元,未成交。初六日,以35元之价得唐六如画卷。二年,二月十七日,以50元之价购得前日是所阅吴子敬处端砚,而其余物件交还。二十一日,以40元之价得吴子敬所售白阳花卉册八页和石涛补四页,"其余数件送与仲复阅

① 顾文彬:《过云楼日记》,第539页。此次访问赏鉴,赵烈文日记也有记载,见《能静居日记》(廖承良标点整理,长沙:岳麓书社,2013年,第2124、2125、2128页)。两人所记,时间情节相同而各有侧重,且由赵记可知,赵于一个月后的五月初二日到怡园回访了顾,相谈较久。

看,潜入家藏数件。仲复留黄小松《访碑》册一件,却非吴物,余皆退还"。此举志在出售藏品最为明显。四月初二日,有南京人持来书画数件,内有唐六如白描《东坡笠屐图》,上方长题,纸白板新,"真绝品也";汪琴霞亦持示六如字卷本,"一日之中两见六如真迹,亦奇缘也"。后于初八日仅以10元之价得唐六如白描《东坡笠屐图》。闰五月十七日,往约潘端卿至汪宅观《江南春》卷。此卷主人遗嘱"不轻示人",托陆小松介绍,始得一见。七月二十二日,以70元之价得赵松雪楷书《莲花经》一册。四年,八月初四日,顾挈三儿顾承至颜家巷,访宋菊坻陶仙,见其在谷城所得过古铜器11件。初六日,顾承以文画祝字致书于宋菊坻,"欲易其铜器两种,而宋公竟不允"。十二月初四日,顾承以赝作南田《十万图》册,王麓台、吴墨井各一轴,从扬州客人之手易得曹云西立轴、渐江《黄山图》六册、明瓷印盒、青田石图章。五年,正月二十二日,往晤吴云,以潘孚之携示之汉玉琴拂柄请其赏鉴,估值50元,"然与索价相悬数倍矣"。十一月十七日,往晤陈良斋之子陈苍舒,以70元之价得其书画、图册、古墨等。六年,正月十八日,以66元之价得汪西生家零星售存之物。三月十一日,盛寅谷与程小庐顾访,持示石谷山水轴"有朱竹、王麓台两题",恽南田荷花轴,索价200元。顾还价80元,"相悬殊甚,只得任其携去,然颇惜之"。十八日,盛寅谷送阅恽南田仿云林、严荪友《茂陵秋雨》两轴。四月十九日,由师竹斋经手,以70元之价得汉玉钱一枚,"坐色白糯,红晕满身,可谓精品"。顾在数年前见过此件,索价三百元,现仍觅得,视为"前缘"。二十日,师竹斋又持示宋拓《云麾碑》,系张祥伯之物,顾与其所藏合较,乃同时拓本,"惟多出二三十字为胜"。七月初五日,广东胡蘧庵购去宋人《群仙高会》卷、张即之残经册、宋拓《家庙碑》《夏出碑》《线断皇甫君碑》、恽南田鸡扇面,共价银圆730元。初七日,吴云邀集的真率会上,李鸿裔携示新得董东山画册。八月十三日,以200元之价得赵松雪草书《千文》卷。十月十六日,以25元之价得宋拓《黄庭经》一本。十月二十二日,以200元之价得仇十洲《瑶台清舞》卷。二十四日,由何寿林经手,以90元之价得汉玉琴拂柄,"精品也"。十一月初五日,往晤吴云,吴出新得汉玉两件示之,"皆叹赏不置,决为真品"。

如前所述,顾文彬曾于四年三月初二日说其居乡行为,"除却窥园事事慵,不衫不履不支筇"。但观其书画赏收藏,顾文彬似乎情有独钟,至死不倦。八年七月二十六日,三儿顾承病逝。顾承书画鉴定独具眼力,其水平在其父之上,极为文彬所期许,实是顾氏收藏最合适的传人。然而其长年身体虚弱,现在遽然长逝,文彬"痛心如割,手足无措""心肝摧折,非语言所能释",十分悲痛。九年正月十一日,吴云逝世,顾文彬少了一个古董收藏的有力竞争者,但也失去了一个相交30年之久的同道知交,顿感落寞无聊。虽积习难改,仍有零星书画赏鉴活动,但不过余响而已,不值置论。九年十二月,顾文彬总结其书画赏鉴售买情形道:"自承儿殁后,余古玩之兴索然已尽,� 钟售与潘伯寅,价七百金;提梁卣亦售与,价六百金;范文正手札二通、明人跋二十四家,得于京客,价八十金。终年出入,如此而已。"①珍藏的�钟和提梁卣转售给了潘祖荫,得价1300两,而以80两之价新得范文正手札二通和明人跋二十四家。然则合观其其他年份的藏品进出,顾曾以730元之价将宋人《群仙高会》卷等售出,两相比较,数量上还是入多出少,仍是以收藏为主。

---

① 顾文彬:《过云楼日记》,第542页。

综观顾文彬居家期间的书画赏鉴活动，他既没有像早年为宦时期四出搜罗，也不像明后期江南著名的收藏鉴赏家李日华、项元汴等人远出广求，而基本上只在苏州城区活动，或守株待兔，等待古董藏主或经纪人前来，其间只有两次到了邻近苏州的无锡县荡口镇和一次到常熟，算是较远地方。就顾文彬全部珍藏而言，其居家期间藏品出入虽然无关大雅，但顾利用当时不少收藏旧家败落（如梁章钜、陈良斋兄弟、汪西生、沈树镛等）藏品佚散之机，凭借其子顾承独一无二的书画鉴别眼力，仍然精心搜集了不少珍品，顾氏孜孜以求，更加充实了过云楼收藏。顾之个人收藏赏鉴的压轴之作，即是与其子顾承精心考订、用心题识的《过云楼书画记》。顾文彬晚年的收藏鉴赏活动，也清晰地反映出，顾文彬与同时人李鸿裔吴云、陆心源、沈秉成、潘遵祁以及常熟的翁氏，是晚清苏州收藏市场上最为举足轻重的一批人。

三、丽人侑觞：时作狎斜之游

顾文彬致仕回到苏州，在"谱集群芳，香称一国"的"佳丽之乡，游冶所习"的苏州，[①]最初几年，虽然年近古稀，家有张、浦两姬，但仍老当益壮，时作北里之游，或者常于酒酣耳热之际招请歌妓侑觞，饱享艳福。

顾文彬抵家前一天在上海，应盛康之子盛宣怀之邀，前往周月林家饮馔，顾唤潘秀宝出局，[②]席散后，又到秀宝处，还局洋三元，并与之对弈一局。后又应蔡渌卿与吴荫庭之邀，往酒楼，又有三妓出局。按日记所记，到家一月后的六月初一日，顾才在潘曾玮的邀席上接触侑觞者雅云、雅仙。以后直到八月十二日，盛康预订十四日之约，"须各唤一花"。顾"意中无人，欲遍访之"，与项琴舫作紫曲之游，先后到了四处，书寓两处，一般蕙卿，一李翠娥，京帮两处，有雏姬名素仙、素琴者，皆十三岁，"颇可人意"。顾属意于蕙卿，而以素仙荐于李鸿裔。次日，潘曾玮通知顾，为盛康预约所唤之花归其传唤，蕙卿、素仙之外，有双凤者归张之万，雅云者归潘曾玮，雅仙者归盛康本人。十四日午刻，众人齐聚胥门码头，不久，"所唤群花毕至"。盛康预备的红单船和灯船各一只，开出数里至青杨里。此番四个知交群体招饮花酒，喝酒听曲，自午时直至深夜。二十二日，顾于"傍晚往访蕙卿，小坐"。九月十四日，顾赴张之万和潘曾玮之邀到远香堂，与何煦斋和郭某同席，有武雅仙、杨双凤等侑觞，顾唤殷蕙卿。十七日，顾至殷蕙卿处，还其十四日出局洋五元。蕙卿索书楹帖，顾拟嵌字联云："戏评花谱题红蕙，细拣箫材选绿卿。"二十三日，顾出席沈书森招饮，同席有潘曾玮、潘伟如和瑶笙、吴植卿，有殷蕙卿侑觞。十月二十四日，顾赴张菊垞之招，与吴云、潘曾玮同席，有姬侑觞，顾唤杨双凤，张唤周墨卿，潘唤孙小宝。十一月初三日，顾至双凤家，还其局钱五元。

顾文彬初回家的近8个月中，在他人招饮的酒席上，至少接受丽姬侑觞5次，参与小范围出游喝花酒1次，到姬家小坐1次，为还丽人出局之资到了妓家3次，大体上平均一月一次，数不为频。

光绪二年，三月十九日，顾往访沈书森，适值其请客，就留下与潘曾玮和生客3人同席，有武雅仙、

---

① 西溪山人：《吴门画舫录》郭麟序、吴锡麒序，叶德辉编《双梅影阁丛书》，海口：海南国际新闻界出版中心1995年版，第150、152页。
② 所谓"出局"，晚清金匮人释为"近人招妓之称"（《三借庐笔谈》卷12"出局"条，第10页，《笔记小说大观》第13册，第10266页）。

孙小宝、吴秀宝和王秀英出局,顾唤褚秀宝。次日上午,李鸿裔招饮,顾与张之万、吴云、潘曾玮、盛康一帮老友,坐沈茭白船出游虎丘,出局者孙小宝、褚秀宝,顾唤杨双凤。二十一日,张菊坨招饮,顾与盛康、宋文轩同席,出局者周墨卿、武雅仙、琴仙、孙小宝,顾仍唤杨双凤。连续三天,天天妓饮。二十九日,盛康邀顾往褚家小饮,顾往邀双凤,"适双凤已为菊坨先招去,遂送还其两次出局洋十元"。随往褚家,唤吴新宝出局。饮酒过半,双凤也赶来。四月初三日,与潘曾玮两人偕出访花,先至褚秀宝家,次至对门张二姑娘家,见玉佩、银宝、小宝。又往通关坊访艳,"以病辞"。至双凤家,"坐稍久,吃其点心"。一天中间,先后访花三家,阅雏妓数人。次日,潘端卿约往通关坊"竹游,藉以访花",因雨未果行,约定晴日再往。初五日,潘端卿等三人约顾前往通关坊郑宅,"以竹游为名,藉观姊妹花也。妹胜于姊,只能于竹游时捉刀,借此同坐,稍近香泽耳"。一行人享其"饭菜四簋,共赠两饼,可谓廉矣"。此月初三天中间,连续外出访花。四月初七日,送还吴新宝出局洋五元,"并赠以阿胶六片,因渠素患血症也",又"至双凤处茗谈"。初八日午初,往约双凤至拙政园,与张之万兄弟和潘曾玮竹游,至上灯时结账。初九日,顾赴勒方锜、杜文澜招饮后,与潘曾玮至墨卿、素仙、张二姑娘家茗谈。又是连续三天,未曾间断。隔了一天,顾又至双凤处茗谈。四月十九日,顾至双凤家茗谈,约其二十二日出局。二十二日,潘曾玮借顾之花厅请客,有姚芝卿、褚秀宝、武雅仙出局,顾唤双凤。二十九日,顾在双凤家设席款待盛康、潘曾玮和沈书森,秀英、秀宝、素仙、芝卿等人出局。五月初二日,顾偕盛康往秀英家小饮,潘曾玮已先在,顾唤双凤出局。自此直到十二日,只有初六日因天气太热和初九日至费幼亭家开吊未曾外出,几乎天天前往姬家,或唤其出局。五月十二日,苏州府附郭三县遵奉抚宪出谕禁娼,但对地方绅士似乎丝毫不起作用,盛康、顾文彬等人仍然三日两次妓饮,醉心于温柔乡中,直至此年年底,行迹未曾稍为收敛。

上述期间,顾文彬对招妓赏美有着浓厚兴致。光绪二年四月初三日,与潘曾玮两人偕出访花,在张二姑娘家,"有名翠玲者只十一岁,秀色可餐"。初四初五两日,均以竹游为名,"藉以访花""藉观姊妹花"。二十九日的局场,秀英所携侍婢小金,"乃叶中之冠"。五月十七日,"至富郎中巷丁家竹游,有姊妹花,姊甚平平,妹颇柔媚"。闰五月十七日,"访王崧南之侄女,名书金,仅十五岁,颇文雅,鼻有微麻"。后来顾数次招唤此书金。闰五月十八日,招唤两位佳丽,"两美夹侍",极为自得。七月初二日,顾邀素仙赴盛康之邀,在褚家,见坐客费幼亭所唤小凝脂,号素琴,在京帮蓟家,年仅14岁,"秀出一时,余颇赏之"。后来就屡屡召唤此秀出一时的小凝脂,七月二十五日,还与郭安庭一起为小凝脂做生日。观其所记,顾文彬于其时,真正是寻花觅柳,不亦乐乎。

进入光绪三年,顾文彬等仍然常有此类举动,但其频率大为下降,大致一月中仅三四次而已。四年起,顾更意兴阑珊。六月初六日,吴子佩借怡园为其太夫人祝寿,顾"赴其晚席,出局者约有六七人,余未唤一人"。后来七月二十六日,潘曾玮借怡园为彭漱芳饯行,次日顾文彬与费幼亭为彭漱芳饯行,两次宴饮均有丽人出局,顾也均有所唤,但此种情形只是偶尔一见而已。

从顾文彬日记所记看来,苏州地方绅士妓饮,在光绪元年八月前,会请妓女侑觞佐酒尽兴,而八月十二日,盛康提议须各唤一花,自后招请女子出局,各唤所爱,名花有主。这些绅士的妓饮,大约可分两类,一是聚饮时招请歌妓出局,另一类是事主前往女妓家。此又有两种情形,一是集体前往,少则二人，多则三四人，二是个人单独前往。至于费用，出局每次在银圆3至5元之间，通常并不现付，往往是过后一两日由事主送还，而事主前往妓家，费用与招女出局大约不相上下。此类活动，苏州绅士大多会参与，但醉心者，主要是盛康、潘曾玮和顾文彬等三数人。而从事出局应召生涯的艺妓，可能最负盛名的是当地的苏帮，其次是来自南京的京帮。从一个下午可以连访数家来看，这些妓家大概分布在相对集中的区域。事主所唤女妓，因各有所好，几次下来，大体固定。顾文彬所唤或其所中意者，光绪元年五月至九月，是殷蕙卿；十月至次年四月，主要是杨双凤，其次是褚秀宝；五月初二日起，因杨双凤想赎身而未及时告诉顾文彬，顾改唤褚秀宝；闰五月起至六月初十日之间，主要是素仙，其次是书金；六月十三日起直至该年年底，最初是湘芙，后来较长时间主要是素仙。先后召唤出局或前往茗谈喝酒的雏妓，主要有殷蕙卿、杨双凤、褚秀宝、吴新宝、素仙、杨宝珠、书金、湘芙、素琴(小凝脂)、张桂卿等十数人，事主一段时间中通常会固定属意于某人。

四、寓乐于赌：娱乐性消遣

顾文彬于博弈之戏，颇有兴致，技艺高超。[1]前此同治九年丁忧时在老家，后来在京等候铨发期间，常与友朋开桌较量。此番退官归里，时间和宦囊丰裕，同道也更易凑合，牌局就开得更多更频。

光绪元年五月二十二日，与冯申之、江子山、程藻安抹和，输了五元。六月初五日午后，到吴云处，正好应宝时来，与杜文澜叙谈，四人"随操演花和"。次日，顾添了第二个曾孙，午刻招请张之万、李鸿裔等一干密友，欢饮一番后，顾与吴云合为一手，与张之万、盛康、杜文澜斗花和，"至暮而散"。十四日，杜文澜招饮，酒罢后，顾与吴云、盛康、杜本人花和。十六日盛康招饮，十九日李鸿裔招饮，同十四日一样，原班四人酒罢花和。二十二日，听书后，至听枫山馆花和。次日，杜文澜和吴云来约花和，顾怕热未去。二十四日，江子山、钮卓卿、程老四来与顾抹和。短短一个月中，顾文彬至少实际参与了7场。七月初七日，顾与吴云、盛康在听枫山馆为杜文澜送行，主客四人酒后花和。初八日，与何老畦、程老四、卓卿抹和。初十日，与端卿、岭梅、三儿竹游。十六日，与江子山、陆于如、程寿甫抹和。十八日，次曾孙剃头，酒席后，与程寿甫、江子山、陆于如抹和，顾赢1元。二十一日，与程寿甫、陶均如、何寿林抹和，顾赢8元。二十二日，听书罢，至听枫山馆花和。二十五日，与寿甫、寿林、均如抹和，顾输1元。二十九日，与寿甫、寿林、均如抹和。一个月中，顾至少参与8场，赢了8元。五、六两个月通计，顾至少出场15次，平均4天1场。后来的5个月，顾氏日记未有打牌记录。

二年正月初二日，在吴云处推牌九，同局者杜文澜和潘曾玮，顾输34元。初三日踵前局，平局。初四日踵前局，顾赢24元。初六日，在张之万春酒席上，再踵前局，顾赢5元。初八日在吴云处与采香、潘曾玮牌九。十六日，与张之万、潘曾玮在吴云处牌会，顾输32元。前后通算，顾净输6元。四月二十八日，与盛康、潘曾玮等人在二乔家竹游。五月初三日，在拙政园，与张之万、张菊垞、潘曾玮竹游。十六日，与程藻安、江子山、卓卿抹和。自正月中旬至五月底数月间，顾文彬倾心于招唤丽姬，很

① 顾文彬《过云楼日记》光绪三年七月初七日："郭安庭偕其友杜东伯来竹游，东伯是手谈高手，余邀忆萱、尊溪与之对垒，东伯下五元，可见高手亦无把握也。"(第447页)

少参与牌局。

闰五月初六日,潘吟香招饮,顾与张之万、潘吟香、殷蕙卿竹游。初五日,与江子山、何素林、三儿抹和。十二日,吴云、杜文澜邀张之万、潘曾玮与顾竹游,顾输5元。十七日,在富郎中巷丁家竹游。二十一日,在大石头庵郑家,与吴语樵、潘曾玮、端卿竹游。二十四日,在拙政园,顾与竹垞合,与张之万、杜文澜、潘曾玮竹游,顾赢3元。次日,在富郎中巷丁宅,"与陆小松、新之及其帐友竹游"。二十七日,在拙政园,与张之万、吴语樵、潘曾玮、郭安庭竹游,顾与张菊垞合。次日,仍旧,顾等各输4元。

六月初二日,吴云招饮,饭后竹游,吴云之外,杜文澜、潘曾玮与局,勒方锜观局。初七日,在吴云园中,与杜文澜、潘曾玮竹游,顾赢5元。十三日,张之万邀顾及盛康、费幼亭花和,潘曾玮观局,三位客人皆招丽姬陪侍。十八日,张之万招往竹游,顾因昨宵妓饮疲倦,辞之。二十五日,在吴云处,与杜文澜、潘曾玮竹游,顾赢5元。次日,在八旗会馆竹游,与局者张之万、张菊垞、潘曾玮、郭安庭。二十七日,在吴云处,与杜文澜、潘曾玮竹游,顾赢2元。次日,踵前局,顾输4元。

七月初,潘曾玮两次约顾竹游,顾"皆以办义庄稿辞之"。初七日,在吴云处,与李鸿裔、盛康、费幼亭、潘曾玮和杜小舫,共同为张之万做寿,酒席前,"先作竹抹之游,余下二元"。十八日,往游虎丘,"在船竹游,余上四元,唤小凝脂,安庭唤巧龄"。次日,吴云邀竹游,与张之万、潘曾玮对阵,顾赢5元。二十一日,张菊垞招饮,先往竹游,顾与张之万、张菊垞合伙,与潘曾玮、郭安庭对阵。晚饮各唤姬人。

这三个月中,顾参与牌局虽然次数较频,但重心已不在此,而大多是在妓饮时开张的,而且往往草草收场,转往丽人处妓饮。

进入八月,顾自初一至初六日,6天中间打牌4次后,逐月减少,直至该年年底,每月少则1次,多也不过三四次。其因大约与前相同,顾之兴趣点仍在佳丽身上。

三年正月十六日,江子山、陆子和、伊少尹来抹和。自后两个半月,几乎未曾打牌。而四、五两月各有5场,六月有4场,七月有6场。进入八月,场次大增,自初二至初十日,每天一场,未曾间隔。但后来突然剧减,直到年底,顾只打牌2次。其时顾文彬妓饮之事殊少,打牌也相应大减,殊不可解。四年全年只有7次,五年全年更少,只1次,六年正月最多,5次,八月3次,十月,1次。七年起逐月而记,未有打牌记录。大约金盆洗手,顾于此道再无兴致。

顾文彬所记博戏,名称谓竹游、抹和、默和、花和,间称抹戏、讲德、手谈,还有牌九、叶戏。大约除了牌九,即是明代以来在江南盛行的叶子戏,有些地方称为游和。这是一种纸牌,参与者四人,各坐一方,若超出四人,则二人以上可以合伙。其打法,有牙牌16对,依次拈牌,以为变化,多达43680变,各人计算道数,数多者获胜。晚清时有吴县人管尚忠,著有《默竹和谱》一卷,可为参考。[①]

按顾文彬所记,参与此类博戏者,与其层次相同的知己好友如吴云、盛康、张之万、杜文澜,以至偶尔一聚曾任江苏按察使的应宝时,绝大部分人均喜此道。但也有例外,李鸿裔似乎从不参加,潘曾玮似乎只玩牌九,而不与竹游,俞樾与苏州绅士交往甚多,赌场中从未见此位大儒身影。与顾文彬出局

---

① 《天放楼续文言·苏州五奇人传》,参徐澂《述语》,转引自民国《吴县志》卷79《杂纪二》,第48页。又嘉庆《月浦志》卷9《风俗》(第2页)称当地清中期斗纸牌,由马吊而"易小纸牌曰游和"。

对阵的,较之妓饮,人头似乎更广更杂,地方名流之外,往往名不见经传或现在难以查检其行状者,也复不少。其赌资,由顾文彬所记其输赢数额看来,每次不过银圆数元,以顾之较高水平,也未有赢过十元以上的记录,只有牌九会有二三十元出入。如此,又考虑到局场是在家人、熟人或友人圈子范围内,因此其规模相当有限,尚属娱乐消遣性质,根本算不上专业聚赌。参与者顾文彬等人,虽然有时连续作战,但从未夜以继日、通宵达旦长期对决,专注程度似乎也不在谋求输赢。

江南人于赌博,明后期以来风气大盛,高中科举之进士官宦偏好此习尤甚。清初大儒昆山顾炎武甚至说:"今之进士有以不工赌博为耻者矣。"[1]同时人诗文大家太仓人吴伟业也感慨:"余每伤近时风气,士大夫相遇,惟饮酒六博为娱。"[2]平湖人陆陇其甚至举证,说有人评论无锡风气不好,"如秦松龄、侯果华、章志,皆耽于赌"。[3]江南地方历任疆吏如于成龙、汤斌、陈宏谋、裕谦等人,皆曾发布告谕严禁聚众赌博。

顾文彬同当时的其他江南进士一样,也是此道高手。但他一度时间内虽然嗜好此道,其实对赌博一直有着清醒认识,持反对态度。还在宁绍台道员任上的同治十一年至光绪元年间,顾文彬致其儿子家信时,一再警告,"苏中露水,宛如大赌,大为贸易之害,赢则浪用,输则倾家荡产。敏翁(即敏斋,指应宝时——引者)既肯严办,托退老(即退楼,指吴云——引者)力赞成之,倘能立石永禁,造福无量也";"无益之事,如饮酒、竹游、摇摊、唱曲、吹弹等皆是也。苟一无所事之人,借此为消遣之计,尚无大害。……乃辄喜手谈,并牵拉孙辈账友,甚至塾师,从而和之,废时失事,莫此为甚。今我定一新章,自同治十三年元旦起,将竹牌等赌具,一概消毁,不准聚赌一次,有不遵依者,作为违背教训论。此窦一塞,则各人精神自然全归到正经事务上去";"至于手谈之废时失时,必应禁绝,汝虽每月不过一二次,然并此一二次亦封手不谈,岂不干净? ……账友与外来亲友合局者,一概皆可不许,孙辈我已另谕禁矣"。"新岁手谈,例所不禁,然必须有限制,过了元宵即宜停止,断不可因小有得彩接连下去。……如他处有手谈局邀汝者,断不可去。大、四孙更不可去。"[4]认识如此深刻,态度如此坚决,对子嗣约束如此之严厉,自身退官以后却常常身预其间,恐也只能从上述赌博活动仅属娱乐、消遣性质去考量。

五、赏心乐事:雅集、园游与赋诗度曲

(一)同道雅集:消寒会与真率会

消寒会与真率会,是江南文人雅士的传统专业聚会。顾文彬日记所见消寒会,初见于光绪元年十一月初六日,是日午刻,李鸿裔招饮,坐客有吴云、沈仲复、采香、潘曾玮,"作为消寒第一集"。消寒第二集,于十六日举行,"在过云楼请客",坐客有李鸿裔、沈仲复、杜文澜、吴云、盛康、潘曾玮、潘伟如,"午刻入席,未刻散"。二年、三年冬间并无消寒会的记录。直到四年正月初八日,日记记:"消寒会。竹游两席。"说明会后大多数人都参与了娱乐性博戏。其后到八年冬间并无记录。此会屡见举办在光

① 顾炎武:《日知录》卷28 "赌博"条,黄汝成《日知录集释》,长沙:岳麓书社,1994年,第1002页。
② 吴伟业:《吴梅村全集》卷37《文集十五·王奉常烟客七十序》,李学颖集评点校,上海:上海古籍出版社,1990年,第781页。
③ 陆陇其:《三鱼堂日记》卷10戊辰,北京:中华书局,2016年,第256页。
④ 顾文彬:《过云楼家书》,第158、342、349、472页。

绪九十年间。九年十一月十二日，消寒第一集，在吴引之（或即吴献）家中举行，与会者除吴引之和顾文彬外，为任筱园、彭讷生（彭慰高）、潘敉闲、郑秋亭、贝康侯、沈澄之、吴子实，共九人。消寒二集，二十五日在沈澄之家中举行。三集于十二月初七日，在吴子实（或为吴宝恕）家中举行。第四集于十八日在贝康侯家举行，第五集在顾文彬家举行，第六集于十年正月初七日在郑秋亭家举行。初十日，消寒会中九人公请春酒，客十四人，皆同乡，但到者只有潘琴谱、吴子和两人。消寒第七集于十九日在任筱园家举行。第八集于二十九日举行，彭讷生作主，移樽于角山南榭。任筱园因妇病、吴子实往金陵，均未到。①

消寒会，顾名思义，举办应在冬天。但上述活动在光绪二年至八年7年间不知何故只举办了1次，或许此时顾文彬等同人兴起了另一种聚会形式真率会，事实上替代了消寒会。九九消寒，但同人聚会，不但未曾年年举行，而且没有一年达到9次的。从这光绪元年冬间的两次和十年的八次消寒会来开看，所谓消寒会，有人发起，轮流作东，与集者多是同道知己，人数在五人以上十人以下，并无正式要事，只是中午相聚，主人作东，会餐一次而已，真正"消寒"而已。至于两集间隔，当在十天左右，从实际聚会来看，通常在十数天范围。

顾文彬等同道知交，光绪四年九月起又发起了真率会。日记记，四年九月十七日，"潘敉闲借听枫山馆作率真会（疑误，当作真率会——引者），座客勒少仲、李香严、退楼与余也"。

五年二月初六日，"赴退楼真率会，同席勒少仲、李香严、潘敉闲，惟沈仲复因患痢痔未到"。十七日，"风雨交作。是日，香严所约真率会移于明日"。二十六日，"赴仲复真率会之招，坐客仍少仲、香严、退楼、敉闲，申刻散"。三月初六日，"余招集真率会于怡园，即前五人"。十二日，"潘敉闲招集真率会于听枫山馆，即前五人"。二十二日为顾文彬生日，"真率会中五人及亲友共二十余人公送大雅班一部，酒筵四席"。二十九日，"少仲借听枫山馆集真率会，同集者香严、仲复、敉闲、退楼与余也。少仲以友人托售宋徽宗画山水卷出示，余因不收绢本，让与香严，以二百元得之"。②闰三月初三日，"潘西圃邀看娑罗花，同集者即真率会之六人也"。潘西圃即潘遵祁，致仕在家的大学士。四月二十四日，"勒少仲作点心东道，在网师园，未集申散，坐客仍真率会中人也"。九月初二日，"李香严邀真率会，同席彭讷生、沈仲复、吴退楼、潘敉闲"。初九日，在怡园举真率会，午刻入席，"到者李香严、吴愉庭、潘敉闲，不到者沈仲复因姐病剧、彭讷生招墓"。十月初十日，"潘敉闲招集真率会，适勒少仲陛见回苏，昨日才到，今日即邀之入席"。十一月初二日，"仲复在耦园作真率会，同席李香严、彭讷生、吴愉庭、潘敉闲与余"。

六年二月二十九日，沈秉成来，约三月初二日在耦园举办真率会。是日，"举真率会第一集，同席者讷生、愉庭、敉闲、香严也"。四月初四日，"午刻，赴听枫山馆真率会，坐客香严、仲复、讷生与余也"。二十二日，香严招集真率会，"同坐讷生、平斋、仲复、季玉"。七月初七日，吴云邀集真率会，"香严、讷生、季玉、仲复，新邀谱琴。香严携示新得董东山画册，价洋二百元"。十二月初九日，"愉庭邀作蝴蝶

---

① 顾文彬：《过云楼日记》，第541、542、545页。日记所记消寒会第四、五集，先是称十二月十八日"消寒四集在余家中"，后又称"中旬消寒第四集在贝康侯家中"、"下旬消寒第五集在余家"，此会当每人主办一次，故取后记。

② 顾文彬：《过云楼日记》，第490-491页。

356

会,即真率会之变局,亦即真率会中人,惟添入许星台"。

七年二月二十日,"真率会第一集,余作主人,设席怡园。李香严、吴退楼、彭讷生、潘季玉、谱琴。惟沈仲复未到,因其夫人自去年病起至今日未愈也"。二十九日,"真率会第二集,潘季玉、谱琴作主,集于救闲草堂,李香严、吴退楼、彭南屏与余。惟沈仲复仍未到"。此次真率会,李鸿裔《靠苍阁日记》也有简略记载。[①]九年二月初二日,"真率会中人公祭愉庭"。

十年四月十二日,举七老真率会,移樽于潘西圃之三松堂。与会者蒋心香、彭钝舫、吴引之、吴语樵、潘救闲,期而未至者任筱园。庭前安罗花盛开,西圃手剪数枝分赠座客,首开唱七律两章,顾与诸人各有和章,并乞顾若波绘《西圃看花图》,请会中人各书和诗于后。

上叙各次真率会,若每年序算,光绪四年1次,五年14次,六年6次,七年2次,十年1次,会期最频时如五年时大体上一周一次。与会者是固定的,顾文彬之外,最初发起时是潘曾玮、勒方锜、李鸿裔、吴云五人,次年加入沈秉成,成六人;光绪五年五月勒方锜升任福建巡抚离苏,加入彭慰高,仍为六人;六年七月新邀潘祖同(谱琴),满员为七人;十二月添入许应镳,增加为8人。惟日记所记最后一次即光绪十年四月十二日那次,新老交替,与会者有蒋心香、彭钝舫、吴引之、吴语樵,大多换了新面孔,致仕大学士潘遵祁似乎也曾与会。真率会前后多达十几人,但举会时,因临时有事,与会最多者为六人,通常是五人,有时只有三四人。光绪五年底六年初画成《吴郡真率会图》,入图者七人,为顾文彬(艮庵)、彭慰高(讷生)、沈秉成(仲复)、吴云(愉庭)、潘曾玮(救闲)、勒方锜(少仲)、李鸿裔(香严)。[②]同消寒会一样,与会者轮流做东。至于饮馔,顾文彬于六年十二月初九日那次,专门说明道:"星台携来之肴独多。愉庭以熊掌款客,余食之屡矣,了不觉其味之佳,列入八珍乃浪得虚名耳。"可知平时聚会较为精致,但丰俭得宜,并不过份奢华。真率会在光绪六年十二月那次聚会也被发起人吴云改称为"蝴蝶会",但观其形式和内容及参与者,与真率会并无不同,故顾文彬视为"即真率会之变局,亦即真率会中人"[③]。其举办地点,与一般同道招饮相同,条件天具,无需设席酒楼店肆,而通常是在发起人的园第,如顾文彬的怡园,吴云的听枫山馆,李鸿裔的网师园,潘曾玮的救闲草堂,沈秉成的耦园,潘遵祁的三松堂,均成为绝佳场所。

顾文彬日记所记的20多次真率会,大多未标具体名目,从偶尔所记的只言片语可以推知,这批工于诗文、擅长书画鉴赏,且社会和官场地位相类的同道聚会,饮馔品茗之时,大体上不出鉴赏书画古玩,觞咏联句,赏景赏花,纯粹是诗文之会。举办时,有人首倡,众人和章。五年二月十八日,李鸿裔请大家欣赏其新押到的《醴泉铭》、王石谷《趋古册》和石涛《山水对题册》等。二十九日,勒方锜出示友人托售的宋徽宗画山水卷。闰三月初三日,潘遵祁邀请同人看娑罗花。六年四月初四日,吴云的听枫山馆新构茅亭,枫树下环筑假山,移石笋第三株,索顾文彬应求题写楹联。沈秉成新得翁方纲隶书,请与

① 李鸿裔:《靠苍阁日记》,光绪七年二月廿九日,《上海图书馆未刊古籍稿本》第18册,第157页。
② 此图《过云楼日记》点校本前引图录说明称"成稿于清光绪六年"。确切点说,据《过云楼日记》此图请胡芑孙(岫云)作成于五年十一月初二日耦园聚会之后,当月二十三日,顾文彬将画资送往胡岫云,带回会图,转交勒方锜、李鸿裔、吴云。吴云嫌己照之瘤太大、李鸿裔面色太红,嘱顾令胡略改(参看顾文彬《过云楼日记》第499页)。现在此图当即修改后之图。
③ 顾文彬:《过云楼日记》,第520页。

会者各和联句,顾所和两首,有"招邀修禊续消寒,嘉树阴下几席安"之句。七月初七日,吴云邀集真率会,李鸿裔携示新得董东山画册。咏诗题联,赏画赏景,类皆如此。而尤以五年十一月初二日沈秉成耦园之会和十年四月十二日潘遵祁三松堂七老真率会较为典型。前者实时请胡芑孙绘图以纪其实,会中人各将和诗书于图后;后者时当庭前安罗花盛开,潘遵祁手剪数枝分赠座客,首先开唱七律两章,顾文彬与潘曾玮、蒋心香等六人各有和章,并请顾若波绘成《西圃看花图》,会中各人自书和诗于后。如此雅会,在世事蜩螗的晚清,堪称不多见的胜事。值得注意者,勒方锜时任江苏布政使,后来升任福建巡抚陛见后回到苏州,始终是真率会中人,许应镕时为江苏署布政使,也加入进去,说明真率会并非纯然苏州地方乡绅团体,在任官员也参与其中。真率会之类雅集,到了民国初年,文彬之孙麟士赓续,在怡园中与吴大澂、顾若波、王同愈、费念慈、金心兰、吴昌硕等共结画社,再举雅集。

(二)卧游山林:怡园宴客

顾文彬辞职归里,光绪三年怡园建成。怡园经顾文彬与其子顾承两代人精心设计,"东南多水,西北多山,为池者四,皆曲折可通。山多奇石峰,丑凹深凸,极湖嵌之势"[①]。园中廊轩亭台布置得宜,四时花木名树点缀其间,游园赏景,极为宜人。从此,顾文彬等同道怡情欢聚,又多了一处绝佳场所。怡园除了一般招饮和真率会、消寒会之类的聚会外,还曾举办过其它宴饮酒席。三年三月初八日,怡园艮庵前牡丹盛开,顾氏开筵邀请一帮老友,李鸿裔、杜文澜、吴云、潘曾玮、吴大澂光临,沈仲复和盛康因故未到。八月十五日,顾与李鸿裔、沈秉成、吴云、杜文澜、盛康和潘曾玮、蔡滋斋等一帮至交,公饯张之万和张菊垞。四年二月十四日,午刻,"怡园请客",宴请费幼亭、蒋心香、吴语樵、彭漱芳、彭岱灵。二十一日,"怡园请客",到者"史伟堂、费幼亭、潘季玉、陆竹园、郭安庭,午集申散,请而未到者潘梅若"。次日,"怡园请客",到者勒方锜、杜文澜、李鸿裔、吴云和潘曾玮,"请而未到者金眉生,因已返棹矣"。金眉生当即金安清,字眉生,号悦斋,时为湖北督粮道或盐运使。二十五日,"在怡园请总捕厅及三邑尊,总捕朱公辞而未到。陪客请程藻安,于午刻先到,长洲万小亭、元和阳小谷、吴县汪长青迟至未正始到"。[②]二十八日,"怡园请客,营官窦□□、田□□,中军韩进之,候补道陈仲泉、汪赓虞,请而未到中军崔松圃"。短短一个月中,顾文彬郑重其事,直接记明"怡园请客"类字样5次,邀请者除了与其身份相类的新老朋友外,是苏州府附郭三县长,元、吴的父母官和负责地方军事的中军、营官和治安官总捕厅。顾文彬曾赋诗透露心境,其时"除却窥园事事慵,不衫不履不支筇",但仍然如此频频举宴,说明顾文彬处理与老家地方官的关系,极为用心,礼数周到,酬酢往来从不疏略。同年六月十一日,"园池荷花虽不及上年之盛,然已开数十朵,红白相间,皆重台种"。是日,顾请勒方锜、吴云、潘曾玮、沈秉成、李鸿裔几个老友赏荷,"用五簋八碟,沈仲复、李香严皆因病未到"。十月初六日,新生荣儿满月剃发,"清音款客,客到者六十余人"。五年三月二十四日,顾与潘曾玮在怡园公请吴引之、蒋心香、彭讷生、贝康侯。六年六月十四日,在怡园偕同费幼亭,宴请署理布政使许应镕、苏州织造立山,邀潘曾玮和南屏作陪。八月二十三日,蔡滋斋40岁寿庆,同人21人集怡园公祝,顾"与滋斋、子实、康侯抹和"。

---

① 俞樾:《《春在堂杂文》续编一《怡园记》,《续修四库全书》第1550册,第198—199页。
② 顾文彬:《过云楼日记》,第466页。长洲万小亭,即万叶封,其字筱亭;元和阳小谷,即阳肇先,其字小谷;吴县汪长青,当即汪祖绶,其字民国《吴县志·职官表》作印生,光绪三年五月起作吴县知县。

顾文彬的宴客,尽量安排在条件优裕、环境宜人的自家园林怡园。

诚然,在怡园的盛宴,也并非都是主人顾文彬发起或作东的,怡园还吸引了其他人士借作待客场所。三年七月初七日,潘"端卿来园请客,共两席",席后"竹游"。九月初九日,"程藻安借怡园请三邑明府及褚季常、吴语樵"。四年二月三十日,"彭岱灵借园请客,共三席,余与三儿皆赴之"。七月十四日,项琴舫借怡园设堂局,"马小宝来游"。二十六日,因山东巡抚文格以彭漱芳熟悉洋务,奏调其到省,"潘季玉、吴语樵借怡园为彭漱芳饯行"。席后招唤雏妓出局。八月二十八日,费幼亭"借怡园请客,邀余往陪,午刻入席"。五年三月三十日,潘曾玮借怡园宴请同年之弟,邀沈秉成作陪。五月初二日,费幼亭借怡园请任筱园,邀顾与盛宣怀作陪,有女侑觞。是年八月中秋日,费幼亭在怡园招饮,请客刘冠经、朱秀亭、吴广庵和顾文彬,唤妓侑酒。六年八月二十七日,粮道王某"借怡园招饮,同席者史伟堂、费幼亭"。他人借怡园待客,席后通常还有节目,不是娱乐性小赌,就是招妓出局,因为条件环境优裕,十分适宜方便。

(三)丝竹怡情,戏曲欣赏

顾文彬生于丝竹之乡的苏州,又工诗词,通音律,偏好听戏,极为自然。出任宁绍台道前的居乡期间,顾文彬主要看徽班或苏班的大章班、大雅班、富春部、春台部的演出,偶儿也看京班和"鄙俗可叹"的花鼓戏。退官后,顾文彬与亲友尽情欣赏戏曲表演,丝竹盈耳。

光绪元年七月十八日,曾孙耀生满月剃发,贺客数桌,顾专邀"江西女档子班清唱"。八月十四日,顾随盛康等作紫曲之游,招唤群花,"各抱琵琶唱小曲及京调不等"。十一月初六日,四孙媳20岁生日,贺客早晚数席,"唤江西女伶侑觞"。二年三月二十二日,顾本人诞辰,"午筵六席,晚演傀儡戏"。次日,原任巡抚张之万和李鸿裔、吴云等一帮老友,作为寿辰补祝,"公送滩簧、戏法"。四月初八日,"以三元赏滩簧,歌伎与琴舫各得四元"。闰五月十八日,盛康等人在陆竹园家演剧请客,出席者共十人。十月初二日,同人在拙政园远香堂为张菊垞60寿庆,出公份4元,请江西班女伶弹唱,坐客十余人。初十日,费幼亭之太夫人寿庆,到其家,"则宾客五席观剧,衣冠济济"。十二日,费幼亭还席,"演小班,拆大雅班脚色十余人共演,坐客五席";十五日,张菊垞招饮,"侑觞者有江西女清音两班。二十一日,顾与盛旭、费幼亭借拙政园合请张之万等人,"唤江西班女伶"。二十四日,沈书森有添丁之喜,同人公送江西班。一月中间,顾至少看戏6场,平均5天1场,不可谓不频。十一月初八日,顾之大媳50寿庆,有清音,坐客十席。十二月十九日,盛康在留园邀饮,"侑觞者江西班珍珠"。三年三月二十三日,顺之在三松堂招饮,"演小班答席,并添唤大章班老伶七人同演",杜文澜等离席后,"仍演小班,不请客,演至子正始散"。十一月初九日,顾家赴八旗会馆观班,家眷在西厢一席,孙辈在正厅搭席。四年正月十八日,"八旗会馆演京班,季玉邀余搭席,余独往"。二十二日,童际庭、潘曾玮在八旗会馆答席,观演京班。二十六日,巡抚吴元炳"还席,演剧请客"。二月十二日,费幼亭邀请到浙绍会馆观京班。十月初六日,顾氏新生荣儿满月剃头,清音款客,客到者60余人。十一月十五日,是日入学,顾家"演清音一堂";十六日,"以请客为还席,演小清音折,班中脚色十人"。五年正月初四日,粮道英茂文请年酒,在八旗会馆演京班。初八日,顾与沈秉成等6人在八旗会馆公请年酒,"所请者司道及现任、候任厅州县共四十余人。到者共坐五席,仍演京班"。三月二十一日,顾家儿孙"为余预祝,在仁寿新构戏台一座,高于平地约二尺许,先演大雅班一日";二十三日,"真率会中五人及亲友共二十余人公送大雅班一部,酒筵四席";次日,顾家"还席,仍演大雅班,添请亲友"。四月初八日,严伯雅昆仲为其太夫人预祝80岁生辰,"邀往八旗会馆观剧,辞之";初十日,"往八旗会馆祝严太夫人寿,观剧"。五月初二日,费幼亭借怡园请任筱园,邀顾与盛康作陪,"各唱大小曲四五出"。六年正月二十二日,顾与潘曾玮等5人以公局名义请春酒,"在八旗会馆演京班,共八席"。三月二十日,顾之儿孙"为余预祝,演大雅班,戏台搭于仁寿堂,以纱屏分界,内外男席六桌,女席三桌,演戏至子初而罢";二十三日,"在大厅院中搭戏台,翻轩内搭女眷看台,用纱屏风障隔";二十四日,"演苏班,亲友公份,每份两元,共八席";二十五日,"演京班,亲友公送,每份两元,共十二席";二十六日,"演京班",布政使等共20份,到者12人;二十八日,"演京班,答廿六日公份之客,亦四席"。顾之一次生日,前后请戏或亲友、同道及在任官员回请多达6场,酒席达三四十席。四月初三日,苏州织造立山招饮"共两席,观演京班,每客赏二元"。八月十五日,三孙玉书夫妇30双寿,顾氏唤江西班款客。十月十一日,赴织造立山之招"演京班,官绅并集"。

顾文彬退官的光绪初年,演戏仍为侑觞待客的风雅方式,苏州城无论家庭聚会还是官绅公请,无论招饮还是答谢,多以观剧为酬,佐以女伶侑觞,官绅边看戏,边喝酒,旁有妓女侑觞,身心愉悦。所演剧种则较为繁复,昆曲大雅、大章班外,广及京班、广东班、江西班,以及乱弹、滩簧、花鼓戏、傀儡戏等。其时昆曲已趋向没落,早被乱弹等花部和不登大雅之堂的滩簧、花鼓戏、傀儡戏盖过声势,演出市场萧条,而只有像顾文彬这样的文化世族还不时开演,一般的公私宴聚几乎清一色均用京班,而且江西女伶似乎非常吃香,而昆曲名伶似难觅其倩影。

(四)同人雅集,赋诗填词

如前所述,顾文彬最擅填词,前述老友吴云称颂他的诗作风格苍老、嗣响唐音,具有一种清隽之气,只有明初的著名诗人高启可与抗席。顾文彬日常酬酢之际,不忘老本行,常有诗词问世。顾频频外出聚饮酬唱、赏景品花,即席口占诗词联语,不待假借。光绪元年十月二十四日,顾与吴云、潘曾玮等赴张菊垞之招饮,席间顾唤双凤侑酒,张之万戏赠双凤一联,顾嫌联语俗气,改易五字为"双手弹筝春十笋,凤头蹴鞠月初钩",似比原作更有韵味。三年七月初五日,顾自咏怡园秋色:"纷红骇绿满阶除,秋色斓斑画不如。野趣别饶蜂蝶外,芳时转胜燕莺初。珊瑚宝树疑金谷,松柏浓阴仰草庐。似与晚露斗颜色,沿堤愤蓼共蒲流。"同月十三日,作词一阕谓:"小风吹水碧生鳞,见惯文鱼不避人。藕花深处,薜磴坐垂伦。饲鹤储粮餐竹实,调鹦舒爪剥瓜仁。呼童剪柳,让出石嶙峋。"笔触细腻,道尽怡园悠闲生活。十八日,为张之万画册题识,末四句谓:"晚寓名园暂乞身,早施德政泽吴民。即论范水模山客,我亦攀辕卧辙人。"对曾任江苏巡抚张之万的评价,极为肯綮,而又表明了其本人的心迹,相当蕴藉。

顾文彬退官居家诗词之作,自然以咏怡园者最为丰夥。到四年六月二十一日,所填《望江南·词咏怡园各景》,即达千余首。顾颇为自得,即请潘遵祁点定。五年正月二十二日,顾再加删正,决定去取,保存674阕,删去400余阕。后又手自誊正,至二月初一日,定为644阕,共计10008字。顾承是文彬的三儿子,于赏鉴书画古董眼力超过其父,是顾家收藏事业的最合适传人,但不幸病逝,早于顾文彬去世6年多。文彬极为悲伤,于光绪八年赋诗《哭三子承诗四十首》,表彰顾承赏鉴书画、砌造怡园的才情。

如第十八首谓:"凭空结构此园林,世俗尘无一点侵。别写胸中丘壑趣,萧疏如画淡如琴。"①通过描摹怡园的雅致,将顾承于造园方面所臻的境界非常清新地表达了出来。

六、惟敬惟恭:热心地方公益

"惟桑与梓,当恭谨止",作为士林之望和文化人士,顾文彬一直关心桑梓事务。咸丰十一年十月,就曾与内阁学士庞钟璐、中允冯桂芬、道员潘曾玮等联名致书曾国藩,请求援师,协同收复苏州城。②现在致仕在家,安享晚年优裕生活之时,顾文彬于诗酒酬唱的同时,仍然留心地方事务,热心公益,或亲力亲为,或出谋划策,尽心尽力,发挥出重要作用。

(一)为华北"丁戊奇荒"劝赈

光绪二年至五年,华北山西、河南、陕西、直隶、山东等十省以及苏北、皖北、陇东、川北等广大地区发生特大旱灾;六年,直隶等地水灾,史称"丁戊奇荒"。灾荒暴发时,华北赤地千里,饿殍遍地,死亡近千万人。全国各地特别是江南社会各界纷纷伸出援手,捐物捐银,数量最巨。在此社会救助中,顾文彬等苏州缙绅出了大力。苏州缙绅先是设立归善局,向社会各界募集资金,而后是千方百计多方募捐。三年四月二十日上午,顾文彬往晤李鸿裔,募集归善局捐,每月两元。下午往晤沈秉成,也写捐两元。十月初五日,潘曾玮、盛康二人在接到布政司、按察司照会后,来与顾商谈山西劝赈捐事,三人约定初七日到潘曾玮家面议。是日,三人同吴子和、冯培之一起商谈,而后顾又与盛康一起往见布政使恩锡,讨论如何承办捐事。十九日,"在城隍庙设局劝赈捐"。二十三、二十六、二十八、二十九日,一连4次到局,处理捐赈事务。十一月十九日,往晤程卧云,"劝其捐赈,不允"。十二月初二日,知府谭钧培(即日记中谭曙初——引者)来询收捐事。二十五日,往晤知府,"投递公呈,交清山西赈捐",附郭三县除晋商商号外共捐银14000余两。四年正月二十二日,"冯培之拟复捐赈照会稿,正好知府来谈此事,即以复稿示之"。七月二十二日,为河南省捐赈事,苏州缙绅呈递房捐公呈于巡抚,顾文彬领衔,冯培之主稿,"绅士列名者千余人"。七月二十八日,顾往晤布政使勒方锜,谈房捐之事。六年二月初一日,直隶总督李鸿章因水灾行文江苏劝捐,正好汪塈与程卧云之侄汪朗甫合伙图诈败露,案悬年余未结,吴谊卿和潘遵祁劝程卧云捐款万金以了案,程接受,护理巡抚谭钧培主持其事,"严饬长令吴春舫即日了结,卧云得以摘释"。三月十六日,在潘伟如的母亲开吊仪式上,谭谭钧培又谈及直省赈捐,意欲在程卧云已捐万金之外续捐,顾"答以且与众绅商之"。顾文彬自始至终主持捐赈事务。

关于此次"丁戊奇荒"的江南捐助活动,既有研究只颂扬苏州善士谢家福等人奔走于家乡与灾地作出的突出贡献。由《过云楼日记》可知,居乡的顾文彬等人实是苏州地方捐助的发起人,此点不可不提。

(二)苏州当地赈济救难

华北"丁戊奇荒"之先,苏州地方实际上已滞留着大批来自各地的难民,急需救助。二年九月二十

---

① 顾文彬:《过云楼书画记》附录,南京:江苏古籍出版社,1999年,第190页。
② 谢家福:《谢家福日记》外一种《磷血丛钞》卷4,北京:文物出版社,2013年,第393页。

六日,"首府三县约午后请诸绅士往元妙观方丈议留难民事"。十月初二日,潘伟如与盛康之子盛宣怀往见巡抚吴元炳,盛说上海道冯竹儒募捐上海殷商银五万两,预备赈济福建饥民,两江总督沈葆桢认为此非本省之事,何必苦累商人,因而拒而不收捐款。盛主张何不以此款赈济本省饥民,获巡抚同意。盛又言上海招商局及沙船运米往天津,每担扣水脚钱30文,统计有数万串之多,也可提用赈济,巡抚又以为然。盛等又拟在七濠口设厂赈济未渡江之饥民,在江阴设厂赈济已渡江之饥民,巡抚均以为然。次日,顾文彬往晤潘伟如,了解到此详情,有了底气,随即往晤知府李铭皖,转告筹赈情形。揣度前后情节,顾文彬实是当时地方难民救助的领袖人物。

(三)主持育婴堂事

苏州是人文重地,社会慈善事业一向较为发达,育婴堂设施尤称完备,育婴事业较有成效。苏州育婴堂原在玄妙观内,创建于康熙十三年(1674)。江苏地方官府拨给没官房产银、运司存留银和绅士募捐银等,除了当地和吴江等地田产外,还陆续拨置沿江沙地。同治六年,顾文彬将堂址移建到中营基巷(俗称中由吉巷),请拨丰备义仓田929亩多。至此,苏州育婴堂拥有当地四县田产4222亩,江阴、常熟、海门三处沙田11400亩,具有相当的资力。太平天国前,育婴堂事务原来由顾文彬办理,同治九年顾氏进京候简,公举程肇清、吴嘉椿接办。两人于湖滨创设接婴留婴诸局,转留新孩,汇送城堂。其时男普济、女普济、育婴、广仁、锡类、永仁六堂事务均得以恢复,①事实上成为苏州、嘉兴、湖州等地的育婴总堂。

光绪初年顾文彬居家时,苏州育婴堂由程藻安董理,但顾文彬显然于堂务颇有说话权。五年二月二十六日,顾往晤程藻安,告以婴堂猪捐事,勒方锜已嘱知府钱伯声出谕。六年,因育婴堂经费欲办猪捐,遭到陆稿荐、李三珍两家铺户抗阻,经办人也有吞捐之事,苏州知府衙门发出照会,"令绅士会议",顾文彬列在首位。顾主张"但须筹捐,不必换董",并于四月初三日往晤长洲县令吴政祥(即日记中所称吴春舫——引者),"嘱其究办抗捐,挽回捐事,以全善举"。十一日,因听闻肉店为猪捐一事投词藩台,程藻安致信顾文彬,嘱顾往托署理布政使许应锛,"为先发制人之计"。顾即于午后往晤许,"剖析其事,已允批驳矣"。顾利用其与藩使的关系,既维护了堂董程藻安的面子和地位,又消弥了肉铺抗阻之事。六月二十一日,巡抚来晤谈,顾"与谈猪捐,甚畅!"三十日,往晤吴佩卿,谈婴堂捐事,嘱其往谒巡抚。八月二十四日,顾先是往晤元和知县阳肇先(即日记中所称阳小谷——引者),"托其追欠事",又致书许应锛,"托其以茶馆捐归还婴堂"。

到光绪十年五月,董事程藻安已经理育婴堂堂务十余年,因各处接婴局总堂之孩日多一日,经费入不敷出,不得已呈请退董,知府照会苏州缙绅举董接办。顾文彬"与诸绅集议,谓非有力之家不能任其事",沿用太平天国战争前推举殷商富户办理堂务的陈例,公举程卧云之孙程增瑞为堂董,"增瑞一再递呈推辞,经府藩严驳,始愿认捐一万两,仍由藻安任事"。未料男、女两堂也因经费不足,呈请将每年协贴婴堂之各1500千钱停止,这样一来,婴堂刚得万金之息,又少此3000千钱收入,两堂向布政使提出共贴两堂1000千钱,布政使批驳,"谓义仓款不宜轻拨,令郡绅公捐一千千,官场共捐一千千,以

---

① 民国《吴县志》卷30《公署三》,第14—16页。

补不敷之数",其事乃定。在此绅捐1000千钱中,顾认捐100千钱,占了十分之一。但顾认为此"暂顾目前,决非久计,明年尚须另议耳"[1]。

上述数事的处理,显示出苏州育婴堂事务,顾文彬虽非直接董理其事,但举凡董事的推举、经费的筹措、捐款的提供,以至堂董与摊捐者的纠纷等,顾文彬不是擘划者,就是实际主持者,发挥着极为重要的作用。

诚然,顾文彬也关心其他事务,如地方治安组织保甲、地方慈善组织因利局和培元局,收租标准的改订,社会风化和地方建筑等事,也付出了不少心血。

上述缕陈顾文彬处理地方事务的情节,反映出晚清地方缙绅参与地方公共事务时,重大事项均须请示地方官府,获得官府批准,或在官府的指令下,才能开展。顾文彬等人发起或参与的较为重要的地方事务,都是在官府的照会或命令下,奉行其事,根本见不到时下所谓绅士地方自治的色彩。但作为士林领袖和地方缙绅,地方官府常就公共事务与顾文彬等商量集议,而顾氏等人的意见常被官府采纳,参照实行。作为晚清苏州广有田产的乡宦,顾处理业佃关系时,也颇为弱势群体佃户一方着想,尽量减轻其租额负担,显示出顾在处理业佃利益时有所节制、较为温和的一面。

七、交好官场:不乏个人请托

作为苏州城中的士林领袖和缙绅巨富,顾文彬家大业大,个人、家庭以至家族日常生活需要处理的事情极为繁杂,免不了常有请托官府官员之举。

如设立义庄。晚清的苏州,家族救助事业最为发达。光绪三年,顾氏遵其祖父顾大澜遗命创设家族春荫义庄,捐出田产2408亩,并在庄内建立祠堂。[2]建立义庄,要得到布政司衙门批准。为建义庄及后来的呈请奖御书匾,顾文彬屡屡请托地方大吏,为其说项。二年十月初三日,往晤苏州知府李铭皖,托其将设立义庄之事速即上详。同日又往见布政使,表明此意,并附详援请匾事。二十三日,又因义庄事,往晤巡抚吴元炳和知府李铭皖,以示感谢。次日,吴元炳前往怡园答拜,"谈及义庄请奖御书匾应归奏案,虽有河南奏案可援,尚恐不稳",顾乃与之相商,"俟彭芍亭先奏,如奉旨允准,再行援照"。二十五日,往晤布政使恩锡,"嘱其将义庄缓详以俟京信"。二十一日,令儿子顾承送彭芍亭北上之行,"并托其招呼它日义庄入奏请御书匾事"。二十九日,恩锡即"送义庄执照来"。义庄设立自提出申请到获得批准办好执照不到一个月,地方官府相当卖力,极为神速。三年五月初九日,顾为义庄事御匾事往晤巡抚吴元炳和布政使恩锡。因恩遗忘,四年正月十四日,顾又往晤勒方锜,"托其上详立义庄一案"。七月初三日,到吴云处往晤勒方锜,"交与一呈及义田房清册四本,因奉抚院批驳止念,以此复之也"。后来请奖御匾事终于如愿以偿。前后过程中,地方官府一路绿灯,较为顺利。

如推荐就业。互相推荐,安排亲友关系户在衙门谋差就业,这是当时官员士人最为习见的做法,顾文彬也不例外。光绪元年六月初二日,顾回家一个月后,特意致书两广总督黄宗汉,"托其荐施桂与

---

① 顾文彬:《过云楼日记》,第546页。

② 民国《吴县志》卷31《公署四·义庄附·吴县》,第15页。

后任"。二年六月初三日,徐爕堂之子以谋缺事相托,顾午后即往晤布政使恩锡和勒方锜,"以此事托之"。同年十一月初二日,往晤苏州织造文治,"为顾希山说接充库式缺事"。三年十一月十九日,与粮道英茂文晤谈,"为大孙求海运津局差,渠已应允"。

如处理家庭邻里琐事。元年十二月二十日,顾文彬往晤长洲县令万叶封,"托惩办地保殳景芳、土棍查阿龙事"。三年二月二十五日,其大孙欲娶李翠娥为妾,顾与大媳皆不允许。大孙租娶之,赁屋在外居住。顾往晤万叶封,"令其驱逐翠娥出境,立时饬差往逐",极为强横。六年十二月初五日,因换新得吕氏房产执照,往晤元和知县阳肇先,"托之"。

如受人之托转为关说。元年八月十一日,为汪秉翁典当公所董事被撤一事,潘曾玮托顾周旋此事,顾受托,往谒布政使恩锡。三年三月初七日,为程藻安修塔之事,顾往访布政使恩锡,未晤见。四年八月二十三日,潘曾玮因逃犯张松明事受牵连,被人贴匿名帖子,托顾"于当道处剖白"。午后,顾往晤"东府钱伯声及勒少仲,略为剖白"。四年十二月初九日,为朱仰仙被连琴溪指控解围,顾往晤知府钱伯声。

细察顾氏居家,其请托之事不多,事也不大,较之明末江南缙绅事无巨细均与地方衙门暗通声息责令办理全然不同。因为与当地县衙、府衙、省级两司以至巡抚衙门关系交好,顾氏所托之事似乎基本均能实现,显得得心应手。至其个人殖产谋利,只知顾氏在苏州城中和常熟城以至无锡甘露镇单独或与人合开典当铺,典利所入较为丰厚,因为广布田产而每年地租收入也较为丰赡,外此未见有与民争利欺压平民之事。如此看来,顾文彬算不上洁身自好,干谒请托,在所难免,但他尚有底线,有所约束,而未曾一味诛求,无所底止。

八、结语

太平天国运动爆发后,上海既为全国最为繁盛的通商都会,以苏州为中心的江南缙绅及其所有的社会资本,大多纷纷向上海转移,上海市面蒸蒸日上,日新月异。相形于上海的兴盛,光绪初年的苏州,经过太平天国时期的兵燹,社会经济和城市风物尚处于恢复过程中,非复战前的海内最为繁盛热闹所在,但大体晏然无大故,苏州仍不失为宜居城市。在历史上的人间天堂,仍然麇集吸引着一批缙绅士人,在那里诗文唱和、传承文物,谱写江南文化的篇章,展示江南士绅生活的丰富面相。

顾文彬逝世后,户部员外郎长洲人王颂蔚为其撰写墓志铭,于其仕宦政绩胪陈较为翔实,而于他退官居家情形,只以"家居十五年,义行不胜书,在公为小节,故不具",一笔轻轻带过。[1]如此高度概括,无法了解顾文彬等人的居家生活。倒是宣统三年(1911)长沙的著名文人叶德辉自述其经历道:"归田又逾十稔,征歌选舞,日与梨园子弟调丝擪竹,上下云泥。中丁甲午庚子多故之时,烛灺酒阑,闻乐不乐。每读康雍乾嘉诸公游宴之作,想其时朝野无事,海内乂康,士大夫生长太平,遭遇唐虞之际,即羁旅落拓之士,流连风月,寄兴莺花,亦绝无愁苦之音形之歌咏。"[2]揆度叶德辉所言,他是在回想光

---

① 王颂蔚:《浙江宁绍台道顾公墓志铭》,《碑传集补》卷17《监司一》,第20页。
② 叶德辉:《重刻燕兰小谱序》,叶德辉编《双梅影闇丛书》,杨逢彬等整理,海口:海南国际新闻出版中心,1995年,第175页。

绪中叶归田后的十年愉悦时光,追思盛清时代诸老的风流蕴藉,颇为艳羡。其实前后比较,悟读晚清人的日记类记载,叶德辉所憧憬的乾嘉盛世士大夫的美好时光,在光绪初年的"中兴"之世,在传统文化重地苏州也曾再现过。那就是上述江南缙绅顾文彬等人的居家生活。

顾文彬几十年的至交李鸿裔去世后,黎庶昌为其撰写墓志铭,说传主退官后徙家苏州,葺治的网师园,"有老树怪石池沼亭馆之所,积书数万卷,益蓄三代彝鼎汉唐以来金石碑版法书名画以自娱"。传主"闭门谢客,徜徉物外,身与世不复相关。性内介,无妄交,交必有终始。生平游宴甚广,而其契谊最笃,若吴县潘尚书祖荫、湘乡曾袭侯纪泽、开县李制军宗羲、嘉兴钱太仆应溥、吴县潘方伯曾玮、归安吴观察云、剑州李方伯榕、湖口高大令心夔、独山莫徵君友芝,此尤海内共知者,可以观所与已"。①经学大师俞樾为沈秉成所作墓志铭,称墓主"性喜金石字画,所收藏皆精绝",寓居苏州耦园时,"南皮相国亦适寓吴,一时如潘文勤公及李眉生廉访、顾子山、吴平斋两观察,皆时相过从,偶得一古器一旧刻书籍,摩娑玩弄以为笑乐"②。南皮相国即后来官至大学士的直隶南皮人张之万,潘文勤公即曾为大学士的苏州人潘祖荫,李眉生廉访即退官寓居苏州的四川中江人李鸿裔,顾子山即顾文彬,吴平斋即吴云,李宗羲和高心夔均在江苏或苏州任过职。李鸿裔、沈秉成深交的这批人,与顾文彬所交大体重合,他们或者是苏州人,或者寓居苏州较长时间,或曾在苏州任职,一度时间苏州活跃着一批富有学养、仕途官场出入相近、情趣相投的缙绅达人,谱写着晚清苏州城市文化的篇章。

如今较为流行的"微观史学"派认为,人们的日常生活是最值得关注的研究对象,而与日常生活关系最密切的并非国家,而是一个个具有内聚力的生活圈子,这个生活圈子就是"社会空间"③。以顾文彬为中心的交友圈,典型而又形象地展示出晚清苏州城市空间的绅士生活风貌。顾文彬居家期间,与一批情投意合的乡宦绅士保持着紧密的联系,日相过从,他们富有才情,宦囊较丰,收入可观,因而以其余裕,频频地互相招请聚饮,觥筹交错之际,诗文酬唱,清音度曲,卧游园苑,赏鉴金石书画,更不时博弈寻欢、招妓侑觞,日常生活过得丰富多彩,有滋有味。他们诗文唱和、文玩鉴赏的同时,也关心地方事务,热心地方公益和社会慈善事业,救饥赈灾时,尽量负起倡率劝募的作用。顾文彬个人,在光绪初年的苏州,其言行举止具有较为重要的地位,于方方面面较为注意,礼数周到,与同道亲友的关系是顺畅的,与官府官员的关系是热络的,与地方社会普通百姓的相处大体和睦平安无事。毫无疑问,顾文彬的居家生活是雅致惬意的,他精心搜罗了整整一个甲子的书画文物,经其子孙辈的竭力护持,也传承了下来,留给后世的遗产堪称是丰厚的。

顾文彬等人的居家生活,较之晚明江南缙绅,没有那么张扬而肆无忌惮,未曾动辄出入公门借助官府地方官的权威在地方上作威作福,肆意奴役乡民,逃避隐漏赋税不择手段;也不像清初的江南缙绅,在朝廷政治的高压下,在地方官府的控制下,备受束缚,多所约束,以足不入公门为自励,而是在"同光中兴"的社会大背景下,与官府官员保持良好正常的交往,不即不离,既不疏远,而又不过于近

---

① 黎庶昌:《拙尊园丛稿》卷4《江苏按察使中江李君墓志铭》,《续修四库全书》第1561册,第353页。

② 俞樾:《春在堂杂文》六编卷4《安徽巡抚沈公墓志铭》,第38页,《续修四库全书》第1551册,第44页。

③ 刘新成:《"全球史译丛"总序》,[德]塞巴斯蒂安·康拉德著:《全球史是什么》,杜宪兵译,北京:中信出版集团,2018年,序言第3页。

密,基本上循规蹈矩,在官府的允准和掌握下,展开社会活动,从事社会公益事业,兼以身心愉悦,从事诗文唱和、金石赏鉴收藏雅事。这可能是江南士大夫较为恒常、最为留恋的乡居生活。

［作者范金民,南京大学历史学院教授。原载《河北师范大学学报(哲学社会科学版)》2021年第1期］

跨越地理环境之路

——明清时期北方地区的游牧与农商社会

鱼宏亮

历史上的人类活动毋庸置疑会受到地理环境的制约。古今史家对这一问题都给予高度重视。环境、资源与人口在当今世界各地的发展模式中都具有决定性的地位。这反映出人类发展的历史经验正成为后世镜鉴的重要文化遗产。但是，人类活动的历史，更是一部超越地理环境局限的历史。如果以地理环境的界限将活动中的人群划分为一个个孤立的单元和社会群体，将这种地理界限进一步延伸到人类与族群之中，作为文化间截然不同的标志和界限，则与历史上的事实并不符合，甚至歪曲了人类活动的真正模式。

20世纪40年代，美国地理学家詹姆斯提出了一种基于复杂系统的地理思想："这是一个复杂的世界：在这个世界上，有由物理过程和化学过程产生的事物（现象），有由生物过程产生的植物与动物，有受到天然环境影响的人类本身，还有在人类周围通过经济、社会和政治事件所发生的一种变化力量。所有这些事物和作为这些事物一时标记的事件，在复杂的联合与相互的连接中存在着，组成所谓巨大的人类—环境系统。"①

以明清时期北方地区著名的"地理界限"长城带为中心来看，就16世纪至20世纪以来发生的跨境农业与贸易的活动及其文化影响，我们可以看出古代中国范围内各地理单元经济贸易与文化交流的真实影响。历史地来看，受当代民族主义影响的族群理论所建立的各种界线，对传统中国的解释并不符合历史，甚至产生扭曲的镜像。

本文利用清代土默特档案，中国第一历史档案馆藏蒙古文、满文、俄文档案，台北故宫博物院藏宫中档，俄罗斯18世纪编纂《俄中两国外交文献汇编（1619—1792）》，《清代至民国时期归化城土默特土地契约》，蒙古国藏《清代钦差驻库伦办事大臣衙门档册汇编》，蒙古与陕北地区明清方志以及中西考察日记等文献，重建了17世纪蒙古与内地社会生产与文化交流的实际景象，并就中古史研究中的一些外来范式问题加以讨论，以厘清中国研究中一些未加检讨的概念背后隐含的时代错位与政治意涵的潜在影响。

一、从环境到族群："内亚"模式再探讨

（一）隔离蒙古：早期俄国汉学的政治特色

俄罗斯在17世纪以前，只是一些分散的小邦和公国，在蒙古帝国时代曾经在金帐汗国统治之下。

---

① 普雷斯顿·詹姆斯、杰弗雷·马丁：《地理学思想史》，李旭旦译，北京：商务印书馆，1985年，第6页。

从 17 世纪罗曼诺夫王朝起,逐渐扩张为一个横跨欧亚的帝国。由于特殊的地缘关系,俄国及其周边民族政权的疆界覆盖了东欧和中亚地区,横亘明清以来中国与欧洲联系的沙漠丝绸之路与草原丝绸之路的中间位置。俄罗斯的崛起对亚欧大陆的历史发展与世界近现代史带来了深远的影响。[①]也正是这种横跨欧亚的地缘特征,俄罗斯在近代形成了一种双向外交战略,一方面在制度文化上大力进行改革,借鉴吸取正在崛起的欧洲政治制度。另一方面,采取面向亚洲尤其是东亚的扩张政策,大力向西伯利亚进行殖民,与中国清朝频繁接触,建立了深度的政治与贸易联系。在东、西两个方面,俄罗斯的双向战略取得了空前的成功,使得它在不到二百年中,已经成为能够对世界产生影响的主要帝国之一。[②]

也是由于这种扩张战略,俄国对中国的考察和贸易,都采取了积极主动的方针。从明代崇祯年间起到清前期,沙皇和俄罗斯外交部屡次派出政治与贸易考察团前往中国,其直接目标就是建立直接的贸易关系和获取情报。受此影响。俄罗斯学界和官方重视整理早期中俄关系的档案文献,但其视角有着非常显著的特征。

同西方国家的探险家相比,俄罗斯对中亚和蒙古的了解有直接的渠道。俄国探险家和汉学家有着直接考察、了解这些中国边疆地区的便利条件,这在考察成果和学术研究的重要性上具有始终占据着第一手资源的优势。[③]

18 世纪俄罗斯重要的档案学家、历史学家尼古拉·班蒂什-卡缅斯基编著的《俄中两国外交文献汇编(1619—1792)》,是最早有关俄中两国关系的外交档案汇编,也是一部配合俄罗斯向西伯利亚扩张、势力向蒙古延伸的历史著作。卡缅斯基一生编纂有数量巨大的有关俄罗斯与欧洲、中亚、地中海各国的外交档案汇编,这个过程正是彼得二世带领俄罗斯大力扩张的时期,这些数量巨大的外交档案汇编为新近成为统一国家的俄罗斯建构历史合法性、追溯外交联系甚至领土归属提供了文献支撑。例如《汇编》介绍中国:"在征服西伯利亚之前,俄罗斯似乎还不知道中国的名称。"[④]但是,在该书记录康熙六年清朝的鄂温克族王公根忒木尔叛逃事件时,只字不提根忒木尔外逃的一个重要原因是其祖居地原在尼布楚河地区,后来因为俄国侵略才南迁。对于根忒木尔家族来说,所谓的归附俄罗斯实际上是

① 学界过去认为研究,世界大航海出现的一个重要因素为奥斯曼土耳其帝国对欧亚传统贸易路线的阻断。西欧国家为了寻找新的通向东方的路线便推动了从海上探险开辟新航线的事业。实际上,俄罗斯的崛起及其对东西方丝绸之路的垄断,亦有着重要的影响。这从法王路易十四派出的五批赴中国的使团的命运即可看出。在路易十四致康熙皇帝的书信中明确指出:由于海路波涛难测,他又派出了一个通过陆上道路经俄罗斯前往中国的使团。这个使团由于俄罗斯的刁难而被迫返回了巴黎,最后达到中国的是海上的使团。由此可见,陆上丝绸之路以及欧亚贸易由于俄罗斯的统一和崛起,基本上被俄罗斯垄断,变成中转贸易。这对中国与欧洲的交流以及世界近代史有着重大影响。参阅鱼宏亮:《哲人王与太阳王:康熙皇帝与路易十四的相互想象》,《光明日报》2015 年 7 月 22 日史学版。

② 俄罗斯的双向外交战略的成功体现在世界近代史上的一个重要例证,就是当西方国家从从 19 世纪中叶起一次又一次利用坚船利炮叩打中国的国门,试图获得在北京派驻外交使节、直接贸易的"特权"的时候,俄国则早在 17 世纪起就获得了在北京派驻机构和直接贸易的特权。俄罗斯在欧亚贸易中的这种特殊地位及其对世界近代史的影响迄今尚未引起学界重视。

③ 钟焓指出:"鉴于政治上的原因,多数西方国家的学者往往不能进入中、苏、蒙所属的内亚地区进行人类学(含考古学)的田野调查,这给相关课题的研究带来了直接的负面影响。以游牧社会研究为例,西方学者常常只能退而求其次,前往西亚、非洲等地调研,对最为关键的内亚地区却缺少系统深入的现场考察,而在其他地域获得的经验知识能在多大程度上适用于内亚,尚有待观察。"钟焓:《重释内亚史》,北京:中国社会科学出版社,2017 年,第 17 页。

④ 本文注释中此文献写法,以此为准来统一,中国人民大学俄语教研室译,北京:商务印书馆,1982 年,第 19 页。

要回归到其祖居地。在《汇编》中变为:"邻国的一些异教徒看到大君主阿列克谢·米哈伊洛维奇在位时期西伯利亚十分安定,他们想在那儿找到一个避难所并受到庇护。"[1]这部书从1776至1792年(乾隆四十一至五十七年)编纂完成,由于涉及到外交秘密,一直未能公开出版。到1881年(光绪七年)出版时,将"纪念西伯利亚开拓三百周年"印在封面,导言中明言:"读了班蒂什-卡缅斯基的著作,可以一步一步地看到:南西伯利亚的边界是怎样扩展的,我国人民在这里定居遇到过什么困难,曾不得不同哪些民族、用什么手段进行过斗争,在斗争中取得了哪些成就,犯过哪些错误。"[2]这部外交档案《汇编》具有如此丰富的政治含义,所以一度曾被当作包含过多秘密而被认为不适宜出版。[3]

同俄罗斯的政治活动相适应,俄国汉学界也将注意力更多地集中在蒙古。这表现在地理概念的表述上,蒙古往往被描述为脱离中国的独立实体。历史学家着力于发掘俄蒙关系的起源,淡化蒙古隶属于清朝中央政府的事实。从19世纪后期著名的考察家波兹德涅耶夫的《蒙古及蒙古人》[4]到20世纪的汉学家著作,其"学术重心"都放在蒙古与俄国的直接关系之上:"俄国同蒙古的历史联系始于17世纪初,当时,俄国的边境已经推进的鄂毕河、额尔齐斯河、叶尼塞河上游。特别是当贝加尔湖以东的土地并入俄国以后,这种联系逐渐得到发展加强。17世纪下半叶,俄国所占领土同蒙古接壤长达二千多公里。这就促进了两国和两国人民,即俄国人与蒙古人建立更亲密的关系。"[5]

所以,将俄国与蒙古之间的联系当作一个独立的历史主线来论述,就成为历史学界默认的主导模式,虽然声称"这条独立线是从我们搜集的档案资料中得到启发而总结出来的"[6]。

在19世纪后期兴起的西方中国考察热潮中,俄国汉学界开始采用欧洲人习惯使用的"内陆亚洲"的概念,并将视野也扩展到蒙古以外的新疆、西藏等区域:"在俄国皇家地理学会成立的半个世纪中,从后25年一开始,它就集中全力来考察亚洲内陆。所谓亚洲内陆,即指中华帝国在长城以外的几乎整个地区。它北部靠近俄国的部分就是蒙古。"[7]这从19世纪后期俄国探险家普尔热瓦尔斯基的探险活动中可以得到充分证实。[8]

事实上,俄罗斯历史学界从不讳言这一事实。19世纪俄国著名历史学家克柳切夫斯基所著《俄国史教程》就公开宣称:"俄国史是一个正在从事开拓的国家的历史。国内的开垦地区随着国家疆域的

① 尼古拉·班蒂什-卡缅斯基编著:《俄中两国外交文献汇编(1619—1792)》,第29页。

② 尼古拉·班蒂什-卡缅斯基编著:《俄中两国外交文献汇编(1619—1792)》,第11页。

③ 这部外交文献的出版曾经历经波折,搁置的原因是这种隐秘的外交使命:卡缅斯基的著作都属于历史资料,"因而可以出版,而不致于破坏对国事应持谨慎态度的原则……旧的秘密是和新的秘密有联系的,揭示旧的秘密,只会促进精力充沛的思想家求知好学的精神,同时也将有助于文化的发展。"尼古拉·班蒂什-卡缅斯基编著:《俄中两国外交文献汇编(1619—1792)》,第10页。

④ 俄国历史学家波兹德涅耶夫受外交部资助于1892年开始历经3年的蒙古考察,形成了著名的《蒙古及蒙古人》巨著。这部著作的直接原因就在于俄国外交部中国课办事员日丹诺夫认为:"我们对同俄罗斯有着三千俄里以上共同边界的地区的知识是不足的。"波兹德涅耶夫:《蒙古及蒙古人》,刘汉明等译,呼和浩特:内蒙古人民出版社,1989年,第4页。

⑤ 沙斯季娜:《十七世纪俄蒙通使关系》,北京师范大学外语系译,北京:商务印书馆,1977年,第9页。

⑥ 尼古拉·班蒂什-卡缅斯基编著:《俄中两国外交文献汇编(1619—1792)》,第14页。

⑦ 波兹德涅耶夫:《蒙古及蒙古人》,第1页。

⑧ 普尔热瓦尔斯基是俄罗斯军人,从1870年起对中国的蒙古、新疆、青海、西藏进行了一系列探险考察,出版有《走向罗布泊》《荒原的召唤》等考察记。有关俄国征服西伯利亚的过程,英国历史学家约·弗·巴德利在《俄国·蒙古·中国》一书中有比较全面的介绍,见巴德利:《俄国·蒙古·中国》,吴持哲等译,北京:商务印书馆1981年,第177页。

扩大而扩大着。数百年来的这种变动,时盛时衰,一直延续到我们现代。""我国历史的各个时期,是我国人民在占有和开拓我们的国土直至最后由于自然繁殖和并吞遇到异族。"在这样的历史背景下,俄罗斯官方的历史学直接承担了服务于沙俄时代扩张战略的意识形态构建功能,将历史学直接应用于政治和对外扩张:"我们在这项工作中得出的学术性观察和结论,能够停留在纯知识的领域吗?还是它们能够走出这个领域并对我们的意图和行动给予影响?学术性的祖国历史对祖国儿女能有其实用的部分吗?我认为可以有,而且应该有,因为任何知识的价值都决定于它与我们的需要、意图和行动的关系;不然知识就成了记忆里无益的累赘。"①

很显然,无论是将蒙古从中国悬置出来,还是欧洲人所谓的内陆亚洲,都将其看作与中国相对独立的区域来看待。这种独立性以地理环境为表象,背后的实质却是政治与外交性的。②

(二)"内亚"与长城带

在近代西方对中国的考察和研究中,都充分注意到了中国的幅员广大以及地理环境的多样性。"内亚"(Inner Asia)一词最早使用于欧洲特别是德国地理学界和文化人类学家之中。在《美洲文化人类学联合会会刊》第六卷中有一篇介绍德国地理学家洪堡(Humboldt)著作的述评中,引用德国文化人类学家Vater通过对墨西哥文化中的黄道十二宫计时与东亚各国相似性的研究,得出了墨西哥人、日本人、西藏人、内亚(inner Asia)诸多种族都无可争议地共属于一个系统的结论。③该文发表于1823年,是对以洪堡为主的早期地理学家和文化人类学家工作的介绍。我们可以推测,"内亚"(inner Asia)这一概念并无确切的发明人和出现时间,是伴随着18世纪欧洲地理学家、人类学家和探险家出现的一个泛指的地理概念,至19世纪末到20世纪初在欧洲学界被广泛使用,并粘附更多的文化与政治属性,从而成为19世纪、特别是20世纪以来的历史学界的一个极具影响力的范式。

从形形色色的有关"内亚"概念的定义来看,从地理、语言到种族形成了言人人殊、各有特定内涵的名词。④总得来说,以下几种用法比较有代表性。地理特征说,以帕米尔高原为顶点,河流流向内陆的广大亚洲区域被称为内亚。这一区域包括李希霍芬所说的中央亚细亚、西藏的一部分以及伊朗、土耳其等部分地区。文化区域说,以操某种语言的种族为特征叠加起来的文化地理区域,包括阿尔泰语、满语、蒙古语和突厥语、乌戈尔语等语言的种族活动的区域。"长城带"说,包括了满洲、蒙古、新疆、西藏等区域。⑤

值得注意的是,早在抗日战争中1941年至1942年间,日本为了侵略中国所设立的"蒙古善邻协

---

① 瓦·奥·克柳切夫斯基:《俄国史教程》(第一卷),张草纫、浦允南译,北京:商务印书馆,1992年,第26、27、36页。

② 万明《寻找契丹:明代中俄的第一次接触》(《社会科学战线》2018年第4期)一文,利用《俄中两国外交文献汇编(1619—1792)》《十七世纪俄蒙通使关系》等文献对俄国商人佩特林第一次入华考察进行了研究,但没有注意到这些俄国外交文献特定的政治意图。

③ Al. de Humboldt, A. Bonpland and Alexandre de Humboldt, Review of Voyage aux Regions equinoxiales du Nouveau Continent, fait en 1799,1800, 1801, 1802, 1803, 1804. Tomes Ⅶ & Ⅷ, *The North American Review* 16(1823): 15.

④ 有关这一概念的讨论,参见A·施普林青《中亚和中央亚细亚在各种语言中的表示》,秦卫星译,《新疆大学学报》1984年第4期和程秀金:《"内亚"概念源流考》,《新疆大学学报(哲学社会科学版)》2016年第6期。钟焓在《重释内亚史——以研究方法论的检视为中心》一书"导言"中也有集中讨论。

⑤ 有些定义由于自身的不确定性,导致了在使用过程中出现完全不一致的所指,显示"内亚"这一概念本质上没有严格的学理基础,随意使用的现象比较严重。各种说法的代表参见程秀金《"内亚"概念源流考》一文。

会"就创办过带有明显政治色彩的《内陆亚洲》杂志。二战结束以后,日本东洋史学界又在东京成立了欧亚学会,并于1955年编辑出版了一部以纪念斯文·赫定为主题的《内陆亚洲之研究》,所收论文涉及历史学、考古学、民族学等多个方面。此后,以内陆亚洲为名称的日文学术出版物渐趋增多,而将中国西北边疆的民族史研究纳入"内亚史"的框架,以取代战前带有浓厚政治性的"满蒙史"一名,也逐渐成为日本东洋史学界的共识。在此前后,与内亚有着密切关系,并在指代地域上常常与之重合的"中央欧亚""北部欧亚"等概念也在日本学界逐渐流行起来。

拉铁摩尔是提出"长城带"作为内陆亚洲核心区域的美国历史学家。他将满洲、蒙古、新疆、西藏作为内亚区域,这个区域也是俄国探险家普尔热瓦尔斯基等人考察走过的路线,因此带有显著的继承早期探险家和人类学家对中国进行区域划分的特征。这个区域显然并不局限于长城,而是沿着中国北方的地理环境特征建构起来的。以长城作为自然界限的论调曾经是俄国皇家地理学会的官方观点。

不同的是,拉铁摩尔在中国有长期的学习与生活经历,他的著作中对中国历史上的族群与区域交流有着富有洞见的一面,比如他注意到:"长城的关口所在,都变成交流行为确定不移的场所,交流程度的强化将使得这些地方凸显出来。"[1]也在多处提到满洲、蒙古、新疆、西藏等区域亦应作为中国的一部分加以讨论。[2]尤其是他并不将各种地理界线当作阻隔人类交流的障碍,尤其是长城这样的地理标识,更多地促进了南北两边的贸易与交流,这种思想充满创见。

但是,拉铁摩尔的研究又带有浓重的西方中心色彩。他关注近代工业化对世界的重新划分力量,将欧美近代化的历史经验放在中国历史的观察上,时时显露出自相矛盾的观点。比如他认为:"草原并不受比中国精耕制度低一级的旱作农业或农牧混合经济的影响。而是受与中国经济相差两级的牧畜经济的影响。在工业经济兴起之前,中国与草原是不能调和的。"[3]该书专设一节讨论"中国社会与草原社会融合的失败",用历史循环和治水社会的理论来解释中国历史,受到冀朝鼎和魏特夫等人的影响甚深。[4]他研究历史的目的在于观察处于急剧变化中的中国,为美国外交政策提供依据。因此在讨论中国古代历史的时候,给人以离历史愈来愈远之感。[5]

(三)"胡焕庸线"与半月形传播带:从地理到族群

我国早期人口地理研究者胡焕庸在中国第一张人口密度图中发现,我国东南半壁和西北半壁面积前小后大,而东南半壁集中的人口占总数的96%,西北半壁仅占4%。这个数据又与自然生态、环境

---

① 唐晓峰:《拉铁摩尔与边疆中国》,《读书》1998年第4期。

② 拉铁摩尔:《中国的亚洲内陆边疆》,唐晓峰译,南京:江苏人民出版社,2010年,第8页。

③ 拉铁摩尔:《中国的亚洲内陆边疆》,第40页。

④ 冀朝鼎在《中国历史上的基本经济区》一书中最早提出水利工程对中国古代社会的影响,该书为冀朝鼎在哥伦比亚大学的博士论文,完成于1934年,出版于1936年。此书的审稿人中包括魏特夫、拉铁摩尔等人。关于古代治水社会的理论,过去学界一般认为由魏特夫提出,现在应该纠正为由冀朝鼎提出,进而影响到魏特夫和拉铁摩尔等人。中文版见冀朝鼎:《中国历史上的基本经济区》,朱诗鳌译,北京:商务印书馆,2014年。

⑤ 拉铁摩尔曾经由美国罗斯福总统推荐担任蒋介石的顾问,他的中国边疆研究受到太多当代政治的影响。可参梁元生:《学者、政客与间谍:拉铁摩尔(1900—1989)》,《民国档案》1994年第2期。

条件、人口流动有着密切关系。①其结论为："今试自黑龙江之瑷珲,向西南作一直线,至云南之腾冲为止,分全国为东南与西北两部:则此东南部之面积,计四百万平方公里,约占全国总面积之百分之三十六;西北部之面积,计七百万平方公里,约占全国总面积之百分之六十四。惟人口之分布,则东南部计四亿四千万,约占全国人口的百分之九十六;西北部之人口,仅一千八百万,约占全国人口之百分之四。其多寡之悬殊,有如此者。"②此为"胡焕庸线"的由来。

人口分布涉及到移民与人口流动,只有从历史中探究其形成过程才能理解这种人口分布的地理差异的形成原因。1935年顾颉刚与史念海完成《中国疆域沿革史》,注意到历史上南北人口与行政区划的变化:"吾国今日人口之分布,东南密而西北疏,即以中原而论,亦较前代为衰。反观两汉之时,三辅、三河、陈留、颍川、南阳、汝南实为人口稠密之区域,以今地按之,则人口衰落之陕西中部、山西南部及河南是也。求其古今差别之原因,则东晋、南宋两度偏安实有以促成之。"人口流动也可以从南北郡县之增损看出:"西汉十三州刺史部及司隶校尉部之区划,南方仅居其四(荆、扬、益、交四州),而北方实得十区。西晋十九州,南七而北十二,是北方地理区划实远密于南国。自经东晋南北朝长期纷乱,至唐代始渐归平均。故唐初十道,南北各半。至明时之十三布政使司及二直隶则又北五而南十。清代内部十八省,亦北六而南十二。南北盛衰之情形,于此显见。故吾人欲考历代疆域之变迁,人口之增减亦不能不注意之也。"③从人口学上之现象,引申至历史上人口流动之考察,可见地理界限论在当时产生的巨大影响。

无论是20世纪三四十年代的人口研究,还是历史区域研究,都使用了西方最新的方法和理论。④但是,平均人口密度的统计方法及其解释学意义在若干年后被历史地理学界加以修正。其中之一就是区别了空旷地区(没有定居人口)在统计中的影响。莱斯特·克利姆指出在美国东北各州久已定居的区域内,还存在大片无人居住的地段:"这些空旷地区不用于农业,没人居住,大部分面积是森林或不毛之地。当这些地区纳入统计时,其所占地面就列入非荒地类内。"⑤这一修正对应的正是利用平均统计数字来说明人类活动所具有的局限性和误导。也就是说,单纯的人口密度数据并不能说明某个地区的社会经济的水平,简单的区域类比会遮蔽更为本质的东西。而当时的中国研究者几乎很少注意到这种修正。

与此相应,20世纪80年代考古学家童恩正在《试论我国从东北到西南的边地半月形文化传播带》一文中,提出由长城地带和藏彝走廊组成的一个半月形文化传播带:"边地半月形文化传播带的位置,恰好从两面环绕了黄河中游的黄土高原,大致东起大兴安岭南段,北以长城为界,西抵河湟地区再折向南方,沿青藏高原东部直达云南西北部。在此范围之内,生态环境呈现出很多相似之点。"⑥半月形理论强调的是,根据细石器考古的资料来看,这一横跨中国东北至西南的地理带,在文化上却显示出

---

① 胡崇庆编:《胡焕庸人口地理选集》,北京:中国财政经济出版社,1990年,第26页。
② 胡崇庆编:《胡焕庸人口地理选集》,第49页。
③ 顾颉刚、史念海:《中国疆域沿革史》,长沙:长沙商务出版社,1938年,第3页。
④ 普雷斯顿·詹姆斯、杰弗雷·马丁:《地理学思想史》,第389页。
⑤ 普雷斯顿·詹姆斯、杰弗雷·马丁:《地理学思想史》,第391页。
⑥ 童恩正:《试论我国从东北到西南的边地半月形文化传播带》,《文物与考古论集》,北京:文物出版社,1986年,第32页。

了某种相似性。①"胡焕庸线"和半月形文化传播带理论，强化了中国东南与西北地理环境差异，但对于这条文化带本身跨越如此漫长的多种地理、生态与环境而产生的人文历史特征，却缺乏应有的关注。

放在更广阔的范围来看，这些理论模式对我们认识以中国为中心的东亚地区的地理环境、社会生活、历史文化都有一定的参考价值。但是特定理论背后的一些前提、预设，也需要我们加以注意。无论是俄国学界将蒙古当作独立单元加以研究，还是内亚理论、拉铁摩尔边疆带学说，或者日本的中国本部说，都有一共同的特征：将满洲、蒙古、新疆、西藏等地区剥离出中国范围，将其视为一个独立的具有"独特"属性的区域，重点发掘其种族与历史的独特性，淡化其中国政治与文化属性。所谓"内亚性"的本质就是非中国性，这是几种史学模式的共同特征。

"内亚"理论作为一时的史学范式，不同时期固然有着不同的倾向和内涵，但其隐秘的意识形态基因却很难为人察觉。即便是中国学者，也往往会不加讨论地加以应用和援引。这种习焉不察的惯性，与反思与质疑的学术精神是背道而驰的。

所有族群生活的地理环境都是有差异的，但是从地理环境的差异推导出族群与人种的差异，甚至将地理研究中的分界线当作族群与人种的分界线，导出各种非中国的因素，是19世纪殖民运动中兴起的现代西方人类学、民族学、历史学特有的时代烙印。某些学派过于强调内亚因素，将其当作非中国的历史证据，则是对中国古代地理、政治与文化的多样性缺了解所致。地理环境差异作为表象，既而贴上特定族群的标签，进一步延伸到行政建制与国家疆域，是地理环境研究的泛化与滥用。例如，"中国本部"概念的提出，就严重偏离了学术研究的轨道。早在20世纪30年代，顾颉刚就撰文指出"中国本部"这一概念是服务于日本侵略中国的战略目标的。②同样，将族群概念延伸到特定的地理区域形成的"特定"词汇与概念，往往也成为侵略国家制造历史合法性的惯用手法：如"满蒙"一词，是日本在1913年向袁世凯提出所谓"满蒙五条路"修筑特权时生造的一个词汇。在《二十一条》里，又提出南满洲、东部蒙古等概念。"自此以后，日本便据为典要，强指我东北为满蒙"，这是日本近代对华政策中设定的一个目标："设法使满洲与中国脱离关系，而成为一个真实之特殊区域，怂恿中国官吏，另组自治政府。"这一被称为明治遗诏的侵华战略，在九一八事变后愈发明显，中国知识界曾经予以公开的揭露：

> 满洲之称，本系族号，并非地理名词。地理名词，以前旧籍，咸称东北……民国十八年，国民政府为重视东北边防起见，又有东北边防司令长官之设，为辽宁、吉林、黑龙江、热河四省的军事最高领袖。同时又成立东北政务委员会，为指导并监督地方四省的机关。自是以后，这东北的名称，便愈发有了确实的界限了。此不独在国人方面，称谓便利。即在世界地理上，也有了清晰的位置。当民国二十年九月十八日，日寇蛮性爆发时，辽、吉、黑、热四省的政府，均为委员制，各设

---

① 根据作者的研究，这种相似性具有传播的特性。但传播理论越来越受到考古学界的质疑，代之以结构主义的"人同此心心同此理"式的多元解释。

② 顾颉刚：《"中国本部"一名亟应废弃》，(昆明)《益世报》1939年1月1日。

主席一人。其组织和行政,亦与内地各省完全一律,所有行政人员,均为中华民国政府所任命……此时,论名论实,只有东北——只有中华民国的东北。而所谓满蒙一词,则纯系出于日人有意之捏造。这是我们应该有的认识。①

由此可见,由政治需要新造之名词,以隐蔽的方式进入历史范畴,重构一套隐含分割中国固有疆域以配合侵略扩张政策的中国区域历史和地理概念与话语,是近代殖民史学中的一个重要现象。②这种隐蔽性甚至会误导专业人士。美国历史学家巴菲尔德(Owen Barfield)在其《危险的边疆:游牧帝国与中国》一书中讲到10至11世纪的辽、契丹社会时,使用了"满洲的后起者"(The Manchurian Candidates)的标题,就是误将17世纪以后才产生的一个部族名词当作了一个10世纪的地理名称来使用。③英国历史学家玛格丽特·麦克米兰指出:"认识到历史并不是僵死的事物,有时对我们是困难的。历史并不总是安全地躺在过去供我们凝视,特别是当情绪开始引导我们之时。历史可能是有益的,也可能非常危险。聪明的做法是我们不要将其想象为一堆枯死的树叶或者尘封的古董,而是将其视为一个大池塘,通常平静而温和,也往往含有毒素。它深处时代的底层,默默地塑造着我们的制度、思维方式与我们的好恶。""有时我们滥用历史,制造片面或虚假的历史,以证明虐待他人、夺取他们的土地或杀害他们是合理的。历史也可以提供形形色色的教训和建议,我们很容易从中选择想要的东西。过去几乎可以用来做你现在想做的任何事情。当我们创造关于过去的谎言或书写单向度观点的历史时,我们就会滥用它。"④

如果我们摆脱内亚理论等史学范式,重新审视17世纪中古时代长城南北的社会与生活,将会呈现另一幅画面。

二、明清长城南北的农业与人口流动

明代中叶以后,漠南蒙古的主要力量为以俺答汗为首的活动在河套一带的各蒙古部落。现称为土默特部阿拉坦汗的蒙古,明代文献称为俺答、谙达。在嘉靖、隆庆、万历年间长期骚扰明朝北方边地的蒙古人即为此俺答部。16世纪后期到17世纪初明朝与俺答蒙古战和、开市详情,《明史纪事本末》等文献有详细记述。⑤在这种长达半个世纪战和不定的大背景下,沿着明朝北方边镇和蒙古游牧地区,社会经济和人口结构发生着静水流深式的巨大变迁。这种变化超越战争与政治,在更深层面塑造着大地上的人及其社会组织。

1.库伦、刓圄、圈圄

库伦(今蒙古国乌兰巴托),是蒙古语"圈子"的音译。作为清初形成的一座重要边境重镇,库伦又

① 徐正学、何新吾编:《国人对于东北应有的认识》,南京:东北研究社,1933年,第4页。

② 罗荣渠曾撰文指出应注意"洋汉学中的殖民主义毒素"问题,对17世纪以来西方汉学界流行的种种东方论述中的殖民主义思想给予揭示。见罗荣渠:《论所谓中国人发现美洲的问题》,《北京大学学报》1962年第4期。

③ 巴菲尔德:《危险的边疆:游牧帝国与中国》,袁剑译,南京:江苏人民出版社,2011年,第208页。

④ Margaret MacMillan, *Dangerous Games: The Uses and Abuses of History*, New York: Modern Library, 2009. p.8,75.

⑤ 谷应泰:《明史纪事本末》卷六〇《谙达封贡》,北京:中华书局,1985年,第278页。

是清代北方守驭与贸易的重要节点,是17世纪以来北方边贸重要的货物集散地之一。清末驻扎库伦办事大臣三多总结库伦的重要性:"库伦为西北各蒙冲要之区,中外通商最早之地。大臣抚循图车暨喇嘛等四十四旗,内绥藩属在(作)其忠爱之心,外辑邻邦审其经权之用。"①其中,"图车"即指蒙古图谢图、车臣等部,邻邦即指俄罗斯,指出库伦在管理蒙古、西藏僧俗和对俄关系方面的重要战略地位。

作为边疆重镇,库伦随着清初中国与俄罗斯达成协议而逐渐兴起。康熙二十八年(1689),《尼布楚条约》第五款规定:"自和约已定之日起,凡两国人民持有护照者,俱得过界来往,并许其贸易互市。"雍正五年(1727)《恰克图条约》第四款规定:"按照所议,准其两国通商。既已通商,其人数仍照原定,不得过二百人,每间三年进京一次。"②恰克图等地因与俄罗斯共有,清朝遂在稍南库伦设置办事大臣,负责管理诸务。行政管辖机构的设置,标志着库伦奠定了官方外交与贸易的正式地位。

这样,库伦成了蒙古地区的重要地理标识。从语言学来讲,"库伦"一词来自于蒙古语küriye,读音为huriye。汉语用阒囵、呼勒等词来表示,用来指蒙古人聚居的圈子。因此,在蒙古地区实际上分布着大量被称为库伦、阒囵、呼勒等蒙古人聚居的圈子,清初设立的库伦办事大臣所在地的库伦城,是代表性地点之一。③

在《蒙古秘史》中,这种圈子又被对音为"古列延"。明代汉字标音版本的《元朝秘史》,在"古列延"旁都标注有"圈子"二字。"列"字旁都注有小"舌"字,表示该字发音为小舌音。这一发音与现代汉语中"圐圙"的发音相同,为后者的对音。④

蒙古人虽游牧路线有临时定居点,以车马围成居住地,多称为库伦。文献记载蒙古先世:"土敦迈宁生九子而卒。其妻莫奴伦,亦称莫奴伦塔尔衮,义谓有力。居于诺赛儿吉及黑山之地,畜牧饶富,每登山以观,牲畜遍野,顾而乐之。时有札刺亦儿部,居克鲁伦河滨,以车为栏,每一千车为一库伦(库伦,义为圈子),共有库伦七十。"⑤这种"以车为栏,每一千车为一库伦",指的是每一千车围成一个大圈子形成的聚居点。

在库伦一词的各种译语中,值得注意的是"圐圙"一词。圐圙是一个汉语俗字,各种字书都没有收录。但是在明清文献中都作为地名出现,根据其构词的特征,可以看出是根据蒙语中küriye一词的音译新造的一个拟音、表意词组。四方八面围起来的一个圈子被称为圐圙,与库伦、阒囵、呼勒属同一来源,也被用来作为地名。在中国地名志书中收录的以圐圙命名的地名,有圐圙村、马家圐圙村、西圐圙村、圐圙补隆等地名,多分布于内蒙、河北、山西、陕西等长城沿线内外。⑥清人有边塞诗提到:"山顶遗碑几百年,于今圐圙聚村烟。廓然中外一家日,故国边墙平及肩。"自注:"今隆盛庄北有明永乐间所筑

---

①三多:《恭报接署库伦大臣印务日期谢恩折》,《库伦奏议》第一册,北京:全国图书馆文献缩微复制中心,2004年,第1页。

① 三多:《恭报接署库伦大臣印务日期谢恩折》,《库伦奏议》第一册,北京:全国图书馆文献缩微复制中心,2004年,第1页。

② 王铁崖主编:《中外旧约章汇编》第一册,北京:生活·读书·新知三联书店,1957年,第1、7页。

③ 波兹德涅耶夫在《蒙古及蒙古人》一书中,试图以欧洲人使用的"乌尔嘎"来称呼库伦,但发现蒙古人自己通常使用的名称为"大呼勒"。"大呼勒"即中文文献中的"大阒囵"。见波兹德涅耶夫:《蒙古及蒙古人》,第72页。

④ 额尔登泰、乌云达赉校勘:《蒙古秘史(校勘本)》,呼和浩特:内蒙古人民出版社,1980年,第207页。有关古列延的研究,可参波少布:《古列延游牧方式的演变》,《黑龙江民族学刊》1996年第3期。

⑤ 韩善征撰、黑龙、李保文点校:《蒙古纪事本末》,上海:上海古籍出版社,2012年,第9页。土敦迈宁为成吉思汗七世祖,其妻莫奴伦,《元史》谓其生八子。

⑥ 崔乃夫主编:《中华人民共和国地名大词典》第一卷,北京:商务印书馆,1998年。

边墙故址,其碑在山上。"①隆盛庄在今内蒙古集宁附近,乾隆年间由于大量移民、商贾聚集,设置市镇,店铺林立,成为北方贸易的一个重要集散地。从《清代至民国时期归化城土默特土地契约》中几千件文书中所涉及的地名来看,以圐圙为名的村庄有李家圐圙村、小厂汉圐圙、马莲滩圐圙等。②

综合文献记载,圐圙实为蒙古人的聚落,既包含游牧中以车帐围成的营地,也包括定居的村落。大量分布在河北、山西、陕北长城沿线以内的称为圐圙的地名,多为蒙古人到内地畜牧、垦殖形成的村镇。从明代中后期起,大量蒙古各部人民南下进入长城沿线和内地,形成定居的村落。战争中俘获的蒙古人也大多被安置在内地长城沿线的堡寨中。延绥镇的建安堡曾经安置蒙古降人及其家口总共596口。建安堡在今陕西榆林北部大河塔乡,其明代规制的城墙尚有遗存。当地居民至今流传有汉人生活在堡内南部,蒙古人生活在北部的传说。③从圐圙这一地名在中国北方地区的分布范围来看,反映了从十六世纪起蒙古人逐渐形成定居村落的历史过程。这个范围从内、外蒙古一直延伸到长城以南的内地,可以看出蒙古人南下与内地民人混居的过程。

另一方面,我们也可以发现大量内地民人北上进入蒙古地区,从事农业和贸易,形成定居村落。这种村落大多被明代文献称为"板升"。我们可以根据分布在长城以外蒙古地区的称为板申的村庄的形成及特征的分析,重建一幅由南向北民人迁移的画面。

2. 板申与圐圙:双向流动

明嘉靖十二年,大同镇发生兵变,大同总兵李瑾被杀,明朝遂遣兵平叛。叛兵余部逃亡塞外,大多驻留在丰州滩一带。嘉靖二十年,白莲教徒又通过大同集体北逃,也驻留在丰州滩。白莲教首领丘富、赵全、李自馨等人带领的大批内地百姓定居在蒙古境内,形成大量聚居村落,并且开展农业生产。到16世纪后期,"赵全等内地汉人投奔到土默特部以后,他们带领白莲教徒和汉人进行了大规模的板升(baising)筑屋,开荒种地。史书记载,他们开'云田(内)丰州地万顷,连村数百,耕田输粟',形成了相当规模的板升农业。板升农业成了土默特部畜牧业的辅助经济"④。

边镇农业的兴起,也与九边地区军屯、军人家眷移民的营生有关。明代规定:"军余家人自愿耕种者,不拘顷亩,任其开垦,籽粒自收,官府不许比较。"⑤明代的屯田,大多也处于长城以外,这里实际上是拉锯战与贸易区域:

> 二边乃成化中余子俊所修,因山为险,屯田多在其外。大边弘治中文贵所修,防护屯田,中间率多平地。七月(成化七年),命榜谕延绥等处所司严饬边备。每年四月、八月,令守备官军修葺

① 朱休度:《于役中出塞途中口号五首》,《小木子诗三刻·壶山自吟稿》卷上,清嘉庆刻本,第20页b。
② 见杜国忠等编:《清代至民国时期归化城土默特土地契约》(四册),呼和浩特:内蒙古大学出版社2012年。
③ 参见榆林地方学者李春元《从山海关到建安堡——两个解官与596名降人的故事》(《陕北》2017年第4期)。文中提到明朝解官即押解降部守备韩国卿,因克扣蒙古降人粮饷、淫人妻子,于崇祯元年被诛。亦见《明实录·崇祯长编》卷之十崇祯元年六月初三日。
④ 哈斯巴根、杜国忠:《村落的历史与现状:内蒙古土默特右旗西老将营社会调查报告》,杜国忠编:《清代至民国时期归化城土默特土地契约》第三册,呼和浩特:内蒙古大学出版社,2012年,第6页。
⑤ 万历重修《大明会典》卷十八《户部·屯田》,北京书同文古籍数据库收明刻本《大明会典》卷十八,第十七页。

垣墙墩堡,增筑草场界至,时加巡察。敢有越出塞垣耕种及徙操场界至者,俱治以法。①

这里提到的"越出塞垣耕种"则指民人采取雁行的方式,春季北上进入蒙古区域垦殖,入冬带着收获物南下的的雁行农业。明代中后期,虽然总体上与蒙古处于战和不定状态,但内地民人一有机会就北上垦殖,则多为文献所记载:

> 明初城胜州,一度经营套地,旋从废弃。自是及于清初,仅陕晋细民出没其间,春出秋归,名曰雁行,其迹甚微,盖省境东西千余里,复沦为游牧之区矣。②

这种春去冬归的雁行农民,也往往形成定居村落。由于各种原因内地民人定居蒙古地区形成从事农业的村落,则被称为板升。板升的含义,向有两说,一说为"村落房屋"之意。③一说来自蒙语音译汉语"百姓"一词。④但都用来指汉人定居的村落。日本学者和田清对分布于丰州一带的板升、汉人所建宫殿和喇嘛寺庙有所考证,据述汉人赵全等人所建宫殿有七重,名曰开化府,此为归化城的起源。⑤

这种以板申命名的地名,广泛分布在内蒙古中西部农牧交错带。比如兴安盟科尔沁右旗的高力板镇、圪老板申村、黑炭板申村、哈奇板身村、辛圪板申村、生根板什、厂汉板申村。⑥此外,有些省字的地名,比如位于呼和浩特回民区的厂汉板村、攸攸板镇、板定板、牌楼板等地名,其中的板字都是板申之意。地名词典将板申解释为"房子"的意思,泛指村庄。这显示板申的含义到近代已经失去了表示汉民的指示意义,成为普通居民聚落的指称。⑦

不仅如此,部分蒙古语村落的名称也反映出蒙汉交流的特征。明代白莲教首领丘富的弟弟丘全,是一位手艺精湛的木匠,来到丰州滩后,为阿勒坦汗制作了许多农耕及日用器具,汉族移民中的弓匠、绣匠、皮匠、铁匠都受到重视。随之产生的地名有老气,或楚鲁气,即蒙语石匠的意思。蒙圪气意为银匠,察素齐意为纸匠。首领李自馨是秀才出身,受到俺答汗的重用。这样产生的地名有北只图、北其格图、比其格腾,意为"有文化的人"。朱尔圪沁意为"画匠",吴坝原名为吴巴格喜、吴巴石,意为"吴姓

---

① 李熙龄纂,马少甫校注:《榆林府志》卷二一,上海:上海古籍出版社,2014年,第413页。

② 绥远通志馆编纂:《绥远通志稿》(第五册)卷36《水利·绥远水利沿革》,呼和浩特:内蒙古人民出版社,2007年[据民国二十六年(1937年)成稿]点校版,第588页。

③《明史》卷三二七《鞑靼传》:"时(丘)富等在敌,召集亡命,居丰州,筑城自卫,构宫殿,垦水田,号曰板升。板升,华言屋也。"(北京:中华书局,1974年,第8482页)明陈仁锡《插酋论》:"嘉靖中,叛逆赵全等为向道,集被房万人于丰州滩东西一带,立为板升,犹华人言村落房屋也。桑种饮食悉如中国,所变者胡服耳。"(明陈仁锡:《无梦园初集·车集一》,中国基本古籍库收明崇祯六年刻本,第2069页。

④ 乌云高娃:"来到草原的汉族人自称百姓,蒙古人也以这个词音称呼他们,音译时就成了'板申'。汉族人聚居的村庄,也随之被称为板申。"乌云高娃:《土默特右旗蒙古语地名释义研究》,阿力木沙比提主编:《全国民族语文翻译学术研讨会论文集》,北京:民族出版社,2015年,第144页。

⑤ 和田清:《俺答汗的霸业》,和田清:《明代蒙古史论集》,潘世宪译,呼和浩特:内蒙古人民出版社,2015年,第627页。

⑥ 云广整理:《清代至民国时期归化城土默特土地契约》第四册(上卷),呼和浩特:内蒙古大学出版社,2012年,第5页。

⑦ 厂汉即为蒙语查干的转音,意为白色。见庞启主编《内蒙古地名》,呼和浩特:内蒙古人民出版社,2006年,第21页。

学识渊博的先生的住所"①。"不浪"即蒙古语中的"布拉格"Bulag的转音,意为泉。②在榆林境内的地名中有补浪河,亦为此意。这个过程一直延续到清代中后期,"自康熙末年,山陕北部贫民,由土默特渡河而西,私向蒙人租地垦种。而甘省边氓亦复逐渐辟殖。于是伊盟七旗境内,凡近黄河长城处,所在(皆)有汉人足迹"③。

蒙汉民人的杂居不仅反映在生产与贸易之中,甚至蒙古境内原游牧村落的名称也多因内地民人的聚居而发生变化。这个问题引起蒙古佐领的重视,向中央汇报要求重新编制村落地名作为依据。乾隆四十年清水河通判上奏:

> 查得我土默特二旗蒙古等居住各村屯,原讫均有蒙古地名,嗣因民人来居,语音不同,将地名肆意更改,或有纯汉人村庄,蒙古等误称者有之,何况七厅内,裁撤二万,作为五厅分管后,何村归属何厅之处,本衙门并无册籍可查。是以饬办某些房田、债款争议案件时,或误行,或该厅指称并非其管辖地方者,亦有之。对此,往来查对行文,需要时日,以改案内人等为之拖累,公务为之宕延。将此,剖付归化城、萨拉齐、托克托城、和林格尔、清水河厅,将各厅管辖所有村屯,尽数查勘,造具蒙汉字合璧清册报案。④

从这份文书来看,内地民人与游牧蒙人的杂居已经是大势所趋。在另一份文书中,呈报的地名本身显示了这种融合性:

> 托克托城通判为查明速报事遵将各属蒙民居住村名理合造册呈送查核须至册者计开:
>
> 托克托城:毛不浪、石窑子、甲浪沟、刀旺营、东壕赖、沙河堰、乃同、倒拉忽洞、油房营、豆腐窑、海生不浪、南章盖营、喇嘛湾、红庙□沟、南壕赖、西壕赖、打尔吗营、黑水泉、五犋牛沟、合同营、乃吗营、石匠营、常家营、忽家圪洞、大羊厂、船厂、马车窑、东章盖营、海红营、大沟水井、北窑子、倒拉讨力亥、南得力图、南园子、那木尔架、臭水圪洞、小羊厂、庙营子、白如恩窑子、五十家子、小沟水井、太岁营、东黑沙图、毡匠营、东荣寿、白塔村、乃吗板申、南园子、他布子、什力澄、北台吉、北斗林盖、古红岱、左家营、祝乐庆、三盖、五把什崖、忽拉格气、哈拉板申、西主汗白彦、乃吗板申、乃只盖、南台吉、他布板申、克扣板申、三间房、什达岱、五申、乃同营、关四窑、井壕寻、东主力汗白彦、什力圪图、五兰井堰、南乃吗营子、西荣寿、樊三沟、孤子壕、北得力图。⑤

---

① 乌云高娃:《土默特右旗蒙古语地名释义研究》,阿力木沙比提主编:《全国民族语文翻译学术研讨会论文集》,北京:民族出版社2015年,第149页。

② 庞启主编:《内蒙古地名》,呼和浩特:内蒙古人民出版社2006年,第19页。

③ 潘复:《调查河套报告书》,北平:京华书局,1923年,第219页。

④ 土默特档案馆藏:《分驻清水河管理蒙古通判为造送蒙汉合璧村名清册事呈文归化城副都统衙门》(满文),郭美兰译,第78卷,第197号,乾隆四十年六月十七日。

⑤ 土默特档案馆藏:《托克托城通判造送所属蒙民居住村名清册》(满文),无卷宗号,乾隆四十年六月。

这些村名中,一类来自蒙语,一类反映了内地民人定居情形,比如石窑子、石匠营、油坊营、豆腐窑,还有大量称为板申、板的村名。村庄地名具有较高的稳定性,其变更比生产和贸易更能反映这种交汇的持久和规模。这个过程实际上是16、17世纪以来口内外移民交流的历史延续。

此外,清朝前期开始,由于内地民人大量移入蒙古,许多地方甚至出现了全是内地民人定居、生产,没有蒙古人生活的情况。另一份土默特档案中记载:

> 分驻清水河管理蒙古民事通判为查报事遵将本厅所属分并各村庄造具蒙汉字清册呈送查核须至册者计开:黑蛇沟、圆圆圙、康保□坪、五良速太、喇嘛庙沟、石庄子、葫芦木石沟、纳令沟、胡得广窑子、灯笼速太、大圙圙。以上十一村现有蒙古居住理合证明。
>
> 达赖哈达、荒地梁、薛家梁、咬刀见图、青豆沟子、王桂校窑子、小庙子、生地湾、田家塔、刘老婆窑子、善岱窑子、波波代、查汉沟、蔺家山、贾家湾、皮家沟、楼窑沟、菜树背、菠菜营子、神崖村、榆皮窑、张拐窑子、魏四窑子、贺家山、粗糠窑子、宋成美子、史兰太窑子、上窑子、高桂生窑子、张五坪、新窑子。以上三十一村俱系民人并无蒙古居住理合证明。①

可见,到了清代,内地、蒙古民人在陕西、山西、内蒙等地移民杂居,形成村落,已为常态。

除了蒙、汉村落、市镇等制度建制的证据之外,在民间习俗与语言中,我们也可以看到这种超越族群界限、北方地区各族人民融合生活的见证。1910年,比利时传教士伊万·欧斯特在归化城和鄂尔多斯附近传教,搜集了大量流传在民间的内蒙古民歌,其后回到欧洲,将整理的成果在《人类:国际人类与语言学杂志》上发表。在我们看到的这些民歌集中,从曲调和歌词内容来看,基本上是混合了陕北民歌、内蒙传统故事的要素而成。②欧斯特还编辑有一部《鄂尔多斯南部方言俗语调查》的著作,出版于1918年,用汉语和法文双语,将搜集的一千条方言俗语整理刊布。这部著作卷首是欧斯特的法文序言,序言的汉语标题是《学会名贤集,说话不用力》。"名贤集"这个词多次出现在他搜集的方言俚语之中。③在这部方言集中,我们看到了大量流行于陕北地区的俗语和传统内地的名言警句。比如:"月子女儿衲尿布,闲时做下忙时用";"越吃越馋,越坐越懒";"用别人的大方,用各人的手紧";"有钱的想吃甚是甚,无钱的想说甚是甚";"有钱难买五月里的旱,六月连阴吃饱饭④"。这些俗语中既有与陕北地区通用的词汇,又有与中原地区相同的伦理观念。这些民间俗语、成语与民歌,甚至更为体现出一个地区人民生活的价值与理想。这正是陕北地区作为内地与蒙古商贸重要路线的文化遗迹。

经过近一个多世纪的变迁,蒙古游牧部落所发生的变化是天翻地覆的。日本历史学家和田清认为:"这个广大的板升地区无疑是俺答汗财富的泉源之一。并不限于这个板升,明末蒙古诸酋全都致力于农耕",甚至"辽东边外沃野,早已实行农耕。《译语》里也说:兀良哈'务稼穑,不事剽掠'。"蒙古大

---

① 土默特档案馆藏:《清水河通判造送所属分并各村庄蒙汉字清册》(满文),无卷宗号,乾隆四十年六月。
② 参见李亚芳:《透过文本:西方传教士记录的鄂尔多斯音乐的历史民族音乐学考察与研究》,中国音乐学院博士论文,2011年。
③ 《名贤集》是宋以后出现的一部与《三字经》《千字文》等蒙学著作类似的通俗读物,内容分为四言、五言、六言,流传广泛。
④ 伊万·欧斯特:《鄂尔多斯南部方言俗语调查》,巴黎:Zi-KA-wEi PRÈS Chang-hai,1918年版。

规模从事农业,也引起朝鲜使节的注意,其报告中说:"蒙古春耕时,多聚人马于平野,累累使之践踏粪秽,后播黍粟蜀秫诸种,又使人马践踏,至耕治收获时,令军人齐力云。"[1]在这个变化过程中,伴随的是人口、技术、文化的全面流动。徐凯教授认为:"赵全等人同众多中原地区的农民,来到蒙古丰州地区安家落户,将汉族人民的先进农业生产技术、建筑工艺、文化医药等带到草原,传授给蒙古族人民,对蒙古地方的开发和建设做出了积极贡献。"[2]宁可也指出:"农区与牧区之间没有巨大的自然障碍,而且还有像河套这样的宜农宜牧的中间地带,既有利于北方游牧民族与南方汉族的交往,也便于当北方游牧民族占据这块地方时,吸收汉族先进经济文化,迅速壮大力量继续南下。"[3]可见,经过这样的人口流动,蒙汉融合的局面已经形成。在17世纪中叶的前近代时期,农业及农商社会依然代表着人类生产技术与社会组织的最高成就,从游牧到农耕,无疑是巨大的社会进步。其背后有关天文地理的知识、城镇村落的社会组织、教育礼制、宗教信仰等一系列文化变迁,都在深刻地雕塑着北方蒙古的游牧社会特征,不但使其获得新的社会经济组织,还从文化信仰上赋予其新的禀赋。

三、骆驼城:沟通丝绸之路的贸易枢纽

从秦汉时代起,大一统政权的建立,中国境内及周边地区开始兴建系统的全国性道路交通网络。蒙元时代由于横跨欧亚大陆的帝国的出现,连接内地各行省和周边各汗国的驿站系统达到了空前发达的程度。除了汉唐穿越敦煌、中亚地区的沙漠丝绸之路外,尚有多条官道或者商道连接着北方草原和内地。最著名者为阴山道,又名白道川,是越过上郡长城往北一直穿越大青山的一条军事、贸易、人员交流的大通道。《太平寰宇记》载:

> 阴山道,按《冀州图》云:云中周回六十里,北去阴山八十里,南去通漠长城百里,即白道川也。南北远处三百里,近处百里,东西五百里,至良沃沙土而黑,省功多获,每至七月乃热。白道川当原阳镇北,欲至山上,当路有千余步地,土白如石灰色,遥去百里即见之,即是阴山路也。从此以西,及紫河以东,当阴山北者,唯此道通方轨。自外皆小而失次者多。[4]

秦汉的直道和驰道从咸阳往上郡,抵达河套附近,越河套即为白道川,穿越大青山入蒙古深处。这条大通道在元代被打通,纳入全国的驿站网络。蒙古帝国除了建立从大都(今北京)到全国的驿路外,还建立了从上都连接各地的驿站道路,其中,"木邻站道,过兴和路昌州、威宁、大同路北,自丰州(内蒙古呼和浩特东白塔村)西北甸城谷出天山(大青山),北历净州、沙井,过隔壁沙漠,进入岭北行省,经汪吉河上游,北行到和林"[5]。从丰州往南,即为故阴山道,穿越河套、长城,与长安至上郡的驿路

---

① 和田清:《明代蒙古史论集》,第629页。

② 徐凯:《赵全其人》,《北大史学》1999年第6期。

③ 宁可:《地理环境在社会发展中的作用》,《历史研究》1986年第6期。

④ 乐史撰,王文楚点校:《太平寰宇记》卷四九《河东道·云州·云中县》,北京:中华书局,2007年,第1035—1036页。

⑤ 党宝海:《蒙元驿站交通研究》,北京:昆仑出版社,2006年,第285页。

相连接。

明代继承了蒙元的驿站网络并有增设裁革。从长安往北至延安、文安驿、米脂、鱼河堡、榆林，皆设驿站，为榆林卫重要粮道。榆林往北至黄甫川，为河套沿岸驿路的北端。[①]这条道路往东一直连接着从京师延伸出来的连接九边的驿路系统。[②]另一路为连接榆林卫39堡寨的次级道路，为榆林越长城至建安堡、高家堡，抵河套。[③]穿越黄河即进入蒙古境内的阴山道，可一直通往哈拉和林（今蒙古国杭爱省）。由亚洲北方草原和林穿越蒙古高原去奄蔡、咸海、阿得水（Etil，伏尔加河）、得嶷海（黑海）至弗林，称为草原之路。元代时期又称为"钦察道"。[④]这就是蒙元至明清时代一直畅通的欧亚大通道的主要路线。

这条大道由于明代与蒙古地区始终的和战不定，明朝官方的驿路系统只到榆林卫长城各堡或河套沿岸。给人们的印象是长城内外蒙古交通断绝。其实，榆林卫所辐射的河套地区的路线，从榆林城外易马城往北，穿越河套，通过分布在黄河上的渡口，东起黄甫川[⑤]、羊圈渡口[⑥]，往西至包头等地，夏季乘船，冬季履冰，往北进入丰州滩等草原商路。[⑦]除了黄甫川、羊圈渡、包头等著名渡口外，从清代文献记载来看，河套地区渡口密布，以供南北往来交通。康熙三十六年第三次亲征噶尔丹大军路线也是从北京、宣府、大同、榆林这条传统明代驿站路线，康熙自述："朕亲征厄鲁特时，于宁夏回銮，出横城口，自船站登舟顺河而下，至湖滩河所，二十一日，皆前人未施舟楫之地，波流起瀚，水色黄浊，日光摩荡，闪烁如熔金，船中上下人员无不目眩也。"[⑧]这里所说的船站、河所，就是水陆驿站体系中的水路驿站。其中喇嘛湾渡、扬上渡、榆树湾渡、元子湾渡、青柳渡、老牛湾渡在清代一直都还有着渡口的功能。[⑨]

在这条线路上，明代成化年间设立的九边重镇之一延绥镇榆林卫，又被称为骆驼城，是沟通南北的重要枢纽。"榆林地险而防严，将士战不贯胄，虏呼为骆驼城。"[⑩]由于地处内地与蒙古各部的交通要冲，在蒙古史上亦占有重要地位，在《蒙古源流》诸书中多有涉及。陈寅恪曾经考证德国施密德氏（Issac Jacob Schmidt）《蒙古源流译注》一书中，Temegetu一城当为榆林地名，即参考了蒙文、满文版本的

---

① 明黄汴《一统路程图记》卷三《本司东北由延安府至榆林镇黄甫川路》载：从西安府至黄甫川共28驿，黄甫川渡口在其东九里娘娘渡。见杨正泰：《明代驿站考（增订版）》附录二，上海：上海古籍出版社，2006年，第225页。

② 杨正泰：《明代驿站考（增订版）》，第131页。

③ 黄甫川以内各堡、卫道路，见《一统路程图记》卷四《黄甫川由各镇、卫至西宁卫路》，杨正泰：《明代驿站考（增订版）》附录二，第238页。

④ 李明伟：《丝绸之路贸易史研究》，兰州：甘肃人民出版社，1991年，第69页。

⑤ 黄甫川是榆林卫三十六堡之一，也是明代驿站的重要节点，亦为河套的东段界限。黄甫川，明清文献中又写为皇甫川。

⑥ 除了河套沿线重要的军镇据点承担渡口、交通的功能外，民间商路亦复不少。根据美国国会图书馆藏《大清万年一统天下全图》中的标记，黄埔川以西有名为羊圈渡口的地方。这是内地、蒙古民人往来黄河放牧、贸易的交通节点。

⑦ 河套地区为蒙古与明内地人民往复交错之地，黄河为必经之路。从宁夏花马池（今盐池）起的黄河水运，历来发达。宋元明以来当作漕运水道，因此沿河造船、水运繁荣。传统文献对蒙古军队南下或者内地军民北上跨越黄河的交通工具多为冬季履冰穿越，对船运记载甚少。根据明清以来文献中河套地区古渡口的资料分析，可以看出在冬季之外，过河主要依靠船运和渡口。参见王龙耿：《包头黄河水运小史》，包头市史志馆、包头市档案馆编：《包头史料荟要》第八辑，1983年，第159页。

⑧ 玄烨著，李迪译注：《康熙几暇格物编译注》，上海：上海古籍出版社，2007年，第1页。

⑨ 忒莫勒校勘：《新修清水河厅志》，呼和浩特：远方出版社，2009年，第20页。

⑩ 谭吉璁纂修，马少甫校注：《康熙延绥镇志》卷二之四《食志》，上海：上海古籍出版社2012年版，第416页。

《蒙古源流》。①明代的九边,虽然是边防重镇,但是又承担着重要的贸易职能。明代与蒙古战和不定,战争与互市实为以九边为代表的边防体系的重要主题:

> 有明之互市,惟于西番行之。和好最久。若开原、广宁、大同、宣府诸市,或开或罢。惟延宁之花马池市、红山市颇有利。然未有如今日之盛者也。②

这里提到的花马池、红山两市,即为榆林城北的红山与西部(今为宁夏盐池)的两个市场。延绥镇总兵涂宗濬曾经上疏建议,根据蒙古人叛降不定的特点采取灵活的互市政策,以收羁縻之长远功效。③

互市贸易,虽然在时间和地点方面都有限定,但是番商远道而来,由于天气等原因,不得不在时间、居留方面有所变通。变通的方法之一,就是在互市地点附近修建寺庙或者道观,以供番商住宿、喂养马匹。榆林卫红山市下有关帝庙,即承担此一功能,是易马城番人的补给之所。④考此制度,乃延续唐宋旧制。北宋时期秦州为宋番茶马贸易之所,仁宗天圣三年陕西转运使上疏:"秦州蕃官军主策拉等请于来远寨置佛寺,以馆往来市马人,从之。"⑤宗教场所在古代冲突地区往往充当公共空间,番商和朝贡使团在寺庙逗留,是地方将官因俗而治的权变之法,保证了贸易和交流的实际运行。

此外,即便是战争期间,由于大量军需物资的转运依靠市场来筹集,边境地区还形成了一个特殊的军需贸易群体:"塞上商贾,多宣化、大同、朔平三府人。甘劳瘁,耐风寒,以其沿边居处,素习土著故也。其筑城驻兵处则筑室集货,行营进剿时亦必尾随前进,虽锋刃旁午人马沸腾之际,未肯裹足。轻生而重利,其情乎?"⑥这条材料生动地说明了军事驻防与贸易的真实关系。亦可说明从明朝以来的军镇向清朝以来的民镇转化的内在机制。也可以解释明代九边何以同时成为欧亚大陆贸易体系的重要节点。

战争与交流实际上是相辅相成的两个方面。即便是互相敌对的战争时期,双方的人员和物资都会遵循着传统的商路或者定居点来进行布局。攻守双方的路线与民人贸易生产的路线也多重合。《榆林府志》说:

> 河套地方千里,虏数万人居其中,趁逐水草,四散畜牧。欲大举南寇,则令人专示诸部落,约日聚众而进。既聚众至二三万,夜宿火光连亘数十里,我之墩军夜不收,瞭望先知,我兵可设备矣。虏众临墙止宿,必就有水泉处安营饮马,今花马池墙外有锅底湖、柳门井,兴武营外有虾蟆湖

---

① 陈寅恪:《灵州宁夏榆林三城译名考》,《金明馆丛稿二编》,上海:上海古籍出版社,1981年,第108页。

② 谭吉璁纂修,马少甫校注:《康熙延绥镇志》卷二之四《食志》,第92页。

③ 涂宗濬:《收抚已叛请开市赏疏》,谭吉璁纂修,马少甫校注:《康熙延绥镇志》卷六之一《艺文志》,第477页。

④ 西老爷庙,位于榆林市北明长城镇北台,始建于明代,内供关帝像。

⑤ 李焘:《续资治通鉴长编》卷一○三,仁宗天圣三年,北京:中华书局,2004年,第2390页。

⑥ 纳兰常安:《行国风土记·商贾》,《瀚海前集》卷五、六,中国社会科学院历史研究所图书馆善本室藏清刻本。此条内容被选入谢国桢《明代社会经济史料选编》,惟"尾随前进"前脱一"必"字。编者按语云:"此条所记,虽系清初宣大商人随军营业边境情况,但明末辽东、塞北商人经营商业情况,亦犹不相远。"(福州:福建人民出版社,2004年,第107页)

等泉,定边营外有东柳门等井。余地无井泉又多大沙凹凸,或产蒿,深没马腹。贼数百骑或可委屈寻路,而行多则不能,故设备之处有限。[①]

可见,战争与贸易相似,都以定居点和水源为路线指引。所以战争的路线往往也是商贸的路线,这也就能够解释边防之地多为贸易之城的原因。

就榆林城作为欧亚大陆贸易枢纽的地位来说,除了传统南北向的官道与商贸中心,还连接着其它两条重要的丝绸之路。明代官员欧大任曾沿着边塞路线赴任,作《塞下曲》七首,分别描绘了七个重要的边塞重镇,由东至西分别是辽阳、居庸关、云中、宣大、榆林、花马池、敦煌。[②]这条线路除了花马池、敦煌,其它都是草原丝绸之路上重要的贸易集散地。由于地形的原因,这条线路进入榆林后往西南向分布,到了花马池后即可通往敦煌,与沙漠丝绸之路相连接。榆林往西,宁夏、甘肃这条路线,与榆林往北经鄂尔多斯进入草原丝绸之路的路线,交汇于此地。根据明代九边驿站的设置,从黄甫川到西宁,又通驿路。由榆林镇各堡到花马池,往西北汇入沙漠丝路,往西南直到青海西宁,为盐马贸易孔道。

明代沿着今称为藏彝走廊的贸易路线,开展以茶易马的贸易:"洮、岷、西宁各设茶马司,招番易马。弘治癸丑,巡抚都御史刘公忠题,自弘治六年为始,七年宁夏、八年甘肃、九年延绥,以后各照年份递领儿扇马。"[③]根据明朝战马的配额,延绥镇有一部分战马通过花马池贸易而从青海等地筹集。明黄汴《一统路程图记》对延绥镇到西宁的驿路有详细记述:"黄甫川,西四十五里清水营,四十里木瓜园堡,四十里孤山堡。榆林镇西七十里响水堡,四十里波罗堡,边营六十里花马池,安定堡七十里兴武营、三十五里毛卜剌堡,西宁卫。"这条路线花马池以西总共由四十一堡卫相连。明朝在西宁设分守参将一、茶马司一。[④]

明代官方的道路、邮驿系统,从洪武初年起就开始逐渐在元代驿站系统的基础上进一步调整、完备。从京师到各布政使的驿站规制严密、覆盖广泛,同时对九边和四夷之地的邮驿加以重视和补充。欧大任所走的路线正是明代九边官道和驿站系统的路线。[⑤]在这条东西向的邮驿路线上,张家口、宣府、大同、榆林等节点,都连接着南北向通往草原和蒙古的商路:

> 其内蒙古通驿要口凡五道,曰喜峰口、古北口、独石口、张家口、杀虎口,以达于各旗。内蒙路近,商旅通行,水草无艰。其外蒙之驿,则由阿尔泰军台以达于边境各卡伦……康熙三十一年,自古北口至乌珠穆秦,置九台。自独石口至浩齐忒,置台六。自张家口至四子部落,置台五。自张家口至归化城,置台六。自杀虎口至吴喇忒,置台九。自归化城至鄂尔多斯,置台八。自喜峰口

① 李熙龄纂,马少甫校注:《榆林府志》卷二一《兵志》引魏焕《明九边考》,上海:上海古籍出版社,2014年,第416页。
② 欧大任:《塞下曲(七首)》,《欧虞部集十五种·思玄堂集》卷八,中国基本古籍库收清刻本,第544页。
③ 郑汝璧等纂修,马少甫校注:《延绥镇志》卷三,上海:上海古籍出版社,2011年,第204页。
④ 杨正泰:《明代驿站考(增订本)》附录二,第238页。
⑤ 黄汴《一统路程图记》卷四《黄甫川由各镇卫至西宁卫路》,杨正泰:《明代驿站考(增订本)》附录二,第238页。

至扎赖特,置台十六。①

其中,鄂尔多斯至归化城的驿路,往南过黄河渡口连接到榆林城一直到西安,从榆林城沿长城往东抵达北京。往北则一直延伸到外蒙古至西伯利亚,这些明清时期形成的贸易通道在清代被以驿站的形式固定下来,成为草原丝绸之路的大通道。

这样,明代延绥镇、榆林卫等陕北地区,实际上成了沟通北方草原丝绸之路、西部沙漠丝绸之路以及南方高山丝绸之路的三线交汇之地。了解了这一传统上被认为是明、蒙交战前沿的广大区域的多重属性,才能对这个时代的中原、边塞、内外关系有一更深入的认识。

从16世纪中后期以来,传统上属于欧洲地区的罗斯国家逐渐开始向东殖民,进入了广袤的亚欧大陆北部西伯利亚地区活动。这样,俄罗斯的哥萨克人开始活跃于蒙古北部边界地带,与明朝、蒙古各部发生各种政治、经济联系。在官方建立正式联系前,由这些地区的人民开展的贸易活动实际上早已经存在。"俄国同中国通商是从和这个国家交往的最初年代开始的。首先是由西伯利亚的商人和哥萨克自行开始同中国进行贸易。人们发现从事这种贸易非常有利可图,于是西伯利亚各城市的行政长官也参与此项活动。"②由于俄罗斯处于西欧通往中国的中间地位,所以英国也多次派使节前往俄罗斯要求开通前往中国贸易的商路。俄罗斯外务部保存的档案记录了1616—1617年间英国使节麦克利与俄方会谈的纪要显示,尽管俄罗斯设法阻止了英国的请求,但却下令哥萨克军人调查通往中国的商路。③这些活动通过莫斯科的英国批发商约翰·麦利克传递到英国,引起王室和政治家的注意。英国地理学家佩尔基斯记录了俄罗斯人开辟的通过北方草原通往中国的商路。从官方的记录来看,除了活跃的民间贸易外,至少在明代末年起,以明朝北方卫所为节点的南北交流通道已经非常活跃。④清人何秋涛《朔方备乘》一书考证了蒙古喀尔喀、车臣二部都曾经进贡俄罗斯鸟枪一事,认为"谦河菊海之间早有通商之事"⑤,即指叶尼塞河上游与贝加尔湖之间的贸易路线。

18世纪俄国著名文献学家、历史学家尼古拉·班蒂什根据俄罗斯外交事务部档案编著的《俄中两国外交文献汇编(1619—1792)》一书,收录了两件中国明代皇帝致俄皇的"国书",其中一件标以万历皇帝,一件标以万历皇帝之子,文书记载了两名俄罗斯使臣因通商事前往中国,中国皇帝则表达了鼓励之意。不管这两件文书的真实程度如何,该文件收录在俄皇米哈伊洛维奇的外务衙门档案中,在反映中俄早期贸易关系的文献中具有一定价值。⑥

---

① 《清史稿》卷一三七,北京:中华书局,1977年,第4089页。

② 尼古拉·班蒂什-卡缅斯基编著:《俄中两国外交文献汇编(1619—1792)》,第513页。

③ 齐赫文斯基:《十七世纪俄中关系》,第3、第4、第16、17、18号档案,北京:商务印书馆,1978年,第3页。

④ 佩尔基斯:《他的旅行历程》第三卷《简述俄罗斯人为继续探索通往鞑靼地区及中国经常涉足之路线——由蒙古向东及东北方入西伯利亚、萨莫伊往通古斯之水陆路线》,转引自沙斯季娜:《十七世纪俄蒙通使关系》,第22页。

⑤ 何秋涛纂:《朔方备乘》卷三七《俄罗斯互市始末纪》。中国基本古籍库收光绪刻本,卷三十七第一页,总第2932页。

⑥ 两件文书收录于尼古拉·班蒂什-卡缅斯基编著《俄中两国外交文献汇编(1619—1792)》一书中,但根据耶稣会传教士的识读,认为这两件文书时间更早,为明成祖时代致北方王公的册封诏书。但两件诏书何以保存在俄皇的外交档案中,亦为不解之谜。另外,由于明清时代中国特有的天下观,直至晚清之前,中国皇帝致外国的文书从未以国书的形式冠名。因此西方各国外交档案中的中国皇帝"国书",都是翻译明清时代皇帝的诏书、敕谕而来。

根据俄方档案记载，第一个从莫斯科前往中国的使节团是巴依科夫使团，1654年前往办理商务，并奉有探明"中华帝国可以购买哪些货物，可以运去哪些货物，由水路或陆路达到这个国家有多远路程"等信息的使命。①可见，到17世纪中期官方的外交路线已经畅通。17世纪早期的探险活动是后来《尼布楚条约》和《恰克图条约》得以签订的地理背景。到了17世纪中后期，通过中俄条约的形式将明末以来形成的北方贸易路线固定下来，从此库伦和恰克图成为官方贸易的正式场所。②

在中国第一历史档案馆所藏的官方档案中，从顺治到乾隆期间至少有50件档案内容有关与俄罗斯贸易的，其中贸易线路涉及到从黑龙江、嫩江、北京、张家口、鄂尔多斯、伊犁、哈萨克整条草原丝绸之路的商道。这反映在明清时代，传统的草原丝绸之路进入了鼎盛时代。由于清朝分别在康熙与雍正年间与俄罗斯签订了划界和贸易条约，尼布楚、恰克图、库伦等地获得了合法的贸易地位，这条线路虽然被俄罗斯所垄断，传统上进入亚欧大陆的商道中间出现了代理商性质的梗阻，但北方丝绸之路并未衰落，甚至还更加兴盛。根据两件内阁和理藩院档案《题为遣员至蒙古会盟处传谕蒙古各众做贸易不得行骗等事》③《为由莫斯科派遣商人前往中国贸易请照约办理事》④，可以看出，中俄贸易从顺治到康熙间已经呈现常态化，中央部院题奏中这类日常贸易纠纷的内容显示了贸易的广泛和深度。

法国历史学家谢和耐认为早期中俄贸易："交易主要是毛皮换棉布与丝绸；18世纪末以后，茶叶贸易额大增（1760年为140万卢布，1800年已达800万）。"⑤据研究最早进入俄国的茶叶是崇祯十三年（1640）俄国使臣瓦西里·斯达尔科夫从中亚卡尔梅克汗廷带回茶叶二百袋，奉献给沙皇。这是中国茶叶进入俄国之始。⑥即使在海运大开之后，通过陆路进入欧洲的茶叶依然占有重要地位。其中一个重要原因在于，陆路运输茶叶的质量要远远高于海洋运输茶叶的质量。这一点，《海国图志》中也有解释："因陆路所历风霜，故其茶味反佳。非如海船经过南洋暑热，致茶味亦减。"⑦这种中国茶质量的差异，在19世纪的欧洲，已经成为人所共知的常识。马克思在《俄国的对华贸易》一文中专门指出，恰克图贸易中的中国茶叶"大部分是上等货，即在大陆消费者中间享有盛誉的所谓商队茶，不同于由海上进口的次等货。俄国人自己独享内地陆路贸易，成了他们没有可能参加海上贸易的一种补偿"⑧。

从榆林、张家口等地形成的圐圙、圐圙、库伦等贸易集散地和居民定居点，逐渐发展为以位于外蒙古境内的库伦办事大臣为代表的官方贸易中心。这个包括人民、村落、道路、城市等因素在内的一个综合历史过程，为我们揭示了一个由明至清跨越南北地理界线的多元画面。⑨

---

① 尼古拉·班蒂什-卡缅斯基编著：《俄中两国外交文献汇编（1619—1792）》，第22页。

② 卢明辉、李烨：《17世纪中叶"草原丝绸之路"恰克图等口岸中俄贸易关系的发展》，《三条丝绸之路比较研究学术讨论会论文集》，香港：香港社会科学出版社，2005年，第462页。

③ 中国第一历史档案馆藏内阁满文题本，顺治十二年十月初七日。档号：02-02-012-000825-0033。

④ 中国第一历史档案馆藏内阁满文题本，康熙三十四年八月初二日。档号：02-24-001-000001-0004。

⑤ 谢和耐：《中国社会史》，黄建华、黄迅余译，南京：江苏人民出版社，2010年，第409页。

⑥ 蔡洪生：《俄罗斯馆纪事（增订本）》，北京：中华书局，2006年，第139页。

⑦ 魏源：《海国图志》卷八三《夷情备采三》，长沙：岳麓书社，2011年，第1986页。

⑧ 马克思：《俄国的对华贸易》，《马克思恩格斯选集》第二卷，北京：人民出版社，1995年，第9页。

⑨ 库伦原为各蒙古聚居地的泛称，在明代后期与清代前期逐渐形成固定的贸易点和城市。清代时期将位于今乌兰巴托的库伦作为办事大臣，管辖两个部落，此后库伦特指库伦办事大臣所在地。其贸易地位的形成早在17世纪初期就已经成为俄国、蒙古、明朝的贸易场所。见波兹德涅耶夫：《蒙古及蒙古人》，第73页。

拉铁摩尔曾经根据晚清以来西方探险家所观察到的中国人口流动的特点,思考为什么中国的汉族农业人口拥挤在一片比密西西比河还要大的区域,"汉族却没有永久性地成功移民于长城之外"[1]。并且认定在近代化以前,中国的移民模式遵循从北向南、从西向东的模式,主要推动力量是政治性的征服活动。历史地来看,不了解中国古代人口流动与族群构成的实际历史过程,不能看到中国范围内更广阔的人口与文化流动,以某一特定时期的横断面做外科手术式的观察,是近代西方汉学家所犯的基本错误之一。[2]

四、内地与边疆:被遮蔽的大融合

通常人们认为,由于蒙古明朝的对立,明朝对丝绸之路的经营局限在沙漠丝绸之路。明朝继承了元朝对西域的管理后,在西域建立了包括最西部的哈密在内的七个羁縻卫所,所谓"关西七卫"来管理西域地区众多的大小政权与地面。这些部族以时贡市,并连接着中亚、阿拉伯、非洲地区的贸易网络,保证了沙漠丝绸之路的畅通。明代规定了西域贡道的线路,为了摆脱西蒙古的干扰,贡道驿站采取汉唐旧道,入嘉峪关后经甘州、凉州,进入关中出潼关驿,再入山西、河北邺城、涿鹿等驿到北京。[3]但是,围绕着长城沿线的卫所、"互市",形成的通往北方草原丝绸之路的贸易线路人们却所知甚少。[4]明清时期,一直活跃着一条条东起张家口、宣大,西至榆林、宁夏的通往北方传统草原丝绸之路钦察道的贸易通道。这些通道跨越边塞,跨越农牧地带,跨越地理差异,从更为广阔的角度揭示了族群融合的壮丽画面。[5]有论者指出:"在长城地带,人文地理与自然地理一样具有过渡性,它是一个渗透着农业和草原特色的世界,一个两种势力接触并汇合于此,而不能被任何一方永远统治的世界。'过渡'却是进行贸易的绝好地方,在这里,贸易永远是积极的。"[6]

伴随贸易的是人口与文化的流动与融合。根据《清代至民国时期归化城土默特土地契约》1297件土地契约文书中所涉及到的商业店铺名称的统计,其名称共计有大通、和顺、集义、元盛、永泰、德丰、德和、德隆、广义兴等近50多个常用店名,使用德、泰、丰、盛、义、和、通、昌等字的占了绝大多数。这些文书所反映出的清代归化城街道名称,多为大东街、小东街、大南街、小南街、鼓楼街等名称,这些名称显示归化城的城市结构与内地城市完全相同。[7]这些词汇一方面是中原地区商业文化中的典型观念,另一方面也是古代传统文化中重要的伦理观念,显示了草原商业文化与内地文化的趋同性。

19世纪俄国考察家波兹德涅耶夫观察到:"这些居民大多是在农村或乡屯种田,过着定居生活。

---

① 拉铁摩尔:《中国的亚洲内陆边疆》,第10页。
② 这一问题还可通过近来学界有关明清时期满族内部构成的研究得到证实。徐凯指出,明末清初形成的所谓满洲社会核心部分的满洲八旗,是由满族、汉族、朝鲜、蒙古等几个民族的人构成的。这反映了中国古代各族群构成的真实情况。徐凯:《满洲认同"法典"与部族双重构建——十六世纪以来满洲民族的历史嬗变》,北京:中国社会科学出版社,2015年,第337页。
③ 杨正泰:《明代驿站考(增订本)》,第111页。
④ 如有学者提出明朝在陆上丝绸之路的角色问题,只谈及明朝对西域秩序的影响,并未涉及其它。见田澍:《陆路丝绸之路上的明朝角色》,《中国边疆史地研究》2017年第3期。
⑤ 参阅卢明辉、刘衍坤:《旅蒙商》,北京:中国商业出版社,1995年,第17页。
⑥ 唐晓峰:《拉铁摩尔与亚洲内陆边疆》,《读书》1998年第4期。
⑦ 杜国忠编:《清代至民国时期归化城土默特土地契约》第四册(上卷),第6页。

如今又经常有一些汉商和农户来到这些土默特游牧区安家落户,而且据说人数每年都在剧增。"[1]这种状况的延续,从长期来说,族群的界限基本模糊、消解。根据19世纪中期的记载,"蒙古约占全县的2%强。民性初尚游牧,嗣因蒙汉同居,年久日深,语言文化与汉族无异。"[2]此外,蒙古人汉化的表现还通过通婚、冠汉姓等形式表现出来。比如土默特蒙古孛儿只斤家族后裔都以"云"或"荣"作为自己的姓氏。[3]雍正十二年(1734)年萨拉齐《新建关圣帝君庙碑记》载:"厂地本系边陲,近世渐沐王化,华夏之民离故土而徙居此者甚众,由是德教洋溢,时和年丰,民安乐业。"[4]

英国历史学家霍布斯鲍姆指出:"词汇经常是比文献更响亮的证言",如果没有这些词汇(没有它们赋予其名称的那些事物和观念),我们如何去构想人类历史上自从发明了农业和冶金术,发明了文字和城邦那遥远的时代以来最伟大的变革?[5]词汇所承载的是更稳定的历史记忆,地名则反映了某一时期固化的时空意识,通过分析其来源与内涵,可以揭示地名背后的人员、生产、制度与文化的凝聚,反映的是更深刻的文化痕迹。

1926年,丹麦探险家哈士纶在张家口逗留,准备开始其随后跟随斯文赫定西北考察团的著名探险活动。他住在一个蒋姓旅蒙商的店铺之中,从南来北往的商人中了解到蒙古王公和部落最新的消息。他观察到,川流不息的蒙古人从蒙古高原来到山西,他们是以虔诚的信徒的身份到五台山和云岗石窟拜佛的香客。哈士纶本人在随后的探险中,一直深入到最后一个保留固有传统的蒙古部落土尔扈特部当中。由于精通汉语、蒙语以及长期在中国生活的经验,他被部落首领僧钦格根当作转世的兄弟,当作了土尔扈特部落的自己人。作为礼物,土尔扈特上层还通过哈士纶向斯文赫定赠送了一部土尔扈特最后留存的金帐。作为一个曾经在中国、日本、印度都生活过的西方人,哈士纶发现他本人的气质最接近土尔扈特蒙古人,并见证了最后的蒙古部落在西方冲击、革命、殖民的大背景下的巨大变迁。[6]一个欧洲人被当作一个蒙古部落的转世兄弟这一事件本身,就是一个巨大的隐喻:族群与人种的交流更多地建立在文化与历史的认同之上,突破血缘与族属关系是这种交融的基本前提。[7]

地理环境可能赋予人们某种独特的禀赋与气质,但这种独特性本身正如每个个体的独特性一样,总是从属于某种更高的价值认同。世界上大多数国家都拥有多样性的地理环境,但地理的界限从未成为族群与文化认同的鸿沟。游牧社会与农耕社会表面上看起来具有更多的差异性,但在深层经济结构中却存在互相不能分离的互补性需求。这种互补性被巴菲尔德描述为一种基本结构:"这种庞大的内陆亚洲政体无法依靠不进行分工的游牧经济而独存,因此统一的草原帝国就迅速转而投靠新的

① 波兹德涅耶夫:《蒙古及蒙古人》,第157页。

② 张树培纂,韩绍祖、望月稔修:《萨拉齐县志》卷四,呼和浩特:远方出版社,2011年(据1934年铅印本)影印版,第89页。

③ 哈斯巴根、杜国忠:《村落的历史与现状:内蒙古土默特右旗西老将营社会调查报告》,杜国忠编:《清代至民国时期归化城土默特土地契约》第三册,第9页。

④ 刑野主编:《内蒙古十通·绥远通志》:呼和浩特:内蒙古人民出版社,2005年,第604页。

⑤ 艾瑞克·霍布斯鲍姆:《革命的年代》,王章辉等译,南京:江苏人民出版社,1999年,第1页。

⑥ 哈士纶担任了1927年组建的中瑞西北考察团并担任副团长,此次考察团长为斯文赫定,中方学者有黄文弼、袁复礼、徐炳昶等十人。

⑦ 亨宁·哈士纶:《蒙古的人和神》,徐孝祥译,乌鲁木齐:新疆人民出版社,2010年,前言第5页、正文第8页。土尔扈特最后的王公僧钦格根通过哈士纶赠送给斯文赫定的蒙古金帐至今保存在瑞典博物馆。

中原国家,因为这个中原国家的经济基础可以用来资助草原上的帝国统治。"[①]这正是多元族群与环境国家中大一统政治与文化得以形成的基础。也是中国古代社会的基本特征之一。另一方面,人们对世界的认识无不带有时代的局限与烙印。美国地理学家普雷斯顿·詹姆斯在其名著《地理学思想史》中谈到一个基本思想:"(人们)所发现的世界是他自己头脑的近似反映,在历史的长河中,人们发现并描述了许多不同的世界。人的观察能力和对所观察到的事物的概括能力是有很大限度的。当人的观察力和概括力改进时,就会产生一个新的世界形象——可是他仍然没有能把一切可能的世界都描述完。"[②]

无论从历史来看,还是从地理环境来看,中国都是一个空前复杂的共同体,明清以来的中国历史对当今甚至未来中国都有着潜在而深远的影响。学界依然需要深入到历史深处,回溯和还原这块大地上激动人心的人类历史,突破种种束缚在我们思想中的观念局限与虚构界线,回到历史的时空中去认识人类的活动。每块大地上都生活着坚强不息的人群,人类的所有成就都深深地刻画着先民的印迹,人为的界线并不能阻隔人类的多元交融,更无助于加深对人类历史的认识。20世纪初英国考古学家斯坦因在全面考察塔里木盆地及其周边的地理环境后,指出:"自此以后(汉武帝),西汉控制了这条塔里木绿洲带上的大通道,持续超过一个世纪,直到公元初年的内乱导致西汉的灭亡。更多关于汉代西域的记载表明,汉朝在这里政治外交的成功更多地来自汉朝自身先进的文明体系,而非单纯的武力征服。塔里木盆地中弱小且缺乏联系的众多邦国,受到北方强敌匈奴的威胁,这些因素使得这些国家持续对中原王朝开放,并维系中原与西亚文明之间的贸易往来。从经典作家那里,我们了解到丝绸制品由此向西,旅途一直没有中断。中国则接受了来自西方,特别是东伊朗地区的各种物产,包括自然产品和人造产品,在中国文学中常常可见来自西方物产的记录。"[③]

五、结语

从地理环境来讲,长城或者内亚、半月形线只是代表了中国境内复杂地理环境之一种。谢和耐强调中国的地理环境特征:"整块大陆高原性质明显,西南部为连绵高耸的群山与高原,由喜马拉雅山褶皱构成,呈弧形状,从兴都库什山脉一直延伸到印度支那半岛;广阔的草原地带(更准确地说是牧场)夹杂沙漠,覆盖着西伯利亚森林与华北耕作区之间的地段;存在着由大江大河冲积层构成的肥沃平原(满洲松花江流域与辽河流域、占地30万平方公里之华北大平原、长江中下游地带、广州地区平原、越南红河流域以及印度支那半岛其它流域等等);海岸线漫长,从黑龙江河口直至马来半岛;有着成珠串状的大小岛屿,从日本群岛直至连成片的印度尼西亚各大岛屿(菲律宾群岛、婆罗洲西里伯斯、大巽他各岛、苏门答腊)。除此种种多样性之外,气候状况亦不同:东南与南部地区受季风交替影响,迥然异于亚洲内地干燥的大陆性气候,因而中国既有西伯利亚的隆冬与严寒,亦有热带地区的温湿与闷热。"

---

① 巴菲尔德:《危险的边疆:游牧帝国与中国》,袁剑译,南京:江苏人民出版社,2011年,第294页。

② 普雷斯顿·詹姆斯、杰弗雷·马丁:《地理学思想史》,第6页。

③ 马尔克·奥莱尔·斯坦因:《亚洲腹地:历史中的地理要素》,袁剑等译:《重新发现中亚》,北京:生活·读书·新知三联书店,2020年,第14页。

"此片辽阔地区显示出多种地理条件,对此如无认识,则无从了解中国历史。"[①]种种差异巨大的地理环境都存在于中国之内。这些地理环境差异并未成为人类活动的界限,相反由于共同的文化与历史,这个共同的地理空间成为融合族群的舞台。明太祖在给西域东察合台汗国的国书中说:"朕观普天之下后土之上,虽限山隔海,风殊俗异。然好恶之情,血气之类,未尝异矣。"[②]点明在更广阔的范围内,人们跨越地理环境与人种差异所经历的共同历史。

理解中国历史,理解众多族群在这块土地上的发展史,就需要回到中国统一多民族国家形成的历史过程中来,将这些族群的历史放置在多样化的地理环境中来。这是历史学的基本规定。迄今为止世界上存在的多民族大国中,大多数是近代形成的,只有中国经历了两千多年的过程。在漫长的历史进程中,分散在各地的族群通过"滚雪球"和"波浪式"的方式,逐渐融合到中华民族这个大家庭中来:"今天中国的疆域,是在18世纪清代确定的,但在此之前的几千年中,这个版图已经在逐渐形成、逐渐巩固之中,并非简单地依靠一时的战争或征服而来,而实际上是各个民族多年交往、融合的结果。这同那些古代多民族大国多靠军事征服不一样,同近代多民族大国的形成是靠对殖民地的征服、掠夺或移民的情况也不一样。"[③]历史与文明需要长时段地理解和关照,受近百年前兴起的民族主义影响所形成的历史观,并不能用来观察民族交融的长时段历史。[④]"中国目前的状况其实是漫长历史的产物与结果。倘若毫不了解自古代、中世纪、文艺复兴以来由何种因素促成欧洲各国,则不可能自称洞悉上述诸国。对于中国,其理亦同:一旦抹去其独特历史,中国当前情状如何,也会茫然无知。"[⑤]那种徘徊在历史学家头脑中的"短期主义幽灵"[⑥],已经不仅在学术上产生了众多强加于他者的历史枷锁,而且制造了更多的阻隔与界线。麦克米兰曾忠告道:"历史制造了太多的冲突,当然也能有助于带来和解……诚实地考察过去——哪怕它对某些人来说难以接受——是社会走向成熟并在社会之间架起桥梁的唯一途径。"[⑦]

这个忠告,在我们面对近代以来殖民主义史学与民族主义史学塑造的他者历史时,尤其发人深省。

(作者鱼宏亮,中国历史研究院古代史研究所副研究员。原载《文史哲》2020年第3期)

---

① 谢和耐:《中国社会史》,第2页。

② 《明史》卷三三二《西域传》,第8606页。

③ 宁可:《历史上的中国》,《宁可史学论集》,北京:中国社会科学出版社,1999年,第196页。

④ 近年讨论历史研究中的民族主义危害,比较深入的文章可参考罗新:《走出民族主义史学》,《文化纵横》2015年8月号。

⑤ 谢和耐:《中国社会史》,第1页。

⑥ 乔·古尔迪、大卫·阿米蒂奇:《历史学宣言》,孙岳译,上海:格致出版社,2017年,第1页。

⑦ Margaret MacMillan, *Dangerous Games: The Uses and Abuses of History*. p.75.

畲民之间:明清时期中国东南山区的国家治理与族群分类[*]

李仁渊

本文研究的主题是"畲"这一个人群分类的历史。经过二十世纪五〇年代以来的民族识别,畲族是中国官方所承认的五十六个"民族"之一。[①]中国二〇一〇年人口普查畲族有708,651人,人口数量在五十六个民族中排行第二十位,主要分布在福建、浙江两省。[②]从二十世纪初就开始出现基于田野调查或历史文献的畲族研究,[③]而在畲族成为官方所认定的民族之后,有关畲族的研究更是汗牛充栋。在这些研究中,畲族历史占有很大的分量,八〇年代先后出版的《畲族简史》与《畲族史稿》可说是其中的代表。[④]众多畲族史研究的共同宗旨之一是了解"畲族是什么",焦点集中在畲族的族源、畲族迁徙移住的历史,以及畲族与其他族群(汉族、客家、瑶族、"山越"等)的关联。[⑤]这些问题之所以讨论热烈,主要是因为"民族"被视为应该具有连续不断的共同历史,此也是许多"族群史"(ethnohistory)研究的动机;然而历史上畲族的身影十分模糊,以至于要形成连贯、一致的历史叙述需要更多努力。

本文的目的并不在提供又一种版本的畲族族群史,甚至本文的研究对象并非全然是畲族族群的"成员"本身,而是在讨论"畲"作为一种人群分类的历史变化。将研究对象设定在族群分类的原因之一是凸显历史文献的性质。十八世纪以前的畲族相关史料几乎全来自族群外部的条件之下,研究者不能不警觉这些文献在论述权力架构中的位置:这些文献不仅不是脱离历史时空的客观描述,其文献生产的目的本身即是对当下权力关系的回应。更进一步说,阅读这些文献时不能忽略它们是帝国官员或文人对文化、政治之他者的描述。跨时段地并列、缀合这类文献所呈现的结果反映的与其说是一群人绵延不断的历史,不如说是一种族群他称在不同时代的变化。从中可以探讨的族群史议题未必是源流与迁徙,而是在不同时空脉络下之人群分类架构的演变,以及这些分类的原因与效果。

---

[*] 本文述及古代文献中对少数民族的称谓,如猺、獞、獠等,反映了历史局限性。现为研究计而保留原字。——出版者注

[①] 关于中国在一九五〇年代以来的民族识别工作,参考 Thomas S. Mullaney, *Coming to Terms with the Nation: Ethnic Classification in Modern China*, Berkeley: University of California Press, 2011。

[②] 国务院人口普查办公室、国家统计局人口和就业统计司编:《中国2012年人口普查数据》(http://www.stats.gov.cn/tjsj/pcsj/rkpc/6rp/indexch.htm,读取 2019.01.21),第一部分第一卷表 1-6,第一部分第二卷表 2-1。

[③] 留日的浙江云和人魏兰在光绪三十二年(1906)以笔名"浮云"出版的《畲客风俗》常被认为是畲族研究的开端之作。之后如沈作乾一九二四年在《东方杂志》发表的《畲民调查记》,一九二五年在《国学门周刊》发表的《括苍畲民调查记》,德国民族学者史图博(Hans Stübel)与学生李化民一九二九年赴浙南闽东田野调查,于一九三一年作为国立中央研究院社会科学研究所专刊第 6 号出版的 *Die Hsia-min vom Tse-mu-schan: ein Beitrag zur Volkskunde Chekiangs*(敕木山的畲民——献给浙江的民族学)等,都是早期较著名的畲族研究著作。

[④]《畲族简史》编写组编:《畲族简史》,福州:福建人民出版社,1980年;蒋炳钊:《畲族史稿》,厦门:厦门大学出版社,1988年。

[⑤] 如收集早期畲族研究重要论文的《畲族研究论文集》中,绝大多数的文章都在讨论这三个问题。见施联朱主编:《畲族研究论文集》,北京:民族出版社,1987年。

一般来说,族群的历史研究大致可从两个方向出发。其一是从外部讨论人群如何被分类,即作为他称的族群如何成立。这样的研究涉及的问题是分类者是谁、以什么样的标准来分类、两边的权力关系与权力基础为何,以及生产与延续此分类的机制是什么。[1]其二是讨论族群内部的认同如何形塑,即作为自称的族群如何成立。这样的研究必须要讨论的是集结认同的象征符号、分享认同的媒介及其社会经济脉络,以及维系认同的组织性力量等。[2]无论是人群的分类以及认同的塑造,两者都有其历史过程,必须回到当时的历史情境来理解。

从历史上的实例来观察,这两种过程往往互相交错。从外部对人群的分类并非任意,常需要参照群体间已经存在的差异,而外部给予的分类范畴也常成为族群内部认同形塑的依据。晚近的例子便是中国的民族识别工作。民族识别固然是由国家力量主导的人群分类行动,但后来也成为人群自我认同的架构,如当代的畲族便是在民族识别的架构底下定位自己的族群位置。[3]在不同的历史时期,这两个方向的力量对族群的形塑又有不同作用。

本文处理十九世纪以前"畲"这个人群分类范畴,主要运用方志等来自此族群之外的历史数据,但这并不代表山居族群内部的认同型塑不重要。许多族群的早期历史难以追溯,主要原因是该族群并未或较晚掌握文字,因此未留下太多出自族群自身的历史文献,而必须仰仗外界的描述。假使我们接受当代对族群的讨论方向,认为来自族群内部的自我认同是构成族群群体的重要部分的话,解读来自族群外部的历史文献便应该对此有所保留。然而"未留下出自自身的文字记载"并不是只有研究族群历史才会出现的问题,面对诸如女性、中下阶层、幼童等不同群体,历史学者均面对类似挑战,而发展出不同解读文献的策略。只是对族群来说,跟其他已有相对客观之边界的群体比较,来自群体内部的主观认同是定义族群群体的重要凭借,更需要注意史料性质之辨别。

以畲族来说,从明代中叶的方志等外部记载,可以知道华南地区某些地方的山居族群与盘瓠故事已有相当连结,然而目前来自畲族内部的文献,如开山公据、祖图等,多半都制作于十九世纪之后。从十九世纪中叶开始,闽东浙南出现了大量的"畲族族谱",让研究者可以探究山居族群群体认同的变化。对于这些出自族群内部的史料以及山居族群内部认同的型塑,由于问题牵涉甚广,笔者将另文处理。本文主要从外部描述的文献出发,自"畲"这个分类范畴的出现开始,探讨历史上对中国东南之山居群体的分类变化。然而在此必须强调,受限于早期文献的视角,本文较多篇幅是从官方的立场来讨论,到了清代透过地方文献可以呈现较多山居族群的视角,然而这些分类的变化始终与山区各群体的互动彼此牵连。

---

① 如:王明珂的研究揭示了"羌"这个中原王朝对西方非汉民族的标签如何随着王朝疆域的改变而漂移,陈伟智从日本学者对台湾原住民的分类讨论背后的殖民主义、全球性与科学知识建构的问题。王明珂:《华夏边缘:历史记忆与族群认同》,台北:允晨文化出版社,1997年;陈伟智:《自然史、人类学与台湾近代"种族"知识的建构:一个全球概念的地方历史分析》,《台湾史研究》第16卷4期,2009年,第1—35页。

② 如沈松侨研究晚清以来作为中华民族认同象征之黄帝、Benedict Anderson 对印刷资本主义与想象共同体的经典研究,以及众多对宗族组织、宗族仪式的讨论。沈松侨:《我以我血荐轩辕——黄帝神话与晚清的国族建构》,《台湾社会研究季刊》第28期,1997年,第1—77页;Benedict Anderson, *Imagined Communities: Reflections on the Origin and Spread of Nationalism*, London: Verso, 1991。

③ 如马健雄对拉祜族的研究。马健雄:《再造的祖先:西南边疆的族群动员与拉祜族的历史建构》,香港:香港中文大学出版社,2013年。

本文分为两大部分。第一部分的断代是从"畲"在历史文献中开始以人群分类出现的南宋末年到晚明,讨论的问题是这样一种新的人群分类在怎么样的历史情境出现,又如何成为一种东南山地的"族类"称呼。第二部分的断代是从清初到清代中叶,讨论的问题是在"畲"这样一种族类称呼出现之后,为何被指为畲的人群从前一个时代分布在整个东南山地,到十九世纪初时只集中在闽东浙南山区。不同于以往的迁徙说,本文强调制度性的原因让畲与非畲的界限在其他地方消失,而在闽东浙南山区强化。从地方志等外部文献出发,本文尝试从国家制度与人群互动的层面解释中国东南山区族群分类。

壹、"族类"化畲人他称的出现

一、南宋末到元朝:不受统治的山里人

"畲"字至少在隋唐之后即既是指实施刀耕火种的田地,也可指刀耕火种的动作。虽然学者尝试在众多的文献中尽可能地找寻畲人的踪影,[1]历史文献中"畲"最早用来作为人群的称呼应该是在晚宋。刘克庄(1187—1269)的《漳州谕畲》是为平定理宗景定三年(1262)漳浦畲乱后立碑所作,详述了当时漳洲地区被称为"畲"之人群及其处境,因而被学者广泛引用。[2]从此碑文可知,"畲"这个人群范畴开始出现在历史文献的视域中,乃是与南宋晚期的山区秩序相关。

《漳州谕畲》开头就表示:"自国家定鼎吴会,而闽号近里,漳尤闽之近里,民淳而事简,乐土也。然炎绍以来常驻军于是,岂非以其壤接溪峒,茆苇极目,林菁深阻,省民、山越往往错居。先朝思患豫防之意远矣。"这段虽在表现王朝设军之意,但同时也提示了一般性的背景。即随着政治重心南移,以往在王朝边区的漳州成为近里。王朝统治下的"省民"与原先居住在山林中、在国家统治之外的"山越"互相错杂,因此有了治安上的忧虑。

"山越"是东南山民的历史名称,又泛指山中人群。文章接下来解释:"凡溪洞种类不一,曰蛮、曰猺、曰黎、曰蜑。在漳者曰畲。""蛮"是长久以来对南方非汉人群的通称,而"猺-黎-蜑"则是北宋以来对岭南"不隶州县"之人群的分类架构。据北宋《后山丛谈》:"二广居山谷间不隶州县谓之猺人,舟居谓之蜑人,岛上谓之黎人。"[3]也就是这些不隶州县的人群,随着他们居山、居舟、岛上,而分为三种类别。漳州畲人与猺、黎、蜑一样不隶州县,如刘克庄所说,漳州在山区刀耕火种之人向来不在国家管辖

① 隐居南岳衡山的玄泰禅师(ca. 850—912)所作的《畲山谣》,开头为"畲山儿、畲山儿,无所知,年年斫断青山嵋",因此常被学者认为唐末即有畲人,且引为畲人原在湖南的证据。然而这里的"畲山儿"指的是在衡山行刀耕火种的人,"畲"仍指刀耕火种的行动本身,未必就是人群的专称。提及玄泰禅师《畲山谣》的宋金文献,也都不以畲作为人群称呼。如《宋高僧传》卷一七《唐南岳七宝台寺玄泰传》:"尝以衡山之阳多被山民莫僖辈斩木烧山损害滋甚,泰作畲山谣。"宋《南岳总胜集》卷二"七宝寺"条:"每病土民畲种,因作畲山谣。"金《禅苑蒙求瑶林》卷之中"玄泰畲山谣"条:"尝以衡山多被山民斩木烧畲,为害滋甚,乃作畲山谣。"这三条材料分别以"山民莫僖辈""土民"与"山民"称呼这群人,亦不以畲作为人群称呼。其他被视为早期畲族证据的材料多类此,在此不一一追释。见赞宁等:《宋高僧传》(收入《大正新修大藏经》第50册,台北:新文丰出版社,1983年),卷一七,第419页;陈田夫:《南岳总胜集》(收入《大正新修大藏经》第51册),卷二,第1076页;志明:《禅苑蒙求瑶林》(收入《卍续藏经》第148册,台北:新文丰出版社,1993年),卷之中,第74页。

② 刘克庄:《后村先生大全集》(四部丛刊景旧钞本),卷九三,第5b—8a页。此文系年见程章灿:《刘克庄年谱》(贵阳:贵州人民出版社,1993),第350页。此文相关研究甚多,见:谢重光:《宋代畲族史的几个关键问题:刘克庄〈漳州谕畲〉新解》,《福建师范大学学报(哲学社会科学版)》2006年第4期,第8—13页。同时参考黄向春:《"畲/汉"边界的流动与历史记忆的重构:以东南地方文献中的"蛮獠—畲"叙事为例》,《学术月刊》2009年第6期,第138—145页。感谢黄向春先生为本文初稿提供修改意见。

③ 陈师道:《后山丛谈》,收入于《丛书集成新编》第八十六册,台北:新文丰出版社,1985年,第506页。

之内："有国者以不治治之,畲民不悦(役),畲田不税,其来久矣。"这里的不治之治未必是不为,或许也是不能。然而到了刘克庄的时代,对于漳州的这些人群,在"猺—黎—蜑"的架构之外给了"畲"这个新的称呼。需在碑中特意在一般认知的架构外再加解释,可以推测"畲"在当时应是新的人群类别。

在漳州的畲又分为两支,在龙溪的西畲与在漳浦的南畲。西畲"犹是龙溪人也",但南畲"西通潮梅,北通汀赣",亡命之徒因此进入漳浦山林以为巢穴,这些"汀赣贼入畲者"教导畲人近战之术,因此闽粤之间的漳浦南畲已混杂了外来的"贼",而让"南畲之祸尤烈"[①]。原本不在国家管辖之内的山民,"贵家辟产,稍侵其疆,豪干诛货,稍笼其利。官吏又征求土物、蜜腊、虎革、猿皮之类",因此无法承受,聚众为乱。在解释致乱之由的同时,也揭示当时不同人群在东南山区的交锋。山下的豪强大族往山区开垦土地、采集财货,而侵犯到山民的生活领域,而扩张的国家官僚机构也对山民有所索。与此同时,另一批脱离国家管辖,在山区游走的"贼"也来到山林。后到的移民与山区原来的住民结合,成为对抗山下大族与地方政府的力量。[②]漳州畲乱最后的解决方式是西畲与南畲的酋长率民入版籍,"漳民始知有土之乐",如文中所说:"畲民亦吾民也"。

以往史家常常跟随官方史料以治理出发的观点,认为平原、农耕是常态,而山区则是阻碍。刘志伟对南岭研究的讨论提供另一种看法。即横亘数省边界的南岭并非是阻碍,而是沟通中原与南海两个大区域、长江流域与珠江流域之间的孔道。无论是物资或人员的流动都需要经过南岭,山区间的沟通交流也很频繁,本身可自己一个区域。[③]本文所讨论的,从闽浙赣到闽赣粤之间的东南丘陵,也具备类似的特性。这些从汀洲、赣州进入漳浦山林,而被官方标志为贼的新移民,即是在山区采集资源、流通货物的人群,其中又以贩运私盐为大宗。北宋中叶闽粤赣私盐贩卖已经风行,如《宋史》所说:"江西则虔州地连广南,而福建之汀州亦与虔接。虔盐弗善,汀故不产盐,二州民多盗贩广南盐以射利。每岁秋冬,田事才毕,恒数十百为群,持甲兵旗鼓,往来虔、汀、漳、潮、循、梅、惠、广八州之地。所至劫人谷帛,掠人妇女,与巡捕吏卒斗格,至杀伤吏卒,则起为盗,依阻险要,捕不能得,或赦其罪招之。"[④]在南宋更有数次因为"盐寇"而起的乱事。[⑤]

这些不在国家控制之内、在不同经济区之间流转的人群,进入闽粤赣之间的山间盆地,而与原居此地、刀耕火种的人群有所往来。对刘克庄等国家官员来说,犹如清代苗疆的"汉奸",山区之所以发生乱事的原因之一就是这些"入畲"的"汀赣贼"的指导与教唆。[⑥]同样在南宋晚期,文天祥论及潮州的状况,更直接说"潮与漳、汀接壤,盐寇、輋民群聚剽劫,累政以州兵单弱、山径多蹊不能讨"[⑦],将盐寇与

① 以往根据旧本这段多作"汀赣贼人、畲者"而无法有很好的解读,而谢重光等认为此句应作"汀赣贼入畲者",更可厘清畲人与其他人群的关系。见谢重光:《宋代畲族史的几个关键问题》,第11页。

② 这样的观点也见Wing-hoi Chan(陈永海), "Ethnic Labels in a Mountainous Region: The Case of She 'Bandits'", in Pamela K. Crossley et al. eds., *Empire at the Margins: Culture, Ethnicity, and Frontier in Early Modern China*, Berkeley: University of California Press, 2006, pp. 255-284.

③ 刘志伟:《天地所以隔外内》,《南岭历史地理研究》第一辑,广州:广东人民出版社,2016年,第Ⅰ—ⅩⅩⅩⅢ页。

④《宋史》,《卷一百八十二 食货志第一百三十五》。

⑤ 梁庚尧:《南宋盐榷》,台北:"国立"台湾大学出版中心,2014年,第497—521页。

⑥ Donald S. Sutton, "Ethnicity and the Miao Frontier in the Eighteenth Century", in *Empire at the Margins*, pp. 193-195.

⑦ 文天祥:《知潮州寺丞东岩先生洪公行状》,《文山集》,卷十一,第13b—14a页。"輋"被认为是"畲"在广东的写法。状主在咸淳五年(1269)知潮州,仅比刘知庄所描述的漳州畲乱晚几年。

畲民并举。刘克庄《回刘汀州书》中亦作:"临汀虽闽支郡,而接徭蜑。君相择文武有威风者以抚镇之,弄印甚久,举以属公。自开府衙牙以来,畲人之附固者,逃卒横民之喜乱者,扫□灭迹,厥功茂焉。"①这里的"附固",或者作"负固",即依恃地势险固,他们与喜乱的"逃卒横民"并列为官方扫除的目标。这些南宋末年的史料显现出至少在漳州、汀州与潮州有被称为"畲"的一群人,他们与逃民成为治安的忧虑。

简而言之,山中不受国家统治的人群向来有不同称呼,而闽粤赣之间之所以在南宋晚期的历史文献中有一群被标志为"畲"的人群出现,主要是因为国家、附于国家之平地人群、国家统治之外的山间人群,以及国家统治之外的流动人群四者在山区的互动关系间产生。其背景是南宋的政治与经济发展,国家与大族逐渐进入东南山区,扰动了势力平衡,而有后两者的结合与平地势力冲突。在东南山区与逋民结合而犯乱的历史情境,这群在山里居住、不受国家统辖的人被赋予了"畲"这个称呼。

入元之后,"畲"仍然被用作指涉东南山区国家统治之外的山民,这些聚居在山间谷地的人群在宋元之际东南山区的乱事中扮演了重要的角色。同时比起《漳州谕畲》中的漳州南畲、西畲,入元之后被称为畲的人群范围更广。在闽粤边界,有陈吊眼等人的势力。至元十四年(1277)张世杰发动"陈吊眼、许夫人诸峒畲军"围攻泉州的蒲寿庚,然而后来畲军接受贿赂而攻城不力。至元十六年(1279)元政府招降"闽地八十四畲",来年未降的陈吊眼、陈桂龙等据闽粤边界山寨,"桂龙在九层际畲,陈吊眼在漳浦峰山寨,陈三官水篆畲,罗半天梅泷长窖,陈大妇客寮畲,余不尽录",最后官军从广东侧的三饶进军讨平。②在闽浙赣边界,则有黄华与畲民的结合。至元十五年(1278)闽浙赣边界有"建宁政和县人黄华,集盐夫,联络建宁、括苍及畲民妇自称许夫人为乱"。③黄华原为政和都头,"总诸县弓手防城",至元十七(1280)年降元后,先从征陈吊眼,后封为"建宁路总管"(一作"建宁招讨史")。然而至元二十年(1283)复叛,"集亡命十余万,剪发文面,号头陀军","自称都督据政和,建之松溪、衢江山、福古田宁德福安,恶少年尽为头陀军",其势力从福建、浙江,到越过分水关的江西信州、铅山。④至元二十一年(1284)黄华乱事平息后,至元二十五(1288)在闽、粤、赣边界有"畲寇钟明亮起临汀,拥众十万,声摇数郡,江闽广交病焉"⑤。钟明亮势力达数万人,在闽、粤、赣交界的赣州、宁都、汀州、梅州、循州等地流动,连通漳州、韶州、南雄,以至于出现在不同史料时有时说"起临汀""汀寇",有时说他说"循州民""广东贼"。钟明亮时降时叛,并与当时其他的反叛势力互通声气。⑥

可以动员上万人的陈吊眼、黄华、钟明亮,无疑是宋元之际东南山区的山民领袖。在新政权尚无

---

① 刘克庄:《后村先生大全集》,卷一百三十三,第12页。
② 陈桱:《通鉴续编》,卷二十四,第52b页;佚名:《招捕总录》,第15页。
③ 《元史》(卷十 本纪第十)。畲妇许夫人之名也见于张世杰联络攻讨蒲寿庚的诸峒畲军之中,而黄华相关的记载中,只有《元史》这条把黄华跟许夫人放在一起。畲妇许夫人的活动范围应该还是在闽粤边界,民国《大埔县志》直接称她为"潮州畲妇"。而且她的故事在潮州继续发展:有许夫人祠,并传言许夫人为了抗元战死,故有人找寻许夫人战死之处,又有误以为许夫人为张世杰妻室。见民国《新修大埔县志》,卷三十,页1;康熙《饶平县志》,卷二十一,第5b—6a页。另外在泉州、漳州、莆田等地,都流传有不同的许夫人故事。
④ 元明善:《河南行省左丞相高公神道碑》,《清河集》,卷六,第58b—59b页;陈邦瞻:《元史纪事本末》,卷一,第1a页;黄文仲:《武略将军广德路同知吴公墓志铭》,弘治《将乐县志》,卷十四,第38a—43b页;佚名:《招捕总录》,第16页。
⑤ 刘坝:《李参政平寇纪》,同治《建昌府志》,卷九,第14a页。
⑥ 陈邦瞻:《元史纪事本末》,卷一,第2a页。

法深入东南山区时,他们掌握了山区将附、未附的人口。如王恽的评论:"窃见福建一道收附之后户几百万,黄华一变十去其四。今剧贼钟明亮悍黠,尤非华比,未可视为寻常。"①当他们与官方对立时便是"畲贼""畲寇"。当他们顺服时,领袖受封官衔,如黄华一度是"建宁路总管",而钟明亮率一万八千多人来降时曾被荐为循州知州。而他们率领的部众便是"畲军",并逐步编入军民或屯田。如至元十八年(1281)讨平陈吊眼后在漳州、汀州等处设屯田,陈吊眼余党"屯与军人相参耕种"。②至元二十一年(1284)黄华平定后,福建畲军先是"收其军器,其部长于近处州郡民官迁转",来年"有恒产者为民,无恒产与妻子者,编为守城军",最后"授管民官,散之郡邑"③。

在这个时期"畲"是东南山民的泛称,对黄华、钟明亮,乃至其他如丘大老、至正年间的李志甫等人,在文献上有时称为畲贼、畲寇,有时则仅称贼寇。同时在元代的历史文献中,被称为畲的这一群人也不区分原居、后附,甚至有时直接指为是逋逃之民。如《元一统志》中描述汀州路与武平县的情形:④

西邻章贡,南接海湄。⑤山深林密,岩谷阻窈。四境椎埋顽狠之徒,党与相聚,声势相倚,负固保险,动以千百计,号为畲民。时或弄兵相挺而起,民被其害,官被其扰。盖皆江右广南游手失业之人逋逃于此,渐染成习。此数十年间,此风方炽,古岂有是哉!

武平南抵循梅,西连章贡。篁竹之乡,烟岚之地。往往为江广界上逋逃之所据,或曰长甲,或曰某寨,或曰畲洞。少不加意,则弱肉强食,相挺而起。税之田产,为所占据而不输官。乡民妻孥为所剽掠,莫敢起愬。土著之民日渐逃亡,游聚之徒益见恣横。

这些叙述直接将畲民等同于四境逋逃之民。所谓逋逃,即原在国家统治之下而脱离了国家的统治,与《漳州谕畲》中"其来久矣"的不税不役之民有区别。尤甚者这些逋民还占据了原本输税给官方的田产,而让"土著之民"也逃亡。这些逃亡的土著,也就加入了山间逋民的行列,而"游聚之徒益见恣横"。一方面降伏的畲贼可以化为平民,另一方面逃亡的土著,如同加入黄华的"亡命""恶少年",也可以变为畲贼。⑥

"畲"的标签之流动,且取决于与官方的关系,或可从吴林清的例子观察。吴林清的背景与黄华十分相似。黄华出身闽北的政和县,受"宋守建者召"而领导闽北各县的地方武力,曾有官衔,但时降时叛,其归顺的部属被称为"畲军"。吴林清则是将乐县人,"敦实有智略,膂力过人,居乡好义众服之"。至元十三年(1276)"闽南诸县各团兵守卫将乐,推公为义首",于是吴林清成为地方武力的领袖。当元的势力南下时,他"帅所部归附,命为百户,领巡尉旧卒暨南鄙、西鄙诸团义兵,治其事,衣粮器械悉自

---

① 王恽:《秋涧集》,卷九十二,第5b—6a页。

②《元史》,卷一百,第19a页。

③《元史》,卷十三,第19b页、卷十四,第13b页。

④ 孛兰肹等撰、赵万里校辑:《元一统志》,北京:中华书局,1966年,第629—630页。

⑤ 汀州路不临海,此疑为"梅、循",即梅州与循州。汀洲路西邻赣州路,往南则是韩江上游之梅州与循州。

⑥ 关于这个时期东南山区"民"与"寇"之间的关系,又参考黄志繁:《贼民之间:12—18世纪赣南地域社会》,北京:生活·读书·新知三联书店,2006年,第66—90页。

给",从此投效元朝。之后吴林清参与招讨福建山区诸多武装势力,如沙县巨贼文庆、自署顺昌知县的邓仕明、邵武府判"畲人"高日新、清流女将军,并也同黄华一样前去招讨陈吊眼,以及后来反叛的黄华与钟明亮,而先后署以将乐县丞、将乐尹、福州路判官、理问所官、行军都镇抚等衔。至元二十七年(1290)吴林清授峡州路同知,除命将至时钟明亮复叛,吴林清奉命讨伐。平定后收到参政行营会省咨催,但文件中"内有公姓名,书曰'畲军头目'"。吴林清为此感叹,十五年来"所敌皆剧寇,万死一生,功在收畲,反得名为畲头目。选曹如此,何以使人"①。吴林清与黄华等人一样率领地方武力,若黄华不叛、或钟明亮接受了循州知州,他们将和吴林清一样是元朝底下的地方官员将领。而吴林清尽管投效元朝,然而出身山区、统领山区部众,在公文书上仍会以"畲军头目"出现,而让吴林清不满。这说明了对官方来说,这些山区的势力都是"畲",领导闽北团兵势力的吴林清也可是"畲军头目",虽然顺服者欲化为"民",但未必都可如愿。如黄华死后他的部众在至元二十四年(1287)"授管民官,散之郡邑",然而两年后黄华的弟弟黄福又结合其他部众,再次掀起乱事。②

早年傅衣凌曾作《福建畲姓考》,穷尽史料找出至少十七种"畲姓",说明畲族姓氏不仅是后世一般认为的钟、盘、雷、蓝四姓。③如果追究史料来源,这些"畲姓"史料多来自宋元时期。若是因为畲族与汉人交往之后采取不同汉姓,何以明代中叶之后被称为畲的人群反而限于钟、雷、蓝等几姓?比较合理的说法或许不是畲族这个人群改变了姓氏,而是宋元时期与明代中叶之后作为人群区划的"畲",其意义有所不同。在明代中叶之前并没有"畲姓"这种说法,而姓氏也不是区分畲族与否的条件。从晚宋一直到明代中叶,畲所指的是居住在东南山区,未在国家管辖之下的人群,各省逃离的人民可以加入,而这些人群也可以再加入国家再化为民。在治理的准则高于血缘的准则之下,被称为畲的人群可以包含不同的姓氏。在宋代晚期,有限的史料中尚存在原居于山区与外来者的区别,然而元代史料中这样的差异不明显,即先来后到、脱离国家统治而进入山区的人群都可以冠上畲的称呼。他们可能包含后世所说的钟、蓝、雷等山区内婚群体,然而至少在明代中叶以前,主流的文献中并不将他们特别区分出来。

二、明代中叶:作为"族类"的畲

明代初期与东南山民的相关史料较少。从有限的以及后来追溯的史料中来看,明代初期曾经在重建秩序的情势下试图掌控南方山区不受统治的山民,并在部分地区设立官职。这方面的记述以广东为多。如洪武三十一年(1398),广东"西山徭人盘穷赐为暴,官兵捣其巢穴,设立徭首统领抚徭甲总,每岁来朝,赐之币钞,自是相率向化"④。永乐年间更有多起广东徭人首领来朝。永乐四年(1406)广东高州府信宜县六毫峒下水三山徭首盘贵朝贡,不但免其赋役,而且"自后徭首、徭总来朝贡者皆如之"⑤。有些被招抚的徭人甚至入了籍。⑥广东梅江上游的兴宁县在正统七年(1442)任"能随山拊辑猺

① 黄文仲:《武略将军广德路同知吴公墓志铭》,弘治《将乐县志》,卷十四,第38a—43b页。
② 弘治《八闽通志》,卷八十五,第34b页。
③ 傅衣凌:《福建畲姓考》。原载于《福建文化》第2卷第1期,1944年,转引自《傅衣凌治史五十年文编》,厦门:厦门大学出版社,1989年,第170—180页。
④ 万历《广东通志》,卷七十,第2b页。
⑤ 万历《广东通志》,卷七十,第2b—3a页。
⑥ 相关的例子见:刘志伟:《在国家与社会之间:明清广东里甲赋役制度研究》,广州:中山大学出版社,1997年,第42—43页。

"獐"的彭伯龄为抚猺巡检,后又有抚猺老人等设置。当地猺人先是岁输山米,后来入于图甲,到最后"化为土著"①。

相较来说,在福建只有万历元年《漳州府志》载有明代初年设立"抚猺土官"。由于这段记载大量抄自嘉靖二十一年《惠州府志》,真实性可议。②在缺乏进一步的史料左证之下,可以观察到的是明初福建似乎如同在沿海设卫所一般,也以设置军事据点的方式维系宋元以来扰乱的山区秩序。明洪武年间在各省以及边防要地设都指挥使司之外,又在军务繁多、地处冲要之省分,在省城以外的据点另设行都指挥使司辅佐之。洪武年间分别设立陕西行都指挥使司(驻河州)、山西行都指挥使司(驻大同)、福建行都指挥使司(驻建宁)、四川行都指挥使司(驻建昌),而在成化年间再设湖广行都指挥使司(驻郧阳)。其中陕西、山西与四川的行都指挥使司显然都是为了边防而设,而成化年间为了处理汉水上游的流民问题,设立郧阳府之外又设立驻郧阳的湖广行都指挥使司。福建在洪武四年(1371)即设立建宁都卫,八年(1375年)成立了福建行都指挥使司,并非如山西等省是因为边防的考虑,而是对宋元以来山区扰乱的回应。福建行都指挥使司驻守建宁,下设建宁左卫、建宁右卫、建阳卫(后裁撤)、延平卫、邵武卫、汀州卫、将乐千户所,后又陆续增设武平千户所、永安千户所、上杭千户所与浦城千户所,这些山区卫所的位置多在福建通往邻省的要道,有预防动乱跨省连结之意,同时也与元代山间贼寇、畲寇频繁发生的区域重合。比起元代运用如黄华、吴林清等地方武力,明初似乎尝试以卫所制度来维系山区秩序,在福建形成沿海一列卫所、沿山又一列卫所的格局。③如果对比广东设置土官统御山区猺人的做法,福建以卫所统理的方式似乎显示在当时福建并不将这些游移在国家统治间的山民当做需要设土官特别处置的"族类"。

然而从明初到明中叶,闽、粤、赣山区仍有许多名为畲或猺的乱事发生,④到明代中叶闽、粤、赣边界的动乱中仍有"畲/峯贼"的踪影。⑤在明代中期之前,文献中"畲"的出现几乎都与山区的叛乱结合在一起。如果只看明代中叶之前生产出来的文献,对于畲的用法仍是跟元代比较接近,即"畲"所指涉

---

① 正德《兴宁县志》,收录于广东省地方史志办公室辑:《广东历代方志集成:潮州府部(三七)》,广州:岭南美术出版社,2009年,第68—69页;陈春声:《瑶人、蜑人、山贼与土人:正德〈兴宁县志〉所见之明代韩江中上游族群关系》,收入于《南岭历史地理研究》第一辑,第62—101页。兴宁县猺人编入户籍的证据来自正德《兴宁县志》:"六都析其赢,益以猺人、蜑人之有税者,置为二图。遂为编户七里。"嘉靖《兴宁县志》作"置为七图",即从六都析出七图,让兴宁县共有七里,而此包含猺蜑的七图在嘉靖《兴宁县志》则又称"下六都"。陈春声此文对七里的变化考证甚详,然此事发生在何时,猺人何时编入户籍,则未有详解。如据嘉靖《兴宁县志》提到蜑民原先隶于河泊所,然"正统间朱令奏革,以其人附贯下六都籍,仍立其中甲以领之"。其中朱孟德从正统三年(1438)到正统十年(1445)间任兴宁县令,则猺、蜑或在此时同时入籍。此亦是抚猺巡检设官之时,或许同属一系列的行动。见正德《兴宁县志》,第10页;嘉靖《兴宁县志》,卷四,第16a页。

② 万历元年《漳州府志》,卷十一,第20b—21a页。此条记载相关问题后详。

③ 关于福建行都指挥使司的设置,参考杨园章:《明代福建行都司的设置与裁撤缘由探析》,《中国历史地理论丛》2017年第3期,第149—159页。然杨文认为元代"畲族武装斗争"主要在赣南,因此福建行都司及其卫所应非为了防范山区变乱。不过从本文讨论的黄华、吴林清等例,可知元代福建山区的动乱从闽北到闽西,且动辄数万人。曹树基认为福建行都司的设立是为了山区的镇压与控制,而对象是汉族与畲族融合的新人群,即客家人。笔者同意维持山区秩序此说,但对畲族与客家人的定义与曹说有所不同。曹树基:《中国移民史·明代卷》,福州:福建人民出版社,1997年,第317—318页。

④ 关于明初到明代中叶山区的畲猺乱事,见"猺贼叛服"条,嘉靖《广东通志初稿》,卷三十五,第21b—22a页。又见谢重光:《明代湘赣闽粤边的社会动乱与畲民汉化》,《福建师范大学学报(哲学社会科学版)》2009年第1期,第96—104页。

⑤ 参考唐立宗:《在"盗区"与"政区"之间:明代闽粤赣湘交界的秩序变动与地方行政演化》,台北:"国立"台湾大学出版委员会,2002年,第177—246页。

的是国家统治之外的山区人群,他们可能是原来的山区居民,但也可能是后来迁入的移民。这些移民可能之前有户籍,也有可能一直在国家的统治之外。至于他们是汉是蛮,则很少出现在相关的讨论之中。王守仁(1472—1529)为新立崇义县所上的《立崇义县治疏》中引用江西南安府的说法解释当地峚贼由来,颇能反映这种观点:

> 上犹等县横水、左溪、长流、桶冈、关田、鸡湖等处贼巢共计八十余处,界乎三县之中,东西南北相去三百余里,号令不及,人迹罕到。其初峚贼原系广东流来,先年奉巡抚都御史金泽行令安插于此,不过砍山耕活。年深日久,生长日蕃,羽翼渐多,居民受其杀戮,田地被其占据。又且潜引万安、龙泉等县避役逃民并百工技艺游食之人杂处于内,分群聚党,动以万计。始渐虏掠乡村,后乃攻劫郡县。近年肆无忌惮,遂立总兵,僭拟王号,罪恶贯盈,神人共怒。[1]

学者研究指出赣南山区从元代到明初人口稀少,而吸引许多移民进入这些远离各县中心、"号令不及,人迹罕到"之处。[2]这些三县之中的"峚贼"亦是从广东流入,起初宣称是得到官方的准许,安插入山,但随后加入各县"避役逃民""游食之人",加以人口增长、势力日盛,而与政府所管辖的"居民"发生冲突。[3]这些描述与稍晚的土客之争相当类似,这里的"峚贼"混杂了先来后到的客民,他们与其他居民的区别并不在汉或蛮,而是接受统治的状态。因而陈永海认为,在正德年间王守仁平定闽、粤、赣山区之前,畲一直是用作为山区移民群体的标签。移民用这个相对来说较新的人群标签结合山区原住民与猺人,以对抗更早定居、已成为大族的势力。[4]

然而从明代晚期开始,文献对"畲"这个人群的描述产生一些根本的改变。这样的改变固然是因为文献数量的增加,而对畲人有更丰富的描述,但是这些描述呈现的趋向也显示畲这个概念在主流论述中的变迁。首先,明代中晚期之后的文献提到畲时,很大的机会马上就紧接着说明他们是盘瓠的子孙。其次,对于畲有更多习俗与生计模式上的描写,但最重要的是大部分的描述都会特别点出畲人有二姓到五姓(常包括钟、蓝、雷、盘、苟等),彼此通婚而不与外人婚姻。这两点让明代中叶之后的畲与宋元时期有根本上的不同,即虽然畲与土民之间各种不同,然而血缘才是两者间关键的区别。

这种变化最早什么时候开始很难确定。盘瓠故事与畲人之间的关联早在刘克庄的《漳州谕畲》便已出现,而指出山民由几个姓氏组成的说法或许在正德年间出现。正德《漳州府志》(1513)提到漳州

---

① 王守仁:《立崇义县治疏》,《王阳明全集》第10卷,上海:上海古籍出版社,1997年,第350页。

② 曹树基:《赣、闽、粤三省毗邻地区的社会变动与客家形成》,《历史地理》第14期,1997年,第1—15页;饶伟新:《明代赣南的移民运动及其分布特征》,《中国社会经济史研究》2000年第3期,第36—45页。

③ 金泽任都察院右副都御史巡抚江西在弘治八年(1495)到十二年(1501)之间,这个职位是为了平盗而设立。据称金泽"奉敕抚定,便宜从事,先榜令自首,乃严督缉捕,斩贼首满天明等八百余颗,论功罪、明赏罚,人多感奋思效。猺獠洞蛮,闻风向化,四边以宁"。传记可能会有谀辞,然可见金泽以平乱著称。而崇义县设置于正德十四年(1519年),假使这些"峚贼"真的是由金泽所安插,到这里也不过二十年左右,却已经被称为"年深日久",并培养出"动以万计"的势力。或许"奉巡抚都御史金泽行令安插于此"是这些不在户籍中的人群与编户居民有产业冲突,假知名官员的名义,声称可合法在山间活动的理由。见《南京都察院右都御史金公泽传》,焦竑编:《国朝献征录》卷六十四,第7a页。

④ Chan, *Ethnic Labels in a Mountainous Region*, pp. 262-274.

府南靖县南境(今属平和县)的大帗山时说:"是山岩穴深阻,林木阴翳,上有畲洞。盖潘、蓝、雷三种苗种畲于此。今苗散处他处,而豺鼠辈窃居焉,时为民患也。此地通潮阳,县治南至此极矣。"①这里称潘、蓝、雷三种畲洞住民为苗,而种畲是他们的产业活动。然这些"苗"现在已经四散,而被外来的移民所取代。虽然这些山区非汉人群("苗")在此叙述中尚未与作为人群他称的"畲"紧密连结,但山区由数"种"组成的群体开始为文献所纪载,并成为用来定义人群的条件,惟此时这条文献并不把"潘、蓝、雷"直接称为姓氏。

正德《漳州府志》并没有关于畲猺人群的条目,而畲是火耕的代称。如"火田溪"一条解释:"火田溪。火田即畲也,凡畲田皆火而种之。此溪西向皆山,因为畲田以种黍稷,固溪以火田名。"②在较早的方志中,畲多指山区火耕的作业方式与实行火耕之人。种畲确实常被认为是山民或蛮獠的营生,但居住在山间盆地/畲洞,或从事烧畲之人,也可以是外来的移民,未必是同一种属。如弘治《八闽通志》中谓于漳州府漳平县的"百家畲洞":

> 在县南永福里界,龙岩、安溪、龙溪、南靖、漳平五县间。万山环抱,四面阻塞,洞口陡隘,仅通人行。其中深邃宽广,可容百余家畲田播种,足给农食。四方亡命者多逋聚其间,凭恃险远,易于为乱。宣德、正统间尝有江志贤、李乌觜、卢赤须、罗兴进者乌合群丑,跳梁出没。至动方岳守臣连年剿捕,仅得宁息。然服则人,叛则兽,无常性也。自漳平设县以来,③官政易及,不复反侧,然尤在司民社者控御得其道云。④

这里的山间盆地居住的则是四方亡命者,即正德《漳州府志》中的"豺鼠辈"。这些山区移民虽然"服则人,叛则兽",但并不被视为非我族类。对明中叶的记述者来说,这些人都不是原居此地、不同族类的"苗"。而在嘉靖《惠安县志》中,则说明这些"畲稻"也不是"蛮獠"所栽种,而是邻州的漳州人租山种植:"畲稻,种出獠蛮,必深山肥润处伐木焚之,以益其肥,不二三年地力耗薄,又易他处。近漳州人有业是者,常来赁山种之。"⑤

换言之,随着往山区的移民、乃至于脱离户籍的移民愈来愈多,居住在山间畲洞者、从事烧畲者,未必就是被认为原住在山区的"蛮獠"。虽然"畲"在南宋一度被用来指称原住在山区的居民,但从元代到明中叶,这些以山区畲洞为基地,甚至可能危害到官方设计之秩序者,都有可能被认为是"畲贼"。

"畲"从一个较模糊的、包容性较大的通称,到与"盘瓠子孙""分姓内婚"这两个要件紧密结合,是在万历以后方成为普遍的现象,而这些描述似又与猺人相关。日后对于福建畲族历史情况的认识,受到万历元年《漳州府志》(1573)的条目影响甚深。万历元年《漳州府志》此条全文如下:

---

① 正德《漳州府志》,卷七,第21b页。此条材料感谢赣南师范大学朱忠飞先生提示,并感谢朱忠飞先生为本文初稿提供意见。
② 正德《漳州府志》,卷七,第15b页。
③ 漳平设县于成化六年(1470),析龙岩县而设。设县主要亦是要加强对山区的统治管理。
④ 弘治《八闽通志》,卷八,第12a页。
⑤ 嘉靖《惠安县志》卷五,第2a页。

徭人(属邑深山皆有之,俗呼畲客)。旧志不载今载之。

徭种本出盘瓠,椎髻跣足,以盘、蓝、雷为姓,自相婚姻。随山散处,编荻架茅为居,植粟种豆为粮。言语侏□弗辩,善射猎,以毒药涂弩矢,中兽立毙,以贸易商贾。居深山,光洁则徙焉。自称狗王后,各画其像,犬首人服,岁时祝祭。其与土人交,有所不合詈殴讼理。一人讼则众人同之,一山讼则众山同之,土人莫敢与敌。国初设抚徭土官,令抚绥之,量纳山赋。其赋论刀若干,出赋若干,或官府有征剿,悉听调用。后因贪吏索取山兽皮张,遂失其赋,及抚驭失宜,往往聚众出而为患。若往年陈吊眼李胜之乱,非徭人乎?故特志之以见地方。自有此一种族类,欲去之而不得,抚则为用,虐则为仇。为政君子处之必有其道矣。①

此条放入漳州府末卷"杂志"中,与古迹、坛庙等并立成一条。条目名为"徭人",但以双行夹注"属邑深山皆有之,俗呼畲客"等语。条目下注"旧志不载今载之",本条末又云:"故特志之以见地方",可见此版的《漳州府志》对"徭人"的重视。此条目开头就说畲徭是盘瓠之后,接着又表明其三姓自相婚姻的内婚性质,是对徭人/畲客最基础的定义,随后在叙述各项风俗。结语称徭人/畲客为一"族类",为政者须谨慎对待,因此设此条目。

然而万历元年《漳州府志》此条,实乃脱胎于嘉靖二十一年(1542)刊刻之嘉靖《惠州府志》的"徭"条。此条主文分两项:

土徭。种出盘瓠,椎髻跣足,以盘、蓝、雷为姓,自结婚姻,随山散处,编荻架茅为居,植粟种苣为粮。斫□射猎,贸易于商贾,山光洁则徙焉。自信为狗王后,各画其像,犬首人服,岁时祝祭。或执其传,称先王许□关梁租税。国初设抚徭土官使绥之,略纳山赋,羁縻而已。其籍则论刀若干,出赋若干,亦颇详备。近□官失我,恐人得其籍而夺之,遂隐秘焉。然此徭驯□□,凡下山,见者民秀士,皆俯伏自拜,不为虞也。

西徭。种亦出盘瓠,成化间始至,其犷悍凶庚,□□皆为所属。称为徭长,□□□□,小有不合,□詈殴讼理,凡一人讼也,则众人津之,一山讼也,则众山津之。土人莫与为敌也。其女间有银镯、银项者。询之,盖先居廉州诸山,岂皆思变恶为善而徙者耶?近亦佃田,与氓畷为婚姻云。②

叙述完土徭与西徭后,则有双行小字驳斥盘瓠传说之不可信。虽然不知万历元年《漳州府志》的记载有无他本,然而两段文字互相对照(画底线者为两文本相同之处),可清楚看出两者间的相承关系。万历元年《漳州府志》从盘瓠后裔、三姓自结婚姻,到居住型态、生计模式、祭祀狗王等,都是取自嘉靖二十一年《惠州府志》的"土徭"一项,只添加"毒药涂弩矢"的细节,而集结诉讼一节则纳自"西徭"

---

① 万历元年《漳州府志》,卷十二,第19b—20a页。底线为笔者所加。
② 嘉靖二十一年《惠州府志》,卷十二,第1b—2a页。底线为笔者所加。

一项,多处文字都未修改。①而后"国初设抚徭土官"再回到"土徭"项。万历元年《漳州府志》将《惠州府志》明初设治抚徭土官,以及收赋方式原文照搬,令人怀疑明初究竟福建漳州府有无设此官,以及明初漳州是否用"徭"来称呼当地山民。其后《漳州府志》则称贪吏需索过度,"抚驭失宜",让畲人"往往聚众出而为患",则与《惠州府志》徭人顺服的记载不同。此条最终则让人联想到元代漳州当地的陈吊眼、李胜等"畲乱",为政者须善处作结。这些改动可以看出万历元年《漳州府志》这段记载的重点是当时山区的治理,如何对待这些山里的人群。

嘉靖二十一年《惠州府志》述及的徭人有两种,可清楚区分为本地从明初就开始招抚,较驯服的土徭,以及成化年间才移入的西徭。土徭"执其传,称先王许□关梁租税",则应是以盘瓠故事为基底的过山榜或开山券牒,声称可以免除过路费与租税,因此只是"略纳山赋",然近来则有被夺籍的忧虑。至于新来的西徭据称从廉州搬来,则与土民有较多冲突,然而最近也租佃土地,与当地农民通婚。对于惠州当地土徭受到招抚而向化的描述,与前述惠州府兴宁县的状况相符。万历元年《漳州府志》将这些惠州当时当地的细节全部略去,而只采用一般性的描述。这些描述惠州府兴宁县两种猺人的文字日后在方志中屡屡转抄,成为后人认识畲民的基础。

从此两条目的比对可以看出,当万历元年《漳州府志》编纂者觉得有必要在方志中包括这些前志未录的人群之时,邻省对徭人的叙述便成为其知识来源,诸如祭祀狗王、合力诉讼等都未必是出自当地对畲民的观察。然而当方志将福建当地的山民视为一"族类",并袭用对徭人"族类"化的描述,这样的模式遂为知识阶层所分享。晚明福建方志对广东方志的袭用,也让之后的许多文献在描述福建的山区人群时杂用畲、徭,让两种不同来源的人群类别又互相交错。②

从万历之后,福建山区有盘瓠之后、由钟、蓝、雷等姓氏组成的畲民/畲种成为普遍性的说法,不只在方志,在笔记等文类中也都可以见到。如万历《五杂俎》对山中畲人的描述:"畲人相传盘瓠种也,有苟、雷、蓝等五姓,不巾不履,自相匹配,福州、闽清、永福山中最多。"③或作于明末清初的《春明梦余录》:"闽中有流民畲种,潘、蓝、吕三姓,旧为一祖所分,不入编户。凡荒崖弃地居之,耕猎以自食,不供赋役,椎髻跣足。各统于酋长,酋长名老人,具网巾长服,诸府游处不常。"④

主要在江南活动的李诩(1506—1593)在其《戒庵老人漫笔》中的"洞蛮四种人",论及正德十四年(1519年)新置之江西崇义县民,可以显现这种变化:

江西省崇义县,正德间新立,民皆拳种洞蛮也。拳字在轸韵中,音部本切。《后山丛谈》云:"二

① 稍晚在嘉靖三十五年(1556)刊刻的嘉靖三十五年《惠州府志》也有"徭疍"一条。其中关于徭的描述部分改写自嘉靖二十一年《惠州府志》。然而虽然此志离万历元年《漳州府志》时间较近,然万历元年《漳州府志》中徭人的部分明显是来嘉靖二十一年《惠州府志》。见嘉靖三十五年《惠州府志》,卷十四,第14b—15a页。

② 如前所述,畲作为人群的类别最早在南宋晚期出现在闽粤边界的山区。而徭作为人群类别则出现的较早,至少在唐代即有纪录,且最早出现在湖湘山区。被称作徭人的群体随着中原帝国的扩张渐渐南移、跨越南岭。畲这个类别称呼也自闽粤边境扩散,而到了明代中叶与徭在粤东、赣南交错。

③ 谢肇淛:《五杂俎》,卷六,第32b页。

④ 孙承泽:《春明梦余录》,卷四十三,第22b—23a页。

广居山谷间不隶州县谓之猺人，舟居谓之蜒人，岛上谓之黎人。"猺音姚，蜒音延，韵书作蜑写者，音但，下注南夷海种。则蜒字宜以虫从下为正。輋种亦曰輋人。《丛谈》所载三人今称无异，盖有四等异人称矣。

《戒庵老人漫笔》在万历二十五年(1597)初刻，显示的是立县七十余年后江南文人对南方山区人群分类的认知。李诩认为崇义县新入民籍的人群都是"輋种洞蛮"，而这是一种新的人群分类，必须从宋代笔记中猺、蜒(蜑)、黎的架构中，采取"种"的概念来理解。将畲/輋直接视为与"猺-蜑-黎"并列之蛮种的认识，并没有反映在明代中叶的文献(如前引的《立崇义县治疏》)，却与宋末刘克庄的《漳州谕畲》相合。这里显示的或许是在晚明对山中人群的认知体系中，又把原居在山中、不同"族类"的山民，与原先有户籍、而逃离国家统治的逋民区分开来。不只在漳州的范围，自此，原是岭南猺人的描述，也成为对畲人族类的认知。

三、晚明：畲民与流民

何以从晚明以后对畲人开始出现族类化、以血缘为判准的描述？[1]陈永海认为"畲"从宋末以来便是脱离国家之山区移民整合彼此的标签。[2]文中引用王守仁"其大贼首谢志珊、蓝天凤各又自称盘皇子孙，收有流传宝印画像，蛊惑群贼，悉归约束"等语，[3]认为盘瓠故事是被这群人用来连结彼此、并与猺人等人群结盟的象征。盘、蓝、雷、钟等结构，则可用以加入新成员。而在明代中叶王守仁平定南赣之后，随着新政区的设立(特别在漳州与赣州)与各种治安、教化的设施，让这些移民重新复归国家统治，而"畲"的认同便不再重要。留下来仍然自认盘瓠后人、分姓内婚的人群，即成为后来的族类化的畲人。[4]陈文相当敏锐地指出畲之涵义在明代中叶前后的变化、畲/汉边界的流动性与开放性，以及国家在人群区划中的关键角色，而可以对畲的族群性有更深入的讨论。

陈永海的说法，或许可以进一步讨论的是，在主要史料都来自官方的情况下，"畲"在多大程度是

---

① 对于畲这个人群分类，在明代中叶逐渐转变成以血统做为区别范畴，本文原稿有时称这个过程为"种族化"。审查意见之一认为种族这个概念源自近代体质人类学或人种学，主要以生物条件为定义，使用此词令人困惑。在此稍作厘清。"族"这个概念的确常常纠葛不清，以中国传统的语境来说，在不同时代、不同脉络下可能有不同意涵，使用者在使用这个词时也未必有截然清楚的定义。然而一般来说，无论是家族、宗族或种族，一般使用"族"时，多有血统区别的暗示，尽管此血统上的区别可能是虚构或想象的。本文确实留意"民族"(nation)、"种族"(race)、"族群"(ethnic group)等习用来翻译当代社会科学概念的词汇，因此提到二十世纪的发展时，亦强调是受"西方传入之种族概念"影响下的变化。然而由于"族"与"种"(如蛮种、苗种、畲种)都是用来表示血统、生物性区别的词汇，且在西方race的概念传入以前，传统语境中也会出现"种族"连用，因此以"种族化"来描述明代中叶以后明确以"盘瓠之后""数姓互婚"作为区分畲人之要件的这种变化。以前引的万历《漳州府志》为例，均先强调血统的区别，再描述文化、习俗等差异，而称畲为一"族类"，或在其他场合开始称畲为"畲种"。原先本文以为若以"族类化"称之有故造新词之嫌，然而既然审查人认为"种族化"会被认为是西方人种学为基础的race，本文改以"族类化"来描述这个过程。

② 对视畲为久居山区之原居民的《漳州谕畲》，陈永海质疑此文的可信度。然而前揭文天祥《知潮州寺丞东岩先生洪公行状》中的"潮与漳、汀接壤，盐寇、輋民群聚剽劫"，亦是将后来的盐寇与輋民分别开来，可见宋末文献中久居山区的居民与后来的移民应有区分。另此碑传主卓德庆"平輋寇"事，见何乔远：《闽书》第四册，福州：福建人民出版社，1994—1995年，第3237—3238页。

③ 王守仁：《横水桶冈捷音疏》，《王阳明全集》，上海：上海古籍出版社，1997年，第342页。这一句因为"自称子孙""蛊惑群贼"等语被诠释为以盘瓠故事团结群众。但如果考虑这是站在讨伐者立场的描述，类似这样"妖言惑众"的修辞常在对其他叛乱者的描述中见到，这句话可能只是表明这些人共同自称盘瓠子孙而已。

④ Chan, *Ethnic Labels in a Mountainous Region*, pp.255-284.

山居族群认同的标志、多大程度是官方治理底下的分类。①的确从明代中叶可以看到有更多用来团结群体意识之盘瓠故事以不同形式在南方山区传播,但这些故事所集结的群体,是否就对等于官方所认定的、更普遍性的畲(或猺),则未可确定。盘瓠故事可以视为是山居族群面临来自平地族群与国家联合侵入后的响应,以宣称自身在山区的居住、财产与人身自由,②但并不意味着分享这些故事的山居族群已经建立了一个更普遍性的族群想象。事实上无论畲或猺,都是来自外界的他称,而且这些称呼各有其发展的历史过程。

"畲"在南宋晚期成为一个新的人群分类范畴,指的是闽粤交界历来不受政府管辖的山民,他们因为山区秩序的变化而成为国家所必须注意的对象。从元到明代中叶,畲的意义扩大到山区未入籍、不受管理的人群,他们可能包括了各省的㽉民,也包括了与㽉民勾结的山中居民。入民籍的平地居民向山区发展,或者开垦土地、或者求取资源,而与山民发生利益冲突。对官方来说,这些掌控以外的人群是动乱的根源。㽉民与山民的关系不一,如正德《漳州府志》的大枋山,是由㽉民取代了山民,成为对官方秩序的威胁。但有的时候在山中来往从事走私贸易的㽉民与开山打猎"贸易于商贾"的山民是站在同一个阵线的。

中晚明以来族类化之"畲人"的出现以及"山民"与"㽉民"更明显的区分,或许可从两个方向观察。首先是在山区与山区、山区与平地的人群来往中,人群之间的区别更加明确,而且以文字强化这种区分。被晚明福建知识阶层引为畲人与其他人群区分之盘瓠子孙故事在刘克庄的《漳州谕畲》就曾被提及,但很长一段时间不见记载,直到明代中叶再次出现。如前引正德年间王守仁说"贼首自称盘皇子孙,收有流传宝印画像,蛊惑群贼"③。更具体的描述是正德《兴宁县志》提到"余尝得其世出图观之,大抵祖盘瓠,亦有次第,自信为狗王后不讳",④以及前引嘉靖二十一年《惠州府志》提到土猺"执其传,称先王许□关梁租税"。⑤前者是盘瓠祖图,后者则是开山公据等官文书化之盘瓠故事的描述。⑥这些记载显现在正德、嘉靖年间南方山民文献化的族源故事流传更广,且更常进入官方的主流文本当中,虽然之后往往跟随着的是对这些故事的驳斥,如嘉靖二十一年《惠州府志》接着就是批评盘瓠故事的荒诞不经。

"盘瓠故事"与"分姓内婚"是山民用以与其他人群分别、并在帝国体制下对自身权益的声明,这样的声明是在族群频繁的接触中所产生。在正德、嘉靖年间开始被方志所提及,代表的山民一方在明代中叶亦有部分人群开始掌握文字技术,得以创造足够区分人群的文献,让这些以血缘区分的论述成为官方的知识来源。这些文献的出现、以及被方志所记录,未必代表分布东南山区的山间居民已经分享一种跨越地域的"畲族"或"猺族"认同。如前引正德《漳州府志》已经提到潘、蓝、雷三种苗,即山民与外界区分的"分姓内婚"组织方式已经得到纪录,但此时这群人仍以较早且较一般性的"苗"来称呼,但

---

① 另外陈永海此文可能亦高估了王守仁的影响。关于南赣施政与"阳明神话"的讨论,见唐立宗:《在"盗区"与"政区"之间》,第409—492页。

② 李仁渊:《十九世纪闽东浙南的畲族族谱与盘瓠故事》(未刊稿)。

③ 王守仁:《横水桶冈捷音疏》,第342页。

④ 正德《兴宁县志》,第68页。

⑤ 嘉靖二十一年《惠州府志》,卷十二,第1b页。

⑥ 关于盘瓠故事的各种表达形式以及对畲族的意义,篇幅所限,笔者将另文讨论。

并未将其连结到后来的畲与猺。然而由山民内部形成的人群区分论述,成为官方等外界势力进一步形塑"畲人"他称的基础。

其次,讨论这些族类论述的形成、扩大及正式被官方主流论述所采用,必须考虑此时山区人群关系的变化与官方的回应。族类化的畲人论述相当于是将山中人群区分为原来就居住在山中的盘瓠后代与逃离国家的逋民,其背景可能是中晚明以来因为人口增长、市场经济与山区经济作物等因素,在南部山区更加增长的大规模人口移动。[①]山区的人口移动在各个历史时期来说应是常态,然而在明代中叶开始在文献中大量出现对流民、棚民、土客之争等问题的讨论,说明此时官方对此问题的重视。这些问题的来源一方面固然是因为大量往山区的移民造成的资源争夺,但另方面也同时要考虑的是明初以来以里甲户籍为基础的地方管理制度形成的身份区别。不同时间移入的人群要争夺的不仅只是经济资源,还有与经济资源也互相关联之政治资源,即有籍、无籍等不同登记状态下所能运用的不同政治资源,包括诉讼、赋役、科考等各种资格。以政府的视角来说,其所最不愿意见到的状况是人群之间的冲突扩大,乃至蔓延到其他行政区而彼此串联成更大的失控状态。然而前现代治理技术有限的政府对此所能做的不多,特别是官僚与军事力量较难企及僻远山区。在增加官僚(设立新县)、军事(设立卫所)以及从意识形态上改造等设置之外,官方所能做的便是在人群间调整政治资源的分配,以维持地方势力的均衡。如为解决土客之争的问题,诸如客籍、棚籍等设置,都是在户籍制度底下藉由调整政治资源分配以维持地方秩序的尝试。

如果从这个角度出发,万历元年《漳州府志》以降"族类"化的畲民显现的似乎是官方山区人群区分政策的转变。如前所述,在中国南部与东南山区,以盘瓠故事为核心的血缘/种族化人群区分在明代中叶逐渐透过文献化而在主流论述中占得一席之地。然而这些种族化的叙述其实先出现在两广的猺人中,像是前述嘉靖二十一年《惠州府志》的土猺、西猺,或者在嘉靖四十三年刊刻之广西《南宁府志》。[②]福建地区则稍晚将"畲"视为一"族类",其描述主要来自广东对猺人的知识。这样的改变与其说是南方山区的人群在晚明产生了跨区域的畲族认同,更有可能是官方视角的变化。即面对山区秩序以及日益进入官方视角的流民问题,官方把"被视为是原居山区的山民"与"从原籍逃出的逋民/移民"区分开来,视之为不同人群,也应该有不同的处置。福建的官方主流论述接受了明代中叶在西南与岭南治理"蛮夷"、与之奋战的经验,官员将"被视为是原居山区的山民"认作为一种叫做畲的"族类""蛮种",与岭南的猺或者同属一种。为了防止他们危害国家所设置的秩序须要理解他们的习俗,以土官等不同方式来管理。如万历元年《漳州府志》记下了未必曾在漳州施行、却在广东有施行纪录的"抚猺土官",最后以"自有此一种族类,欲去之而不得,抚则为用,虐则为仇。为政君子处之必有其道矣"作结,主张招抚的政策。而日益增多的"从原籍逃出的逋民/移民"则被排除在"畲"的范畴之外。这些棚民、客民、菁客、矿徒等被认为有原来的户籍,在不同的情况下或者附籍当地,或者送归原籍,而不被当成不税不役的畲猺来处理。这样的处置方式对地方政府来说或许是可以花费较小的成本,而同时

---

① 关于流民、棚民的研究相当多,参考曹树基:《中国移民史》第六卷,福州:福建人民出版社,1997年,第174—315页;胡碧珊:《清代东南山区棚民之研究》,私立东海大学历史研究所硕士论文,1996年。

② 嘉靖《南宁府志》,卷十一,第9b页。

阻止这两群人串通。

综上所言,明代晚期"族类"化畲人分类的出现或有两种互相关联的面向。山民在明代中叶与平地居民、山区移民间的区隔更为显著,与其他人群更密切的来往与资源争夺是区隔增强的可能原因,而数量更大的山区移民更集中在经济作物与山区资源开采,或许也削弱了与刀耕火种为主之山民的合作或互赖基础。更显著的区隔是福建官方将山民与猺民分开,并且采用岭南治理猺人的知识架构,把福建的山民进一步认知为"种族化"的"畲"。作为族类的"畲"从晚明开始被广泛接受,这样的概念影响了清代以来对畲民的管理方式,以及直到现代对福建山民的认知。

贰、畲民界限的消失与稳固

随着"畲人"意义的变化,其在文献中出现的区域也不同。南宋末年出现在闽粤边界的漳州、汀州、潮州。从元代到明代中叶,被称为畲/輋的群体散布于南岭与东南丘陵周边,从闽浙边界、赣南到珠江三角洲,都有被称为畲的人群。而在晚明畲人逐渐种族化、特指为盘瓠后裔的内婚群体之后,除了历史回溯之外,被称为畲的群体限缩为福建与福建周边的山民,乃有前引《春明梦余录》中"闽中有流民畲种"的说法。然而从清代中叶以来,被称为"畲"的族群逐渐只限于闽东浙南,主要在福建福州府、福宁府与浙江温州府、处州府的山区。当代在民族识别后被标志为"畲族"的族群,虽然广布于福建、浙江、江西、贵州、湖南、广东诸省,却也以闽东浙南山区最为集中。在1982年中国人口第三次普查,全国畲族人口中将近80%在闽东浙南,反而在南宋末年的闽粤边界消失踪迹。[1]

对现今畲族集中在闽东浙南的现象,最常见的解释是"民族迁徙"的结果,即畲族在晚明或其他不同时期从闽南、闽西迁徙到闽东浙南。[2]人群迁徙在东南山区走廊在明清时期的确是显著的现象,如万历《永福县志》:"引水不及之处,则漳、泉、延、汀之民种菁种柘,伐山采木,其利乃倍于田。久之,穷岗邃谷,无非客民。"这些来自他府的人群占满山谷,"累世曾不闻县官之有庸调",并常被官府视作地方动乱的源头。[3]崇祯时期的熊人霖(1604—1667)在《防菁议》中提及"菁民者,一曰畲民,汀上杭之贫

---

① 本文的闽东指清代的福宁府与福州府,约略等于现在的福州市与宁德市;浙南指清代的处州府与温州府,约略等于现在的丽水市与温州市。由于对少数民族的优惠政策,被识别出来的少数民族人口往往大量增加。如就1982年中国全国人口第三次普查的数字,福建省占全国畲族人口57%,浙江省占40%,两省占所有畲族人口97%。福建省宁德地区(今宁德市)畲族人口占全福建省80%,其他约20%多在邻近宁德地区的罗源县与连江县。浙江省的畲族人口则有78%分布在浙南的温州地区(今温州市)与丽水地区(今丽水市)。在2000年的第五次人口普查,由于有许多他省的畲族被"识别"出来,福建省与浙江省占全国畲族人口的比率降到52%与24%。见蒋炳钊:《畲族史稿》,厦门:厦门大学出版社,1988年,第1页;麻建敏:《试析畲族人口发展的三个重要历史时期》,《福州大学学报(哲学社会科学版)》2013年第2期,第15—20页。

② 最近刘婷玉的新著主张闽东的畲人是随着明初军屯的设置从潮州等地到闽东山区。这样的说法很有新意,但细观其史料的运用与解释,或有可议之处。因事涉史料(特别是族谱资料)的考订诠释,限于篇幅,在此无法一一讨论。元代闽北黄华与闽南陈吊眼等"畲军"在附归后有编入民管与军屯的纪录,但没有足够证据可支持这些在元代编入民或屯的"畲军"在明初又被搬移到闽东山区。况且如果这些"畲人"在元代与明初就已经编入军籍(或民籍)且移往闽东的话,如何与明中叶时历来不受官方管辖、从事游耕打猎,且分布不仅限于闽东的人群连结起来? 其实本书在其他部分已经有"宋元时期的畲人未必就是当代的畲人"的看法,并不需要为了迁徙说而从散落不全、效力不一的史料当中辑纂路线。见刘婷玉:《凤凰于飞:家族文书与畲族历史研究》,厦门:厦门大学出版社,2018年,第170—194页。

③ 万历《永福县志》,北京:北京图书馆出版社,2008年,第87—88、94—96页。

民也。每年数百为群,赤手至各邑,依寮主为活,而受其庸值"①,让学者认为是畲民在晚明迁往闽东浙南的证据。然而这可能是唯一一条将畲民等同于菁民的史料。万历以来在闽东地区提及畲人的其他史料一则不曾认为他们是外来移民,一则未把他们与仰赖市场的种菁做连结,对畲人生计的描写仍是火耕与打猎。②此外,"迁徙说"也不能有效地解释何以闽西、闽南的畲人会消失,从清代中叶之后就不在文献出现,反而从清代中叶以后,"畲"这个族群名称几乎等同于闽东浙南山区的内婚山民。

要了解这样的历史过程,必须梳理清代关于畲人的历史文献,特别是山民与地方政府之间的关系变化。清代对待原先处在统治之外的山民并没有统一的政策,各层级政府因地制宜。③如果从方志与地方文献来看,清代前期福建各地开始出现山区畲猺渐与民人无异的纪录,唯在闽东有不一样的走向。

一、畲民的消失:入籍与通婚

清初漳州府诸方志对畲人的记载主要袭自前引万历元年《漳州府志》(1573)的"猺人"条,而各志再就现状加以补充,因此从不同时期相同条目的增添修改中可看出时代的变化。目前所见清初漳州最早有相关的记载、刊刻于康熙二十四年(1685)的康熙《漳平县志》"畲客"条,前面的记载多半依循万历元年《漳州府志》,略作修正补充,然在结尾则改说"今之猺人亦少衰弱矣"。昔日畲猺之乱是因为管理失道,但现在"山首峒丁受约束如编户,夫宽以待之,是亦辑乱弭变之道也"④。而较《漳平县志》稍晚、刊刻于康熙三十年(1691)的康熙《诏安县志》直接引万历元年《漳州府志》作有"旧志猺人"条,主要叙述也与万历元年《漳州府志》类似,而结尾做"后山首峒丁略受约束,但每山不过十许人,鸟兽聚散无常所,汉纲当宽之尔"⑤。这些对"山首峒丁"的评论被后来漳州一带的方志所继承,如康熙《漳州府志》

---

① 熊人霖:《南荣集》文选,卷十二,第39b页。一般讨论畲族者只引此句,熊人霖这段的大意是他认为掌握山之所有权的"山主"是当地人,久居当地而有资本的汀州人是"寮主",而"菁民"是汀洲上杭的贫民,是受雇于寮主的季节性移工,一曰"畲民"。一般来说扰乱的多是几个菁民,少数例子是连寮主一起暴动。因此要管制菁民就要管制寮主,而要管制寮主则要管山主。因此菁民,也就是畲民,方是动乱的来源。

② 如谢肇淛《五杂俎》描述畲人用来打猎的巫术、游太姥山时见畲人"纵火焚山"。万历《罗源县志》提到用畲人猎虎。万历《福安县志》提到畲人将一种山稻遍集山坞。见谢肇淛:《五杂俎》,6,第32b页;石奕龙:《明代嘉靖以后闽东、浙南才有畲民见诸文字记录》,《宁德师范学院学报(哲学社会科学版)》2016年第2期,第1—10页。

③ 关于明清时期中国东南各地对畲族不同的赋役政策,见郭志超、董建辉:《畲族赋役史考辨:与蒋炳钊先生商榷》,《民族研究》2000年第2期,第94—100页。

④ 康熙《漳平县志》,卷九,第11b—12a页。

⑤ 康熙《诏安县志》,卷七,第37a—38b页。顾炎武《天下郡国利病书》录有一段讨论福建畲猺的文字,与《诏安县志》此条自"楚粤为盛"以下到结尾文字几乎完全相同,只有康熙《诏安县志》作"明初设抚猺土官"一句,《天下郡国利病书》跟着万历《漳州府志》作"国初"。这一段虽然主要沿袭自万历《漳州府志》"猺人"条,但描述猺人风俗时添加了一些细节,诸如贸易刻木大小短长为验、称城邑人为河老等。这些万历《漳州府志》没有的细节被后来的方志照抄,且也被用来当作畲猺的生活描写。因为现存《天下郡国利病书》抄本,此条接在郭造卿(1532—1593)《防闽山寇议》之后,且中间没有篇名,所以此段常被学者视为是《防闽山寇议》的一部分。因此有学者认为郭造卿此部分抄自万历《漳州府志》,或有学者认为方志关于畲猺的描述抄自郭造卿的《防闽山寇议》。然而查考万历三十四年(1606)刊印的郭造卿《海岳山房存稿》,其《防闽山寇议》并没有最后描写猺人的部分,且关于猺人的描写也与本文前段的题旨无紧密关联。故《天下郡国利病书》此条关于福建畲猺的描述应该别有来源,并非来自《防闽山寇议》,只是抄录在《防闽山寇议》之后而未附标题的文字。而虽然《天下郡国利病书》此条未把"明初"改为"国初",但仍难以判定其根据的原本为何,这些万历《漳州府志》所没有的语句作于何时。因此此段结尾"山首峒丁略受约束,但每山不过十许人,鸟兽聚散无常所,汉纲当宽之尔",不应该是郭造卿对万历时期的描述,但可能早于康熙三十年(1691)的《诏安县志》。见顾炎武:《天下郡国利病书》,收录于《顾炎武全集》第十六册,上海:上海古籍出版社,2011年,第2991—2992页;郭造卿:《海岳山房存稿》,卷十二,第29b—32a页。

(1715)的"徭人"条同样承继万历元年《漳州府志》,而文字几乎与康熙《诏安县志》相同。[①]这些评论都在表示相较以往畲徭的威胁,如今的山民并不是主要的问题,而政府也宽松对待。

稍晚的康熙《平和县志》(1719)"猺獞"条沿袭康熙《漳平县志》的文字与架构,但把"山首峒丁"等评论作为"旧志论曰",再加上自己新的评论。新的评论指出:"今则太平既久,声教日讫,和邑诸山木拔道通,猺獞安在哉?盖传流渐远,言语相通,饮食、衣服、起居、往来多与人同。猺獞而化为齐民亦相与忘其所自来矣。"[②]比起前面诸志描述如今畲猺不再是威胁,康熙《平和县志》更进一步强调太平之后山区开发而"诸山木拔道通",山间猺獞跟"齐民"已经无所差别。相较于康熙《平和县志》着重文化上的融合,稍后乾隆三年(1738)刊刻的乾隆《龙岩州志》"畲客"条文字叙述抄自前列诸志,而更肯定地以"今山首峒丁俱受约束,散处各山,无足虑尔"作结。其后附的"论"指出"畲客至今日微矣"。过去动乱是因为"以其非我族类也而外之故,加之以不堪",而如今"许其编甲完粮,视土著之民一例,畲敢贰哉?"[③]在前述康熙《漳平县志》中提到"山首峒丁受约束如编户",既"如"编户,则意味着康熙二十四年时(1685)的漳平县山民似乎尚未编户。而包括了漳平县,在雍正十二年(1734)成立的龙岩直隶州,其成立四年后刊刻的方志则称这些畲客已"许其编甲完粮",在制度上与土著没有区别。在这段叙述中,《龙岩州志》"畲客"条的编者尚能分别龙岩直隶州下的漳平、宁洋有蓝、雷、钟三姓,而龙岩只有蓝、雷二姓,[④]可推断畲客与土著间尚未如康熙《平和县志》所说的"相与忘其所自来",但从康熙到乾隆初年,龙岩州的畲客至少已经编入图甲,与齐民没有分别。

比起漳州府,福建其他地区的方志对畲人描写较少,但有相似的倾向。一山之隔的泉州府康熙《德化县志》(1687)在描述畲人风俗与"三姓为姻,不通外姓,虽卖女为婢,而终必取赎,不嫁民家,恐绝其种也"的内婚制度之后,话锋一转说道,近来的畲人"国朝开运乃悉遵制编入家甲、从力役,与平民无别。但无土田,故不能附户籍,惟岁时祭祀死丧尚仍其旧"。查考宋元时期的畲民"繁盛盘踞",而"今几悉化为民",可见教化之功。[⑤]由此可知康熙时期的德化畲民已经编入家甲且服力役,只是未附户籍,而几乎跟民人无别。到了乾隆的《德化县志》(1746),除了前半段略从康熙《德化县志》的描述之外,后面则加上:"本朝遵制编保甲、从力役,惟岁时祭祀死丧尚仍其旧。迩来与土民联婚姻,改其焚尸浮葬之俗,亦足见一道同风之化矣。"[⑥]即从康熙到乾隆,德化县的畲民不只编入保甲,更与当地土民联姻,而葬俗也变易。当连内婚制都无法维系时,与土民无别也是自然的结果。

康熙《德化县志》中的畲民虽然编入保甲,但仍不能附户籍,然而有些地方的畲民进入了户籍系统。如南平县在乾隆五年(1740)编审的时候将境内钟、蓝、雷三姓畲民合编为一图,名为"普顺图",作为该县最后一图,负担钱粮。据言是畲民雷起元自发呈请与钟、蓝三姓共编。[⑦]一开始这里的畲

---

① 康熙《漳州府志》,卷三十四,第30a—31a页。

② 康熙《平和县志》,卷十二,第8页。

③ 乾隆《龙岩州志》,第314页。

④ 乾隆《龙岩州志》,第314页。

⑤ 康熙《德化县志》,卷二,第10页。

⑥ 乾隆《德化县志》,第83页。

⑦ 民国《南平县志》,第118、305页。

民在"里图榆枌之外"时，"言语各殊，质朴鄙俚"，"垦山为业，租庸不及"，"自为婚姻，罕与外人酬酢"。然而后来"世际升平，亦佃民田耕耨，间有一二读书者"。在乾隆五年之后，"编隶图籍，亦有入庠者，薰薰染华风矣"①。从这段描述中可知，南平县的畲民先是租地、读书，而后主动争取入籍，以参加科举。

同样在闽北的建阳，道光《建阳县志》中的"畲民风俗"描述了两种不一样的畲民。②大部分在建阳的畲民仍是三姓互相婚姻，不与外人通。唯有嘉禾里一带的畲民，"半染华风，欲与外人为婚"。同时"亦购华人田产，亦时作雀角争，亦读书识字，习举子业"。在嘉庆年间，有出来应试者，但怕被外人所攻击，因此冒姓应考。③是以在建阳部分畲人在嘉庆时已经与土民通婚姻，而且有田土，但应举时仍惧怕受到攻击而冒姓。如已有田产且与土民通婚的话，似已经入籍。但即使如此，毕竟入籍未久，参加科考仍会遭受土民的扰阻。

这些康熙到乾隆间闽南山区到闽北山区的方志显现出各县对山民的处置不一，但总体的趋向是畲人逐渐与土著无异。无异的关键主要有二：其一是编入各县的家甲或户籍，或者承担力役，或者承担钱粮；其二是与土民通婚，最后连风俗都改易。前者的意义是纳入了国家体制，改变了以往"不税不役"的状态；后者则是内婚体制的消解，在家庭组织上无法维持与外界的边界。这两项是盘瓠故事之所以要合理化的关键，然而在清代前半期此两点无法维持，这些山民也不再是盘瓠子孙。

二、畲民的出现：畲保

相较于前述福建各地从康熙到乾隆的发展是对待畲民逐渐与土民无异，闽东浙南的发展有不同的轨迹。目前看到清代初期闽东浙南地区最早与畲民相关的文献来自同治五年（1866）修纂于浙江平阳的《冯翊郡雷氏族谱》，其中收录一则浙南平阳县康熙三十七年（1698）由知县所立的碑文。④碑文内容是当时平阳知县收到闽浙总督郭世隆之命，重申各都里保地棍不得"藉端科派畲民丁甲，以及采买杂项"。此是因为同年一月平阳县、瑞安县畲民雷起定等称"畲民系出高辛之后，赐姓敕居各处，开山为田，以供赋税，不编丁甲，不派差徭，历朝成例，各省皆然"。而且前例已经示禁"一切差徭夫甲以及采买等项，畲民概行永免"。然而历时既久，现在各都里保地棍都藉端勒索，让"穷畲迁徙流离"。在福建的连江、罗源、侯官等地官府都勒石永禁勒派，因此希望温州的瑞安、平阳可以立石重申，而得到总督批可。如果这块石碑康熙三十七年的确存在的话，应该是目前所知最早提到清初闽东浙南畲民的

---

① 民国《南平县志》，第961—962页。

② 道光《建阳县志》，卷二，第45—48页。这篇"畲民风俗"在康熙《建阳县志》中没有出现，作于何时无法确定。

③ 道光《建阳县志》，卷二，第48页。

④ 平阳《冯翊郡雷氏族谱》，第66—69页。此谱无页码，页码乃作者自编。感谢赣南师范大学历史系讲师朱忠飞提供此谱的图像文件。此谱的部分内容又收入福建省少数民族古籍丛书编委会编：《福建省少数民族古籍丛书·畲族卷：家族谱牒（上）》，福州：海风出版社，2010年，第340—374页。此谱因为收藏于福鼎岭兜，在研究中一般称为"福鼎岭兜《冯翊郡雷氏族谱》"。实则此谱修纂于浙江平阳且付印，福鼎岭兜的雷氏因称由平阳迁出，故雍有刻本。本文从编纂地点，改称"平阳《冯翊郡雷氏族谱》"。此外，傅衣凌80年代从前来厦门大学进修的福鼎人周瑞光处得到一部福鼎《蓝氏族谱》，注意其史料价值，而将其中的《释明畲字义》与两篇碑文抄录出版于《闽俗异闻录》，连同其他史料在1984—1987年间刊于《福建文博》第6—10期。后收入《休休室治史文稿补编》，北京：中华书局，2008年，第249—251页。唯此版本排版将第一篇碑文开头的"奉大宪勒石永禁示谕建立平阳县衙门首"排入《释明畲字义》最后一行，有误。这三篇文章同样也收入福鼎岭兜的平阳《冯翊郡雷氏族谱》中。

碑刻文献,而且此前在福州府的连江、罗源、侯官已经立石碑。

而在闽东,光绪三十二年(1906)福安春云雷村《冯翊郡雷氏宗谱》收录两则系年于乾隆三十九年(1774)的碑文。此二碑分别立于福鼎县与霞浦县。现将碑文抄录如下:

福宁府霞浦县正堂加五级纪录五次曹①为呈请立碑等事。乾隆三十九年(1774)六月二十一日据畬民钟允成等具呈前事,词称成等始祖乃高辛皇帝敕居山巅,自食其力,不派差徭,历代相沿,由来已久。迭蒙历朝各宪布化宣仁,案炳日月。迨康熙四十一年(1702)又蒙董州主②赐立石碑,永禁各都乡保滥派畬民差徭。各县石碑现存可考,惟州前即今府前石碑被毁,各都保遂有滥派索贴之弊。成等呈恩府宪徐③蒙批候檄饬严禁,毋许各都保滥派尔等差徭并索贴差务,俾其各安生业可也。合请金恩伏恩准立碑,永彰鸿案,衍结不朽等情。据此。为查畬民钟允成等,前蒙本府宪徐檄行出示严禁在案,兹据前情,除核案批示外,合再示禁。为此示仰各都乡保人等知悉,嗣后务遵照宪,毋得仍前滥派畬民差徭,藉端索贴扰累,并索砍竹木等项,俾得各安生业。倘敢故违,许准受累畬民指名直禀,以凭拿就。各宜凛遵毋违,特示。乾隆三十九年八月十二日给。

福宁府福鼎县正堂加三级纪录三次王④为遵批声明恩准勒石碑事。抄蒙福宁府正堂加五级纪录八次徐宪票,该畬民钟允成等呈称成为照旧复碑等事蒙批,据呈康熙年间钤⑤印州示,内有畬民居住山野,端责畬民保长保固地方,烟差照例豁免等语。现今有无畬保长,及有无烟差,据寔另呈。再呈内有乡保不得勒贴之句,亦指据详细陈明,不得含糊混禀等。因畬民散居穷谷,人迹罕到,寔属深山五谷。素沐皇仁,得沾雨化,历免差徭,由来已久。现各县俱有石碑仍存,惟霞邑石碑被毁。近因村都乡保勿论奉公,滥派差务,即属无事,不时索贴乡民,扰累乡愚,确有寔情,所以具禀。另请畬保长宁固地方。现今各县山谷该有畬保,勒造烟册,声明籍贯,寔属有之。除烟差外,所因额外乡保滥派差徭,索贴差务,致成等仰恩天台一体同仁,皇准照旧勒石复碑,以杜滥派,豁免差徭,百年千秋等因,到县。蒙此业经出示行禁革在案。兹据畬民钟允成等呈恩勒石前来,除呈批准勒石合行刊示,仰合邑人等知悉。嗣后畬民应归畬保长编查约束,豁免差徭,毋许地方滥派及索贴差务,俾其各安生业。倘敢不遵,许受累畬民指名具禀赴县以凭详究。各宜禀遵毋违,特示。有仰遵照,乾隆三十九年四月二十二日给。⑥

---

① 霞浦县知县曹鸣谦,乾隆三十九年就任,四十三年离任,见同治《福建通志》,卷一百一十六,第4b页。
② 福宁府知州董鸿勋,康熙三十九年就任,四十二年离任。见同治《福建通志》,卷一百一十六,第1a页。
③ 福宁府知州徐元,乾隆三十八年就任,四十年离任。见同治《福建通志》,卷一百一十六,第1b页。
④ 福鼎县知县王应鲸,乾隆三十六年就任,四十年离任,见同治《福建通志》,卷一百一十六,第6a页。
⑤ 原文误为"铃"。
⑥ 福安春云雷:《冯翊郡雷氏宗谱》,第14a—15a页。2016年1月26日与赣南师范大学历史系讲师朱朱忠飞、厦门大学历史系博士研究生董思思,摄于福建省福安县春云雷村雷氏宗祠。此谱根据光绪元年的抄本部分收录于福建省少数民族古籍丛书编委会编:《福建省少数民族古籍丛书·畬族卷:家族谱牒(上)》,福州:海风出版社,2010年,第375—408页。

虽然这两道碑文是光绪年间抄录①,然而地方官的姓氏与年分准确无误,并文中呈请重立的乾隆三十九年霞浦县石碑仍在,故应有一定可信度。②如果此二文献可信,在康熙四十一年(1702)福宁州知州董鸿勋已出示禁止乡保向畲民勒派徭役,而在乾隆三十九年用作证据、有知州官印的示文更明令畲民由自己的保长管理,豁免民徭。康熙四十一年(1702)时并在福宁州下各县立碑,到乾隆三十九年时各县石碑仍存,惟州治所在之宁德府/霞浦县石碑被毁,故乡保又向畲民勒派。案康熙四十一年时福宁州仅下辖宁德、福安二县,连同福宁州所在地(即雍正十三年成立之霞浦县),应有石碑三通。故首则是乾隆三十九年时以福宁府知府徐元的许可,呈请霞浦县令曹鸣谦恢复旧碑,并重申禁令。而福鼎县乃是乾隆四年方成立,不应有碑。故次则是以福宁知府徐元的同意请福鼎县知县王应鲸勒刻新碑。次则文献所系时间比前则早,因此应是钟成允等人在乾隆三十九年四月二十二日之前取得福宁府知府徐元批准,福鼎县首先遵照福宁府票批准勒石,并且重申严禁。之后钟成允等再向霞浦县知县呈请勒石重申。

霞浦、平阳的畲民都用了来自盘瓠故事的"畲民系出高辛之后"而可以免税免役等说词,另外以福州府的石碑作为左证。而乾隆三十九年碑文提到的康熙四十一年福宁州知州所立的石碑在七十余年后已经不在,钟成允等人是以盘瓠故事的说法、其他县仍存的碑,以及保留有官印的示文来向福宁府知府证明七十余年前曾令免畲民差徭。由知府相信此说可知,立碑与保存相关文献的重要性,而以开山公据等文书存的盘瓠故事,或在族谱中抄录、以证实本身利益的官文书/伪官文书或有实际存在的理由。在此不知福宁知州、福宁知府与闽浙总督是否因这些文书免除畲民杂役,然从次则中官方示文说畲人散居山野,故以畲保自治,仅求"保固地方"而豁免杂役,或许是官方主要的考虑。

既然康熙三十七年平阳县与康熙四十一年在福宁府的石碑已经无法看到,目前可以看到免除畲民杂役的最早的实物纪录是保存于仙游文庙、于雍正五年(1727)所立之石碑。根据《中国少数民族古籍提要:畲族卷》的纪录,此碑碑面文字模糊难辨,但有拓本留存。在此以拓本照片录文于下:

> 圣王御极,皇仁浩荡。凡民间一切差徭,蒙谕查实豁免。况雷、蓝、盘三姓畲民,原无一定住籍,散(中缺)自食其力。沐历代洪恩,加载流烟册内,概免一切差徭。如福州府各属畲民,现有勒石优免。独兴属(中缺)例,动欺孤丁单姓,诸色杂差丛集,畲民是以疲于奔命。本年五月内畲民蓝圣时、起叶等(中缺)永保畲民生聚等事,具呈总督部院大老爷高③,蒙批府行县查例。幸蒙本县正堂加一级萧④照例具详,并饬示禁在案。但恐年久月深,风雨损坏,谨勒(中缺)圣朝浩荡之恩,督县袗恤之仁也。谨志。岁龙飞岁次丁未年七月戊申之秋。畲民蓝起叶、圣时、朝容,雷永雷。蓝元长、振□、元贤、香姐、梅雪、圣贵、珠妹、□宝。雷□姐、应龙、朝雷、长远、振宁、凭祥、朝安、奉

① 依族谱谱序,此谱初修为光绪六年,现存为光绪三十二年的再修版本。

② 此碑仍在,碑文录于俞郁田编纂、霞浦县民族事务委员会《霞浦县畲族志》编写组编:《霞浦县畲族志》,福州:福建人民出版社,1993年,第477—478页。

③ 闽浙总督高其倬,雍正三年就任。

④ 仙游知县萧系闳,雍正四年就任,五年离任。

治。钟宗仁等全（下缺）①

此碑开头说"民间一切差徭，蒙谕查实豁免"，况且是无地、无住籍的山区畲民。因此畲民加载流烟册内，应该要豁免一切差徭。然而畲民势单力薄，仍然被派诸色杂差。根据碑文，在此之前福州府已经立有碑文免畲民杂差（或许就是康熙三十七年平阳县碑提到的侯官、连江、罗源碑），然隔壁的兴化府却没有相关公告。因此畲民蓝圣时等呈告闽浙总督，由县方查例，申禁畲民杂役，并且立碑为证。而仙游县畲民所持论点，一是他府已有碑优免，本府应该比照。从浙南的平阳到已经属兴化府的仙游，我们可以看到虽然不少行政措施都是在县或府的范围中执行，但因为以本府应该比照的理由，至少类似的政策让闽东浙南形成一体。值得注意的是此碑之立是由"畲民蓝圣时"等向县府呈请，而碑后署名首先便冠上"畲民"名号，带头有三名蓝姓与一名雷姓人士，接着是八名蓝姓、八名雷姓，与最终一名钟姓人士。如果在此以前文献中的"畲民""畲人"都是来自外界称呼的话，这块雍正四年的碑可能是现存山居人群最早将自己标志为"畲民"，并行诸文字的实物例证。

赋役不均、勒派差粮，是明清地方社会长期面对的问题。而在康熙中期闽东浙南的畲民开始抱怨被勒派，甚至有能力上控，也说明他们与官府距离并不遥远，至少不是如约略同时期《猺民纪略》中描述的汀州山区猺民："随山迁徙，去瘠就腴。无定居，故无酋长统摄，不输粮，不给官差，岁献山主租毕即了公事。故无吏胥追呼之扰。"②以前学者讨论这几块碑时，多着眼在畲民受地方政府压迫，然而引文提及由畲长统领之"畲保"的设置与加强，或许方是让闽东浙南畲民与其他各地有所区别的关键所在。尤其乾隆三十七年福鼎县的石碑提及康熙年间"畲民保长"的设置、"畲民应归畲保长编查约束，豁免差徭"，这是了解闽东浙南山区管理的重要线索。

闽东浙南畲保的设置散见于方志与文集中，而多与当地清初重整里甲赋役、推行保甲相关。如江苏人储右文在湖广京山县知县任内因为"按亩厘订册籍丁田"让该县无逋粮，又"力行保甲法，悬牌编户"让该县"奸匪屏息"，受到福建巡抚赏识，于康熙五十四年（1715）特命以知州衔领宁德县。③上任后针对总户朋户、户田不符的状况，特别注重核实簿册、清理户口并造实征册。位在闽东的宁德地形复杂、又是福建往浙江的孔道，"奸匪易透越，菁客、畲民杂处"，因此他"力行保甲……尤严核烟户册。令十家为甲，十甲为保"，而"菁客设菁保，畲民设畲老，胥委牌稽核，黠暴帖息"④。

而邻近的罗源县面对明代以来的簿册脱离现实、赋役不均的问题，在康熙七年（1668）曾清查田

---

① 此拓本藏福建省民族研究所，目前尚未见到。以上解读根据国家民族事务委员会全国少数民族古籍整理研究室编：《中国少数民族古籍总目提要·畲族卷》，北京：中国大百科全书出版社，2008年，彩图第17页。惟此图不完整，下方几排被裁切。又见蓝炯熹：《清代福建畲族山区的社会治理》，《宁德师专学报（哲学社会科学版）》2009年第3期，第13—14页。然此文将这块碑系于康熙六年（1667），盖碑文中"总督部院大老爷高"应为雍正三年起任闽浙总督之高其倬，"本县正堂加一级萧"应为雍正四年至五年间任仙游县令的萧启闳，故此碑应立于雍正四年（丁末）。蓝文有误，《中国少数民族古籍总目提要·畲族卷》系于雍正四年是正确的。根据蓝文记载，此碑存于仙游县文庙正殿回廊左侧，其录文缺字均代为一空格，然而根据拓本照片判定，所缺文字当不只一字。仅一空格可能造成误导。

② 范绍质：《猺民纪略》，乾隆《汀州府志》，卷四十一，第82b页。范绍质是长汀廪生，曾于康熙五十六年修《长汀县志》。

③ 嘉庆《增修宜兴县旧志》，卷八，第37b—38a页。

④ 乾隆《宁德县志》，卷三，第8b、11b—12a页；储大文：《伯兄素田行略》，《存砚楼二集》，卷十，第11a页。

户,而到康熙五十八年(1719)知县王楠更将原来沿袭明代编制的十八里依照地理位置改编为四十四村。之下再从烟户册中以十户为甲,十甲为保,由保长稽核户口田亩,督催钱粮。换言之是让沿用自明代而经过数百年发展与现况差距甚远的里甲划分形同具文,而以土地为基准重划,并且重新核对户口,以新成立的保甲、烟册、顺村粮册来管理。①而在新画保甲的同时,也一并清理畲民、菁民人口:

> 保甲昉自周礼,钦奉圣谕严保甲之颁,遵行已久,务选谨厚之人承充。每年编查烟册,遍告乡民,谨守条约。于点烟之日稽其户口,核其田亩,即令保甲谕催纳粮,而顺村粮册所由设焉。又有畲民杂处境内,历世相仍,与民一体。其稽查奸良责之畲总,每年取具册结存案。其深山僻处有汀州、江西等处人居住,搭寮种菁,势难尽驱。康熙五十八年奉文每年冬季一并查点,取具地主各结填入循环簿,申院查考。并将地方利弊、民生急务刊列谕册,计二十八条,分发各村,实力劝谕遵行,日久庶几俗美风清。②

从宁德县与罗源县几乎是同时期的户口清理中可以看出来,这两名县令显然与熊人霖不同,将畲民与菁客分开处理。他们的治理下有三种人群:一般在籍的人民、"历世相仍"的畲民,以及外来的菁民。菁民既然人数众多"势难尽驱",于是或自画成菁保,或由地主作结自立一簿册,申报查考。而畲民无论是设畲老、畲总或是前面碑刻中提到的畲保,亦是登记造册,但由其自理。不同于有些地方的保甲(或谓家甲/乡甲)还具有催征钱粮的任务,没有土地、户籍的畲民编成总、保,显然是为了治安的需要,因此其工作是"稽查奸良",其效果是"黠暴帖息"。对畲保、畲总,也没有提到赋税与差役的要求,如畲民提出的康熙年间告示中的"端责畲民保长保固地方,烟差照例豁免",或如雍正五年仙游碑刻中所说的"加载流烟册内,概免一切差徭"。宁德县与罗源县的两条材料分别来自当地所写的行状与执行此政策的县令自己编纂的方志,因此不无有展示政绩的成分,实则保甲当然不是从他们开始,而闽东浙南的畲保也未必是从他们开始,或只在这两县实行。在嘉靖年间福州府受菁民所苦的永福县便提到县令文惠"务立保甲之法,以束菁户、畲民,民甚赖之",然而施行的细节并不清楚。③康熙年间闽东地方长官治理畲民的方式或许接近明初的"抚徭土官"原则,由畲/猺人自理,"畲民应归畲保长编查约束",以稳定秩序为优先。明初猺人招抚后或免赋役,或纳山赋,而清初闽东浙南的畲保似也不需负担国家的赋役。

然而这样的状况显然很难维持。从康熙中期畲保或许尚未成立时畲民就已经抗告遭乡保勒派,何况登记造册之后,被地方官吏或乡保侵扰的状况恐怕只会更严重。前述乾隆三十九年福鼎县、霞浦县告文便是因为有了畲保之后,还被"乡保滥派差徭,索贴差务",因而上告。而目前时属处州府的龙泉县与云和县都保留两块禁止地保索累畲民的石碑。这两块石碑分别立于乾隆二十一年(1756)与三

---

① 康熙《罗源县志》,卷四,第8—11页;卷九,第1b—2b页。

② 康熙《罗源县志》,卷九,第4a—5b页。

③ 然而万历《永福县志》也有文惠的小传,但未提到此事。见乾隆《永福县志》,卷五,第14b页,万历《永福县志》,北京:北京图书馆出版社,2008年,第374—376页。

十年(1765),都是因畲民无法忍受地保勒索而上告县衙与府衙的结果。①而平阳《冯翊郡雷氏族谱》在收录康熙三十七年碑刻之外,下一篇便是嘉庆七年(1802)因衙门重建将碑移开,平阳县畲民又遭地棍滋扰,上告请依康熙三十七年宣示重新再立的碑刻。②也就是说,即使有畲总、畲保的设置,也未必可让畲民免于官方组织及其代理人的侵扰。

在被认为畲民可以免除一些来自国家的需索,但同时又需要屡次上告的情况下,维持"畲民"这样的身份成为必要。从南宋末年"畲"首次用来指称一群人时,文献中出现的畲人/畲贼/畲民可以都说是"他称"。一直到康熙年间的闽东浙南,首次可以在文献上看到一群人自称为"畲民",以这个名义来告官。如果族谱中抄记的文献仍有可疑之处的话,雍正五年仙游县碑不但在内文中的叙述是"畲民"钟、蓝、雷诸氏人等上告,而最后的署名也特地加上"畲民"的头衔。换句话说,这些畲民的出现是因为地方政府把他们当成畲民。尽管所谓畲民的认同未必及于这个群体中的所有人,畲民的身份是这群住在山里的人面对国家之后,主动或被迫拿来与之周旋,抵挡国家及其代理人的凭借之一。而一次次的上告、形成文书、刻于碑铭,也让这个群体的轮廓更清楚。

闽东浙南与福建其他地方处理山民问题采取的策略不同,也因此产生不同的结果。或许因为两者用来比较的史料在数量与细致程度上有差异,而且方志类的史料势必会倾向官方的立场,然而总体上来看,上节在闽南、闽北从康熙到乾隆地方政府的策略多是逐渐让畲民与土著没有不同,无论是"编入家甲、从力役,与平民无别",或是直接编入图甲缴纳钱粮。结果是让差异逐渐消失,而这些地方在十九世纪之后便很少听到畲民的声音。闽东浙南在康熙初年便让畲民不需纳粮当差,而后又以畲保、畲总让其自理,这些制度上的差异在闽东浙南形成了稳固的畲人族群。往上行,中央政府认定了畲人就是在闽东浙南。如闽浙总督喀尔吉善收到皇帝呈览近边各省蛮夷图像的旨令,乾隆十七年(1752)上奏:"查闽省界在东南,外夷番众甚多。臣等绘图进呈通计畲民二种,生熟社番十四种,琉球等国、外夷十三种。"③这两种特定指出来的畲民即成为《皇清职贡图》中"古田县畲民、古田县畲民妇"与"罗源县畲民、罗源县畲民妇"之条目。④往下行,则让原本或许在体制之外的山民,从与地方政府的接触当中,认识了身为畲民这样的角色。康熙初年两者策略的差异或许有可能真的与人群迁徙有关,即可能因为闽东移入了更多畲民让地方政府不得不采取羁縻的路径;然而是制度上的差异塑造了、同时也维持了这样的身份,让畲这样的身份在闽东浙南山民间触及更多人、维持更长时间。

三、入籍与赴考

从上述梳理可以看到康熙末年闽东浙南部分县份已经实施畲保,在乾隆时期持续下来。即使实际施行的程度与成效未必确实,但一直是闽东浙南处理山区问题屡被提及的政策。如嘉庆十一年(1806),皇帝下令发给各州县由叶绍楏(?—1821)上奏的《保甲事宜》,谕各州县遵照办理。闽浙总督汪志伊(1743—1818)与福建巡抚张师诚(1762—1830)查按福建情形需因地制宜,而有四条陈奏。其

---

① 《中国少数民族古籍总目提要·畲族卷》,第93—94页。

② 平阳《冯翊郡雷氏族谱》,第70—71页。

③ 《高宗纯皇帝实录》,卷四百十九,第20b页。

④ 《皇清职贡图》,卷三,第19—22页。

中一条为"闽省畲民熟番应一体编查":

> 查福州福宁等处有畲民一种,及台湾府属附近生番地界之熟番,久已涵濡圣化,与平民无异,自宜一并编查,以免奸良莫辨。应饬各厅县于畲民熟番中,选举安分守法、粗知礼义之人,充为牌甲保长,照式一律办理。①

在此条中他们认为台湾的熟番与闽东的畲民其实已与平民没有差别,因此也要编入保甲,然而应该在畲民、熟番选择安分者为牌甲保长。言下之意则畲民所编的保甲与平民有所区分,是在畲民中选择保长。他们的提议为嘉庆皇帝接受,谕"畲民、熟番与齐民一律办理",可看作对福州府、福宁府实施畲保的正式谕令。而根据同治《景宁县志》:"今法十甲为一保,立一保正。十家为一牌,立一甲长(其畲民则编为寮长)。每家给一门牌,登记户口,申明条约,悬诸门首。倘有迁移事故,通知甲长,于循环二簿更注。"②在甲长后小字注"其畲民则编为寮长",表示到了十九世纪,浙南之景宁县畲民与平民所编的保甲是分开的。尽管实际的运作可能有落差,但这样制度上的分别在闽东浙南是官方保持的政策。

畲民编入册籍、自成畲保而免除徭役,在清代初期是为了控制畲民、又防止他们受胥吏、乡保压迫而流离的措施。然而编入保甲并不代表纳入民籍,而与其他平民有一样的权利义务。有些学者认为闽东畲民在乾隆初年陆续"编图隶籍"、"编甲完粮",这样的说法有所谬误,③实则对闽东浙南畲民何时

---

① 张师诚,《一西自记年谱》,第75a—76a页。
② 同治《景宁县志》,卷六,第7页。
③ 如郭志超、董建辉的《畲族赋役史考辨:与蒋炳钊先生商榷》一文准确地说明清代初期畲民在福建各地域纳入政府管辖的过程有所不同。在闽东部分,他们认为福宁府畲民在乾隆二年(1737)仍"不编丁甲""免派差徭",然而霞浦县在乾隆五年、福安县在乾隆十七年,相继将畲民纳入图籍。不过细观其征引的史料证据,分别是成书于1993年的《霞浦县畲族志》与1995年《福安畲族志》所提供的大事年表。《福安畲族志》大事年表的乾隆十七年条为:"督抚绘畲民图册以进奉,朱批'知道了'。至此'编图隶籍'、'编甲完粮'的经济政策逐渐实行于畲族地区。"此条应是来自民国《古田县志》"畲民"条:"清乾隆十七年督抚绘畲民图册以进奉,朱批知道了。"这条记载其实与前引《清实录》乾隆十七年条、《皇清职贡图》的编纂相符。《福安畲族志》误把《皇清职贡图》中的"畲民图"作为里甲图册,而以为是将畲民编入图甲的政策。《畲族赋役史考辨》又因为此条出现在《福安畲族志》,而作为福安县在乾隆十七年把畲民编入图甲的证据。而《霞浦县畲族志》言"乾隆五年(1740)清朝政府对畲民亦实行'编图隶籍'、'编甲完粮'政策。一说,'雍正年间,曾奉谕旨,准其一体编入民籍'(清光绪福建按察使司《告示》)"。"编图隶籍"、"编甲完粮"两句连用,在畲族史的研究中甚为常见,甚至可说只在畲族史的研究中见到。来源应是出自蒋炳钊对畲族史研究影响很大的《畲族史稿》。在论及统治者对畲族的压迫时《畲族史稿》提到:"至于散住于汉族地区的畲民,当他们每迁到一处,统治者即对他们实行'编图隶籍'和'编甲完粮'的政策。把他们纳入各州县版籍民……"此段遂被后来的畲族研究者转抄,而几乎成为畲族研究的套语。其中"编图隶籍"一句来自前述《南平县志》:"乾隆五年,编隶图籍,亦有人庠者,蒸蒸染华风矣。"然如前所述,这段是指南平的状况,并非全闽在乾隆五年就将所有畲民纳入民籍。"编甲完粮"或引自前引乾隆《龙岩州志》:"许其编甲完粮"。然是指龙岩州的状况,并未遍及全省,也不是在霞浦实施。至于"雍正年间,曾奉谕旨,准其一体编入民籍",来自系年于光绪二十四年的告示。内容是刑部主事钟大焜因为修谱到福宁府,见到装束不同的畲人遭到歧视,故劝谕畲民人等将装束改从民俗,以消除畛域。然"曾奉谕旨准其一体编入民籍"在告示中是指雍正年间对"闽粤之蜑户,江浙之惰民"的政策,意思是指连这些人在雍正时就已经编入户籍了,何况是光绪年间的畲民,早应该与民一体。《霞浦县畲族志》引用了《畲族史稿》有问题的说法,而《畲族赋役史考辨》又因为此段出现在《霞浦县畲族志》,将之误为霞浦县在乾隆五年将畲民编入图籍。见郭志超、董建辉:《畲族赋役史考辨:与蒋炳钊先生商榷》,《民族研究》2000年第2期,第94—100页;《霞浦县畲族志》,第2、478—479页;《福安畲族志》编纂委员会编、蓝炯熹总纂:《福安畲族志》,福州:福建教育出版社,1995年,第6页;民国《古田县志》,卷二十一,第11a页;蒋炳钊:《畲族史稿》,第138—139页;民国《南平县志》,第961—962页;乾隆《龙岩州志》,第314页。

取得民籍、畲保维持到什么时候,并没有明确的史料记载。尽管畲民入籍的时间难以确定,但从乾隆中晚期开始,闽东浙南的山区居民开始遵循官方的管道,参加科举以向上流动,发生数起土民以畲民为异种之由阻挠其参加科举考试而畲民告官的事件。从中可看出部分畲民已取得可以赴考的民籍。

根据学者的整理,有史料根据的阻考事件至少有四次,告官者分别是乾隆四十年(1775)浙江青田的钟正芳、嘉庆七年(1802)福建福鼎的钟良弼、道光六年(1826)浙江泰顺的蓝芳与道光二十四年(1844)浙江平阳的雷云。①这样的紧张关系是因为原本不通文字的山民开始学会掌握文字,在固定的科举员额下对其他土民产生威胁,同时也是因为原先较为荒僻的闽东浙南山区愈来愈多人参与科举,在同样开始争取上升管道的竞争关系之下,“畲”这样暗示不同族属的标签成为排挤的依据。一般在讨论闽东浙南畲民赴考受阻时,注重的部分是畲民愈来愈有文化。然而赴考不仅需要文化能力,同时还须取得赴考所需的“籍”。不管是籍由顶买、冒名还是直接纳入民籍,至少有一部分先前被归为畲民的人从乾隆中晚期开始取得具有科举资格的户籍,而争端的开始便是这些原先没有资格的人成为当地土民的竞争者。如果我们将其与乾隆中叶之前抗勒派的碑放在一起看的话,这里呈现的其实是畲民身份策略的改变,而在这几次冲突中,也可看到地方官员对处理畲这样的群族有不同的策略。

乾隆四十一年青田县令吴楚椿因为赴考受阻的钟正芳上告,受处州知府之命查办,而写了《畲民考》。这篇文章他首先描述被土人标举之“畲民”的状况:

> 顺治间迁琼海之民于浙,名畲民。而处郡十县尤多,在青田者分钟、雷、蓝、盆、娄五姓,力耕作苦,或佃种田亩,或扛台山舆,识字者绝少。土民以异类目之,彼亦不能与较。我国休养生息,人文蔚起,畲民有读书者入衙门、充书吏,未敢考试。间出应试,土人辄攻之,曰:“畲民系盘瓠遗种,兽类也者。”

从这段叙述中可以看出来,畲民从佃种田亩开始,而后学习识字,到能参加科举前已经有人“入衙门、充书吏”,不管对文字或对政治都有一定的经验,已非刀耕火种、不与外界往来的山民。接着吴楚椿认为,这些被土人称之为畲民的人群,根据《浙江通志》,是顺治十八年因为“闽海交讧”,而浙江巡抚“迁海滨之民于内地,给田给牛,俾安本业”,把他们从琼州往迁处州。“畲”字原来不指人群,处州当地土民因为这些人“自番而入”,而造一“入番/畲”字来称呼这些人。然而“国家中外遐迩一视同仁”,何况这些人“本属琼海淳良,奉官迁浙,力农务本,已逾百年”,在整个处州合计不只千户。②连“惰民乐户”都可改业,“獞猺荒徼”都设立学校,怎可因为土民荒诞不经之说,而阻止他们上进,因此应让畲民赴试。③

———————————————————

① 孟令法整理了四起畲民赴考受阻而上诉的事件,见孟令法:《畲民科举中的“盘瓠”影响:以清乾道时期(1775—1847)浙闽官私文献为考察核心》,《贵州民族大学学报(哲学社会科学版)》2017年第3期,第168—184页。

② 张庆源:《纪吴荫华先生治青田三事》,乾隆《德州志》,卷十二,第45—48页。

③ 吴处椿:《畲民考》,《续青田县志》,卷六,第25—26页。

吴楚椿将《畲民考》纳入自己所修纂的《续青田县志》中，想必十分重视。①然而此事一直到嘉庆八年（1803）才获得解决。在嘉庆《钦定学政全书》收入的咨文中，浙江巡抚阮元（1764—1849）采用青田知县吴楚椿的说法，认为畲民是在顺治十八年时由琼州迁入的农民，而其论理的方向基本上与吴楚椿《畲民考》雷同，而更强调国家制度层面。咨文言道："考《学政全书》所载，各省、府、州、县学额，各土司有猺童、湖南贵州俱有苗童，此外云南威远之彝人、四川建昌茂州之羌苗、广东之黎侗，类皆渐摩风教，登之黉序。至各省回民错处，久与汉民一例考试，隶仕籍者颇不乏人。"以此呼应了"中外遐迩一视同仁"的说法。而这些畲民亦非异种之人，而是"自顺治间迁居内地，纳粮编户，务本力农"。《畲民考》在论证此点只说"力农务本，已逾百年"，而在嘉庆时更加入"纳粮编户"，显现了乾隆与嘉庆之间的差别，即畲民"纳粮编户"是关键点。阮元最后的处置是："准其与平民一体报名赴考，仍照苗猺应试之例，取额不必加增，卷面不必分别，但凭文去取。"并且许其从苗童例，由五童互保，再由土著廪生保送，以解决土民不为其作保的问题。②此条仅针对处州府，因此随后在温州府、福宁府又有受阻畲民上告的事件。

在接来下的事件中，"纳粮编户"似乎成为畲民应得入试的关键理由。如嘉庆年间福鼎钟良弼赴试时因县书与生员勾结，指他是畲民而不准与试。福建巡抚李殿图论此事，首先驳斥高辛氏、盘瓠之后的说法，接着认为："今我国家文教昌明，远迈千古。现拓地二万余里，其南为回疆，北为准噶尔地，即与畲民无异。今北路巴里坤改为镇西府，乌鲁木齐改为迪化州，业经兴学设教、诞敷文治，是未入版图者无不收入版图，而尔等将版图之内曾经输粮纳税，并有人庠年分确据者，以为不入版图，阻其向往之路则，又不知是何肺腑也。"③李殿图将畲民的争议放在当时帝国扩张、四海一家的框架之下，而这些已经"输粮纳税"的畲民，自然跟版图内的帝国子民一样可以向化。而如道光时期考试受阻的雷云，则自称"祖自自顺治年间迁居平邑，已历多代，力农置产，实系身家清白，并无各项违碍"④，也都强调长久以来进入国家体制的重要性。

在科考的争议当中，闽东浙南畲民遇到的状况与之前不同。在康熙到乾隆中期，这些山区群体面对的是官方与外界势力的侵入，已无法保持此前的距离。山民的策略是接受畲民的外部标签，以突显差异的方式取得官方势力的保护。而在乾隆晚期之后，入版籍是登上科举阶梯、向上流通的门坎。山民面对的是因为这些差异所带来的打压，而泯除差异是某些山民晋升的关键。对此时的官方来说，畲民与土民并无不同，一应赴考是最好的选择。官员的响应一方面欲消除差异，但另一方面也保留了"其实有差异也无妨"的暗示，关键是进入国家体制，即如苗蛮也可应试，而实际上阮元的解决方式即为"仍照苗猺应试之例，取额不必加增"。在清代初期，基于盘瓠故事支持的免徭体制在地方政府维持稳定的前提之下在闽东浙南可以接受，但到了科举争议中则是要否认此故事的合法性。而对地方土

① 在张庆源为吴楚椿写的《纪吴荫华先生治青田三事》中，将此事戏剧化为吴楚椿在明伦堂相继拿出《后汉书》《明史》《两浙通志》等书，向诸生说明畲民的来由。
② 《钦定学政全书（嘉庆朝）》，卷六十二，第16a—17a页。收入《清代各部院则例》第十六册之二，香港：蝠池书院，2004年，第564页。
③ 嘉庆《连江县志》，卷十，第25b页。又见同治《福建通志》卷一百四十，第21b页。
④ 转引自孟令法：《畲民科举中的"盘瓠"影响》，第178页。

民来说,会读书的山民是新的竞争对手,反而必须要强调彼此之间的差异,特别是畲猺的异种特质。

由于学额有限,但参加科举的人日益加增,因此不限于畲民,清代中晚期有许多地方都发生类似的争议。无论是冒籍、寄籍、棚民、客民、畲民、苗蛮等,都成为土著欲排除在科举考试的对象。[1]事实上即使阮元已经明令畲民可赴考、并载于嘉庆《学政全书》,但道光六年(1826)温州诸生又禀于学使,而这次的决定是以"身家未为清白"的理由不准畲民与考。这样的决定随即被隔壁处州府的丽水县跟上。[2]从乾隆末年以来阻考屡次发生,可以看出"身份"在地方社会争取有限资源时的重要性,在地方造成紧张关系。同时这些事件也可以看出一个趋势,即国家的力量延伸,即使是山区也被涵盖,以往不税不役、"无吏胥追呼之扰"、"老死不入城郭"[3]的畲民,如今不但有人可以"充书吏",甚至可以考科举。

四、闽东浙南畲民边界的强化

虽然畲民相关的史料零碎,但从"畲保"到"阻考",可以勾勒出清代初期到中晚期闽东浙南山区的山民与国家之间的关系。清朝鼎立之后,被定位为畲人的山中内婚群体受到国家代理人的勒派,闽东浙南地方政府采取的政策是将原本无户籍、无恒产的畲人组成团体,由他们自行管理,地方政府原则上不征收他们的物资与人力。这么做的原因是防止他们因为受到物资与人力的侵害流离失所,与其他的流民共同成为地方秩序的威胁。福建其他地方在此时未如闽东浙南设置畲总等组织,或许是因为当地的山居内婚群体不足以造成地方秩序的威胁,如康熙二十四年的《漳平县志》就已经表示"今之猺人亦少衰弱矣",[4]因此在清初的户籍整理与保甲推行中,把畲人与土民纳为一体。然而闽东浙南自晚明以来有从汀州等地移入的菁民群体,与畲民有相互结合致乱的可能,故需要作总甲以监控管制。

更进一步地说,并非"畲民就是菁民",而是由于畲民与菁民在山区有结合致乱的可能性,在地方治理上被相提并论,让菁民普遍之区域的畲民进入地方政府的视域,因此对畲民采取不同的管理方式。其结果是晚明清初地方政府受菁民困扰的地方,与后来畲民的分布重合。然而畲总之类的组织显然并不是很成功,并不能防止畲民受到吏员、乡保、地棍等对其人力与物资的索求,乃至于山中内婚群体从康熙一直到嘉庆年间需要屡次以畲民的名义向官方控诉,甚至要求立碑公示。在这样的过程中,畲民这个分类范畴被强化,而不像福建的其他地区逐渐消融。

然而同时被归为畲民的这个群体也非没有内部区别、没有变化。部分畲民从火耕游猎到成为佃户、受雇于寮主或地主成为雇工,到了乾隆时期有些山民累积了足够的文化资本足以成为书吏,甚至

---

[1] 目前对江西的情况累积了较多的研究。关于赣北棚民的学额之争,见曹树基:《中国移民史》第六卷,第254—260页;郑锐达:《移民、户籍与宗族:清代至民国期间江西袁州府地区研究》,北京:生活·读书·新知三联书店,2009年。

[2] 同治《丽水县志》,卷十三,第18a页。

[3] 范绍质:《猺民纪略》,乾隆《汀州府志》,卷四十一,第82b页。

[4] 有一种说法是闽南、闽西的畲人"汉化",成为现在的客家人。他们采用中原祖源的说法,放弃盘瓠传说。的确因为被认为是历史上畲族居住的区域与客家人有很大的重迭,且现在被认为是客家的人群中亦有不少钟姓、蓝姓,因此让这种说法颇具说服力。不过或许也同时应该考虑的是,最近不少研究认为客家认同是较晚近、十九世纪以来的产物,是否可直接让消失的畲族与之连结,可能需要更详细的考察。另外,如果畲族被认为是钟、蓝、雷内婚群体,而畲族又汉化成客家的话,若能找到现在自认为客家的钟姓、蓝姓家族,其婚配的纪录由钟、蓝、雷转向其他姓氏的文献,应可让这样的说法更具说服力,同时可以估计这种变化的时间。总而言之,客家与畲之间的关系问题需要进一步考索,在此尚不能进一步开展。

参与科举。从雍正到乾隆初年,随着东南海疆的平靖,清廷加强了对东南山区与海滨的控制。在这段时间,除了永春州与龙岩州的成立之外,在闽东地区将福宁州升格为福宁府,并且新增了福鼎县、霞浦县,以及福州府山区的屏南县。新的政区即意味着在这些山地区域多了新的官僚与新的科举员额,地方政府更深入之外,也对山区居民开启了新的机会:成为胥吏或透过科举得到功名,进入官僚系统。有限的新资源成为地方社会竞争的目标,在竞争激烈的情况下,人群间的差异更被凸显出来。

对部分已累积足够文化资源的山民来说,畲民这种身份反而是一种阻碍。这种阻碍未必出于两者之间的实际差异无法弥平,而是对他的邻居来说,这样的差异必须被放大。如道光《遂昌县志》"畲民"条,依从乾隆四十一年青田县令吴楚椿《畲民考》的说法,称畲民是清初从广东安插入衢、处、温三州。历年安分守己,两百年来"亦有积累成家业者"。间有顽冥之途父老也谆谆训诫,"与他处外来强横刁诈棚民不同"。然而因为服饰语言"犹沿蛮俗",因此"好事者每图之以示异"①。这条记述显然倾向畲民的观点,强调自己与外来之棚民不同,然而他们与土民不同的服饰与语言仍被"好事者"拿来作文章。即使光绪年间的《侯官乡土志》,仍言畲民原来"礼俗不通,言语不同,久已化外视之矣",然而"近数十年来,渐与土人同化。雷、蓝二氏,间或侨居省城,且有捷乡会试,登科第者"。但最后的结语却是:"然其种界划然,族类迥异,大抵与两粤之猺、滇黔之苗同一血统,乌得不区而别之。"②虽然这条记载已经受到西方种族概念的影响,把畲人称为"畲族",但仍反映出当地知识人士认为即使畲民已经与土人同化,不仅已经不住在山上,甚至也取得了功名,仍"乌得不区而别之"的看法。

到了十九世纪,即使畲保等设置不复存在,无论是地方政府或其邻居都已经很清楚他们是谁。如同光绪《福安县志》在列出各都图后,外加"各都畲民村居",将各都畲民居住的村落给条列出来。③就算不再是对地方秩序造成威胁、流动不定的山民,已经成为血统、风俗都有差异的非我族类。当十九世纪闽东浙南开启编纂家谱的风潮时,部分被归为畲民的山区互婚群体也开始利用族谱的语言制造自身的族群论述,为分散各处的山民创建共同的祖先历史,与继承自祖先的血缘连结。④而西方的种族概念传入中国后,此时闽东浙南稳定的畲汉边界,以及畲民内外所制造出来的族群论述,遂成为政府官员、人类学家与地方人士认识作为种族之畲族的基础。

叁、结语

以往对畲族历史的研究常预设了畲族本质性的存在,而在文献中追索畲族活动与迁徙的踪迹。本文并未否认山区不同型态的人群区隔确实存在,也不否认人群移动对族群分类带来的影响。然而本文认为要了解让这些东南山区互婚群体自认为同属于一个跨地域之族群类别底下的历史过程,必须同时关注塑造族群的内部与外部的力量。本研究对于畲人/畲族的探索即沿着这条路线前进,而在这篇文章中主要从外部的分类出发。

---

① 道光《遂昌县志》,卷一,第7b页。
② 《侯官县乡土志》,福州:海风出版社,2001年,第383页。
③ 光绪《福安县志》,卷三,第9b—11b页。
④ 李仁渊:《十九世纪闽东浙南的畲族族谱与盘瓠故事》(未刊稿)。

"畲"在南宋成为官方对不在国家统治下之山民的他称。其出现背景是政治、经济重心转移与东南山区的开发,与国家合作的平地居民争取山区资源,而与被限缩生活空间之山区原居民的冲突。从元代到明代中叶,被称为畲的人群包括山区的原居民、也包括被视为逃离政府统治的遁民。对以平地农耕为基础的平原国家来说,无论原居或遁逃,这群山区的居民是扰乱地方秩序的潜在威胁,是讨平或招抚的对象。特别是在两政区的边界、官方势力鞭长莫及之处,不受行政区约束的山民与遁民更是统治者的难题。到了明代中晚期,官方对"畲"的论述有所转向,从倾向统治状态的区别到倾向族类的区别。将山民与遁民区隔开来可能是治理政策的结果,然而来自山民与平地居民互动之下、山民日益加强的认同符号(盘瓠)也推动了这样的区分。

清代以来地方政府对于山民不同的治理政策影响了山区群体的分类形态。清初闽南等地推行保甲、重新整理地方秩序时,倾向一并将山民编入家甲,与平民同样派差,而已置产的山民也逐渐取得户籍。闽东浙南从康熙以来则将山民分类治理、将畲民自成畲保而与其他外地流民分开。会有这样的差异或许是闽南等地从晚明以来山区开发的进程让较多山民改变经济型态,从佃农佣工到置产通婚,而差异日渐消弭,保持游耕型态的山民数量较少。而闽东浙南除了这样的历程发生较晚外,山区尚有大量种菁、开矿,不在户籍之内的流民,成为山区秩序的隐忧。畲总、畲保的设置是以最小成本维持地方秩序的考虑,让畲民由畲长自治,免受地方派差,以免畲民无法负担、被迫流离,与流民连成一气。对免受征派的强调,以及从康熙到乾隆年间屡次的上告,显示的是山民的生活领域受到侵害,制度上的保护效果有限。然而分治的方式让闽东浙南山区畲民与土民的区分存续下来,互婚的山居群体也要以此名义与官方周旋。

当山民定居已久,内部有更大的分化,而随着经济型态、地方权力架构的变迁,"畲民"这样的身份反而成为部分山区群体欲加入主流结构的阻碍。取得经济、文化资源的山民在取得户籍后,希望通过科举等方式向上流动;然而在地方社会资源竞争的背景之下,当地的主流群体则持续保留、甚至强化此区别,以将山居群体排除在体制之外,阻止他们分享政治、文化等资源。前期的制度性因素与后期地方社会的资源竞争,强化了畲民与土民的区别,让"畲"成为边界分明的血缘与文化群体。这样的分界不仅成为后来中国民族识别的根据,也成为当代畲族进一步塑造认同的基础。

本文从族群外部的材料出发,认为对所谓畲民的了解必须放在东南山区四种群体动态关系的框架之下:1.国家及其代理人;2.在国家体制之内、取得入住权,从平地进入山区的土民或齐民;3.脱离国家体制、尚未取得入住权,但已经进入山区的移民、流民或客民;4.在国家体制之外,原本就居住在山区的原住民。这样的分类当然是权宜且相对性的,且这四种分类并不能就直接转译为族群。如客民可能定居当地已久、繁衍数代,然而在资源竞争的情况下,有更早且取得官方认可的土民存在,且刻意维持区别,而仍保留在概念上与制度上的客民身份。"客民"与"原住民"的界线也未必明确,如此地已有更早迁入、在国家体制之外的原住民,后来迁入也在国家体制之外的人群,相对之下就成为移民。

在资源竞争的情况底下,这些人群区分可能更为加强,从政治、经济状态下的区别,提升到血缘、文化等本质性的族类区别。而在资源竞争较和缓、或国家势力增强的情况下,客民与原住民也可能在一定条件下进入国家体制,同化为齐民。然而经济型态转变而累积了经济资源,甚至将此经济资源转化成文化资源的客民或原住民,也未必就可顺利融入主流。即使各项条件已经转变,这些继承下来的人群分类仍可能持续影响实际上各方面都已经相近的人们,成为操作认同、结盟或排他的文化依据。南宋晚期畲作为不从属于国家的山居人群、中晚明以来"族类"化的畲民分类、以及清初以来畲在闽东浙南的维持与在其他地方的消失,均无法脱离人群关系与国家治理、经济型态与文化模式的交错影响。换句话说,畲这个分类从南宋末年到当代的出现、变迁与移转,实与这个时期中国东南山区的人群关系与政治秩序息息相关。这些人群在不同时代下的推移,型塑了当代的人群分类格局。

不同于 James Scott 在 The Art of Not Being Governed 书中所描述的山中逃离国家统治的人,[①]畲民历史呈现的是以平地为基础、中央集权的王朝进入东南山区,征取物资与人力时的人群变化。以"自古以来不税不役"来定义的"畲"是一个介于统治与不被统治之间的类别,即在前现代国家有限之统治技术底下进入视界,但又无法完全控制的群体。这个类别反映的当下中央国家的治理技术与对山区的统治状态,因而在不同时期畲是所有不受统治的山中居民,是需要另外羁縻管理的别种族类,是在帝国底下与其他子民并无不同一应向化的齐民,或是有特殊文化但共同组成中华民族的少数族群。另一方面,"畲"这个类别又有其积累的历史意涵,从南宋末至今的这段时间,人们都参考此类别在前一个时代的意义来描述这个群体,并加入当代的新解释。因此对人群类别来说,所谓的连续性与其说是同一人群的延续,不如说是知识与想象的延续。实际上的治理需求与概念上的历史积累,这两方面的结合让各时期的畲这个类别处于当代情状与历史论述、现实与想象的张力之下,而有不同的面貌。

如果以长时段的历史来说,东南山区畲民的例子可以放在帝国扩张的框架中来看。[②]以定居农耕之平原为基础设置,征调人力、物力的国家组织,如何管理因不同生态环境(山区、水面、森林、沙漠等)而有不同经济、社会型态之人群(游牧、火耕、渔猎、采集等等),无论这些人群是在统治范围内,还是在统治范围扩张中遭遇到,都是难以处理的问题。对治理技术有限的前现代国家来说,除了官僚与武力组织的设置之外,文化操作与政治资源的分配亦是重要的一环。然而在实践的层次上,同样重要的是地方人群如何在既定的框架中将这些来自外部的力量引入势力的竞逐当中,无论是使用国家组织中的官僚或武力系统(包括告官,与地方政府合作,甚至直接成为国家的一部分),还是由国家所推动的文化与意识形态。

将这些不同经济、社会型态的人群分门别类,给予不同待遇,以达成治理的效果,是国家的主要目的。各个"民族"的出现与飘移,往往是不同时期国家扩张、人群接触下的结果;而这些"民族"开始的型态与后续的发展,或者即是接触以来与各种人群与官方机构互动的累积。[③]但地方人群也不是没有

---

① James C. Scott, *The Art of Not Being Governed*.

② 除了前述王明珂对"华夏边缘"之漂移羌人的研究之外,另外参考 *Empire at the Margins* 这本论文集中对猺人、苗人、满人等不同人群的研究。见 Pamela K. Crossley et al. eds., *Empire at the Margins: Culture, Ethnicity, and Frontier in Early Modern China*, Berkeley: University of California Press, 2006.

③ 如比畲历史更长远的"猺",虽较早成为南方不受统治之山区人群的他称,但在宋代主要的"猺乱"分布地点在湖湘山区。然而从明初以来,随着岭南地区户籍里甲的编定,岭南的猺愈来愈常在历史文献中出现。在明代中叶有多起"猺乱"发生在珠江流域,随后有更多"族类化"的描述。猺与畲是南岭与东南山地分别发展的人群他称,然而在发展过程中有许多相似之处,且到了明代中叶又彼此影响,有待下一步更全面地比较研究。

参与其中,在不同分类中流动,或者强化分类的界线,都是不同条件下的操作。如果从这个角度出发,南方山区与海滨的畲、猺、客家、獞与蜑等分类,所呈现未必纯粹是血缘、文化或经济型态的分别,而更交织了当时国家治理的介入,以及社会竞争下地方人群对官方资源的运用。[①]这些互动底下的分类,又在历史之流中层层累积,被下个时代所继承,或者成为实质的制度参考、或者成为可以运用的文化符号,而型塑了当代社会的人群样态。

(作者李仁渊,台湾"中央研究院"历史语言研究所副研究员。原载《"中央研究院"历史语言研究所集刊》第91本第1分,2020年3月)

---

① 除本文的畲之外,亦参考南岭猺族与珠江三角洲蜑民的例子:David Faure, "The Yao Wars in the Mid-Ming and their Impact on Yao Ethnicity", in *Empire at the Margins*, pp. 171–189; Helen F. Siu and Liu Zhiwei, Lineage, "Market, Pirate, and Dan: Ethnicity in the Pearl River Delta of South China", in *Empire at the Margins*, pp. 285–310.

满洲族称源自部落名称

——基于满文原档的考察

赵志强

天聪九年(1635)十月十三日,清太宗皇太极颁发谕旨,将jušen(女真)[①]族称改为manju(满洲),而对于更改的理由以及manju(满洲)一词的含义未作任何解释。案《满洲实录》之"满洲源流"部分,满文有buqūri yongšon šanggiyan alin i šun dekdere ergi omoχoi gebungge biGan i odoli gebungge hecen de tefi facuχūn be toqtobufi, gurun i gebu be manju sehe(布库哩雍舜居长白山东鄂谟辉之野鄂多理城,勘定叛乱,将国名称为满洲)之言,汉文有"其国定号满洲"[②]之言。乾隆时官修的《钦定满洲源流考》称"满洲本部族名",又称"实则部族而非地名"。[③]清高宗的全韵诗《长白山发祥》内,有"号建满洲,开基肇宗"之言,其下注解文字称:"遂居长白山东鄂多理城,国号满洲,是为开基之始。"[④]清亡以后,中外学者稽考典籍,各抒己见,代不乏人,学术成果亦称宏富。然而,迄今尚未取得共识。近年翻译、研究《满文原档》(即《无圈点档》),得知manju(满洲)一词在成为族称以前,作为部落名称确已存在。清太宗只是抬高其地位,作为族称,取代了原有族称jušen(女真)。今撰此小文,请教于方家。不当之处,尚祈不吝赐教。

一、早期档案记载的manju(满洲)

清太祖时期的《无圈点档》流传至今者有20册,其中有原始记录、重抄本、印刷品和图书底稿[⑤],且多已残缺不全。在这20册档簿中,7册档簿即《荒字档》《昃字档》《张字档》《来字档》《冬字档》《收字档》和《宙字档》记载有"满洲"字样,凡21次,其中,直接书写者13处,后补者8处。日本著名学者神田信夫先生曾主要根据这些情况,发表《满洲(manju)国号考》一文,[⑥]并认为对有些档册形成时间的认识

---

① 本文引用满文,均以拉丁字母转写。转写之方法,基本遵循P.G.von Möllendorff(穆麟德)氏 A Manchu Grammar《满洲语法》之转写法。惟其转写法不区分小舌音与舌根音,k代表�agᡐ[q']和ᠣ[k'],g代表ᡪᡝ[q]和ᠣ[k],h代表ᡪᡝ[χ]和ᠣᠣ[x],以资简便,却不完全适合于老满文之转写与还原。因此,在本文转写中,增加q、ɢ、χ三个字母,分别转写前述三个小舌音,原有的k、g、h三个字母,仅分别转写前述三个舌根音,即:ᡐ[q']转写为q,ᡝ[q]转写为ɢ,ᡝ[χ]转写为χ,ᠣ[k']转写为k,ᠣ[k]转写为g,ᠣᠣ[x]转写为h,借以区分小舌音与舌根音。辅音字母ᠴ、ᠵ、ᠺ亦分别以k、g、h转写。老满文书写形式尚不统一,有些词汇有两种甚至四种不同书写形式,故而本文遵照原文转写时也会出现不同的转写形式,如诸申、固伦等。

② 《满洲实录》卷1,北京:中华书局,1986年影印本,第8页。

③ 《钦定满洲源流考》卷1,"部族一""满洲",乾隆《钦定四库全书》本。

④ 乾隆《御制诗四集》卷47,乾隆《钦定四库全书》本。

⑤ 详见赵志强:《论满文〈无圈点档〉》,《清史研究》2019年第2期。

⑥ 该文载《山本博士还历纪念东洋史论丛》,东京:山川出版社,1972年。又收入神田信夫先生所著《清朝史论考》,东京:山川出版社,2005年,第22—33页。

仍有进一步探讨的余地,譬如他说:"虽然关于荒字档本文的书写年代还应加以研究讨论,但就其字体完全无圈点可以认为,它是写在天聪六年有圈点文字创制之前。"①因此,有必要深入研究这些档册的记载。

就目前的认识水准而言,记载"满洲"字样的7册档簿中,有4册档簿即《昃字档》《来字档》《冬字档》和《收字档》可以剔出。因为《昃字档》是天聪时期誊抄《荒字档》而形成的档簿;②《来字档》整体与《张字档》重复且其使用的文字更接近于新满文,应该是清太宗时期的誊清本;③《冬字档》和《收字档》所用文字都是过渡期满文,显然也都是清太宗时期的誊抄本。其余3册档簿即《荒字档》《张字档》和《宙字档》可以作为清太祖时期的原始记录,证明当时manju(满洲)作为部落名称已然存在。

《荒字档》是天命年间巴克什额尔德尼编纂的《聪睿汗政绩》,清太宗时作为《清太祖实录》的一部分,加以修改、补充。④因此,该册内未作修改的部分出自天命年间巴克什额尔德尼之手,而修改的部分则是清太宗时期儒臣补充的。在《荒字档》中,manju(满洲)字样共见4次,其中第一次所见者为原文。其文云:sarGan jui adali {nioji} manju gūrun i sure χan: {musei niqan guruni} χan sini soorin be dūrimbi seme henduhe ……⑤直译成汉语为:说女子一样的女直满洲国聪睿汗要夺咱们汉人国汗你的宝座。此句中,"满洲"是直接书写的原文,"女直""咱们汉人国的"是补写的文字。该册中其余3处"满洲",都出现在补写的语句中,故在此均忽略不取。

《张字档》和《宙字档》都不是清太祖时期的原始记录,而是清太宗时期纂修太祖实录时抄录太祖时期原始记录而形成的图书底稿。因此,为了节约纸张,都使用明代旧公文纸抄录,且老满文字迹潦草,册内还有许多取舍史料的标记和编辑语言。从其实际抄录情况来看,原则上是复制式的原样抄录,只是在抄录过程中难免有些谬误。⑥《张字档》天命六年(1621)八月记事中,manju(满洲)字样出现1次,是直接书写的原文,所记为清太祖对蒙古人斋萨所说之言。其文曰:bi manju gurun jaisai si mongGo gurun。⑦直译汉语为:我是满洲人,斋萨你是蒙古人。《宙字档》天命十一年(1626)六月的"秘密记事"中,用蒙文记载了科尔沁蒙古奥巴洪台吉的誓言,⑧乾隆重抄本《加圈点字档》转为满文。⑨其中,manju i χan(满洲的汗)出现5次,都是直接书写的原文,且"满洲"字样,蒙文和满文的书写形式完全一致。

上述《荒字档》《张字档》和《宙字档》关于manju(满洲)的记载都来自清太祖时期的原始记录,是可

---

① 神田信夫:《满洲(manju)国号考》,刘世哲译,《民族译丛》1990年第4期。

② 详见赵志强:《无圈点档诸册性质研究——〈荒字档〉与〈昃字档〉》,《满学论丛》第8辑,沈阳:辽宁民族出版社2019年,第1—56页。

③ 详见赵志强:《无圈点档诸册性质研究——〈张字档〉与〈来字档〉》,《满学论丛》第9辑,沈阳:辽宁民族出版社2020年,第68—89页。

④ 详见赵志强:《无圈点档诸册性质研究——〈荒字档〉与〈昃字档〉》,《满学论丛》第8辑,沈阳:辽宁民族出版社2019年,第1—56页。

⑤ 《满文原档·荒字档》第1册,台北:台北故宫博物院,2005年影印本,第41页。以下只注书名及页码。引文中,置于()括号内的文字,是原文删除的;置于{}括号内的文字,是原文增补的。下同。

⑥ 参见赵志强:《无圈点档诸册性质研究——〈张字档〉与〈来字档〉》,《满学论丛》第9辑,沈阳:辽宁民族出版社2020年,第68—89页。

⑦ 《满文原档·张字档》第2册,第172页。

⑧ 《满文原档·宙字档》第5册,第45—46页。

⑨ 中国第一历史档案馆整理、编译:《dorgi yamun asaraχa manju hergen i fe dangse 内阁藏本满文老档》,沈阳:辽宁民族出版社,2009年,第6册,第3308—3312页。

信的。为什么呢？除了前述理由外,还有很重要的一点就是这些档簿的记载都秉笔直书,绝少避讳。以庙堂争斗为例,诸如清太祖为了维护其政治地位,残酷迫害并最终杀死其胞弟舒尔哈齐、长子褚英,著名的巴克什额尔德尼等事件,在这些档簿内均有详细的记载,没有隐瞒,没有为尊者讳的事情。[①]再以清太宗皇太极的名字为例,在《荒字档》中出现8次,《张字档》中出现13次,《宙字档》中出现10次。如:sure kūndulen χan i juwe jui mangGultai taiji χong taiji(聪睿恭敬汗之二子莽古尔台台吉、皇太极台吉);jai mudan ulade niyengniyeri cooχa generede amba jui imbe akdaraqu[②]: mangGultai taiji: χong taiji juwe deobe uwerihe:(再次春天往征乌拉时,不信长子,留其二弟莽古尔台台吉、皇太极台吉);[③]χan i duici jui χong taiji beile(汗之第四子皇太极贝勒);χong taiji (duici) beile de būhe(给了皇太极(第四)贝勒)[④]又如:χong taiji beile de tuwabuχa: χong taiji beile hendume...(让皇太极贝勒看了。皇太极贝勒说……)。jai χong taiji beile: degelei age: jirGalang age: yoto age suwe neneme erdeni baqsi tana niocuhei uile be inu suweni canggi saχabi: Gūwa beise ainu sarqū:(再,皇太极贝勒、德格类阿哥、济尔噶朗阿哥、岳托阿哥,也只有你们先知道了额尔德尼巴克什珍珠之事,其他贝子为何不知)。[⑤]经过一修再修,最终都隐讳了,如《清太祖武皇帝实录》满文本均作χong taiji(皇太极),汉文本多坐"四王",只有几处直书"皇太极",在《满洲实录》满文本均贴黄签避讳,汉文本均作"四王",而《清太祖高皇帝实录》满文本均作duici beile(第四贝勒),汉文本均作"四贝勒"。

　　根据以上所述,可以肯定在清太祖时期,manju(满洲)确实已经存在。毫无疑问,这是客观事实。

二、部名manju(满洲)用如国号

　　上述清太祖时期档簿中所见manju(满洲)一词,是部落名称?还是国号?简而言之,manju(满洲)是女真(女直)族所属部落之一,因此它是部落名称,不是国号,但满洲部落兴起以后,"满洲"又被作为国号使用,习以为常。

　　根据中国古代史书记载,白山黑水之地,自古以来部族众多,且各部族此消彼长,绵延不绝。辽金以降,女真(女直)崛起,并统治半壁中国。有元一代,居住在中原地区的女真人因久已汉化,被归入汉人之中,留在故土者仍称女真。明代建立后,女真归附。明廷按其活动区域,分为三部分,即:建州女真,后分出建州左卫、建州右卫;海西女真,又称扈伦,包括叶赫、哈达、乌拉和辉发四部;野人女真,即后来的东海女真,包括瓦尔喀部、虎尔哈部、窝集部等等。与此同时,广设卫所,设官授职,分而治之。清太祖弩尔哈齐就被先后授为建州卫都指挥、都督佥事。[⑥]

　　女真之称,女真语谓之jušen,汉语亦音译为诸申。作为民族共同体的名称,在《满文原档》里,其

---

　　① 关于清太祖迫害舒尔哈齐、褚英的记载,详见赵志强《无圈点档诸册性质研究——〈荒字档〉与〈昃字档〉》,《满学论丛》第8辑,沈阳:辽宁民族出版社,2019年,第1—56页。

　　② 该词新满文作aqdaraqū(不信)。在老满文中,音节末的辅音字母q与k常常混淆。

　　③《满文原档·荒字档》第1册,第19—20、34页。

　　④《满文原档·张字档》第2册,第51、105页。

　　⑤《满文原档·宙字档》第5册,第15、16页。

　　⑥《明神宗实录》卷215。《明史汇典》电子版,第4199页。

出现频率颇高，与蒙古、汉等称谓并举者为数亦多。例如：sure kūndulen χan i hendurengge: mini jušen gūrun i dain qai（聪睿恭敬汗说：我女真人的战争啊）。[1]又如，弩尔哈齐曾对其诸子侄说：jaqun wangse hebedebi: jušen amban jaqun: niqan amban jaqun: mongGo amban jaqun ilibu: tere jaqun amban i fejile: jušen duilesi jaqun: niqan duilesi jaqun: mongGo duilesi jaqun ilibu: ……jaqun wangsei jaqade jušen baqsi jaqun: niqan baqsi jaqun: mongGo baqsi jaqun sinda:（八王商议后，设立女真大臣八员、汉大臣八员、蒙古大臣八员。其八大臣之下，设立女真审理人八员、汉审理人八员、蒙古审理人八员。……在八王处，委任女真巴克什八名、汉巴克什八名、蒙古巴克什八名）。[2]

满洲、叶赫、哈达等都是女真族所属部落。这是当时建州女真部和海西女真部都认同的，例如，努尔哈赤曾与明人作比较，对叶赫部贝勒说：{yehe} muse oci encu gisuni jušen gurun qai:（叶赫咱们是语言不同的女真人啊）。[3]再如，努尔哈赤征服哈达、辉发、乌喇三部，继而加兵于叶赫时，于万历四十一年（1613）九月初六日，叶赫贝勒金台石等上书于明，曰：sure kūndulen χan i cooχa: yehei juwan uyun Gašan be(sucubi) efulebi Gajiχa manggi: yehei gintaisi buyangGu: niqan gūrun i wanli χan de χabšame: χadai gūrun be dailame efulebi Gaiχa: χoifai gūrun be dailame efulebi Gaiχa: ulaigūrun be dailame efulebi Gaiχa: te yehe be (daila bi){dailame} Gaime wacihiyambi: meni jūšen gūrun be dailamewacihiyabi: suweni niqan gūrun be dailambi:（聪睿恭敬汗之兵攻取叶赫十九村庄以后，叶赫之金台石、布扬古讼于明国之万历汗：征哈达国，破而取之。征辉发国，破而取之。征乌喇国，破而取之。今征叶赫，取之将尽。征我诸申国，既尽之后，将征尔明国）。[4]另据明人记载：万历四十一年十月"己丑，奴酋围金、白二酋，二酋告急。上曰：北关为辽左藩篱，岂容奴夷吞并，其速令该镇救援，不得违误。"[5]在此，奴酋即努尔哈赤，金、白二酋即叶赫贝勒金台石、布扬古，可见《荒字档》记载此事也是可信的。至于野人女真，似乎并不认同女真，其语言也不同。[6]

各部势力强大以后，称王争长，肇纪立极。至于国号，自然有之，或袭用旧号，或以族称、部名指代，或兼而用之。清太祖努尔哈赤起兵以后，绍述完颜氏，袭用其金朝之号，以aisin（金）为国号，[7]亦称amba aisin（大金），如天聪元年（1627）正月记载：amba (aisin) {manju} gūrun i jacin beile: geren beisei bithe: (solχo) cohiyan gūrun i wang de ūnggihe:（大（金）{满洲}国第二贝勒、众贝子之书，咨行（高丽）朝鲜国王）。amba (aisin) {manju} gūrun i jacin beilei bithe:cohiyan gūrun i wang de ūnggihe（大（金）{满洲}国第二贝勒之书，咨行朝鲜国王）。amba (aisin){manju} gūrun i beile amin（大（金）{满洲}国贝勒阿敏）。[8]在

①《满文原档·荒字档》第1册，第42页。

②《满文原档·张字档》第2册，第479—480页。

③《满文原档·荒字档》第1册，第50页。

④《满文原档·荒字档》第1册，第40页。

⑤《明神宗实录》卷513，见《明史汇典》电子版，第9953页。

⑥ 详见赵志强：《清太祖时期女真与汉人之关系》，中国社会科学院近代史研究所编：《清代满汉关系研究》，北京：社会科学文献出版社，2011年，第20—31页。

⑦ 详见赵志强：《关于努尔哈赤建立金国的若干问题》，中国第一历史档案馆编：《明清档案与历史研究》（下），北京：新华出版社，2005年，第1028—1044页。

⑧《满文原档·天字档》第6册，第59、62、84页。

此，自家国号原本都是"金"，后来涂抹，在其左边补写"满洲"，取而代之。"金"这个国号被袭用颇久，直到天聪十年（1636）四月清太宗皇太极才改为daicing（大清），大约使用了半个世纪。其间，天聪三年（1629）至五年（1631），金明交涉时期，文移往来频繁，aisin gurun（金国）和daiming gurun（大明国）国号屡屡见诸文牍。

与此同时，金国君臣也以jušen（女真）族称、manju（满洲）部名指代其国号。例如：ere sarGan jui jušen gurumbe gemu oforo acabume dain dekdebume wajibi（此女使女真国均已反目兴战了）。jušen gūrun i genggiyen χan de uru ambula obi abqa na dabi edun aGa erin fonde acabubi...（因女真国的英明汗多正确，故天地援助，风调雨顺……）。①再如：天命十年（1625）八月，努尔哈赤给蒙古奥巴台吉的信中说：niqan solχo ula χoifa yehe χada meni manju gūrun mende χoton aqūci sūweni mongGo membe emu moro buda ūlebumbio（汉、朝鲜、乌拉、辉发、叶赫、哈达、我们满洲国，我们若无城郭，你们蒙古让我们吃一碗饭吗）。②天聪元年（1627）正月初一日记载元旦朝贺事宜，内称daci manju gurun i doro ...（初，满洲国之礼……）。③更有甚者，他人亦模仿，且国号与习用代称并用，例如：崇德元年（1636）八月初三日，盖州守臣揭取盖州城门的匿名帖，送到清太宗手里。该帖内称：sini aisin gūrun i χafan ts'ai yung niyan, laqcaraqū daiming gūrun i emgi hebe ofi biya dari daiming gūrun de bithe unggime... iletu aisin gūrun be eibire, dorgideri nikan gūrun be elbirengge, ini beye nikan gūrun de banjiha, jušen gūrun de mutuha kai.④（你金国的官蔡永年与大明国密谋不断，每月赍书于大明国……明为招抚金国，阴为招抚汉人国也。他自己生于汉人国，长于女真国啊）在此，"金国""女真国"以及"大明国""汉人国"混用，也说明当时一般人也都这样使用。

以族称、部名指代国号，似乎是当时女真、蒙古人的习惯。如明朝国号为"大明"，⑤女真人偶尔也使用，音译为daiming（大明），如清太祖曾对辽东镇江地方汉人说：suwe jūlge niqan i daiming χan i irgen bihe abqa liodon i babe minde būci te mini irgen qai（你们过去曾为汉大明汗之民，天将辽东地方给我，则今为吾民也），但通常称之为nikan gurun（音尼堪古伦）或nikan（音尼堪），如在《荒字档》中，没有使用daiming（大明）国号，而以nikan gurun指代者出现8次，甚至还尊称为amba niqan gūrun（大汉人国）。⑥在《张字档》中，daiming（大明）国号仅被使用一次，即前引清太祖对镇江汉人所言之中，而使用nikan gurun指代者多达15次。按nikan，汉译为"汉人"，⑦本来是女真人对汉人的称呼，用以指代明朝，盖因明朝为汉人所建也。还值得注意的是，同一时期，蒙古人称呼金国也往往使用族称和部名，例如：如前述科尔沁蒙古奥巴洪台吉的誓言中使用manju i χan（满洲的汗）5次，而先于奥巴发誓的清太祖则自称

①《满文原档·荒字档》第1册，第49、87页。
②《满文原档·收字档》第4册，第312页。
③《满文原档·天字档》第6册，第3页。
④《满文原档·日字档》第10册，第366—367页。
⑤《明太祖实录》卷42，见《明史汇典》电子版，第1078页。
⑥《满文原档·荒字档》第1册，第11页。
⑦《御制五体清文鉴》卷10，人部1，人类1。

aisin gūrun i χan（金国的汗）。①双方都自然而然，毫不奇怪，也没有任何疑问。

从上可知，清高宗所谓"国号满洲"，不是信口开河，便是自大自夸之辞，不足为信。而后世治清史而不知这一习称者，莫不沿袭谬说，以讹传讹。实际上，清太祖时期以及清太宗更改族称以前，manju（满洲）始终是部落名称，并不是国号，但往往用以指代国号，这是当时的习惯使然，非但女真人如此，蒙古人亦如此，无须大惊小怪。

三、满语 gurun（固伦）乃多义词

天聪九年（1635）十月十三日，清太宗皇太极颁发谕旨，将 jušen（女真）族称改为 manju（满洲）。其文曰：musei gūrun i gebu daci manju: hada, ula, yehe, χoifa qai. tere be ulhiraqū niyalma jušen sembi. jušen serengge sibei coo mergen i χūncihin qai. tere muse de ai dalji. ereci julesi yaya niyalma musei gūrun i da manju sere gebu be χūla. jušen seme χūlaha de weile.②汉语直译为：咱们的人的名称，原为满洲、哈达、乌拉、叶赫、辉发啊，将那个不晓得的人称为女真。所谓女真，是锡伯超墨尔根的同族啊，那个跟咱们何干！从此以后，任何人称呼咱们的人的原名满洲，称呼女真则罪。此谕旨极其重要，从古到今，许多学者从不同的角度都引用过。有些主张"满洲"为国号的学者也引以为据，并强调是清太宗本人所言。其实，这是对清太宗谕旨的一大误解。在这道谕旨中，先后两次出现的 gūrun 一词，汉语意思都是"人"，而不是"国"。《清太宗实录》汉文本译为"国"③是错误的，凡以此为据认为"满洲"是国号的观点也是不可取的。现就女真（满洲）语 gurun 的词义及其在清太祖、太宗时期的使用情况，简单梳理如下：

稽考满语 gurun 的词义，除了"国"之外，应该还有"人"等意义。长山曾作《论满语 gurun》一文专门探讨，认为："满语 gurun 的语义为'国家''部落''百姓''人'，这与满族社会制度演变有密切的关系，体现着满族及其先世在漫长的历史过程中从哈拉、穆昆、噶栅等部落组织到国家的发展过程。"④笔者在研究《旧清语》时，曾亦考证 gurun 一词，认为："此 gurun 之义，当作'人们'解释。今锡伯语中，gurun 一词除有'国家'之义，尚有'人们'义，故 amba gurun 指大国或大人们、ajige gurun 指小国或小孩儿们、sakda gurun 指老人们、asigan gurun 指年轻人们、haha gurun 指男人们、hehe gurun 指女人们。"⑤

此外，今人所编满文辞书如《满汉大辞典》释为："①国，国家。②朝，朝代。③部落。④（口语）人"，⑥《新满汉大词典》释为："①国，国家，朝，朝廷；②部落；③固伦"。⑦回溯清代编纂的满文辞书，无论官修的《御制清文鉴》《御制增订清文鉴》，还是私修的《大清全书》《清文汇书》，gurun 的词义除了"国"之外，没有其他义项。实际上，该词在清太祖、太宗时代，已经是一个多义词，表示人、部落、国、朝代等各种意义。

---

① 《满文原档·宙字档》第 5 册，第 44 页。

② 《满文原档·满附 3》第 9 册，第 408 页。

③ 《清太宗实录》卷 25，北京：中华书局，1985 年影印本，第 331 页。

④ 长山：《论满语 gurun》，《满语研究》2011 年第 2 期。

⑤ 赵志强：《〈旧清语〉研究》，北京：燕山出版社，2002 年，第 70 页。

⑥ 安双成主编：《满汉大辞典》（修订本），沈阳：辽宁民族出版社，2018 年，第 1014 页。

⑦ 胡增益主编：《新满汉大词典》，乌鲁木齐：新疆人民出版社，1994 年，第 360 页。固伦为 gurun 的音译。

1. gurun 意为"人",与 niyalma(人)是等义词。如前文所引清太祖之言 bi manju gurun jaisai si mongGo gurun(我是满洲人,斋萨你是蒙古人),可作为典型例句。此句中,两个分句的主语 bi(我)和 jaisai si(斋萨你)都是单个人,说明 gurun(人)可作为单数集合名词。这一点,满语和锡伯语有差别。在锡伯语里,该词只能用作复数集合名词。此外,值得注意的是,清代编纂的满文辞书虽未列出 gurun 一词除了"国"之外的其它义项,但《御制五体清文鉴》收录词组 gurun gūwa,汉文作"外人"。[①]《御制增订清文鉴》亦收录,并解释为 uthai gūwa niyalma sere gisun gurun gūwa seme holbofi gisurembi(即"别人"之言,连起来说 gurun gūwa)。[②]只是这个词组的语序有点怪异,按照满语的正常语序,应该将这两个词的顺序颠倒一下,作 gūwa gurun。如果原来的顺序无误,那么,也有可能选词有误,即 gūwa 和 gurun 分别属于前后语句的末尾和起首之词,表示"……的人,其他……"之意,编纂辞书时,误作一个词组了。无论如何,其 gurun 一词,对应于解释句的 niyalma(人)是正确的。这说明乾隆时代的满语中,gurun 一词也有"人"的意义。

2. gurun 意为"人们",与 niyalma sa / niyalmasa(人的复数形式)所表示的意义相同。例如:天命六年(1621)三月二十三日,金国咨行蒙古额驸恩格德尔,内称:birai dergi niqan gurun be gemu daχabubi uju fusiχabi: sunja tatan i beise meni meni gurun be saiqan bekileme hendu …… birai dergi gurun gemu uju fusibi mini daχabuχa gurun be suwe ainu Gaimbi …… mini efulehe gurun be Gaiχa de: muse juwe gurun ehe oci ai sain: birai dergi gurun ujui funiyehe be fusire unde sere: birabe doore kiobe efulehe bisere: tuweri juhe jafaχa manggi birai bajargi gurun be dailambi: juhe jafara ongGolo sunja tatan i beise niqan be dailaki seci birai dergi gurun be dailacina(招降河东汉人,皆已剃发。五部诸贝勒妥善严饬各自之人……河东之人皆已剃发,成为我所属之人,你们为何要取?……取我所破之人,咱们两国交恶,有什么好?据说河东之人尚未剃发,已毁坏渡河之桥。冬天结冰后,将征伐河彼岸之人。结冰之前,五部诸贝勒若想征伐汉人,就征伐河东之人吧)。[③]此段文字中,gurun 一词先后出现9次,除 muse juwe gurun(咱们两国)中表示"国"的意思外,其余均表示"人们"之意。其中,birai dergi niqan gurun(河东汉人)指居住在辽河以东的所有汉人,meni meni gurun(各自之人)指喀尔喀蒙古五部贝勒所属之人,mini daχabuχa gurun(我招降的人)、mini efulehe gurun(我所破之人)均指辽河以东被征服的汉人,birai bajargi gurun(河彼岸之人)指辽河以东未被征服的汉人。在这里,所有表示"人们"之意的 gurun 都被用作复数集合名词。在这个意义上,该词所表达的意义等同于名词的复数形式。譬如,在《张字档》内,有一处修改,原文为 niqasa be(将汉人们),后墨笔涂之,在其左边另书 birai dergi niqan gūrumbe(将河东汉人)。[④]niqasa(汉人们)是名词 niqan(汉人)的复数形式,附加成分-sa 表示复数意义。在这里,它所表示的意义显然等同于 niqan gurun(所有汉人)。

3. gurun 意为"民",与 irgen(民)是等义词。例如:癸丑年(1613)三月,清太祖训其子曰:sini nen-

① 乾隆《御制五体清文鉴》卷18,人部9,尔我类2。
② 乾隆《御制增订清文鉴》卷18,第48页。乾隆《钦定四库全书》本。
③《满文原档·张字档》第2册,第55—58页。
④《满文原档·张字档》第2册,第348页。

eme mutuχa emu emede banjiχa aχun deo juwe jui de sunjata mingGan boo gurun: jaquta tanggu adun: emte tūmen yan menggun: jaqunjuta ejehe būhe: mini χaji sarGan de banjiχa geren jūsede gurun ejehe ai jaqabe gemu qomso būhe qai(于你先长的同母所生兄弟二人,各给民五千家、畜群八百、银一万两、敕书八十,于我爱妻所生诸子,将民人、敕书一应之物,都少给了啊)。①再如:天命六年(1621)闰二月二十八日,英明汗说:χan i sain de gurun: gurun i sain de χan qai: beilei sain de jušen: jušen i sain de beile qai: gurun i joboχo be χan sara: jušen i joboχo be beile sara: oci jušen irgen joboχo uilehe seme qoro aquqai(汗善则民善,民善则汗善也。贝勒善则女真善,女真善则贝勒善也。汉知民之劳苦,贝勒知女真之劳苦,则女真与民劳苦而无怨恨也)。②又如:天命六年十月二十五日,清太祖颁发文书,内称:te jušen niqan gemu emu χan i gurun oχobiqai(现在女真、汉人都已成为同一个汗的民啊),而同年十一月二十二日颁发文书,内称:jušen niqan gemu χan i irgen oχobi(女真、汉人都已成为汗的民)。③以上例句中,gurun一词绝没有"国家"的意思,将其与女真并举且与irgen(民)等同来看,gurun指的是当时金国的各族之人,其词义类似于现代汉语中国民、公民、民众、群众、大众、平民、百姓、黎民等词所表达的意义。

4. gurun意为"国、国家"或"部、部落"。在这个意义上,古今之见可能有所差异。古人所谓"国、国家",按照现代国家概念,也许称不上"国、国家",只能视为"部、部落",或理解为部落国家。例如:天命六年(1621)二月,mongGoi jarut gurun i jonggon beilei mongGo orin ninggun boiGon: jaqunju angGala niyalma juse sarGan ulχa Gajime uqame Gusin de isinjiχa(蒙古扎鲁特部钟嫩贝勒之蒙古二十六户,八十口人,带妻孥牲畜逃来,于三十日到来)。④按扎鲁特为蒙古族所属部落之一,但当时女真人认为它是一个国家,因此用gurun而未用aiman(部、部落)一词。再如:天命六年三月二十三日,金国咨行蒙古额驸恩格德尔之文内称:muse juwe amba gurun dain oci: χairaqa(n) banjire amba doro efujeci ai sain: sunja tatan i qalqai beise muse juwe gurun……(咱们两大国若交战,颇为可惜。生存大计若荒废,有什么好?喀尔喀五部贝勒咱们两国……)。⑤此句中gurun一词,从金国的角度,译为国、国家",应该无可非议。但从喀尔喀蒙古的角度来看,似乎译为"部、部落"更合适,因为当时喀尔喀只是蒙古族的部落之一,并没有建立国家。只是当时的女真人认为是一个国家,遂与自己的金国相提并举。

至于"朝、朝代",也是一个古今认识差异问题。前文所见诸多niqan gurun(汉人国),按其实质和汉语习惯,有些亦可译为"明朝",如niqan gūrun i wanli χan(汉人国的万历汗)就可译为"明朝的万历帝"。这在很大程度上是语言习惯和不同语言之间的转换问题(包括满语χan一词,或音译为"汗",或意译为"帝"),当然也有史观因素。

从《满文原档》记载来看,满语的gurun也是一个常用词,内涵丰富多彩。据粗略统计,在《荒字档》里,gūrun出现129次,gurun出现44次,两种书写形式合计173次。在《张字档》里,没有gūrun,而gurun

①《满文原档·荒字档》第1册,第33页。
②《满文原档·张字档》第2册,第28页。
③《满文原档·张字档》第2册,第220、259页。
④《满文原档·张字档》第2册,第5页。
⑤《满文原档·张字档》第2册,第55—58页。

出现186次。从其词义来看,或可释为国、朝,或可释为部落,或可释为人(们)。就其使用情况而言,各种义项交叉出现,混合应用,并无明显时代顺序。

现在回过头来看清太宗更改族称的谕旨,其中museigurun之言先后出现两次,汉语意为"咱们的人",包括满洲人、哈达人、乌拉人、叶赫人、辉发人。他认为,无知之人称之为女真,是张冠李戴,不可取。因此,所有人都要称呼满洲原名,不许再称女真,否则治罪。在这里,改的是族称,即改女真为满洲,并不牵涉国号。如将gurun解释为"国",包括满洲国、哈达国、乌拉国、叶赫国、辉发国,那么,谁将这些国统称为女真?明朝人没有,在明朝人看来,女真是个族群的概念,其中包括建州女真、海西女真和野人女真。从史料记载来看,女真人自己都认同女真族,并以族称国,即以女真为金国的代称,如前所述。实际上,当时建州女真人建立的只有金国,并不存在所谓女真国。在更改族称的次年,改国号"金"为"大清"。因此,天聪九年(1635年)十月十三日清太宗所改的是族称,而不是国号,该谕旨中的gurun一词,只能理解为"人",不能解释为"国"。

清太宗既改族称,manju(满洲)便从一个部落名称上升为族称,取代了原来的jušen(女真)之称。此外,一些历史文献中的jušen(女真)族称,也被改为manju(满洲),如《满文原档》记载天聪元年(1627)正月至十二月政务的《天字档》第80页中,涂抹原文jušen emu nirui sunjata uksin(女真披甲每牛录各五名),改为manju cooha emu minggan(满洲兵一千名)。涂抹原文jušen jūwete amban(女真大臣各二员)中的前后二词,在jušen(女真)的左边增补manjui amban(满洲大臣)。涂抹原文jušen emunirui emte(女真每牛录各一名),改为manju cooχa ilan tangɡū(满洲兵三百)。涂抹原文jušen i duin amban(女真大臣四员),改为manju(满洲)。[①]当然,改aisin(金)为manju(满洲)者亦多,比如《天子档》第4、62、84、85、252页都有这种涂改之处,盖以族称国的习惯使然。

综上所述,manju(满洲)一词在成为族称以前,是女真族所属部落的名称,天聪九年(1635)十月十三日清太宗更改族称后,manju(满洲)取代jušen(女真),成为该共同体的新名称。在清太祖、太宗时期,其国号先袭用金朝之号,称为aisin gurun(金国),后于天聪十年(1636)四月十一日清太宗改国号为daicing(大清),因此,manju(满洲)始终没有成为国号,所谓"其国定号满洲""国号满洲"等都是不可信的。但值得注意的是,女真(满洲)人以及蒙古人都有以族称、部名指称国家的习惯,因此,所谓manju gurun(满洲国)这样的称谓,有关文献中并不鲜见。这只是当时的习惯称呼之一,并非正式国号。至于manju(满洲)部名何时产生,有何含义,《满文原档》未有记载,中外学界众说纷纭,迄今未有共识,留待以后另行探讨。

(作者赵志强,中国人民大学清史研究所兼职教授。原载《清史研究》2020年第3期)

①《满文原档·天字档》第6册,第80页。

清代旗人民人法律地位的异同

——以命案量刑为中心的考察

刘小萌

清朝初期,满洲统治者实施民族压迫与歧视政策,旗民法律地位轩轾有别。康熙朝以后,清统治者努力改善旗民关系,包括对旗民法律关系的加以调整。集中表现为,以大清律为基础,逐步缩小旗民在法律方面的差别待遇;同时,对旗人的法律特权加以限制。

关于清代旗民法律关系以及旗人法律特权问题,学界已有不少研究。瞿同祖指出,《大清律例》虽同样适用于满人汉人,但也有专为满人而设的专条;郑秦认为,旗人法律特权并非独立于国家法律("大清律")之外,而是构成后者的一个组成部分。苏钦、林乾、胡祥雨考察了旗人换刑特权的缘起、形成、削弱乃至废除。胡祥雨还指出,旗人特权的削弱,是清代法律常规化的重要表现。陈兆肆以满洲刑罚"断脚筋刑"为切入点,透视满汉刑法逐渐趋于"一体化"的过程。郑小悠研究刑部满汉官员权力结构、变化以及对案件审理的影响[①]。笔者在以往研究基础上,以嘉庆刑科题本为基本史料,就旗民命案进行多角度考察。旨在说明,至少到清代中叶,旗民(满汉)人在重大命案的审理方面已享有基本平等的法律地位。

中国自汉代以降,即有杀人者死之令。相沿至明,以人命至重,依《唐律》而损益之,始汇为"人命"一篇,大概以谋、故、殴、戏、误、过失"六杀"统之。所谓"谋杀","或谋诸心,或谋诸人";所谓"故杀","临时有意欲杀,非人所知曰故";所谓"殴杀","独殴曰殴,有从为同谋共殴";所谓"戏杀","以堪杀人之事为戏,如比较拳棒之类";所谓"误杀","因斗殴而误杀伤旁人";所谓"过失杀",即"初无害人之意而偶致杀伤人者"[②]。清朝律例沿用《明律》,《刑律》列"人命"篇名,而将"六杀"律目调整为"谋杀人""斗殴及故杀人""戏杀误杀过失杀伤人"。其量刑,各按情节轻重或斩、绞、或监候。

[①] 瞿同祖:《中国法律与中国社会》,中华书局,1981年,第249页;郑秦:《清代司法审判制度研究》,湖南教育出版社,1988年;胡祥雨:《清代法律的常规化》,社会科学文献出版社,2016年;氏著:《清前期京师初级审判制度之变更》,《历史档案》2007年第2期;苏钦:《清律中旗人"犯罪免发遣"考释》,《清史论丛》,辽宁人民出版社,1993年;林乾:《清代旗、民法律关系的调整——以"犯罪免发遣"律为核心》,《清史研究》2004年第1期;陈兆肆:《清代"断脚筋刑"考论——兼论清代满汉法律"一体化"的另一途径》,《安徽史学》2019年第1期;郑小悠:《清代刑部满汉关系研究》,《民族研究》2015年第6期。相关研究还有赖惠敏《但问旗民——清代的法律与社会》,五南图书出版公司,2007年;鹿智钧:《根本与世仆:清代旗人的法律地位》,秀威资讯科技公司,2017年。

[②] 朱轼:《大清律集解附例》卷19《刑律》,雍正内府刻本。

笔者以清嘉庆朝刑科题本82件命案为基本史料①。其中,66件案例来自旗民共同生活、关系密切并且存在广泛接触的东北地区,另外16件案例来自京城、直隶、甘肃等地;有8件案例涉及"存留养亲"问题②,12件案例涉及"恩诏"减刑问题③。这样,就为多角度考察旗民法律关系,提供了可靠依据。

一、命案量刑标准

为考察清官府对旗民(满汉)命案量刑是否一致,笔者将刑科题本中82件命案分为"民人杀民人""旗人杀旗人""旗人杀民人""民人杀旗人"四类情况,分别加以统计,基本情况如下:

(一)民人杀民人案(28件)

1.斗殴杀人者绞律,"拟绞监候,秋后处决"(24件)。

2.共殴人致死,下手致命伤重者绞律,"拟绞监候,秋后处决"(3件)。

3.故杀者斩律,"拟斩监候,秋后处决"(1件)。

(二)旗人杀旗人案(17件)

1.斗殴杀人者绞律,"拟绞监候,秋后处决"(12件)。

2.共殴人致死,下手伤重者绞律,"拟绞监候,秋后处决"(2件)。

3.谋故杀一家二命斩决枭示例,"拟斩立决,枭首示众"(1件)。

4.故杀者斩律,"拟斩监候,秋后处决"(1件)。

5.谋杀人从而加功者绞律④,"拟绞监候,秋后处决"(1件)。

(三)民人杀旗人(旗奴)案(20件)

1.斗殴杀人者绞律,"拟绞监候,秋后处决"(15件)。

2.谋杀人伤而不死者绞律,减一等,"拟杖一百,流三千里"(1件)。

3.故杀者斩律,"拟斩监候,秋后处决"(3件)。

---

① 杜家骥编:《清嘉庆朝刑科题本社会史料辑刊》(下简称《史料辑刊》),天津古籍出版社,2008年;为省繁文,以下将82条案例逐一编号,并据原书《目录》注明册(汉字)、页(阿拉伯数字):编号1,二,507;编号2,二,794;编号3,二,797;编号4,二,804;编号5,二,814;编号6,二,821;编号7,二,855;编号8,二,858;编号9,二,884;编号10,二,899;编号11,二,918;编号12,二,926;编号13,二,941;编号14,二,955;编号15,二,988;编号16,三,1401;编号17,三,1422;编号18,三,1450;编号19,三,1474;编号20,三,1481;编号21,三,1492;编号22,三,1496;编号23,三,1498;编号24,三,1499;编号25,三,1502;编号26,三,1505;编号27,三,1559;编号28,三,1572;编号29,三,1596;编号30,三,1598;编号31,三,1599;编号32,三,1600;编号33,三,1601;编号34,三,1602;编号35,三,1604;编号36,三,1606;编号37,三,1607;编号38,三,1609;编号39,三,1611;编号40,三,1615;编号41,三,1618;编号42,三,1619;编号43,三,1620;编号44,三,1621;编号45,三,1623;编号46,三,1624;编号47,三,1626;编号48,三,1629;编号49,三,1632;编号50,三,1633;编号51,三,1634;编号52,三,1634;编号53,三,1635;编号54,三,1636;编号55,三,1637;编号56,三,1638;编号57,三,1639;编号58,三,1640;编号59,三,1642;编号60,三,1643;编号61,三,1644;编号62,三,1644;编号63,三,1645;编号64,三,1647;编号65,三,1649;编号66,三,1650;编号67,三,1652;编号68,三,1653;编号69,三,1655;编号70,三,1656;编号71,三,1658;编号72,三,1659;编号73,三,1660;编号74,三,1661;编号75,三,1664;编号76,三,1665;编号77,三,1677;编号78,三,1679;编号79,三,1703;编号80,三,1797;编号81,三,1865;编号82,三,1866。

② 编号2,二,794;4,二,804;5,二,814;13,二,941;14,二,955;29,三,1596;67,三,1652;77,三,1677,俱见《史料辑刊》。

③ 编号16,三,1401;19,三,1474;21,三,1492;22,三,1496;23,三,1498;32,三,1600;33,三,1601;34,三,1602;35,三,1604;36,三,1606;73,三,1660;76,三,1665,俱见《史料辑刊》。

④ 加功,法律术语,指以实际行动帮助杀人的犯罪行为,这与近代刑法所谓从犯相同。唐代已有此称,长孙无忌:《唐律疏议》卷17:"诸谋杀人者徒三年,已伤者绞,已杀者斩,从而加功者绞,不加功者流三千里"(《四部丛刊》三编影印宋本)。

4.斗殴致死,如原殴并非致命之处,又非极重之伤越五日后因风身死者,将殴打之人免其抵偿,杖一百流三千里例,"杖一百流三千里"(1件)。

(四)旗人(旗奴)杀民人案(17件)

1.斗殴杀人者绞律,"拟绞监候,秋后处决"(10件)。

2.共殴人致死,下手伤重者绞律,"拟绞监候,秋后处决"(1件)。

3.谋杀人者斩律,"拟斩监候,秋后处决"(2件)。

4.奴婢殴良人至死者斩律,"拟斩监候,秋后处决"(4件)。

笔者按,清律谳断命案,死刑有二,曰绞曰斩,且有立决、监候之别。"监候"至秋审朝审时,分别情实缓决矜疑,奏请定夺①。在刑科题本82件命案中,按斗殴杀人律定拟61件,按共殴律定拟6件,按故杀律定拟5件,按奴婢殴良人律定拟4件(它略)。以上统计表明,清政府谳断旗民间命案均秉持共同标准,即有关"六杀"律例。而在谳断命案过程中,清官府对旗人或民人是否有所偏倚呢? 不妨通过若干案例加以考察:

案例1,民人董玉梁向旗人李洪有索讨典地找价钱文,发生口角,踢伤李母李宁氏身死。此系民人杀旗人案。刑部据斗殴杀人律谳断:董玉梁拟绞监候,秋后处决②。

案例2,山西民人米如玉向旗人池亮索欠未遂,将其砍死。盛京刑部定谳:米如玉照故杀律,拟斩监候,秋后处决③。在这起民人杀旗人案中,有司对米如玉量刑之所以按故杀律论斩而非殴杀律论绞,主要是因为他预谋夜间用菜刀砍死睡梦中池亮,案情残忍,故从严惩处。

案例3,王府庄头王桂龄将差地十四顷余,租与民人张富贵同子张翼鹏承种。后屡欲增租,威胁撤地另佃。王九龄受命率家人前往撤地,张翼鹏等积怨已久,将其共殴致死。从案情看,两人矛盾激化主因,是庄头王桂龄违反清廷"不许无故增租夺佃"规定,以致佃户张翼鹏被逼积愤,将其共殴身死。有司则认为,起衅之由虽非张翼鹏,但他在王九龄返程途中拦路行凶,因有预谋行凶情节,故从严按故杀律,拟斩监候,秋后处决④。在这起民人杀旗人案中,有司同样依据案情作出从严谳断。而这种根据案情加以从重惩处的判决,同样见于旗人杀民人场合。

案例4,珲春旗人德受赊民人徐罗锅子十两银子木柴。徐讨要未遂,致起衅端。德受聚众殴伤徐罗锅子致死。刑部依谋杀律,拟斩监候,秋后处决。同案,德受之子彰锡保、德受之妻牛呼噜氏因参与作案,亦按情节轻重分别惩处⑤。在这起旗人杀民人命案中,有司将主犯以谋杀律定拟,妻、子坐以应得之罪,并未因命犯身系旗人而有所徇庇。

综上所述,可初步得出三点认识:1.清官府审理旗民命案,秉持同样的量刑标准(律例),并未因旗民差异而有所轩轾。此即时人所称"旗人谋故斗殴致毙人命,向与民人一体科罪"之意⑥;2.由于案情

---

① 昆冈等纂:《清会典事例》卷723《刑部·名律例·五刑》,中华书局,1991年影印本。

② 编号30,第4767包:《奉天海城县民董玉梁因索欠打死旗妇李宁氏案》(《史料辑刊》三,1598)。

③ 编号71,第5755包:《奉天兴京厅客民米如玉索讨借钱砍伤旗人池亮身死案》(《史料辑刊》三,1658)。

④ 编号39,第5159包:《直隶通州民张翼鹏等因增租夺佃纠纷共殴旗人王九龄身死案》(《史料辑刊》三,1611)。

⑤ 编号43,第5223包:《吉林宁古塔珲春旗人德受因债务纠纷殴伤徐罗锅子身死案》(《史料辑刊》三,1620)。

⑥ 祝庆祺:《刑案汇览》卷39《奴婢殴家长》,载祝庆祺等编:《刑案汇览全编》第6册,法律出版社,2007年,第2021页。

千差万别,有司对命犯量刑,不能简单套用"六杀"律,而必须参据诸多例文、成案加以适当调整,尽量做到定谳的公正合理。在这方面,对旗人民人亦无异视。3.有清一代,旗民间命案虽时有发生,从未因判案严重失当酿成矛盾冲突。这种情况与清统治者对命案审理的高度重视,以及量刑标准的力求公允是分不开的。这种法律的公正性,在贯彻"宽严相济"原则、实施"存留养亲"律、"恩诏"减刑(或免刑)等法律实践中,均有体现,俱详下文。

二、"宽严相济"原则

清廷审理旗民命案,一向秉持"宽严相济"原则,具体表现在二个方面,一是对等原则,即乾隆帝所言:"一命必有一抵"。一是情有可原原则,即嘉庆帝所言"人命事关重大……情有可原,即开生路"①。落实到法律实践,就是对命案定谳、终审与实际执行死刑,持极谨慎态度。如前述,清律将命案按情节轻重分为六等(即"谋、故、殴、戏、误、过失六杀"),秋审时经由最高统治者亲自裁夺,分别实缓定拟。

然而,"宽严相济"原则说说容易,具体贯彻到法律实践中,如何把握好"宽""严"尺度,实际是一件很难的事。嘉庆帝曾就乾隆帝"一命必有一抵"之旨作过如下阐释:"'一命一抵',原指械斗等案而言,至寻常斗殴,各毙各命,自当酌情理之平,分别实缓。若拘泥'一命一抵'之语,则是秋谳囚徒,凡杀伤毙命之案,将尽行问拟情实,可不必有缓决一项。有是理乎?"可见,"一命一抵"是有极严格条件限制的,而如何在"情有可原"口实下为死囚放一条生路,则始终是清诸帝致力的重点。如往前追溯,至少在康熙年间,满洲统治者已非常重视"情有可原"情况下的量刑。清制,例于年末勾决死刑犯,分别实缓。康熙帝曾叮嘱当事诸臣:"人命至重,今当勾决,尤宜详慎。"满臣伊桑阿列举可矜疑者十余人,皆得缓死。康熙帝复谕:"此等所犯皆当死,犹曲求其可生之路,不忍轻毙一人。"②某次,他阅朝审册,有以刃刺股致死而抵命者,谕曰:"刺股尚非致命伤,此可宽也。"它日,又阅册,有囚当死,牵连数十人。帝问:"此囚尚可活否?"众臣皆以情实对,惟汉臣吴正治揣知帝旨,乃曰:"圣心好生,臣等敢不奉行,宜再勘。"退而细检,果得疑点,遂减刑。③清帝通过此种方式,表示对人命的高度重视,以体现"皇上好生之德"④。这种态度,不能不对满汉群臣起到表率作用。而笔者的关注点仍在于,清廷在贯彻"宽严相济"过程中,对旗人与民人(满人与汉人)是否一视同仁?

案例1,山西太原府祁县人杨尚春,在辽阳州刘儿堡开铺生理,因索欠打死罗万金。此案由辽阳州初审,奉天府尹复审称:应如该州所拟,合依斗殴杀人律,拟绞监候,秋后处决。再,查杨尚春殴死罗万金,衅起索欠,殴由抵格,实系斗杀情轻,秋审应入缓决之犯。该犯有母李氏现年七十五岁,只生该犯一子。该犯常寄银钱养赡其母,并非忘亲不孝。而被杀之罗万金并无应侍之亲,现有二子成立。杨尚春似与留养之例相符,应行随本声请留养,听候部议。批红:三法司核拟具奏。⑤在这起民人命案中,

① 赵尔巽等撰:《清史稿》卷144《志一百十九·刑法三》,第15册,中华书局,1977年,第4210页。
② 赵尔巽等撰:《清史稿》卷250《列传三十七·伊桑阿》,第32册,中华书局,1977年,第9702页。
③ 彭定求:《吴文僖公正治墓志铭》,钱仪吉纂:《碑传集》卷12,中华书局,1993年;李元度:《吴正治事略》,李桓辑:《国朝耆献类征初编》卷6。
④ 赵尔巽等撰:《清史稿》卷250《列传三十七·吴正治》,第32册,第9697页。
⑤ 编号2,第4521包:《奉天辽阳州客民杨尚春因索欠打死罗万金案》(《史料辑刊》二,794)。

有司先以命犯罪责较轻，谳断"秋审应入缓刑"，复以母老独子，声请"存留养亲"（说详后文）。这种审断，亦见于旗民相杀场合。

案例2，山东回民白三，因向本屯旗人李才索讨工钱，发生口角。白三殴伤李才右眼并推磕鼻梁受伤。李才伤本不重，但数日后患破伤风身死。盛京刑部审案，考虑到民人白三索讨工钱、殴伤并非致命等情节，故未按"一命必有一抵"原则惩处，而是从轻"照斗殴之案，如原殴并非致命之处，又非极重之伤，越五日后因风身死者，将殴打之人免其抵偿，杖一百流三千里例"定拟。[①]以上案例，均有助于说明清律"宽严相济"原则同样适用于旗人或民人命案。

清政府在审理旗民命案的某些特定场合，对旗人的量刑有可能比民人还严格。旗人方冬魁饮酒沉醉，见张四不曾让座，遂恃强骂詈扭打，张四情急之下，用刀戳死冬魁。此案张四原拟绞监候，但因"向来居乡旗人欺凌民人甚多"，特命将张四免死枷责，从轻发落，为旗人恃强凌弱者戒，并晓谕八旗及各屯庄居旗人咸使闻之。[②]若京师旗人酿成命案，刑罚也可能比较严厉，因为这体现"朝廷对旗人的约束力"[③]。但归根结底，此类个案与清律"宽严相济"原则并无牴牾，而是满洲统治者基于长远利益的考虑、首先是整饬八旗军纪的需要而作出的临时性调整。

三、"存留养亲"律

"存留养亲"律，指已拟徒、流、死犯，如符合"老疾应侍""孀妇独子"等条件，由刑部等机构提出留养申请，经最高统治者钦准，施以一定刑罚后准其留养。此律源头，可上溯到北魏孝文帝太和十二年（488），此后为历朝统治者所承袭。儒家强调以"孝"治天下，认为"孝"是立身治国之本。依据儒家经义，子孙对祖父母、父母应克尽孝道，正所谓"生事之以礼，死葬之以礼，可谓孝矣"[④]。历代统治者将"存留养亲"入律，实际是儒家孝道观的突出体现，其关键点，是使民间老有所养，是中国古代法律家族化、伦理化的突出体现。而历朝统治者更深一层用意，仍在于维护自身统治。即如明何乔远《名山藏》卷四八《刑法记》所云："存留养亲，教民孝也"[⑤]；明袁可立《张家瑞墓志铭》："为亲而出，为亲而处。出不负君，移孝作忠。处不负亲，忠籍孝崇。"[⑥]指把孝顺父母之心转为效忠君主。"忠"是"孝"的放大。这正是历朝统治者大力提倡孝道，为此不惜"法外施仁"的深意。

清朝为满洲人所建，而清初诸帝积极接受中原儒家文化，包括其伦理道德，是毋庸置疑的事实，清朝"存留养亲"律脱胎于明律[⑦]，就是突出一例。而二者的区别只在于，清律将适用"存留养亲"的祖父

---

① 编号28，第5458包：《奉天锦县客居回民白三因索讨工钱殴伤旗人雇主李才致死案》（《史料辑刊》三，1572）。

②《清世宗实录》卷56，雍正五年四月丁未，中华书局，1987年。

③ 赖惠敏：《但问旗民——清代的法律与社会》，中华书局，2020年，第213—214页。

④ 孟轲撰、赵岐注：《孟子》卷4《公孙丑下》，四部丛刊景宋大字本。

⑤ 何乔远：《名山藏》卷48《刑法记》，崇祯刻本。

⑥ 张之清：《考城县志》卷12《金石》，民国十三年（1924）本。

⑦ 刘惟谦：《大明律》卷1《犯罪存留养亲》：凡犯死罪非常赦所不原者，而祖父母父母老疾，应侍家无以次成丁者，开具所犯罪名奏闻，取自上裁。若犯徒流者，止杖一百，余罪收赎，存留养亲（日本影印明洪武刊本）；同条又见申时行《明会典》卷161《刑部三》（明万历内府刻本）。

母、父母年龄,由明律的八十岁以上降为七十岁以上。①说明条件有所放宽。清律规定:凡犯死罪者,系独子或无兄弟以次成丁者,祖父母、父母七十岁以上,或有残疾需侍奉者(即"老疾应侍"),可恳请准其不死,存留养亲。后增定,母(嫡妇)"守节"20年,亦可援例声请存留。②同时,制定严格的呈报审核程序:有司推问明白,开具所犯罪名,将应侍缘由逐级上报,刑部复审后由皇帝特批,即所谓"取自上裁"③。为确保"嫡妇独子"情况属实,还规定须由罪犯原籍取具邻保族长甘结,经地方官核实,印结报部。

因案情千差万别,故律外有例。清朝"存留养亲"律附例文十八条,同样具有法律效力。此外,还有诸多成案以资瀛断时参考④,从而使相关规定更加细密,以便有司酌情定夺。关于"存留养亲"律的实施,笔者仅就旗民命案中"民人杀旗人""旗人杀民人"二类情况分别考察,旨在说明清统治者对旗人民人并无异视。

(一)民人杀旗人

案例1,山东民龚三(龚玲)在承德县城开歇店生理,索欠起衅踢死旗人王奇开。盛京刑部瀛断:将龚玲照斗殴杀人律,拟绞监候,秋后处决。再该犯供称"亲老丁单"之处,俟秋审时查明,取结办理(下略)。⑤

案例2,山西民侯思可,在京城东直门内开茶铺生理。护军佟德常在铺内吃酒喝茶,赊欠钱文。侯思可索欠,踢死佟德。刑部瀛断:侯思可依斗殴杀人律,拟绞监候,秋后处决。查侯思可致伤佟德身死,衅起索欠,脚踢一伤,情节尚轻。既称查明该犯实系母老丁单,取结送部,与随案声请留养之例相符。相应照例枷号两个月,满日折责四十板,准其存留养亲。⑥(批红):侯思可著照例枷责,准留养亲。⑦刑部审理此案,确认民人侯思可案情较轻,"实系母老丁单",与留养之例相符。经清帝裁定实行。

(二)旗人杀民人

案例1,民人张士孔,向雇主李兴泳借米未遂,口角争斗,被李兴泳等共殴身死。李兴泳系京城镶黄旗觉罗戴二名下仆人,此为旗奴杀民人案。盛京刑部审理此案,查律文有:同谋共殴人因而致死,以下手致命伤重者绞监候;而李兴泳系旗下家奴,量刑加重一等,依"奴婢殴良人致死者斩监候律"定拟。又,该犯供称有母吕氏守节已逾二十二年,家无次丁,俟秋审时再行查办。(批红)三法司核拟具奏。⑧命犯李兴泳既因旗奴身份而罪加一等(由绞监候改斩监候),又因母守节二十二年、家无次丁而被有司声请留养。说明"存留养亲"律相当宽泛,不仅适用于法律身份等同"良人"的旗民,也适用于法律身份

①参见孔贞运《皇明诏制》卷10《皇帝敕谕礼部》,万历四十八年七月十四日,崇祯七年刻本,第17页下。

②祝庆祺:《刑案汇览》卷2《犯罪存留养亲》,载祝庆祺等编:《刑案汇览全编》第1册,法律出版社,2007年,第206、214页。

③昆冈等纂:《清会典事例》卷732《刑部·名例律·犯罪存留养亲一》;吴坛原著,马建石、杨育棠等校注:《大清律例通考校注》,中国政法大学出版社,1992年,第236页。

④仅祝庆祺等编《刑案汇览》卷2、卷3《犯罪存留养亲》律目,就载成案(说帖)93例。

⑤编号29,第4741包:《奉天承德县客民龚三因索欠踢死旗人王奇开案》(《史料辑刊》三,1596)。

⑥《大清律例·名例律上·犯罪存留养亲》《犯罪存留养亲第三条例文》:"凡斗殴及戏误杀人之犯,如有祖父母、父母老疾应侍,奉旨准其存留养亲者,将该犯照免死流犯例,枷号两个月,责四十板",《大清律例通考校注》,第243页。

⑦编号77,第4523包:《京城客居民侯思可因索欠踢死满洲镶黄旗护军佟德案》(《史料辑刊》三,1677)。

⑧编号67,第5615包:《奉天锦县旗下家奴李兴泳等因索欠纠纷共殴民张士孔身死案》(《史料辑刊》三,1652)。

低于"良人"的旗奴、卑幼。①但是,决不包括"非常赦所不原者"。也就是说,"存留养亲"条件除亲老丁单、家无次丁、孀妇守节外,"亦必本犯之罪有可原,其父母之情有可悯,然后准其留养"②。"十恶不赦"者不在此例。

历代统治者均视"存留养亲"为"法外之仁"。③该律既以"情"而非"法"为尺度,实施中难免出现一些问题,如"凶恶之徒,往往恃有恩例,肆意妄行,或人共殴,或推诿于一人,或一人独承";或"无识之有司,又以姑息为宽大,迁就具狱"。④尤其犯人家属,捏报"单丁","贿求邻保捏结,朦准留养",地方官"查报不实"等情况,屡有发生,"是以每年奏请独子留养之案甚多"。⑤尽管存在诸多流弊,清官府谳狱并实施此律,对旗人民人并无异视,应是基本事实。

四、"恩诏"减刑

满洲诸帝深受儒家治国理念之熏陶,把"尚德缓刑"视为"至治之极轨",也即乾隆帝所谕:"古帝王治天下之道,以省刑薄赋为先。"⑥彰显这一理念的重要措施之一,即皇帝颁诏对罪犯实行特赦,时称"恩赦",即"加恩赦之"意。"赦"指免除或减轻对罪犯的刑罚。刑科题本中所谓"事在恩旨以前",则指大赦诏书颁布之前的犯罪者,可援例赦免或赦减。在中国历史上,由最高统治者颁布恩诏对罪犯实行宽赦的作法可溯及战国时代秦国,"人君每假大赦之名,以上结天心,下要[邀]民誉,历世相因,遂成定例"⑦。而"恩赦"一词已见于汉代。⑧

清朝沿袭明制,颁布"恩赦"均有一定前提,"或因行庆施惠,或因水旱为忧,间一举行"⑨。且每次颁赦范围不一,并非所有罪犯均可援例赦免。清律例对何种情况可以援赦,何种情况不得援赦,均有严格规定。总的原则:凡过误犯罪,及因人连累致罪等,并从赦宥。⑩"过误犯罪",系指故杀、谋杀之外,原无仇隙,偶因一时忿激,相殴伤重致死之案。至于犯十恶、情罪重大者,以及命犯中"一应实犯(皆有心故犯),虽有赦并不原宥"⑪。又称"常赦所不原(免)"⑫。

案例1,奉天岫岩厅人薛应珑,至吉林地方佣佃度日,受雇于张明详,因索欠殴伤张明详身死。此案由吉林将军咨送刑部,刑部复审称:应如该将军等所咨,薛应珑合依斗殴杀人律,拟绞监候。查该犯

---

① 按,此案量刑符合《犯罪存留养亲第六条例文》:"凡旗人犯斩绞外遣等罪例合留养者,照民人一体留养。"《大清律例通考校注》,第244页。

② 昆冈等纂:《清会典事例》卷733《刑部·名例律·犯罪存留养亲二》。

③ 祝庆祺:《刑案汇览》卷2《犯罪存留养亲》,载祝庆祺等编:《刑案汇览全编》第1册,第196页。

④ 孔贞运:《皇明诏制》卷9。

⑤ 祝庆祺:《刑案汇览》卷2《犯罪存留养亲》,载祝庆祺等编:《刑案汇览全编》第1册,第216—217页;昆冈等纂:《清会典事例》卷733《刑部·名例律·犯罪存留养亲二》。

⑥ 昆冈等纂:《清会典事例》卷733《刑部·名例律·犯罪存留养亲二》。

⑦ 徐式圭:《中国大赦考》第二章"大赦之由来",商务印书馆,1934年,第2、11页。

⑧ 班固:《汉书》卷6:"(元光元年六月)复七国宗室前绝属者。师古曰:此等宗室,前坐七国反故绝属。今加恩赦之,更令上属籍于宗正也",清乾隆武英殿刻本。

⑨ 昆冈等纂:《清会典事例》卷729《刑部·名例律·常赦所不原一》。

⑩《大清律例·名例律上·常赦所不原律文》,《大清律例通考校注》,第236页。

⑪《大清律例·名例律上·常赦所不原律文》,《大清律例通考校注》,第236页。

⑫ 清代有许多"常赦所不原"案例,详见《刑案汇览》卷1《常赦所不原》,祝庆琪等编:《刑案汇览全编》第1册,第179—192页。

事在恩旨以前,衅起索欠,伤是他物,秋审系应入缓决之犯。薛应珑应减为杖一百,流三千里……(批红)依议。①

案例2,山东民张幅玉,至三姓地方持票挖参,受雇于邢眻海。张幅玉因工钱纠纷殴毙邢眻海。刑部复审:应如该署将军所咨:张幅玉合依斗殴杀人律,拟绞监候。事结在恩诏以前,且"被殴先受多伤",应准免罪。仍追埋葬银二十两给付尸亲具领。倘释后再行滋事犯法,应照所犯之罪加一等治罪。(批红)依议。②

案例3,奉天承德县驿丁张泳成,因索债用木棍殴伤旗籍雇工张仁身死。刑部复审:应如该侍郎(按,指盛京刑部侍郎)等所题,张泳成合依斗殴杀人律,拟绞监候,秋后处决。查此案事犯在嘉庆十年八月二十五日恩诏以前,死者寻衅先殴,他物回殴适毙,秋审时应拟缓决。应如该侍郎等所题,张泳成所拟绞罪应减为杖一百,流三千里,续奉本年正月初四日恩旨,应照例枷号四十日,满日鞭责发落。(批红)依议。③

以上三犯均民人,被杀者有旗人也有民人,原依"斗殴杀人律"定拟,皆因"事犯在恩旨以前",且罪责较轻,符合"情有可原"条件,而予减刑。同时,对罪犯或追加埋葬银给付死者家属,或附加释放后再行犯法、罪加一等的警惩性条款。

案例4,京旗包衣壮丁史俊登,在开原县城南新屯居住,种地度日。民人李发向其借钱不遂,推跌身死。刑部谳断:将李发照斗殴杀人律,拟绞监候,秋后处决。查该犯事犯在嘉庆十一年正月初四日恩旨以前,所得绞罪应否援减之处,听候部议……(批红)三法司核拟具奏。④此系民人杀旗人案。

案例5,辽阳锡伯旗人吴全住典旗人赵常住红册地一日,后听说该地转租他人,叫赵常住备价回赎。赵不允,致起衅端。吴全住用拳殴伤赵常住族弟扎布京阿身死。刑部谳语:吴全住依斗殴杀人律,拟绞监候。事犯在本年八月二十七日恩诏以前,应准免罪。倘释免后再行滋事犯法,应照所犯之罪加一等治罪。(批红蓝)依议。⑤此为旗人杀旗人案,因事犯在"恩诏"以前,命犯获准免罪。同时,附加释免后再犯"加一等治罪"的附加条款。

案例6,奉天宁远州民刘二,为索讨工钱扎伤旗人刘作美,扎死其子刘香儿。刑部定谳:刘二合依故杀律,拟斩监候,秋后处决。此案事结在恩旨以前,逞忿迁怒,故杀幼孩,一死一伤,秋审应拟情实,刘二不准减等。⑥此系民人杀旗人案。刘二故杀幼孩,一死一伤,性质严重,故刑部从严定谳,虽事在"恩旨"颁布前,不准减等。这与前述"宽严相济"的法律原则是一以贯之的。

案例7,辽阳州壮丁于自潮、于自金听从于自彩等,谋杀内务府原任催长缪玉柱身死。刑部谳语:于自潮、于自金均合依谋杀人从而加功⑦者律,俱拟绞监候,秋后处决。查于自潮、于自金事犯到官在

① 编号19,第5765包:《吉林长春厅客民薛应珑因索欠殴伤前雇主张明详身死案》(《史料辑刊》三,1474)。
② 编号21,第5888包:《吉林客民张幅玉因工钱纠纷殴毙雇主邢眻海案》(《史料辑刊》三,1492)。
③ 编号33,第4881包:《奉天承德县驿丁张泳成因索债事致死旗人张仁案》(《史料辑刊》三,1601)。
④ 编号35,第4871包:《奉天开原县民人李发因借钱事推跌旗人史俊登内损身死案》(《史料辑刊》三,1604)。
⑤ 编号76,第5904包:《奉天承德县旗人吴全住因田地转租殴毙旗人扎布京阿案》(《史料辑刊》三,1665)。
⑥ 编号34,第4855包:《奉天宁远州民刘二因索讨工钱事扎伤旗人刘作美及其子刘香儿案》(《史料辑刊》三,1602)。
⑦ 加功,法律术语,谓以实际行动帮助杀人的犯罪行为,这与近代刑法所谓从犯相同。

恩旨以前,惟听从谋命,下手加功,秋审系应入情实之犯,均不准其援减。(批红)于自潮、于自金俱依拟应绞,著监候,秋后处决。余依议。①此起命案虽发生在"恩旨"之前,但案犯不准援例减刑。理由是命案性质恶劣,罪不可逭。这与清廷"除夫殴妻致死,并无故杀及可恶别情者,仍照例准其存留承祀外,至弟杀胞兄,与殴杀大功以下尊长者,一经有犯,皆按律定拟,概不准声明独子"之律例完全吻合,②而与命犯户籍(旗籍还是民籍)无关。以上考察均证明,清廷"恩赦"律例对旗人民人一视同仁。

据光绪《清会典》卷七二九至七三一,清朝颁诏大赦之例源自清太祖天命十年。而后,太宗崇德年间颁恩诏5次,顺治朝6次,康熙朝12次,雍正朝2次,乾隆朝33次,嘉庆朝16次,道光朝13次,咸丰朝5次,同治朝4次(以下光绪朝、宣统朝恩赦次数不详)。清廷对每次恩赦惠及对象、覆盖地域、赦免程度乃至适用时间等,均有限制。③其中,乾隆帝平均不足2年颁赦一次,在历代帝王中仅次于梁武帝(39次)。④清廷将"恩赦"作为"德政"一大举措,频频颁行天下,不分旗民,亦不分满汉,使一大批罪犯包括部分死刑犯得到赦免或减刑。这是满洲统治者"爱养生民、慎重刑狱"理念的集中体现,对笼络天下民心,缓和社会矛盾,体恤民间疾苦,减轻罪犯缧绁之苦,并俾其尽早脱离囹圄走上自新之途,均有一定作用。

五、"良贱相殴"律

清朝等级社会的性质在法律方面亦有鲜明体现。有司审理旗民命案,首先必须确定双方法律身份。至少在两种场合,双方法律身份并不平等:一种是奴婢与良人(良民)⑤相杀,一种是雇工与雇主相杀。而笔者的关注点仍在于,在这两类场合,有司对案犯的量刑是否考虑籍属(旗籍还是民籍)。

(一)奴婢与良民

清律"良贱相殴"载:"凡奴婢殴良人(或殴,或伤,或折伤)者,加凡人一等;至笃疾者,绞(监候);死者,斩(监候)。良人殴伤他人奴婢(或殴,或伤,或折伤、笃疾)者,减凡人一等;若死及故杀者,绞(监候)。"⑥在此种场合,以奴婢殴家长刑罚最重,即分别情节轻重(殴伤、殴杀、谋杀等),而有斩、绞、凌迟等刑。⑦反之,家长杀奴婢,量刑减凡人一等。至于奴婢与家长以外的"良人"相殴致死,因彼此没有"主仆名分",量刑又分两种情况:

一种是奴婢殴(家长以外)良人致死的情况,清律按"奴婢殴良人至死者斩监候律"定拟,即在确认奴婢法律地位低于良人前提下,对其加重惩处。在刑科题本中旗奴张英戳伤民人张王氏身死案中,刑

---

① 编号73,第5906包:《奉天辽阳州旗人于自潮、于自金听从于自彩等谋杀催长缪玉柱案》(《史料辑刊》三,1660)。

② 昆冈等纂:《清会典事例》卷733《刑部·名例律·犯罪存留养亲二》。

③ 按,限制之种类,以实质言之,有罪人限制、罪名限制、罪质限制之分;以形式言之,又有特别限制、与附带限制二者,参见徐式圭《中国大赦考》第七章《大赦之制限》(第5页)。

④ 据徐式圭《中国大赦考》第十章统计:自汉孝文帝迄明庄烈帝,计1880年共赦973次,平均两年十个月赦一次(第93页)。

⑤ 在清律中,"良(良人)贱(奴婢、雇工人)"是相对的一组身份概念。"所称良人,自系专指身家清白者而言。若受雇与人佣工,素有主仆名分,例不准报捐应试者,即不得以良人论",祝庆祺:《刑案汇览》卷39《奴婢殴家长》,祝庆祺等编:《刑案汇览全编》第6册,第2013页。

⑥《大清律例·刑律·斗殴》,《大清律例通考校注》,第834页。

⑦《大清律例·刑律·斗殴》,《大清律例通考校注》,第836—842页。

部即如此定谳。换言之,张英并未因自己的旗籍身份而受到有司徇庇。他后来之所以侥幸逃过一死,一是适逢清廷颁布"恩诏",一是有司考虑到他在斗殴中属被动一方,即"被殴先受多伤",遂提出"秋审应拟缓决"的终审意见。①这又说明,即使在旗奴殴杀(家长以外)"良人"场合,有司量刑也会考虑情节轻重,是否适用"恩诏"等情。

而在其它旗奴殴伤民人致死案中,如蒙古旗人家奴王可英,殴扎民人刘文义致伤身死;②广宁旗奴高烟,因债务纠纷将民人董二殴伤致死;③奉天锦县旗奴李兴泳等,因借米纠纷殴伤民人张士孔致死案等,④有司均依"奴婢殴良人致死律"定谳,均未因命犯的旗人身份而有所宽纵。

再一种是(家长以外)良人殴奴婢致死的情况。清律以良人法律地位高于奴婢,故在殴伤场合对罪犯减一等量刑。刑部审理吉林民人吴文殴伤旗奴刘汉云案称:"查律载:谋杀人伤而不死者绞监候,又良人殴伤他人奴婢减凡人一等。死及故杀者绞,又谋杀依故杀法各等语。是良人殴伤他人奴婢律得减凡人一等,至死仍同凡斗,拟以绞候。诚以人命不可无抵,而谋杀故杀亦止拟绞候,是于有抵之中,复示区别良贱之意。"考虑到吴文谋杀为奴遣犯刘汉云伤而不死,衅起寻常口角,与理曲逞凶者有间,将其照谋杀人伤而不死绞监候律,减一等,拟杖一百,流三千里。⑤此系民人殴旗奴伤而未死案。可知有司对良贱相殴案根据具体案情分别谳断,即在良人殴伤他人奴婢场合,律得减凡人一等。但此律只适用于"殴伤"场合,如良人殴他人奴婢致死,"仍同凡斗",不予减等。如此规定之深意,依旧是为了体现对人命的珍重,因此,即使杀死的是奴婢也不予减等量刑。

需要补充说明一点:由于清代民间的旗人称谓与法律身份并不完全对应,故不能据文献中"旗人门下家人""包衣旗人""包衣壮丁""家仆"等称谓,即轻易判定其法律身份的卑下,而判定其法律身份良贱(属"奴婢"还是"良人")的基本依据,还在于其与主人是否有"主仆名分"。

案例1,京旗满洲舒公门下家人潘谷金,雇民人孙祥做年工。"同坐共食,并无主仆名分"。因索欠用木棒殴毙孙祥之父。有司审定:潘谷金合依斗殴杀人律,拟绞监候,秋后处决。⑥在本案中,旗籍"家人"潘谷金的法律身份是"良人"而非"奴婢",而其与被害民人亦"无主仆名分",故有司量刑视同凡论(即等同良人)。

案例2,正蓝旗包衣佐领下人王太富,雇给僧人缘顺做工。因没钱使用,将家中地亩央旗人暴云翔说合,租给僧人缘顺。王太富之父听说后殴打暴云翔,王出手劝架,误伤暴云翔身死。有司谳断:王太富依斗殴杀人律,拟绞监候,秋后处决。系屯居包衣,毋庸解部监禁。⑦"屯居包衣"王太富的法律身份与被害旗人暴云翔同属良人,故量刑依斗殴杀人律。

① 编号22,第4884包:《奉天承德县旗人家奴张英因索要房钱等事戳伤良人张王氏身死案》(《史料辑刊》三,1496)。
② 编号24,第4885包:《直隶承德府丰宁县旗下家奴王可英因钱文事扎伤良人身死案》(《史料辑刊》三,1499)。
③ 编号26,第5278包:《奉天广宁县旗下家奴高烟因债务纠纷殴伤董二身死案》(《史料辑刊》三,1505)。
④ 编号67,第5615包:《奉天锦县旗下家奴李兴泳等因索欠纠纷共殴民张士孔身死案》(《史料辑刊》三,1652)。
⑤ 编号23,第4896包:《吉林三姓地方客民吴文因口角事殴伤他人奴婢案》(《史料辑刊》三,1498)。
⑥ 编号25,第5105包:《奉天广宁县旗人门下家人潘谷金索欠殴伤孙添锡身死案》(《史料辑刊》三,1502)。
⑦ 编号31,第4828包:《直隶丰润县包衣旗人王太富致死旗人暴云翔案》(《史料辑刊》三,1599)。

案例3,前引包衣壮丁史俊登被民人李发推跌身死案,刑部将李发照斗殴杀人律定拟。[①]在本案中,被害旗人"包衣壮丁"史俊登与案犯民人李发的法律身份亦等同凡人。

案例4,蒙古旗人文成家奴徐庭宝,与同旗巴彦家奴杨之幅,马甲富来家奴高连科,均在三河县屯居看坟,给地十八亩,四分伙种分粮。三人先将地亩押与民人何六、何老,后备钱回赎引起纠纷,何六扎伤徐庭宝致死。直隶总督审断:何六依斗殴杀人律,拟绞监候,秋后处决,何老照律杖责。[②]此案旗人"家奴"(坟丁)的法律身份等同凡人。

案例5,京旗满洲户下坟丁陈幅,在辽阳佣工度日。民人宋大借他市钱一千五百文。陈幅因索债用枪头伤宋大致死。盛京刑部谳断:将陈幅照斗殴杀人律,拟绞监候,秋后处决。[③]在本案中,旗人坟丁陈幅与被害民人宋大的法律身份皆同凡人。

在上述5个案例中,尽管旗人称谓有"家人""屯居包衣""包衣壮丁""家奴""坟丁"等,但法律身份均等同凡(良人)论。在清代社会,一般说来,陈年旧仆、印契(红契)奴仆是真正意义的奴仆,法律地位低于良人(包括正身旗人和普通民人);至于旗籍开户人、白契奴仆、"无主仆名分"雇工人等,法律身份则视同凡人。[④]有司鞫审旗民命案的基本前提,就是要明确当事双方的法律身份。在这方面,清官府对旗民命案的审理同样没有异视。

(二)雇工与雇主

清代旗民命案往往涉及雇工与雇主关系。刑科题本记录案件审理与谳断,必须明确两造社会身份,是否有功名,是平民抑或贱民;在宗族、家庭中是何种关系,出否五服,是什么服属,男女间是否夫妻等。其中有关雇佣关系者如:雇工属于长短工哪种类型,东伙平日如何相处,有无主仆名分,可否尔我相称、同坐共食。一旦涉案双方身份明确,再根据案情和律例作出相应鞫断。若双方是东伙关系,素无主仆名分,无论有无文契年限,判案俱依凡人科断;若雇工是长工,平日称雇主为老爷,有主仆名分,则认定雇工是雇工人身份,鞫审不依凡人论。因双方身份差异,同样性质的命案,量刑时对雇工人加一等治罪,对雇主减一等治罪。在这方面,同样不考虑旗籍民籍的差异。清律例载有:家长殴雇工人致死者,杖一百,徒三年;故杀者,绞监候;旗人殴雇工人致死者,枷号四十日,鞭一百。故杀者,亦照民人一律拟断。[⑤]这集中反映了双方法律地位的差异。

案例1,旗下闲散褚富雇给民人朱添才做工,因口角砍伤朱添才致死。盛京刑部谳断:褚富照斗殴杀人律,拟绞监候,秋后处决。在本案中,旗人褚富与雇主朱添才"兄弟平等称呼,并没主仆名分"[⑥],法律身份等同凡论。

① 编号35,第4871包:《奉天开原县民人李发因借钱事推跌旗人史俊登内损身死案》(《史料辑刊》三,1604)。
② 编号51,第5421包:《直隶三河县民何六因赎地事扎伤旗人徐庭宝致死案》(《史料辑刊》三,1634)。
③ 编号56,第5574包:《奉天辽阳州旗人陈幅因索债伤民人宋大身死案》(《史料辑刊》三,1638)。
④ 刘小萌:《八旗户籍中的旗下人诸名称考释》《试析旗下开户与出旗为民》,氏著:《满族的社会与生活》,北京图书馆出版社1998年,第158—159、175—177页;参见祝庆祺《刑案汇览》卷39《奴婢殴家长·殴死奴婢应分别红契白契》,载祝庆祺等编:《刑案汇览全编》第6册,第2016—2017页。
⑤ 祝庆祺:《刑案汇览》卷39《奴婢殴家长·旗人马甲殴死甫经典当家人》,载祝庆祺等编:《刑案汇览全编》第6册,第2020—2021页。
⑥ 编号54,第5428包:《奉天义州旗人褚富因口角砍伤雇主民人朱添才致死案》(《史料辑刊》三,1636)。

案例2，蒙古旗人王英，将地亩典给民人郭思聪。王英无力完粮，向郭找价，不肯。又托工人（雇工人）张义忠等向其说合找价完粮。酿起事端，张义忠等将郭打伤致死。直隶总督谳定：张义忠合依共殴人致死，下手致命伤重者绞律，拟绞监候，秋后处决。王英系旗人，应行鞭责，年逾七旬，照律收赎。[1]在此案中，旗人雇工与民人法律身份等同凡论。

案例3，旗人化濂泰雇房山县民冯三割麦，欠工钱未偿。冯三讨工钱扎伤化濂泰身死。刑部谳定：冯三合依斗殴杀人律，拟绞监候，秋后处决。[2]在此场合，民人雇工与被杀旗人雇主亦等同凡论。

案例4，开原县民李玥雇给旗人李文碌作年工。彼此平等称呼，素日和好。后以口角起衅，李玥把李文碌殴伤致死。盛京刑部定谳：应将李玥照斗殴杀人律，拟绞监候，秋后处决。[3]有司将雇工人李玥的法律身份视同凡人，与旗人雇主的法律身份平等，故依斗殴杀人律定拟。

以上，都是雇工人与雇主等同凡论的案例。此外，雇工人与雇主因有"主仆名分"而有司不按良人身份科断的案例颇多，不再赘举。[4]

在上引"良贱相殴"案例中，值得注意的有两点：1.在旗民命案的场合，决定刑罚轻重的关键因素是命犯的法律身份，而非户籍隶属（旗籍还是民籍）。2.在此种场合，旗籍奴仆包括真正意义上的雇工人，其法律身份不仅低于旗人，同样低于民人。同时也说明：作为"良人"的旗民人等（即旗籍与民籍自由民），法律身份及地位平等，并不存在扬此抑彼的情况。

六、命案审理程序

清代社会的基本特点是旗民分治两元体制，即以八旗制度统摄旗人（主体为满人），以州县制度管理民人（主体为汉人）。具体到各地，对旗民命案的审理程序，亦依管理体制差异而有所不同。概言之，即此类案件经逐级审理后呈报刑部复审，疑难案件上呈三法司会审。通过命案审理的多层级设置，尽量实现谳狱的公正。以下，分东北、各直省、京师三地分别说明之：

（一）东北地区。东北地域广大，行政管理体制与其他地区存在种种差异，对旗民命案的审理申报程序亦有相应区别

在建立府州县制的盛京地区，由案发地基层组织头目（据刑科题本，有什家长、牌头、甲长、总甲[5]、堡保长、保正、屯乡约[6]、地方[7]、守堡、乡长等）呈报州（辽阳州、宁远州）县（广平县、开原县、海城县等）

---

① 编号59，第5664包：《直隶丰宁县旗人王英雇工张义忠等共殴郭思聪身死案》（《史料辑刊》三，1642）。

② 编号61，第5694包：《直隶房山县民冯三讨工钱扎伤旗人化濂泰身死案》（《史料辑刊》三，1644）。

③ 编号69，第5698包：《奉天开原县民雇工李玥殴伤旗人李文碌身死案》（《史料辑刊》三，1655）。

④ 祝庆祺：《刑案汇览》卷39《奴婢殴家长·遣奴殴死同主雇工》，载祝庆祺等编：《刑案汇览全编》第6册，第2013页；《奴婢殴家长·家长非法殴死有罪雇工》，同上，第2022页；《奴婢殴家长·殴死雇工随带就食之女》，同上，第2024页；《奴婢殴家长·故死恩养三年以上典契雇工》，同上，第2025页。

⑤ 清顺治元年定：凡各府州县卫所所属乡村，十家置一家长，百家置一总甲。以后在城乡推行保甲制，十户为牌，立牌长（牌头、什家长）；十牌为甲，立甲长；十甲为保，立保长（保正）。《六部成语注解》："各大村镇，每村地分数甲数十百家。每甲之中又分某乡某排，一排之中有排甲稽察，一乡之中设乡约约束，又有里长司劝化之事，而统归总甲管辖。乃由州县官派官充之。"

⑥ 乡约，乡中小吏，由知县任命，掌传达政令、调解纠纷。

⑦ 清代称里、甲长、地保、巡役等为地方。

衙门初审,呈报府衙门(锦州府),再呈盛京府尹、盛京刑部,复审后拟律上报刑部。

在设立理事厅的盛京地区,由案发地基层组织头目呈报理事通判(岫岩理事通判、兴京理事通判)初审,上报奉天府尹、盛京刑部,复审后拟律上报刑部。

发生于上述地区的旗民命案,也有经盛京将军复审后咨行刑部的情况。

在吉林将军辖区,如有旗民交涉、贼盗案件及旗人斗殴人命等案,俱系刑司办理;徒罪以上案,俱咨报刑部;旗民交涉、斗殴、人命及民犯案件,由理事同知衙门办理。[1]具体程序:由案发地基层组织头目(牌头)呈吉林厅理事同知,上呈宁古塔副都统(伯都讷副都统),复呈吉林将军,咨行刑部;或由案发地基层组织头目(里长)呈长春厅理事通判,上呈吉林将军,咨行刑部;或基层旗员(防御)呈报副都统(三姓副都统、宁古塔副都统),呈报吉林将军,将军咨行京师刑部。刑部终审,皇帝批红,遇到疑难案件由三法司会审具奏。

(二)在各直省,若发生命案,州县衙门为初审

以直隶顺天府为例,各州县例于初审后上报顺天府(如系旗民命案,呈报各路理事同知),顺天府复审拟律后呈按察使复审,再呈总督复审拟律并咨行刑部。刑部终审,呈报皇帝裁决,如必要,经三法司核拟施行。在直隶各县府,则由基层巡检等官呈报知县初审,逐级呈报知府、直隶按察使、直隶总督并复审。在八旗各驻防地,遇有旗民命案,该管旗员即会同理事同知、通判,带领领催、尸亲人等公同检验,一面详报上司,一面会同审拟。如无理事同知、通判,即会同有司官公同检验,详报审拟。[2]逐级呈报将军并咨行刑部。刑部有疑难案件,会同兵部、都察院、大理寺会审具奏。

(三)在京师,因内外城旗民分治,审理程序亦有区别

内城旗界命案,由本家禀报佐领径报刑部相验;如街道命案,无论旗民,由步军校呈步军统领衙门,一面咨明刑部,一面飞行五城兵马司指挥速往相验,径报刑部。外城民界命案,无论旗民,俱令总甲呈报该城指挥,即速相验;呈报该城御史转报刑部、都察院。若系旗人,并报该旗。[3]

简言之,在各地区,所有命案均由基层衙门逐级审理并上报。按清制,州县可审断笞杖及以下案件,督府可审断徒刑以下案件,其余流刑、死刑案件,虽由州县初审上报,府、按察司甚至督府逐级复审也只能拟律,最后上报刑部和皇帝。[4]故旗民命案的司法权集中于刑部。刑部官员熟通律例,可保证鞫狱的基本准确与公正,避免出现重大疏失。以下是经刑部驳回或加以更正的4件案例:

案例1,山东宁海州民李经晏在宁古塔城西租地耕种,雇佣民人。雇工陈天佑偷窃李经晏牛只,李追赶争斗,将陈殴伤致毙。盛京将军谳断,将该犯依擅杀律拟绞监候。而刑部终审称:李经晏系属寻常斗殴,今该将军将该犯依擅杀律拟绞,"罪名尚无出入,引断究有未符",应改依斗殴杀人律,拟绞监候,秋后处决。又以该案事犯在嘉庆十年八月二十五日钦奉恩诏以前,死本理曲,伤系他物,秋审应入

---

① 萨英额:《吉林外纪》卷5,吉林文史出版社,1985年,第74页。

② 《大清律例·刑律·断狱下》,马建石、杨育棠等校注:《大清律例通考校注》,第1100页。

③ 《大清律例·刑律·断狱下》,马建石、杨育棠等校注:《大清律例通考校注》,第1102页。

④ 南玉泉:《顺天府的设立及其在京畿司法管辖中的地位与职能》,中国政法大学法律古籍研究所编:《清代民国司法档案与北京地区法制》,中国政法大学出版社,2014年,第37页。

缓决,应将该犯减为杖一百流三千里;续奉本年正月初四日恩旨,应照犯罪得累减之律,再减为杖一百徒三年,仍追埋葬银二十两给付尸亲收领。在这起命案中,刑部认为盛京将军量刑偏重,由"擅杀"改为"殴杀";复以事犯在两次"恩诏"之前,连续减刑,定为杖一百徒三年。

案例2,旗人杀旗人(宗室杀死坟丁)案。沈阳内务府壮丁张俊,因地被宗室得克吉恒额攘夺,妻被殴伤,伊侄复被捆绑,情急之下踢伤克吉恒额坟丁胡八十一肾囊身死。盛京刑部审理,将张俊依斗杀律拟绞,得克吉恒额等拟枷杖。刑部详核案情,谳词称张俊并无侵占别情,而宗室得克吉恒额等逼写退地契据,率多人索要饭食,喝令殴打捆缚,明系无故扰害,"属凶恶棍徒";听从其指令殴捆张俊之胡八十一等,"均属棍徒为从"。刑部认为盛京刑部未考虑命犯被动行凶情节,"引断殊未允协",驳回重审。(批红)部驳甚是,依议。①

案例3,旗人杀民人案。内务府园丁刘进忠雇给本堡王得章、韩经茶饭铺里吃劳金,讨要帐目。本堡民人于景义赊欠铺里茶饭钱。刘进忠索债起衅,用刀戳伤于景义身死。刑部终审,认为刘进忠因被于景义欺侮屡次辱骂,心里气忿,起意致死,实属预谋诸心,自应以谋杀律定拟;盛京刑部将刘进忠依故杀律科断,量刑虽无大谬,但在分寸把握上不够准确,未考虑"预谋"情节,故将量刑依据由故杀律改为谋杀律。②

案例4,旗奴杀民人案。正红旗章添保户下家奴姜亮,屯居涞水县卖酒生理,同村民人王立本陆续赊欠姜亮酒钱无偿,因此起衅殴斗,被姜亮等人殴伤致死。直隶总督将姜亮依共殴人致死下手伤重律拟绞监候具题,刑部以直督所拟"是将以贱殴良之案仅同凡科",驳回重审。③

总之,各地衙署对旗民命案的审理呈报程序,依行政管理体制的差异而有所不同。但不管有何差异,均要经各级衙署拟律后送刑部审断。刑部素有"天下刑名总汇"之称,是以"刑者人命所系,而天下人命尤系于刑部之一官"④。刑部设有十八司,除督捕司专办逃旗现审外,其余十七司办理各省题咨准驳案件,并分办在京各处移送奏咨现审等件,"推原立法,所以专责成而均分理也"⑤。尤其秋审处等官熟通律例,法律经验丰富,专业素质高,由其对各直省题、咨命案复审,保证了案件定谳的准确和公正。从前引诸案看,不乏地方官或旗员谳断有失而被刑部驳回重审的实例。命案审理的多层设计,刑部终审和三法司核拟制的设置,均为清政府公正审理旗民命案提供了制度保证。⑥

从刑部题本还可看出,绝大多数旗民命案,多缘于当事双方的债务纠纷。命案双方或为亲友,或为邻里,或为主仆,或为雇佣,平日关系密切,并无嫌隙,只因债务纠纷,一时忿起,酿成惨剧。说明酿

---

① 编号64,第5722包:《奉天开原县旗人张俊因田地之争伤胡八十一身死案》(《史料辑刊》三,1647)。
② 编号65,第5711包:《奉天新民厅旗人刘进忠因债伤民于景义身死案》(《史料辑刊》三,1649)。
③ 祝庆祺:《刑案汇览》卷39《良贱相殴·屯居旗人之家奴殴死民人》,载祝庆祺等编:《刑案汇览全编》第6册,第2012页。
④ 徐乾学:《刑部题名碑记》之一,《憺园文集》卷26,载国家清史编纂委员会编:《清代诗文集汇编》第124册,上海古籍出版社,2011年,第587页。
⑤ 祝庆祺:《刑案汇览》卷末,载祝庆祺等编:《刑案汇览全编》第8册,第3158页。
⑥ 刑部亦如其它五部,行满汉复职制。郑小悠:《清代刑部满汉关系研究》(《民族研究》2015年6期)一文指出,自清初直到雍正、乾隆年间,刑部一直在很大程度上保留着汉官不问旗案的行政传统。这里的"不问",不是不参与审理程序,而是强调汉官不做主张,不在意见上与满官相左。至于直省汉人的一般命盗案件,雍正以后,满官的参与度要比顺、康年间要更高一些。乾隆中后期、嘉庆、道光年间,汉官不办满案的旧例被打破。

成旗民命案的基本原因是日常经济纠纷,而非身份、地位、籍贯(旗籍与民籍)畛域,更非族群(满人与汉人)冲突。换言之,旗民命案与社会中时隐时现的满汉矛盾并无必然关联。

七、结语

通过对刑科题本旗民命案的考察,并结合以往研究,可将清代中期旗民(满汉)法律关系概括如下:

(一)旗人拥有的法律特权,主要表现在以下两方面

一是满洲贵族特权。《大清会典》《宗人府则例》载有一系列维护宗室特权的律例,如宗室、觉罗有人命斗殴之讼,由宗人府审理,以后有所限制,改由宗人府与刑部决之。[①]清律"八议"(即议亲、议故、议功、议贤、议能、议勤、议贵、议宾)诸条,虽非清朝所创,而"悉仍唐律[②]",但由于清朝统治的"异民族"性质(相对被统治主体民族汉人而言),则注定了该律被赋有民族压迫歧视的特色。

二是普通旗人(主体是满洲人)特权。表现主要有三:

1.专门的司法审理权。内务府慎刑司掌管上三旗刑名及宫廷人员刑狱,步军统领衙门掌管京旗案件(以上两衙门只审断笞杖以下案件,徒以上案件均送刑部)[③]。清朝关于旗人军事案件的审谳,在《大清律例·兵律·军政》《八旗通志》《中枢政考》中均有详细规定。因此类案件与民事不相干,系由本管衙门自行追问。如涉及地方满、汉交涉案件,则由理事厅与地方官员会审。理事厅设在有八旗驻防的都邑关津,有理事同知、通判等官,多由旗人担任,地方官无权单独对满人定罪量刑。

2.刑法中旗人"犯罪免发遣"[④]律。民人犯法,有笞、杖、徒、流、死5等刑罚,旗人则享有换刑特权,笞、杖刑各照数鞭责,军、流、徒刑免发遣,分别枷号。旗人犯盗窃罪免刺字,重犯刺臂,民人刺面。《清史稿·刑法志》在解释这样做的原因时说:"原立法之意,亦以旗人生则入档,壮则充兵,巩卫本根,未便远离。"

此律尤为后世所诟病,以其社会影响面广,一向被视作旗人(满人)拥有法律特权的基本依据。[⑤]不过,正如清末法学家沈家本所指:此律实非清廷所创,而是参据《明律》"军官、军人免徒流"条而仿照编纂。明代军官、军人,隶于各卫,以充营伍,各卫所差务殷繁,故犯流徒者,仍发各卫所充军当差。旗人犯罪折枷,与此意相符合。清朝定鼎中原,旗人世袭当兵,时旗人壮丁有限,清律对犯罪旗人实施"换刑",主要是保证兵源的考虑。[⑥]由此可见,问题的关键并不在于律文本身,而是在于八旗制度所带有的鲜明"满洲"特色,即作为清朝重要军事机器,同时也是满洲人军政合一的社会组织。八旗官兵既

---

① 胡翔雨:《清前期京师初级审判制度之变更》,《历史档案》2007年2期,第47页。

②《大清律例·名律例上·八议律文》,《大清律例通考校注》,第206页。

③ 南玉泉:《顺天府的设立及其在京畿司法管辖中的地位与职能》,中国政法大学法律古籍研究所编:《清代民国司法档案与北京地区法制》,第36—37页。

④《大清律例·名律例上·犯罪免发遣》:"凡旗人犯罪,笞杖各照数鞭责。军流徒免发遣,分别枷号。"该律附相关例文七条。《大清律例通考校注》,第217页。

⑤ 郑秦:《清代司法审判制度研究》,第63—74页。

⑥ 沈家本:《旗人遣军流徒各罪照民人实行发配折》,《寄簃文存》卷1,李光灿:《评〈寄簃文存〉》,群众出版社,1985年,第197页。

以满洲人为主体,也就注定了该律被视为旗人(满洲人)法律特权的重要标志。而其在制造旗民畛域(满汉畛域)方面所起的深远影响,也不言而喻。

3.民法中的旗民"不准交产"律。其真正含义,即旗地、旗房概不准民人典卖,反之旗人置买民地、民房,则从无禁例。相关律例俱载《大清律例·户律·典卖田宅门》,从而体现了旗人(满人)的经济特权。

(二)旗人法律特权的有限性

全面考察的话,在清代法律中,旗民法律关系既有不平等一面,也有平等的一面,后者主要体现在对旗民案件科罪时的统一标准,即以清律例为基本依据,并不问罪犯的具体身份(是旗人还是民人)。这种情况,在命案一类重大案件的审理上,得到集中反映。此即前人所指:清朝在制定法律条文时,坚决维护满人享有的特殊法律地位和司法特权,同时又坚持全国法制的统一,使关于满人的特殊司法制度统一于全国的司法体系中。[①]

上述情况,对全面评估清代旗民法律关系颇有启迪。长期以来,学界往往只关注旗人(主体是满洲人)、民人(主体是汉人)法律关系不平等的一面,同时却忽略其平等的一面,所持观点亦难免偏颇。有清一代,旗民(满汉)间的刑事纠纷和各类案件在各地虽时有发生,却并未导致双方矛盾(旗民矛盾、满汉矛盾)的激化,这与清官府对旗民量刑标准的总体持平是分不开的。

(三)旗人法律特权的削弱

清廷入关之初,满洲统治者对广大汉人实施强烈民族压迫政策,满汉人法律地位差异明显。乾嘉以后,随着清廷对满汉关系的调整,旗人法律特权有所削弱。首先表现为逐步缩小旗人"犯罪免发遣"律的适用对象,同时扩大实刑范围。[②]满洲贵族法律特权,亦随时间推移而加强限制。清初宗室犯命案有免死特权。道光五年(1825)改为:"宗室酿成命案,宗人府会同刑部先行革去宗室,照平人一律问拟斩绞,分别实缓,其进呈黄册仍著由宗人府办理。"[③]就是满洲贵族免死特权被削除的佐证。

(四)旗民命案的性质

从现存刑部题本可看出,绝大多数旗民命案,多缘于当事双方的债务纠纷。命案双方或为亲友,或为主仆(雇主与雇工),平日关系密切,并无嫌隙,只因债务纠纷,一时忿起,酿成惨剧。这说明,酿成旗民命案的基本原因是日常经济纠纷,而非身份、地位、籍贯(旗籍与民籍)畛域,更非族群(满人与汉人)冲突。换言之,旗民命案与社会中时隐时现的满汉矛盾并没有必然的关联。

(五)旗人法律特权的废除

光绪三十三年(1907),清廷实行新政、预备立宪,以"融满汉"为当务之急。与以往不同的是,一些满洲大员,积极倡导化除满汉畛域。出国考察归来的端方,于六月二十二日奏上化除满汉畛域办法八

---

① 郑秦:《清代司法审判制度研究》,第59页。

②《大清律例·名律例上·犯罪免发遣》律附七条例文,《大清律例通考校注》,第218—220页;沈家本:《旗人遣军流徒各罪照民人实行发配折》,《寄簃文存》卷1,李光灿:《评〈寄簃文存〉》,第197—198页;参见祝庆琪等编《刑案汇览》卷一《犯罪免发遣》,载《刑案汇览全编》第1册,第158—168页。

③ 祝庆琪等编:《刑案汇览》卷1,载《刑案汇览全编》第1册,第151页;参见昆冈等纂《清会典事例》卷七二五《刑部三》。

条,其一即满汉刑律宜归一致。七月,清廷谕内阁:"现在满汉畛域,应如何全行化除?"命满汉大臣讨论奏上。奏议之一:旗人犯罪,与民人一体办理:旗人犯遣军流徒各罪,照民人一体发配;现行律例折枷各条,概行删除,以昭统一。就是改变旗民法律上的不平等。

其实早在道光五年(1825),协办大学士英和"会筹旗人疏通劝惩"一折,已提出废除旗人换刑特权:既准旗人在外居住,所有笞杖徒流军各例,应照民人例一体办理;且屯居旗人原有照民人问拟之例。然此建策未能落实,又拖了八十多年,直到光绪三十三年(1907),旗民不平等的法律条文始被废除。同年八月,主持修订清律的大臣沈家本奏请:"嗣后旗人犯遣军流徒各罪,照民人一体同科,实行发配。现行律例折枷各条,概行删除,以昭统一而化畛域。"[①]九月,慈禧太后懿旨:"满汉沿袭旧俗,如服官守制,以及刑罚轻重,间有参差,殊不足昭划一。"她命礼部、修订法律大臣议定满汉通行礼制、刑律,除宗室外,满汉同一。清廷议定《满汉通行刑律》,并于宣统元年(1909)更名《现行刑律》,公布施行。满、汉民刑案件,一律归各地审判厅审理。

相形之下,民法中有关禁止旗民交产律的废除却显得一波三折:咸丰二年(1852)第一次准许旗民交产,5年后借口"徒滋涉讼",奏准仍复旧制;同治二年(1863)一度恢复了咸丰二年定例,"庶旗民有无,均可相通",但光绪十五年(1889)又规复旧制,旗民不准交产。"然民间之私相授受者仍多,终属有名无实。"[②]待到光绪三十三年(1907)再度确认咸丰二年成案的合法性时,清王朝的覆亡已经指日可待了。

(作者刘小萌,中国历史研究院近代史研究所研究员。原载《清史研究》2019年第4期)

① 沈家本:《旗人遣军流徒各罪照民人实行发配折》,《寄簃文存》卷1,李光灿:《评〈寄簃文存〉》,第198—201页。
② 《户部井田科奏咨辑要》卷上,第1页上、13页上、15页上;卷下,第51页下,光绪朝排印本;沈家本:《变通旗民交产旧制析》,《寄簃文存》卷1,李光灿:《评〈寄簃文存〉》第198—201页。

八旗汉军火器营制度考

张 建

清朝敉平三藩后,出于组织利用藩下娴熟枪炮的官兵,预筹西北边防的考虑,在康熙二十二年(1683)设立八旗汉军火器营。此举在制度史层面具有双重意义:首先,它是八旗组织中首个火器营,管理汉军马甲总数的 2/3,兵多将广,规制崇宏。[①]其次,它是继英明汗革除"黑营"(sahaliyan ing)后,[②]清朝在旗下重建独立营制之举。嗣后建立各营如八旗满洲火器营、健锐营,规章制度多有参照汉军火器营者。然而,既有观点碍于史料匮乏,对该营营制的认识有误。至于所辖兵丁种类、职官制度的讨论更付之阙如。本文将依据官私史料,揭橥汉军火器营官兵制度的演变,否定其下曾分设二营之说。

一、营兵数目与种类

八旗汉军火器营的营制经历了逐渐完善的过程,其大体分两阶段:一是康熙二十二年至二十八年(1683—1689),营制初创。二是康熙二十八年至三十六年(1689—1697)的调整期,先是设立"汉军火器营兼练大刀衙门",又在康熙二十九年(1690)乌兰布通战役后,基于实战经验调整营制,尤以康熙三十五年(1696)亲征朔漠时为甚。不同时期,规制有异。

有学者认为,康熙二十八年,"汉军火器营兼练大刀衙门"设立后,下辖两营:

> 汉军火器营与"旧汉兵"的继承性是明显的,体现在前者沿袭了"旧汉兵"依托兵种来划分、编组次级建制单位的组织模式,设立了两个次级训练和作战的单位:汉军骁骑火器营与汉军鸟枪营。[③]

此文称火器营衙门下辖"汉军骁骑火器营"与"汉军鸟枪营",却未交待推理过程。就上下文来看,其史料依据不外《钦定皇朝文献通考》与乾隆朝《大清会典》,前书记载:

> 雍正六年,奏准大阅官兵数目及营伍、器械。嗣后,遇大阅列阵,首队前汉军火器营官兵排立。……汉军鸟枪营每旗设纛一、执枣领催一名、骁骑三名,随枣散秩官一人、领催二名、骁骑二十名。[④]

---

① 张建、刘小萌:《清入关前"火器营"献疑》,《天津师范大学学报(社会科学版)》2018年第3期,第22—27页;张建:《八旗汉军火器营的创立》,《历史教学》2019年第14期,第18—25页。

② 张建:《清入关前"黑营"与"汉兵"考辨》,《中国史研究》2016年第4期,第190页。

③ 王涛:《清军火器、军制与战争——以旗营与淮勇为中心》,上海:复旦大学博士论文,2007年,第10—11页。

④ 嵇璜等纂:《钦定皇朝文献通考》卷一九二《兵考·十四》,《景印文渊阁四库全书》史部394册,台北:台湾商务印书馆,1987年,第357页。

《会典》则曰：

> 八旗汉军鸟枪营、炮营，每旗各鼓一、金五。[1]

既有观点据此认为"汉军骁骑火器营"和"汉军鸟枪营"并行不悖。至于二者的来龙去脉，以及《会典》提到的"鸟枪营""炮营"和汉军火器营是什么关系，则一概不谈。其实，《钦定皇朝文献通考》与《大清会典》固然是治清史最基本的史料，但均属后出文献，落实到清初八旗兵制上，或失之简略，或前后不一。靠这类史料作研究，易将复杂问题简单化，错误在所不免。诠释八旗汉军火器营规制，必须本着史源学的精神，以档案为根基考据，才不至离题千里。

汉军甲兵是火器营的兵力基础。厘清火器营规制的根本，在于还原该营在不同时期领有的兵种。火器营初设时，管束每个佐领的20名马兵鸟枪手，占汉军披甲的2/3。[2]那么，其余披甲是什么兵种呢？

康熙三十六年，谕：

> jakūngūsaiujencoohade.tuwaiagūramoringgauksinjuwehacinohobi.menigūninde.tuwaiagūraumesioyonggo.jakūngūsaiujencoohaimoringgauksinbe.gemumiyoocaniuksinobufi.
>
> 译文：八旗汉军已作火器、马甲两类。朕思：火器甚要，八旗汉军马甲俱作鸟枪披甲。[3]

此谕宜与雍正元年（1723）汉军副都统李林森所奏参看：

> 惟八旗汉军当年曾另立有火器营，教演鸟枪，骁骑营止习学弓马。[4]

康熙帝将汉军甲兵分为tuwaiagūra（火器）和moringgauksin两类，是就八旗汉军之uksin，即披甲或马甲言之。"火器营"的满文是tuwai agūra ing，所辖甲兵统称为tuwai agūrai cooha，直译"火器之兵"，即"火器手"。[5]moringgauksin一词不见于清朝官方编纂的满文词典《清文鉴》。查moringga源自morin（马），义为"马的"，故moringgauksin亦可译作"马甲"，但不可与uksin所指的"马甲"简单对应。李林森称火器营设立后，汉军甲兵分属火器营和"骁骑营"，前者操演鸟枪，后者仍照旧制练习弓马，作为传统骑兵。可知moringgauksin在此专指练习弓马的马甲。也就是说，汉军佐领的30名uksin在火器营成立

---

① 允裪等纂：《大清会典》卷九七《兵部·武库清吏司·军器》，《景印文渊阁四库全书》史部377册，第618页。

② 张建：《八旗汉军火器营的创立》，《历史教学》2019年第14期，第19页。

③ 署正蓝旗汉军都统李淑德奏（无年月），台北故宫博物院编：《宫中档雍正朝奏折》第32辑，台北：台北故宫博物院，1980年，第587页。

④ 正黄旗汉军副都统李林森奏（雍正元年九月十三日），《雍正朝汉文朱批奏折汇编》第1册，南京：江苏古籍出版社，1987年，第932页。

⑤ 台北故宫博物院藏：满文起居注册，114000139，康熙二十三年四月，第22页。

后分为两类,一类是名为马甲,却操演步战的鸟枪手,计20名,其余10名仍是骑射手。因此,从康熙二十二年,汉军火器营建立起,到康熙三十六年,奉旨裁并为止,汉军马甲按装备不同,分属火器营和"骁骑营",根本不存在分设"汉军骁骑火器营"和"汉军鸟枪营"的情形。

除鸟枪马甲外,火器营还辖有其他兵种,康熙二十九年纂成的《大清会典》载:

(火器营)每佐领设拨什库二名、甲兵二十名。[1]

李林森称:

伏思,康熙二十二年,编设汉军火器营时,每佐领下领催二名、马兵二十名、敖尔布二名。[2]

"拨什库"是满语bošokū的音译,即"领催",是由披甲充任的小官。敖尔布,即满语olbo的音译,本义"褂子"、"短褂",引申为"绵甲",在清入关前被用来指代"绵甲军"或"步兵",即身披绵甲、步行作战之兵;[3]火器营成立后,绵甲兵士改为扛抬鹿角,一律从汉军佐领挑补,每个佐领2名,汉文史籍称之为"绵甲人"。那么,清朝是从每个汉军佐领选出24名兵丁,组建火器营。结合佐领数目,可粗略推知全营兵数。房兆楹先生根据两部《八旗通志》,逐年统计出八旗佐领数目,据此可算出历年火器营兵数(参见表1)。可见康熙二十二年,火器营始创时,八旗汉军共有255个佐领,[4]阖营兵力约为6120名。其中领催、绵甲人各510名、马甲5100名。自康熙二十四年至康熙三十六年(1685—1697),即火器营裁并为止,汉军共有265个佐领,营兵约为6360名。其中领催、绵甲人各530名、马甲5300名。

表1　火器营历年兵数

年份	汉军佐领数目	领催数目	马甲数目	绵甲人数目	总数
1683	255	510	5100	510	6120
1684	260	520	5200	520	6240
1685—1697	265	530	5300	530	6360

然而,表1记载的兵数仅是约数,而非确切的数目。特别是康熙二十八年,清廷设立火器营衙门后,每逢出兵,编制有所扩大。次年,准噶尔南进,与清军会战于乌兰布通,不敌而退。战后,康熙帝以火器营为头等军功。[5]从议叙军功的记载看,火器营序列中包括七类兵丁,依次为:(一)"放炮、鸟枪作战之人"(poo miyoocan sindame afaha niyalma)、(二)"执纛之人"(tu jafaha niyalma)、(三)"带小旗领催"(kiru ashaha bošokū)、(四)"押炮披甲"(poo be dahalara uksin)、(五)"挽车步甲"(sejen jafaha yafan i uk-

---

① 伊桑阿等纂:《大清会典》卷八一《兵部一·八旗甲兵》,台北:文海出版社,1992年,第4035—4036页。

② 台北故宫博物院藏:宫中档雍正朝朱批奏折,402005013,正黄旗汉军副都统李林森奏,雍正元年九月十三日。

③ 阿南惟敬:《清初の兵制に関する若干の考察》,《清初军事史论考》,东京:甲阳书房,1980年,第346—347页。

④ Fang Chaoying, "A Technique for Estimating the Numberical Strength of the Early Manchu Military Forces", *Harvard Journal of Asiatic Studies* 13 (1950), pp.192–215.

⑤ 温达等纂:《亲征平定朔漠方略》卷八,北京图书馆藏康熙四十七年(1708)内府刻本,康熙二十九年十一月己酉,第30b—33a页。

sin）、(六)"绵甲人"、(七)"抬鹿角木的跟役"(hiyahan tukiyehe kutule)。其中,"放炮、鸟枪作战之人"即炮甲(炮手)和鸟枪披甲。"执纛之人"乃掌火器营大纛之兵。"带小旗领催"指身佩小红旗,在鹿角前指挥射击的领催。以上三类兵丁,除放炮的炮甲外,和扛鹿角的"绵甲人"都可确定为火器营的旧属甲兵。余下三类兵丁内,"押炮披甲"即护炮之兵,究竟属于火器营兵抑或炮甲和骁骑兵丁,尚难以判断。"挽车步甲"是以八旗各兵种内,地位卑下,薪俸微薄,平日看街坐更、查拏奸宄的"步甲"或"步兵"推行炮车或辎重,代马输卒。"抬鹿角木的跟役"并非正兵,而是由兵丁子侄、八旗家奴和雇工人充当的随军仆从,由于绵甲人不足,选彼等抬鹿角。① 故而"挽车步甲"与"抬鹿角木的跟役"都是战时调往火器营之兵。也就是说,汉军火器营出兵时,除了原属营兵的领催、鸟枪马甲、绵甲人外,还领有炮甲、护炮披甲、步兵和跟役。如果非要说火器营下辖两营的话,从这条史料看,也该是鸟枪营和炮营,而非所谓"汉军骁骑火器营"和"汉军鸟枪营"。可是,就兵丁统一议叙的情况看,汉军火器营、鸟枪营和炮营是否同时存在,难以定论,还要从职官设置情况推求。

二、职官制度

火器营的官制,见于《大清会典》:

> 总管(每翼一员,或都统,或副都统兼管)、协领(每旗一员)、叅领(每旗一员)、操练尉(每旗五员)、骁骑校(每旗五员)。②

《旗军志》称:

> 置操练尉二员(正五品)、副尉二员(正六品)。一旗置参领一员(正四品)、统领一员(正三品)。四旗置副都统四员、都统一员,即命马军都统、副都统兼任其事。③

李林森所奏,又与《旗军志》不同:

> 每旗协领一员、参领一员、章京十员、骁骑校十员,每翼都统一员、副都统二员,管理八旗。④

李林森奏折虽是一手史料,却是追溯四十余年前事,未可轻易否定官私著述的记录。上述记载中,有关协领(gūsai da,即"固山大")和参领的内容一致,但在总管都统、副都统与基层军官的设置上有别,以下将分别考订之。

---

① 温达等纂:《亲征平定朔漠方略》(beye dailame wargi amargi babe necihiyeme toktobuha bodogon bithe,下略作《亲征平定朔漠方略》满文本)卷一一,故宫博物院藏康熙年间内府精写本,康熙三十年闰七月己未,第27a—28b页;刘小萌:《库图勒考》,《满族的社会与生活》,北京:北京图书馆出版社,1998年,第187—199页。
② 伊桑阿等纂:《大清会典》卷八一《兵部一·八旗官制》,第4030页。
③ 金德纯:《旗军志》,北京大学图书馆藏清刻本,第10a—10b页。
④ 宫中档雍正朝朱批奏折,402005013,正黄旗汉军副都统李林森奏,雍正元年九月十三日。

表 2　康熙二十八年兼管火器营副都统表①

姓名	副都统旗分	履历	备注
田象坤	镶黄旗汉军	镶黄旗汉军人,伯父田雄为南明总兵,于顺治二年(1645)缚弘光帝降清。田象坤于康熙四年(1665)袭爵,二十五年六月任本旗副都统	康熙三十一年降职。雍正二年(1724)三月,授正白旗汉军副都统,闰四月,署正蓝旗汉军都统。雍正四年(1726)革职
张俊	正黄旗汉军	正黄旗汉军人,康熙二十三年五月任,疑二十六年(1687)解职,次年复任	康熙二十九年四月去职
色格印(segiyen,汉文又作色钦、塞格音)	正白旗汉军	苏完瓜尔佳氏,隶正白旗满洲第五参领第四佐领,曾任佐领。康熙二十八年闰三月,由前锋参领任正白旗汉军副都统	乌兰布通之战表现怯懦,康熙二十九年十月革职,永不叙用
科尔代(kordoi,汉文又作科尔对)	正红旗汉军	满洲人,康熙二十七年六月,由参领任正红旗汉军副都统,后任右翼火器营副都统	康熙三十四年六月,调右卫右翼副都统。三十七年(1698)三月,任镶蓝旗满洲副都统
苏曷(suhe,汉文又作苏林)	镶白旗汉军	和尔氏,乃满洲旗分之蒙古,隶镶白旗满洲第四参领第十四佐领,曾任佐领。康熙二十七年十月任镶白旗汉军副都统	康熙三十年十二月,调镶白旗蒙古副都统,次年十月调任满洲副都统,三十三年五月升护军统领,三十六年正月调右卫左翼护军统领,三十八年九月革职
郎化麟	镶红旗汉军	隶镶红旗汉军第四参领第二佐领,乃崇德七年(1642)编设之世管佐领,曾任佐领。因战功,世袭一等阿达哈哈番加一拖沙喇哈番。康熙十年四月,由参领任本旗副都统	康熙三十一年十二月,升本旗都统,三十七年休致
喻维邦	正蓝旗汉军	隶正蓝旗汉军第三参领第一佐领,乃崇德年间编设,曾任佐领。康熙二十年十一月,由参领任正蓝旗汉军副都统	康熙三十八年休致
张朝午	镶蓝旗汉军	隶镶蓝旗汉军第三参领第四佐领,曾管镶蓝旗汉军第三参领第二佐领。康熙二十六年八月,由参领任镶蓝旗汉军副都统	康熙五十一年(1712)升广西提督,五十六年(1717)病故

就总管一职而言,初设火器营时,"命镶黄旗一等公·内大臣·都统·舅舅佟国纲、正黄旗副都统张所知,为兼管教习鸟枪兵丁总管",②以佟国纲掌左翼,张所知统右翼。次年,张所知升任都统。正与《会典》所言,两翼各设总管一员的情况相符。康熙二十八年,设立专衔后,每旗以副都统一员钤束火器营(参见表2),《旗军志》谓"四旗置副都统四员"即指此。但从史料来看,这是因为噶尔丹博硕克图征服喀尔喀,边情紧急,预筹战事的临时举措。乌兰布通战后,清朝屡发火器营兵戍边,两翼各选都统或副都统一员领军,在京总管仍相沿不废。如康熙三十一年(1692)备兵大同,左翼派正白旗汉军副都统孙征灏,右翼派镶蓝旗汉军都统诺迈;在京则以镶黄旗汉军都统鄂伦岱、正黄旗汉军副都统李林隆管理,③表面上维持着每翼设都统或副都统一员,充任总管的制度,实际已有所变化。康熙三十五年,亲征噶尔丹时,出塞火器营官兵打破旧制,以两旗为一营,各营都统、副都统人数不等,如管理镶红、镶

---

① 该表据内阁题本、八旗世袭谱档、宫中朱批奏折、《清圣祖实录》《康熙起居注》等编成。

② 《清圣祖实录》卷一一〇,康熙二十二年六月辛卯,北京:中华书局,1985年,第122页。

③ 温达等纂:《亲征平定朔漠方略》(满文本)卷一二,康熙三十一年九月辛酉,第31a—31b页。

蓝两旗之营的大员竟多达五人(参见表3)。不过,这属于临战之举,战后并未沿用。

清廷委任总管,有一定之规,长期担任火器营总管者仅三人,前两人是佟国纲及其子鄂伦岱(orondai),后一人是诺迈(nomai),皆出身汉军高门。佟国纲系康熙帝生母孝康章皇后之兄,被尊为国舅,自火器营初建便担任左翼总管,直到阵殁于乌兰布通。①其子鄂伦岱至迟在康熙三十一年总管火器营,参预北征军机。父子总管营务13年,几与火器营相始终。诺迈是清初屡立战功的墨尔根侍卫李国翰之子。他于康熙二十年(1681)出任镶蓝旗汉军都统,在康熙二十七年(1688)接替因故落职的张所知主管右翼火器营,至三十三年(1694)病逝,总管右翼营务7年,头衔是"都统、拜他喇布勒哈番兼管佐领、火器营都统"(gūsai ejen bime. baitalabure hafan. nirui janggin. tuwai agūra ing ni gūsai ejen)。②

即便是临时管束的副都统,也非人人可为。以表三开列的8位副都统为例,细究其履历,可分为三种情况:一是出身有军功、入关前降附的汉军家族,如张朝午是天聪五年(崇祯四年,1631)大凌河之战降金,镇压抗清势力有功,赐封太子太保的张存仁之后。③他如郎化麟、喻维邦皆如此。二是死心塌地的汉奸后裔,如田象坤叔父田雄,曾任南明总兵,却于顺治二年(1645)缚弘光帝降,得封侯爵,世袭罔替。④康熙三十一年后,两番统驭火器营兵出征的孙征灏,则是顺治十四年(1657)降清,导致滇黔洞开、永历政权覆灭的义王孙可望之子。三是满洲官员,如色格印、科尔代、苏曷皆如是。

那么,可以认为,火器营总管一职,确如《会典》所言,是两翼各一员,由都统、副都统充任。只是康熙二十八年羽书旁午之际,八旗各自派副都统一员兼管,之后为讨伐准噶尔,调发火器营官兵时,也增派都统、副都统掌兵,属权宜之举而非永久之制。总管皆由汉军世胄、满官及对清廷效忠不贰的汉军官员充任,显示满洲统治者既重视这支包含大批藩下人丁的汉军精兵,又暗寓监管防范之意。

表3　康熙三十五年北征火器营统领大臣表⑤

出塞地	旗分	统领官
独石口(随御营)	镶黄、正白	镶黄旗汉军都统·公鄂伦岱、正白旗汉军都统·公孙征灏、署副都统·蓝翎侍卫兴永朝
	正黄、正红	正红旗汉军都统王永誉、正黄旗汉军副都统张所知
古北口	镶白、正蓝	正蓝旗汉军都统李正宗、镶白旗汉军副都统雷继尊、正蓝旗汉军副都统喻维邦
	镶红、镶蓝	镶蓝旗汉军都统·额驸诺穆图、镶红旗汉军副都统费仰古、赵玥、镶蓝旗汉军副都统·宗室巴赛、镶蓝旗汉军副都统张朝午

总管以下,逐旗设立火器营协领、参领各一员,并无异议。惟参领以下,负责日常训练的基层军官职名、人数,记载各不相同。尤其是《会典》把参领之下的军官叫做"操练尉",而李林森却称之为"章京",这一差异究竟从何而来,有待深究。查火器营初设时,参领以下所设官员为sula janggin,音译"苏拉章京"。雍正年间,副都统李淑德追溯营务,提到火器营有"另派之协领、参领、苏拉章京、骁骑校"(enculeme tucibuhe gūsai da. jalan i janggin. sula janggin. funde bošokū)。⑥这条史料并非孤证,康熙二十

① 杨珍:《康熙皇帝一家》,北京:学苑出版社,1994年,第353—357页。
② 诺迈谕祭碑拓片,国家图书馆古籍部藏,康熙三十三年六月二十三日。原碑在今北京市房山区羊头岗村西北之"狼家坟",毁于上世纪70年代,石材用于修建水井。至2018年9月,仍可在井壁上见到约20方碎石。
③ 东洋文库藏:镶蓝旗汉军呈造佐领世职根源条例家谱册,张世俊佐领缘由,无年月。
④ 中国第一历史档案馆藏:内阁八旗世袭谱档,镶黄旗汉军一等侯田存德承袭档,雍正十年闰五月初八日。
⑤ 该表据内阁八旗世袭谱档、《亲征平定朔漠方略》等编成。
⑥ 署正蓝旗汉军都统李淑德奏(无年月),《宫中档雍正朝奏折》第32辑,第588页。

四年(1685)的《起居注册》也谈及此事：

> 又兵部题火器营每旗添设参领一员,骁骑校二员。上曰:"尔等之意若何?"明珠等奏曰:"火器所关最为紧要,况旗下无职掌闲散章京颇多,似应将伊等补授管理。"[1]

查满文本,"闲散章京"作 sula janggisa,即 sula janggin 的复数。[2]满文 sula 义为"闲散",sula janggin 译作"苏拉章京"或"闲散章京"皆可,指没有职掌的小官。看来,清廷从康熙二十四年起,便选拔"苏拉章京"充作火器营训练官了。李林森奏折所云"章京"实指此类。

"操练尉"满文作 urebure kūwaran i janggin,[3]直译"操练(的)营的官"。《实录》称康熙二十八年,每旗增设火器营操练官5员,[4]"操练官"与"操练尉"实为一词。据《八旗通志》,雍正时重臣高其位在康熙二十七年(1688)任操练尉,此前他因追论鄂西平叛失利罪夺职,[5]符合"无职任闲散章京"的条件。可知操练尉设于康熙二十八年之前,由闲散章京出任。前述《会典》载火器营两翼各设总管1员,未提每旗设副都统1员专理营务,足见所载制度是康熙二十八年前的旧规。是年扩编后,每旗增设5员操练尉,连同《会典》所载原设5员,正与李林森所言10员之数相符。

兵不可一日不练。火器营自协领以下诸官皆为专任而非兼管,必需专业精熟的军官负责日常操演,委用条件相对放宽。从零星史料看,藩下人任官并不稀奇,譬如火器营协领臧世元、操练尉王仪本为孔有德旧部,参领阎琦则是耿藩属下。他们都曾担任过佐领一职,管束原隶藩下的官兵。[6]所以,火器营官员的委用标准不同。总管之职位高权重,必以出身可靠的大员把持虎符;协领以下,则不拘出身,挑补专业军人充任。

综上所述,康熙二十八年建立衙门之前,火器营的官制如《会典》所载,是两翼各立总管1员、每旗设协领、参领各1员、操练尉(由苏拉章京充任)5员、骁骑校5员。康熙二十八年后,协领以下官员建置,以李林森所奏较为可靠,即每旗设协领、参领各1员、操练尉10员、骁骑校10员。不过,李氏称火器营两翼各设都统1员、副都统2员,总管营务,显然是将统率营兵出征者算入总管之列。可是,即便如此,也该是两翼都统、副都统各1员。那么,多出的1名副都统是怎么回事?这就要回到本节起首关于火器营是否辖有两营的问题上来,既然王涛声称火器营衙门下属"汉军骁骑火器营"与"汉军鸟枪营"是错误的说法,那么,乾隆朝《大清会典》记载的"鸟枪营"和"炮营"是否归火器营衙门约束呢?

---

① 中国第一历史档案馆编:《康熙起居注》第2册,康熙二十四年四月二十五日,北京:中华书局,1984年,第1323页。

② 满文起居注册,114000151,康熙二十四年四月,第44b页。

③ 鄂尔泰等纂:《八旗通志初集》(jakūn gūsai tung jy i sucungga weilehe bithe)卷一六,民族图书馆藏乾隆六年(1741)刻本,第19a页。

④ 《大清圣祖仁皇帝实录》卷一四〇,康熙二十八年三月丁酉,第535页。

⑤ 纪昀等纂,李洵、赵德贵、周毓方、薛虹主校点:《钦定八旗通志》卷一九一《人物志七十一·大臣传五十七》,长春:吉林文史出版社,2002年,第3382页。

⑥ 《钦定八旗通志》卷二二《旗分志二十二·八旗佐领二十二》、卷二三《旗分志二十三·八旗佐领二十三》、卷二八《旗分志二十八·八旗佐领二十八》,第391、416、484页。他们所属的佐领皆为孔有德、耿仲明旧部,骨干是在前明接受葡萄牙军人训练的新式部队的后裔,参见张建:《八旗汉军火器营的创立》,《历史教学》2019年第14期,第18—25页。

三、"鸟枪营"与"炮营"的由来

如前所述,火器营自初建起,便以鸟枪马甲为骨干,但每逢战时,会抽调汉军炮甲、步甲等兵,归入火器营序列。前述议叙乌兰布通之战军功时,火器营就包括炮甲、步甲和跟役。不过,火器营裁并之前,汉军鸟枪披甲和炮甲是分别管辖的。八旗专派副都统一员,料理炮甲、火炮事宜,可自康熙三十四年(1695)备兵右卫事一窥端倪。

兵部奏言:所派预备出征之副都统瓦尔达,已授为右卫护军统领。右翼火器营副都统科尔对,已调补右卫。左翼炮营副都统冯国相,已调补右卫。右翼炮营副都统王毓秀病故。伊等员缺,恭请钦简。得旨:以正红旗副都统扎喇克图、镶蓝旗副都统巴赛(宗室)、正蓝旗副都统喻维邦、正黄旗副都统张所知派出,预备从军。①

是年清朝为远征盘踞漠北的噶尔丹博硕克图,在大同迤西的右卫城驻扎重兵,汉军火器营亦出兵从征。乍一看,汉军似乎分设"火器营"与"炮营"的编制,但比勘满文本,便会发现问题。"火器营副都统"满文作 tuwai agūra ing ni meiren i janggin,指右翼火器营总管,固无异议。所谓"炮营副都统"的满文却是 poo de belhehe meiren i janggin,即"备炮副都统",经管出征炮甲和火炮,并没有"炮营"的独立编制。②因此,《会典》谈到的"鸟枪营"与"炮营"此时尚非独立营制。这样一来,推断两营何时建立,以及它们同火器营的关系,就显得尤为重要,非遍览档案不能破案。然而,火器营存废不过十余载,存世档案稀少,且碍于现行档案开放制度的限制,很难得出不刊之论。

所幸,李淑德追溯汉军火器营裁并事的折件,提及改易汉军炮、鸟枪纛旗,举出破妄醒谜的要旨:

te jakūn gūsa yooni tuwai agūra ohobe dahame. poo. miyoocan i tu. kiru be gemu fulgiyan sikan obuki sembi

译文:刻下八旗既然皆为火器,炮、鸟枪纛、旗俱易作朱髦。③

纛乃一军之表,《清文鉴》释之为:

tu. cuse moo i fesin de halbaha maki sindafi. wadan gūwaitahangge be tu sembi.. aliha coohai tu duin durbejengge. bayarai tu golmisahūn ilan jofohonggo. tu i boco gūsa be dahambi.. cooha aba de gaifi yabumbi.. ši ging ni lu sung ni pan šui fiyelen de. terei tu be tuwaci. terei tu debsitembi sehebi..

译文:纛,竹柄顶置缨,旗幅在侧谓之纛。骁骑纛四角、护军纛长三角,纛色一遵旗色,出兵、畋猎时携行。《诗经·鲁颂·泮水》曰:"言观其旗、其旗茷茷。"④

---

① 《亲征平定朔漠方略》卷一五,康熙三十四年六月庚戌,第15b—16a页。

② 《亲征平定朔漠方略》满文本,卷一五,康熙三十四年六月庚戌,第24b—25b页。

③ 署正蓝旗汉军都统李淑德奏(无年月),《宫中档雍正朝奏折》第32辑,第588页。

④ 《御制清文鉴》(han i araha manju gisun i buleku bithe)卷四,中央民族大学图书馆藏康熙四十七年武英殿本,第25b—26a页。

八旗护军、骁骑纛帜不同,出兵、随围携行,万军之中,表表易认,为师旅观瞻所在。火器营初设,康熙帝谕:"火器军士皆简练精兵,应表异以别之",视之为貔貅爪牙,颁赐别样旗纛以彰军威,与他军相别。①裁并营制后,炮、鸟枪纛改标朱髦(fulgiyan sikan),即朱红色缨,意味着地位变化。据乾隆朝《大清会典则例》载,旗下标朱髦之纛有:八旗满洲、蒙古、汉军都统纛(正红旗除外)、护军营纛、满洲火器营护军参领、骁骑参领(正红旗除外)纛。②汉军炮、鸟枪纛应比照满洲火器营护军、骁骑参领纛建立,意味着相对独立的身份。《会典》所谓"鸟枪营"、"炮营"的设立,应自此始。

这一推论,有乾隆年间档案为据。乾隆十九年(1754),会典馆编纂《中枢政考》,已不知鸟枪营来历,咨询兵部,覆称:

> 今据厢黄等旗汉军都统咨称:火器营即鸟枪营,每旗金各五面、鼓各一面。炮营每旗亦系金各五面、鼓各一面。③

汉军都统称鸟枪营是出火器营转变而来,时间自然是康熙三十六年,火器营裁并后,止与前述炮、鸟枪纛旗改易时间一致。所以,"鸟枪营""炮营"的建立,是在火器营裁并之后的事。此前,八旗汉军两翼各设火器营总管、备炮副都统,分管鸟枪马甲与炮甲,每逢出征,调炮甲、火炮加强火器营。故李林森折中多出的一员副都统,实为备炮副都统。清朝裁并汉军火器营后,才出现"鸟枪营"和"炮营"之名,分别统属鸟枪披甲和炮甲,旗纛随之改易。

结 论

经本节考证,逐渐勾勒出汉军火器营的基本制度,总结如下:

一、既有观点认为康熙二十八年后,火器营衙门下辖"汉军骁骑火器营"和"汉军鸟枪营",是靠不住的。八旗汉军每个佐领有30名披甲(uksin),其中20名是鸟枪马甲,隶属火器营,其余10名为练习弓马的传统骑兵,不存在分设两营的兵力基础。火器营初建时,营兵约为6120名,后增至约6360名,由领催、鸟枪马甲和敖尔布(绵甲人)组成,战时又有所扩充。

二、火器营的官制在康熙二十八年前后有一定变化。康熙二十八年之前,八旗两翼各设总管1员,以都统或副都统充任,之下每一旗设有火器营协领1员、参领1员、操练尉5员、骁骑校5员。康熙二十八年后,总管数目视边务状况、出兵与否而时常变动。协领、参领数目不变,操练尉、骁骑校增至10员。

三、康熙三十六年,火器营裁并后,汉军始有鸟枪营、炮营的建制,分别统辖鸟枪披甲和炮甲,此前从未分设二营。

(作者张建,中国历史研究院近代史研究所研究员。原载《清史论丛》2020年第2期)

---

① 《康熙起居注》第2册,康熙二十三年四月初八,第1165页。

② 允裪等纂《大清会典则例》卷一二二《兵部·武库清吏司·军器》,《景印文渊阁四库全书》史部381册,第636页;允禄等纂、福隆安等校补《皇朝礼器图式》卷一七《武备五》,《景印文渊阁四库全书》史部414册,第894、900—901页。

③ 内阁大库档案,094255-001,兵部覆八旗火器营金鼓数目由,乾隆十九年八月二十七日。

清代盐务与造办处经费、物料来源

陈 锋

清代的内务府在厘革明代内官监司之弊的基础上设立,是清代管理皇室财政和内廷事务的机构。内务府的设立,清初多有变更,康熙二十三年始形成内务府"七司三院"之制,之后,仍有不断的变化。除总管内务府大臣掌内务府一切事务外,类似于中央户部职能的机构主要为广储司和会计司,广储司为内务府掌管库藏及出纳总汇的机关,会计司管理庄田地亩、征纳钱粮、俸禄支给等,均具有中央户部的职能。清代内务府有较为固定的经费来源和较为固定的经费支出,在一定程度上意味着国家财政与皇室财政有了较为明确的划分,但在许多情况下,国家财政与皇室财政仍然有混同的现象。①据祁美琴《清代内务府》的研究,内务府的经费来源,包括来自中央部库的皇室经费,来自盐业的收入,来自榷关的收入,以及贡品、没收、罚赎、捐纳、商业活动、恩赏、生息银两等。内务府的经费支出,包括皇室日常膳食和服饰用品、赏赐、节日庆典、修缮祭祀、出巡、衙门办公费和官员差役人员的薪资等。②这些说法大致不误,但仍需要厘析内务府广储司银库与造办处钱粮库的关系,许多问题值得进一步探讨。本文主要探讨三个问题:一是在内务府广储司银库之外,造办处的单独库储;二是在造办处的经费来源中,有哪些来自盐务的款项;三是在造办处的物料及活计中,有哪些与盐务相关。

一、管理分途:内务府与造办处的库储

在叙述内务府历史沿革的典籍中,光绪《大清会典事例》的记载最为准确:

> 国初置内务府,设总管,间以大臣总理。顺治十一年,改置十三衙门,曰司礼监、尚方司、御用监、御马监、内官监、尚衣监、尚膳监、尚宝监、司设监、兵仗局、惜薪局、钟鼓司、织染局。十二年,改尚方司为尚方院。十三年,改钟鼓司为礼仪监,改尚宝监为尚宝司,改织染司为经局。十四年,置御药房,以首领太监管理。十六年,始设南苑官。十七年,改内官监为宣徽院,改礼仪监为礼仪院。十八年,裁十三衙门,复置内务府,分设六司,曰广储,曰会计,曰掌仪,曰都虞,曰慎刑,曰营造。又改兵仗局为武备院,改御马监为阿敦衙门。康熙三年,奉旨,染织局交内务府总管管理。又改设染织局官。十六年,改阿敦衙门为上驷院。又定,纳银隶会计司。二十三年,增设庆丰

① 陈锋:《清代内务府的设立与皇室财政》,《财政史研究》第11辑,2018年12月。陈锋:《清代造办处作坊的匠人待遇与银两来源》,《故宫学刊》第18辑,2017年7月。

② 祁美琴:《清代内务府》,第5章,"清代内务府的经费来源",第6章,"清代内务府的经费支出",北京:中国人民大学出版社,1998年。

司,是为七司,又增置奉宸苑。①

也就是说,清代内务府的"七司三院"之制,到康熙二十三年才最终形成。②而不是像《日下旧闻考》及有关学者所说的康熙十六年形成"七司三院"定制。七司中的广储司,下设"银、皮、瓷、缎、衣、茶六库,为内府库藏总汇之所"③。广储司所属六库,也是逐步形成的,在顺治十八年,有银库、皮库、缎库、衣库四库,康熙二十八年,"增设茶库、瓷库",遂有六库之名。其中,"银库掌金、钱、珠、玉、珊瑚、玛瑙及诸宝石。缎库掌龙蟒妆缎、纱绸绢布。皮库掌貂、狐、猞猁、猻、水獭、银鼠等皮及哆啰呢毯、氆绒、褐羽缎、象牙、犀角、凉席。茶库掌茶叶、人参、香、纸、颜料、绒线。衣库掌朝衣、端罩、各色衣服。瓷库掌瓷器及铜锡器皿"④。这也就是乾隆《大清会典》所说的"广储司,凡府库有六,……各有专司,物相类者,则兼掌之"⑤。而从《大清会典则例·内务府·广储司》其他各条的记载"茶库香料、茶叶、各色纸张、颜料、紫檀、花梨等木,瓷器库铜、锡、铅等,如不敷用者,移咨户部领取。缎库制帛,茶库宝砂,移咨工部领取"⑥来看,各库所掌管的物品还要广泛,茶库除掌茶叶、人参、香、纸、颜料、绒线外,还掌宝砂、紫檀、花梨等木。也可以说,内务府六库,掌管内廷所用各色物品。

内务府广储司六库所藏的各色物品,都与皇室财政关联,即使是物品,"如不敷用者,移咨户部领取",也于中央财政有或多或少的关系。其中的银库,更是关系密切。据现存档案,银库所藏,分为两部分,一是金银,二是器皿。与前揭《大清会典则例·内务府·广储司》所记略有出入。雍正三年十二月初十日总管内务府的奏折称,据《黄册金银数目折》,"查得银库依雍正元年奏过黄册内实存赤金五千九百七十四两一钱一厘一丝九忽六微,淡金一万五千四百九十三两九钱六分一厘五毫八丝,银八十三万二千三百六十五两六钱五分一厘二毫三丝三忽七微一纤三沙六尘二埃八渺六漠。二年正月初一日起至三年八月二十九日止,进赤金九百二十一两七钱七分一厘四毫,淡金二千八百二十两八钱六分二厘,银一百十二万五千八百七十一两九钱三分一厘五毫六忽一微。二年正月初一起至三年八月二十九日止,用赤金七千十六两四钱一分九厘八毫,淡金八千八十九两九钱二分七厘,银一百八十四万八千九百两三钱七分五厘八毫九丝一忽三微七纤五沙"⑦。据《蓝册金银器皿等项数目折》,各色金银器皿也在银库内储藏,包括金银器、古铜钱、石砚以及珍珠、宝石、玉石、玛瑙、水晶、青金石、珊瑚、寿山石、青田石、琉璃、玻璃等制品⑧。据此可知,当时内务府的存银规模大致在八十余万两,一年半左右的

---

① 光绪《大清会典事例》卷21《吏部五·官制·内务府》,北京:中华书局,1991年影印本,第1册,第270页。

② 据《钦定历代职官表》卷37《内务府表》称:"(康熙)二十三年,设庆丰司,置郎中二人,增置员外郎四人,主事一人,不隶内务府。雍正元年,归并内务府管理。"可见,康熙二十三年设立的庆丰司,不归内务府管辖,雍正元年始隶属于内务府。《文渊阁四库全书》,台北:台湾商务印书馆,1986年影印本,第601册,第708页。

③ 乾隆《日下旧闻考》卷71《官署》,《文渊阁四库全书》,第498册,第125页。

④ 乾隆《大清会典则例》卷159《内务府·广储司》,《文渊阁四库全书》,第625册,第167页。

⑤ 乾隆《大清会典》卷87《内务府》,南京:凤凰出版社,2018年点校本,第488—489页。

⑥ 乾隆《大清会典则例》卷159《内务府·广储司》,《文渊阁四库全书》,第625册,第168页

⑦ 中国第一历史档案馆、故宫博物院编:《清宫内务府奏销档》,北京:故宫出版社,2014年,第1册,第455—456页。

⑧ 中国第一历史档案馆、故宫博物院编:《清宫内务府奏销档》,第1册,第457—517页。

进银规模大致在一百一十万两左右,一年半左右的出银规模大致在一百八十余万两左右①。每年均不足一百万两,规模不是很大。由于雍正元年造办处设立钱粮库,这里雍正二年正月至三年八月内务府广储司银库的银两数额,应该不包括造办处钱粮库的银两。

在造办处未设立钱粮库之前,造办处所需银两与物料均从内务府广储司各库及户部、工部支取,造办处一旦设立专库,情形又有所不同。即如雍正元年七月二十九日怡亲王谕:"历来造办处成做活计,俱向各司院咨行,……今造办处既设立库房,如有应用材料,俱向各该处行来本库预备使用,则材料庶不至靡费。"②怡亲王在这里说的"库房",应该是物料库。

已经有学者指出,造办处"钱粮库设于雍正元年"③。由于资料的限制,还不清楚雍正元年造办处的"立库",钱粮库与物料库孰先孰后。《钦定八旗通志》称:"养心殿造办处,总管事务大臣三人,郎中二人,员外郎三人,主事一人,委署主事一人,库掌六人(六品),催长十三人,库守八人,笔帖式十五人,拜唐阿五十二人,领催二十二人。"④这里的"库掌""库守"等职,即意味着造办处库储的管理。光绪《大清会典事例》有较为细致的沿革记述:

> 初制,养心殿设造办处,其管理大臣、官员无定额。……雍正元年,设六品库掌一人。又奏准:造办处立库。将枪炮处、珐琅处、舆图处、自鸣钟处,俱归并造办处管理,增设六品库掌三人,八品催总九人,笔帖式把人。三年,增设六品库掌二人。七年,铸给图记。十一年,设委署库掌一人,又增设委署库掌一人。……乾隆元年,增设委署库掌一人。二年,奉旨增设八品催总四人。三年,增设委署库掌二人。……(乾隆五年),又奏设立专管库务造办事务官员。奉旨设专管库务官一人,造办事务官一人⑤

分析这段史料可知:雍正元年,最先设六品库掌一人,不太可能同时管理钱粮库与物料库,随后,因着大臣的奏请,又设立库掌三人。雍正元年的造办处已经有库掌四人,同时管理钱粮库与物料库成为可能。此后,一直到乾隆初年,库房的管理人员仍有增加,特别是雍正七年,"铸给图记",标志着造办处库房已经独立运作,这或许就是《钦定历代职官表·内务府表》的按语所称:"内务府之制,以七司各掌府事,其余分建衙门,并铸给关防印信,统辖于总管大臣而不与七司相隶属。"同时,造办处郎中、

① 当然,内务府每年的存银、进银、出银数额并不相同,据雍正七年十一月十六日总管内务府奏报库存银两数目:"雍正三年九月奉旨领取户部银四十万两,自雍正三年十月起,至本年十月,陆续进银一百三十四万一千九百二十五两零,共计银一百七十四万一千九百二十五两零。除历年用过入于月折奏销外,今库存银一万六千八百三十三两零,矿纹银一万四千九百一两七钱,朝鲜国纹银六千四百九十四两,琉球国纹银一百两,安南国九五色银七百八十七两一钱,双全收贮银三十五万九千余两,遵旨熔化之色银一百三十二万八千八百九十两内,现得纹银四十七万六千三百余两。"见中国第一历史档案馆、故宫博物院编:《清宫内务府奏销档》第3册,第367—368页。

② 中国第一历史档案馆、香港中文大学文物馆编:《清宫内务府造办处档案总汇》,北京:人民出版社,2005年,第1册,第61页。

③ 吴兆清:《清代造办处的机构和匠役》,《历史档案》1991年第4期。按:滕德永指出:"雍正元年,造办处立库,将炮枪处、珐琅处、舆图处、自鸣钟处,俱归并造办处管理。"未注明出处。滕德永:《乾隆朝清宫造办处的经费管理》,《明清论丛》第16辑,2016年。

④ 《钦定八旗通志》卷45,《职官志四》,《文渊阁四库全书》,第665册,第55页。

⑤ 光绪《大清会典事例》卷1173《内务府·官制·养心殿造办处》,第12册,第674—675页。

员外郎、主事、库掌、司匠等管理人员"掌造办供御物件,监督工作,管理储藏之事"①。

造办处库房"统辖于总管大臣而不与七司相隶属"以及"管理储藏之事",意味着造办处的钱粮库与内务府广储司的银库在雍正以后是两个系统。意味着前此学者笼统地指称内务府的经费来源与支出并不妥帖。

二、经费归口有别:造办处来自盐务的银两

前揭祁美琴《清代内务府》曾经笼统地探讨过内务府经费的来源,并有"来自盐务的收入"专节②,赖惠敏《乾隆皇帝的荷包》有"盐务与皇室财政"专章③,均可以参考。她们主要是对内务府经费来源的探讨,基本没有涉及造办处来自盐务的银两。滕德永《乾隆朝清宫造办处的经费管理》认为,造办处的经费,"主要来自盐政、税关和织造"。这是一篇探讨造办处经费管理、经费来源、经费分配的专文,值得特别注意。该文涉及的"来自盐政"的银两只有养廉银、节省银等数条,可以参考。④实际上,造办处经费,有一部分来自织造的说法,尚需要斟酌。

当然,嘉庆《大清会典》有一段记载:"其(造办处)银两每年由两淮盐政,江宁、苏州等织造,粤海关、凤阳关、九江关、淮关监督解到备公、平余、饭食、养廉等项,照来文数目查收入库,亦无定额。"⑤这里专指办处的经费来源,值得认真体味,所谓造办处的经费,"主要来自盐政、税关和织造",或许以此为依据。但这段史料是说"每年由两淮盐政,江宁、苏州等织造,粤海关、凤阳关、九江关、淮关监督解到……",仔细领会,就可以知晓,其是指由这些官员"解到"的银两,由于江宁、苏州等织造大多兼任两淮盐政和有关税关的监督,他们"解到"的银两,并不代表是织造的银两,而是由其报解的盐务或关税银两。由于本文不是专门探讨织造银两的收支拨付,兹略举两件档案材料予以揭示。乾隆十一年,江苏布政史安宁、苏州织造图拉联衔奏称:"织造衙门每年例有浒墅关解交盈余银三万两,为办差之用。查乾隆九年分出办差存剩银一万七千二百六十三两四钱七分七毫,经奴才等将应否解交内大臣海望之处,缮折具奏请旨,奉到朱批谕旨:是,钦此。……乾隆十年分准浒墅关解到银三万两,除办理各项差使共动用过银一万五千五百八十八两八钱四分五厘九毫,缮造清册呈送办理织造事务之王大臣查核外,所有存剩银一万四千四百一十一两一钱五分四厘一毫,应否仍解交内大臣海望"。朱批:"览。"⑥据此,苏州织造解内务府的银两,是由浒墅关拨付织造的剩余银两。乾隆二十三年,内务府总管大臣吉庆奏称:"杭州织造瑞保解交盐务余平银一万六千四十九两零,应交何处查收"。奉旨:"交养心殿内。"⑦据此,杭州织造瑞保解交养心殿造办处库的银两,是由两浙盐务拨付杭州织造的盐务

① 《钦定历代职官表》卷37《内务府表》,《文渊阁四库全书》,第601册,第707页。
② 祁美琴:《清代内务府》,北京:中国人民大学出版社,1998年,第135—145页。
③ 参见赖惠敏:《乾隆皇帝的荷包》,台湾"中央研究院"近代史研究所,2014年,第211—293页。
④ 滕德永:《乾隆朝清宫造办处的经费管理》,《明清论丛》第16辑,2016年。
⑤ 嘉庆《大清会典》卷80《内务府·养心殿造办处》。
⑥ 乾隆十一年二月初六日安宁、图拉奏:《为请旨事》,朱批奏折04-01-36-0005-001,中国第一历史档案馆藏。下注"档案"者,均为该馆藏。
⑦ 乾隆二十三年十一月初七日吉庆奏单,朱批奏折04-01-35-0457-019。

余平银。

就现存档案可知,皇室财政来自盐务的银两,有时交内务府,有时交圆明园,有时交造办处,有时名义上解交户部又转解内务府,有时名义上解交造办处又移送其他机构,等等,各不相同。这里只是探讨盐务款项解交造办处的情况。

盐务款项解交造办处,据笔者耙梳档案所得,大致归纳出如下几种:

(一)扣存养廉银及节省银解交造办处

长芦、两淮等处巡盐御史的养廉银较多,在雍正初年既有"奉裁归公"或主动裁减的情况,如雍正二年长芦巡盐御史莽鹄立所奏:"窃查长芦巡盐御史衙门每年有养廉银二万两,臣蒙皇上知遇深恩,莅任以来,绝宾客,忘室家,惟日夜勤慎,清理盐务,以图报效于万一,所留养廉银二万两内,除臣在津一年薪蔬、盘费、节赏、公用等项,动支过银三千两,又捐造新设巡盐守备、把总驻扎衙署,兵丁营房,动用银八百两外,犹存余银一万六千二百两。臣素性俭朴,又无交接馈送,在臣实无可用之处,随饬令运司倾销元宝,现收司库,候有解交部饷之便,一并交付差官汇解到京,另文解交内库"。朱批:"知道了,嗣后每年养廉之项,当酌量存留,不必勉强拘执。"①这里的巡盐御史养廉裁减银是"解交内库",还不一定是解交造办处。此后即奉旨解交造办处。乾隆二十一年,管理造办处事务大臣吉庆奏称:"高晋解交扣存养廉银五千一百七十三两三钱三分。前经奉朱批:交阿里衮,钦此。阿里衮现在奉差,今将此项银两造办处照数平兑收讫。"奉旨:"知道了。"②当时,两淮盐政交造办处的养廉银在五千两左右,如乾隆二十四年两淮盐政"高恒解交养廉捐罚银五千两"③。

"节省银"最初是一个专门的款项,包括"盐政衙门节省银"和"运司衙门节省银",并不解交造办处,而是经过了解交户部等衙门、解交内务府、以及与其他款项合并、解交造办处的过程。

据乾隆六年两淮盐政准泰奏称:"节省一项,原系每纲征收经解脚费等银,除一切公费事照例支用外,余存银两向系盐政、运司各半分用",其后,"雍正二年,噶尔泰奏明节省充公"④。雍正二年节省银充公后,据乾隆六年两淮盐政准泰呈报的清单,该款项的银额及去向如下:

雍正三年奏报雍正元年分癸巳纲盐政噶尔泰、运司何世璂共节省银三万九千五百九十八两九钱八分零,照数解户部。

雍正四年奏报雍正二年分甲辰纲盐政噶尔泰、运司张坦麟共节省银十万六千二百三十一两九钱八分三厘零,解户部银九万四百五两七钱二分三厘零,拨四川饷银一万五千八百二十六两二钱六分零。

雍正五年奏报雍正三年分乙巳纲盐政噶尔泰、运司张灿共节省银十万三千三百二十九两七分三厘零,解八旗养廉银二万四千两,解贵州饷银七万九千三百二十七两七分二厘零。

①《朱批谕旨》卷49,《朱批莽鹄立奏折》,《文渊阁四库全书》,第418册,第541—542页。
②乾隆二十一年五月十七日造办处事务大臣吉庆奏单,朱批奏折04-01-36-0006-007。
③乾隆二十四年十一月十一日吉庆奏单,朱批奏折04-01-35-0458-024。
④中国第一历史档案馆、扬州市档案馆编:《清宫扬州御档》,扬州:广陵书社,2010年,第3册,第1122—1123页。

雍正六年奏报雍正四年分丙午纲盐政噶尔泰、运司朱一凤共节省银八万九千四百三十六两五钱一分九厘零,解八旗养廉银二万四千两,解户部银六万五千四百三十六两五钱一分九厘零。

雍正七年奏报雍正五年分丁未纲盐政噶尔泰、运司高淳共节省银十万六千六百二十七两三钱八分九厘零,解八旗养廉银二万四千两,解户部银八万二千六百七十二两三钱八分九厘零。

雍正八年奏报雍正七年分己酉纲盐政噶尔泰、伊拉齐,运司范廷谋共节省银十万五千一百九十九两四钱一厘零,解八旗养廉银二万四千两,解户部银八万一千一百九十九两四钱一厘零。

雍正九年奏报雍正八年分庚戌纲盐政伊拉齐、运司范廷谋共节省银十一万七千三百五十两六钱四分五厘零,照数解户部。

雍正十年奏报雍正九年分辛亥纲盐政高斌、运司范廷谋共节省银十万七千七十八两一钱四分四厘零,解八旗养廉银二万四千两,又补解庚戌纲八旗养廉银二万四千两,解户部银五万七千七十八两一钱四分四厘零。

雍正十一年奏报雍正十年分壬子纲盐政高斌、运司尹会一共节省银十一万八千四百二十六两三钱一厘零,解八旗养廉银二万四千两,解户部银九万四千四百二十六两三钱一厘零。

雍正十二年奏报雍正十一年分癸丑纲盐政高斌、运司尹会一共节省银十二万四百二两八钱八分一厘零,解八旗养廉银二万四千两,解户部银九万六千四百二两八钱八分一厘零。

雍正十三年奏报雍正十二年分甲寅纲盐政高斌、运司尹会一共节省银十二万二千一百九十四两八钱五分三厘零,照数解户部。

(无乾隆元年奏报数)

乾隆二年奏报乾隆元年分丙辰纲盐政尹会一、运司卢见曾共节省银十一万六千九百二十六两五分六厘零,照数解户部。

乾隆三年奏报乾隆二年分丁巳纲盐政三保、运司徐大枚共节省银十一万二千五百五十八两二钱九分八厘零,照数解户部。

乾隆四年奏报乾隆三年分戊午纲盐政三保、运司徐大枚共节省银十一万二千五百五十九二钱八分三厘零,解交海望处银四万两,解云南饷银七万二千九百五十九两二钱八分三厘零。

乾隆五年奏报乾隆四年分己未纲盐政三保、运司徐大枚共节省银十一万二千五百八十八两四钱三分四厘零,解八旗养廉银二万四千两,解交海望处银四万两,解户部银四万八千五百八十八两四钱三分四厘零。

乾隆六年奏报乾隆五年分庚申纲盐政准泰、运司朱续晫共节省银十一万二千七百八十四两三钱一分三厘零,解交海望处银四万两,解八旗养廉银二万四千两,余银四万八千七百八十四两三钱一分三厘零,照例造入季报册内听部拨解。

以上共十六纲,通共节省银一百七十万三千三百三十五两五钱五分三厘零。

朱批:览。高斌、尹会一节省独多,此何故也? 查明具奏。①

---

① 乾隆六年(具体月日不详)两淮盐政准泰呈:《历年节省银两数目清折》,朱批奏折04-01-36-0481-036。

由上可知,最初的"节省银"数额有限,不足四万两,此后达到数万两至十几万两,大多数年分的节省银主要解交户部或有关省份的兵饷,仍属于中央财政的范畴之内。乾隆四年,发生初次变化,该年有了解交内务府总管大臣海望的银两,在十一万余两节省银内,有四万两解交内务府。此后固定在四万两,一直延续到乾隆十二年,据该年两淮署理盐政吉庆的奏报:"此项节省银两,应否循照上年之例,解交内大臣海望四万两,其余仍交户部,奴才未敢擅便,合并奏明,伏乞皇上训示遵行"。朱批:"是。知道了。"①乾隆十四年,吉庆又奏称:"节省银两原非解部正款,亦非额征杂项,经奴才于乾隆十三年三月内奏请除八旗养廉外,其余全数解交内大臣海望处收充公用,毋庸解部。荷蒙圣主鉴允在案。"②该年的节省银十万六千余两,全部解交内务府。也就是说,乾隆十三年,节省银的解交发生了又一次变化,全部解交内务府。

另据乾隆十三年内务府总管大臣海望的奏片称:乾隆十三年,"两淮盐政吉庆奏准交纳节省银两四项,共应交纳银十五万九千七百九十六两二钱零,应交何处查收"。奉旨:"着交仓(沧)州银四万两,交圆明园银十万两。其余银一万九千七百九十六两二钱零,交造办处查收。"③乾隆十三年的节省银全部解交内务府,并遵旨分拨沧州、圆明园、造办处。另外,该奏片提到了两淮奏交的"节省银两四项",意味着节省银有四个款项构成,但没有言明是哪四个款项。据其他档案可知,每年的款项不完全一致,如乾隆三年为节省脚费银、节省水脚等项银、淮南北匣费节省书承各役等费银、奉部裁减东司饭银、淮北匣费余平并折价饭银五项,"以上共收银十一万七千六百五十七两八钱五分四厘零"④。又如乾隆二十一年的节省银,分为盐政衙门节省银、运司衙门节省银、倾宝(熔铸银锭)节省银、酌减运司养廉银四项,"以上四,共实存银一十三万八千七百四十六两九钱零"⑤。再如乾隆二十七年的节省银,分为盐政衙门节省银、运司衙门节省银、倾宝节省银、酌减盐政养廉银,酌减运司养廉银五项,"以上五,共实存银一十一万七千五百八十一两零"⑥。

早期的节省银是解交内务府,然后再奉旨分拨各处,在可以查见的乾隆四十一年之前的数十件奏折中,节省银依然是解交内务府。但随后发生变化,乾隆四十四年,两淮盐政伊龄阿奏称,在开支相关款项后,该年"节省经解脚费并余存倾费等项通共银一十三万九千四百六十两六钱四分七厘,理合奏请解交造办处查收"。朱批:"览。"⑦因为这里已经有"理合奏请解交造办处查收"之语,可以想见,之前节省银已经解交造办处,具体改变的时间当是乾隆四十二年或四十三年。乾隆四十九年,两淮盐政全

① 乾隆十二年三月初七日署理两淮盐政吉庆奏:《为奏明节省银两事》,朱批奏折04-01-35-0451-018。
② 乾隆十四年二月二十七日吉庆奏:《为奏明节省银两事》,朱批奏折04-01-35-0452-039。
③ 乾隆十三年五月二十七日内务府总管大臣海望奏单,朱批奏折04-01-35-0935-024。
④ 乾隆四年(具体月日不详)两淮盐政三保呈:《两淮戊午纲节省银数清单》,朱批奏折04-01-35-0481-057。按:这个数额,与上揭淮泰的清查该年的银额略有不同。
⑤ 乾隆二十二年(月不详)二十二日两淮盐政普福呈:《乾隆丙子纲节省银两清单》,军机处录副03-0614-051。按:"倾宝银"即将碎银或"小锭原银"熔铸统一的银锭所需银两。"解部课银,俱倾元宝",于是"按照部拨课饷数目,摊征折耗及硝炭公费,……每两需银三分三厘",按引摊征。每年都有余剩,"视倾宝多寡,每年自四千余两至一万二三千两不等,尽数汇入节省项下奏明起解"。乾隆十二年二月初七日署理两淮盐政吉庆奏:《为遵旨明白回奏事》,朱批奏折04-01-35-0451-017。
⑥ 乾隆二十八年四月初八日两淮盐政高恒呈:《乾隆壬午纲节省银两数目清单》,军机处录副03-0696-018。
⑦ 乾隆四十四年八月二十一日两淮盐政伊龄阿奏:《为奏明节省银两事》,朱批奏折04-01-35-0471-002。

德的奏折比较细致,引述如下:

> 两淮每纲盐课钱粮奏销之后,所有盐政及运司衙门节省、经解脚费等银例应缮具收支数目清单奏闻。兹查癸卯纲(乾隆四十八年)所有经解脚费,除公事应支各项照例开支外,盐政衙门节省并酌裁养廉,又养廉内办贡未支及删除总理盐务总督养廉等项共银九万八千一十二两五钱九分二厘,运司衙门节省并酌减、裁减养廉共银六万二千六百五十二两五钱九分四厘。二共节省银一十六万六百六十五两一钱八分六厘,内除例应起解八旗养廉银二万四千两,实存银一十三万六千六百六十五两一钱八分六厘。又收过倾镕火耗工费等银,除起解京饷、改倾小锭支销,计余存银三万八千二百八十两。通共节省银一十七万四千九百四十五两一钱八分六厘。理合奏请解交造办处查收。[①]

由此可知,这一部分款项,包括了经解脚费、盐政衙门节省、裁减养廉、倾镕火耗工费等项,是在盐课正税钱粮奏销后,专折奏报。从皇帝的朱批一个字"览"可知,在乾隆四十九年之后,此银解交造办处是例行公事。该年两淮盐区解交的银两总数达到十七万余两。而每年的数额并不恒定,乾隆三十四年是十二万余两,乾隆五十一年是十八万余两,乾隆五十五年是十三万余两,乾隆六十年是十二万余两等等[②]。到嘉庆、道光年间,节省银的数额及奏报程序又有变化。嘉庆十年,两淮盐政佶山奏称:"甲子纲盐政、运司衙门节省、经解脚费,并裁减各养廉及余存、积存征收各款银两,除公事应支照例解给外,通共实存银三十四万七千一百十九两六钱四分七厘,理合循例一并奏报,所有各项节省等银应循例于明年春融时分别委员解京。……分送内务府、户部、造办处查核。"[③]这时的"节省银"多了"余存、积存征收各款银两",所以数额达到三十四万七千余两,而且分别呈送内务府、户部、造办处查核。嘉庆十一年达到四十一万九千余两,嘉庆十五年又达到四十三万一千余两。[④]道光十三年、十四年、十五依然有三十一万六千余两。[⑤]

节省银虽然"例解"内务府造办处,但也有拨解他用的事例。嘉庆年间曾奉上谕:"将甲子纲(嘉庆九年)盐政、运司衙门节省等款银四十一万九千七百余两,停止解京,并将癸亥纲(嘉庆八年)商人办公节省存银内再拨银十八万二百七十余两,凑足六十万两之数,速委妥员解交河工备贮应用。"[⑥]这是将一年节省银的全部及一年的部分节省银拨解河工的事例。嘉庆十一年,两淮节省银三十八万二千四

---

① 乾隆四十九年十月二十六日两淮盐政全德奏:《为奏明节省银两事》。朱批奏折04-01-35-0472-048。

② 奏报者分别为两淮盐政尤拔世、征瑞、全德、苏楞额,朱批奏折04-01-35-083-025,04-01-35-0474-031,04-01-35-0475-016,04-01-35-0481-022。

③ 嘉庆十年十二月十三日佶山奏:《为循例奏闻事》,朱批奏折04-01-35-0486-013。

④ 嘉庆十一年二月初三日上谕,朱批奏折04-01-35-0112-002。嘉庆十五年正月十六日阿克当阿奏:《为循例奏闻事》,朱批奏折04-01-35-0489-037。

⑤ 道光朝(具体时间不详):《两淮癸巳纲节省充公银两清单》,军机处录副03-3349-082。道光二十一年六月二十六日两江总督裕谦呈:《两淮甲午纲节省充公银两清单》,军机处录副03-3187-045。道光十六年三月二十九日陶澍奏:《为汇报壬辰纲节省充公银两事》。朱批奏折04-01-35-0513-003。

⑥ 嘉庆十一年二月初三日上谕,朱批奏折04-01-35-0112-002。按:此当为"上谕档",但档案号归在朱批奏折类。

百余两,由于淮扬等地水灾需要赈济,在拨解盐课银二十二万余两,仍然不足赈需,在"无别款可筹,但赈需紧急,不能缓待"的情况下,遵旨拨解节省银二十二万余两,从"此项节省银两向有拨解例案"以及"循例奏明"来看,[①]这种拨解节省银用于灾荒赈济的事例并非鲜见。

(二)外支银与裁革陋规银交造办处

两淮设立"外支银"款项,始于雍正三年,该年因裁减"淮南匣费",导致"遇有额外公事,无项应用",因而"据众商公禀申详,另设外支银两",初设之时,没有固定的数目,"于乾隆六年部定成本案内,始准每纲设银四万八千两"。四万八千两是两淮奏定的最初外支银数额,但初设之时的外支银,"为奏考书工纸张、新纲开桥开所等事公费,赈恤火灾、民灶,修理道路桥梁,给发沿江一带救生红船并普济育婴工食、庵观寺院香灯及助恤应酬等项之用,名曰外支",并不是解交内务府的款项。[②]这是吉庆在乾隆质询"外支银"时进行的回顾,乾隆十二年,因外支银支发混乱,引起乾隆帝的重视,连续有上谕发布,在上引吉庆的奏折之后,乾隆又谕大学士果毅公讷亲、总管内务府大臣傅恒:"尔等查奏吉庆覆奏折内无案可查,应行询问之外支银两一条,从前吉庆办贡,曾奏称皆动用养廉,今又称提取外支银两,前后不符,即或动支此项凑用,何以前此并未奏明?至所称准泰曾经折奏,亦无案可据,看此,则吉庆所奏殊属虚诞。可传谕询问,令其将历来办理缘由,据实奏闻,并将准泰原奏抄录进呈"。钦奉上谕之后,吉庆又回奏称:"至两淮办贡,奴才于乾隆九年八月十五到任日,即接准泰抄录奏折,札交接办。奴才因准泰甫经奏明,是以未复再奏。惟是准泰折内虽系支取商捐,不显'外支'字样,而现存每年提银、解银文案,实系动用外支项款。奴才接任两淮,亦循照准泰旧章,提取外支银两应用,其送部外支册内,无办贡之款者,因办贡不便入册报部,是以册内历年俱未开办贡之条,以故内部无案可稽。又缘外支四万八千两数内,提出办贡银两,则外支便不敷用,所缺之数,系各商每于岁底加斤补平内带捐凑足应用,并不入于成本,是以办贡银两名为'外支',原出商捐,历来均系如是办理者也。……至若准泰以前之盐政办贡,或动用节省闲款银两,或交给商人备办,原非一致,奴才谨遵旨据实覆奏,并抄录准泰奏折进呈。伏乞圣主睿鉴"。[③]此份奏折所言"外支银"在乾隆初年的用途,显然与前奏折不太一样,这里明确说,从前任盐政准泰开始,就在"外支银"中动用款项用于办贡,由于"外支四万八千两数内,提出办贡银两,则外支便不敷用,所缺之数,系各商每于岁底加斤补平内带捐凑足应用",外支银不足一般经费所用的部分,再由盐商捐补。之所以"送部外支册内,无办贡之款",是由于"办贡不便入册报部",不便为官员熟知。前任盐政准泰实际上也动用外支银办贡,但奏折中没有"外支"字样,可能同样是有所忌讳。笔者复查准泰奏折,也确实没有办贡动用外支银的记载,但从中又透漏中一些重要信息。准泰所奏如下:

> 窃照两淮盐差,理应备办贡物,奴才于乾隆五年八月到任,查知两淮向系动支运库闲款银两备办,亦有将物料交给商人备办者。奴才伏思交商备办,殊非敬谨之道,因抵任伊始,循例在于闲

---

① 嘉庆十二年正月十六日两淮盐政额勒布奏:《为循例奏闻事》,朱批奏折04-01-35-0488-001。
② 乾隆十二年二月初七日署理两淮盐政吉庆奏:《为遵旨明白回奏事》,朱批奏折04-01-35-0451-017。
③ 乾隆十二年三月十七日署理两淮盐政吉庆奏:《为遵旨覆奏事》,朱批奏折04-01-35-0451-023。

款内动支银四千九百四十九两零恭办,于乾隆六年六月二十七日附折奏明。嗣后,闲款银两俱未动支,历年具奏请旨,尽数解交海望查收在案。但每年备办贡物,约需银一万二千两,养廉不敷支用,查从前商人备办,原系商捐银两,是以奴才将闲款奏解之后,一切备办价脚酌照一万二千两之数,按行盐纲分陆续行文盐运司支取商捐银两,核实恭办,以省糜费。今蒙皇上天恩,署理安徽巡抚,核算辛酉纲至甲子纲(乾隆六年至九年)除实在之用价脚外,尚存剩银六千两,现贮运库,应移交新任盐政吉庆,听其自行接办。①

准泰用"闲款银"这一模糊之词代替了"外支银",起始在"闲款银"动支四千余两办贡,其后"闲款银两俱未动支,历年具奏请旨,尽数解交海望查收",也就是说自"辛酉纲至甲子纲(乾隆六年至九年)"所有"闲款银"(外支银)全部解交内大臣海望。据前述可知,辛酉纲(乾隆六年)也正是确定四万八千两为外支银的年分。准泰担任两淮盐政的几年所用办贡银两,每年一万二千余两,"行文盐运司支取商捐银两",是一种另外的"商捐备办",准泰所言"除实在之用价脚外,尚存剩银六千两,现贮运库",是指每年一万二千两办贡存剩之数。凡此,均需要挖掘资料、仔细体会才能得知。

准泰任内将"闲款银"(外支银)解交内务府,在很大程度上是个人行为,不是制度规定。所以此后吉庆任内出现遭到质疑的纷乱状况,乾隆十四年,吉庆又受到"擅自妄动外支款"的弹劾,据吉庆称,所谓的擅自妄动是指"前往山东与两次进京银两"动用外支银,遭到"自请罚赎银"和"加倍赔补银二万两"的处分。罚赎银和赔补银均解交内务府②。这说明,外支银的动用以及解交依然没有严格的规定,但外支剩余银解交内务府是没有疑问的,据乾隆二十五年已经担任内务府大臣的吉庆奏称:"(两淮盐政)尤拔世解到前任李永标任内承办乾隆二十三年贡品方物节省银一万三千一百五十四两九钱九分三厘,应交何处查收。奉旨:交内养心殿。"③所谓"交内养心殿"即交养心殿造办处。乾隆二十六年,外支银的动用、解交发生变化,有了明确的规定。据两淮盐政高恒奏称:

军机大臣会同奴才等议奏盐务章程内,办理常贡,每年仍以一万二千两作数,如有特交办理之事,酌定银数行司,于外支银内动给等因,奴才查每年外支银四万八千两,除办贡一万二千两外,实存三万六千两,为各项公务支用,如有特交之事,恐不敷用。因与卢见曾、杨重英商酌,兹据具覆。据商人等禀称,现因办理差务,领有提引,可以通融,无须另议,应请自明年壬午新纲为始,每年以外支不敷银四万两备用等情,奴才以此项银两自明年新纲起,提出存贮运库,凡有交办事件,撙节动用。将用过银数造册,随事件到京,交造办处查核,一年纲竣,具折奏销,仍造册送造办

① 乾隆九年七月初一日巡视两淮盐政准泰奏:《为奏明事》,朱批奏折04-01-35-0449-017。
② 乾隆十四年六月二十二日署理两淮盐政吉庆奏:《为恭谢天恩事》,朱批奏折04-01-12-0066-095。按:据吉庆称:"今查蕴著参奏奴才动用外支银内,止有奴才前往山东与两次进京银两,而奴才今岁进京,亦曾提用银二千四百两,未经参出,奴才何忍隐混于君父之前,相应据实奏明,并恳圣恩,亦准添入内务府所议赔补银内,一并交纳。"未经参处的一次进京银就动用外支银二千四百两,足见其滥用。
③ 乾隆二十五年三月二十八日内务府大臣吉庆奏单,朱批奏折04-01-14-0028-050。

处,所余银两,于奏销折内声明请旨,一并解交造办处,以充公用。①

该年规定的重点,是在外支银之外,另外设置"外支不敷银"四万两,以应付办贡及公用经费不足的问题。所有用银必须"交造办处查核",造册奏销也要"送造办处",所有余剩银两"一并解交造办处"。

乾隆三十三年,外支银再次发生变化:"乾隆三十三年,经军机大臣议覆彰宝等会奏,将外支银四万八千两,又革除陋规银一万七千四百余两,一并拨入外支项下,共银六万五千四百七十三两八钱九分九厘,存为办贡及特交器物、装修等项之用。一切动支数目,汇总呈送造办处查核。如有余剩,令该盐政于每届纲竣之后,具折奏明,解交造办处充公。"并于乾隆三十五年再次重申②。由于将革除陋规银一万七千余两汇入外支银项下,每年的外支银达到六万五千余两。同时,乾隆三十三年还由江苏巡抚彰宝和两淮盐政尤拔世共同制定了外支银的动用解交章程,该章程共有六款,其中的关键一款,是外支银的解交:"现定外支银六万五千四百余两,约计通岁所需,有盈无绌,若核实撙节,定有余剩之数。查外支不敷银四万两,每年余剩解交造办处充公,则外支银两每届纲竣核销之后,应令盐政将余剩实数,一例具折奏明解交造办处充公"③。单看这个条款,其意思还不是很清楚,如果结合后来的奏报,其意思是,虽然外支银"为办贡及特交器物、装修等项之用",剩余银解交造办处,但已经有外支不敷银用于办贡等开支,所以外支银全部解交造办处。如乾隆三十七年两淮盐政李质颖奏称:"两淮向有外支银四万八千两,又裁革陋规银一万七千余两,共银六万五千四百七十三两八钱九分九厘。乾隆三十五年,经军机大臣奏准,专为传办、装修支用,按实造册送造办处查核。所余银两,照例解缴等因,遵奉在案。今辛卯纲已竣,伏查乾隆三十六年未经奉有传办事件,无从造册。所有前项银两,全行贮库,请俟各项充公起解时,随同解送,照例交造办处查收"④。以后几年,李质颖均如是奏报。乾隆四十六年,两淮盐政图明阿奏称:"两淮向有外支银四万八千两,又裁革陋规银一万七千余两,共银六万五千四百七十三两八钱九分九厘。乾隆三十五年,经军机大臣奏准,专为传办、装修支用,按实造册送造办处查核。所余银两照例解缴等因,遵奉在案。今庚子纲已竣,伏查乾隆四十五年未经奉有传办事件,所有前项银两并未动用,无从造册,全行贮库,请俟各项充公起解时随同解交造办处"⑤。其后,因为有"带征"银两,款额有所增加。据乾隆五十五年两淮盐政全德奏称,该年依然没有传办事件,除原额银两外,"又带征丁未纲银六千一百七十两二钱五分三厘,俱已如数征收。请俟充公各项起解时一并随同解交造办处查收"⑥。乾隆六十年,两淮盐政苏楞额的奏折更能说明问题:

两淮向有外支银四万八千两,又裁革陋规银一万七千余两,共银六万五千四百七十三两八钱

① 乾隆二十六年六月十二日两淮盐政高恒奏:《为奏明事》,朱批奏折04-01-35-0460-002。
② 乾隆三十五年十二月初八日两淮盐政李质颖奏:《为报销外支银两事》,朱批奏折04-01-35-0910-012。
③ 乾隆三十三年十二月初八日江苏巡抚彰宝、两淮盐政尤拔世奏:《为遵旨妥定章程事》,军机处录副03-0348-053。
④ 乾隆三十七年八月初二日两淮盐政李质颖奏:《为奏明事》,朱批奏折04-01-35-0469-019。
⑤ 乾隆四十六年六月初一日两淮盐政图明阿奏:《为奏明事》,朱批奏折04-01-35-0472-021。
⑥ 乾隆五十五年十月初九日两淮盐政全德奏:《为奏明事》,朱批奏折04-01-35-0475-011。

九分九厘。乾隆三十五年经军机大臣奏准,专为传办、装修支用,按实造册送造办处查核,所余银两照例解缴等因,遵奉在案。今甲寅纲已竣,伏查前项银两,系各商随同杂项钱粮按引完纳,今据运使曾燠详称,乾隆五十九年未经奉有传办事件,所有前项银两并未动用,全行贮库。又壬子纲奏铳淮南纲盐五十万引,随引应征传办项下未完银二万二千六百七十九两一钱六分四厘。又壬子纲应带征丁未纲传办项下第五限未完银二千三百九十一两六钱七分七厘,均自甲寅纲起,展分十年带征,今甲寅纲应完带征壬子纲第一限银二千二百六十七两九钱一分七厘。又应完壬子带征丁未纲第一限银二百三十九两一钱六分八厘。以上共银六万七千九百八十两九钱八分四厘,均已如数征收存贮在库,请俟充公各项起解时,一并随同解交造办处查收①。

由于该项银两是"各商随同杂项钱粮按引完纳",是盐商在正项盐税之外的额外负担,所以银两总额会随着销引的情况有所变动,即使"奏铳"盐引(指不销盐引,仍然纳课),仍然要"随引"完缴,但六万五千余两解交内务府造办处的总额一直没有变动,意味着销引不完,盐商依旧完纳,如果带征或多销引额,则数额会有所增加。

(三)外支不敷银解交造办处

"外支不敷银",是"外支银"的补充银两,于乾隆二十六年开始奏请设置,于次年执行,已如上述。由于"外支不敷银"是两淮盐区在造办处交办玉活计的剩余款项,所以在造办处的奏单中又称为"造办玉活计余利银"。凡有造办处的"交办事项",均在此项银两中开支,余剩银两解交造办处。由于每年的"交办事项"多寡不等、用款不一,余剩解交造办处的银两也多寡不等。

乾隆三十一年,两淮盐政普福奏称:"前任盐政高恒奏明,自乾隆二十七年壬午纲始,每年将外支不敷银四万两存贮运库,凡有特交办理之事,撙节动用,纲竣奏销,仍册报造办处等情,奏奉朱批:览。钦此钦遵在案。今乙酉纲已竣,所有一年办缴过玉活计共三十一件,内除五件声明不计钱粮,毋须开报工价请销外,仍册报二十六件,用过工价银八百六十八两四钱六厘内,十七件俱经造办处查核,除应减银六两六分,准销银七百五十两八分,又九件未经核覆,计工价银一百一十二两二钱六分六厘,二共银八百六十二两三钱四分六厘。再,用过宝砂、捶砂匠工及家伙、金刚钻、木样匣、座落嵌缎里、蜡烛、灯油、木炭、管工饭食等项,共银九百九十四两四钱四分,通共银一千八百六十二两八钱四分六厘,除仍开造总册移报造办处查核外,奴才谨缮具黄册,随折恭呈御览。余银三万八千一百三十七两一钱五分四厘,并应赔补核减银六两六分,均应附便解交造办处充公。"②

乾隆三十四年,两淮盐政尤拔世奏称:"戊子纲已竣,所有一年办缴过玉活计共五十件,内除三件声明工价无多,未经开报请销外,仍册报四十七件,用过工价银二千二百八十六两八钱二分三厘,俱经造办处查核,遵旨核减准销银二千二百二十八两四分九厘,应赔补银五十八两七钱七分四厘。又用过宝砂、捶砂匠工及家伙、金刚钻、木样匣、座落嵌缎里、蜡烛、灯油、木炭、管工饭食等项,共银九百三十

① 乾隆六十年九月初三日两淮盐政苏楞额奏:《为奏明事》,朱批奏折03-0684-045。
② 乾隆三十一年三月二十七日两淮盐政普福奏:《为奏销交办活计用过银数事》,朱批奏折04-01-35-0462-018。

二两六钱一分一厘,通共银三千二百一十九两四钱三分四厘,除开造总册移报造办处查核外,奴才谨缮具黄册,随折恭呈御览。其余银三万六千七百八十两五钱六分六厘,并奴才应赔补银五十八两七钱七分四厘,照例附便解交造办处充公。"①

乾隆三十五年,两淮盐政李质颖奏称:"两淮凡有交办玉活计,奏定在于外支不敷银四万两内动用,纲竣奏销,遵奉在案。今查己丑纲已竣,所有前任盐臣尤拔世任内节次办缴过玉活计共计六十三件,内除三十件声明工价无多,毋庸开报请销外,其余三十三件用过工价银二千六百六十二两一钱九分八厘,经造办处查核,内白玉铎一件用过工价银一百七十六两一钱七分六厘,奉旨罚赔,已经移明前盐臣尤拔世按数赔补,就近径解造办处交收。实准销银二千四百八十六两二分二厘。又用过宝砂、匠工、家伙、金刚钻等九项共银九百十五两四钱八分九厘,通共银三千四百一两五钱一分一厘,应余银三万六千五百九十八两四钱八分九厘。除开造总册,移报造办处查核外,谨缮黄册恭呈御览。再,余银内,已经前盐臣尤拔世赔交造办处银一百七十九两一钱七分六厘,实存银三万六千四百二十二两三千一分三厘,照例附便使解交造办处充公。"②

据上可知,两淮的"外支不敷银",每年的额定数目是四万两,由于两淮盐区的苏州、扬州地区是琢玉的主要地区,有所谓"扬州工""苏州工"之美誉,所以造办处的玉活计除由造办处的"玉作"制作外,也有一部分由苏州、扬州成造。除玉活计用过银两外,每年的剩余款三万余两,解交造办处。所做活计及用过银两由造办处查核。如果不合规制的多用银两,由两淮盐政"赔付",赔付款也解交内务府。由于在乾隆三十四年发生白玉铎做工不好的事件,一方面"奉旨罚赔",赔银由督造者两淮盐政尤拔世承担,另一方面,由新任盐政李质颖重做。据另外一份档案可知,所谓白玉铎做工不好,只是木架做得不好:"本年五月二十三日,接造办处移会内开,尤拔世送交玉铎并木架,奉旨:木架做得甚糙,样式亦不好,将此木架发与两淮李质颖看,嗣后类此样式活计不许做。钦此。奴才看此木架,样既蠢笨,工亦粗糙,蒙恩指示,嗣后凡有交办事件,凛遵圣训,不敢再照此样成做。谨将玉铎木架即另拟式样,饬匠攒做。今亦完工,一并恭呈御览,并将发回木架回交造办处查收。"③乾隆说"木架做得甚糙,样式亦不好",李质颖附和"奴才看此木架,样既蠢笨,工亦粗糙"。可见李质颖更会迎合上意。一件木架先运往北京,又发回两淮,重造后再运往北京,费用亦不在少数。更由于做工不好,需要两淮盐政赔补,所以此后再做玉活计,两淮盐政便不敢再在"外支不敷银"中开支银两,以免受到斥责和赔补银两,"外支不敷银"遂全数上交。

本来"外支不敷银"是用来支出造办处传办活计的费用,既然每年有承办活计,又没有动用银两,外支不敷银全部解交造办处,那么,支出的费用从何而来?乾隆四十六年,两淮盐政图明阿奏报:"两淮凡有交办玉活计,奏定在于外支不敷银四万两内动用,纲竣奏销,遵奉在案。今查庚子纲已竣,其一年办缴过玉活计共一百十件,俱送造办处恭呈御览。其玉匠辛工饭食及宝砂料物各费,俱经照例随时给发,并未动用外支不敷银两,无庸造册报销。所有庚子纲外支不敷银四万两现贮运库,俟有起解之

① 乾隆三十四年六月十七日两淮盐政尤拔世奏:《为奏销交办活计用过银数事》,朱批奏折04-01-35-0463-039。
② 乾隆三十五十一月二十日两淮盐政李质颖奏:《为奏销交办活计用过银数事》,朱批奏折04-01-35-0465-023。
③ 乾隆三十五年六月初四日两淮盐政李质颖奏:《为奏闻事》,朱批奏折04-01-38-0006-030。

项,随同附解,照例交造办处查收。"接到奏报之后①,乾隆皇帝质询道:"究系动用何项？或系自行捐办？"于是,军机大臣"遵旨将图明阿所奏交办玉活计工食料物各费,系随时给发,并未动用外支不敷银两等因"进行查询,据曾经担任过两淮盐政而又新任两淮盐政的伊龄阿奏称:"查知前项银两,寅著任内未经动用报销,当即面询承办玉作之总商等。据称,奉发玉活计,所需料物工价为数无多,如循例开销外支不敷银两,实觉于心不安,是以前经寅盐政具奏,全数解缴充公。其所需工料银两,商等即于每年给发办理贡物、盐政养廉银内撙节,随时给发等情。奴才覆查,该年承办玉活所需工料银两原属无多,承办各商禀请于办贡银两内随时给发,似属以公完公,前任盐政寅著既未动支,奴才四十三年以后,亦即遵照办理,全数解缴。今蒙谕旨垂询,理合将从前办理并未动支别款,亦未自行捐办缘由,据实覆奏。"②也就是说,所有传办玉活计的工料银两全部由盐商捐办。以后数年,依然如此。如乾隆四十九年,两淮做玉活计58件,"其玉匠辛工饭食及宝砂料物各费,俱经该商等随时给发,并未动用外支不敷银两,无庸造册报销。所有庚子纲外支不敷银四万两现贮运库,俟有起解之项,随同附解,照例交造办处查收"③。

乾隆五十七年上谕称:"全德奏辛亥纲办缴玉活,俱经送交造办处,所有辛工饭食等费,仍令该商等随时给发外,其应征辛亥纲外支不敷及带征银两俱仍解交造办处等语。向来两淮每纲应征外支不敷银四万两,存贮运库,原以备成做活计之用,如动用外有余剩银两,照例解交造办处收存,今该盐政将成做活计之工匠饭食等项俱令该商等随时给发,而此项外支不敷银两并未动用,仍行解交造办处,是该商等于前项应征之外,复又出资给发工匠,殊非恤商之道,殊觉小气。嗣后凡有交办活计,应需工匠饭食等费,俱令在每纲外支不敷银四万两内动用,如有余剩,再行解交造办处,毋许仍令商人捐办,以示体恤。"④连乾隆帝都认为,外支不敷银在盐商"应征之外,复又出资给发工匠,殊非恤商之道,殊觉小气",所以此后"凡有交办活计,应需工匠饭食等费,俱令在每纲外支不敷银四万两内动用,如有余剩,再行解交造办处,毋许仍令商人捐办"。从此,均遵旨执行,但遵旨前后,仍然执行不同的奏销办法。如乾隆五十八年两淮盐政董椿奏:"今壬子纲已竣,所有乾隆五十七年二月二十一日起,至五十八年二月二十日止,前任盐政全德任内节次办缴过玉活计共一百九十七件,内除一百八十五件,系在钦奉谕旨以前,毋庸请销工价外,其余十二件,用过工价银一千六百六十六两五钱八分八厘,经造办处查核,内青白玉象耳双环瓶一件,核应减银八十六两六钱二分五厘,奉旨罚赔,实准销银一千五百七十九两九钱六分三厘。又用过宝砂、匠工家伙、金刚钻等八项共银二百五十两八钱五分五厘,通共银一千八百三十两八钱一分八厘,应余剩并罚赔共银三万八千一百六十九两一钱八分二厘。除开造总册,移报造办处查核外,谨缮黄册恭呈御览。又壬子纲应带征丁未纲银一千九百四十三两一钱六分,现贮运库,照例请俟附便解交造办处查收。"⑤

① 乾隆四十六年六月初一日两淮盐政图明阿奏:《为奏明事》,朱批奏折04-01-35-0472-022。
② 乾隆四十六年六月二十七日两淮盐政伊龄阿奏:《为遵旨据实覆奏事》,朱批奏折04-01-35-0923-031。
③ 乾隆四十九年八月初一日两淮盐政全德奏:《为奏明事》,朱批奏折04-01-35-0472-038。
④ 乾隆五十七年十一月初四日两淮盐政全德奏:《为遵旨支销事》,朱批奏折04-01-35-0932-002。
⑤ 乾隆五十八年十二月十一日两淮盐政董椿奏:《为奏明交办活计用过银数事》,朱批奏折04-01-35-0479-045。

(四)积存闲款等银解交造办处

"积存闲款"最初只是一个笼统的款项,盐务凡有积存银两,又没有用于经费支出,便被视作闲款,"积存"到一定数量,便报解内务府。据现存档案,在乾隆初年已有积存闲款的报解,两淮盐政准泰奏称:"自乾隆五年八月抵任两淮,留心查核运库闲款银两,先经具折奏明,嗣于上年八月二十日,一年差满,查奏存库闲款银一万三百二十两七钱零,恭奉朱批,交海望一万两,钦此,钦遵解交海望查收讫。今奴才仰蒙恩旨留任,于二月奏销盐课钱粮,将库项逐一清理,据运使朱续晫册开,自乾隆六年八月二十一日奴才接任起,至七年二月底,陆续积存闲款银一万一千八百三十一两九分三厘六毫四丝。又上年解存银三百二十两七钱二厘六毫五丝,二共存银一万二千一百五十一两七钱九分六厘二毫九丝。并无别事动支,现贮运库,奴才理合恭折奏明,应否即将前项银两仍解内大臣海望查收。"朱批:"仍交海望。"①同时,又有所谓"闲款外之闲款"。两淮盐政准泰称:"两淮起解户部盐课,向令商人按每千两公缴补平银一十五两,为银库添平之用。……先准部咨存拨淮徐等属赈务银六十万两,因非解部盐课,所有补平银九千两,奴才查明令各商缴存运库。……此项补平银九千两,无可支用,系属每年闲款外之闲款,理当归公。"②补平银作为"闲款外之闲款"在此前已有解交,仍如准泰所奏:"奴才办理两淮盐务,每年查有运库积存、节省闲款二项银两,历经分案奏解,上年十一月内奴才面奉谕旨,着令查明,类如此等闲款银两,奏请解交,为养心殿等处之用。今奴才留心查核,所有壬戌纲(乾隆七年)运库节省闲款等银,容俟本年奏销后,核清实属,另折具奏外,其余存库各款皆报部候拨之项。惟查向例解部盐课钱粮,商人照依正额,每千两派交补平银一十五两,为部库弹兑添补之用。乾隆七年分盐课候拨银一百三十五万两,该补平银二万二百五十两,系商人应纳之项,因盐课正项业经奏准拨留江南赈济,此项补平无可支销,奴才已谕令清缴在库,实系闲款外之闲款,理合请旨充公,应否将前项补平银二万二百五十两委员解交海望查收。"③据此可知,积存闲款银两"历经分案奏解",作为养心殿造办处的费用。"每千两派交补平银一十五两",在盐课不解交户部而留存地方用项时,则不需要"补平",节存银"无可支销",便作为"闲款外之闲款"报解内务府。

积存闲款还包括了"额外溢余倾宝之费"及"外结盐斤变价"等,一并解交造办处。如两淮盐政普福所奏:"两淮运库钱粮款项纷杂,上年十二月内举行计典,例应盘查出结,……据运司卢见曾禀称,递年额外溢余倾宝之费,以及外结盐斤变价并工程支缴等项,为数零星,年无年有,今共积存银二万四千三百七十两零,应照闲款之例办理等情,奴才伏查运库不入奏销闲款,例应奏请解交。前项银二万四千三百七十两零,系随时报明零星汇积,又在按年常例奏解之外,既经汇有成数,可否解交养心殿查收,以充公用之处,奴才未敢擅便,合并奏明请旨。……阿里衮奏称:两淮盐政普福解交积存银二万四千三百七十两零,今造办处照数平兑收讫"④。这种"为数零星,年无年有"的积存闲款,"在按年常例奏解之外",是"不入奏销闲款",最初只是随时报明,随时奏解,有时数额少,有时数额多,有时是单项报

---

① 乾隆七年三月十九日两淮盐政准泰奏:《为奏明闲款银两事》,朱批奏折04-01-35-0710-041。
② 乾隆八年十二月十四日两淮盐政准泰奏:《为请旨事》,朱批奏折04-01-35-0448-043。
③ 乾隆八年正月二十八日两淮盐政准泰奏:《为请旨事》,朱批奏折04-01-35-0711-023。
④ 乾隆二十一年正月初五日两淮盐政普福奏:《为奏明请旨事》,朱批奏折04-01-35-0455-038。

解,有时是合并报解。如乾隆九年,"所有运库每纲积存闲款银两,均于奏销盘库后查明实数奏解内大臣海望查收。今饬运使朱续晫查自乾隆八年三月起至本年二月底,积存闲款银一万二千九百一两二分三厘零。奴才并无动支,现贮运库,应否仍解交海望查收"。朱批:"交海望。"①乾隆十三年,"所有运库积存闲款银两,理应于奏销后查明实数奏解。……自乾隆十二年三月起至本年二月底,积存闲款银共一万二千一百四十九两零。奴才并无动支,现贮运库,应否仍照上年解交内大臣海望查收"。朱批:"览。"②乾隆二十三年,"两淮运库向来盘查,运使只将现存数目造送,奴才恐年久弊生,行令运使卢见曾将新旧各纲彻底清查,按照地丁钱粮之例,发给册式,分晰官收除在,造送四柱清册。……内有递年额外零星积存等银共二万五千两零,应解交内库,以充公用。应交何处?"朱批:"交吉庆。"③乾隆二十七年,"两淮盐政高恒解到余存银一万五千余两,应交何处查收?奉旨:交养心殿内查收"④。乾隆二十八年,"两淮盐政高恒解到余存、倾费等银共十四万四百三十一两零,应交何处查收?奉旨:交养心殿内十万两,其余四万四百三十一两零交圆明园"⑤。乾隆二十九年,"两淮盐政高恒解到庚、辛、壬三纲积存楚费银十五万二千四百二十四两九分,应交何处查收?奉旨:交养心殿内十万两,其余银五万二千四百二十四两九分,交圆明园"⑥。

乾隆二十年以后,"积存闲款银"的报解逐步走向规范化,一是如上揭每年盘查运库钱粮,不是只将"现存数目造送",而是"按照地丁钱粮之例,发给册式,分晰管、收、除、在,造送四柱清册",逐款查明库存盐课等项以及积存闲款的数额,以免款目混淆。二是积存闲款与积存规费合并报解。

在"积存闲款"与"积存规费"合并报解后,在奏解时一般称为"积存闲款等银",每年的款项数额大致恒定。如乾隆二十四年,"两淮运库每年积存闲款银两向于奏销后查明奏解。今丁丑纲盐课钱粮已经奏销,随饬运司清查开报,共积存闲款银一万二千四百八十四两零。又积存规费等银一万一千五百四十七两零,俱现存运库,应否一并解交吉庆查收?"⑦乾隆二十六年,"两淮运库每年积存闲款银两,于奏销后查明奏解。今庚辰纲盐课钱粮已经奏销。奴才随饬运司清查开报,共积存闲款银一万一千七百六十四两零,又积存规费等银一万一千一百五十一两零。俱现贮运库,应否一并解交吉庆查收之处,奴才未敢擅便,谨恭折具奏请旨遵行"⑧。乾隆二十七年,"两淮运库每年积存闲款银两,向于奏销后查明奏解。今辛巳纲盐课钱粮已经奏销,……共积存闲款银一万一千八百八十四两零。又积存规费等银一万八百五十五两零,俱现存运库,应否一并解交阿里衮查收?"⑨乾隆三十一年,"两淮运库每年积存闲款等银,应于奏销后查明奏解。今乙酉纲盐课钱粮已经奏销。奴才随饬运司清查开报,共积存闲款银一万一千九百九十六两零,又积存规费等银一万二千四十三两零。俱现贮运库,应否一并照

① 乾隆九年四月十二日两淮盐政准泰奏:《为奏报闲款银两事》,朱批奏折04-01-35-0712-003。

② 乾隆十三年三月二十一日署理两淮盐政吉庆奏:《为奏报闲款银两事》,朱批奏折04-01-35-0452-001。

③ 乾隆二十三年十月初一日两淮盐政高恒奏:《为奏明请旨事》,朱批奏折04-01-35-0457-012。

④ 乾隆二十七年九月二十一日造办处大臣阿里衮奏单,朱批奏折04-01-35-0461-022。

⑤ 乾隆二十八年十月初八日造办处总管安泰奏单,朱批奏折04-01-35-0461-050。

⑥ 乾隆二十九年十月十四日造办处大臣阿里衮奏单,朱批奏折04-01-35-0462-008。

⑦ 乾隆二十四年三月十三日两淮盐政高恒奏:《为奏明事》,朱批奏折04-01-35-0457-037。

⑧ 乾隆二十六年三月十三日两淮盐政高恒奏:《为奏明事》,朱批奏折04-01-35-0459-030。

⑨ 乾隆二十七年四月二十三日两淮盐政高恒奏:《为奏明事》,朱批奏折04-01-35-0460-039。

例解交阿里衮查收之处,奴才未敢擅便,理合恭折具奏请旨遵行"①。乾隆四十一年,"两淮运库每年积存闲款等银应于奏销后查明奏解,今乙未纲盐课钱粮已经奏销,……共积存闲款银一万二千二十一两五钱二厘,又积存规费等银一万二百一十二两六钱三分七厘。二共银二万二千二百三十四两一钱三分九厘。现在收存运库,应否一并照例解交额驸福隆安查收?"②乾隆四十四年,"两淮运库每年积存闲款等银应于奏销后查明奏解。今戊戌纲盐课钱粮已经奏销,……共积存闲款银一万二千四十二两九钱二分九厘,又积存规费等银一万二百五两一钱七分。二共银二万二千二百四十八两九分九厘。现在收存运库,理合循例一并奏请解交造办处查收"③。乾隆四十五年,"两淮运库每年积存闲款等银应于奏销后查明奏解,今乙亥纲盐课钱粮已经奏销,……共积存闲款银一万二千四十二两二钱五分七厘,又积存规费等银一万二百二两六钱三厘。二共银二万二千二百四十四两八钱六分。现在收存运库,理合循例一并奏请解交造办处查收"④。乾隆四十六年,两淮盐政图明阿奏称:"两淮运库每年积存闲款等银,应于奏销后查明奏解,今庚子纲盐课钱粮已经奏销,行据运司清查开报,共积存闲款银一万二千四十四两四分八厘,又积存规费等银一万二百一两四钱八分二厘,二共银二万二千二百四十五两五钱三分,现贮运库。理合循例一并奏请解交造办处查收。"⑤乾隆四十九年,"两淮运库每年积存闲款等银,应于奏销后查明奏解,今癸卯纲盐课钱粮已经奏销,行据运司清查开报,共积存闲款银一万二千六十一两二钱三分,又积存规费等银一万二百两一钱九分四厘。二共银二万二千二百六十一两四钱二分四厘。现贮运库,理合循例一并奏请解交造办处查收"⑥。乾隆五十七年,"两淮运库每年积存闲款等银,应于奏销后查明奏解,今辛亥纲盐课钱粮已经奏销,行据运司清查开报,共积存闲款银一万一千三百一十八两四钱五分七厘,又积存规费等银五千四百二十四两七钱四分九厘。二共银一万六千七百四十三两二钱六厘。现贮运库,理合循例一并奏请解交造办处查收"⑦。乾隆六十年,"两淮运库每年积存闲款等银,应于奏销后查明奏解,今甲寅纲盐课钱粮已经奏销,行据运司清查开报,共积存闲款银一万一千二百十九两六钱六分七厘,又积存规费等银五千七百五十六两三钱七分七厘。二共银一万六千九百七十六两四分四厘。现贮运库,理合循例一并奏请解交造办处查收"⑧。凡此奏报,朱批一般是一个"览"字或"知道了",说明已经成为惯例。另外,由于阿里衮、福隆安先后担任造办处大臣,所以,在乾隆二十七年,积存闲款已经定向解交造办处,之前,一般是解交内务府大臣,再由内务府大臣请旨拨用。乾隆四十一年之后,则是明确奏明"循例"解交造办处。积存闲款的用项在乾隆中期已经定向化。

(五)江西盐规与窝利等银解交造办处

江西虽然属于两淮盐区,但是有些解交造办处的银两属于专门的款项,专款奏销。其包括两项内

---

① 乾隆三十一年三月二十七日两淮盐政普福奏:《为奏明事》,朱批奏折04-0135-0462-014。
② 乾隆四十一年十二月初六日两淮盐政伊龄阿奏:《为奏明事》,朱批奏折04-01-35-0470-035。
③ 乾隆四十四年八月二十一日两淮盐政伊龄阿奏:《为奏明事》,朱批奏折04-01-35-0471-003。
④ 乾隆四十五年七月二十八日两淮盐政伊龄阿奏:《为奏明事》,朱批奏折04-01-35-0471-041。
⑤ 乾隆四十六年闰五月十二日两淮盐政图明阿奏:《为奏明事》,朱批奏折04-01-35-0472-017。
⑥ 乾隆四十九年九月十八日两淮盐政全德奏:《为奏明事》,朱批奏折04-01-35-0472-043。
⑦ 乾隆五十七年十月三十日两淮盐政全德奏:《为奏明事》,朱批奏折04-01-35-0478-022。
⑧ 乾隆六十年十月二十七日两淮盐政苏楞额奏:《为奏明事》,朱批奏折04-01-35-0481-020。

容:一是"盐规引费"和"征存节省",二是"吉安府窝利、田房变价生息银"。乾隆四十六年,两淮盐政图明阿在奏折中谈到了"盐规引费"和"征存节省"解交造办处的具体情况:

> 江西盐规引费,向系奏明,通饬办运扬商,每年俱完纳运库运司拨出银五千两,移交江西盐道为修理石堤、卖补仓谷等项之用。余银于纲竣俱折奏解内库充公。今庚子纲盐课钱粮已经奏销,据盐运使仓圣裔详报,收过庚子纲江西盐规引费并吉安、饶州二府引费除解交江西盐道库银五千两外,存银三万六百两八钱六分一厘,又自乾隆四十五年四月奏销之后,至四十六年三月,续收己亥纲江西并吉安、饶州二府引费银六千一百三十六两九钱一分五厘。以上共银三万六千七百三十七两七钱七分六厘,详情核奏。又详称,己亥纲核派湖广省正引之外,各商有多报运楚之引,并江都、甘泉二县食引五分融销楚岸,在运库一例完纳口岸匣费、布税充公等项,共存银三万九千一百三两四钱五分六厘,系不在口岸额费数内征存节省之项,委署无可支销闲款,请附同庚子纲江西盐规引费一并奏解充公等情,奴才复核无异,所有前项余存运库,通共银七万五千八百四十一两二钱三分二厘,应请循例解交造办处查收。①

由上可知,江西一般意义上的"盐规引费",由运盐两淮的扬商完纳,统一交两淮运库存贮,将其中的一部分拨归江西盐道,作为修理石堤、卖补仓谷的费用,如果有结余,再将余款解交造办处。另外还有较为特殊的吉安和饶州二府的引费。"征存节省"是食盐额外多运销两湖交纳的费用,即所谓"核派湖广省正引之外,各商有多报运楚之引,并江都、甘泉二县食引五分融销楚岸,在运库一例完纳口岸匣费、布税充公等项",这一部分费用,没有包括在"口岸额费数内",所以也一并在这个名目下解交内务府。该年"盐规引费"和"征存节省"解交造办处的款项为七万五千余两。此后每年的数额略有不同,少则六万余两,多则八万余两。如乾隆五十五年是八万八千六百六十三两一钱九分七厘,乾隆六十年是六万三千七百三十八两四钱七分二厘。②等等。

吉安府窝利、田房变价生息银,据乾隆五十六年两淮盐政全德的奏折称:"江西吉安府窝利银两,每年催商缴齐,奏明起解,其随窝田房变作本应缴利银,亦并附解,按年遵办在案。兹乾隆五十五年分庚戌纲应完窝利银五万二千四百三十四两,又随窝田房变价利银自乾隆五十五年三月起,至五十六年二月止,应交利银四千五百三十两八钱六厘,共银五万六千九百六十四两八钱六厘。又应带征丁未纲窝利银五千九百九十五两二钱六分一厘。据运使鹿荃详报,俱经照数征存,奴才复核无异,理合循例解交造办处查收。"③该年吉安府窝利、田房变价生息银是五万六千余两,另外又有带征丁未纲窝利银五千余两。此后每年的款额约略相同。

吉安府的窝利较为特殊,多有变化。赖惠敏在她的著作中已经注意到吉安窝利,引用了乾隆九年

---

① 乾隆四十六年六月初十日两淮盐政图明阿奏:《为奏明事》,朱批奏折04-01-35-0472-024。
② 乾隆五十五年七月二十八日两淮盐政伊龄阿奏:《为奏明事》,朱批奏折04-01-35-0475-009。乾隆六十年九月二十八日两淮盐政苏楞额奏:《为奏明事》,朱批奏折04-01-35-0481-018。
③ 乾隆五十六年九月十八日两淮盐政全德奏:《为请旨事》,朱批奏折04-01-35-0476-037。

等年的档案,似乎是第一次有学者注意,但没有论说其沿革。①据笔者查吉安府引窝的档案可知,吉安府引地最初属于"官引地",不属于盐商的个人引地,"于康熙五年招商认办,每纲交窝利息五万二千四百余两,系解内务府之项",雍正四年,将此"官引地"赏给怡亲王府,成为王府引地,窝利银归怡亲王府。窝利的归属有数次变化,吉安府引窝起初由淮商黄光德租借承办,每年向怡亲王府交纳窝利银。②据乾隆十三年署理两淮盐政吉庆奏称:"江西吉安一府引窝,每年商完怡亲王窝利、房租等银五万八千四百七十七两四钱。乾隆十二年四月内奉旨:嗣后每年仍交王子家银二万八千两,其余银三万两,每年入于盐务节省项内,一并奏明请旨。"③也就是说,在乾隆十二年,吉安窝利银的归属已经发生了变化,明确规定了窝利银二万八千两归王府,三万两另外解交请旨。到乾隆十四年,已经将吉安府的全部窝利银收归朝廷,但仍是专案奏请奉旨,大多数情况下,是将窝利银解交内务府。据可以查到的档案,至少在乾隆四十一年之前,吉安府的窝利银分别奉旨解交乾隆皇帝亲近的个人或内务府总管,如傅恒、三和、阿尔衮、福隆安等。最晚在乾隆四十四年,已经不再解交给个人,然后再奉旨处理,而是明确解交造办处。如乾隆四十四年两淮盐政伊龄阿所奏:"乾隆四十四年分己亥纲应完窝利银五万二千四百三十四两,……据运使朱孝纯详报,照数全完,奴才复核无异,理合循例奏请解交造办处查收。"④

以上各项解交造办处的银两,主要是两淮盐区,其他盐区,事例较少,也不是绝无仅有。如乾隆四十一年河东盐政璿龄奏称:"河东每年应解养心殿暨内务府各项银两经内务府议奏,令将每年应解银两由本处按款自行奏明,依限交纳等因,历经遵照具奏在案,查今年应解养心殿造办处潞泽节省银二万两,并应解内务府唐县余利归公银八千三百三十八两零,裕州余利归公银一千两,并余等项银六百四十三两零。现已届期,据运使程国表详报,于本年十一月二十七日委员起解赴京交纳。"⑤这里所谓的"潞泽节省银二万两",即是解交造办处,而且"历经遵照具奏在案",每年的数额恒定。又乾隆三十四年七月初五日内务大臣英廉奏称:"(长芦盐政)高诚解到永庆号应交利银八万八千八十二两四分二厘。又减半加课并倒追银七千二百八两八钱四厘。二共银九万五千二百九十两八钱四分六厘。查对数目相符。应交何处查收,奉旨:交养心殿内银五万两,其余银四万五千二百九十两八钱四分六厘,交圆明园。钦此。"⑥该年永庆号利银等项有五万两交养心殿造办处,另外则交圆明园。长芦盐区永庆号利银解交内府,均是每年请旨办理,所以,每年交付的地点和数额各不相同。

三、物料与活计:部分仰仗盐务

造办处因为有珐琅作、铜作、匣裱作、油木作、广木作等各种各样的作坊⑦,各作坊所用物料,一部分由盐商——特别是两淮盐商负责采办。以下为乾隆二十三年至二十七年两淮总商黄源德、江广达

① 赖惠敏:《乾隆皇帝的荷包》,台北:"中央研究院"近代史研究所,2014年,第224—225页。
② 嘉庆十六年六月二十九日户部奏:《为江西吉安引窝价银查奏事》,军机处录副03-1779-069。
③ 乾隆十三年七月二十四日两淮盐政吉庆奏:《为请旨事》,朱批奏折04-01-35-0452-017。
④ 乾隆四十四年八月二十四日两淮盐政伊龄阿奏:《为请旨事》,朱批奏折04-01-35-0471-005。
⑤ 乾隆四十一年十一月二十六日河东盐政璿龄奏:《为奏闻事》,朱批奏折04-01-35-0919-029。
⑥ 乾隆三十四年七月初五日内务府大臣英廉奏:《为奏闻事》,朱批奏折04-01-35-0908-009。
⑦ 陈锋:《清代内务府造办处的作坊及匠人待遇》,《财政史研究》第9辑,2017年1月。

等采办物料清单：

紫檀、凉阁料物、陈设绣件，银一万七百二十两零。

紫檀、竹器、填漆、鸂鶒、银丝各种宝座等件十分，银二万七百六十两零。

临河房等处装修门帘铺垫，银六千九百五十七两零。

书阁团屏等件，银二千九百八十二两零。

连六香袋各件，银三百四十七两。

自鸣钟、紫檀、黄杨、棕竹各物料，银一万四千一百三十三两零。

九如意、牙花、盆景、菜盒等件，银二千六百八十三两。

鸂鶒木、湘妃竹料等件，银五百五十两零。

鸂鶒红木料，银一百九十五两零。

又鸂鶒红木料，银一千一百八两零。

影木板料，银七十二两。

楠木料，银一百八两。

竹凉阁竹装修等件，银二千二百两零。

斑竹房装修陈设工料，银一万二千两零。

大铜狮子、铜鼎各件，银九千六百五十三两零。

金书阁等件，银一千两。

年灯各件，银二千四百二十两。

传办灯件，银四千四百五十六两。

竖灯各件，银二千六百七十两。

宝座、屏风、垫靠各件，银一千七百八十五两。

添办垫靠、迎手，银四百五十两。

绣扇、垫靠等件，银七百三十九两零。

各种木器等件，银六千六百三十四两零。

炕盂、灯工、铜器等件，银一万三百十二两零。

如意、唾盂、乌木紫檀褂灯，银二千一百三十一两零。

像生花、杨木、竹作，一百四十九两零。

黄杨木、竹作，银二百十四两零。

以上共银十一万九千一百两零[①]。

由上可知，采办的物料包括了紫檀、鸂鶒木、楠木、黄杨木等各种木料以及竹器、绣品、盆景等等，有的是原料，有的是加工件，用银十一万余两。另外，乾隆二十四年至二十六年两淮总商洪充实采办

---

① 乾隆二十七年呈报（呈报者不详）：《总商黄源德、江广达、徐尚志、王履泰、李永大自二十三年起至二十七年采办一切物料总数清单》，军机处录副03-1102-014。

物件清单如下：

各色大呢七十九疋，长三百九十九丈八尺，银六千二百四十四两八钱。

玻璃十二对，银一千一百三十五两。

花大呢三疋，长十九丈五尺，银四百三十五两六钱。

各色羽绉一百七十连，，银三千七百五十八两四钱。

各色羽毛缎十四套，银五百二十六两四钱。

珊瑚树二盒，银六百九十两。

海南大香六十斤，银二十一两。

上海南速香一百二十斤，银一百七十九两四钱。

次海南速香一百二十斤，银七十七两八钱。

上沉香九十八斤，银三百三十两四钱。

次沉香二十斤，银十二两。

洋金花笺二千张，银九十两。

玻璃镜四十八面，银一千六百二十七两。

玻璃片五十七款，银一千七百两。

玻璃大屏镜四对，银五百五十二两。

玻璃大缸八个，银二百两。

玻璃大花樽四个，银六千六百七十二两。

各色羽绉三百连，银二千七百三十两。

各色羽绉袍褂一百七十套，各色润德缎袍褂一百套，银一千四百七十两。

各色大呢二十疋，九十一丈六尺，银一千四百九十四两三钱。

洋青一百斤，银五十四两。

以上共银三万两零[1]。

上一份清单显示由黄源德、江广达等五位总商承办，该件清单显示由总商洪充实独自承办，采办的品种有很大的不同，前者较为繁杂，后者相对单一，主要是玻璃制品和丝织品，意味着总商采办物料可能有不同的分工。总商为造办处采办物料一般是受盐政官员委托，代表盐政官员采买，所用银两一般来自运库的积存银两，如上所揭外支银传办、装修费用所示，这些银两"各商随同杂项钱粮按引完纳"，属于额外之款，而且在上揭的外支银传办、装修费用，实际上都没有产生，这部分银两已经全额解交造办处，采办物料费用很有可能是另外设法。从乾隆三十三年爆发的"两淮提引案"揭示的情况看，"自乾隆十一年提引之后，……节年预行提引，商人交纳余息银两共有一千九十余万两，均未归

---

① 乾隆二十七年呈报（呈报者不详）：《总商洪充实自二十四年至二十六年采办物件清单》，军机处录副03-1102-015。

公",有些采办物料等费即在此开支,总商也借此蒙混渔利,"或代购器物,结纳馈送,或藉称差务,浪费浮开,……总商代盐政等购办器物浮开银十六万六百八十七两零,又各商藉差动用银一百四十八万二千六百九十八两八钱,并办差浮开银六十六万七千九百七十六两八钱。……各商代吉庆、高恒、普福购办器物,作价银五十七万六千七百九十二两八钱二分一厘,……各商代高恒办做檀梨器物银八万六千五百四十两一钱四分四厘,均系该总商等有意结纳,于中取利,以致浪费无节"①。

除了采办上述一般性的物料外,两淮总商还不时向造办处呈贡玉器,这种"呈贡"是前述常例采办之外的进贡,即所谓"常贡之外,恭进玉器、古玩、装修等件"②。"常贡之外,有恭进古玩,荷蒙赏收之件"③。嘉庆六年之后,"停止呈进玉器,众商情愿按年交银五十万两"④。

由于扬州、苏州是玉雕的集中地区,有"扬州工""苏州工"之美誉,两淮盐商承办的造办处活计,主要是玉活计,每年件数不等,其费用按规定在"外支不敷银"中开支,上述已经说明,这些玉活计大多没有动用"外支不敷银",而是另由盐商筹措。除玉活计外,当然也有其他活计,如《淳化阁帖》套匣的"成做",乾隆三十八年,两淮盐政李质颖奏称:"乾隆三十七年十二月十九日准造办处发到钦定重刻淳化阁帖十分,奉旨随意配做木植壳面套匣,其签子上字或用本身木上雕做,或做银母字嵌安,或做木金字,俱要阳文,先将省手者做得一二分,即行送来,余者做得陆续送来。钦此。奴才敬谨筹酌,用紫檀木配做壳面套匣,照依发来签上字式,用白玉雕琢阳纹嵌安,十分一样成做。今已全行办竣,送交造办处进呈。又,本年正月初九日准造办处发到玉石子一块,重三十八斤,画虎溪三笑陈设纸样二张。奉旨:着交两淮盐政李质颖处成做,先做木样送来呈览。钦此。今木样亦经做就,一并送交造办处,恭呈御览。"⑤由此可知,两淮盐政在接到传办物件后,十分上心,上意要求做《淳化阁帖》套匣十份,"随意配做木植壳面套匣……或做银母字嵌安,或做木金字",实际上是用紫檀木配做壳面套匣,用白玉雕琢阳文文字嵌安,用料、工艺十分讲究。该件奏折揭示的玉器雕刻工序也十分繁杂慎重,先由造办处发来玉器平面的"纸样",再由两淮做成立体的"木样",再将"木样"送造办处呈皇上御览审批。然后再按审批过的"木样"雕刻玉器。用料的讲究、程序的繁杂、工艺的讲求,当然是以两淮盐务充足的资金做保障。

另外,两淮、长芦盐商的购办古玩也值得注意,一如乾隆三十五年九月上谕:"两淮商人购办古玩一事,业经查明核办。昨召见西宁,据奏,长芦所办古玩,亦系商人购备,……其事系历任相沿,即高斌、李质颖亦如此办理。"⑥

四、结语

前揭《钦定历代职官表·内务府表》的按语:"内务府之制,以七司各掌府事,其余分建衙门,并铸给

① 乾隆三十三年六月二十五日江苏巡抚彰宝、两淮盐政尤拔世奏:《为查出提引大概情形先行据实奏闻事》,军机处录副03-0618-016。参见方浚师:《蕉轩随录·续录》卷8《两淮提引案》,中华书局,1995年,第311—312页。

② 《清宫扬州御档》,扬州:广陵书社,2010年,第7册,第4816—4817页。

③ 乾隆三十四年十二月二十一日两淮盐政尤拔世奏:《为遵旨报销价值并奏明积存闲款等事》,朱批奏折04-01-35-0908-051。

④ 中国第一历史档案馆、扬州市档案馆编:《清宫扬州御档选编》,扬州:广陵书社,2009年,第4册,第310—312页。

⑤ 乾隆三十八年三月十三日两淮盐政李质颖奏:《为奏闻事》,朱批奏折04-01-35-0008-007。

⑥ 中国第一历史档案馆等编:《清代长芦盐务档案史料选编》,天津:天津人民出版社,2014年,第129页。

关防印信,统辖于总管大臣而不与七司相隶属。"此"不与七司相隶属"一语值得高度重视,意味着造办处的钱粮库与内务府广储司所属银库是两个系统,内务府银库的进出银两不代表皇室财政的全部内容。内务府银库来自盐务的银两也不是来自盐务的全部银两,只有将内务府银库、造办处钱粮库以及圆明园银库来自盐务的银两分别厘清,才能全面窥察盐务与皇室财政的关系。

在雍正元年造办处设立钱粮库之前,盐务交与皇室的银两一般是交于内务府广储司银库,在造办处设立钱粮库之后,一般是分别解交。这从总体上看是没有疑义的。但是,从皇帝对有关银两的后续处理来看,也还有"二次分配"的情况。如乾隆二十五年,内务府总管大臣吉庆上奏两淮解到造办处的银两如何处理:"高恒解到两淮盐政及运司衙门节省、经解脚费等银十四万二千二百四十三两零。又运库积存闲款并积存规费等银二万四千五十四两零。又零星节省银一万六千六十九两零。以上共银十八万二千三百六十六两零。应交何处查收?"奉旨:"交养心殿内十万两,其余银八万二千三百六十六两零交圆明园。"① 乾隆二十九年,造办处大臣阿里衮请旨:"两淮盐政高恒解到庚、辛、壬三纲积存楚费银十五万二千四百二十四两九分,应交何处查收?"奉旨:"交养心殿内十万两,其余银五万二千四百二十四两九分,交圆明园。"② 乾隆三十四年,造办处大臣福隆安请旨:"两淮盐政尤拔世解到戊子纲江西吉安府窝利、田房变价生息银六万二千二百八两二钱,查对数目相符,应交何处查收?"奉旨:"交养心殿内三万两,其余银三万二千二百八两二钱交圆明园。"③ 这些银两都有分别移送的情况,值得特别注意。除了这种在皇室内部调剂外,也有将相关银两作为国家财政开支的事例,如嘉庆十一年二月初三日上谕:"将甲子纲(两淮)盐政、运司衙门节省等款银四十一万九千七百余两,停止解京,并将癸亥纲商人办公节省存银内再拨银十八万二百七十余两,凑足六十万两之数,速委妥员解交河工备贮应用。"④ 这是在河工银不足的情况下,把皇室财政转变为国家财政的一个突出事例。

盐务解交造办处的银两,一般说来都有专门的名目,上述主要讨论了"扣存养廉银及节省银""外支银与裁革陋规银""外支不敷银""积存闲款等银""江西盐规与窝利等银"等五种名目,这些银两是比较突出的名目,也主要是两淮盐区的解交银两,其他盐区的事例与银额较少。这些款目一方面有一个逐步形成的过程,另一方面也有解交衙门变化的过程,有的款目也不是一开始就解交造办处,如"节省银"一项,最初并不解交造办处,而是经过了从解交户部等衙门,到解交内务府、解交造办处的变化,其演变过程也是值得注意的。

[作者陈锋,武汉大学历史学院教授。本文为国家社会科学基金重大招标项目"清代财政转型与国家财政治理能力研究"(批准号:15ZDB037)阶段性成果之一。原载《盐业史研究》2019年第3期]

---

① 乾隆二十五年七月十三日内务府大臣吉庆奏:《为请旨事》,朱批奏折04-01-35-0546-016。
② 乾隆二十九年十月十四日造办处大臣阿里衮奏:《为奏明事》,朱批奏折04-01-35-0462-008。
③ 乾隆三十四年五月初一日造办处大臣福隆安奏:《为奏明事》,朱批奏折04-01-35-0907-042。
④ 嘉庆十一年二月初三日上谕,朱批奏折04-01-35-0112-002。

蠲免、捐纳与康熙朝的地方钱粮亏空

刘凤云

蠲免,是指国家根据地方民力对百姓应征赋税的免除,它表达了国家经济实力的雄厚和造福于民的惠政。捐纳,即捐粟纳官,是清代解决或缓解财政拮据与匮乏的一项经济手段。而钱粮亏空,是指国家各级政府存储于仓与库中的粮食与银两出现了短缺。三者作为清朝国家行政过程中实施的措施、制度,乃至出现的问题,各有相对独立的研究视域,已形成诸多的研究成果。本文从三者之间的关联性着手,从政策设计与制度建设的角度,去梳理国家在解决重大问题时所推行的相关制度与政策所产生的影响与得失,以及不同制度与措施彼此之间是否具有相互维系的功能等。

一、蠲免的是与非

清朝自入关伊始,即以蠲免作为征服民心的实政和惠政,康熙帝明确表示:"蠲贷为爱民之实政"[①],"蠲免钱粮,原欲使小民物力稍舒,渐登殷阜"[②]。清人也一向以蠲免为爱民"家法"自诩,所谓"我朝列圣,以爱民为家法。偏灾赈蠲外,凡逋赋之在民者,与银谷食种之贷而未收者,遇国家庆典,或巡幸,或军兴,辄止勿责。每库藏稍充,即务推所有一益下。"[③]故有"灾蠲""恩蠲""通蠲"等诸多蠲免名目,还有漕粮蠲免,田赋银、地丁银蠲免等不同内容的蠲免,以及缓征、分年带征、轮免、普免等不同形式。

清朝的蠲免主要发生在康熙中期至乾隆朝的百余年间,而康熙朝则是大规模蠲免的发端时期。有记载曰:清朝自平定三藩后,于康熙二十三至二十六年(1684—1687),"三载之内,布惠一周,后来普免之典,实肇于此"。自康熙三十一年(1692)为始,以次各蠲一年。三十二年以粤、蜀、滇、黔四省明年地丁银米。三十五年免各省漕赋宿逋,三十六、三十七年免陕西、山西、甘肃年租,三十九年免湖广、甘肃年租。四十年免江苏、甘肃明年地丁银。四十一年免安徽、陕西明年地租银。四十二年免山东、河南、云南、贵州、广西、四川六省明年地租,免浙江、山东明年租。四十四年免湖南、湖北明年租。这一时期是蠲免的紧密期。从数字来看,普免天下通赋390余万,四十七、四十八年免江南、浙江地丁人丁银790余万[④],而部库"所存尚多。"[⑤]

至四十九年(1700)十月,康熙帝在给户部的谕旨中更是以"民为邦本",明确了"政在养民,蠲租为

---

① 《清圣祖实录》卷131,康熙二十六年十一月辛丑。

② 《清圣祖实录》卷144,康熙二十九年二月己卯。

③ 参见王庆云:《石渠余纪》卷1,纪蠲免,北京古籍出版社1985年,第12页。

④ 参见王庆云:《石渠余纪》卷1,纪蠲免,第12—14页。

⑤ 《清圣祖实录》卷240,康熙四十八年十一月丙子。

急"的宗旨,并表示要在其执政五十年间,将天下钱粮一概全免。所谓"数十年以来,除水旱灾伤,例应蠲免外,其直省钱粮次第通蠲一年,屡经举行。更有一年蠲及数省,一省连蠲数年者。前后蠲除之数,据户部奏称共计已逾万万。"朕每岁供御所需,概从俭约,各项奏销浮冒亦渐次清厘,外无师旅饷馈之烦,内无工役兴作之费。因以历年节省之储蓄为频岁,涣解之恩膏。朕之蠲免屡行,而无国计不足之虑,亦恃此经筹之有素也。……明年为康熙五十年,思再沛大恩以及吾民,将天下钱粮一概蠲免。因众大臣议奏,恐各处需用兵饷拨解之际,兵民驿递,益致烦苦。朕因细加筹划,自明年始,于三年以内通免一周,俾远近均沾德泽。直隶、奉天、浙江、福建、广东、广西、四川、云南、贵州,所属除漕项钱粮外康熙五十年应征地亩银共七百二十二万六千一百两有奇,应征人丁银共一百一十五万一千两有奇,俱着察明全免。并历年旧欠共一百一十八万五千四百两有奇,亦俱着免征。"①

虽然,此次蠲免的提议因顾虑国家财力问题,未能实现普免天下钱粮的预设目标,但从一次性免除地丁、漕赋近千万两来看,清朝各种名目的蠲免,在笼络民心、稳定社会秩序、巩固国基等方面确实收到了不小的成效。

在以往的研究中,大多是从上述的角度出发,将蠲免视为国家藏富于民的善政,认为:"田赋蠲免作为统治者实施的一项'恩政',是"康熙帝采取的恢复社会经济的重要措施之一。"②对康乾盛世的出现有着重要的历史作用。而且蠲免也是灾荒史关注的热点,诸如邓拓的《中国救荒史》,李文海、周源《灾荒与饥馑1840—1919》等,都有深度的研究,对此,李光伟有详细的梳理。③

但也有学者指出,不能简单地将"蠲免"作为康乾盛世的内容之一加以理想化。康熙初期,清政权是被动地免除因赋额过重实际上不能征取到的积欠,中后期方把宽赋和蠲免作为"育民之道"的关键环节。④同时,学界也根据"业主蠲免七分佃户蠲免三分,永着为例"⑤的规定,对蠲免的受益人是业主还是佃农进行了讨论。⑥

但在上述诸多研究中,对于蠲免对地方财政产生的影响却鲜有论及。⑦也就是说,"蠲免"在被誉为造福于一方百姓的养民措施时,其为地方财政带来的负面影响被掩盖了。因此有必要重新认识清朝的"蠲免"。

可以说,蠲免作为康熙朝一项重要的"养民"措施,从其实施过程来看,最大的特点就是蠲免的数额之大,在康熙五十年便达到了一亿两⑧。虽有普免之说,但蠲免的重点却是以漕赋较多的江浙与军需繁侈的西北为多。我们不妨以西北三省的蠲免为例,探讨这一地区的蠲免及蠲后的状况。

---

① 《清圣祖实录》卷244,康熙四十九年十月甲子。

② 参见陈锋:《清代"康乾盛世"时期的田赋蠲免》,《中国古代史研究》2008年第4期,第131页。

③ 参见李光伟:《清代田赋蠲缓研究之回顾与反思》,《历史档案》2011年第3期。

④ 参见何平:《论康熙时代的赋税减免》,《中国人民大学学报》2003年第6期,第125—131页;又见徐建青:《清代康乾时期江苏省的蠲免》,《中国经济史研究》1990年第4期;罗仑、范金民:《清前期苏松钱粮蠲免述论》,《中国农史》1991年第2期。

⑤ 《清圣祖实录》卷244,康熙四十九年十一月辛卯朔。

⑥ 参见经君健:《论清代蠲免政策中减租规定的变化》,《中国经济史研究》1986年第1期。

⑦ 夏明方在《中国早期工业化阶段原始积累过程中的灾害分析——灾荒与洋务运动之二》(《清史研究》1991年第1期)一文中,从灾害史的角度提及蠲免对财政收入短少的影响。

⑧ 《清圣祖实录》卷223,康熙四十四年十一月癸酉;卷244,康熙四十九年十月癸未。

据记载,康熙三十一年(1692),降旨:"陕西巡抚所属府州县卫所康熙三十二年地丁银米,着通行免征。从前所有积欠,亦着通行蠲免。"①陕西"西、凤二府属被灾州县卫所康熙三十三年粮米照旧征收外,其地丁银两着通与蠲免"②。"山西平阳府、泽州沁州所属地方,前因蝗旱灾伤,民生困苦,已经蠲免额赋并加赈济,而被荒失业之众犹未尽睹干宁,其康熙三十年、三十一年未完地丁钱粮,……着将所欠钱粮五十八万一千六百余两、米豆二万八千五百八十余石通行蠲豁。"③康熙三十六年(1697),因比年以来,征剿厄鲁特噶尔丹军兴供亿繁多,命将大同府属州县卫所应征地丁银米,甘肃各州县、并陕西所属榆林州县等沿边军需运输要道地丁银米尽行蠲免。④康熙三十七年(1698),令将山西通省地丁银米一概蠲免。⑤四十二年(1703),着将以前山西、甘肃所属州县未完银两米草尽行蠲免。⑥康熙四十五年(1706)十二月,"将康熙四十三年前(山西)未完钱粮照江南等省例通行蠲免"⑦。而后,又令将山西省康熙五十一年(1712)钱粮及历年奏销内所欠钱粮全部蠲免。⑧

康熙末年,随着准噶尔蒙古策妄阿拉布坦对西藏地区的觊觎,康熙帝再次出兵西北,西北的蠲免再现一轮高潮。康熙五十七年(1718)谕:以陕西、甘肃地方"目今系有军务之时,除米豆草束外,其康熙五十八年应征地丁银一百八十八万三千五百三十六两有奇,并历年积欠银四万七百五十七两有奇,着一概蠲免"。⑨五十八年,命将"甘肃所属地方康熙五十三、四、五、六等年民间旧欠银米草豆,着尽行蠲豁"。又"将康熙五十九年额征银九万八千一百两零尽行蠲免"。⑩

上述之蠲免,至少表明在康熙中后期、特别是清朝用兵西北期间,西北三省几乎是连续得到蠲免。所谓"陕西历年钱粮,屡经蠲免"。⑪

但是,蠲免并非只是国家与社会这样简单的关系,它同时也关系到国家自身的财政建设与官僚体制内部的财力分配等政治问题。在清朝高额实施蠲免之后,国家特别是地方财政收入的减少已是不争的事实,尽管康熙帝不断表示:"朕之蠲免屡行,而无国计不足之虑。"⑫然"天下财赋止有此数,在内既赢,则在外必绌"。康熙帝的"无国计不足之虑"的说辞,不过是满足了自己做宽仁爱民皇帝的心愿,蠲免的同时,原本的国家财政收支状态必然被打乱。

首先,中央财政要作出相应调整。仅以康熙五十年为例,康熙帝原拟于是年全免天下钱粮。但户部尚书希福纳提出:国家每年地丁钱粮及盐课、关税、杂项钱粮,除存留各省外,"一年共起解银一千三百万两有余,京城俸饷等项一年需用九百万两有余,每年所积不过一二百万两。如将天下钱粮全免,

① 《清圣祖实录》卷157,康熙三十一年十月己卯。
② 《清圣祖实录》卷160,康熙三十二年十月庚辰。
③ 《清圣祖实录》卷162,康熙三十三年三月辛酉。
④ 《清圣祖实录》卷178,康熙三十五年十二月己丑;辛亥。
⑤ 《清圣祖实录》卷185,康熙三十六年十月壬戌。
⑥ 《清代起居注册·康熙朝》第18册,康熙四十二年十月二十六日,第10281页。
⑦ 《康熙朝满文朱批奏折全译》康熙四十五年十二月二十一日,《山西巡抚噶礼奏报感谢蠲免未完钱粮折》,第479页。
⑧ 《康熙朝满文朱批奏折全译》康熙五十二年十二月十一日,《山西巡抚苏克济奏闻百姓聚众抗交钱粮折》,第922页。
⑨ 《清圣祖实录》卷281,康熙五十七年八月戊辰。
⑩ 《清圣祖实录》卷284,康熙五十八年四月戊辰;卷286,康熙五十八年十二月辛酉。
⑪ 《清圣祖实录》卷289,康熙五十九年十月戊申。
⑫ 《清圣祖实录》卷240,康熙四十八年十一月丙子。

似乎国用不足。①随后经大学士及户部等官员会议，"恐各处需用兵饷拨解之际"无饷可调，于康熙五十年，实行"三年以内通免一周。"

但更多的情况下，国家是要通过节省各项支出经费来实施蠲免的。例如，康熙帝谕户部："国家钱粮理当节省，否则必致经费不敷。每年有正项蠲免，有河工费用，必能大加节省方有裨益。前光禄寺一年用银一百万两，今止用十万两。工部一年用二百万两，今止用二三十万两。"②可见，节俭，是传统国家基于"量入为出"的财政经制作出的经常性选择。

其次，地方倡开捐例。康熙朝中央与地方的财政分配原则，一向是在优先满足中央财政的前提下再考虑地方存留的比重。四十八年（1709），康熙帝曾反思地方各省存留过少所引发的财政短缺问题，他说："因思从前恐内帑不足，故将外省钱粮尽收入户部。"③但地方存留过低的问题，不但在康熙朝没能解决，即便是雍乾时期，地方的存留也不过在21%左右。④这必然导致地方财政的严重不足。

所以一旦蠲免，国家财政可以统筹，蠲免西北可以从东南等其它直省征收钱粮，而地方在蠲免之后则意味着当年从赋税征收中可得的存留也被免掉了。西北地区频繁蠲免与接连不断的捐纳，恰可从二者之间的关系说明地方财政在蠲免之后的状态。表面看，蠲免对地方百姓特别是有土地的富户减轻了征收钱粮的负担，有藏富于民的意义，但同时也意味着地方没有财政"存留"的可能。二者之间通常是有蠲免就会有督抚奏请开捐例，捐纳成为解决地方财政的主要渠道之一。

再次，蠲后照额征赋。由于蠲免不仅免掉正项钱粮，且连随正赋加征的耗羡银两也一同免掉，这等于不仅地方当年的存留出现了问题，且连被官员视同俸银的陋规银也无从获得。于是便在已经蠲免的地方出现了私下征赋的情况。康熙四十七年（1708）的江浙蠲免就是一例。由于江浙两省俱被旱荒，康熙帝下令除漕粮外，将康熙四十八年江南通省地丁银475万两余，浙江通省地丁银257.7万两余全行蠲免，所有旧欠带征银米仍暂行停止。⑤但在次年，康熙帝便"闻江南有催征蠲免钱粮，以偿已之亏空者"⑥。而且时任两江总督的噶礼在奏折中还提到，巡抚"于准置皇上施恩蠲免钱粮于不顾，仍勒索州县规礼，又向大府州县每年取银三千五千两不等，共约得银十三四万两。（布政使）宜思恭每年征收钱粮时，秤上增取者较前官多数倍，置皇上施恩蠲免钱粮于不顾，仍勒索州县官员规礼，又在买药等支付钱粮时，每两强扣二钱三钱，共得银十八九万两，州县官员因不收钱粮、不获火耗银，且于准等仍逐季索取规礼，以致派民，动用库银，各地皆亏欠，多者至数万，少者亦至数千"⑦。

也就是说，面对地方财政紧缺、钱粮出现亏空，而个人也失去了赖以塞满腰包的陋规、规礼的情况下，地方官会不顾圣旨、不顾朝廷法令，对已明令蠲免的钱粮进行征收，进而搜刮民膏民脂。

---

①《清圣祖实录》卷240，康熙四十八年十一月庚辰。

②《清圣祖实录》227卷，康熙四十五年十月乙巳。

③《清圣祖实录》卷240，康熙四十八年十一月丙子。

④参见陈支平：《清代赋役制度演变新探》，厦门大学出版社1988年，第88—106页；倪玉平：《从国家财政到财政国家》，科学出版社，2017年，第14页。根据乾隆《大清会典事例》卷36，《户部·田赋三》，乾隆二十九年刻本。

⑤《清圣祖实录》卷235，康熙四十七年十月戊午。

⑥《清圣祖实录》卷239，康熙四十八年十月丙午。

⑦《康熙朝满文朱批奏折全译》康熙四十八年十一月初四日，《两江总督噶礼奏参于准等扣克银两折》，第653页。

第四,江南蠲免以历年积欠为多,亏空的数额也最多。雍正年间,内阁学士兼礼部侍郎胡煦指出:"江南之拖欠,圣祖仁皇帝或三年而一免,或五年而一免,已不啻一而再再而三矣。我皇上御极之始,豁免江南旧欠七百二十九万有余。""自康熙五十九年圣祖仁皇帝命天下督抚各陈亏空之由,各慕消弭之术。臣于此时便已留心访察,始知亏空之源厥由拖欠,而拖欠之自则侵食者其一,抗拒者又其一也。"①言外之意,江南的地方钱粮亏空由拖欠所致,与蠲免也形成间接的连带关系。

清朝地方财政原本先天不足,如果遇上"蠲免",地方财政势必陷入拮据的状态。以故,为了满足地方必要的支出,督抚就必然要想方设法寻找并利用其它的可行资源。

二、捐纳的源与果

清朝捐纳实官的"暂行捐例"始于康熙朝平三藩之役,它为清朝的军费筹集解了燃眉之急,至康熙十六年,"开例三载,所入二百万有余"②。特别是康熙十九年的捐纳事例,③在贵州全部改征本色,易纳银为纳米,并令就近士绅富民直趋军前输粮,为解决围剿云南吴三桂巢穴的数十万大军粮饷起到了至关重要的作用。平三藩以后,康熙帝曾宣布"凡军兴所开各项捐纳事例尽行停止",但事实上却从未停止过。由于地方存留严重不足,却又屡屡承担各种差务,国家财政十分窘迫,对此,江宁巡抚慕天颜有过描述:"查得户部疏称,需用钱粮甚多","议节省则事款通裁,几于节无可节矣。议捐输则事例多案,几于捐无可捐矣。然而军马之供亿,每患不敷"④。而地方各省随着康熙中期蠲免应征钱粮名目与数额的增多,督抚倡捐的奏请也就多获允准。换言之,面对地方钱粮不足的问题,在没能通过体制内的调整得到解决之前,各省督抚在行政过程中逐渐摸索出一套通行的补苴之道,捐纳便是其一。

捐纳虽为平三藩筹集军需而起,但在此后更加一发不可收拾,由最初的中央户部主持收捐,遍及到地方各省、各州县收捐,以赈济、军需、办差为名的捐例愈开愈多,由捐纳获取的钱粮也成了地方财政的主要来源,尤其是蠲免最多的西北。

首先是军需捐纳。康熙二十九年(1690),漠西蒙古准噶尔部噶尔丹以追逐喀尔喀蒙古为由率兵大举南下,西北三省成为兵燹前沿,西师之役由此而起,军需筹措成为地方的第一要务。次年,山陕地区又遇灾情,百姓急需赈济。于是,西北的捐纳事例是一起接一起。先是,是年六月,山西巡抚叶穆济奏准开大同捐例,于大同、五台、蔚州等地开捐,但因地瘠人贫、所处偏僻,捐者甚少。三十年(1691)二月,由于大同、宣化、张家口皆为清军驻扎之地,军需浩繁,故叶穆济奏开大同、张家口军需捐例,比照直隶例减成收捐。三月,以甘州、宁夏、西宁三镇与厄鲁特蒙古为邻,皆为险要之地,宜囤积粮草以备战守,又开甘肃捐例。而就在康熙三十年(1691),陕西西安、凤翔等地灾情严重,朝廷又议以开捐赈灾,三十二年(1693)经总督佛伦奏准,是为西安赈灾捐例。此外,为征剿准噶尔部,还有三十六年(1697)的大同、宁夏等地的捐马例,等等。

---

① 《雍正朝汉文朱批奏折汇编》第32册,《内阁学士兼礼部侍郎胡煦奏陈亏空之由益请杜拖欠之弊折》,第321页。
② 《清史稿》卷112,选举志;《清史列传》卷7,宋德宜传。
③ 参见刘凤云:《康熙朝捐纳对吏治的影响》,《河南大学学报》2003年第1期。
④ 贺长龄、魏源编:《清经世文编》卷26,慕天颜:《请开海禁疏》。

平准之役告捷后，西北的捐纳并没停止，转入以赈灾积贮为主、军需为附。康熙四十二年（1703），经四川总督觉罗华显奏准，于甘肃开捐贮备常平仓；五十三年（1714），四川总督鄂海为筹划边省积贮，请开甘肃粮草捐例；九月，以赈荒再奏开甘肃捐例；而后，五十四年（1715）开甘肃军需事例；五十六年（1717）九月，鄂海再奏开甘肃湖滩河捐驼事例；五十九年（1720）五月，陕甘总督噶什图奏开兰州喂养驼马事例。据粗略统计，康熙朝开暂行捐例约有30余次，这一时期将近其半。①而且捐纳的数额也越来越大。康熙四十四年（1705），川陕总督博济说道："四川、陕西每年所需钱粮甚多，由各省捐送者，一年仍有百万余两。"②足见西北地区所需军费之巨，即便是每年如数存留，也是不及地方需求的一半，何况还要蠲免固定的赋税。

其次是捐谷例，或为灾赈，或为常捐。各省报捐接连不断，开捐的理由虽各不相同，但起因大都缘于地方财政的短缺。特别是康熙五十三年至五十五年间（1714—1716）在山东、福建、广东、广西等省先后开启了捐谷例，引发了连锁效应。如五十三年五月，两广总督满丕请在广州开捐，便是以福建既开捐纳之例为由："倘邻省之米全去福建，恐更多地方米价上涨，乞与福建一体开捐纳。"是年三月正值青黄不接之际，"米价每石已到二两、二两余"③。捐谷达二百万石，分贮各府州县足食备荒。④

再次，地方蠲免之后的开捐。直省在蠲免地丁钱粮后，意味着当年没有了"存留"，为解决地方财政短缺的问题，各省督抚大都会奏请开捐例。对此，康熙三十二年（1693）川陕总督佛伦有过清楚的表述："陕西省各项钱粮，蒙皇上鸿恩全行蠲免，故皆赖此捐纳银两。"⑤甚至为了得到更多的捐纳银两，他们请求在陕西捐例中将捐纳银两视同正赋加征耗羡银两。有记载证实，三十二年六月，各州县解捐纳银百万余两送交布政司库时，亦每两随带火耗银三分。佛伦会同巡抚吴赫询问布政使戴屯，将其盈余额缮写清文书，共盈余银四万余两。佛伦称："收捐纳银时多加取者，是州县官员乃至布政司皆已犯法，奴才欲即参奏，惟此项为火耗而增收者，向以为例，各省皆有。将此盈余银四万余两交付布政司存于官库，以备本年漕甸地方建仓、练兵行赏、秋收时运米谷至省城及地方公务，酌情用之。"⑥虽说资料中反映的是陕西一省的问题，但"为火耗而增收者，向以为例，各省皆有"，说明了它具有普遍性，同时也证实了在地方经费没有保障的情况下，地方官员为满足财政上的需求，在手段上无所不用，包括加派。

而且，捐纳的危害不止于此。作为国家或地方财政增收的一项政令或者是措施，在实际推行过程中"捐纳有济于实用者少"，而且往往导致新的亏空出现。生活在康雍之际的吏科掌印给事中崔致远以其切身感受有过这样的表述："国家偶开捐例，原为兵荒，实非得已。累年以来，捐例频繁，初开之时包揽之光棍、收捐之监督、该管之上司，无不染指分肥。及限满销算，库帑亏空，始知朝廷受虚名，官棍攫实利，至查参究追，不过空悬一永不完结之案而已。如陕西西安、凤翔，甘肃华阴、大同，山东等处无

---

① 参见刘凤云：《康熙朝的捐纳制度及其对铨制的影响》，《明清论丛》第4辑，2003年。

②《康熙朝满文朱批奏折全译》康熙四十四年六月二十八日，《川陕总督博济奏请官生捐纳完结未完米石折》，第376—377页。

③《康熙朝满文朱批奏折全译》，康熙五十二年五月初七日，《广东巡抚满丕奏米价上涨缘由折》，第849页。

④《康熙朝汉文朱批奏折汇编》第6册，康熙五十四年五月初一日，《广东巡抚杨琳奏谢暂停捐例事折》，第163页。

⑤《康熙朝满文朱批奏折全译》康熙三十二年三月二十四日，《川陕总督佛伦奏请捐纳亏空银两展限补完折》，第40页。

⑥《康熙朝满文朱批奏折全译》康熙三十二年六月二十八日，《川陕总督佛伦奏请将捐纳银盈余额存于官库折》，第46页。

不皆然。是各处捐纳有济于实用者少,有损于国体者甚大也。""朝廷开一捐纳所得尚无几何,而存贮库内正项钱粮乃消耗于一二贪墨之手,甚可恨也。"①

也就是说,借解决财政不足之名开捐例,随后借机侵盗钱粮,从而产生亏空,这在康熙朝几乎成为各省的通例。康熙晚年,地方官手中的银两,除了俸工银、陋规和火耗银之外,还有来自捐纳的银两,换言之,捐纳不仅是一项财政上的补给,还是官员个人收入的一个来源。地方官经常性地以俸工银捐出公项,令地方开捐有了最不可否定的理由,就是解决地方财政的不足。所以,自康熙朝开捐纳实官之例后,清朝的捐例越开越多,直至清末一直是畅行不止。但实际的作用却微乎其微,由捐纳引发的亏空案在康熙年间不可胜计。

三、捐纳中的钱粮亏空

钱粮亏空的原因是多方面的,但由捐纳产生的亏空却不在少数。捐纳一旦开启,其过程中便无可避免地产生亏空,特别是西北三省频繁开启的捐纳几乎无不亏空。康熙帝虽明知"亏空事源皆由捐纳所致"②,但却阻止不了捐纳已然成为地方财政应急的重要补苴之道。以至于在捐纳出现亏空之后,督抚往往会再度报捐,以捐纳弥补亏空,形成了恶性循环。官场腐败恰恰是在地方财政的刚性需求中得以滋生并被掩盖。我们可以几起由捐纳造成的亏空案为例。

其一,陕西"散给籽粒银案"。康熙三十一年(1692),陕西省西安、凤翔所属州县遭遇旱灾,清廷"将陕西省旧欠钱粮及来年正项钱粮全行蠲免"。为解决灾赈的经费问题,经"总督佛伦奏请,于州县地方始行捐纳"③,即所谓"陕西赈饥例"。但捐纳开始不久,便出现了亏空。十一月,佛伦粗查后奏报,各州县在"本年八月前捐纳银两数目颇多",但"仅有数而实无此数银两"。由于陕西"官兵之钱粮、救济被灾之民,皆靠此银,关系至重至大。今无预备而日后亏空,虽斩官吏,亦无济于事"④。佛伦已意识到,这次捐纳从开始便存在虚捐舞弊的侵欺行为,从而导致了亏空。

三十二年五月,佛伦又奏:"今长安、咸宁、洛南、富平、华阴、武功、眉县、耀州等八州县,将捐纳后未给银两亏空数目及承捐人员,造册呈布政司,参送到奴才。奴才查得,西安、凤翔二十九州县卫,共捐纳银二百七十一万两。其中,除将支用银两及户县知县李福石亏空银二千两另行奏报严查外,各州县共送银一百一万余两,尚未送到银一百八万余两,其中亏欠银六万余两。"请展限二个月完纳。⑤

但是,佛伦于三十三年(1694)九月调离陕西,其奏折中提到的未解送藩库的一百零八万两最后去了哪里? 其中亏欠的六万两是否归补? 由于资料的限制我们无从知晓。

在佛伦任职期间,为解决陕西大面积旱情,曾"奏请拨给(灾民)牲畜、籽种,以耕种荒弃之田,且均蒙皇上洞鉴施行"。于是有了所谓"散给籽粒银两"。就是由这次的捐纳银两中拿出53万余两给陕西

---

① 《雍正朝汉文朱批奏折汇编》第1册,雍正元年四月十九日,《吏科掌印给事中崔致远奏陈轸恤京师官民等三事折》,第252页。
② 《康熙朝满文朱批奏折全译》康熙四十六年四月十八日,《陕西巡抚鄂海奏谢朱批教诲折》,第504页。
③ 《康熙朝满文朱批奏折全译》康熙四十六年六月二十五日,《陕西巡抚鄂海奏报州县亏空钱粮缘由折》,第521页。
④ 《康熙朝满文朱批奏折全译》康熙三十一年十一月十六日,《川陕总督佛伦奏报捐纳银两数目不实折》,第33页。
⑤ 《康熙朝满文朱批奏折全译》康熙三十二年五月二十三日,《川陕总督佛伦奏请捐纳亏空银两展限补完折》,第42页。

各州县用作次年耕种,故称"籽粒银"。但是,这些属于救济性质的银两,在发放到地方后同样出了问题,只是揭出的时间迟了五年。

康熙三十七年(1698)三月,"有陕西咸阳县民张拱等叩阍,呈告康熙三十二年原任巡抚布喀等,以民乏籽粒不能耕种,给民购买银两,官吏侵蚀,并不给发等情"①。康熙帝意识到问题累积的严重性,以"此仓米事情甚属年久",令刑部尚书傅拉塔、左都御史张鹏翮前往陕西"查核所捐军务米数","并查种籽粒事务"。这是康熙帝派钦差清查地方钱粮亏空的开始。

至康熙三十九年(1700)三月,是案逐渐明朗化,经九卿等官员会议提出了处理意见:"查籽粒银两共计五十余万,此内给发民间三十九万余两,百姓已于三年内完过二十六万两,余银限二年内陆续完结。其原任同州知州蔺佳选、蒲城县知县关琇、韩城县知县王宗旦俱侵扣籽粒银入已,应拟斩监候。""其侵扣之银俱应照数追还原项。"涉事责任官员也分别处分有差。原任川陕总督佛伦、原任西安知府彭腾吉羽、卞永宁、陇州知州王鹤、凤翔知府许嗣国、原任西安知府升神木道李杰、原任陕西驿传道升福建布政使解任张霖等,也分别降级处分。得旨,佛伦从宽免降级调用,着以原官致仕,余依议。②而亏空钱粮的归补,直至康熙四十五年(1706)十月,于陕西巡抚鄂海任内补完。③

从过程来看,这是一个并不复杂的亏空案,但却由朝廷派出一品钦差数度亲临调查,前后历经十五年,最后也不过查到几个侵贪的州县官,而亏空的原因究竟出在哪个环节却并不是很清楚。

其二,陕西"官生捐监亏空案"。康熙三十一年(1692)的陕西赈济捐例是遗留问题最多的捐纳案。其间,除了"籽粒银两案"之外,便是这起官生捐监案。由于陕西赈济捐例以备赈为目的,所以除了部分折色之外,主要为积贮本色。但是,这部分本应收贮在仓的本色即米麦等,在开捐之后未久便出现了亏缺。根据巡抚鄂海的奏报,陕西省在康熙"三十一、二年原捐纳米数,共计二百四十一万余石。于三十七年巡抚贝和诺详查之,以欠米八十余万石等因参奏"④。此即为"官生捐监亏空案"的缘起。

另外根据《清史稿》的记载,康熙三十七年(1698),贝和诺疏报:"陕西开事例,积贮米麦,应存一百七十七万石有奇,今实存仅十七万。"⑤存仓数额不足十分之一。比鄂海所奏的亏空程度更为严重。

时康熙帝已命尚书傅腊塔、张鹏翮往按。寻二人疏言:长安、永寿、华阴等籴补38万有奇,余皆欠自捐生。但过了三年,此亏空仍在百十余万石。四十年(1701)正月,继任陕西巡抚华显在奏折中提到,陕省"捐纳之米欠一百有八万石余"。部议令欠米之捐纳官生一年内偿还,但华显在西安仅追缴了23.8万石,随后华显提出,西安城之内外仓皆将满,且米价昂于其他州县,捐生等皆聚在一处难以采买到米,请旨准许各官生可以自主选择纳粮之地,西安、甘肃皆可。部议奏准施行在案。⑥

康熙四十三年(1704)七月,西安将军博济接办此亏空案。他以西安久拖未能捐完,提出走"代捐"的方式。即"令官员、监生代捐补完",其原欠捐生除名。代捐例为:有米者交米,无米者每石交银一两

① 《清圣祖实录》卷187,康熙三十七年三月丁酉。

② 《清圣祖实录》卷198,康熙三十九年三月丙申。

③ 《康熙朝满文朱批奏折全译》康熙四十五年十月二十九日,《陕西巡抚鄂海奏报完结陈年旧案折》,第470页。

④ 参见《康熙朝满文朱批奏折全译》康熙四十一年七月初八日,《陕西巡抚鄂海奏请允准官生赴被灾地方买米折》,第270页。

⑤ 《清史稿》卷276,贝和诺传。

⑥ 参见《康熙朝满文朱批奏折全译》康熙四十年正月十二日,《陕西巡抚华显奏陈捐纳米石亏缺缘由折》,第206—207页。

八钱。①至十二月,此项银皆已捐纳完结,收取存于布政使库内。②但事实上,代捐的参与者还有京城的皇亲国戚。据两江总督阿山说:"查西安救饥例,其捐纳官生亏空米石,历年未查明。故皇帝恩施,着亲谊宗族人等代捐,银米并收,不久全完。"③

对于西北地方大员不断以满足西北官兵军粮为由而奏请开捐,康熙帝也很是疑惑。早在四十年(1791)十月二十五日,他明确表示:"陕西捐纳事例迄今未清楚,以此而革职坐斩者甚多,事端百出,至今若仍于不清楚之中又复开一事例,使二事相混,愈至难明矣。此特欲借此以盖前项未完之空耳。"④四十六年(1707)六月,康熙帝又说:"西安、甘肃等地捐纳、代捐等事不断,乱了许多年,众论不一,甚是发愁。今又恐允准捐纳后,以河西地方遥远,捐纳人少,复奏请在近处捐纳。这大概原捐纳之米不清所致。"⑤可见,西北三省由于战事频仍、军需浩繁,且灾赈不断,其钱粮始终处于一种混乱的状态中。

其三,山东、广西、广东的捐谷案。三省的捐谷案都发生在康熙后期,且都在开捐后便出现了官员分肥侵蚀的现象,婪赃手法如出一辙。

如山东捐谷案,发生在康熙四十五年至五十三年(1706—1714)之间。据雍正元年(1723)正月山东巡抚黄炳揭报:山东以存贮粮食备赈为名开捐,按照一石一两的折银标准,累计收银311万余两。原本这些银两应该用来购买谷物存仓,但在康熙五十一年,经巡抚蒋陈锡题请,按每谷一石折银三钱,分贮各道府州县衙门备赈。据此计算,"各州县共领过银九十三万三千四十八两,尚该余银二百一十七万七千一百一十二两,俱为蒋陈锡鲸吞蚕食"。由于发给各州县银两不足,无法买足谷物,州县官遂借机侵盗,从而形成亏空。"彼时州县各官领银自行买谷贮仓,其中将原价发交里民者买补者有之,或暗将谷价侵用亏空无存者有之,及至离任交代之时央求请托势难交盘,展转相因,蒙混接受。"⑥也就是说,蒋陈锡将大部分捐银据为己有,造成恶劣的政治环境,上行下效,州县官借机肆意侵吞谷价银两。

由于蒋陈锡已故,雍正帝将查处的重点放到与蒋陈锡一同负责捐谷案的登州知府李元龙身上,批示要对李元龙严惩。责令黄炳即行"将李元龙名下赃私,除完伊任内亏空以及补还赈济银两外,其余赃私尔回京时带来"⑦。但在随后的追查中却查不到李元龙赃私。就在这起亏空案要被搁浅之际,先前被忽略的人物,已故巡抚蒋陈锡进入人们的视线。

蒋陈锡自康熙四十七年(1708)九月由河南按察使升任山东布政使,十二月擢升巡抚,至康熙五十五年(1716)九月再升云贵总督。在山东巡抚任上蒋陈锡长达九年。康熙帝对他的评价曰:"蒋陈锡未闻清名,亦无贪迹,而地方安静,年岁丰稔,此等便是好官。"⑧然而,山东由捐谷发生的亏空巨案就在他的任上。随着事件的发酵,怡亲王允祥上折参奏,印证了黄炳先前对蒋陈锡的指控。

---

① 参见《康熙朝满文朱批奏折全译》康熙四十三年七月初一日,《西安将军博霁奏请代捐官员监生分别录用折》,第324页。
② 参见《康熙朝满文朱批奏折全译》康熙四十四年五月二十六日,《川陕总督博霁奏报拖欠银两已捐纳完结折》,第369页。
③《康熙朝满文朱批奏折全译》康熙四十五年正月二十五日,《两江总督阿山奏请开捐以利河工折》,第406页。
④《清代起居注册·康熙朝》第16册,康熙四十年十月二十五日,第8967—8969页。
⑤《康熙朝满文朱批奏折全译》康熙四十六年六月二十五日,《川陕总督博济奏请暂停捐纳折》,第522页。
⑥《雍正朝汉文朱批奏折汇编》第1册,雍正元年正月二十五日,《山东巡抚黄炳奏查分贮监谷一案情形折》,第23页。
⑦《雍正朝汉文朱批奏折汇编》第1册,雍正元年六月十九日,《山东巡抚黄炳奏覆审办李元龙贪污一案迟延缘由折》,第530页。
⑧《康熙朝起居注》第3册,康熙五十四年十一月初九日,第2217页。

雍正元年九月,允祥会同河道总督齐苏勒查审山东省监谷收捐之案时,发现蒋陈锡侵蚀监谷价银,"每谷一石收银一两,共谷三百一十一万一百六十石,该折银三百一十一万一百六十两。及分贮之时,每谷一石折银三钱,共止分贮银九十三万三千四十八两。该余银二百一十七万七千一百一十二两,蒋陈锡尽归己有。臣前请追银百余万,因蒋陈锡病故军前,量追还项"①。

由巡抚黄炳,到河道总督齐苏勒与怡亲王允祥,他们对蒋陈锡侵盗钱粮的指控应该是确凿无疑的。但雍正帝以蒋陈锡弟蒋廷锡为股肱,信从"廷锡入陈(亏空)始末,诏减偿其半。"②于是,对蒋陈锡的处置仅限于减半追赔。

由于资料的缺失,蒋廷锡对其兄亏空原因的辩解无从得知,但其侵欺入己的行为应该是否认不了的。也就是说,蒋陈锡实属婪赃,且数额巨大,但却得到了最高权力的庇护。

广东、广西的捐谷同时始于康熙五十三年(1714)。广东由巡抚满丕奏准开捐本色,但随后满丕即"擅改购米捐纳之例,制定捐纳银之例,一两二钱银折为一石米,此共计一百二十万余两。满丕将八十万两银与属下大员分取之,惟将四十万两银交付知县官等购米。知县官知此弊端,竟不购米者亦有,购半数者亦有。上官自身既行私舞弊,有无仓米亦不敢查。故此,仓米欠缺者甚多"。其侵蚀捐纳银两的分肥行径,与山东仓谷亏空案如出一辙。

康熙五十六年(1717年)三月,新任巡抚法海上疏参劾贪利,谓"满丕昔为巡抚时,弊端甚大"。但由于没有得到康熙帝的明确表态,法海的处理方法是"催知县官员偿购米粮","倘官员等迟不偿米,奴才必参奏重惩示儆"。而康熙帝的朱批,只有一个"是"字,首肯了法海的处置方式。③而广东的率先效应已影响到广西。

康熙五十三年(1714)夏,由广西巡抚陈元龙奏准,照广东事例开捐。分别由桂林知府吴元臣、梧州知府李世孝、柳州知府赵世勋、南宁知府沈元佐于各自所在府衙收捐,总由布政使黄国材主持。至康熙五十五年(1716)夏,计捐谷117.8250万石,折银129万余两。有了广东的先例,在开捐"当日,管捐诸臣,每谷一石收银一两一钱,以三钱发到州县,而以八钱归私囊"。事后,主持捐纳的当事各官不但没有受到任何处分,反而大都加官晋级,分任各省。如原任南宁知府黄之孝在直隶,原任柳州知府赵世勋在广东(今丁忧),原任桂林同知沈元佐在云南,原任桂林通判蔡国典在广西。

广西捐谷案的揭开,得益于新任广西巡抚李绂。雍正二年(1724)四月,李绂奉命出抚广西,随后奉旨查案。经过三个月的查审,证实捐谷银两亏空乃系主持捐纳官员私分。然"如欲将原收捐价各官侵欺百万之银彻底清楚",须对已经调任他省的当事官员质讯,因拿不准如何处置,于是密折奏明请

① 中国第一历史档案馆编:《雍正清理钱粮亏空案史料》下,雍正元年九月十四日,《怡亲王允祥等为查议已故山东巡抚蒋陈锡侵蚀谷银事题本》,《历史档案》1990年第4期。

② 《清史稿》卷276,蒋陈锡传。

③ 《康熙朝满文朱批奏折全译》康熙五十六年三月二十五日,《广东巡抚法海奏为设立捐纳银例事折》,第1180页。是案另见《康熙朝汉文朱批奏折汇编》第8册,康熙五十七年五月初七日,《两广总督杨琳奏为备陈粤东捐纳始末并处理办法请旨折》,第101页;康熙五十七年十二月二十一日,《两广总督杨琳奏为再陈广东捐纳款项处理办法请旨折》,第358页。据杨琳奏:其时,巡抚满丕得银五万两总督赵弘灿得银五万四千两,布政使王用霖得银二万一千两,将军、副都统、八旗协参领提督及各道员共得银五万六千两,杨琳本人得银四万两。

旨。①至雍正三年(1725)，此事已历一十余年，但由于分肥数额巨大，雍正帝决意彻查。他命礼部尚书陈元龙与通政司通政王沛憻二人前往广西调查此案，随后谕令行文直隶、江南、云南等省督抚，讯取黄之孝、吴元臣、沈元佐确供，并咨讯已升任福建巡抚的黄国材将收捐始末情弊咨覆广西并奏闻。

至雍正四年(1726)正月，李绂奏报查明捐谷分肥数目："计广西原捐谷一百一十七万八千二百五十石，每石收银一两一钱，共收过银一百二十九万六千零七十五万两内，除每石谷价三钱五分建仓五分实无浮冒，共用银四十七万一千三百两外，余银八十二万四千七百七十五两，均属分肥之数。"②广西捐谷分肥亏空案至此"彻查清楚"。

这三起捐谷亏空案都是在近十年之后，于雍正初年揭出的。可见，这类亏空虽为"分肥"，但在地方缺少经费同时短少俸银的情况下，官员竟然能明目张胆地将捐纳银两据为己有，说明在康熙朝的官场舆情中这是一种不被等同于贪赃的行为，与将加征的火耗可以自行使用有着类似的认同。也正是这些不被视为贪赃的加征行为始终处于灰色地带，才使得贪官在挪用钱粮上肆无忌惮。

综上所述，蠲免、捐纳与钱粮亏空，这看似并没有必然联系的三者之间，却揭示出清朝国家制度乃至体制的问题。当我们从蠲免与捐纳并行的地区去寻找二者之间的关联性时，就会发现，建立在农业经济基础上的清朝财政体制有其先天的不足，各项制度之间不仅缺乏必要的相互维系的能力，甚至某一制度的缺陷导致另一制度无法得到有效实施，须由另一制度进行补救，说明清朝的各项制度之间缺乏相互维系的链条。究其根源，这与低存留的地方财政与低俸禄的官俸制度都有着脱不掉的干系。这要求我们在评价这些制度时必须要有全局的观念。正如钱穆所言："每一制度，不当专就此制度之本身论，而该就此制度与政府其余各项制度之相互关系中来看此制度所能发生之功效与其实际的影响。"③

(作者刘凤云，中国人民大学清史研究所教授。原载《中原文化研究》2019年第6期)

---

①《雍正朝汉文朱批奏折汇编》第4册，雍正二年十二月十八日，《广西巡抚李绂奏钦奉上谕清楚捐谷暨料理垦荒折》，第208—209页。
②《雍正朝汉文朱批奏折汇编》第6册，雍正四年正月初十日，《广西巡抚李绂奏报查明捐谷分肥数目等情折》，第686—688页。
③钱穆：《中国历代政治得失》，生活·读书·新知三联书店2002年，第159页。

清代盛世的银钱二元制与治理逻辑

罗冬阳

论货币体制,明中叶到清末无疑是中国历史上银钱二元制的时代。[①]从货币供给看,这一货币体制下,白银的供给来自于市场,尤其是国际贸易,而铜钱的供给则主要来自国家铸造,但官局私铸和民间私铸亦不可忽视,无论银钱,国家皆未能实现铸币权的垄断;从货币与市场及流通的关系看,银钱流通有各自地域、领域和层级,相对独立而有对流;[②]从币材和货币样式看,白银和铜钱皆为金属,前者是贵金属,后者是低值金属,而前者以称量货币的形态、后者以计数货币的形态流通。虽然多种货币同时流通,是前近代世界各国普遍存在的现象,[③]但明清时期中国的货币与流通,仍然有着自己鲜明的特征,尤其是从货币及其流通与财政、市场的关系观察,其独特的治理逻辑甚为突出。本文尝试以清代盛世乾隆时期成熟的银钱二元制为研究对象,探究其治理逻辑的具体特征及其影响。

一、铜钱排斥白银与地方流动性重构

明中叶以降,即已形成银钱并行的局面。白银多用于国际国内长途贸易、大宗结算和国家税收,而地方市场上的主要流通货币,除铜钱外,白银以低潮银的形式用于小额交易。只有到乾隆初期以后,方才形成白银被驱离而铜钱独占地方市场的构造。这种构造,本文称之为银钱二元制构造的完成。[④]约

[①] 关于明清银钱二元货币制度的性质,自20世纪30年代以来,与西欧国家的货币本位制对照而言,学界有无本位制、平行本位制、跛行本位制的不同看法。燕红忠认为,若律之以国家统一铸币权的标准,则银与钱皆非本位币;若从充当特定区域和层级商品的普遍价值标准看,则银与钱皆为本位币,可称为银钱并行的货币制度。见所撰《本位与信用:近代中国白银货币制度及其变革》,《中国经济史研究》,2019年第6期。鉴于本位概念易致混淆,本文使用"二元制"以凸显银钱并行制的特征。"元"者,本也,因为白银与铜钱不仅具有价值标准等货币功能,更重要的还是信用扩张的依托和准备(如银票、钱票)。

[②] 这一点乾隆时人已经注意到,描述为"凡一切行使,大抵数少则用钱,数多则用银"。见《清朝文献通考》卷16,《钱币考四》,《十通》第九种,上海:商务印书馆,1936年,第1册,第5002页。学界习称为"大数用银、小数用钱"。但早在明朝运河沿线的"行钱区",铜钱就有跨区域的流通,而清乾隆以后随着以铜钱为保障的信用扩张,跨区域大宗贸易的结算也使用铜钱为计价手段,如宁波的过账钱。因此,张宁修正为"小数用钱、大数银钱兼用"。见所著《15—19世纪中国货币流通变革研究》,北京:中国社会科学出版社,2018年,第278页。而对于银钱的分地域、领域和分层级的流通,"大数用银、小数用钱"是一种简单模糊的描述,其较为准确而精简的描述见燕红忠:《中国的货币金融体系(1600—1949)——基于经济运行与经济近代化的研究》,北京:中国人民大学出版社,2012年,第65—67页。而系统描述则见于日本学者黑田明伸的更早研究。其概括性观点,参见所撰 *What can Prices Tell Us about the 16th—18th Century China? — A Review of "Shindai Chugoku no Bukka to Keizai Hendo" by Kishimoto Mio*,『中国史学』第13卷,京都:朋友书店,2003年12月;详见所著『中華帝国の構造と世界経済』,名古屋:名古屋大学出版会,1994年。

[③] 黑田明伸著《货币制度的世界史——解读"非对称性"》(何平译,北京:中国人民大学出版社,2007年。日文原版出版于2003年)一书,从全球史的视角考察了多种货币并存现象在世界各地前近代社会的普遍性及其近代走向一国一货币的变迁。

[④] 彭信威认为清代"大数用银,小数用钱,和明朝相同;只是白银的地位更加重要了"。见所著《中国货币史》,上海:上海人民出版社,2007年,第557页。(该版底本系1965年版)近年张宁(《15—19世纪中国货币流通变革研究》,尤其参照第276—279页"结语"部分)和邱永志(《"白银时代"的落地——明代货币白银化与银钱并行格局的形成》,北京:社会科学文献出版社,2018年,第289—290页)的著作都指出了明清时期银钱并行有从局部到全面的一个发展过程,尤其是张宁的著作详实地描述了这一发展过程的两个阶段。

乾隆十七年(1752)成书的《锡金识小录》记载：

> 邑中市易,银钱并用。而昔则用银多于用钱,今则有钱而无银矣。康熙中,自两以上率不用钱,虽至分厘之细,犹银与钱并用。其时多色银,九成、八成、七成不等。其精于辨银色者,若八二、八三,俱能鉴别无误。稍一蒙混,多致被欺。其伪造假银亦不绝市。雍正中犹然。其时收铜之禁甚厉,邑中铜器毁于官者殆尽,而银钱并用如故也。自乾隆五六年后,银渐少钱渐多,至今日率皆用钱。虽交易至十百两以上,有钱无银,市中欺伪较少于昔。然昔钱价每以八十四文当银一钱(国初九十当一钱),后以八十文当一钱。今则以七十文当一钱矣。观于市,若昔钱少今钱多,然昔少而价平,今多而价贵。则知昔之多用银者,由银之留于下者多,而非由钱乏。今之专用钱者,由银之留于下者少,而非以钱足也。[①]

此段记载信息丰富。首先,在无锡、金匮地方市场上,康雍时期,两以下交易银钱并用,两以上则专用银。银的成色多样,有伪造者。第二,乾隆五六年之后,市面上银渐少而钱渐多,到十七年前后,银被挤出,交易额虽达十两、百两,仍用钱。[②]第三,铜钱价格不断走高,即所谓钱贵。第四,钱贵的原因不在于钱的供给缺乏,而在于专用钱。换言之,该记载的记录者认为白银被挤出后,市面对铜钱的需求进一步增长了。

《锡金识小录》所记地方市场上制钱行用渐广及钱贵情况,在乾隆初期各地方大员奏报中,可见较详细而全面的情况。其实在地方市场上,铜钱排斥白银的过程,自康雍之际就已开始。乾隆六年(1741)二月,广东粮道朱叔权谈及钱贵成因时指出：

> 钱之贵由于钱文之少,而钱文之少……由于泉流日远,用钱日广。从前用银之地皆改为用钱之区,是以现在之钱不敷生民之用……臣生长浙江,如宁波、温州、台州等府,无论大小交易,往皆但知用银而不知用钱。即厘数之间,亦皆用银。故一切小本经营,每人皆带有小戥一杆。今则宁波、温、台各府,不特分厘务用钱文,即成两成十,亦皆用钱而不用银矣。臣筮仕闽广,闽省自二十余年以前,大小交易皆用银两。今自分厘以至田产各项交易须银数十两暨百两以外者,皆用钱而不用银矣。广东从前则古钱与银两兼用,今用银者亦多改用钱文,用古钱者亦多改用今钱矣。[③]

---

① 黄卬:《锡金识小录》卷1,《备参上·交易银钱》,《中国方志丛书》华中地方,台北:成文出版社,1983年,第426册,第57—58页。

② 日本学者岸本美绪研究"七折钱"时也注意到了乾隆前期白银被挤出江南地方市场的现象,并认为其成因有待研究。见所著《清代中国的物价与经济波动》,刘启瑞译,北京:社会科学文献出版社,2010年,第300页正文及脚注2。近年,又撰长文以嘉庆朝江南诸省为核心,溯及乾隆朝的全国情况,论述了清中叶的货币使用情况。见所撰《清代中期中国的货币使用情况——以东南诸省为中心》,载陈慈玉主编:《承先启后:王业键院士纪念论文集》,台北:万卷楼图书股份有限公司,2016年,第195—222页。张宁出版于2018年的著作认为其成因与乾隆朝制钱的巨额增量供给有关,但并未解释其源自货币体制的机制。见前引所著《15—19世纪中国货币流通变革研究》,第164—175页。黑田明伸在其2003年出版的著作中,论证了多币种并行体制下手交货币(hand to hand money)流通的"非对称性"特征。所谓"非对称性",是指银行存款业务发达以前,前近代社会多种金属货币以实体货币形式并行流通的体制下,高值货币与低值货币分别执行跨地域流通或地域内流通功能,虽然其币值皆易受币材价值变动的影响,但低值货币发行后具有不能完全回笼的特性,易在地方社会沉淀下来。见前引《货币制度的世界史》,第3—11页。

③ 广东粮驿道朱叔权:《奏陈平抑钱价事宜事》,乾隆六年二月十五日,北京:中国第一历史档案馆藏朱批奏折(以下所引该馆档案,皆省略馆藏地址),档号:04-01-35-1231-023。

《清高宗实录》记载九卿议覆该折的提要,对制钱行用和短缺范围,多出"即如黄河以南,及苗疆各处,俱行用黄钱。流布益远,自觉稀少"。制钱供应较好地区为京师和云南。前者有"京局鼓铸,原系搭放兵饷,流通便民"。而后者为"产铜之区,钱价本不昂贵"。[①]

北方地区用钱习惯和钱价情况,乾隆三年(1738)二月,直隶按察使多伦奏报云:

制钱之设,所以便交易通有无也……民间买卖,原可以银抵钱。然零星日用,分厘交易,有剪凿分析之耗,有称等低昂之争,有成色高下之殊,每以用钱为便。而北方乡曲之氓,且多不识银色,尤以用钱为宜。[②]

通观上引两折,乾隆初年,南北各直省民间交易已普遍弃用白银而行用制钱。东南沿海,制钱不仅用于小额交易,也用于田产之类大额交易。之所以弃银用钱,在于作为小面值计数货币的制钱较称量货币的白银,节省了辨色称重成本和分割损耗,便于日常小额交易和无须长途运输的大额交易。民间交易弃银用钱,必然扩大制钱需求。有官员还指出,制钱供给赶不上人口增长,也是钱价日贵的成因。如湖广镇算镇总兵谭行义指出:

本朝定鼎之初,各省地方多有开局鼓铸。彼时人民户口不多,各省钱文充裕,故每钱一千价值不过一两。嗣后各省钱局停止。我圣祖仁皇帝、世宗宪皇帝抚御七十余年,海宇升平,户口之殷繁,十数倍于当时,而鼓铸源源不绝者,惟宝泉、宝源二局。其余他省,间或鼓铸,亦时开时止。于是铸造之钱,年有常数,而用钱之人,逐岁加增。此钱文日见不敷,钱价日益昂贵,乃理之所必然也。[③]

至于民间市场弃银用钱发生的具体时间,因为文献不足征,无法清晰考证。但据上引朱叔权折,福建民间市场上的这一转折大约发生在二十年前,亦即康雍之际。若考察银钱比价变化,则此转变恰处于清代货币史第二个银贱钱贵周期。[④]银贵钱贱之发生,受多重因素影响。和文凯注意到,一方面是国内人口与市镇发展造成小面值货币需求增加,另一方面则是进入18世纪后美洲白银重新流入拉升了民间的小面值货币需求。[⑤]其实,尚有一个需要注意的国内因素,即雍正、乾隆年间建立全国各地常平仓常年三千数百万石仓储的采买活动,不仅抬高了粮价,也加剧了制钱短缺。乾隆七年,江西巡抚陈弘谋指出,东南粮食供应之困有三,第三困即是"钱之昂"。因为"米之籴也,必以钱,而今钱之昂所在皆是。以甚贵之钱,籴甚贵之米,物力安得而不屈"![⑥]

①《清高宗实录》卷139,乾隆六年三月癸未,《清实录》,北京:中华书局,1985年,总第10册,第998页。

② 直隶按察使多伦:《奏请酌更钱法事》,乾隆三年二月初六日,录副奏折,档号:03-0768-007。

③ 湖广镇算镇总兵谭行义:《奏请广开鼓铸钱文以平钱价事》,乾隆三年十月十八日,朱批奏折,档号:04-01-35-1229-002。

④ 王宏斌认为这一周期始自康熙四十五年(1706)而终于乾隆三十五年(1770)。见所著《清代价值尺度:货币比价研究》,北京:生活·读书·新知三联书店,2015年,第70—92页。胡岳峰通过重新收集和分析数据后,认为该周期始于雍正五年(1727),终于乾隆二十三年(1758)。见所著《清代银钱比价波动研究(1644—1911)》,华东师范大学博士学位论文,2021年,第228—231页。

⑤ 和文凯:《乾隆朝铜钱管理的政策讨论及实践——兼与18世纪英国小额货币管理的比较》,《中国经济史研究》,2016年第1期。

⑥ 江西巡抚陈弘谋:《题为查明本年谷价昂贵买补甚难暂停采买谷石并光赣等县动赈被水灾民等事》,乾隆七年十二月初八日,户科题本,档号:02-01-04-13499-015。

然而,造成钱贵的内部因素本身就是清朝社会经济发展和民生与社会安定的维持,而外部因素的白银内流也为解决钱贵提供了较充分操作空间。此外,雍正间西南大规模改土归流的完成以及乾隆初的再安定,也为滇铜黔铅大规模开发提供了条件。乾隆时的矿产开采和鼓铸政策,则积极顺应民生与市场需求,在制钱增量供应上取得了明清时期不多见的成功。[①]

从铜钱增量供给看,乾隆五年(1740)确属转折点。此年苏州宝苏局第三次开炉铸造,年铸额为111820余串,除掉成本,可得71500余串,用于搭放兵饷。次年九月,宝苏局复开后首批铸钱以搭放兵饷的形式进入江苏当地市场。宝苏局最早于雍正九年(1730)开铸,因原料不足,翌年即停。乾隆元年(1736)因所收铜器达125万余斤,再次开局。次年铸完,复停铸。此两次开局所用铜料皆为收自民间的铜器,原料有限,难以持续铸造。而第三次开炉后,所用原料主要来自日本"洋铜","偶有不敷,采滇铜添补"。至(乾隆)十年以后,复以官商领帑分交之洋铜协济配铸,偶有不敷,采川铜添补"[②]。

此前之雍正十二年(1734),清廷已经将每文制钱重量自一钱四分降至一钱二分,以便将银钱比价维持在1两比1000文附近。不过,乾隆五年以后,清朝制钱供给的最大变化当属增量供给。康熙雍正年间,虽然总制钱铸造量已属不小,但除京师户工二局及滇川黔三省铸局外,其他各省所用铸钱铜料,几乎都来自旧钱和铜器等形式的存量,而乾隆五年之后,京局和各省局的铜料几乎全部来自洋铜(日本铜)和滇铜的增量,而且规模巨大。

在增量供给中,扭转地方货币流通结构的决定性因素,是清政府对滇铜生产、分配、流通、价格以及外贸的掌控,使得各铸局可获得较市价低廉的原料。[③]如清政府以贸易特许权和预付货款为补偿,将苏州市价每百斤22两(合库平纹银19.8两)的洋铜,以17.5两购自洋商供江浙或购自官商(预付购铜款充其办货出洋资本)供京局鼓铸。[④]而购自云南的滇铜,则成本更低。乾隆十二年(1747),汉口铜价每百斤19两,而政府采购滇铜仅需11两,若加上脚价,也只有14.27两,与市价有4.73两的价差,仅为市价的75.1%。到二十七年,汉口铜价每百斤18两有余,而宝武局采购云南宁台山厂毛铜精炼后,每百斤仅需银6.05两余,加上脚价,也不过9.32两,较市价低8.68两,约不足汉口市价的51.8%。[⑤]

这些以廉价铜料铸成的制钱,以低于市价的比率折抵兵饷俸工,有余者则直接出售以平抑钱价,受到官民广泛欢迎。乾隆帝对官民偏爱用钱的倾向亦表示不解:

---

① 参见上引和文凯:《乾隆朝铜钱管理的政策讨论及实践——兼与18世纪英国小额货币管理的比较》,《中国经济史研究》,2016年第1期。上田裕之:『清朝支配と貨幣政策:清代前期における制銭供給政策の展開』,東京:汲古書院,2009年。清代滇铜黔铅的开发,参见严中平:《清代云南铜政考》,北京:中华书局,1957年;马琦:《国家资源:清代滇铜黔铅开发研究》,北京:人民出版社,2013年。

②《清朝文献通考》卷16,《钱币考四》,"臣等谨按",上海:商务印书馆,1936年,第4997页。

③ 王德泰已经注意到乾隆时期清政府对铜斤的垄断价格远低于商品市场铜斤的价格,并认为制钱成本的高低不能体现钱文的价值含量,钱价增昂是商品市场铜价昂贵的曲折反映。见所撰《乾隆时期的铸钱成本与钱价增昂问题》,《西北民族学院学报》,2003年第2期。王宏斌则将乾隆时市场铜价等同于官铸铜钱原料的成本价,因而得出官铸偷工减料的结论。见所著《清代价值尺度:货币比价研究》,第128—131页。

④《乾隆五年四月十六日协理户部事务讷亲奏复苏抚所请收买商铜照官办洋铜给发价银应毋庸议》,张伟仁主编:《明清档案》,台北:联经出版社事业有限公司,1986年,第93册,第B52609—B52612页。

⑤《乾隆十二年三月二十一日协办大学士管户部刘于义奏复湖北改铸小钱并设局减价出易事》,张伟仁主编:《明清档案》,第146册,第B82141—B82146页。

鼓铸钱文，原以代白金而广运用。即如购买什物器用，其价值之多寡，原以银为定准，初不在钱价之低昂。今不探其本，惟以钱为适用，其应用银者，皆以钱代。而趋利之徒，又复巧诈百出，使钱价高昂以为得计。是轻重倒置，不揣其本，而惟末是务也。不但商民情形如此，即官员办公，亦有沿习时弊者。如直隶兴修水利城工，坐粮厅赴东采买布疋，所领帑金数万，皆欲易钱运往。其他官项，大率类此。①

此后连"向来浙江地方，有分厘皆用银者"②，也流行起铜钱来。不仅流行铜钱，而且流行日本"宽永"钱。乾隆十四年(1749)，浙江巡抚方观承奏请禁止。但三年后因破获一起诈骗案，清廷发现"宽永"钱行使的范围竟然扩大到江淮以南。该地区"米市盐场，行使尤多。每银一两，所易制钱内，此项钱文，几及其半"。不得不禁止进口，令东南沿海各省当局收买熔铸市面流通者。③

乾隆五年后，以宝苏局复铸为开端，到十三年(1748)，除奉天(包括东三省)、山东、河南、安徽、甘肃五省及内外蒙古(新疆南路铸地方货币普尔钱及西藏铸银币)外，其他各省均已开炉鼓铸。次年，户工二局和13省各局的铸钱总额为2,354,352串，较乾隆五年增加840,771串，增幅约为55.55%。此后乾隆二十五年(1760)的3,077,827串为乾隆年间最高铸钱数，以后逐年减少，至四十三年(1778)后降至2,451,791串，除个别年份，直到五十八年(1793)，年总铸钱规模一直稳定在240万串以上。因钱贱，小钱泛滥，翌年10省停铸，六十年(1795)，13省皆停铸。④

制钱的铸造、发行和流通，清朝都有严格制度。各局开铸，其用料、成本、炉座数、额数须经户部批准，铸造标准须与京局保持一致。制钱的流通，除行政调拨协济他省外，原则上只允许在省内发行。但是，未开鼓铸的五省，除了甘肃有明文记载得到过湖南、湖北和四川的协济外，山东、河南、安徽和奉天，未有明确记载。而实际上，铜钱的跨区流动不会因朝廷省内发行的限制而停止。尤其是通过东部沿海的海路交通以及长江与大运河水道的联通，京钱散布到山东、河南，川楚钱流入安徽、江南，应是常态。正如乾隆帝发现禁止私铸私销无效后向内外臣工表示"以不治治之"，在河南巡抚陈宏谋奏请"将民间行使私钱一体问罪"时，斥之以"不可见之施行者"。⑤因此，既然不禁私钱使用，那么商人追逐买卖差价而带动的流通也就无从禁绝。可见，正是清政府大量优质铸钱低于市价进入流通市场，不仅引发了市场追捧，而且带动了私钱的流行，重构了地方流动性，导致白银被排挤出地方市场。

二、银钱二元制货币世界的完成

乾隆十七年七月，因钱贵，乾隆帝令户部、顺天府尹及各直省督抚查办囤积钱文、平减钱价。翌年三月，又因直隶总督方观承奏报上年晓谕京城及直隶富户呈交囤积钱文，发现所呈交者约有二成斑绿

①《清高宗实录》卷236，乾隆十年三月甲申，《清实录》，总第12册，第44页。
②《清高宗实录》卷236，乾隆十年三月甲申，《清实录》，总第12册，第44页。
③《清高宗实录》卷419，乾隆十七年七月甲申，《清实录》，总第14册，第492页。
④据王德泰：《清代前期钱币制度形态研究》表1—5之数据，北京：中国社会科学出版社，2013年，第40—43页。
⑤《清高宗实录》卷408，乾隆十七年二月辛丑，《清实录》，总第14册，第353—354页。

的康雍钱,故乾隆帝再次令各省督抚查奏当地钱文囤积情况并酌行直隶做法。①同年六月,长芦盐政吉庆上奏建议各地卖盐钱文悉令在售盐州县市集出易银两,不得囤积在店与转运他处射利。乾隆帝复钞寄各地督抚盐政查察酌行。②各地督抚盐政复奏诸折,描绘了当时清朝国内各地货币流通的大致图景。

全国概略之情形,两广总督阿里衮描述称:"盖北五省地方,收买粮食、布匹、棉花等类,市上俱用钱文,是以乡村富户以货易钱,收蓄颇多。且彼乡愚之见,以为堆积钱文,则盗贼之取携不便,即有所失,亦属无多。因此不肯易银,竟以贮钱为得计,殊不顾市钱日少,则其价日昂而民用于以益黔也。南方之人逐末者多,贸易经营,藏积较少。"③大略而言,北方市易使用铜钱的偏好,高于南方,更接近《锡金识小录》中所描绘的"交易银钱"状况。

长江中下游与江浙广东沿海,大额交易几乎全用银两,只是零碎交易用钱,而且百姓参与商业贸易之程度较北方为高。如广东,"物产饶裕,小民逐末者多,贸易经营及置买产业,均系用银。惟零星使用,乃用钱文……至民间,只零数用钱。自十两以外,概用花边番银。现阅各属所送契尾产价,俱用银两,并无用钱之事"④。

如湖南巡抚范时绥奏报:"湖南民俗,一切零星交易,始用钱文。其余概系用银,即各典铺,数在一两以下,间或当钱,多者尽系当银。是以湖南历来尚无积钱之弊。"⑤两江总督鄂容安则力称:"藏钱之弊盛于北而不盛于南,禁止藏钱之法,亦止可行于北而不可概行于南。"其奏报江苏情形云:"于巨贾富商,多在通都大邑,墙高宇峻,盗贼无从觊觎,何用蓄此繁重之物。虽市廛贸易之辈类多用钱,然利于子母,大都朝入暮出,时时流通,始得蝇头微利,谁肯存积埋藏。再查通省情形,民间买卖,江苏松常镇太六府州,零星交易则用钱,为数稍多则用银。扬通二府州,民间各制小戥,虽分厘亦皆用银。淮徐海三府州,市集之上虽多用钱,然亦少有至数十千以上者。钱多宜莫过于典铺,而江省典铺质当物件不过当钱至数千文而止。又如田房交易,通那(挪)借贷,皆系以银成交,不闻以钱书券。"⑥安徽亦"为四通八达之区,商贾善于经营,不肯藏积钱文,坐失子母。是以民间一切交易买卖,至数十两者,未闻概用钱文之事"⑦。

两江总督所描绘的苏松地区银钱流通情况,似与《锡金识小录》所记者不同,但考虑到地方大员有意淡化钱贵以免多事的动机,如宽永钱在江淮以南流行的情况即被隐去,则实无不同。扬州府和南通州"虽分厘亦皆用银"的情况,与淮南作为全国最大盐产区的地位有关,是一种特殊情况。

而据闽浙总督喀尔吉善等奏,福建滨海之福、兴、漳、泉、福宁各府,百姓"非业渔盐,则贩外洋,富

---

①《清高宗实录》卷435,乾隆十八年三月乙酉,《清实录》,总第14册,第682—683页。

②《清高宗实录》卷441,乾隆十八年六月辛丑,《清实录》,总第14册,第738页。

③ 两广总督阿里衮:《奏为遵旨办理囤积钱文事》,乾隆十七年九月初五日,录副奏折,台北故宫博物院藏军机处档折件,文献编号:009325。

④ 署两广总督班第:《奏复办理流通钱文折》,乾隆十八年五月十六日,《宫中档乾隆朝奏折》第5辑,台北故宫博物院,1982年,第372页。

⑤ 署理湖南巡抚范时绥:《奏复遵旨禁止富民囤积钱文折》,乾隆十八年五月二十六日,《宫中档乾隆朝奏折》第5辑,第470页。

⑥ 署两江总督鄂容安:《奏报遵旨办理禁囤钱文情形折》,乾隆十八年七月十三日,《宫中档乾隆朝奏折》第5辑,第769页。

⑦ 署两江总督鄂容安:《奏复筹办禁止囤积钱文情形折》,乾隆十八年五月十一日,《宫中档乾隆朝奏折》第5辑,第320页。

商巨贾贸迁交易，专重番银，以银作钱，仍按银两轻重行使"。内地之延、建、汀、邵各府与永、龙二州，"广产竹木茶纸，远贩异地，比户皆然，民间交易，虽银钱兼用，而各郡跬步无非崇山峻岭，钱文质重，搬运艰难，民间行使，以银为便"。而钱价从来低于沿海。只有"延、建、邵等府出产米谷之区，有等不善经营，专以农田为利之富户，出粜米谷，钱文一时顿贮不散，以及开张典铺之家积贮钱文，待时出易者，实所不免"①。

广大的黄河流域各省，包括直隶、山东、河南、山西、陕西、甘肃诸省，则偏重用钱。如河南巡抚蒋炳指出："小民不谙银色戥头，皆由素不用银之故。"②山东风气类似直隶："富户积钱之风，究未尽息，自应仿照直省规条，一体查禁。"③陕西中部及南部诸府州"无巨富之户"，"民间置买产业，十两以内者，银钱兼用。十两以上者，悉以银两交易。在乡村，温饱民人粜粟得钱，除日用之外，即易银完赋，存贮无多"。北部诸府，"地近沙漠，户乏盖藏，民多贫苦，囤积钱文之事，历来不禁自无"④。甘肃情况类似陕西，"地处边陲，民贫土瘠，素鲜殷实巨户，间有家道稍裕之家。凡田房交易，粮食买卖，价少者虽系银钱兼用，而用钱亦不若用银之多。如价至数十两以上，则莫不以银交易。即零星所入钱文，亦随时出易，以图置产营运"。银的流通在甘肃还两个重要特征，一是"民间行使，悉属纹银，别无低潮成色"；二是因舟楫不通，市肆间多外来商贾，贩货而来，返回时仍以所得铜钱易换白银，故铜钱仍"流通于本地"⑤。

云桂川黔西南地区，除贵州"生苗"之地仍习惯用银，由于以制钱搭放兵饷的推行，铜钱很快成为地方市场流行货币。如贵州，"凡交易买卖，新疆各苗，大率习于用银，其附近城市之熟苗有用钱者，亦皆随入随出，尚无虞壅滞"⑥。四川则"铜厂旺盛，省局鼓铸钱文到处流通，各属钱价一律平减，大概相同"。署理四川总督黄廷桂还特别强调："若运往他处，不但无利可图，更致赔折脚价。是以现在委无盐店囤积钱文运售射利之事。"⑦广西先由云南协济制钱搭放兵饷，自乾隆七年始本地设局鼓铸，制钱流通，钱价较平。⑧虽然云南督抚奏报银钱流通情况的奏折尚未找到，但从相关文献的记述可以推知，其银钱流通的二元构造亦甚明显。云南铜产旺盛，铸钱量为各直省之冠，以乾隆十八年为例，该省所铸占各直省总铸量的35.33%。其制钱搭放兵饷的比率高达三成到五成。⑨其钱价亦较各省低廉，乾隆十九年（1754）九月初旬，云南"各属，每库平纹银一两，可易钱一千一百七十八文至一千二百文不等"⑩。而各省钱价，多自七百数十文至八百数十文不等，川桂黔则八百数十文至九百数十文不等。

① 闽浙总督喀尔吉善等：《奏报查办闽省钱文折》，乾隆十八年五月二十九日，《宫中档乾隆朝奏折》第5辑，第516—517页。

② 河南巡抚蒋炳：《奏报办理疏通钱文及价平添情形折》，乾隆十八年五月初十日，《宫中档乾隆朝奏折》第5辑，第299页。

③ 暂署山东巡抚杨应琚：《奏为遵旨禁止囤积钱文折》，乾隆十八年五月初二日，《宫中档乾隆朝奏折》第5辑，第252—253页。

④ 署理陕甘总督尹继善：《奏报酌量办理流通钱文折》，乾隆十八年七月十六日，《宫中档乾隆朝奏折》第5辑，第790—791页。

⑤ 甘肃巡抚鄂乐舜：《奏复甘省钱价情形并酌量办理缘由折》，乾隆十八年八月初七日，《宫中档乾隆朝奏折》第6辑，第107—108页。

⑥ 贵州巡抚开泰：《奏报禁止囤积钱文情形折》，乾隆十八年五月十五日，《宫中档乾隆朝奏折》第5辑，第356页。

⑦ 署理四川总督黄廷桂：《复奏查办钱价并盐店无囤积钱文事》，乾隆十八年八月十七日，录副奏折，台北故宫博物院藏军机处档折件，档号03-0771-066。

⑧ 署两广总督班第：《奏报办理禁止囤积钱文情形折》，乾隆十八年七月初四日，《宫中档乾隆朝奏折》第5辑，第690—691页。

⑨ 见《清朝文献通考》卷16，《钱币考四》，第4997页。

⑩ 云南巡抚爱必达：《奏报滇省钱裕价平缘由折》，乾隆十九年九月初三日，《宫中档乾隆朝奏折》第9辑，第488—489页。

总之,到乾隆纪元第二个十年末段,虽然南北银钱使用习惯有别,但毫无疑义,铜钱已经普遍占领各直省地方市场,将全国的货币流通带入了全面的银钱二元构造。

三、省级财政的发育和地方市场的维护

历史上,货币与财政及经济从来联系紧密。从这种紧密联系看,银钱二元制有着很好的适应性。乾隆年间巨量的铜钱增量供给,无疑给地方财政和地方市场注入了充裕的媒介,有助于省级财政的发育和地方市场的维护。乾隆时期的铸钱规模,从乾隆十年到五十八年(1745—1793)的49年间,每年维持在200万到300余万串,总量达124,002,371串,①从银钱比价看,虽然仍弱于白银的供给增量,但已足够持续维持全国性货币流通的银钱二元结构的稳定。据目前研究,虽仍难以大致估计地方财政收支中铜钱所占比率,但从几个关键项目中制钱发挥的功能可窥一斑。

乾隆时铸钱的经济目的一是平抑钱价,二是获取铸息。这两个目的,通过制钱的铸造和发行而达成。制钱发行有间接和直接渠道。间接渠道是搭放部分兵饷、官俸和胥役工食以及公共工程工料的支放。直接渠道则是向地方市场出售。铜钱搭放兵饷的比率,依据制钱供应情况,京师和各省比率不同。低者为当地兵饷的半成左右,而高者如云南一省制钱搭放兵饷的比率则达三成到五成。②按照清廷规定,制钱搭放兵饷一律按制钱1000文折换库平银一两的比率发放,在钱价高于一两白银时,实际意味着清朝政府对军人发放补贴。而发放这些补贴造成的亏空,则由铸息来弥补。在此之外,铸息一般尚有盈余,有的盈余还较多。③

制钱增量供给带来的更大利益则是银钱二元体制的畅顺运行。自从汉代设立常平仓以调节市场粮价以来,该制度为历代所沿袭,而清朝盛世是运作较好时期。康熙后期以降,为应对地域分工和商品货币经济发展带来的粮食地域性供需不平衡以及农业生产的季节性不平衡,实施了大规模跨地域粮食调拨。④另外,还有针对农业歉收实施的赈灾等。这些以政府干预的方式克服粮食市场供需不平衡的做法能够有效运作,银钱二元结构中银两和铜钱的畅顺对流,是十分重要的机制。清廷的跨区粮食调拨、仓谷采购等项资金,以白银从户部银库或各省藩库拨出,但在实际采购地须借助当地钱铺将白银易换为铜钱。如乾隆二年,直隶总督李卫等为赈济水灾,截留天津漕米50万石,"分发被水州县平粜。业于霸州分设乡城两厂,减价开粜。但缘该处新粮日渐登场,又有邻邑文安等县杂粮流通,米价不甚昂贵,是以粜者无几。请每石再减百文,以制钱九百为度"⑤。乾隆四十三年八月,直隶井陉县发银采购仓谷3000石,定价每石0.93两,采购时照市价换钱支付。"适钱铺短钱,该县止照六钱银数给发钱文,其余三钱三分,若百姓无话,即不找给。今年(乾隆四十四年)正月间,闻金柱等庄有人要告,随传集本县各庄乡保,找发银三钱三分。"⑥正因为赈济时需将白银易钱,故乾隆十二年冬至十三年春

---

① 见前引王德泰:《清代前期钱币制度形态研究》,第40—43页,表1-5。
② 见《清朝文献通考》卷16,《钱币考四》,第4997页。
③ 见前引王德泰:《清代前期钱币形态研究》第三章。
④ 参见高王凌:《十八世纪中国的经济发展和政府政策》,北京:中国社会科学出版社,1995年。
⑤《清高宗实录》卷49,乾隆二年八月月底类记,《清实录》,总第9册第839页。
⑥《清高宗实录》卷1078,乾隆四十四年三月戊戌,《清实录》,总第22册,第491—492页。

间,因连年赈济数百万两,造成山东钱价高涨。直到十三年秋,大赈已完,"况东省今岁,乃恩免钱粮之年,农民以粟易钱,不须换银交官,钱商无由多敛。且梨栗枣柿,花实盛茂,贾贩之来收果品者,其钱俱散在乡间",钱价逐渐平减。①

在这一事例中可以发现,清朝政府铸钱和仓粮采购,某种程度可以形成一个货币发行与回笼的循环,换言之,制钱铸造或货币发行成为清代盛世省级地方政府的独特财源。

乾隆年间平抑钱价之手段,除增加制钱供给的增量外,另一手段是加速制钱的流通速度。如京城八旗及上三旗27米局、五城10米局每年青黄不接时期之平粜,俱收制钱,随易换银两,将制钱投入市场。如乾隆十八年(1753)谕令全国各地盐店毋得大量累积铜钱,须将卖盐所得钱文,"悉令在本州县市集出易,不得囤积在店,运往他处售卖射利"②。

由于制钱的大规模增量铸造和低于市价的发行,不仅扭转了地方市场的货币使用习惯,而且带动了私铸,改善了铜钱供给,地方市场上的白银愈益被排挤,铜钱流通愈益广泛。乾隆三十二年(1767)因文字狱被杀的松江举人蔡显记载说:

> 康熙中凡交易用银,雍正间银钱参使。迩来惟正之供,必经银匠易银完纳。其他小大事,靡不用钱。朱提久不见矣。民间砝码、夹剪,几成虚置。而钱又恶滥不堪。当事名为禁小钱,而不清其源,钱益小。③

这一说法,与清朝官方文献相一致。对私钱的使用,清廷本持默认态度,但到乾隆三十四年(1769),钱价已趋稳,发现私钱的使用在江浙商贸发达之区相当普遍,而以"苏州地面为尤甚",乾隆帝令各地督抚严加收买查禁。④两江总督高晋在该年六月二十七日接到有关上谕后,令各属实力收买小钱。到七月初五日,苏州府之长洲、元和、吴江三县即收缴过小钱废铜共3825斤。高晋又派属下突查江宁、苏州的钱铺,发现铜钱每千文"仍有夹杂小钱十余文。而布庄、米行、杂货店中,则每千尚有二三十文至数十文不等。是掺和之数较前少减,而剔除未尽"⑤。而次年浙江平湖县查获一布店藏有私钱149串,据供系从卖布收账钱中挑拣者。⑥在乾隆五十六年(1791)正月,江苏巡抚觉罗长麟所派缉查员弁发现苏州一店家藏有小钱3164串,竟然来自湖北汉口的两家"资本丰厚"之缎行店。其中的2150余串来自屈恒太,另外1000余串则来自钟嘉茂。⑦

①《清高宗实录》卷321,乾隆十三年闰七月己巳,《清实录》,总第13册,第279页。

②《清高宗实录》卷441,乾隆十八年六月辛丑,《清实录》,总第14册,第738页。

③蔡显《闲渔闲闲录》卷8,《嘉业堂丛书》,民国七年(1918)吴兴刘氏序刊本,第3页。

④《清高宗实录》卷837,乾隆三十四年六月戊辰,《清实录》,总第19册,第171页。

⑤两江总督高晋:《奏为禁止并收买民间所搀用小钱事宜遵旨查明具复》,乾隆三十四年七月十五日,台北故宫博物院藏军机处档折件,文献编号:010229。

⑥署理浙江巡抚熊学鹏:《奏积有小钱拟遣之金长观赎罪》,乾隆三十五年八月初五日,台北故宫博物院藏军机处档折件,文献编号:012355。

⑦署江苏巡抚觉罗长麟:《奏报拏获藏匿小钱之黄甲等咨查办理缘由》,乾隆五十六年正月十二日,台北故宫博物院藏军机处档折件,文献编号:047058。

以上事例说明，不仅在布匹零售中，而且在批发贸易中，湖广江浙地区也使用铜钱。可见，铜钱的流通有助于市场的繁荣。不仅如此，铜钱的广泛流通还催生了其流通方式的信用化。为避免远程大额交易中铜钱昂贵的搬运费用，从文献和传世文物可见，至迟自乾隆四十年代左右开始，在山西、北京、苏州、福州、宁波等地，钱票(帖)已相当流行。同期也出现了基于银两的银票。[1]可见，无论是银两还是铜钱，都是商业信用票据、代表货币得以发展的基础货币。

四、国家财政的灰色弹性

由于铸钱运作而带来的地方财政某种程度的丰裕和地方市场铜钱供给的充足，对于国家财政而言，即是政府的财政性白银聚敛并未造成地方通货紧缩的局面，达成了"鱼和熊掌兼得"。一方面，作为计数货币的铜钱，免去了百姓时时称重和鉴别成色的不便；而另一方面，国家财政收入一律征银，即所谓：

> 直省解银，由布政使起解者，曰地丁银；由运使起解者，曰盐课银；由粮道起解者，曰漕项银；由关监督起解者，曰关税银。皆必倾镕成锭，然后起解。其解银之具曰鞘。每银一千两为一鞘，或委员押解，或即由吏胥押解。例填给勘合火牌及兵牌，于所过地方，拨夫抬送，拨兵防护，所以慎重帑项也。[2]

乾隆初年户部银库存银3396万两，到四十二年达到8182万两的高峰，[3]可谓堆积如山。数千万两高纯度的白银退出流通领域，但并未妨碍地方市场的运作。在银钱二元制的世界里，当大量白银被抽走的时候，反倒是地方货币供应充足之时。如山东，"每年州县开征之际，乡民出钱易银，以为纳粮之用，因而钱多价减，一经停征，钱价仍渐增长"[4]。太平盛世，地方市场上通货最为紧张的时候，是皇帝出巡、大规模军事行动和民间贸易三节(端午、中秋、春节)清账之时。[5]乾隆二十九年，为了筹措翌年乾隆帝第四次南巡时供扈从官兵在江苏境内兑换钱文消费之用，宝苏局特加铸制钱14卯共计47000余串。[6]而乾隆四十五年乾隆帝第五次南巡时，宝苏局累年所积制钱敷用，故未加铸。[7]而直隶总督则于沿途州县各预拨1000串制钱，届期投入市场，以平抑钱价。[8]地方督抚在奏报查缴小钱的折件中，会提到小钱夹带使用的高峰场合就是三节。如乾隆五十五年(1790)浙江巡抚觉罗琅轩在奏报查禁掺

① 见前引张宁：《15—19世纪中国货币流通变革研究》，第175—181页。
② 《清朝文献通考》卷15，《钱币考三》，第4983页。
③ 据史志宏：《清代户部银库收支和库存统计》，福州：福建人民出版社，2009年，第104页，表1-31。
④ 暂署山东巡抚杨应琚：《奏为遵旨禁止囤积钱文折》，乾隆十八年五月初二日，《宫中档乾隆朝奏折》第5辑，第252页。
⑤ 参见黑田明伸：『中華帝国の構造と世界経済』，名古屋：名古屋大学出版会，1994年，頁30—31。
⑥ 江苏巡抚庄有恭：《奏报筹备差务钱文缘由折》，乾隆二十九年十月初二日，《宫中档乾隆朝奏折》第22辑，第750页。
⑦ 萨载等：《奏报圣驾巡幸江南所有北来扈从官兵人等沿途需用钱文无须另行筹备》，乾隆四十四年九月十五日，台北故宫博物院藏军机处档折件，文献编号：024930。
⑧ 直隶总督杨景素：《奏为循例奏明搭放冬饷钱文并请明春于圣驾南巡经过各州县各发钱一千串以平市价由》，乾隆四十四年十一月初三日，台北故宫博物院藏军机处档折件，文献编号：025258。

用小钱的折件里提到,查禁小钱一旦长期化,"不惟各小民畏繁生懈,并恐各该地方官日久视为具文,漫不经心"。因此,他建议抓小钱掺杂使用的重要时间节点:"应仍定以端午、中秋、除夕三节,买卖账目汇集,行用钱文最多之时,于每节后一个月内收买[小钱]。在于各该州县大堂,设立木柜、印簿,酌派诚实书吏二名,专司其事。随到随收,秤明斤两,每斤白文定价,按数给发。"①

皇帝南巡也好,还是京军西征准噶尔也好,乡试期间抑或三节时期,都会短时间增加地方市场的铜钱需求,影响钱价行情。但是,清朝盛世时期的铜钱供给体制足以保障地方市场铜钱价格基本稳定。为避免西征、南巡等大规模军队调动给地方市场带来钱价高涨的冲击,各省政府或预先增加鼓铸卯数,或预先储备制钱,而对于三节时期的需求高峰,则有私钱(小钱)的填补。虽然政府屡屡严厉查禁私钱的行用,但实际上对于私钱的地方性流通和区域间的平衡并无多大阻碍。②

银钱二元构造是一种奇妙的货币流通结构。从形式上看,白银是称量货币,而铜钱则是计数货币。计数货币的好处是交易成本较白银节省,交易过程中可省去称重鉴定成色环节,只需要将成色重量统一(或不统一的)的铜钱目视拣出即可。因此,经手者也难于多索或克扣。乾隆四十年(1775),乾隆帝令将京城平粜所的铜钱,交工程处及步军统领衙门领用,以为经费,却"闻工程等处,每乐于领银,而惮于领钱。盖因银两或有稍获平余微利,而钱文自有一定之数,无从得沾余润,以致心存观望"。为了让有关部门"乐于领钱",乾隆帝特许因领钱而不能获得的"平余","另行筹备"。③

为避免增加小额钱粮纳税户纳银的火耗负担,雍正十一年(1733),清廷规定应纳钱粮额在银一钱以下者,可用制钱缴纳。④而在实际征收过程中,因铜钱使用日益普及,即福建习惯用银之区,"州县征收钱粮,户民赍钱交官者居半,积至数千贯,发牙铺典商易银"。虽然在收钱换银过程中,经手者亦可上下其手,但对于纳税户而言,毕竟节省。⑤

而白银的收支过程,对经手官员而言,则更是充满妙不可言的弹性。所谓"平余",即是弹性所在。平余与火耗,其实同源,都来自于作为称量货币的白银,除特殊场合外,没有统一稳定简单可辨的物理形态。因此,在市场交易和财政结算中,白银作为价值尺度和支付手段,需要称重和成色鉴定。成色鉴定需要标准,因此各区域市场和政府就发展出不同的标准,亦即"虚银两"。虚银两标准主要有两大类,一类是政府标准,如户部标准库平银,漕粮交兑标准漕平银等,另一类则是各地的市场标准市平银。⑥库平银是明清两代国税的全国白银统一标准,也是晚清关平银出现前银两成色的最高标准。自

---

① 浙江巡抚觉罗琅玕:《遵旨查禁掺用小钱浙省办理情形》,乾隆五十五年四月十九日,台北故宫博物院藏军机处档折件,文献编号:044158。

② 乾隆二十九年宝苏局临时加铸及乾隆十九年河南为供应过境西征官兵提供制钱以便沿线购买饮食(见乾隆十九年十二月初八日河南巡抚蒋炳:《复办理剿准夷官兵经豫省所须廪粮折给钱文折》,《宫中档乾隆朝奏折》第10辑,第246—247页)等临时性大规模人员流动,以及季节性需求对铜钱需求的短期大幅增长引起铜钱行情大涨的情况,黑田明伸将其归因于铜钱所具有的"本源性"退藏属性,清政府的铸币"总流通量"(准确说,应是"发行量")要远远大于实际中市场上发挥交易媒介机能的货币"纯流通量"。这一看法与清朝地方市场及铜钱流通的实况当有不小距离,因为这一看法没有考察私钱(小钱)的跨地域流通,也没有注意到铜钱并非仅限于小额的零星交易。

③《清高宗实录》卷985,乾隆四十年六月癸巳,《清实录》,总第21册,第142页。

④《清世宗实录》卷132,雍正十一年六月壬子,《清实录》,总第8册,第706页

⑤ 福建巡抚钟音:《奏报严饬办理禁囤钱文情形折》,乾隆二十年八月初七日,《宫中档乾隆朝奏折》第12辑,第274页。

⑥ 参见戴建兵:《中国近代银两史》,北京:中国社会科学出版社,2007年。

明朝嘉靖八年(1529)始,各地解交到户部的税银,需要将纳税户缴纳的碎银熔铸成特定重量和成色的银锭。熔铸过程会发生损耗,因此州县征税时会额外加征名为"火耗"的附加银两。在雍正耗羡归公前,各地火耗征收率在一成有余到四成不等。各地虽按库平标准熔铸,但手工操作难以保障高度一致,于是解交户部时,仍须缴纳一定比例的银两,以供找平成色和重量之用,称之为"平余",至雍正时期演变为2.5%的附加税。雍正八年(1730),因户部亏空弥补完毕,将平余征收率降至1.25%。除户部向正额地丁钱粮征收的平余外,凡有征税收费权的衙门,皆征收名为"平余"的附加税。

另外,还有一种产生于财政支出环节的"平余"。按照户部统一奏销标准,财政收支单位一律使用库平银,而实际支付时,则依照当地市平。如库平两就较汉口的市平两每两出色六分三毫有余(6.03%),那么在发放工程、军需等款项时,报告朝廷批准后,主政者即可将出色部分扣出,用作未计入预算的开支项目。如乾隆十九年西征准噶尔、三十七年(1772)第二次金川之役,都曾如此办理。[①]而从驻京八旗前锋、护军营军饷中扣出的平余银,在乾隆四十七年(1782)竟然一度达到80000两。[②]而以平余为名目化公为私的贪渎案也层出不穷。典型者如王亶望案、钱度案。

五、金属主义均衡下集权治理与市场协调

白银与铜钱,从其币材特征看,都是金属实物(商品货币)货币。其运作,都摆脱不了双或多金属货币内在职能矛盾的制约。一方面,作为货币,它们是一般等价物、商品的商品;另一方面,作为金属,它们又是特殊商品。因此,白银与铜钱作为货币,其运作受制于三重关系:作为货币的供求关系、作为特殊商品的供求关系以及两者之间的相互影响。而清政府要在这三重关系中凭借"银钱相权"来实现其财政和社会经济目标。

三重关系的交叉点是银钱比价。清政府设定的理想银钱比价是库平银一两等于制钱一串,亦即1000文。该比价系清入关不久顺治初年定下,延续了汉五铢钱、唐开元通宝的传统。黑田明伸指出,中国铜钱的最大特征是跨越两千年而保持了空间上的统一性和时间上的连续性,一枚铜钱的重量(一钱=4克弱)和成色(含铜6-8成)稳定。之所以如此,是因为历代都以小面值铜钱作为唯一铸币,且都有大量铜钱在民间沉淀下来,新王朝无力改变百姓长期养成的用钱习惯。[③]胡岳峰进一步指出,1000:1的比价贯通了铜钱到银两的计数、计重和记值,亦即作为计数货币的铜钱一文(枚)重一钱值银一厘。而一枚铜钱重量和成色的稳定性有着重要的政治文化象征,表达的是接续汉唐"太平有道之世"的意蕴。[④]推论之,清廷之执着于供给重量和成色稳定的制钱,实际上表明清朝统治者为了维护货币供给的集权治理,不自觉地成为了近乎执拗的货币金属主义信徒。因为他们不仅为民间习惯所制约,也为前代大王朝成功经验所固化,并进一步为世界在我掌握的幻象所陶醉。

① 陕甘总督文绶:《奏为动支军需银两酌扣平余以节正项由》,乾隆三十七年正月初三日,台北故宫博物院藏军机处档折件,文献编号:015828。
② 《清高宗实录》卷1151,乾隆四十七年二月戊子,《清实录》,总第23册,第425页。
③ [日]黑田明伸著:《货币制度的世界史——解读"非对称性"》,何平译,第90—92页。
④ 见前引胡岳峰:《清代银钱比价波动研究(1644—1911)》,第262—265页。

在制钱的供给上,清朝的集权式货币治理虽然表现了高度的能动性,但银钱二元制货币体系的价值保障系诉诸币材的商品价值,故此种能动性仍处从属地位。白银和铜钱的商品价值取决于两者自身的供求关系和互相影响,而对白银和铜钱供求关系的干预,清政府具有不同能力。对于铜钱的增量供给,清政府主要通过控制境内铜、锌、铅、锡矿开采和制钱铸造来调控。但白银的增量供给主要来自对外贸易出超,对其调控,清政府几乎无力可施,仅能动用财政贮存做微小调节。不过,清朝盛世是清政府货币供需调控最佳期,因为自康熙晚期到乾隆中期大约70年,处于银贱钱贵周期。[1]来自外贸出超的巨量白银,为清政府增加制钱供给以调节银钱比价,解决银贱钱贵问题,提供了良好条件。《清朝文献通考》纂修者敏锐地观察到了这一点,论曰:"银与钱相为表里,以钱辅银,亦以银权钱,二者不容畸重。"又说:"是海内用银不患不足,因其高下轻重,以抵钱之多寡,实可各随其便流转行用。"而"海内用银不患不足"则得自"诸番向化,市舶流通,内地之民咸资其用。则实缘我朝海疆清晏所致"[2]。《清朝文献通考》始纂于乾隆十二年,成书于五十二年,历经张廷玉、嵇璜、刘墉、纪昀诸名臣总裁和校订,可谓集中表现了清朝当时最高统治集团的认识。他们清醒地认识到,盛世清朝银钱相权的货币集权治理逻辑之能落实,银钱二元货币体制运作顺畅,端赖于"我朝海疆清晏"带来的"海内用银不患不足"。然而,他们或未意识到外面世界已然巨变,"诸番向化""海疆清晏"只是暂时现象。

不仅如此,即使铜钱调控,盛世清朝也能力有限。白银流入丰裕条件下,清廷得以实施积极鼓铸政策,不仅扩大了制钱的行用,而且也带动了私钱的铸造和流通。照乾隆时期官方定义,所谓小钱,是指一文钱重量低于一钱二分者。康熙时及乾隆十一年,宝武局曾铸造8分重制钱,串重5斤。而乾隆三十四年后,因铜钱渐裕,钱价稳中有降,清廷遂禁止串重不足6斤者流通。不过,从各督抚查禁奏报看,收缴的私钱串重多在2—3斤之间,亦即每文重0.32钱到0.48钱,相当于标准制钱重量的四分之一强到五分之二,填补的是标准制钱一文以下计价单位区间。

乾隆后期的严厉措施,不仅无法将私钱根绝净尽,甚至整体上也并未妨碍私钱的流通。其根本原因在于以金属作为币材的货币制度本身奉行的就是金属主义原则,亦即金属作为特殊商品的供求关系,虽然清廷力图通过鼓铸充裕的制钱以垄断铜钱的发行,但清廷既不能完全垄断原料供应,也不能掌控民间难以获取的铸币技术,故制钱一旦投放市场,其价格高低,或被改铸,或被销毁为铜,则取决于商品的供求关系,而与政府的规制无关,况且制钱的供给并不能完全覆盖民间小面值铜钱的多样需求。所以,乾隆后期大力倡禁私钱数十年后,乾隆帝发现铸局的官员竟然暗中纵容员役公权私用,大肆寻租,造成"局私"流行。[3]

结　论

通观传统中国货币史,清朝盛世的乾隆时期是银钱二元构造世界的完成期。其完成的标志是官铸制钱的充裕供应,使得铜钱不仅占领了地方基层市场,而且带动了私铸,扩大了铜钱在大额交易和

---

① 参见王宏斌:《清代价值尺度——货币比价研究》,第70—135页。

②《清朝文献通考》卷16,《钱币考四》,第5002页。

③ 乾隆后半期的私钱、小钱问题,参见黨武彦:『清代経済政策史の研究』,東京:汲古書院,2011年,頁156—176。

跨地区交易中的使用,甚至促动了制钱流通的信用化。仅就币制而言,此期的制钱与明朝,甚至与汉唐宋并无实质性差异,但铜钱在市场流通中的地位却与明朝限于局部地区迥然有别。究其原因,除了清政府在原料采购、开采和鼓铸上的积极有为外,西南地区改土归流的完成与白银的大规模内流是必不可少的条件。[①]

若做国际比较,则清朝在小面值金属货币供给上的成功,让同期的英国也相形见绌。[②]彭凯翔则认为乾隆时期银钱二元构造世界的完成,是明代以来由财政白银化、白银货币化带动的不断货币深化的表现,是一种"早期近代的特征"。[③]

但是,尽管基于白银或者铜钱,民间(市场)都可以发展出趋向于名目化的代用纸币甚至信用纸币,银钱二元货币体制的金属主义特征仍然不能忽视。白银也好,铜钱也罢,其价值保障实质上是诉诸币材的商品价值,清朝的货币集权治理虽然能动却仍处于从属地位,不仅对白银的供求干预能力十分有限,即使对铜钱,也无法贯彻国家的一统权威,不能为国内市场和财政结算提供交易成本低廉的一致货币工具,也无力促成统一金融和资本市场的发育。

(作者罗冬阳,东北师范大学历史文化学院明清史研究所教授。原载《古代文明》2020年第1期)

---

① 邱永志、张国坤强调了清廷强有力货币政策的作用,见所撰:《明清铜钱流通体制的式微与重整》,《重庆大学学报》,2021年第1期。

② 见前引和文凯:《乾隆朝铜钱管理的政策讨论及实践——兼与18世纪英国小额货币管理的比较》,《中国经济史研究》,2016年第1期。

③ 彭凯翔:《货币化与多元化:白银挑动下的明清货币"复调"》,《中国经济史研究》,2019年第6期。

清代晋商在禹州的经营活动

——兼论禹州药市的发展脉络

许　檀

禹州，秦汉为颍川郡，金元为钧州，明初因之，属开封府；万历年间以避神宗讳改称禹州，清代因之。[1]禹州是清代华北的三大药市之一，故以往对禹州商业的研究主要集中在药材贸易，笔者所见有杨继伟《清至民国禹州药帮初探》、李留文《洪山信仰与明清时期中原药材市场的变迁》和朱绍祖《明清至民国禹州"药都"的形成与地域社会变迁》。[2]不过，这三篇论文都忽略了在禹州的晋商并非全都经营药材，也未涉及药材之外的商贸活动。

关于禹州商业的文献记载较少，不过清代禹州建有山西、怀帮和十三帮等商人会馆，并保留有一批会馆碑铭。[3]本文主要依据会馆碑文以及晋商的办货《规程》等资料，通过对晋商在禹州经营活动的考察，对清代禹州的商业状况及其作为药材市场的发展脉络做进一步探讨。

一、清代晋商在禹州的经营活动

就目前所见资料，晋商是清代最早在禹贸易的重要商帮。禹州的山西会馆始建于康熙年间，其后曾多次重修。道光六年（1826）《重修关帝庙并会馆碑记》记言："余等山右人也，逾嵩涉洛，贸迁有无，列肆禹州。……康熙中城西北隅建有关帝庙，左厢会馆，其重修乃在乾隆年间。"[4]又据康熙五十四年（1715）知州罗之熊所撰《重修山西会馆关帝庙碑记》记载：

吾乡山右之客于禹者素梦（蒙）神庇，思欲答报。爰各出资材结为一社，而一二年高有德者为之持总其算，权子母而行之，不数十年营利甚夥。乃郡城购地立庙楼，神爰侑焉。然而犹未备也，又数十年起层楼，立卷棚，创造东西厢庑、门堂、寝堂，墙宇四周，仿佛古者都宫之制焉。功既竣，

---

① 乾隆《禹州志》卷1《舆地志·沿革》，乾隆十三年刊本，第2—5页。

② 杨继伟：《清至民国禹州药帮初探》，硕士学位论文，厦门大学，2005年；李留文：《洪山信仰与明清时期中原药材市场的变迁》，《安徽史学》2017年第5期；朱绍祖：《明清至民国禹州"药都"的形成与地域社会变迁》，博士学位论文，南开大学，2019年。

③ 笔者曾于1999和2019年两次前往禹州考察，先后得到教之忠、张志伟两位馆长的大力协助，特附笔致谢。笔者1999年考察之时山西会馆正要被拆，而怀帮会馆则为市博物馆，当时所见碑铭有：嘉庆六年《山西会馆换地碑记》、道光六年《重修关帝庙并会馆碑记》、《新创钟鼓楼、改建庙门、壁墙环垣及金妆神像、修茸殿宇、重修道院庖厨记》，同治二年《诰授朝议大夫调署禹州正堂马宽夫马大老爷永禁开设车行碑记》、光绪年间《十三帮创始碑记》，以及山西药材社、洋广药材人和社、柴统裕等、金陵、亳州、商城等的捐款碑，这批碑文已收入孙彦春主编：《禹州中药志》，北京：光明日报出版社，2006年，第258—266页。

④ 道光六年《重修关帝庙并会馆碑记》，孙彦春主编：《禹州中药志》，第263—264页。

求予为文以序之。①

康熙五十四年已是"重修",并且经历了两个"数十年"。先是集资营运,经多年"权子母"才得以购地建庙;其后又经数十年不断扩建,"起层楼,立卷棚",修建门堂、寝堂、东西厢房和围墙,使会馆规模大备。以此推算,创建会馆的首次集资当在康熙初年,购地兴工为康熙中叶,至康熙五十四年才最后竣工。显然,此时晋商的经济实力尚为有限。

康熙五十四年碑所列捐款只有数两,无法进行具体分析。② 笔者所见最早的捐款记载为嘉庆六年(1801)《山西会馆换地碑记》,该碑记言:

> 斯馆之设所以议公事、敦乡谊也。馆之前有眼明堂地亩二段,虽无大妨,但微嫌不甚通畅。因醵钱二百零二千文,买得馆前两偏张姓地二十一亩有零,以新得之地西边十一亩将眼明堂地七亩七分四厘五毫四丝换入馆中,以多取少,画展畅也。恐时久混淆,刊志于石。③

据碑文所言,山西会馆因门前的"眼明堂地亩"有碍出入,故而集资购买相邻地亩,以多换少,以确保会馆出入畅通。该碑所镌参与集资的商人商号计有54家,共捐钱164.75千文;此外"药材社"捐银3两,另有其他款项相凑,合计为230余千文。④ 在此次集资中,捐款最多者为13千文,最少只有50文;其中,超过10千者只有三人,绝大多数的捐款都不足4千文。表1是此次集资的捐款统计,请参见。

表1　嘉庆六年山西会馆集资的捐款统计

分类	捐款者	捐款额	占比
10千文以上	3家	33.80千文	20.1%
5~7.5千文	6家	38.70千文	23.1%
1~3.9千文	39家	88.95千文	53.0%
1千文以下	6家	3.30千文	2.0%
药材社	不详	3.0两	1.8%
合计	54家+药材社	167.75千文*	100%

资料来源:据嘉庆六年《山西会馆换地碑记》统计。

* 该碑未见银钱比价,以1两=1000文折算。

此次集资的捐款者除"药材社"外,其他54家均无法确知经营内容。不过,该碑列有集资的组织者:首事6人、社首8人,我们可对他们的身份略作推测。下表是该碑所镌各位首事、社首姓名及其捐款统计,请参见。

---

① 该碑笔者1999年考察时未见,碑文载任文政主编:《禹州医药志》(香港:中国科教出版社,2005年,第193—194页),题为《重修药帮山西会馆关帝庙碑记》,系南开大学朱绍祖博士提供。笔者于2019年6月专程去禹州中医药文化博物馆核对,遗憾的是未能见到原碑;不过,据张志伟馆长所提供的《禹州典藏·文物卷(第二稿)》所录碑文,该碑题名没有"药帮"二字。

② 因未见原碑,尚不知该碑碑阴是否还有其他捐款。

③ 孙彦春主编:《禹州中药志》,第261—262页。

④ 此系累计数,与碑文记载略有不同。

表2 嘉庆六年山西会馆集资中的首事、社首及其捐款统计

首事	捐款额	社首	捐款额
靳玉新	13.0千	梁同泰	10.4千
柴隆兴	10.4千	翟允若	6.5千文
吉复盛	2.6千	赵万顺	6.5千文
苏永泰	2.6千	温复兴	6.5千文
辛五常	1.4千	李元裕	5.2千文
阎义和	0.65千	范恒盛	3.9千文
小计	30.65千	张惠昇	2.6千文
		王隆顺	1.3千文
		小计	42.9千
合计	73.55千,占捐款总额的43.8%		

资料来源:同表1。

前已述及,此次集资中捐款超过10千文者只有3人,其中两位是首事,即靳玉新和柴隆兴;另一位是社首梁同泰。捐款5千文以上者也只有6位,内有4位为社首。不过表2的统计显示,6位首事并非都是财力雄厚者,其捐款金额相差较大,估计他们可能分别代表了不同的行业;在稍后道光初年的捐款中我们看到柴隆兴经营的是典当业,其他各位则行业不明。至于八位"社首"的"社"可有两种解释:其一是里社的"社",即基层社会的首领;其二即前引康熙五十四年碑所言"各出资材结为一社"的"社",即像"药材社"那样专门经营某种货品的商人群体。若是前者,晋人而成为"社首"应已入籍,有多位晋人充任"社首"则禹州当已形成一个颇具规模的晋商居住区,故笔者估计后者的可能性更大。如果这一推论大致不错的话,"药材社"作为八社之一,其捐款在总额中占比不到2%,则药材并非晋商经营的主要行业,专营药材者也不会太多。

道光初年山西会馆有一次较大规模的扩建重修,道光六年(1826)《新创钟鼓楼、改建庙门、壁墙环垣及金妆神像、修葺殿宇、重修道院庖厨记》碑文记载:

关圣帝君庙建禹城西北,创自乾隆甲申,于兹六十余载。正北有三殿,圣像位其中,显威灵以庇黎庶;贤裔平将军暨周将军,分昭穆而享蒸尝。左殿大王,靖江安澜,通彼舟楫;右殿财神,藏金赞玉,富我邦家;东庑药王,济世人以生活,永锡其祥;西庑马王,司骏骥以柔驯,常称其德。吕祖则道号纯阳,土地则灵通博厚。正南歌舞楼台,层起昂耸,有时宫商角徵,神听和平。东设道院,乃安住以,复立庖厨,厥修俎豆。前人创基固谓善美,闲赏详观局势,尚缺钟鼓二楼,且庙门狭隘,殿宇荒芜,若非妥神之胜状;而壁墙倾墟,环垣卑陋,岂是楼像之灵居?更兼道院摧颓,无以容羽士;庖厨损坏,何以供崇成?……幸同社乡台既募且捐,金酿二千有奇;经之营之,时逾一载将备。俯瞻神像则金碧珠疏,仰观庙廊则白玉翡翠,彩画门楹,丹涂梁柱。新创者巍峨华丽,森列乎东西;改建者宽绰竣严,保障乎南北;倾墟者巩固,突兀于中天;卑陋者崇高,盘桓于巨地。……兹功成告竣,……敬叙其事,镌石永垂。至于施财多寡,字号姓名,西立一石,详载刊明;出入银钱费用

数目,勒诸碑阴,谨达众晓云尔。①

此次重修工程包括增建钟、鼓二楼,改建山门,重修殿宇、道院、墙垣,并金妆神像等,耗资2150余千文。在主持重修的10家首事中,靳玉新、翟允若在嘉庆初年的集资中即分别为首事和社首;隆兴典即嘉庆首事柴隆兴的字号,统裕典应是柴统裕的字号,义和昌可能是嘉庆碑中首事阎义和的字号。这10家首事共捐银352两,并分摊了68千文的支出缺额;其中除撰写碑文的国子监太学生毛文运捐银12两之外,其余9家捐银均在30两以上。表3是此次重修的10家首事及其捐款,请参见。

表3 道光初年重修山西会馆的10家首事及其捐款统计

首事名号	捐银	捐钱	首事名号	捐银	捐钱
隆兴典	60两	8.5千	广太元	35两	8.5千
统裕典	50两	8.5千	翟允若	30两	8.5千
富有大	35两	8.5千	万裕恒	30两	8.5千
靳玉新	35两	8.5千	玉和兴	30两	——
义和昌	35两	8.5千	毛文运	12两	——
合计	捐银352两,捐钱68千文,占捐款总额的23.5%				

资料来源:据道光六年《新创钟鼓楼、改建庙门、壁墙环垣及金妆神像、修葺殿宇、重修道院庖厨记》统计。

参与此次集资者计有150余家,共捐银1572.6两,捐钱195.2千文。除10家首事捐款较多之外,捐银20两以上者还有17家,其中义亨兴号捐银50两,"许州富口商捐钱四十千",为较高者;其余各家分别捐银24两和20两;合计捐银346两,捐钱60千文,占捐款总额额22.8%,亦属实力不凡。此外,"药材社"捐银270两,占总额15.6%;估计经营药业者至少有三四十家,故参与集资的商人商号可能将近200家。表4是道光六年重修山西会馆捐款的分类统计,请参见。

表4 道光六年重修山西会馆捐款的分类统计

分类	捐款者	捐款额	所占%
首事	10家	银352两,钱68千文	23.5%
20～50两	17家	银346两,钱60千文	22.8%
10～18两	27家	银354两	20.5%
1～8两	101家	银250.6两,钱67.2千文	17.6%
山西药材社	不详	银270两*	15.6%
合计	155家+药材社	银1572.6两,钱195.2千文*	100.0%

资料来源:同表3。

* 该碑所载银钱比价为1两≈1245文,累计数与碑文记载略有出入。

与嘉庆初年的捐款相比,此时的晋商无论人数还是经济实力均有很大增长。特别是"药材社"嘉庆初年财力极为有限,人数也不会太多;而此次捐银270两,已占到捐款总额的156%,至少会有商号三四十家,也可能更多。此外,捐银12两的广升聚是太谷著名的药业字号,② 当系财力雄厚故而在"药材社"之外单独捐款;其他商号中不排除还会有像"广升聚"这样单独捐款的药商字号。即便如此,药

---

① 道光六年《新创钟鼓楼、改建庙门、壁墙环垣及金妆神像、修葺殿宇、重修道院庖厨记》,孙彦春主编:《禹州中药志》,第264—265页。
② 朱绍祖:《明清至民国禹州"药都"的形成与地域社会变迁》,博士学位论文,南开大学,2019年,第135—136页。

材仍不是晋商经营的主要行业。

那么,晋商在禹州主要经营什么商品呢?表4所列150余家捐款者中,除柴隆兴、柴统裕两家为典当,晋义号、协盛号、东合成、西合成等经营磁器(详后),广升聚经营药业外,其他商号大多无法确定经营内容。不过,据笔者以往对周口、赊旗的考察,晋商经营的主要是杂货,包括棉布、绸缎、茶、糖、纸张、瓷器等;[①]禹州与周口有颍河相通,与赊旗有陆路商道,是二者的分销市场。

禹州所辖的神垕镇是著名的钧瓷产地,瓷器应是晋商经营的重要产品之一。明代商书《天下水路陆路程》记有从颍州经周家口—北舞渡—禹州的水路,并在禹州之下记有:"本州窑器产于神后(垕)";[②]乾隆、同治《禹州志》在"货类"中列有瓷器或"粗瓷器";[③]民国《禹县志》记有:"神垕瓷皆粗器也,而为民生饮食日用所不可离……其值价至廉,其销路至普,其常供需数千人之役。"[④]清代神垕所产虽不如前代精致,"皆日用盘盂粗器,而古钧瓷久为希世之珍",[⑤]但规模颇大,销路亦广,因而吸引大量晋商在此聚集。

神垕镇内保留有关帝庙和伯灵翁庙,以及一批关帝庙的重修碑铭,为我们了解晋商与该镇的瓷器产销提供了珍贵资料。[⑥]伯灵翁庙即窑神庙,为瓷器制造业的行业会馆;关帝庙当为晋商所建,亦即山西会馆。这两座庙宇始建年代不详,目前只知道关帝庙在乾隆、嘉庆、道光年间曾三次重修。嘉庆十五年(1810)《重修关帝庙碑记》记言:

> 郡西南六十里神垕镇有关圣帝君庙,固莫知所创始也,而继修者屡矣。……自戊辰岁,有首领十余人慨然以重修为己任,因而捐己财募口口,口己巳春遂口工,口庙貌巍峨如故,神像金光依然。……旧概饰以新,由是而隔扇、而墙垣、而门楼,而戏台,莫不涂口之,又丹腹之,又金妆之,口口增华,视前更为改观焉。[⑦]

神垕镇关帝庙在清代中叶的三次重修都保留有捐款碑。乾隆二十二年(1757)的捐款碑共有三通,其中捐银最多的大生号为山西平阳府曲沃县北赵村赵氏家族所开设,祖孙三代共捐银155两,单独立有一碑;此外,捐银超过100两的另有5家,而捐款最少者不到一钱。三碑合计,参与此次集资者有900余家,共捐银3200余两,[⑧]其捐款规模远超过位于禹州城的山西会馆。嘉庆中叶的重修,参与集资者共116家,捐钱440余千文;其中捐钱最多者为30千数百文,最少为一千文。道光年间重修的

① 许檀:《清代河南的商业重镇周口》,《中国史研究》2003年第1期;《清代河南赊旗镇的商业》,《历史研究》2004年第2期。

② (明)黄汴:《天下水路陆路程》卷5,杨正泰校注,太原:山西人民出版社,1992年,第156—157页。

③ 乾隆《禹州志》卷1《舆地志》,第28页;同治《禹州志》卷9《土产》,同治刊本,第18页。

④ 民国《禹县志》卷7《物产志》,台北:成文出版有限公司,1976年,第634页。

⑤ 民国《禹县志》卷26《货殖传》,第2193页。

⑥ 此二庙相互毗连,并各有一个戏台,伯灵翁庙的大殿和戏台均比关帝庙雄伟,不过笔者只见到关帝庙的重修碑而未见伯灵翁庙的碑铭。笔者的此次考察,蒙神垕镇文管所陈继泽所长和郑州大学历史学院吴志远教授全程陪同,收获颇丰,特附笔致谢。

⑦ 嘉庆十五年《重修关帝庙碑记》,碑存神垕镇关帝庙。

⑧ 乾隆二十二年《重修关圣帝君庙碑记》,碑存神垕镇关帝庙。该碑已有部分漫漶,故统计数字不太准确。

捐款者共201家,捐钱250余千文;捐钱最多者为7千数百文,少者仅二三百文。[1] 嘉庆碑中的晋义号、协盛号、复兴号,道光碑中的东合成、西合成等商号都曾在前述道光六年禹州重修山西会馆的捐款碑中出现。

比较乾隆—道光年间神垕关帝庙的三次重修,参与集资的人数大幅度减少,集资总额也明显下降,这与晋商在禹州城以及其他地区的发展趋势大相径庭。笔者估计有两种可能:其一,乾隆年间的集资规模颇大,可能是与窑神庙同时修葺,捐者中包括大量窑工(该碑所镌以人名为主);而嘉道年间的重修主要是经营瓷器的商号捐款。其二,清代中叶神垕瓷器的产销呈下降趋势,故汇集神垕的晋商有所减少。亦或还有其他原因,暂存以待考。

清代神垕瓷器的销售范围未见明确记载,不过同治六年(1867)北舞渡镇重修山陕会馆的集资中有神垕的15家商号捐款,共捐钱31千文;[2] 其中的晋义号、东合成、西合成等在嘉道年间神垕和禹州的重修碑中都曾经出现,应是同一家字号。北舞渡距禹州130余里,位于沙河沿岸;以水运之便,沙河、颍河下游的周口以及陈州、汝宁等府应也是神垕瓷器的销售范围。

在晋商《咸丰年湖北各处办布规程》中,我们看到棉布是禹州从赊旗转运的重要商品。该《规程》第13页中缝处盖有"义成店"的朱印,应即该字号的《规程》。从运输线路看,其所办布匹发山西者大多运至平遥,估计"义成店"为平遥商号。据《规程》所载:该字号在湖北安陆府旧口镇、多宝湾等地采购的棉布运销山西者,"无论发东、西两路,总由樊城新打洪行店过载分路。假如发东路者,由赊(旗)发禹郡,或发洛邑,发郭家嘴,郭至泽府转平(遥);若是发西路者,由新野县或发禹、洛,或发曲沃转平"。"发东路至赊水脚,装船昔年白布以三十八卷一载,近来以四十卷作为一载,每载船脚五两至七两";然后在赊旗起旱,"从赊发禹,骡脚每卷钱三百五十文至五百文,发马车脚每卷毛银二钱至三钱"。[3]

义成店的《办布规程》虽是咸丰年间的,但其经营时间至少可上溯至道光初年。《规程》中不仅有"昔年"与"近来"的对比,而且详细记录了道光十二年(1832)赊旗镇"花、布、杂货行"重定的各项行规,摘录如下:

> (赊旗镇)交易各货,行店经手;其成盘各货,平码、秤头有一定样式。皆因昔时年深日久,近有不固之客商遇便生巧,行店含糊过货,将昔年之规虽不能尽弃,以致屡屡不整。于道光十二年五月,我花、布、杂货行新正行规、秤头、平码,以致整年之变。是以重条修秤三杆,山陕会馆存一杆,东西两路头周流各一杆。……今将一应规款详注于后:
>
> 一议,十六两足平秤一百〇三斤底,过秤照旧规加一/三明算,无论何货总以公议之秤过秤。
>
> 一议,买卖囤户或走或存,不许原号抄,总要另过秤,行店不议,抱号。

① 嘉庆十五年《重修关帝庙碑记》、道光十一年《重修关帝庙拜殿砌客室戏楼记》,均存神垕镇关帝庙。
② 北舞渡山陕会馆同治六年《重建关帝庙正殿并补修各殿碑记》,许檀编:《清代河南、山东等省商人会馆碑刻资料选辑》,天津:天津古籍出版社,2013年,第161—162页。
③ 刘建民主编:《晋商史料集成》第68册,北京:中华书局,2018年,第86—87页。

一议,棉花大包口底带绳四斤,小包带绳三斤,以一百五十斤老号作为大包,小者作为小包,过秤后抽绳一根面较,如多者照数公除,以免讲说。

一议,买卖成盘,各立定票为据,三日内过秤;如过三日,不得退盘,天雨阻隔不为凭;其银四十两期,如收现银,与行店商酌。

一议,花平码根本街钱平九七五五兑付,其价元银先以九八扣用,九四扣纹银,九二扣宝银。

以上所议之款,若不遵规,如犯条略多,过客货者查出,公罚用银入官;会馆罚戏三尺(天),设席四桌。

假如客货到彼,或走或存,先下栈房,行规列后:

棉花,每大包栈用六分,脚力六厘;

发平梭布,每卷栈用二厘,行用一钱;发洛并郭嘴,栈用二厘,行用四分;发禹郡,栈用二厘,行用三分三厘。

以上所注之栈用并行用俱系毛银,以九四九一扣,赊钱平是也。[1]

该新规开列的商货,除棉花、棉布外,还有粉皮、粉条、金针、瓜子、香油、油饼、槐子、核桃、花生、红枣以及瓷器等,这些商品应均属"杂货"。

河南各地所产棉布也有不少汇集到禹州。据同治十年(1871)晋商余庆堂号《各处办布底稿》记载,该字号运往禹州的棉布中来自河南的有汝州属郏县,许州及所属之长葛、襄城、临颍等县,多在禹州附近;距离较远者有归德府鹿邑县。[2] 表5所列是该字号运禹棉布在河南的采购地点及其运输费用,请参见。

表5　同治年间余庆堂号在河南的部分购布地点及其运至禹州的脚价

购布地点	距离禹州	脚价	备注
郏县	90里	550文/担	32疋成卷,二卷作一担
郏县塚头镇	60里	400文/担	32疋成卷,二卷作一担
长葛县石固镇	40里	250文/担	30疋成卷,二卷作一担
襄城县茨沟镇	90里	550文/担	30疋成卷,二卷作一担
许州五女店	120里	600文/担	10疋成甬,10甬成包,4包作一担
临颍县	150里	800文/担	10疋成卷,4卷作一担
代家集	不详	500文/卷	系水脚,50疋成卷
鹿邑县五台庙	不详	不详	

资料来源:《同治十年余庆堂各处办布底稿》。

禹州本地也是棉布产区,乾隆、同治《禹州志》"货类"中均列有棉布;民国《禹县志》记载:"禹布之名驰于邻省,而行之尤以晋为壑,凡晋之票庄在禹者皆兼买布。其布初用本线,近年亦易用洋线,而精

---

[1] 刘建民主编:《晋商史料集成》第68册,第103—107页。

[2] 《同治十年余庆堂各处办布底稿》,刘建民主编:《晋商史料集成》第68册,第112—153页。

致则过洋布远矣。"①在咸同年间晋商的办布记载中,"禹布"也是其采购的棉布品种之一,其规格大体为"长四丈六七尺,宽一尺二,线子四百五六十条"或"四百七八十条";一般以27疋成卷,"重六十二三斤"。客商在禹州采办布匹,住宿由行店提供,"住店客人每天出伙食钱一百二十文,烟茶酒肉俱系客人自备"。②

禹州还是棉布的加染之地,咸丰年间晋商义成店在湖北购买的白布就有一部分发往禹州染色,如"一宗提尖胎布,……每卷记成五十疋,外加顶庄白布二疋,发禹(州)染羊宝蓝五十疋;一宗顶庄白布,……每卷记成五十二疋,发禹染色,与提尖全;一宗尾庄胎布,……每卷记成五十五疋,外加顶庄白布二疋,发禹染羊宝蓝。"③《同治年间余庆堂号各处办布底稿》详细记载了在禹州染布的价码:宝蓝280—330文,洋蓝140—160文,真青400文,皂青250文,月蓝、临漳灰60文,蛋青113文,油绿96文,深黄59文,漂白56文。④

汇聚到禹州的棉布主要转运山西泽州、平遥等地。余庆堂号《各处办布底稿》记载其转运线路大多为:从禹州发至河口,过黄河至孟县,由孟县发河内之邘邰镇,由此翻越太行山至山西境内泽州府城,再从泽州转发平遥;也有从禹州直接发往河内之清化镇,由清化过太行山至泽州府,然后运往平遥。⑤

茶叶也是禹州从赊旗转运的重要商品。山西祁县茶商《大德诚文献》中对从赊旗发往禹州的杂货、茶叶的运价、付款方式和运输期限等都有较详细记载:"此处码头(指赊旗)以杂货为首,……红茶梗子每千斤价同杂货,西老茶、大花茶照杂货解矮银一两,东老茶照杂货下银二两五钱,盒茶下银一两五〔钱〕。……禹州牛车,西箱二只作担,花茶二件作担,脚比西箱高银五分;东盒茶六串作担,每担比西箱下银五钱五至六钱五。""马车脚价付九欠一,以十天为期,二十天见回票,误期每车罚银八两;……牛车每辆欠银三钱,限十二天送到,误期每车罚钱二千。"⑥并有从赊旗发禹州、禹州发汜水的杂货、茶叶的牛车、马车脚价规例和折算方法。⑦这虽是清末的记载,但也是沿袭数十年乃至上百年的惯例。⑧

以上考察我们看到,晋商在禹州的经营活动从清初即已开始,到清代中叶其人数和经济实力均有较大发展。其经营内容以布匹、茶叶等"杂货"转运山西,以禹州本地所产瓷器、布匹输出为主,药材只是其中很小一部分。不过,晋商的经营活动为其后禹州药市的发展奠定了良好的市场基础。换言之,禹州作为药材市场在清代后期得以迅速发展,晋商所开创和奠定的市场基础应是最重要的因素之一,这一点是以往的药市研究所忽略的。

① 民国《禹县志》卷7《物产志》,第632—633页。
② 刘建民主编:《晋商史料集成》第68册,第113页。
③ 刘建民主编:《晋商史料集成》第68册,第62—63页。
④ 刘建民主编:《晋商史料集成》第68册,第113页。
⑤ 刘建民主编:《晋商史料集成》第68册,第114页。
⑥ 史若民、牛白琳编著:《平祁太经济社会史料与研究》,太原:山西古籍出版社,2002年,第502页。
⑦ 史若民、牛白琳编著:《平祁太经济社会史料与研究》,第506、509—510页。
⑧ 该《文献》记有:"予旧号三和,齐(起)嘉庆末年来安化办黑茶",史若民、牛白琳编著:《平祁太经济社会史料与研究》,第481页。

二、禹州药市的发展脉络

禹州作为药材市场的兴起始于乾隆年间。同治二年(1863)的碑文记言:"禹药会场旧在密治洪山庙地方,山路崎岖,药物难运。至乾隆十七年间,众首事以禹州道路平坦,搬运较易,且人朴风古,请众商人迁禹作买作卖,往来脚运俱听客便。不数十年间,商贾辐辏,遂称胜区。"①光绪年间《十三帮创始碑记》则称:"禹郡药材会之兴也盖始于乾隆二十七年,州副堂何公……谋诸绅商,佥以密邑洪山庙药栈请至禹,定议每年夏孟、秋仲、冬十一月三期会以倡之,此其滥觞也。"②民国《禹县志》记载:"(乾隆)二十七年春三月,起药市于西关。先是,药市设于密县之洪山庙,十三年州判何宏瓒招来商人,设于禹之南街,后因兵乱始迁西关。"③几处记载时间略有出入,可以肯定的是禹州药市的发端是当地商人(包括晋商)在地方政府的支持下,与洪山庙药市竞争的结果。

洪山庙是密县所辖的一个集市,位于密县东南40余里,④距禹州仅百余里。笔者于2017年5月曾前往考察。该庙坐落于今新密市大隗镇陈庄村内,坐北朝南,依岗而建,有东、西两个院落。西院为主庙,山门匾额题为"普济观",大殿供奉洪山真人,大殿东侧有台阶,拾级而上为洪山真人的寝宫;大殿东、西两庑分别为药王殿和王母殿。东院为雍正年间增修,以关帝殿为主,另有玄武大帝等配殿。庙内现存明清、民国时期碑铭20余通,其中与药王、药商和药材贸易直接相关的记载只有两通。乾隆十七年(1752)《重修药王庙记》记云:

> 普济观有东西两殿,东殿内药王之遗像存焉,第神之凭依于兹也。当其始,仅与关帝配享耳,自元迄今未之有改也。迨雍正年间建关帝庙观东,而神方独居其尊矣。然而神像未迁于中央,栋宇尚嫌其卑隘,道人高和鸣用是募化赀财,重为口修。今日者规模再易,而庙貌焕然毕新;丹雘更张,而神像肃然可敬,于以妥灵爽而凛观瞻也。⑤

细读以上碑文,可知直到雍正年间,药王在洪山庙中一直处于附属地位,并长期与关帝同居一殿;雍正年间增建关帝庙后,才得以独享一殿,而神像仍"未迁于中央";直至乾隆十七年药王殿才得到重修,"庙貌焕然毕新"。也就是说,在相当长的时间内药王的地位即便与关帝相比仍有一定差距。药王的地位在某种程度上也反映了药材贸易的地位,即药材贸易可能只是洪山庙会的附属部分,直到清代前期其所占比重才逐渐上升,这与明代至清初祁州庙会的情况大体类似。⑥乾隆十七年碑的落款为"陕西广药行众商人"与"河南开封府荥泽商人公立",这是笔者所见药材商人在洪山庙众多碑铭中第一次正式出现。

---

① 同治二年《诰授朝议大夫调署禹州正堂马宽夫马大老爷永禁开设车行碑记》,孙春彦主编:《禹州中药志》,第258页。

② 孙春彦主编:《禹州中药志》,第258页。

③ 民国《禹县志》卷2《大事记下》,第201—202页。

④ 嘉庆《密县志》卷5《疆域志·坊保》,嘉庆二十二年刊本,第17页。

⑤ 乾隆十七年《重修药王庙记》,碑存密县洪山庙内。

⑥ 参见许檀:《清代的祁州药市与药材商帮》,《中国经济史研究》2019年第2期。

然而,洪山药市的兴盛并未维持多久就开始衰落了。乾隆二十九年(1764)《重兴清明盛会碑记》记载了密县地方官和绅商为振兴药市的努力,碑文记言:

> 密东之有洪山庙,自元明迄今照临四百余年。每值清明佳节,人萃八方,不减齐门毂击;商来千里,何啻梁苑药笼,盖盛会甲中州云。但地面四围皆沟,加以雨水频仍,市基半就坍塌,覃怀、川广、江淮各商遂不免别就康庄,则其势亦渐衰矣。然而,心之依恋如旧也。邑侯马明府慨然以扶衰起废为念,调理市廛,□贸易之要地;平治道路,拓往来之冲衢。复谕附近居民依前招致旧商,商人闻之莫不于于而来,一呼百应。[①]

该碑落款除知县马渭、盐捕王世经以及经管庙宇的道会司张教庆等地方官员之外,还有药商会首赵进绅、庞弘有等6人,密县会首则为廪膳生寇国楷、国学生张桧吉等5位士绅。该碑碑阴镌有参与此次振兴活动的170余人,除注明为举人、生员的8人外,当多为各地药商。其中按行业登录者有怀药行、广药行、西药行、黄连行等,怀药行应为怀帮药商所经营,西药行为河南盂县、温县药商经营;广药行当为陕西药商经营,在乾隆十七年碑中我们见到有"陕西广药行众商人"的落款;惟黄连行经营者不详。按地域登录者分别来自山西、陕西、安徽(亳州)、江南、四川等省,以及河南本省的许州、华县、柘城、鲁山、密县等地,尤以怀帮商人数量最多,山西、亳州次之。表6是洪山庙乾隆二十九年碑所镌各地商人的分布统计,请参见。

表6 乾隆二十九年《重兴清明盛会碑记》所镌洪山庙商人的来源分布统计

药材行	商人商号数	外省药商	商人商号数	河南药商	商人商号数
怀药行	53	山西	28	密县	11
广药行	5	亳州	26	许州	2
西药行	7	陕西	15	华县	2
黄连行	7	江南	7	柘城县	2
四川	2	其他	2		
合计	72	——	78		19

资料来源:据乾隆二十九年《重兴清明盛会碑记》统计。

表6为我们展现了洪山庙药市曾经的辉煌。不过,此次知县马渭的"扶衰起废"之举并未收到实效,洪山庙药市的繁荣还是一去不复返,在此后该庙的诸多碑铭中几乎再未见到药商的踪迹。而该碑所言"别就康庄"的"覃怀、川广、江淮各商",反映的正是禹州药市对洪山庙药商的吸引。

实事求是地讲,与密县洪山庙地处丘陵"四围皆沟"的地理环境相比,禹州的交通条件确实要好很多。颍水发源于河南府登封县,从禹州绕城而过,东南流经周口入安徽与淮河相汇;禹州商货可由颍水顺流东下,江南商货也可由周口溯颍水而至。禹州与赊旗陆路300余里,晋商经营的布匹、茶叶等货大多从赊旗转运而至。表6可见,在洪山庙的晋商也为数不少,该地与禹州相距仅百余里,他们可

---

① 乾隆二十九年《重兴清明盛会碑记》,碑存密县洪山庙内。

514

能原本就在禹州、洪山庙两地进行贸易,亦或与禹州的晋商有所联系。

禹州地方官对药市的发展也起到了积极作用,不仅在药市创建之初参与谋划、支持药商与密县竞争,在其后的发展中也尽力维护市场秩序,为药市的顺利发展提供保障。同治二年(1863)《永禁开设车行碑记》记载了前后两任知州对私设车行的治理整顿,摘录如下:

> ……具禀商人武生屈栋材、贡生许廷献、职员于存礼、郗桂云、监生雍参亭等,为恳恩示禁以利商民事。缘禹州药材大会百年有余,各处买卖客商运送货物,需用大小车辆均系自行雇觅,照时议价,无不平允,向无车行之设。且乾隆四十间,经黄州尊严禁车行,有卷可查,并断令在西关庙会场立有碑记,以示永远,商等至今蒙福。乃正月间,忽有人在辛安隅开设公顺隆号车行,四门招揽大小车辆,均归伊行,高抬价值,多取行用,大有居奇之势。以致外路车不敢来,本处车不能走,商等货物难以运送,受累不浅,心实难甘。为此粘呈碑文,沥恩大老爷体恤商民,永禁车行,则世世感德无既矣!上叩。批:案已断定,车行业经裁撤,并有前立碑记可查,嗣后如有开设,尽可呈请传究,毋庸再行谕禁。[1]

乾隆、同治的两次案件都是有人私开车行,希图垄断运输,被绅商告到州衙,禀请知州“体恤商民,永禁车行”。先后两任知州也都遵守了最初与药商约定的“往来脚运俱听客便”,维护公平竞争的市场秩序,将车行裁撤,并立碑示禁。该碑的落款为:乾泰恒号、俊兴成号、孙万盛号、杜盛兴号等12家商号“暨药商会同立石,借用山西会馆立”。其中,杜盛兴号为怀帮药商,他在同光之际祁州重修药王庙的集资中捐款最多,在禹州当也是怀帮首领。还有一点值得注意,乾隆年间的示禁碑立在“西关庙会场”,即药材的贸易地点;而同治二年则立在山西会馆,这似乎反映出晋商中经营药材业者比前有大幅度增长。

同治十年晋商余庆堂《办布底稿》中有这样一段记载:“禹州一年有三会,系三、七、十月,唯春会最大,名曰清明会,所卖之货药材为正庄。各省之人年年尚(上)彼买货,赶会之时出布更多,口价更大,情因会上之人俱要捎买穿布。彼时发布车脚骡户俱向别处去驼会货,以致布之难发,脚价大贵。”[2] 看来,同治年间禹州药材贸易的规模有很大增长,至少在春会期间药材已是禹州商业的重中之重,以至布匹运输为之让路。不过,同治元年(1862)禹州最初设立厘局抽收的是百货厘,直到光绪五年(1879)才开始抽收专门的药厘,[3] 则从另一个角度反映出咸同之际杂货贸易在禹州商业中仍占居重要地位。

怀帮和十三帮两个药业会馆在同治年间相继创建,当是禹州药材贸易大规模发展最直接的佐证。据孙春彦主编《禹州中药志》记载,怀帮会馆创建于同治十年,十三年落成,其建筑有影壁、山门、戏楼、钟鼓楼、东西配殿、大殿和拜殿等;特别是拜殿和大殿面阔五间,进深三间,雕梁彩绘,巍峨壮观,民间

---

① 同治二年《诰授朝议大夫调署禹州正堂马宽夫马大老爷永禁开设车行碑记》,孙春彦主编:《禹州中药志》第258—259页。
② 《同治十年余庆堂号各处办布底稿》,刘建民主编:《晋商史料集成》第68册,第127—128页。
③ 《清朝续文献通考》卷46《征榷考十八》、卷47《征榷考十九》,杭州:浙江古籍出版社,2000年,第8010、8012页。

有"十三帮一大片,不如怀帮会馆一座殿"之赞誉。[1]遗憾的是该会馆未见有碑铭存留,我们只能借助怀庆府城和祁州修建药王庙的碑文,对怀帮药商稍作考察。

怀帮即河南怀庆府商人。怀庆府是著名的"四大怀药"——牛膝、地黄、菊花、山药的产地,故该帮商人多以经营"怀药"为主,在汉口、天津、周口、樊城等地都建有会馆。怀庆府城的药王庙是怀帮药商集资所建,即药业会馆。该庙始建于乾隆五十二年(1787),其后陆续增修、扩建,至道光中叶才最终告竣。道光十九年(1839)《创建三皇阁碑记》较详细地记述了其修建和集资过程:

> (药王)庙创于乾隆五十二年,初竣于嘉庆十三年;增修四圣殿、对庭、潇洒阁,竣于道光五年;二十余年功德,前碑所载详矣。维时三皇阁地基已购,因公捐未充,尚未建造。惟陆续修理河埠周围基址,置买木料、砖瓦,于道光十年始议建阁。……遂于是年开工,十一年建立。顾经营非易,需费甚繁,公捐不敷,众字号、行店愿出布施济工。继又不敷,众仍慨然乐输,始终无懈,以期速成。时维徐新合、马万兴、齐合盛、刘复泰四字号轮流执事,各行店轮流协办;曹宅庚始终与焉,以底于成。十二年,又请郭广合、阎恒昌捐赀入会,协力办公,外有杜盛兴捐赀以增工费。嗣修八卦亭,口名医牌位十二尊、上下神龛四座、东禅院一所,落成于道光十四年。……计此事前后五十余年,统费五万余金,绝未向他处募化分文。而众字号、行店屡屡捐赀,不自为德,其踊跃急工,要无非神圣有所默佑也。今工程完备,我等世守药业,饮水思源,以迓神庥,春秋禋祀,瞻拜有地,庶几克慰众愿。[2]

据碑文记载,药王庙的修建"前后五十余年,统费五万余金",资金来源是由"众字号、行店屡屡捐资",而"绝未向他处募化分文",显然捐资商号应系怀帮药商。道光十九年碑所镌捐款分为捐银、布施、公捐、罚款和历年生息等几部分,合计为33595两(见表7),与碑文所言"统费五万余金"尚有一万六七千两的缺额。估计该碑所镌只是修建三皇阁以及八卦亭、东禅院等的集资,而乾嘉年间创建重修的经费已载在"前碑"了。从道光五年至十四年集资31200余两,怀帮商人的经济实力于此可见一斑。

表7 道光十九年《创建三皇阁碑记》所镌捐款统计

分类	金额	所占%
捐银	545.1两	1.6%
布施	2604.0两	7.8%
公捐	28083.6两	83.6%
罚款	97.5两	0.3%
历年生息	2264.84两	6.7%
合计	33595.04两	100.0%

资料来源:据道光十九年《创建三皇阁碑记》统计。

---

① 孙彦春主编:《禹州中药志》,第246页。
② 许檀编:《清代河南、山东等省商人会馆碑刻资料选辑》,第232—233页。

在此次集资中,杜盛兴号捐银110两,属中等商号。而在同光之际祁州药王庙的集资中,杜盛兴号不仅是怀帮的魁首,也是所有商帮中捐款最多的商号。在祁州的集资中,怀帮有51家药商参与,共捐银694两,捐钱103千文,占客商捐款总额的14%,仅次于关东帮排名第二;如以每家商号的平均捐款规模而论,则为关东帮的2倍,并超过其他各帮位居榜首。[①] 表8是此次集资中怀帮药商的捐款统计,请参见。

表8 怀帮药商在同光之际祁州药王庙集资中的捐款统计

分类	捐款商号	捐款额	所占%
捐款4次者	11家	383两,59千文	55.3%
捐款3次者	13家	181.5两,34千文	26.4%
捐款2次者	8家	76两,6千文	10.7%
捐款1次者	19家	53.5两,4千文	7.6%
合计	51家	694两+103千文≈724.87两*	100%

资料来源:许檀编:《清代河南山东等省商人会馆碑刻资料选辑》第446—448页

* 该碑所载银钱比价为1两=3336.5文。

表8可见,参与集资的怀帮商号有一半左右捐款三四次之多,也就是说,这些商号几乎每年都会到祁州药市进行贸易。禹州离怀庆府比祁州近得多,当会有更多的怀帮药商在禹贸易。

禹州的十三帮会馆,即药商会馆,始建于同治十年。《十三帮创始碑记》记载:"同治十年,会首郭君广德、连君文中、潘君升炎、阮君耀祥、王君凌云、常君天福、高君有邦、蔡君汉文、胡君乾元、王君二元、范君廷栋等捐钱若干串,创修关帝庙暨庙院墙,以为会馆之基础。嗣至光绪二十年又修药王殿、演戏楼";其后陆续添建了厨房院、养病院、阴宅院、道院、二门等,"逾八年而功竣",[②]前后30多年始臻完备。禹州博物馆院内收藏有一批捐款碑,分别为《山西药材社、洋广药材公和社》《柴统裕等》《金陵、亳州》《商城》《郏县、汝州、马山口》等,估计应是十三帮会馆的集资碑。表9是根据以上碑铭汇总的捐款统计,请参见。

表9 光绪年间十三帮修建会馆的部分集资统计

商帮	商人商号数	捐款额	备注
柴统裕等	8家	481两	均为晋商
山西药材社	阖社	400两	均为晋商
洋广药材公和社	阖社	150两	估计多为晋商
商城	239家	195.016千	有48家无法辨认
金陵、亳州	180家	28.68两,43.465千文	有35家无法辨认
郏县、汝州、马山口	不详	不详	该碑漫漶无法辨认

上表所列十三帮会馆的集资中,柴统裕、柴隆兴、富有大、翟允若、段谦亨、义和昌、玉成贞、复泰公等8家共捐银481两,是目前所见此次集资中金额最大的一笔。这8家应都是晋商,并多在道光六年重修山西会馆的集资中任首事,此项捐款估计是晋商对十三帮会馆的赞助,当然也显示出晋商在禹州

---

① 详见许檀:《清代的祁州药市与药材商帮》,《中国经济史研究》2019年第2期。

② 孙彦春主编:《禹州中药志》,第258页。

商业中的重要地位。"山西药材社"捐银400两,是药材各帮中捐款最多者,与道光年间相比晋商中经营药材业者显然又有增长。"洋广药材公和社"捐银150两,也是一个实力较强的药帮,可能也多为晋商经营,如山西襄汾丁村丁氏家族开设的"泰丰永"商号专门经营广州、香港等洋广药材;① 民国《禹县志》亦有记载称:"南街多晋商,专贩海南珍异药物,号洋货棚。"②《商城》和《金陵、亳州》二碑因碑文漫漶,捐款统计并不完整;二碑合计捐款商号419家,即便考虑到缺失部分,平均每家也不过一二千文,当是以小商号为主。《郏县、汝州、马山口》碑漫漶更为严重,连捐款人数也难以统计。

表9中可以计数的两个药帮已有商号400余家,加上无法计数的山西、洋广两个药材社和郏县、汝州、马山口的商人商号,合计当有五六百家;如果再加上江西、怀庆、祁州、四川、老河口、宁波等地药帮,③ 汇聚禹州的药商估计会有七八百家,或者更多。民国《禹县志》对药市的发展脉络有一个概括:药材"非禹产而以禹为委输者也。……肇自乾隆间,由密县洪山庙迁禹之西关始,每年一会,尽三月一阅月,嘉道如故。逮咸同之际亳匪频扰,移入城内。迄光绪寝炽而昌,虽年分三会,实终岁辇药络绎也。"④ 清末,禹州成为华北的三大药市之一,也是河南最大的药材市场。

综上,有清一代禹州商业有一个以杂货转运贸易为主到药材集散为主的变化过程。晋商是最早活跃在禹州的重要商帮,其经营内容以布匹、茶叶等"杂货"转运山西,以及禹州本地所产瓷器、"禹布"输出为主,药材只是其贸易商品中的一部分。直到咸同之际杂货贸易仍是禹州市场上的主角,故同治元年最早开征的厘金为"百货厘"而非"药厘"。禹州作为药材市场的兴起始于乾隆年间,是在与密县洪山庙药市的竞争中取而代之;除地方政府的支持外,晋商早期经营活动奠定的市场基础当是禹州药市得以顺利发展的重要因素,这是以往的药市研究所忽略的。清代后期怀帮以及各地药商大量涌入,晋商中经营药材业者也有大幅增长;同光年间药材贸易渐超过杂货成为禹州市场上最重要的商品,禹州也成为华北的三大药市之一。

(作者许檀,南开大学历史学院教授。原载《史学集刊》2020年第1期)

---

① 朱绍祖:《明清至民国禹州"药都"的形成与地域社会变迁》,第122页。

② 民国《禹县志》卷25《艺术传》,第2175页。

③ 孙彦春主编《禹州中药志》记言:十三帮包括药行帮、药棚帮、甘草帮、党参帮、茯苓帮、江西帮、怀庆帮、祁州帮、山西帮、四川帮、老河口帮、宁波帮等(第247页)。

④ 民国《禹县志》卷7《物产志》,第652页。

康熙朝的珐琅器礼物与皇权

常建华

"珐琅釉是一种低温烧成的以硼酸为助熔碱剂的矽盐玻璃料,这种不透明的白色易溶物质加入不同的金属氧化物(如金、钴、锑等)呈色剂后形成不同的颜色,加入砷的氧化物有不透明的乳浊作用,这种装饰于器物表面的釉质物质称为珐琅。"①故宫博物院珍藏的康熙款画珐琅器,是我国较早的画珐琅器,关于其制作的技术来源,1960年朱家溍先生就论述了明清时期的铜掐丝珐琅和铜胎画珐琅问题,指出铜掐丝珐琅工艺品在明代已经大量制造,嘉靖、万历时期的作品甚多。清朝宫廷专门设"作"制作珐琅器物,广东是清代制作铜胎画珐琅的地区之一,特别是他注意到康熙五十九年(1720)二月初二日曹寅档案的朱批奏折,提到曹家办理"珐琅瓷器"差事,提出"江宁"或附近苏州、扬州在当时是铜胎画珐琅产地之一。②

20世纪80年代,有关清朝画珐琅问题的专门研究兴起。杨伯达先生对故宫博物院藏康熙款画珐琅器认真整理、对比,从工艺特点和艺术风格进行探究,他提出:"我国画珐琅有很大可能是产生于康熙时代,而不是明代。清朝第一代画珐琅匠师可能是由掐丝珐琅、料器、彩绘瓷等工匠们转业来的。运用烧制掐丝珐琅、料器或粉彩瓷器的经验,用本国珐琅原料创制成功了中国画珐琅。至于追求并模仿欧洲画珐琅的艺术则是远远以后的事情了。"③吕坚先生举出广东地方大员杨琳分别于康熙五十五年(1716)九月二十八日、五十八年(1719)六月二十四日所上两件奏折,④继续证明杨伯达先生的观点。他指出:广东素系我国历史上珐琅器产地之一;康熙时,西方珐琅、画珐琅的制品及原料,如珐琅表、珐琅铜画片、洋珐琅料也已传入我国沿海地区;康熙五十八年,法国画珐琅艺人陈忠信(陈忠信Jean-Baptiste Simon Gravereau,1690—1762)来到我国。这两件档案虽然未能解决早期我国自己创制画珐琅的问题,却说明了西方画珐琅传入我国及影响。⑤朱家溍先生进一步论证康熙帝颁发给江宁织造曹頫谕旨提到的"瓷器珐琅",指出"曹家经手办理过烧造珐琅"⑥。张临生女士从工艺的角度对清宫画珐琅进行了系统研究。⑦

---

① 周思中:《清宫瓷胎画珐琅研究1716—1789》第3章"康熙瓷胎画珐琅的色地风格",北京:文物出版社,2008年,第21—22页。

② 朱家溍:《铜掐丝珐琅和铜胎画珐琅》,《文物》1960年第1期,收入朱家溍《故宫退食录》上册,北京:紫禁城出版社,2009年,第152—160页。

③ 杨伯达:《康熙款画珐琅初探》,《故宫博物院院刊》1980年第4期。

④ 转引自吕坚:《康熙款画珐琅琐议》,《故宫博物院院刊》1981年第3期。

⑤ 吕坚:《康熙款画珐琅琐议》,《故宫博物院院刊》1981年第3期。

⑥ 朱家溍:《清代画珐琅器制造考》,《故宫博物院院刊》1982年第3期;朱家溍:《〈清代画珐琅器制造考〉一文中的更正一则》,《故宫博物院院刊》1984年第3期。按:故宫博物院明清档案部编《关于江宁织造曹家档案史料》作"磁器法琅",北京:中华书局,1975年,153;中国第一历史档案馆编《康熙朝汉文朱批奏折汇编》,第8册,作"磁器、法琅之类",北京:档案出版社,1985年,第592页。

⑦ 张临生:《试论清宫画珐琅工艺发展史》,《故宫学术季刊》第17卷3期,1983年春季号。

近十多年出现了一些更具综合性的后续研究。施静菲女士进一步从东西方文化交流的角度探讨了清宫画珐琅工艺在康熙朝的创立;清宫画珐琅中中国、西洋因素的演变脉络,画珐琅在清宫发展的契机与可能的驱动力。[①]周思中先生探讨了康熙朝画珐琅的创烧、色地风格等,[②]许晓东从宫廷与地方画珐琅技术的互动讨论了康熙帝的推动作用。[③]这些研究在资料方面更加注重使用康熙朝朱批奏折。

我们知道,研究清宫造办处的活动,《活计档》是第一手的档案资料。由于《活计档》始于雍正朝,研究康熙朝则无《活计档》可利用。因此,康熙朝朱批奏折君臣互动的记载中涉及宫廷与地方有关器物造办的史料,就显得弥足珍贵。然而由于研究珐琅问题的学者多非历史学专业,对于康熙朝朱批奏折的利用有一定局限性,在对康熙朝满汉文朱批奏折的使用方面,还留下了一些研究的空间。此外,以往研究在立意方面,多是立足于从器物的物质文化以及中外交流的角度出发,比较缺乏清史的立场。笔者拟进一步搜集奏折以及其他文献资料,结合现存画珐琅实物,从清朝皇权政治文化的角度审视康熙朝的画珐琅问题,除了探讨画珐琅的制作外,还考察康熙朝大臣进献的珐琅器物、皇帝赏赐大臣的画珐琅器物,增进对清朝君臣关系与统治方式的认识,对以往研究加以补充与完善。

一、华洋结合:画珐琅器物的制作

事实上,"法蓝""法瑯""珐琅""琺瑯"的文献记载明清之际已有。[④]如晚明苏州人文震亨(1585—1645)《长物志》卷五谈到书画的画轴时,认为轴头不可用"法蓝"等制作,以免俗。[⑤]明清之际安徽桐城人方以智(1611—1671)撰《物理小识》,讲到受外国影响,金银器可以镶嵌珐琅:"金银皆有镶嵌累丝、琺瑯,因拂菻之法也。"[⑥]同时代的京师人孙承泽(1592—1676)说京师元(玄)武门外,每月逢四则开市,听商贾易,谓之内市。集中了奇珍异宝,其中有"景泰御前作房之琺瑯"[⑦]。他还讲到"琺瑯"来源于外国:"大食国器以铜骨为身,起线填五采药料烧成,俗谓法瑯是也。"[⑧]山东淄博人孙廷铨(1613—1674)《颜山杂记》说山东博山生产琉璃,能装饰"琺瑯",所谓:"玛瑙者,珐琅点之。"[⑨]

康熙帝对于珐琅的兴趣,早在康熙二十五年(1686)赏赐大臣的物品中已经表现出来。康熙二十五年七月九日,召左都御史陈廷敬、侍郎徐乾学、学士张英、侍读学士高士奇、编修杜讷五人,赐食西苑

① 施静菲:《十八世纪东西文化交流的见证——清宫画珐琅制作在康熙朝的建立》,《故宫学术季刊》第24卷第3期,2007年春季号;施静菲:《文化竞技:超越前代、媲美西洋的康熙朝清宫画珐琅》,《民俗曲艺》第182期,台北:财团法人施合郑民俗文化基金会,2013年。

② 周思中:《清宫瓷胎画珐琅研究1716—1789》第3章"康熙瓷胎画珐琅的色地风格",第53—108页;周思中、易小英:《清宫瓷胎画珐琅的名称沿革与烧造时间、地点考》,《陶瓷学报》2010年第1期。

③ 许晓东:《康熙、雍正时期宫廷与地方画珐琅技术的互动》,故宫博物院、柏林马普学会科学史所编:《宫廷与地方:17至18世纪的技术交流》,北京:紫禁城出版社,2010年,第277—335页。

④ "珐琅"的异体字是"琺瑯",但文献中常写作"法蓝""法瑯""琺瑯"等,用字有一个变化过程。本文一般叙述统一使用"珐琅",专指之处如引号内或表格中还是保留原始用法,以存原貌。

⑤ [明]文震亨:《长物志》卷五《裱轴》,上海:商务印书馆,1936年,第35页。

⑥ [明]方以智:《物理小识》卷七《金石类·锻理》,文渊阁《四库全书》,第867册,上海:上海古籍出版社影印本,1987年,第885页。

⑦ [清]孙承泽:《春明梦余录》卷六《后市(附)》,文渊阁《四库全书》,第868册,第76页。

⑧ [清]孙承泽:《砚山斋杂记》卷四《窑器》,文渊阁《四库全书》,第872册,第193页。

⑨ [清]孙廷铨,李新庆校注:《颜山杂记校注》卷四《物产》,济南:齐鲁书社,2012年,第115页。

秋云亭，"遣中使就赐御书及内制法瑯涂金炉瓶、匙箸、香合各一"①。文中的"内制"当指宫廷养心殿造办处作坊所制，该造办处或于康熙十五年(1676)已经设立。②说明此时宫中已能制作珐琅器。在康熙二十年(1681)已经能制作小件日用品，这些物件可能是铜胎掐丝珐琅。

这一记载的重要性还不仅于此，"法瑯涂金炉瓶、匙箸、香合"实为晚明士大夫流行的"瓶炉三事"之物。我们略作说明：《遵生八笺》是生活在明代嘉靖、万历时期钱塘人高濂所著，书中的《燕闲清赏笺》有"论宣铜倭铜炉瓶器皿"。③炉瓶是焚香的重要用具。他还列举了"焚香七要"：香炉、香盒、炉灰、香炭墼、隔火砂片、灵灰、匙箸。首列香炉、香盒，与瓶构成重要的焚香器具。"匙箸"条讲："匙箸惟南都白铜制者适用，制佳。瓶用吴中近制短颈细孔者，插著下重不仆，似得用耳。"④足见箸瓶在香事中的重要性。《遵生八笺》对晚明士大夫影响很大，文震亨所撰《长物志》是晚明讲述士大夫追求高雅生活方式的重要作品，其中"箸瓶"条称："吴中近制短颈细孔者，插箸下重不仆，铜者不入品。"⑤对高濂有所回应。还谈到室中"置炉""置瓶"，"置炉"条谓："于日坐几上置倭台几方大者一，上置炉一；香盒大者一，置生熟香；小者二，置沉香、香饼之类；箸瓶一。"⑥箸瓶、香盒与炉恰好是"瓶炉三事"。晚明的上述香事风气被清代上流社会发扬光大，康熙帝赏赐近侍重臣士大夫"内制法瑯涂金炉瓶、匙箸、香合各一"，表明已深谙晚明以来士大夫的生活好尚，投其所好，拉近了君臣距离，显示出康熙帝对于中华传统文化器物的追随与达到的境界。

康熙时期烧造成功珐琅彩，其中借鉴了西洋的方法。康熙二十六年(1687)受法国路易十四宠爱的传教士福脱尼(洪若翰，Jean de Fontaney，1643—1710)从北京发信，请求从法国运来里摩日的珐琅手工艺品。过了几年，法国商船就如约把珐琅工艺品运到广州，接着又从广州流传到清朝宫廷，引起康熙帝的强烈兴趣。⑦

关于清宫瓷胎画珐琅创烧的时间，有康熙二十年后、康熙二十七年(1688)、康熙三十五年(1696)、康熙四十五年(1706)后、康熙晚年五种看法，⑧有学者指出，康熙三十二年(1693)康熙帝派遣白晋(Joachim Bouvet，1656—1730)前往凡尔赛宫，使命之一就是寻求珐琅艺术家和科学家到中国，同年清宫造办处扩大编制，正式成立十四处作坊，其中应包含珐琅作坊。康熙三十五年北京设立玻璃厂，隶属造办处，有可能在玻璃厂进行了画珐琅实验。玻璃胎画珐琅烧成应该在康熙四十二年(1703)之后至四十五年(1706)之前，康熙五十年(1711)前后可能清宫真正初步烧成金属胎或瓷胎画珐琅。⑨"另

---

①［清］陈廷敬：《午亭文编》卷三八《赐游西苑记》，文渊阁《四库全书》，第1316册，第565页。

②郭福祥：《康熙内廷刻字匠梅玉凤事迹补说》，《紫禁城》2012年第10期；常建华：《康熙朝大内善刻能匠梅玉峰》，《紫禁城》2012年第5期。

③［明］高濂：《燕闲清赏笺》上卷，《遵生八笺》，北京：人民卫生出版社，2007年，第437—438页。

④［明］高濂：《燕闲清赏笺》中卷，《遵生八笺》，第498页。

⑤［明］文震亨：《长物志》卷七《器具·箸瓶》，第48页。

⑥［明］文震亨：《长物志》卷十《位置·置炉》，第72页。

⑦朱培初：《明清陶瓷和世界文化交流史》，北京：轻工业出版社，1984年，第189页。

⑧周思中：《清宫瓷胎画珐琅研究1716—1789》第1章"引言"，第8页。

⑨许晓东：《康熙、雍正时期宫廷与地方画珐琅技术的互动》，故宫博物院、柏林马普学会科学史所编：《宫廷与地方：17至18世纪的技术交流》，第282、284、285页。

外有1711—1716年之间的罗马耶稣会档案中提到,康熙对中国工匠的画珐琅制品并不满意,命臣下把奉旨生产的玻璃器和画珐琅器皿放到养心殿,并常常召见传教士到养心殿,询问那些中国工匠是否已经掌握了欧洲的画珐琅技术。"[1]有学者认为,瓷胎画珐琅的研制和烧造时间最有可能在康熙五十五年(1716)至六十一年(1722)这七年之间。[2]就现存的康熙朝朱批奏折而言,有关珐琅器的记载的确是在康熙五十五年以后出现得较多。

康熙五十五年九月初十日,广东巡抚杨琳奏报:"广东巡抚奴才杨琳为呈验事。奴才访得广城能烧法蓝人一,名潘淳,原籍福建,住家广东。试验所制物件颇好。奴才令其制造法蓝金钮,欲连人进呈内廷效力。值乌林大李秉忠奉差到粤,令其试验伎艺可取,奴才随与安顿家口,并带徒弟黄瑞兴、阮嘉猷二人,随李秉忠一同赴京。所有潘淳烧成法蓝时辰表一个、鼻烟壶二个、钮子八十颗,合先呈验。"[3]这说明广州得风气之先,已掌握烧时辰表、鼻烟壶等西洋物件,珐琅这种技艺应是从西洋学习的。

同年九月初八日,广西巡抚兵部左侍郎兼都察院右副都御史陈元龙家人张文自热河回粤,带回皇上恩赐御制珐琅五彩红玻璃鼻烟壶、八角盒砚、水丞、圆香盒各一件。陈元龙奏报:"又接臣侄臣陈邦彦家信内称,恩赐法琅宝器四种,并非内府工匠所造,乃经圣心指授,从格物致知之理,推求原本,烧炼而成……谨考法琅,古所未有。明景泰时始创为之,然其色凝滞其质笨重,殊不足贵。迩年始有洋法琅器皿,略觉生动,西洋人夸示珍奇,以为中国之人虽有智巧,不能仿佛。乃我皇上于万几之暇,格其理、悟其原,亲加指示,熔炼成器,光辉灿烂,制作精工,遂远胜洋法琅百倍。"[4]这说明康熙帝在考察"洋法琅器皿"基础上研制出珐琅器,臣下赞誉新的珐琅器不仅超过前朝,而且远胜西洋。当时宫中的传教士见证了烧制珐琅的活动,五十五年三月,传教士马国贤(Matteo Ripa,1682—1745)写信回国说:"康熙皇帝对我们欧洲的珐琅器以及珐琅彩绘的新技法着了迷,想尽办法要将画珐琅的技术引进到他早已为此目的在宫中设立的作坊中,由过去瓷器上用来施彩的颜料,以及他设法得到的几件欧洲珐琅器,制作画珐琅这件事变得可行,为了也要有欧洲的画匠,他指派我和郎世宁(1715年抵达澳门)用珐琅彩料来彩绘,然而我们两个考虑到可能要和一群腐败的人从早到晚在宫中作坊中相处,就觉得无可忍受,就推脱说我们从来未曾学过此项艺术。但即使如此,在命令的强迫下,我们只好遵从,一直画到本月的31日,在我们从未学习此项艺术的前提下,我们毅然下定决心,永远也不想习得此项艺术。我们故意画得很差,当皇帝看到我们的作品时,说'够了',我们因此从被奴役的状态下得到解脱。"[5]可见康熙朝内廷烧制珐琅器参照了宫中的西洋珐琅器。康熙五十八年(1719),康熙帝在两广总督杨琳、广东巡抚杨宗仁送往京师法兰西会烧画珐琅技艺的陈忠信奏折上朱批:"会法瑯者不及大内,所造还可以学得。"[6]进一步证明康熙帝"学得"西洋所造珐琅器,而宫中传教士所造珐琅器尚不及康熙帝造的,

① 施静菲:《十八世纪东西文化交流的见证——清宫画珐琅制作在康熙朝的建立》,第55页。

② 周思中:《清宫瓷胎画珐琅研究1716—1789》第3章"康熙瓷胎画珐琅的色地风格",第65页。

③ 第2224号《广东巡抚杨琳奏报访送烧珐琅人及送西洋人进京等情折》,康熙五十五年九月初十日,中国第一历史档案馆编:《康熙朝汉文朱批奏折汇编》,第7册,北京:档案出版社,1985年,第422页。

④ 第2225号《广西巡抚陈元龙奏谢钦赐珐琅宝器折》,康熙五十五年九月十一日,中国第一历史档案馆编:《康熙朝汉文朱批奏折汇编》,第7册,第423—424页。

⑤ 施静菲:《十八世纪东西文化交流的见证——清宫画珐琅制作在康熙朝的建立》,第55—56页。

⑥ 第2787号《两广总督杨琳等奏送法国医生安泰等进京折》,康熙五十八年六月初二日,中国第一历史档案馆编:《康熙朝汉文朱批奏折汇编》,第8册,第524页。

但不管怎么说,康熙朝珐琅器是中外文化交流的产物。西洋的"画珐琅",中文又称"洋瓷""广珐琅","广珐琅"一词充分说明珐琅与广州的关系,广州是著名的珐琅生产地。

关于曹家经手办理过烧造珐琅问题,康熙五十九年(1720)二月初二日,江宁织造曹頫奏报江南米价并进晴雨录,康熙帝在折上批示如下:

> 近来你家差事甚多,如瓷器、法琅之类。先还有旨意件数,到京之后,送至御前览完,才烧法琅。今不知骗了多少瓷器,朕总不知。已后非上传旨意,尔即当密折内声名奏闻,倘瞒着不奏,后来事发,恐尔当不起,一体得罪,悔之莫及矣。即有别样差使,亦是如此。①

对于这一记载,朱家溍先生推断,"曹寅曾经手造办过铜胎画珐琅是很可能的事",同时"很可能曹家从曹寅到曹頫都曾经手造办过瓷胎画珐琅器"②。周思中先生也认为:"江南织造的曹家很有可能在康熙五十九年左右直接受命参与办理景德镇或宜兴瓷胎或陶胎画珐琅的研制任务。"③

道光十五年(1835)七月十一日所立《乾清宫珐琅、玻璃、宜兴瓷胎陈设档》④保留了清宫珍藏的画珐琅器,朱家溍先生发现该档册开列的全部品名、件数都和现存实物完全相符。朱家溍将这一藏品目录列出,笔者将其中的康熙朝部分列为表1,以增加我们对康熙朝画珐琅器的了解。

康熙朝烧制画珐琅器物的成功,应当说是中外科技、文化交流背景下不懈探索的产物。许晓东强调,康熙四十二年皇帝南巡,接老臣高士奇回京,高士奇参观新造玻璃器具,说道:"此虽陶器,其成否有关政治。今中国所造,远胜西洋矣。"⑤此也适应于画珐琅,画珐琅超越了纯技术或皇帝个人爱好,与天朝大国的尊严有关,技术的掌握和占有本身具有象征意义。⑥我们从大臣对康熙帝制造珐琅器的赞许声中,也能体会到这种华洋竞胜的存在,前引康熙五十五年陈元龙奏称:"迩年始有洋法琅器皿,略觉生动,西洋人夸示珍奇,以为中国之人虽有智巧,不能仿佛。乃我皇上于万几之暇……熔炼成器,光辉灿烂,制作精工,遂远胜洋法琅百倍。"⑦此外,康熙五十七年(1718)十月,两广总督杨琳感谢皇上颁赐御制珐琅盒绿松石砚、珐琅水中盛、珐琅鼻烟壶以及鹿肉、折卢鱼、乳饼,说:"奴才从前止知法瑯出自外国,今见皇上御制精巧鲜明,远胜外国百倍。"⑧可以证明此点。

---

① 第2847号《江宁织造曹頫奏报江南米价并进晴雨录折》,康熙五十九年二月初二日,中国第一历史档案馆编《康熙朝汉文朱批奏折汇编》,第8册,第652—653页。又,故宫博物院明清档案部编《关于江宁织造曹家档案史料》第153页引该折内容,"磁器法腴"中间未断句,"腴"字本文径改"琅"。

② 朱家溍:《故宫退食录》上册,第62页。

③ 周思中:《清宫瓷胎画珐琅研究1716—1789》第3章"康熙瓷胎画珐琅的色地风格",第61页。

④ 朱家溍:《清代画珐琅器制造考》附录,朱家溍:《故宫退食录》上册,第62—70页。

⑤ [清]高士奇:《蓬山密记》,《清代野史》第六辑,成都:巴蜀书社,1988年,第334页。

⑥ 许晓东:《康熙、雍正时期宫廷与地方画珐琅技术的互动》,故宫博物院、柏林马普学会科学史所编:《宫廷与地方:17至18世纪的技术交流》,第284、285页。

⑦ 第2225号《广西巡抚陈元龙奏谢钦赐珐瑯宝器折》,康熙五十五年九月十一日,中国第一历史档案馆编:《康熙朝汉文朱批奏折汇编》第7册,第424页。

⑧ 第2714号《两广总督杨琳奏谢御赐物件折》,康熙五十七年十月十七日,中国第一历史档案馆编:《康熙朝汉文朱批奏折汇编》,第8册,第342页。

表 1　乾清宫藏康熙画珐琅器一览表

序号	名称	年款等	件数
1	瓷胎画珐琅五彩西番花黄地大碗	康熙年制	2
2	瓷胎画珐琅五彩西番花红地茶碗	康熙御制	2
3	瓷胎画珐琅西番花红地盒	康熙御制	1
4	瓷胎画珐琅菱盘	康熙御制款	1
5	瓷胎画珐琅四季花篮地磬口碗	康熙御制。堆料款。有盖	1
6	瓷胎画珐琅宫碗	康熙御制。有盖	1
7	瓷胎画珐琅菊花白地小瓶	无款。有盖	1
8	瓷胎画珐琅黄菊花白地小碗	康熙御制。有盖	4
9	瓷胎画珐琅西番连黄地盅	康熙御制。有盖	1
10	瓷胎画珐琅花卉碗	康熙御制。有盖	1
11	宜兴胎画珐琅五彩四季花盖碗	康熙年制	2
12	宜兴胎画珐琅盖碗	康熙年制	1
13	宜兴胎画珐琅菊花茶碗	康熙御制	2
14	宜兴胎画珐琅万寿长春海棠式壶	康熙御制。有座、盒	1
15	宜兴胎画珐琅五彩四季花盖碗	康熙年制	1
16	宜兴胎画珐琅壶	康熙年制	1
17	宜兴胎画珐琅五彩四季花盖碗	康熙年制	2
18	宜兴胎画珐琅五彩四季花壶	康熙年制	1
19	宜兴胎画珐琅花卉茶壶	康熙御制	1
20	宜兴胎画珐琅盖盅	康熙御制	1
21	宜兴胎画珐琅五彩四季花盖碗	康熙年制	2
22	宜兴胎画珐琅提梁壶	康熙御制	1
23	宜兴胎画珐琅五彩四季花盖碗	康熙御制	2
24	玻璃胎画珐琅牡丹蓝地胆瓶	康熙年制	1

资料来源:朱家溍《故宫退食录》上册,第63—64页。

二、臣贡于君:《万寿盛典初集》所见宗室、大臣进献珐琅器

康熙五十二年(1713),皇上六旬万寿,皇子皇孙、王公大臣纷纷向皇帝敬献礼物,表示祝贺。康熙五十六年(1717)编纂完成的《万寿盛典初集》记录了这些礼物,礼物中出现珐琅器14种,说明珐琅器物是顶级礼物,在当时的上流社会有一定的流行。康熙帝只收了皇室成员的礼物,其他人进献的礼品只收诗册与少量书画。为了认识这些珐琅器礼物,列为表2如下:

表2中祝寿的珐琅器物,有尊(花尊)、瓶(花瓶、方瓶、梅瓶、鼻烟瓶)、盆景、花篮、炉、鼎、珠子。明确说明是西洋品的有三种,都是原任经筵讲官户部尚书王鸿绪所进。标明是明代制品的只有一件,为十二贝子胤祹所进珐琅松竹梅瓶,此件当是掐丝珐琅制品。其余十件珐琅制品并无制作年代与地点的说明,考虑到这些制品的名称为祝寿的吉祥词语,如三阳开泰、天颜有喜、万寿、四方平安、群仙庆寿、百子献寿、长春,不似西洋制品,当为中国制造,或许有明代流传下来的,由于未标明朝代,有可能部分制品为清代所制,是为祝寿专门制作的,也就是说制造于当时。不过这些珐琅制品,还是难以判断是掐丝珐琅制品,还是画珐琅制品。今存清宫旧藏珐琅器,有一些与表中器物相近的,可以作为参

考。掐丝珐琅制品,如明早期"景泰年制"款的兽耳玉壶春瓶、花蝶纹海棠式盆、八狮纹三环尊,[1]清康熙朝缠枝花纹乳足炉、缠枝莲花纹胆瓶。[2]画珐琅制品,如康熙朝的仙人骑狮图梅瓶、山水图乳足炉、牡丹纹海棠式花篮等。[3]

表2 《万寿盛典初集》记录进献珐琅器一览

序号	进献者	进献珐琅器名称与数量	出处
1	诚亲王胤祉	三阳开泰法琅花尊	卷五十四,页三上
2	诚亲王胤祉	天颜有喜法琅花瓶	卷五十四,页三上
3	雍亲王胤禛	万寿法琅四方平安花尊	卷五十四,页五上
4	雍亲王胤禛	群仙庆寿寿山法琅盆景	卷五十四,页五上
5	恒亲王胤祺	万寿法琅方瓶	卷五十四,页七下
6	十二贝子胤祹	法琅松竹梅瓶(景泰)	卷五十四,页二十二下
7	十四贝子胤禵	百子献寿法琅瓶	卷五十四,页二十六下
8	皇十六子胤禄	法琅长春花篮	卷五十四,页三十下
9	多罗顺承郡王布穆巴	法琅炉一座	卷五十五,页三十九上
10	兵部尚书殷特布等	法琅瓶一座	卷五十七,页六十七下
11	都察院左都御史揆叙等	双螭法琅鼎	卷五十八,页七十三上
12	原任经筵讲官户部尚书王鸿绪	西洋法琅鼻烟瓶三个	卷五十九,页八十三下
13	王鸿绪	西洋法琅珠子三十三个	卷五十九,页八十四上
14	王鸿绪	西洋法琅珠二挂	卷五十九,页八十四上

资料来源:《万寿盛典初集》,文渊阁《四库全书》,第654册,第1—93页。

珐琅器礼物的进献者有8人是单独进献,有2件属于众人进献(表2中第10、11号礼物),其中有皇子6人进献,另有1位郡王、数位高官,最引人注目的是皇子。举行万寿盛典时,皇长子胤禔、皇次子胤礽皆因此前的废太子事件获罪,进献礼物的是皇三子胤祉、皇四子胤禛、皇五子胤祺、皇十二子胤祹、十四子胤禵、皇十六子胤禄,皇子中特别是年长而且位居亲王的三位皇子胤祉、胤禛、胤祺都进献了珐琅器礼物,尤其是皇三子胤祉、皇四子胤禛进献的都是2件礼物,送礼成双,属于重礼。更重要的是礼品本身,我们试比较胤祉、胤禛两位亲王进献的重礼:胤祉进献的三阳开泰法琅花尊、天颜有喜法琅花瓶,一尊一瓶,花尊与花瓶应是两件圆形画珐琅瓷瓶,礼物名称中的"三阳开泰"、"天颜有喜"属于一般性的吉祥语。胤禛进献的万寿法琅四方平安花尊、群仙庆寿寿山法琅盆景,一花尊一盆景,花尊系以"四方平安"可能是方形器,一方顶十圆,应是难得之物;盆景则是需要多种艺术加工的器物,更是别出心裁。特别是胤禛进献的礼品名称为"万寿""群仙庆寿寿山",紧扣祝寿主题,可见是颇费心思的。应当说,胤禛的礼物比胤祉更胜一筹。至于其他人进献的珐琅礼品,更无法与胤禛相比。

珐琅器与其他器物比较而言,应是当时最为新颖的赏玩奢侈品。据学者研究,康熙帝万寿盛典进献瓷器322件,占所进贡品总数的14%,历代古瓷珍品是祝寿佳礼。13位皇子中有12位进献了瓷器,其中皇十五子胤禑、皇十六子胤禄、皇十七子胤礼所献最多。而唯一没有进贡瓷器者,是皇四子雍亲

---

① 李久芳编:《金属胎珐琅器》,上海:上海科学技术出版社,2001年,第12、22、41页。

② 李久芳编:《金属胎珐琅器》,第41、82页。

③ 李久芳编:《金属胎珐琅器》,第180、184、194页。

王胤禛。胤禛此次共进献寿礼 28 件，包括书画、玉器、珐琅、珊瑚、金银器等门类，只有一件"天仙祝寿合景宋瓷花篮"属瓷质类珍品，但显然不同于历代名窑古瓷。孙悦提出："在康熙六旬万寿盛典这样重大的场合，雍正却何以未有瓷器进献？ 查考康熙帝对于历代古瓷的态度，在《圣祖仁皇帝庭训格言》中曾有所表露："尝见有人讲论旧瓷器皿，以为古玩。然以理论，旧瓷器皿俱系昔人所用，其陈设何处，俱不可知，看来未必洁净，非大贵人饮食所宜留用，不过置之案头或列之书厨，以为一时之清赏可矣。"可见，康熙帝认为古瓷"未必洁净"，不太认同其作为古玩的价值。对此，善于"揣摸圣意"的雍亲王自然多有留心，这也是他的进献礼单中不见任何古瓷的原因。[1]此说更可见皇四子胤禛进献珐琅器物是颇费心思的。这一观点的佐证有康熙帝《圣祖仁皇帝庭训格言》告诫皇子富贵人家应留心不适宜使用旧瓷器。[2]

康熙帝很看重自己新制的珐琅器，作为珍品进献已故的皇父，并以此教育皇子：

> 昔者喀尔喀尚未内附之时，惟乌朱穆秦之羊为最美，厥后，七旗之喀尔喀尽行归顺，达里岗阿等处立为牧场。其初贡之羊朕不敢食，特遣典膳官虔供陵寝，朕始食之。即如朕新制法蓝碗，因思先帝时未尝得用，亦特择其嘉者恭奉陵寝，以备供茶。朕之追远致敬，每事不忘，尔等识之。[3]

康熙帝用新制成珐琅碗作为顺治帝陵寝供茶用具以追远致敬，胤禛敏锐地体察到皇父心态，他是在熟悉皇父喜好的情况下选择礼物的，此亦可谓孝也。

其实还可以比较皇八子贝勒胤禩、皇九子贝子胤禟这两位胤禛的政敌，他们都进献了瓷器，分别是 7 件、5 件，也不算少，而均没有进献珐琅器物。胤禩、胤禟的礼品不及胤禛的新奇，也比不了胤祯、胤禄、胤礼贡品数量之多，这三位皇子贡品数量分别是 11 件、10 件、11 件。可见多数皇子是以世俗流行的眼光选择贡品，而几位年长皇子，特别是胤禛是从皇父爱好出发用心准备礼品的。实际上，康熙帝的喜好影响了皇子，早在康熙三十七年（1698）至四十七年（1708）紫禁城诸皇子宫中就进行过玻璃、珐琅的实验，皇长子胤禔在咸安宫尝试制作玻璃，并将产品进献给皇帝。皇次子胤礽要求传教士在景安宫的錾刻花卉图案的金属片上装饰蓝色珐琅。[4]揣摩皇父的好恶当是皇子们普遍的心思。

三、君赏于臣：康熙帝赏赐新制画珐琅器物

笔者目前收集到康熙朝有关珐琅的朱批奏折 19 件。其中满文朱批奏折 1 件，汉文朱批奏折 18 件。我们依据朱批奏折有关资料，制成表 3、表 4 两个表格：

---

[1] 孙悦：《从〈万寿盛典初集〉看康熙朝宫廷用瓷》，朱诚如、徐凯主编：《明清论丛》第 13 辑，北京：故宫出版社，2014 年，第 439 页。

[2] ［清］康熙撰：《庭训格言》，郑州：中州古籍出版社，2010 年，第 89 页。按，该书为雍正八年（1730）雍正皇帝追述康熙皇帝语编成，凡 246 则，皆实录、圣训所未载。

[3] ［清］康熙撰：《庭训格言》，第 87 页。

[4] 许晓东：《康熙、雍正时期宫廷与地方画珐琅技术的互动》，故宫博物院、柏林马普学会科学史所编：《宫廷与地方：17 至 18 世纪的技术交流》，第 283 页。

表3 《康熙朝汉文朱批奏折汇编》珐琅资料一览表

序号	康熙朝具折时间	具折人	事由	出处
1	五十五年九月十日	广东巡抚杨琳	访得广城能烧法蓝人潘淳,令其制造法蓝金钮,潘淳烧成法蓝时辰表一个、鼻烟壶二个、钮子八十颗	第7册,第2224号,第422页
2	五十五年九月十一日	广西巡抚陈元龙	谢恩赐御制法琅五彩红玻璃鼻烟壶、八角盒砚一、水丞一、圆香盒一,计法琅宝器四种	第7册,第2225号,第422页
3	五十五年九月二十八日	广东巡抚杨琳	又查有能烧法蓝杨士章一名,技艺较潘淳次等;觅有法蓝表、金刚石戒指、法蓝铜画片、仪器、洋法蓝料,并潘淳所制桃红颜色的金子揽红铜料等件,交李秉忠代进;尚有已打成底子,未画、未烧金钮坯,亦交李秉忠收带,预备到日便于试验	第7册,第2237号,第451页
4	五十六年二月十五日	总督管理直隶巡抚赵弘燮	赏御制法蓝(朱批将"蓝"字改为"琅"字)盖碗一个	第7册,第2341号,第716页
5	五十六年七月二十七日	苏州织造李煦	赐天宁寺住持僧广明法琅片嵌纸盒砚一方	第7册,第2490号,第1109页
6	五十六年七月二十七日	苏州织造李煦	获得钦赐法琅金砖片嵌石盒砚一方	第7册,第2491号,第1110页
7	五十六年九月八日	扬州府天宁寺住持僧广明	谢恩赐松花法琅御砚一方	第7册,第2515号,第1168页
8	五十七年六月十三日	广西提督左世永	谢恩赏御制法琅水盛一个、镶荷包内法琅鼻烟壶一个	第8册,第2627号,第161页
9	五十七年九月二十日	两广总督杨琳	为进法琅匠役事,广州监生龙洪健、民人林朝锴、何嘉璋等所制白料洁白光亮,红料鲜明。制成积(霁)红杯盘一对,盖碗一对,画片八件呈样	第8册,第2702号,第326页
10	五十七年十月十七日	两广总督杨琳	谢赐御制法琅盒绿松石砚一方、法琅水中盛一个、法琅鼻烟壶一个	第8册,第2714号,第342页
11	五十七年十二月二十一日	两广总督杨琳	谢赏御制法琅盖碗一个	第8册,第2724号,第356页
12	五十八年五月十九日	两广总督杨琳	赏赐澳门彝目法琅器七件	第8册,第2770号,第489页
13	五十八年六月二日	两广总督杨琳	法兰西洋船到来,有会烧画法琅技艺人陈忠信,年二十八岁	第8册,第2779号,第506页
14	五十八年六月十八日	两广总督杨琳	会法琅技艺一名陈忠信自广州起程进京	第8册,第2787号,第524页
15	五十八年六月二十四日	两广总督杨琳	重申会烧画法琅技艺陈忠信赴京在案	第8册,第2798号,第548页
16	五十九年二月二日	江宁织造曹頫	朱批说"近来你家差事甚多,如瓷器、法琅之类。"	第8册,第2847号,第652-653页
17	六十年七月二十日	两广总督杨琳	谢赏法琅瓷碗一个	第8册,第2942号,第827页
18	四十四年四月—五十一年十月①	江西巡抚郎廷极	进西洋法蓝五彩玻璃花瓶一件,西洋法蓝五彩玻璃花篮一件	第8册,第3082号,第1118页

资料来源:《康熙朝汉文朱批奏折汇编》,第7、8册。

---

① 原奏折无具折年代,检《清史稿》,知郎廷极于康熙四十四年四月任江西巡抚,五十一年十月离任(卷二〇一《疆臣年表五·各省巡抚》,北京:中华书局,1977年,第7579—7591页)。故郎廷极进"西洋法蓝"事,当发生在任江西巡抚的康熙四十四年四月—五十一年十月这七年半的期间内。

表4 《康熙朝满文朱批奏折全译》珐琅资料一览表

序号	具折时间	具折人	事由	出处
1	康熙五十八年一月三十日	闽浙总督觉罗满保	赏赐满保宫内烧制珐琅	第3341号,第1368页

资料来源:《康熙朝满文朱批奏折全译》,北京:中国社会科学出版社,1996年。

根据以上表3、表4两个表格中资料提供的信息,可以了解到康熙朝有关珐琅的一些情况。我们首先对奏折的具折人与上奏时间说明。最早的一件是表3序号18江西巡抚郎廷极所上,康熙四十四年至五十一年(1705—1712)郎廷极在景德镇督造瓷器,从他进献西洋玻璃胎画珐琅花瓶与花篮来看,景德镇可能也在创烧画珐琅制品,他知道皇帝当时的关心所在,进献西洋玻璃胎画珐琅器物供皇帝欣赏和参考。此外的18份奏折提到的珐琅器,康熙五十五年3件,五十六年4件,五十七年4件,五十八年5件,五十九年1件,六十年(1721)1件,集中在康熙五十五年至五十八年的16件,这正是康熙帝创烧画珐琅大获成功的时期。具折人中,先后担任广东巡抚、两广总督的杨琳上奏最多,有10件之多,奏报访查推荐珐琅工匠的有6件,答谢皇上赏赐珐琅器物等的4件,杨琳在推荐广东本地与西洋工匠上工作最多,康熙帝赏赐他珐琅较多,有感谢与共赏的考虑在内。赏给广西巡抚陈元龙、广西提督左世永珐琅器物,很可能是这两位海疆官员也参与了寻找珐琅工匠与进口珐琅器物的事务。特别是陈元龙,康熙二十四年(1685)一甲二名进士,授翰林院编修,入直南书房。二十五年五月,迁任翰林院侍读,充日讲起居注官。后长期任职翰林院,为皇帝的近臣。康熙五十年二月,改任吏部右侍郎,仍管翰林院事,转左侍郎,授广西巡抚。五十七年九月,授工部尚书,改礼部尚书。陈元龙不仅是康熙帝的文学侍从,也精通科技,编纂并辑刻了大型类书《格致镜原》。康熙帝赏赐陈元龙珐琅器,可能更是因陈元龙参与制作珐琅,有感谢与共赏的考虑。苏州织造的奏折3件,其中李煦2件,一件谢恩,一件奏报代为转赠扬州府天宁寺住持僧广明,天宁寺是康熙帝南巡时住过的地方,赏赐僧广明带有珐琅的砚台,已有感谢与共赏的成分。僧广明也上奏谢恩。曹頫透露出江宁织造参与了珐琅制作工作。总督管理直隶巡抚赵弘燮因经常接驾而收到皇帝赏赐珐琅器。闽浙总督觉罗满保,正黄旗满洲人,康熙三十三年(1694)进士,累迁国子监祭酒,擢内阁学士。康熙五十年为福建巡抚,五十四年(1715)任闽浙总督。觉罗满保也是皇帝的宠臣,特殊的是他乃得到赏赐珐琅器唯一的满洲人。可见,康熙帝赏赐大臣珐琅器的针对性较强,除了赵弘燮、觉罗满保二位宠臣外,大多是参与珐琅器制作的臣下。

其次,名称问题,珐琅在较早的奏折中写作"法蓝",如表1中第1、3两例康熙五十五年广东巡抚杨琳的奏折即是如此,第18例江西巡抚郎廷极进"西洋法蓝"器的事情更早。不过,第4例五十五年广西巡抚陈元龙则使用"法琅"一词,译音更加准确,翌年康熙帝将总督管理直隶巡抚赵弘燮奏折中"法蓝"的"蓝"字改为"琅"字,或许是受到了陈元龙奏折中用词的启发。康熙五十六年七月后直到六十年(1721)七月,弃用"法蓝"译名,改为"法瑯",然而五十九年的第16例则使用了"法脲"一词。至于表2中的"珐琅"一词,则是今人翻译使用的现代译名。从"珐琅"一词用字和发音在康熙五十六年七月的变化来看,说明当时认为珐琅还比较新奇,当属于制成珐琅不久的情形。

再次,珐琅器物。最早的资料记载江西巡抚郎廷极向康熙帝进了珐琅"五彩玻璃花瓶""五彩玻璃花篮"两件五彩玻璃珐琅制品,属于西洋的进口货。康熙五十五年九月广西巡抚陈元龙谢恩被赏赐御制珐琅五彩红玻璃鼻烟壶,则是御制的清宫产品,也是五彩的玻璃制品,物件则是鼻烟壶。可能清宫较早烧成了玻璃胎画珐琅。五十七年赏赐广西提督左世永镶荷包内珐琅鼻烟壶、两广总督杨琳珐琅鼻烟壶,并没有留下这些鼻烟壶材质的记载,今存清宫旧藏铜胎画珐琅鼻烟壶,台北故宫博物院与故宫博物院各有梅花图鼻烟壶,①此外,故宫博物院还收藏有嵌匏东方朔偷桃图鼻烟壶,②因此,康熙帝赏赐左世永、杨琳的珐琅鼻烟壶,有可能都是铜胎画珐琅。康熙朝制成的画珐琅鼻烟壶,分玻璃胎、铜胎两种材质。

最早记述鼻烟壶的,当属康熙朝的刑部尚书王士禛。他在康熙四十二至四十三年(1703—1704)撰写的《香祖笔记》记载:"近京师又有制为鼻烟者,云可明目,尤有避疫之功,以玻璃为瓶贮之。瓶之形象,种种不一,颜色亦具红、紫、黄、白、黑、绿诸色,白如水晶,红如火齐,极可爱玩。以象齿为匙,就鼻嗅之,还纳于瓶。皆内府制造,民间亦或仿而为之,终不及。"③

清廷还制成了多种质地的画珐琅碗。康熙五十六年(1717)赏赐总督管理直隶巡抚赵弘燮的是"御制法蓝盖碗",胎质不知。五十七年九月两广总督杨琳所进广州珐琅匠役监生龙洪健等制成盖碗一对,同年十二月杨琳谢赏御制珐琅盖碗一个,这些盖碗的胎质也不知。不过,六十年杨琳谢赏珐琅瓷碗一个,可知这个碗属于瓷碗。今存清宫旧藏珐琅盖碗,有早期画珐琅工艺所制铜胎画珐琅折枝花卉纹盖碗,晚期画珐琅工艺成熟的铜胎画珐琅荷花式盖碗。④铜胎画珐琅碗,还有缠枝牡丹纹碗、莲花式碗。⑤此外,瓷胎画珐琅碗,则有红地牡丹浅碗、红地花卉碗、黄地牡丹碗以及宜兴胎四季花卉盖碗等。⑥康熙朝制成的画珐琅碗,有铜胎、瓷胎、宜兴胎,前引《庭训格言》说过,康熙帝"新制法蓝碗",作为顺治皇帝陵寝供茶用具,可见他对于珐琅碗的重视。

康熙帝还用珐琅装饰砚台的盒子。康熙五十七年七月赏赐天宁寺住持僧广明珐琅片嵌纸盒砚、赏赐苏州织造李煦珐琅金砖片嵌石盒砚,五十七年十月两广总督杨琳谢赐御制珐琅盒绿松石砚,根据五十七年九月僧广明谢赏"松花法瑯御砚"的记载,可知他获得的"法瑯片嵌纸盒砚"即松化石砚,与杨琳获赐的绿松石砚属于同类材质的砚台,康熙帝制成十分喜爱的松花石砚,⑦又将新烧成的画珐琅用来装饰松化石砚,遂使松化石与画珐琅珠联璧合,使松化石砚台锦上添花。

康熙五十五年(1716)九月,广西巡抚陈元龙谢恩被赏赐御制珐琅水丞一个。五十七年六月康熙帝赏赐广西提督左世永谢恩赏赐御制珐琅水盛一个,十月两广总督杨琳谢恩被赏赐御制法琅水盛(水中盛)一个。水盛(水丞)是砚墨滴水时盛水用器,台北故宫博物院收藏康熙时法琅水盛有铜胎画珐琅梅花水盛、铜胎画珐琅荷花水盛,⑧则左世永、杨琳得到的珐琅水盛可能属于铜胎画珐琅技术的制品。

---

① 康熙款铜胎画珐琅梅花图鼻烟壶,参见蔡玫芬主编《精彩一百——国宝总动员》,台北故宫博物院,2011年,第143页;清康熙画珐琅梅花图鼻烟壶,看看张荣主编《你应该知道的200种鼻烟壶》,北京:紫禁城出版社,2008年,第80页。

② 嵌匏东方朔偷桃图鼻烟壶,看看张荣主编《你应该知道的200种鼻烟壶》,第81页。

③ [清]王士禛:《香祖笔记》,上海:上海古籍出版社,1982年,第131页。

④ 李久芳编:《金属胎珐琅器》,第189、188页。

⑤ 李久芳编:《金属胎珐琅器》,第186、187页。

⑥ 冯明珠主编:《康熙大帝与太阳王路易十四特展》,台北故宫博物院,2012年,第205、206、207、209页。

⑦ 看看常建华《康熙制作、赏赐松化石砚考》,《故宫博物院院刊》2012年第2期。

⑧ 台北故宫博物院官网有介绍,https://www.npm.gov.tw,[2018-01-25]。

五十五年九月，广西巡抚陈元龙谢恩赐御制珐琅圆香盒一，今存清宫旧藏康熙朝铜胎珐琅圆形小盒，如花卉小盒、三多小盒。①

"赏赐少数有功之臣新制的画珐琅，既显示了皇帝的特别恩宠，也表明了宫廷对于画珐琅技术的拥有。"②大臣得到皇帝赏赐的珐琅器物，自然感激涕零。康熙五十五年九月，广西巡抚陈元龙得到皇帝恩赐御制珐琅五彩红玻璃鼻烟壶、八角盒砚、水丞、圆香盒，他兴奋地说这些礼物："从未颁赐臣寮。何意特蒙赐赍，真非常之重宝，格外之殊恩。臣跪陈香案，敬捧细观，如日月之光华，目为之眩，如云霞之变化，口不能名。"③陈元龙深感首得"重宝"，享此"殊恩"，他盛赞道："仰见圣学渊深，理无微而不察，睿心默契，道无往而不通。陶冶运自洪钧，神明侔于造化。合海外之心思智虑，总不出宸衷之范围。溯古来之制度章施，未有如上圣之大成也。"④康熙帝得到臣下"圣学渊深"、陶合中外、"圣之大成"的赞誉。陈元龙还表达感激之情："臣元龙才识短浅，膺重任而多愆；年齿衰残，受深恩而难报。苟免罪戾之及，已沐洪慈；忽蒙锡赍之隆，更惭非分。瞻宝器而心惕，感圣德而泪零。惟有勉竭驽骀，冀遐方之永靖，遥瞻海岳，祝圣寿之无疆，莫可名言，附呈诗册，伏冀睿慈教诲。"⑤如此恩宠，值得他肝脑涂地报效了。同月总督管理直隶巡抚事务赵弘燮也得到御制珐琅盖碗一个，他称赞说："真为世宝，而臣得见所未见。"⑥同时还得到其他礼物，赵弘燮对于重赏表示："臣何人，斯蒙此隆恩逾于天地父母，感激难名，莫知所报。臣惟有持盈戒满，夙夜战兢，慎终如初，毕生惕励，矢犬马血诚于生生世世，以仰报天恩于万一耳。"⑦他表达的是君恩难以为报的心情。康熙五十七年六月广西提督左世永得到御制珐琅水盛、嵌花石紫石盒砚、双联荷包、镶荷包内珐琅鼻烟壶、黄荷包内火镰包，他奏谢说："逐件捧瞻，精工无匹，华美非常，真天上人间之所未有，奴才有生以来，不但目未经见，即耳亦未经闻，不识何修而得邀宠锡至此。伏念奴才祖父深受国家大恩，今奴才又蒙主子屡次超拔，委以提督重任恩宠，如奴才一家至矣，极矣，无可加矣！不意今复格外颁赐御制宝玩种种，荣更逾于华衮，珍百倍乎珪璋。奴才得此，不胜欣跃，感激涕零，窃思主子至洪恩如天冈极。奴才虽粉身碎骨，亦未足以酬报，惟有举家夤晚焚香顶礼，祝万寿于无疆，并冀子子孙孙生生世世效犬马之力于万一而已。谨将所赐御珍藏至什袭，奉为传家至宝外，为此熏沐缮折，望阙叩谢。伏乞主子睿鉴，奴才不胜荣幸感激之至。"⑧左世永获赐御制宝

---

① 冯明珠主编：《康熙大帝与太阳王路易十四特展》，第190、199页。

② 许晓东：《康熙、雍正时期宫廷与地方画珐琅技术的互动》，故宫博物院、柏林马普学会科学史所编：《宫廷与地方：17至18世纪的技术交流》，第297页。

③ 第2225号《广西巡抚陈元龙奏谢钦赐珐瑯宝器折》，康熙五十五年年九月十一日，中国第一历史档案馆编：《康熙朝汉文朱批奏折汇编》，第7册，第424页。

④ 第2225号《广西巡抚陈元龙奏谢钦赐珐瑯宝器折》，康熙五十五年年九月十一日，中国第一历史档案馆编：《康熙朝汉文朱批奏折汇编》，第7册，第424—425页。

⑤ 第2225号《广西巡抚陈元龙奏谢钦赐珐瑯宝器折》，中国第一历史档案馆编：《康熙朝汉文朱批奏折汇编》，第7册，第425—426页。

⑥ 第2341号《直隶总督赵弘燮奏谢准允乘船赴召屡赐书籍物品并报回署日期折》，康熙五十六年二月十五日，中国第一历史档案馆编：《康熙朝汉文朱批奏折汇编》，第7册，第721页。

⑦ 第2341号《直隶总督赵弘燮奏谢准允乘船赴召屡赐书籍物品并报回署日期折》，康熙五十六年二月十五日，中国第一历史档案馆编：《康熙朝汉文朱批奏折汇编》，第7册，第722—723页。

⑧ 第2627号《广西提督左世永奏谢御赐石砚水盛等物品折》，康熙五十七年六月十三日，中国第一历史档案馆编：《康熙朝汉文朱批奏折汇编》，第8册，第161—164页。

玩,奉为传家至宝,表示粉身碎骨不足以报。康熙五十七年十月,两广总督杨琳感谢皇上颁赐御制珐琅盒绿松石砚、珐琅水中盛、珐琅鼻烟壶这些珍玩说:"奴才用当传为世宝,永戴圣恩于无极耳。"①

四、结语

珐琅器是清康熙时期重要的高档赏玩器物,作为礼物沟通着多种关系,这种关系体现出皇权的神圣。画珐琅工艺引起康熙帝重视,可能最初来自于欧洲传教士带来的珐琅器礼物,因其科技含量较高的工艺水平,欧洲珐琅器的精美程度显然高出清宫中旧有的明代珐琅器"景泰蓝",特别是欧洲画珐琅工艺出现在多种材质上,如玻璃胎的鼻烟壶等,种类多于清宫所藏。欧洲传教士带来的西方文化,与中国文化产生多方面的竞争,特别是信仰的不同。科技的竞争事实上也存在,康熙帝对于西方科技有浓厚兴趣,又不甘拜下风,尝试制作铜胎珐琅器物、玻璃胎画珐琅器物,特别是瓷胎画珐琅的成功烧制,成为新的"瓷器贵族"。在康熙帝的大臣看来,明代景泰蓝"色凝滞其质笨重","洋法琅器皿略觉生动",但是仍然认为本朝以"智巧"所制珐琅器,足以胜过西洋人的珍奇。②珐琅器这种融东西方科技与文化的奢侈赏玩器物,在清代体现出皇权的高贵与神圣,③康熙君臣自以为清朝自制珐琅器的制作水平赶超了外国,沟通了中外关系,弘扬了国威君圣。

虽说"知子莫如父",反过来"知父莫如子"也说得过去。讲究孝道的康熙帝,将新制成的珐琅碗作为顺治皇帝陵寝供茶用具。康熙帝的皇子特别是那些年龄较大的皇子,深知皇父的爱好,为了博得皇父的好感与信任,获取继承皇权的资本,于是投皇父所好。皇长子胤禔、皇次子胤礽分别尝试烧制玻璃和装饰蓝色珐琅,皇三子胤祉、皇四子胤禛为皇父六十大寿进献的都是珐琅器礼物,特别是胤禛的礼物最为讲究。事实上,皇四子胤禛成为康熙帝皇位的继承者,获得皇父心或是胤禛成功的重要原因。

皇权通过分享珍奇之物来体现皇恩浩荡。皇权最重要的分享是赠送宠臣心爱之物,康熙朝制作的画珐琅器物有瓷胎、宜兴胎、玻璃胎,形制有碗、盒、盘、瓶、盅、壶等,以碗及壶较多。康熙朝制成玻璃胎、铜胎的画珐琅鼻烟壶,赏赐了大臣珐琅鼻烟壶。康熙朝制成有铜胎、瓷胎、宜兴胎的画珐琅碗,也赏赐大臣珐琅瓷碗。此外,还赏给大臣珐琅水盛、珐琅装饰砚台的盒子以及珐琅圆香盒。大臣获得皇帝御赏的珐琅器,视为珍宝,感谢皇帝与臣下共赏超越外国的器物,奉为世代相传的宝物,表示效忠以报皇恩。康熙帝深谙晚明以来士大夫的生活好尚,赏赐近臣士大夫内制珐琅器,拉近了君臣距离,显示出康熙帝对于中华文化的追随与达到的境界。

(作者常建华,南开大学中国社会史研究中心教授。原载《中国史研究》2020年第3期)

① 第2714号《两广总督杨琳奏谢御赐物件折》,康熙五十七年十月十七日,中国第一历史档案馆编:《康熙朝汉文朱批奏折汇编》,第8册,第342页。

② 第2225号《广西巡抚陈元龙奏谢钦赐珐琅宝器折》,康熙五十五年九月十一日,《康熙朝汉文朱批奏折汇编》第7册,第423—424页。

③ 施静菲指出:"黄地花卉可说是康熙朝清宫画珐琅的重要特点,因为黄色是代表皇家统治之重要象征"。参看施静菲《文化竞技:超越前代、媲美西洋的康熙朝清宫画珐琅》,第174页。

清代京畿协同治理模式初探

——以顺天府四路同知为例

王洪兵

中国历代王朝均重视京畿地方行政制度建设,在都城设置特别行政机构,管理京畿事务,以重畿甸之治理。顺天府体制始于明代,明成祖朱棣以燕王夺取帝位,登基之后营建北京,改北平府为顺天府。永乐六年(1408),顺天府仿应天府体制,设置府尹、府丞,佐以治中、通判、推官。[①]永乐十九年(1421),明王朝正式迁都北京,以顺天府管辖大兴、宛平二京县以及京师周边地区。清初继承明制,在京师设置顺天府,定为"京堂衙门",设府尹一员,秩正三品。[②]清代会典和各类典章多将顺天府列为中央机构,不同意见者则认为:"顺天府虽在京师之中,而其性质亦不过为地方政府之一部分耳。盖顺天府仅能司一府中之事,而不能理及全国之政权,仅顺天府中之官民受其处分、管理、监督,而他处之官民则不受其处置、管理、监督也。是以顺天府者实系地方政府而断非中央政府也。"[③]朝野上下对顺天府地位的不同评价,反映了顺天府行政体制的特殊性和复杂性,导致世人对其认识模糊不清。

清代顺天府职责主要包括:"掌京畿治理,凡田赋出纳之政以时勾稽,会直隶总督而上其要于户部,凡师行则主和雇民车,岁以立春前一日率僚属迎春东郊,遂进春于宫门,退而颁春于民间以劝东作……雍正元年以来以部院大臣兼管府事,皆由特简,无定员。"[④]清代顺天府在行政区划上隶属于直隶省,但是因为其地处京师,行政体制与外府迥异,"顺天府特设府尹,职分较崇,原不同于直省知府"[⑤]。清代,直隶省统辖包括顺天府在内十一府六直隶州,但是顺天府州县与直隶之间的关系却比较微妙,顺属州县"统于顺天府尹,并属布政司,而以霸昌、通永二道分辖"。[⑥]因此,包括霸昌、通永道、四路同知及所属州县要接受"直督及顺天府尹两层节制"[⑦]。因为要接受顺天府、直隶总督双重兼管,凡四路同知重要事务须同时向顺天府、直隶备案,例如光绪二十八年(1902)八月二十一日,署东路同知古铭猷前往武清县会同办理赈灾公出,该同知在八月二十日分别向直隶总督和顺天府尹申报公出,据申文称:"卑厅定于本年八月二十一日公出……所有公出日期拟合具文申报宪台查核,除径报督宪外,

---

① 万历《顺天府志》卷四《政事志》,万历二十一年刊本,第2页b—第4页b。

② 康熙《畿辅通志》卷十六《职官·顺天府》,康熙二十二年刻本,第48页a。

③ 潘序伦:《顺天府非中央政府说》,《浦东中学校杂志》1910年第2期,第23—24页。

④ 《钦定历代职官表》卷三十二《顺天府》,光绪二十二年广雅书局校刊本,第4页a—b。

⑤ 北京政治官报局:《政治官报》(第16册),台北:文海出版社,1965年影印本,第473—475页。

⑥ 雍正《畿辅通志》卷十三《建置沿革》,雍正十三年刻本,第12页a—第17页b。

⑦ 《接印有期》,《大公报》(天津)1903年7月8日,第2版。

为此备由具申。"①清代曾有歌谣这样描述顺天府行政体制："六州廿一县,通受京府驭。府尹秩二品,权能专奏章。大事会总督,职衔达帝阍。中国之经度,依府为中线。"②从中可以窥见顺天府在京畿治理中的特殊性。

顺天府与所属州县之间的行政关系,与外省之府县行政关系有较大差异。民国时期,曾有人专门描述清代顺天府行政体制的特殊性："府尹系京堂,与督抚平行。外部系道之属员,而顺天区内之通永道、霸昌道则为府尹之属员(即与区外之各道亦是宪属体制)。故府县之间不能不有承上监下之机关,但顺天府既以府辖县,又不便另设属府,故以同知代表府级。外府同知为府之佐贰,此四路同知则为府之属员,且为府尹的属员之属员,因通永、昌霸各道又是他们的上司也。"③四路同知的设置主要是考虑到顺天府作为帝都之府,应当尊崇其体制,尤其是便于应对京畿治理过程中京师、顺天府与直隶之间关系而设立的特别行政区域。清末来华传教士卫三畏亦曾注意到顺天府四路同知的特殊性,他描述道："省内主要行政区顺天府,面积大而且重要,包括帝都在内,分为四路,各路由一个副长官掌管,隶属一名住在北京的长官。"④关于顺天府与四路同知的关系,道光十五年(1835),新任顺天府尹蔡世松在谢恩折中指出："顺天府为畿辅重地,府尹管辖四路同知,有整饬地方之责。"⑤通过蔡世松的描述,可以看到四路同知在京畿治理过程中扮演了重要角色。顺天府四路同知作为清代京畿地区治理的重要行政设置,鲜有学者论及,更未有专门的研究成果。为了更好地适应京畿治理的需要,清王朝自定鼎伊始就不断探索、调整京畿行政体制,这一探索过程贯穿整个清代,其中既有成功的经验,也存在着严重的弊端。本文拟从四路同知的设置、历史沿革、行政职能、四路同知与直隶总督、顺天府关系演变等角度,考察清王朝探索京畿社会多元共治模式的途径及其效果。

一、顺天府四路同知的设置

清初,顺天府仅直辖大兴、宛平二县,康熙十五年(1676)以附近京师二十五州县并入顺天府,"设东、西、南、北四路同知以分领之,皆兼统于直隶总督"⑥。清代知府品级,清初定为正四品,乾隆十八年(1753)改定从四品,同知为知府佐贰,正五品。⑦清代各府同知无定员,职责不一,"府或一二人或三四人,分理督粮、捕盗、海防、江防、清军、理事、抚苗、水利诸务,量地置员,事简之府不设"⑧。顺天府四路同知因为地处京畿,与外府同知迥异,实际上相当于知府体制,例如,清代地方官员有回避之例,"道府大员遇有外姻、亲属同在一省为同知、通判、州县等官者,虽非其所辖属,俱令官小者回避"。乾隆三十九年(1774),直隶总督周元理在调查直隶应当循例回避官员时发现,"顺天府北路同知王裕铨与天津府

---

①《南路同知古铭猷申文》(光绪二十八年八月二十日),中国第一历史档案馆藏:《顺天府档案》,档号:23-027。本文所引清代档案资料,除特别注明外均藏于中国第一历史档案馆,下同。

②《直省府厅州县方名歌》,《蒙学报》1898年第9期,第23页。

③《宛平县与顺天府》,《南北(北平)》1946年第2卷第5期,第4页。

④ 卫三畏:《中国总论》(上),陈俱等译校,上海:上海古籍出版社,2005年,第42页。

⑤《顺天府尹蔡世松奏为补授顺天府尹谢恩事》(道光十五年二月二十三日),军机处录副奏折,03-2636-016。

⑥《钦定历代职官表》卷三十二《顺天府》,第5—6页。

⑦ 郭松义、李新达、杨珍:《中国政治制度通史》(第十卷清代),北京:社会科学文献出版社,2011年,第420页。

⑧ 乾隆《大清会典》卷四《吏部·官制四·外官》,《文渊阁四库全书》(第619册),台北:台湾商务印书馆,1983年,第59页。

知府黄立隆系儿女姻亲"，按例王裕铨应当回避，但是经总督周元理慎重考虑，似觉不妥，他指出："王裕铨系北路同知，管辖一州四县，一切刑钱事件均归该同知核转，责任与知府无异"，明显不同于外府同知，因此周元理建议"毋庸回避"①。此案亦反映出四路同知在京畿治理过程中的特殊性。

顺天府四路同知的设置始于康熙二十六年(1687)，"其时近京地面响马巨盗劫掠频闻，是以专设四路捕盗同知，责令带兵缉捕，兵丁亦予以马力，俾可周历穷追"②。康熙二十七年三月，清王朝裁真定总兵，为加强京师周边地区的综合治理，该年六月，直隶巡抚于成龙奏请设置四路同知，据于成龙奏称："顺天府属之通州、卢沟桥、黄村、沙河旧设有捕盗同知四员，但地方辽阔，难以周遍。今奉裁真定总兵员缺，其镇标官兵见议裁并。请分拨千总一员、把总一员、马步兵一百名，归捕盗同知管辖，以供指使。"③四路同知按京师的四个方位驻守，"东路驻通州，南路驻黄村，西路驻卢沟桥，北路驻沙河"，直属于直隶巡抚，兼辖于通永、霸昌二道。④四路同知驻扎处所均为出入京师要道，因此被视为"甸服之屏障"⑤。

四路同知作为京畿治理的重要一环，分辖顺天府州县不等。清初，四路同知各有所辖，"西路厅属大兴京县、宛平京县二，良乡、房山二县；东路厅属香河、三河、武清、宝坻、宁河五县；南路厅属固安、永清、东安、文安、保定六县；北路厅属顺义、密云、怀柔、平谷四县"⑥，到清末，根据京畿治理的需要，四路同知所辖州县略有调整。

东路同知，原称"东路捕盗永平府同知"，驻地在通州新城内草场南，雍正六年以通州、三河、武清、宝坻、蓟州、大兴、香河、宁河八州县刑名事件归东路同知审转。乾隆十九年(1754)以八州县钱谷事件亦由东路厅核转。后因西路厅管辖州县较少，将大兴县钱谷事件改归西路厅核转，但是大兴县刑名事件附近东路村庄者仍归属东路厅审转，原关防"永平府通潞捕盗同知关防"于乾隆二十四年改为"顺天府东路刑钱捕盗同知关防"，并于乾隆二十六年(1761)颁发开用。⑦顺天府东路同知在顺天府属治理体制中占有重要位置，该同知"分辖通州、三河、武清、宝坻、蓟州、香河、宁河等七州县"⑧，"职司捕务，督率千把、马步官兵，昼夜游巡"⑨，"缉捕逃盗，所属州县一切刑钱等案照例核转，系冲繁难三项要缺"⑩，至清末，东

---

① 《直隶总督周元理奏为北路同知王裕铨与天津府知府黄立隆系儿女姻亲例应回避事》(乾隆三十九年九月初一日)，台北故宫博物院藏，宫中档乾隆朝奏折，403029726。本文所引宫中档奏折、军机处档折件均藏于台北故宫博物院，下同。

② 那彦成：《那文毅公奏议》卷六十九《二任直隶总督奏议》，道光十四年刻本，第35—38页。

③ 《圣祖仁皇帝实录》卷一百三十五，康熙二十七年六月癸卯，《清实录》(第5册)，北京：中华书局影印，1985年，第469页。

④ 洪亮吉：《乾隆府厅州县图志》卷一《京师·顺天府》，嘉庆八年刻本，第3页b。

⑤ 光绪《顺天府志》卷二十二《地理志四·治所》，光绪十二年刊本，第5页a。

⑥ 嘉庆《钦定大清会典事例》卷二十六《吏部·官制·各省知县等官一》，沈云龙主编：《近代中国史料丛刊三编》(第70辑)，台北：文海出版社，1992年，第1097—1098页。

⑦ 光绪《通州志》卷六《官师志·东路同知官阶》，光绪九年刻本，第10页a。

⑧ 《吏部尚书兼管顺天府尹事务卢荫溥、府尹申启贤奏为委令吴承宠升署东路捕盗同知事》(道光三年六月二十八日)，军机处录副奏折，03-2537-040。

⑨ 《顺天府兼尹刘镮之、府尹汪如渊奏请升补同知》(嘉庆二十五年二月初五日)，台北"中央研究院"历史语言研究所藏，内阁大库档案，016774。本文所引"内阁大库档案"皆藏于台北"中央研究院"历史语言研究所，下同，不再标注。

⑩ 《顺天府兼尹刘镮之、府尹汪如渊奏请以涿州知州盛世绮升补东路捕盗同知事》(嘉庆二十五年二月初五日)，军机处录副奏折，03-1590-035。

路同知又新增"河工、漕运"事务①,由此东路同知职权范围涉及地方事务的各个方面,"职司捕务及河工、漕运,及审转所属一切刑钱案件"②,职责更加殷繁。

西路同知,原称"西路捕盗保定府同知",驻宛平县卢沟桥,是冲、繁、难三项京畿要缺,"管理大兴、宛平、涿州、房山、良乡五州县一切刑钱缉捕事宜"③。西路同知虽然管理州县较少,但是因为与京师最为切近,事务最为殷繁,"自大兴与宛平取决京尹外,若良乡、涿州车骑冠盖暨鸡狗诟谇之事无不问"。④乾隆三十四年(1769),直隶总督杨廷璋称:"西路地方,路当京南首冲,分辖涿州等州县,有表率之责,督率弁兵,昼夜游巡缉拿逃盗,兼有协缉城属之责,所属州县刑钱案件俱由该同知核转,责任綦重。"⑤

南路同知,原称"南路捕盗河间府同知",驻右安门外三十五里大兴县黄村,系冲、繁、难三项相兼京畿要缺,至清末管辖霸州、保定、文安、固安、永清、东安、大城七州县,"所属霸州等七州县民风刁健,盗贼繁多,缉捕之责较东、西、北三路尤关紧要"⑥。南路同知是治理相对较难之区,顺天府衙门亦将之作为治理难点,加强监管力度。

北路同知,原称"北路捕盗保定府同知",驻扎昌平州南二十里巩华城,为冲繁难三项相兼,管辖昌平、顺义、怀柔、密云、平谷五州县,有督率缉捕、审转刑名、经管钱粮之责。⑦

二、京畿治理与四路同知职能演变

顺天府四路同知设立之后,逐渐成为清王朝实施京畿地区治理的重要行政设置,其职权随着京畿治理的实践以及顺天府、直隶总督行政关系的演变而不断发生变化。康熙二十七年(1688)设立之初,四路同知的主要职责是协助维护京畿周边地区的社会治安,"捕盗"是其专责;雍正六年(1728),随着京畿社会治安形势的逐渐好转,为了更好地发挥四路同知在顺天府与直隶省之间的协同治理作用,清王朝又赋予其"刑名"之权责;乾隆十九年(1755),为了加强对京畿附近州县事务的综合治理效率,进一步推进顺天府与直隶总督的协同管理,又授予其兼管"钱粮"的权力。

(一)四路同知与京畿"捕盗"

最初,顺天府四路同知的主要职责是缉捕盗贼,因此管辖顺天捕盗弁兵,"设有千把、外委各一员,分领飞虎兵九十名,专司捕盗,统归各该同知管辖。内东南两路同知各辖七属,西北两路同知各辖五

---

① 《工部尚书兼管顺天府尹事务孙家鼐、府尹陈彝奏请以刘仲珹升补东路捕盗同知事》(光绪二十二年二月十九日),军机处录副奏折,03-5338-105。

② 《兼管顺天府尹事务孙家鼐奏请以钟德辅升补东路同知由》(光绪二十年三月十九日),军机处档折件,131388。

③ 《吏部尚书兼管顺天府尹事务卓秉恬、府尹曾望颜奏请以陈之骥升署西路同知事》(道光二十年十一月二十四日),军机处录副奏折,03-2700-072。

④ 吴省钦:《白华后稿》卷二十五《殡表殡志·诰授奉政大夫顺天府西路同知黄君殡志》,嘉庆十五年刻本,第4页a—b。

⑤ 《直隶总督杨廷璋奏请以吴山风调补西路同知》(乾隆三十四年十一月初六日),军机处档折件,010987。

⑥ 《兼管顺天府尹刘镮之、府尹汪如渊奏为仍以何贞补用顺天府南路同知事》(嘉庆二十四年六月二十五日),军机处录副奏折,03-1584-033。

⑦ 《直隶布政使三宝奏为顺天府属四路同知关防名实不称请予颁换事》(乾隆二十四年十一月十九日),宫中朱批奏折,04-01-01-0229-039。

属,该弁即随该厅所辖地面分资缉捕"[1]。为了维护京畿周边地区社会治安,四路同知每年都要定期到所属各州县检查与社会治安密切相关的事务,例如,光绪二十八年(1902)十月,代理北路同知吴畲向顺天府呈报公出事由:"卑厅赴所属抽查保甲、更棚、窝铺、十家牌事宜,今于十月二十一日公出。"[2]除负责维持顺天府属州县社会治安外,四路同知还有协助五城维护京师治安的责任,定例:"四路同知协同五城地方官缉拿盗贼,若五城地方失事,将该路同知每案罚俸一年。"[3]四路同知的捕盗职责更重于外府同知,"外省同知、通判有捕盗之责者不过令其督捕,非若四路同知之令其踩缉勾捕也。四路同知因系畿辅重地特设,并设有该管兵丁番役,处分较外省督捕厅员甚严,未可同日而语。故外省同知、通判衙门从未设有捕役,责令协捕"[4]。在清代,四路同知的捕盗职能随着时局和治安形势的变化而不断调整,大致上经历了一个初期强化、中期弱化、后期强化的过程。

四路同知的设置源于康熙朝前期京畿社会治安的严峻形势,随着康熙朝中后期社会治安的好转,四路同知的捕盗职能逐渐弱化。雍正年间,巡察顺天府等府御史黄祐建议将四路捕盗同知所辖兵丁交归绿营管理,直隶总督李卫认为此议不妥,并就四路同知设置的必要性与黄祐展开辩论。李卫指出四路捕盗同知"设立之时,正值盗风甚炽之际",经御史德珠等条奏,由九卿会议题覆,又经直隶总督于成龙奏陈,再经廷议,才最终确定设立四路捕盗同知,"凡经历四次详议而后设此官守,又经三次题请而后定此兵额",四路捕盗同知的设置大费周折,不可轻言裁革。

李卫认为四路捕盗同知是协同八旗、绿营、各州县等维持京畿治安不可或缺的重要因素,他指出:"环京各邑虽设有八旗驻防,星罗棋布,但禁旅止资弹压,官兵掺练,而外地方匪盗均无责成。兼之各有五城及别邑所辖,犬牙相错,旗民杂居,影射藏奸,彼此掣肘。惟四路同知分辖二十六州县,督捕缉拿事权归一。且东路驻扎通州,运漕之粮艘汇集;西路驻扎卢沟,往来之商旅纷纭;他如南路之黄村,北路之沙河,或外府通衢,或军需要路,地处冲繁,逃旗奸宄易集,其不敢骤然进京者,多潜藏于城外。使无专司捕务之弁兵随同本官先时分散巡查,遇警互相追捕,而以数十州县之道路村庄俱责成于数名额设之捕役,欲期盗熄民安,实有鞭长莫及。况此四路同知之设原令共踩缉勾擒,与外省厅员止司捕提比者有间。若尽去其爪牙,岂足供夫臂指。"因此李卫认为不能裁并四路同知及其所属兵丁。

御史黄祐持有不同观点,他认为绿营可以取代四路捕盗兵丁,并且捕盗弁兵外出可能会扰民滋事。李卫则认为四路捕盗兵丁与绿营是互补的关系,可以弥补绿营之不足。他指出:"营汛防兵皆设于通衢大路,其四散村庄不能离汛游巡,惟四路弁兵平时分拨各州县,于远乡僻壤访缉巡查,遇有某县失事,即立限查拿,逾期严比。非因未曾分汛不为查比。若虑其滋事,不使远出,则与设兵之意相左。"

御史黄祐还认为捕盗四路同知兵丁缺乏训练,难以胜任捕盗事务。李卫指出,平日加强训练、严

①《兵部尚书兼管顺天府尹事务刘镮之、顺天府尹费锡章奏为奉旨酌议整顿衙门京师宜变通敬陈管见事》(嘉庆十八年十一月十八日),宫中朱批奏折,04-01-12-0305-011。

②《代理北路同知吴畲呈文》(光绪二十八年十月二十一日),顺天府档案,23-056。

③《则例便览》卷三十九《盗贼下·四路同知协缉》,乾隆五十六年刻本,第2页a—b。

④雍正《河南通志》卷七十六《艺文五·疏》,光绪二十八年刻本,第60页b。

密督查即可解决问题,"兵丁固在操演技艺,而因事分设,如河兵防河、捕兵缉盗,各有专重。当其事务稍闲,未尝不加操练,但恐日久懈驰,应请严饬各该同知按期训练,臣就近常加督率,不时调验,使之弓马优娴,鸟枪纯熟,即可御盗缉凶,布阵列营。人数既少,尚非所急,未可因噎废食,遽行议裁"。通过辩论,李卫甚至认为四路弁兵不但不能裁撤,还要适当增加补充,"但兼辖既广,恐各同知一人耳目难周,应再于马战兵内考拔经制外委把总每路各一员,分任督缉,庶无偷安之弊"。李卫特别强调了四路同知在京畿治理过程中的重要意义:"四路同知所属州县近附神京,仰承辇毂,幅员甚广,管辖颇多,建威销萌,贵先声以昭护卫,诘奸捕盗,在呼吸以应事机,比之外省倍宜严肃。"①因此李卫认为不能轻易将四路同知撤销,而是仍然遵循旧章,以之作为维护京畿社会秩序的重要力量。

随着时代变迁,京畿社会治安状况有所好转,四路同知所辖弁兵历经调整,有逐渐减少削弱的趋势。道光七年(1827)二月十六日,直隶总督那彦成奏请裁减四路捕盗弁兵,添设捕役,那彦成指出,自从顺天府属州县刑钱案件归四路同知核转后,"地方事务较繁,责任又重于督缉,而各弁兵分列于二十四州县,远设汛防,该同知纵欲认真考察,亦苦于鞭长莫及"。出于职责转换的需要,那彦成经过与顺天府商讨,建议将四路同知弁兵量为裁改,"将四路同知原设捕盗弁兵各存留把总一员例马二匹,经制外委一员,额设外委一员,各官马一匹,马兵二十名马二十匹,并留战兵十名,共马步官兵三十三员名,合之四路同知各额设马快十二名,步快八名,统计缉捕兵役五十三名。均责令该同知督率巡缉京营交界地面,以佐五城捕务所不及,弁兵勤惰由该同知随时查考,仍每季由通永、霸昌二道各就所辖考验一次,年终呈送顺天府府尹考验一次",经过调整后,四路同知弁兵"专司巡缉京营交界地面",治安管辖范围有所缩小,顺天府所属二十四州县缉捕事宜则由各州县官负责,"兵、捕均有管束之官,不致有名无实,洵与近京捕务更为周密,并可节省银五千四百五十余两"。直隶、顺天府的提案最终经兵部、户部议准施行。②四路同知治安范围收缩之后,顺天府各州县治安职能得到强化,顺天府各州县普遍添设捕役。

到同治、光绪年间,随着时局动荡,清王朝内外交困,京畿地方社会治安面临严重挑战。为了应对上述问题,顺天府四路同知的治安职能进一步加强。同治二年(1863),"以近畿马贼肆扰,请四路添设经制外委、额外外委各四员,兵四百名,连原设马步兵共六百名,把总四员,经制外委十二员,额外外委十二员,除官例马外,添设马三百匹,添备号衣、号帽、器械、军火,分哨巡缉。每哨兵二十名、队长二名、弁一名,择要分驻"。由此形成了东南北三路八哨、西路五哨、顺天府三哨弁兵驻扎的格局,经过上述调整后,京畿治安情况得到了一定程度的改善,顺天府"屡经破获巨匪"。同知十年(1871),京畿地区遭受了严重灾害,饥民遍地,社会治安再次遭遇巨大挑战。经顺天府奏请,再次调整四路同知设置,据顺天府奏报:"四路把总虽归各同知管辖,并无营员统摄,于营制亦未周全。拟请将臣衙门调驻之三哨弁兵仍令各回本营分派巡缉,以期周密。再于臣衙门添设中营一营,分为左中右三哨,共添设马步兵六十六名,把总一员,经制外委二员,额外外委一员,饬令管带。添设营千总一员,加守备衔,以为五

---

① 雍正《畿辅通志》卷九十四《艺文·疏·请留四路捕盗同知所辖兵丁疏》,雍正十三年刻本,第66页a—第70页b页。
② 《直隶总督臣那彦成、兼管顺天府尹陆以庄、府尹何凌汉奏为裁减捕盗弁兵添设捕役事》(道光七年二月十六日),宫中朱批奏折,04-01-12-0393-040。

营管领,近归治中考核管辖,以备调遣,并为各路策应,庶几声息相通,于捕务得有裨益。"①至此,顺天府"捕盗营"体制形成,"捕盗营分东南西北中五营,中营归治中管辖,其余四营系四路同知管辖,分布各州县,专为弹压地面、缉捕盗贼及获解饷鞘人犯",五营官弁共一千五百人,马二十余匹。②

作为京畿地区的重要治安力量,每年窃盗易发时节,四路同知要组织捕盗营严密巡逻缉捕,光绪年间,顺天府尹周家楣每年都要督查四路同知的巡缉事务,据周家楣给四路同知的札文称:

> 本衙门所属四路厅设有捕盗营弁兵,专司缉捕,自应严密巡缉,以靖地方。现在时将入冬,宵小最易窃发,且近来各属盗劫案件频仍,正捕务吃紧之际,尤应加意防范,实力整顿。除委员分路密访外,合行札饬,札到该厅立即遵照严饬所属弁兵,分派地段,不分昼夜,认真梭织巡缉,严密稽查窝顿,俾匪徒闻风知警,不敢混迹,一有盗匪即行擒获,严究窝主,务净根株。③

在督饬四路同知严密巡缉的同时,顺天府还要求通永道督查巡缉情况,按章赏罚,府尹周家楣指出:"除札行四路同知严饬各州县遵办外,合行札饬,札到该道立即查照札内抄单事理,转饬所属于历办章程之中再加认真办理。至盗窃案件总以搜剔窝家为要,前经通饬各厅,如有拿获窃盗窝家者,除缉捕赏项仍由该道给发外,并令专详本衙门核明案情,酌与重赏。"④顺天府以通永道、四路同知作为京畿州县治安的重要依托,一定程度上提高了管理效率。

在办理京畿治安事务的过程中,四路同知与所属州县关系最为密切。光绪八年(1882)直隶永清县发生一起命盗案件,直隶总督除在直隶省属州县部署缉捕以外,还发动顺天府属州县协同缉捕。接到直隶方面的任务后,东路同知札饬所属宝坻县办理,据札文称:"顺天府东路刑钱督捕府候补府随带加十一级郝札宝坻县知悉,光绪八年十二月初八日,蒙道宪李札开,札东路厅知悉,光绪八年十一月二十日,准按察司刚咨开,光绪八年十月二十七日蒙督宪张札开,光绪八年十月十六日准吏部咨开,汇题永清县民辛廷庆在途被人致伤身死,并有失物情形等案……合亟札饬,札到该厅即转行遵照,仍饬严缉案犯务获究报毋违,特札。"⑤该项缉捕任务历经直隶总督、通永道、四路同知,最后下发到各州县,东路同知要求宝坻县接到札文后立即遵照执行。可见四路同知是顺天府与直隶省在协同办理京畿治安事务过程中不可缺少的环节,有助于顺天府与直隶省之间的沟通以及京畿州县与顺天府、直隶总督之间政令的上传下达。

(二)四路同知与京畿"刑名"

四路同知在京畿司法体制中占有重要位置。清代命盗重案有审转之制,凡一省地方之命盗事件,州县成谳后,再由知府、直隶州知州审转,有错谬之处则改正,然后由府、直隶州转交臬司覆勘,案情属

---

① 光绪《顺天府志》卷八《京师志八·兵志·捕盗营》,光绪十二年刻本,第43页a—b。

② 《顺天巡警马队官弁等数额统计表》,顺天府编:《顺天府光绪三十四年统计表》,第64页。

③ 《札饬严密巡缉》,周家楣:《期不负斋政书》政书七《府尹书五》,光绪刻本,第6页。

④ 《札饬整顿窝铺》,周家楣:《期不负斋政书》政书七《府尹书五》,光绪刻本,第7页。

⑤ 《东路同知札文》(光绪八年十二月二十九日),顺天府档案,14-012。

实则最终定拟。但是顺天府司法体制不同与外府,"惟顺天各属案犯由州县径申臬司,并无审转衙门",直隶按察使直接审核、驳诘顺天府州县命盗案件,直接结果就是导致直隶按察使不堪重负,积案愈来愈多,不利于案件的妥善处置,并且与体制不符。为改变这种不合理的司法状态,雍正六年(1728)八月,巡察顺天、永平、宣化三府等处监察御史苗寿认为,可以将四路同知作为神转衙门,他指出,"京城附近设有四路捕盗同知,各员职既尊于牧令,任亦未为繁剧",因此建议:"嗣后将顺天各州县分属各路同知,除旗人应审重案州县会同理事同知、通判招解外,凡民间命盗事件亦照理事同知招解例,州县官成谳后,先解就近所属之同知衙门,推勘驳诘,务期平允,然后加看转司,以便核覆定拟。如有扶同出入,照知府例揭参议处。庶直省题达之案事例画一。"①从此以后,四路同知职责除捕盗之外,又新增"刑名","刑名事务最为重大,知府及直隶州、四路厅均有表率勘转之责"②。顺天府属州县徒流以上案件,由四路厅审核,报顺天府、直隶总督,顺天府、直隶总督报于刑部,定例:"顺天府所属各州县命盗事件,定案后即解送该管四路同知覆审,加看转司,该同知照知府之例"。③

顺天府四路同知除审转所属州县案件之外,还需要承审顺天府交付的各项案件。乾隆四十一年(1776)间,宛平县民人叶承庆因与旗人安于可争讼,先诉于宛平县,叶承庆认为宛平知县黄瑞鼎"听情妄断",审理不公,再赴顺天府衙门控诉。顺天府随即对该案进行审察,"查阅所控情节,年岁既久,头绪亦繁,且恐宛平县知县黄瑞鼎实有听情妄断情事,随提集县卷,饬委南路同知李芳茂会同署通判吴鳌传集各犯,秉公审讯"④。该案中,顺天府与南路同知以及宛平县的司法关系表现的较为明确。道光二十二年(1842),顺天府兼尹卓秉恬称:"顺天府四路同知与各府知府无异,有表率僚属之责,缉捕抚绥,均关紧要,臣衙门时有批审案件,非精明勤干、振作有为之员,弗克胜任。"⑤

四路同知因为地近京畿,审办所辖州县命盗重案的过程中不但要受顺天府的直接监督,而且还要受到五城、步军统领衙门、直隶总督等各种力量的影响。嘉庆二十四年(1819),南路同知督同所属之固安县查禁该县演习拳棒之少林会,而在事前,步军统领衙门已经缉获首犯贾和尚,因此,要求南路同知将续获案犯十三名押解步军统领衙门审办,但是同知何贞认为"必须回明该上司办理",不肯将人犯器械交步军统领衙门审办,对于此案的审理,嘉庆帝给出审理办法:"如该犯等解至顺天府,即由王鼎等讯取供词,奏交刑部审办;如已交步军统领衙门,即由英和等讯取供词,奏交刑部审办。"⑥由此案可见,在审办命盗重案的过程中,四路同知直接对顺天府负责。

四路同知获得司法审判权,是对京畿司法审判体制的一大补充。但是因为顺天府行政设置的复杂性,导致案件审理的过程中往往会出现审理主体不明确的情况。以同治十一年(1872)顺天府大城

①《巡察顺天等处御史苗寿奏陈清厘官守之管见以熙庶绩事》(雍正六年八月二十四日),宫中档雍正朝奏折,402007561。

②《顺天府东路同知详文》(嘉庆二十五年二月初五日),顺天府档案,55-013。

③《钦定六部处分则例》卷四十七《审断上·府道厅员审转专条》,《近代中国史料丛刊》(第34辑),台北:文海出版社,1969年,第967页。

④《兼管顺天府尹袁守侗、府尹蒋赐棨奏报叶承庆妄控宛平县知县听情偏断交刑部严审》(乾隆四十一年七月二十九日),内阁大库档案,021506。

⑤《顺天府兼尹卓秉恬、府尹李德奏请南路同知杨本浚原品休致事》(道光二十二年六月十六日),军机处录副奏折,03-2720-031。

⑥《吏部左侍郎兼管顺天府尹事务王鼎、府尹汪如渊奏为拿获固安县演习拳棒之贾和尚等已交步军统领衙门审讯事》(嘉庆二十四年三月二十九日),军机处录副奏折,03-2250-037。

县王廷鳌案为例。同治年间,顺天府大城县生员王廷鳌因为私贩硝磺、奸占妇女,被河厅协同知县拘押讯究。王廷鳌之侄王宝箴以被人陷害为由先赴南路厅呈请提讯,但是南路厅批示将案件发回大城县审理。但是王廷鳌监毙,经南路厅委派文安县知县丁符生前往相验,实系病亡。王宝箴疑系被害,遂即进京,赴都察院衙门呈控河厅、知县以及差役等人,都察院认为大城为顺天府所属,将该案咨交顺天府审办,但是顺天府通过初步审理,认为涉案之河厅为直隶总督管辖,不在顺天府管辖范围之内,因此顺天府将案件咨送直隶总督李鸿章审办。与此同时,王廷鳌之妻王高氏遣子王宝铭到步军统领衙门呈控,经步军统领衙门奏准,将此案交由顺天府审理,顺天府指出该案已经转交直隶总督审理,"奏请仍饬臣督审拟奏,俾免往返提解",此案最终由直隶省审理,李鸿章"饬司委提人卷来省,饬发保定府审晰前情拟议"[①]。

(三)四路同知与京畿"钱粮"

随着职责的转换,四路同知管辖顺天府二十余州县各项事务,俸禄不足以维持官员的日常生活支出。雍正六年(1728),东路同知程文华、西路同知崔应阶、南路同知程凤文向直隶总督反映缺乏办公经费,请求照理事同知之例派给养廉银。直隶总督何世璂奏称:"武职官弁原蒙皇上恩赏亲丁名粮,以为日用之资,今四路同知系属文员,而每路额设马步兵丁一百名,专司巡查缉捕之责,不可缺少,自应作速募补足额以收实用。但查四路地方在京城之外,五方杂处,巡缉奸宄尤为紧要,据称节礼禁裁,并无别项日用。"经何世璂奏准,四路同知照理事同知例"于耗羡内派给养廉",最终确定养廉银各八百两。[②]随着四路同知职权的不断扩大,雍正十一年(1733)经直隶总督李卫奏准,增加四路同知养廉银,据李卫称:"四路同知从前专司捕盗,议给银八百两,今兼管刑名事务繁多,亦请各增银二百两。"[③]由此四路同知养廉银扩至一千两,从而确保四路同知有充足的办公经费。

经过长期的演变,四路同知的职权逐渐扩展,涉及到辖区吏治民生诸多层面,顺天府四路同知还负责顺天府州县童生考试的职责,雍正十年(1732)议准:"顺天府所属童生,除大、宛两县外,其余二十三州县童生,州县考后俱由霸昌道录取送院。但该道驻扎昌平,各州县隔远有多至数百里者,而该道事繁不能按期考试,童生赴试遥远,守候需时,查四路同知分辖各州县,道里适均,嗣后二十三州县童生于州县考后,令四路同知各按本辖之州县就近分考,录取送院,该同知于驻扎地方酌设考棚,关防慎密,按期考试。"[④]

清代定制,直省州县仓库钱粮均由其直属知府或直隶州知州稽查,再由该管道员复加察核。但是顺天府体制异于外府,顺天府属二十六州县卫仓库钱粮分别由通永、霸昌二道管辖,两者之间中间并无切近上司考核稽查,与各府州体制不符,并且京畿地方辽阔,道员难以兼顾,此弊端逐渐引起了清代统治者和顺天府、直隶省的注意。乾隆五年(1741),直隶布政使范灿曾经奏请以四路同知兼管钱粮,

---

①《直隶总督李鸿章奏为审拟大城县文生王宝箴京控盐商王振宗等挟嫌陷害命案事》(同治十一年七月二十五日),军机处录副奏折,03-5033-034。

②《署理直隶总督何世璂恭报四路同知衙门养廉事》(雍正六年十二月十七日),宫中档雍正朝奏折,402014819。

③《直隶总督李卫覆奏与布按二司公同酌议通盘筹划直省养廉事》(雍正十一年十一月初二日),宫中档雍正朝奏折,402016356。

④《学政全书》卷六十四《顺天事例》,乾隆三十九年武英殿刻本,第2页。

但是户部认为："钱粮非刑名可比，一切收支出入业有道员盘查，考核已属严密，且同知一官本属佐贰，既司捕务，又理刑名，若将钱谷一并议令核转，竟与知府无异，将来增设吏胥，繁费势所不免，未便遽议更张。"①予以否决。

乾隆十九年（1755），直隶布政使玉麟再次提出应对策略，他指出，四路捕盗同知驻扎地方，与所属各州县更接近，相比较各道也更为亲切。因此，玉麟认为，既然雍正六年已经授予四路同知处理刑名事件的权利，钱谷与刑名并重，"自应责令一体就近管理，与府州一例考成"。并且在京畿治理的实践中，四路同知实际上并不局限于捕盗、刑名，而是已经涉及到地方事务的诸多方面，例如，"所属州县如遇交代盘查、工程报销、散赈平粜、勘灾捕蝗等事，虽非其专责，仍不得不委该同知等就近查办"。另外顺天府州县三年举行计典考成也由四路同知出具考语呈送顺天府、直隶总督查核，但是四路同知只管刑名，不管钱粮，导致顺天府州县考成存在着严重的缺陷，因此，以四路同知兼管钱粮事务乃大势所趋。玉麟建议以四路同知"兼管钱粮"，如此，"则凡属州县既惮专管同知见闻之亲切，复畏兼辖道员稽查之周详，斯体制肃而防范周，于顺属仓库民生均有裨益"。②

玉麟上奏之后，乾隆将其方案交直隶总督方观承筹划。根据布政使玉麟建议，直隶总督方观承奏请授予四路同知稽查钱粮职责，据方观承奏称：

> 查州县仓库钱粮俱由切近之府州不时查察，惟直隶州乃归道核。今顺天府属二十六州县卫分隶霸昌、通永二道，其仓库钱粮亦即责成道管，道为监司，其体统拟于两司，而与州县不亲，且霸昌一道辖二十州县卫，势难稽查周密，是以凡遇州县交代以及工程赈粜等务，原系委令各该同知就近稽查，近日清查仓库亦并资其办理，是官虽佐贰，而职任实与知府、直隶州无异。但不明定章程，究恐责成未专，易生推诿。今据布政使玉麟请将顺天府属州县仓库并一切钱谷事件责令四路同知稽查督察，照府州之例定以考成，仍令申详本道，听其统核，实因历年办理情形不得不然，俾切近之考核有员，则钱粮之稽查益密。臣详加酌议，事属应行，至钱粮案件既归同知管理，则往来盘查诸费在所必需，亦应如所请，于该同知应得养廉之外，每员酌增办公银三百两，统于司库耗羡项下支销，以资用度，并添设仓书一名、户书一名，均定为经制书吏，一体报部。③

经过慎重考虑，直隶总督方观承同意布政使玉麟的方案，乾隆亦认为该方案可行，交户部议奏。户部经过讨论，认为直隶总督所奏情况属实，同意顺天府、直隶总督的提议，据户部称："查顺天府属各州县卫征收地丁钱粮等项，凡酌拨俸饷留支经费，并一切动支数目款项原属繁多，分隶道员管辖，诚恐鞭长莫及，应如该督所议，分隶各该同知稽查督察，添仓书一、户书一，将各吏年貌、籍贯、着役日期造

①《直隶总督方观承奏为覆议顺天府属州县仓库钱粮归四路同知管理折》（乾隆十九年四月初三日），宫中档乾隆朝奏折，403006154。

②《直隶布政使玉麟奏请定钱粮之管辖以专责成折》（乾隆十九年二月初四日），宫中档乾隆朝奏折，403005784。

③《直隶总督方观承奏为覆议顺天府属州县仓库钱粮归四路同知管理折》（乾隆十九年四月初三日），宫中档乾隆朝奏折，403006154。

册报部,五年役满照例考职。至办公银三百两亦准添给。再查四路同知既经管理该州县钱粮事务,则与知府、直隶州体察无异,凡遇州县钱谷案件应以各该同知为专理,以霸昌、通永二道为兼管,其盘查、详请、议处、议叙等案悉照知府、直隶州知州之例一体遵行办理。"①自此,四路同知除捕盗、刑名之外,又兼钱谷事务,事权愈重,四路同知亦由原来专管治安、刑名的治安官,成为兼管刑名、钱粮的地方行政官员。

四路同知设立之初所用关防内有兼永平、保定、河间府等衔,西路同知因为还负有稽察水利工程之责,其关防中加入"水利"二字。乾隆二十四年(1759),适应四路同知职权变化以及地方治理的需要,直隶布政司三寳奏请更换四路同知关防,据其奏称:

> 设官分职,各有印信关防,用昭信守。今查顺天府属四路同知在设立之初,只系专司捕盗,嗣于雍正六年将各州县刑名事件悉归审转。又于乾隆十九年将各州县钱谷事件亦令兼管,一均考成均照知府、直隶州之例办理。但现用关防内仍系兼永平、保定、河间等府之衔,如东路同知关防之文则系永平府通潞捕盗同知关防,南路同知则系河间府黄村捕盗同知关防,西路同知则系保定府卢沟捕盗同知关防,北路同知则系保定府沙河捕盗同知关防。臣查四路同知执掌既与知府、直隶州无异,所属州县刑名钱谷、河防、水利、考核责成,无所不统,正不必远借他府繁衔,以致名实不称,拟请将四路同知关防更换为顺天府某路刑钱捕盗同知关防字样,惟西路同知有稽查水利工程,应于关防文内增水利二字。只缘相沿因循日久,而体制今昔不同,可否准予颁换,以重职守,理合恭折具奏。②

从直隶布政使三宝的奏折可以看出,行政体制的改变,要求清政府强化四路同知建置归属,明确其职责,体现在印信关防上,即改变原兼直隶各府职衔,统称顺天府某路同知,并且将新增各项职权列于其职衔之内。直隶布政使三宝的奏折下发吏部,吏部尚书傅恒等认为顺天府四路同知指责发生了转换,"而所用关防兼永平、保定、河间等府衔,名实不称"③,同意直隶省所请,咨送礼部铸造更换新关防。

随着职能的转变,四路同知的称呼也发生了变化。例如咸丰年间西路同知全称为:"顺天总理西路刑钱兼管水利稽查营汛驿盐督捕府",钱粮成为四路同知兼管事务中的重要组成部分。咸丰七年(1857)六月,直隶省清查全省州县钱粮,其中涉及顺天府宛平县,布政司札西路同知称"该厅职司督催","蒙布政司钱札开,札西路厅知悉,案查直属各州县未经交代,前因积压过多,经本司援照晋省奏案,酌拟清厘章程……合亟由五百里颁式札饬、札到该厅立即遵照,会同局员速将所属已结未结各案逐一查明,照依颁发折式限五日内汇开总折,仍由五百里禀覆本司核办"。宛平县根据西路同知的要

① 光绪《顺天府志》卷五十一《食货志三·田赋上》,光绪十二年刻本,第70页b。
②《直隶布政使三宝奏为顺天府属四路同知关防名实不称请予颁换事》(乾隆二十四年十一月十九日),宫中朱批奏折,04-01-01-0229-039。
③ 嘉庆《钦定大清会典事例》卷24《吏部·官制·各省知府等官》,第1017页。

求,将钱粮情形汇总申送西路同知,再由西路同知汇总各州县钱粮至直隶省核查。

乾隆朝之后,四路同知职能已经涉及所管州县事务的各个层面,因此逐渐肩负起考核所属州县的职责。顺天府对所属州县的大计考核须经由四路同知核转,光绪三十年(1904)顺天府考核所属州县,先由各路同知查核,再转报顺天府及直隶总督。据西路同知谢锡芬呈称:"今于印结事,据涿、大、宛、良、房五州县结称,各任内经征钱粮、承审命盗词讼各案,及监押各犯名数,暨兴建学堂并种植工艺、巡警诸务填注,并无遗漏等情到厅,卑厅覆查无异,合加印结是实。"①另据北路徐国桢印结称:"卑厅所属之顺义、怀柔、密云、平谷等五州县应造课绩表,自光绪三十年正月至十二月造送之日止,所呈课绩表并无漏虚饰情事,所具印结是实。"②另据署南路同知吴友贤印结称:"卑厅所属霸州、保定、文安、大城、固安、永清、东安七州县,光绪三十年分经办一切事件填注课绩表张,均系据实填注,并无虚捏情弊,不敢扶同隐饰,合加印结是实。"③另据东路同知许元震印结称,"卑厅按表查明所属通州、武清、宝坻、香河等州县经征钱粮,办理命盗杂词讼案及学堂、种植工艺、巡警各事与原填无异,所具印结是实。"④

三、四路同知与直隶、顺天府关系变迁

四路同知设置之初,虽然被称为"顺天府四路同知",但实际上受直隶总督直接监督管理。以四路同知员缺的题补拣选为例,最初,同知员缺由直隶总督拣选题补,定例:"令该督于本省见任官员内,遴选驾驭捕役缉盗有方之人,具题引见补授,如所属内遴选无人,应令题明,由部照理事同知之例,将各部院衙门笔帖式、中书、小京官内遴选保举,引见补授。"⑤雍正二年(1724)题准,"顺天府四路同知员缺,令该督于本省现任官员内遴选驾驭捕役、缉盗有方之人具题引见补授"⑥。雍正二年八月,顺天府东路同知王拱垣之父病故,该同知向直隶守道桑成鼎呈报丁忧,经桑成鼎及巡抚李维钧查核,符合丁忧之例,遂向皇帝具题丁忧。⑦在题报东路同知开缺的同时,李维钧题请拣员补授员缺,据其题称:"捕盗同知缺出,例应于本省现任官员内拣选题补,如拣选无人,即应题明吏部,照理事同知之例拣选引见补授,今东路捕盗同知王拱垣丁忧员缺,臣于属员内详加拣选,无合例胜任之员",由此该巡抚题请饬部拣选补授。⑧

康熙、雍正年间,四路同知隶属直隶省管辖,与直隶之间治安、刑名关系紧密,因此四路同知的人事关系遵循回避直隶的原则。雍正四年(1726)间据直隶总督李绂题称:"定例,内外官员有关刑名钱谷考核者,俱令官小者回避,今据布政司张适呈称,北路捕盗同知张迪系本司胞兄,例应回避。"⑨四路同知与直隶的隶属关系非常明确。

① 《西路同知谢赐芬印结》(光绪三十年十二月),顺天府档案,13-001。

② 《北路同知徐国桢印结》(光绪三十年十二月),顺天府档案,13-014。

③ 《南路同知吴友贤印结》(光绪三十年十二月),顺天府档案,13-016。

④ 《东路同知许元震印结》(光绪三十三年十二月),顺天府档案,13-032。

⑤ 嘉庆《钦定大清会典事例》卷820《顺天府·职掌·建置》,第3845—3846页。

⑥ 嘉庆《钦定大清会典事例》卷45《吏部·汉员遴选·顺天府四路捕盗同知》,第2088—2089页。

⑦ 中国第一历史档案馆编:《雍正朝内阁六科史书·吏科》(第14册),桂林:广西师范大学出版社,2002年,第200—201页。

⑧ 中国第一历史档案馆编:《雍正朝内阁六科史书·吏科》(第16册),第53页。

⑨ 中国第一历史档案馆编:《雍正朝内阁六科史书·吏科》(第32册),第281页。

在乾隆朝初期,顺天府属四路同知也主要由直隶总督负责拣选题补。例如乾隆二十八年(1763),南路同知莫如忠因案革职,直隶总督方观承专折奏请以直隶宣化府延庆州知州陈孝长升升署。据方观承奏报:"南路同知一缺,有督率弁兵缉捕逃盗之责,又文霸等七州县钱谷刑名事件悉由核转,系兼三要缺,例应在外调补,臣与两司于现任同知内详加拣选,非专司河务即难胜表率,求其合例可调者一时殊难其人",因此最终选择以延庆州知州陈孝升升署。①在南路同知的选任过程中,仅直隶总督主持,两司参与,顺天府完全缺席。

在乾隆朝中后期,顺天府逐渐参与四路同知员缺拣选,尤其是同知员缺从大兴、宛平两县知县拣选之时,由直隶总督主稿,府尹会同总督列衔。例如乾隆二十九年(1764),南路同知张若瀛革职,直隶总督方观承主稿,侍郎兼管府尹钱汝诚与府尹窦光鼐会稿奏请将大兴县知县周赟"给咨送部引见",升署南路同知。②从现存清代档案可以看到,在整个乾隆朝,除涉及大兴、宛平两县之外,凡从直隶其他府州县选任四路同知员缺,顺天府均未参与。

随着四路同知与顺天府、直隶总督的关系演变,四路同知作为顺天府属员的性质表现得愈发突出。乾隆五十五年(1790),西路同知关防因为使用年久,难以辨认,同知蒋云卿向顺天府申请更换关防,据蒋云卿称:"卑厅乾字一万二千五百十一号关防一颗,系乾隆二十六年颁发,迄今三十年,篆文漶隐,难以行用,理合出具印模,就近详请具题更换。"根据西路同知的请求,顺天府覆查印模与该同知所报相符,随即题报礼部,尽快更换关防。③

到嘉庆年间,在四路同知员缺拣选过程中,顺天府突破大兴、宛平两县的限制,职权逐渐扩大到外属州县。嘉庆四年(1799),东路同知刘念拔因病解任,总督胡季堂会同兼署理布政使的按察使全保选择以遵化直隶州知州薛学诗署理,然后胡季堂主稿,兼管府尹莫瞻菉、府尹阎泰和会稿奏请。④从此次东路同知员缺的选用过程来看,虽然府尹仅仅是参与会稿,列名于奏折之末,但是毕竟成为四路同知选用过程中不可或缺的一个环节。

嘉庆年间,除同知员缺的选任以外,顺天府也逐渐参与到四路同知的监督考核、参处、议叙。嘉庆七年(1802),东路同知莫景瑞因督催派修剥船迟误被参,直隶藩司、臬司与通永道对莫景瑞迟误原因进行了详细调查,情况系其到任未及一个月,除承催派修剥船外,还到三河县相验,到东坝煮赈,又患病数次,因此得出结论:"其情节并非督催不力",署直隶总督熊枚经与顺天府府尹等札商,会同顺天府兼尹汪承需、府尹阎泰和奏请暂留东路同知本任。⑤在本案处理的过程中,直隶总督已经不能独断,顺天府也发挥了重要作用。

---

① 《直隶总督方观承奏请以延庆州知州陈孝升升署南路同知折》(乾隆二十八年七月十一日),宫中档乾隆朝奏折,403015436。
② 《直隶总督方观承、侍郎兼管府尹钱汝诚奏请以大兴县知县周赟升署南路同知折》(乾隆二十九年六月十八日),宫中档乾隆朝奏折,403018120。
③ 《户部左侍郎兼管顺天府尹事务蒋赐棨题报西路同知关防篆文模糊请准铸换》(乾隆五十五年十二月十五日),内阁大库档案,069238。
④ 《直隶总督胡季堂奏为东路同知要缺需员恭恳圣恩俯准补用以资治理事》(嘉庆四年五月二十四日),宫中档嘉庆朝奏折,404004589。
⑤ 《都察院左督御史暂署直隶总督熊美奏为查明顺天府东路同知莫景瑞催修剥船实情事》(嘉庆七年四月二十三日),宫中档嘉庆朝奏折,404007925。

四路同知肩负着"审转刑钱案件,督率弁兵巡缉逃盗之责"。嘉庆十七年(1812)"林清事件"后,面对京畿社会的复杂性,清政府愈发认识到四路同知在京畿治理过程中的重要性,为了更好地发挥四路同知的作用,清王朝逐渐加强顺天府对四路同知的控制。嘉庆十八年(1813)十一月,巡视西城御史陈用光奏请调整顺天府属州县官考察升调例,陈用光指出:"大兴、宛平二县为首善之区,向来专循资格,以阘茸无才者授之,安能责以发奸摘伏。"他建议:"嗣后请择治行尤异之员题升,使府尹得兼举劾之权。"此奏经吏部详定章程,据吏部议奏称:"查顺天府所属二十四州县,定例均系直隶总督专主,府尹会衔。嗣后大兴、宛平二县缺出,请归府尹于所属之员详加遴选,出具考语,奏请升调。其外二十二州县拣选题调,均令府尹主稿,总督会衔,如顺天府所属官员无可保题,再咨行总督于通省拣选,令总督主稿,府尹会衔。顺天府属佐杂各缺,亦归府尹专主办理。"①对于吏部制定的方案,嘉庆皇帝表示赞同,颁行实施,顺天府对所属官员人事权进一步加强。嘉庆二十二年(1817)间,南路同知员缺,经直隶藩臬考察,顺天府霸州知州何贞可以胜任,直隶藩臬两司将其理由详报顺天府,经顺天府兼尹章煦、府尹汪如渊察核属实,随即主稿会同直隶总督方受畴奏请以何贞署理南路同知。由此可见,顺天府在四路同知选用的过程中已经掌握主动权。②

在道光朝以后,虽然直隶总督仍然参与四路同知员缺的拣选,但是顺天府基本掌握四路同知人事的主动权。道光元年(1821)七月间,东路同知王殿杰病故遗缺,布政使屠之申、按察使阿霖详请顺天府拣选合适人选委署东路同知员缺,兼尹刘镮之、府尹申启贤经过仔细审核,认为顺天府西路同知吕嗣关"心地明白,办事老练,以之调署东路同知实堪胜任",刘镮之等根据"人地实在相需,专折奏请之例",绕过直隶总督,直接上折奏请以吕嗣关调署东路同知。③道光三年(1823),根据新例,顺天府的责任更加明确:"京畿四路同知缺出,令该府尹先尽顺天府属人员内拣补。"④道光十八年(1838),清政府再次强调四路同知员缺顺天府属官员的优先权:"遇有同知缺出,先以大兴、宛平二县升补一次,再以顺天所属并直隶阖属人员升补二次"。⑤此后,顺天府四路同知员缺升补,形成了特定章程。从道光至光绪年间先后发生三次变化:

道光十八年奉到新例内开,嗣后遇有同知缺出,先以大兴、宛平二县升补一次,再以顺天所属并直隶阖属人员升补二次。如轮应两京县升补时,顺天拣选不得其人,或有甫经到任,尚须试看之处,其缺仍归顺天并直隶阖属人员升补,不积轮升班次,再有缺出仍于大宛二县内拣选。

又咸丰元年七月内奉部通行内开,嗣后各州县以上应题应调缺出,如系题缺请升、调缺请补,

---

① 《仁宗睿皇帝实录》卷278,嘉庆十八年十一月癸酉,《清实录》(第32册),北京:中华书局,1986年影印,第796—797页。

② 《顺天府兼尹章煦、府尹汪如渊奏请以霸州知州何贞升署南路捕盗同知事》(嘉庆二十二年十一月二十九日),军机处录副奏折,03-1577-024。

③ 《吏部尚书兼管顺天府尹事务刘镮之、府尹申启贤奏请以吕嗣关调署东路同知事》(道光元年九月初三日),军机处录副奏折,03-2513-014。

④ 《兼管顺天府尹事务卢荫溥、府尹申启贤奏为委令吴承宠升署东路捕盗同知事》(道光三年六月二十八日),军机处录副奏折,03-2537-040。

⑤ 《吏部尚书兼管顺天府尹事务卓秉恬、府尹曾望颜奏请以陈之骥升署西路同知事》(道光二十年十一月二十四日),军机处录副奏折,03-2700-072。

或题缺请调、调缺请升，俱令该督抚照例于折内详细声明，方准升调。

又同治三年四月间奉部议覆臣衙门条奏章程内开，嗣后凡保题升调人员应令该督抚、府尹于保题疏内将该员任内有无积案及欠解钱粮、承缉未获盗案，详细声叙，如承审案件并承缉盗案、征解钱粮已起降调革职参限者，概不准其升调各缺，其有缺系繁要，人地实在相需，为地择人者，亦应据实陈明，仍照定例办理，不得以空泛考语，滥行保题。

又于光绪八年八月间奉部议覆臣衙门调奏章程内开：嗣后顺天府四路同知缺出，如轮届大宛二县请升时，即按照大宛二县请升遵化、易州直隶州知州定章，由顺天府会同直隶总督按照轮次，以该二县知县内酌量拣选请升，不计有无卓异。倘该二县甫经到任或不得其人，亦仍查照例内专条，先尽顺天府属人员拣选能驾驭捕役、缉盗有力之员请升，仍毋庸拘定先尽卓异人员请升定章办理。如大宛二县与顺天府属人员人地均不相宜，再行查照例章，于直属各员内先尽卓异人员升补。如卓异无合例人员，始准以劳绩应升人员升补，不积轮升班次。再有缺出，仍以大宛二县知县酌量请升，如已用过大宛二县轮升之后，接用顺天府属人员请升，应即积顺天所属与直隶阄属人员请升轮次。①

由此可见，顺天府四路同知员缺，拣选补授有一定的规则，即"先尽顺天府属人员内拣选"的原则，顺天府属官员优先补用同知员缺，顺属官员无合式之员，再从直隶所属官员内拣选升补。

随着京畿治理体制的日益成熟，至清代后期，四路同知的委署、选拔主要由顺天府负责。光绪二十年(1894)二月北路同知赖永恭病故，顺天府向吏部具题开缺。根据定例，北路同知例应在外拣选，但是因为职位重要，难以找到合适人选。根据四路同知拣选条例："四路同知缺出，先尽顺天府属人员内拣选能驾驭捕役、捕盗有方之员，具题引见补授。又，同知缺出，先尽大兴、宛平二县升补一次，再以顺属并直隶阄属人员升补二次"，②府尹从所属官员内查找合适人选。经查，光绪十八年(1892)东路同知郝联薇病故，东路同知开缺，经直隶总督李鸿章题报在案，再经顺天府奏请，以宝坻县知县谢裕楷升补东路同知。③与此同时，原北路同知蔡寿臻升补顺天府治中，顺天府题报北路同知开缺。④经顺天府兼尹孙家鼐奏请，北路同知员缺以顺天府三河县知县赖永恭升补。⑤北路同知赖永恭病故后，根据规则，"北路同知一缺轮应大宛二县升补"，但是大兴县知县赵文粹到任时间不久，宛平县知县王梦龄"于本年二月到任，核计到任日期与出缺同月"，因此大兴、宛平知县均不能升同知。兼尹孙家鼐按例从顺天府所属其他州县中拣选，最终确认霸州知州沈宗薯为合适人选，沈宗薯年三十九岁，浙江钱塘县人，祖父沈兆霖原任户部尚书署陕甘总督，因镇压民变殉难，遵例承荫知州，光绪十一年(1885)选授霸州知州，经直隶布政使裕长、按察使周馥会同出具考语详报顺天府，再经顺天府兼尹孙家鼐查核："该员年

①《兼管顺天府尹陆润庠、府尹凌彭福咨军机处东路同知缺拟以南皮令章师程升补》(光绪三十四年十一月二十八日)，军机处档折件，168299。

②《直隶总督李鸿章奏请汪家勋补授南路同知事》(光绪元年五月初十日)，军机处录副奏折，03-5098-055。

③《直隶总督李鸿章题报东路同知郝联薇病故日期事》(光绪十八年七月十九日)，吏科题本，02-01-03-12518-033。

④《兼管顺天府尹祁世长奏请蔡寿臻调补顺天府治中事》(光绪十八年五月十四日)，军机处录副奏折，03-5292-042。

⑤《兼管顺天府尹孙家鼐奏请赖永恭升补北路同知事》(光绪十八年十一月十九日)，军机处录副奏折，03-5299-040。

力富强，任事勤奋，以之升补北路同知，实堪胜要缺之任，人地实在相需，与例亦属相符”。据此，孙家鼐与直隶总督李鸿章奏请以沈宗謩升补北路同知。[①]

顺天府、直隶总督的人选最终被吏部驳回，经吏部议准，以直隶密云县知县殷谦升补北路同知。[②]但是顺天府兼尹孙家鼐并没有放弃以沈宗謩为北路同知的初衷。光绪二十二年十月初四日，北路同知殷谦因在密云县知县任内承放兵米“掺杂潮湿”，被密云副都统谦光参奏降调。[③]机会再次来临，根据定例，四路同知缺出，先以大兴、宛平二县升补一次。经查光绪二十一年(1985)六月南路同知陈镜清保升，南路同知遗缺以大兴县知县赵文粹升补。[④]因此，北路同知员缺，不能再以大兴、宛平知县升补，而应当以顺天府所属其他人员升补。据此，孙家鼐此次提出以霸州知州沈宗謩升补。孙家鼐认为沈宗謩各方面条件都具备，奏请以沈宗謩升补北路同知。[⑤]顺天府上奏后，吏部对沈宗謩在霸州知州任内情况进行核查，发现从光绪十一年任霸州知州以来，有多起未办案件，且“各案均例关展参降调，核与升补例章不符”，因此吏部认为：“所有该兼管府尹等奏请以霸州知州沈宗謩升补北路同知之处应毋庸议，其北路同知员缺应令另行拣选。”[⑥]

顺天府的要求被吏部驳回之后，顺天府兼尹孙家鼐并未放弃，他指出：“北路同知一缺管辖昌平等五州县，职司缉捕及审转所属一切刑钱案件，系冲、繁、难三项要缺，沈宗謩既有四参处分，自应在外另行拣选。惟查顺属四路捕盗同知为京畿繁要之缺，责任极重，与别项同知迥不相同。而北路地当孔道，政务殷繁，尤须人地相宜，非干练有为，熟悉情形，且能驾驭捕役、缉盗有方之员不足以资治理”，但是在顺天府州县官之内考察，除沈宗謩外，没有更好的选择，因此再次奏请以沈宗謩升补北路同知。[⑦]经过顺天府的多次斡旋，吏部最终接受了孙家鼐的建议，吏部称：“查该员任内有例关展参之案，经部议驳在案。今该兼管府尹等声称于北路同知地方情形极为熟悉，人地实在相需，仍以该员升补。查无别项不合例事故，既据该兼管府尹等遵例声明，自应准如所请，相应奏明请旨，准将直隶霸州知州沈宗謩升补北路同知。即积顺属、直属轮升班次之缺，应令该兼管府尹等给咨该员赴部引见。”[⑧]在这宗旷日持久的同知任用案中，顺天府最终实现了自己的目标。四路同知员缺的拣选经历了三个阶段，即最初由直隶总督负责，到乾隆朝中期以后顺天府逐渐参与，嘉庆、道光以后顺天府取代直隶总督发挥关键作用。

---

①《兼管顺天府尹孙家鼐奏请以霸州牧沈宗謩升补北路同知事》(光绪二十年六月二十日)，军机处档折件，133370。

②《大学士管理吏部事务张之万题为遵旨议准以殷谦升补北路同知事》(光绪二十一年十二月十二日)，吏科题本，02-01-03-12644-017。

③《密云副都统谦光奏为特参密云县知县殷谦运放兵米掺杂潮湿请旨交部议处事》(光绪二十二年十月初四日)，军机处录副奏折，03-5918-003。

④《兼管顺天府尹孙家鼐题为请以大兴县知县赵文粹升补南路同知事》(光绪二十一年六月二十日)，吏科题本，02-01-03-12635-002。

⑤《兼管顺天府尹孙家鼐奏请以霸州牧沈宗謩升补北路同知事》(光绪二十三年二月十七日)，军机处档折件，137392。

⑥《吏部知会军机处以顺天府霸州知州沈宗謩升北路同知与例不符奉旨依议》(光绪二十三年五月二十四日)，军机处档折件，139757。

⑦《兼管顺天府尹孙家鼐等奏请仍以沈宗謩补北路同知事》(光绪二十三年七月二十二日)，军机处档折件，140716。

⑧《吏部知会军机处为顺天府霸州知州沈宗謩升北路同知与例相符遵旨覆奏一折奉旨依议》(光绪二十三年九月二十九日)，军机处档折件，142688。

四路同知选任程序的演变反映出京畿治理过程的复杂性,顺天府与直隶总督既有协作关系,又因归属、权限等问题存在着矛盾冲突。例如,顺天府虽然被列为"正三品京堂",每年仅支养廉银四百两,反不及所属之大兴、宛平两京县之半,与直隶布政使、总督相比则更为悬殊。[①]后人在评价清代顺天府体制时即指出,顺天府地位尊崇,但是"一切吏治财政仍受制于直隶长官,又别设兼尹以监督之,故其时权限混淆、职务糅杂,政令歧出,几无考成之可言"[②],所论虽然不尽属实,但是清王朝以顺天府为核心探索京畿协同治理的努力似乎并未完全实现。

四、结语

顺天府四路同知之设,其始以维护社会治安为基本职责。但经过长期的演变,四路同知的职权扩展到地方吏治民生的诸多层面,逐渐演变成为京畿地区社会治理的亲民官,"凡亲民应为之事,无不悉心体察,实见施行"[③]。宣统二年(1910),顺天府大计所属官员,东路同知徐国桢向顺天府呈交的履历事实清册,反映了四路同知体制成熟时期的基本职能,据徐国桢呈称:

> 卑厅每逢朔望督同绅董宣讲圣谕,并演说一切新政,谆切告诫,使士民咸知向化,开通风气;卑厅督饬各属征收各项粮租,依限尽征尽解,不使丝毫拖欠,以重库款;卑厅承审案件均系随到随结,不敢稽延,审转命盗杂案亦均依限覆审解勘,从无逾违;卑厅督饬巡警弁兵,不时操练,认真严缉,务使有犯必获,赏罚兼施,不致疏懈;卑厅督饬各属遵章认真清查保甲,并饬加意严防匪类,以期地方安谧;卑厅督饬各属遵章整顿警务,认真教练,以赍巡缉两卫地方;卑厅督饬各属遵章筹设各项学堂,讲求学务,各使士民均知向学,化行俗美;卑厅督饬各属,凡关预备立宪等各新政,均须依限次第办理,以冀循序渐进,毋得因循敷衍,致遏要政;卑厅奉饬办理诸要新政,悉遵定限,立即分别举办转行,不敢稍涉懈弛,致误宪政。[④]

由此可见,经历两百余年的历史演变,至清末,四路同知的职权已经涉及教化、钱粮、刑名、警务、治安、教育、新政等各项事务。四路同知逐渐成为清代京畿多元共治体制下的重要一环,是清王朝实施京畿治理不可或缺的重要力量。

四路同知在京畿协同治理模式这一体制中居于承上启下的环节,不可或缺。宣统元年(1909),宁河县知县孔宪邦向顺天府申送办理新政表册,据申文称:"东路厅宁河县为申送事,案蒙本厅札饬,以蒙道宪札转,准藩宪咨开,详蒙督宪批准,嗣后各属每届年终,务将新政事实表册按照颁式切实填列造册申送等因,遵照在案,卑县应造光绪三十四年分事实表册分五分项,逐细查明填注,装订成册,分别

---

①《奏加顺天府尹廉俸》,《时报》1905年5月9日,第6版。

②《顺天府区域权限之规定》,《生活日报》1914年5月22日,第7版。

③《直隶总督李鸿章奏为已故顺天府尹李朝仪历官政绩懋著贤劳请旨宣付史馆事》(光绪七年七月十五日),军机处录副奏折,03-5536-010。

④《东路同知徐国桢考语册》(宣统二年十一月),顺天府档案,12-016。

申送,拟合照造前项表册,具文申送宪台查核,为此备由具申,伏乞照验施行。"①由宁河县申文可以发现,顺天府属州县行政管理层级分为五级:州县、四路厅、通永道和霸昌道、直隶按察使和布政使、顺天府尹和直隶总督,在上述行政层级中,与州县关系最为密切者无疑就是四路同知,它是顺天府与直隶省、州县与各层级行政机构之间政令上传下达的关键环节。

清末新政改革期间,清王朝考虑调整顺天府体制,朝野上下关于顺天府存废之争不绝于耳。②光绪三十年(1904),因京师治安和司法事务另划归五城与工巡局兼理,适应京畿治理的需要,顺天府建议整合顺天府行政机构,凡与京师职能关系疏离的机构整体外迁,解散四路同知,"以大兴县移驻黄村,兼理东南各事,宛平县改屯卢沟桥,兼理西北各事"③。在顺天府行政体制改革过程中,有官员建议进一步强化顺天府及四路同知体制,改府尹为巡抚,同知升为知府,据该官员等强调:"平日府尹虽与督抚平行,而品秩既逊,即权限未专,不若将府尹改为巡抚,裁去兼尹一缺,以免事权不一,并裁去府丞、治中,添设布政、提法、提学各司,以资治理。至辖地过少,名实未能相称,可除原管二十四州县外,将京北之宣化、承德两府划归巡抚管辖,四路捕盗同知一并改为知府,庶京省官制免致参差。"④顺天府主张将顺天府改设行省,四路厅改为审判厅,并拟定具体章程方案。⑤随后,清政府内部掀起了京畿行政体制改革的大讨论,有官员建议削弱顺天府体制,改府尹知府,归直隶总督直辖,将四路同知全部裁撤。⑥反对顺天府改设省制的官员认为:"以府之名称而领省之区域,名实究有未符",此外,"于直隶百余州县中划出二十四属别为一省,与之对峙,不配亦太不均"⑦。上述主张扩展顺天府职能的有顺天府尹、政务处大臣,主张缩小顺天府职权的为宪政馆大臣,因为双方争执不下,顺天府官制改革的计划最终无果而终。⑧

清末顺天府行政体制改革反映出京畿治理的复杂性,中央与地方、顺天府与直隶之间不断进行博弈,京畿协同治理的实践在清末陷入困境。当然,京畿协同治理的探索并未因清王朝的灭亡而中断,从民国时期到新中国成立以后,关于京津冀地区行政体制改革以及协同治理理念的讨论和实践从未间断,并且随着历史变迁展现出不同的时代特色。

(作者王洪兵,中国海洋大学中国社会史研究所教授。原载《中国社会历史评论》第22卷,天津古籍出版社2019年)

---

①《宁河县知县孔宪邦申文》(宣统元年正月十八日),顺天府档案,13-037。

②《顺天府裁撤述闻》,《山东官报》1905年第68期,第4页。

③《各省内务杂志·直隶》,《东方杂志》1904年第1卷第10期,第136页。

④《政府拟改顺天府尹为巡抚》,《新闻报》1908年6月25日,第4版。

⑤《顺天府改设行省之难》,《新闻报》1908年9月26日,第4版。

⑥《改革顺天官制之纷议》,《申报》1911年4月4日,第5版。

⑦《拟改顺天府地方行政制度之呈文》,《时报》1912年7月7日,第3版。

⑧《十八日戌刻北京专电》,《时报》1909年5月8日,第2版。

"文书治国"还是"书吏治国"？

——清嘉庆朝王丽南私雕官印案研究

倪玉平

近些年来,随着学术研究的逐步推进,关于传统国家治理的问题得到了越来越多的关注。明清时期,中央集权与垂直管理体系日益加强是明显的趋势,包括官方与民间在内的各式文书越来越深入到社会生活的每个角落,成为政令上传下达与规章落实的制度保障;与此同时,熟读四书五经而入仕的官员与专业化职能部门之间的鸿沟也日益加深,官员们只能更多地倚重名声绝非良好的书吏,由这些数量众多的吏员们直接负责钱粮征收、法律判决和机构运行。由此也引出一个很有意思的话题,这一时期的国家治理,究竟是由谁在主导进行? 是应该称为"文书治国"还是"书吏治国"? [①]

公章印信是象征政府权力的主要凭证,私雕官印是对公权力和文书治国的公然挑战,被历届政府视为严重的犯罪行为,相关涉案人员必定受到严厉惩处。清朝的私雕官印案件屡见不鲜,是政府行政管理体系失控的重要表现形式。在清代的私雕官印案中,涉案金额最大、牵涉人数最多、时间跨度最长的,当数嘉庆十一年(1806年)案发的直隶司书王丽南私雕官印案。本文即以此案件为例,对清代国家治理模式的侧面做一简单分析,以求正于方家。

一

乾隆后期,地方钱粮亏空已经成为顽疾,朝廷进行过多次的清查、整顿,但总体情况并不乐观。乾隆中叶以后,各省积欠就异常严重,乾隆六十年(1795年)曾普免天下积欠,但无济于事,至嘉庆三、四年为止,新积欠又不下二千万两。[②]鉴于积欠过于严重,已经威胁到财政体系的稳定,清廷不得不多次下令严催,然并未取得好的效果。

嘉庆亲政后,最初是改变其父亲普天同查的办法,缩小范围,只针对近京地区的直隶和山东,而且主张通过密办方式,"徐徐办理"[③],态度非常温和。四年六月,直隶总督胡季堂奏请严追直隶亏空各员,主张将有关人员拘至省城勒补,结果嘉庆批示:"封建大吏当以吏治民生为重,而财赋次之,胡季堂何不知大体如此!"直隶钱粮亏空已悬宕三十余年,"即须次第清厘,何必哑哑?"[④]强调不必大动干戈,以免造成事端。不久,嘉庆帝又密谕胡季堂:"仓库必须弥补,然须行之以渐。为大吏者正己率属,大

---

① 相关著作和文章可参见[日]富谷至:《文书行政的汉帝国》(刘恒武、孔李波译,南京:江苏人民出版社,2013年),陈忠海:《古代的"胥吏治国"》(《中国发展观察》2016年第14—15期)等。

② 中国第一历史档案馆编:《嘉庆道光两朝上谕档》第5册,嘉庆五年正月十三日,桂林:广西师范大学出版社,2000年,第11页。

③《清仁宗实录》卷四十一,嘉庆四年三月戊子,北京:中华书局,1986年,第502—503页。

④《清仁宗实录》卷四十七,嘉庆四年六月癸卯,北京:中华书局,1986年,第573页。

法小廉,徐徐化导,革除陋规,自必渐次清厘。"①换言之,嘉庆帝最初对直隶的亏空采取了不可不问、不可深问,不可不办、不可深办的方针,这也为私雕官印案留下了巨大的操作空间。

延至嘉庆十年,在总督离任交代时,直隶当局发现本省有节年未归银两200余万,其中"欠在州县者即有一百五十余万"②。考虑到事态有些严重,嘉庆帝不得不表示,直隶省各项钱粮,一直"挪移垫借,朦混影射,缪辖纠缠,以致应解之项任意宕延"。直隶之所以屡次查而不清,总因总督颜检"平素意存见好于地方事务,未免涉于粉饰,而属员等揣摩迎合,往往习为谀词,以致诸事不能核实"③。考虑到清查一次,亏空数据即增长一次,以后的清查仍然会是查而不清,嘉庆帝特意发布上谕称,直隶"藉词清查,希图以一篇空账,仍如前两次之分别咨追虚悬了事",似此年复一年,任意亏短,叠次增多,"必致将库项尽归无著而后已"④,可见他对弥补亏空已经丧失信心,态度也逐渐变得严厉起来。

嘉庆十年十一月,署直隶总督裘行简和布政使庆格奏请,打算对直隶藩库借垫未归各款详细核对,以便彻底清厘。由于工作量大,延至次年春,裘行简与庆格奏报工作进展时,表示两人"日日讲究,必须款归实在,未便循照向规出结了事,致负圣恩",但"无如历年出入银款,辗转挪垫,缪辖不清"。尤其可恨的是,"司书狡黠,左右支吾",加大了清查难度。经过数月的努力,他们"调齐历任奏销交代档册,司库收放底簿各属解银案据,昼夜稽核,查出历年地粮耗羡以及杂税银两,均有虚收之款"⑤。

为查得实情,庆格亲书密札,要求各州县接到来信后,立即封存所有文书,"带到省城逐加核对"。经过核对,发现"竟有假印及贴改诸弊,不胜骇异"。他当即传讯承办司书,以便逐一查证。不料听到风声后的"舞弊之陶源即陶含辉","畏罪潜逃"。陶含辉的出逃,显示出冰山一角。得到消息后,庆格立即赶赴裘行简所在的工地,当面将相关情况汇报总督。两人决定立即抓捕相关人员,并全国通缉陶含辉。随即,藩库司书王丽南、包遇亨、陈均亮等人被抓,"隔别研讯"。最初这些涉案人员"各知罪重,百计狡展,总欲透卸",将所有罪名都推卸到在逃司书陶含辉身上。费淳等人一一核查,逐案"指明某案系司书某人承办,俾其无可推诿"。至此,王丽南等人才纷纷招认。

经审讯得知,各州县向省城押解钱粮,按例或是由解役书吏自行到库交纳;或是由书吏交给银匠,由银匠倾镕足色后代为交纳,然后银匠拿批收文书转交,解书拿文书回州县复命。调查后发现王丽南他们的手法是:"有酌解钱粮数两,俟获有库收,该犯等将小数贴改大数者;有将领款抵解钱粮,又复朦混给发者;有俟银两解到,串同银匠给与假印批收者。"十余年来,受到蒙骗的州县包括定州、蔚州等十余州县,涉及地粮正耗杂税等银28万余两。在获取直隶布政使司假印和恒裕库假印后,庆格让当初雕刻假印的薛蓝玉、王森两人当堂再雕,结果完全相符。庆格遂向朝廷奏报了这一"实出情理之外"的案件。⑥

署直隶总督裘行简奏折与庆格奏报的内容差别不大。他也指出,本年正月间自己与庆格逐一清

①《清仁宗实录》卷四十七,嘉庆四年六月丙辰,北京:中华书局,1986年,第587—588页。
②中国第一历史档案馆藏《宫中档朱批奏折》,嘉庆十一年八月十六日,署直隶总督裘行简折,档案号:04-01-01-0502-049。
③中国第一历史档案馆编《嘉庆道光两朝上谕档》第10册,嘉庆十年正月二十日,桂林:广西师范大学出版社,2000年,第15页。
④中国第一历史档案馆编《嘉庆道光两朝上谕档》第10册,嘉庆十年五月二十八日,桂林:广西师范大学出版社,2000年,第274页。
⑤中国第一历史档案馆藏《宫中档朱批奏折》,嘉庆十一年八月十六日,直隶布政使庆格折,档案号:04-01-01-0502-048。
⑥中国第一历史档案馆藏《宫中档朱批奏折》,嘉庆十一年八月十六日,直隶布政使庆格折,档案号:04-01-01-0502-048。

查账簿,"内悬欠无著之项为数甚多",虽经庆格严切查催,"而司中书吏总系朦混具禀,未能逐款登答"。他们心疑有弊,遂留意查看。此后果然由庆格查出,各州县批解银两,"竟有司书勾通舞弊、实款虚收之事"。经过顺藤摸瓜,提讯解银丁书,查验收单,发现"印篆可疑"。此后查出司书作弊亏短正耗银之事,"俱系司书银匠与解银丁书,朋分侵用"。裴行简表示,直隶藩库淆杂不清,年久悬欠无著之款,司书从中弊混,"诚所不免",但他无论如何也没有想到,竟然查出书吏假印虚收,分赃地丁钱粮之事,"实为从来仅见之事","实堪骇异"。虽然丁书供称,各州县实不知情,"但于应解钱粮何至毫无查考,一任解丁勾通舞弊,难保无知情短解情事",因而会严查到底。①

收到奏报的嘉庆帝自然更是大为惊讶,他甚至怀疑直隶当局的处事能力。他在庆格和裴行简的奏折上同时朱批"另有旨",又特派协办大学士、吏部尚书费淳和觉罗长麟作为办案钦差,前往保定办案。十一年八月二十五日,吏部尚书费淳与觉罗长麟受命前往保定。二十七日钦差大臣抵达保定,调取直隶藩库历年的收支账册、司署房科各档案卷宗,逐一核对。经查,自嘉庆元年至十一年止,直隶每年地丁耗羡杂款各项"俱有虚收、虚抵、重领、冒支等弊",其中24州县共侵盗银310669两零,内含各州县实完银12214两,未完银298455两。嘉庆皇帝在此朱批:"实属我朝未有之案,殊深惭恨!"②

二

经过多次审讯和奏报,案件的真相逐步明晰起来:司书陈均亮起意虚收钱粮,后由司书王丽南请人私雕库官假印,由司书薛蓝玉私雕布政司假印。有了公章后,这些司书遂串通起来作弊。通过核查账簿可知,24州县共侵盗银310669两,其中以小改大侵银100803两,假印库收批回侵银103354两,真印虚抵银106512两。

他们作弊的手法主要是以下三种:

一种是以小数改为大数。比如州县实解银一两,该司书先将解银一两据实办稿,交付藩库。等到藩库用印发出收据,该司书即将库收银一两字样,"粘贴挖补,改作收银一万两及数千两不等"。以一两顶替一万两,二两顶替二万两,如此等等,不一而足。王丽南他们"与州县讲明,每虚收重抵冒支银一万两,给与司书及说事人使费二三千两不等",各州县遂可以每银一万两省掉六七千两不等,"此系司书勾通州县、彼此分肥之弊也"。嘉庆元年,蔚州知州张麟书因奏销紧迫,托嘱长随赖锦堂,与司书王丽南、陈均亮等人商议。陈均亮起意以小数改为大数,令张麟书解银1两抵1万两,但要从中收取"使费"四千两。此事得到张麟书的同意,于是蔚州先后两次实解银2两,改为收银25000两,承担使费8000两,司书陈均亮、王丽南、陶含辉、长随赖锦堂等人分用。尝到甜头的张麟书又于定州任内,先后实解地粮银5两,诓出库收银57550两凭条,承担使费22800两,司书陈均亮、王丽南、长随赖锦堂等人分用。也有州县并不知情、司书串通银号私自分赃的事,"匿批不投,给与假印库收执照",州县领回假执照销账。如此做法,不禁令嘉庆皇帝朱批"奇闻!"

① 中国第一历史档案馆藏:《宫中档朱批奏折》,嘉庆十一年八月十六日,署直隶总督裴行简折,档案号:04-01-01-0502-049。
② 中国第一历史档案馆藏:《军机处录副奏折》,嘉庆十一年九月初二日,吏部尚书费淳等折,档案号:03-2392-022。

第二种是利用清代财政收支的复杂规章做手脚。按清制,州县地丁钱粮收入的大部分都须解交中央,地方存留有限,因而州县经常要从省城藩库支领银数。因为支领银数往往少于应解交的银数,王丽南等人就首先以应领银数据实办稿,写明要从中扣抵应解之银,从而留下仍应解交藩库的另一部分银数。间隔一段时间后,就仍然以前项已领之银,重复扣抵应解之银。也就是说,一份应从藩库支领的银数,会被重复支领抵扣两次。比如张麟书在大名县任内,冒领赈银17494两,王丽南从中收取使费7000两;磁州知县陈锡珏应解银8387两,用领过的赈银作为未解银抵给,支付王丽南等人使费2400两。有的时候,王丽南等司书还会为并无应领之项的州县,捏造应领之款,冒抵冒支。总之,"阅时久远,司书并不勾通州县,重复冒领侵用,此系司书全数侵吞,州县并无沾润,委不知情之弊也"。如果碰上藩司驳查,"该司书等即捏禀匿卷,巧计弥缝,迄未破案"。

第三种是直接私雕公章做假公文。嘉庆七年,清廷对官员离任交待的规定变得严格和规范起来,导致"后任州县查出前任州县所领库收,率多挖补,不肯接收交代"。王丽南担心东窗事发,"恐弊不能行,随(遂)起意私雕库官假印,当觅教读副榜王森代刻"。王森系高阳县副榜,在王丽南家任私塾先生。经过劝说,王森雕刻了一份恒裕库的库印,供王丽南等人使用。嘉庆十年,裘行简出任直隶总督,令各州县批解银两,不用库印而专用布政使司印,"所有假印库收即归无用,而挖补之弊又不能再行"。薛蓝玉又私自雕刻布政使司印,继续行骗。[1]更有甚者,在无法达到预期目标的情况下,他们甚至直接销毁文卷。戴书培曾借领司库银1600余两,为免还遂串通王丽南,结果王丽南"将借领案卷销毁",嘉庆帝不禁朱批"令人发指"。应该说,在十余年的时间里,这样的作弊手法并不是没有暴露的可能。只是"因司库款项繁杂,久未彻底清查,以故历年来未经败露"。[2]

根据相关史料,可以汇总出牵涉官员的名单及其银两数:

表1　地方官主使抵款(单位:两)

主事人	实解银	冒充银数	虚抵银数	分赃银
蔚州知州张麟书	2	20500		8000
定州知州张麟书	5	57550		22800
涿州知州王盛清	2	28753	17494	7000
磁州知州陈锡珏			8387	2400
深泽知县萧泗水			29875	3000
唐山知县陈孚		25417		5000
栾城知县徐承勋		3000	5432	1900
高阳知县任铭献		20284		6000
肥乡知县魏廷鉴			6281	1200
长垣知县范谷贻		4400	6589	3300
获鹿知县邹试			4485	1100
任县知县马河	5	5000		2500
正定知县戴书培			708	400
威县知县丁履端		5000		1500

---

① 中国第一历史档案馆藏:《军机处录副奏折》,嘉庆十一年九月初二日,吏部尚书费淳等折,档案号:03-2392-022。
② 中国第一历史档案馆藏:《军机处录副奏折》,嘉庆十一年九月初七日,吏部尚书费淳等折,档案号:03-2392-031。

资料来源:中国第一历史档案馆藏:《军机处录副奏折》,嘉庆十一年九月初二日,吏部尚书费淳等折,档案号:03-2392-022;嘉庆十一年九月初七日,吏部尚书费淳等折,档案号:03-2392-031;嘉庆十一年九月十八日,大学士庆桂等折,档案号:03-2355-006。

以上各项均系地方官知情,且主动指使此事。

表2　地方官并不知情涉案名单表(单位:两)

地方官	私分银数	地方官	私分银数	地方官	私分银数
蔚州知州叶庭和	6000	获鹿知县成璧	2600	元氏知县朱勋	286
肥乡知县孟长峦	2927	邯郸知县金殿魁	1000	隆平知县孙先振	415
景州知州朱堦	2218	鸡泽知县韩奇珍	3085	肃宁知县周拱	4094
任邱知县陈元芳	7302	清河知县戴聘	1141	肃宁知县徐寅第	3841
饶阳知县袁学瀛	4609	南宫知县朱圣哲	1424	永年知县郎锦骐	8213
饶阳知县钱文焕	4928	无级知县王中枚	141	获鹿知县邹试	5759
衡水知县邓成瑜	201	获鹿知县丁攀龙	3427	蔚州知州胡逊	8000

资料来源:中国第一历史档案馆藏:《军机处录副奏折》,嘉庆十一年九月初二日,吏部尚书费淳等折,档案号:03-2392-022;嘉庆十一年九月初七日,吏部尚书费淳等折,档案号:03-2392-031;嘉庆十一年九月十六日,吏部尚书费淳等折,档案号:03-2355-005。

以上各款系由解书私自勾结王丽南等人侵吞,或者由王丽南等人侵吞,地方官员并不知情,"并无商同贿嘱"。

涉案的重头是各级司书,既有省城司书,也有各州县书吏。据事后统计,司书王丽南涉及虚收银317887两,赵端儒涉及177809两,陶含辉涉及115259两,包遇亨涉及106072两,陈均亮涉及98704两,朱凤涉及86770两,沈秀廷涉及59050两,薛蓝玉涉及16271两,王步瀛涉及20500两,周启仁涉及5000两,张泳祺涉及17108两,李时旺涉及33417两,韩锦堂涉及6395两,康建明涉及5759两,郭汉章涉及9208两,长随赖锦堂涉及83050两,陶燧堂涉及46247两,王九峰涉及29875两,章秉常、周景白各涉及25447两,彭康庵涉及20284两,王昌言、谢东涯、卢涵各涉及10889两,沈礼墀涉及8436两,周昌言涉及5000两,俞用甫涉及1660两。此外还有王林得酬谢赃银280两,霍梅事后分赃银120两,胡得玉事后分赃250两,金国泰、章补堂均事后分赃100两。[1]涉案人数与金额都触目惊心。

三

嘉庆十一年的直隶王丽南案,共有24州县受牵连,涉案金额白银310669两,性质显然非常恶劣。嘉庆皇帝严厉斥责直隶各级官员:"该省官吏、幕友、长随人等,敢于勾通一气,将国家正帑任意侵吞,明目张胆,毫无忌惮,历任总督、藩司懵然不知,竟同木偶,所司何事?为从来未有之案,朕不得不从严加重办理。毫无良心之历任庸碌无能督藩,实堪痛恨,而朕不知人之咎,惟自怨耳。"对于相关涉案人员,嘉庆帝亦给予明确指示:"此案关系重大,务须缕晰详明,鞫讯得实,不可稍涉颟顸"。因为钦差大臣费淳和颜检系姻亲关系,他还特意告诫费淳,"慎勿因颜检久在直隶督藩之任,或有关碍处分,心存

---

[1] 中国第一历史档案馆藏:《军机处录副奏折》,嘉庆十一年九月十八日,大学士庆桂等折,档案号:03-2355-006。

瞻顾也"①。

根据费淳等人奏报可知,对本次涉案的官员处罚均从重从严。考虑到有州县主动合伙行骗,涉案官员有知州张麟书、王盛清、陈锡珏,知县徐承勋、陈孚、萧泗水、范谷贻、魏廷鉴、邹试、丁履端、任铭献等11人,"均系与司书勾通舞弊之员"。在这些人当中,除张麟书、邹试、丁履端三人病故外,其余各员均被押送省城,"按名传讯,始俱畏罪支吾,及与各司书当面质审,该员等俯首无词,各认通同舞弊属实"。因这些官员知法犯法,须加等从严究办,所以将他们先行革职,已故官员亦"行文各原籍,将家产资财严密查抄,仍向各犯属追赃归款"。②同时,因为案件所涉均系正项钱粮,"胆敢勾串侵欺,虚收虚解,舞弊藐法,莫此为甚,实为从来未有之案",自未便照现行条例,致滋轻纵,故而"应遵旨加等办理,以肃纪纲而惩奸蠹"。王盛清、萧泗水、陈孚、任铭献虚收虚抵,数量在二万两以上,照侵盗钱粮一千两以上斩例拟斩,即行正法。范谷贻虚解虚抵在一万两以上,照侵盗钱粮一千两以上斩例,拟斩监候,入于本年秋审情实办理。陈锡珏、徐承勋、马河、戴书培虚解虚抵在一万两以下,应照侵盗钱粮一千两以上斩例拟斩监候,秋后处决。马河、戴书培虽已照数完赃,仍应不准减等。③

书吏也是从重从严惩处。《大清律例》规定:"起意伪造假印,除自行雕刻者仍照律拟斩监候外,其有他人代为雕刻审系同谋分赃者,将起意之人与雕刻之人并拟斩监候,为从者减等拟流。若仅受些微价值代为私雕并无同谋分赃情事者,以起意之人为首,雕刻之人为从。"④王丽南、薛蓝玉侵盗钱粮,私雕印信,均系重案,除侵盗本例罪止斩候不议外,仍照伪造印信、冒支钱粮斩立决例拟斩。涉案的州县司书、解书,"有主守之责,应以虚收银两数目科断";幕友长随无主守之责,"应以虚解虚抵数目,照常人侵盗为从科断;事后知情分赃各犯,应以所得赃数照为从科断"。陈均亮、包遇享等人虚收虚抵在二万两以上,均照侵盗钱粮一千两以上斩例拟斩,即行正法。银匠张泳祺虚收在一万两以上,照侵盗钱粮一千两以上斩例拟斩监候,入于本年秋审情实办理。解书郭汉章等人虚解在一万两以下,照侵盗钱粮一千两以上斩例拟斩监候,秋后处决。王森以副榜教读得受司书酬谢,代为私雕假印,照私雕假印为从绞监候例拟绞监候,秋后处决,入本年秋审情实。幕友陶燧堂、长随赖锦堂等人,听从州县司书主使说和分肥,照各首犯虚抵虚收银数,以常人盗仓库钱粮为从论,因各犯等办过虚解虚抵银自八万余两至一千余两不等,照匪徒盗仓库钱粮一百两以上为从例,杖一百、流三千里,发伊犁、乌鲁木齐等处充当苦差,或改发伊犁给厄鲁特为奴,均照例刺字。发配之前,仍将各犯先在省城枷号三个月,期满后交陕甘总督发遣。银匠霍梅事后分赃120两,杖一百,流三千里。

嘉庆十一年九月十八日,王盛清、萧泗水、陈孚、任铭献、王丽南、薛蓝玉、陈均亮、包遇享、朱凤、沈秀均行处斩,由藩司庆格、臬司杨志信监视行刑。对于王丽南等6人,"前次审讯时,如有未经刑夹者,著先于市曹刑夹一次再予正法",以示严惩。同时,清廷还要求保定省城的所有衙门书吏到场观看,

① 中国第一历史档案馆藏:《军机处录副奏折》,嘉庆十一年九月初七日,吏部尚书费淳等折,档案号:03-2392-031。
② 中国第一历史档案馆藏:《军机处录副奏折》,嘉庆十一年九月初二日,吏部尚书费淳等折,档案号:03-2392-022。
③ 中国第一历史档案馆藏:《军机处录副奏折》,嘉庆十一年九月十六日,吏部尚书费淳等折,档案号:03-2355-005。
④ 三泰:《大清律例》卷三十二《伪造印信时宪书等》,第5a页,收入《文渊阁四库全书》,上海:上海古籍出版社,2003年,第673册。

"俾知炯戒"。①

至于各犯应追虚抵虚解银两,除于各犯家属名下照数追赔入官外,清廷还下令由总督、历任藩司、道府,各按其在任时间多寡勒限追还。同时还对由赃银而获利的人员进行株连处罚。以张麟书为例,据署总督裘行简查称,张麟书长子张慂捐纳知县,次子张慧捐纳县丞;王盛清长子王衔捐纳知县,次子王淦捐纳按察司经历职衔,均与赃银有关,故须一体斥革,又因其父虚抵银在二万两以上,情罪重大,故"将各犯之子发往伊犁充当苦差"②。

没有涉案但涉及到失察下属的官员也受到追查。嘉庆帝指出,此案司书起意舞弊,"其咎以藩司为重",而历任藩司内,瞻柱失察侵亏银至十八万余两,又当以瞻柱为重,"现在伊已病故,幸免严科,其兄敦柱亦不应玷列两司",须于丁艰回旗后,以六部郎中降补。所有瞻柱名下应赔银两,均应由敦柱"指缴归款"。又查嘉庆十年大计,深泽县知县萧泗水以"老成诚朴,办事结实,何荐卓异",系明显失察,"从前妄填事实,列入保荐之该官上司,亦例有处分,应一并移咨该督查取职名送部查议",所以各任布政使、清河道、大名道等官均行查。另外,失察解书舞弊,各州县应解银两俱系实解实抵,书役解银至省,与银号司书串通舞弊分赃,"该县等距省窎远,耳目难周,无从觉察",自可与讯不知情州县一样,免予议处。但各州县滥委解书,以致串通分赃,"究难辞咎",所以仍将失察州县舞弊之布政使司、道府官员送部议处。③

此后经过各方努力,浙江、山东将潜逃之陶含辉、王九峰、王昌言先后抓获,押解到保定,署长垣县知县张裕泰也拿获犯人谢东涯来省,由秦承恩与藩司庆格、臬司杨志信提审。按原审规则,陶含辉依例拟斩,即行正法;王九峰、王昌言、谢东涯则改发伊犁、乌鲁木齐等处充当苦差,照例刺字;仍先在省城枷号三个月,期满押解陕甘总督,再行发配。④

四

私雕官印是清廷行政管理体系失控的重要表现形式。王丽南案件的发生,显示出这一时期吏治的整体败坏。王丽南案发之后,清廷的处罚不可谓不严厉,或斩或杖,或罢官或追赔,皆以最严厉的标准处置,但最终的效果又如何呢?通过检索《清仁宗实录》和《清宣宗实录》可以发现,在嘉道统治时期的55年里,清廷共发生私雕官印案件18起,其中15起发生于王丽南私雕官印之后,且案发地点极为多样,既包括京师和直隶,也涉及山东、河南、湖北、云贵、四川、蒙古、安徽、广西和江苏;既包括套取钱粮的经济案件,也包括伪造圣旨、伤兵回籍、乡试作弊、勒索陷害、起意谋反等政治案件。王丽南案发不到三年,近在咫尺的京城就发生了书吏王书常等人14次冒领户部和内务府银库案,涉案金额高达七万两。⑤可见严厉惩处并未取得预期效果,反有愈演愈烈的趋势。

---

① 中国第一历史档案馆藏:《军机处录副奏折》,嘉庆十一年九月十六日,吏部尚书费淳等折,档案号:03-2355-005。
② 中国第一历史档案馆藏:《宫中档朱批奏折》,嘉庆十一年八月十六日,署直隶总督裘行简折,档案号:04-01-01-0502-049。
③ 中国第一历史档案馆藏:《军机处录副奏折》,嘉庆十一年九月十六日,吏部尚书费淳等折,档案号:03-2355-005。
④ 中国第一历史档案馆藏:《军机处录副奏折》,嘉庆十一年十二月初三日,大学士董诰等折,档案号:03-2199-003。
⑤ 参见刘文华选编:《嘉庆十四年书吏王书常等冒领库银案档案》,《历史档案》2018年第4期。

书吏是中国传统社会特殊的群体。在人治社会,法律条文的执行最终要靠人来完成。书吏长期把持某项事务,对"专业知识"密不外传,常此以往形成了某种宗亲、乡族垄断。《道光朝实录》记载:"京师各库及税务衙门书吏,当役满告退后,其接充者,非其子侄,即其亲戚。如银库书吏,大半皆系史姓,崇文门税务书吏,大半皆系张、王等姓,盘踞把持,已可概见。"清人朱克敬在《瞑庵杂识》中讲述,在京中某部任胥吏者曾在酒肆向人夸耀:"凡属事者如客,部署如车,我辈如御,堂司官如骒,鞭之左右而已。"把长官当成骒马,自视为驱赶骒马之人,相信并非一时酒后失言。这些人"位卑而言高,禄薄而谋大",不仅掌握着"上情下达、下情上达"的关节,而且他们久居权力的要冲,对各种事务拥有广泛的发言权,可以影响甚至左右上级的决策。很多情况下,离开书吏,各级政府的信息和政令都无法通畅地上传下达,机构也无法正常运转。晚清著名官员郭嵩焘甚至说:"汉唐以来,虽号为君主,然权力实不足,不能不有所分寄。故西汉与宰相外戚共天下,东汉与太监名士共天下,唐与后妃藩镇共天下,北宋与奸臣共天下,南宋与外国共天下,元与奸臣番僧共天下,明与宰相太监共天下,本朝则与胥吏共天下耳。"[1]正因为如此,才有学者表示:"更多的时候是幕友控制官员,而非官员控制幕友。"[2]

王丽南私雕官印案案情并不复杂,就是以王丽南为代表的管库书吏,利用制度漏洞,私刻恒裕库和布政使司官印,或是独占,或是与地方官勾结分肥,将公款变成私款。通过此案可以发现,向来规定极为严格的赋税交纳,在他们手中却能上下其手,几乎视监督为无物,其胆大妄为也远超常人估计。从这个角度来看,"书吏治国"比"文书治国"更为实际。当然,貌似强大的书吏在更为强大的国家行政力量面前,仍然微不足道。通过庙堂之上的一纸谕令,就能把整个贪污网络全盘革除干净。由此看来,行政权力有赖于以文书为凭证,文书有赖于书吏发挥作用,而书吏又有赖于行政权力背书。权力治国是根本,文书代表的国家行政力量,与书吏的上下其手有机结合,才共同组成了整个行政体制运行的基本逻辑。有鉴于此,不妨称之为"中央依托文书与书吏,共同治理国家"。

王丽南私雕官印案也促使我们进一步思考中国历史上经济史统计数据的有效性问题。根据事后的情况来看,直隶当局十余年来多次向朝廷奏报的数据,显然出现了严重的不实不确。如果依赖于他们奏报的数据,朝廷几乎是不可能真实掌握直隶的情况。直隶如此,其他省份自然也不会例外。后世学者的学术研究,不可能在这些虚假数据的基础上形成对中国历史的正确理解。但另一方面,王丽南私雕官印案事后的侦办工作又说明,中国历史上的很多统计数据,其真实性是可以得到一定程度恢复、有些也是可以相信的。由此看来,一分为二才是正确对待中国历史上复杂经济史数据的应有态度。

(作者倪玉平,清华大学人文学院教授。原载《南国学术》2019年第4期)

---

① 徐珂:《清稗类钞·胥役类·利吏例》,上海:商务印书馆,1928年,第39册第4页。
② [美]罗威廉:《言利:包世臣与19世纪的改革》,许存健译,北京:社会科学文献出版社,2019年,第56页。

骑马抑或坐轿：清代国家制度下的官员出行方式[*]

刘仲华

交通工具与出行方式是人类社会进步程度与生活方式的重要表现形式之一,史载:"黄帝作车,陶唐氏制彤车,有虞氏制鸾车,夏后氏制锡车。"[①]车、马、轿基本可以概括中国传统社会中的三种陆路交通工具。其中,出行最为舒适但耗费人力的是"轿"或称"舆"[②],其几乎是特权与奢华的标志;其次是依靠马、牛等畜力牵引的"车",上自天子五辂,下至庶民骒车,等级鲜明,礼制繁复;再次是骑马(包括驴、骡、骆驼等),广泛适用于社会各阶层。在传统社会中,交通工具和出行方式往往会成为财富、权力以及身份等级的象征。在封建王朝的统治策略中,对王公大臣、文武百官出行仪制的规范,既是统治者整顿吏治风习的内容,也是统治者塑造君臣关系、构建政治社会秩序的一种手段。

在清以前,对官员出行方式的礼制规定往往侧重于身份与权力秩序的规范,即所谓"士庶人车服之制"以彰显"各有等差"[③]。清代在继承中原传统礼制的过程中,基于满族自身的"我满洲本业原以马步骑射为主"[④]的民族传统,以及在统一全国过程中依靠八旗"扫靖群雄,肇兴大业"[⑤]的历史经验,更倾向于强调满洲文武"骑射"的技能,以维护"立国之本",而视坐轿、乘舆之类的出行方式为贪图安逸、软懦奢靡的汉人习气。因而,在有清一代,统治者对违例乘轿的限制尤多,例禁甚严。

本文通过梳理清政府对官员骑马与坐轿方面的规定、对违例坐轿的查禁以及骑马政策在各种客观制约条件下的变通等内容,试图分析清代国家统治策略之下制度与社会生活实践之间的互动关系,进而探讨清代国家制度的目标设定及其实际效果的成败教训。

一、明代以前官员车马待遇与身份等级

官吏出行仪制很早就已成为国家礼制的重要内容。早在先秦时期,作为中华文明礼制经典的《周礼》中就有"服车五乘"的规定,即"孤乘夏篆,卿乘夏缦,大夫乘墨车,士乘栈车,庶人乘役车"[⑥]。二十

---

* 相关主要研究成果,潘洪钢的《清代旗员、武职不准乘轿的规制》(《紫禁城》2012年第9期)、《清代旗员与武职不准乘轿规制述略》(《长江文史论丛》2017年卷,湖北人民出版社2017年)以及《清代的另类"车改"》(《政府法制》2015年第10期)等文章,介绍了清代武职官员不准乘轿的规章制度;毛宪民的《清代宫廷马装具考述》(《中国国家博物馆馆刊》2012年第3期)则探讨了清代宫廷马装具的使用制度和等级规格。以上研究对本文颇有启发,本文侧重于从清代国家治理能力角度,对清代如何将传统政治礼制与追求"八旗根本"的统治目标相结合,以及在实践中变通能力与效果等问题的探讨。

① (明)徐一夔等:《明集礼》卷41《车辂·总序》,文渊阁《四库全书》,台北:台湾商务印书馆1986年影印本,第650册,第225页。

② (明)陆容:《菽园杂记》卷11:"古称肩舆、腰舆、板舆、笋舆、兜子,即今轿也",北京:中华书局,1985年点校本,第132页。

③ 《宋史》卷153《舆服志·舆服五·士庶人服》,北京:中华书局1977年点校本,第11册,第3573页。

④ 《清高宗实录》卷374,乾隆十五年十月丁丑,北京:中华书局,1987年影印本(以下《清实录》文献,均以此版本),第13册,第1129页。

⑤ 《清世祖实录》卷89,顺治十二年二月壬戌,第3册,第702页。

⑥ (汉)郑玄注、(唐)贾公彦疏、陆德明音义:《周礼注疏》卷27《春官·巾车》,文渊阁《四库全书》第90册,第504页。

四史也多设有专门的《舆服志》对天子乃至士庶的出行仪制进行繁文缛节的规定。秦汉以降，这一礼制规范沿袭不辍，"汉唐以来车辂，天子至公卿，皇后至外命妇，各有等差，大抵皆仿周制而损益之也"①。

隋唐时期出现类似轿舆的"檐子""兜子"，并对官员乘坐这类出行工具开始进行限制。唐文宗开成五年（840），御史中丞黎植奏："朝官出使自合乘驿马，不合更乘檐子。自此请不限高卑，不得辄乘檐子。"②除特殊情形之外，百官出行只能乘马。宋代旧制，依然是"百官入朝并乘马"，"在京百官不用肩舆，所以避至尊"，只有耆德大臣及宗室才"许乘肩舆"。后来，又禁止民间使用檐子、兜子。宋仁宗景祐三年（1036），规定"民间无得乘檐子，其用兜子者，所舁无得过二人"③。宋徽宗政和三年（1113）冬天，因京城大雪道路泥泞，"暂许百官乘轿"，但不得入宫门，道路通畅后又"复常制"。④

至南宋更加礼遇文官，建炎元年（1127）宋高宗强调"君臣一体，朕不欲使群臣奔走危地"，于是"诏百官特许乘轿"，只是不得"入皇城"。原本是考虑到冬天雨雪路滑，特许百官坐轿，但由于限制放宽，各地方官群起仿效，无论冬夏，皆乘轿出行。不久，有人奏称各地州僚纷纷"乘轿张盖"，无奈宋高宗又诏令进行限制。绍兴七年（1137），规定监察御史以上官员出入京城、宰执以下"退朝入局"，除雨天外，必须乘马；沿边臣僚、内地巡尉"并令乘马"。所有这些规定，都只为一个考量，即如果"不少裁抑，于礼未安"。⑤可见，至少在唐宋时期，官员在原则上无论上朝还是出使，均需骑马，至于乘轿、肩舆（包括檐子、兜子之类），则往往是特殊天气和道路情形下的例外之选，体现的是皇帝对臣子的一种恩遇。元代或许是由于统治者本身为善于骑射的蒙古族的原因，在《大元圣政国朝典章》（即《元典章》）乃至《元史·舆服志》中未见相关记述。

明太祖朱元璋重视礼制建设，强调"礼法，国之纪纲"⑥。明初虽然规定公卿百官乃至庶民可以使用马、牛等畜力牵引的车，但不得使用"以人代畜"的轿或肩舆。另外，还对不同品级官员使用车、轿的装饰进行了规定：凡车、轿不得雕饰龙凤纹，不得描金，不得用丹漆；职官一品至三品，用间金饰银螭绣带，青缦；四品五品，素狮头绣带，青缦；六品至九品，用素云头青带，青缦；庶民车、轿并用黑油，齐头平顶，皂缦，禁用云头。即便是骑马，自公卿至庶民在骑马鞍辔的装饰上也有明确的等级限制，即所谓"鞍辔之制"。明成祖永乐元年（1403），驸马都尉胡观违规乘坐晋王朱济熿的朱红顶篷、覆以棕盖的轿舆，被给事中周景所弹劾。⑦可见，明前期对百官乘轿的禁令尚严。正如陆容《菽园杂记》所言："洪武、永乐间，大臣无乘轿者，观两京诸司仪门外，各有上马台可知矣。"⑧

然而，坐轿毕竟舒适安逸，何况江南物候乃至道路状况下难以一概骑马，"南中亦有无驴马雇觅

①《明集礼》卷41《车辂·总序》，文渊阁《四库全书》第650册，第225页。

②（宋）王溥：《唐会要》卷31《舆服上·杂录》，上册，中华书局1955年排印本，第577页。

③（宋）王称：《东都事略》卷5，文渊阁《四库全书》第382册，第54页。

④（宋）马端临：《文献通考》卷119《王礼考十四》，文渊阁《四库全书》第612册，第781页。

⑤马端临：《文献通考》卷119《王礼考十四》，文渊阁《四库全书》第612册，第781—782页。

⑥《明太祖实录》卷14，甲辰年正月戊辰，台北："中央研究院"历史语言研究所，1962年影印本，第176页。

⑦《钦定续文献通考》卷98《玉礼考·公卿以下车舆·百官乘车之制》，文渊阁《四库全书》第628册，第662页。

⑧陆容：《菽园杂记》卷11，第132页。

外,纵有之,山岭陡峻局促外,非马驴所能行"。在这种情况下,"两人肩一轿,便捷之甚"①。自明宣宗时期开始,京城内外官员乘轿就已难以禁止。面对如此局面,明政府只好规定有资格坐轿的官员仅限于在京官员。明景泰四年(1453),允许在京三品以上官员乘轿,"其余不许违例";至于在外各衙门,无论品级高低,"俱不许乘轿"。即便皇帝特恩允许坐轿,对轿子的规格也有限制。明成化十三年(1477),再次强调文职三品、年六十以上可许乘轿,武职则一律禁止。②弘治七年(1494),规定北京、南京及在外文武官员,除奉有恩旨以及文武例应乘轿者,"止许四人扛抬",禁止使用八人抬大轿。除此之外,"不分老少,皆不许乘轿"。明武宗正德四年(1509),礼部侍郎刘机鉴于《明集礼》中曾允许"公卿大臣得乘安车",于是奏请"定轿扇、伞盖品级等差",明武宗以"京城内安车、伞盖久不行"而"却其请"。可见,明中期以后官员放弃骑马或乘坐安车而乘轿的现象已经非常普遍,以至于嘉靖十五年(1536)礼部尚书霍韬上奏朝廷:"迩者文官皆用肩舆,或乘女轿,乞申明礼制,俾臣下有所遵守。"霍韬此奏意图恢复旧制,然而,明政府此时只是"定四品下不许乘轿,亦毋得用肩舆"。隆庆二年(1568),给事中徐尚弹劾应城伯孙文栋等乘轿出入,"骄僭无状",朝廷谕令"两京武职非奉特恩不许乘轿,文官四品以下用帏轿者,禁如例"③。万历三年(1575),明政府又明确规定,武职衙门及勋戚等官"不许用帏轿、肩舆并交床上马"④。尤其是武职官员,"军职若上马拏交床、出入抬小轿者,先将服役之人问罪,指挥以下参问,京卫调外卫,外卫调边卫"⑤。从屡禁不止的谕令来看,明中后期不仅京内外文官普遍乘轿,而且武职官员亦多违例乘轿或肩舆。

中国古代礼制往往因俗而成,骑马与坐轿(包括肩舆之类的人力出行工具)之别,从出行的舒适度而言,两者存在着较大差异,甚至成为朴实劳苦与舒适安逸的象征。因此,在清以前,作为中原王朝的传统舆服礼制,骑马坐轿的待遇之别本身具有两种功能:一是借此区别身份尊卑,从而构建封建社会的政治秩序,正所谓"元明以来,卤簿之名不施于臣下,而尊卑仪从具有差等"⑥;二是运用于文武之别,强调武职官员不得随意坐轿,以维护勇武朴实之风,防范武备废弛。从明初开国皇帝朱元璋强调"不欲勋臣废骑射,虽上公,出必乘马"⑦的思想以及明中后期对武职官员坐轿问题的整顿来看,都体现了这一点。骑马坐轿礼制的这种双重功能为接下来的"清承明制"奠定了基础。

二、清代官员骑马、乘轿的待遇与规范

"国家之用,典礼为急。"⑧清入关定都北京伊始,尽管战火频仍,大江南北尚未底定,但清政府即着手于政治礼制秩序的规范和建设。清承明制,清初一开始也是按照爵位和品级来限定乘轿的资格,乘

① 陆容:《菽园杂记》卷11,第132页。
② 《明宪宗实录》卷172,成化十三年十一月丙寅,第3103页。
③ 《明史》卷65《志四十一·舆服一·皇太子亲王以下车舆·公卿以下车舆》,北京:中华书局1974年点校本,第6册,第1611—1612页。
④ (明)俞汝楫编:《礼部志稿》卷18《仪制司职掌·车舆》,文渊阁《四库全书》第597册,第306页。
⑤ 《礼部志稿》卷66《臣礼备考·勋胄乘轿禁例》,文渊阁《四库全书》第598册,第111页。
⑥ 《钦定皇朝文献通考》卷146《王礼考二二·亲王公卿以下车舆仪从》,文渊阁《四库全书》第635册,第210页。
⑦ 《明史》卷65《志四十一·舆服一·皇太子亲王以下车舆·公卿以下车舆》,第6册,第1611页。
⑧ (清)秦蕙田:《五礼通考》卷首第四《礼制因革下》,文渊阁《四库全书》第135册,第121页。

轿区域也限定在京城皇城以外,所乘轿的规制也是四人抬轿。顺治元年(1644)四月,定公、侯、伯、都统、尚书、内大臣、大学士等一品之上的王公大臣在"皇城外许坐四人暗轿",如果不愿坐轿,依旧可以骑马。康熙元年(1662),将乘坐四人暗轿的范围扩大至公、侯、伯、都统、内大臣、镇国将军、子、辅国将军、护军统领、前锋统领、副都统、男、大学士、学士、尚书、左都御史、侍郎、副都御史、銮仪使、通政使、大理寺卿以上。①

对于乘轿的款式、轿夫数量及装饰,有明确的品级规定。顺治九年(1652)四月,定诸王以下文武官民舆马服饰制:亲王以下、郡王以上,乘八人轿,亲王入朝至午门外下马降舆,郡王至午门前两配楼角下轿;贝勒乘八人轿,贝子以下、辅国公以上,坐四人轿,在皇城门下轿;若不乘轿愿骑马者,各从其便。关于所乘轿的规制,宗室公以上乘明轿;民公、侯、伯、固山额真、尚书、内大臣、大学士只允许坐四人暗轿。②关于乘轿时所用随从的装饰,康熙六年(1667)题准,亲王、郡王轿夫、执事人用绣团狮、绿段衣;贝勒、贝子、公轿夫、执事人素绿段衣。③关于暖轿的装饰,亲王为金黄盖、金黄幨、红帏;世子为红盖、金黄幨、红帏;郡王为红盖、红幨、红帏;贝勒为红盖、青幨、红帏;贝子为红盖、红幨、青帏;镇国公为皂盖、红幨、皂帏;辅国公为青盖、红幨、青帏,"均用银顶"。④

关于文武百官,清初制度规定,汉人文官可以乘轿,区别在于按不同品级规定所乘坐轿顶的装饰和抬轿人数有不同。汉人文官乘轿,三品以上,顶用银帏,盖用皂,在京舁夫四人,出京舁夫八人;四品以下,顶用锡,在京舁夫二人,出京四人。⑤至于直省地方,文官都可以乘轿,河道、漕运总督参照总督;学政、盐政、织造暨各钦差官三品以上,参照巡抚;四品以下,参照两司。督抚用轿夫八人,司道以下、教职以上用轿夫四人。其余地方杂职一律乘马。⑥满人以武职为主,少数亦担任文职。在一般情况下,满人文职坐轿是参照汉人文官执行的。

武官乘轿则经历了从清初以品级区分待遇,到清中期以后全面禁止的变化。由于清初仍按照爵位、品级区分坐轿待遇,满大臣一品以上"例准乘轿"⑦,因此无论京城都统、副都统、护军统领、前锋统领,还是各地驻防将军等从一品的满官武职也可以乘轿。与此同时,汉人出身的提督、总兵作为绿营从一品和正二品武职外官,也在允许之列。以至于在乾隆初年以前,各地将军、提督和总兵等武职官员在很长的一段时间内还配备有额定轿夫银两。形成这种局面,并不是统治者不重视骑射和武备建设,而是清初以来通过坐轿礼制区别身份高下的真实反映。

但在康熙朝以后,随着统治者意识到八旗风气败坏,尤其是军队战斗力下降,对于骑马坐轿的礼

　　①《钦定八旗通志》卷80《典礼志三·八旗仪制·八旗官员仪从》,文渊阁《四库全书》第665册,第531页。

　　②《清世祖实录》卷64,顺治九年四月庚申,第3册,第501—502页。

　　③乾隆朝《钦定大清会典则例》卷72《礼部·仪制清吏司·仪卫》,文渊阁《四库全书》第622册,第362页。

　　④乾隆朝《钦定大清会典》卷33《礼部·仪制清吏司·仪卫》,文渊阁《四库全书》第619册,第265页。

　　⑤乾隆朝《钦定大清会典》卷33《礼部·仪制清吏司·仪卫》,文渊阁《四库全书》第619册,第266页。

　　⑥《钦定皇朝文献通考》卷146《王礼考二二·亲王公卿以下车舆仪从》,文渊阁《四库全书》第635册,第214页。

　　⑦《管理步军统领事务绵恩奏为满汉大臣轿夫等以放轿为名赁房招赌请旨严禁事》,嘉庆四年正月十八日,朱批奏折04-01-02-0023-004,中国第一历史档案馆藏。以下同。

制规范,除了以爵位、品级继续区分身份待遇之外,开始强调满官或武职①的坐轿禁令。统治者日渐强调本民族的满洲"国语骑射"为立国之本,为避免满官(往往也是武职)"沾染汉人习气"而骄奢淫逸,因此开始特别强调在京"满洲文武均乘马",满洲文官只有一品文官"年老疾病不能乘马者,许乘轿"②;尤其"八旗大臣并不得乘车,违者,查旗御史参奏"。对于从一品以上满洲武职可以坐轿的情形,乾隆帝在二十二年(1757)做出调整,"以满洲大员皆宜夙习劳勚,不可耽于安逸,故将都统、将军、提督等乘轿之制,尽行裁革③。此后,不断强调武官无论在京还是驻防各地,一律乘马,"有年老不能乘马者,听其奏闻请旨"④。因此,在清代雍正、乾隆两朝以后,尤其是旗人国语骑射能力日益衰退的情形下,清统治者对于骑马坐轿礼制的建设重点开始转向维护八旗骑射和"满洲根本"上来。

与乘轿类似的是乘坐肩舆,清代对此限制尤严,入关之初,便明确规定京官不许乘坐肩舆。⑤除非有皇帝特旨恩赐,不仅是武官、满人官员严禁乘坐肩舆,即便是可以坐轿的文官也不得乘坐。

即便是骑马,关于马鞍、缰绳、后鞦、脚蹬,以及仆役的装饰、所用棍伞、前导马等事项,依据使用者的品级,均有细致的规定。比如马缨,康熙四年(1665)题准,四品以上官员所乘马才能"许用繁缨"⑥。关于马缰绳的颜色,二十四年(1685)题准,宗室、亲王、世子、郡王马缰(即扯手),用金黄色;长子、贝勒、贝子用紫色;公用青色,而且各自使用的缰绳不得转让给他人。⑦关于引马前导,在京大九卿,詹事以上,武官男、副都统、散秩大臣以上,"许用一人"作为引导,"余官不得僭用"。直省官员,文三品、武二品官以上,可以"用引马"。⑧

至于管理马匹之仆役的装饰,同样依据品级加以区别。康熙六年(1667),定都统、镇国将军、内大臣、县主额驸、子、满汉大学士、尚书、左都御史,"执事人帽顶上插绿翎"。七年(1668)题准,凡加太师公、和硕公主额驸,所用金黄棍改为红棍,棍端用铜瓖,执事人用绿布衣、绿带、红毡帽,铜顶上插绿翎。民公及加级侯、郡主、额驸,所用金黄棍亦改为红棍,棍端用铜瓖。八年(1669)题准,在京官停用杏黄伞、金黄棍。又,规定公以下官员出京城,许用鞍笼闲马前导,军民人等不得用,违者治罪。康熙朝中期以后,违规的现象越来越多,"衣服鞍辔,原有禁例,今观鞍辔等饰甚为僭越,下至家奴鞭镫,皆用镂金"。三十九年(1700)议准:马鞍,惟三品官、轻车都尉以上,许用虎皮及狼、狐皮,有品级、无品级笔帖式及库使、举人、官生、贡监、生员、护军、领催以至兵民等,马鞍不得用绣及倭缎绦线瓖缘,鞍鞯、红托、鞦辔等物不得用镂金。雍正元年(1723),鉴于"大小官定有品级",而"近有不分官职,马系繁缨",甚至

① 需要说明的是,在清代以满族为主要统治者的特殊历史情形下,满人基本以武职为主,因而清代文武差异与满汉之别往往纠缠在一起,难以泾渭分明。相对于满汉之别,清前期统治者在执行坐轿禁令时,更愿意强调文武之别。其内在原因,一方面是清统治者虽然"首崇满洲",但在公开政策上还宣扬"满汉一体";另一方面,武职并非只有满人,还有以汉人为主的绿营。但在清中期以后,统治者鉴于八旗风气的衰败,出于维护满洲传统的迫切需要,开始更加鲜明地将原本只是属于"文武"差异的内容贴上了"满汉之别"的标签。

② 《钦定大清会典》卷33《礼部·仪制清吏司·仪卫》,文渊阁《四库全书》第619册,第266页。

③ (清)昭梿:《啸亭杂录·续录》卷1《武官乘轿》,北京:中华书局1980年点校本,第393页。

④ 《钦定皇朝文献通考》卷146《王礼考二十二·亲王公卿以下车舆仪从》,文渊阁《四库全书》第635册,第214页。

⑤ 《清世祖实录》卷25,顺治三年四月丙申,第3册,第216页。

⑥ 《钦定大清会典则例》卷72《礼部·仪制清吏司·仪卫》,文渊阁《四库全书》第622册,第367页。

⑦ 《钦定大清会典则例》卷72《礼部·仪制清吏司·仪卫》,文渊阁《四库全书》第622册,第362页。

⑧ 《钦定大清会典则例》卷72《礼部·仪制清吏司·仪卫》,文渊阁《四库全书》第622册,第362页。

"使人引马",雍正帝遂命八旗都统、步军统领、都察院严行稽察此类违制者。七年(1729),又"闻近来引马繁缨之属,有不按定例、任意假借者",再次下令步军统领、五城御史分别稽查内外城"违例借越之人"①。以上,看似繁琐的骑马规定,真实反映了清代以此区别身份尊卑的礼制建设目的。

可见,清廷对宗室王公乃至满汉文武大臣等各种身份人员有关乘轿、骑马的各种礼制规定,既有延续中国封建社会传统"舆服"礼制的一面,也有清代以满族作为统治者而着意强调"国语骑射"以及极力维护"八旗根本"等满汉问题这一时代特性的一面,它反映了清统治者在建构和规范政治社会秩序过程中的主观性选择,也反映了时代变迁之下清统治者对国家"大传统"与满洲民族"小传统"相结合与调适的努力。在这一过程中,作为中原王朝传承有序的骑马坐轿礼制与满洲重视"骑射"的民族传统,在传承中实现了融合。

三、对违例乘轿的查禁与处罚

清入关之初,"八旗淳朴",无论宗室王公,还是满人文武官员,以骑马为常事,即便是"汉人京官亦多乘马"。但随着国家承平日久,违例乘轿的现象日益增多。康熙二十七年(1688)十一月,湖北彝陵总兵官严弘因"年纪衰迈,闻武昌兵丁鼓噪时乘轿而往",结果被"原品休致"。②这一趋势在王士禛的回忆中也能得到验证。他称自己于顺治朝"计偕入京师"时,见时任户部侍郎的高邮人王永吉"每入朝皆乘马",后来"始易肩舆"。至康熙中期,"然旗下大官,例乘马,无肩舆,有之自近年始"③。

雍正朝,鉴于"八旗兵丁技勇产业大减于前"④,尤其是各地八旗驻防官员乘轿出行习以为常,雍正帝要求旗人文官外任之员,凡是年龄在六十岁以下者,限期两年之内,"仍须熟练骑射",否则由督抚参劾。⑤四年(1726)九月,谕令各地副将、参将、游击和守备等武职,"概不许乘轿,以长怠惰之习"⑥。

进入乾隆朝,统治者整治违例坐轿更明显地倾向于维护"八旗风气"。首先,进入乾隆帝视野的是在京满洲文武大臣。乾隆帝多次"闻得满洲大臣内乘轿者甚多",批评武职大臣等"操演官兵,教习马步骑射,非文职大臣可比,伊等位分既尊,自应遵照旧制骑马,以为所管辖人等表率。若自求安逸,则官兵技艺安望精熟?"⑦满洲文大臣乘轿的现象也越来越普遍。清初虽然允许部院大臣乘轿,但由于立国之初,满洲"文武大臣上朝齐集",仍旧"尽行乘马",而此时"文大臣等一味偷安,虽京城至近处所,亦皆乘轿"。十五年(1750),乾隆帝谕令嗣后满洲文大臣内,如果年及六旬,"实系不能时常乘马者,著仍乘轿",其余则"皆禁止"。⑧

其次,是宗室王公。按照清初礼制,宗室王公可以乘轿,但乾隆帝发现很多年少宗室王公"平日亦

①《钦定大清会典则例》卷72《礼部·仪制清吏司·仪卫》,文渊阁《四库全书》第622册,第367页。

②《清圣祖实录》卷137,康熙二十七年十一月壬午,第5册,第498页。

③(清)王士禛:《池北偶谈》卷3《乘肩舆》,北京:中华书局1982年点校本,第68—69页。

④《清世宗实录》卷12,雍正元年十月辛未,第7册,第227页。

⑤《世宗宪皇帝上谕内阁》卷48,雍正四年九月十五日,文渊阁《四库全书》第414册,第446页。

⑥乾隆朝《钦定大清会典则例》卷118《兵部·职方清吏司·仪制》,文渊阁《四库全书》第623册,第514页。

⑦《清高宗实录》卷305,乾隆十二年十二月庚辰,第12册,第991页。

⑧《清高宗实录》卷356,乾隆十五年正月辛亥,第13册,第914页。

皆乘轿,伊等不过间日上朝,自应练习骑马,似此希图安逸,亦属非是"。乾隆帝因其"关系我满洲旧习",一并要求"力行禁止"①。可是数年后,"王公等不论老幼,尽行乘轿"。乾隆帝规定除了比自己辈分高的履亲王等以及年老王公"仍令乘轿"外,其余王公除非遇到年节"准列仪仗,乘轿上朝",一律"常期俱著乘马",并命察旗御史严查。②

乾隆帝并非有意废止清初以来就允许宗室王公乘轿的礼制待遇,他强调此举的主要目的是不希望满洲大臣"废弛满洲旧制之意","前因诸王及满洲大臣等皆互尚安逸,行动坐轿,并不乘马,经朕降旨,禁止坐轿。是令伊等娴习武艺,勿致废弛满洲旧制之意,并非谓大臣等不应坐轿也"。既然不许乘轿,满洲宗室王公乃至八旗都统等大臣纷纷开始坐车。"近闻王大臣内竟有坐车者,试思坐车与坐轿何异?视此,乃王大臣等全未识朕欲挽回满洲旧制之意,转似有心致朕降旨亦觉赧颜,诚不知伊等是何居心也!"不过,乾隆帝也考虑到满洲王大臣奔赴圆明园上朝的辛苦,"朕思王大臣早起来圆明园,连朝奏事",加之"或身有疾病,坐轿亦未为不可"。因此,乾隆帝于十五年(1750)规定:"嗣后诸王及满洲文职一品大臣如早起来圆明园,或身有微疾者,照常坐轿。王大臣等不识朕意,仍总不乘马、专坐轿者,经朕察出,必惩数人,以为众戒。伊等各宜仰体朕体恤之意,勿致废弛满洲武艺,应乘马之处,照常乘马,黾勉向上。"可见,乾隆帝没有要废止宗室王公可以坐轿的意图,只是希望满洲文武大臣尽可能骑马以维持"满洲旧制"。

与此同时,乾隆帝加紧了对地方驻防将军、提镇等武职乘轿的查禁。此前,整顿和禁止地方武职官员乘轿时,所禁止的对象往往是副将、参将、游击和守备等官,至于级别更高的将军和提镇,则尚未纳入禁止的范围,不仅如此,作为各地方镇守一方的驻防将军和绿营提镇,甚至编设有轿夫。"外省驻防将军及绿营之提镇出行,则皆乘舆,夫将军、提镇有总统官兵之责,若养尊处优,自图安逸,亦何以表率营伍而作其勇敢之气?况旗人幼习骑射,即绿营中亦必以其弓马优娴始历加升用。乃一至大僚,转至狃于便安,忘其故步,此岂国家简擢之意耶?"相比之下,京师都统、副都统"既皆乘马",而且满洲侍郎"无论年逾六旬,亦俱不得乘舆"。即便是皇帝"巡省所至,尚每日乘马而行"。在这种情形下,"乃外省武职独相沿陋习,此甚非宜"。于是,乾隆帝在二十二年(1757)二月规定,嗣后各地将军、提镇"概不许乘舆",而且原来额定的"编设轿夫并著裁革,如有仍行乘坐者,照违制例治罪"③。这是清代统治者重点整治武职官员违例乘轿的开始。

长期以来,由于地方驻防将军、提镇已经习惯坐轿出行,尽管自乾隆二十三年(1758)三月已有禁令,但仍有地方将军、提镇置若罔闻。二十四年(1759)九月,杭州署将军伊灵阿、副都统刘扬依旧"咨取将军、都统各衙门轿夫工食",按照惯例,此项工食从前原系在司库地丁银内动支,因此将军伊领阿、副都统刘扬径直行文布政使,要求"照给工食",声称"此系出自特恩,例得乘舆"。由于朝廷禁令,该项支出自二十二年(1757)三月后"即经裁除",布政使明山未予同意,并呈报浙江巡抚庄有恭。庄有恭予

---

① 《清高宗实录》卷305,乾隆十二年十二月庚辰,第12册,第991页。
② 《清高宗实录》卷356,乾隆十五年正月辛亥,第13册,第914页。
③ 《清高宗实录》卷533,乾隆二十二年二月庚寅,第15册,第728页。

以驳回,答复"所有前项轿役未便常年复设"①。同时,奏报朝廷,参劾伊领阿和刘扬。乾隆帝斥责:"该副都统等何敢冒昧竟以为例当乘舆,辄敢径行布政司关取轿役工食。经该抚咨驳,尚自悍然不顾,仍擅自乘用,肆意妄行,甚属无耻,伊灵阿、刘扬俱著革职来京候旨。庄有恭能破除情面,秉公据实奏闻,深可嘉尚,著交部议叙。"②

事实上,不仅杭州将军伊灵阿和副都统刘扬"擅自乘舆,咨取轿役工食",其他地方也一样存在。当年十二月,乍浦副都统图克善进京陛见,因同在浙江省,乾隆帝命军机大臣传旨询问他有无此类情形,起初"尚支吾,及加以严诘,乃称咨取工食,私自乘舆,与伊灵阿等事同一辙"。乾隆帝判断:"看来伊等渐染外省武职恶习,遂至毫无忌惮若此,殊不思伊等不过于参领等员内资秩相近,似属能事,不过依次擢用,本非有汗马之劳、出众之材也。乃俨然自负大员,狃于便安,惟尚出入虚文,且冀兼收役食,庸妄鄙琐,不可不示以惩儆。"遂将图克善革职,发往边地效力。由此可见,乾隆二十二年(1757)禁令下达后,地方武职并未完全遵令行事,而且借口二十四年(1759)七月的补充规定,继续我行我素。

鉴于此,乾隆帝于二十四年(1759)十二月下令各地彻查有无继续违例之事,"其各省中有似此者,著督抚等遵照前旨,各自据实奏闻"③。随后,各地掀起了一波调查高潮,河南巡抚、湖南巡抚、两广总督、两江总督、陕甘总督、江苏巡抚、广西巡抚、云贵总督等封疆大吏先后奏报,与乾隆时期的很多整顿风潮一样,大都声称"均无违例乘舆之事"④。禁令似乎执行得顺风顺水。但从后来的案例来看,违例坐轿之事并不鲜见。纵使自二十二年三月朝廷发布禁令,统一把将军、提镇等官额定轿夫裁撤后,这些武职置若罔闻,将抬轿之事在所属兵丁中摊派。例如,三十一年(1766)时,绥远城历任将军的轿夫"应食钱粮,并未裁停,仍旧领取",即便曾经屡任将军的嵩椿、绰和诺、彰武泰,按说对于早已通行各地的坐轿禁令"不应不知"⑤,可是他们到任后也未能查出,足见禁令屡申,结果只是一纸空文而已。

从表面上来看,乾隆帝整顿地方武职人员坐轿风气的做法,与明代以前强调文武之别并无二至,但从内在动机以及整顿对象主要以旗人武职而言,其目的依然有所不同,日益严厉的措施背后是统治者对"八旗风气"日益败坏的不安和焦虑。

早在乾隆十四年(1749)二月时,浙江按察使叶存仁曾经奏请应严禁地方副、参等官贪安坐轿时,首先引述了雍正四年九月雍正帝禁止旗人坐轿的上谕,接着说:"无如奉行既久,渐又废弛。现今旗人外任文官娴熟骑射者固不乏人,而漫步留心置于度外者亦所不免,其副、参等官违例乘轿者近年以来亦往往有之。伏思骑射一道,居六艺之一,为圣人之所重,即汉人文员亦应留心,因自幼未曾学习,不能如旗人之精晓熟练,是以自奋者少。然在年力精壮之员未尝不可以加以讲求,况旗人弓马多童而习之,若以身任文员,渐置骑射于不问,殊属可惜。至副、参等武职责在操防,自宜弓马习勤,以先士卒。

① 《浙江巡抚庄有恭奏为特参署将军伊领阿副都统刘扬任意常行坐用乘舆事》,乾隆二十四年十一月二十九日,朱批谕旨04-01-01-0233-046)。伊领阿,即伊灵阿。

② 《清高宗实录》卷603,乾隆二十四年十二月壬辰,第16册,第765—766页。

③ 《清高宗实录》卷603,乾隆二十四年十二月癸巳,第16册,第767页。

④ 《云贵总督爱必达奏为遵旨查明云贵两省现任提镇并无违例乘舆事宜事》,乾隆二十五年四月二十日,朱批奏折04-01-16-0040-021。

⑤ 《寄谕绥远城将军嵩椿等著将今日始奏未裁轿夫缘由据实陈奏》,乾隆三十一年十一月十二日,寄信档03-131-5-048。

若至懒于乘马,则无折冲之锐气,可知职守之谓何,而甘于怠惰若此耶?"①叶存仁在奏请中引述雍正帝上谕,不仅是为了增强自己奏折的说服力,而且主动将严禁副、参等武职官员坐轿问题置于维护旗人风气的国家政策之下。同时,他又将"骑射"与儒家传统的"六艺"联系在一起,主张"圣人之所重"。这一逻辑,显然颇为符合统治者坚守"骑射"传统且不妨碍"满汉一体"的内在心理动机。因此,对于叶存仁的奏请,乾隆帝深表赞同,并重申禁令:"再通行各督、抚,嗣后凡旗人外任各员,六十岁以下者并令熟习骑射,毋任渐至生疏。"②此后,又多次强调:"骑射为我朝根本,一切技艺尤赖熟习。"③

乾隆帝整治违例坐轿的内在动机,从他对以下两件事的反映也可略见一斑。乾隆二十九年(1764)七月二十六日,广西布政使淑宝奏请查禁微员坐轿,"请一体查禁,俾知安分崇俭,于吏治似有微益"④,乾隆帝并没有表明态度。之所以如此,并非乾隆帝不重视各地方的吏治,而是杂职微员违例乘轿与他所关心的"满洲根本"问题关系不大。与此形成鲜明对比的是,他对八旗健锐营官兵在远赴云南途中乘坐竹兜的关注和愤怒。乾隆三十年(1765),缅甸侵犯云南边境,乾隆帝下令云贵总督刘藻等迎击,但军事进展受挫。三十二年(1767),乾隆帝改派京师健锐营总理大臣明瑞为云贵总督,遣健锐营入滇作战,添派健锐营兵五百名及火器营兵一千五百名,前往云南。从北京到云南,路途遥远,一路坎坷。当年五月二十二日,湖广总督定长奏请准予赴云南参加对缅甸战争的健锐营兵丁沿途乘坐竹兜:"兵数较增,未免马亦拮据,可否于各兵之内,遇有马力疲乏,并转换不及者,亦准乘坐竹兜,庶马力得舒,军行便捷。"对定长以沿途马匹数量不足为由而希望允许兵丁乘坐竹兜的奏请,乾隆帝嗤之以鼻:"岂有坐轿去打仗者? 自己言之,不羞乎?"⑤五月二十八日、六月二十一日,乾隆帝连续两次寄谕赴云南之健锐营领队大臣,命令禁止兵丁与跟役乘坐肩舆前行:"派遣满洲兵丁,特因伊等吃苦耐劳,作战勇猛,可速建功。其有马则骑,无马则徒行,亦未尝不可。惟因马匹短缺,即如汉人乘坐竹兜舁行,成何体统! 岂不为人嗤笑? 岂有乘坐肩舆打仗之理?"以往乾隆帝关注的尚只是地方驻防将军、提镇能否坐轿的问题,现如今竟然遇到奔赴前线作战兵丁乘坐肩舆的问题,乾隆帝惊愕之余予以驳斥。兵丁也就罢了,定长还提出可否允许跟役乘舆,这在乾隆帝看来更加荒谬。"至跟役系官兵之奴,使女、舆夫乃朕之民,令良民舁送贱役,可乎? 定长所办甚属荒谬,著传谕严行申饬。并寄谕领队大臣、侍卫官员,伊等率兵行进,惟当顾念满洲脸面,彼此通融,争取行进顺利,断不可因马匹不敷,即迟滞或颓肩舁行。"⑥乾隆帝将兵丁骑马与否视为"满洲脸面"而断然予以禁止。

毫无疑问,关于骑马坐轿的礼制规定,自唐宋以来传承有序,清代继承了这一"传统礼制",但与前代相比,清统治者执行这一政策的目的和倾向颇为明确,与其说是为了强调身份尊卑和文武之别,不如说是为了维护"满洲旧轨",避免八旗"废弛武艺"。这一倾向,在雍正、乾隆两朝尤其明显。当乾隆

---

①《浙江按察使叶存仁奏请饬各省旗人外任文员兼习骑射副参等官勤习弓马严禁贪安坐轿事》,乾隆十四年二月十九日,朱批奏折04-01-01-0171-027。

②《清高宗实录》卷338,乾隆十四年四月庚寅,第13册,第669页。

③《清高宗实录》卷341,乾隆十四年五月己巳,第13册,第717页。

④《广西布政使淑宝奏请禁微员坐轿事》,乾隆二十九年七月二十六日,录副奏折03-0345-059。

⑤《湖广总督定长奏请准予赴滇健锐营兵丁沿途乘坐竹兜事》,乾隆三十二年五月二十二日,录副奏折03-0474-022。

⑥《寄谕派赴云南之健锐营领队大臣等著禁止兵丁跟役乘坐肩舆前行》,乾隆三十二年六月二十一日,寄信档03-132-1-065。

帝目睹八旗风气日益败坏时,他不仅立即废止了从一品以上满洲武职坐轿的待遇,而且严禁京内外满洲文武大臣以及宗室王公随意坐轿;当违例坐轿案件涉及满洲文武官员时,尤其当他得知派往前线作战的健锐营兵丁不骑马而乘坐竹兜时,乾隆帝都会勃然大怒,予以严惩,而且禁令屡申,发现一例惩治一例。与此形成鲜明对比的是,当有人奏请查禁地方各级官员违例坐轿以整顿吏治时,乾隆帝却似乎兴趣不大,并无回应。此后,历经嘉庆、道光、咸丰、同治、光绪五朝,清统治者遵照这一原则奉行不辍,但始终收效甚微,各种违例案件依旧层出不穷,惩治往往停留在口头上。不仅如此,面对五花八门的违例个案,统治者还不得不考虑各种制约因素而予以变通处理,整治的结果离目标渐行渐远,不仅"旧制"(就骑马而言,既是中原礼制,也是满洲旧制)无存,而且清王朝也走到了尽头。

四、骑马在地域差异等制约因素下的变通

骑马作为传统社会的一种出行方式,通常适用于草原或者较为平坦的平原地区,更是北方游牧狩猎民族的生活特征,相反在山岭崎岖、沟壑纵横或者河流纵横的江南乃至西南一带,有时骑马并不适用,加之马匹稀少,当地人也并不擅长骑马。相比之下,起源于南方的肩舆、竹兜等乘坐工具,反而更加适宜。因此,清代统治者基于传统和本民族生活习惯而制定的骑马政策,在实施的过程中往往会受限于各种客观条件的制约。

第一,是民族生活习惯的制约,这在清代也往往表现为满汉之别。"满洲兵丁自幼专习骑射"[1],满蒙等民族自幼习骑射,乘骑自如,而对于汉人来讲,并不擅长。也正因为此,清统治者并没有像推行"剃发易服"政策那样,强制汉人一律乘马。在赏赐"紫禁城骑马"时也做了区分,对满大臣而言,"于乘骑素为娴习",而汉大臣则"乘马本非所长,设遇衰年有疾,仍勉强策骑入朝,未免转形劳顿"。嘉庆皇帝甚至允许汉大臣坐车,"嗣后降满洲、蒙古大臣外,所有汉大臣曾经赏马者,或偶因患病,或适有足疾不能乘骑,著自行具折奏明,准其坐车进紫禁城"[2]。道光帝则允许汉臣坐轿椅,"汉员年至六十岁亦俱准其乘坐二人椅轿,以示优恤"[3]。

第二,是地理条件的制约,主要表现在两个方面:一是南方山岭崎岖,丛林茂密,河流纵横,骑马难以通行,例如"赣南与闽粤毗连,跬步皆山,有万难乘骑之处"[4];二是南方马匹稀少,雇觅不易。乾隆二十二年(1757)十月初一日,贵州提督董芳奏请朝廷,希望能够允许自己酌制小轿备用。他的主要理由就是贵州当地很多地方并不适合骑马。"黔省地方属在苗疆,与别省情形实有不同。查通省道路自下游镇远府起,上至云南交界之亦资孔汛属止,中惟大路一条,虽稍觉宽展,然山高岭大,已非他省康庄平坦之比。此外,则各镇、协、营分管之所,在在崇山叠嶂,鸟道羊肠,计一日之内驰驱巡行,上下百里,可以乘骑者一半,其马力疲阻、不能乘骑、必须步履跋涉者亦一半。倘事在紧急,黑夜往来,险阻崎岖,

①《清高宗实录》卷979,乾隆四十年三月戊辰,第21册,第74页。

②《清仁宗实录》卷66,嘉庆五年闰四月壬申,第28册,第884页。

③《清宣宗实录》卷423,道光二十五年十一月丙子,第39册,第315页。

④《两江总督陶澍奏为遵旨审明定拟南赣镇游击黄廷荣列款裹讦总兵张佑溪案并无违例营私情弊请旨饬令回任事》,道光十三年八月十九日,朱批奏折04-01-16-0141-082。

尤不免扑跌之患。"①董芳所提出的理由的确是实在情形,乾隆帝允其所请。因此,在南方一些地区,作为将军或者提镇的武职官员放弃骑马而乘轿,未必是希图安逸,有时反而是不得已而为之。又如,三十六年(1771)闰五月,陈辉祖参奏福建督标千总周得升、把总黄登浦、外委甘国荣、甘国麟等人违例坐轿。尽管被参奏的这几位武职存在"需索折夫银钱"之处,但负责查办的福建巡抚富纲在向乾隆帝奏报时特意说明:福建境内多山岭水路,平地少,从客观道路条件上来看,骑马并非处处适用,尤其"闽省往浙驿路,自距省二百里之古田县水口驿起,至浦城县出境,跬步皆山,并无骡马,一切行旅往来,均需兜轿,雇夫抬送。而自闽赴浙,仅有水口地方可以雇觅人夫,直送浦城"②。可见,南北方迥异的自然地理条件也使得骑马这一国家制度难以通行各地。

也正是由于骑马这种出行方式存在着诸多客观因素的制约,因此当乾隆帝在二十二年二月谕令禁止各地将军、提督坐轿时,为避免一刀切所带来的不便,乾隆帝多次对外省将军、提镇乘舆的规定做出调整。考虑到"将军提镇等有因公赴京,遇地方向无马匹之处,或未免拘泥难行,且于本处偶值天雨不能乘骑时,亦应量为区别",规定嗣后"有似此者,俱著准其乘舆"。③道光十三年(1833)六月,道光帝在通谕各直省将军、副都统、提镇、将备禁止坐轿时,也特别予以通融,"除高山竣岭、逼仄崎岖,或稻田水曲,不能乘骑者,准其乘坐竹兜"。④

第三,官员的健康状况,也是制约能否"骑马"的又一客观条件。乾隆二十二年(1757),乾隆帝在谕令外省将军、提镇一律骑马时,就特意补充规定:"前因外省将军提督有表率营伍之责出皆乘舆,恐致狃于便安,是以特行禁止,但此内有宣力已久之年老大员,又未可一概而论。嗣后如有年逾七十,不能常行乘马者,令该员自行酌量奏闻请旨,馀不得假借。"⑤乾隆朝后期,乾隆帝对八旗满洲"渐失本业"的现状异常痛心,曾一再谕令武职官员不得乘轿,但考虑到年老者体力下降,骑马已不现实,于是在四十一年(1776)十二月允许六十岁以上的满洲侍郎可以坐轿:"从前不准满洲侍郎坐轿者,特令其不废弛满洲旧规,服习勤劳也。但伊等既已年老,仍令时常骑马,恐伊等力不能支,嗣后满洲侍郎等,年至六十岁著加恩概准坐轿。"⑥这实际上也是骑马政策在面对现实制约因素时的一种调整。五十八年(1793)二月,乾隆帝因"海兰察在军前效力多年,腿有宿疾",格外施恩,"赏令乘轿"。⑦除此之外,不少地方武职也经常以个人身体健康原因,奏请皇帝能够允许乘轿或者肩舆。

又比如皇帝赏赐"紫禁城内骑马",原本是最高统治者对为国家宣力多年之股肱大臣的一种认可和恩赏。"国家优待臣工,王贝勒等例在紫禁城内骑马,满汉大臣年老者,恩赏在紫禁城内骑马,原以曲示体恤,节其趋步之劳。"但在现实操作中也多遇到尴尬。除了王公贝勒按照惯例就拥有"在紫禁城骑

①《贵州提督董芳奏为黔省要地往来险阻请准酌制小轿备用事》,乾隆二十二年十月初一日,朱批奏折04-01-01-0216-056。

②《福建巡抚富纲奏为遵旨审查福建督标千总周得升等违例乘轿索夫凶殴扰乱驿站事》,乾隆三十六年闰五月初五日,朱批奏折04-01-16-0074-004。

③《清高宗实录》卷593,乾隆二十四年七月丙寅,第16册,第595页。

④《清宣宗实录》卷238,道光十三年六月乙巳,第36册,第563页。

⑤《清高宗实录》卷537,乾隆二十二年四月甲申,第15册,第784页。

⑥《清高宗实录》卷1022,乾隆四十一年十二月庚戌,第21册,第1022页。

⑦《清高宗实录》卷1422,乾隆五十八年二月丁卯,第27册,第24页。

马"的资格,此外能够得到皇帝赏赐这一殊荣的,或者是劳苦功高的满洲大臣,此时往往已经年迈体弱,骑马已经成了奢望,或者受赏的汉大臣原本就不善于骑马。而且"紫禁城骑马"并非空洞的荣誉象征,满汉大臣一经皇帝赏赐在紫禁城内骑马,如果弃而不用,反而有"不知朕恩"的"矫情之过"。于是紫禁城内往往出现前面令人牵马、自己在后随行的滑稽场面。"近闻满洲大臣中有年老艰于上马者,汉大臣中有本不谙乘骑者,虽蒙恩赏,仅令人牵马随行。严冬风雪,依然徒步蹒跚,深堪怜悯。"面对这一窘况,嘉庆帝于二十四年(1819)十一月做出调整,允许无法在紫禁城骑马的满汉大臣改坐肩舆。[1]十二月,嘉庆帝又强调,既然允许乘坐肩舆,"若仍前徒步,则是故为矫情,其过难恕"。而且"自降旨以来,风闻仍有徒步行走者,是以朕引年惠下之恩,毫不知感。其心难问,其意何居?"[2]

第四,天气状况,也会成为"骑马"能否成行的客观因素。嘉庆十年(1805)十月,"时届严冬,气候寒冱,满汉大臣中年老者遇有奏事等项,趁晓趋朝,严寒倍甚",嘉庆帝"恩准令自制两人异抬小椅,乘坐进内"。[3]道光十三年(1833)八月十九日,南赣镇游击黄廷荣揭发总兵张佑溪"演戏宴乐,任所出入乘舆"。据张佑溪供称:"伊寻常出入原是骑马,或偶值本处天雨,不能乘骑,暂时坐轿",而且南方多雨,"或外出适逢天雨,暂用柱兜,此皆例所不禁,并非常川乘舆"。质问黄廷荣称:"曾见该镇公出坐轿,原值天雨之时,伊因仅知武职应行骑马,不知提镇大员遇雨,暂准坐轿定例,是以怀疑列禀。"[4]

可见,因不同民族习惯、不同地域自然地理条件以及个人健康、天气等因素的差异,对于原本"一体钦遵"的坐轿禁令,清政府在具体实施过程中不得已进行了变通。尽管为违例乘轿者提供了弹性空间和政策漏洞,但在一定程度上也说明:原本起源或者局限于北中国的政治礼制传统,在进入中国大一统时代后,如果还继续作为"旧制"而加以坚守并在全国范围推广时,必然会面对地域多元、文化多元所带来的挑战。此时,如何适应,是坚守还是变通,往往显得更加重要。

结语:制度的目的与效果

传统中国礼制关于骑马、乘轿的各种规定和整治,是封建王朝王公百官"舆服"制度中的重要内容,其首要目的是"别等差",防止"上下陵僭"[5],即通过差别化的待遇以维护等级社会的政治社会秩序。清代继承了这一传统。正如顺治初年礼科给事中法若贞在奏请恢复三品以上官员乘坐肩舆旧制时所言:"下人犯上,实由等威不辨。今大小诸臣入朝虽有顶戴分别,而燕居衣冠,与平民无异。吏胥华服过于官长,优隶衣饰同于公卿,非所以别等威也,宜分别贵贱以防僭滥,兼请复三品以上大臣肩舆旧制,以肃观瞻。"[6]清廷虽然没有允许三品以上官员乘坐肩舆,但以王公大臣的品级来确定出行仪制的礼制规范,与法若贞所奏请的目的完全一致。

①《清仁宗实录》卷364,嘉庆二十四年十一月壬午,第32册,第817页。
②《清仁宗实录》卷365,嘉庆二十四年十二月辛卯,第32册,第821—822页。
③《清仁宗实录》卷151,嘉庆十年十月己酉,第29册,第1088页。
④《两江总督陶澍奏为遵旨审明定拟南赣镇游击黄廷荣列款禀评总兵张佑溪案并无违例营私情弊请旨饬令回任事》,道光十三年八月十九日,朱批奏折04-01-16-0141-082。
⑤(宋)林之奇:《尚书全解》卷25,文渊阁《四库全书》第55册,第478页。
⑥《清世祖实录》卷54,顺治八年闰二月己未,第3册,第428页。

在王公百官出行仪制的各种规定中,前文已经提及的"紫禁城骑马"制度为清代所独创。清代皇帝赏赐大臣在紫禁城内骑马或乘坐肩舆,不仅是"皇恩浩荡"的体现,而且也是最高统治者构建君臣政治秩序的一种手段。清制,有权骑马进入皇城者首先是宗室王公,雍正帝即位之初开始谕令六十五岁以上的年老大臣"许乘马入内"。①雍正七年(1729)十月,又谕令蒙古王公"著照在京王例"在紫禁城内骑马,贝勒、贝子、公等年六十五岁以上者"亦著骑马"②。这些都是清最高统治者重视"天潢贵胄"和满蒙王公为"国家根本"的一种礼仪安排。自乾隆朝以后,赏赐"紫禁城骑马"成为惯例,据历朝实录记载统计,乾隆朝共计118人先后获赏"紫禁城骑马"资格,嘉庆朝共计68人,道光朝共计155人,咸丰朝共计155人,同治朝共有84人,光绪朝共有232人获赏"紫禁城骑马"或"西苑门内骑马"。最后一位获此待遇的是宣统元年(1910)云贵总督李经羲。

从制度实施的效果来看,"紫禁城骑马"作为清代统治者构建君臣关系的一种手段,在清代封建皇权体系的政治运作中的确发挥了作用,但进入清后期赏赐泛滥,反而偏离了初衷。按照定例,"王等应于紫禁城内骑马,贝勒贝子俱不准"。鉴于"今思大臣内,朕尚有施恩命骑者",乾隆十五年(1750),乾隆帝谕令嗣后贝子以上"俱令在紫禁城内骑马"③。从原来的宗室王公,扩展到贝勒、贝子,到部院大臣,再到封疆大吏,乃至各地将军、提督,清代赏赐"紫禁城骑马"的范围越来越大,而且自乾隆朝以后,人数越来越多,结果造成清末名器泛滥。除了滥赏"紫禁城骑马"之外,各种恩赐、封赏、封号、捐纳和颁赐匾额满天飞,从根本上反映了清代政治秩序的混乱,反映了正常行政手段的软弱无力、国家统治力的无序和涣散,反映了中央权威的恐慌和溃散,同样也反映了各级官员争权夺利、阿谀钻营的局面。

清代统治者以骑马坐轿之别建构舆服制度的另一重要目的,是维护"满洲旧制"和"立国之本"。尽管对于武职人员的坐轿禁令并非始于清代,骑马也并非满族独有的民族文化传统,但在清代特殊的历史时期,因统治者强调"骑射"的国家政策,文武之别往往转化为"满洲根本"与"汉人风气"。因为,骑马射箭在统治者看来就是"满洲旧制"的核心技术,是清王朝成功的法宝。顺治帝曾说:"我朝原以武功开国,历年征讨不臣,所至克捷,皆资骑射。"④十年(1653)三月,顺治帝在南台(后改名瀛台)赐宴群臣,一面手持弓,一面谕诸臣:"我朝之定天下,皆弓矢之力也,曩者每岁出猎二三次,练习骑射。"⑤雍正帝谕八旗武职大臣:"武艺者乃满洲之本务。"⑥乾隆帝更是反复地说:"骑射为我朝根本,一切技艺尤赖熟习。"⑦

相反,坐轿、乘肩舆被视为贪图安逸的"汉俗",而加以限制和抵制。乾隆帝在申饬武员坐轿风气时曾说:"夫人情习于劳则精神振作,习于逸则志气委靡。况身为武员而惮于乘骑,开骄惰之端,启废

---

① 《清世宗实录》卷2,康熙六十一年十二月癸亥,第7册,第56页。

② 《清世宗实录》卷87,雍正七年十月庚申,第8册,第166页。

③ 光绪朝《钦定大清会典事例》卷3《宗人府三·仪制一·服用》,光绪二十五年重修本。

④ 《清世祖实录》卷48,顺治七年三月戊寅,第3册,第385页。

⑤ 《清世祖实录》卷73,顺治十年三月戊辰,第3册,第577页。

⑥ 《清世宗实录》卷96,雍正八年七月壬申,第8册,第282页。

⑦ 《清高宗实录》卷341,乾隆十四年五月乙巳,第13册,第717页。

弛之渐,又何以饬戎行而率士卒乎?"①尽管清统治者重视武备,力图不分满汉,但由于统治者自认为满洲的优势是骑射,"我满洲过于汉人者,惟在风俗淳厚,失此又何以称为满洲?"②因此,乾隆帝认为:"满洲臣仆当思旧制,效法前人。如不练习乘骑,倘猝遇紧急差务,不能乘马,是何道理?"③并不断反复强调:"满洲大臣素娴鞍马而身膺使命,四牡宣勤,尤不应乘用肩舆,自图安适。"④可见,骑马与坐轿之别,原本只是身份待遇或文武之别的分野,但在清代特有的国家制度下,它作为唐宋以来"大传统"下的中原礼制文化,与清代满族维护"满洲根本"的"小传统"之间实现了无缝衔接,而这也是清代皇帝比明朝以前统治者更强调骑马坐轿之别的重要内在原因。

为了维护"国语骑射"的满洲旧制,避免"一染汉习,反弃旧风",清统治者可谓煞费苦心,除了不准乘轿之外,还将满人说汉语、取汉名、读书考试、吟诗作赋等行为,全部归为"朕深恶之"的"一切玩物丧志之事",甚至认为:"习汉文考试,势必歧误而成无用之材",只有骑射是万能的,"果能将技艺骑射学成,可当一切差使"⑤。所有这些防范,在清统治者内心中,最后都归结为一个考量:"变更旧俗,所关于国运人心,良非浅鲜,不可不知儆惕。"⑥

然而,现实是残酷的,清统治者使出浑身解数也未能挽救"满洲旧制"日渐废弛的命运。不仅满洲文武官员违例乘轿的风气禁而不绝,而且由于承平日久,宗室王公习于安逸,即便是普通八旗兵丁"原以马步骑射为主"的满洲本业,骑马荒疏,就连弓箭也日渐抛弃,甚至围猎时,"不以弓箭为事,惟图利便,多习鸟枪"⑦。原本"理宜争先奋勉"的满洲旧习,如今徒步山林,"即如此怯懦","反畏缩不前"⑧,以至于乾隆帝叹息:"满洲臣仆习气至于此极,朕若姑息因循,不速为整顿,振兴旧俗,数年后不知何所底止也。"⑨乾隆帝曾对此痛心疾首地说:"马步箭乃满洲旧业,向以此为要务,无不留心学习。今国家升平日久,率多求安,将紧要技艺全行废弃不习,因循懦弱,竟与汉人无异,朕痛恨之。满洲臣仆俱世受国家豢养之恩,理宜自励成材,期与国家效力,乃不知自爱,竟成废物!"⑩至清后期,八旗往日"风俗淳朴""所向披靡"的面貌一去不返,就连被统治者视为"我朝根本之地"的东三省,也是"清语日益生疏,弓马渐形软弱"⑪。

事实上,清统治者对这类所谓"祖宗旧制""满洲根本"的坚守,无异于缘木求鱼,南辕北辙。即便"使满洲不失旧俗"⑫,即便八旗兵丁个个"弓力精强,骑射娴熟,通晓清语"⑬,那清王朝是否就能避免后

---

①《奏为通行申饬严行禁止武员偷安坐轿启废弛之渐事谕旨》,乾隆五年七月十七日,谕旨04-01-01-0053-039。

②《清高宗实录》卷316,乾隆十三年六月丙辰,第13册,第192页。

③《清高宗实录》卷356,乾隆十五年正月辛亥,第13册,第914页。

④《清高宗实录》卷689,乾隆二十八年六月庚戌,第17册,第721页。

⑤《清高宗实录》卷482,乾隆二十年二月甲寅,第15册,第38页。

⑥《清高宗实录》卷760,乾隆三十一年五月辛巳,第18册,第367页。

⑦《清高宗实录》卷374,乾隆十五年十月丁丑,第13册,第1129页。

⑧《清高宗实录》卷446,乾隆十八年九月丁卯,第14册,第810页。

⑨《清高宗实录》卷474,乾隆十九年十月戊午,第14册,第1130页。

⑩《清高宗实录》卷967,乾隆三十九年九月癸酉,第20册,第1158页。

⑪《清宣宗实录》卷37,道光二年六月辛未,第33册,第670页。

⑫《清仁宗实录》卷351,嘉庆二十三年十二月丁丑,第32册,第640页。

⑬《清宣宗实录》卷129,道光七年十一月壬子,第34册,第1153页。

来的命运呢？答案毫无疑问也是否定的。清统治者不合时宜地认为"清语骑射为满洲根本"，乃"立国之本"的"祖宗旧制"，并将其作为挽救颓势、解决问题的万能药，而将正常的社会变革斥之为"渐染汉人习气，废弛满洲旧业"①。实际上，这种意识和做法，从根本上忽视了清代国家应随着时代形势变化而进行正常合理的社会变革的内在需求。清统治者不断感慨"废弛满洲旧业"，其实是对社会变革需求的麻木不仁和熟视无睹。因此，从乾隆朝开始，历经嘉庆、道光等朝，由于国家统治者的麻木不仁，中国一步一步地丧失了机会。

毫无疑问，仅仅从八旗制度败坏的角度解释清朝历史的命运还不够完整、深入，清朝的问题不在于是否很好地坚持了"国语骑射"这一"立国之本"，而是需不需要一直坚守这一"祖宗之制"的问题。不容置疑，满洲以"国语骑射"的民族传统，在入关前后所表现出来的朴实无华、朝气蓬勃、勇武团结的精神，以及八旗制度和"清承明制"的国家治理体系，的确为清代大一统事业的推进做出了不可磨灭的贡献。这一点，不论是康熙、雍正，还是乾隆、嘉庆等历代帝王，都有明确的认识。但问题在于，随着清代中国大一统进程的推进和时势的变化，尤其是面对不可避免的世界一体化以及越来越不可避免的中西冲突变局时，原本行之有效的"旧制"已经逐渐陷入捉襟见肘甚至与时势扞格的窘境。清统治者没有意识到"旧制废弛"所面临的时代境遇已经今非昔比，更没有及时找到破解难题的出路和对策。

（作者刘仲华，北京市社会科学院历史研究所研究员。原载《地域文化研究》2022年第4期）

①《清宣宗实录》卷127，道光七年十月己卯，第34册，第1121—1122页。

万历东征朝鲜之明军将士群体与指挥体制

孙卫国

万历抗倭援朝战争是近世东亚史上一件影响深远的战争,也是中、日、韩三国学者相当关注的问题。相对于日、韩研究,中国学术界研究稍显不足。不仅对于战争中许多史实认识模糊不清,就连明军将士人数也不甚清楚。尽管在宋应昌《经略复国要编》和邢玠《经略御倭奏议》中,[①]都有调兵奏折,但在《明实录》、清官修《明史》等明、清史籍中,都没有详细数字,仅朝鲜史籍有所载录,可资参考。日、韩相关研究成果中[②],对于侵朝日军的情况,无论是将领还是其所统辖的士卒数目,都有非常详尽的介绍。对于明军人数略有涉及,主要介绍了丁酉后期明四路军的人数,其余则未曾涉及。中国学术界虽有论著偶有论及,[③]尚未见系统全面的考察。

一、明东征将士人数考

万历抗倭援朝战争中,明朝到底出动了多少军队,明清史籍中,找不到答案。万历二十七(1599)年九月初九日,战争结束,明神宗论功行赏时,没有提及有多少明军将士出征,《明神宗实录》中未载具体数字;[④]清官修《明史·朝鲜传》曰:"自倭乱朝鲜七载,丧师数十万,糜饷数百万,中朝与属国迄无胜算,至关白死而祸始息。"[⑤]只有一个模糊的"丧师数十万"的说法,但到底多少士卒,亦未见说明。在其它明清史籍中,如《万历三大征》《两朝平攘录》《国榷》《明史纪事本末》《明通鉴》等史籍中,都未见论及过此问题。所幸朝鲜王朝留下了数种资料,对此问题有相当详细的记载,给我们探讨东征将士总人数提供了可能性。

相对于明、清王朝,朝鲜王朝对这场战争的记述更为详尽,也更为重视,不仅《朝鲜宣祖实录》中载录相当详细,还出现多种专题史书。对于明出征将士的情况,战争结束不久,"宣祖大王因经筵官建

① (明)宋应昌:《经略复国要编》,收入吴丰培编:《壬辰之役史料汇辑》,北京:全国图书馆文献缩微复制中心,1990年。(明)邢玠:《经略御倭奏议》,收入经莉等编:《御倭史料汇编》第四、五册,北京:全国图书馆文献缩微复制中心,2004年。

② 参见日本参谋本部编:《日本战史·朝鲜役》,东京:村田书店,大正十三年(1924年)初版,昭和五十三年(1978年)复刻本。(日)北岛万次编:《丰臣秀吉朝鲜侵略关系史料集成》(三卷本),东京:平凡社,2017年。(韩)李炯锡:《壬辰战乱史》,汉城:汉城大学出版部,1967年。

③ 柳树人的《壬辰抗倭战争》(收入延边历史研究所编:《延边历史研究》第二辑,1987年),虽然出版于二十世纪八十年代,但此文撰成较早,乃是作者基于日、韩相关书籍写就,对于明军两次出兵的人数有所提及。孙文良的《明代"援朝逐倭"探微》(《社会科学辑刊》1994年第3期),参考朝鲜王朝千万里《思庵实纪》一书的材料,提及过明军人数与粮饷数目。万明在《朝堂与战事之间:明朝万历援朝之战官将群体的初步考察》(《烟台大学学报(哲学社会科学版)》2017年第3期)中,以《宋经略书》(作者不详)为据,分两个阶段,讨论了战争期间各个将士群体。刘永连、段玉芳合撰《万历援朝抗倭战争明军兵力考》(《朝鲜·韩国历史研究》2016年第17辑),以明朝史料为基础,重点考辨了征调兵力的人数。

④ 参见《明神宗实录》卷339,万历二十七年九月乙卯,南港:"中央研究院"历史语言研究所,1967年,第6288—6292页。

⑤ (清)张廷玉:《明史》卷320《朝鲜传》,北京:中华书局,1974年,第8299—8300页。

白,令朝臣撰辑先后天朝将官征倭事迹",指令海平府院君尹根寿主持此事,拖了一段时间,尹根寿才上交史稿。宣祖"以多浮辞",并不满意,遂指令申钦(1566—1628)重编。①事实上,战争期间,申钦一直在跟明军将士打交道。宣祖二十五年(万历二十年,1592)十二月,申钦接替丁忧回家的李好闵,专管接待明军将士,遂长期担任此职,对明军情况十分了解。②当时有人评价申钦:"此人久在备边司,往复中朝大小事,知之甚悉,求之名流,鲜有其比。"③宣祖二十八年(1595)年三月,他曾作为书状官前往北京,请求明廷册封光海君为世子。④《朝鲜宣祖实录》称他:"为人才气过人。"⑤战争结束以后,由申钦来编辑明朝来援将士的史书,乃最合适的人选。乙巳(1605)春,申钦完成史稿,"盖举其征讨曲折,将官往来年月,兵粮多少,以便一时睿览而已"⑥。遂上交正本,自留底本。壬戌(1622)秋,申钦对自留本加以修改,题为《天朝先后出兵来援志》《天朝诏使将臣先后去来姓名》等篇章,最初名为《征倭诏使将臣录》,有单行抄本,后录入他的文集《象村稿》之中。申钦文集中涉及明军援朝战争的,还有《壬辰倭寇构衅始末志》《本国被诬始末志》《本国被兵志》《诸将士难初陷败志》等多篇文章,一并构成"征倭志",成为研究这场战争非常重要的第一手资料。⑦

随后,申钦的孙子申炅(1613—1653)在《象村稿》的基础上,于仁祖二十七年(1649)开始编撰《再造藩邦志》,书未成而卒。其子申以华在孝宗十年(1659)编校完成,书中对明东征将士的情况有所载录。据其自序称,主要是以申钦《象村稿》中的"征倭志"为资料来源。1830年左右,吴庆元编《小华外史》,在《小华外史续编》中有《王人姓名记》,基本抄录申钦《天朝诏使将臣先后去来姓名》,只是调整了有关人物的顺序,他加上了"兵部衙门"一栏,内容上并没有什么改变。此外,李肯翊《燃藜室记述》、不著撰人《宋经略书》和千万里《思庵实纪》⑧等书籍中,皆记述了有关明代诸将及所统兵卒人数,虽详略不一,但大体相似。因此,朝鲜王朝几种相关史料中,以申钦撰述最早,而藏于朝鲜王室的正本,未见流传。申钦文集《象村稿》,最早于1630年由朝鲜宝莲阁刊印,故文集中"征倭志",成为朝鲜后人讨论这个问题最重要、最直接的史料来源。从篇幅上讲,《小华外史续编》之《王人姓名记》,与其相当,内容并无不同。其它几种,内容比较简单,皆大同小异。

就明东征将士的总人数来说,各书皆有载录。现据申钦《象村稿》、李肯翊《燃藜室记述》、吴庆元

① (朝鲜王朝)申钦:《象村稿》卷39《天朝诏使将臣先后去来姓名——识》,韩国民族文化推进会编刊:《影印标点韩国文集丛刊》第72册,汉城:民族文化推进会,1991年,第291页。

②《朝鲜宣祖修正实录》卷26,宣祖二十五年十二月丁亥,韩国国史编纂委员会编:《朝鲜王朝实录》影印本第25册,汉城:国史编纂委员会,1961—1965年,第632页。

③《朝鲜宣祖实录》卷51,宣祖二十七年五月庚辰,第22册,第263页。

④《朝鲜宣祖实录》卷61,宣祖二十八年三月庚子,第22册,第469页。

⑤《朝鲜宣祖实录》卷118,宣祖三十二年十月戊子,第23册,第693页。

⑥《象村稿》卷39《天朝诏使将臣先后去来姓名》,第291页。

⑦ 参见申钦:《象村稿》。在日本大阪府立图书馆电子图书网页上,笔者发现一种署名申钦撰、书名为《征倭诏使将臣录》的一个抄本,本书内容与《象村稿》中的"征倭志"完全一致。每页左下角有"自然经室藏",书中盖有"大阪府立图书馆藏书之印",还有"大正四年四月十七日"入藏馆日之印。此书末有"壬戌中秋玄翁书于黔浦之枕云亭",此壬戌年,即为光海君李珲十四年(1622年)。申钦晚年号"玄翁",故而这可以说是他最早单行的抄本。

⑧ 参见李肯翊:《燃藜室记述》,朝鲜古书刊行会编刊:《朝鲜群书大系续编》第13册,京城:朝鲜古书刊行会,1915年。佚名:《宋经略书》,《中韩关系史料选辑》(影印本),台北:珪庭出版社,1980年。千万里:《思庵实纪》,朝鲜抄本,1846年。

《小华外史》和千万里《思庵实纪》的记载,列表如次:

表1　朝鲜诸家史籍所载明东征将士与粮饷总数目一览表

史籍名称	壬辰将士	丁酉将士	将士总数	粮饷数目	史料出处
《象村稿》	3319+43500	142700	221500	10万石粮、4万银	《象村稿》卷39《天朝诏使将臣先后去来姓名》
《燃藜室记述》			221500	共883.5万两白银、本色米数十万觔	《燃藜室记述》卷17《乱中时事总录》,页375—376
《小华外史》			221500	各类银883.5万两、本色米数十万觔、赈米12万石	《小华外史》卷5,页9a
《思庵实纪》	55500	143500	234000	米54万石、银15.9万两、蜀锦397120匹、金33万两	《思庵实纪》下篇《东征时军兵赏赐粮米金银蜀帛总录》,页20—21

从上表可知:第一,明军将士总数,前三种史料所载相同,皆是221500人,其出处应该皆来自申钦文集。《思庵实纪》稍有差别,为234000人,多出12500人,出入差别也是可以接受的,所以明军总数应该不超过234000人。第二,有关壬辰与丁酉两次出兵人数,只有申钦《象村稿》和《思庵实纪》有载录,也略有不同。申钦将壬辰前后两次出兵人数都列出,一是祖承训首次援朝人数3319人,二是李如松攻平壤之军队人数43500,一共46819人。《思庵实纪》则是55500人,差别有8681人。申钦这个数目只是参加两次平壤之役的明军士卒人数,随后还有一句,"追到者八千人"[①],加上这八千人,两者就没什么差别了,因而可以说没有多少出入。《朝鲜宣祖实录》也载曰:"攻破平壤,用四万三千五百名,追到军兵八千名。"[②]因而其所载数目皆同。丁酉援朝明军人数,两书记载都是十四万多,差别不到一千人,也在允许的范围之内。第三,差别比较大的是明军粮饷数目,乃是各自关注的项目不同,此数目今存而不论,留待以后再作专门讨论。

明军将士总人数大体如此,而各路将士具体人数如何?其统属关系如何呢?申钦《象村稿》是最早的记录,吴庆元《小华外史》对其顺序略有调整,但内容与各将所统数目,并无不同。故以这两部书为基准,并参稽其它史料,将明东征各部将士及其所属关系,列表如次,以见其详细情况。

---

① 《象村稿》卷39《天朝诏使将臣先后去来姓名》,第269页。
② 《朝鲜宣祖实录》卷34,宣祖二十六年正月丙寅,第21册,第602页。

表 2　申钦《象村稿》与《小华外史续编》所载明东征将士情况表①

所属	将领姓名	职务职掌	士卒来源	统兵人数	赴朝时间	备注
兵部衙门	石星	尚书				
	常鹤	都司			乙未九月	赴朝调查
诏使衙门	薛潘				壬辰六月	奉敕赴朝
	司宪	行人			癸巳十月	
祖副总兵以下诸将官	祖承训	副总兵	辽兵	7000(丁酉)	三度赴朝参战	李成梁家丁出身
	郭梦征	参将	辽兵	500	壬辰六月	
	王守臣	游击	辽兵	300	两度赴朝	
	史儒	游击	辽兵	1000	壬辰六月	首次平壤之役,全部战死
	戴朝弁	游击	辽兵	1000	壬辰六月	
	马世隆	千总	辽兵		壬辰六月	
	张国忠	千总	辽兵		壬辰六月	
宋经略以下诸官一时往来各衙门	宋应昌	经略			癸巳三月至九月	宋应昌壬辰援朝明军最高指挥官,下为宋经略票下官
	王承恩	都督佥事	蓟镇马兵	500		
	王汝征	游击		2000	壬辰十二月	
	张九经	旗鼓官			两度赴朝	
	苏国赋	参将				
	刘黄裳	经略赞画				
	袁黄	经略赞画				
	周维翰	监军			癸巳二月至六月	
	韩取善	监军			癸巳二月至七月	
	艾维新	管饷催运			癸巳正月至七月	
	贾维钥	查验军功			两度赴朝	
	郑文彬	管粮同知	家丁	50	两度赴朝	
	王君荣	管饷银			壬辰十二月至癸巳九月	
	赵如梅	管粮	家丁	80	两度赴朝	
	胡泽	与日交涉			三都赴朝	
	沈思贤	与日交涉			两度赴朝	
	陶良性	管军饷			三度赴朝	
李提督以下诸官一时往来各衙门	李如松	提督	蓟辽马兵		壬辰十二月至癸巳十月	壬辰明军级别最高将领
	方时春	中军参将	辽兵			李提督票下官
	李宁	参将/副总兵	家丁出身,辽兵	1000;2000	壬辰、丁酉两度赴朝	
	李逢阳	旗鼓官、指挥	辽兵		壬辰、丁酉两度赴朝	
	李有声				碧蹄馆为救李如松战死	
	韩宗功	备御	辽兵			
	杨元	副总兵	辽兵	2000	两度赴朝	丁酉南原失守被枭首

---

①《小华外史续编》几乎全文抄录申钦《天朝诏使将臣先后去来姓名》,只是加了"兵部衙门"一栏,下面栏目个别人物有所调整,其余皆抄自申钦之书。《小华外史续编》末尾还附有"己未深河监军""丁卯东援都司""丁丑东援舟师将官"数人,跟朝鲜之役无关,故不录;另有《宋经略书》分"经略以下文官各衙门""武臣以下各衙门行迹",介绍了宋应昌、邢玠、杨镐以下的经略、经理等主要文官,并及李如松、董一元、麻贵、刘綎等以下武将的生平事迹及其在朝鲜战场上的主要战绩。但没有提及其所率兵力人数及来源,该书也是了解明军文武百官的一部重要资料,没有超出申钦《天朝先后出来援表》,可以说三者同源异流。《宋经略书》比较简单,未谈及每位将领所带兵力数目,所收录的将领人物也比较少。《再造藩邦志》摘录《象村稿》资料,简要介绍了主要将官姓名、籍贯及所领兵马数目。万明在《朝堂与战事之间:明朝万历援朝之战官将群体的初步考察》(《烟台大学学报(哲学社会科学版)》2017年第3期)一文中,以《宋经略书》为据,考察了有关将领的情况。杨海英在《域外长城:万历援朝抗倭义乌兵考实》(上海:上海人民出版社,2014年)一书中,系统考察了南兵中义乌兵将群体,颇具启发性。

所属	将领姓名	职务职掌	士卒来源	统兵人数	赴朝时间	备注
	李如柏	副总兵	辽兵	1500	两度赴朝	
	张世爵	副总兵	辽兵	1500	与提督同进退	
	查大受	副总兵	马步兵	3000	与提督同进退	平壤、碧蹄馆两役功臣
	葛逢夏	游击	保直马兵	2000	壬辰十月至甲午正月	久住义州
	佟养正	副总兵	辽兵		两度赴朝	壬辰久住义州;丁酉管粮饷
	杨绍先	参将	辽马兵	800		
	王有翼	副总兵	辽马兵	1200	壬辰十二月至癸巳五月	
	孙守廉	副总兵	辽马兵	1000	壬辰十一月至癸巳五月	李如松亲信随从
	王维贞	副总兵	辽马兵	1000	壬辰十一月至癸巳七月	
	高策	副总兵	蓟辽马兵	2000;2500	两度赴朝	
	赵之牧	参将	辽马兵	1000	壬辰十二月至癸巳四月	
	李芳春	参将;副总兵	蓟辽马兵	2000;2000	两度赴朝	申钦作马兵1000
	李如梅	参将;副总兵	蓟辽马兵	1000;1470	两度赴朝	
	李如梧	参将	辽马兵	500	壬辰十二月至癸巳十月	
	张应种	参将	马兵	1500	壬辰十二月至癸巳四月	
	骆尚志	神机营左参将	南步兵	3000		平壤之役功臣
	张奇功	参将,管运粮饷	大宁营马兵	1000	先催运粮饷;后率兵前来	与沈惟敬善
	陈邦哲	参将	山西兵	1000		
	吴惟忠	游击;副总兵	浙步兵	1500;3990	两度赴朝	朝鲜服其军纪严,战功高
	钱世桢	游击	山东马兵	1000	壬辰十二月至癸巳九月	
	谷燧	游击	大同马兵	1000	壬辰十二月至甲午正月	
	周弘谟	游击	宣府马兵	1000	两度赴朝	病卒
	方时辉	游击	蓟镇马兵	1000	壬辰十二月至癸巳十月	李如柏票下官
	高昇	游击	马兵	1000	壬辰十二月至癸巳十月	
	王问	游击	马兵	1000	壬辰十二月至癸巳十月	
	梁心	游击	马兵	1000	壬辰十二月至癸巳十月	
	赵文明	游击	马兵	1000	壬辰十二月至癸巳六月	
	高彻	游击	马兵	1000	壬辰十二月至癸巳六月	
	任自强	副总兵	宣府兵	1000	两度赴朝	
	李平胡	副总兵	辽马兵	800	壬辰十二月至癸巳十月	李成梁养子
	施朝卿	游击	山西马兵	1000	壬辰十二月至癸巳六月	
	杨五典	副总兵	辽马兵		两度赴朝	
	宋大斌	副总兵	辽马兵	1000	癸巳正月至甲午正月	
	戚金	游击;副总兵	浙步兵	1000	癸巳正月至甲午正月	
	刘綎	副总兵;总兵	川步兵	5000	两度赴朝	川贵汉土兵
	熊正东	守备			壬辰出来	
	傅廷立	管粮官				把截义州
	毋承宣	千总			癸巳出来	稍探
	张三畏	指挥佥事	辽兵		两度赴朝	管粮官
	黄应旸				两度赴朝	探听情况
	谭宗仁				壬辰十二月至丙申二月	沈惟敬助手
	谢用梓	参将			两度赴朝	出使日本
	徐一贯	假称天使				

所属	将领姓名	职务职掌	士卒来源	统兵人数	赴朝时间	备注
	李大谏		浙兵		两度赴朝	
	吴宗道		浙兵		数度赴朝	癸巳后久住朝鲜
	提到名字的还有:楼崇政、李郁、郑自知、胡鸾、周易、李杜、吴希汉等七人以李提督听用官来去;楼大有、吴梦豹、李镇、宁国胤等四人,或以指挥,或以都司,随提督一行来去					
顾、孙两经略衙门	顾养谦	经略			主事辽东,未渡江	第二任经略,主持和议
	孙矿	经略			主事辽东,未渡江	第三任经略
封倭册使诸官一行往来各衙门	李宗诚	都督佥事			乙未四月	册封正使,釜山逃回
	杨方亨	都督佥事			乙未四月至丁酉正月回	由册封副使改正使,前往日本册封
	沈惟敬	游击	家丁	32	多次入朝、日交涉	册封副使,封贡败而弃市
	金嘉猷				死于册封日本时地震	
	吴邦彦				送马赴日	册使票下官
	王世贤	把总			随李宗诚逃归	
	王吉	护敕官				
	徐志登	护敕官				
	留名者尚有:王承烈、陈金、杨贵禄、项汝变、俞承宗					
	陈云鸿	游击			甲午十月至丙申	陪侍杨方亨赴日并一同返回
	胡大受	游击			乙未七月至十二月	
	余希允	策士			与申忠一赴建州	
	叶蟾	军门委差			丙申正月至丁酉二月	
	王佽吉	同知			管粮	
邢军门以下诸官一时往来各衙门	邢玠	经略			丁酉十月至戊戌	
	戴延春	都督佥事			戊戌七月赴朝	
	蒋弘济	旗鼓官				
	杨廉	参将	骑兵	990		
	庞渤	旗鼓官				
	叶思忠	游击				
	乔一麟	游击				
	宗应魁	指挥				
	张彦池		山东兵			邢军门票下官,还有张九经、李大谏等票下官
	张隆		马兵	760		
	董用威	游击	夷兵	300		
	斯天爵	千总	马兵	700		
	王成	千总	步兵	1150		
	王宗义		马兵	980		
	蔡仲宇	指挥	辽马兵	760		
	李国辅	千总		880		
	于承恩	把总	铳手与长箭手	300		
	董汉儒	管粮饷				朝鲜德之
	丁应泰	军门赞画			两度赴朝	诬杨镐岛山之战,朝鲜恶之

578

所属	将领姓名	职务职掌	士卒来源	统兵人数	赴朝时间	备注
杨万两经理以下诸官一时往来各衙门	杨镐	经理			丁酉六月至戊戌六月	以岛山之战,被丁应泰劾罢
	彭友德	副总兵				杨经理票下官
	李开先	旗鼓官	马兵	1520		
	李逢阳	指挥佥事				
	刘仲武	指挥	马兵	100		
	李友胜	千总	辽兵	800		
	李益乔	千总	马兵	1290		
	章焕然	中军	辽兵			
	黄应旸	中军	宽甸兵			
	万世德	经理			戊戌十一月至庚子十月	万经理票下官。李开先先为杨镐旗鼓官,后为万世德旗鼓官
	俞尚德	副总兵	宣府兵		戊戌十一月至己亥正月	
	孙邦禧	中军			戊戌十一月至庚子十月	
	郭朝亨	把总	马兵	550		
	郑全斌	千总	步兵	2000		
	王在绍		马兵	380		
	洪居高	指挥	马兵	230		
	陈效	勘察军务				己亥二月暴卒,传言为刘綎鸩死
	陈御史票下官:潘嘉言、梁材、惠虞、沈思贤					
	徐观澜	勘察军功				朝鲜服之
	杨应文	勘察军功			己亥闰四月初二渡江查勘	
	萧应宫	山东按察使				整饬海防,因伸救沈惟敬被削职。刘为萧按察票下官
	刘天秩	按察中军				
	张登云	河南布政使	督运火器		丁酉四月至七月	督运火器
	王士琦	西路监军			戊戌六月次年四月	
	王士琦票下官有:左维、高凌翰;吴从周率步兵3000,随从左右					
	梁祖龄	东中路监军			戊戌	
	杜潜	山东按察司副使协理海防			己亥四月至庚子十月	
	杜潜票下官:梁守忠,原南兵吴惟忠部将					
	徐中素	东路监军			戊戌五月至六月	
	徐监军票下官:邹良臣,领马兵2790人随侍左右					
	韩初命	管粮同知			戊戌八月至庚子十月	
	吴良玺	盐运同知			戊戌六月至己亥三月	
	十六位管粮官:黎民化、李培根、宋一魁、黄三台、吴瑞麟、罗敷教、吴道行、沈有孚、王三善、秦自治、刘正伦、王官生、黄继后、赵子政、王立民、梁瑞					

所属	将领姓名	职务职掌	士卒来源	统兵人数	赴朝时间	备注
四路提督以下诸将官及善后留住将官一时往来各衙门	董一元	御倭总兵	中路大军		丁酉十二月至己亥四月	进剿泗川不利
	董提督票下官:中军守备方时新(戊戌十月病卒)、叶思义					
	麻贵	副总兵;总兵	东路大军		两度赴朝	
	张维城	指挥佥事	马兵	1620		麻提督票下官,还有庞渤
	沈栋	参将				
	郑印	都司	马兵	2500		
	梁黄	千总	马兵	500		
	王勘定			500		
	卢世卿	守备				刘提督票下官。此外尚有参将吴文杰、府佐李培、汪京
	陈以竺	管火器				
	周敦吉	指挥同知	夷兵	3140		
	陈大纲	千总	步兵	390		
	陈璘	总兵	水兵		戊戌六月	
	陈九经	坐营都司	水兵	2000	陈璘之子	陈都督璘票下官
	沈璨	坐营指挥中军	步兵	2000		
	张汝文	千总	狼土兵	4590		
	王元周	游击	水兵	2000	戊戌九月至己亥三月	
	李成勋	总兵提督			己亥七月至庚子十月	善后而留任
	梁朝选	中军	沙兵			李提督成勋票下官
	贾祥	都司			己亥六月至庚子七月	
	周以德	守备		3020		
	周冕	旗鼓官	浙兵	3000;2500		
	陈希圣	千总				
	李新芳	千总	马兵	3750	战死南原	杨副总兵元票下官
	蒋表、毛承先,皆战死于南原					
	李栾	把总	辽家丁	600		李宁票下官
	陈国宝	指挥	马兵	1000		李芳春票下官
	吴广	副总兵	狼兵	5500		
	曹希彬	副总兵	步兵	2890	己亥三月回	
	曹副总兵票下官,王名世以中军出来					
	解生	副总兵	大同马兵	2500	壬辰十二月至己亥八月	
	邓子龙	副总兵	水兵	3000		露梁海战捐躯
	卢继忠	参将	马步兵	2770	丁酉十一月至戊戌三月	
	杨登山	参将	马兵	1200	丁酉十一月至戊戌三月	
	李宁	参将	马兵	2640	丁酉十一月至戊戌三月	
	王国栋	参将	马兵	2120	戊戌正月至己亥二月	
	杨绍祖	参将	马兵	1780	戊戌六月至己亥二月	
	陈愚闻	参将	马兵	1490	丁酉十月至戊戌六月	
	王之翰	游击	川步兵	4000	戊戌六月至己亥四月	
	颇贵	游击	马兵	2800	丁酉八月至己亥三月	
	柴登科	游击	马兵	1350	丁酉九月至己亥四月	
	茅国器	游击	步兵	3100	丁酉九月至己亥十月	
	叶邦荣		浙兵	1500		
	叶朝桂	千总	步兵	240		
	陈愚衷	游击	马兵	1900	丁酉六月来,九月被拿	守全州,不救南原,下狱充军
	秦得贵	游击	宣镇马兵	660	丁酉十一月至己亥二月	

所属	将领姓名	职务职掌	士卒来源	统兵人数	赴朝时间	备注
	傅良桥	游击	步兵	2000	戊戌九月至己亥三月	
	许国威	游击	步兵	1160	戊戌三月至己亥四月	与杨镐善
	司懋官	游击	步兵	3100	戊戌六月至己亥三月	标下陈信领步兵330
	牛伯英	游击	蓟镇马兵	600	丁酉七月至己亥四月	
	马呈文	游击	马兵	2000	戊戌八月至己亥正月	泗川之败,兵败拟斩
	师道立	游击	步兵	2480	戊戌五月来	泗川之败被革职
	李化龙	游击	马兵	2500	丁酉十月赴朝	岛山之战被革职
	陈蚕	游击	步兵	3000	戊戌十月至己亥三月	
	杨万金	游击	马兵	1000	丁酉十月赴朝	岛山之战伤重死
	摆赛	游击	夷马兵	3000	丁酉八月赴朝	岛山之战功大,后病死
	卢得功	游击	马兵	3000	丁酉十一月至戊戌十月	泗川战死
	郝三聘	游击	马兵	1000	戊戌八月赴朝	泗川溃败被斩
	陈寅	游击	步兵	3850	丁酉十月至己亥四月	岛山之战负伤
	沈懋	游击	水兵	1000	戊戌十月至己亥四月	
	福日升	游击	水兵	1500	戊戌九月至己亥四月	
	薛虎臣	指挥同知	马兵	3000	丁酉十二月至己亥四月	
	俞明德、涂明宰、卢应奎、茅明时、程鹏起、白矿等六人或听用、或管粮同去					
	张榜	指挥佥事	步兵	4600	己亥至庚子	
	白斯清	游击	水兵	1600	己亥四月至庚子三月	
	蓝芳威	指挥佥事	南兵	3300	戊戌正月至己亥七月	
	徐成	游击	水兵			因病回,季金代
	季金	游击	水兵	3200	丁酉十月至己亥四月	
	涂宽	游击	步兵	850	丁酉十月至戊戌八月	
	安立本	游击	马兵	2500	丁酉十月至戊戌三月	
	梁天胤	游击	水兵	2000	戊戌七月至己亥四月	
	王国威	游击	沙兵	1000	戊戌十月至庚子二月	
	张良相	游击	水兵	1500	己亥至庚子十月	
	李天常	千总	水兵	2700	戊戌至庚子十月	
	李香	游击	南兵	3600	庚子十月回	
	万邦孚	游击	水兵	2200	己亥四月至庚子	
	姜良栋	把总	马兵	800	戊戌九月至庚子四月	万世德票下官
	李应昌	守备	水兵	1000	己亥八月至庚子十月	
合计	总人数:231792;北兵:122200;南兵:85892;水兵:23700					

这个表格乃是基于《象村稿》和《小华外史续编》史料数据而编成,从中可见明军将士的基本情况。从这个表中可以看出如下几点:

第一,从宣祖指令申钦重编明将士名录开始,目的性就很强,意在使朝鲜世代铭记明朝对朝鲜的"再造之恩",尊明意味明显,故按照时间顺序、出征先后,将明军将士分为几个群体予以叙述。吴庆元编纂《小华外史》时,他对于申钦所设定的人物排序,颇觉不满,认为还不够体现尊明之意,故而他要重编。其曰:

宣庙命撰进《天朝征倭诸将姓名记》，象村申公掌其事。今见其序次者，尚书石公与沈惟敬同传，而反居其后；游击史儒随祖承训先来，而阙不载。噫！石公慨然主援，三上自荐之书，又对我使，往往流涕。其为我之诚恳乃如此，竟以封事败，遂至于瘐死。《诗》云"如可赎兮，人百其身"者，即我东人之谓。我不能叩阍申救，如杨经理之为，以答一言救己之托，其辜负公大夫矣，区区祠享，曷足称焉！公之树德于我，永垂于世者，惟赖此篇之存。而玉石相混，糠秕在前，则将使志士致慨于今日！是以不揆僭妄，敢以"兵部衙门"四字，特揭卷首，大书尚书之名；采入史儒等十数人，补其阙遗。又以监我之军、援我之难、死我之地者，同编于后。①

这篇《题后》虽然出自吴庆元公子之手，但真实反映了吴庆元重新编排人物顺序的动机。为了突出石星的功绩，表达对石星的尊敬，特设"兵部衙门"一栏，以石星居首，深深体现了明朝"再造之恩"的具体实施者，首推兵部尚书石星。尽管石星并没有到朝鲜前线去冲锋陷阵，但他是明廷力主出兵救援的关键人物。封贡议和失败，他被下狱，最终"瘐死"狱中，令朝鲜君臣世代深感愧疚。朝鲜一方面为石星设立牌位，予以祭奠，后来在汉城东、南关王庙中，也设立他的牌位，与李如松、邢玠等同为关庙中的陪祀。同时各类史书中编造各种有关石星的神话，甚至于后来流传一说：石星之所以力主救援朝鲜，乃因为朝鲜通译洪纯彦曾在青楼救过一名年轻女子，此女后来成为石星的继室，故而他力主救援，也是为了报答朝鲜之恩情。②如斯传说，不足为据。③在朝鲜相关史书中，尊崇石星，自然是首先需要做到的，这也是吴庆元设立"兵部衙门"的出发点，所以通篇的目的乃是铭记明朝将士的战功，借以表达尊明感恩之情。

第二，表格中所立栏目，完全按照《小华外史》所划分的群体而排列。除了"兵部衙门""诏使衙门"两栏外，其余主要将领，根据出兵先后顺序，分别为"祖副总兵以下诸将官""宋经略以下诸官一时往来各衙门""李提督以下诸官一时往来各衙门""顾、孙两经略衙门""封倭册使诸官一时往来各衙门""邢军门以下诸官一时往来各衙门""杨、万两经理以下一时往来各衙门"和"四路提督诸官及善后留住诸官一时往来各衙门"，凡八组，完整呈现了援朝明军的先后次序及最重要衙门。前面两组来自明廷，兵部主管此事，石星是援朝战争最主要的倡导者和支持者，故而居首；诏使亦代表着明廷，左右着朝鲜战事的关键。"祖副总兵以下诸将官"，乃是壬辰年（1592）六月，祖承训率领数千人前往救援，平壤一战，大败而归，不少将领战死，故按照时间顺序，先予以介绍。继之，宋应昌为经略，李如松为提督，率大军赴朝，故接着介绍这两个衙门主要官员与将领。封贡和谈时期，主要是顾养谦、孙矿两经略负责；封倭册使，则指封贡和谈前往日本册封诸臣；故中间的两组人员，系封贡和谈中，明廷参与的主要人员。最

---

① （朝鲜王朝）吴庆元：《小华外史续编》卷1《题王人姓名记卷后》，明崇祯五年戊辰序刊本，1902年，第54页。

② 参见（朝鲜王朝）尹行恁：《硕斋稿》卷9《海东外史·洪纯彦》，韩国民族文化推进会编刊：《影印标点韩国文集丛刊》第287册，2002年，第150页。朴趾源：《燕岩集》卷14《热河日记·玉匣夜话》，韩国民族文化推进会编刊：《影印标点韩国文集丛刊》第252册，1999年，第302页。

③ 参见孙卫国：《朝鲜史料视野下的石星及其后人事迹略考》，《古代文明》2012年第4期，第63—72、113页。文中对于朝鲜有关石星的传说，进行了分析。考证出朝鲜现存最早关于石星后妻被洪纯彦拯救的记录，出现在战争结束五十年以后，当事人洪纯彦及相关燕行录中并无半点记录，只是后世朝鲜人的一种故意编造，故不可信。

后三组则是丁酉援朝时期以邢玠、杨镐、万世德及四路进攻时期的四提督下的主要将领情况。这样按照时间顺序,一一加以介绍,清晰地呈现出明军将士情况。就选取将领人员的标准来看,同一时期,以将领职位的高低来排序。书中按照武将序列,将总兵、副总兵、参将、游击、守备、千总、把总等职衔悉数列出,虽然总兵、副总兵、参将、游击大多加以列出,但守备以下则未必齐全。通过表中对东征将士人数的整理,七年壬辰抗倭援朝战争期间,明廷主事官员和东征将士的情况,就一清二楚了。东征将领所统士卒人数也列入表中,因为不少将士两度赴朝,所以表中出现两个数字,乃是其两次分别所带兵马人数。

第三,把这个表格中的兵力人数全部相加是230642人,跟《思庵实纪》所载数目相差无几,比申钦《象村稿》《小华外史》等所载221500人稍多,相差不大,说明数据基本可信。而且因为每位将领所率领士卒的兵种与来源,也都有说明,这样也就给我们进一步考察提供了帮助。尽管还有不少将领名下兵力数目尚不清楚,有的数字也可能不大准确,但总体数目应该和实际情况出入不大。表格中,凡是辽兵、山西兵、宣府兵等北方兵,以马兵居多。南兵、夷兵基本上是步兵和水兵。从人数上看,北兵居多,超过一半,明军骑兵在数量上占优。以南兵和京营兵为主的步兵,则主要是以火器、大炮为武器,专门有车兵、铳手,这是明军攻城的关键力量;以步兵为主的南兵不足四成,水兵大约一成,也就是说步兵和水兵加起来不足五成,这是明军士卒类别在朝鲜战场上的总体情况。

二、明东征将士群体来源分析

万历抗倭援朝战争期间,明东征将士的总体情况,在前述表2中,已然呈现出来。为何会出现这种状况? 具体到壬辰和丁酉两次出兵,前后有何不同? 引起这种不同的根源何在? 这是需要进一步考察的问题。在宋应昌《经略复国要编》和邢玠《经略御倭奏议》中,有相当多奏疏,论及征调士卒。作为当时最主要的两位征调官,他们的奏疏还原了当时征调的情况,可以探知形成如此特点的背后根源。下面以他们的奏疏为主要依据,并结合朝鲜方面史料,对明朝将士群体的具体情况,略作探讨,亦借此窥见当时明朝军队的状况。

表格中显示各路兵马的来源,之所以出现这种情况,系当时明朝军事体制所决定的。壬辰倭乱,事出突然,朝鲜措手不及,节节败退,两个月内,三京沦陷,大半国土沦丧。明朝也颇感意外,万历二十年(1592)四月战争爆发,九月宋应昌才走马上任,前往辽东征调士卒,筹集粮饷。十二月二十五日,提督李如松方率大军渡过鸭绿江,前往朝鲜征讨,准备时间长达半年之久。之所以时间如此长,一个重要原因就是军队征调不易。明东征士卒,主要有几个来源。

(一)九边兵

在所有兵力之中,九边兵最重要,也是北兵最主要来源。明朝当时最重要的军事体系是卫所制。洪武二十三年(1390),全国共有内、外卫547个,所2563个。根据卫所兵力设置的要求,每卫5600人,所1200人,原则上明朝全国军队有数百万,加上南、北二京的京营兵,数量就更多。因此明朝主力部队是卫所兵。嘉靖以来,"南倭北虏"问题严重,卫所主力部队集中于九边,以抵御北部的蒙古人。南方为了抗倭,形成了以募兵制为主体的南兵,以戚继光的"戚家军"为代表。进入万历年间,明朝军队的情况并无特别变化。南方倭寇基本扫除，戚家军被调往蓟镇防守，武器以火炮、火铳等为主。这是战前明朝兵力的大致状况。①

九边是明初沿长城防线陆续建立的九个军事重镇，分别是辽东镇、蓟州镇、宣府镇、大同镇、太原镇（山西镇或三关镇）、延绥镇（榆林镇）、宁夏镇、固原镇（陕西镇）、甘肃镇。嘉靖年间又在北京附近设立昌平、真保二镇，故后来称为"九边十一镇"，构成明代北部最重要的边防重镇，也是明朝卫所军精锐部队所在地。宋应昌征调士卒以九边为主，他在《报进兵日期疏》中言："征发各路军兵，自蓟镇来者，自保镇来者，自宣府、大同二镇来者，近不下千余里，远不下二千余里。"②基本上出自九边，在另一篇奏疏中，他提到与李如松决定，分三路进攻平壤，其军队布置如下：

> 臣以为谋既佥同，事宜速举，乃与如松，将大兵分为中阵、左、右两翼。以副将杨元将中军分统，原任参将杨绍先领宁前等营马兵三百三十九名，标下都司王承恩领蓟镇马兵五百名，辽镇游击葛逢夏领选锋右营马兵一千三百名，保定游击梁心领马兵二千五百名，大同副总兵任自强并游击高升、高策共领马兵五十名，标下游击戚金领车兵一千名，共统一万六百三十九名。以副将李如柏将左军，分统原任副总兵李宁、游击张应种领辽东正兵、亲兵共一千一百八十九名，宣府游击章接领马兵二千五百名，参将李如梅领义州等营军丁八百四十三名，蓟镇参将李芳春领马兵一千名。蓟镇原任参将骆尚志领南兵六百名，蓟镇都司方时辉领马兵一千名，蓟镇都司王问领车兵一千名。宣府游击周弘谟领马兵二千五百名，共统兵一万六百三十二名。以副将张世爵将右军，分统本官并游击刘崇正领辽阳营并开元参将营马军一千五百三十四名，原任副总兵祖承训领海州等处马军七百名，原任副总兵孙守廉领沈阳等处马军七百二名，原任加衔副总兵查大受领宽甸等处马军五百九十名，蓟镇游击吴惟忠领南兵三千名，标下都司钱世桢领蓟镇马兵一千名，真定游击赵文明领马兵二千一百名，大同游击谷燧领马兵一千名，共统兵一万六百二十六名。一应军机悉听提督李如松居中指麾。赞画刘黄裳、袁黄随军，彼此筹画谋议，其余将佐等官，分别调度有差，俱于十三、十六、十九等日，臣亲拜师告戒，宴赏各官，拔营齐进。及续到蓟镇应调步兵二千八百余名，并发军前听用。③

这是宋应昌汇报的明军人数，分左、中、右三路进军，每路大军都是一万零六百人左右，三路大军一共31897人，再加上随后到的2800人，一共34697人。这里只是三路大军的人数，尚未包括李如松所率领的亲兵数目。从士卒来源看，基本上是九边兵，分别从辽镇、蓟镇、宣府、大同等地征调来的。这是当时明朝最精锐的部队，宋应昌在这里所提出的34697员，疏中的数字应是确切数据。而前面表格中的数字，壬辰援朝明军人数是50930人，减去刘綎未到的5000人，再减去跟随宋应昌在辽东的标下官军，以及京营的神机营与南兵数目，还剩36770人，与宋应昌所提的数字差2073人，加上李如松亲

---

① 参见吴晗：《明代的军兵》，氏著《读史札记》，北京：生活·读书·新知三联书店，1979年，第92—141页。

② （明）宋应昌：《经略复国要编》卷4《报进兵日期疏》，第304页。

③ 《经略复国要编》卷4《报进兵日期疏》，第305—308页。

兵数目,相差无几。两相对照,基本相同,这也证明申钦所记载的兵力数目可信。

尽管丁酉再乱之时,明朝事先已预想到日军会再度入侵,但邢玠征调各路军马之时,还是颇为紧急,九边兵依然是首选。因为士卒相对集中,距离也最近,尤其是辽兵,宣府、大同等山西兵、蓟镇兵等,都是首先考虑征调的对象。邢玠在奏疏中说:

> 臣先后调兵五万……永、蓟、密三道募兵六千,尚未得完,其余先调蓟、辽、保定、宣大并浙江水陆兵,即督催俱齐,亦不满三万……臣五月间,曾照先年并前督臣孙(矿)题议宣(府)、大(同)、山西挑选一万二千之数,除已发六千,再求添调前来……但路途恐缓不及事,容臣先将蓟镇马步官兵之内,抽调四千,内用马兵一千,应于东西两协营各有马兵三千内挑选各五百。[1]

此乃调宣府、大同、山西、蓟镇兵之情况。从中看出,其调兵原则,并非将一地之兵全部调往前线,而是拣选抽调,从每部兵中抽调一部分,或一半、或三分之一、或四分之一,视所抽调兵的地方形势以及兵种情况的不同而有别。具体数目是:山西兵一万二千(已发六千、未到六千),蓟镇四千(一千马兵、三千步兵)等。

九边各镇本来就有防守重任,现在大批军队调往朝鲜,防守力量减弱,急需补充新人。邢玠遂指令防守相对比较轻松的宣大总督,将兵力调往蓟镇,填补兵力调往朝鲜所造成的空缺。对于蓟镇调兵情况,邢玠特别考虑:"蓟镇系陵、京重地,前后调发已多,边关不可久虚,急行宣大督抚将应调征倭兵马六千,以四千作速如数调发,限八月终旬赴蓟门代守边台。以二千限九月终,速赴朝鲜征剿。合用行月二粮及安家等项,赴蓟者,照入卫班军事例;赴朝鲜者,照东征事例,听彼中督抚转行该道如数借给,径自奏报,听该部开销补还。"[2]因为蓟镇位置重要,蓟镇兵力调往朝鲜前线,其防守则不能缺,指令宣大总督调兵四千前往蓟镇协防。辽镇的情况亦类似:"辽镇征倭援兵,先经题调七千,今已调三千,又该经理抚臣调发标兵一千五百名尚未及前数。但该镇孤悬,虏骑不时冲突,难以如数抽取合量,于宁前道调发二百,分巡道四百,海盖道四百,分守道五百,共一千五百名。亦听臣另疏选谋勇将管统领,照例给予安家犒赏,限文到半月以里过江,听臣调度。"[3]邢玠特别强调其余各镇调兵填补辽镇与蓟镇空缺兵力的重要性:"两处兵马,系干万分紧急,时不容缓,且毫不可少。尤期各该督抚同心共济,勿分彼此,依期严督各镇守、宣府分守、口北、大同分巡、冀北、山西、雁平、蓟、辽、密、蓟、永、宁前守巡海、盖,各该道总提调选发。各巡抚仍将起行日期具奏,方克有济。"[4]特别强调各军事主官的责任,要求通力合作,彼此帮助。

丁酉援朝时,相较于南兵,朝鲜君臣感觉以九边兵为主体的北兵不如南兵。宣祖三十年(1597)六

---

① 《经略御倭奏议》卷2《增调宣大蓟辽马兵觅调闽海商船疏》,第71—73页。

② 《经略御倭奏议》卷2《增调宣大蓟辽马兵觅调闽海商船疏》,第73—74页。

③ 《经略御倭奏议》卷2《增调宣大蓟辽马兵觅调闽海商船疏》,第74—75页。

④ 《经略御倭奏议》卷2《增调宣大蓟辽马兵觅调闽海商船疏》,第75—76页。

月十八日,尹斗寿曰:"吴惟忠军丁似胜杨兵矣。"柳成龙曰:"辽兵所恃,只是短剑,恐难制胜矣。"①八月十五日,朝鲜君臣又议论北兵,左副承旨金信元曰:"北兵长技,惟在于马,而围城之中,既无用武之地,必有援兵,可以得全。李福男今虽下去,驱此残卒,何能有为?杨元,北将也。只知御狄,未曾尝倭,深可虑也。都督若不分送一枝,南原之围,恐未易解也。"宣祖国王进而说:"都督亦是北将,岂知御倭?都督亦可疑也。"②朝鲜君臣感觉北兵不大适合御倭,所使用的武器有局限,御倭也没经验。邢玠调兵之时,也考虑到这种情况,从比例上来说,增大征调南兵,同时增加征调水兵,这样九边兵比起壬辰时期,比例降低了。从前文表2中可知,第二次征调九边兵一共有61100人,出征总人数超过14万,九边兵已不足一半,尽管绝对数目比第一次多了不少,但在整个参战明军人数上所占比例降低了,然其重要性依然不能忽视。

(二)京营兵与南兵,以步兵、水兵为主

壬辰援朝之时,以九边兵为主,尽管也有南兵参加,所征调的南兵主要是已经移驻蓟镇的浙兵,也就是戚继光曾经训练过的部队,因为他们已经驻扎蓟镇,从所属序列来说,应该属于九边兵,只是因为他们主要是步兵,且使用武器不同,加上主要是来自浙江、福建等南方地区,所以还是称为南兵。在李如松所指挥的平壤之役中,南兵和京营兵,主要使用火炮、火铳等武器,只有吴惟忠率领的浙兵1500人、戚金的1000人、骆尚志的3000人、王必迪的1500人,一共7000人。刘綎所统领的川兵5000人,还没有赶到。尽管南兵人数不多,但在攻打平壤过程中起了关键性作用。

京营兵在火炮兵中具有相当重要的地位。明初立五军都督府,随后置三大营,分为五军营、神机营、三千营,后改为十二团营,护卫北京安全。从防守的重要性来讲,京畿是最重要的地区,也是最为重点防护的地方,因而京营火炮最多、武器最好,体现了明军征战最高水平的军事力量。在平壤大捷中,京营就曾发挥过关键性的作用。丁酉再度援朝,邢玠特别指令:

> 其步兵三千,查遵化右营原有兵二千七百名,于内挑选一千;遵化辎重营原有兵二千二百余名,于内挑选五百;三屯车前、车后营,共有兵五千名,于内挑选一千;建昌车营原有兵二千二百余名,于内挑选五百以上官兵。③

尽管征调的京营兵人数并不多,但却是攻城略地的主力部队,他们所使用的战车、火炮与南兵所使用的火器相配合,在战争中起了至关重要的作用。

南兵,也就是浙、闽、粤等地征调而来的士卒,以步兵为主,大多是戚继光原来所操练的御倭部队。这部分军队掌握当时最先进的火器——火枪、火炮,是明朝战斗力最强的部队。人数虽然不多,但是在关键时候起决定性作用,朝鲜君臣对南兵的评价也是最高的。宣祖二十五年(1592)八月,南兵尚在来朝鲜之路上,司谏李幼澄即向国王汇报:"臣路上见南兵来到,皆是步军,所持器械,皆便捷,多带倭

---

① 《朝鲜宣祖实录》卷89,宣祖三十年六月丁丑,第23册,第250页。
② 《朝鲜宣祖实录》卷91,宣祖三十年八月癸酉,第23册,第280页。
③ (明)邢玠:《经略御倭奏议》卷2《增调宣大蓟辽马兵觅调闽海商船疏》,第73页。

铳筒、火炮诸具。其人皆轻锐,所著巾履,与辽东、北京之人不同。有骆游击者领来,其人善使八十八斤大刀,力举八百斤,号为骆千斤云。"①有朝鲜大臣说:"南兵一当百云。"②平壤之役过后,朝鲜君臣了解到南兵的英勇表现,深感敬佩,《朝鲜宣祖实录》都说:"是战也,南兵轻勇敢战,故得捷赖此辈。"③但是在奖励军功之时,"李提督如松……凡用军议功之际,右北军而退南兵。"④朝鲜君臣甚为南兵不平。在随后跟明将讨论时,朝鲜大臣每每称颂南兵的重要性。宣祖二十六年(1593)十一月奏闻使卢稷对经略孙矿说:"本国形势险厄,不宜于驰骋,必用南兵之备谙御倭者,然后可以取胜。"⑤宣祖二十九年(1596)十二月十二日,李德馨也说:"贼之所畏惮者,惟在南兵。小邦所望,亦欲得一枝南兵,屯据要害,以张声势。"⑥故朝鲜国王特别移咨经略邢玠,"为乞急调南兵,星夜赴援事",其中特别言道:"小邦地形,素称不便马兵,而倭贼所畏,惟在南兵。"⑦希望尽可能多征调南兵前来。所以,丁酉再征之时,除了驻守蓟镇的浙兵之外,从浙江、广东、福建等地大批征调南兵前来,在前面的表二中可见,南兵总人数超过三万人,成为一支不可或缺的重要力量。

丁酉再援之时,邢玠吸取第一次没有水兵的教训,提出必须要派水兵前来,水陆夹攻,才能取得更大的胜利,遂大肆征调广东、福建、浙江等地的南方水兵。邢玠指出:"倭所依者水,而水战却不利。正兵之用,须东西各水兵一枝,各色作用,牵其回顾,而陆兵方可冲突。仍一枝屯南原,以捍全罗;一枝屯大邱,以扼庆尚;一枝屯庆罗之中,如晋州、宜宁等处,以为中坚,然后分向釜山、机张。两陆路与水兵东西,四面齐发,此正着。"⑧既有如此设计,征调之时,重点考虑水兵,故邢玠在奏疏中特别强调:

> 伏乞皇上轸念时势最急,水兵最要,勒下兵部马上差人守催,先调吴淞水兵一千、福建一千及南京三千,星夜兼程前来,以凭分防紧要水路,庶王京之守可坚,而内地尤可恃以无恐矣……查得八月三十日,该本部题为紧急倭情事,增调吴淞、福建水兵各一千名,九月初二日,该本部题为投报海屿人船等事,议调梁天胤江北水兵五千名。九月初六日该本部题为岛夷未靖等事,增调浙江、广东水兵各三千名,连前已逾二万一千之数,合行一并分投驰催。⑨

从这个疏中可以看到,当时已调任水兵总数二万一千人,主要来自于浙江水兵、吴淞水兵、福建水兵、广东水兵等,这是朝鲜战场上明军水兵的来源,但并不是全部,邢玠在奏疏中又言"陈璘所统广兵五千一百名"⑩,这说明水兵人数26100名;而前面表格二中的水兵人数相加一共是23700人,两者相差

---

① 《朝鲜宣祖实录》卷29,宣祖二十五年八月庚子,第21册,第532页。

② 《朝鲜宣祖实录》卷31,宣祖二十五年十月乙巳,第21册,第555页。

③ 《朝鲜宣祖实录》卷34,宣祖二十六年正月丙寅,第21册,第601页。

④ 《朝鲜宣宗实录》卷37,宣祖二十六年四月乙巳,第21册,第691页。

⑤ 《朝鲜宣祖实录》卷82,宣祖二十九年十一月甲寅,第23册,第116页。

⑥ 《朝鲜宣祖实录》卷83,宣祖二十九年十二月甲戌,第23册,第129页。

⑦ 《朝鲜宣祖实录》卷83,宣祖二十九年十二月辛卯,第23册,第141页。

⑧ (明)邢玠:《经略御倭奏议》卷2《申明进止机宜疏》,第34—35页。

⑨ (明)邢玠:《经略御倭奏议》卷2《守催闽直水兵并募江北沙兵疏》,第137页、第141—142页。

⑩ (明)邢玠:《经略御倭奏议》卷4《催发续调兵马疏》,第236页。

2400人,差别不大,也反映申钦所载数目准确。丁酉援朝期间,明水军是非常重要的一支部队,水陆配合,大大提升了明军的战斗力。

水兵之外,邢玠特别强调兵船的重要性,因为朝鲜水兵损失惨重,兵船所剩不多,而福建兵船体大且坚固:"征倭所用,非福建船之大而坚者,不足以收冲犁之功;非福船之轻而捷者,不足以成追击之效。是必不可用,而必不可不来者。"①希望福建巡抚征集不少于五十艘福建兵船,以供水军之用。调兵之时,亦须选将。当时以为陆战之将尚多,水兵之将甚阙,副总兵邓子龙自荐前往:"原任副总兵邓子龙禀称,生平惯于水战,立功半属鲸波,且有横海捣虚誓不与贼俱生之志,以补杨文员缺,似属相应。"②果真批准邓子龙戴罪立功,前往朝鲜为水军副总兵。丁酉最后阶段,与日军决战之时,明军四路进攻,陆上三路进攻都受挫,惟有水军提督陈璘与朝鲜水军将领李舜臣配合作战,连连取胜,最后在露梁海战,击毁日军大批战船。尽管李舜臣与邓子龙都战死,但给予日军以沉重打击,岛津义弘的部队损失惨重,中朝水军联合作战,取得了露梁大捷,为战争的最后胜利,画上了一个圆满的句号。

(三)川兵与夷兵

从地域上来说,川兵与夷兵,皆来自南方,应属于南兵的一部分,只是因为南兵一般指闽、浙、粤兵,主要是步兵和水兵,以使用火器为主。而川兵与夷兵相对来说有些特殊性,故而单独来讲。这支部队由刘綎统领,既有步兵,也有马兵。壬辰援朝之时,因为从四川出来,路途遥远,当刘綎率兵五千赶到朝鲜时,平壤已经收复,几次关键性战役,他们并没有赶上。后来封贡和谈进行之时,他们在朝鲜暂时留下来,并没有跟随宋应昌、李如松于万历二十一年九月、十月回国,他们成为留守朝鲜的明军。待了一段时间后,因为粮饷供应不上,后来刘綎便率领这支部队也回到了辽东。

丁酉之时,再调川土兵入朝,"惟是续调川省土兵一万"③,邢玠特别上疏,论及征调西南土兵的用意:首先是因为明卫所军队士卒不足为用,兵力不济,只得考虑以其他士卒补充。而西南土兵:"议选调川东施州卫八司,酉阳石砫土司,邑梅、平茶二长官司,湖广永顺、保靖土司兵一万名,不足再于叙马泸道属土司土妇奢世续下选补,分为三营。令参游吴文杰等三员各领一枝,而以临洮大将刘綎统之,以川东副使王士琦监之,并用府佐吴良玺、李培、汪京三员随营查督,然土兵必须土官随行,如无土官,必不可入选。行分作三截,将官专管约束,文官稽查虚冒,更请将刑部尚书萧大亨速补本兵,以便调度。"④征调西南土司兵,由干将统辖管理,严格约束,使之统属于刘綎。之所以选调这部分土兵,邢玠自陈其理由:

> 臣所议调者,夷司之土兵也;该省所用以防虏者,民间之军兵也。军兵势不可调,臣亦未敢轻议。土兵则土司所以自卫,其人以兵为业,以战为事,以立功报朝廷为荣。先年调征九丝腻乃黄中等处,累立战功。即征倭、征虏,亦皆调之,及其〔战〕胜凯旋,各归其业。非若四方无籍之徒,原

① (明)邢玠:《经略御倭奏议》卷2《增调宣大蓟辽马兵觅调闽海商船疏》,第77页。
② (明)邢玠:《经略御倭奏议》卷4《催发续调兵马疏》,第239—240页。
③ (明)邢玠:《经略御倭奏议》卷2《申明进止机宜疏》,第41页。
④《明神宗实录》卷310,万历二十五年五月癸巳,第5791—5792页。

无归著者比。臣在川、贵时，知之甚悉。而或者谓其悍而难制，是在驭之耳。夔州水路至荆州只三四日程耳，由襄阳而河南、而南隶，与浙兵赴辽，地里亦不甚相远也。请将已准发六千员名，分为二营，先后进发。续选三千三百名为一营，挨次起行。文武将吏，以各兵之扰不扰为功罪。①

西南土司兵，生平"以兵为业""以战为事""以立功报朝廷为荣"，作战英勇，是一支可以征倭的精干部队。而且战争结束以后，他们回归家乡，继续从事原来的职业，战后安置问题无须担心。只是在征调过程之中，要做到严格约束，地方供应必须物资及时、充足，以防意外发生。后来征调去到朝鲜的，主要有西南夷兵、狼兵、土兵等，皆属刘綎所率领的部队，将领有摆赛、颇贵等，作战英勇，颇受朝鲜人称颂。事实上，在刘綎的部队里面，除了土兵、夷兵之外，甚至还有缅兵、暹罗兵、黑人兵等等来自外国的士卒，他们都充当刘綎的家丁。②

此外，还必须注意到，每位将领都有自己的家丁，也就是将领的贴身侍卫。这些家丁在战斗中，除了与敌作战之外，还肩负保护主将人身安全的责任，他们在关键时刻挺身而出，对于将领来说至关重要。宋应昌在奏疏中曾提到，各级将领所统领的家丁总数有2637人③，人数少则二三十，多则数百，甚至更多。明代的卫所之中，往往兵将分开；平时将不统兵，兵不属将。战时，临时调度，这样兵将互不熟悉，彼此之间也没有依存关系，因而兵将之间的协同作战能力很受影响。战时士卒一般皆只听命于自己的直接长官，所以领兵主将很多事情，只能依靠自己的家丁处理。碧蹄馆之役中，李如松所率领的明军以少敌多，尽管李如松所率领的明军只有数千人，而日军数万，双方死伤人数却相当。从最后结果来看，应该是明军胜利了，但是李如松从此却不再坚持主战，关键是在这场战争中，他的随身家丁损失殆尽，"提督标下李有升勇士八十余人俱砍死……提督仅免"④，失去家丁的保护，李如松心态发生极大的变化，他从此无心再战。明军也从此改变了战略方针，由主战转向了封贡和谈。岛山之战时，"（陈愚闻）以先锋分守东南隅，领家丁先登，手自斫贼。又放大炮及火箭，破贼舡。经理奖其壮勇，以城北地险，命移其军攻之。愚闻先入栅中，家丁戒其轻进，不从。已而中丸舁归，得不死。"⑤这都是家丁保护主将鲜活的事例。同时，还有票下官，乃直接听令于主将的亲信部队，也是主将的核心依靠力量，少则数百，多则数千。

综上所述，明东征将士最主要有四部分来源：九边兵、京营兵、南兵与西南夷兵，从总体人数上讲，九边兵为代表的北兵超过一半，以骑兵为主，尤其是壬辰援朝时的主力；南兵与京营兵以步兵为主，使用火器、火炮，是攻城的利器。丁酉明军再援之时，除继续征调九边部队之外，经略邢玠力主成立以南兵为主的水兵部队，加上朝鲜君臣敦促多征南兵，故加大了南兵的比例；同时调集西南土司兵，增强战斗力。实际上，当时明军最精锐的部队，皆抽调前往朝鲜，成为抗倭的主力部队。从经略宋应昌、邢玠

① 《明神宗实录》卷311，万历二十五年六月甲戌，第5808—5809页。
② 参见郑洁西：《万历朝鲜之役明军中的外国兵》，收入耿昇、刘凤鸣、张守禄主编：《登州与海上丝绸之路：登州与海上丝绸之路国际学术研讨会论文集》，北京：人民出版社，2009年，第365—376页。
③ （明）宋应昌：《经略复国要编》卷六《议乞增兵益饷进取王京疏（十六日）》，第506页。
④ （朝鲜王朝）申钦：《象村稿》卷38《天朝先后出兵来援志》，第259页。
⑤ （朝鲜王朝）申钦：《象村稿》卷38《天朝先后出兵来援志》，第288页。

奏疏中所得到的有关明军士卒的数字与申钦等所记录的明军士卒数目,尽管并不能找到精确总数,但大致而言基本相同,说明申钦等朝鲜人所载明军将士数目是真实可信的。

三、明东征军事指挥体制的特点

明军两次援朝,从全国不同地区征调不同类别的军队奔赴朝鲜,征讨日军。壬辰时期五万余将士,丁酉时期十四万,这么庞大的部队,明朝将领如何实施有效指挥? 明廷采取怎样的措施? 其军事指挥体制有何特点? 从而调动将士的战斗力有效配合,以实现征讨的目的呢?

从军事指挥体制来看,壬辰时期,明廷特设经略统领全局,提督前线指挥,这样一种文、武二分的经略与提督配合的体制,可以说是明代军事指挥体制上的一种创新。尽管"经略"一名早在永乐十年(1412),就有侍讲杨荣经略甘肃,[①]但当时既非常设官名,亦非最高军事主官,把经略作为指挥重大战争的最高指挥官,乃始自于宋应昌。宋应昌于万历二十年(1592)八月,由工部右侍郎改兵部右侍郎,"经略备倭事宜",[②]《明史》直接指出:"经略之名,起于万历二十年宋应昌。"[③]《万历野获编》有如斯说明:

> 近年朝鲜告急,廷遣侍郎宋应昌往援。时以总督为不足重,特加经略之号……当倭事起时,宋素无威望,物论无以阃外相许者,一旦特拔,议者猬起,且谓事权过隆……若宋所带赞画二主事,亦特赐四品服以示重。[④]

因为当时宋应昌人微言轻,在他走马上任之时,明廷特命他为经略,以增强其权威。神宗下旨:"经略关系重大,应昌忠勇任事,督抚官毋得阻挠,将领以下一听节制,违者以军法行。"[⑤]赋予他很大权力,作为文臣,可以节制诸将。这样作为经略的宋应昌就成为明军在朝鲜战场上的最高统帅,提督李如松以下皆受其节制。

因此,万历抗倭援朝战争中,从最初开始,明朝就奠定了这样的指挥体制:兵部主持;由文官出身的经略运筹帷幄,统领监督;最高武将加职衔提督,率军冲锋陷阵。彼此分工合作,尽可能地发挥明军的积极性,调动各方面的战斗力。经略宋应昌战前主要调集兵马,筹集粮饷,协调各个部队的行动,居中调度。在平壤大捷前后,他一直居于辽东。之所以如此,他给提督李如松解释道:"不佞所以暂憩辽阳者,因兵马、火器、粮饷等事,非不佞亲促之,未免濡迟……"[⑥]他曾言:"刘提督专管兵马,而臣所经略,不止兵马,兼督粮饷。"[⑦]调动兵马,筹集粮草,保证后勤供给,是他最重要的职责。这样,壬辰时期,

---

① (清)龙文彬:《明会要》卷34《职官六·经略》,北京:中华书局,1956年,第599—600页。

② 《明神宗实录》卷251,万历二十年八月乙巳,第4681页。

③ (清)张廷玉:《明史》卷73《职官志》,第1773页。

④ (明)沈德符:《万历野获编》卷22《经略大臣设罝》,北京:中华书局,1959年,第563页。

⑤ 《明神宗实录》卷251,万历二十年八月壬子,第4684页。

⑥ (明)宋应昌:《经略复国要编》卷5《与平倭李提督(二十日)》,第413页。

⑦ (明)宋应昌:《经略复国要编》卷9《议经略提督不必屯驻一处疏(二十一日)》,第777—780页。

宋应昌为经略,李如松为提督,形成文、武二分的指挥体制。李如松是前线军事行动最高指挥官,但职衔上不如宋应昌高,一定意义上也受到牵制。平壤大捷之后,他们二人矛盾加深,对于军事行动多少有些影响。

丁酉时期,明廷在制度上作了调整。经略依然是地位最高的指挥官,同时设立由文官担任的经理,分担经略的有关职掌,成为朝鲜前线明军的最高指挥官。邢玠在奏疏中,特别强调加重将领职衔的重要性,为请求给麻贵加提督衔,他上疏说:

> 大将乃三军之司命,外夷之观瞻,所系匪轻,是欲其事体必重,其体统必隆,然后威行而令肃。今照备倭总兵官麻贵拥旄仗节,特奉简书,以专阃外之权。其体统已自隆重,但查往日征倭俱系提督职衔,昨添调总兵官刘𫄷,已照例授以提督。两将并驰,似当一例。伏乞勒下兵部将总兵官麻贵,仍加提督南北官兵御倭总兵官,换给勒书行令钦遵任事,庶大将体统既隆,而威令自肃矣。[1]

事实上,壬辰援朝时,只有李如松一人为提督;丁酉再援之时,出现四位提督,征战之权分散,不再专断于一人,这样也就改变了壬辰时期提督与经略分庭抗礼的局面。在整个战争期间,明军先后有四位经略:宋应昌、顾养谦、孙矿、邢玠。顾养谦与孙矿为经略的时期,因为处于封贡和谈之时,他们俩都没去朝鲜,只是在辽东主持相关事务。宋应昌也是在平壤大捷之后,才渡江赴朝的;邢玠战前也主要在辽东主持筹粮、调兵,很晚才去朝鲜。因为经略主要在后方筹备粮草,调集兵马,作为最高指挥官的经略迟迟不到朝鲜战场,也造成一些问题,所以丁酉时期,明朝新设立了一个经理职位,以弥补经略不在前线的弊病,先后以杨镐、万世德为经理,统领前线军务,这样就弥补了壬辰时期军事指挥体制的弊病。对于前线冲锋陷阵的将领,把武将提督一分为四,设立四个提督,分别是:中路提督董一元、西路提督刘𫄷、东路提督麻贵、水军提督陈璘,分工合作,力求做到既互有统属,又相对独立。这种体制后来被承继,在萨尔浒之战时基本效仿,成为明朝后期一套重要的军事体制。所以根据战事情况的不同,明朝军事指挥体制尽可能调整,以便能够更好地满足军事需要。

同时,前面表二也充分体现了明朝军事体制中的文武关系。运筹帷幄,是文官之事;冲锋陷阵,是武将之责,但是最终权力还是由文官掌管。不仅最高级别的长官是文官出身的经略,而武将在前线表现如何,还需要得到文官监军的监督,朝廷派往前线由文臣担任的各式监军。如表二所示,平壤大捷前后,既有监军周维翰、韩取善,亦有查验军功的贾维钥。丁酉再援时期四路进军前后,明廷派丁应泰、陈效、徐观澜、杨应文等前往勘会军功。一名位卑监军,可以闹翻整个战场,丁应泰只不过是一名主事,但他一纸疏文,不仅经理杨镐被罢,整个朝鲜战场上也几乎人人自危,甚至朝鲜宣祖国王都受到

---

① (明)邢玠:《经略御倭奏议》卷2《请加麻贵提督职衔并取董一元参替疏》,第89—90页。

牵连被弹劾,成为其挥之不去的梦魇。①战争结束之时,武将功勋如何,也需要由文臣勘定,所以整个朝鲜战场,恰好深刻地反映了明朝文臣武将的关系以及复杂的军事指挥体制。

综上所述,万历抗倭援朝战争持续七年,明廷两次派大军前往征讨,其士卒主要来自于九边兵、京营兵、南兵、西南土司兵等;兵种而言,以马兵、步兵、水兵为主。壬辰援朝时期,以九边兵为主,总兵力超过五万人;丁酉再援之时,九边兵依然重要,但增加了南兵人数,新添水兵,第二次总兵力超过十四万人。朝鲜王朝申钦等人所记录的明军人数,与明经略宋应昌、邢玠等留下的奏疏所谈及的明军数目基本相当,真实可信。七年战争期间,明军总人数超过二十三万人。第一次援朝之时,形成"文臣担任经略、武将充任提督,文、武二分"的配合体制;丁酉再援时略有调整,经略依然是最高指挥官,新设经理成为前线最高指挥官,将四路进攻主将皆升为提督。经略运筹帷幄、经理前线统筹、四路提督各自作战,分工合作,但最终都受制于地位低下的文官监军的监督,体现了明朝后期军事指挥体制的特征。

(作者孙卫国,南开大学历史学院教授。原载《域外汉籍研究集刊》2019年第2期)

---

① 有关丁应泰事件,研究成果甚多,中日皆发表了相关论文。参见王崇武:《论万历征东岛山之战及明清萨尔浒之战:读〈明史·杨镐传〉》,《中央研究院历史语言研究所集刊》1948年第17本,第137—164页;李光涛:《丁应泰与杨镐——朝鲜壬辰倭祸论丛之一》,初刊于《"中央研究院"历史语言研究所集刊》1982年第53本,第129—166页,后收入氏著:《明清档案论文集》,台北:联经出版事业公司,1986年,第785—812页;孙卫国:《丁应泰弹劾事件与明清史籍之建构》,《南开学报(哲学社会科学版)》2012年第3期,第74—86页。

壬辰战争日本"假道入明"与朝鲜的应对

刁书仁

万历二十年(1592)四月十二日,丰臣秀吉投入兵力约十五六万人,大小舰艇七百余艘,渡过对马海峡后,以迅雷不及掩耳之势突袭釜山朝鲜守军,釜山沦陷后,二十天攻破王京,六十天占领平壤。日军所经之处,朝鲜军队望风而逃,海防线迅速崩溃。问题是,日本动用举国之力,以如此短的时间迅速占领朝鲜,战前必经长期准备,难道朝鲜对此丝毫不知吗?倘若知悉又是如何应对的?这种应对又导致怎样的后果?这无疑是一个值得关注的问题。国内学界对此尚未引起关注,本文试对此问题加以讨论。[①]

一、朝鲜获悉日本"假道入明"的内情

日本欲吞并东亚的野心由来已久。16世纪中叶以降,倭银向海外大量输出,给日本带来巨大利益,为丰臣秀吉完成统一,奠定了坚实基础。天正十八年(1590),丰臣秀吉完成日本的统一。在统一过程中,他相继推行"检地""刀狩令""身份统治令"、设置"五奉行"制、直属常备军等措施,使日本政治集权化臻于完备。[②]此时的丰臣秀吉已不满足于对国内的统治,开始向以明朝为中心的东亚"华夷秩序"挑战,欲建构以自己为中心的日式朝贡体系。[③]天正五年(1577),丰臣秀吉就曾对织田信长坦言:"率军进入朝鲜,席卷明朝四百余州,以为皇国之版图",十年后的天正十五年,他给家人书信中又言及:"在我生存之年,誓将唐之领土纳入我之版图。"[④]可见,上述言说绝非丰臣秀吉戏言,而是其蓄谋侵明心声的真实道白。为实现日本独霸东亚的目标,丰臣秀吉精心策划,周密部署,[⑤]在国内砺兵秣马、加紧备战,同时多次派兵驶入朝鲜海域刺探朝鲜兵力,或遣使到朝鲜打探情报。

天正十五年(宣祖二十年1587)春三月,有日本兵船16艘,驶入朝鲜全罗南道兴阳损竹岛附近。朝鲜水兵发现后,"结阵于相望处,惬怯退缩",惟有鹿岛万户李大源率军进战,结果为日兵船所围,力

---

① 国内外相关研究成果主要有中村榮孝:《壬辰倭亂の發端と日本の「仮道入明」交涉》,《朝鮮學報》70,朝鮮學會1974年1月;松浦章、郑洁西:《万历年间的壬辰倭乱和福建海商提供的日本情报》,《明史研究论丛》第8辑,2010年7月;郑樑生:《明万历年间朝鲜哨报倭情始末》,《淡江史学》1,1989年。

② 参见依田憙家:《简明日本史》,卞立强等译,上海:远东出版社2004年,第124页。

③ 参见荒野泰典:《近世日本と東アジア》,东京:东京大学出版会1988年。

④ 《日本戰史》"朝鲜戰役",东京:村田書店1978年,第11页。

⑤ 据吴廷璆《日本史》载,丰臣秀吉1585年被授以"关白"之职,1586年,任太政大臣,受天皇赐"丰臣",1587年,进攻九州,大名岛津义久降。是年,在京都建官邸,筑城池,1588年于此迎后阳成天皇。吴廷璆主编:《日本史》,天津:南开大学出版社2005年,第203—204页。

竭势穷,请求驰援,朝鲜诸将皆不救援,大源遂战死。是夜,日兵船"不知所去,绝无形影"①。此事件震惊朝鲜朝野,皆以为绝非以往两国间的一般性军事冲突,正如廷臣安邦俊所言:"盖平秀吉弑君篡立,乘其威势,欲取路我国,侵犯大明。先以沙火同(朝鲜叛民——引者)为向导,遣若干船,尝我国兵力之强弱也。"②

日本兵船擅自闯入朝鲜海域,丰臣秀吉自知理亏,于这年九月,遣使求和,朝鲜不予理会。翌年(1588)春,又遣对马岛主橘康光、平调信等为使,前往朝鲜,表面来求和亲,实则窥视朝鲜兵力虚实。宣祖认为日本"废放其主,立新君,乃篡弑之国,不可接待其来使,当以大义开谕,使之还入其国",而群臣虽视日本为"化外之国,不可责以礼义",但还是建言对"来使当依例接待",③宣祖这才允许日使入王京。这次日使橘康光、平调信等来朝鲜,行为颇为反常,一路"所经馆舍,必舍上室,举止倨傲"。旧例,日使从釜山前往王京,所经郡邑,地方官都"发境内民夫,执枪夹道,以示军威",此次日使经庆尚北道仁同时,橘康光睨视执枪者,蔑视地说:"汝辈枪杆太短矣",负责接待日使的宣慰使明显感觉,此次"倭使绝异,人颇怪之"。日使至王京后,礼曹设宴款待。席间,橘康光趁礼曹官员酒酣之际,故意将胡椒撒在餐桌上,观看陪侍的朝鲜"妓工争取之,无复伦次"的场面,借机加以羞辱。回到驿馆,橘康光对译官扬言:"汝国其亡矣! 纪纲已坏,不亡何待?"暴露出日本欲图谋朝鲜的野心。凡此种种,朝鲜并无察觉。待日使返国时,朝鲜给日本的国书,则以"水路迷昧","掳我边民"④等为由,拒绝与日本通交。

天正十七年(宣祖二十二年 1589)四月,丰臣秀吉又遣僧玄苏、侍中平义智、橘康光等以"纳贡献俘,恳请通信"再次来朝鲜。⑤宣祖只好吏曹正郎李德馨为宣慰使迎日使入京。玄苏在给宣祖的国书中云:"两国相通,信使不绝,中间废阻,大是欠事。今关白新定大位,悉复旧制,俺等之来,专望使臣之报聘也。"⑥日本国书表达了如下内容:希望与朝鲜恢复通交;通报丰臣秀吉新登大位;恳请朝鲜遣通信使报聘,即承认丰臣秀吉继位的合法性。

日使入京后,朝鲜廷臣围绕着是否与日本通交展开了讨论。其中前参判李山甫等以为不可,而主掌朝政的领议政李山海、礼曹判书柳成龙,却力主向日本派通信使通交。宣祖调和廷臣意见,令李德馨对日使言,若"刷还叛民,然后可以议通信"⑦,以此观日本是否诚意。日使平义智即刻派人回国禀报,丰臣秀吉即刻遣平调信绑缚先前为日兵船作向导的朝鲜叛民沙火同及为首的"贼倭信三甫罗、紧时要罗、望古时罗"等来献,声称"前日侵犯,皆此辈所为,非我所知",同时刷还被掳朝民160余人。⑧

① 安邦俊:《隐峰全书》卷6,记事,壬辰记事,韩国民族文化推进会编:《影印标点韩国文集丛刊》,第80册,汉城:景仁文化社1991—1992年,第415页。

② 安邦俊:《隐峰全书》卷6,记事,壬辰记事,第415页。

③ 申炅:《再造藩邦志》(一),戊子万历十六年六月,《大东野乘》卷36,汉城:朝鲜古书刊行会1971年。

④ 申炅:《再造藩邦志》(一),戊子万历十六年六月。

⑤ 赵庆男:《乱中杂录》,己丑万历十七年(宣祖二十二年)五月,《大东野乘》卷26,汉城:朝鲜古书刊行会1971年。

⑥ 朴东亮:《寄斋史草》上,辛卯史草,万历十九年辛卯四月二十六日,韩国民族文化推进会编:《古典国译论丛》第61册,汉城:民族文化推进会1971年。

⑦ 李德馨:《汉阴文稿》附录卷1,年谱上,汉阴先生年谱,韩国民族文化推进会编:《影印标点韩国文集丛刊》,第65册,汉城:景仁文化社1991年,第475页。

⑧ 安邦俊:《隐峰全书》卷6,记事,壬辰记事,第415页。

鉴于日本对刷还边民的积极态度,宣祖在仁政殿接见日使并设宴款待。席间,橘康光密语李德馨:"日本之人,变诈不测,蓄谋多年,已决犯上之计,请诛今来数酋,以弭大祸。"①李德馨对橘康光②的提醒并未引起重视,没有及时向朝廷报告,以致造成后来壬辰朝鲜灭国之祸。

如前所述,因朝鲜对日派通信使通交之议未决,礼曹判书柳成龙"启请速定,勿致生衅",知事边协也奏请:"宜遣使报答,且见彼中动静而来,亦非失计也。"于是,朝议决定,派遣佥知黄允吉为正使、司成金诚一为副使、典籍许筬为书状官前往日本报聘,于翌年春发行。③时,"贼情异于前日,而朝廷殊不为意",被贬至吉州的前提督官赵宪④闻朝廷将遣通信使赴日,上疏反对说:"夷狄无信,有同犬豕,今之请和良有以也。若斩来倭,具告天朝,则圣上洞鉴,终无问罪之患,外寇慑威,不逞投鞭之志。"疏上,朝廷上下非但未引起重视,反倒以为其口无遮拦,"以狂言斥之"⑤,将他流放沃川。可见,朝鲜对日使的来意并无警觉,反倒是"朝廷动色相贺,以为南边自此无忧"⑥。

宣祖二十三年(1590)春二月,通信使黄允吉、金诚一等一行200余人出使日本。起程前,宣祖设宴款待,再三叮嘱:"入彼境,动必以礼,不可稍有慢易之意,使国体尊重,王灵远播。"⑦可见,在宣祖看来,朝鲜礼仪文化优位于日本,他期望这次出使,达到朝鲜威灵远播,以此教化日本。令朝鲜君臣做梦也想不到的是,这次出使中代表朝鲜国家的使节在日本所受到的待遇,与宣祖所期盼的相去甚远。五月,通信使一行抵达对马,日本竟不派宣慰使前来迎接。随后,又接连发生几起轻蔑朝鲜国使事件。一日,平义智设宴,朝鲜国使如约先赴就座等待,平义智却"乘轿入门,至阶方下"⑧,颇为无礼。七月,通信使到堺滨州,日本西海道"居倭来致礼馈",书中竟有"朝鲜国使臣来朝之语",黄允吉等极为惊讶,认为"倭人以来朝为辞,辱国甚矣"⑨。遂依市贸价格,购买"居倭"所馈之物还之。通信使前往大阪见丰臣秀吉,"倭人故迂回其路,且处处留滞,故累月乃达"⑩。七月,通信使至大阪见丰臣秀吉时,他举止傲慢,骄横轻浮,根本未把朝鲜国使放在眼里。《李朝实录》详载当时场景:

> 其接我使也,许乘轿入宫门,笳角先导,升堂行礼。秀吉容貌矮陋,面色皱黑,如猱玃状,深目星眸,闪闪射人,纱帽、黑袍,重席地坐,诸臣数人列侍。使臣就席,不设宴具,前置一卓,熟饼一器,瓦瓯行酒,酒亦浊,三巡而罢,无酬酢拜揖之礼。有顷,秀吉入内,在席者不动。俄而便服,抱小儿出来,徘徊堂上而已,出楹外招我国乐工,盛奏众乐而听之。小儿遗溺衣上,秀吉笑呼侍者,

① 赵庆男:《乱中杂录》,壬辰上,万历二十年(宣祖二十五年)春。

② 后,丰臣秀吉发动壬辰战争,因橘康光知悉朝鲜情形,遂命他与平义智等分定先锋,刻日渡海。橘康光拒之,秀吉大怒,将其枭示,并灭九族。

③ 申炅:《再造藩邦志》(一),己丑万历十七年五月。

④ 赵宪,字汝式,号重峰,金浦人。

⑤ 赵庆男:《乱中杂录》,己丑万历十七年(宣祖二十二年)五月。

⑥ 安邦俊:《隐峰全书》卷6,记事,壬辰记事,第416页。

⑦ 赵庆男:《乱中杂录》,庚寅万历十八年春二月。

⑧ 《李朝宣祖修正实录》卷25,宣祖二十四年三月丁酉,东京:学习院东洋文化研究所1961年。

⑨ 金诚一:《鹤峰文集》附录卷2,行状,韩国民族文化推进会编:《影印标点韩国文集丛刊》,第48册,汉城:景仁文化社1989年,第311页。

⑩ 申炅:《再造藩邦志》(一),庚寅万历十八年七月。

一女倭应声出,乃授其儿,更他衣。皆肆意自得,傍若无人。①

更有甚者,通信使归国时,日本不回国书。通信使至堺滨,苦等半月后,日本国书始至。国书内容如下:

> 日本国关白奉书朝鲜国王合(阁)下,雁书熏读,卷舒再三。吾国六十余州,比年诸国分离,乱国纲、废世礼,而不听朝政,故予不胜感激,三四年之间,伐叛臣、讨贼徒及异域远岛,悉归掌握。窃谅余事迹,鄙陋小臣也。虽然余当托胎之时,慈母梦日轮入怀中,相士曰:"日光所及,无不照临。壮年必八表闻仁声,四海蒙威名者,何其疑乎?"依此奇异,作敌心,自然摧灭,战必胜、攻必取。既天下大治,抚育百姓,矜悯孤寡,故民富财足,土贡万倍千古矣。本朝开辟以来,朝政盛事,洛阳壮丽,莫如此日也。人生一世,不满百龄,焉郁郁久居此乎? 不屑国家之远、山河之隔,欲一超直入大明国,欲易吾朝风俗于四百余州,施帝都政化于亿万斯年者,在方寸中。贵国先驱入朝,依有远虑无近忧者乎! 远方小岛在海中者,后进辈不可作容许也。予入大明之日,将士卒、望军营,则弥可修邻盟。余愿只愿显佳名于三国而已。方物如目录领纳。且至于管领国政之辈,向日之辈皆改其人,(易置官属,非前名号故也——原文注)当召分给,余在别书。珍重保啬,不宣。②

黄允吉、金诚一见国书中,直呼朝鲜国王为"阁下",以所送礼物为"方物"领纳,"欲一超直入大明国","贵国先驱入朝"等语,大为震惊。即刻作书与玄苏,请改"阁下""方物""入朝"六字,声言:"若不改此等语,使臣有死而已,义不敢还"。③

玄苏态度强硬,在给通信使的回书中,只改"阁下""方物"四字,至于"入朝二字则"坚持不改,并狡辩说:"此朝字,非指贵国也,乃指大明也"。④对玄苏的回书,朝鲜通信使不能接受,副使金诚一在答玄苏书中指出:

> 撰书者之意,虽未易窥,然其措辞断事,自成一段机轴,何可诬也。先则曰:"一超直入大明国,易吾朝风俗于四百余州,施帝都政化于亿万斯年",是贵国欲取大明,而施日本政化之谓也。后则曰:"贵国先驱而入朝,有远虑无近虞云云",是贵国以我朝今日之遣使为有远虑之谓也。尊师果以此朝字,指为朝大明耶! ……又曰:"予入大明之日,将士卒、望军营,则弥可修邻盟也",是贵国欲令诸国,悉索弊赋从征之谓也。其威胁我国,不一而足,如此而谓朝字,不指我国可乎! 我朝以礼义为重,与贵国通好垂二百年,而未尝以一毫慢悟相加。今兹通聘,非畏贵国之威也,实嘉

①《李朝宣祖修正实录》卷25,宣祖二十四年三月丁酉。

②《李朝宣祖改正实录》卷25,宣祖二十四年三月丁酉。另《续善邻国宝记》卷30,宣祖二十四年三月条、《乱中杂录》均有记载,文字略异。

③金诚一:《鹤峰文集》附录卷2,行状,第314页

④安邦俊:《隐峰全书》卷6,记事,壬辰记事,第416页。

贵国之义也。贵国还俘献馘，请修旧好，岂非信义之大者乎！……愿尊师善达于关白，改撰书契以附使臣，则两国交欢，邻好弥笃。关白以礼为国之美，益着于远迩，不亦休乎！此非我朝鲜之幸，实贵国之幸也。惟尊师亮之。①

玄苏阅金诚一来书后，猖獗一笑，根本不予理会。而正使黄允吉却以为，玄苏答书中，已改"阁下""方物"，既然"入朝"的"朝"字，非指朝鲜，乃指"大明"，则适可而止，不要再强为辨释，以免引起不必要的争端。金诚一对黄允吉的态度颇为不解：

　　使臣不幸，横遭变故，羁留困苦殆一年，毕竟奉辱国之书以归，将何以为辞于我圣上哉！阁下等语，彼既许改矣，犹之改也，并其侮慢无礼之辞而尽改之，不亦可乎！……至于"入朝"二字，置而不问，若不改之，本朝为倭奴之藩邦，而一国衣冠，举为其陪臣，不亦痛乎！②

这样一来，通信使就"入朝"二字，"与玄苏往复论难，（玄）苏犹不听"③。无奈之下，通信使只好于十二月，经对马岛渡海回国。④

朝鲜通信使这次赴日报聘期间多方受辱，从日人言谈举止中，已觉察出日本欲图谋借道朝鲜进攻大明的野心。宣祖二十四年（1591）初，通信使一回到釜山，正使黄允吉即上驰启，言出使日本情形，认为"必有兵祸"⑤。至王京，宣祖引见问之，他再次奏言：观日本事状，"万无不犯之理"⑥。书状官许筬亦认为"倭必来寇"，其友韩浚谦问其故，他答道："吾辈到彼地，处处城池，只有罢残羸瘁之卒，此平城（城，为酋之误—引者）之故智也"⑦。而副使金诚一则不以为然，他说："臣则不见如许情形。允吉张皇论奏，摇动人心，甚乖事宜"。⑧当宣祖问及丰臣秀吉印象，黄允吉云："其目光烁烁，似是胆智人也"；而金诚一则云："其目如鼠，不足畏也"⑨。又言："秀吉出入起居，少无威仪，至于见臣等之日，手携小儿，动作无常，以臣观之，只一狂暴人也。其所言，固未必皆然，而难使其言皆是，不过无纪律、无智略一愚贼，何虑之有？"⑩可见，三使（正、副使、书状官）之间对日本是否图谋朝鲜有着截然不同的认知。时，朝鲜王廷党争甚烈，朝臣结党营私，相互攻讦，党争之祸亦波及到赴日使节对丰臣秀吉欲图谋假道朝鲜进攻大明的认知。所谓"议者或主允吉，或主诚一，纷纭不定，亦与东西党议表里，各护其类"⑪。左议

────────────

① 金诚一：《鹤峰文集》附录卷2，行状，第315页。
② 金诚一：《鹤峰文集》卷5，书，答玄苏，第114页。
③ 安邦俊：《隐峰全书》卷6，记事，壬辰记事，第416页。
④ 赵庆男：《乱中杂录》，庚寅万历十八年（宣祖二十三年）十二月。
⑤ 《李朝宣祖修正实录》卷25，宣祖二十四年三月丁酉。
⑥ 朴东亮：《寄斋史草》上，辛卯史草，万历十九年辛卯五月初四日。
⑦ 申炅：《再造藩邦志》（一），辛卯万历十九年三月。
⑧ 《李朝宣祖修正实录》卷25，宣祖二十四年三月丁酉。
⑨ 《李朝宣祖修正实录》卷25，宣祖二十四年三月丁酉。
⑩ 朴东亮：《寄斋史草》上，辛卯史草，万历十九年辛卯五月初四日。
⑪ 申炅：《再造藩邦志》（一），辛卯万历十九年三月。

政柳成龙曾就此事问询金诚一:"君言故与黄异,万一有兵祸,将奈何?"诚一冠冕堂皇答曰:"吾亦岂能必倭不来?但恐中外惊惑,故解之耳。"①成龙与诚一关系莫逆,遂信其说,随即发表如下言论:

> 设令秀吉犯顺,闻其举止,似无足畏,况其书契之辞,要不过恐动,若未得其实迹,而径奏天朝,致有边徼之骚扰则已极未安,而福建与日本,不甚相远,若使此奏落于日本人之耳,则难保其无致疑之隙,速蜂虿之毒,彼此俱无利益,而只有损害,决不可奏闻。②

由此可见,柳成龙以日本欲假道朝鲜进攻大明未得"实迹"而仓促"径奏天朝",恐日人得知,造成两国"致疑之隙",得不偿失为由,主张"决不可奏闻"明朝。

不过,朝鲜王廷中不认同金诚一看法的人亦大有人在。黄允吉扈从武将黄进则入木三分地指出:

> 以黄(允吉——引者)、许(筬——引者)之愚劣,贼情尚能知之,况以诚一(金诚一——引者)之慧黠,岂有不知之理乎!此不过书契中,多有犯上国不道之语,而无一言受来。故诚一恐其得罪,巧为如是之言,宁陷于不知之地,其心叵测矣。③

为此,黄进请求将金诚一斩首示众,却"为人所止抑"。时朝鲜王廷"满朝诸臣,徒知偏党",有识者皆以为满朝"文人诸名士,反不如一武夫黄进,相与唾骂之"④。

黄允吉率使团返回王京时,日本平调信、玄苏、平义智等作为回谢使也一同到达。宣祖以弘文典翰吴亿龄为宣慰使负责接待,亿龄与玄苏初见时,玄苏傲慢地说:"明年将大举假途,直犯上国",亿龄具奏所闻,云:"倭寇必至状",然而"当国者偏听偏信,谓倭兵必不动,凡言倭情有异者,辄论以生事"。亿龄驰启奏上,"朝议大骇且怒",及亿龄还朝,进与日使《问答日记》,"极言倭兵必动之形"。⑤亿龄温文尔雅,处事严谨,时人评价其人:"在铨不妄荐一人,在台不妄弹一人,人莫见其圭角。及是,见事机危迫,不避触忤尽言。"⑥结果被降职处分,"时人多惜之"。⑦

为进一步了解日本是否发兵内情,备边司令黄允吉、金诚一等往日使所居东平馆,"问其国事,询察情形,以备责应"⑧。金诚一等至馆,私以酒馔往慰,玄苏果然向其密语:"中朝久绝日本,不通朝贡,平秀吉以此心怀愤耻,欲起兵端。朝鲜若先为奏闻,使贡路得通,则必无事。而日本之民,亦免兵革之

---

①《李朝宣祖修正实录》卷25,宣祖二十四年三月丁酉。
②朴东亮:《寄斋史草》上,辛卯史草,万历十九年辛卯五月初四日。
③朴东亮:《寄斋史草》上,辛卯史草,万历十九年辛卯五月初四日。
④安邦俊:《隐峰全书》卷6,记事,壬辰记事,第416页。
⑤申炅:《再造藩邦志》(一),辛卯万历十九年三月。
⑥《李朝宣祖修正实录》卷25,宣祖二十四年三月丁酉。
⑦申炅:《再造藩邦志》(一),辛卯万历十九年三月。
⑧申炅:《再造藩邦志》(一),辛卯万历十九年三月。

劳矣。"①金诚一听后,以大义责之,玄苏终不听。又言:"昔高丽导元兵击日本,日本以此欲报怨于朝鲜,势所宜然。"②玄苏还在东平馆壁上书:"蝉噪恶螳捕,鱼游喜鹭眠。此地知何地,他年重开筵。"③日本欲图谋朝鲜之心昭然若揭。允吉遂具奏,朝廷仍不以为意。

是年四月,宣祖召见日使,宴享如例。还特加赐平调信一爵,曰:"古无此例,而尔自前往来,颇效恭顺,故特加礼待之。"④五月,日使携带朝鲜国书返国。给日本的国书内容如下:

> 使至,获审体中佳裕,深慰深慰。两国相与,信义交孚,鲸波万里,聘问以时,今又废礼重修,旧好益坚,实万世之福也。所遗鞍马、器玩、甲胄、兵具,名般甚伙,制造亦精,赠馈之诚,夐出寻常,尤用感荷,尤用感荷。但奉前后二书,辞旨张皇,欲超入上国,而望吾国之为党,不知此言奚为而至哉!自敝邦言之,则语犯上国,非可相较于文字之间,而言之不雠,亦非交邻之义。敢此暴露,幸有以亮之。惟我东国,即殷太师箕子受封之旧也,礼义之美,见称于中华,凡几代矣。逮我皇朝,混一区宇,威德远被薄海,内外悉主悉臣,无敢违拒。贵国亦尝航海纳贡,而达于京师。……窃料贵国今日之愤,不过耻夫见摈之久,礼义无所效,关市不得通,并立于万国玉帛之列也。贵国何不反求其故,自尽其道,而唯不臧之谋是依,可谓不思之甚也。⑤

此国书为兵曹判书黄廷彧奉命撰写。国书中,朝鲜仍以"小中华"自诩,以文化上优位日本的心态,告诫丰臣秀吉,"假道入明""非交邻之义",宜勿启兵端,应效仿朝鲜,定期"航海纳贡"于大明。而日使对朝鲜国书置若罔闻,竟在归途所居的东莱客馆壁上书:"明年若得东风便,六十七州谈笑中。"⑥日本欲"假道入明"之心昭然若揭。

二、朝鲜对明隐瞒实情"从轻奏闻"

朝鲜知悉日本欲"假道入明"实情后,围绕着是否奏报明廷,展开了激烈争论。宣祖二十四年(万历十九年1591)五月一日,宣祖令朝臣就日使所上日本国书中称:"自嘉靖年,大明不许日本入贡,此大羞也。明年(1592)二月,直向大明,朝鲜亦助我,飞入大明宫乎?"之事是否向明朝奏报展开讨论。兵曹判书黄廷彧力主奏报明廷。他说:"我国家事天朝二百年,极其忠勤,今闻此不忍闻之语,安可恬然而不为之奏乎!"而副提学金晬则加以反对:"福建地方与日本只隔一海,而商贾通行,若我国终至奏闻,则彼无不知之理。若既奏之后,果无犯顺声息,则非但天朝必以为不实而笑之,至于日本则亦必以

---

①《李朝宣祖修正实录》卷25,宣祖二十四年三月丙寅;申炅:《再造藩邦志》,辛卯万历十九年三月条亦载:"允吉等至馆,玄苏果密语曰:中国久绝日本,不通朝贡,平秀吉以此怀愤而且耻之,欲起兵端,贵国为日本奏请,使贡路得通,则贵国必无事。"

②《李朝宣祖修正实录》卷25,宣祖二十四年三月丙寅。

③赵庆男:《乱中杂录》,辛卯万历十九年(宣祖二十四年)二月。

④《李朝宣祖修正实录》卷25,宣祖二十四年四月丙申。

⑤《李朝宣祖修正实录》卷25,宣祖二十四年五月乙丑。

⑥安邦俊:《隐峰全书》卷8,记事,白沙论壬辰诸将士辨,第445页。

此而致怨,他日之忧有不可言。"①两人各持己见,争执不下。宣祖召大司宪尹斗寿问对,他亦赞成奏报明朝:"事系上国,机关甚重,殿下至诚事大,天日在上,岂可容隐,臣终始以为奏闻便当。"②金晔见元老重臣尹斗寿支持黄廷彧意见,始转变风向,云:"大义所在,臣非不知,而国家利害,亦有可虑者,故适对筵席,偶然及之,但奏闻必不可已,则至于日本师期分明上闻,大似圭角。"③宣祖亦赞同奏报明廷,理由如下:

> 福建果近于日本,而商贾又通,则安知日本送我之书契,已及于福建之人,而得以上闻乎? 若然,与其受怨于日本,不若尽达于天朝,岂可只虑奏闻之落于日本,而不虞书契之已达于天朝乎? 设使此酋果无犯顺之事,而书契则不无已达于天朝之理,万一自天朝问于我国曰:"日本约与尔国同犯天朝,而尔国不奏何也"?如此为辞,则虽欲免引贼犯上之言,其可得乎? 前日尹斗寿之意,亦及于此。今日兵判之言亦然,不可不奏也。④

至此,宣祖的表态才最终确定了派使赴明"具奏倭情"。

接下来的问题是,如何向明廷陈奏"倭情"? 廷臣又展开一番争论。金晔以为"奏闻之辞",若向明廷直言日本欲犯明"师期",那么明廷定追问"闻诸何人为之语乎"? 如前所述,此情报是朝鲜与日本通交中获悉的。问题是前近代东亚以明朝为中心的"封贡体制"架构下,人臣无外交,换言之,朝鲜派通信使赴日本,是隐瞒明朝私下派遣的,所以对朝鲜而言,无论如何都不想让明朝知悉朝鲜与日本私交。而金晔所言"若直举通信之事,则无乃有难处者乎"的难言之隐正在这里。⑤这样一来,就如何向明奏报,廷臣遂无定见,宣祖只好征询左承旨柳根的意见,柳根见解如下:

> 臣于内医院,适与左相柳成龙言及此事,则成龙以为,大义所关,虽不得不奏,而国家利害,不可不虑。秀吉虽狂悖,必不得犯天朝,而我国在至近之地,横受其祸,则极可忧也。况闻诸使日本者之言,则必无发动之形,虽发亦不足畏,若以此无实之言,一则惊动天朝,一则致怨邻国,秀吉之怒,未有不由此而始萌也。至于通信一事,直为奏闻之后,万一自天朝盘问其曲折,则恐必有难处之患也。如不得已必欲奏闻,则以闻于被虏逃还人为辞,则似不至大妨。

柳根所言极为巧妙,通过其口,婉转传达了左右朝廷实权左相柳成龙的意见,即此事"大义所关,不得不奏",但鉴于朝鲜在地缘上与明、日本处于"至近之地",若向明奏闻有"无实之言",那么"一则惊

---

① 朴东亮:《寄斋史草》上,辛卯史草,万历十九年辛卯五月初四日。
② 申炅:《再造藩邦志》(一),辛卯万历十九年五月。
③ 朴东亮:《寄斋史草》上,辛卯史草,万历十九年辛卯五月初四日。
④ 朴东亮:《寄斋史草》上,辛卯史草,万历十九年辛卯五月初四日;《李朝宣祖修正实录》卷25,宣祖二十四年五月乙丑条亦有类似的记载:上曰:"福建果近于日本,而商贾又通,则安知日本送我之书契,已达于天朝乎? 设使秀吉果不犯顺,而书契已露,则天朝问于我国曰:'日本约与尔国入寇,而不奏何耶?'云尔则虽欲免引贼犯上之言,得乎? 前日尹斗寿之言亦如此,奏闻不可已也。"
⑤ 朴东亮:《寄斋史草》上,辛卯史草,万历十九年辛卯五月初四日。

动天朝,一则致怨邻国",后果不堪设想。至于对日本派通信使之事,万一明朝"盘问其曲折",则"必有难处之患也",所以他认为,若不得已必须向明奏报消息来源,就以"被虏逃还人为辞"应对。宣祖对柳根这番答辞觉得有些不得要领,令其直言。柳根这才直截了当说:"臣之意,则大义所在,不可不奏,但一一从实直奏,则或不无难处之患,从轻奏闻为当。"①

对柳根所言向明廷"从轻奏闻"的提议,《寄斋史草》有如下评论:

> (柳)根于(黄)廷彧,有师生之分,而又与柳成龙、金睟相善,盖见其有权而趋附之也。是日,廷彧与睟所言各异,自上方右廷彧之议,以此(柳)根不敢有是非于其间。而适上历问其意,亦不敢以己意对,泛以(柳)成龙之言启之,而欲有所回互,盖恐见拂于二家也。及上固问之后,始乃折取二家之说而对之,上亦不以其言为轻重也。

宣祖又征询修撰朴东亮意见,东亮云:"人臣闻犯上之言,岂可安坐而受之乎?奏闻之事,不容他议。至于奏事曲折,不可草草议定,划令大臣,广议处之甚当。"②最后,领议政李山海、左议政柳成龙、右议政李阳元综合廷臣意见,启曰:

> 伏见筵中启辞,金睟所忧,虽出于虑事之周,而既闻犯上之言,安忍默默?但其奏本措语,若不十分斟酌,则后日必有难处之患。柳根从轻之说,颇有理,若以闻于逃还人金大玑等为辞,极为稳当。至于日本书契所答之辞,则以君臣大义,明白拒绝,而措辞之际,亦不使狠怒,盖不恶而严者,要当如是也。③

宣祖对"从轻奏闻"亦极为赞同。至此廷议始定,遂命黄廷彧速撰奏表文。修撰朴东亮就朝鲜向明"从轻奏闻"之说的提出有如下评说:

> 时尹斗寿、黄廷彧等,以为不可不奏;柳成龙以下,以为不必奏;唯上亦以为必不可不奏。而成龙等方执朝论,以此乃有从轻奏闻之说,而师期及通信等曲折,没而不奏。李山海依违两间,无所可否,而李阳元素慵懦,又沈于酒,论议之际,只恃人口,拱手唯诺而已。④

---

① 朴东亮:《寄斋史草》上,辛卯史草,万历十九年辛卯五月初四日;《李朝宣祖修正实录》卷25,宣祖二十四年五月乙丑条亦载:上曰:"既以夷情奏闻,则师期乃其实也,何可没之也?"睟曰:"明言师期,实为未妥。且奏闻之事,以为闻于何人耶?若直举通信之事,则无乃难处乎?"上顾左承旨柳根曰:"承旨意如何?"根曰:"臣于内医院,适闻左议政柳成龙之言,则以为:'大义所在,虽不得不奏,秀吉狂悖,必不能称兵入犯,而我在至近之地,不可横受其祸。况闻使臣之言,则谓必不发动,虽发不足畏。若以无实之言,一则惊动天朝;一则致怨邻国不可也。至于通信一事,直为奏闻,万一天朝盘问,则亦必难处。如不得已,则似闻于被掳逃还人为辞,庶或可也。'"上曰:"予所问者,承旨之意也。"根曰:"臣意则大义所在,不可不奏。但一一直奏,则恐或难处,从轻奏闻似当。"

② 朴东亮:《寄斋史草》上,辛卯史草,万历十九年辛卯五月初四日。

③《李朝宣祖修正实录》卷25,宣祖二十四年五月乙丑。

④ 朴东亮:《寄斋史草》上,辛卯史草,万历十九年辛卯五月初五日。

可见,朝鲜朝臣在国家生死存亡之际,结党营私,党同伐异,置国家利益于不顾,不如实奏报日本"假道入明"实情,最终将自食所酿的苦酒。

至此,朝鲜廷议始定,遣金应南以圣节使身份赴明,顺便"略具倭情"。[①]如此重大"倭情",朝鲜不派专使赴明奏报,实属不妥。特别应当指出的是,宣祖与廷臣讨论兵曹判书黄廷彧起草呈明奏本时,就奏报"贼情"之事,柳成龙"力请删去通信一款以讳之"。对此,就连金应南都认为颇为不妥,他指出:"如此大事,顺付似为未安,且通信一款,不及于奏本中,何也"? 成龙则不耐烦地回答:"通信日本,自古有之,虽不奏闻,于义何害?"[②]更有甚者,金应南临行前,备边司秘密指使云:"行到辽界,刺探消息,皇朝若专无听知,则便宜停止,咨文切勿宣泄。"[③]其欲隐瞒"倭情"之心昭然若揭。

时,明廷已从各种渠道获悉,日本欲"假道入明"的讯息。其中明商陈申自琉球还言:"关白平秀吉将入寇,以朝鲜为先锋";"被掳于日本"的明商许仪也密潜亲信,"投书于天朝边帅"告知"关白将入寇";更有琉球国世子尚宁遣使来言:"日本关白将自朝鲜入寇"。[④]唯独朝鲜一直未向明遣使奏报。朝鲜的反常举动,使明廷上下"颇以为疑,论议藉藉",唯独阁臣许国仍不加怀疑,劝言:"我使朝鲜,习知情形,朝鲜礼义之邦,决不然。今者圣节不远,第观使臣之来,可知其真伪。"[⑤]

金应南一行渡鸭绿江入明国界,所见辽人皆言:"朝鲜谋导倭入犯",明显感觉辽人"待之顿异"[⑥]。到达山海关,当地人见是朝鲜人,皆大骂:"汝国与倭同叛,何故入来耶!"[⑦]幸好,随团通事洪纯彦曾于隆庆元年(1567)赴明,与阁臣许国舍人俞深有深交,金应南遂派他先带奏本给俞深,"陈本国事情,俾达于阁老",果然,许国阅朝鲜奏本后,即刻派俞深前往通州接应金应南等入京,许国详问朝鲜事情。[⑧]金应南则仍按既定方针,"以倭贼欲犯上国之意,移咨于礼部,只据漂流人来传之言为证",而对"通信使往来之言",[⑨]却矢口不谈。金应南等归国复命后,宣祖对力主"从轻奏闻"诸臣加以褒奖。[⑩]

如前所述,敢于直言的赵宪被发配沃川后,闭门不出,及"闻贼情已露,白衣徒步,诣阙上疏,请斩倭使,奏闻天朝,因以头叩石,流血满面"。疏上,数日不下,赵宪"待命不退,植立不动,如泥塑人,城中士庶,聚观如堵,或讥其自苦。宪曰:'明年此时,窜伏山谷,必思吾言也。'"又上第二疏,陈七事,政院

---

① 据《李朝修正实录》卷25,宣祖二十四年五月乙丑条载:"于是,廷议始定,乃于贺节使金应南之行,略具倭情,称以传闻,为咨文于礼部。"

② 安邦俊:《隐峰全书》卷6,壬辰记事,第417页。

③《李朝宣祖修正实录》卷25,宣祖二十四年五月乙丑。

④ 申炅:《再造藩邦志》(一),辛卯万历十九年五月。

⑤ 申炅:《再造藩邦志》(一),辛卯万历十九年五月;《李朝宣祖修正实录》卷25,宣祖二十四年五月乙丑条也载:"时,汉人许仪后在日本,密报倭情;琉球国亦遣使特奏,而独我使未至,朝廷大疑之,国言喧藉。阁老许国独言:'吾曾使朝鲜,知其至诚事大,必不与倭叛,姑待之。'"

⑥《李朝宣祖修正实录》卷25,宣祖二十四年五月乙丑。

⑦ 柳成龙:《西厓文集》卷16,杂著,杂记,韩国民族文化推进会编:《影印标点韩国文集丛刊》,第52册,汉城:景仁文化社1990年,第324页。

⑧ 申钦:《象村稿》卷38,志,本国被诬始末志,韩国民族文化推进会编:《影印标点韩国文集丛刊》,第72册,汉城:景仁文化社1991年,第254页。

⑨《李朝宣祖修正实录》卷25,宣祖二十四年五月乙丑。

⑩ 安邦俊:《隐峰全书》卷6,壬辰记事条载:"西厓(柳成龙)、海原(尹斗寿)诸公,皆得银绢",第417页。

不受。于是,赵宪痛哭而出。①四月,赵宪又遣其子完堵,呈书平安道监司权征,力劝"以浚濠完城,豫修战守之备"。权征见书大笑曰:"黄海道、平安道,岂有贼来之理乎!汝爷人(指赵宪——引者)皆以妖妄目之,归语汝爷,慎勿复出此言。"时,朝鲜王廷上下对"倭情"的认识,正如安邦俊所言:"朝廷疑贼来寇,通信使未还前,分遣各道助防诸将,豫为防备之策。及信使还,庙堂偏信(金)诚一之言,悉罢防备诸事。"②

五月,对马岛主平义智又乘船至釜山绝影岛来探朝鲜虚实。他声称"有急报之事,愿亲至京城而面陈",为东莱边将所阻后,又请求与庆尚道监司相见,也被拒绝。平义智只好对边将说:"日本欲通大明,若朝鲜为之转奏,则岂不幸甚,不然则两国失和,兵民多死,此非细故,敢此委告。"边将驰启具奏朝廷,义智泊船十余日,不见朝鲜回书,快快而去。"自此以后,倭人不复至,釜山倭馆曾留者,稍稍入归,馆中皆空,人多怪之。"③时,日本"窥觇之行,如是其频,匪茹之势,已露其迹",④而朝鲜仍未觉察大祸即将临头,欺上瞒下,不如实地向明廷奏报日本"假道入明"实情。

先是,日本"以犯上国之言,亦布于琉球,且言:'朝鲜亦已屈伏,三百人来降,方造船为向道(导)'"云云。琉球国王遂将此情报奏报明廷,明廷令辽东都司移咨朝鲜,问其究竟?⑤八月,辽东都司移咨朝鲜,具报倭情。十月,朝鲜特遣奏请使韩应寅、书状官辛庆晋、质正官吴亿龄赴明奏倭情事。奏文云:

> 谨奏为倭情事。该万历十九年八月日,准辽东都司咨云云等因,准此。臣查得先该本年三月内,日本国对马州太守宗义调刷还被虏人金大玑等供说:"在彼地名畠山殿州,听得国王盛具战舰,拟于今年入犯大明";续该本年五月内,有倭人僧俗相杂一起十余名来到,说称:"日本关白平秀吉用兵,并吞诸岛六十余州,琉球南蛮诸国,亦皆归服。为缘嘉靖年间,遣使朝贡,大明非绝不纳,世怀怨恨之故,拟于明年三月间,入犯大明。兵船所经,虑或搅扰贵境,若得大明许和,事可得解。"又该本年六月内,对马岛宗义调所遣伊男、义智来到浦口,称有警急,因说:"日本关白大治兵船,将犯大明,贵国地方,并应被扰,若贵国先报大明,使得讲和,可免此患等因"。已将所闻未委虚的及伊贼哄胁难测事情,节次备咨礼部,顺付赴京陪臣去后。今该前因,已经略具词节,回咨都司,计已转闻朝廷。⑥

此陈奏文为金知崔岦奉命撰制。奏文中避重就轻,皆按事前商定撰写,根据刷还被虏人金大玑等供词所云:传闻日本盛具战舰,拟于今年入犯大明云云,有意避而不谈朝鲜通信使赴日交通之事。正如《宣祖实录》所载:"遣陈奏使韩应寅等,陈奏日本恐胁我国,欲入寇大明等情,且辨咨内流言之诬。

---

① 申炅:《再造藩邦志》(一),辛卯万历十九年闰三月。
② 安邦俊:《隐峰全书》卷6,壬辰记事,第417页。
③ 申炅:《再造藩邦志》(一),辛卯万历十九年五月。
④ 赵庆男:《乱中杂录》,辛卯万历十九年(宣祖二十四年)五月。
⑤《李朝宣祖实录》卷25,宣祖二十四年十月丙辰。
⑥ 崔岦:《简易文集》卷1,奏,辛卯奏,十月二十四日奉教制,韩国民族文化推进会编:《影印标点韩国文集丛刊》,第49册,汉城:景仁文化社1990年,第179页。

令金知崔岦制奏文甚委曲,而不能悉陈通使答问之事,犹畏讳也。"①韩应寅在京期间,受到万历帝接见。②身为东亚共主的万历帝,对属国朝鲜安危的关切程度由此可见。韩应寅等归国,朝鲜又遣谢恩使申点等赴明谢恩,"令奏贼情,比前加详"③,但仍属"从轻奏闻"。

综上所述,朝鲜由于惧怕明廷知悉通信使赴日与日本复开通交的信息,虽洞悉日本欲图谋"假道入明",却对明朝隐瞒实情,采取"从轻奏闻"的对策。这样做的后果,不仅加深了明朝的误解,也给朝鲜本身带来前所未有的灾难。

三、朝鲜的应对所招致的"倭乱"

宣祖二十五年(文禄元年1592)即壬辰年四月,正当朝鲜"以为南边自此无忧"④举朝相庆之时,丰臣秀吉经过缜密的战前部署,悍然发动战争。《明史·日本传》载:丰臣秀吉遣"其将清正、行长、义智、僧元(玄)苏、宗逸等,将舟师数百艘,由对马岛渡海"进攻朝鲜。⑤这次参战日军总兵力约十五六万人⑥,具体进攻路线如下:

第一路军,以平行长、平调信等为先锋,率兵船400余艘,兵18700余名,蔽海而来。四月十三日,乘晓雾弥漫,直逼釜山。釜山金使郑拨正在绝影岛狩猎,满以为"朝贡之倭,不以为虞",俄而,见日军"舳舻无数,急还入城",城门刚闭,日军已下陆,将釜山城"围之百匝,未几城陷",⑦郑拨死于乱兵中。翌日,日军陷东莱,随即分路攻陷金海、密阳等地,兵使李珏,拥兵先遁。⑧日军"乘胜长驱,列邑望风奔溃,无一处交锋"⑨。

第二路军,由清正加藤所率22800余日军,四月十八日,从釜山登陆,翌日,攻彦阳城,二十日,攻陷庆州城。

第三路军,由黑田长政与第六军小早川隆景、第七军毛利辉元等统领,分别攻陷朝鲜南部诸城镇,一路北上,逼近王京。⑩

朝鲜"升平二百年,民不识兵,望风瓦解,无敢婴其锋,贼长驱而进,如入无人之境"⑪。釜山沦陷消息传来,宣祖惊惶失措,急忙调兵遣将,仓促应战,遂命柳成龙为都体察使,李阳元为京城都检察使,朴

---

① 《李朝宣祖修正实录》卷25,宣祖二十四年十月癸巳。

② 《李朝宣祖修正实录》卷25,宣祖二十四年十月癸巳条载:"帝出御皇极殿,引使臣慰谕勤恩,赏赉加厚,降敕奖论。皇帝久不御朝,外国使臣亲承临问,前所未有也"。

③ 《李朝宣祖修正实录》卷25,宣祖二十四年十月癸巳。

④ 安邦俊:《隐峰全书》卷6,记事,壬辰记事,第415页。

⑤ 《明史》卷322,《日本传》,中华书局1974年;《李朝宣祖实录》卷26,宣祖二十五年四月壬寅也载:"十三日壬寅,倭寇至。先是,日本贼酋平秀吉为关白,并吞诸国,残暴日甚。常以天朝不许朝贡为愤,尝遣僧玄苏等,乞假途犯辽,我国以大义拒之甚峻,贼遂倾国出师,以玄苏、平行长、平清正、平义智等为将,大举入寇,贼船蔽海而来。"

⑥ 筱田治策:《文禄役与平壤》,精华堂印刷部,大正八年,第14页。

⑦ 赵庆男:《乱中杂录》,壬辰万历二十年(宣祖二十五年)四月十三日。

⑧ 《朝鲜宣祖实录》卷26,宣祖二十五年四月壬寅。

⑨ 安邦俊:《隐峰全书》卷6,记事,壬辰记事,第417页。

⑩ 郑樑生:《壬辰之役始末》,《历史月刊》59,1992年。

⑪ 金时让:《紫海笔谈》,《大东野乘》卷71,汉城:朝鲜古书刊行会编1971年;《李朝宣祖实录》宣祖二十五年四月壬寅条也载:"升平二百年,民不知兵,郡县望风奔溃。"

忠侃为都城检察使,李诚中为守御使,丁允福为东西路号召使,以便于调度迎战。①

四月二十五日,日军攻尚州(今庆尚北道),巡边使李镒率部迎战大败,仅以身免。②二十七日,日军攻忠州,三道都巡察使申砬率将士迎战,日军"交刃乱斫,如刈草芥,流血遍野,浮尸塞江",申砬及所部阵亡。③败讯传来,宣祖急召廷臣商议攻守之策。群臣建言放弃王京,撤至平壤,宣祖从之。④遂命李阳元为检察使,金命元为都元帅,留守王京,册立光海君为世子,监抚军国重事。⑤三十日,宣祖率嫔妃乘马冒雨撤离王京,时"百官鸟窜,从者仅百余人"⑥。宣祖见"都中一空,大小臣僚,近侍卫卒,一时散去",痛心地感慨:"二百年休养之中,无忠臣义士一至此"。是夜,宣祖携诸宫妃,奉庙社主出王京,至碧蹄,适途中下雨,龙袍尽湿,至长湍,"府使已遁,四顾无人,一行皆馁"。⑦

五月一日,宣祖至开城,急召诸臣集议。诸臣入侍,他"挥涕,以鞭叩地,以手抚膺",大呼李山海、柳成龙、李恒福等名字,声嘶力竭嚷道:"事已至此,策将安出? 毋惮忌讳,各悉心以对,予将何往乎?"又喊道:"尹斗寿安在? 素有计虑,朕愿见之。"刑曹判书李恒福遂召斗寿进见,宣祖对其说:"今后卿兄弟勿离左右,以补予不逮。""乃解佩囊以赐之"。接着,他急切询问群臣:"事急矣! 计将安出?"李恒福建议内附明朝。他说:"可以驻驾义州,若势穷力屈,八路俱陷,无一寸干净地,则便可赴诉天朝,此外无他计策也。"右相尹斗寿反对说:"国何可轻弃之,弃国图存,古未有也。北道士马精强,咸兴、镜城皆有天险,其固足恃,今可踰岭北幸。"⑧针对两人对立的意见,宣祖问询左议政柳成龙,成龙也不赞成内附明朝,他直言不讳地说:恒福所言"不可用,大驾离东土一步地,朝鲜便非我有也"。而宣祖则赞成内附之论,云:"内附本予意也。"而柳成龙则坚持:"不可。"⑨李恒福见状,加以解释:"臣之所言,非直欲渡江而已也,从十分穷极地说来也,脱有不幸,身无所置,足无所容,宁缓一刻以图后举,亦非失策也。"成龙仍固执己见,以为不可。其实尹斗寿、柳成龙执意不可,是"恐人心离散,故以为内附之论,不可遽发"。而李恒福执意内附,以为"贼势冲突,不可抵当,必须西吁天朝,乃可济事"。是以双方"论难者十数,两不肯合",而宣祖"时时右恒福,左成龙"。⑩

五月三日,汉城沦陷。日军入城后,焚烧宗庙、宫阙,并将抵抗军民屠杀于钟楼前及崇礼门外,朝鲜军民"髑髅白骨,堆积于其下"。时人有诗为证:"堂堂寝庙,豕蛇穴之。赫赫神京,禾黍生之。在天之灵,监临于兹。磔妖诛丑,不留晷时。凶焰斯虐,爰焚爰毁。痛结神人,为百世耻。"⑪

宣祖得知王京沦陷,便从开城奔平壤。因事出仓卒,出城时发现宗庙神主遗忘于穆清殿,一宗室

①《李朝宣祖实录》卷26,宣祖二十五年四月丙午。

② 赵庆男:《乱中杂录》,壬辰万历二十年(宣祖二十五年)四月二十五日。

③ 赵庆男:《乱中杂录》,壬辰万历二十年(宣祖二十五年)四月二十七日。

④ 赵庆男:《乱中杂录》,壬辰万历二十年(宣祖二十五年)四月二十八日。

⑤《朝鲜宣祖实录》卷26,宣祖二十五年四月戊午。

⑥ 金时让:《紫海笔谈》;《李朝宣祖实录》宣祖二十五年四月己未条也载:"雨甚,舍轿乘马,宫人皆痛哭步从,宗亲、文武扈从者,数不满百。"

⑦ 赵庆男:《乱中杂录》,壬辰万历二十年(宣祖二十五年)四月三十日。

⑧ 申炅:《再造藩邦志》(一),壬辰万历二十年五月初一日。

⑨ 申炅:《再造藩邦志》(一),壬辰万历二十年五月初一日。

⑩ 申炅:《再造藩邦志》(一),壬辰万历二十年五月初一日。

⑪ 申炅:《再造藩邦志》(一),壬辰万历二十年五月初三日。

嚎啕大哭云:"事虽急遽,不可委弃宗庙神主于贼中"①,宣祖这才遣人连夜回开城,奉宗庙神主还。

当时,全罗道巡察使李洸、防御使郭嵘、驻防将白光彦等获悉王京告急,遂率本道兵4万前来救援;忠清道巡察使尹先觉、防御使李沃、节度使申翌等也领本道兵2万来会,至公州,闻王京沦陷,李洸竟令一军官手持传令牌,骑马奔走呼曰:罢阵! 罢阵!"诸军听之,莫不愕然",顿无斗志,如"山崩潮退,莫敢遏止,军实辎重,悉以遗贼"。有诗为证:"阴风吹折大将旗,数万雄兵似草靡。回首关西驻辇处,空教志士泪双垂。"嗣后,"国无捍御之人,贼有方张之势,席卷八路,如升虚邑矣"②。

宣祖弃王京北逃时,"士庶皆言,国势必不振;有识搢绅辈,亦以为终必灭亡",因此加以劝阻,而宣祖不听,执意北逃,时"扈从者百无一二,盖人情已去",五月七日,宣祖至平壤,"扈从者,不满数十人,从世子者,亦不满数十余人"。③

六月一日,日军平行长、清正、辉元、长政、盛政等渡临津。临津沦陷后,日军谋议,平行长向平安道,清正向咸镜道,长政向黄海道,"日行数百里,势如风雨"。④在临津失陷前,李恒福就提出若局势难收,可向明朝请兵来援:"今八道溃裂,无复收拾,虽有智者,亦未知为国家计。昔以孔明之智,及荆州失守,刘先主无托身用武之地,则请求救于孙将军,卒成赤壁之捷,以基鼎足之势。以我国之力,无可为之势,不如急遣一使,吁告天朝,请兵来援,以冀万一,则此策之上也。"令人遗憾的是,却遭多数廷臣反对,他们认为:"虽奏天朝,焉肯出兵来救,假令出兵,当出辽广兵马。辽左之人,与獭(指女真——引者)无异,必有凭陵横暴,侵扰之患。今七道皆为灰烬,一国之中,一片干净地,只是平安一道,复为天兵蹂躏,则更无着足之处,此策决不可用。"为此,李恒福连续"二日争之",⑤都未能说服宣祖与廷臣。

临津沦陷,平壤告急。宣祖遂与扈从诸臣商议去留。宣祖"颜色惨沮,语甚悲切,臣僚不敢仰视"⑥。商议结果,放弃平壤,退避宁边。六月十日,宣祖车驾将发,城中官民,闻国王弃平壤北逃,相率遮路,群情激奋:"弃我而去,是杀我也,宁死于驾前,毋饱贼刃。"并怒斥扈从宰臣:"汝等平日偷食国禄,今乃误国欺民乃尔耶! 既欲弃城,何故绐我辈入城耶!"愤怒的官民皆袒胸赤臂手持兵杖,"遇人辄击,纷嚣杂沓,不可禁止,渐至宫门",诸宰臣"在门内朝堂者,皆失色起立于庭中"。⑦兵曹佐郎朴东亮见此情状,向柳成龙奏报:"民情如此,事将不测,今日停行以慰安,然后方可行也。"成龙恐事态扩大,难以控制,便向前来欲攻宫门的官民加以疏解,可是"众不之信,犹喧聒欲乱",最后,只好派人"大书停行二字于板,使人登屋上遍示之",官民信以为真,"始稍稍散去"。⑧

① 申炅:《再造藩邦志》(一),壬辰万历二十年五月初四日。

② 申炅:《再造藩邦志》(一),壬辰万历二十年五月初五日。

③ 朴东亮:《寄斋史草》下,壬辰日记二,万历二十年五月七日。

④ 朴东亮:《寄斋史草》下,壬辰日记二,万历二十年六月一日。

⑤ 申炅:《再造藩邦志》(一),壬辰万历二十年五月十七日。

⑥ 朴东亮:《寄斋史草》下,壬辰日录二,万历二十年六月初二日。。

⑦ 申炅:《再造藩邦志》(一),壬辰万历二十年六月十日;《寄斋史草》下,壬辰日录二,万历二十年六月十日条亦载:"城中人民持斧杖,要诸路,乱击之,判尹洪汝谆被伤坠马。父老男女,填塞宫门之外,痛哭呼曰:'我等之不出,欲恃大驾为之死守也。贼已到门外,遽欲弃我等去,是杀我也,宁死于上,不愿死于贼。'遂欲毁破宫门,逐散诸宰。"

⑧ 朴东亮:《寄斋史草》下,壬辰史草,壬辰日录二,万历二十年六月十日。

十二日,宣祖车驾至安州,"诸从官皆落后,从驾者不满十余"①。十三日,至宁边,城中人畜俱已散去。是夜,都元帅韩应寅给宣祖驰启云:日军"已渡江东外滩,只隔一滩,相与对阵",宣祖对扈从诸臣云:"今日之势,已无可为,然予与世子,同往一处,则更无可望,不如分往,但今日所向何定?"承旨李诚中建言:"上国父母之邦也,今当往义州,赴诉天朝,事若不利,君臣当同死鸭绿江,声大义于天下可也。"柳成龙、李恒福极为赞同。②宣祖又对诸臣云:"予幸义州,若不幸,计欲率群臣渡辽内附,谁能从予?"诸臣皆以渡辽内附为难,"莫有应者"。③

十四日,宣祖欲与世子李珲分行,他颇为感慨地对世子说:"国事已至此,更无望矣,吾父子同往一处,事若仓卒,后无可为之事。今予当赴诉上国,世子奉庙社主,急往江界等处,以图恢复。"④言毕,相对而哭。翌日,宣祖往义州,临行前,父子失声痛哭。宣祖告诫世子属官:"国家之事,付在世子身上,尔等尽乃心力,好为辅佐,以图再造。"宣祖车驾将发,李珲"辞两宫,从官各失声,牵马仆隶,莫不泣下沾襟。"是日晚,平壤失陷,宣祖身边从臣"相继散去,扈驾者惟内宦五六而已"。适李珲遣人问安,宣祖致世子书曰:"予生既为亡国之君,死将为异域之鬼。父子相离,更无可见之日。惟望世子再造旧物,上慰祖宗之灵,下迎父母之还。临楮涕下,不知所言。"⑤

十六日,宣祖至嘉山,"贼声渐急,从官散去,殆无余者",宣祖遂遣使咨文辽东,"遂请内附"。⑥十八日,车驾从定州向郭山,宣祖召柳成龙云:"今日之行,专为内附也,卿可先行,如遇天朝人之来,必先道贼情,后言渡辽之意。"至郭山,闻辽东巡抚郝杰遣副总兵祖承训、参将郭梦征、游击史儒率三千骑来援,已至云兴馆。宣祖急往见祖承训,向其哭述朝鲜前后所遭之"倭乱",随从官等"列伏上前,俱言所见,语极喧闹"。在场的明将郭梦征见此,十分不悦地说:"贵国君臣,一处哄乱,有同聚讼,殆无礼也。"当晚,宣祖至宣川,接到辽东巡按御史的咨文。咨文中有指责朝鲜"谋为不轨等语",并斥责朝鲜:"八道观察使,何无一言之及于贼,八道郡县,何无一人之倡大义,何日陷其道,何日陷其州,某人死于节,某人附于贼,贼将几人,军数几万,逐一计闻,俱录以报。"咨文又云:"天朝自有开山炮、大将军炮、神火镖枪、猛将精兵,雾列云驰,倭兵百万,不足数也。况文武智略之士,足以灼见奸谋,逆折凶萌,虽有苏张鞅雎之徒复生于世,安得以窥天朝之浅深乎!"

宣祖阅读咨文后,十分惶恐地说:"此盖疑我国与贼同谋,而为此恐动之言,以试我国之对也。"遂对送咨文的明指挥官言:即刻委派陪臣赴明朝进行解释。明指挥官见其惶恐之状,便让通事官向宣祖解释:辽东巡按因我曾见过国王面目,所以才使我来见真伪。至于"咨中所言,特假设之辞,尔国其勿恐惧也"⑦。至此,宣祖那颗一直悬着的心才放下。

二十三日,宣祖车驾终到义州,以州牧使所居之所为行宫。此时,义州"城中人民皆散,鸡犬亦皆

---

① 朴东亮:《寄斋史草》下,壬辰史草,壬辰日录二,万历二十年六月十二日。

② 朴东亮:《寄斋史草》下,壬辰史草,壬辰日录二,万历二十年六月十三日。

③ 申炅:《再造藩邦志》(一),壬辰万历二十年六月十三日。

④ 朴东亮:《寄斋史草》下,壬辰史草,壬辰日录二,万历二十年六月十四日。

⑤ 朴东亮:《寄斋史草》下,壬辰史草,壬辰日录二,万历二十年六月十五日。

⑥ 朴东亮:《寄斋史草》下,壬辰史草,壬辰日录二,万历二十年六月十六日。

⑦ 朴东亮:《寄斋史草》下,壬辰史草,壬辰日录二,万历二十年六月十八日。

空,鸟雀不飞,有似荒山废寺"。宣祖的"从官数十人,分别投行宫近处人家,率皆荒凉困迫,只有一二奴仆"。[①]

综上所述,由于朝鲜对明朝隐瞒日本"假道入明"的实情,以及向明廷采取"从轻奏闻"的对策,从而导致"倭乱"的发生,"倭乱"造成朝鲜国祚岌岌可危,作为一国之君的宣祖仓皇出逃沦落如此地步,令人愕然慨叹。此皆因朝鲜对日本"假道入明"不积极应对所导致的恶果。

结　语

安邦俊在《壬辰记事》中,对壬辰"倭乱"战役前朝鲜的应对之策有如下评论:

> 愚窃尝思之,当丁亥、辛卯数年,(赵宪)先生伏阙控章,大略以为:请勿通信日本,斩其使,送于天朝,移檄琉球、南洋诸国,谕以源氏旧臣民,喻以利害,激以忠义,则倭奴必内相贰,诸国必同愤疾,天兵整饬,水军罗络东南,多方胁之。平酋立国日浅,不免左右顾虑,必不敢轻动,此所谓上兵伐谋,不战而屈人兵者也。就令能来,必不能大举深入,宗社滔天之祸,决不至若是烈也。呜呼! 当时满朝卿相,下及韦布之士,无一虑及于此。[②]

安氏上述评论颇有见地,发人深省。壬辰战前,朝鲜长期以来自诩"小中华",鄙视日本,将其视为文化上落后的"蛮夷",认为处于劣位的日本绝不会对代表"中华"的东亚共主明朝和自诩"小中华"的文化上处于优位的朝鲜发动战争。壬辰战争中,朝鲜所遭的"倭乱",恐怕不能不与其轻敌,知悉日本欲"假道朝鲜,进攻明朝"后,首鼠两端,对明廷隐瞒日本"假道入明"实情,以及向明廷"从轻奏闻"有关。这样做的结果,不仅加深了明朝对它的误解,更给朝鲜国家带来了前所未有的灾难,使朝鲜饱受兵燹之苦,国家几陷于灭国灭种绝境。之后的历史事实表明,如果没有明朝的及时出兵和明军将士的舍生驰援,朝鲜的国祚恐怕就会是另外一番景象了。

(作者刁书仁,东北师范大学历史文化学院教授。原载《外国问题研究》2017年第1期)

---

① 朴东亮:《寄斋史草》下,壬辰史草,壬辰日录二,万历二十年六月二十三日。
② 安邦俊:《隐峰全书》卷6,记事,壬辰记事,壬辰五月二十一日。

乾隆时期长芦盐商王世荣的日本铜贸易

松浦章著　曹悦、许浩译

一、前言

正如乾隆九年(1744)晏斯盛指出的"钱币,国家大政也,民生日用急需也"[1]一样,钱币是国家政治的反映,同时也是人们日常生活不可缺少的东西,因此作为铸造货币原料的铜亦十分重要。关于清朝铜务的研究,有严中平的《清代云南铜政考》[2],其阐明了铜的相关问题,提及了洋铜即日本铜[3],在日铜供应减少的过程中,滇铜即云南铜得到了相应的重视。接下来对云南铜进行详述。

乾隆元年《上谕条例》中的《办铜条例》载:

> 康熙五十五年,始隶八省分办,原系滇洋并采,每年采办洋铜二百七十七万一千九百九十九斤零,采办滇铜一百六十六万三千一百九十九斤零,共计办铜四百四十三万斤。[4]

康熙五十五年(1716),清朝八省为鼓铸铜钱筹措铜料。关于八省,《清朝文献通考》卷十四载:"康熙议定京局,额铜改交江苏、安徽、江西、浙江、福建、湖北、湖南、广东八省督抚委员办解,……每年宝泉局额铜二百九十二万三千三百八十四斤,宝源局额铜一百五十一万一千八百十六斤,共需铜四百四十三万五千二百斤,历年商人亏空,不便仍交采办,即以五十五年为始分派江苏、安徽、江西、浙江、福建、湖北、湖南、广东八省,督抚遴委贤能官承办。"[5]由此可见,"八省"指的是江苏、安徽、江西、浙江、福建、湖北、湖南、广东。八省共采办铜443万斤,其中洋铜2771999斤,滇铜1663199斤,所需要的铜中约有62.5%是由洋铜供给的。

乾隆三十四年(1769)十一月二十二日浙江巡抚觉罗永德奏折中载有洋铜采购之事,即:

> 浙省系滨海之区,向来商船出洋前往日本,贩铜俱谕江南之上海关,及浙江之乍浦口进出,康熙、雍正年间,江浙等五省办运京局铜斤,原系委官赴苏州铜商聚集之所,选商给价,往洋采买,嗣

---

[1] 贺长龄编:《皇朝经世文编》卷53户政28《开铜源节铜流疏》,沈云龙主编:《近代中国史料丛刊》,台北:文海出版社,1966年影印本,第74辑,第1929页。

[2] 严中平编著:《清代云南铜政考》,北京:中华书局,1957年,第1—100页。

[3] 严中平编著:《清代云南铜政考》,第3—4页。

[4] 日本国立公文书馆藏《上谕条例》第5册,函号257-19,第329页b。

[5] 《清朝文献通考》卷14,杭州:浙江古籍出版社,2000年影印本,第1册,第4978—4979页。

因倭铜渐少,返棹愆期,商欠累累。①

可见,中国商船从浙江沿海的乍浦开往日本采购洋铜。乍浦是当时的对日贸易基地。道光《乍浦备志》卷十四"前明倭变"条中写道:"以彼国(日本)铜斤足佐中土铸钱之用,给发帑银,俾官商设局,备船由乍浦出口,放采办。"②即为了采购日本铜,清政府设立官商,派遣其从乍浦出发前往日本。同书还载:"寻分官民二局,各三船,每岁夏至后、小暑前,六只装载闽广糖货及倭人所需中土杂物,东抵彼国。"③可见,清政府及民间派遣的贸易船于每年夏至后即六月下旬左右、小暑前即七月上旬左右前往日本。

此后,"九月中,从彼国装载铜斤及海带、海参、洋菜等回乍"④,农历九月左右,中国商船从日本装载铜、海带、海参、洋菜等返航。又在小雪后、大雪前从乍浦开船前往日本,翌年四五月左右返航。⑤

由此可见,进口日本铜即洋铜,对清朝来说是重要之事。

《国朝耆献类征初编》卷四五二"范毓馪"条载:"乾隆三年,奉命采办洋铜,运京局,以抵分限,应输之数。"⑥乾隆三年(1738),范毓馪受清朝政府之命采办洋铜,交纳户部宝京局。晏斯盛指出"范毓馪所洋铜,足供六年之用,而其间或有缓急之需"⑦,可见,范毓馪采办了六年洋铜。此后至乾隆四十八年(1783),范毓馪及其子女、侄子一直从事洋铜采购业务。

但是,乾隆四十八年,被称为天津商人和长芦盐商的王世荣接管了范氏的洋铜采购业务。关于王世荣的对日铜贸易,山脇悌二郎有研究,其认为王世荣从乾隆四十八年(1782)至乾隆五十三年(1788)间参与对日贸易⑧。但是,山脇悌二郎并未提及其对日贸易的业务。此后,松浦章又指出王世荣是天津商人⑨,但依然未解决其对日贸易的状况。因此,本文将围绕长芦盐商王世荣的洋铜采购情况进行论述。

二、天津商人王世荣的家族及其事业

《乾隆朝上谕档》"乾隆四十八年(1783)十二月十六日"条中载:

乾隆四十八年十二月十六日奉上谕,据和珅奏,天津商人王起凤于乾隆四十三年领买户部三库绸布绒麻等项,原估价银十八万九千二百余两,业经五年限满,除交过银五万两,尚未完缴银十

---

① 《宫中朱批奏折·财政类·财政货币项》,中国第一历史档案馆藏,胶片61卷,第1972—1974片。

② 道光《乍浦备志》卷14,《中国地方志集成·乡镇志专辑20》,上海:上海书店,1992年影印本,第229页。

③ 道光《乍浦备志》卷14,《中国地方志集成·乡镇志专辑20》,第229—230页。

④ 道光《乍浦备志》卷14,《中国地方志集成·乡镇志专辑20》,第230页。

⑤ 道光《乍浦备志》卷14,《中国地方志集成·乡镇志专辑20》,第230页。

⑥ 《国朝耆献类征初编》卷452卓行10"范毓馪"条,扬州:江苏广陵古籍刻印社,1990年影印本,第197页。

⑦ 贺长龄编:《皇朝经世文编》卷53户政28《开铜源节铜流疏》,沈云龙主编:《近代中国史料丛刊》,第74辑,第1929页。

⑧ 山脇悌二郎:《清代塩商と長崎貿易の独占》,《近世日中貿易史の研究》,東京:吉川弘文館,1960年,第46—48页。山脇悌二郎:《長崎の唐人貿易》,東京:吉川弘文館,1964年,第183—184页。

⑨ 松浦章:《清代海外贸易史研究》,李小林译,天津:天津人民出版社,2016年,上册,第142—143页。

610

三万九千二百余两,据王起凤之子王世荣呈请,将自置直隶、河南两省所属引地盐窝六处,抵交未完官项变价银两等语。该商应交银,逾限不交,本应将伊产业抵缴治罪,但念其领货后,猝被火灾,报明有案,且现在王世荣接办范清济铜务,尚知奋勉,着加恩免,其抵缴所有未完银两,分作八年。令征瑞督饬该商,按年带交银一万七千四百余两,陆续搭解广储司归款,倘仍前迟延拖欠,不但将其引地盐窝入官,并王世荣加倍治罪,将此传谕征瑞知之。钦此。军机大臣遵旨传谕长芦盐政征瑞。①

此上谕亦见于《清高宗实录》。该书"乾隆四十八年十二月癸酉(十六日)"有相同记载:

> 谕军机大臣等,据和珅奏,天津商人王起凤,于乾隆四十三年,领买户部三库绸布绒麻等项,原估价银十八万九千二百余两,业经户部限满,除交过银五万两,尚未完缴银十三万九千二百余两。据王凤起之子王世荣,呈请将自置直隶、河南两省所属引地盐窝六处,抵交未完官项变价银两等语,该商应交银两,逾限不交,本应将伊产业抵缴治罪,但念其领货后,猝被水灾,报明有案,且现在王世荣接办范清济铜务尚知奋勉,着加恩免其抵缴,所有未完银两,分作八年,令征瑞督饬该商,按年带交银一万七千四百余两,陆续搭解广储司归款,倘仍前迟延拖欠,不但将其引地盐窝入官,并将王世荣加倍治罪,将此传谕征瑞知之。②

乾隆四十三年(1778),天津商人王起凤领取户部三库采购绸布、绒麻等物品的款额银十八万九千二百余两,清政府限其五年内还清。其中五万两已偿还,剩余十三万九千二百两未还。恐怕王起凤未还清债务便已去世。王起凤之子王世荣提出,剩余债款以其承办的位于直隶、河南的盐窝即盐商专卖区的销售额来偿还。但因王世荣接管了范清济的"铜务",故清政府允许其分期八年支付剩余欠款。

从该上谕来看,天津商人王起凤之子就是继承范清济"铜务"的王世荣。范清济是山西商人,范毓馪之侄,继承了范毓馪的办铜业务③,由此可见,王世荣进行的"铜务"是指对日铜贸易。

王起凤是与清政府关系较深的商人,关于这一点,见于《高宗实录》卷八九三"乾隆三十六年(1771)九月己未(二十二日)"条,其中载:

> 又谕曰,商人王起凤闻土尔扈特归顺入觐之信,即携带货物,来热河贸易,以供远人之需,颇属晓事得体,着加恩赏给五品职衔,仍赏数珠一盘,以示嘉奖。④

王起凤听闻土尔扈特归顺清朝,携带货物前往热河贸易,乾隆帝对其大加奖赏。若联系上述《清高宗

---

① 中国第一历史档案馆编:《乾隆朝上谕档》,北京:档案出版社,1991年影印本,第11册,第928—929页。

②《清高宗实录》卷1195,乾隆四十八年十二月下,北京:中华书局,1986年影印本,第23册,第971—972页。

③ 松浦章:《清代海外贸易史研究》,李小林译,天津:天津人民出版社,2016年,上册,第142—143页。

④《清高宗实录》卷893,乾隆三十六年九月下,第19册,第987—988页。

实录》思考的话,可推测王起凤是一位与清朝内务府有关的商人。《高宗实录》卷一二八〇"乾隆五十二年(1787)五月庚寅(十二日)"条载:

> 又谕,据穆腾额奏,长芦商人王世荣承办引地,应交帑利并带征银二十五万四千一百余两,现在赀本不能接济,难以清缴,恳请分年暂予缓交等语。该商王世荣承办官引,亏折成本,告运维艰,本应照例斥革,另召新商接办,姑念该商行销引地,多在河南,而豫省连年旱歉,商盐停滞,以致工本亏耗,未能将应交官项,按限清还,尚属有因,着照该盐政所请,将王世荣五十二、三两年,每年应交官引地帑利银九万五千余两,并应交带征四十八年两限,帑利银六万三千四百余两,暂予缓交,自五十四年起,分作六年带征,每年交银四万二千三百余两,扣至五十九年,照数清款,以舒商力。自此次清厘之后,倘该商不知节俭妥办,再有延宕,必须参革治罪,不能复邀宽贷也。①

长芦商人王世荣承办的长芦盐引地出现问题。关于长芦盐商王世荣的活动,黄掌纶编撰的嘉庆《长芦盐法志》卷十二"赋课下·商杂课目"中提到:

> 参课,系于乾隆四十八年巡盐御史征瑞,奏言长芦各参商虚悬帑本息银,悉属无着之项,据通纲众商议,请分作五年归款,……再查商人王世荣,因独肩铜务,资本不敷,据呈准令自五十一年为始,免交二钱银两,原以为贴补铜费之用,今铜务业于上年奏交钱鸣萃办理,则五十三年以后,王世荣除官引准其免交外,其自置引地,仍令按引交纳,以昭划一。五十四年,又奏言,商捐二钱参课内,请除每年应发拨船津贴饭食……②

由此可窥见乾隆五十三年前王世荣作为长芦盐商的相关活动。《仁宗实录》卷二六三"嘉庆十七年(1812)十一月辛巳(十二日)"条载:

> 谕内阁,本日内务府议奏,长芦盐商义和泰恳借运本银两折,已依议行矣。折内引照乾隆五十一年商人王世荣请借帑银原案,叙称奉高宗纯皇帝特旨准借,措词殊未审慎,各部院章奏,关系重大典礼,书写庙号尊谥,进呈时朕必敬奉展观,倍加虔肃,若寻常事件辄引用书写,转涉辀亵,嗣后各衙门具奏寻常事件,凡引用乾隆年间以前旧案,但载明年分,将奉旨字样,三抬书写,即足以表示敬恭,遇有典礼奏章,必应恭引庙号尊谥者,方准敬谨书写,以昭慎重。③

乾隆五十一年(1786),王世荣从清政府借帑银,被其他商贩作为事例参考。陈忠倚《皇朝经世文三编》卷三十六"户政十五·防漏税"中载有相同论述,即:

———————————

①《清高宗实录》卷1280,乾隆五十二年五月上,第25册,第152页。

②嘉庆《长芦盐法志》,《续修四库全书》,上海:上海古籍出版社,2002年影印本,史部,第840册,第227页。

③《清仁宗实录》卷263,嘉庆十七年十一月,北京:中华书局,1986年影印本,第31册,第565页。

乾隆五十一年,商人王世荣请借帑银,嘉庆十七年芦商义和泰恳借运本,均敕部议行之例,是诚无损于国而大有便于民也。总之,出口之货,宜求其多,而税则轻之,入口之货,宜杜其来,而税则重之,收我利权,富我商民,扩我远图,胥于是乎。①

另外,王起凤之孙为王佩,《高宗实录》卷一四九六"嘉庆二年(1797)三月戊午(18日)"中载:

敕谕据董椿在行在面奏,长芦商人王佩无力行运办课,恳请告退。当即交军机大臣内务府大臣等,督同该盐政酌筹妥办。今日询及此事据大臣等奏称,该盐政董椿,拟欲借无利帑本接办之商,并将长芦通纲盐价,每斤增加制钱四文,其从前未完帑课,具请展限二十五年分年带缴等语,殊非情理。王佩祖父王起凤,本系无力穷民,因承办长芦引地,屡次特加恩借帑借资行运起家积有厚赀,今王佩得承祖业坐享温饱,不知感激急公办运,遽思告退。②

可知王佩也曾是长芦商人,但嘉庆二年董椿奏言,王佩缺乏做商人的才智。另外,从"王佩祖父王起凤"可知,王佩的祖父是王起凤。嘉庆《长芦盐法志》卷十一"赋课上·商课"云:

乾隆五十六年,巡盐御史穆腾额奏,长芦商人王珮自祖王起凤,于乾隆二十八年承办永庆号、直豫二省官引地二十一州县,迄今循照章程办理,尚贻误。但引目繁多,成本綦重,设遇告运不时,行销迟滞,关击内府官产。一有亏阙,不免通纲赔累。③

正如巡盐御史穆腾额上奏所言,王珮即上文所提及的王佩,珮是佩的异体字。从王珮的祖父名叫王起凤来看,王珮即王佩。王佩自乾隆二十八年(1763)起承办了"永庆号"等引地,经营近三十年。

乾隆四十年代至五十年代间,监察长芦盐政的最高长官是长芦巡盐御史。顺治初年设长芦巡盐御史一人,一年更替。"长芦盐以长芦盐政总理,驻箚天津,兼辖山东"④,可见,长芦巡盐御史以天津为据点,同时兼辖山东盐政。乾隆四十七年(1782)到五十年(1785)间征瑞担任长芦巡盐御史,征瑞为内务府正白旗人;乾隆五十一年(1786)至五十七年(1792)就任巡盐御史的是穆腾额,内务府满洲正白旗人。乾隆五十八年(1793)至五十九年(1794)间征瑞再任巡盐御史,嘉庆二年(1797)六至七月间三任巡盐御史。⑤

乾隆五十二年(1787)五月十二日穆腾额奏言:

① 陈忠倚辑:《皇朝经世文三编》卷36户政15,沈云龙主编:《近代中国史料丛刊》,第76辑,第567页。
② 《清高宗实录》卷1496,嘉庆二年三月,第27册,第1034页。
③ 嘉庆《长芦盐法志》卷11,《续修四库全书》,上海:上海古籍出版社,2002年影印本,史部,第840册,第221页。
④ 嘉庆《长芦盐法志》卷13,《续修四库全书》,第840册,第254页。
⑤ 嘉庆《长芦盐法志》卷13,《续修四库全书》,第840册,第282—283页。

奏为查明芦商王世荣现在情形,据实奏闻,仰祈睿鉴事。窃照长芦商人王世荣,自父王起凤承办永庆号官引地二十一州县,又自置引地一十七州县。二十余年,仰蒙皇上深仁,至为优渥。王世荣先后借领各项帑本银三十八万四千二百余两,五十年六月,前任盐政征瑞奏准,缓征帑利银九万余两。五十一年三月又奏准,缓征帑利银三十万两。迨奴才抵任后,于本年春间,见其告运维艰。①

王世荣自乾隆二十八年起,接管其父王起凤承办的永庆号引地,至当时已有二十余年之久。《上谕条例》乾隆五十二年"夏季条例·户例"中可以看到以下记述:

长芦商人王世荣应交帑利带征银两分作六年完缴

乾隆五十二年五月十九日奉上谕,据穆腾额奏,长芦商人王世荣承办引地,应交帑利,并带征一百二十五万四千一百余两,现在资本不能接济,难以清缴,恳请分年暂予缴交等语。该商王世荣承办官引地,亏耗底本,告运维艰,本应照例斥革,另新商接办,姑命该商行销地名,在江南、豫省,连年旱歉,商盐停滞,以致二年亏耗,未能将应交官项按限清还,尚属有因,着照该盐政所请,将王世荣五十二、三两年应交官项,地帑利银九万五千余两,并应交四十八年两项,利帑一百六万三千四百余两,暂予缴交,自五十四年起限,分作六年,带征每年交银四万二千三百余两,扣至五十九年,照数清还,以纾商力,自此项清厘之后,倘该商不知即俭妥办,再有延宕,必须参革治罪,不能复缴宽贷也。钦此。京报。②

乾隆五十二年,王世荣欠清政府125万4100余两,清政府命其于乾隆五十四年以后,分六年偿还。

作为王世荣一族的王佩,还曾协助清军对西北的军事活动。《高宗实录》卷一三九六"乾隆五十七年(1792)二月壬寅(三日)"条记载:

谕曰,穆腾额奏长芦山东商人王佩等呈称,现闻大兵进剿廓尔喀贼匪。芦商愿捐银三十五万。东商愿捐银一十五万,共五十万两,以备凯旋赏赉之需等语。廓尔喀贼匪滋扰,计日即可荡平,本不致多费军饷。令既据穆腾额奏称,该商等吁恳诚切,着准其捐银五十万两并着照所请,于运库本年奏销五十六年引课项下借拨,分作五年完交归款。所有捐饷商人等,着该盐政查明咨部。照例议叙。③

长芦商人、山东商人在清朝进军讨伐"廓尔喀贼匪"时捐银50万两。其中,包括王佩在内的长芦商人共捐纳35万两,占70%。

天津·长芦盐商王氏系谱
王起凤—王世荣
○ — 王佩

①《宫中档乾隆朝奏折》,台北:台北故宫博物院,1987年影印本,第64辑,第357页。
②日本国立公文书馆藏《上谕条例》第193册,函号287-20,第14—15页。
③《清高宗实录》卷1396,乾隆五十七年二月上,第26册,第741页。

如上可知长芦盐商王起凤三代族人,即王起凤之子是王世荣、王起凤之孙是王佩。王世荣与王佩之间的关系不明,不过王佩可能是王世荣兄弟之子。

三、长芦盐商王世荣与日本铜贸易

天明戊申八年(乾隆五十三年,1788)四月,画家司马江汉从江户出发,十月到达长崎,其在旅行记中提到:

> 奉帝命渡海者,古为范氏,中为王氏,今钱氏人来。此外十二家也,是为一己之交易而渡海,皆苏州人也。苏州如日本大坂之地,为南京第一繁荣之所。①

如上所记,范氏、王氏曾受清政府之命前往日本长崎贸易。此后天明八年(1788)即乾隆五十三年左右,钱氏前往日本贸易,除此之外,还有被称为十二家商人的商人,均为苏州人。当时的苏州类似于日本大阪,是南京最繁荣之地。江户时代日本人理解的南京指的是当时的江南。也就是说,当时的日本人认为苏州是江南最繁荣的地方。

这里所说的范氏就是范毓馪及其家族②,王氏是王世荣,钱氏是钱鸣萃③。记载日本长崎贸易的《长崎会所五册物》中可见:

> 范氏之事,唐国商贾不操,难以维续而及至败溃,故自天明二年,王氏之货主王恩轮承继商卖。是又卯年以来,因唐国官铜之职难调,不操之,成范氏同样之结局,自同申八年,新商云钱氏之货主钱恩荣愿承而通商,故应其愿。④

范氏在中国的贸易遭遇瓶颈,天明二年(乾隆四十七年,1782)由王氏的王恩轮接管。但是,从天明卯三年开始,王恩轮亦遭遇经营困难的问题,天明八年(乾隆五十三年,1788)新商钱氏的钱恩荣承继了其业务。

关于王世荣代替范氏接管铜务的情况,《高宗实录》卷一一七二"乾隆四十八年(1783)正月寅(十日)"条载:

> 谕军机大臣等。据内务府议覆长芦盐政征瑞奏请,选派能事妥商王世荣等代范清济办运各事宜一折。虽就所奏情形,逐条核覆。朕思范清济承办长芦盐务并采办洋铜,原令其彼此通融,以盐务余息,接济铜斤,互为调剂。若专办铜斤,不办盐务,是办盐之商人得沾余润,而办铜者更

① 司馬江漢:《西遊旅譚》卷3,《画図西遊譚》(複製縮刷版),名古屋:中外書房,1966年,第7頁b。
② 松浦章:《清代海外贸易史研究》,上册,第139—142页。
③ 松浦章:《清代海外贸易史研究》,上册,第143—144页。
④ 長崎県史編纂委員会編:《長崎県史 史料編第四》,東京:吉川弘文館,1965年,第66頁。

形竭蹶，未免苦乐不均，殊非酌盈剂虚之道。征瑞因范清济不善经理盐务，获息无多，选派能事妥商十人，并先行垫借银三十万两，代办盐务。此事在商人等自所乐从，设选派商人，专为范清济代办铜务，即一体借给银三十万两，亦未必有人肯为接办，此一定之情理也。今范清济既不能办理盐务，另选他商代办，而其每年苏局所办铜斤，仍着伊侄范柴照旧承办，是伊既无盐务余息可以通融调剂，而所发铜费银八万两。前赴外洋接济铜船，其往返需时，不能周转，亦属实在情形，铜斤关六省鼓铸，倘有迟误，所系匪轻，不可不妥为筹划。着传谕征瑞，或即交代办盐务之商人，并办铜务，或另行设法调剂之处，悉心熟筹妥议，务使铜盐两事互相接济，永无贻误，方为妥善。将此谕令知之，所有内务府原折，及范清济原呈，一并发交阅看。①

由此可见，此事发生于乾隆四十八年（1783）。总管内务府奏销档案“乾隆四十八年二月初日”条记载：

> 总管内务府谨奏为遵旨议奏事。据长芦盐政征瑞具奏，范清济引地分派十商，代办王世荣专办铜务，并令范李完纳，上年欠课银两，及范重桀接受范氏产业等因一折，于乾隆四十八年二月十六日奉朱批，该衙门议奏钦此。查该盐政奏称，范氏二十州县引地，肩任非轻，虽蒙赏借帑银三十万两，尚须自添资本，方能周转，若只交一二人，其力实难兼顾，恐大少力绌易，致误公人众日久，或有一二不妥，随时调剂，可以不形掣肘，请仍照前奏分派十商办盐，俾众擎易举等语。……据该盐政于办盐十商之中，选得商人王世荣，系故商王起凤之子，承办引地从未误公人，亦谨慎明白，情愿独力承当，急公报效，可以接办铜务。请照原议于范氏引地余息内，每年拨给铜费八万两，照旧办解可期无误，……该盐政已经行文江苏巡抚就行，严行查封，勿使丝毫走漏。至苏州办铜官局，并出洋船只及应需一切什物，饬令范清济全行交代新商王世荣接收，以资办运。……②

根据长芦盐政征瑞奏言可知，范清济将有关长芦盐商的业务分摊给十个商人，其中铜务由王世荣负责。王世荣是长芦盐商王起凤之子，其人可能是由长芦盐政征瑞推荐的。《高宗实录》卷一一七五“乾隆四十八年（1783）二月壬午（二十一日）”条载：

> 谕军机大臣等。据总管内务府大臣议覆，长芦盐政征瑞奏，选派商人王世荣接办范清济铜务一折，已依议行矣。据称苏局存铜，并已发洋船未经办回之铜，尽属官物，恐范清济因接办有人，私将现有之铜盗卖隐匿。新商甫经接手，船只尚未开洋，则本年应解六省额铜，必致贻误等语。该商存局铜斤，关系六省鼓铸，现在选商代办，新旧接手，恐其中隐匿偷漏之弊，在所不免。着传谕闵鹗元，就近严行查封，勿使丝毫走漏，所有苏州办铜官局，并出洋船只及应需一切什物，并饬令范清济，全行交代新商王世荣接收，以资办运。仍将查办情形，分缮清单，据实覆奏。③

---

①《清高宗实录》卷1172，乾隆四十八年正月上，第23册，第720—721页。
②《内务府奏销档》，中国第一历史档案馆藏，胶片号116，第38—40片。
③《清高宗实录》卷1175，乾隆四十八年二月下，第23册，第752页。

王世荣代替范清济采办洋铜。购入这些洋铜后,将其运往六省。《高宗实录》卷一一八六"乾隆四十八年(1783)八月丙寅(八日)"条载:

> 又谕,据闵鹗元奏,苏州官商承办洋铜,除每年额解六省官铜五十一万余斤外,其多余之铜,具令一律缴官,俟年清年款之后,仍准该商变卖余铜等语。此项铜斤,前因范清济办理不善,压欠甚多,是以余铜不准其自行变卖。今新商王世荣代为接办,若能实力经理赶紧转运,所有从前压欠之项,原可陆续带交。况该商王世荣,系接办之人,若俟积欠全完,始准其变卖余铜,该商不能少沾余利,未免偏枯。嗣后除每年额运正项铜斤交清,并酌量分年带交积欠若干外,其余铜斤,即准其照旧变卖,以纾商力。①

王世荣采办的洋铜中,被送往六省的官铜有51万斤。

冯桂撰同治《苏州府志》卷十九田赋八中亦载有王世荣担任"铜务"之事,其中载:

> 国朝康熙七年(江南通志作六年)诏复各省鼓铸炉座,添设苏州,巩昌等处。……
> 〔乾隆〕四十八年八月奉上谕,据闵鹗元奏,苏州官商承办洋铜,除每年额解六省官铜五十一万余斤外,其多余之铜,具令一律缴官。俟年清年款之后,仍准该商变卖余铜等语。此项铜斤,前因范清济办理不善,压欠甚多,是以余铜不准其自行变卖。今新商王世荣代为接办,若能实力经理赶紧转运,所有从前压欠之铜,原应陆续带交。况该商王世荣系接办之人,若俟积欠全完,始准其变卖余铜,该商不能稍沾余利,未免偏枯。嗣后除每年额运正项铜斤交清,并酌量分年带交积欠若干外,其余铜斤,即准其照旧变卖,以纾商力。②

乾隆四十八年,苏州官商范清济因办铜不佳,由王世荣代替。关于苏州官商,同治《苏州府志》卷十九田赋八"鼓铸旧则"中载:

> 宝苏局在苏州府城内,设炉十二座,一月两卯,每卯炉一座,用对搭生熟铜二千四百斤,十二炉共用生熟铜二万八千八百斤,工料钱四百三十六串三百二十文,加串绳钱四串三百二十文,计铜本银三千一百八两五钱八分五厘,实得制钱二千五百六十三串二百文,每串值银一两作银二千五百六十三两二钱,仍不敷铜本银五百四十五两三钱八分五厘。自十七卯起又增炉四座,共设炉十六座。③

---

① 《清高宗实录》卷1186,乾隆四十八年八月上,第23册,第875页。
② 冯桂芬:《苏州府志》卷19田赋8,《中国地方志集成 江苏府县志辑》,南京:江苏古籍出版社,1991年影印本,第7辑,第459、466页。
③ 冯桂芬:《苏州府志》卷19田赋8,《中国地方志集成 江苏府县志辑》,第466页。

江苏省负责货币铸造的是宝苏局,共设有十二座铸造炉,需28800斤熟铜。为采办洋铜,宝苏局各设官商、民商一人。同治《苏州府志》卷十九田赋八还载:

> 局设官商、民商各一人,采办洋铜,每年共发铜船十只,民商额缴苏州省铜二十万斤,浙江省二十万斤,江西省八万斤,每百斤给价银十五两三钱。官商额缴苏州省铜五万五千九百六斤,又直隶、江西铜内划苏铜三万五千斤,隶省铜二十七万斤,江西省铜二万五千斤,湖北省铜四万斤,陕西省铜四万斤,浙江省铜四万斤,每百斤给价银十二两。其浙江省铜价,系商人自赴浙藩库具领,其余各省铜价,具于苏库放给,其官商具领价值与民商较少,因从前官商情愿报效,自请减价,是以与民商铜价不同。①

清代各省设有铸造局,江苏省的铸造局设在苏州,称宝苏局。宝苏局铸造货币的原料是来自日本的"洋铜"。苏州官商需为江苏省购铜55906斤、直隶27万斤、江西省25000斤、湖北与陕西及浙江各40000斤。仅此,苏州官商每年就需采办47万余斤洋铜。

乾隆三十六年(1771)左右的奏折中,记载了对日本的铜贸易情况:

> 据官商范清济在苏事之陶升及额商李豫来等禀称,外洋日本长崎一岛,开采年久,每年产铜不过一百余万斤,多发洋船无益。从前原定洋船一十三只,内范商一年发办五只,一年发办六只,两年合算,每年发五只半,续于乾隆三十一年增定每年发船七只,额商发六只,……②

乾隆三十一年左右,作为官商范清济属下的苏州管事陶升与额商李豫来称,每年前往日本长崎采办的铜不过100万斤。原本派往日本的船只有13艘,官商范氏第一年派遣5艘,次年6艘,两年共派出11艘,平均一年派出5艘半。但是从乾隆三十一年开始,官商派遣7艘船,额商派遣6艘。由此,中国商船每年可以从日本长崎购回一百万斤铜。但根据乾隆四十九年十一月初五日征瑞奏折可知,范清济的洋铜采购业务陷入停滞,由新商王世荣接替。

> 奴才征瑞跪奏,为新商赶办洋铜积压全清可复年限恭折奏闻事。窃照参商范清济贻误铜务,亏欠各省额铜四十余万斤,经奴才奏选商人王世荣代为接办,并奉恩旨得卖余铜,该商原俟积欠全清,再将余铜变卖,亦经奏准在案。查新商王世荣于四十八年四月接办,起扣至本年冬底,该两年正额及代补旧商积欠,共应交铜一百四十五万余斤。前据该商将运到洋铜,于四十八、九年秋夏两季报解过直隶陕西、湖北、浙江、江苏等省,额铜七十六万余斤。今复据禀,续到洋铜现在在案,包请咨分解,所有范清济名下亏欠及四十八、九两年额铜六十九万余斤,足敷扫数全清,并现

---

① 冯桂芬:《苏州府志》卷19田赋8,《中国地方志集成 江苏府县志辑》,第467页。
② 《宫中朱批奏折·财政类·财政货币项》,中国第一历史档案馆藏,胶片61卷,第2497片。

亦赶紧发船五十年之额铜,亦可无误等情,具禀前来。[①]

范清济的洋铜采办工作愈发困难,导致无法按时交纳,影响了清政府的鼓铸政策。未交纳的洋铜已逾四十万斤,不得不交由其他商人接管。

在日本,由于明和元年(乾隆二十九,1764)秋田铜减产,卖给中国的铜减少了20万斤,因此赴日唐船数量亦减少。根据唐船主方面的要求,每艘船售出的铜斤为十万斤,自明和二年开始派往日本的唐船数量定为13艘。[②]因此,从明和二年即乾隆三十年(1765)开始,每年应有13艘唐船前往长崎。这一限制政策持续至宽政三年(乾隆五十六,1791)。宽政三年四月,由于日本国内铜产量继续减少,赴日唐船数量再减少3艘,宽政四年开始限制每年入港的唐船数量为10艘[③],直至幕末。

据此可知,自乾隆三十年范清济与王世荣作为官商采办洋铜以后,清朝每年派遣13艘商船前往日本。[④]乾隆四十八年(1783)十二月初五日浙江巡抚福嵩奏折中可见王世荣接替范清济后不久的对日贸易情况。

> 据布政使盛住详据嘉兴府知府恒宁等先后申报,乾隆四十八年分旧商范清济办回林永顺铜船一千箱,计十万斤,于四月十二日,由嘉兴府属之乍浦进口入境,五月二十八日起运赴苏,二十九日出境。又接办新商王世荣办回万日新船铜一千箱,计十万斤,于十一月初一日,由乍浦进口入境,十五日起运赴苏,十六日出境。俱经沿途各县加紧稽查防护,并偷盗沈溺情弊,照例汇详请奏前来,臣副核无异,理合循例,恭折奏闻,伏祈皇上睿鉴,谨奏。
>
> 朱批:览。[⑤]

关于乾隆四十八年分的洋铜,旧商范清济派遣的林永顺船于四月十二日进入乍浦港,新商王世荣派遣的万日新船于十一月初一日返回乍浦港,分别带回十万斤洋铜,一同运往苏州。

林永顺船与万日新船花费多少资金运营呢?从乾隆四十八年三月二十一日江苏巡抚闵鹗元奏折中,可以看出林永顺船与万日新船装载货物的金额。

> 范清济于乾隆二十九年接铜务,自三十六年至四十五年,每年办发洋船七只,每船一只俱照洋规额配铜十万斤,运回别项杂货销售。四十六年因资本缺乏,止洋船六只,已全行回棹。四十七年止发洋船三只,春季办发林永顺字号一只,共货本银二万八千余两,尚未回归。夏季办发万

① 《宫中朱批奏折·财政类·财政货币项》,中国第一历史档案馆藏,胶片62卷,第2367—2369片。
② 丹羽漢吉、森永種夫校訂:《長崎実録大成正編》,長崎:長崎文献社,1973年,第278頁。
③ 森永種夫校訂:《続長崎実録大成》,長崎:長崎文献社,1974年,第195—196頁。
④ 官商王世荣前往日本采办洋铜的天明二年(乾隆四十七年,1782年)至天明八年(乾隆五十三年、1788年)的七年间,每年前往长崎的唐船有13艘。(森永種夫校訂:《続長崎実録大成》,長崎:長崎文献社,1974年,第191、193頁)
⑤ 《宫中档乾隆朝奏折》,台北:台北故宫博物院,1987年影印本,第58辑,第554—555页。

日新字号一只,共货本银二万四千余两,于上年十月回来,带回条铜一千箱凑归。①

乾隆四十七年(1782)被派往日本的林永顺船"货本银"28000余两,万日新船24000余两,平均每艘24000余两至28000余两。

日本发给唐船的长崎通商照票即"信牌"中记载的贸易额如下:"一艘所带货物限定估价,约玖千伍百两,以通生理。"②可见,日本规定前往长崎的中国商船装货额约为9500两。而中国史料记载的商船"货本银"是24000至28000两,说明中国商船实际装载的货物是日本指定的2—3倍。乾隆四十九年(1784)十一月初五日征瑞奏折中载有王世荣"铜务"事业的状况:

> 查新商王世荣,于四十八年四月接办,起扣至本年冬底,该两年正额及代补旧商积欠,共应交铜一百四十五万余斤。前据该商将运到洋铜,于四十八、九年秋夏两季,报解过直隶、陕西、湖北、浙江、江苏等省额铜七十六万余斤。今复据禀续到洋铜,现在筑包,请咨分解,所有范清济名下亏欠及四十八,九两年额铜六十九万斤,足敷扫数全清,并现又赶紧发船五十年之额铜,亦可无误等情。③

王世荣于乾隆四十八年四月接管"铜务"时的最初任务是采购洋铜145万斤,其中包括旧商未交纳的69万斤与王世荣应办的76万斤。那么,王世荣是如何完成这一指标的呢? 关于此事,征瑞奏言:

> 办铜远在苏州,王世荣承办永庆号官引地,不能亲身赴苏,另行伙同王元章在苏料理,先经奴才面为奏明,今王元章经理一切,迅速见功,亦属能事之人,应请仍令伙同妥办,毋许诿卸,以期济公。奴才仍不时留心查察。④

王世荣专心经营长芦永庆号引地铜务,不能亲自前往苏州,便交由商友王元章代办。王元章精通经营,办事迅速。

乾隆四十九年(1784)十一月初五日征瑞奏折中记载有被派往日本的商船数量:

> 再海洋风汛靡常,动多阻滞,新商铜务,本非素谙,乃能赶办迅速,此皆鼓铸攸关,仰赖圣主宏福,往返平顺之所致。第铜既清款,断不准再有积压,则先事预防,尤当妥筹永久,查范商从前初办之时,奏明铜船七只,实另有预备二只,轮流更替,是以转运得周,后被飓风漂没二船,竟不买

---

① 《宫中档乾隆朝奏折》,第58辑,第449页。

② 大庭脩编:《唐船进港回棹录 岛原本唐人风说书 割符留帐—近世日中交涉史料集—》,大阪:关西大学東西学術研究所,1974年,第143页。

③ 《宫中朱批奏折·财政类·财政货币项》,中国第一历史档案馆藏,胶片62卷,第2367—2368片。

④ 《宫中朱批奏折·财政类·财政货币项》,中国第一历史档案馆藏,胶片62卷,第2367—2369片。

补,一年仅发七船,即不能七船全回。又时有重洋险阻,拆板、修船等事,七船并不能全发,以致铜到日少,积欠愈多,此其前鉴也。奴才饬令新商,查照范商初办章程,于七船之外,再行添备船一二只,以资周转,至东洋发铜,向来每船止带回十万斤。[①]

范清济采购洋铜时,被派往日本的商船仅有7艘,考虑到船因遭遇台风而漂流、沉没的因素,仅凭7艘船很难筹集到所需的洋铜。因此,新商王世荣决定准备一两艘备用商船。从"向来每船止带回十万斤"来看,想要采办到足够的洋铜,准备备用商船是十分必要的。

乾隆五十年(1785)正月十二日江苏巡抚闵鹗元奏折称:

> 官商王世荣办解陕西省乾隆四十九年分鼓铸正额余铜,并补解前商范清济四十六年、七年两年正额余铜,共铜十万七千六百六十八斤。乾隆四十九年十二月初三日,自苏起程,据司道会详奏前来。[②]

乾隆五十年正月,王世荣补交了旧商范清济未交纳的乾隆四十六年、四十七年的洋铜,共计107668斤。

乾隆五十年正月十八日山东巡抚明兴奏折中写道:

> 据布政使冯晋祚具详,直隶官商王世荣解运乾隆四十九年分额铜二十五万斤,又补前商范清济每年积欠现年短平铜一万二千五百斤,计四只,于乾隆四十九年八月十六日辰时入山东峄县境,沿途州县卫严加稽查,接递催攒,已于乾隆四十九年十月初七日卯时,催出山东德州卫境,交与直隶之吴桥县接催北上,讫详请奏咨前来。臣伏查该运铜船,在东省境内行走,共计四十九日十一时,除在峄县、济宁、汶上、阳谷、聊城、临清等州县,因各闸守板,及因风顶阻等事,耽延十八日六时一刻外,合计应行程限四十一日三时,并未逾违统限,除将各结送部,并咨前途接催攒运外,理合恭折具奏。[③]

王世荣派遣4艘船,将运往宝京局的乾隆四十九年分的250000斤洋铜、以及旧商范清济未缴纳的12500斤洋铜,从苏州运往山东省内,再从位于山东西北部的德州北上,经由峄县、济宁、汶上、阳谷、聊城、临清等运河即京杭运河路线,运往直隶吴桥县。4艘商船共运送26万2500斤铜,平均每艘装载65625余斤。

乾隆五十年十二月二十八日浙江巡抚福嵩奏折中可见:

> 据布政使盛住详称,乾隆五十年分,据官商王世荣节次办获鼓铸洋铜共五千六百箱计五十六

---

① 《宫中朱批奏折·财政类·财政货币项》,中国第一历史档案馆藏,胶片62卷,第2370片。

① 《宫中朱批奏折·财政类·财政货币项》,中国第一历史档案馆藏,胶片62卷,第2370片。
② 《宫中朱批奏折·财政类·财政货币项》,中国第一历史档案馆藏,胶片62卷,第2427—2728片。
③ 《宫中朱批奏折·财政类·财政货币项》,中国第一历史档案馆藏,胶片62卷,第2431—2432片。

万斤,先后由嘉兴府属之乍浦进口入境,俱即催令运赴苏州官局交收,沿途各县加谨防护,催攒出境,并无逗留,及偷盗沈溺等弊,将该商办运铜斤数目,并入境、出境日期,详请汇奏,并声明尚有何延宝等铜船出洋未回,应归入下届办理等情前来。①

王世荣采办的乾隆五十年分的洋铜共有5600箱计56万斤。这些铜被运往嘉兴府平湖县乍浦口,上交苏州官局,但当时王世荣派遣的何延宝船等尚未返回。

乾隆五十一年(1786)十二月二十六日浙江巡抚罗琅玕奏折中载:

> 据布政使顾学潮详称,乾隆五十一年分,据官商王世荣节次办获鼓铸洋铜一万三千二百三箱,计一百三十二万三百斤,先后由嘉庆府属之乍浦进口入境,除浙省钱局酌留十万四千斤外,余铜一百二十一万六千三百斤,俱即催令运赴苏州官局交收,经沿途各县,加谨护催攒出境,并无逗遛及偷盗沈溺等弊,将该商办运铜斤数目,并入境出境日期,详请汇奏前来。②

作为乾隆五十一年分的洋铜,官商王世荣共采办132万300斤。这些洋铜被运往乍浦,其中10万4000斤上交浙江宝浙局,剩余121万6300斤上交苏州官局。

乾隆五十二年(1787)二月初三日的江苏巡抚闵鹗元奏折载:

> 窃照官商办解各省鼓铸铜斤,起程入境出境日期,例应随时具奏。兹查苏州官商王世荣办解陕西省乾隆五十一年正带铜斤,除宝陕局上届多收外,寔应解铜五万一千六百斤,又办解湖北省乾隆五十一年正带铜五万八百斤,于乾隆五十一年十二月初六日,自苏州起程,于二十八日出江宁县境,据司道会详请奏前来。③

运往苏州的132万余斤洋铜中,有5万1600斤运往陕西宝陕局,5万800斤运往湖北省。

乾隆五十二年二月十三日江西巡抚何裕城上奏:

> 兹查江苏官商王世荣,解运湖北省乾隆五十一年额铜五万斤、余铜八百斤共五万八百斤。又解陕西省、乾隆五十一年额铜五万斤、余铜一千三百六斤零,乾隆五十二年额铜五万斤、余铜一千六百斤,共十万二千九百六斤零,俱于乾隆五十二年正月初十日,自安徽东流县水路入江西彭泽县境,在镜子山阻风十三日,一船被风击坏,沈铜五万一千五百斤,当即全数捞获,换船装载,共计耽延六日,十九日经九江关,查验纳料耽延一时,即于是日出江西德化县境,二十一日交湖北蕲州接替。讫据布政使李承邺,查明入境出境日期,详报前来。臣查该官商铜船,除阻风换船及赴关

①《宫中朱批奏折·财政类·财政货币项》,中国第一历史档案馆藏,胶片62卷,第2747—2748片。
②《宫中档乾隆朝奏折》,台北:台北故宫博物院,1987年影印本,第62辑,第739页。
③《宫中档乾隆朝奏折》,台北:台北故宫博物院,1987年影印本,第63辑,第235页。

纳料外,并无耽延,亦无生事、盗卖、带货等弊,理合恭折具奏。①

官商王世荣利用水路,将乾隆五十一年分的5万800斤洋铜送往湖北省,将乾隆五十一年、五十二年的10万2906斤洋铜运往陕西省。但是,在途径江西省彭泽县镜子山附近时,因风延误,其中一艘商船因风暴沉没,5万1500斤洋铜沉入水底。但是这些洋铜被全部打捞起,由其他商船转运,至九江关时又遇盘查,延误数日才抵达湖北。

乾隆五十二年三月初十日安徽巡抚奏折称:

> 奏报官商运解湖北、陕西二省铜斤过境日期事,窃照邻省办运铜斤船只,过境例应一体催攒稽查,随时奏报。兹据安徽布政使陈步瀛会同按察使冯光熊、安徽道张士范详称,江苏官商王世荣办解湖北省乾隆五十一年正额、余铜五万八百斤。又办解陕西省乾隆五十一年正额、余铜五万一千三百六斤零,五十二年正额、余铜五万一千六百斤,于乾隆五十一年十二月二十七日,入安省之当涂县境,在芜湖县阻风三日,于五十二年正月初十日交替江西之彭泽县接护出境,讫沿途押护员弁稽查催攒严密防范,并无迟延及偷抛盗卖情弊。又据芜湖县申称,该船实因大江风阻,并非无故逗留各等情,会详呈请具奏前来。②

此封奏折与上封乾隆五十二年二月十三日的江西巡抚何裕城奏折相关,从中可窥见王世荣将洋铜运送到湖北、陕西二省之前的情况,即运铜商船从安徽到江西时,受风影响而有所延误。

乾隆五十二年四月二十九日陕西巡抚觉罗巴延三的奏折如下:

> 奏为收过官商运陕铜斤恭折奏闻事,窃照西安省城宝陕局鼓铸钱文,每年由官商采办洋铜五万斤,运陕交局充用。兹据布政使秦承恩盐法道舒弼会详,官商王世荣解到乾隆五十一年并五十二年两年额铜一十万斤,随带余铜二千九百六斤三两零,经该司等督同局员,于本年四月初一二三等日,用部颁官秤公平弹兑照例,核除色耗铜斤,实收得该商净洋铜九万九千三百九十九斤八两零。内除收五十一年额铜五万斤,又收五十二年额铜四万九千六百九十三斤四两零,计不敷五十二年额铜三百六斤十一两零。据请俟下届照数补交。再运铜,自苏州起程运陕西省局例限四个月十四日十一时。今该商于乾隆五十一年十二月初六日,自苏起程于五十二年四月初一日运局交收,共三个月零二十五日,尚在限内,并未逾违,除咨江苏抚臣将该商应解乾隆五十三年额铜五万斤,并今次挂欠短少铜三百零六斤零,饬令照数采办运陕外,理合恭折具奏。③

可见,官商王世荣于乾隆五十一年十二月初六日从苏州出发,将乾隆五十一年、五十二年的十万斤洋

① 《宫中档乾隆朝奏折》,第63辑,第342—343页。
② 《宫中档乾隆朝奏折》,第63辑,第581—582页。
③ 《宫中档乾隆朝奏折》,第64辑,第203—204页。

铜送往陕西省宝陕局,乾隆五十二年四月初一日送至目的地。

此后不久,王世荣办铜被查。乾隆五十二年五月三十日河南巡抚毕沅奏折称:

> 再查,东洋采办洋铜,关系鼓铸,最为紧要。乾隆四十八年二月参商范清济退办引地后,其东洋采办洋铜一事,经前盐政征瑞奏派商人王世荣办理,每年于范宗文引地余利内拨银八万两,解苏照额,赴东洋采办洋铜五十万五千九百六斤,解交直隶陕西、湖北、江西、浙江、江苏六省、以供鼓铸之用。嗣于四十九年十一月,复经征瑞奏明,王世荣有承办永庆号官引地,不能赴苏采办洋铜事务,即责成商伙王元章办理,继因王元章因病回籍,即系商伙钱鸣萃在苏经理。奴才到任后,留心查察,知苏州办理铜务,尚属妥协,自四十八年承办以来,于四十九年即已攒归年清年款,并代完过参商范清济历年积欠各省铜四十三万余斤,皆商伙钱鸣萃等经理妥善之故。奴才伏查东洋采办洋铜关系鼓铸,必资熟手方保无误。钱鸣萃乃浙江湖州府人,原办铜熟手,人地相宜且知奋勉。今王世荣承办永庆号直豫引地,现经查办,尚需选派妥商,代为经理,则苏州铜务,尤关紧要,自当一并妥筹,以期无误。查钱鸣萃委系办铜熟手,前此办理,既经著有成效,理合奏明,嗣后所有东洋采办洋铜事务,请即交钱鸣萃一人经理,以专责成,以免诿卸,每年应需铜费银八万两,照旧在范宗文引地余利内如数拨给,倘有贻误,惟该商钱鸣萃是问。奴才仍留心,不时查察,如有不妥,随时奏明办理,如此则事归实。在该商钱鸣萃瞻顾责成,自必益加奋勉铜务,可期永远无误矣。理合附折奏闻,谨奏。
>
> 砾批:览。①

河南巡抚毕沅向乾隆帝汇报了前往日本采办洋铜的相关情况。乾隆四十八年二月范清济有关长芦盐商的业务陷入停滞,新商王世荣接管了此项业务以及洋铜采办业务。但是,王世荣忙于经营永庆号引地,并未前往苏州开展洋铜采办业务,于是任命王元章代办。而王元章因病返乡,由同为商人的钱鸣萃代为管理。钱鸣萃是浙江省湖州府人,自范清济采办洋铜时便从事该项业务,对此十分熟悉。因此,钱鸣萃代替王世荣接管了采办日本铜的业务。

长芦巡盐御史穆腾额于乾隆五十三年(1788)六月二十四日再奏:

> 再查,乾隆五十年十二月商人王世荣因独肩铜务,资本不敷,呈请自五十一年为始,免交二钱银两,当据署运使龙舜琴,详请前盐政征瑞,俟届期具奏时,另于折内声明在案。奴才查前盐政征瑞,准令王世荣免交二钱银两,原以此项为贴补铜费之用,今铜务业于上年经奴才奏明另交钱鸣萃办理,自五十三年以后,王世荣名下,王缴二钱银项,除官引地准其免交外,所有自置引地,仍令按引交纳,以昭划一,谨奏。

---

①《宫中档乾隆朝奏折》,第64辑,第561—562页。

硃批:览。①

可见,乾隆五十三年以后,钱鸣萃接管了王世荣采办洋铜的业务,这一点是确凿无疑的。但其实在此之前的乾隆五十年十二月以后,王世荣的洋铜采办业务就已经出现了问题。

　　关于官商王世荣办铜时代的民商,江苏巡抚闵鹗元于乾隆四十九年(1784)奏言:

　　　　查苏州民商自备资本出洋采买铜斤,于乾隆三十二年奏定,每年额发船六只买回铜斤例,以六分交官,四分准变卖,以资运本,所有每年应缴江苏、浙江、江西三省,抽收官铜四十八万斤,每百斤例,准给部价银十七两五钱,历届于苏州藩库给领,此成例也。②

民商使用自己的资金前往日本购铜。乾隆三十二年(1767),民商派出6艘商船前往日本,将购入洋铜的60%上交清政府,其余40%自行销售。每年向江苏、浙江、江西三省交纳48万斤洋铜,按每100斤17两5钱的价格卖给苏州官局。闵鹗元奏折载:

　　　　今该省吴鸣銮等呈称,商等自承办洋铜以来,仰托圣主洪水福,海不扬波,船帆顺利,从前认完旧商赵宸赡、赵光谟、伊升吉等欠帑一十八万八千余两,早已先后代为交清。今商力稍裕,每年交办官铜之外,得以余利,安业养家,饮水思源,报効无地。伏查商等,每年承办江苏、浙江、江西三省官铜,每百斤,准领银十七两五钱,而三十四年,四十三年,奉文拨运京局,铜每百斤止销正价十五两三钱,连外加水脚部饭银二两二钱,始合十七两五钱之数。③

可见,吴鸣銮等民商还代为补交了旧商赵宸赡、赵光谟、伊升吉等欠银18万8千余两。还清之后,承办起了江苏、浙江、江西三省的官铜采办业务。

　　关于其他民商,从安永九年(乾隆四十五年,1780)漂流至日本房州即现在的千叶县东南端的唐船乘员与儿玉琮的笔谈记录《漂客纪事》中可见一斑:

　　　　今长崎互市舶共十三艘,其六艘范氏,实官舶也。其七财东七人,各一舶,开创惣商共十二家,故今犹名号十二家,其实七家也。
　　　　七家为谁,曰沈云赡,王履阶,高山辉,吴有光,俞会时,杨岳怀,吴鸣銮也。沈则沈敬赡同宗,王高二子,尝往崎阳者。④

　　①《宫中档乾隆朝奏折》,第64辑,第649页。
　　②《宫中档乾隆朝奏折》,台北:台北故宫博物院,1987年影印本,第60辑,第75页。
　　③《宫中档乾隆朝奏折》,第60辑,第75—76页。
　　④ 大庭脩编:《安永九年安房千仓漂着南京船元顺號资料·江户时代漂着唐船资料集五一》,大阪:関西大学出版部,1990年,第8页。

根据这一记载可知,王世荣成为官商的3年前的乾隆四十五年左右,被称为十二家的民商其实仅有七家,其中一家是吴鸣銮。吴鸣銮曾作为民商从事洋铜采办业务。另外,作为七家之一的沈云赡,其同族沈敬赡曾作为天明五年(乾隆五十年,1785)巳二号船主[1]前往长崎贸易。"王高二子"指的是王履阶[2]与高山辉[3],均曾作为船主前往长崎贸易。

如上考察了官商与民商采办日本铜的相关情况。

四、小结

长芦商人王世荣是以直隶、河南为中心开展盐务的天津商人,其父王起凤以及王起凤之孙王佩亦是长芦盐商。同样作为长芦盐商的范清济曾受清政府之命采办洋铜,但其业务进展不利,乾隆四十八年(1783)四月由王世荣接管。王世荣从日本长崎将用于鼓铸的洋铜即日本铜运回中国,再运往直隶、陕西、湖北、江西、浙江、江苏六省。

但对长芦盐商王世荣而言,其还需要经营长芦永庆官引地的盐务,亲自前往苏州专注于洋铜采办业务十分困难,因此不得不将此业务交与部下王元章。然而,从乾隆五十年末开始,该项业务陷入停滞。乾隆五十三年以后,由浙江湖州出身的钱鸣萃接管。也就是说王世荣的洋铜采办事业,仅持续了从乾隆四十八年四月至乾隆五十三年短短五年的时间。

[作者松浦章(MATSUURA Akira),关西大学名誉教授;译者曹悦,太原理工大学艺术学院讲师,关西大学文化交涉学博士;译者许浩,郑州大学外国语与国际关系学院在读博士研究生。本文为松浦章著《清代中国商人与海商及其活动》(台湾博扬文化出版社2022年)其中一章"清代长芦盐商王世荣的日本铜贸易"]

---

① 長崎県史編纂委員会編:《長崎縣史　史料編第四》,第573頁。
② 松浦章:《清代海外贸易史研究》,上册,第144—147页。
③ 松浦章:《清代海外贸易史研究》,上册,第155页。

朝鲜的清钱通用与革罢

——宗藩体制下市场的整体性及其局限

王元周

滨下武志认为,在传统时代,以中国为中心的朝贡贸易体系形成了一个"亚洲经济圈"。[1]针对滨下武志的"朝贡贸易体系"论,也有学者提出了"互市贸易体系"论。[2]不管怎样,都说明国际贸易的发展使亚洲市场在近代以前即具有整体性特征,其中一个重要指标就是白银的流通。明清时期,白银流通体系的形成推动了东亚乃至全球贸易的发展,中国输出商品,而美洲和日本的白银大量流入中国,东亚交易体系因此发生很大变化。到19世纪上半叶,白银外流而导致的白银价格上涨,则进一步引起中国整体秩序的变动。[3]白银价格上涨会引起银钱比价的变化,导致银贵钱贱。其实,在白银流通的同时,也存在着铜和铜钱的国际流通。银钱比价的变化在某种程度上说也是白银(银元)和铜(铜钱)流通不均衡所引起的。然而,目前学术界对于铜,尤其是铜钱的国际间流通相对较少关注。日本、安南、琉球等地铜钱也曾在中国部分地区流通,中国和朝鲜铜钱也流通到日本。但是铜和铜钱在国际流通上的规模和作用远不及白银和银元。铜和铜钱在国际流通上所遇到的阻碍,除其自身价值不及白银和银元外,也是由于铜钱由官府铸造,而银锭和银元则可以来自民间。那么,明清时期中国和周边国家如何看待铜钱铸造权,以及如何看待铜钱的国际流通是一个值得探究的问题。

朝鲜一直被视为中华秩序下最典型的藩属国,朝鲜也认为明清两朝皆将其视同内服。从17世纪后期开始,朝鲜一直有人主张通用中国铜钱,并曾先后两次正式移咨清朝礼部,请求清朝允许朝鲜输入和流通中国铜钱,但是没有得到清朝的准许。最后在兴宣大院君执政时期,在没有得到清朝正式允准的情况下,大量输入和流通中国铜钱。所以,朝鲜的清钱请贸与流通,为今人观察朝贡贸易体系下宗藩之间的经济关系以及当时两国人的认识,提供了一个很好的样本。

一

朝鲜半岛在高丽时期主要以米布为媒介进行商品交换,尤其是布发挥着货币的功能,这很不方便。高丽后期也曾铸造铁钱和铜钱,还曾铸造银瓶,但是都不成功。到了朝鲜朝初期,又有人提出铸钱问题,但是太宗却根据河崙的建议实行钞法,然而也不成功。太宗十五年(1415)一度铸造铜钱,不久即因发生旱灾,民心动摇而停铸。世宗即位后,虽然积极维持楮货之流通,也在考虑恢复布币或铸

---

① 滨下武志:《近代中国的国际契机》,朱荫贵、欧阳菲译,北京:中国社会科学出版社,1999年,中文版前言第4—7页。

② 参见陈尚胜:《东亚贸易体系形成与封贡体制衰落——以唐后期登州港为中心》,《清华大学学报》2012年第4期,第55—71页。

③ 林满红:《银线:十九世纪的世界与中国》,林满红、詹庆华等译,台北:台湾大学出版中心,2014年,繁体中文版自序第9页。

造铜钱问题。世宗六年(1424)曾铸造朝鲜通宝,次年开始行用,初与楮货兼行,不久废除楮货,专用钱币。但是民众不习惯于用钱,钱币通行不久即严重贬值,因此又有人主张废除钱法。世宗二十七年(1445)又恢复楮货,铜钱逐渐退出市场。恢复楮货之后,楮货仍难以流通,到成宗时期(1470—1494),都城之外几乎见不到楮货,京中诸司征赎也不收楮货而收布物。到中宗时期(1506—1544),楮货已废,专用布币。而布的质量越来越差,徒费女工,毫无所用,因此又有人主张恢复钞法或钱法。中宗十年(1515)决定恢复楮货,可是到中宗十五年(1520)就几乎不用了。此后,朝鲜朝中大臣们的主张仍难以统一,有的主张用常布(三升布),有的主张恢复楮货,也有人主张铸钱。仁祖时期(1623—1649)曾两度铸钱,第一次因后金入侵而停顿,第二次也在开铸不久之后又停废。孝宗元年(1650)又决定用钱,到孝宗七年(1656)再次停废。显宗十一年(1670),兵曹判书金佐明请准于军门设铺子,先试用铜钱。①直到肃宗时期(1675—1720)才普遍通用铜钱。

朝鲜之所以迟迟未能通用铜钱,主要是因为朝鲜缺铜,主要依靠从日本输入,但数量有限,价格也比较高。所以在仁祖时期,就有人认为不如直接从中国输入铜钱。仁祖五年(1627)五月,金堉以接伴使从事官到甑山,见沿路各邑因李适之乱而损失严重,"海西则延白一半独完,关西则三县仅免。而使命之行,络绎不绝,夫马供亿之费,独自当之,不过数月,此亦有溃散之形,况黄、凤、瑞、平,被掠尤甚,比之于此,则万分悬绝",因此于这年六月上疏请用铜钱。他说:"我国物产不多,不通诸国之货,只用米布,更无游行之货,公私俱乏者,诚以此也。顷者欲用铜钱,而因乱中止,诚可惜也。"②仁祖二十一年(1643)金堉护送元孙到沈阳,次年(1644)八月在《辞辅养官东还后加资疏》中请于使行往来时用车,并请先行在两西地区用钱,又请派人用白银在北京购钱,以保证有足够数量的铜钱投入市场流通。③他说:"且令沿路各官,设店用钱,奉命使臣之外,其余医译、禁军、持草料而往来者,并令就食于店中,官给钱以偿店主,而又令民米布柴草纳官之物,或代以钱,则民必买之于诸店,而公行如此,则私者亦效之矣。我国曾欲用钱而不得行者,以其欲尽用于国中,故深僻之地,或不知其为便。且铸钱不易,不得行也。今若只行于两西一路,行旅络绎之地,则必可行矣。臣窃闻户曹尚多所铸之钱,请罄其所储,分送两西,而令饷臣以银买钱于北京而继之,则千百万贯之钱,可以即致于西路矣。松京则方用钱如中国,若使海西效之,关西又效之,则岂有难行之理哉? 行旅便其不赍粮,店主喜其多得钱,农民乐其不费米,计莫善于此也。"④

实际上,这时期清钱已开始在两西部分地方流通。仁祖二十五年(1647)金堉出任开城留守,见铜钱流通范围已经从开城扩展到附近的江华、乔桐、丰湍、延白等地,"虽不能遍行国中,用之于两西,则两西之民,必有所利益,而行旅不赍粮矣",因此更加相信铜钱可以在朝鲜通行,所以又于这年十二月再次上疏请允许两西用钱。他认为:"今使两西监、兵使,先出营储,设冶铸钱,各以意见方便设策,散

① 《显宗实录》卷23,显宗十一年十二月初三日丙戌,《朝鲜王朝实录》第38册,首尔:(韩)国史编纂委员会,1957年,第43页。

② 金堉:《潜谷先生遗稿》卷4《论两西事宜疏(丁卯六月)》,《标点影印韩国文集丛刊》86,首尔:民族文化推进会,1992年,第74c页。

③ 沈象奎、徐荣辅编:《万机要览》财用编3《钱货》,韩国首尔大学校奎章阁韩国学研究院藏1808年笔写本,第4册,无页码。

④ 金堉:《潜谷先生遗稿》卷4《辞辅养官东还后加资疏(甲申八月)》,《标点影印韩国文集丛刊》86,第79d—080a页。

之民间,或罚征赎镪,或代纳租赋,则不烦号令,而钱自行矣。两西道臣,皆年富才谞,锐意国事之人也。过去之时,臣与之言此事,皆以为可行,惟在国家许令为之而已。方今公私虚竭,民力已尽,凶年则不免死亡,乐岁则浪费米布,此乃无游货之所致也。昔宋臣张载,欲买田一区,以试井田之法。本府用钱,实已试之井田也。三代以下久废之井田,尚欲行之,天下通行九府之法,岂独难行于我国哉?臣受恩深厚,无所报效,便民益国之事,百尔思量,敢以一得之愚,再申前说,伏惟圣明垂察。"①

到孝宗元年(1650)三月,金堉以陈慰进香正使出使中国。在这次使行中,金堉用剩余的盘缠在中国购买了15万文铜钱。回到义州,听说孝宗已经决定用钱,所以就上疏请求朝廷允许将这15万文中国铜钱分发给平壤、安州等地试用,此事得到孝宗的许可。这可以说是朝鲜正式通用清钱之始。②孝宗二年(1651),金堉升任领议政,不久改任左议政,在许积和李时昉的协助下,正式开始铸造常平通宝,并允许私人铸钱。孝宗三年(1652)因正言李万雄、安邦俊等人攻击大同法,金堉辞去左议政之职,铸钱之事也受到影响,如岭南地区随即停止铸钱。孝宗五年(1654),金堉再次升任领议政,决定在京中通用铜钱,并鼓励各处搜集民间破铜,或筹集资金购铜铸钱。金堉认为,只要公私一同铸钱,则"辽沈之贸,亦不必为也"。③

但是,这次铸钱行钱的努力也不成功。为了促进铜钱在西路的流通,金堉曾下令将常平厅和宣惠厅所存铜钱70贯和白银2000两,交给吏胥郑文豪、李承训两人去转贩取利,而京畿监司则要将他们治罪。孝宗七年(1656)十月,金堉上疏为其陈冤,并引咎请辞领敦宁府事之职。金堉在其辞职疏中说:"详究其本,罪实在臣。臣若不差遣,罪从何出?臣知有国,不知有身。知有古,不知有今。徒欲国家之安,而不知一身之危。徒欲古道之行,而不知今世之难。大同行钱,动辄得谤,事垂成而反败,功未就而罪重矣。"④虽然郑文豪等之罪得免,铜钱铸造也随之停止。金堉有《罢钱》诗云:"孤忠许国出于天,独夜忧深泪迸泉。终始陷民皆我罪,只当缄口不言钱。"⑤

根据禹夏永《千一录》的记载,肃宗元年(1675),朝鲜曾正式向清朝提出请求,希望清朝允许朝鲜从中国输入铜钱。当时咨文中称,"本国地硗,银锡无产,民无所资,公私匮乏,若用钱货可以小纾,许令贸钱,俾成恒例。"结果清朝礼部在回咨中拒绝了,理由是《大清会典》规定,将铜铁等物卖与夷人图利者,依军器出境者枭首示众,所以不便同意朝鲜贸取清钱的请求。⑥禹夏永的记载大概来自《通文馆志》。《通文馆志》还说明是专差行司直安日新到北京向清朝礼部咨请此事。⑦但《肃宗实录》中未见关于此事的记载。此次请贸失败之后,朝鲜也未作进一步的努力。肃宗元年(1675),十月到北京的谢恩使昌城君李佖等人,以及这年十二月二十一日到北京的冬至兼谢恩使权大运等人,都没有再提清钱请

① 金堉:《潜谷先生遗稿》卷4,《两西请用钱疏(丁亥十二月开城留守时)》,《标点影印韩国文集丛刊》86,第81b—81c页。

②《孝宗实录》卷4,孝宗元年六月二十五日丁未,《朝鲜王朝实录》第35册,第437页。

③ 金堉:《潜谷先生遗稿》卷5《请令湖西山邑铸钱札(甲午)》,《标点影印韩国文集丛刊》86,第105c—105d页。

④《孝宗实录》卷16,孝宗七年四月十二日庚申,《朝鲜王朝实录》第36册,第53页。

⑤ 金堉:《潜谷先生遗稿》卷2《七言绝句·罢钱》,《标点影印韩国文集丛刊》86,第45b页。

⑥ 禹夏永:《千一录》下,首尔:比峰出版社,1982年,第79页。

⑦ 金指南撰:《通文馆志》卷9《纪年·肃宗大王元年乙卯》,韩国首尔大学校奎章阁韩国学研究院1881年木版本,第3册,第35a页。

贸的事情,权大运等人倒是向清朝礼部呈交了倭情咨文。①虽然这次没有成功,但却为后来提出类似的请求确立了先例。

在清朝拒绝朝鲜从中国输入铜钱的请求之后,朝鲜即决定自己铸钱。肃宗四年(1678)正月二十三日,肃宗引见大臣、备局诸臣,商议用钱事。大臣许积、权大运等人都主张用钱,群臣入侍者也皆认为用钱为便,于是肃宗命令户曹、常平厅、赈恤厅、御营厅、司仆寺、训练都监共同铸造常平通宝。②而这时期也正值日本铜输入朝鲜的全盛时期,也为朝鲜大量铸钱提供了可能性。经过十几年的努力,终于使铜钱在朝鲜半岛流通起来。随着铜钱日益通行,对铜的需要量也不断增加。③但是,从肃宗二十三年(1697)起,日本铜的输入急剧减少,铜价上涨,铸钱利润下降,甚至不能弥补购铜的花费。由于不能稳定铸造铜钱,到肃宗朝后期,市面上已经感到铜钱流通量不足,铜钱价格上涨。要降低铜钱价格,必须加铸铜钱,而铸钱又面临原料不足和可能亏损的问题。所以,从肃宗朝后期到英祖时期(1724—1776),始终对加铸铜钱持迟疑态度。也正是在这种背景下,为解决钱荒问题,英祖时期又有大臣建议通用清钱。

英祖十七年(1741)朝鲜西北关东地区发生大饥荒,饥民聚集到汉阳,朝廷派艺文馆提学闵应洙监管赈济。为了筹集经费,又有人主张铸钱,灵城君朴文秀还主张输入清钱,与朝鲜叶钱并行。英祖十八年(1742)十月二十三日,在昼讲席上,特进官朴文秀极言钱贵之害,他援引肃宗朝故事,建议移咨清朝礼部,请求清朝允许朝鲜输入中国铜钱。后来在为他的主张辩护时说:"肃庙初年,名臣硕辅岂不若今朝,而皆以贸用燕钱至于移咨,此非臣创出之言也。"④朴文秀不仅建议输入清钱,也认为朝鲜应该自己加铸铜钱,建议禁止朝鲜国内臣民使用铜器,收集国内铜器用于铸钱。英祖答应就此事与大臣商议是否可行。⑤但是朝中大臣大多持反对态度,领议政金在鲁也是反对者之一。当英祖就此事征求中央和地方重要官员的意见时,金在鲁说:"朴文秀请得燕钱,欲与我国钱并行,而若以彼钱合铸,则此无异潜商。又令并行,则愚民何以知彼我之分乎?必易生事矣。若禁我国钱而专用彼钱,则货权在彼,初虽设行,末必有弊。臣与诸宰商议,则皆以为难矣。"英祖大体上也同意他的看法,认为:"钱权有二,则有大弊矣。"⑥负责赈济饥民的闵应洙也持反对态度。闵应洙认为,"我国自有钱币,未尝沾溉于他国。皇朝虽处以内服,曾未有此议,况今欲禀命于彼乎?"⑦很明显,闵应洙强调朝鲜应该流通不同于中国的铜钱,维持独立的货币体系,而且这种必要性也因对清朝的态度与对明朝不同而显得更有必要。洪直弼在为闵应洙作神道碑铭时,强调闵应洙的态度对英祖的影响力,认为英祖主要是听从了闵应洙的意见。⑧

① 《肃宗实录》卷5,肃宗二年二月二十日壬申,《朝鲜王朝实录》第38册,第323页。
② 《肃宗实录》卷7,肃宗四年正月二十三日乙未,《朝鲜王朝实录》第38册,第379页。
③ 원유한,『조선후기 회폐사』,서울:도서출판 혜안2008년,86쪽。
④ 《英祖实录》卷55,英祖十八年六月初四日辛卯,《朝鲜王朝实录》第43册,第58页。
⑤ 《英祖实录》卷55,英祖十八年四月二十三日壬子,《朝鲜王朝实录》第43册,第56页。
⑥ 《英祖实录》卷55,英祖十八年六月初四日辛卯,《朝鲜王朝实录》第43册,第58页。
⑦ 洪直弼:《梅山先生文集》卷33《右议政谥文献闵公神道碑铭并序》,《标点影印韩国文集丛刊》296,首尔:民族文化推进会,2008年,第153b页。
⑧ 洪直弼:《梅山先生文集》卷33《右议政谥文献闵公神道碑铭并序》,《标点影印韩国文集丛刊》296,第153b页。

其实,英祖自己也不想增铸铜钱,更不想输入清钱。他命令汉城府判尹赵尚絅征求京城五部坊民的意见。英祖十八年(1742)六月十六日,赵尚絅报告说:"臣招集坊民,反复问之,皆以为大、小钱不可互用,燕钱、新钱亦不宜参错。众口一谈,牢不可破矣。"[1]这里所说的燕钱,即清钱。于是,英祖以顺应民情为由,不同意输入清钱。

二

既然决定不从中国输入铜钱,只能专注于铸钱。英祖、正祖时期,有四五十年几乎每年都铸钱,累计达数百万两。但是随着货币经济的发展,物价上涨,对铜钱的需要量更大了,钱荒现象反而日益严重。在这种情况下,正祖十六年(1792)朝鲜再次正式移咨清朝礼部请求购钱。

但是,这次的背景与英祖时期有所不同。这次主张输入清钱的主要势力是译官,而译官提出这样的要求又与朝贡贸易的变化有关。朝鲜朝初期,禁用银货。译官随使臣出使中国时,如果携带白银渡鸭绿江,罪至于死。"壬辰倭乱"时,中国军队在朝鲜的军粮、军赏皆使用白银,因此白银开始在朝鲜流通。[2]朝鲜与日本讲和,倭馆重新开市之后,中国货物自朝鲜流通于东莱府,与日本商人交易,故日本丁银输入朝鲜者极多,公私所需皆以此为用,各衙门亦多购置丁银,而使行、敕行则禁止使用朝鲜自己出产的矿银,专用丁银。但是到了英祖时期,因中国商人直接到日本长崎贸易,朝鲜在中国与日本之间的中介贸易日益衰退,日本丁银输入朝鲜的数量也逐渐减少。一开始各衙门尚有存银,每当接待敕使时,户曹仍可申请用于支敕、赠给物种折银,如丁银不足,也参用矿银。其实,朝鲜自己所产矿银的数量也在减少。朝鲜与中国的朝贡贸易主要以白银结算。按照惯例,译官赴燕可带包银,堂上官三千两,堂下官二千两。如果译官自己不能筹集到这么多包银,则可以招揽商贾出银,译官取一成之利,以为盘缠、交易之资。朝鲜国内白银减少,则会导致燕行商人亦无法筹集到足够的包银,只能以杂货折银充包,而筹集到足够多的货物也不容易。商人筹集不到足够多的货物,燕行贸易难以维持,译官大受损失,甚至连生计也受到威胁,有的甚至因此转了行。

在这种情况下,译官们请求允许他们输入清钱,让清钱在朝鲜国内与朝鲜自己铸造的叶钱(常平通宝)一同通用。译官主张输入清钱,是因为输入清钱可以获得巨额利润。据朴趾源估算,在中国关外,纹银一两可兑换铜钱,折合朝鲜叶钱相当于11两4钱1文,所以输入清钱可获十倍之利,除去运输等费用,也有五六倍的利润。[3]正因为利润丰厚,所以几十年来译官们一直希望朝鲜通用清钱。

正祖十六年(1792)的冬至兼谢恩正使朴宗岳、副使徐龙辅和书状官金祖淳,以及备边司堂上、司译院提调曾商议此事,但未有定论。十月初六日,正祖又征求司译院提调徐有防,还有译官李洙、张濂、金伦瑞、金在和等人的意见。李洙极力主张输入清钱,张濂也同意输入清钱,同时还主张岁币作贡,以为输入清钱与岁币作贡两便。张濂提出的岁币作贡办法是:"至若岁币,则原贡绵布三千零匹价

①《英祖实录》卷55,英祖十八年六月十六日癸卯,《朝鲜王朝实录》第43册,第59页。

②沈象奎、徐荣辅编:《万机要览》财用编3《金银铜铅》,第4册。

③朴趾源:《燕岩集》卷2,《烟湘阁选本·贺金右相履素书》,《标点影印韩国文集丛刊》252,首尔:民族文化推进会,2000年,第31a—31b页。

米,共六千余石。就将四千余石,属本廛人,使之措备应支,其余一千八百石,以八百石渐次报本,以一千石作馆生(医、译等杂歧未出身而供该衙门役事者之通称)聊赖之资,则本院有均被之惠,市民无失业之叹,岁币作贡便。"正祖反对岁币作贡,认为岁币之贡久属廛民,不可勒夺,还是输入清钱比较可行。正祖又命令议政府讨论此事,议政府也认为输入清钱可行。于是正祖下令准备咨文,交给冬至使朴宗岳等人带到北京,正式向清朝礼部请求允许朝鲜输入清钱。同时,由司译院拟定贸钱节目,计划每年利用节使、历行机会,分两次输入铜钱10万两,各衙门如有额外需求,还可以自该衙门筵禀或状闻后,代为购置。清钱既已输入朝鲜,则不得重新带回中国,否则依朝鲜钱潜越之律,处以极刑。①

这份咨文是南公辙起草的。为了让清朝能允准朝鲜的购钱请求,除了程式化地颂扬清朝皇帝的柔远之泽、字小之仁外,也货币理论上论述宗主国与藩属国之间货币可以通用。咨文说:"盖此钱币之为物,自是天下泉流之货,而其制则揭以年号,其义则著于通宝,凡在奉正朔、执壤仪之伦者,固宜遍蒙厚生之利,咸奏贸迁之效。"甚至认为两国之间各种货物都可以贸易,白银也可以随便交易,而唯独铜钱不能通用,反而是一种不正常的现象。咨文说:"况念小邦幸厕岁贡之列,民生日用,皆资上国,通其有无,罔遗巨细,以至服饰、器物、药饵、畜产,许以关市,换以土宜,无不旁达而毕臻,独此钱货之尚未通行于车书混一之世者,不但小邦之向隅,岂非昭代之缺典乎?且夫银货之于钱币,彼此轻重,不啻相悬,而银货无滞于交易,钱币犹阻于流行。贱价朝京之时,虽有通用之例,只行于在途留馆之日,莫需于出关归国之后,乃以均被雨露之地,若有皇服内外之限,一国臣庶,用是为郁,咸愿闻于皇上,行之国中。"②

正祖的决定受到一些官员的反对。反对派分为两类:一类从义理出发,坚持尊周大义论,因排斥清朝而反对输入清钱,其代表人物是朴允默。朴允默在担任奎章阁校正时,受到正祖的赏识和信任,"以常服,但着巾,出入卧内,每朝代书诸阁臣答封书"③,所以他的意见影响较大。朴允默在给冬至兼谢恩副使徐龙辅的送行诗中写道:"礼义遗风最我东,清钱何事欲相通?纵云丑物能饶国,泾渭千年奈混同。"④另一类则是从国家立场或经贸关系出发考虑这一问题。值得注意的是,这一派恰恰是由当时的北学派代表人物组成的,洪良浩、朴趾源都是输入清钱的坚决反对者。时任平安道监司的洪良浩听说朝廷决定输入清钱,十月十九日上疏表示反对,认为输入清钱会导致朝鲜失去货币控制权。他说,"夫钱者,有国之宝源,生民之命脉。上操其权而下受其利,既不可以假人,亦不可以求假于人也。"所以,洪良浩不能认同南公辙在咨文中所阐述的观点,认为藩属国不能通用宗主国的货币,朝鲜应该通用自己的铜钱。他强调:"夫我国所用通宝,自是一王之制,如衣冠、物采,各有典章,不可与他国相混也。"⑤

有意思的是,清朝也没有认真考虑藩属国是否应该通用中国铜钱的问题。其实中国境内曾经也

①《正祖实录》卷36,正祖十六年十月初六日辛未,《朝鲜王朝实录》第46册,第343页。

②《正祖实录》卷36,正祖十六年十月初六日辛未,《朝鲜王朝实录》第46册,第343页。

③ 李裕元:《林下笔记》卷26《春明逸史·存斋》,首尔:成均馆大学校大东文化研究院,1961年,第665页。

④ 朴允默:《存斋集》卷1《奉呈阁学士徐公副价之行》,《标点影印韩国文集丛刊》292,首尔:民族文化推进会,2002年,第11c页。

⑤《正祖实录》卷36,正祖十六年十月十九日甲申,《朝鲜王朝实录》第46册,第349页。

有日本、安南等国铜钱在沿海地区流通。乾隆十四年方观承奏请查禁，因当时正赶上银贱钱贵，朝廷未加深究，于是宽永钱流通日多，江淮以南米市盐场行用宽永钱甚多，每银一两所易制钱内，其中掺杂的宽永钱往往几乎达到一半。到乾隆十七年七月方才下令查禁。当时乾隆皇帝对日本铜钱上铸有"宽永"年号也很介意，说："夫制钱国宝，且系纪元年号，即或私铸小钱搀和行使，其罪止于私铸，若别有宽永通宝钱文，则其由来不可不严为查究。"[1]而中国铜钱在藩属国流行，则没有这样的问题，反而可以增加宗主国与藩属国的整体性，可是当时的中国人，对于朝鲜请贸中国铜钱问题，既没有从经济上思考这一问题，也没有从政治上思考这一问题，根本没有认真思考藩属国是否应该通用中国货币的问题。

朴宗岳等人辞陛启程前，正祖十六年（1792）十月二十一日，正祖召见备边司堂上及三使臣，对朴宗岳说："唐钱事，曾有所教，依此观势善处，而彼人若问我国行钱之事，则不必隐讳，以自箕子时行钱，至今仍用，据实直言可也。"[2]朴宗岳等人于十二月二十二日抵达北京，随即将请贸清钱的咨文递交给了清朝礼部。据朴宗岳等人给朝鲜国内的报告，他们在递交咨文以后，多方打探消息，次年（1793）正月十八日在圆明园得知，清朝朝廷内部意见不统一，总理礼部的阁老王杰将朝鲜的请求上奏，结果遭到呵责。听到这一消息后，他们觉得此事可能不成，赶紧写了一份呈文送到王杰处。正月十九日回到玉河馆后，又送交礼部一份。正月二十四日礼部领宴，朴宗岳等人见了王杰和礼部尚书常青、纪昀，以及侍郎铁保、僧保住等人，在与他们的谈话中认识到清朝显然不愿意朝鲜输入清钱。朴宗岳等人这时感到绝望，觉得此事已无可挽回，也就不再继续努力。二月初一日，朴宗岳等人正式收到礼部的回咨，果然拒绝了朝鲜的请求，而且告诫朝鲜不要再直接上表提出这样的请求，到时候即使皇帝降旨交礼部议处，礼部也会加以驳斥。[3]

清朝这次拒绝的理由，还是援引《大清会典》有关禁止铜铁出口的规定。另外还提到，《大清会典》中还规定，洋船换买铜钱数目过多，恐有贩销之弊，令守口官弁，严加稽察，如有奸商图利，多载钱出洋者，即拿治罪。所以清朝担心一旦允许朝鲜购置铜钱，则他国亦将仿效。由于国际贸易的发展，清朝已不能仅从与朝鲜一国的关系来考虑问题，但是也反映清朝始终没有将铜和铜钱与白银和银元同样看待，既然白银和银元可以在国际间流通，铜和铜钱应该也可以。而且在这种逻辑中，将朝鲜与其他国家同等看待，如何处理宗藩体制内部的问题，没有被单独提出来思考。不仅对朝鲜与其他国家一视同仁，反而对朝鲜移咨清朝礼部请贸铜钱有责备之词，因为在告诫朝鲜不要再径直上表请贸铜钱后，还说到时候"不但不能允从，且该国王冒昧陈请，天朝法制森严，并恐因而获咎"，并进而劝告"该国王嗣后务宜谨遵定制，毋得恃恩妄有渎陈，自干未便也"。[4]

朴宗岳接到清朝礼部的回咨后，对回咨中有这种责备朝鲜国王之词深感不安，呈文礼部，表示他们不敢将这样的回咨带回国，请求礼部加以修改，但是经过多次交涉也没有结果。最后礼部侍郎铁保

---

① 王先谦、朱寿朋：《东华录 东华续录》第4册，上海：上海古籍出版社，2007年，第397页。

② 《正祖实录》卷36，正祖十六年十月二十一日丙戌，《朝鲜王朝实录》第46册，第350页。

③ 《正祖实录》卷37，正祖十七年二月二十二日乙酉，《朝鲜王朝实录》第46册，第377页。

④ 《正祖实录》卷37，正祖十七年二月二十二日乙酉，《朝鲜王朝实录》第46册，第377页。

私下劝朴宗岳等人不要再坚持了,他向朴宗岳等人透露:"此岂在下之人如是遣辞,直由于万不获已之致,有所受辞而然,实非本部所敢擅改。"这大概是说礼部如此行文,是上级甚至皇帝的决定,所以礼部也无权修改。在这种情况下,朴宗岳等人只好放弃努力,接受了回咨。二月二十二日,他们在北京向国内报告此事时,对未能促使清朝接受朝鲜的请求,反而导致国王受到责备,深感内疚。他们说:"臣等诚不足以感动人心,知不足以斡运事机,毕竟咨事未得承准,回咨辞意,又如彼乖常,莫非不能事事之致,惶陨恶蹙,无地自容。"①

此事在朝鲜国内确实也引起了风波。虽然朴宗岳等人还在北京就修改回咨与礼部交涉,已经将礼部回咨原文送回朝鲜国内。朝鲜收到清朝礼部的回咨后,二月二十二日,正祖询问大臣、诸宰是否需要回咨礼部称谢,左议政金履素、知中枢府事李命植、左参赞郑民始等以为礼部咨文不过提醒朝鲜国王遵守清朝法禁,并非接到皇旨,所以不必再移咨称谢,而判中枢府事蔡济恭、金钟秀等认为不可无称谢咨文,最终正祖还是接受了蔡济恭、金钟秀等人的意见,命令撰写回咨,对礼部的劝诫表示感谢。

但是此事并没有到此完结,朝鲜朝野仍议论纷纷。二月三十日,右议政金履素再次对时曾就此事发表意见,他没有责怪朴宗岳等使臣,而是将责任推到译官身上,埋怨译官们不善于周旋,没有在呈递咨文之前先探明情况,导致使臣贸然呈递咨文,结果陷入如此尴尬的境地。②当初正祖同意请贸清钱,也只是抱着试试看的心理。③而且,主张移咨礼部请贸清钱者虽然援引肃宗朝之先例,但是肃宗朝毕竟也没有成功,所以这次清朝拒绝朝鲜的请求,正祖也不感到意外,反而对清朝固守《大清会典》的做法持赞赏态度。在听了金履素的一番议论之后,正祖替使臣和译官辩解说:"伊时出于为译辈救弊之计,而已料其见格矣。大抵恩数自恩数,纪纲自纪纲,一边施恩于赐酒之际,一边防塞于请钱之事,可见彼中纪纲矣。"④正祖很愿意接受礼部的意见,认为朝鲜没有必要再直接上表请贸清钱,他希望给礼部的回咨要好好写,解释一下朝鲜请贸清钱一事,以说明朝鲜并不是贸然行事。⑤

三

清钱真正在朝鲜半岛广泛流通是在19世纪六七十年代兴宣大院君执政时期。关于清钱流通的决策,目前能够找到的只有几条内容相似的史料,见于《高宗实录》,也见于《日省录》《箕营关牒》《黄阁考事》《龙湖闲录》等。⑥根据《高宗实录》的记载,高宗四年(1867)六月初三日,议政府启曰:"当百钱向既撤铸矣,新旧参互,见方流布。而即闻小钱之积置市肆者,由来甚多云。虽未知缘何流出,而以其法禁所在,徒归吹炼铸器之资者,还涉无谓。今若一体通用,则公私去来之际,亦有纾力之方。以此意知悉中外,俾得从便行用何如?"⑦结果议政府的这一建议得到高宗和大院君的许可,清钱从此在朝鲜

①《正祖实录》卷37,正祖十七年二月二十二日乙酉,《朝鲜王朝实录》第46册,第377页。
②《正祖实录》卷37,正祖十七年二月三十日癸巳,《朝鲜王朝实录》第46册,第379页。
③《正祖实录》卷36,正祖十六年十月十九日甲申,《朝鲜王朝实录》第46册,第349页。
④《正祖实录》卷37,正祖十七年二月三十日癸巳,《朝鲜王朝实录》第46册,第379页。
⑤《正祖实录》卷37,正祖十七年二月三十日癸巳,《朝鲜王朝实录》第46册,第379页。
⑥ 元裕漢,「李朝後期 清錢의 輸入·流通에 대하여」,『史學研究·金聲均教授華甲紀念論文集』21,1969年9月,155쪽.
⑦《高宗实录》卷4,高宗四年六月初四日丙戌,(韩)国史编纂委员会编:《高宗纯宗实录》上,首尔:探求堂,1970年,第266页。

境内开始作为货币流通。从议政府的启请中也可以看出,当时朝鲜国内已经积存了不少清钱。议政府说他们不知道是如何从中国输入朝鲜的,而一般研究者则认为是译官输入的。[1]然而,此事虽应与使行贸易有关,但是否为译官所输入,也没有直接史料来证明。纯祖七年(1807)曾发现有私商从中国输入铜钱。[2]此后也一直有朝鲜商人私自输入清钱,不过不是作为货币使用,而是熔化为铜,以铸造铜器。朝鲜市场所积存的中国铜钱,大概就是这样来的。

韩国学者一般认为,这时期允许清钱通用,是为了弥补"当百钱"停用所带来的财政损失。最早提出这一观点也许是元裕汉。他在20世纪60年代发表的几篇论文都持这种观点,如1967年发表的《当五钱考》一文就有非常明确的表述,认为大院君允许清钱通用的动机与铸造"当百钱"相同,要用廉价的清钱来弥补"当百钱"停用所带来的损失。[3]但是,允许清钱流通在"当百钱"停铸之后,停用之前,所以很难说是为了弥补"当百钱"停用所带来的财政损失,顶多可以说是为了弥补"当百钱"停铸所带来的铸钱利润损失。而从议政府的启文来看,已经输入朝鲜的清钱掌握在私商手中,允许清钱流通,对于朝廷来说并不能直接增加收入,只是有助于缓解钱荒。在允许清钱通用之后新输入的铜钱,朝廷才有可能获利,但是具体情况如何也不清楚。当时人们的解释也比较含糊。高宗后来在宣布清钱停用的教书中,也只是说:"清钱之当初通用,是不得不然之事。"[4]朴珪寿也说:"清钱通用,盖出一时权宜。"[5]从当时情况来看,清钱通用,也许只是为了缓解钱荒问题。

另外,元裕汉在论述清钱通用的影响时,特意提到清钱的价值只有朝鲜铜钱的二分之一。[6]又说清钱的实质价值只有朝鲜叶钱的三分之一,因此认为清钱是劣币,而朝鲜叶钱为良币,清钱流通导致劣币驱逐良币,因而能够很快流通到朝鲜半岛除了岭南和关北之外的大多数地方。[7]后来的学者大多沿袭了元裕汉的观点,如安外顺在1997年发表的论文《大院君的经济政策——有关财政确保》仍沿袭了元裕汉的观点,说清钱的金属价值不到朝鲜叶钱的一半。[8]但是无论是元裕汉,还是后来的学者,都没有作具体分析。清代中国制钱的重量为一钱二分。[9]朝鲜叶钱的重量,肃宗时规定为二钱五分,英祖十八年(1742)改为二钱,二十八年(1752)改为一钱七分,三十三年(1757)改为一钱二分。所以到英祖三十三年以后,朝鲜叶钱与清朝制钱的重量其实是一样的。而且,此后铸造的朝鲜叶钱其实多不遵守一钱二分的规定,有的只有数分,重量比清钱更小,所以俗称"小泉"。

再从铜钱的金属成分来看,清朝制钱在康熙时期是铜六铅四,乾隆五年(1740)年以后加锡百分之

---

① 元裕漢,「李朝後期 清錢의 輸入·流通에 대하여」,『史學研究·金聲均教授華甲紀念論文集』21,1969年9月,155等.

②《备边司誊录》第198册《丁卯誊录》全,纯祖七年八月十八日,韩国首尔大学校奎章阁韩国学研究院藏笔写本,无页码。

③ 元裕漢,「當五錢攷」,『歷史學報』제35·36합집,1967年12月,316等.

④《高宗实录》卷11,高宗十一年正月初六日庚午,(韩)国史编纂委员会编:《高宗纯宗实录》上,第437页。

⑤ 朴珪寿:《瓛斋先生集》卷6《清钱革罢后措划救弊议》,《标点影印韩国文集丛刊》312,首尔:民族文化推进会,2003年,第402c页。

⑥ 元裕漢,「李朝後期 清錢의 輸入·流通에 대하여」,『史學研究·金聲均教授華甲紀念論文集』21,1969年9月,155等.

⑦ 元裕漢,「當五錢攷」,『歷史學報』제35·36합집,1967年12月,316等.

⑧ 안외순,「大院君의 經濟政策-財政確保와 關聯하여-」,『東洋古典研究』第8辑,1997年5月,406等.

⑨ 清代制钱重量多有变化,顺治元年定为每文一钱,二年改为一钱二分,八年改为一钱二分五厘,十四年改为一钱四分,康熙二十三年改为一钱,四十一年改为一钱四分,雍正十一年改为一钱二分。参见彭信威《中国货币史》,上海人民出版社,1958年,第522—524页。

二,大体上仍维持了铜六铅四的比例。如嘉庆四年(1799)铸钱用铜52%,白铅41.5%,黑铅6.5%。嘉庆年间铸钱大体上维持了这一定例,只有嘉庆十年(1805)改为铜54%,黑铅8%,白铅36.5%,高锡1.5%。[①]朝鲜叶钱金属成分构成是生铜73%,锡13.5%,常镴13.5%。常镴为锡和铅的合金。虽然朝鲜叶钱中铜和锡的含量比清朝制钱要高,但是用的是生铜。即使不考虑这一问题,也很明显,不能因此说明清朝制钱的金属价值只有朝鲜叶钱的一半都不到。而且,朝鲜叶钱的金属成分比例也不一定始终能得到遵守,有的叶钱是用未经精炼的赤铜铸造的,含砂率较高,铸造时还加了很多铅,又脆又薄,很容易破碎,质量反而比清钱差多了。

其实,两国铜钱的价格差异主要是因钱银比价不同造成的。钱银比价在清朝大体上是稳定的,嘉庆以前是钱贵银贱,嘉庆以后由于白银外流,出现银贵钱贱。清初白银一两可兑换制钱七八百文。而朝鲜在肃宗四年(1678)开始铸造常平通宝时,定以钱四百文值银一两。[②]由于这时期常平通宝的重量是清朝制钱的两倍,所以银钱比价与中国的水平大致相当。但是在朝鲜发行铜钱初期,由于流通面不广,大量铜钱集聚京城,导致铜钱价格下降,市价只有官定价格的一半,一两白银可以兑换八百文铜钱。[③]而到铜钱流通开来以后,钱价又逐渐上涨。到肃宗朝(1675—1720)后期,由于钱荒现象已经十分严重,铜钱价格几乎与白银相当。[④]清朝嘉庆年间(1796—1820),白银一两在中国大约可兑换铜钱一千文。依照前面提到的朴趾源的估计,如果朝鲜叶钱与中国制钱以相同的价格流通的话,则用朝鲜叶钱兑换白银,再拿白银到中国关外兑换清钱,将清钱运回朝鲜,与朝鲜叶钱以相同币值流通,可获十倍的毛利,去掉运费等支出,也有五六倍的利润。这种现象,在高宗朝决定通用清钱时也仍然存在,只是相差没有那么悬殊而已。同治九年(1870)至十一年(1871)白银一两在中国约合制钱1856文,以后略有下降。[⑤]光绪八年(1882),银一两在中国可兑换制钱一千六百文,而在朝鲜只能兑换叶钱七百五十文。[⑥]

正因为从银钱比价上看,两国铜钱价格相差悬殊,所以朝鲜如果通用清钱,输入清钱才有暴利可图。当年朴趾源就针对译官们主张通用清钱一事说,"彼象译辈徒知目前之利,而不识经远之谟。数十年来,日夜所愿,惟在通用。是何异于随矢立的,溲足救冻哉?"[⑦]从这种意义上来说,清钱能在七八年间流通到朝鲜的大部分地方,不能完全用劣币驱逐良币来解释。清钱流通期间,朝鲜物价上涨,也同样不完全是通用清钱的结果。

而且,输入朝鲜的铜钱也不都是译官们利用使行机会输入的,应该也有人通过走私贸易直接输入铜钱。朝鲜通用清钱以后,中国商人可以直接用铜钱与朝鲜商民进行交易,因此私越国境而从事走私贸易的商民也有所增多,其中有朝鲜商人,也有中国商人。朝鲜高宗十一年(1874)正月二十八日,义

① 彭信威:《中国货币史》,第525页。

②《肃宗实录》卷7,肃宗四年正月二十三日乙未,《朝鲜王朝实录》第38册,第379页。

③《肃宗实录》卷9,肃宗六年二月初三癸亥,《朝鲜王朝实录》第38册,第432页。

④《肃宗实录》卷58,肃宗四十二年十月二十七日癸丑,《朝鲜王朝实录》第40册,第617页。

⑤ 彭信威:《中国货币史》,第587页。

⑥ 金昌熙:《石菱集》卷3《书钱银流通议后》,《标点影印韩国文集丛刊续》149,首尔:韩国古典研究院,2012年,第293c—293d页。

⑦ 朴趾源:《燕岩集》卷2《烟湘阁选本·贺金右相履素书》,《标点影印韩国文集丛刊》252,第31b页。

州府尹黄钟显说:"潜商之弊,前亦有之,而不至如此之多者,以物易物,卖买之际,自有难便之端,故有所顾忌,不敢狼藉矣。近日钱货通用之后,潜商辈以物直卖,而受钱直用,故潜商尤多,而莫可禁止。"①

从朝鲜国内反对清钱通用的舆论来看,也没有人因清钱是劣币而加以反对。反对最激烈的仍是从义理出发,而不是从经济出发来看待这一问题。固守尊周大义论的朝鲜士大夫,将清钱称为胡钱,因此而反对通用清钱。高宗四年(1867),任宪晦听说朝廷决定通用清钱,遂感叹道:"不惟不能攘,是自率而入于夷也。"②针对李宪植来信提到的清钱盛行情况,任宪晦引用肃宗朝为救荒而从中国输入粮食却引起朝野震动的往事,说明输入清钱也于义理不合,也会受到抵制。他说:"昔崔锡鼎首论请彼谷,以致辱君杀民,海州士人全万举有诗曰:'闻道燕山粟,东输五万斛。莫馈海西民,首阳薇蕨绿。'时人义之。知乎此,则可知用不用之孰为得之也!"③任宪晦的儿子艮得当时只有五岁,也知道从义理上抵制清钱,不愿用手触碰清钱,即使别人强行将清钱塞到他手上,他也会将清钱扔到地上,哭着跑开。艮得因此受到在野儒生们的普遍赞誉,被称为"大明处士",艮得也愿意以此自处。④这虽然是一个极端的例子,但是也说明儒生们对清钱的抵制态度造成了很大的社会影响。

宋秉璿的考虑既有政治性,也带有经济性。他担心清钱流动会导致朝鲜与中国的交往扩大,从而损害朝鲜的独立性,并导致财富外流。他说:"钱者,所以通有无,出变化之物。钱之所往,人必随至,亦理也。从此各国殊俗接踵并至,而国液内渴,民力外殚,势将至末如之何矣。"⑤高宗十年(1873)崔益铉等人要求废除清钱时,仍主要是从义理角度论述其理由的。这年十月十六日,崔益铉上疏攻击大院君的执政政策,并没有提到清钱。⑥十月二十九日,掌令洪时衡上疏声援崔益铉,才明确提出清钱革罢问题。十一月三日,户曹参判崔益铉再次上疏,方根据金平默的建议,明确提出应该废除清钱。⑦除了说清钱流通导致百物尽竭之外,也主要是从尊周大义论来立论的,他将清钱称为"胡钱",宣称:"胡钱之用,华夷之别乱矣。"他还进一步强调:"臣窃惟严华夷之辨,守忍痛含冤之意,是孝庙及宋先正传授心法,与孔朱同功者也。观先正禁贸房中物货之事,则今此胡钱之用,亦所以忘会稽臣妾之耻,昧阴阳向背之分,而反政害事,固已甚矣。"⑧

除了儒生们的抵制外,金泽荣认为民众对清钱的不信任也是受到"当百钱"的连累,因为大家都认为清钱也许同"当百钱"一样,不会长期流通,不久就会被废除。他说:"当百之轻,虽愚者知其必废也。

①《承政院日记》2797册(脱草本130册),高宗十一年正月二十八日壬申,韩国首尔大学校奎章阁韩国学研究院藏笔写本,无页码。

②申箕善:《阳园遗集》卷15《师友问答》,《标点影印韩国文集丛刊》348,首尔:民族文化推进会,2005年,第319d页。

③任宪晦:《鼓山先生文集》卷6《答李宪植(丁卯)》,《标点影印韩国文集丛刊》314,首尔:民族文化推进会,年,第148c页。

④任宪晦:《鼓山先生文集》卷9《书天地间文字卷后示艮儿》,《标点影印韩国文集丛刊》314,第226d页。

⑤宋秉璿:《渊斋先生文集》卷17《随闻杂识》,《标点影印韩国文集丛刊》329,首尔:民族文化推进会,2004年,第292d—293a页。

⑥崔益铉:《勉菴先生集》卷3《掌令时言事疏》,《标点影印韩国文集丛刊》325,首尔:民族文化推进会,2004年,第59d—61c页。

⑦金平默:《重菴先生文集》卷9《答崔用九鸿锡(甲戌十一月)》,《标点影印韩国文集丛刊》319,首尔:民族文化推进会,2003年,第194b页。

⑧崔益铉:《勉菴先生集》卷3《辞户曹参判兼陈所怀疏》,《标点影印韩国文集丛刊》325,第64c—67b页。

至于清钱之贱而废者,当百之废为之疑阶,此皆已然之效,难平之权。"①所以人们在收到清钱以后不愿久留,不论货物价格高低,都要尽快换成货物,富户则进一步大量储存叶钱,从而导致清钱价格下降,物价相对上涨。②朴珪寿还怀疑这背后可能有商人在捣鬼。因为在哲宗朝曾允许私商铸钱,政府收税,而高宗即位后大院君禁止私铸,私商失去了铸钱之利,希望恢复以前的制度。所以,他们不仅抵制"当百钱",也反对输入清钱,主张继续加铸叶钱,因而煽动起民众对清钱的不信任情绪。③所以,物价上涨,清钱贬值,与其说是清钱的质量问题,不如说是信任问题。

高宗亲政之后宣布革罢清钱,其实也同恢复万东庙祭享一样,具有政治上的象征意义。所以宋秉璿听说朝廷下令停用清钱,即在诗中称赞说:"华夷无别俗相讹,圣化今朝若决河。市客争传米价细,衒儿夸说饧钱多。几家铜臭因风散,余橐鲸文掷地磨。八域交通回旧宝,从兹可喜物情和。"④但是实际上废除清钱并没有带来宋秉璿所期望的效果。清钱革罢导致朝鲜各级官厅所存清钱成为无用之物,带来巨大的财政损失。而且对民众也同样带来危害。虽然高宗说当初下令革罢清钱是为了维护民众的利益,防止物价进一步上涨,结果却正好相反。在清钱革罢之后,物价反而上涨得更厉害,所以高宗也不得不承认清钱"果难禁"。⑤他说:"清钱革罢,出于为民之意,而仅闻物价尚尔倍蓰云,甚为可骇矣。"⑥朴珪寿也感叹,清钱革罢之后,"公货则竟无需用之资,民财则未见流通之利,此为目下切急之忧也"。⑦

关于清钱革罢对朝鲜财政和民生的影响,金成憓已有比较详细的论述。⑧这里需要补充说明的是,"当百钱"和清钱的先后停用,给朝鲜带来了严重的财政危机,而朝鲜正是在这种情况下迎来开港,从而为朝鲜应对近代的新局面增加了困难。而且,废除清钱也没有促使朝鲜产生近代国家的货币主权观念。1876年签订的《朝日修好条规》附录第七条,仍允许日本货币在朝鲜通商口岸流通,不仅允许日本商民使用朝鲜叶钱,还允许叶钱出口。⑨

结　论

白银与铜钱在18—19世纪的朝鲜扮演了不同的货币功能,白银主要用于国际贸易,而铜钱用于国内赋税征收和市场交易。这种分别,限制了朝鲜市场融入以中国为中心的朝贡贸易体系的程度,也使朝鲜国内的银钱比价较少受到国际银价变动的影响。然而,由于朝鲜本身产铜有限,其铜钱价格也受到国际铜贸易的数量和价格的影响,导致铜钱价格较高。中国和朝鲜铜钱价格的差异,使朝鲜输入

---

① 金泽荣:《合刊韶濩堂集·韶濩堂文集定本》卷7《钱币论》,《标点影印韩国文集丛刊》347,首尔:民族文化推进会,2005年,第308b页。

②《承政院日记》2795册(脱草本130册),高宗十年十一月十四日己未。

③ 朴珪寿:《瓛斋先生集》卷6《清钱革罢后措划救弊议》,《标点影印韩国文集丛刊》312,第403a—403b页。

④ 宋秉珣:《心石斋先生文集》卷3《七言律·闻革破胡钱,漫题一律(甲戌)》,《标点影印韩国文集丛刊续》143,第61a页。

⑤《承政院日记》2805册(脱草本130册),高宗十一年九月二十日己未。

⑥《承政院日记》2800册(脱草本130册),高宗十一年四月二十五日丁酉。

⑦ 朴珪寿:《瓛斋先生集》卷6《清钱革罢后措划救弊议》,《标点影印韩国文集丛刊》312,第402d页。

⑧ 김성혜,「고종 친정 직후 清錢 관련 정책과 그 특징」,『역사연구』22,2012년 6월,169—202쪽.

⑨ 金玉根,『朝鮮王朝財政史研究』Ⅳ(近代編),首尔:一潮閣,1997년,62—63쪽.

中国铜钱,使之与叶钱并行,成为有利可图的事情。但是,铸造铜钱是重要的获利手段,而且朝鲜士大夫多强调铸钱利权应掌握在官府手中,而从中国输入铜钱则对译官和走私商人有利,利益之争也导致铜钱无法像白银那样主要由民间供给,译官和商人输入中国铜钱的行为受到另一部分士大夫的强烈反对。

另一方面,清钱的输入和流通也受到长期存在的尊明排清意识的影响,意识形态也成为宗藩经济一体化的重要障碍。而且,作为宗主国的清朝,也没有认真思考如何适应国际形势的变化,重新定位与藩属国朝鲜的经济关系。对朝鲜反复提出的流通中国铜钱问题,清朝皆引用《大清会典》中有关禁止铜铁出口的规定轻率地拒绝了。事实上,中国与朝鲜的朝贡贸易已经相当自由,栅门搜检早已流于形式,大院君执政期清钱的大量输入也说明,思想已经落后于形势。所以,有意思的是,朝鲜反对输入清钱的士大夫担心因此会失去货币主导权,而清朝根本就没有掌握朝鲜货币主导权的想法。朝鲜流通和废除中国铜钱,其实都与清朝无关,反而因废除中国铜钱而加剧了朝鲜自身的财政困难,为朝鲜应对开港后的形势增添了困难。滨下武志说亚洲的"国际契机"不仅存在于"西势东渐",也存在于中国与亚洲已经建立的各种关系,尤其是朝贡关系和朝贡贸易关系之中。如果说确实存在这种"国际契机",无论是中国还是朝鲜,当时对于这样的国际契机也是缺乏自觉的。

(作者王元周,北京大学历史系教授。原载《南国学术》2020年第1期)

明清中国负面西方印象的初步生成

——以汉语语境中的三个佛郎机国为中心

庞乃明

被中国人称作佛郎机的葡萄牙,是新航路开辟后与明代中国直接交往的首个欧洲国家。稍后,殖民吕宋并以吕宋为基地积极开拓对华关系的另一欧洲强国西班牙,也被中国人当作佛郎机。延至清朝中期,因为读音相近的关系,佛郎机又成为西欧殖民大国法兰西的专称。作为与明清中国持续交往、互动不断的三个标志性西方大国,中国人在很大程度上是通过佛郎机来认知欧洲的,他们心目中的佛郎机印象也在一定程度上代表或昭示着中国人的西方观感。但与历史上以大秦为代表的较为正面的西方印象相比,晚明以来的三个佛郎机国却给中国人留下相当深刻的负面印象。随着明清中国对天主教负面认知的日益固化,以及佛郎机与传教士和天主教间密切关系的更多暴露,负面佛郎机印象又在大西洋或西洋观念作用下幻化、扩散为整个西方的负面印象。从此,一个负面可憎的西方印象逐渐成为明清中国对欧洲的主流印象。对于明清之际佛郎机印象的生成演变及其与负面西方的关联牵引,中外学者均未给予应有关注。本文拟对此一问题略加探讨,借此就教于学界诸贤。

一、三佛郎机国负面信息的积累发酵

所谓印象,是人们利用已得的信息对一定对象形成的看法。而在国际关系领域,异国印象是一个国家或地区有选择地根据自身价值、知识和信仰体系、历史经验,以及维持自我印象之稳定,对其他国家或地区所产生的比较概括而固定的看法,[①]是一国通过交流互动被对象国赋予的一种身份表达。在异国印象的生成过程中,认知主体的自我建构虽然发挥着至关重要的作用,但从根本上说,来自异国的相关信息才是印象生成的初始依据和客观基础。离开异国地理、政治、社会、文化等方面的信息积累,所谓的异国印象也就无从谈起。以本文所言之西方印象论,自新航路开辟后,随着明清中国与三个佛郎机国双向直接交往的日渐增多,中国社会业已掌握相当丰富的佛郎机信息,其中的负面信息为负面佛郎机印象的生成演变提供了充足素材。兹以先后出现的三个佛郎机国为序,分别陈述人们所得之负面佛郎机信息。

(一)佛郎机国葡萄牙

有可靠证据表明,明代中国对于葡萄牙的这一称谓来自东南亚的穆斯林。1511年,葡萄牙人占领马六甲后,将"进军中华帝国"定为其重要战略目标。1517年8月,葡萄牙特使皮雷斯(Tomé Pires)抵

---

① Kenneth E. Boulding, "National Images and International Systems", *Journal of Conflict Resolutions*, No.2 (1959), pp.120—131.

达广东,中葡官方开始有了第一次正式接触。此次葡人东来,国王曼努埃尔一世(D.ManuelⅠ)抱有殖民中国的强烈企图。皮雷斯声称,中国"百姓非常软弱,容易被征服","印度政府①用10艘攻占马六甲的船,能够沿海岸攻占全中国"②。为了彰显葡萄牙的强大武力,护送皮雷斯来华的舰队指挥官费尔南·佩雷斯·德·安德拉德(Fernao Peres de Andrade)还在广州城下鸣火炮、竖长矛,③以致在中国人看来是要寻衅滋事。稍后来华的西蒙·德·安德拉德(Simão de Andrade)则在广东沿海干了许多骇人听闻的事情。据载,西蒙到达广东后,未经允许就在屯门岛上建起一座要塞,掠劫从那里出入中国港口的所有船只并勒索金银,"他从沿海地区掳走年轻女子,捕捉中国人,使之为奴。他放纵自己去干那些最无法无天的海盗行径,过着最可耻的放荡淫乐生活。他手下的那些水手与士兵也就起而效之"④。一位1521年返回葡萄牙的迭戈·卡尔沃(Diogo Calvo)船长,也描述了他的同胞在中国沿海的所作所为:"他们不愿遵从中国国王的命令,想在中国发动战争,烧杀掳掠这个国家,在那里做了许多坏事。"⑤因为他们的野蛮行径,中国人"把葡萄牙人视为强盗和不服从他们的皇帝的捣乱分子"⑥。

有关葡萄牙人初来广东时的蛮横举动和不法行为,在中文史料里也有很多记载。如最早接触葡萄牙人的原广东按察金事顾应祥称,佛郎机头目进见广东大吏时"俱不拜跪","至京见礼部,亦不拜跪",被人视为"桀骜"。⑦率军驱逐葡萄牙人的原广东海道副使汪铉在嘉靖九年(1530)的一篇奏疏中,把佛郎机看作"西北极边强番",称其假托进贡,"直趋省城……奸污妇女,杀食儿童,为害尤甚"⑧。嘉靖十年(1531),⑨大理寺评事陈文辅为汪铉生祠写下《都宪汪公遗爱祠记》,称佛郎机为"不隶贡数恶彝",并历数其恶行:"设立营寨,大造火铳","占据海岛,杀人抢船","虎视海隅,志在吞并","图形立石,管辖诸番","脍炙生人,以充常食"⑩。嘉靖时期的广东方志也多记载葡萄牙人来华为恶之事。如嘉靖《广州志》将佛郎机人"假入贡为名,举大铳如雷""谋据东莞南头""掠买小儿炙食"的野蛮行径视为"淫毒古所未有"。⑪刊刻于嘉靖十四年(1535)的《广东通志初稿》也称佛郎机"突入东莞县界""掠少

---

① 指葡印殖民当局。

② 多默·皮列士:《东方志——从红海到中国》,何高济译,南京:江苏教育出版社,2005年,第98—99页。

③《若昂·德·巴罗斯亚洲史——旬年史之三》,金国平编译:《西方澳门史料选萃(15—16世纪)》,广州:广东人民出版社,2005年,第138页。

④《韦尔斯利侯爵的代表们赠给大英博物馆的出使中国报告》,手稿第13875号,附录第24页,转引自张天泽著,姚楠、钱江译:《中葡早期通商史》,香港:中华书局香港分局,1988年,第70页。

⑤《印度古物志》卷30,第435页,转引自张天泽:《中葡早期通商史》,姚楠、钱江译,第69页。

⑥《莱昂内尔·德·索萨关于一五五三至五四年协议的记述》,威·罗伯特·尤塞利斯:《澳门的起源》,周卓兰、张来源译,澳门:澳门海事博物馆,1997年,第43页。

⑦ 顾应祥:《静虚斋惜阴录》卷12《杂论三》,《续修四库全书》,上海:上海古籍出版社,2002年,第1122册,第511页。

⑧ 汪铉:《题为重边防以苏民命事》,黄训编:《名臣经济录》卷43《兵部(职方下之下)》,《景印文渊阁四库全书》,台北:台湾商务印书馆,1986年,第444册,第294页。

⑨ 按,此"记"未署撰写时间。据康熙《新安县志》卷12《艺文志》祁敕《重建汪公生祠记》,可知汪铉生祠翻建于嘉靖辛卯。陈文辅、祁敕皆受乡耆郑志锐等请托撰"记",则此"记"当撰于嘉靖十年。参见张一兵:《康熙新安县志校注》卷12《艺文志》,北京:中国大百科全书出版社,2006年,第436页。

⑩ 张一兵:《康熙新安县志校注》卷12《艺文志》,第429页。

⑪ 嘉靖《广州志》卷4《纪事下》,广东省地方史志办公室辑:《广东历代方志集成》广州府部,广州:岭南美术出版社,2007年,第1册,第266页。

儿炙食"之行为"残扰尤甚"。[①]

在招致广东方面的武力驱逐后，葡萄牙人北上闽浙，逐步深入到广东南澳、福建漳州、浙江宁波等东南沿海地区，一度航抵扬子江口。在此期间，他们公然违抗中国法律，与中国不法商贩走私贸易，有时则伺机而动，武装劫掠。据平托(Fernão Mendes Pinto)《远游记》记载，1541年1月，安东尼奥·德·法里亚(Antonio de Faria)船队在从漳州到宁波途中遭遇风暴，一条舢艇被抛到岸边，全船有十三人逃生，其中五名葡萄牙人，八个基督教新水手。这几个水手在陆地上被人俘虏，关在一个名叫诺乌台(Nauday)的地方。法里亚给中国官员行贿，企图救回自己的同胞，未能如愿，于是决定武装劫狱。在以优势火器占领诺乌台后，他们还进行了可耻的抢劫，"个个满载而归"，然后放火毁城；许多被抢来的美貌姑娘，"四个四个或五个五个地被捆在一起"，场面惨不忍睹。[②]在宁波双屿一带，葡萄牙人同样胡作非为。一位名叫兰萨罗特·佩雷拉(Lançarote de Pereira)的葡萄牙人因与华人发生纠纷，便纠集十几个游手好闲、不务正业的葡萄牙人，"于一天晚上袭击了距那里两里格远的一个名叫西帕通的村子。抢劫了住在那里的十几家农户，抢了他们的妻子，毫无理由地杀死了十三个人"。因为这些贪婪的不轨行为，葡萄牙人被中国人看作"披着人皮的魔鬼，是上帝在惩罚罪人时造出的怪物"[③]。此后在福建漳州发生的冲突也使中国人对葡萄牙人"怒气冲冲，恨之入骨"，以致后来被彻底驱逐。[④]

重返广东的葡萄牙人，陆续进入澳门，开始以澳门为基地发展与中国的通商贸易关系。尽管在经济收益上明显利大于弊，但居澳葡人久留不去，尾大不掉，又成为一些中国士人心头挥之不去的阴霾，他们把葡人居澳看成是明朝外交的决策失误，把澳夷佛郎机当作卧榻旁边的潜在威胁。欲去不能的内心隐忧开始成为晚明士人言说澳门问题的一大主题。如浙江巡按庞尚鹏称澳门佛郎机喜则人而怒则兽，对省城广州威胁巨大。[⑤]两广总督吴桂芳称澳门葡人"聚落日繁，骜横日甚，切近羊城，奸宄叵测"，实为"广人久蓄腹心深痼之疾"。[⑥]一位名叫陈熙昌的广东南海籍监察官深有感触地说，佛郎机进入澳门以来，建屋建寺，又建炮台，"藩育日多，骄悍日甚，杀民动以十数，有司莫知。间掠民子女，散而归国，获值数千倍。积硝磺，缮战具，养倭兵，设番哨，种种逆谋，隐然成一敌国矣"。[⑦]这些都给时人看待葡萄牙人在澳门的存在造成了负面影响。

(二)佛郎机国西班牙

西班牙是继葡萄牙之后又一殖民远东的欧洲强国，它以吕宋为基地，不断发展与中国的政治经济联系。明代中国也把吕宋西班牙人当作佛郎机。因为吕宋马尼拉是晚明商民最为看重的海外商品集散地，他们与西班牙人的交往并不罕见，加之万历初年的西班牙殖民当局还曾协助明朝围剿海盗，因

---

① 嘉靖《广东通志初稿》卷30《番舶》，《四库全书存目丛书》史部，济南：齐鲁书社，1996年，第189册，第512页。
② 费尔南·门德斯·平托：《远游记》，金国平译注，第65章，葡萄牙大发现纪念澳门地区委员会·澳门基金会·澳门文化司署·东方葡萄牙学会，1999年，第190页。
③ 费尔南·门德斯·平托：《远游记》，金国平译注，第221章，第699—700页。
④ 费尔南·门德斯·平托：《远游记》，金国平译注，第221章，第701页。
⑤ 庞尚鹏：《题为陈末议以保海隅万世治安事》，陈子龙等选辑：《明经世文编》卷357，北京：中华书局，1962年，第3835—3836页。
⑥ 吴桂芳：《议筑广东省会外城疏》，陈子龙等选辑：《明经世文编》卷342，第3668页。
⑦ 高汝栻：《皇明续纪三朝法传全录》卷13，《续修四库全书》，第357册，第829页。

此,最初明代中国人对吕宋佛郎机并无太多恶感,但此后发生的马尼拉大屠杀,却彻底改变了他们对吕宋佛郎机的既有印象。

万历三十一年(1603),旅居吕宋的华人华商突遭西班牙殖民当局的疯狂屠杀,"漳、泉贾客徒手受刃,死者以数万计"[①]。以晋江安海镇为例,陈氏、黄氏、颜氏、柯氏等地方大姓都有一定数量的族人在吕宋罹难。如陈典箴,"字民警,号钦吾,鸿源公次子,生嘉靖丙午年六月初九日吉时,卒于万历癸卯年。公于六月往吕宋,至九月夷变,与次子章宪被杀,四子章亮逃回"。陈懋芳,"字克森,号连水,吾志公次子,生隆庆壬申年五月初二日吉时,卒万历癸卯十月初七日吉时,吕宋夷变被害"。陈大钦,"字文仰,号次山,东山公次子,生缺,卒万历癸卯年九月初四日吉时,吕宋夷变被害"。黄崇槑,"字明侃,章科次子,生万历十三年乙酉十二月廿一日,以万历三十一年癸卯十月初七日商吕宋遭变"。[②]"吕宋夷变"不仅使漳泉商民的生命财产遭受重大损失,而且暴露了西班牙殖民当局的狡诈、狠毒与嗜杀。为了表达对吕宋佛郎机的不满和愤慨,丑化西班牙形象的民间传说开始在汉文文本中出现,最具代表的莫过于佛郎机"牛皮乞地"的传说。此一传说最早记录在张燮的《东西洋考》中。该书《东洋列国考》"吕宋"篇称:

> 有佛郎机者,自称干系蜡国,从大西来,亦与吕宋互市。酋私相语曰:"彼可取而代也。"因上黄金为吕宋王寿,乞地如牛皮大,盖屋。王信而许之。佛郎机乃取牛皮剪而相续之,以为四围,乞地称是。王难之,然重失信远夷,竟予地。月征税如所部法。佛郎机既得地,筑城营室,列铳置刀盾甚具。久之,围吕宋,杀其王,逐其民入山,而吕宋遂为佛郎机有矣。干系蜡国王遣酋来镇,数岁一更易。[③]

在张燮的叙述中,自称干系蜡国的佛郎机来自大西洋,因互市而垂涎吕宋土地,密谋占领。其为吕宋国王祝寿、"乞地如牛皮大"盖屋,都是带着取而代之的强烈目的进行的。而吕宋国王则心无芥蒂,"信而许之",十分爽快地答应了他们的乞地请求。但狡猾的佛郎机人却更进一步,他们剪牛皮为皮条,两两连在一起,出人意料地圈占大片土地。面对此情此景,吕宋国王虽面有难色,还是诚信为重,履行了出让土地的最初承诺。得地的佛郎机则暗自积蓄力量,进行灭亡吕宋的最后准备,终于"围吕宋,杀其王,逐其民入山",实现了对吕宋王国的殖民占领。

核诸史事,西班牙人在殖民吕宋过程中并未采用过"牛皮乞地",此一传说的真正源头远在欧洲。据古罗马人相传,迦太基的城基是一位名叫狄多的推罗公主利用牛皮圈占的。但经历"吕宋夷变"的漳泉之人出于丑诋的需要,积极改造并重新创作了这一传说:一方面将故事发生地从遥远的地中海南岸拉回到近在身边的小国吕宋,将乞地主角置换成耳熟能详的佛郎机人;另一方面又彻底篡改了这一

① 何乔远编撰,厦门大学历史系古籍整理研究室《闽书》校点组、厦门大学古籍整理研究所《闽书》校点组校点:《闽书》卷39《版籍志》,福州:福建人民出版社,1994年,第977页。

② 安海乡土史料编辑委员会校注:《安平志》卷10,北京:中国文联出版社,2000年,第435—436页。

③ 张燮著,谢方点校:《东西洋考》卷5《东洋列国考·吕宋》,北京:中华书局,1981年,第89页。

传说的原有意旨,赋予故事以强烈的批判色彩,将批判的锋芒直接指向佛郎机人。改造之后的"牛皮乞地"传说不仅改变了这一传说的原有寓意和唯美色彩,而且凸显了西方殖民者的邪恶用心和负面形象。故事一经成型,立即不胫而走,很快成为晚明中国表达佛郎机观感、宣泄对佛郎机负面情绪的典型文本之一。茅瑞征《皇明象胥录》、何乔远《名山藏》等明代文献相继转述,清初查继佐《罪惟录》、张岱《石匮书》、尤侗《外国传》等亦纷纷转载,甚至在张廷玉的官修《明史·吕宋传》里,也赫然写进了佛郎机牛皮乞地的相关情节。

在明代文献的不断渲染下,清前中期的吕宋佛郎机印象仍是漆黑一片。康熙时期的江日昇曾借明郑中书舍人郑德潇之口表达对吕宋西班牙人的看法。他说,吕宋佛郎机人"猫眼鹰准,拳发赤须",为"诸国中之最桀黠者";其人"四海行贾,不至则已,至则图谋人国";其国以天主之教"鼓煽四方",所用巴礼僧"名为化人",实则害人,日本等国曾受其害;为防止吕宋华人"大盛生事",每隔三年五载即借故屠杀一次,名曰"洗街";华人被殴打辱骂,不敢回手,遭受杀伤,从无抵偿,海外诸番,唯吕宋佛郎机"待我中国人最无礼"。①

(三)佛郎机国法兰西

入清以后,中法之间有了双向直接交往,佛郎机开始成为中国人对法兰西的专称。此佛郎机有时又被写作佛朗机、佛兰西、佛兰哂、咈哸哂、弗郎西、发郎西、和兰西、法兰西、佛郎西、佛郎佳、佛郎机亚、佛郎济亚等。清前中期虽以佛郎机指称法国,但往往把此前之葡、西史事杂入其中,反复言说的佛郎机故事,以及法国负面信息的不断东传,使得这一时期的法兰西印象仍以负面为主。

较早言及法兰西时事者为广东碣石总兵陈昂。康熙五十六年(1717),陈昂上言东南海防之事,把法国归入"奸宄莫测"的红毛一类,而红毛在明清之际已是一个比佛郎机更为负面的西方群体。他说:

> 和兰西一族,凶狠异常,虽为行商,实图劫掠,凡通商船、番船,无不遭其沉灭矣。且到处窥觇,图谋人国,况其船坚固,不怕风波,每船大炮多置百余位,所向莫当。去年厦门,一船且敢肆行无忌,其明鉴也。今以十余只大船,尽集广省,且澳门一族,是其祖家,声势相援,久居我地,广东情形,早已熟烂,倘内外交通,祸有莫测,悔莫及矣。伏乞皇上早饬督抚关部诸臣,另为设法,多方防备……庶可消奸宄异心,而地方得以安堵。②

陈昂的这一研判也为清代官私文献所采信。如《清圣祖实录》称:"红毛一种,奸宄莫测,其中有英圭黎、干丝蜡、和兰西、荷兰、大小西洋各国,名目虽殊,气类则一。"③《清朝通典》说:"法兰西,一名佛朗机,亦红毛番种也。"④《清朝文献通考》和《皇清四裔考》都说:"佛朗机,一名和兰西,亦红毛番种也。"⑤

① 江日昇:《台湾外记》卷10,福州:福建人民出版社,1983年,第347页。

② 罗马传信部档案处东方文献第13卷内有《碣石镇总兵陈昂奏折》全文,阎宗临先生录得原文。参见阎宗临:《中西交通史》,桂林:广西师范大学出版社,2007年,第165页。

③《清圣祖实录》卷277,康熙五十七年二月丁亥条,《清实录》第6册,北京:中华书局,1985年,第716页。

④ 清乾隆三十二年敕撰:《钦定皇朝通典》卷98《边防二·南·法兰西》,《景印文渊阁四库全书》,第643册,第939页。

⑤ 清乾隆十二年敕撰:《钦定皇朝文献通考》卷298《四裔考六·南·佛朗机》,《景印文渊阁四库全书》,第638册,第722页;魏源撰,陈华、常绍温等点校注释:《海国图志》中册,长沙:岳麓书社,1998年,第1201页。

蓝鼎元《论南洋事宜书》也说："红毛乃西岛番统名,其中有英圭黎、干丝蜡、佛兰西、荷兰、大西洋小西洋诸国,皆凶悍异常。其舟坚固,不畏飓风,炮火军械,精于中土,性情阴险叵测,到处窥觇,图谋人国。"①

乾隆年间曾旅居巴达维亚、三宝垄的福建义人王大海撰有《海岛逸志》,将法国与红毛区别开来。他称法国为"勃兰西",说勃兰西"国大人众""性甚强悍",红毛也惧它三分。②在《皇清职贡图》里,法兰西国又被描绘成"其人强横,精兵械,屡破吕宋、满剌加,与红毛中分美洛居,尽擅闽粤海上之利"的海上强国。③嘉庆中④出任香山知县的彭昭麟,因参与处理嘉庆十三年(1808)英吉利兵船擅入澳门事件,通过英法冲突,掌握了一些法国信息。他说,法郎西即佛郎机,"其人鸷悍,为诸夷所畏"⑤。有鉴于此,曾任两广总督的吴熊光,在总结英国兵船擅入澳门事件之经验教训时说,粤海所当防者,"在嘆咭唎及新起之佛郎西",⑥法国成为清人严加防范的重点对象。

二、负面佛郎机印象的基本形成

依据负面佛郎机信息而逐渐形成的负面佛郎机印象,是中欧双向直接交往开始后中国人心目中最早生成的第一类西方国家印象。这一印象不仅将葡萄牙、西班牙、法兰西等三个佛郎机国划归有别于传统夷狄的另类国家行列,同时也为明清中国建构负面西方的整体印象设定了一个可以追寻的逻辑起点。结合明清之际的中外文献,我们可将这一时期中国人心目中的负面佛郎机印象归纳如下:

第一,体貌怪异的白番印象。素未来华的葡萄牙人因其体貌特征迥异中华,成为明清中国人的关注焦点。顾应祥最先描绘了佛郎机的面部特征,称其"皆高鼻深目,如回回状"。⑦高鼻深目是西北胡人的基本特征,而"回回"一词在明代文献中也扮演着类似先前胡人那样的"他者"角色,并非仅指穆斯林。况且明代回回形象不佳,如《大明律集解附例》称回回"拳发大鼻","在色目人中为最丑陋",⑧则顾应祥的回回类比就把佛郎机划归到等而下之的丑夷行列。在澳门见过佛郎机人的刑部主事王临亨称,其人"深目隆准,秃顶虬髯"。⑨所谓"深目隆准",不过是"高鼻深目"的另一表述;而"秃顶虬髯"则指其人头顶脱发而鬓须蜷曲,这也是西胡之人的一般特征,所以有明代文献称澳门葡萄牙人为来华贸易的泰西"贾胡"⑩。因为体貌怪异,明代广东人还称葡萄牙人为番鬼。据《利玛窦中国札记》记载,最早遭受葡萄牙人侵略骚扰的广东居民,"为表示他们对欧洲人的蔑视,当葡萄牙人初到来时,就被叫做

---

① 蓝鼎元:《鹿洲初集》卷3《论南洋事宜书》,《景印文渊阁四库全书》,第1327册,第598页。

② 王大海著,姚楠、吴琅璇校注:《海岛逸志校注》卷3《和兰西》,香港:学津书店,1992年,第56页。

③ 傅恒:《皇清职贡图》卷1,《景印文渊阁四库全书》,第594册,第427页。

④ 彭昭麟出任香山知县在嘉庆九年至十五年。

⑤ 彭昭麟:《从征诗草》卷4《岭南草·澳门纪事》,中国第一历史档案馆、澳门基金会、暨南大学古籍研究所合编:《明清时期澳门问题档案文献汇编》(六),北京:人民出版社,1999年,第789页。

⑥ 吴熊光:《伊江笔录》上编,《续修四库全书》第1177册,第496页。

⑦ 顾应祥:《静虚斋惜阴录》卷12《杂论三》,《续修四库全书》,第1122册,第511页。

⑧ 《大明律集解附例》卷6《户律·婚姻·蒙古色目人婚姻》,清光绪戊申重刊本,第36、37页。

⑨ 王临亨著,凌毅点校:《粤剑编》卷3《志外夷》,北京:中华书局,1987年,第91页。

⑩ 汤显祖:《玉茗堂全集》诗集卷14《七言绝句·香嶴逢贾胡》,《续修四库全书》,第1362册,第839页;茅元仪:《三戍丛谭》卷4,《续修四库全书》,第1133册,第499页。

番鬼"①。曾任广东布政使的蔡汝贤又称佛郎机为白番鬼,并把他们与非洲黑奴即所谓黑番鬼进行比较,认为黑番鬼要"猛过白番鬼"②。在嘉靖二十八年(1549)的福建诏安走马溪之战中,明军击败葡萄牙人,擒获白番十六名、黑番四十六名,"俱各白黑异形,身材长大"③。刘凤《续吴先贤赞》在叙及此战时,称朱纨所擒白番、黑番"皆狞恶异状可骇"④。其后张燮又用"眼如猫,嘴如鹰,面如白灰"⑤、茅瑞征用"高鼻白皙,鹰嘴猫眼"⑥、何乔远用"猫睛鹰嘴……而貌皆白"⑦来描述佛郎机人的面部特征;清朝官书亦称其人"长身高鼻,猫睛鹰嘴,卷发赤须"⑧。猫眼在此之前常用来形容西北诸胡的有色眼睛,类似元代色目人;鹰嘴云云则是为了彰显葡萄牙人的凶恶可憎。为了突出佛郎机与中华之人的体貌有别,明清国人故意使用两类动物的某些特征来描述佛郎机人,可见佛郎机在其心目中的异类定位。顾应祥还描述了佛郎机的衣着打扮:"身穿锁袱,披裘。以皮为裤,又以皮囊其阴物,露出于外。"⑨锁袱以鸟兽细毛制成,为胡人衣装的主要原料。佛郎机人既"身穿锁袱",自然归属夷狄。而"以皮为裤""以皮囊其阴物"且暴露于外的衣着方式,不仅十分怪异,还有猥亵的味道。因此,从明朝回国的朝鲜使臣在言及佛郎机之衣装、饮食时,称其人"状貌有类倭人,而衣服之制、饮食之节不似人道,中原人以为从古所未见者也"⑩。

第二,凶狡桀骜的强番印象。明朝正德末年,葡萄牙人一入广东沿海,就给中国人留下"最号凶诈"⑪、"犷悍违法"⑫的凶悍印象。第一个上疏直言佛郎机问题的明朝御史丘道隆称,佛郎机"桀悍狡诈,习于战争……戈矛剑戟,铳炮弹射,精而且备,当时同事如暹罗等国诸彝,见之垂首丧气,莫敢谁何"⑬。稍后的汪鋐把不请自来、擅至省城的佛郎机人视为不守王道之"逆番"⑭。蔡汝贤《东夷图说》、茅瑞征《皇明象胥录》、陈仁锡《皇明世法录》等一致使用"凶狡嗜利"来形容佛郎机的逐利行为,认定葡萄牙人凶狠狡诈。王忬则指控佛郎机人勾结倭寇,助其凶威,称他们"入港则佯言贸易,登岸则杀掳男妇,驱逐则公行拒敌,出洋则劫掠商财"⑮,简直就是一群明火执仗的江洋大盗。而明清文献有关吕宋佛郎机屠杀华人的反复描述,不断凸显着佛郎机人凶狡嗜杀的恶魔形象。所以蔡汝贤说:"爪哇戕我天使,佛朗机猎我华人",他们犹如恶犬一般,远比一般夷狄更为可怕。⑯佛郎机的强番印象还表现在

① 利玛窦、金尼阁:《利玛窦中国札记》,何高济等译,北京:中华书局,1983年,第174—175页。
② 蔡汝贤:《东夷图说·黑鬼》,《四库全书存目丛书》,史部,第255册,第430页。
③ 朱纨:《甓余杂集》卷5《六报闽海捷音事》,《四库全书存目丛书》集部,济南:齐鲁书社,1997年,第78册,第132页。
④ 刘凤:《续吴先贤赞》卷6《朱纨》,《四库全书存目丛书》,史部,第95册,第167页。
⑤ 张燮著,谢方点校:《东西洋考》卷5《东洋列国考·吕宋》,第93页。
⑥ 茅瑞征:《皇明象胥录》卷5《佛郎机》,《四库禁毁书丛刊》,北京:北京出版社,2000年,史部,第10册,第619页。
⑦ 何乔远:《名山藏》卷107《王享记·东南夷三·满剌加》,《续修四库全书》,第427册,第636页。
⑧ 乾隆十二年敕撰:《钦定皇朝文献通考》卷298《四裔考六·南·佛朗机》,《景印文渊阁四库全书》,第638册,第722页。
⑨ 顾应祥:《静虚斋惜阴录》卷12《杂论三》,《续修四库全书》,第1122册,第511页。
⑩《朝鲜李朝中宗大王实录》卷41,正德十五年十二月戊戌条,东京:学习院东洋文化研究所,1953年,第571页。
⑪《明武宗实录》卷194,正德十五年十二月己丑条,北京:中华书局,2016年,第3630页。
⑫《明世宗实录》卷4,正德十六年七月己卯条,北京:中华书局,2016年,第208页。
⑬ 丘道隆:《请却佛郎机贡献疏》,康熙《上杭县志》卷10《艺文志》,清康熙二十六年刻本,第26页。
⑭ 汪鋐:《题为重边防以苏民命事》,黄训编:《名臣经济录》卷43《兵部(职方下之下)》,《景印文渊阁四库全书》,第444册,第294页。
⑮ 王忬:《条处海防事宜仰祈速赐施行疏》,陈子龙等选辑:《明经世文编》卷283,第2993页。
⑯ 蔡汝贤:《东夷图说·总说》,《四库全书存目丛书》,史部,第255册,第409—410页。

其不奉礼法、肆行兼并和弑君自立上。顾应祥在其《静虚斋惜阴录》中写道，来华佛郎机使臣拜会广东官员时，拒不以番夷身份行跪拜之礼，两广总督陈金怒责随团通事二十大棍，并分付市舶提举，"远夷慕义而来，不知天朝礼体，我系朝廷重臣，着他去光孝寺习仪三日方见。第一日始跪左腿，次日跪右腿，三日才叩头"①。一个名叫亚三的使团通事，通过贿赂权臣，得以接近武宗皇帝，于是更加骄横，"入四夷馆，不行跪礼""朝见欲位诸夷上""主事梁焯执问杖之"。②人们从亚三身上感受到了佛郎机的嚣张跋扈。因为兼并马六甲，佛郎机还被明朝礼部冠以"侵夺邻封"③的罪名。按照儒家礼法，礼乐征伐自天子出，相邻国家的矛盾纠纷需要天子裁处。佛郎机"非朝贡之国"④，竟敢擅自灭掉天朝敕封的满剌加国，当然罪在不赦。后来竟又传出佛郎机酋长弑主自立、遣使请封的传闻，佛郎机因此背上"悖乱弑主"的恶名。如明人焦竑说："佛朗机近满剌加，岛夷之黠暴者。前代及国初俱未通。正德十三年，其大酋弑国王，遣必加丹末等三十人入贡请封。至广东，守臣以其国不列于王会，羁其使以闻。"⑤熊明遇也说："佛郎机居海岛中……初名嗍勃利国，后更今名……我朝正德十四年，佛郎机大酋弑其主，遣必加丹末三十余人，入贡乞封。"⑥茅瑞征《皇明象胥录》、查继佐《罪惟录》则径称"其酋弑立"⑦。佛郎机的弑君印象由此形成。

第三，横行海上的好战印象。与葡萄牙人最初接触的广东官民，对佛郎机之坚船利炮印象深刻。正德十五年（1520），御史何鳌曾以"兵器比诸夷独精"⑧描述佛郎机的武器装备。顾应祥通过介绍佛郎机铳的结构、性能，解读佛郎机人横行海上的内在原因。他说，佛郎机铳管"长四五尺，其腹稍大，开一面，以小铳装铁弹子放入铳腹内，药发，则子从管中出，甚迅。每一大铳用小铳四五个，以便轮放。其船内两旁各置大铳四五个，在舱内暗放，敌船不敢近，故得横行海上"⑨。清人费锡璜在一首诗中描述了佛郎机铳的杀伤威力："红毛佛狼机，为器亦何毒。滇乱起排枪，杀人势尤酷。火门动微机，声若雷霆速。细甲百重坚，穿甲透骨肉。由来中必死，岂择贲与育。当时造此器，鬼神应夜哭。"⑩将此类火器的研发问世视为人间悲剧。与葡萄牙人两次交手的汪铉在一篇奏疏中写道，佛郎机铳之猛烈，"自古兵器未有出其右者"；佛郎机船之迅捷，"虽无风可以疾走"⑪。这是一种名为蜈蚣船的水上快艇，专门装备佛郎机铳，"铳之重者千斤，至小者亦百五十斤。其法之烈也，虽木石铜锡，犯无不碎，触罔不焦；其达之迅也，虽奔雷掣电，势莫之疾，神莫之追"⑫。隆庆时期的陈吾德甚至认为佛郎机战具之精利，

① 顾应祥：《静虚斋惜阴录》卷12《杂论三》，《续修四库全书》，第1122，册第511页。

② 严从简著，余思黎点校：《殊域周咨录》卷9《佛郎机》，北京：中华书局，1993年，第320页。

③《明世宗实录》卷4，正德十六年七月己卯条，第208页。

④《明世宗实录》卷4，正德十六年七月己卯条，第208页。

⑤ 焦竑：《国朝献征录》卷120《四夷·佛朗机》，《续修四库全书》，第531册，第790页。

⑥ 熊明遇：《文直行书》文选卷13《佛郎机》，《四库禁毁书丛刊》，集部，第106册，第492页。

⑦ 茅瑞征：《皇明象胥录》卷5《佛郎机》，《四库禁毁书丛刊》，史部，第10册，第619页；查继佐：《罪惟录》列传卷36《外国列传·佛郎机国》，《续修四库全书》，第323册，第667页。

⑧《明武宗实录》卷194，正德十五年十二月己丑条，第3630页。

⑨ 顾应祥：《静虚斋惜阴录》卷12《杂论三》，《续修四库全书》，第1122册，第511页。

⑩ 费锡璜：《掣鲸堂诗集》卷4《九夏》，《四库禁毁书丛刊》，集部，第187册，第192页。

⑪ 汪铉：《奏陈愚见以弭边患事》，黄训编：《名臣经济录》卷43《兵部（职方下之下）》，《景印文渊阁四库全书》，第444册，第289、288页。

⑫ 沈�启：《南船纪》卷1《蜈蚣船》，《续修四库全书》，第878册，第87页。

"尤在倭奴之上"①。因为船坚炮利,佛郎机人得以有恃无恐,"劫掠满刺加诸国,横行海外"②。对于中国人眼中佛郎机的好战印象,初来乍到的耶稣会士也有所察觉。如罗明坚(Michel Ruggieri)在1584年1月25日《致总会长阿桂委瓦神父书》中写道,中国人"对基督徒非常害怕,他们目睹到处不是有葡萄牙人,便是有西班牙人,视这些民族为好战者"③。利玛窦(Matteo Ricci)说,葡萄牙船只的规模,他们异乎寻常的装备,他们火炮的轰鸣,都曾让中国人异常恐惧,"他们相信这些佛朗机人是强健的战士和各个国家的征服者,佛朗机的帝国是没有边境的,除非是到世界的尽头"④。龙华民(NicoloLongobardi)1598年11月4日《致罗马阿耳瓦烈兹神父书》也说:"中国人也熟悉葡萄牙是一好战之国,海外有许多属地。"⑤

第四,掠食小儿的食人番印象。佛郎机之食人传闻起于广东。最早言及佛郎机"烹食婴儿"的是刑科给事中王希文的《重边防以苏民命疏》,⑥稍后的汪铉《题为重边防以苏民命事》亦言佛郎机"杀食儿童"⑦。二疏皆作于嘉靖九年(1530)。嘉靖二十七年(1548),都察院左都御史屠侨奏称,佛郎机"近年连至福建,地方甚遭陵轹。去年虏得郑秉义,支解剖腹,食其肺肝。略取童男童女,烹而食之"⑧。佛郎机之食人传闻进一步传入福建,但以广东所传之烹食小儿为主。此类传闻甚多。如严从简以亲历其事的口吻描述佛郎机蒸食小儿的场面:"其人好食小儿,然惟国主得食,臣僚以下不能得也。其法,以巨镬煎水成沸汤,以铁笼盛小儿,置之镬上,蒸之出汗,汗尽乃取出,用铁刷刷去苦皮,其儿犹活,乃杀而剖其腹,去肠胃蒸食之。"并说佛郎机初来广东以后,"潜出买十余岁小儿食之,每一儿予金钱百。广之恶少掠小儿竞趋之,所食无算"⑨。其他如蔡汝贤《东夷图说》、焦竑《国朝献征录》、茅瑞征《皇明象胥录》、陈仁锡《皇明世法录》、熊明遇《文直行书》、何乔远《名山藏》、查继佐《罪惟录》等,大都记载了佛郎机掠食婴孩的相关传闻。反复言说之下,佛郎机的食人传说也被写进了清修《明史》。对于这样一种骇人听闻的可怕风俗,王希文断定其人有"狼虎之心"⑩。严从简说:"象人而用,孔子恶之,况买人食之乎?甚哉,虎狼之不若也!佛郎机所以不载于前世诸书者,固因其荒僻而或略,亦疾其不仁而痛绝耳!"⑪他不仅谴责佛郎机的残酷不仁,而且认为其行为虎狼不如。尽管也有人怀疑佛郎机的食人传闻是否可靠,但明清文献在叙述葡萄牙人来华之初的所作所为时,大多借此渲染佛郎机的罪恶行径,所以其食人番印象终究难以抹去。

第五,四处扩张的侵略者印象。佛郎机的侵略者印象,是从葡萄牙侵占马六甲开始的。1511年,

---

① 陈吾德:《谢山存稿》卷1《条陈东粤疏》,《四库全书存目丛书》,集部,第138册,第423页。
② 《明世宗实录》卷24,嘉靖二年三月壬戌条,第693页。
③ 利玛窦:《利玛窦书信集》下,罗渔译,台北:光启出版社、辅仁大学出版社,1986年,第456页。
④ 利玛窦、金尼阁:《利玛窦中国札记》,何高济等译,第140页。
⑤ 利玛窦:《利玛窦书信集》下,罗渔译,第519页。
⑥ 王希文:《题为重边防以苏民命疏》,贾三近:《皇明两朝疏抄》卷16,《续修四库全书》,第465册,第562页。
⑦ 汪铉:《题为重边防以苏民命事》,黄训编:《名臣经济录》卷43《兵部(职方下之下)》,《景印文渊阁四库全书》,第444册,第294页。
⑧ 朱纨:《甓余杂集》卷6《为夷船出境事》,《四库全书存目丛书》,集部,第78册,第153页。
⑨ 严从简著,余思黎点校:《殊域周咨录》卷9《佛郎机》,第320页。
⑩ 王希文:《题为重边防以苏民命疏》,贾三近:《皇明两朝疏抄》卷16,《续修四库全书》,第465册,第562页。
⑪ 严从简著,余思黎点校:《殊域周咨录》卷9《佛郎机》,第324页。

葡萄牙人占领马六甲,六年后遣特使来华。明朝得知马六甲已亡于佛郎机的事实,颇为震动。御史丘道隆为此上奏《请却佛郎机贡献疏》,建议拒绝佛郎机的封贡要求:"满剌加朝贡诏封之国,而佛朗机并之,且啖我以利,邀求封赏,于义决不可听。请却其贡献,明示顺逆,使归还满剌加疆土之后,方许朝贡。脱或执迷不悛,虽外夷不烦兵力,亦必檄召诸夷,声罪致讨。"①此后的佛郎机窃据东莞屯门岛,骚扰新会西草湾,进而谋求对中国沿海的武装占领,终于引发中葡海上冲突。《明世宗实录》载:

> 佛朗机国人别都卢……恃其巨铳利兵,劫掠满剌加诸国,横行海外,至率其属疏世利等千余人驾舟五艘破巴西国,遂寇新会县西草湾。备倭指挥柯荣、百户王应恩率师截海御之,转战至稍州,向化人潘丁苟先登,众兵齐进,生擒别都卢、疏世利等四十二人,斩首三十五级。②

在被驱离出广东海面以后,佛郎机又在闽浙沿海干起杀人越货的罪恶勾当,其侵略者印象得到进一步强化。待到西班牙人侵占吕宋以后,佛郎机的侵略者印象基本形成了。于是,明人何乔远把佛郎机描绘成一个侵略成性的西方国家:"佛郎机,黠夷也……行贾无所不至,至则谋袭其国人。"③清朝官书则称佛郎机"恃强陵轹诸国,无所不往"④。因为印象太过负面,不少明清文献故意将"佛郎机"书写成了"佛狼机"。

不唯如此,租住澳门的葡萄牙人也被认为蓄谋侵略中国。晚明许大受曾预言,将来继播州杨应龙为患中国者,必为澳门佛郎机。他说:

> 嘉靖间岙门诸夷,不过渐运木石驾屋,若聚落尔,久之独为舶薮。今且高筑城垣,以为三窟。且分遣间谍峨冠博带,阑入各省直地方,互相交结。即中国之缙绅章缝,折节相从。数千里外,问候不绝,得其馈遗者甚夥。频年结连吕宋、日本,以为应援。凡我山川阨塞去处,靡不图之于室。居恒指画某地兵民强弱、帑藏多寡,洞如观火。实阴有觊觎之心,时时炼兵器、积火药,适且鼓铸大铳无虚日,意欲何为? 此岂非窥伺中国,睥睨神器之显状耶?⑤

崇祯三年(1630),礼科给事中卢兆龙上言曰,澳门佛郎机心怀叵测,令人忧虑:

> 臣生长香山,知澳夷最悉,其性悍桀,其心叵测。其初来贸易,不过泊船于浪白外洋耳,厥后渐入澳地。初犹搭篷厂栖止耳,渐而造房屋,渐而筑青洲山。又渐而造铳台,造坚城,为内外拒之计。蓄夷众,聚兵粮,为颜行之谋。时驾番舶擅入内地,拒杀我官兵,掠我人民,掠我子女,广收硝

---

①《明武宗实录》卷194,正德十五年十二月己丑条,第3630页。

②《明世宗实录》卷24,嘉靖二年三月壬戌条,第693—694页。

③何乔远:《名山藏》卷107《王享记·东南夷三·满剌加》,《续修四库全书》,第427册,第636页。

④清乾隆十二年敕撰:《钦定皇朝文献通考》卷298《四裔考六·南·佛朗机》,《景印文渊阁四库全书》,第638册,第722页;清乾隆三十二年敕撰:《钦定皇朝通典》卷98《边防二·南·法兰西》,《景印文渊阁四库全书》,第643册,第939页。

⑤许大受:《圣朝佐辟》,徐昌治订,夏瑰琦编:《圣朝破邪集》卷4,香港:建道神学院,1996年,第227页。

磺铅铁以怀不轨。闽之奸徒,聚食于澳,教诱生事者不下二三万人,粤之盗贼亡命投倚为患者不可数计。粤人不得安枕数十余年于兹矣。①

因为耶稣会士多由澳门进入内地,利玛窦等也被视为图谋中国的佛郎机间谍。如龙华民在1610年11月23日写于韶州的《致总会长阿桂委瓦神父书》中写道,韶州教会几乎每天都会遇到困难,"因为它距澳门太近之故,城人非把我们驱逐出境而后快……虽由于我们被视为澳门葡萄牙人的间谍而受中国人的气,但希望天主能保护我们不受侵害"②。因此之故,利玛窦等竭力隐瞒其与澳门葡萄牙人的密切关系,尽量避免与其直接接触。

三、负面佛郎机印象向负面西方印象的转移扩散

贸易、传教、殖民三位一体,是新航路开辟后欧洲殖民大国海外拓殖的基本方略。与葡萄牙、西班牙、法兰西等三个佛郎机国一样,其他西方大国在发展对华关系时也有大致相同的思考与动作。他们在政治上挑战华夷秩序,经济上排斥朝贡贸易,军事上图谋入侵中国,文化上传播异质宗教。相同的宗教信仰,相似的体貌特征,相近的祖家故国,相像的海上争衡,为具体佛郎机国向一般西方国家的过渡提供了认知可能。而来华耶稣会士与佛郎机国的紧密联系,大西洋或西洋观念的逐渐形成,以及天主教"邪教"认知的日益固化,"牛皮乞地"等负面佛郎机传说的广泛传播,终于使个别佛郎机印象幻化为整个欧洲的整体印象,明清中国的负面西方印象据此生成了。

来华耶稣会士与佛郎机国的紧密联系,源自葡萄牙享有的东方保教权。所谓保教权,是由罗马教廷授予的由世俗政权承担的保护天主教在非天主教国家传播的权利和义务,是天主教传教事业上的一种优惠特权。随着达·伽马(Vasco da Gama)首航印度的成功,葡萄牙人率先成为亚洲的"发现者",中国、印度、日本等广大东方国家都被置于葡萄牙的保教权下。根据两任罗马教皇的敕令,"任何从欧洲前往亚洲的传教士,必须取道里斯本,并获得里斯本宫廷的批准","葡萄牙国王不但有权建筑教堂,派传教士和主管领地内的教会,而且有权分派神甫和劳作者,到建立在葡萄牙之外的亚洲异教国家的教会去工作"③。所以明清之际的来华耶稣会士大都通过里斯本—果阿—澳门航线进入中国,葡萄牙国王则为他们提供生活费用和其他活动经费。入清以后,法国利用葡萄牙帝国衰落的机会,打破了葡萄牙国王对东方天主教传教区的垄断,开始在中国和越南创建不属于果阿葡萄牙大主教的主教区,法国传教士逐渐在中国传教史上占据主体地位。而来自吕宋岛的其他西方传教士,自然摆脱不了与吕宋佛郎机的种种联系。尽管明清之际的来华天主教士来自多个欧洲国家,但因他们与三个佛郎机国的密切关联,使得广大中国人认为他们来自佛郎机,是所谓佛郎机人。如在"南京教案"期间,沈潅的《参远夷三疏》就把涉案传教士与佛郎机联系在一起,他说:"臣近又细询闽海士民,识彼原籍者云,的系佛狼机人。其王丰肃原名巴里狼当,先年同其党类,诈称行天主教,欺吕宋国主,而夺其地,改号大

---

① 汪楫撰:《崇祯长编》卷34,崇祯三年五月丙午条,北京:中华书局,2016年,第2053—2054页。
② 利玛窦:《利玛窦书信集》下,罗渔译,附录,第542页。
③ 龙思泰:《早期澳门史》,吴义雄、郭德焱、沈正邦译,章文钦校注,北京:东方出版社,1997年,第174页。

西洋。"[①]后来，一位名叫黄廷师的泉州进士进一步指出，利玛窦、艾儒略（Giulio Aleni）等一班天主教士，"为佛狼机，亦为猫儿眼。其国系干丝蜡，而米索果其镇头也。原距吕宋不远"[②]。崇祯十年（1637），福建左布政使兼按察副使、巡视海道施邦曜发布告示，称在宁德缉捕的三名夷人，"查是吕宋夷利玛窦一派，专讲天主者"，[③]也以官方态度宣告以利玛窦为首的来华天主教士都是"吕宋夷"，即吕宋佛郎机。来自西方的天主教士都被视为佛郎机人，这为佛郎机印象向西方印象的转移过渡提供了铺垫。

　　大西洋或西洋观念的形成是明清中国认知西方的重要成果。因为佛郎机的恶名，万历以后的来华耶稣会士急于撇清与负面佛郎机之间的密切关系，希望找到一个易于被中国人接受且具正面指向的新名词指代其西方故乡，于是利玛窦等人巧妙借用了此前出现的中文大西洋概念，将其内含由印度洋北部及其沿岸一带转换为伊比利亚西部海域及其沿岸一带，自称来自大西洋，是所谓大西洋人。在西方传教士的影响带动下，中国士人也开始接受这个具有全新内涵的中文大西洋概念，并且不断扩大其地理范围，西欧沿海、欧洲大陆以及今北大西洋都被称为大西洋，大西洋由此成为明清中国对整个欧洲的通俗称谓。如万历四十一年（1613），南京太仆寺少卿李之藻上《请译西洋历法等书疏》，将庞迪峨（Diego de Pantoja）、龙华民、熊三拔（Sebatino de Ursis）、阳玛诺（Manuel Dias）等来华耶稣会士合称为"大西洋国归化陪臣"[④]。万历四十五年（1617），沈㴶《参远夷疏》称："近年以来，突有狡夷自远而至，在京师则有庞迪峨、熊三拔等，在南京则有王丰肃、阳玛诺等，其他省会各郡在在有之，自称其国曰大西洋，自名其教曰天主教。"[⑤]沈㴶也将耶稣会士的西方故乡称为大西洋。清初遗民魏禧《兵迹·远邦编》说："欧罗巴一名大西洋，在中国西北数万里外，西儒称为宇内第二大州也。"[⑥]康熙朝大学士张玉书《外国纪》亦云："西洋总名欧逻巴，在中国极西，故谓之大西，以海而言，则又谓之大西洋。"[⑦]皆以大西洋指称欧洲。但一些人对"西洋"之前加一"大"字，把大西洋当作与大明、大清完全对等的政治实体的做法难以接受，"大西洋"又有被"西洋"二字所取代的趋势。如乾隆时期成书、体现清朝官方思想的《四库全书总目》，几乎全以"西洋"取代"大西洋"。[⑧]起源于宋元时代的传统词汇"西洋"开始具有"大西洋"的某些内含，这是中国古代西洋观念的又一次转型。大西洋由指代佛郎机过渡到指代西方，为佛郎机印象向西方印象的过渡搭建了桥梁。

　　"南京教案"后，明清中国对天主教"邪教"认知的日益固化，加重了佛郎机即西方的泛化认同。前

---

　　① 沈㴶：《参远夷三疏》，徐昌治订，夏瑰琦编：《圣朝破邪集》卷1，第66页。

　　② 黄廷师：《驱夷直言》，徐昌治订，夏瑰琦编：《圣朝破邪集》卷3，第175页。

　　③《福建巡海道告示》，徐昌治订，夏瑰琦编：《圣朝破邪集》卷2，第128页。

　　④ 李之藻：《请译西洋历法等书疏》，陈子龙等选辑：《明经世文编》卷483，第5321页。

　　⑤ 沈㴶：《参远夷疏》，徐昌治订，夏瑰琦编：《圣朝破邪集》卷1，第59页。

　　⑥ 魏禧：《兵迹》卷11《远邦编·欧罗巴》，《丛书集成续编》，台北：台湾新文丰出版公司，1989年，第60册，第116页。

　　⑦ 张玉书：《张文贞集》卷8《外国纪·西洋国》，《景印文渊阁四库全书》，第1322册，第551页。

　　⑧ 按，《四库全书总目》使用"大西洋"称谓者仅两处：一是《海国闻见录》提要，在介绍该书上卷八篇内容时，提到其中一篇名为《大西洋记》（永瑢等撰《四库全书总目》卷71《史部·地理类四》，北京：中华书局，1965年，第635页）；二是《新法算书》提要，称在明朝万历年间，"大西洋人龙华民、邓玉函等先后至京，俱精究历法。五官正周子愚请令参订修改，礼部因举光启、之藻任其事，而庶务因循，未暇开局"。（永瑢等撰：《四库全书总目》卷106《子部·天文算法类一》，第895页）其他涉及"大西洋"称谓者，则全以"西洋"二字替代。

述泉州进士黄廷师讲述了佛郎机以天主教诱骗、殖民吕宋的详细过程。他说："嘉靖初年,此番潜入吕宋,与酋长阿牛胜诡借一地,托名贸易,渐诱吕宋土番各从其教,遂吞吕宋,皆以天主之说摇惑而并之也。"天主之说不仅荒谬,而且佐以邪术,"凡国内之死者,皆埋巴礼院内,候五十年,取其骨化火,加以妖术,制为油水,分五院收贮。有入其院者,将油抹其额,人遂痴痴然顺之。"不仅邪术制人,而且辅以酷法,有番女忏悔者,"或罚在院内洒扫挑水,或罚在院内奉侍寮氏,则任巴礼淫之矣","至若骗男人解罪,则用白布长衣,自头面罩至脚下,用小索五六条,其索尾系以铁钉,勒令人自打于背上,血出满地,押遍五院乃止"。[1]文中寮氏即天主,巴礼即神父,皆为闽南语音译。西班牙殖民吕宋的种种罪恶已转移算在了天主教头上。崇祯十一年(1638),由福州三卫的一群武官和闽县、侯官二县生员联名具揭的《上翰林院左春坊蒋公德璟攘夷报国公揭》,在揭露"天主之夷"的险恶用心时强调,夷人已"吞我属国吕宋及咬嚼巴、三宝颜、窟头朗等处,复据我香山澳、台湾、鸡笼、淡水"。[2]苏及宇《邪毒实据》更进一步指出,以艾儒略为代表的天主教夷人"机深谋巧","到一国必坏一国,皆即其国以攻其国,历吞已有三十余。远者难稽其踪,最近而吕宋,而米索果,而三宝颜,而鸡笼、淡水,俱皆杀其主,夺其民"[3]。这个以吕宋为代表的被天主教西方侵占的国家系列,实非佛郎机一国所独占:吕宋为西班牙所占;咬嚼巴即今雅加达,为红夷荷兰所占;三宝颜在今棉兰老岛,为西班牙所占;米索果又名美洛居,即今马鲁古,按照明朝人的说法,为佛郎机和红夷所分占;香山澳即澳门,为葡萄牙所占;鸡笼、淡水俱在台湾北部,先为西班牙侵占,后为荷兰所独占;窟头朗则未详何处。但通过天主之夷的角色置换,其侵占主角明显指向了信仰天主教的西洋人。清乾隆中,上元诸生程廷祚在一首诗中写道:"迢迢欧逻巴,乃在天西极。无端飘然来……来意良叵测。侧闻托懋迁,绝远到商舶。包藏实祸心,累累见蚕食。何年袭吕宋,剪灭为属国。治以西洋法,夜作昼则息。生女先上纳,后许人间适。人死不收敛,焚尸弃山泽。惨毒世未有,闻者为心盡。"诗序中说:"欧逻巴即西洋也,自古不通中华。明万历末,其国人利玛窦等始来,以天文奇器售其术,招集徒众,欲行所奉天主之教,识者忧之",[4]又将以天主教灭亡吕宋的主角置换为欧逻巴人。通过将佛郎机殖民东方的负面历史与天主教、西洋人或欧逻巴关联捆绑,佛郎机印象已在很大程度上被认同为西方印象。

"牛皮乞地"等负面佛郎机传说的转移扩散,为佛郎机即西方提供了更多例证。从明朝末年到鸦片战争前,汉语语境中的"牛皮乞地"传说在中国流传了二百多年,骗地的主角从佛郎机扩展到红夷、荷兰,后来泛化为整个西洋人;被骗的对象从吕宋岛到台湾、爪哇,涵盖了西方殖民者远东拓殖的三个重要区域。约略在明郑时期,以红夷为主角的"牛皮乞地"传说开始在台湾流传。最早见于康熙二十六年(1687)蒋毓英纂修的《台湾府志》,此后又有多部台湾府志、县志先后记载这一传说或辑录以此为典故的诗文歌赋。大约是清朝中期,有关荷兰人在爪哇"牛皮乞地"的传说渐渐兴起。成书于乾隆初年的程逊我《噶喇吧纪略》记载了荷兰人利用牛皮占领噶喇吧即今雅加达的过程,这应该是目前所知

---

① 黄廷师:《驱夷直言》,徐昌治订,夏瑰琦编:《圣朝破邪集》卷3,第175—176页。

② 《上翰林院左春坊蒋公德璟攘夷报国公揭》,徐昌治订,夏瑰琦编:《圣朝破邪集》卷6,第291—292页。

③ 苏及宇:《邪毒实据》,徐昌治订,夏瑰琦编:《圣朝破邪集》卷3,第179页。

④ 程廷祚:《忧西夷篇》,张应昌辑:《国朝诗铎》卷13《岛夷》,《续修四库全书》,第1627册,第608页。

的有关荷兰以牛皮骗占爪哇土地最早的汉文记录。稍后之陈洪照《吧游纪略》、王大海《海岛逸志》都明确指出荷兰人曾在噶喇吧实施过"牛皮乞地"。以西洋人为主角的"牛皮乞地"传说是角色转换的结果,人们通过佛郎机与西洋人之间的角色置换,将灭亡吕宋的元凶认定为西洋人。如清人鲁之裕指出,西洋人的祖国"远处于二万里外,而必汲汲然捐重资以谋宅吾土,此其蓄心岂仅利在通有无而已哉?盖又将吕宋我矣"。并就吕宋亡国大发感慨:

> 吕宋国在南海中,西洋通中国水道之所必经。每岁以巧奇器贡吕宋君臣,君臣咸悦之。问所欲,曰:"但得牛皮大许一片地为停舶安身处足矣。"君臣皆诺之。西洋人乃出巨牛皮一张,回旋剪之如线,引以围地,约二三里周。君臣始悔焉,然利其货,不忍绝,又自恶其不信也,竟予地。西洋人遂楼其上,高五层,可尽望其国虚实,而又穴其下,铸炮大小无算。逾年,以大舶载兵卒万余泊楼侧,运所铸炮环攻之,破其城,杀老少无遗者,即据之。考今吕宋,隶西洋。①

如此一来,骗地主角又从佛郎机转化为西洋人。与"牛皮乞地"传说一样,佛郎机掠食小儿的传说也已通过角色转换,将佛郎机与天主教和西洋人联系在一起。晚明许大受《圣朝佐辟自叙》在讨论烹食小儿问题时,故意不说其为佛郎机所为,而以"彼夷残甚,数掠十岁以下小儿烹食"②叙述之。"彼夷"所指乃是以传教士为代表的自称来自大西洋的信仰天主教的西洋人。与此同时,许大受又将"彼夷"烹食小儿问题与天主教孩童原罪论混杂在一起,从而赋予西洋人"掠食小儿"传说的"教理根据"③,烹食小儿行为所涉及的主体范围也由单个佛郎机人扩大到整个西洋人。与此关联,清前中期有关西洋人借育婴之名行采生之计、挖人眼珠烧炼金银、暗配迷药操控教民等负面传说亦不在少数。显然,彰显佛郎机人邪恶印象之负面传言的转移扩散,也为负面佛郎机印象向负面西方印象的过渡找到了更多支撑。

综上可知,明清中国通过佛郎机与传教士、佛郎机与天主教、佛郎机与大西洋的关系建构,将佛郎机国与西方世界紧密联系在一起,然后再通过一系列移花接木式的逻辑过渡和角色置换,将具体佛郎机国幻化为整个西方世界,从而为佛郎机向西方世界的贯通过渡开启方便之门。有了这样一个从个别到一般的转换通道,负面佛郎机印象也就顺理成章地过渡为对西方世界的整体印象,一个清晰可见的负面西方大体成型了。

余 论

美国学者理查德·赫尔曼(Richard K. Herrmann)曾经指出,一国的异国形象由相对国力、威胁与机遇、文化比较等三个方面的认知构成,④这一判断虽然基于冷战时期的美苏关系,但也适用于明清中国的西方印象。在大多数中国人看来,佛郎机是一个来自西洋、极富侵略色彩的西方夷狄,它恃强吞

---

① 鲁之裕:《式馨堂诗文集》文集卷9《答学者问》,《四库禁毁书丛刊》,集部,第150册,第441页。

② 许大受:《圣朝佐辟》,徐昌治订、夏瑰琦编:《圣朝破邪集》卷4,第215页。

③ 参见李华川:《"西人掠食小儿"传说在中国的起源和流播》,《历史研究》,2010年第3期。

④ Richard K. Herrmann, James Voss, Tonya Schooler & Joseph Ciarrochi, "Images in International Relations: An Experimental Test of Cognitive Schemata", *International Studies Quarterly*, Vol.41, No.3(1997), pp.407—408.

并满刺加、吕宋等中国藩属,不断在中国沿海侵掠骚扰,而且疯狂屠杀海外华人,极力传播天主"邪教",因此给明清中国的国家安全和中国主导的华夷秩序造成严重威胁和现实冲击,让人感受到了佛郎机国的来者不善,这应该是负面佛郎机印象生成演变的主要原因。而三个佛郎机国的所作所为,又为其他东来之西方殖民大国所效仿,明清中国不得不日益承受来自西方世界的较大压力,心中生出对天主教西方的焦虑、怨愤、敌视等恶感。以负面佛郎机印象为引领,负面的西方印象开始呈现在大多数中国人面前。如曾入复社的晚明福建士人周之夔指出:"西洋本猾黠小夷,多技巧,能制玻璃为千里镜,登高远望,视邻国所为,而以火炮伏击之。故他夷率畏其能,多被兼并,以此称雄于海外。"①从军事技术层面描绘了一个侵略成性的西方印象。康熙五十五年(1716)十月,康熙皇帝在一道上谕中提醒大学士、九卿等官:"天下事未有不由小而至大,小者犹不可忽,大者益宜留心",要求他们对台湾与吕宋的交往"预为措置",他还特别指出:"海外如西洋等国,千百年后,中国恐受其累。"②对未来中国可能遭受的西方威胁深表忧虑。雍正初年,富有国际视野的蓝鼎元指出,地处极西的红毛、西洋为"强悍莫敌之国,非诸番比矣",它们船坚炮利,肆意扩张,统计天下所有的岛国蛮夷,只有红毛、西洋、日本最让人放心不下。③同样表达了对西方世界的深深忧虑。很显然,明清中国对以佛郎机为代表的西方世界的焦虑不安,主要体现在三个方面:一是西方世界对华夷秩序的强力挑战,二是西方国家对中国海疆的侵略骚扰,三是天主"邪教"对儒家教化的巨大冲击,三者共同构成了明清中国之负面西方的主要认知依据。

(作者庞乃明,南开大学历史学院教授。原载《史学集刊》2019年第5期)

---

① 周之夔:《破邪集序》,徐昌治订,夏瑰琦编:《圣朝破邪集》卷3,第146—147页。
②《清圣祖实录》卷270,康熙五十五年十月壬子条,《清实录》第6册,第650页。
③ 蓝鼎元:《鹿洲初集》卷3《论南洋事宜书》,《景印文渊阁四库全书》,第1327册,第598页。

从《中国近事报道》看法国耶稣会士李明
对儒家思想与文化的认识与评介

李晟文

1687年，出于扩大法国在东亚影响的需要，一个由法国国王路易十四专门派出的由五名"国王数学家"耶稣会士组成的传教团抵达中国。传教团中的张诚（Jean-François Gerbillon）、白晋（Joachim Bouvet）到后供职于康熙宫廷，而团长洪若翰（Jean de Fontaney）及其他两位成员李明（Louis Daniel Le Comte）、刘应（Claude de Visdelou）则到各地传教。当礼仪之争白热化之时，李明于1686年在巴黎出版了其所写的《中国近事报道》（*Nouveaux mémoires sur l'état présent de la Chine*）一书，为耶稣会士的在华传教政策辩护。该书出版后于1700年被巴黎索邦神学院列为禁书。不过由于该书内容非常丰富，涉及到当时中国文化与社会的许多方面，如有关儒家创始人孔子、儒家伦理道德以及儒家礼仪习俗等方面的重要内容，该书出版后对当时欧洲启蒙思想家如伏尔泰、魁奈、莱布尼茨都产生过影响。本文将通过考查李明对儒家经典和儒家文化传统的诠释来研究李明的儒家观。

一、李明等西方传教士的来华

儒家思想在中国漫长的封建王朝时期一直是统治思想，它对中国政治、社会、文化乃至习俗等方面都有着极为深刻的影响。这种东方的思想体系与根基于西方文明的基督教在宇宙观、价值观以及道德观等方面都有着很大的差异。明末清初传教士踏上中国土地之日起，他们就不可避免地面临着这种庞大而又深厚的传统文化体系的挑战，而他们对该文化传统的态度与回应也就在很大程度上决定了他们在中华大地传教事业的成败。

与传教士们对佛、道宗教旗帜鲜明的抨击明显不同，他们对儒家思想与文化，特别是对以孔孟为代表的先秦儒家的态度非常谨慎。为了能揭开这个东方庞大而复杂思想体系的神秘面纱，许多传教士在学习中文的同时，对儒家经典进行了研读与翻译。对"四书"进行翻译的传教士有意大利人罗明坚（Michele Ruggieri，1543—1607）、利玛窦（Matteo Ricci，1552—1610）、殷铎泽（Prospero Intorcetta，1625—1696）及比利时人柏应理（Philippe Couplet，1622—1693）等。"五经"的翻译方面，仅法国传教士就有李明（Louis-Daniel Le Comte，1655—1728）、白晋（Joachim Bouvet，1656—1730）、刘应（Claude de Visdelou，1656—1737）、马若瑟（Jesoph Henry-Marie de Prémare，1666—1736）、雷孝思（Jean-Baptiste Régis，1663—1738）、宋君荣（Antoine Gaubil，1689—1759）等。在了解、研究与翻译儒家经典以及在与儒家文化接触的同时，一些传教士欣喜地"发现"了许多儒家思想与基督教相似与相通之处，并不失时机地抓住这些契合点，构建基督教与儒家文化联系的桥梁，希冀达到减轻传教阻力、扩展传教成果的

655

目的。法国耶稣会士李明就是这些传教士中的一员。

李明是1687年随法国传教团来到中国的。17世纪的法国在路易十四（Louis XIV，1638—1715）的统治下国力蒸蒸日上，为了打破葡系传教团对中国教务的垄断并打通法国与中国的联系，路易十四于1685年专门派出了这个传教团，号称"国王数学家"传教团。1687年该传教团中的五人抵达中国，其中除李明外还有洪若翰（Jean de Fontaney，1643—1710）、张诚（Jean-François Gerbillon，1654—1707）、白晋和刘应，其中张诚、白晋被康熙皇帝留在宫中供职，而李明、洪若翰、刘应则到各地传教。李明等来华之时，正好是礼仪之争不断激化之时。在这以前，当利玛窦进入内地及在他担任在华耶稣会第三任会长（副省会长）之时（1597—1610），①为了打开在华传教局面，他采取了十分谨慎的适应中国儒家文化的传教策略。但他去世之后，他的一些做法受到某些同属耶稣会的传教士的质疑，包括其继任者龙华民（Niccolo Longobardo，1565—1655，其会长任期为1610—1622年），于是一场围绕着基督教信奉的宇宙最高之神的译名（"天""天主""上帝"），以及有关中国祭祖尊孔礼仪的争论首先在耶稣会内部爆发。后来其他修会如多明我会士、方济各会士、外方传教会会士介入争论，并借机抨击耶稣会士的在华传教策略，从而使礼仪之争变得日益激化也更加复杂，以致礼仪之争最终成为后来耶稣会在华传教失败乃至整个西方在华传教活动失败的重要原因之一。

当礼仪之争白热化之时，李明回到欧洲，于1696年在巴黎出版了其以书信形式写的 *Nouveaux mémoires sur l'état présent de la Chine* 一书，中文译本名称为《中国近事报道（1687—1692）》②，为耶稣会士的传教政策辩护。由于该书的大胆言论，特别是它对古代中国人长期保持了对上帝"纯正信仰"的赞扬，使它于1700年受到巴黎索邦神学院的严厉批评，并被列为禁书。李明本人也因此失去了他作为勃艮第（Bourgogne）公爵夫人听告解神甫（又译成听忏悔神甫）这一令人羡慕的职位，还被勒令前往罗马教廷进行申辩。③李明所写《中国近事报道》一书内容非常丰富，涉及到当时中国文化的许多方面，它在欧洲的出版对于中国文化的传播起了很大的作用，并对当时欧洲一些思想家如伏尔泰（Voltaire，原名 François-Marie Arouet，1694—1778）、魁奈（François Quesnay，1694—1774）、莱布尼兹（Gottfried Wilhelm Leibniz，1646—1716）等人产生了影响。本文最感兴趣的地方是它有关儒家思想与文化方面的内容，本人冀望通过这方面的研究能够大体展示出李明对儒家思想与文化的认识、理解与态度。

二、李明对孔子的颂扬及儒家经典的介绍

《中国近事报道》一书由14封信组成，其中第七封是写给"法国第一重臣、大主教兰斯公爵"的信，

---

① 据荣振华：《在华耶稣会士列传及书目补编》，耿昇译，北京：中华书局，1995年，下册第97、595、780页，在华耶稣会第一位会长是葡萄牙人弗朗西斯科·卡布拉尔（Francisco Cabral），其任期为1582—1585年），第二任会长是葡萄牙人孟三德（Duarte de Sande），其任期为1585—1597年。

② 该书由郭强、龙云、李伟翻译，郑州：大象出版社，2004年。为了便于国内学者查对原文，本文中文引文出自该书。该书翻译所根据的法语版是 Frédérique Touboul-Bouyeure 整理并加注，由巴黎 Phébus 出版社于1990年出版的版本。

③ 见上述 Touboul-Bouyeure 发表的李明一书法文版前面他写的 Et Dieu Créa la Chine… 一文（《上帝创造了中国……》，相当于该书的前言）第12页。又见 Georges Soulié de Morant, *L'épopée des jésuites français en Chine*（1534-1928）. Paris: Bernard Grasset, 1928, p.108.

专门介绍"中国人的语言、文字、书籍和道德"。该信很长,中文版有28页之多,而其中约三分之二的篇幅专门介绍儒家创始人孔子及儒家"四书五经"方面的情况,其中尤以对孔子一生的介绍最为详细。从内容与口气看,李明对孔子非常推崇,可以说是极尽赞美之词。在具体介绍孔子生平之前,李明先对孔子作了一个总体性的介绍,说明了他在中国文化中的崇高地位。

他在信中这样写道:

> 大人,孔子是中国文学的主要光辉所在,如果不就他作专门的介绍,那么,我对您所作的介绍就不可能具有一定的深度和广度。因为,这正是他们理论最清纯的源泉,他们的哲学,他们的立法者,他们的权威人物。尽管孔子从未当过皇帝,但却可以说他一生中曾经统治了中国大部分疆土,而其死后,以他生前宣扬的箴言,以及他所作出的光辉榜样,他在治理国家中所占的位置谁也无法胜过他,他依然是君子中的典范。①

把孔子称为中国文化的光辉与中国社会重要准则的建立者,称他为权威人物,并说他的思想是中国思想的源泉,这种评价非常高,且与孔子对中国文化的实际影响总体上相符,这说明李明对孔子在中国的崇高地位是有清楚认识的。

接下来,李明开始按时间先后介绍孔子的生平。首先,孔子血统高贵,是帝王之后,他的出生给其先祖与后人都带来了极大的荣耀:"孔夫子,中国人称之为孔子,……他的血统源于帝乙(Ti-yi),第二代②的第二十七位皇帝。③尽管这一家族因数代为王已是辉煌兴旺,但孔子这一伟大人物的生平使家族更为荣耀。他使所有的祖先失去光彩,但却给予后代两千多年后依然久盛不衰的荣誉"。④李明对孔子幼年时孝敬父母、敬爱祖先的举动给予了赞扬,认为他是孝道的楷模:"他表现得比其他人早熟得多,……他神情庄重而严肃,使人对他肃然起敬,……但是最使他与众不同的还是他那体贴人的、循规蹈矩的孝道。他孝敬父母,他努力在各方面仿效当时得到举国拥戴的祖先,人们还注意到,每当他要进餐,必先跪拜,并首先向至上的上天的君主供奉祭品。"⑤本来"孝"是儒家一个极为重要的伦理原则,但是这种儒家的传统观念却与基督教伦理有相通之处。儒家提倡"父慈子孝",这使人联想起基督教描绘的上帝与世人的关系:上帝是对世人充满至深慈爱的"阿爸"或"大父母",⑥而世人则应该是"尽心""尽意"地爱与服从上帝的子民。由于有这种相似性,李明对孔子孝敬父母与祭奠先祖行为的称赞就不难理解了。

成年后的孔子其言行更令李明赞赏:他收集古代圣贤格言警句,编辑成册,不仅对圣贤之言身体

---

① 前引李明书,第177页。
② 这里指夏商周三代中的第二代商朝。
③ 帝乙实际上是商朝第二十九代国王,也即商朝末年倒数第二位商王,而最后一位是帝辛,也即著名的商纣王。
④ 前引李明书,第177页。
⑤ 同上,第178页。
⑥《圣经·罗马书》,8:14—17;《圣经·玛拉基书》,2:10。又,李之藻:《天主实义重刻序》,见徐宗泽:《明清间耶稣会士译著提要》,北京:中华书局,1989年,第147页。

力行,而且还进行宣传,用自己认为完美的道德准则来引导民众,并不惜为此周游列国,四处奔走。李明说道:"当孔子年纪稍长时,他把古人最美的格言编辑成册,并依此身体力行,启迪百姓。……他决心周游列国游说一种朴实的道德准则,启发人们轻视财富和淫逸,而尊崇公正、克制及其他美德;主张要具备人类所敬重的伟大心灵,……总之,宣扬一种克制各种欲望,而仅仅修养理性和美德的生活"。①李明称赞孔子作为政治家在鲁国任职期间②所取得的政绩:"他在鲁国出任一项重要官职后,在不到三年③的时间里,完成了惊人的变化,国都和各地均旧貌变新颜。邻国的国君都十分羡慕。"④不过,孔子最后还是离开了鲁国,不得不奔走于卫、曹、宋、蔡、楚等国之间,并时常遭到围困,十分窘迫。李明对孔子虽然有宏大政治理想,但因受到嫉妒而不能在政坛施展身手、反而处处碰壁的遭遇,深表同情,称赞他是一个意志与信仰坚强的人:"他到处碰壁,阻碍重重,长期奔波于各国之间,却几乎一事无成,因政治家惧怕他,朝臣们则不喜欢一个可能降低自己权势或夺取自己信誉的竞争者。在到处碰壁、不受欢迎的情况下,他面临或衣食无着冻饿而死,或被坏人阴谋陷害而亡的绝境。然而,所有这一切背运和不幸,丝毫不能动摇他的初衷。"⑤晚年的孔子从事教育,收徒授教,据说弟子三千,贤人七十二。李明对他的教育活动也是完全肯定的,认为很成功:"他诲人不倦,教化爱好真理的人不厌其烦。在他收为弟子的无数人中,他把几个弟子培养得颇具文采;其他弟子则专心致力于正确推理,具有雄辩之才。"李明不仅称赞孔子的教学方法,而且也赞扬他有关修身与治国之道的教学内容:"他要求他们致力于研究形成良好的治理国家的思想,尤其对于特别得意的弟子,他更是竭尽全力,倾心教育他们的修身之道。"⑥在李明看来,孔子无论从个人敬业还是从个人修养来看,都可以说是完美无缺的楷模:"无论他孜孜不倦的敬业热情,还是他纯粹高尚的道德情操,可以说都几乎已达极致。……在他的谈话中没有丝毫虚伪,他的行为从不违背自己的信奉的准则。"⑦李明接着讲述了孔子去世后中国人对他无比的敬仰,他被尊称为"圣人""至圣先师"等,各地为他建庙:"整个中国为他哭泣,从此以后,全国上下敬他为圣人,并鼓励后人对他的崇敬之情,这种感情显然将与世长存。国君们在他死后在各地为他建立庙宇,学者们定时前去致以政治敬意。在许多地方可见大字书写的荣誉称号:致大师、致第一学者、致圣人、致皇帝与国君之师。然而,非常不寻常的是,中国人从来没有把他造成一座神……似乎上天让他到世上来移风易俗,并不想使这样循规蹈矩的人死后给人提供从事迷信活动或进行偶像崇拜的机会。"⑧

在对孔子连续不断的赞扬之后,李明还特别引用了他的十四条"箴言"作为自己对孔子赞扬的根据,并对收信人大主教兰斯公爵宣称,孔子完全可以和西方的古代哲人相媲美:"如果我也有时间把我

---

① 前引李明书,第179页。

② 公元前501—497年孔子在鲁国先后任中都宰、司空、大司徒。

③ 前述1990年出版的法语版作"三个月",显然弄错了。中文版译成三年,不知是误译,还是有意纠正。

④ 前引李明书,第179页。

⑤ 同上,第180页。

⑥ 同上,第180页。

⑦ 同上,第181页。

⑧ 同上,第182页。

们的哲学家的箴言编辑成集的话,可能人们会发现孔子具备可以与我们古代的贤人并列的一切必要的条件。"①而且孔子甚至还超过了西方哲人,因为他具有的某些品德,西方哲人却没有:"他轻视世上的一切财富,随时检点自己的行为,还有我们古代的贤人们所没有的品德,谦恭和虚心使人认为这不是一位简单的主张理性的哲学家,而是一位受到上帝启示创造新世界的人。"②

由上可见,李明对儒家创始人孔子极其推崇,评价非常高,整个文字充满敬意与热情。在结束对孔子的介绍时,他还不忘这样说:"中国奉孔子为大师和博学者是对其功绩的准确估价"③,也就是说,他认为中国人对孔子极度崇敬的态度是正确的,与孔子的卓越贡献相符合。

在同一封信中,李明还对儒家经典"四书五经"进行了介绍。"五经"指《诗经》《尚书》《礼记》《周易》和《春秋》,而"四书"则指《大学》《中庸》《论语》和《孟子》。不过李明在这方面的介绍总体上非常简略,远不如对孔子的介绍那样详细,同时语气也平实,不像介绍孔子那样带有比较强的情感色彩。李明在谈"五经"前先提到西方人心中最为神圣的《圣经》,这可能是让看信的人能更好地理解儒家经典"五经"在中国的崇高地位:"世界上的第一部史书无疑是《创世纪》,但是,我们都知道在所有书中,中国书是最早问世的。人们将其尊称为'五经',而且中国人视为神圣的莫过于其中教导的理论了。"④

李明先从《书经》谈起。《尚书》是属于一部上古时代的政事文献汇编,相传由孔子于晚年编定,⑤它时间上涵盖从传说中的尧舜禹时期一直到春秋后期。李明这样写道:"距今四千三百年前,黄帝在创造字之后,又创立了天文、算术、音乐和医学的条律,大约三百年后,人们收集了各种条律,并写出尧帝史。由于他的孝道、贤明,也由于他为在一个国家里建立一种管理的形式所作出的努力,使他成为一位值得推崇的皇帝。他的后继者舜和禹也与他齐名。……他们将王国划分为行省,⑥他们根据天上星宿记载他们所处的不同位置;调整百姓应缴纳的赋税,颁布许多其他有益于美德并对公共秩序所必要的条律。所有这一切均书写记载下来。这三位皇帝留给后世的一切始终被作为神谕受到中国人的重视。"⑦尧舜禹的"后继朝代"再对原有的律文进行了完善与增补,最后形成了《尚书》:"所以后人把所有条律收集而编成中国人称之为《书经》的第一本书,就政治国家而言,《书经》享有崇高的威望,犹如摩西和先知们在崇拜上帝和宗教的形式方面之对于犹太人所享有之威望。"⑧可能同样为了显示该书在儒家经典中的重要位置,李明在此特别把它和《圣经》先知人物的活动相提并论。

《尚书》不仅是儒家非常重要的经典,同时也是中国古籍中非常复杂的文献,其传本就有《今文尚书》与《古文尚书》之别,且诸篇成书于不同时期(有的成于西周时期,有的成于春秋战国时期,有的则至今难以判定)。李明作为一个外国人对于该书的了解肯定有限,其理解也不乏讹误之处,尽管如此,

---

① 前引李明书,第191页。

② 同上,第181页。

③ 同上,第191页。

④ 同上,第174页。

⑤ 但该书部分篇章实际上出自战国时期的儒家学派之手。

⑥ 《尚书》原文讲的是"州",如《尚书•舜典》篇说"肇十有二州",即舜划定天下为十二州;《尚书•禹贡》篇开头也说"禹别九州",即禹划分天下为九州的意思。

⑦ 前引李明书,第174页。

⑧ 同上,第174页。

李明对该书的介绍却反映了他对儒家经典的了解与态度。尧舜禹是历代儒家极力推崇的"圣王",他们既有伦理道德方面的理想人格,又是治国平天下的为政典范,他们所在的时期被看成是儒家政治理想中的盛世。孔子对尧舜就赞不绝口,如说:"大哉,尧之为君也!巍巍乎!唯天为大,唯尧则之。荡荡乎,民无能名焉。巍巍乎其有成功也,焕乎其有文章!"①儒家"亚圣"孟子也是言必称尧舜:"孟子道性善,言必称尧舜。"②李明在评介《尚书》时同样赞扬这些儒家的圣人先王"孝道、贤明",并称赞他们在开疆辟土、制定赋税、管理社会等方面的贡献,这表明李明对儒家的圣人也是认可的,而他把《尚书》和基督教《圣经》的先知人物的活动相提并论,这既体现了他对《尚书》重要性的了解,也体现了他对被视为儒家思想源头的尧舜禹之重要性的认同。③

李明接着谈《诗经》。《诗经》是中国最早的一部诗歌集,汇集了商周之际到春秋中叶的作品,据司马迁说最初有三千多篇,经孔子删订为三百零五篇。④该书分风、雅、颂三类,其中"风"为当时王畿与诸侯国的民间乐歌,称为十五国风,也即十五种不同地区的乐歌;"雅"则为宫廷与京畿一带演出的乐歌;而"颂"则是用于宗庙、祭祀的乐歌。孔子对《诗经》是很重视的,他说:"不学诗,无以言"。⑤还对诗的社会作用从不同角度进行了概括:"《诗》可以兴,可以观,可以群,可以怨。"⑥李明对《诗经》这样介绍道:"第二本由于它的古老而备受推崇的书是第三代⑦治下编写的一系列颂歌和诗歌,书中描述了从属于皇帝的统治外省的中国诸小国国君的道德习俗。孔子谈及该书时颇多褒词,这便可以判断出,后来许多滥作混进而使该书遭到破坏,因而书中出现了一些可笑的或甚至大逆不道的诗句。"⑧

该段文字第一句是对《诗经》的介绍,虽然非常简略,但还是抓住了该书的部分内容,特别是"风"的部分,此外,他还特别提到孔子对《诗经》的赞扬。不过行文到此,李明突然话锋一转,说该书后被许多"滥作"混入,因而出现一些"可笑"与"大逆不道"之作,但却未对此"滥作"作具体说明。我在查阅杜赫德(Jean-Baptiste Du Halde, 1674—1743)著名的《中华帝国全志》(*Description Géographique, Historique, Chronologique, Politique, et Physique de Lempire de la Chine et de la Tartarie Chinoise*, 1735)一书法文版时也看到了类似的言论。1735年法国耶稣会士杜赫德在巴黎出版的该巨作,由二十七位长期在华居住的耶稣会士供稿编成,⑨该书第二卷第308页在介绍《诗经》时就说在中国一方面有人(包括孔子)对该书大加赞扬,另一方面也有人认为该书混杂着"怪诞"与"大逆不道"的东西。可见认为《诗经》一书含有"滥作"的人并非李明一人。

谈完《诗经》,李明接着谈《周易》。《周易》位列儒家经典之首,其地位可想而知。该书由"经"和

①《论语·泰伯》。

②《孟子·滕文公上》。

③ 不少学者把尧舜禹时代看成是儒家思想的源头,如丹荷:《尧舜禹儒家典范时代与孔子的政治理想》,《中华读书报》,2013年6月26日第15版;韩星:《帝尧与儒家思想的渊源》,2016年发表于中国哲学史学会网站:http://www.zgscph.org/2016/0317/234.html。

④ 对于孔子是否编定过《诗经》,学术界尚有争论。

⑤《论语·季氏》。

⑥《论语·阳货》。

⑦ 指夏、商、周三代中的周朝时期。

⑧ 前引李明书,第174—175页。

⑨ 蓝莉著,许明龙译《请中国作证:杜赫德的〈中华帝国全志〉》,北京:商务印书馆,2015年,第3、9页。

"传"两部分组成,其中"经"是古代占卜之书,分为卦、卦辞、爻辞三部分。卦又分为三爻卦和六爻卦,其中三爻卦共八个,所以合称为"八卦",分别是:☰(乾)、☷(坤)、☳(震)、☴(巽)、☵(坎)、☲(离)、☶(艮)、☱(兑),而三爻卦再两两组成六爻卦,共六十四个,所以称为"六十四卦",[①]八卦和六十四卦都是由代表阴阳观念的阴爻和阳爻基本符号"– –"、"—"组成,因而阴阳观是《周易》的基本观念。卦辞、爻辞则是揭示每个卦、每个爻含义的文字,极其简单而晦涩难懂。"传"部分共有十篇(称"十翼"),是对上述"经"部分的解释,它不是占卜之作,而是哲理之书。关于《周易》一书的起源,传说是位居三皇五帝之首的伏羲创作了八卦,后来周文王继而推演出六十四卦,至于"易传"("十翼")部分,则被认为是孔子所作。《周易》自成书以后其体现出来的阴阳观念与变异观念深刻地影响了中国古代思想史,但同时因其最初为占卜之书,带有神秘色彩,其对后来术数家的影响也不容忽视(今天仍有人用它来占卜算命)。学术界一般认为"易经"部分形成于商周之际,而"易传"部分则形成于战国时代。

传教士索引派创始人白晋很倾心于《易经》研究,并认为《周易》等古代经典包含了基督教的"神迹"。与白晋的态度不同,李明对该书与占卜相关的"易经"部分有不以为然之处,他在谈完《诗经》的"滥作"之后是这样谈《周易》的:"君主国的奠基人伏羲[②]在许久许久以前,曾经作过类似的诗;但是,这些诗是那么晦涩难懂,不管作出多大的努力以图赋予这些诗一个恰当的慨念,最终,还是不得不承认它们是不可理解的。任何学者的智慧都无法理解的晦涩,使人们产生种种迷信的猜想。和尚们则随便利用它们以说些他们想说的话;对他们说,这正是他们用以骗取百姓信任而编造异想天开的空想和寓言的取之不竭、用之不尽的本钱。人们把它编辑成册,此经典书籍中占第三位"。[③]李明对这本如此重要的儒家经典的内容没有作任何具体介绍,只提到两点:一是抱怨该书难懂,二是谈该书由于晦涩难懂而被人利用,成为有的人从事迷信与骗人活动的工具。其实持这种看法的传教士也并非李明一人,前引杜赫德《中华帝国全志》一书在对该书进行较为详细介绍的同时,也指出该书由于语言晦涩难懂而导致了许多错误与迷信的产生,被人用于占卜与巫术。[④]

《春秋》也是儒家经典之一,一般认为是孔子所编("孔子作《春秋》而乱臣贼子惧")。它是中国历史上第一部成文的编年体史书,它记载了从鲁隐公元年(公元前722年)到鲁哀公十四年(公元前481年)共242年的历史。李明对该书的介绍极为简单,只有一句话,没有个人评价:"第四本书记载了数位国君的历史,他们的优点和劣迹,他们治国的格言,由孔子编辑成书,并由其弟子注释。"

《礼记》是儒家最重要的礼经,其内容大多出自战国时期孔子弟子之手,部分为汉儒作品,它是一部有关秦汉以前各种礼仪论说的选集。李明对该书内容作了如下的概括:"第五本书论述习俗和礼仪。书中介绍寺庙、祭祀、祭器、子女对父母、妻子对丈夫应尽的义务、真正友谊的规则、宴会的礼节,论述了接待、音乐、争执、葬礼以及其他千百种有关社会的礼仪"。[⑤]与对上述各经典的介绍相比,李明

---

① 《五经四书全译》,陈襄民等注,郑州:中州古籍出版社,2005年,第1册第5页。

② 传说伏羲是位列三皇五帝之首的君主,所以李明认为是他开创了中国君主制。

③ 前引李明书,第175页。

④ 前引杜赫德《中华帝国全志》,第2卷第292页。

⑤ 前引李明书,第175页。

对该书内容的概括较好(尽管十分简略),不过他也没有发表任何个人评价。

　　总之,李明对儒家"五经"的介绍总体上比较平实,言词简略,少有个人评说(个别地方有微词),此与他谈孔子时所表现出来的热情与赞扬有很大的不同。在介绍完"五经"之后,李明在总结时指出"五经"是中国非常古老与著名的书,肯定那些为五部儒家经典的刊刻、流传与注解付出了辛勤劳动的中国文人与学者,并特别称赞孔子是他们中间最"杰出"的代表,①这反映了李明对儒家经典的总体态度。

　　在谈完"五经"之后,李明又提到"四书"。四书指《大学》《中庸》《论语》和《孟子》,其中《大学》《中庸》本是前述《礼记》中的两篇,到唐代其地位开始凸显,宋代时《孟子》升为儒家"经"书,于是此三书与《论语》并列,合称"四书"。著名理学家朱熹著有《四书章句集注》,"四书"开始获得与"五经"同等的地位,朱熹写的上述著作后来则成为明清时期科举考试的主要依据。不过,尽管"四书"非常重要,李明谈它们比谈"五经"更简略,只是在谈孔子对"五经"杰出贡献时顺便说道:"人们尤其看重他所收集成'四书'的有关古代法律的书,并视其为完美政治的准则。书中论述了治理政府的伟大艺术、道德和不道德的中庸思想、事物的本性,以及共同的义务。然而最后一册并非孔子的著作,而是他的弟子孟子的作品。虽然弟子的一生不如老师的生活那么有规律,但其风格却更具说服力,更具吸引力。"②这段文字谈不上对"四书"的真正介绍,但从李明使用的"完美政治的准则""治理政府的伟大艺术、道德"等赞美性用词来看,他对"四书"是持肯定态度的。

三、李明对深受儒家治国思想影响的中国政治制度的介绍与称颂

　　如果说儒家经典字句晦涩难懂、枯燥乏味,如果说儒家的各种说教高高在上、难以捉摸,那么体现儒家思想的各种制度、行为与言语就是十分具体、触手可及的了。儒家思想属于中国文化的核心部分,在传教士来华之际作为正统思想已经在中国存在了约一千七百多年,因而其强调的尊卑之分、男女之别的等级观念及相应的忠、孝、悌观念,其强调为政以德的"仁政"思想,其提倡的修身、齐家、治国、平天下的自我完善之道,以及其所追求的小康、大同社会理想,对中国政治、社会、文化以及民间习俗均产生了极为深远的影响。康熙时期来华的李明和当时其他在华传教士一样,就生活就在这种深受儒家文化影响的社会之中,那么他们对这种体现儒家思想与价值观的"儒家社会"的看法与评价,也就从另外一个角度体现了他们对儒家思想的看法,从广义的角度说,更是体现了他们对整个儒家文化的态度了。

　　李明对当时中国政治制度的态度就是这方面的突出例子。儒家思想与中国封制政治制度的关系非常密切,它是这种政治制度的精神支柱与理论基础,而这种政治制度又体现了儒家的政治思想与理念。李明的第九封信名为《论中国政治与政府》,顾名思义,这是篇专门评价中国传统政治制度的信件。李明看来对中国政治制度是十分向往的,把它说成是"完美的君主制",以至于他写一封长达38

---

　　① 前引李明书,第175页。
　　② 同上,第175—176页。

页的信①,向他的收信人(即红衣主教德斯泰)滔滔不绝地谈这方面的问题,并表示如果他不介绍这个完美的制度,就是对中国人的伤害。

他的这封长信就是在这种赞扬声中开始的:

自我万分荣幸地向您介绍了中国的现状之后,我曾夙夜思忖是否应当向您谈谈中国的政府形式。……如果我忽略了这一问题的话,会对中国人造成怎样的伤害呢? 因为这是他们幸福的源泉,至善至美的政治经典之作②。因此,先生,当我要冒失地去揭示这些奇迹,要进入上层建筑的殿堂时,我知道欧洲人会对我说东道西,但只要得到令我钦佩的中国人的认可并对我多少有所感激就够了。③

把中国政府称看成完美的制度与奇迹,其评价的确非常高。接下来李明把中国政治制度与他国制度相比较,来说明中国制度的完美无缺,指出这种政治制度一旦建立就经久不衰,几千年如一日而行之有效:"在古代形成的各种政府思想中,可能没有比中国的君主制更完美无瑕的了。这个强大帝国的创立者当初倡导的君主制跟今天几乎一模一样。根据世界上事物消长的正常规律,其他帝国在幼年时期都是根基薄弱、极不完善的,跟人类一样需要经过各种年龄段才能臻于完美。中国似乎并没有受普遍规律的约束,好像上帝就是她的缔造者,虽然经历了四千多年的风雨,当初的政府与目前相比具有同样的威力。"④

中国政治制度,也就是说君主制度,看来似乎逃脱了事物的发展应该有从小到大、从弱到强、从不成熟到日益完善这样一个过程的普遍规律,的确堪称"奇迹"。但中国政府怎样创造了这种"经典之作"呢? 李明开始分析原因。他认为,这首先是因为最高统治者皇帝既具有绝对的权威,但同时又能适当地使用其权力:"法律既赋予了皇帝至高无上的权力,也要求他在行使权力过程中要温和适度,这是长期以来支撑中国君主制广厦的两大支柱。"⑤然后李明开始一一列举皇帝至高无上的权力,如他的诏令是金科玉律,他掌握了官吏的任免权,他决定人民的生死杀戮权,他有支配个人财产的权力(这里主要指征收赋税),他有宣战、停战与缔约的权力,他有改革文字、改变行政区域名称的权力;是他指定皇位继承人,是他控制人民的言论与思想自由,即使对已经死去的人,他也有权进行奖惩。⑥在罗列了皇帝种种权力之后,李明再一一列举种种能够对皇帝权力起到制约的因素。

在他看来,第一个因素是古代圣贤所确立的"仁治的原则":

首先,古代的立法者从君主制度建立伊始就确立了仁治的原则:好的统治者应该是子民的衣

---

① 此处指李明书的中文译本。

② 法语原文指被中国人视为幸福的源泉与完美的政治,见该书法文版第297页。

③ 前引李明书,第217页。

④ 同上,第217—218页。

⑤ 同上,第218页。

⑥ 同上,第218—223页。

食父母，而不应该是高踞宝座受奴仆供养的主子。因此，自古以来皇帝又被称为大父，在所有的称号中，这是他最乐于接受的。这种思想在庶民百姓和文武百官的脑子里根深蒂固。只有皇帝爱民如子，人们才会对他歌功颂德。中国的哲人学士们不厌其烦地写道，国即家，能齐家者方能治国。如果皇帝在实践中背离了这一古训，即使他能征善战，治国有方，博学多才，也得不到臣民的景仰，那些东西实际上就变得一文不值。衣食父母的品性丧失了，皇帝的声誉亦将随之黯然失色；如果发扬光大了，声名也会如日中天。①

李明这里说的"仁治的原则"，其实正是儒家津津乐道的"仁政"思想与伦理思想。儒家非常重视从君主到个人的人格的自我修养，《大学》就说："自天子以至于庶人，一是皆以修身为本"，主张修身、齐家、治国、平天下。在治国方面，主张统治者要行事公正，为人表率，以德治国，待民以仁爱之心，这样才能为万民景仰，获得民心，从而达到治理天下的目的。孔子说："政者，正也。君为正，则百姓从政矣。君之所为，百姓之所从也。"②又说："其身正，不令而行；其身不正，虽令不从"，③所以只有广施德政，才能获得民众的拥护："为政以德，譬如北辰，居其所而众星拱之。"④孟子在孔子思想的基础上进一步提出了"仁政"的思想，指出如统治者省刑薄税，施惠于民，以道德引导民众，则可以达到国家强大，击败强敌的目的，⑤也即"行仁政而王，莫之能御也"。⑥李明把这种儒家思想看成是制约皇权的一个支柱，说明他对儒家这方面的政治思想与伦理思想是认可的，这也印证了他对儒家创始人孔子的颂扬，弥补了他介绍儒家经典时语焉不详的缺点。

李明还提到其它两个制约皇权的因素：一是大臣可以向皇上进谏，规劝皇帝改过从善；二是大臣编写"实录"，如实记录皇帝的功过得失，传之后人，让皇帝有所顾忌。他说："如其（指皇帝）治国有道，其将作为楷模以资后世借鉴，如果是混世魔王，则将供万人唾骂。"⑦其实，这种大臣敢于对君主的直言进谏与对君主言行的秉笔直书，也正是儒家对"忠臣"的要求与衡量"忠臣"的具体标准之一。孔子说"君使臣以礼，臣事君以忠"⑧，这个"忠"除了臣子对君主要忠心耿耿、对君主要克尽职守外，还包括要对君主敢于"勿欺也，而犯之"⑨，即不要无原则服从，而是对君主的失误与过错要敢于直言犯上。所以在儒家看来，向皇上进谏规劝是臣子应尽的责任，所以那些敢于这样做，特别是那些为此受到惩处甚至献出了宝贵生命的人，就一直被儒家士大夫视为大忠臣而受到讴歌。比如相传商纣王时大臣比干由于多次进谏批评商纣王，最后被商纣王挖了心，但他却名传千古。又如明朝嘉庆皇帝一心追求长生不老，不上朝理政，海瑞上书直言批评皇帝，据说还买好棺材，以示必死之心，虽然他没有被杀，只是关

---

① 前引李明书，第223页。

② 《礼记·哀公问》。

③ 《论语·子路》。

④ 《论语·为政》。

⑤ 《孟子·梁惠王上》。

⑥ 《孟子·公孙丑上》

⑦ 前引李明书，第223—224页。

⑧ 《论语·八佾》。

⑨ 《论语·宪问》。

进了监狱,却名声大震,成为清官的代表。另外,对"明君"与"昏君"的划分也主要是按照儒家伦理道德与治国理念来确定的。所以当李明把"忠臣"的进谏与秉笔直书看成是制约皇权、防止皇帝专权重要因素的话,这也说明他对儒家仁政思想与忠臣观念重要性的称许。

李明还在信中介绍了三个既是中国政府统治的"灵魂"又能维护中国社会安定的"法宝",其中名列其首的就是"向所有子民灌输的道德指南"即"孝":这"第一项道德准则关系到千家万户,它教导子女们要爱护、孝敬、尊重父母,不论子女受了什么虐待,不管子女地位有多高,年龄有多大,都不得悖行这一原则"①。"孝"是儒家伦理道德的核心观念之一,《论语·学而》说:"孝弟也者,其为仁之本与";《孝经·开宗明义》则说:"夫孝, 德之本也,教之所由生也";《孝经·三才》还引孔子之话说:"夫孝, 天之经,地之义也,民之行也"。把"孝"看成是德之本、"仁"之本以及天经地义的东西,其地位之重要由此可见。谈到"孝",首先使人想到的是子女对父母的服从与"无违",②不过这不是"孝"的全部内容,其还有其它重要的内涵,如子女对父母的敬爱之心,对父母的赡养,对父母死后的追念与祭祀,对自身身体发肤的爱护以及结婚生子、传宗接代,等等。李明把这个"孝"伦理原则看成是中国政府治国的"灵魂"以及维护中国社会安定的一个重要"法宝",这说明他抓住了儒家伦理思想的要害,因为确实自从儒家成为中国的统治思想以来,历代政府都非常推崇孝道,强调"以孝治国",也即把孝道作为治理国家的法宝。

李明在信中提到中国人尽孝的种种表现,如子女对父母的服从,对父母生前的赡养,父母死后子女痛哭、举办隆重的葬礼以及对死去的父母的祭拜等。他还注意到"孝"原则适合所有的人,皇帝也不例外:"君王在孝道上也照行不误"③。当然,作为一个来自异国的西方人,他对中国浓重孝文化下的一些不合理的行为也不理解,如他对中国父系家长对子女强有力的支配权以及子女对父母的绝对服从就表示惊讶,他说:"人们觉得父亲始终是有道理,只要他不满意,儿子就肯定有罪。父权那么大,若要将儿子诉诸法律,那是非丢命不可的。我们对这种做法感到很诧异。"④不过,尽管如此,他还是肯定"孝"观念在维系社会安定中的法宝作用,他谈到某位皇帝对母后的态度时就说明了这一点。据李明说,历史上某皇帝发现其母后与大臣"偷情"后十分震怒,把她流放到外地。皇帝的这个举动显然违背儒家"孝道",于是大臣们一个接一个地进谏与批评,即使其中有几人被皇帝处死也不屈服。最后皇帝只好让步,迎回母后,并且对母后十分孝敬。最后的结果是他得到了大臣与子民的爱戴,"后来,他对太后越敬重,子民对他也越爱戴"⑤。可见"孝"的威力是何等之大:失去了"孝",就会失去人心;有了"孝",也就有了人心,有了固若金汤的天下。李明对"孝"威力的赞扬,实际上也反映了他对儒家"孝"伦理原则本身的赞扬。

李明接着谈第二个政府进行统治的"灵魂"与维系社会安定的"法宝":"第二条道德准则要求人们

---

① 前引李明书,第229页。
② 关于"无违",学术界有不同理解,有人认为是不违背礼制,也有人认为是要求子女对父母的绝对服从。
③ 前引李明书,第229页。
④ 同上,第230页。
⑤ 同上,第232页。

习惯于将官员们看作皇帝的代理人"。这里谈的是老百姓对官员的敬畏、爱戴与服从。儒家传统思想中的"国"其实是"家"的延伸。在家里要长幼有序，要父慈子孝，也就是父母要对子女充满慈爱，而子女则要孝敬父母。这种充满亲情而又有等级的关系推广到国家管理与官民关系上，就是地方官作为皇帝的代表也应该有"父母之心"，即要爱民如子，要像对待自己的子女一样对待其治下的"子民"；而老百姓则应该像子女孝敬其父母那样去敬重、服从他们的地方官，也即"父母官"。服从皇帝的代表（地方官），也就是服从皇上，因皇上才是这个"国"大家庭的大家长，也就是人们时常称呼的"万岁爷"。这种对皇上的孝敬与服从就是"忠"。儒家很重视"移孝作忠"，也即"孝"功能的转化。《大学》就说："孝者，所以事君也"，《孝经》也说："夫孝，始于事亲，中于事君，终于立身"①，又说："以孝事君则忠，以敬事长则顺。"②

关于第三个政府统治的"灵魂"与治理社会的"法宝"，李明是这样表述的："第三条道德准则是教化民众要谨守礼仪，为人谦逊，彬彬有礼，要让人觉得和善可亲。"③李明在信中谈了中国人在这方面的种种具体表现：如讲究礼节，遵守长幼有序与高下有别的等级，注意处理人际关系，避免相互猜忌，彼此维持"和和气气，诚心诚意"的关系，等等。李明在这里说的实际上指儒家不同伦理道德在民间的综合影响（当然也包含其他思想流派与宗教信仰的影响）。

首先是"礼"。"礼"指礼仪、礼节、规范等，它是孔子思想两个基本的概念之一，与"仁"对应。《礼仪·曲礼》说："夫礼者，所以定亲疏，决嫌疑，别同异，明是非也。……君臣、上下、父子、兄弟，非礼不定。"总之，只要遵循相关礼仪，就可以确定亲疏关系、分别异同、明辨是非以及确定长幼尊卑之等级。在遵循礼制方面要注意"和为贵"，正如《论语·学而》所说的："礼之用，和为贵"，因这有益于和睦相处，有益于社会和谐。④其它儒家道德伦理思想也深入民间，如儒家倡导的修身、齐家、治国、平天下的修养之道，以及儒家崇尚的"君子"人格，等等。应该说儒家的各种伦理道德对于维系中国传统家庭稳定与传统社会秩序事实上还是起到了相当大的作用，李明这里讲的中国人"彬彬有礼""和和气气"局面，可以说在很大程度上与儒家伦理道德的影响有关。尽管李明对中国人的人际关系的描述如同他对中国政治制度的描述一样带有明显的理想化色彩，但这种理想化的描述正好也说明了他在一定程度上对某些儒家伦理思想与价值观的认同。他谈完前两个"法宝"后说："子女对父母谦恭孝顺，百姓对官员敬畏尊崇，这样便维持了家庭的安宁和城市的稳定。我认为，这样一个人口众多的大国能够秩序井然，主要得益于上述两点。"⑤在谈完第三"法宝"后，他再一次总结道："子女要孝敬父母；臣民要尊敬皇帝和官员；为人要谦谦有礼，光明磊落。这三条道德准则十分有效，因为它得到了一种明智且受拥戴的政治支持。"⑥也就是说，正是这三种与儒家伦理道德紧密相连的"法宝"保证了中国"完美"政治制度的存在。

---

① 《孝经·开宗明义》。

② 《孝经·士章》。

③ 前引李明书，第233页。

④ 对"和为贵"的解释，学术界有不同看法，本文此处参照罗安宪主编的《中国孔学史》之说，北京：人民出版社，2008年，第83页。

⑤ 前引李明书，第233页。

⑥ 同上，第237页。

李明对儒家思想与文化传统的介绍与诠释散见其书各处,有的地方比较集中,有的则只是片言只语。从总体上看,李明对儒家创始人孔子赞不绝口,认为他无论在个人践行还是在道德修养方面都堪称楷模,完全可以与欧洲的古代哲人相媲美,在某些方面甚至还要胜过欧洲的哲人。李明对于儒家奉为经典的"五经"与"四书"的介绍相比而言非常简单,有的甚至谈不上真正的介绍,同时语气大多平实,少有评说,这与他介绍孔子时充满激情的文字迥然有别。对于中国古代政治制度,李明也大加赞扬,认为这是人类政治史上的完美制度。李明对于儒家治国理念和伦理道德与中国君主制的关系的观察应该说是比较深刻的,他在这方面的诠释与分析也有较强的逻辑性。虽然他对中国政治制度完美以及中国社会和谐状况的描述带有浓重的理想化色彩,与实际情况有很大的差距,不过这也正好反映了李明对儒家思想与文化许多方面认可、认同的态度,因而值得注意。

(作者李晟文,加拿大拉瓦尔大学历史系教授。原载《国际汉学》2019年第2期)

清顺康时期江南省的天主教(1644—1707)

汤开建　赵殿红

经过明末近半个世纪的努力,耶稣会在江南省的天主教教务获得了长足的发展。明清鼎革之际,虽有短暂的沉寂,但时间不长。清军入关后,战争对于江南省的大部分城镇造成了极大的破坏,由于军事对抗和清政府的剃发政策,给江南省的城镇带来了一次又一次的大屠杀,如扬州屠城、江阴屠城、嘉定屠城、昆山屠城、松江屠城。[1]虽然时间持续都不长,但屠城所带来的毁灭性的打击对江南社会产生的影响十分巨大,而被屠城地区的天主教教务亦玉石俱焚。到1645年下半年,清朝对江南省的统一战争基本完成。从中央层面而言,深受顺治皇帝恩宠的耶稣会士汤若望保证了地方传教的自由,而南京、上海等地的中国地方官员也表示了对天主教的友好,各地的天主教教务开始恢复。在欧洲耶稣会士和本地基督徒的共同努力下,在清初顺治年间,江南省的天主教传教再次出现了一派繁荣景象。特别是卫匡国从欧洲返回江南后,带回来一批新的传教士。新人员的到来使在改朝换代中损失惨重的耶稣会教团增添了新鲜血液。耶稣会士仍然执行17世纪30年代实行的扩张标准,加强江南省在耶稣会通信枢纽上的地位,耶稣会士在松江、扬州、苏州、常熟及淮安等之前传教士曾游历和传教过的地方重新开辟住院。[2]不仅江南大部分城市建有传教点,个别地区如松江已发展到有近百所大小教堂。而据卫匡国记载,17世纪40年代末或50年代初,上海的教徒数大约为20000人,[3]大体上已经恢复到明末时上海天主教徒的数量。

康熙四年(1665)杨光先教案爆发,各地的欧洲传教士大多被驱逐到广州软禁,江南省的传教再次沉寂,但康熙亲政以后不久,就颁令禁闭于广州的传教士奉旨归堂。传教士对清宫的服务与效力,赢得了康熙皇帝的信任。康熙十年(1671)冬,御书"敬天"二字匾额,赐悬堂中,并谕曰:"朕书敬天,即敬天主也。"[4]表达了中国最高统治者对外来天主教的尊重和崇敬,这一信号的释放,获得了全国的回应和效仿。秦岭东西,淮河南北,全国的教堂无一不挂上了"敬天"的匾额,表现了清政府对天主教"优容"的态度。于是江南省的教务又活跃起来,"南京有刘迪我,扬州、镇江有毕嘉(Jean-Dominique Gabiani),淮安有张玛诺,常熟有鲁日满,松江有成际理,上海有柏应理和金百链。"[5]他们在各地传教,"每年神父巡行会口时,教徒带着他100名或1000名望教者来见神父。"[6]"据云每年能付洗五六百人。"[7]还

---

[1] 尤中:《中华民族发展史》第3卷《明代清代》,昆明:云南出版集团公司晨光出版社,2007年,第172—177页。

[2] 柏理安:《东游记:耶稣会在华传教史(1579—1724)》第1部分"目击末日审判",陈玉芳译,澳门:澳门大学出版社,2014年,第88页。

[3] Martino Martini, *Novus Atlas Sinensis*, Università degli Studi di Trento, 2003, p.102:"只是在上海市教友数才超过20000人"。

[4] 黄伯禄:《正教奉褒》,康熙十年冬条,《中国天主教史籍汇编》,新北:辅仁大学出版社,2003年,第525页。

[5] 高龙鞶:《江南传教史》卷4,周士良译,新北:辅仁大学出版社,2009年,第2册,第182页。

[6] 高龙鞶:《江南传教史》卷2,第2册,第76页。

[7] 高龙鞶:《江南传教史》卷4,第2册,第202页。

有资料载："重返江南的神父们,曾有若干记录,1672及1673年受洗的人数超过以往的任何一年,达到好几千人。"①柏理安称:"耶稣会17世纪90年代的报告透露出传教事业呈现全面复兴的态势。教友社团继续扩张,一些新来神父促进了社团的进一步发展。江南省的情况尤为显著,据说,上海、松江和常熟的耶稣会士牧养了成千上万的追随者。"②直到1692年,康熙"容教诏令"的颁布,终使江南省的传教走向顶峰。

在明清天主教传教史上,江南地区无疑是天主教最为发达的地区,学界曾有多位学者均予以关注和研究,但由于中西史料的利用和挖掘仍存在着很大的缺漏,故所表现的历史就有相当大的差距。研究江南省天主教的传播,我们认为,对该地区教堂、教友数量的具体考察,是衡量该地区天主教教务发展最为重要的标准,也是在天主教史研究中最为困难的问题之一。理由有三:(一)时间的不确定性。随着年代的推移和国家政策的演变,教堂、教友数量会经常出现变化。(二)记载的模糊。即使是原始记录,也会因记忆、夸大、转述等原因而与事实有出入。(三)教堂、教友本身的不确定性。何谓真正的教堂是一个复杂的概念,例如有时因条件不成熟而临时在教徒家中所设礼拜堂,很可能也被传教士们记为教堂,这为考证其准确数据带来了不小的困难。但无论如何,截取其中的时间和空间段,从总体上审视和考察教堂和教徒的数量,得出一个较为准确的数据,仍是传教史研究不可缺少的工作。本节拟对现存各种中西文献中所记录的顺康时期江南省天主教教堂、教友的数据进行全面梳理,并对松江、南京、苏州等传教中心城市及其他非中心城市地区,也包括这些城市周边的乡村的天主教教务发展情况进行考述。

一、顺康时期天主教在江南省传教中心城市的发展

明末清初天主教在江南省的传播是一个由点到面、由城市到乡村的渐进过程。在此过程中,一些重要的传教区域尤其是开教较早、教徒素质较高以及建有正式教堂的城市,成为江南省传教的中心城市,如松江府的上海,苏州府的常熟及耶稣会最早建立中心的南京城。

(一)松江府

明代江南省天主教中心传教据点为南京城,入清以后,整个传教形势发生了很大的变化。由于南京失去了政治中心的地位,而江南省重要的奉教官绅家族大都集中在松江、上海地区,这一地区的传教基础明显优于南京,所以从顺治初年开始,江南省的天主教传教重心逐渐从南京转移到上海、松江地区。清兵南下,进逼松江,松江守军反抗遭屠城,但上海官员则宣布服从新朝,徐光启诸孙亦随之顺从,剃发结辫。③清朝军队也没有对天主教进行打击,故上海地区未遭战火屠戮。

清初松江地区的天主教教务,主要分为两大区域:一是上海城内及其四周的乡村,二是松江府治及其周围城乡。潘国光自1638年到1664年一直主持上海各会口的教务,他在许太夫人的支援下全力发展上海、松江教务。潘国光称,在清军征服该地区一年之后,即仅1647年一年,就有1162名皈依

---

① 高龙鞶:《江南传教史》卷4,第2册,第203页。
② 柏理安:《东游记:耶稣会在华传教史(1579—1724)》,第123页。
③ 高龙鞶:《江南传教史》卷1,第2册,第31页。

者。次年,这位意大利神父汇报说,他的职责包括照料分布在不同乡镇的45个教友会,其中12个有自己的教堂。[①] 1648年,有1593人受洗。[②]1649年,上海受洗人数为2500人。[③] 1652年,受洗为1932人,1653年受洗为1629人,1654年受洗为1621人,1656年受洗为1907人。[④]到杨光先教案爆发之前,上海新受洗的天主教徒的总数为12344人。据荣振华记载,潘国光到上海后,"每年为2000至4000人举行洗礼"[⑤],据潘国光1651年写给总会长卡拉法(Carrafa)的信中称,他在上海的10年间施洗15000人。[⑥]这反映出,虽然处在明清鼎革的政治剧变之时,上海天主教的发展却极为迅速。1663年伽马称上海教徒40000人,[⑦]1664年徐称42000或50000。[⑧]荣振华称,仅上海城外就有45000名教徒,120个天主教团契。[⑨]聂仲迁于1664年亦称上海、松江"现有男女教徒5万余人"。[⑩]据巴笃里《中国耶稣会史》及柏应理《一位中国奉教太太》中的资料,1665年松江教徒为50000余人[⑪]。当时上海属松江府,此处5万余人,应指松江府包括上海之总数。

清军南下时,上海教堂得到知县保护,没有被毁。[⑫]卫匡国的材料说明了这座城市及其周围地区有很多的教徒和教堂。[⑬]在此期间,在松江、上海的城乡还建起了大量的教堂。1647年年报提到,徐光启的长孙媳妇菲拉维亚(Flavia)修建了一座圣母堂。青浦县的七宝村一位叫夏保禄(Hiá Paulo)的教徒捐地建造了一座教堂。[⑭]1648年年报提到,上海六里桥和涂家巷各建教堂一处[⑮],松江南汇潘国光新建教堂一处。1651—1652年年报称,上海、青浦新建两处教堂,金山镇(Shen-Sha-Kiang)也建有小礼拜堂。[⑯]到顺治末年时,1663年伽马列表上海教堂2所。[⑰]1664年徐宗泽表则称上海有"圣堂:城内老天主堂及南门九间楼,乡下66"。[⑱]据卫匡国(Martino Martini)记录,17世纪60至70年代上海约有40

① 柏理安:《东游记:耶稣会在华传教史(1579—1724)》,第68页。

② Joseph Dehergne S.J, *Les Chrétientés de Chine de la Période Ming (1581-1650)*, *Monumenta Serica Journal of Oriental Studies*, Volume 16, 1957, Issue 1-2, p.65.

③ António de Gouveia, *Cartas Ânuas da China (1636, 1643 à 1649)*, Institvto Portvgvês do Oriente and Biblioteca Nacional, 1998, p.410.

④ 刘耿:《十七世纪耶稣会中国年信研究》第5章,附录《各住院历年付洗人数统计》,复旦大学博士学位论文,2018年,第341—342页。

⑤ 荣振华:《在华耶稣会士列传及书目补编》之《潘国光传》,耿升译,上册,北京:中华书局,1995年,第83页。

⑥ Joseph Dehergne S.J, *Les Chrétientés de Chine de la Période Ming (1581-1650)*, *Monumenta Serica Journal of Oriental Studies*, Volume 16, 1957, Issue 1-2, p.65.

⑦ 伽马(Louis de Gama):《1663年中国教务统计表》,载樊国阴:《遣使会在华传教史》第4章,吴宗文译,台北:华明书局,1977年,第109页。

⑧ 徐宗泽:《中国天主教传教史概论》第8章,上海:上海书店出版社,2010年,第145—146页。

⑨ Joseph Dehergne S.J, *Les Chrétientés de Chine de la Période Ming (1581-1650)*, *Monumenta Serica Journal of Oriental Studies*, Volume 16, 1957, Issue 1-2, p.65.

⑩ 高龙鞶:《江南传教史》,第2册,第74页。

⑪ 费赖之:《在华耶稣会士列传及书目》之《潘国光传》,冯承钧译,北京:中华书局,1995,上册,第231页。

⑫ 同上,第230页。

⑬ Martino Martini, *Novus Atlas Sinensis*, Università degli Studi di Trento, 2003, p.102.

⑭ António de Gouveia, *Cartas Ânuas da China (1636, 1643 à 1649)*, Institvto Portvgvês do Oriente and Biblioteca Nacional, 1998, p.375.

⑮ 同上,p.389.

⑯ Joseph Dehergne S.J, *Les Chrétientés de Chine de la Période Ming (1581-1650)*, *Monumenta Serica Journal of Oriental Studies*, Volume 16, 1957, Issue 1-2, p.65-66.

⑰ 伽马:《1663年中国教务统计表》,载樊国阴:《遣使会在华传教史》第4章,第109页。

⑱ 徐宗泽:《中国天主教传教史概论》第8章,第145—146页。

至70座教堂。[①]据柏应理称,浦东一带,潘国光神父建有大堂90座,小堂45座。[②]聂仲迁于1664年亦称上海、松江"现有教堂约67座,或在设有住院的上海、松江城中,或在两县所辖的乡村中"[③]。柏理安称,上海面临的牧灵挑战最为繁重。虽然有3位神父和一位助手共同努力,但牧养3个主堂以及乡村地区80个小圣所里上千教徒也是一个巨大的负担,更别提在其它30个没有圣堂但每年却有1800人受洗的小村庄里的教徒了。[④]然而教会官方在《1697年中国各住院的教堂数量》中发布的正式数据称:上海县住院县城内的教堂,除了1座壮丽辉煌、装修精美的天主堂,还有2座奉献给圣母的教堂。在城墙外传教士的墓地中,也有1座圣母堂。除了上述4堂,在该县中还沿居民区分布着60座教堂。此外,还有19座祈祷室,有时可以弥补教堂之缺,因为弥撒可以放在祈祷室中进行,还可以为周边虔诚的信徒安排各种圣事。除了这些祈祷室外,还有30个圣所,教徒很多,但是,不在其中举行弥撒,因为条件不够,不符合礼仪的规定,于是,住在这些地方的教徒就前往邻近的教堂和祈祷室,去聆听天主的话语,履行宗教义务。[⑤]

松江城开教始于天启初年,第一座教堂是由许甘第大捐建,教堂始建的时间在天启末,而教堂正式落成则在崇祯年间。松江的第一个会口也是在1650年由许甘第大创办。许甘第大早就加入天主教,她嫁入许家后,教养子女,并使丈夫皈依天主教,开创了松江会口。[⑥]1658年,松江重建遭战争破坏的教堂。[⑦]伽马1663年表列松江教堂1所,[⑧]《各处堂志》称松江教堂"在娄县东丘家湾"[⑨]。巴笃里的记录称1665年松江府(包括上海)共有教堂66所。[⑩]据高华士(Noël Golvers)的考证,松江地区1665年已发展到92座教堂,这与1665年后不久一幅清初地图上所标示的松江地区100座教堂之数接近。[⑪]

杨光先教案爆发时,上海受到了清政府官员的保护,苏州巡抚派员到上海,传谕妥为保管上海的教堂,故上海教堂未遭破坏。[⑫]康熙十年(1671),柏应理、刘迪我奉旨归堂,重修"敬一堂"。[⑬]康熙二十三年(1684)又在"敬一堂"附近建一小堂,专为妇女瞻礼之用的"圣母堂"。[⑭]柏应理称1680年松江城内有教堂1座,城外有圣母堂1座,附近城镇和乡村有25座教堂和6座小堂,共有33座。[⑮]据《1697年

① Noël Golvers, *François de Rougemont, S.J., Missionary in Ch'ang-shu (Chiang-nan): A Study of the Account Book (1674–1676) and the Elogium.* Leuven University Press & Ferdinand Verbiest Foundation, 1999, p. 256.

② 高龙鞶:《江南传教史》卷3,第1册,第243页。

③ 高龙鞶:《江南传教史》卷2,第2册,第74页。

④ 柏理安:《东游记》第5章,第124页。

⑤ Joze Suares, *Annua do Colégio de Pekim desde o fim de Julho de 94 até o fim do mesmo de 97 e algumas outras Rezidências e Christandades da Missão de China,* BAJA, 49-V-22, f.632v.

⑥ 高龙鞶:《江南传教史》卷4,第2册,第214页。

⑦ Gabriel de Magalhães, *Annuas das Residências Do Norte da Vice-Província da China do Anno 1658,* 49-V-14,f.237v.

⑧ 伽马:《1663年中国教务统计表》,载樊国阴:《遣使会在华传教史》第4章,第109页。

⑨ 静乐居士编:《辩学》不分卷《各处堂志》,台湾政治大学社会科学资料中心藏方豪旧藏清钞本,第11页。

⑩ ARSI, JS 134, fº 345v;转自高华士:《清初耶稣会士鲁日满:常熟账本及灵修笔记研究》(以下简称《清初耶稣会士鲁日满》),赵殿红译,郑州:大象出版社,2007年,第171页。

⑪ 高华士:《清初耶稣会士鲁日满》,第173页。

⑫ 高龙鞶:《江南传教史》卷3,第2册,第132页。

⑬《敬一堂志》,钟鸣旦等编:《徐家汇藏书楼明清天主教文献续编》第14册,台北:利氏学社,2013年,第11页。

⑭ 同上,第28、39页。

⑮ 高华士:《清初耶稣会士鲁日满》,第174页。

中国各住院的教堂数量》记载,松江府城区和一个叫青浦的县就拥有约30座教堂,这还不算大量的小堂和祈祷室。[1]高龙鞶《江南传教史》还提供了一条材料称:"在15年中,上海、松江四周新造了200余所教堂",许甘第大夫人常给予资助。[2]苏霖神父称:"1697年时,上海共有4座大型教堂,其中一座天主堂、两座圣母堂在城墙内,每逢重大宗教庆日,乡下的教徒就去城里的教堂领受圣事。"[3]据《1699年耶稣会中国区概况》称,松江有住院一所及专为妇女的教堂1所,四乡有教堂或者小堂20所,由张安当、龚尚实、何大经管理;上海有住院1所及专为妇女的教堂1所,四郊有教堂30所,由孟由义、瞿良士、刘蕴德、陆希言经营。[4]又据《1701年中国教务概况》,松江府有住院1所,府治共有教堂28所,有张安当与龚尚实2人管理;上海有住院1所,全县有教堂60所,由孟由义、江纳爵、马安能、郭若望、陆希言管理。[5]据1703年卫方济神父的报告称,葡萄牙神父在江南省的上海、松江、常熟就有100多座教堂。[6]这应该是18世纪初松江府教堂的教会统计总数,即松江地区(包括上海)共有教堂90所,但不包括祈祷所、忏悔室等家庭礼拜场所。至于整个松江府包括上海的教堂有92座之说、100座之说和200座之说,应该是算法的不同,有的包括了一些小堂,有的就没有包括一些小堂,甚至有的是私人家里开辟的小礼拜堂,所以出现了多种教堂数目的歧义。

关于松江府的教友人数,有很多种不同的说法。伽马1663年表列松江教徒2000人。[7]这仅仅是指松江县城一地的人数,而不包括上海。到刘迪我神父主持上海和松江两地的传教工作时,教务发展很快。1673年8月17日,刘迪我在信中写道:"两年来,我所在的工作地区虽方圆不出几十里,但展望前景,非常广阔,新近奉教的已有4万多人,但尚有无数人还在教外,这里是中国人口最密集的地区。这两年内,耶稣的圣而公教会又增加了5000多人,都是我亲手付洗的。"[8]据《耶稣会中国年信》,1695年时,松江又增加了758名基督徒,1697年时,上海又增加了1800名基督徒。[9]根据高华士的说法,松江府自17世纪50年代以后是中国最繁荣的传教区,除了松江城以外,还应包括松江府下属的上海县和青浦县。

根据表1,松江、上海地区在1660年左右有40000名教徒,1663—1664年时有50000名教徒[10],1666年有60000名教徒,1677—1680年间有70000名教徒。到1697年时,据耶稣会士年报孟由义神父称江南地区教徒人数超过100000。[11]1703年,卫方济向耶稣会总会汇报时亦称,在江南省的上海、松江、常

① Joze Suares, *Annua do Colégio de Pekim desde o fim de Julho de 94 até o fim do mesmo de 97 e algumas outras Rezidências e Christandades da Missão de China*, BAJA, 49-V-22, f.635.

② 高龙鞶:《江南传教史》卷2,第2册,第78页。

③ Joze Suares, *Annua do Colégio de Pekim desde o fim de Julho de 94 até o fim do mesmo de 97 e algumas outras Rezidências e Christandades da Missão de China*, BAJA, 49-V-22, f.633v.

④ 高龙鞶:《江南传教史》卷5,第2册,第315页。

⑤ 同上,第317页。

⑥ 杜赫德编:《耶稣会士中国书简集:中国回忆录》第1卷,郑德弟等译,郑州:大象出版社,2001年,第231页。

⑦ 伽马:《1663年中国教务统计表》,载樊国阴:《遣使会在华传教史》第4章,第109页。

⑧ 费赖之:《明清间在华耶稣会士列传(1552—1773)》,梅乘骐、梅乘骏译,上海:天主教上海教区光启社,1997年,第332页。

⑨ 刘耿:《十七世纪耶稣会中国年信研究》第5章,附录《各住院历年付洗人数统计》,第343页。

⑩ 高龙鞶:《江南传教史》卷2,第2册,第74页。1664年聂仲迁称:松江、上海地区现有男女教徒50000余人,教堂67座,沿浦东海塘还有教堂5处。柏应理则称全区共有教堂90所,小堂45所。

⑪ José Soares, *Partial AL Vice-Province July 1694-July 1697*, Peking, 30 July 1697, BAJA 49-V-22:634r.

熟有10万多基督徒。[①]这种每年递增的松江、上海地区教徒资料应该是可以相信的,这一时期松江上海地区是中国天主教最为发达的地区,而且受到历任上海官员的支持与保护,虽然有杨光先教案的冲击,但并没有影响到该地区天主教的发展,所以从1660—1697年37年间,这一地区一直呈现着天主教教友直线上升的态势。在37年中,上海的教徒数从40000人增长到100000人,平均每年增长1600余人。潘国光在16世纪40年代后期到50年代初期,每年受洗人数均在1500人左右,而鲁日满和利玛弟在17世纪50年代末60年代初施洗人数为大约每年2000人。[②]特别是1692年康熙容教令颁布后,松江地区天主教再次出现了蓬勃发展的势头。因此完全可以证明,上述上海天主教教友发展的数据,既符合历史发展的逻辑,又与史实相符。故苏霖称:"1697年时,上海住院的教徒,在整个中国传教区中是人数最多的。"[③]

表1　1650年至1690年有关松江府教徒的统计资料

作者	年代	教徒数	上海教堂数	松江教堂数
利玛弟[④]	1659—1660	40000	47	20
文都辣[⑤]	1660	40000	–	–
鲁日满[⑥]	1661	40000	56	27
潘国光[⑦]	1661	40000+	56	–
潘国光[⑧]	1662	45000	50+	–
伽马[⑨]	1663	40000+	66+2	很多
毕嘉[⑩]	1663/4	50000	66[⑪]	25[⑫]
潘国光[⑬]	1666	60000+	67	1+20
潘国光[⑭]	1669	–	67	–
刘迪我[⑮]	1674	60000	60+	–
柏应理[⑯]	1677—1680	70000[⑰]	94	–

① 杜赫德:《耶稣会士中国书简集:中国回忆录》第1卷,第231页。

② Jean-Dominique Gabiani, *Incrementa Sinicae Ecclesiae*, Viennae, 1673, p.67.

③ Joze Suares, *Annua do Colégio de Pekim desde o fim de Julho de 94 até o fim do mesmo de 97 e algumas outras Rezidências e Christandades da Missão de China*, BAJA, 49–V–22, f.633v.

④ ARSI, JS 112, f° 103v.–104r.转自高华士:《清初耶稣会士鲁日满》,第171页。

⑤ B. Ibañez,in S.F., Ⅲ, p.84.转自高华士:《清初耶稣会士鲁日满》,第171页。

⑥ C. F. Waldack, "Le Père Ph.Couplet", pp.18–21 and H. Bosmans, "Lettres inédites", pp.34–36.鲁日满统计平均每年增加教徒2000人,同样见利玛弟关于1659年和1660年的数目。转自高华士:《清初耶稣会士鲁日满》,第171页。

⑦ ARSI, JS 124, f° 19r.转自高华士:《清初耶稣会士鲁日满》,第171页。

⑧ ARSI, JS 162, f° 72r.转自高华士:《清初耶稣会士鲁日满》,第171页。

⑨ ARSI, JS 134, f° 345v.这里提到上海的乡村有66座教堂,包括松江地区;而松江市只有2000教徒和1座教堂。转自高华士:《清初耶稣会士鲁日满》,第171页。

⑩ Jean-Dominique Gabiani, *Incrementa Sinicae Ecclesiae, Viennae*, 1673, p.35.转自高华士:《清初耶稣会士鲁日满》,第171页。

⑪ Jean-Dominique Gabiani, *Incrementa Sinicae Ecclesiae, Viennae*, 1673, p.67.转自高华士:《清初耶稣会士鲁日满》,第171页。

⑫ Jean-Dominique Gabiani, *Incrementa Sinicae Ecclesiae, Viennae*, 1673, p.68.转自高华士:《清初耶稣会士鲁日满》,第171页。

⑬ ARSI, JS 162, f° 135v.转自高华士:《清初耶稣会士鲁日满》,第171页。

⑭ ARSI, FG 130, I, f° 83v.转自高华士:《清初耶稣会士鲁日满》,第171页。

⑮ J. Dehergne, A.H.S.I, 28, 1959, p.319.转自高华士:《清初耶稣会士鲁日满》,第172页。

⑯ ARSI, JS 116, f° 228r.转自高华士:《清初耶稣会士鲁日满》,第172页。

⑰ ARSI, JS 117, f°212V,这个数字包括上海的40000人和松江的30000人。而据ARSI,JS 199, I, f°115r,上海就有70000人,松江只有20000人,很有可能松江的数字被包含在上海的数字之中。转自高华士:《清初耶稣会士鲁日满》,第172页。

据此可知,整个松江府天主教发展在高峰时期教友人数高达100000人,有住院一所设在上海,教堂的发展在高峰时期有大教堂90座,小教堂45座。即使到1703年时,还有大小教堂共100余座,成为了清初江南地区天主教最为发达繁盛的地区。

(二)苏州府

苏州府是清初江南省最为核心的天主教传教区域之一,其下包括苏州城、常熟城、昆山城、太仓城、崇明城以及周围附近的农村,其中常熟城又是苏州府传教中心的重心。清兵南下,苏州城是江南省最先被清人征服的城市之一,由于城中的居民归降,该城亦未遭受战争的破坏。下面将上述城市的天主教发展状况分而述之。

1.苏州

相对其他江南中心城市,传教士正式来苏州传教则稍晚,直到明朝末年,才有传教士来苏州传教,但未见建筑教堂。入清以后,苏州的教堂和基督徒由贾尼睦神父主管,清军进入苏州前三天,他已经撤退到了乡下,并躲过了战祸。1644—1648年间,贾宜睦神父在苏州与常熟两地为3000人施洗。[①] 1652年何大化在苏州施洗2359人,亦未见教筑教堂的记录。[②]直到1658年,潘国光神父才在苏州建立一处教堂和住院。[③]费赖之《在华耶稣会士列传及书目》称:“1658年国光得甘第大及一武官之资助,在松江、苏州各建教堂一所。”[④]根据毕嘉的说法,直到1658年,刘迪我才在许甘第大的资助下,在苏州建立了一座奉献给圣母的教堂。[⑤]《辩学》亦称潘国光“又建堂于苏州娄门内混堂巷”。[⑥]康熙《苏州府志》称:“天主堂在卧龙街通关坊内向,在东北隅贞字二图长庆巷。顺治初天学传教士潘国光、贾宜睦来苏首建,至康熙十九年传教士柏应理、毕嘉改建于此。”[⑦]1663年的一份统计资料显示,与常熟相比,苏州传教事业并不理想。鲁日满于1669年写给他兄弟的信称:“常熟有很多教友,而其他三座城市(包括苏州)教友人数很少。”[⑧]17世纪60年代,苏州教堂的附近是清军的营房,在传教士的努力下,有一些士兵成为教徒:“苏州驻军中有信教者若干,此辈其先行为暴戾,自经受洗后变为和善,与民相安。”[⑨]

1678年来华的西班牙耶稣会士鲁日孟(Juan de Yrigoyen)神父最初在苏州传教,就居住苏州教堂之中。[⑩]柏应理在1680年提到一次对房屋和教堂的扩建,同样将这些功劳完全归功于许甘第大的帮助。他说:“在巡抚驻地苏州城,我们有一个教堂和一所房屋,由于许甘第大的慷慨捐赠,我们得以将

---

① 高龙鞶:《江南传教史》卷1,第2册,第33页。

② 费赖之:《在华耶稣会士列传及书目》之《何大化传》,上册,第228页。

③ Joseph Dehergne S.J, Les Chrétientés de Chine de la Période Ming (1581—1650), *Monumenta Serica Journal of Oriental Studies*, Volume 16, 1957,Issue 1-2,p.59.

④ 费赖之:《在华耶稣会士列传及书目》之《潘国光传》,上册,第231页。

⑤ Jean-Dominique Gabiani, *Incrementa Sinicae Ecclesiae*, Viennae, 1673,p.23. 高华士:《清初耶稣会士鲁日满》,第163页。

⑥ 静乐居士编:《辩学》不分卷《大西修士行略纂》,第43页。

⑦ 《苏州天主堂记》,钟鸣旦等编:《徐家汇藏书楼明清天主教文献》第5册,台北:辅仁大学神学院,1996年,第2402页,

⑧ ARSI, JS 134, f°345v. 转自高华士:《清初耶稣会士鲁日满》,第163页。

⑨ 费赖之:《在华耶稣会士列传及书目》之《鲁日满传》,上册,第337页;Jean-Dominique Gabiani, *Incrementa Sinicae Ecclesiae*, Viennae, 1673, pp.51-52.

⑩ ARSI, JS 163, f°163v;费赖之:《在华耶稣会士列传及书目》之《鲁日孟传》,上册,第389页。

它们改造和扩建。"①这些在苏州的修建工程可能于1681年或之前完成。

《各处堂志》称苏州堂"在娄门内混堂巷，今移在皇府基河西"②。伽马表列1663年苏州教堂1座，教徒500人③；徐宗泽1664年表无苏州教堂数，列苏州教徒500人。④杨光先教案爆发后，苏州官员善待天主教，故苏州教堂未曾受损。1684年葡萄牙耶稣会士李西满(Simon Rodrigues)来苏州，主要在苏州、常熟两地传教，每年领洗入教人数在500到600人之间，⑤教务极为发达。据《1697年中国各住院的教堂数量》记载，苏州府有一座宏大壮丽的教堂。⑥据《1699年耶稣会中国区概况》，苏州有住院一所，及专为妇女的小堂一所，由李西满主管。⑦而《1701年中国教务概况》则称苏州有住院一所，由李西满主持。⑧可知，在清初天主教发展的高峰期，据上面的统计资料，苏州的教友人数高达6359人，并非传统的说法500人。还有住院1所，教堂则有2座。

2. 常熟

清初最早赴常熟传教者当为贾宜睦神父，他可以说是终身以常熟为其传教据点。1645年，常熟又有100人接受洗礼，1647年则有30人，1648年有1500人。⑨在1647年耶稣会年信中，已经出现了"常熟住院"。⑩而费赖之称，贾宜睦神父在1644—1648年间，经其受洗者3000人。⑪1649年有763人，1657年有206人，1658—1659年有477人，1660年有246人。⑫1663年在常熟则受洗有10000人，⑬据1647年《耶稣会年报》称，瞿式耜的儿子瞿若望捐建一座天主堂。⑭1648年，《耶稣会年报》称，常熟建了一座新教堂。⑮贾宜睦神父在常熟及其附近城邑奔波20余年。柏应理称，到1662年9月贾宜睦神父去世不久，"他负责照看几乎有10000名教友"⑯。长期在江南地区传教的意大利传教士卫匡国曾经描述了常熟传教团体的情况："在常熟城，耶稣会拥有很多教堂，城里城外都有，奉献于真正的天主，教友人数日增，教会势力逐渐壮大，那些假神的雕像被丢弃。"⑰费赖之称："常熟教民则以布教热心而显

① ARSI, JS 117, f°269r. 高华士：《清初耶稣会士鲁日满》，第165页。

② 静乐居士编：《辩学》不分卷《各处堂志》，第10页。

③ 伽马：《1663年中国教务统计表》，载樊国阴：《遣使会在华传教史》第4章，第109页。

④ 徐宗泽：《中国天主教传教史概论》第8章，第145—146页。

⑤ 费赖之：《明清间在华耶稣会士列传(1552—1773)》，第442—443页。

⑥ Joze Suares, *Annua do Colégio de Pekim desde o fim de Julho de 94 até o fim do mesmo de 97 e algumas outras Rezidências e Christandades da Missão de China*, BAJA, 49-V-22, ff.636-636v.

⑦ 高龙鞶：《江南传教史》卷5，第2册，第315页。

⑧ 同上，第317页。

⑨ 刘耿：《十七世纪耶稣会中国年信研究》第5章，附录《各住院历年付洗人数统计》，第341页。

⑩ António de Gouveia, *Cartas Ânuas da China (1636, 1643 a 1649)*, Institvto Portvgvês do Oriente and Biblioteca Nacional, 1998, p.377.

⑪ 费赖之：《在华耶稣会士列传及书目》，上册，第248页。

⑫ 刘耿：《十七世纪耶稣会中国年信研究》第5章，附录《各住院历年付洗人数统计》，第341—342页。

⑬ 高龙鞶：《江南传教史》卷2，第2册，第96页；费赖之：《明清间在华耶稣会士列传(1552—1773)》，第278页称，贾神父去世之前使常熟地区奉教人数增加到2万人以上。

⑭ António de Gouveia, *Cartas Ânuas da China (1636, 1643 a 1649)*, Institvto Portvgvês do Oriente and Biblioteca Nacional, 1998, pp.378-379.

⑮ 同上，p.396.

⑯ ARSI, JS 134, f°345v. 转自高华士：《清初耶稣会士鲁日满》，第156页。

⑰ Martino Martini, *Novus Atlas Sinensis*, Università degli Studi di Trento, 2003, p.101.

于世。分为14会团，以士人10人统率之，劝化入教者甚众。"[1]

其后在常熟最主要的传教士是比利时耶稣会士鲁日满。鲁日满最迟于1662年到达常熟，在1663年，据称常熟城内有两座教堂，其他的分布于乡村，而鲁日满是当地传教事务的主持人。还有一份统计材料记载："常熟城有两座教堂和一个会院；附近的村庄有14个教堂和小礼拜堂及21个传教点。"[2]这个会院[3]和附近的教堂一起在1658或1659年毁于大火，当时里面的圣物和家具被盗窃一空。柏应理也叙述了鲁日满的教堂和会院被焚的经过，但将它们的重建归功于许甘第大的慷慨捐助。[4]《各处堂志》称常熟堂"在南门内"[5]，常熟的主教堂名为"救世堂"，专供男性教徒礼拜之用，实际上它是常熟的第二座教堂。伽马1663年表列常熟堂2所，教徒10000人[6]；徐宗泽1664年表列常熟堂2所，教徒10900人。[7]据《1664年教务简表》常熟有教徒10900人，城内有教堂2所，住院1所，四郊有小堂多所。住院兼管苏州、嘉定、昆山、太仓、崇明各地的教堂和会口。[8]

杨光先教案爆发时，常熟的情况与上海相似，鲁日满自行到官府投案，常熟知县对鲁日满特别优待，并答应保障教堂的安全。[9]1692年，康熙容教令颁布后，常熟的教徒还在增长。当时在常熟的李西满神父着手巩固教区，包括常熟3个教堂，苏州、崇明岛上各1个教堂以及散落在乡间的48个圣堂。然而，由于许多教徒没有固定居所，而是栖息在大小河渠里的船上，教牧极其困难。单是1692年当地社团就有967受洗者，迫使李西满鼓励教徒把他们的水上圣堂"移到陆地"，建1座新教堂。[10]据《1697年中国各住院的教堂数量》记载，常熟住院神父所辖之教徒既来自本县[11]，又来自无锡、昆山、崇明等县，总共1万多人。共有3座教堂，其中2座在常熟县的城墙内，1座在常熟县郊区。另外，在城乡各处还有18座小堂和30多间祈祷室。[12]据《1699年耶稣会中国区概况》常熟有住院一所，及专为妇女的小

---

① 费赖之：《在华耶稣会士列传及书目》之《鲁日满传》，上册，第337页。

② ARSI, JS 116, f°269r.转自高华士：《清初耶稣会士鲁日满》，第15—157页。

③ 中文文献的相关记载可以佐证上述西文史料中常熟会院的信息。事实上，耶稣会士重新购买的房子即中文文献中的"言子旧宅"。光绪《常昭合志稿》卷42《第宅志》，光绪三十年刊本，第1—2页载："言子旧宅，在县西北，今名子游巷。……至明季泰西氏之教滥溢中国，其人蔓引根据，所在多有，于是言子宅遂为教堂矣。"陈垣称，言子宅与著名画家吴渔山的住宅邻近，位置在子游东巷（陈垣：《吴渔山晋铎二百五十年纪念》，周康燮主编《吴渔山研究论集》，香港：崇文书店，1971年，第37页）。据《常昭合志稿》可知，言子旧宅在明末时已经被耶稣会建为教堂，而且清初时旧宅内还有基督徒吴渔山居住过的遗址，可以反映这一片大宅院既是当时常熟耶稣会的教堂，也是耶稣会的住院。1724年1月雍正敕令禁教之后，言子宅教堂被废弃。鲁日满账本所记录的常熟会院的特征，与言子宅的情况相符。

④ 高华士：《清初耶稣会士鲁日满》，第157页。

⑤ 静乐居士编：《辩学》不分卷《各处堂志》，第10页。

⑥ 伽马：《1663年中国教务统计表》，樊国阴：《遣使会在华传教史》第4章，第109页。

⑦ 徐宗泽：《中国天主教传教史概论》第8章，第145—146页。但据前面1644至1663受洗人数的零星资料统计为14692人，比教会的统计数要多。

⑧ 高龙鞶：《江南传教史》卷2，第2册，第89页。

⑨ 高龙鞶：《江南传教史》卷3，第2册，第133页。

⑩ *Tome Pereira to Tirso Gonzalez, Peking, 30 April 1693*, ARSI Jap-Sin 165: 394v; Simão Rodrigues, AL Changshu Residence 1692, Changshu, (1692?), BAJA 49-V-22:167r.

⑪ 属省城苏州府，太仓州（cidade de Tái Cām）住院亦在苏州府。

⑫ Joze Suares, *Annua do Colégio de Pekim desde o fim de Julho de 94 até o fim do mesmo de 97 e algumas outras Rezidências e Christandades da Missão de China*, BAJA, 49-V-22, ff.636-636v.

堂一所,由毕登庸(António de Costa)主管。①而《1701年中国教务概况》则称常熟有住院1所,四乡有小堂15所,由瞿良士(Manuel de Mata)主持。②

综上统计,常熟在清初天主教发展高峰时期,教徒的实际人数应为15659人,这是1644—1692年受洗人数的统计总数,教堂数最多为住院1处,教堂15处,传教点21处。明朝末年时常熟教徒不过几百人,而到康熙初年,就达到1.5万人以上,在清初实际上是苏州府的传教中心。

3.昆山

昆山是苏州府的一个县,明代未见昆山开教,但毕嘉证实,在杨光先反教之前,昆山已经建了一座教堂:"(新教徒)共同努力筹款,购买了建教堂的材料。"③费赖之称:"昆山教徒信教虔笃,共集资建筑教堂一所。"④1671年之后,昆山教务活动得到恢复。新编《昆山县志》称:"清代顺治末年,鲁日满主持常熟、昆山、太仓教务,在蓬朗西谷泾村和城南小横塘村各建天主堂1处,是为昆山有天主教堂的开端。"⑤根据杜宁·茨博特(I. Dunyn-Szpot)的材料,昆山有一个叫古塘的地方,当地对方济各·沙勿略尤其崇拜,甚至还成立了专门的"圣方济各善会"。根据鲁日满帐本中的记录,鲁日满曾数次到古塘地区视察教务,还有一次专门去参加方济各·沙勿略庆日。⑥高龙鞶则称,鲁日满驻常熟时,太仓、昆山也有教堂多所,昆山县有一个热诚而干练的传教先生,协助鲁日满,当时教务记录中称之为唐若望,他为鲁日满引致了许多新教徒。⑦据《1699年耶稣会中国区概况》,昆山有小堂一所,由李西满兼管。⑧而《1701年中国教务概况》则称昆山有小堂无常驻教士。⑨实际上,清初昆山教堂至少有两座,教友人数无具体资料。

4.太仓

太仓,又作泰仓。在清代,太仓是江南省的一个直隶州,位于上海和昆山之间,离昆山不足一日之程。明代耶稣会没有进入太仓传教,1649年,贾宜睦神父走访苏州、太仓、嘉定等地,受洗基督徒763人。⑩这应该是耶稣会士第一次进入太仓。1662到1665年间,鲁日满请人在太仓修建了一座新的礼拜堂,代替位置偏狭的旧堂,新堂更加宽敞,用来接待教徒聚会和地方官绅。⑪柏应理提到用许甘第大捐助的钱在太仓购买一座房屋,⑫他还亲历了鲁日满在太仓的耶稣会堂去世的场景。费赖之亦称:"太

① 高龙鞶:《江南传教史》卷5,第2册,第315页。
② 同上,第317页。费赖之:《明清间在华耶稣会士列传(1552—1773)》,第577页称瞿良士1700年至1701年在常熟管理圣堂17处。
③ 高华士:《清初耶稣会士鲁日满》,第167页。
④ 费赖之:《在华耶稣会士列传及书目》之《鲁日满传》,上册,第337页。
⑤ 江苏省昆山县志编纂委员会:《昆山县志》第26编《社会》,上海:上海人民出版社,1990年,第811—812页。
⑥ 高华士:《清初耶稣会士鲁日满》,第167—168页。
⑦ 高龙鞶:《江南传教史》卷4,第2册,第211页。
⑧ 高龙鞶:《江南传教史》卷5,第2册,第315页。
⑨ 同上,第317页。
⑩ António de Gouveia, *Cartas Ânuas da China (1636, 1643 a 1649)*, Institvto Portvgvês do Oriente and Biblioteca Nacional, 1998, p.416.
⑪ Jean-Dominique Gabiani, *Incrementa Sinicae Ecclesiae*, Viennae, 1673, p.69:"因为旧堂位置不佳,所以传教士重新选址建一座大教堂,用来召集教友聚会,并且接待中国官员。"
⑫ Philippe Couplet, *Histoire d'une dame chrétienne de la Chine,: ou par occasion les usages de ces peuples, l'établissement de la religion, les manieres des missionnaires, & les exercices de pieté des nouveaux Chrétiens sont expliquez*, Chez Estienne Michallet, 1688, p.84.

仓亦有一所(教堂),盖许太夫人购置者也。"①《各处堂志》称泰仓教堂"在东门内太平桥"②。这座教堂应该就是鲁日满新建的教堂。据《1699年耶稣会中国区概况》,太仓有小堂一所,由吴历兼管。③而《1701年中国教务概况》则称太仓有小堂无常驻教士。④柏应理又在1680年记述,在鲁日满的努力之下,他将太仓教堂升级为耶稣会会院。⑤鲁日满"1671年重返江南,在太仓、常熟等处建筑新堂,本人则长驻常熟。"⑥根据《鲁日满账本》,他从广州扣押所返回之后,曾于1674年12月2日到太仓参加12月3日对圣方济各·沙勿略的庆祝活动;他最后一次到太仓时,著名画家吴渔山还作为传道员随行。至于太仓的教徒人数,据称在1669年,天主教徒数目很少;⑦1697年传道员保禄(Paulo)为太仓32人施洗;⑧据鲁日满公布的耶稣会档案,在1703年时,教徒有3000人。⑨可知,在清初天主教发展最高峰期,太仓至少已有2座教堂,其中1所是住院,教徒有3000人。

5.嘉定

嘉定的天主教在明末时期发展很快,曾经建有教堂和住院,一度成为江南地区的传教中心。明清鼎革战争时,此地发生了著名的"嘉定三屠"。覆巢之下,安有完卵。可以判定,在明末时期发展起来的天主教至清初时,已经完全毁火。入清以后,耶稣会企图恢复嘉定的天主教。1647年,贾尼睦神父从上海来嘉定,有一位若瑟教友在自己家中修建了一座教堂,贾神父在这里传授教理。当时城内的教徒都很热忱,尤其是妇女,有一位叫弗拉维亚太太(Dona Flavia)还为圣母玛利亚建造了新教堂。⑩从康熙三十年(1691)开始,吴渔山出任嘉定东堂管堂司铎,常驻嘉定,康熙三十五年(1696),他还在嘉定创建圣方济各会,圣方济各会的主要宗旨就是为了培养传道员。吴渔山创办该会的目的也就是想为当时的江南教区培养更多的华人传道员,而且规定:"凡入是会者,须读书明辨,能讲能走,以劝人为急务。"该会初创时,"入者始6人",即赵仑、朱园荣、杨圣生、朱畹九、张青臣、张九上等,吴渔山自己担任会长,而且亲自讲道。⑪据《1699年耶稣会中国区概况》,嘉定有住院1所,中国神父吴历主管;⑫又据《1701年中国教区概况》,嘉定有住院1所,全县小堂若干处,中国神父吴历主持。⑬据此可知,清初天主教传播高峰期,嘉定有1所教堂,还有小堂若干,教友无具体数。

6.崇明

崇明开教始于明崇祯十二年(1639),但当时发展十分有限,只有一个会口,40名教友。⑭清代崇明

① 费赖之:《在华耶稣会士列传及书目》之《鲁日满传》,上册,第337页。
② 静乐居士编:《辩学》不分卷《各处堂志》,第11页。
③ 高龙鞶:《江南传教史》卷5,第2册,第315页。
④ 同上,第317页。
⑤ 高华士:《清初耶稣会士鲁日满》,第169页。
⑥ 费赖之:《在华耶稣会士列传及书目》之《鲁日满传》,上册,第337页。
⑦ ARSI, JS 112, f°155r.高华士:《清初耶稣会士鲁日满》,第169页。
⑧ José Soares, *Partial AL Vice-Province July 1694–July 1697*, Peking, 30 July 1697,BAJA 49-V-22:636v.
⑨ ARSI, JS 199, I, f°115r. 高华士:《清初耶稣会士鲁日满》,第169页。
⑩ António de Gouveia, *Cartas Ânuas da China (1636, 1643 a 1649)*, Institvto Portvgvês do Oriente and Biblioteca Nacional, 1998, p.370.
⑪ 吴历撰,章文钦笺注:《吴渔山集笺注》卷8《续口铎日抄》,北京:中华书局,2007年,第614页,第624—625页。
⑫ 高龙鞶:《江南传教史》卷5,第2册,第315页。
⑬ 同上,第317页。
⑭ 高龙鞶:《江南传教史》卷4,第2册,第208页。

属太仓地区,据1647年《耶稣会中国年信》,当地教友新建了2座教堂。[1]根据毕嘉的说法,鲁日满的一位传道员在崇明县的传教活动获得了很大成功。[2]鲁日满本人在一次前往苏州的时候,也顺道拜会了崇明县的知县。[3]费赖之称:"1662年时,有秀才某请赴崇明传教,阅三月得志愿受洗人200,其一例也。"[4]据此可知,在杨光先教案爆发之前,崇明地区的教友发展已经有200人。

1671年,因"康熙历狱"而被扣押广州五年之久的法国传教士刘迪我(Jacques Le Faure)返回上海,见崇明岛民很多人前来上海寻求信仰,接受洗礼,决定前往崇明传教。"借口往访崇明新官及素识之武官龚某,遂赴崇明。……迪我赖武官龚某之助,在崇明建筑教堂一所,是为此岛六新教所之母堂。"[5]据清初完成的《各处堂志》称,崇明有一座教堂"在城内东门里",[6]此教堂当即刘迪我所建之教堂。高龙鞶则称,刘迪我返回上海时,又获许太夫人馈赠必要款项,为开辟新的传教事业,遣人送迪我至崇明城中,得到崇明知县王恭先、都司孔国元的款待,迪我即在城中购屋一所,改为住院。1676年,迪我拟渡江再赴崇明,访问岛上新兴的会口,不幸卒于上海。同年崇明第一位教徒徐启元去世。徐启元有三子,各又开创会口数处,长子并把信仰传至长江左岸的海门。从此,教士部署教务时,海门、崇明并在一起。[7]《江南传教史》还载,崇明南北有一条小运河,河西是一片盐碱地,有袁姓家族定居于此,柏应理得许太夫人赠款,并在其地建小堂1所,小堂四周四五公里以内,约有1000余袁姓家族人受洗入教。[8]除袁姓家族教堂以外,柏应理后又以许太夫人赠款建小堂2所或3所。

崇明天主教发展最快时期,为李西满神父主持教务时期。17世纪80年代末在崇明岛上,李西满把许多信徒组成各个团体,以8个圣堂和2个教堂为中心。1688年他充分利用在岛上停留的6个礼拜,为250人施洗,并与另一位神父卫方济一同为1300名信徒施行圣体圣事。[9]据《1697年中国各住院的教堂数量》记载,崇明岛有一座教堂,还有9座小圣堂,岛上有3000多名极热心的教友。[10]据《1699年耶稣会中国区概况》称,崇明有教堂2所,小堂4所,到1700年时,耶稣会则派有专门教士常驻崇明岛,管理岛上教务。[11]《1701年中国教务概况》称,崇明城内有住屋1所,全岛有教堂9所。[12]1702年卫方济携至罗马的《崇明教务报告》称,岛上共有教堂11所,教徒5000人。[13]可见,崇明地区虽然在明代已经开教,但教务长期未获发展,直到康熙中期,崇明经刘迪我、李西满等耶稣会士的努力,在许太夫人的

---

① António de Gouveia, *Cartas Ânuas da China (1636, 1643 a 1649)*, Institvto Portvgvês do Oriente and Biblioteca Nacional, 1998, p.370.

② Jean-Dominique Gabiani, *Incrementa Sinicae Ecclesiae*, Viennae, 1673, p.50;A. M. Colombel, *Histoire de la mission du Kiang-nan*, IIième partie, p.300.

③ Jean-Dominique Gabiani, *Incrementa Sinicae Ecclesiae*, Viennae, 1673, p.69.

④ 费赖之:《在华耶稣会士列传及书目》之《鲁日满传》,上册,第337页。

⑤ 费赖之:《在华耶稣会士列传及书目》之《刘迪我传》,上册,第297页。

⑥ 静乐居士编:《辩学》不分卷《各处堂志》,第10页。

⑦ 高龙鞶:《江南传教史》卷4,第2册,第208—209页。

⑧ 同上,第209页。

⑨ Juan António de Arnedo, *AL Vice-Province 1685-1690*, Ganzhou, 30 November 1691, ARSI Jap-Sin 117:238r.

⑩ Joze Suares, *Annua do Colégio de Pekim desde o fim de Julho de 94 até o fim do mesmo de 97 e algumas outras Rezidências e Christandades da Missão de China*, BAJA, 49-V-22, f.637v.

⑪ 高龙鞶:《江南传教史》卷4,第2册,第210页。

⑫ 高龙鞶:《江南传教史》卷5,第2册,第317页。

⑬ 同上,第329页。

支持下,逐渐发展成为江南地区天主教事业最为兴旺发达的地区。

(三)江宁府

清兵南下,南京未遭兵祸,旧堂得以保存。在顺治朝的15年中,波兰耶稣会士穆尼阁(Jean-Nico-las Smogolenski)与张玛诺(Maneul Jorge)相继驻守南京,管理毕方济所创的教堂会口。①费赖之称穆尼阁:"召之赴南京,居未久,教务发达。"②又称张玛诺:"旋至南京,1660年教民集资建筑教堂一所。"③高龙鏖称,1660年张玛诺新建教堂1座,取名"救世主堂",又小堂一座,取名"圣母堂",专为女教徒之用。④费赖之还称:"1663年刘迪我受命为南京驻所道长。……南京旧有教堂,虽经张玛诺神甫修饰,佟巡抚嫌其小,拟建大堂一所,嗣后因仇教之事起,未果行。然迪我已得教民之巨资,建筑大堂一所,有秦姓者出资尤巨。城外亦有教堂一,小驻所二。"⑤高龙鏖称,刘迪我曾主持该堂(救世主堂),使该堂略具过去的光辉,成际理仅修一小堂,住院极小。⑥费赖之还称:"柏应理居江南时得许太夫人之助,曾建筑并修复教堂甚众。应理盖从湖广被召至江南,而在1663年时主持南京教务,时南京有信徒600人。1664年仇教之事起,应理适传教诸乡,为440人授洗还。"⑦《各处堂志》仅列江宁堂,并称"在旱西门内螺丝转弯儿"⑧;徐宗泽1664年表列南京教堂1所,教徒600人;⑨而伽马1663年表列南京教堂2所,教徒600人。⑩总之,南京地区的天主教事业曾出现过几次高潮,但经过几次挫折后,特别是入清以后,南京不再是中国的政治中心,所以耶稣会对南京地区的天主教传播并没有摆在最核心的位置上,故此清朝初年的南京天主教教务出现了下滑的态势。但到康熙初年1664年时,南京城内外仍然还有住院1所,大教堂3所,小教堂2处,仍有教徒1040人。

杨光先教案爆发后不久,南京改名为江宁,江宁的教堂和住院均被没收,还遭到了数千名仇视天主教者的洗劫,教堂所藏的中文、西文书籍都被火焚毁。⑪1671年,软禁于广州的欧洲传教士奉旨归堂,刘迪我率先返回江宁,收回了原来被没收的教堂和住院。⑫这一时期,江宁教务发展最为重要的事件,就是康熙十三年(1674)葡萄牙耶稣会士成际理为清宗室曾担任过四省巡抚的佟国器授洗,同时亦为佟氏全家受洗入教,还在佟府中开辟了一个小礼拜堂。1684年担任江宁住院院长的意大利耶稣会士毕嘉,当时康熙南巡至江宁时,获得了康熙皇帝的召见。毕嘉向康熙帝进献测量仪器等方物,毕嘉

---

① 高龙鏖:《江南传教史》卷2,第2册,第70页。

② 费赖之:《在华耶稣会士列传及书目》之《穆尼阁传》,上册,第268页。

③ 费赖之:《在华耶稣会士列传及书目》之《张玛诺传》,上册,第281—282页。

④ 高龙鏖:《江南传教史》卷2,第2册,第71页。

⑤ 费赖之:《在华耶稣会士列传及书目》之《刘迪我传》,上册,第294—295页。

⑥ 高龙鏖:《江南传教史》卷2,第2册,第71页。

⑦ 费赖之:《在华耶稣会士列传及书目》,上册,第312页。

⑧ 旱西门又称"石城门"或"汉西门",是南京城西面的一座城门,南面是俗称"水西门"的三山门,北面是清凉门。"螺丝转弯"是一条曲曲弯弯的小巷,位于新街口附近。明代南京学者顾起元的《客座赘语》说:"入石城门,往东大街折而北,路曲如环,俗名'螺丝转弯'。或曰讹也,路曲处乃铁塔寺墙角,寺旧名'罗寺',此路值其隅角,故名'罗寺转弯'耳。"静乐居士编:《辩学》不分卷《各处堂志》,第10页。

⑨ 徐宗泽:《中国天主教传教史概论》第8章,第145—146页。

⑩ 伽马:《1663年中国教务统计表》,樊国阴:《遣使会在华传教史》第4章,第109页。

⑪ 高龙鏖:《江南传教史》卷3,第2册,第134页。

⑫ 高龙鏖:《江南传教史》卷4,第2册,第202页。

与康熙有着相当长时间十分亲切的对话。[1]不久毕嘉又在江宁设置一小修院,又设置士人与讲说教义人之修道会教所。[2]法国耶稣会士来华后,洪若翰与张诚当时都希望在江宁建立一个法国的耶稣会住院,以便新来的法国传教士研习汉语,然后出去传教。虽然作过种种尝试,但最后均没有成功。[3]据《1697年中国各住院的教堂数量》记载,江宁城内有2座教堂,另外还有3座小圣堂,5间祈祷室。[4]据《1699年耶稣会中国区概况》记载,江宁有会院1所,专为妇女的圣母堂1所,由林安多(António de Silva)神父任院长。[5]《1701年中国教务概况》亦称,江宁有会院1所,住院1所,有林安多、罗历山及刘蕴德三人。

二、顺康时期天主教在江南省非传教中心城市的发展

(一)常州府

常州开教始于明代天启年间,并建有教堂,但传教人数不多,仅70人。[6]清军南下时,隶属于常州府的江阴,因剃发问题遭受了惨烈的屠杀。本来就传教人数不多的常州府,入清以后其天主教很可能已荡然无存。直到1650年,据《耶稣会中国年信》常州有新受洗教徒30人,[7]但不知是何人去常州传教。清初最早到常州传教的当为毕嘉神父,1663年前毕嘉访问了常州、宜兴两处,但未见受洗人数。[8]1688年,无锡有一位叫路基约(Lucio)的船夫,是一名教徒,他四处奔波谋生,最后在无锡居留。无锡虽然在明代已经开教,但此时,该地一个教徒也没有,路基约则一边靠打渔维持生计,同时又把天主教义传播给别的船夫,9年后无锡县的受洗人数已经超过1000人,船夫为主,各行各业都有,20名船夫还凑钱建造了一座简陋的小教堂。[9]据《明清间在华耶稣会士列传》称,1690年在苏州的李西满还兼管无锡、崇明两地圣堂。[10]据《1697年中国各住院的教堂数量》记载,无锡县有圣堂1所。而《1699年耶稣会中国区概况》则称,常州府有无锡教堂1所,由传教士李西满兼管;[11]费赖之称,法国耶稣会士隆盛(Guillaume Melon)1701年被派到江南,管理无锡教区四年有余。首先在无锡教区建筑教堂1所,传教所及,至于太湖沿岸,声颇属意渔人,有时有渔舟三百来集,请盛参加圣事。诸渔人集资在无锡附近自

---

① 费赖之:《在华耶稣会士列传及书目》之《毕嘉传》,上册,第323页;佚名:《熙朝定案》,韩琦、吴旻校注,北京:中华书局,2006年,第179—181页。

② 费赖之:《在华耶稣会士列传及书目》之《毕嘉传》,上册,第323页。

③ 高龙鞶:《江南传教史》卷5,第2册,第336页。

④ Joze Suares, *Annua do Colégio de Pekim desde o fim de Julho de 94 até o fim do mesmo de 97 e algumas outras Rezidências e Christandades da Missão de China*, BAJA, 49-V-22, ff.645v-646.

⑤ 高龙鞶:《江南传教史》卷5,第2册,第314页。

⑥ Joseph Dehergne S.J, *Les Chrétientés de Chine de la Période Ming (1581-1650)*, Monumenta Serica Journal of Oriental Studies, Volume 16, 1957, Issue 1-2, p.52.

⑦ 刘耿:《十七世纪耶稣会中国年信研究》第5章,附录《各住院历年付洗人数统计》,第343页。

⑧ 高龙鞶:《江南传教史》卷2,第2册,第74页。

⑨ Joze Suares, *Annua do Colégio de Pekim desde o fim de Julho de 94 até o fim do mesmo de 97 e algumas outras Rezidências e Christandades da Missão de China*, BAJA, 49-V-22, ff.637-637v.

⑩ 费赖之:《明清间在华耶稣会士列传(1552—1773)》,第443页。

⑪ 高龙鞶:《江南传教史》卷5,第2册,第315页。

建教堂1所,专供渔人之用。①隆盛在去世之前,还为无锡90位新教徒施洗,同时,又为另一处堂口30名望教者施洗。②隆盛于1706年在无锡去世,据隆盛墓碑的拉丁文铭文称,隆盛1701年来无锡,第一个新建圣堂,凡四年之久,治理教务,颇具成效。③隆盛去世后,法国耶稣会士卜文气(Louis Porquet)接替隆盛负责常州地区所属各堂口教务,在那里他担任五个县的教务,其中以无锡县的教友为数最多,因此,他就以无锡为常驻堂口。④1717年,卜文气到常州府属江阴县传教,并准备在江阴城里购买一座房子新建教堂。同时,江阴城内有500余名望教者准备领洗,但由于江阴爆发了仇教行动,最终失败。⑤可知,在清初天主教传播高峰期,无锡有1座教堂,江阴有1所教堂,有数据的教友为1620人。

(二)镇江府

镇江原有教徒若干人,可能是明朝遗留下来的受洗教徒,或为城内的士兵和工匠,或为城外的农民。1662年,毕嘉神父来到镇江,劝导了若干新教徒,其中有一位高姓将领,洗名伯多禄,其弟亦受洗礼,洗名安德肋。这位名叫高伯多禄的武官在镇江城郊建起了一座小教堂。但该教堂曾被高伯多禄的父亲焚毁。⑥1663年在镇江起造了一处新住院、教士住屋及相当宽大的花园。⑦而费赖之称,1663年毕嘉又得闵莫尼加(Monique Min)⑧之助,在镇江建筑教堂和住院各1所。⑨据《教士名册》,清初江南共有南京、上海、常熟、淮安、扬州5所住院,1663年,毕嘉在镇江建立第六所住院。⑩

在离镇江一日行程的丹阳,先是有徐、王、殷三位举人进京会试,曾在教堂中倾听传道员传教受洗。返家后,邀请管理南京、扬州教务的传教士来丹阳传教,三位举人的全家及友好数人都接受了洗礼,不久,即在丹阳建立了一所小住院。⑪

据《1664教务年教务简表》称,镇江住院有教徒200人。⑫据《1697年中国各住院的教堂数量》记载,镇江府有3座教堂,分别在镇江、丹阳、溧阳。⑬溧阳何时开教,未见文献记录,此处称1697年溧阳有教堂1座,则可知溧阳开教应该在1697年之前。据《1699年耶稣会中国区概况》,镇江府有镇江教堂1处,丹阳教堂1处,传教士郭若望主管。又据《1701年中国教区概况》,镇江府有住院一处,由葡萄牙传教士穆德我(José Monteiro)主管;丹阳住院一处,无常驻教士。⑭可知,在清初天主教传播高峰期,镇江有住院和教堂各1所,丹阳有小教堂1所,教友200人。

---

① 费赖之:《在华耶稣会士列传及书目》之《隆盛传》,下册,第597页。

② 同上,第704页。

③ 同上,第705页。

④ 同上,第706页。

⑤ 同上,第707页。

⑥ 高龙鞶:《江南传教史》卷3,第2册,第72—73、第133页。

⑦ 高龙鞶:《江南传教史》卷2,第2册,第72—73页。

⑧ 闵莫尼加,为毕方济受洗的女基督徒。

⑨ 费赖之:《在华耶稣会士列传及书目》,上册,第322页。

⑩ 高龙鞶:《江南传教史》卷2,第2册,第72页。

⑪ 高龙鞶:《江南传教史》卷4,第2册,第205页。

⑫ 高龙鞶:《江南传教史》卷2,第2册,第88页。

⑬ Joze Suares, *Annua do Colégio de Pekim desde o fim de Julho de 94 até o fim do mesmo de 97 e algumas outras Rezidências e Christandades da Missão de China*, BAJA, 49-V-22, ff.645v-646.

⑭ 高龙鞶:《江南传教史》卷5,第2册,第317页。

(三)扬州府

清兵入关,扬州城是遭受清军破坏最严重的城市,所以明代在扬州开展的教务,应该遭到了彻底的毁灭。意大利耶稣会士毕嘉1659年到中国后,不久被派到扬州,先收回了扬州旧有的住院,后又得到宁国府知府的母亲茹斯大赵夫人的捐助,对住院进行了整修。1660年,茹斯大又建造了1座教堂,还组织了5个善会,更有会友10人,都是生员。此后,扬州住院正式启用。①据1660年《耶稣会中国年信》称,扬州有新受洗教徒100人。②据费赖之称毕嘉:"1660年,在扬州建筑教堂和住院各一所。毕嘉仿潘国光神父先例设置会团,1664年,扬州计有会团5所。"③据《1664教务年教务简表》称,扬州有教徒1000人,其中扬州住院有教徒800人,兼管镇江住院及镇江教徒200人,以及常州、宜兴等七城。④杨光先教案时,扬州教堂遭受劫掠。⑤1673年,毕嘉又重返扬州,1689年康熙帝南巡赴扬州,毕嘉从南京赶至扬州接驾,并蒙康熙帝接见。康熙帝问:扬州有天主堂么?毕奏云:扬州、镇江、淮安都有天主堂但无西洋人,皆是臣照管。⑥《1699年耶稣会中国区概况》,扬州府有教堂一所,由比利时传教士万惟一(Guillaume Van der Beken)兼管。⑦又据《1701年中国教区概况》,扬州府有住院一处,无常驻教士。⑧可见,在清初天主教传播高峰期,扬州有教堂和住院各1处,教徒有800余人。

(四)淮安府

淮安开教始于明崇祯时,并建有教堂,教友有数百人。清兵入关,淮安城未予抵抗,所以淮安教务应该未受严重损害。入清以后,耶稣会注重淮安教务的发展,1645年,淮南有新教徒40人受洗。1654年,有137人受洗,1658年,有157人受洗,1659年有109人,1660年有93人。⑨同年,李方西购置房屋1所,辟为住院,又建教堂1座。⑩1662年,张玛诺被派到淮安,管理当地教务。⑪清初《教士名册》记载淮安有住院1处,1662年张玛诺对旧有的住院进行了修缮,还在四周建起了围墙。⑫据《1664教务年教务简表》称,淮安有教徒800人,住院1所,城外有传教站若干处。⑬杨光先教案后,1671年张玛诺重返淮安,但不久即在南京去世,⑭淮安教务由法国耶稣会士汪儒望(Jean Valat)兼管。康熙第一次南巡时,经

---

① 高龙鞶:《江南传教史》卷2,第2册,第72页;Feliciano Pacheco, *Carta Annua Da Vice Província da China do Anno de 1660*, BAJA. 49-V-14, ff.703-704v 则称,扬州住院于1660年建立。

② 刘耿:《十七世纪耶稣会中国年信研究》第5章,附录《各住院历年付洗人数统计》,第342页。

③ 费赖之:《在华耶稣会士列传及书目》,上册,第322页。

④ 高龙鞶:《江南传教史》卷2,第2册,第88页。

⑤ 高龙鞶:《江南传教史》卷3,第2册,第134页。

⑥ 佚名:《熙朝定案》,第176—177页。

⑦ 高龙鞶:《江南传教史》卷5,第2册,第287页。

⑧ 同上,第317页。

⑨ 刘耿:《十七世纪耶稣会中国年信研究》第5章,附录《各住院历年付洗人数统计》,第341—342页。

⑩ 高龙鞶:《江南传教史》卷2,第2册,第82页;Feliciano Pacheco, *Carta Annua Da Vice Província da China do Anno de 1660*, BAJA. 49-V-14, f.712称在距淮安200里的地方,某望道教友新建教堂一座。

⑪ 费赖之:《在华耶稣会士列传及书目》,上册,第282页。

⑫ 高龙鞶:《江南传教史》卷2,第2册,第72页。

⑬ 同上,第88页。

⑭ 费赖之:《在华耶稣会士列传及书目》,上册,第282页。

过淮安府,还派人垂问汪儒望的情况。[1]据1699年的耶稣会报告,淮安府有住院1所,圣母堂1所,住院院长是万惟一,还有中国籍神父江纳爵住此。[2]据1701年耶稣会报告,淮安府有住院1所,由万惟一和恩安当(Antoine Dantes)神父主管,1702年卫方济奉命赴欧洲,淮安教务遂由万惟一、恩安当接管。[3]可知在清朝天主教教务高峰期,淮安有住院1所,教堂1所,教友有800人。[4]

(五)徐州府

靠近山东的徐州府及隶属于凤阳的五河县,其教务一般都划归淮安住院兼管。徐州明代未见天主教进入,入清以后天主教传入徐州的最早记录在1655年左右。据荣振华的资料,1655年前,徐州邳县有一处耶稣会住院,不知为谁所建。[5]1678年,法国耶稣会士汪儒望在一侯姓信教官员捐助下,在徐州建起了一座教堂。[6]徐州教堂落成后,有教徒数千人经常前来堂中。[7]徐州靠近山东,汪儒望也主要是在山东传教,所以徐州的天主教应该受山东天主教影响更大。这里的教友数千人与徐州教堂来往,应该不全是新受洗的教友,可能也包括部分山东方面来的教友。但无论如何,在徐州出现数千教友的记录,反映了孟儒望在江南省北部地方传教的成功。据《1692年信教自由上谕颁布时中国传教区情形》称,卫方济兼管徐州教务。[8]据《1699年耶稣会中国区概况》称,徐州有教堂1所,亦由万惟一兼管。[9]

(六)凤阳府

凤阳府,明末清初均属江南省,康熙六年(1667),从江南省分出安徽省,凤阳府遂属安徽,五河为凤阳属县。五河开教始于明末,由毕方济开创,但当时只是开辟了一个会口,几位五河知县的家属受洗而已。[10]1687年,比利时耶稣会士卫方济抵达淮安,许太夫人之子侄某召之至五河县城,以所建之教堂赠之,嗣后教务极为发达。而高龙鞶则称,方济初至淮安即被五河县某一士子请去,此人家计富足,以白银140两馈赠方济,为他设一小教堂。方济在五河住院居住14日,就为100人施洗,其中有士子16人及其家族。不久,又有一教外妇女捐献家庵,改为妇女礼拜的教堂。[11]后来,卫方济又被邀至五河县附近村落,全村居民都接受洗礼,并建立小堂1所。不久,另一村中有2/3的村民接受了洗礼,也建了小堂1所。以后,又有第4、第5个村子接受了信仰。[12]据《1692年信教自由上谕颁布时中国传

---

[1] 高龙鞶:《江南传教史》卷4,第2册,第200—202页。

[2] 高龙鞶:《江南传教史》卷5,第2册,第315页。

[3] 同上,第328页。

[4] 同上,第317页。

[5] Joseph Dehergne S.J., Les Chrétientés de Chine de la Période Ming (1581-1650), *Monumenta Serica Journal of Oriental Studies*, Volume 16, 1957, Issue 1-2, p.54.

[6] 费赖之:《在华耶稣会士列传及书目》之《汪儒望传》,上册,第286页。

[7] 高龙鞶:《江南传教史》卷4,第2册,第204页。

[8] 同上,第287页。

[9] 高龙鞶:《江南传教史》卷5,第2册,第287页。

[10] 高龙鞶:《江南传教史》卷4,第1册,第183页。

[11] 高龙鞶:《江南传教史》卷4,第2册,第206页。

[12] 同上,第206页。

教区情形》称,卫方济兼管五河教务。[①]据《1699年耶稣会中国区概况》称,五河有教堂1所,亦由万惟一兼管。[②]据此可知,五河有小教堂3所,教友数百人。

三、结语

综上所述,从1644年清朝入关到1707年铎罗来华挑起中国礼仪之争,康熙皇帝颁布领票制度,而导致江南地区天主教发展开始萎缩为止,期间共63年,江南地区虽然经过了明清鼎革的阵痛和杨光先教案的磨难,但是该地区的天主教传播依然沿着明末天主教发展的态势获得继续的发展,而到1692年康熙容教令颁布前后,天主教在江南地区的传播和发展走向了高峰。

首先,从传播的区域来看,清初江南全省所辖徐州、淮安、扬州、江宁、镇江、常州、苏州、松江八府均为天主教所浸润,松江府则包括有上海、华亭、青浦三县,其中上海成为全国天主教教务最为发达兴盛的中心城市;苏州府则包括苏州(吴县)、常熟、昆山、嘉定、崇明县及太仓州,其中常熟则成为全国天主教教务仅次于上海的中心城市;常州府则包括常州、无锡、江阴、宜兴四县;镇江府则包括镇江、丹阳、溧阳三县。可以说,江南一省最为重要的县级以上的城市,均为天主教传播之区域。在鸦片战争前中国天主教传教史上,天主教传播能够全面覆盖一省者,仅江南和福建两省,而江南省覆盖率应该比福建省还要高。

第二,从1644年到1707年,就一省所建的教堂数来看,与同时的全国各省所建教堂数相比,江南为全国之冠。据上面各府所建教堂资料统计,江南一省共建有上海、松江、苏州、常熟、太仓、嘉定、江宁、镇江、丹阳、扬州、淮安住院11所,各地大小教堂183所(不包括传教点、祈祷室和设在家中的圣堂)。1699年耶稣会报告称,直隶有住院2所,大小教堂14所;山东住院1所,大小教堂16所;山西住院6所,教堂16所,小堂若干;河南教堂2所;陕西住院1所,教堂2所;浙江住院1所,教堂3所;湖广住院2所,教堂10所;福建住院2所,教堂7所;江西住院1所,大小教堂11所。[③]1701年耶稣会报告则称,直隶有住院6所,大小教堂21所;山东有住院4所,大小教堂12所;山西有住院3所,大小教堂10所;陕西有住院4所,大小教堂4所;河南有住院2所,大小教堂2所;湖广有住院8所,大小教堂8所;江西有住院8所,大小教堂8所;浙江有住院4所,大小教堂4所;福建有住院7所,大小教堂7所;广西有住院1所,大小教堂1所;广东有住院7所,大小教堂7所。[④]据1701年的统计数,全国各省(除江南省)教堂的统计总数为84所,与江南省的183座教堂相比,全国教堂的总数还没有达到江南一省教堂总数的一半,足以证明清顺康时期,江南省教堂建设实为全国之冠。

第三,从1644年到1707年,江南一省新奉教的教友数量来看,据中国教务视察员伽马(Louis de Gama)神父的记录,1663年,江南省有教友55100人。[⑤]但高龙鞶《江南传教史》公布的1664年教务情

---

① 高龙鞶:《江南传教史》卷4,第2册,第287页。

② 高龙鞶:《江南传教史》卷5,第2册,第287页。

③ 同上,第316页。

④ 同上,第322页。

⑤ 史式微:《江南传教史》第1卷,天主教上海教区史料译写组译,上海:译文出版社,1983年,第8页。

况称,江南省的教徒人数为55300人。[①]1682年到1688年,意大利耶稣会士张安当(Antoine Posateri)主管江南教省期间,自称经管教徒8万人。[②]费赖之亦称,1682年时安当独管此传教区(江南),而教民多至八万。[③]这应是比较保守的估计,据上海住院会长孟由义(Manuel Mendes)介绍,到1697年时,仅上海教徒人数就超过100000人。[④]而我们根据各种文献提供的江南省各地奉教教友的具体资料统计,总人数达到134478人,据安多公布的1703年江南地区受洗的天主教徒人数为131200人,[⑤]与我们统计的资料总数只差几千人,可以证明我们统计的数据应该是很准确的。但必须说明,其中还有徐州数千人,五河数百人及昆山和嘉定无教友统计数,俱不包括在上面资料之内,约略估之,江南一省教友总人数应该在14万人以上。

从以上三个方面的比较,我们以极为详细且有据可考的资料,清楚地说明一个问题:天主教从明朝万历二十六年(1598)利玛窦开教南京始,到康熙四十六年(1707)清政府颁布领票制度,驱逐不领票传教士出境止,天主教在顺康时期获得了较明末时期更为快速的发展,特别是到康熙三十一年(1692)容教令颁布,江南地区天主教的发展走向了高峰,并成为了天主教教务最为发达的省份。

[作者汤开建,澳门科技大学讲座教授;作者赵殿红,珠海澳门科技大学科技研究院研究员、中国历史研究院澳门历史研究中心研究员、澳门科技大学唐廷枢研究中心研究员。原载《杭州师范大学学报(社会科学版)》2019年第5期]

---

① 高龙鞶:《江南传教史》卷2,第2册,第88—89页。
② 高龙鞶:《江南传教史》卷4,第2册,第203页。
③ 费赖之:《在华耶稣会士列传及书目》之《张安当传》,上册,第387页。
④ José Soares, Partial AL Vice-Province July 1694–July 1697, Peking, 30 July 1697, BAJA 49-V-22:634r.
⑤ Nicolas Standaert, *Chinese Voices in the Rites Controversy*, *Travelling Books, Community Networks, Intercultural Arguments*, Macau Ricci Institute, 2012, p.153.

清初至民国《西铭》的多元诠释

吕妙芬

一、前言

何炳棣在《儒家宗法模式的宇宙本体论:从张载的〈西铭〉谈起》一文中说道:《西铭》所构绘的宇宙本体论不可能是基于博爱和泛平等的理念,而无疑是宗法模式的。[①]他郑重地提醒读者《西铭》的宇宙本体论并不是平等或博爱,而是宗法制度,这是他1995年重读此文的发现。[②]事实上,在清代以前的《西铭》诠释史中,该篇文章从未被认为是提倡"平等",甚至还曾因被质疑近似墨家兼爱、佛家平等而有异端之虞,引发学术史上许多论辩。至于《西铭》一文中,运用宗法制度和家庭人伦、强调孝的意涵,也为众人所知。晚明以降,《西铭》常与《孝经》合论,被认为主要阐明大孝之理,[③]直到民国初年,严复(1854—1921)仍说:"盖读《西铭》一篇,而知中国真教,舍孝之一言,固无所属矣。"[④]何炳棣之所以到了晚年才读出《西铭》中的宗法模式,想必因此文本在现代的诠释中更常被赋予平等、博爱的意涵吧,他在论文中也举了季羡林(1911—2009)、韦政通的论点来说明此看法。[⑤]

本文主要探究《西铭》一文在近世经历的不同诠释观点,我曾于另文探讨《西铭》从宋代专言"仁"之书,到晚明更多被视为言"仁孝"之书的诠释变化。本文希望探讨清代到民国的情形,特别着重检视清代几个重启异端之辩的论述,以及从晚清到民国,《西铭》如何摆脱传统诠释架构,成为接引世界普遍价值的过程。而在进入主要讨论之前,以下先简述《西铭》从宋代到晚明主流诠释的看法,以此做为理解清代与民国时期论述的学术史背景。

《西铭》是张载(1020—1077)的作品,受到程颐(1033—1107)的极力推崇,认为此文规模宏大,是《孟子》之后第一书。[⑥]但杨时(1053—1135)却质疑《西铭》言体而不及用,其流弊恐至于墨家之兼

---

① 何炳棣:《儒家宗法模式的宇宙本体论:从张载的〈西铭〉谈起》,《何炳棣思想制度史论》,范毅军、何汉威整理,台北:联经出版事业公司,2013年,第385—398页。

② 何炳棣谈到自己从1948年起在海外讲授中国通史,也一贯以〈西铭〉代表传统儒学天人合一意境与个人修养的高峰,直到1995年才对〈西铭〉有一番新的解读,认为该文所构绘的本体论不是基于博爱和平等理念,而是宗法模式。

③ 相关讨论见吕妙芬:《〈西铭〉为《孝经》之正传?——论晚明仁孝关系的新意涵谈》,《"中央研究院"中国文哲研究集刊》第33期,2008年9月,第139—172页。

④ 严复:《支那教案论按语》,王栻主编:《严复集》,北京:中华书局,1986年,第850页。

⑤ 韦政通以〈西铭〉民胞物吾之说,说明此文的博爱精神,季羡林则强调博爱和泛平等精神。何炳棣:《儒家宗法模式的宇宙本体论:从张载的〈西铭〉谈起》,《何炳棣思想制度史论》,第388—389页。韦政通:《中国思想史》,上海:上海书店出版社,2012年,第758—759页;季羡林:《对21世纪人文学科建设的几点意见》,《文史哲》1998年第1期。

⑥ 程颢、程颐:《河南程氏遗书》卷2,《二程集》第1册,王孝渔点校,北京:中华书局,2004年,第1册,第22、15、37页。

爱。①这一质疑引发程颐进一步以"理一分殊"来诠释《西铭》,说明万物并非毫无分别,除了再次肯认儒家远近亲疏、上下尊卑之伦序外,也强调《西铭》能从万物分殊与互相争胜的角度超拔而出,超越一己之私,展现万物一体之仁之伟大规模。②朱熹(1130—1200)延袭了程颐的论点,强调读《西铭》必须在分殊处见理一,同时从理一处见分殊;又说所谓民胞物与,并非真以众民为吾之手足同胞,亦非真以万物为吾人之同类;虽说以乾坤为父母,但也不是要人"弃了自家父母,却把乾坤做自家父母看"③。简言之,程朱赞许《西铭》讲仁体之规模宏大,能提升人之见识与精神,人若能以天地之心为心,便能与天地同体,他们以"理一分殊"来诠释《西铭》,主要强调此文的论旨在讲仁,且完全符合儒家亲亲、仁民、爱物的伦序,绝不同于墨家兼爱。这样的看法成为日后《西铭》诠释的主流观点。④

南宋林栗(1142进士)曾对《西铭》提出质疑,而与朱熹有所论辩。林栗认为"以乾坤为父母、以大君为宗子"的说法,有别于《尚书》"元后作民父母"之说,且将君王从父母的位置降到宗子,是"易位乱伦,名教之大贼"⑤。面对如此严厉的批评,朱熹的响应是:林栗"全错读了",林栗因为未晓文义,才会生疑,张载的原意是"人皆天地之子,而大君乃其适长子,所谓宗子有君道者也,故曰大君者乃吾父母之宗子尔"⑥。

朱熹言《西铭》主旨在讲仁体,文中虽用孝、事亲等语,但仅是以孝来形容仁,借事亲来形容事天而已。换言之,"孝"只是譬喻,"仁"才是主旨。⑦这个看法到了晚明有所改变,许多晚明士人认为《西铭》不仅旨在说仁,它同时也阐明孝,当时将《西铭》与《孝经》合论的例子非常多。关于此,笔者另有专文讨论,认为此一变化与晚明的仁孝论述有关,尤其是阳明后学如罗汝芳(1515—1588)、杨起元(1547—1599)等人将"孝"提升到形上本体的高度,强调"仁孝一体",此观点在当时具有相当的影响力。⑧不过,即使晚明士人对《西铭》的解读因牵涉对"仁孝"的理解而略不同于朱熹,但对于理一分殊、肯定儒家人伦尊卑秩序,强调《西铭》不同于兼爱等看法,并没有太大差异,这些主流的观点也一直延续到清代。以下就让我们来看几个清代重启的论辩。

---

① 杨时:《寄伊川先生》,《龟山集》卷16,《景印文渊阁四库全书》,台北:台湾商务印书馆,1985年,第1125册,第6页a—7页a(总第266—267页)。
② 程颐:《答杨时论西铭书》,《河南程氏遗书》卷2,《二程集》,第1册,第609页。
③ 黎靖德编:《朱子语类》卷98,《朱子全书》,王赟梁校点、吕友仁审读,上海:上海古籍出版社,2002年,第17册,第3317页;朱熹:《与郭冲晦》,《晦庵先生朱文公文集》卷37,台北:台湾商务印书馆,1965年,第32页a。夏炘认为朱熹理一分殊之学主要受到李延平的影响,而李延平是杨时的学生。夏炘:《述朱质疑》卷2,王德毅主编:《丛书集成三编》,台北:新文丰出版公司,1997年,第16册,第4页a-6页b。
④ 何炳棣:《儒家宗法模式的宇宙本体论:从张载的〈西铭〉谈起》,《何炳棣思想制度史论》,第385—398页;吕妙芬:《〈西铭〉为〈孝经〉之正传?——论晚明仁孝关系的新意涵》,《"中央研究院"中国文哲研究集刊》第33期,第139—172页。
⑤ 朱熹:《记林黄中辨易西铭》,《晦庵集》卷71,《景印文渊阁四库全书》,台北:台湾商务印书馆,1985年,第1145册,第5页a、b(总第405页)。
⑥ 朱熹:《记林黄中辨易西铭》,《晦庵集》卷71,第4页a。亦参见杨瑞松:《从"民吾同胞"到"我四万万同胞之国民":传统到近现代"同胞"符号意涵的变化》,《"国立"政治大学历史学报》第45期,2016年5月。
⑦ 黎靖德编:《朱子语类》卷98,《朱子全书》,第17册,第3313页。
⑧ 吕妙芬:《〈西铭〉为〈孝经〉之正传?——论晚明仁孝关系的新意涵》,《"中央研究院"中国文哲研究集刊》第33期,第139—172页。

二、清代再起异端之辨

作为宋明理学的经典性文本，《西铭》在清代仍备受重视。康熙皇帝推尊程朱理学，他曾手书《西铭》数百本；[1]康熙《御制性理精义》也说："张子《西铭》乃有宋理学之宗祖，诚为《学》、《庸》、《语》、《孟》以后仅见之书，盖悉载全文，附以朱子解说，使学者知道理之根源、学问之枢要。"[2]根据搜索数据库所获的初步印象，清代文献中对于《西铭》的看法多承袭前代，重申程朱"理一分殊"的观点，强调《西铭》与《孝经》的关系，是一本言仁孝之书。[3]许多士人也都在主张仁孝一旨的前提下，论述"事亲即事天"，并不特意凸显事亲与事天孰先孰后的问题。例如，窦克勤(1653-1708)说："《西铭》之意在即事亲以明事天。愚谓非熟于事亲之道，则事天之道固不可得而知也；非得乎事天之道，则事亲之道亦固不可得而尽也。"[4]胡煦(1655-1736)："仁人之事天如事亲，孝子之事亲如事天，圣人郊禘制义，实由此出。《西铭》有见于此，故合仁孝而一之，是诚有见于天人妙契之微，与体用一原之合矣。"[5]都是并提事亲与事天重要性，而不刻意强调先后本末。

江永(1681—1752)的《西铭论》也从身、性两方面，平衡地诠释事亲与事天的关系，以下征引全文以供参考：

> 记礼者之言曰："仁人不过乎物，孝子不过乎物。仁人之事亲也如事天，事天如事亲。是故孝子成身。"此数言者，《西铭》之根柢也。从身上看来，父母生我之身，由父母而分者为兄弟，上推之有同祖之亲，下推之有子孙之亲，以及于族人外亲，皆与吾身相关。事亲者战战兢兢，敬其身，乃能事其亲；隆于其亲，而后能及于诸亲。此孝子一边道理。

> 从性上看来，吾性为天地之理，吾体为天地之气，则天地是大父母。凡为天地所生之人，皆犹吾兄弟。其中分之，有君，有臣，有老，有幼，有圣，有贤，有颠连无告，即至昆虫草木，亦并生于天地，犹吾侪辈之人，皆与吾性相关。事天者必孜孜矻矻，能全吾性，乃能无愧于天；既尽其性，而后能及于民物。此仁人一边道理。

> 《西铭》从此推出。前半篇推亲亲之厚以大无我之公，天地民物与父母兄弟，一理也。后半篇

① 李光地：《御书太极图说西铭刻石恭纪》，《榕村集》卷14，《景印文渊阁四库全书》，台北：台湾商务印书馆，1985年，第1324册，第720—721页。

② 《凡例》，《御制性理精义》卷首，《景印文渊阁四库全书》，台北：台湾商务印书馆，1985年，第719册，第596页。

③ 〈西铭〉为清代科场取士用书，也是士人教育的读本，见王云五编：《清朝文献通考》卷47，上海：商务印书馆，1936年，第5306页；陈弘谋辑：《养正遗规补编》，《五种遗规》，《续修四库全书》，上海：上海古籍出版社，2002年，第951册，第37页。清人持续强调理一分殊，文献极多，此处仅举数例：魏裔介：《西铭理一分殊解》，《兼济堂文集》卷16，《景印文渊阁四库全书》，台北：台湾商务印书馆，1985年，第1324册，第944页；纪大奎：《读西铭》，《双桂堂稿》卷9，《续修四库全书》，上海：上海古籍出版社，1995年，第1470册，第449—450页；蔡衍锟：《合题太极西铭》，《操斋集》卷22，《清代诗文集汇编》，上海：上海古籍出版社，2010年，第208册，第583页；蔡世远：《鹤山祖祠碑记》，《二希堂文集》卷5，《清代诗文集汇编》，上海：上海古籍出版社，2010年，第250册，第99—100页；陈梓：《胞与堂记》，《删后文集》卷3，《清代诗文集汇编》，上海：上海古籍出版社，2010年，第254册，第37—38页。关于明清士人论〈西铭〉与《孝经》的关系，参见吕妙芬：《〈西铭〉为《孝经》之正传？——论晚明仁孝关系的新意涵》，《"中央研究院"中国文哲研究集刊》第33期，第139—172页。

④ 窦克勤：《事亲庸言》卷1，清康熙六十年刊本，第40页a、b。

⑤ 胡煦：《三原图》，《周易函书约存》卷3，《景印文渊阁四库全书》，台北：台湾商务印书馆，1983年，第48册，第132页。

因事亲之诚以明事天之道，仁人事天与孝子事亲，一理也。不知前半篇道理，则一膜之外犹胡越，安知更有乾坤？若无后半篇功夫，则一身之理多缺陷，何能及于民物？记礼之言引而未发，张子为之阐明，其有功于来学大矣！林栗之徒，肆口而讥，何损于《西铭》哉！①

江永认为《西铭》全篇阐明"仁人之事亲也如事天，事天如事亲"，他分别从身、性两方面，来探讨孝、仁的意涵。孝是关乎身体血脉的家庭人伦，人性则由天所命，本具天理（仁）。由于人与万物均由天生，从天与性的高度说，人与万物为一体，仁人应尽性事天，并及于民物。《西铭》讲究从亲亲人伦扩充以致于仁民爱物，也讲究因事亲之诚以明事天之道，阐明"仁人事天"与"孝子事亲"原是一事一理。江永的诠释基本上符合明清士人的主流观点，他虽用"天地是大父母"的说法，但我们无法就此断定他受到天主教的影响而推演平等观。②

尽管清代士人多肯定《西铭》，对此文的诠释也大致延续前朝，在理一分殊的架构下，肯定儒家以亲亲为主的伦序，不落入墨家兼爱之疑，且秉持仁孝一旨的信念，强调事亲与事天不二，并不刻意凸显两者间可能的冲突，但仍有士人批评《西铭》或质疑其不符儒学正统。例如，陈确（1604—1677）说："宋儒之学出入二氏，病亦只在夸也，观《通书》《正蒙》《西铭》《皇极经世》等书可见矣。"③姚际恒（1647—约1715）也说《西铭》是本于老、墨之学而作。④也有人极力辨析"事天"与"事亲"的优先次序，以及"民胞物与"的意涵，这些讨论都再次召唤杨时之疑，深刻关系到儒学与异教之辨。以下举数例说明。

1. 王夫之：事亲先于事天

王夫之（1619—1692）钦慕推崇张载之学，曾言自己为学志向是"希张横渠之正学而力不能企"。⑤他在《张载正蒙注·乾称篇》（即《西铭》）中重提杨时之疑，又说周敦颐《太极图说》究天人合一之原，但易引发疑虑，使人以为人皆天地所生，故轻忽父母亲亲人伦。王夫之接着说：

窃尝沉潜体玩而见其立义之精。其曰"乾称父，坤称母"，初不曰"天吾父，地吾母"也。从其大者而言之，则乾坤为父母，人物之胥生，生于天地之德也固然矣；从其切者而言之，则别无所谓乾，父即生我之乾，别无所谓坤，母即成我之坤。惟生我者其德统天以流形，故称之曰父；惟成我者其德顺天而厚载，故称之曰。故《书》曰"唯天地万物父母"，统万物而言之也；《诗》曰："欲报之德，昊天罔极"，德者，健顺之德，则就人之生而切言之也。尽敬以事父，则可以事天者在是；尽爱以事母，则可以事地者在是；守身以事亲，则所以存心养性而事天者在是；推仁孝而有兄弟之

① 江永：《善余堂文集》，林胜彩点校，台北："中央研究院"中国文哲研究所，2013年，第4—5页。
② 江永的观点与天主教以天主为首伦，人首当孝敬天主、次国君、再父母的论点不同；江永对《西铭》的诠释近似程朱。将江永与天主教联系之例，详见纪建勋：《明末天主教Deus之"大父母"说法考诠》，吴昶兴主编《再解释：中国天主教史研究方法新拓展》，新北：台湾基督教文艺出版社，2014年，第107—145页。黄芸对纪建勋说法提出质疑，详见黄芸：《哪种儒学？谁的传统？——明清"大父母"说考》，陶飞亚主编《宗教与历史》第8辑，上海：社会科学文献出版社，2018年，第127—146页。
③ 陈确：《老实说》《陈确集》卷11，北京：中华书局，1979年，第257页。
④ 姚际恒：《古文尚书通论辑本》，林庆彰主编《姚际恒著作集》，台北："中央研究院"中国文哲研究所，2013年，第2册，第343页。
⑤ 王夫之：《自题墓石》，《姜斋文集补遗》，《船山全书》，长沙：岳麓书社，2011年，第15册，第228页。

恩、夫妇之义、君臣之道、朋友之交,则所以体天地而仁民爱物者在是。

人之与天,理气一也;而继之以善,成之以性者,父母之生我,使我有形色以具天性者也。理在气之中,而气为父母之所自分,则即父母而溯之,其德通于天地也,无有间矣。若舍父母而亲天地,虽极其心以扩大而企及之,而非有恻怛不容已之心动于所不可昧。是故于父而知乾元之大也,于母而知坤元之至也,此其诚之必几,禽兽且有觉焉,而况于人乎! 故曰“一阴一阳之谓道”,乾坤之谓也;又曰“继之者善,成之者性”,谁继天而善吾生? 谁成我而使有性? 则父母之谓矣。继之成之,即一阴一阳之道,则父母之外,天地之高明博厚,非可躐等而与之亲,而父之为乾、母之为坤,不能离此以求天地之德,亦昭然矣。

张子此篇,补周子天人相继之理,以孝道尽穷神知化之致,使学者不舍闺庭之爱敬,而尽致中和以位天地、育万物之大用。诚本理之至一者以立言,而辟佛、老之邪迷,挽人心之横流,真孟子以后所未有也。惜乎程、朱二子引而不发,未能洞示来兹也! 此篇朱子摘出别行,而张子门人原合于全书,今仍附之篇中,以明张子学之全体。①

从引文可见王夫之非常重视“事天”与“事亲”的先后关系,并认为事亲更优先。虽说人与万物均为天地所生,但实际上是通过父母而生,故父母与人更切近,人之有善性实因父母而可能,父母即人之乾坤,故曰:“别无所谓乾,父即生我之乾;别无所谓坤,母即生我之坤。”他强调人应以事父来事天、以事母来事地,此伦序绝不能混淆。人由父母所生,人的形气分自父母,而理就在气中,故人只要即父母而溯之,其德即能通于天地而无间。人也只有凭借着天生亲亲爱敬之情,才能修德尽性以事天。若舍父母而想直接与天地相亲,虽极力扩大其心以企及之,实不可得。

王夫之说张载作《西铭》是补充天人相继之理,使学者知道当即闺庭之爱敬(孝),而尽致中和、位天地、育万物之大用。他也感叹程朱未能从孝道的角度来阐释《西铭》,教导后学。由王夫之之论可见,无论《西铭》宗旨多么崇高伟大,儒学亲亲为本的立场绝不可动摇,人不应躐等而妄谈事天,“孝父母”才是致中和、贯通天人的入门工夫。王夫之又说:

太极固为大本,而以远则疏;父母固亦乾道、坤道之所成者,而以近则亲。繇近以达远,先亲而后疏,即形而见性,因心而得理,此吾儒之所谓一本而万殊也。②

张子《西铭》理一分殊之旨,盖本诸此父母者,吾之所生成者也。因之而推其体,则为天地;因此而推其德,则为乾坤。天地大而父母专,天地疏而父母亲,故知父母而不知乾坤者有矣,未有不知父母而知乾坤者也。③

---

① 王夫之:《乾称篇》,《张子正蒙注》卷9,《船山全书》,第12册,第352—353页。
② 王夫之:《读四书大全》卷8,《船山全书》,第6册,第977页。
③ 王夫之:《周易内传》卷6下,《船山全书》,第1册,第631页。

人的生命形体得自于父母,尽管生命本原可上推至天地乾坤,但父母与乾坤之道不二,且父母与人更亲近,人唯有透过事亲尽孝可以尽性知天。王夫之这样的坚持实有与"异端"区辨的用意,他说佛、墨二家的人观基本上是性/形二分的二本之学:

> 要其所谓二本者,一性,本天地也,真而大者也;一形,本父母也,妄而小者也。打破黑漆桶,别有安身立命之地。父母未生前,原有本来面目,则父母何亲?何况兄子?而此朽骨腐肉直当与粪壤俱捐,其说大都如此。①

王夫之说佛、墨等宗教学说都将人的组成视为性、形两部分,以为性本于天地,真而不妄,是人较尊贵的部分;形体由父母所生,也将随死亡而消散,故小而妄。他们相信在形体之外别有安身立命之地,故欲追求父母未生前的本来面目,因此也较不珍视形体,以及与自己血脉相连的亲人。相对地,王夫之强调儒学是一本之学:"形色即天性,天性真而形色亦不妄;父母即乾坤,乾坤大而父母亦不小。"他认为张载深得此一本之旨而作《西铭》。②简言之,王夫之强调事亲的优先性,实与其反对其他宗教的人观与天人观有密切关系。

2.王嗣槐:《西铭》论仁太过

大约与王夫之同时的浙江士人王嗣槐(1620—?),在《太极图说论》中用了三篇专论来讨论《西铭》,这三论的主题都是"辨仁"。③王嗣槐站在批评的立场,质疑《西铭》论仁太过,不符合孔孟论"仁"之旨。以下说明三论的内容。

王嗣槐在《太极图说辨仁论十九》中申论《西铭》"民胞物与"失却圣门论仁之大根本,认为即使程颐"理一分殊"之说亦无法为之释疑。王嗣槐批评《西铭》言体而不言用,言理一而不及分殊。④他说《西铭》言仁,非但未能扩前圣所未发,反与古圣贤之教相违背。因为"仁之功用难穷,仁之体量难尽",古圣帝明王亦未必能做到满仁之量,故孔子不敢自称圣与仁,又说博施济众尧舜犹病难之。相较之下,《西铭》说得过高,欲推仁之体量到极致,如此反不符合圣贤之教。⑤

王嗣槐又说,若强调天下之民均吾同胞,必导出"视民之父一如吾父,视民之子一如吾子"的结论,此将落入墨子兼爱之说;若说"吾与民为兄弟,是有同胞之名,不必有同胞之实",则又不能达至仁之体量,亦不符同胞之意。因此,程朱试图用"理一分殊"来解套是行不通的。王嗣槐认为张载"民吾同胞"之说,远不如孟子"亲亲而仁民,仁民而爱物"或孔子"仁者人也,亲亲为大;亲亲之类,礼所生也"来得

---

① 王夫之:《读四书大全》卷8,《船山全书》,第6册,第977页。
② 王夫之:《读四书大全》卷8,《船山全书》,第6册,第977页。
③ 关于王嗣槐写作《太极图说论》的用意及书的内容,参见吕妙芬:《王嗣槐〈太极图说论〉研究》,《台大文史哲学报》第79期,2013年11月。
④ 王嗣槐:《太极图说论》卷4,《续修四库全书》,上海:上海古籍出版社,2002年,第933册,第636—639页。
⑤ 王嗣槐:"不知此其言(案:指《西铭》),似古圣人自求体仁之言,而非古圣人自求体仁之言也;似古圣人教人以体仁之言,而非圣人教人以体仁之言也;似古圣人有德无位者所能任之言,而非古圣人有德无位者所能任之言也;似古圣人有德有位所能尽之言,而非古圣人有德有位所能尽之言也。"收入王嗣槐:《太极图说论》卷4,第638页。

适切妥当。①

王嗣槐在《太极图说辨仁论二十》继续批评《西铭》"以无分殊为大"的想法。他说《西铭》讲父天母地、民胞物与,很容易落入"以天地为至公、以无所分殊为大"的想法,因而视人各亲其亲、各长其长的自然仁爱之情为小,贬其为"私",要人去追求四海之内皆兄弟、万物一体之仁。②他说这种无差序的至公之仁,是墨氏与释氏之仁,非儒家圣贤所言之仁。他坚持儒学之公私观不能违离亲亲之仁的原则:

> 盖以前之墨氏,后之释氏,其言仁也,不知仁之理者也。其言仁,不知仁之理者,由其不知公之所以为公,而无私之所以为无私也。不知公之所以为公者,不知至公之如不公也;不知私之所为无私者,不知至无私之如至私也。尧之传贤,公也;禹之传子,私也,亦公也。虞不郊瞍,公也;夏后郊鲧,私也,亦公也。周公诛管,公也;舜封有卑,私也,亦公也。卫伋与寿俱死,公也;伍员不与尚俱死,私也,亦公也。由是言之,公者固公,其公而似私者,非公矣,而孰知其私之为公也;似私而公者,固公矣,而孰知私之至之为公之至,且为大公而至无私也。故人至于父子兄弟之间,不患其私,患其不私耳;不患私之至,患其私之不至耳。夫私而至于父子兄弟,不谓之私,而反谓之公者,以父子兄弟之私乃天性之私耳,犹天地无私而私善人。天地私善人,尤私孝子悌弟之为善人也。夫天地且为善人、为孝子悌弟之为善人易其无私之大德而独私之,而况于人乎?况于鬼神乎?③

王嗣槐说儒家之仁观不同于墨、佛两家,公私观亦不同。儒家不是以无所不爱为公,而是"以有所爱,有所不爱为公",此即"仁者能爱人,能恶人";儒家不是以兼爱为无私,而是"以专所爱为无私",此即儒家讲仁以亲亲为大之意。④父子兄弟之亲亲之情,看似私情,却是仁德之根本;本于亲亲之情而施于事,如禹之传子、夏后郊鲧、舜封象有痹、伍员不与尚俱死等,看似私的表现,却是大公而无私。简言之,王嗣槐批判无差等的亲爱观,以及用仁爱之量来衡量公私的看法,强调儒学本于亲亲之情,有好恶与等杀之仁,才是可以践履且是至公无私之仁。⑤

《太极图说辨仁论二十一》主要批评《西铭》物与之说,又将之联系到佛教:

> 嗟乎!余之推论及此,亦以《西铭》好仁之过,即孔子所为好仁之蔽之过也。使非从事佛氏之教,又安得有是言乎?盖佛氏之为佛氏,其教本无与于仁者也,舍色身,空人世,以生为幻,以死为真,彼乌知仁为何物者耶?今释氏之徒日以慈悲为仁矣,吾谓其不知仁为何物者。……《西铭》言物与,其言尤谬于民胞,不足论也,然非本佛氏割己肉以喂饥鹰及四生轮回食吾父母之说,安得有

---

① 王嗣槐:《太极图说论》卷4,第638—639页。
② 王嗣槐:《太极图说论》卷4,第641—642页。
③ 王嗣槐:《太极图说论》卷4,第642页。
④ 王嗣槐:《太极图说论》卷4,第642页。
⑤ 王嗣槐:《太极图说论》卷4,第642—643页。

是言耶？……以世之饥鹰无穷，而己之肌肉有尽，一割再割而不已，鹰未饱而身己亡矣。吾止一父母也，吾能知轮回中此二物是吾父母，吾哀而舍之可也，吾又安知百千万亿物，日在轮回中，何者是吾父母，何者非吾父母，而皆如吾父母哀而舍之耶？夫推释氏之言仁，不过摩顶放踵，利天下为之之说耳，其言岂不加于君子远庖厨之仁哉?然究不免于君子之嗤而小人之疑者，亦以其徒言不可言之仁、言不可行之仁理而已矣。①

王嗣槐认为"物吾与也"之说是受到佛教佛陀割肉喂鹰、四生轮回、食吾父母之说的影响。佛陀割肉喂鹰的故事出自《大智度论》，是讲述释迦牟尼佛作尼毗王时，为救护鸽子而割尽己肉喂鹰，直到完全舍身的程度。②四生意指胎生、卵生、湿生、化生，佛教因为相信轮回，一切动物都可能是人过去的父母，故不杀生。他说佛教这种仁爱观与墨家摩顶放踵的精神相似，但不同于儒家之仁。儒家圣贤虽也会对饥饿之鹰与待毙之兽产生恻隐之心，但绝不会割己肉来救牠们，因为世之饥鹰无穷，纵使人割尽己肉到身亡的地步，也无济于事。若说天地间百千万亿之物都可能是人过去的父母，人如何分辨？有可能完全舍之不杀不用吗？王嗣槐认为这些都是"言不可言之仁，言不可行之仁理"，人不可能践履，也与儒家思想不符。

王夫之和王嗣槐对于《西铭》的评价不尽相同，王夫之认为《西铭》是张载极重要的作品，也同意程朱所提的理一分殊观，他只是再次强调人伦秩序的重要；王嗣槐则重提杨时之论，质疑《西铭》的正统性，认为此文与儒家圣贤之教不符。尽管如此，他们的看法仍有相当的呼应，都反映了明清之际儒学修正晚明学风、重视人伦日用的学风。从两人的观点，我们看到佛教、墨学是主要批判和比较的对象，除此之外，明清之际其他思潮是否也可能提供我们一些参照的脉络呢？

首先，明清天主教以天主为人之大父母，强调以昭事天主为优先的想法，颇值得留意。明清天主教并不排斥中国五伦观，也未宣扬平等观，而是在认同儒学有差等之伦序观的前提下，在五伦之上，加入以天主为首伦，强调众人应以孝敬、顺服天主为优先，确立了"先天主、次国君、再家父"的伦理序次。对天主教而言，事天主理当优先于事亲，故即使天主教抱持与儒学调适合会的态度，对于儒学基要义理仍有重大冲击。③

再者，明清之际在一波强调敬天、畏天、知天、事天的思潮下，儒家士人也确实出现主张"事天先于事亲"的看法。举例而言，安世凤（约1557生）曾说："不知者谓人能事亲而后为顺天之理；而知者则谓

---

① 王嗣槐：《太极图说论》卷4，第646页。
② 龙树菩萨造，鸠摩罗什译：《大智度论》卷4，《新编缩本乾隆大藏经》，台北：新文丰出版公司，1991年，第76册，第79—81页。
③ 吕妙芬：《耶稣是孝子吗？明末至民初汉语基督宗教文献中之论孝的变化》，《"中央"研究院近代史研究集刊》第99期，2018年3月。既然天主教以天主为大父母的思想与《西铭》有相近处，明清之际的传教士和信徒是否曾援引《西铭》文本来阐述教义呢？我翻阅了许多明清天主教汉语文献，发现传教士并未特别引用《西铭》，我想主要因为《西铭》是宋明理学的产物有关，利玛窦等耶稣会士认为宋明理学受到佛道等异教的污染，已非纯正儒学，加上他们从上古经典中即可找到类似意涵的经文，不必引用一篇北宋的作品。不过，中国信徒并未完全忽略《西铭》，徐光启以"民吾同胞～"来说明普天下之人类原同一祖，再由始祖亚当上推天主创造之原，韩霖则以四海一家、万物一体来说明天主教敬天爱人之教义。徐光启：《论奉教人不设神主木牌非是毁宗灭祖》，胡璜：《道学家传》，钟鸣旦、杜鼎克、黄一农、祝平一主编：《徐家汇藏书楼明清天主教文献》，台北：方济出版社，1996年，第3册，第1219—1220、1039页；韩霖：《铎书》，钟鸣旦等编：《徐家汇藏书楼明清天主教文献》，台北：方济出版社，1996年，第2册，第714页。

人能事天而后为顺亲之心。"①安世凤的看法很值得和王夫之作比较,安世凤基本上站在形、性分离的立场,认为人之形体虽得自父母,但灵性却是由天所赋;父母虽亲近,但人在离开母腹之后便是独立个体,唯有赋人灵性之天与人始终不离,故天与人的关系实比父母更亲密。在这些论点上,安世凤的想法都更接近天主教,而远于王夫之。安世凤认为:"天实一大父也,由父以推之兄,则人皆一同胞也。"②他称赞《西铭》是《孝经》《中庸》以降未曾有之言,但反对理一分殊之说,认为程朱不能真正体会张载作《西铭》的原意,张载的意思是要"指出天乃生我之父,吾人一生须更不能离此父之侧,终身完不了事此父之职,直待死而后已"③。

许三礼也以天地为大父母,④以告天为圣学入门,每天行告天之礼,⑤虽然他也强调仁孝一旨,并未忽略孝亲人伦,但他鼓励人直接寻求与天地大父母亲近的看法,⑥也与王夫之不同。许三礼说:"天,吾大父;地,吾大母。此心不为天地分忧,便是两间不肖之子。民,吾同胞;物,吾同与。此身不为民物立命,即系一方有罪之人。"⑦这样的想法明显是王嗣槐所反对的。另外,顺治年间出版的《西铭续生篇》是关中雷于霖晚年的作品,雷于霖承继晚明以来将《西铭》与《孝经》合论的传统,且以近乎宗教修行的态度来面对《西铭》,他在序中说道:

> 余自志学之时,一见是篇若获固有,每日之间或立而诵之,或坐而诵之,或夜卧而诵之,至月朔月望,则跪而诵之。每诵一句即现一境,即生一心,俨若乾父坤母之在上,宗子家相之在侧,圣德贤秀者继其志而述其事,老幼茕疾者企其养而告其苦,令我生尊敬心,生哀矜心,生一切密修实证心。……尝觉生气生理盈映吾四体间,及今七十二岁,造物者将息我也,卧床一载,思吾生有尽,吾生生之心无尽,遂于伏枕饮药之中,勉作注释五千二百余字,期与天下万世仁人孝子共续此大生之德于永永不穷也。⑧

雷于霖每日诵读《西铭》时,心境随之而生,俨若乾坤大父母在上,他虽也强调《西铭》不同于佛教和墨学,但与王夫之不同,他并不排拒躐等而亲乾坤大父母,他甚至说:"若识得原初父母,则格天配帝。"⑨又说人若能真实事天地,即使"乡不顾月旦、国不顾青史","乾父坤母当直我于冥漠之间"。⑩他也与王嗣槐不同,直言:"凡民秀民,海内海外,但范人之形者,皆与我同受父母之体性,实是共一胎胞

① 安世凤:《尊孔录》卷10,明天启年间刊本,第8页a—9页a。
② 安世凤:《尊孔录》卷13,第21页。
③ 安世凤:《尊孔录》卷10,第6页。关于安世凤《尊孔录》之思想讨论,见吕妙芬:《以天为本的经世之学:安世凤〈尊孔录〉与几个清初个案》,《汉学研究》第37卷第3期,2019年9月,第1—42页。
④ 许三礼:《天中许子政学合一集》,《四库全书存目丛书》,台南:庄严文化事业公司,1997年,第165册,第488页。
⑤ 关于许三礼的告天礼,参见王汎森:《明末清初儒学的宗教化:以许三礼的告天之学为例》,《新史学》(台北)第9卷第2期,1998年6月,第89—122页。
⑥ 例见许三礼:《天中许子政学合一集》,第518页。
⑦ 许三礼:《天中许子政学合一集》,第455页。
⑧ 雷于霖:《西铭续生篇序》,《西铭续生篇》卷首,清道光15年刊本,第1页a、b。
⑨ 雷于霖:《西铭续生篇》,第1页a。
⑩ 雷于霖:《西铭续生篇》,第11页a。

而称兄弟焉。""不特人也,即动物植物,有情无情,但具生之貌者,皆与我分受父母体性,实是同一侪偶而称连属焉。"雷于霖每日以虔敬修身的态度诵读《西铭》,他认为人应追求认识并孝敬原始大父母、追求形体之外永恒无尽之生命,及其对于民胞物与之说的解释,均与王夫之、王嗣槐形成鲜明的对比。

综上所论,生于明清之际的王夫之和王嗣槐尽管对于《西铭》的定位看法不同,但他们的论点颇有交会,又都重启了前人对于此文的疑虑。无论是王夫之强调事亲先于事天,或王嗣槐反对民胞物与说,都主要欲重申儒学以亲亲为主的伦序观。他们对于《西铭》的讨论也承继前人论辩的语境,即在辨析儒学与异端的脉络下进行,并以佛教和墨学为主要对话对象。不过,若放在明清之际的学术背景下观察,相关论述的思想史脉络可能更为复杂,晚明以降个人修身实践追求与天道契悟的传统,天主教与儒家士人对于天人关系的讨论与实践等,都可能是形塑这些思考与论辩的学术脉络。

3.太平天国背景下的论述:罗泽南、吴敏树

罗泽南(1807—1856)是湘军的著名领袖,也是程朱理学的信奉者与教育者,他的理学类著作有《姚江学辨》《人极衍义》《读孟子札记》《西铭讲义》等,钱穆(1895—1990)论其学之传承曰:"罗山之学,大率推本横渠,归极孟子,以民胞物与为体,以强勉力行为用。"[1]《西铭讲义》著于道光二十九年(1849),是罗泽南对弟子讲授《西铭》的讲章,除了图赞和总论外,全书以《西铭》原文、朱子的《西铭解》为主,罗泽南是以案语的方式来阐释个人的理解。范广欣将此书配合罗泽南生平经验与思想发展来解读,认为此书作于太平天国战争之前,标示着罗氏对于政治的态度从批判到参与的转向。[2]然若以罗泽南对《西铭》的诠释内言而言,实未超过程朱理一分殊的架构,义理的新意并不多。他非常重视"由分立而推理一"的概念,他在序中说道:

> 泽南为诸生讲《西铭》,用伊川分立而推理一之旨作讲义示之。每句始言一家之父母兄弟,继乃推到天地民物,因其分立之立者,以明其理之本一,又绘一图,上下推布于理一之中,分之森然者益明,以附于朱子解义之后,为初学设也。夫《西铭》之理一不难知也,分殊难知;分殊不难知也,分殊之中各有其处之之道难知。然而岂知之而遂已哉?人禀二五之精以生,理即从而赋之,天地万物皆吾一体,虽其中亲疏殊情,贵贱异等,而其天理之流行,实未尝有一毫之稍间。……是以古之君子,亲亲而仁民,仁民而爱物,必皆有以尽其当然之则,向使于分殊之处一毫有所未善,则此理一之浑然者,遂有所亏而莫周。义之不尽,又何以为仁之至哉?[3]

罗泽南强调分殊的重要性,认为要能够充分掌握分殊的细节、处境、脉络,及应然的处置之道,才能不伤于义,做到体用兼备。他引李侗(1093—1163)之言曰:"须是理会分殊,毫发不可失,此是《西

---

① 钱穆:《中国近三百年学术史》,台北:台湾商务印书馆,1997年,第593页。

② 范广欣:《以经术为治术:晚清湖南理学家的经世思想》,南京:南京大学出版社,2016年,第130—143页。

③ 罗泽南:《叙》,《西铭讲义》,林庆彰、赖明德、刘兆佑、张高评主编:《晚清四部丛刊》,台中:文听阁图书,2011年,子部第5编,第63册,第9—11页。

铭》紧要工夫。若不于分殊处体认得明白,即于理一处有所见,终是个空架子,毫无着落。"①他特别绘了一张"分立而推理一图赞"来表明万物分殊井井有序又有关联的意涵;并援引朱熹横截断看法、直劈下看法,分别说明乾坤民物与父母胞与互不相混又彼此相连属的关系。②从其书可见,他既强调"乾坤本不是父母、民物本不是胞与",但也说就理一而言,则又可说"乾坤民物实是父母胞与"③。

罗泽南讲《西铭》基本上重申程朱之意,没有太多创见或批评,但是吴敏树(1805—1873)④在《书西铭讲义后》中却再度把《西铭》置于异端之辨。吴敏树虽承认张载《西铭》阐明儒者之学,异于老、杨、墨、佛,但他也指出《西铭》的文字有过失,即过分强调同一而忽略分殊。他强调民物与同胞绝不相同,孔孟圣人不欲人漫谈广仁,或忽视等级亲疏之辨。吴敏树又说:

> 窃详张子之意,将以救学者自小自私之弊,而扩其偏而不普之心。程子朱子意亦如是,而明理一分殊之旨,以防其所流。独龟山杨氏有兼爱之疑,实亦未为不达也。今世有天主邪教者,直称天为父,而凡人无贵贱老幼,皆为兄弟,无父无君,而足以倡合庸人,以阶祸乱。究其说,类窃《西铭》之似而背其本者。湘乡罗罗山氏,乃申程朱之意,为《西铭讲义》,罗山讲学而用世,为书之旨盖远,未屑一言及于今之邪教,而余窥其意亦在是。并妄议张子之言之过,世之君子,其无遽罪我而试察之。⑤

吴敏树对《西铭》的质疑与基督宗教有关,⑥此应与当时受基督教影响的太平天国之乱有关。虽然罗泽南讲《西铭》并未明言,但吴敏树认为《西铭讲义》之所以格外强调分殊,乃有辨明异端邪教之意。吴敏树在《孝经章句序》中说道:"近见湘乡罗罗山氏讲学以救时弊,乃有《西铭讲义》之作,始大怪之。《西铭》言乾父坤母,四海之人皆为兄弟,民吾同胞,物吾同与,其言似大矣。程子用之以教,而冒其似者,浸而为西人天主之学。"⑦吴敏树对于太平天国等以天地为父母之民间教派十分警戒,深怕《西铭》被误用。⑧他在《又书西铭讲义后》中有更详细的说明:

> 或曰:今之邪教不足道也,愚民惑之,学士笑焉,是乌足与辨?余谓不然。圣人之所以立教

---

① 朱熹:《延平答问》,《景印文渊阁四库全书》,台北:台湾商务印书馆,1985年,第698册,第655页。

② 罗泽南:《西铭讲义》,第18a—19a页。

③ 罗泽南:《西铭讲义》,第19—20页。

④ 吴敏树,湖南岳阳人,字本琛,号南屏,晚号乐生翁、柈湖渔叟,1832举于乡,曾任浏阳县训导。其传见钱仪吉、缪荃孙、闵尔昌、汪兆镛编:《清代碑传全集》,上海:上海古籍出版社,1987年,下册,第1225页。

⑤ 吴敏树:《书西铭讲义后》,《柈湖文录》卷2,《清代诗文集汇编》,上海:上海古籍出版社,2010年,第620册,第174页。

⑥ 李元度不赞成吴敏树之见,认为民胞物与之说乃就理而言,不应以辞害意,也认为程朱之说已释杨时之疑,又说吴敏树之疑〈西铭〉是与受天主教影响的"粤盗"有关。李元度:《与吴南屏年丈书》,《天岳山馆文钞》卷36,《续修四库全书》,上海:上海古籍出版社,2002年,第1549册,第551页。

⑦ 吴敏树:《孝经章句序》,《柈湖文录》卷3,第186页。

⑧ 洪秀全强调自己与天父皇上帝之关系,淡化与父亲洪镜扬的关系,且抱持"视天下为一家,合万国为一体"的看法。太平天国也规定信徒每餐谢饭,感谢天父皇上帝祝福有衣有食,保护照怜。参见盛巽昌:《实说太平天国》,上海:上海书店出版社,2017年,第1—31页。

者,使天下贤智愚不肖,共由其中。若由之足以惑而不辨,是弃人也,且惑之甚而贤智又恐有不免者,余有所见之。往时有村人佣于余家,至愚之人也,并未尝识一字。一日与舍中诸僮私语曰:"人莫止说有父母,天实生汝,地实长汝,日月以照汝,水火田谷百物以养汝,风以吹汝,雨以润汝,是天地之恩至重,不可不报。"余于隔房闻其语,大惊怪之,察其所居屋中,则壁间皆画为舟船旌旗戈甲之状,而其人又尝背人口中唱诵有词,知其必为斋匪所惑。斥之则怒,而以言相反,乃呼其家人,令以归约禁之,遂发狂以死。①

    这位受雇于吴敏树家的村民虽不能读书识字,但能与人讲说天地生养众人之恩、人不可不报恩的道理。这番道理从一位无知的村人口中说出,让吴敏树十分惊讶,他观察其言行,发现他在房间墙上贴了舟船旌旗戈甲之类的画,又常唱诵一些词,故判断这位村人必定是受到"斋匪"的影响。"斋匪"在清代意指吃斋的民间教派信徒从事不法活动者。②根据秦宝琦的研究,嘉道年间秘密宗教会党发展迅速,主要与人口增长、移民增加有关,教团提供教徒拟血缘的关系,发挥互助与自卫抗暴等功能。以天地会为例,从福建、广东两省,发展到江西、广西、云南、贵州、湖南等地,吸引许多教友;湖南地区的参与者最多为雇工阶层,其次为小商贩。而天地会在结会时要插五色旗帜,桌上摆放剑、剪刀、尺、铜镜,以及写有"拜天为父,拜地为母"等字样的黄纸。③又例如具有末劫思想的《文昌帝君醒世救劫宝诰》也说,天地一大父母,天地厚爱人、生养人,人应时时敬天地,正人心行忠孝,以救末劫。④

    另外,Lars Peter Laamann和张振国的研究都指出,在清代禁教时期,中国民间天主教继续发展,且有与其他教派混合的现象,不仅仪式和习俗有神秘化和民俗化的趋向,念经吃斋也是天主教教民普遍的行为,朝廷亦将其归为邪教。⑤上述这些现象均与吴敏树所描述的村民举动相近,我们因此判断吴敏树所害怕的正是当时在中国迅速发展的宗教会党团体,包括已经本土化和民间化的天主教信仰。李元度(1821—1887)也说吴敏树之所以批评《西铭》,是因为"外夷天主教有所谓天父、天兄云者,粤盗袭其唾余以毒天下"⑥。引文中所提及的这位村民受到吴敏树的斥责,不仅不服气,且有能力反驳。这则故事以悲剧收场,吴敏树要求这位村民的家人将其带回并约禁其行为,最后这位村民发狂而死。

    事实上,这位村民所说的并不是什么荒谬无稽之谈,而是天地有养人之恩、人应报恩的观念,这样的观念中国本有,不仅普遍流行于民间,即使士人中也有不少接受者。然而这一点却让吴敏树感到担心,他说:

---

    ① 吴敏树:《又书西铭讲义后》,《柈湖文录》卷5,第350页。

    ② 庄吉发:《咸丰事典》,陈捷先主编:《清史事典》,台北:远流出版社,2008年,第9册,第156页。

    ③ 秦宝琦:《中国地下社会》,北京:学苑出版社,2004年,第596—658页。有关天地会的仪式和神话等,亦见Barend J. Ter Haar, *Ritual and Mythology of the Chinese Triads: Creating and Identity*, Leiden: Brill, 2000.

    ④ 王见川、侯冲、杨净麟等主编:《中国民间信仰民间文化资料汇编》,台北:博扬文化事业公司,2013,第2辑,第15册,第115—119页。

    ⑤ Lars Peter Laamann, *Christian Heretics in Late Imperial China: Christian Inculturation and State Control, 1720–1850*, London & New York: Routledge, 2006. 张振国:《神圣与凡俗:明末至鸦片战争前天主教与民间信仰的遭遇》,北京:社会科学文献出版社,2018年,第156—197页。

    ⑥ 李元度:《与吴南屏丈书》,《天岳山馆文钞》卷36,第55页。

夫是人者之所言,征特僮奴聋听之,即令读书粗识道理者,以一言折其非是,其将能乎? 否乎? 而又将有妄人自奇,反信用之者。天地之恩之于生人,不待言也,而不可报也。惟王者一人为天之所主,天下人之所听命,故称为天子,而有父事天、母事地之礼,所以为天下报也,犹尊之而不敢亲也。郊社之事,与宗庙固异矣。至于圣人君子之教,则以存心存性为事天,而他无事焉。天生人而不失其所以为人之理,即曰报之,无出于此。《西铭》之书亦不过发明此理。而父母兄弟之言,为邪者容得借口大儒以相欺诱,故窃论及之。呜呼,邪说之生而足以惑人有由矣。世教衰,父母兄弟宗族乡党之恩薄,民穷而散,而邪者诱之,此真学士大夫之罪也。故圣人之道,主于亲亲而渐推之,天下皆得自尽而无散叛之民,其道亦无俟多言矣夫。①

吴敏树担心教派所传讲的道理不仅一般百姓会信服,连读书人都不易反驳。他之所以认为这道理有危险性,主要怕人们因受宗教影响而脱离儒家宗族礼法,僭越天子之礼,企图通过与天地大父母直接相通,导致政教秩序的破坏。他说虽然天地有恩于人,但只有天子可代表众百姓向天表达报恩之情,一般人若要报天生人之恩,应从修身做起,即以存心存性为事天,不可直接拜天。而《西铭》以乾坤为大父母、众人为兄弟的说法,很容易被民间教派误用。由上可知,吴敏树对《西铭》的批评和警戒主要与当时教民叛乱的大背景有关,为防止宗教义理和教团活动颠覆家庭伦理,他再度强调儒学亲亲伦序,也更重视《孝经》,即欲以儒家宗族礼法来对抗民间教派。

另外,晚清朱一新(1846—1894)也认为《西铭》专言体、言仁之全量,若不善体会者,容易流于兼爱,故程子特阐明理一分殊。他强调分殊的重要性,认为孟子对兼爱的批评看似过激,却很重要,又说:"今观释氏之书,摩西之教,而其言验矣,择术可不慎欤?"②同样地,除了传统佛教和墨学外,基督宗教也已进入晚清士人有关《西铭》异端之辨的论述之中。

三、民国时期诠释的变异

晚清到民国时期,中国思想界巨变,冲决宗法伦常之网罗,追求平等、自由、博爱等价值之声高涨。此时期《西铭》的诠释呈现最明显的变化是:摆脱传统儒家有差序的伦理观,以及狭义"孝"的束缚。当时人们未必读不出《西铭》文中浓厚的宗法主义,或是不知道此文在学术史上引发的纷争与论辩,但由于传统的"异端"概念已瓦解,《西铭》蕴涵的其他思想向度也获得伸展的动能,进而扮演了联系中国文化与世界的桥梁。

在广泛搜集晚清至民国时期相关史料时发现,尽管有像刘师培(1884—1919)说张载《西铭》之民胞物与虽与"民约"无关,但推之可以得"民约"之意,③或如刘伯明"中国人不是没有这种平等的思想,

---

① 吴敏树:《又书西铭讲义后》,《柈湖文录》卷5,第350页。

② 朱一新:《问西铭》,《无邪堂答问》卷4,王德毅主编:《丛书集成续编》,台北:新文丰出版公司,1989年,第19册,第520页。

③ 刘师培:《中国民约精义》,《刘申叔遗书》,南京:凤凰出版社,1997年,上册,第582—583页。亦参见杨贞德:《从"完全之人″到"完全之平等″——刘师培的革命思想及其意涵》,《台大历史学报》第44期,2009年12月,第93—152页。

《礼运》篇孔子讲的大同、以及张载的《西铭》,都很有德谟克拉西的精神"之说;[①]但直接援引《西铭》去阐论自由、平等、民主的言论其实并不多见,更多还是在比较宗教和比较文化脉络中的发言。另外,新儒家主要承袭宋明理学而赋予新时代的诠释,他们对于《西铭》也有一定的重视。还有一些文章是响应蒋介石(1887—1975)指示国民党党政人员研习《西铭》而作,此又与蒋介石个人的学思有关。以下就这三方面分别讨论。

1.普世宗教精神

对于宗教界人士而言,不同宗教间的差异当然至为紧要,必要时更是要析毫剖厘,然在不同语境下,有时也会强调彼此具有相似的精神。《西铭》父天母地、仁覆天下的精神,就常被用来与其他宗教精神相提并论,阐明普世宗教的精神。例如,基督徒何璋曾说:

> 上主从天诞降下救普世,万万非人类之比,而其灵异有不超乎人类之上者乎?世人疑之,名与以管窥天者何异?他若耶稣之教所以可大可久者,意其大意旨与张子《西铭》同。能人观书,当求大义微言,不可寻数行墨。[②]

何璋当然知道基督教教义不同于《西铭》,但他在此强调耶稣的精神和教导大意与《西铭》相同。类似地,赵紫宸(1888—1979)也清楚《西铭》所谓"乾称父,坤称母",不同于基督教的人格神,[③]但他同样从《西铭》读出类似耶稣的精神。《学仁》是赵紫宸于1935年写于北京的一本基督徒灵修著作,此书写于中国国难救亡意识极强的年代,当时许多人主张人格救国,赵紫宸也说耶稣的人格精神是救国之重要途径,《学仁》全书涵盖个人、社会、国家、国际、天国各层次,有会通基督教伦理与中国道德伦理的特色。赵紫宸在论人生理想时,并列援引了《西铭》全文与《路加福音》4章18—19节,亦即描述耶稣是弥赛亚、受差遣传福音给普世之人的经文。他接着申论道:

> 人的大觉悟,都是宗教的觉悟。在这宗教的觉悟之中,人恍然澈见自己浑然与万物同体,与宇宙同性,与人类同喜乐同悲哀。有了这样的觉悟,人好像在生活中得了一个永恒的真实性,能像释迦一样地有"我不入地狱,谁入地狱"的感想,像范仲淹一样地有"先天下之忧而忧,后天下之乐而乐"的志气,像保罗一样地有"与哀哭者同哭,与喜乐者同乐"的心肠,像耶稣一样地有非我旨意成全,惟求上帝旨意成全的决心。[④]

《西铭》万物一体观是一种宗教的体悟,不仅儒家有,基督教、佛学也有。赵紫宸说现代思想家有

---

① 《刘伯明博士在职业学校讲演:东西洋人生观之比较》,《申报》1920年6月3日,第10版。

② 何璋:《论教》,《中西教会报》第2卷第16期,1892年,第19页b。

③ 赵紫宸:《基督教与中国文化》,《赵紫宸文集》第3卷,北京:商务印书馆,2007年,第273页。徐宝谦也说:"张载的《西铭》,虽有乾父坤母、民胞物与的说法,与基督教的有神论,意味究不相同。"徐宝谦:《基督教与中国文化》,《大公报》(天津版),1933年12月14日,第13版。

④ 赵紫宸:《赵紫宸文集》第1卷,第375页。

希腊诡辩家的气味，被演变的思想所蒙蔽，看不见有个不变的真实存在，因此是非混淆。他说：其实，人生何尝没有确定的标准，祇是他们求之不得其道罢了。这个标准，在耶稣的宣告里，横渠先生的《西铭》里，已经有很清楚的启示。①"耶稣的宣告"即基督教普世救赎的福音，赵紫宸认为这种精神可见于《西铭》，是真实的道，不是虚见。他相信只有从天主（天地）的高度，承认全人类与我同性，才能弭平世界的纷乱。他在当天的祷文中也以民吾同胞、人应广爱人类来向耶稣祈祷。②综观赵紫宸对于《西铭》的看法，他一方面认为这是一篇蕴涵伦理、哲学、宗教的伟论，虽全篇所述不过一"孝"字，但具有崇高的宗教精神；另一方面，他也认为中国文化还应向基督教学习，耶稣对天父深刻的体认，及其在十字架上牺牲的大爱，都值得中国人学习。③

其他类似将基督教与《西铭》比附的说法尚有不少，例如1922年李路得在尚贤堂的演讲，说到基督看普天下人民如同弟兄姐妹（马太福音12:50），与儒经上"民吾同胞，物吾同与"相近；④范皕海（范子美，1866—1939）说基督教以上帝为天父，人类皆兄弟；若非有同一的天父，则"民胞物与"之说也不成立。⑤刘仲山说《西铭》民胞物与的胸怀与基督教的博爱相合；⑥方豪（1910—1980）认为《西铭》"所谓乾坤，所谓天地，皆指宇宙之主宰也。"⑦将乾坤大父母连系到天主教的天主。谢扶雅（1892—1991）则说《西铭》天地一体、民胞物与、包含万有、解脱差别界而入平等界之经验，是宗教精神之最深奥处。⑧

除了基督宗教外，其他宗教人士也会以《西铭》作比附，丁福保（1874—1952）说《西铭》类似佛教众生平等观；⑨江谦《广张子西铭》则从佛教的立场，藉《西铭》来申论佛教不生不灭，无量无边之心性观。⑩儒教人士也有类似的说法，关中士人刘光蕡（1843—1903）将孔子之儒教与其他宗教模拟，认为儒家所言性善即佛教所谓佛性、耶教所谓灵魂；⑪又说孔子为千古教宗，其教生于孝，即孔子之教以天为人之父母，以事天之路径垂示万世。刘光蕡承袭着明清以来将《西铭》与《孝经》合论的传统，称扬《西铭》言仁孝及儒教本天的宏高境界。⑫陈焕章（1880—1933）虽未特别表彰《西铭》一文，但他根据其他儒家经典，说乾坤为人之父母，人人皆为上帝之子，事天即事亲，因而主张孔教应以上帝与祖宗并

① 赵紫宸：《赵紫宸文集》第1卷，第375页。

② 祷文："至圣之神，慈爱之父，你是万族的真源，你是人类的大父，你是众生的标准。因此，凡是人都是兄弟姐妹，都属于一家。父啊，为此，我求你将我心中傲慢仇恨，与夫与人隔绝的罪恶，完全除去，使我能因你而爱人，而行爱人的事。因耶稣，亚们。"赵紫宸：《赵紫宸文集》第1卷，第376页。

③ 赵紫宸：《基督教与中国文化》，《赵紫宸文集》第3卷，第275页。

④《李路得先生演说词》，《尚贤堂纪事》第13期第1册，1922年，第40—50页。尚贤堂由李佳白所建，常邀请各宗教人士前往演说，提供不同宗教对话之平台，李佳白个人倾向宗教联合的思想，相关研究，参见胡素萍：《李佳白与清末民初的中国社会》，广州：中山大学出版社，2009年；孙广勇：《融入与传播——简论李佳白及其尚贤堂的文化交流活动》，《社会科学战线》2005年第6期，第299—301页。

⑤ 皕海：《中国伦理的文化与基督教》，《青年进步》第84期，1925年，第1—10页。

⑥ 刘仲山：《基督教与中国文化的关系》，《希望月刊》第5卷第12期，1928年，第12—24页。

⑦ 方豪：《论中西文化传统》，张西平、卓新平编：《本色之探：20世纪中国基督教文化学术论集》，北京：中国广播电视出版社，1999年，第196页。

⑧ 谢扶雅：《宗教哲学》，济南：山东人民出版社，1998年，第74—75页。

⑨ 丁福保：《我之人生观》，《申报》1939年9月3日，第16版。

⑩ 江谦：《广张子西铭》，《佛学半月刊》第78期，1934年，第48页。

⑪ 刘光蕡：《刘光蕡集》，武占江点校：西安：西北大学出版社，2014年，第466页。

⑫ 刘光蕡：《刘光蕡集》，第375、377、381、469页。

重,同时祭天、祭孔、祭祖,这些都符合《西铭》之旨。[①]陈焕章对于孔教的主张也有与其他宗教比较的视野,并有大同的思想。

民初的孔教曾主张以《孝经》为世界和平之福音书,以中国孝道教化进于全球大同境界,这些想法经常带有浓厚的比较宗教意涵,1940年代上海尊经会刊刻的《孝经救世》可作为代表。[②]书中在注释《孝经》经文"孝悌之至,通于神明,光于四海,无所不通"时,有一案语曰:

> 张子《西铭》曰:"乾称父,坤称母,予兹藐焉,乃浑然中处";又曰:"民吾同胞,物我与也";又曰:"凡天下疲癃残疾惸独鳏寡,皆我兄弟之颠连而无告者也"。夫孝悌之至,必如《西铭》之量,父天母地,仁覆天下,若是则天地与吾为一体,而神明之通,有必然者。且佛、道、耶、回各教,皆同此量,故光于四海无所不通,亦无疑也。[③]

作者大量引用《西铭》原文,认为此文所揭示的精神具有普世宗教的意义,是佛、道、耶、回各宗教所共有的精神,因此可以光于四海而无所不通。另外,唐文治(1865—1954)《孝经救世编》赞许《西铭》民胞物与之仁,强调人应以弥天地间之缺憾为职志,才是乾坤大孝子;另一方面,他则感叹后世儒学罔知此义,不能推及于同胞民物使万民万物得其所,反须依赖外国宗教家来实践,对此深感痛愧。[④]一篇1921年发表于《申报》的文章则指出:欧洲人根据"四海之内皆兄弟"和《西铭》认定儒家之精义与基督教有同称善者,久而久之,中国人亦自诩如此,但可惜中国人是能言而不能行。[⑤]

以上诸说主要从比较宗教和文化的脉络上发言,《西铭》作为儒家仁爱精神的代表,其仁覆天下与崇尚大同的精神[⑥],足以和基督教、佛教等普世性宗教相提并论,当时许多论述都说基督的爱、孔子之仁、释迦的慈悲,虽有轻重广狭之别,但基本精神是相通的。

2. 新儒家:冯友兰、唐君毅的论点

宋明理学是新儒家思想的重要资源,讲论《西铭》的文字也不少,[⑦]而且《西铭》以天下为一家的精神,更是新儒家向世界宣传中国传统文化的重点。[⑧]在新儒家中,冯友兰(1895—1990)和唐君毅(1909—1978)对于《西铭》的阐释别具特色。冯友兰对《西铭》的评价很高,他在《新原人》中讲到自然、功利、道德、天地四种境界,其中天地境界最高,《西铭》即描述天地境界。他说人若能充分自觉自己是

---

① 陈焕章:《陈焕章文录》,周军标点,长沙:岳麓书社,2015年,第189—190页。

② 吕妙芬:《孝治天下:〈孝经〉与近世中国的政治与文化》,台北:联经出版事业公司,2011年,第303—319页。

③ 世界不孝子:《孝经救世》卷16,林庆彰主编:《民国时期经学丛书》,台中:文听阁图书公司,2009年,第3辑,第56册,第33—34页。

④ 唐文治:《孝经救世编》卷3,林庆彰主编:《民国时期经学丛书》,台中:文听阁图书公司,2013年,第5辑,第58册,第22页。

⑤ 老圃:《兄弟说》,《申报》1921年8月25日,第20版。

⑥ 将《西铭》与大同思想并论,例如:徐庆誉:《新生活运动与文化》,《大公报》(天津版)1935年6月5日,第4版。

⑦ 例如:熊十力:《中国哲学与西洋科学》,景海峰编:《熊十力选集》,长春:吉林人民出版社,2005年,第459—460页;方东美讲《西铭》历史背景,见方东美:《新儒家哲学十八讲》,台北:黎明文化事业公司,1983年,第277—284页。

⑧ 牟宗三、徐复观、张君劢、唐君毅四人于1958年联名发表的宣言中,虽然没有特别提及《西铭》,不过谈到五点西人应向东方文化学习的内容,其中第五点即"天下一家之情怀",也说到东方的"墨家要人兼爱,道家要人与人相忘,佛家要人以慈悲心爱一切有情,儒家要人本其仁心之普遍涵盖之量,而以天下为一家,中国为一人。"见牟宗三、徐复观、张君劢、唐君毅:《为中国文化敬告世界人士宣言——我们对中国学术研究及中国文化与世界文化前途之共同认识》,《民主评论》第9卷第1期,1958年,第2—21页。

宇宙的一分子,对于宇宙是有责任的,即是知天之人,此等人可称为天民。"天民所应做底,即是天职。他与宇宙间事物底关系,可以谓之天伦。"天民也是社会中的一分子,也当尽社会的责任,然因其对天伦有所觉解,其尽人伦即有事天的意义。①冯友兰又说:

> 尽人职,尽人伦底事,是道德底事。但天民行之,这种事对于他又有超道德的意义。张横渠的《西铭》,即说明此点。《西铭》云:"乾称父,坤称母,余兹藐焉,乃浑然中处。故天地之塞,吾其体;天地之帅,吾其性。民,吾同胞;物,吾与也。……尊高年,所以长其长,慈孤幼,所以幼其幼。圣,其合德;贤,其秀也。……存,吾顺事;没,吾宁也。"这篇文章,后人都很推崇。……不过此篇的好处,究在何处? 前人未有确切底说明。照我们的看法,此篇的真正底好处,在其从事天的观点,以看道德底事。如此看,则道德底事,又有一种超道德底意义。由此方面说,就儒家说,这篇确是孟子以后底第一篇文章。因为孟子以后,汉唐儒家底人,未有讲到天地境界底。②

冯友兰说《西铭》具有从宇宙观看事物的眼光,能讲到天地境界的高度,与《中庸》"赞天地之化育""与天地参"相当。又说在天地境界中的人,最高可以达到同天的境界,即一种类似宗教体悟、神秘主义、与天地万物一体的经验;即"我"的无限扩大,最终成为大全的主宰。他认为《西铭》"天地之塞,吾其体;天地之帅,吾其性",以及张载所谓"为天地立心,为生民立命",即同天境界与大全主宰的表述。③冯友兰并未否定人伦和道德的重要性,只是强调在人伦和道德之上,还有超越的境界,他也没有《西铭》论仁太过的疑虑。他认为人若有宇宙天地之意识与觉解,在尽人伦的同时,即尽天伦;行道德的同时,即可超越道德。④

相较于冯友兰从天地境界来阐论《西铭》,唐君毅则以儒家"孝的形上宗教"来论《西铭》,他的讨论也相当程度上呼应了前述王夫之的看法。唐君毅说中国儒者之天或天地,并非只是自然,尚有具形上之精神生命性的绝对实在;张载以气言天,以乾坤为父母之说,乃承《易传》及汉儒尊天之精神,论天人之究竟关系,以人为宇宙之孝子。⑤唐君毅认为"孝"是人应有之普遍道德。人为什么应当孝父母? 其理据并不在于父母是否爱子女,而是人的生命来自父母,乃"父母之创造",他说无论人的灵魂是否来自上帝,或未生前是否有阿赖耶识先在,此都不能否认人的生命由父母而生的事实。他说:

> 此现实存在之我之生命与其现实存在性,仍为父母由爱情结合之统一的努力之一创造。我初不在现实世界,父母之在现实世界,生出此现实存在之我,对现实世界言,仍是无中生有。父母

---

① 冯友兰:《贞元六书》,《冯友兰文集》第5卷,长春:长春出版社,2008年,第78页。陈焕章也有天民之说,认为人人为天之子,故未来孔教进化之后,破除家界,人直接隶属于天,即为天民。见陈焕章:《陈焕章文录》,周军标点,第207页。

② 冯友兰:《贞元六书》,《冯友兰文集》第5卷,第78页。

③ 冯友兰:《贞元六书》,《冯友兰文集》第5卷,第81—84页。

④ 王宝峰:《张载对冯友兰思想的影响》,《西北大学学报》第36卷第4期,2006年7月,第135—138页。

⑤ 唐君毅:《中国文化之精神价值》,《唐君毅全集》第4卷,台北:台湾学生书局,1991年,第466—467页;《中国哲学原论·原教篇》,《唐君毅全集》第17卷,第76、119—120页。

未生我,我在此现实世界即等于零。当我在此现实世界等于零之时,则足致我之生之根本动力,惟在我之父母之心身中。①

上文我们看见王夫之坚持对父母尽孝的优先性,而唐君毅的看法接近王夫之。因为人并非直接由浑沦之自然宇宙所生,而是由父母所生,所以人只能透过对父母之孝思,来表达对宇宙之孝思。②唐君毅又说:

> 故人之返本意识,只能先反于父母之本,由此以返宇宙之本。方显自己之能返本之返之本。唯如此之返本,乃能真返于自己或宇宙之生命精神之本体,而显超越的我之纯生命精神性。唯如此之返本,乃人之最直接而自然之返本之道路。③

他比较基督教和儒学,认为基督教忽略对父母的孝思,要人返于宇宙生命精神之本体(上帝);又说基督教认为上帝创造宇宙万物,故相信从研究物质可知上帝,此促进了近代科学,然若只以研究物质为本,则破坏人对上帝之虔敬,故中古基督教为了接近上帝,便主张鄙弃物质。相对地,中国儒学是透过孝父母、祭祖宗以拜天地,天地也因此生命化、精神化了。他说这种由孝透入宇宙精神本体的路径,是一条人人可以遵循实践的道路,其中不仅包含道德意识,也包含宗教意识。④

唐君毅又说人之道德始于能超越自爱而爱他人,这种忘我而爱人之心即人性本具之仁;人欲实现其仁心仁性,必然表现于对父母之孝,故中国古人总说"孝即人之仁心最初呈现处发芽处"。他站在儒学的立场,引罗汝芳论"孝弟慈"乃良知内涵,论说人要返回父母未生前之本,到无我忘我之境,而道德的第一步则是在父母前尽孝以忘我,对父母致其爱敬。他又说:"此爱敬是爱敬父母,同时即是实现那超越的无我之我。此爱敬可一直通过父母而及于无穷之父母,及于使我有此生之整个宇宙。"如果人不从万物之分殊看,可进一层看万物之全体,那么整个宇宙,整个乾坤,即我之父母,人亦可对整个宇宙致其孝敬。"此即张载所谓对天地乾坤之孝。"⑤唐君毅基本上遵循宋明理学的思维,尤与罗汝芳的论点相近,以孝为人性本有的道德内涵,又借着与佛教、基督教的比较来凸显儒学的特色。他虽接受了自由、平等、民主等价值,也不再辨析正统与异端,但基本的信念与假设仍是宋明理学式的。

3.蒋介石与国民党党政教育

在搜集民国时期报刊杂志上有关《西铭》的文章时,会发现1939—1943年间有几篇以"总裁指示党政人员必须研读《西铭》"开场的文章,这些文章显然是响应蒋介石的指示而写,内容主要是阐释《西铭》文意或张载的思想如何对国民党的革命事业有意义。蒋介石为什么要指定党政人员研读《西铭》?

---

① 唐君毅:《文化意识与道德理性》,《唐君毅全集》第20卷,第79页。
② 唐君毅:《文化意识与道德理性》,《唐君毅全集》第20卷,第79页。
③ 唐君毅:《文化意识与道德理性》,《唐君毅全集》第20卷,第79页。
④ 唐君毅:《文化意识与道德理性》,《唐君毅全集》第20卷,第79—80页。
⑤ 唐君毅:《文化意识与道德理性》,《唐君毅全集》第20卷,第73—77页。

他自己又是如何阅读《西铭》呢？

关于蒋介石的修身及其深受宋明理学的影响，前人已有许多论著，[1]蒋介石在1930年受洗成为基督徒后，相当程度融摄了儒学修身工夫与基督教灵修生活。我们从国史馆出版的《学记》可见，蒋介石在20世纪30年代很认真地研读明代理学家的语录，经常抄录原文。[2]他在民国二十九年(1940)12月11日记录了自己平日早晚诵经和静默的工夫：

> 静坐已三十年，默祷亦十余年，未尝一日间断，但至最近方悟灵性生活之高超，而真我即在信仰之中。人生到此天人合一境地，方得真乐，然而余尚未能语此乎？ 盖人欲妄念，尚不能消除不现，故不能久居于仁爱纯一之中，每用自愧也。[3]

1940年12月16日记曰：

> 余每朝看圣经一章，十年如一日。每朝静坐中，读《大学》《中庸》各首章一遍。每晚静坐中，读《孟子》养气章一遍。[4]

在读完经文之后，又继续读养生口诀：

> 读《大学》《中庸》各首章毕，继读：一、一阳初动处，万物始生时。不藏怒也，不宿怨也。仁所以养肝也。二、扩然而大公，物来而顺应。裁之吾心而安，揆之天理而顺。义所以养肺也。三、内而专静纯一，外而整齐严肃。泰而不骄，威而不猛。礼所以养心也。四、神欲其定，心欲其定，气欲其定，体欲其定。智所以养肾也。五、饮食有节，起居有常，作事有恒，容止有定。信所以养脾也。[5]

从以上引文，我们可以略知蒋介石每日修身的工夫。他大约从1910年开始每日静坐，受洗成为基督徒后，静坐和默祷，读圣经和儒家经典并行，十年如一日，未曾间断。每天早晨读《大学》《中庸》首章毕，继续诵读的修养身心的文字，此应受到曾国藩(1811—1872)的影响，[6]蒋介石年轻时即十分喜爱

---

① 例见周伯达：《介石先生思想与宋明理学》，台北：学生书局，1999年；杨天石：《蒋介石与宋明理学》，《贵州文史丛刊》2013年第4期，第25—32页；黄克武：《修身与治国——蒋介石的省克生活》，《"国史馆"馆刊》第34期，2012年12月，第45—68页。

② 例如，蒋介石于民国二十二年(1933)读《明儒学案》，大量抄录明儒语录，民国三十年(1941)又重看《明儒学案》，仍抄录许多明儒语录，之后又看《宋元学案》。蒋中正著，王宇高、王宇正辑录：《学记》，黄自进、潘光哲编：《蒋中正总统五记》，台北："国史馆"，2011年，第37—51、177—298页。

③ 蒋中正：《学记》，第166—167页。

④ 蒋中正：《学记》，第167页。

⑤ 蒋中正：《学记》，第167页。

⑥ 蒋介石养生要言应抄自曾国藩，见曾氏道光二十四年致诸弟书信中后附《养生要言》。曾国藩：《养生要言》，《曾国藩家书》，台北：黎明文化事业公司，1986年，第1辑，第109页。

阅读曾国藩集,曾说自己的政治学是以王阳明(1472—1529)、曾国藩二人之书为根柢。①

《西铭》是宋明理学的名篇,蒋介石自然也熟读。从其记录可见:他于1939年3月28日读《西铭》,抄录其中文字;1941年7月再读《西铭》,此时是与《太极图说》和欧洲文艺复兴史一起读,此番阅读他深有领悟,故想要约冯友兰、熊十力(1885—1968)一起研究哲学。1941年7月16日早晨,不仅抄录《太极图说》和《西铭》内容,又记曰:

> 周、张二子,实继我中华民族道统之绝者也,二子皆以天为父,而以人为天之子,且以民为胞、物为与,是天父之说为我中华一贯之传统,而非出于基督教而始有之也。今之儒者,闻天父之说,乃惊骇而斥之,其诚未闻夫之道之大者也。②

这一段心得可以适度说明蒋介石何以看重《西铭》,同时也反映他在1940年左右对于宗教、黑格尔哲学、自我与宇宙、天人合一的思索。③《西铭》以乾坤为人大父母,以人为天之子的观点,提供蒋介石一种可以紧密联系儒学与基督教的方式,他根据个人的信仰和长期修身的工夫心得,很有自信地说其他儒者拒绝基督教天父之说,实是不能洞悉中华一贯之传统,未能闻道。当时他又从研读黑格尔哲学体悟到,生命需不断地在矛盾与过失中,在自我内心的冲突中超越而创新;生命的目的即在追求自我与宇宙(天、太极)合一。这些体悟很容易联系到儒学《中庸》与《西铭》的天人思想。

1940年代初期,蒋介石又多次重温《西铭》,1941年11月1日记曰:"本周每朝读周子《太极图说》二遍,而张子《西铭》已能成诵矣。"④1942年1月1日再读《西铭》;同年4月22日:"读《西铭》《太极图说》和《通书》,略有心得,足自乐也。"⑤从当时他书写的心得可知,"造化在手,宇宙在握""一人之心即天地之心"这一类关乎天人合一的思想是他主要兴趣与心得所在。⑥

至于以《西铭》作为国民党党政官吏的教育内容,我没有找到确切颁布规定的日期,不过《战时记者》于1939年8月1日刊道:"总裁蒋公,为策励党政官吏进德修业,特手定《礼记·礼运》篇、张子《西铭》、曾文正《复贺耦庚书》三文,为平日座右之铭,务期人人诵习力行。"⑦推估当约在此时。至于选择这三篇的原因,据报纸说法是因蒋介石个人以此三文为平日座右铭,故希望党政人员能人人诵习力行。若从文章内容看来,蒋介石视《礼运》为地方自治之圭臬,在其政治哲学中占有重要份量;⑧曾国藩写给贺长龄(1785—1848)的《复贺耦庚书》则以存诚自许,也批评官场上虚文奸弊之恶习,符合对官员

---

① 民国四年的记载,见蒋中正:《学记》,第3页。另外,从其记载亦可见他分别在民国八年(1919)温习《曾文正家书》,民国十三年(1924)读《曾国藩全集》,民国十四年(1925)手钞曾文正嘉言录,民国十五年(1926)读《曾文正嘉言钞》和《曾文正集》,民国十八年(1929)在军校中讲曾国藩治兵理念。见蒋中正:《学记》,第4、7、8、13、20页。

② 蒋中正:《学记》,第188—189页。

③ 关于他研习黑格尔哲学的心得,见蒋中正:《学记》,第167—170页。

④ 蒋中正:《学记》,第223、225页。

⑤ 蒋中正:《学记》,第229、237页。

⑥ 蒋中正:《学记》,第237页。

⑦ 见《张子西铭》,《战时记者》第12期,1939年,第25页。

⑧ "国立"政治大学人文中心编:《民国二十八年之蒋介石》,台北:政大人文中心,2016年,第156页。

品格之教导。另外,我们从《民国二十八年之蒋介石》可知,蒋介石非常看重党政训练班的组织和训练内容,多次去演讲并召见学员。1939年3月28日上午他前往党政训练班,接见百余位学员,下午手拟训练要项条目,晚上又对学员训话二小时。这一天,他书写《西铭》"知化则善述其事,穷神则善继其志,不愧屋漏为无忝,存心养性为匪懈"自我勉励。[1]可见《西铭》确实是蒋介石平日的座右铭。

从报刊的文章看来,《西铭》并不为当时人们所熟悉,故许多文章都主要介绍张载其人及思想,并对《西铭》全文进行释义。[2]查猛济述《张子西铭的抗战哲学》一文则试图阐释《西铭》对于抗战的意义,认为此文是中国民族思想的结晶,也是蒋介石强调对以民族思想对抗外国势力入侵的重要防线。他在文中除了逐句译解《西铭》全文外,也交代了此文在宋代学术史中的论辩,最后更论述张载哲学中"人我一体"的观念对于抗战的意义:

> 倡导实行精神总动员的所谓党务与公务人员,全体军人,全国各界领袖,全国青年,对于全体国民,乃至全体国民相互间,也都应该明白"人我一体"的哲理。再推而至于国际上的友邦,甚之对于敌方的俘虏,以至敌国的上下,我们也应该相信他们是在"人我一体"的范畴里面的分子,我们所以要抗战,所以要推倒敌国的军阀,乃至反抗少数帝国主义国家帮助敌人的行为,也无非因为他们正在破坏"人我一体"的"浑然"形态。……我们的抗战,不但救中国,并且救了世界,就是因为我们的抗战实在是防止了和我们"一体"的世界各国的变乱。所以《西铭》说:"天地之塞,吾其体;天地之帅,吾其性。民,吾同胞;物,吾与也。"上面所谓"体",是从"静"的方面说,所谓"性",是从"动"的方面说。也就是统制物质界和精神界的意思。[3]

如同《西铭》具天地宇宙的意识,此文也把中国抗战的意义提升到拯救全世界的高度,以人道主义的精神来对抗各国的变乱。最后,作者又引《西铭》"富贵福泽,将厚我之生也"说明天必助中国,预言抗战最终必胜利,又以"贫贱忧戚,亦天地之爱汝玉成于我也"来勉励国人将苦难视为上天对我们的磨练,相信只要抱持"存吾顺事,没吾宁也"的胸怀来从事抗战的工作,中国人就不再有耻辱的行为了。类似地,1943年王建新《西铭新诂》也是从发扬民族固有精神、与天地同流的宇宙观与人生观的角度,论说《西铭》与革命的关系,并指责帝国主义的侵略行为是危害人类文明之"天地间的逆子,极大的罪徒"。[4]虽然这类文章宣传的意义可能比真实信念更高,但论述主要标举全人类、全世界、全宇宙的福祉,这种全球和宇宙的视野便是20世纪《西铭》论述中最鲜明的特色。

四、结语

本文主要探讨《西铭》在清代与民国时期诠释的变化。由于《西铭》是宋明理学的经典作品,从帝

---

① "国立"政治大学人文中心编:《民国二十八年之蒋介石》,第167页。
② 除了下文引的文章外,亦参见朱逸人:《读西铭》,《服务》第2期,1939年,第7—9页。
③ 查猛济述:《张子西铭的抗战哲学》,《胜利》第32号,1939年,第6—8页。
④ 王建新:《西铭新诂》,《湘桂月刊》第2卷第8期,1943年,第6—10页。

王到士人均相当重视,宋到晚明之间也已发展出相当稳定的诠释框架与内容。清儒基本上延袭前人,在理一分殊的架构下,强调《西铭》阐释仁孝之大义。不过,我们从17世纪王夫之、王嗣槐,与19世纪吴敏树的论述可见,正统与异端之辨、儒家亲亲原则、维护帝国孝治意识形态等,仍是主导不同时期儒家士人质疑或再阐释《西铭》的主因。《西铭》的超越意识具有挑战儒家亲亲人伦、宗法制度的潜力,以天地为大父母的视野也具有接引其他宗教的可能,这些都让维护儒学正统与政教秩序的士人相当警戒。王夫之和王嗣槐的观点虽主要针对佛教、墨家而发,但天主教的影响及清初儒家士人的敬天思想亦可能是其重要的对话脉络,而身处太平天国之乱的吴敏树,则主要因为基督宗教与民间教派而质疑《西铭》。

民国时期,在新的政治体制与平等博爱等新价值理想下,正统异端之辨已不再重要,理一分殊的架构也被扬弃,反而是《西铭》文中所具超越血缘宗族的意识,及其以宇宙为怀抱的胸怀,成为表彰中国文化并与普世宗教对话的重要媒介。无论是蒋介石、新儒家或各宗教领袖,《西铭》这篇短文不仅有力表彰了中国文化的广爱精神与天人合一的崇高境界,显示中国文化并不亚于世界其他宗教文明,也提供中国人在列强侵略的困境中,以世界主义、人道主义和宇宙意识的高度,自我鼓舞并谴责敌人。

(作者吕妙芬,台湾"中央研究院"近代史研究所研究员。原载《南开史学》2020年第1期)

在制度与思想之间：明代经筵与《贞观政要》

《贞观政要》是唐代史官吴兢(670—749)所著的太宗贞观年间政治史。该书以贞观年间的国家成就为背景，记录了唐太宗与臣僚之间融洽的交往状态，尤其是太宗勇于纳谏，与大臣有良好互动，故此成就了贞观之治，实为后世欣羡可期。基于此，它为明代士大夫把握机会呈言进谏，进而实践致君泽民的政治理念，提供了遐想的空间，在明代政治生活中被赋予了特殊的政治使命。

《贞观政要》在太宗朝被纳入东宫讲学，之后成为有明一代帝王德育培养和学习治国理政知识的必读课本。但对此角色的认同，在明代中叶以后却屡有分歧，以至于孝宗、神宗两朝曾经在经筵中将此书罢讲。凡此皆折射了关乎帝学与君臣关系变化的朝政大问题，尤其是《贞观政要》作为前代帝王史书，明代读者对其作为史学著作和帝学著作的价值是否存在一以贯之的共识，[①]以及此书与取而代之者相比，与时代的契合处何在。本文所论，即是循着这两个基本问题，探索历史著作发挥鉴今功能的环境以及理想与现实间的张力。

一、明代的经筵与经筵用书

明代高阶文臣在固定的场合向皇帝或皇子讲论经书史事，以提升帝学，其包括经筵和日讲两种。经筵作为政治制度存在，始自宋仁宗朝。[②]明代的文臣给皇帝讲说经史，在太祖朝就有，只是当时并未成为制度，讲说既无定日，也无定所，更接近于仪式性的国家礼仪，[③]目的旨在听讲双方"上下耸听，人人警省，兴起善心"而已。[④]

到了明英宗朝，经筵作为制度被固定下来，形式也扩大为仪式性的月讲和实用性的日讲两类。其中，月讲仪式复杂，日讲较为简单，但更实用，能起到帮助皇帝学习经史知识的作用。之后，正统、景泰年间经筵大体能够坚持寒暑不辍，直至天顺、成化年间出现传免，间隔的时间渐长。[⑤]

明代行经筵的初衷是为了突出皇权的威严，配套的仪式复杂，氛围严肃庄重。据明后期的记载，经筵由高阶文官主持："勋臣一人知经筵事，内阁学士或知或同知经筵事。六部尚书、左右都御史、通

---

① 这点是《贞观政要》相比其他帝学用书作为研究对象的优胜之处。参见 Lin Li-chiang, "The Creation and Transformation of Ancient Rulership in the Ming Dynasty (1368-1644) – A Look at the *Dijian Tushuo* (Illustrated Arguments in the Mirror of the Emperors)", in Dieter Kuhn and Helga Stahl eds., *Perceptions of Antiquity in Chinese Civilization*, Heidelberg: Edition Forum, 2008, pp. 321-359.

② 曾祥波：《经筵概念及其制度源流商兑：帝学视野中的汉唐讲经侍读与宋代经筵》，《史学月刊》2019年第8期，第26—29页。

③ 徐溥撰、李东阳重修：《明会典》卷50《礼部·经筵》，《景印文渊阁四库全书》，上海：上海古籍出版社，1987年影印本，史部，第617册，第558页。

④《明太祖实录》卷148，洪武十五年九月癸亥，台北："中央研究院"历史语言研究所校印本，1965年，第2334页。

⑤ 包诗卿：《明代经筵制度新探》，《史学集刊》2017年第2期，第64—65页。

政使、大理寺卿及学士等官侍班,翰林院春坊等官及国子监祭酒二员进讲。翰林、春坊等官二员展书,给事中、御史各二员侍仪,鸿胪寺、锦衣卫堂上官各一员供事"。①进讲之日,经筵讲官身着大红纻丝纱罗服,分东西两班;展书官以下官员身穿青绿锦绣官服。②"早,司礼监官先陈所讲四书、经史各一册置御案,又各一册置讲案,皆《四书》东,经史西。"讲官先期撰好"《四书》、经或史讲章各一篇,预置于册内"。早朝之后,即于文华殿开讲。"鸿胪寺官赞、进讲讲官一员从东班出,一员从西班出,诣讲案前稍南,北向并立。鸿胪寺官赞鞠躬拜,叩头、兴、平身毕。展书官一员,从东班出,进诣御案前,跪展《四书》毕,起,退立于御案之东稍南。讲官一员,进至讲案前立,奏讲某书。讲毕,稍退。展书官复诣御案前,跪掩《四书》毕,退就东班。又展书官一员从西班出,进诣御案前,跪展经毕,起,退立于御案之西稍南。讲官一员进至讲案前立,奏讲某经或某史毕,少退,仍并立。展书官复诣御案前,跪掩书毕,退就西班。鸿胪寺赞、讲官鞠躬拜,叩头、兴、平身。礼毕。"③讲读结束,鸿胪官出列,跪在中央,赞礼完毕,东西两班官员皆转身朝北,众人下跪接旨。这时,光禄寺官已经设下酒宴,讲官家人及胥吏都能参加,以示荣光。④

对经筵上讲读用书,太祖朝定下的规矩为后世沿用,成为一代之法。其原则是"自博求约,惟务得其要",以"四书""五经"为主,还包括《大学衍义》《贞观政要》《通鉴纲目》等史书,以及祖训和先朝王言。⑤其中《贞观政要》在明初就引起了开国君臣的注意。洪武朝曾以此书为范本,编纂了《皇明宝训》和《洪武圣政记》。在太宗朝,《贞观政要》被纳入东宫讲学,从此成为后世帝王培学育德的课本。带着唐太宗与魏征君臣融洽的历史信息,《贞观政要》成了明代讲官铺陈为臣者理想政治氛围的媒介,希望遇事能言,言之能用。但事实上,明代君臣意识到贞观年间的君臣相处之道,在本朝并未实现,是故讲官寄托在《贞观政要》上的期许,随着现实政治氛围的变化而有所不同。于是,这部前代私修史书在明代政坛上,成了君臣关系变化的风向标,认可或否定将此书纳入经筵,都折射了君臣对书中象征的君臣相处状态的取舍。于是,《贞观政要》曾经在孝宗朝和神宗朝经筵中被罢讲而为其他文献所取代,就成了我们必须关注的重要事件节点。

二、《贞观政要》在明初

《贞观政要》由于其优秀史著的本色,在明初就引起了太祖君臣的关注。宋濂认为,本朝官修《大明日历》,"藏诸天府,人有欲见之有不可得者",故而提议依照《贞观政要》的体例,分类四十,将洪武皇帝开国奠基的辉煌业绩编纂成书,成五卷《皇明宝训》。该书自属的命运也跟《贞观政要》一致,宋濂认为:"《贞观政要》尚传之于今,则夫《宝训》一书垂法于千万世,盖无疑者。"⑥

---

① 徐溥撰、李东阳重修:《明会典》卷50《礼部·经筵》,第558页。

②《明史》卷67《舆服志三》,北京:中华书局,1974年,第1640页。

③ 徐溥撰、李东阳重修:《明会典》卷50《礼部·经筵》,第558—559页。

④ 参见沈德符:《万历野获编》补遗卷1《文华殿》,北京:中华书局,1959年,第794页。

⑤ 黄佐:《翰林记》卷9《讲读合用书籍》,《景印文渊阁四库全书》,上海:上海古籍出版社,1987年影印本,史部,第596册,第961页。

⑥ 宋濂:《皇明宝训序》,《宋濂全集》第3册,杭州:浙江古籍出版社,1999年,第914—915页。

宋濂主持编纂《洪武圣政记》两卷,也是"略仿《贞观政要》之例"①。《圣政记》与《大明日历》《皇明宝训》性质类似。该书称前代帝王虽然业绩辉煌,但仍逊色于洪武皇帝,殆因其"弥伦天下之治具,势或未遑及"。朱元璋所行"或前王所未行,或行之有未至者,皆焕然有条,可以垂法后世"。因此宋濂出于职志,"与僚属谋,取其有关政要者,编集成书"②。之后,杨士奇(1366—1444)编纂的《三朝圣谕录》,李贤(1409—1467)的《天顺日录》《二录》,也是接续于此的同类史著。

由《皇明宝训》《洪武圣政记》《大明日历》反观《贞观政要》可见,此书在明初君臣看来,本色是前代的权威史书,在帝学培养上并没有特殊意义。明太祖雅好经史,时常阅读史籍,也乐与大臣讲读,却并未见对此书别有青睐。朱元璋了解唐太宗朝政事,还是通过《帝范》《唐书》等书。③直到永乐朝,《贞观政要》关乎帝王德才的重要性才被官方确认。永乐二年,礼部进东宫朝仪,"翰林院官日分二员,同春坊司经局官讲书,以《五经》《四书》《通鉴》《大学衍义》《贞观政要》等书进讲"④。从此,《贞观政要》被正式定为明代培育帝王之学的课本。

但直到《贞观政要》在成化元年重刊,它尚未给明代皇帝在听谏纳忠上带来太大压力,君臣关系也没有因为此书而更行紧张。明显的例子是宣德二年(1427)十二月,经筵上讲读《贞观政要》之后,明宣宗就君王立身的问题心生感慨,尚有反省之言。他说:"唐太宗致治之美,庶几成康,实本乎此。予谓安天下必先正身,未有身正而影曲,上理而下乱者。谓治国犹栽树,根本不摇,则枝叶茂盛。君道清静,则百姓安乐,皆要语也。"⑤至于君臣治理国家的问题,则是从次年三月进讲《舜典》时才进行的议论。⑥

三、明中叶作为政治风向标的《贞观政要》

到了明代中叶,《贞观政要》的地位发生变化的关键点是成化元年(1465)内府将此书重新刊刻。当时已有大臣意识到,这次重刊为直言进谏和制造理想的君臣关系提供了契机。余斐在《重刊贞观政要序》中称:"有若唐太宗贞观之为治,亦岂非三代而下所难得者。今观其当时之效,既庶且丰,二十有余年,可谓盛矣。然臣窃推其所以至此者,实有本焉。"所指即是《贞观政要》。他说:"昔罗从彦论读经以《尚书》为先,读史以《唐鉴》为先。臣以为读《唐鉴》,以《贞观政要》为先;读《政要》,以君臣相得为本。"⑦之后,便感慨唐太宗朝君臣相恰,以致贞观之政。但很快,君臣之间对此书的意义就产生了分歧。

(一)明宪宗重刊《贞观政要》

明孝宗在成化元年八月一日为《贞观政要》重刊撰写的序言,对于我们理解其在当时朝廷政治上

---

① 《四库全书总目》卷52《史部·杂史类存目·洪武圣政记》,北京:中华书局,1965年,第474页。

② 宋濂:《洪武圣政记序》,《宋濂全集》第3册,第1118—1119页。

③ 参见朱鸿林:《明太祖的经史讲论情形》附录一《明太祖经史讲论情形简表》,《中国文化研究所学报》2005年第45期,第165—170页。

④ 黄佐:《翰林记》卷10《东宫师友》,第968页。

⑤ 《明宣宗实录》卷34,宣德二年十二月乙卯,第859—860页。

⑥ 郭子章:《皇明典礼志》卷13《经筵》,《四库全书存目丛书》,济南:齐鲁书社,1997年影印本,史部,第270册,第646页。

⑦ 余斐:《莘峰先生遗稿》卷1《重刊〈贞观政要〉序》,《原国立北平图书馆甲库善本丛书》,北京:国家图书馆出版社,2013年,第765册,第1541—1542页。

的地位尤其重要。序文称：

> 朕惟三代而后，治功莫盛于唐，而唐三百年间，尤莫若贞观之盛。诚以太宗克己励精图治于其上，而群臣如魏征辈，感其知遇之隆，相与献可替否以辅治于下，君明臣良，其独盛也宜矣。厥后史臣吴兢采其故实，编类为十卷，名曰《贞观政要》……
>
> 朕万几之暇，锐情经史，偶及是编，喜其君有任贤纳谏之美，臣有辅君进谏之忠，其论治乱兴亡，利害得失，明白切要，可为鉴戒，朕甚嘉尚焉。顾传刻岁久，字多讹谬，因命儒臣重订正之，刻梓以永其传。
>
> 于戏！太宗在唐，为一代英明之君，其济世康民，伟有成烈，卓乎不可及己；所可惜者，正心、修身有愧于二帝三王之道，而治未纯也。
>
> 朕将远师往圣，允迪大猷，以宏至治，固不专于是编，然而嘉尚之者，以其可为行远登高之助也。[1]

这篇序言的逻辑，与《贞观政要》以"论君道"为第一，"论政体"为第二，之后才是任贤、求谏、纳谏等问题的结构完全吻合。但明宪宗关心的核心问题显然不是贞观之治或唐太宗朝的君臣融洽交往，而是帝王的身心修养。明太宗为《圣学心法》撰序说："盖为治莫大于敬天……天之主宰谓之帝……君人者，以一心而维持天下。心之好恶，不可以不慎也。"[2]此二者重点完全一致，也与宣宗讲论《贞观政要》关注立身的视角十分吻合，应该是宪宗以帝王身份来读这部前代帝王史书真实心理的反映。其言下之意是虽然唐太宗创造了贞观盛世，而且君臣相得，但仍然于身心有亏；自己若能在正心、修身上有所成就，就能度越贞观，成就盛世。

成化皇帝即位后，临御讲筵并不多。天顺八年六月，礼部尚书姚夔进经筵仪注，宪宗于是定在八月初二将临御经筵。此时的皇帝对经筵寄予了厚望。他说："夫帝王之道具载经书，苟非讲明，何以措诸行事。况朕临御之初，先务莫急于此。"当日呈进的经筵仪注定下要在即将举行的经筵中，"先讲《四书》，次讲经或史书，不进讲章。惟依文直说直解，必须义理明白易晓，句读字音正"[3]。八月初二日果然"初开经筵"。由吏部尚书李贤讲《大学》经一章，吏部左侍郎兼翰林院学士陈文讲《尚书·尧典》首章。初三日日讲，大学士李贤等率学士万安等讲读经书。[4]但此次开讲之后，直到成化五年八月，都没有临御经筵的经历。[5]故而有工科给事中黄甄等谏言请"仍三日一御经筵"之事。[6]只是当时君臣之间

---

① 明宪宗：《贞观政要》卷首《御制贞观政要序》，《景印文渊阁四库全书》，上海：上海古籍出版社，1987年影印本，史部，第407册，第341—342页。

② 朱棣：《圣学心法》卷首《圣学心法序》，《续修四库全书》，上海：上海古籍出版社，1995年影印本，子部，第935册，第289—290页。

③《明宪宗实录》卷6，天顺八年六月丁酉，第155—156页。

④《明宪宗实录》卷8，天顺八年八月癸未、天顺八年八月甲申，第177—178页。

⑤ 在成化四年五月，兵部左侍郎兼翰林院学士商辂上疏，称希望"日御经筵以讲明圣学屏斥异端以敦崇正道"，可见直至下文提到成化五年八月重开经筵期间，皇帝并没有临御经筵。《明宪宗实录》卷54，成化四年五月丁丑，第1103页。

⑥《明宪宗实录》卷44，成化三年七月己卯，第908页。

尚没有明显的激烈冲突，臣谏君纳也相对正常，是故成化皇帝在《贞观政要》重刊序言中提到的君臣融洽氛围，并没有成为激化矛盾的导火索。

皇帝虽然没有临御讲筵，但大臣对帝学的关心却持续不减，并且在此阶段出现了讲说《祖训》的意见。成化四年(1468)五月，工部右侍郎兼翰林院学士刘定之(1409—1469)上疏，提到《大学衍义》《贞观政要》等书固然当讲，但《祖训》对于当朝皇帝更为重要。他主张"圣学宜法乎切近"，认为讲筵用书应该取晚近者为法，提出先讲《祖训》，"若必待《衍义》《政要》终篇而后御览及此，则在数年之后，太迟晚矣"①。但这是依托于《贞观政要》史书本色的进言，只是在将其与《祖训》对照上，用前朝史和本朝史加以区分，进而从史鉴的角度做出取舍。也即，此说是在史著代表的历史维度下所作的判断，并非从君臣关系角度对皇帝施压。刘定之并没有提到祖训的具体内容，因此并不是实指在位君主的某项政策或做法违反了某一条祖训，而是藉强调祖训表明祖宗朝治理国家的精神。

呈进这份奏疏时，刘定之是工部右侍郎兼翰林院学士，陈言的契机是久旱无雨，故就帝王修身正家之道论谏。在呈进这份奏疏前一年的七月，刘定之还以太常寺少卿翰林院侍读学士的身份，在皇帝勅谕群臣修省改过之后，与礼部尚书兼翰林院学士陈文、兵部尚书兼学士彭时、兵部左侍郎兼学士商辂一道陈奏，称皇帝才学堪比尧舜，但为臣者却"不能知无不言，言无不尽，如魏徵之犯颜敢谏"②。因此希望为臣者能有所作为。但是当时朝廷上就此问题申论者不多，刘定之所说的讲筵用书应该有所侧重的看法，在当时并没有多少明确支持他意见的同道者。相反，朝臣谏言论政者不少，但重点仍然是进言与纳谏这一君臣相接的实践形式。例如同一时期工科都给事中黄甄上疏，请皇帝屏远声色，亲近书史，召元老大臣商议国事，希望"仍三日一御经筵讲学"③。朝臣虽然关心帝学，对培养君德的当讲之书也很敏感，但对于在位君主具有约束力的《祖训》和前朝君臣融洽相处理想氛围之代表的《贞观政要》，尚未有从君臣关系上的明确取舍。《贞观政要》折射出的君臣关系并不是当时在讨论经筵事情上的紧迫话题，大臣围绕经筵论事，还是就帝学本身而言。朝臣们虽然对皇帝不能临御经筵不满，却并没有藉助《贞观政要》等书对皇帝处理政务或与朝臣的关系上形成明确的压力。事实上，当时成化皇帝对大臣的进谏多能虚心倾听，有接纳的表态。例如成化四年二月，也就在刘定之上疏前两月，宪宗对当时的翰林院修撰罗璟疏言"励圣志""乐圣学""接群臣"等显然套话虚语的六事，还表示"所言有理，朕当行者自行，余令所司覆视以闻"④。几天之后，宠幸道教的明宪宗对河南监察御史艾福及兵科给事中董旻等不同意以"发身羽士，列职太常"的礼部尚书李希安侍讲经筵的谏言，也能听纳，回应说："经筵之设，所以讲明道学，关系甚重。故侍从皆用文学之臣，希安既非儒流，可罢侍班，但令供礼官之职。"⑤

---

① 《明宪宗实录》卷54，成化四年五月丁卯，第1096页。

② 《明宪宗实录》卷44，成化三年七月戊子，第918—919页。

③ 《明宪宗实录》卷44，成化三年七月己卯，第908—909页。

④ 《明宪宗实录》卷51，成化四年二月丙午，第1040页。

⑤ 《明宪宗实录》卷51，成化四年二月辛亥，第1043页。对羽士身份的分析，参见张咏春：《羽士与儒者：明清两代乐舞生群体构成的变迁》，《贵州大学学报(艺术版)》2018年第1期，第69页。

即使成化五年(1469)八月重开经筵,①君臣相处的状态仍然平稳。虽然有对具体政策上的分歧,但期间并未见有单方面引起的突发事件令双方关系更形紧张。有两个例子可见当时的情形。一个是成化六年三月,翰林院编修陈音借经筵言事,说当时"势分尊严,上下相隔,上虽有所疑而未尝问,下欲有所陈而不得尽"。提到的虽然是实情,但他此番进言的真实目的并不是就经筵之事而论之,而是意在讨论当时受皇帝崇信的佛子、法王、真人等对朝廷正学的冲击。他说:"异端者正道之反,害治之大者也。当今号佛子、法王、真人者,无片善寸长可采,名位尊隆,赏与滥溢,伏愿降其位号,杜其恩赏,继今凡有请修建寺观者,悉置于法,永为定制。则妖妄绝、正道明而民兴行矣。"因此明宪宗以此为祖宗旧制对答称:"此事累有人言,俱已初置矣。佛子真人名号系祖宗旧制,如何辄更。"②另一个例子是成化八年的状元吴宽(1435—1504)在收到颁赐的新刊《贞观政要》之后呈进谢表,除了感谢皇帝的恩情,还适度地赞赏了刊刻此书是成化皇帝"学古训"的表现,认为透过此书,正是学习从上古三代至贞观盛世的恰当举措。虽然谢表中也提到由于《贞观政要》新刊,讲官有了进讲的可靠版本,但并没有借机暗示臣僚在进言之后期望得到类似唐太宗在贞观年间的优渥,更没有从臣僚角度凸显借助此书能在君臣关系中可能占据上风的作用。③

但是,由于成化五年之后长时间未行经筵,臣僚关心的重点问题逐渐由帝学转向了君臣悬隔的状态。接下来,要到弘治元年(1488)二月,礼部进经筵仪注,定下三月十二日孝宗朝首开经筵的日子,④在此期间,循着《贞观政要》的线索,能摸索到有大臣对于经筵用书的看法有了微妙的变化。成化二十三年(1487)十一月,巡按直隶监察御史汤鼐在上疏中提出,经筵日讲应该以祖训为重点,以《皇明祖训》配合典谟、训诰命儒臣讲解,间取《贞观政要》《通鉴纲目》《大学衍义》等书一并讲说。⑤与此不同,巡按直隶监察御史曹璘(成化十四,1478年进士)在汤鼐之后也就帝学上疏,认为应加重史书的分量,选择《尚书》《孟子》《贞观政要》、陆贽《奏议》《通鉴纲目》等深切治道的典籍经常御览,方有助于提升圣德。⑥

汤鼐和曹璘二人的奏疏呈进的时间前后间隔不超过两个月,在致君的思路上虽有不同,但并没有实质性的矛盾,因此能代表当时朝臣的一般性意见。汤鼐重视祖训,曹璘则侧重于传统的经史阅读。从二人对经筵用书涉及的经、史和《祖训》这三类书看法不同,可见当时朝廷上对于如何选择经筵用书以及所折射出的朝政氛围、君臣关系有分歧。相形之下,曹璘的更符合成化皇帝关心的帝心之学。但显然朝臣并没有理解在位君主对于帝心重视的程度。以至于弘治元年三月重开经筵之后,⑦四月吏部上疏王恕即以暑热益"慎起居保育圣躬"为由谏止经筵,⑧经筵随即停止。再开经筵,则是十年之后的

① 《明宪宗实录》卷70,成化五年八月癸酉,第1382页。

② 《明宪宗实录》卷77,成化六年三月辛巳,第1482—1483页。

③ 吴宽:《家藏集》卷46《拟颁赐重刊贞观政要谢表》,《景印文渊阁四库全书》,上海:上海古籍出版社,1987年影印本,集部,第1255册,第418—419页。

④ 《明孝宗实录》卷11,弘治元年二月辛酉,第262页。

⑤ 《明孝宗实录》卷7,成化二十三年十一月丁巳,第135—137页。

⑥ 《明孝宗实录》卷8,成化二十三年十二月己丑,第174—176页。

⑦ 《明孝宗实录》卷12,弘治元年三月丙子,第279页。

⑧ 《明孝宗实录》卷14,弘治元年五月丁亥,第329—330页。

事了。大学士徐溥在弘治十年二月回顾过往的经筵次数，称："今每岁进讲不过数日，去年春夏日讲止得三次，秋冬经筵止得一次。"①说明在弘治皇帝即位的十年间，临御经筵的次数并不常见，并没有能给君臣之间在经筵上发生接触营造空间。

于是，当孝宗皇帝在弘治十年下旨重开经筵后，大臣们迅疾反应，以不同于以往的咄咄逼人之势表达看法。弘治十年三月刑科给事中杨廉上奏，在经筵尚未举行之际，先行对日讲提出了期望。他说："近奉旨以本月二十二日出御经筵。考之故事，经筵日期起必于月初，罢必于月终。半年之内，亦不过九举。今以月终起，以月初罢，则所举有几，且经筵开而后日讲继之。经筵凡十日一举，日讲无日不举。经筵群官列侍，礼法甚严，日讲惟儒臣数人，情意稍洽，其感通之益，尤有胜于经筵者。今迟一日之经筵，则废一旬之日讲。圣学之所绪熙恐不宜如是疏阔也。"②接着，臣僚又对君臣相处之道频频进谏，仅弘治十二年二月就有吏科给事中吴莼、监察御史余濂等针对正君心、召见旧臣以及用翰林儒臣、科道以备顾问等事上言。③四月，南京兵科给事中杨廉又以此书为帝王之学最为重要，劝讲《大学衍义》。④但更进一步的要求是弘治十三年四月礼科都给事中宁举等希望皇帝在接纳臣僚上有更切实的君臣相接之举："视朝经筵之外，未闻与大臣相接。政事裁决，止于章疏之出入；命令宣布，不过近侍之传言。"希望皇帝"自今退朝之暇，日御便殿，省览天下奏疏。事体重大者，即召内阁及诸大臣咨议，仍于科道各轮给事中御史一二员随入侍班。凡一切政务，先令该衙门大臣议处，然后咨诸内阁大臣可否之"，然后由陛下亲决。⑤进而又有兵科给事中戴铣以永乐间命儒臣编纂《历代明臣奏议》之事，讽喻"当时人君之量、人臣之直"，希望将此书纳入经筵。⑥

至此，我们能看到《贞观政要》的政治含义在成化、弘治年间发生了一些微妙变化。在成化朝以前直到重刊《贞观政要》的历史时期，此书尚未明显地被臣僚视为在进谏上给皇帝施加压力的工具，才屡有皇帝将它赐给臣下的记载，其中尤以成化二年（1466）十月，明宪宗将此书赐给翰林院官人各《贞观政要》一部为异数。⑦这说明当时君臣交流的状态为臣僚所接受，大臣们对皇帝说的话也为皇帝所认可，因此颁赐《贞观政要》而不担心大臣们借题发挥。这有两种可能，一个是大臣确实在君臣相处状态和进言纳谏事情上无话可说，另一个是臣僚有话却限于环境和条件而不便说。当时经筵虽然并不经常举行，但作为制度并未被废止，君臣也不敢忽视，就此展开的君臣对话能明白表现各自的立场，围绕经筵用书也并未形成明显的对立冲突。但在弘治十年皇帝下旨重御经筵之后，情势却发生了一些变化。朝臣就经筵的时间、对日讲的影响，以及更进一步倾听朝臣意见等事情上，比较密集地提出了自己的看法，而且这些意见的共性是并不完全针对政务本身或者培养君德帝学的方法，而是不满于皇帝对待臣僚的态度，借助经筵之事要有所表达。于是引发了明孝宗的反应，决定在弘治十四年的经筵中

① 《明孝宗实录》卷122，弘治十年二月甲戌，第2179页。

② 《明孝宗实录》卷123，弘治十年三月乙巳，第2193页。

③ 《明孝宗实录》卷147，弘治十二年二月辛卯，第2575页；弘治十二年二月癸卯，第2584—2585页。

④ 《明孝宗实录》卷149，弘治十二年四月辛丑，第2626—2627页。

⑤ 《明孝宗实录》卷149，弘治十三年四月癸丑，第2901—2902页。

⑥ 《明孝宗实录》卷169，弘治十三年十二月戊申，第3073—3074页。

⑦ 黄佐：《翰林记》卷16《赐书籍翰墨》，第1036页。

罢讲《贞观政要》。

(二)明孝宗经筵罢讲《贞观政要》

弘治十四年(1501)十月,明孝宗在进讲之后,罢讲《贞观政要》,代之以《周易》。这一变化,看似只是经筵讲读用书上经部书和史部书之间的调整,却有大臣敏锐地感知到了皇帝的用意,实际上是消除了《贞观政要》可能表现其象征意义的空间,减少了将臣谏君纳这一理想付诸实践的可能性。于是,大学士刘健等随即上疏说:"今日进讲间传旨,将《贞观政要》暂且停讲,切缘《贞观政要》所载唐太宗议论行事之迹,于帝王为治之道最为切要,况又世代相近,事体易晓,所以祖宗列圣崇重此书,每令儒臣进讲,实为有益。伏望圣明少留顷刻,俯垂天听,容臣等仍将此书照旧进讲,以裨圣治之万一。"①

刘健对《贞观政要》政治寓意的分析,与朝廷在明宪宗去世之后给他上谥号时于盖棺论定中提到《贞观政要》被重视的角度有所不同。那份官方文字说成化皇帝之所以重视《贞观政要》,将之重刊并撰写序言,是因为"偶阅《贞观政要》,喜其切于时政,重加梓刻,以付讲筵"②。我们虽然不能轻率地将成化年间的政治与《贞观政要》一一对应地做界定,但显然提到成化皇帝重刊《贞观政要》,是由于此书跟当时的政治相关,而不仅仅是因为书中所见贞观年间唐太宗君臣相契的态度。但刘健的话锋,已然转换到贞观朝的君臣论事风格以及儒臣进讲的益处了。对此,孝宗当然不予理睬;对恢复进讲《贞观政要》的进言,皇帝仅仅嘉纳,却并没有恢复。

对于弘治皇帝的这一决定,我们可以从两个方面理解。一方面是从弘治十年之后朝臣进言的态势,并不能令重御经筵的明孝宗满意。另一个方面,作为在位君主,他对包括经筵在内的精进帝学事业,仍然怀有期望,但一部带有政治寓意的《贞观政要》,却会令经筵走向更远离自己期望的境地,这种错位甚至矛盾,使得自宣宗时代以降的几代皇帝期望从经筵中学习的正心、修身内容无从实现,于是只好将其罢讲经筵。在这两方面的因素中,后者影响皇帝的心理更大。

为了证明孝宗的本意是为了所关心的帝学"正心"问题,而并非排斥经筵,也不是单纯地是为了将儒学经典纳入讲读,更不是刻意热衷《易》经,我们不妨用心学家张元祯(1437—1506)的意见作参照来思考此事。张元祯,字东白,是阳明学兴起之前心学在明代中叶的代表人物。他十分关心经筵之事,早在弘治初年就曾经上疏论及讲筵,请严格程序、慎选讲官。③他意识到经筵上以《周易》取代《贞观政要》,并不见得有提升皇帝身心的实际益处,若要达到这一目的,需要讲读更切近于身心的儒家经典。于是他在弘治十八年(1505)三月,以翰林院学士的身份向皇帝上疏,提出心学、理学在培育帝学根本上的重要性。他说:"圣学有大本焉,本立则道自充。圣治有大要焉,要举则效自著。欲立大本、举大要,非心学、理学之明则不可得也。"④他进而分析心学、理学与往圣先王的关系:"心学以存心言,心存则理益精;理学以穷理言,理穷则心益睿。二帝三王所隆治化而上下与天地同流者,实自此始。此即

---

① 《明孝宗实录》卷180,弘治十四年十月甲戌,第3329—3330页。

② 《明宪宗实录》卷293,成化二十三年九月乙卯,第4981页。

③ 《明宪宗实录》卷5,天顺八年五月乙丑,第123—125页。

④ 张元祯:《东白张先生文集》卷23《添进日讲并东宫性理等书疏》,《四库全书存目丛书补编》,济南:齐鲁书社,2001年影印本,第75册,第211、214页。

帝王第一等之学也。"①

他接着阐释这第一等往圣帝王之学与当今皇上的关系：

> 夫圣治虽止于周公而不复，而圣学则幸得周、程、张、朱四子远绍孟子而复传。圣学实圣治所本，未有圣学传而圣治不可复者也。皇上既有帝王第一等之资，复能加意于帝王第一等之学，则致帝王第一等之治，何难之有！②

但圣学散见于四书五经，"巨细精粗，固甚明白，但求其直指根源，提挈指要，使一览即知其概，则莫有如宋大儒濂溪周子《太极图》、横渠张子之《西铭》而洛阳程子《定性书》、新安朱子敬斋之《箴》，则用功之尤切者也"。他劝谏皇帝将《太极图》《西铭》《定性书》《敬斋箴》等书入讲筵："伏乞皇上日讲之时，命内阁将《太极图》等书，同《周易》《大学衍义》以次分，委臣等进讲。或每月每旬，专定一日或二日，独命臣讲解。"有了此心，才能满是天理而"私欲净尽"。张元祯这番话，层次分明，可以说完全把握了明孝宗罢讲《贞观政要》，代之以《周易》的心理。正因为契合其意，因此皇帝难得一见地给予了充分赞扬："疏上，有旨索《太极图》，有天生斯人以开朕之叹。"③

张元祯的主张与他的学术观点有直接的因果关系。他历来以明天理、正人心、讨论典则，以待四方来学为职志。④他认为"心"与"道"的关系是互为表里的："大抵圣贤之言，皆所以发明斯道。道即圣贤之心也。"⑤又说："王道乃二帝三王相传以平治天下者也。其道虽大，然皆本之身心，而非有待于外者也。"只不过他意识到能因圣贤之言而得圣贤之心者并不多见，惟朱子点出，其中的关联才得以大明。秉承对"心"的看法，张元祯鼓励当朝君主行王道，认为王道与心紧密相关。张元祯还从"心"的角度论证王道之纯驳："盖心必纯于天理，而无一毫之私，然后著之政事，亦皆纯于天理而无一毫之夹杂。苟政虽善而心于天理有未纯焉，是外身心以为治，是为无本，是为不诚，是为伯道。"他所说的伯道是指王道不真而施于政事的结果，是故他"劝陛下于身心上用功，以立王道之本而已"。张元祯进一步解释应该秉持何种态度来行王道说："王者之心何心哉？天地之心也。天地所以相播相荡、相轧相磨而昼夜不息者，其心无他，惟在生物而已。"而此"生物必当有以养而教之，天下不能自养而付养之之责于君，天不能自教而付教之之责于君"，人君必须"体乎天而心天之心"。那么，如何做到心天之心呢？张元祯认为，既然"是心也，即天理也"，因此要在日用之间循乎天理行王道，这是人君第一等事。他认为有三点必须做到："定圣志""一圣敬"和"广圣知"，其核心则是"无私"，即："王道只在心与政之无私而已。"其中"一圣敬"中的"敬"便是指"二帝三王与千圣传心之法"，是为"王道之要也"。主张"广圣知"

① 张元祯：《东白张先生文集》卷23《添进日讲并东宫性理等书疏》，第211页。
② 张元祯：《东白张先生文集》卷23《添进日讲并东宫性理等书疏》，第212页。
③ 张元祯：《东白张先生文集》卷23《添进日讲并东宫性理等书疏》，第211—214页。郭正域的记载是："上嘉纳之，索《太极图》一观，曰：天生此人一开朕也。"《皇明典礼制》，《四库全书存目丛书》，济南：齐鲁书社，1996年影印本，史部，第270册，第647页。
④ 张元楷：《东白张先生行状》，载张元祯《东白张先生文集》卷24，第222页。
⑤ 张元祯：《东白张先生文集》卷7《重刻朱子语类大全后序》，第64页。

是因为"王者之道即圣贤之学,圣贤之学心与理、知与行而已"①。只不过孝宗"大行,竟负所顾"②。

张东白的这些看法其实早已成熟,并且已经为在位君主申说过。早在弘治元年七月,他就在上疏中称:"为人君者,不以王道为心,虽有为也,谓之有为之主则可,非所谓大有为之主也";相应地,"为人臣者,不以王道致君,虽有功也,谓之救时之佐则可,非所谓名世之佐也。"③他也曾经非常正式地向皇帝表达过"存道者心而行道者身"④的看法,只不过由于当时君臣相处的氛围尚未如弘治十年之后紧张,皇帝追求帝心之学的期望,也不如后来与臣僚在帝学养成上形成的错位来得强烈,因此东白的思想并未得到重视而已。但是在弘治十年之后,皇帝感到了来自朝臣的压力,对东白的主张便赞赏有加。由此可见,士大夫的政治观点惟有与朝廷氛围吻合,并且与在位君主的政治心态相契合,才能获得青睐,得到认可。

在张元祯努力迎合明孝宗在经筵中罢讲《贞观政要》的深意的同时,另有大臣也感到了以《周易》取代《贞观政要》之后给皇帝期望的帝心之学带来的冲击,理学大儒娄谅(1422—1491)及其子娄性的做法,则是另一种思路。

(三)《皇明政要》和《心学要语集释》

弘治十六年(1503)十月初一日,也就是在弘治皇帝在经筵中罢讲《贞观政要》之后恰好两年之际,原任南京兵部武库清吏司郎中娄性,将自己遵父亲娄谅(1422—1491)之命编辑的《皇明政要》⑤和《心学要语集释》二书呈进御览。两书虽然一并进呈,但并不是同时成书。《心学要语集释》是娄性对父亲早年著作《心学要语》的注释,在明宪宗于成化元年为新刊的《贞观政要》撰序之前成书。⑥《皇明政要》成书于弘治四年,是依照《贞观政要》的体例,将明初至天顺年间的政事,分类四十篇而成。⑦《心学要语集释》虽然先成书,却没有及时呈进,而是等到《皇明政要》成书后才一道进呈御览。两书构成组合,实际是娄氏父子关心现实问题的思考与应对。从进书的时间上可见,娄氏父子的重点显然是《皇明政要》。他们想借助此书,将两年前在经筵中罢讲的《贞观政要》重新纳入明孝宗的视野;将《心学要语解释》一道进呈,用意则是为了使这次所进之书同时契合明孝宗关心帝心之学的主张。

娄谅动议编著《心学要语》和《皇明政要》,之后命娄性注释,完成后呈进御前,期间的过程分以为三个阶段。第一个阶段是编纂《心学要语》,这跟娄谅的学术兴趣有关。娄谅(1422—1491)字克贞,号一斋,江西上饶人,天顺八年(1464)中乙榜,为成都府学训导。26岁时师从崇仁学派吴与弼,是明代中

---

① 张元祯:《东白张先生文集》卷22《劝行王道事》,第203—206页。
② 张元楷:《东白张先生行状》,载张元祯《东白张先生文集》卷24,第223页。
③ 张元祯:《东白张先生文集》卷22《劝行王道事》,第203页。事见《明孝宗实录》卷16,弘治元年七月乙亥,第397—398页。
④ 张元祯:《东白张先生文集》卷22《陈情乞恩养病事》,第209页。
⑤《皇明政要》常见的有四种版本:1.武宗正德二年(1508)丁卯慎独斋刻本,储巏(1457—1513)校,书前无序,书后有弘治十六年娄性进书表、弘治四年(1491)娄性《皇明政要后序》,收入《四库全书存目丛书》史部第46册;2.嘉靖五年(1526)丙戌戴金刻本,书前有嘉靖五年戴金撰《皇明政要新刻序》,及娄性弘治十六年《皇明政要表》,《续修四库全书》史部第424册;3.明刻本,书前有孝宗弘治十六年(1503,癸亥)娄性上表,题名《新刊皇明政要前序》,书后有弘治四年(1491)娄性《皇明政要后序》,收入《元明史料丛编》第三辑第28册。4.台北"国家图书馆"藏有弘治十六年金台岳世瞻文会书舍刊本,这是此书初刻本。本文以储巏校本为工作底本。
⑥ 娄性:《皇明政要》卷末《进书表》,《四库全书存目丛书》,济南:齐鲁书社,1996年,史部,第46册,第341页。
⑦ 娄性:《皇明政要》卷末《皇明政要后序》,第343页。

期重要的理学家。新婚后的王阳明于弘治二年(1489)在广信拜谒娄谅,从其问学,受娄谅"圣人可学而至"之说启发,学术日益发展成熟。因此黄宗羲称"姚江之学,先生(指娄谅)为发端也"①。娄谅以礼学名世,有《三礼订讹》《春秋本意》等书,被视为吴与弼门下与陈献章、胡居仁齐名的三弟子之一。②娄谅为学,"以主敬穷理为主",日常举止"内外肃然,凛若朝廷"③。"以收放心为居敬之门,以何思何虑、勿助勿忘为居敬要指。"④在娄性眼中,父亲娄谅"自幼志在学道,博通经史,并诸儒性理等书",致仕后"读书养母,以居敬穷理为心,躬行实践为事",在居家读书之余,"于经史等书多有注释,编集圣贤经传之有裨于心学者,名曰《心学要语》"。编著此书之后,娄谅曾命娄性"将平昔所闻为之集释,以图报称"。虽然在娄性口中,注释成书之际就有了报称的意图,但并未付诸实际。第二个阶段始于成化元年朝廷重刊《贞观政要》,当娄谅读到了御撰的《贞观政要序》,受其鼓舞,"不胜欣跃,以为朝廷学古图治,宗社生灵之情也"。他对照明初至天顺年间历史,认为:"祖宗御制书并先正宋濂等文集,所载洪武初年至天顺末年一祖四宗政治及接贤臣问答之言,实与尧舜禹汤文武之道,先后一揆。诚千万世治天下之大法也。"于是"照《贞观政要》格式,立定四十篇目",令娄性"将各书依类编集,思图裨补,以罄余忠"。这一编辑之事,娄性进行了十余年,并请储巏校正,最后以四百五十二条的面目成书。这就是二十卷的《皇明政要》。编纂的事情应该在弘治四年(1491)也即娄谅去世的当年完成;二月,娄性为此书撰写后序。第三阶段,《心学要语集释》和《皇明政要》成书之后,要到十二年之后的弘治十六年,娄性已经"年将六十,筋力向衰,痰气时作,已成痼疾,难堪任使"之际,才将《皇明政要》和《心学要语》一并呈进。⑤

由于娄谅的次子娄忱之女为宁王妃,受宸濠之乱的影响,娄氏父子著作被禁毁,存世者无多。娄谅学生夏尚朴说"独《日录》数册,假录于先,幸存于家"⑥,恐怕也正是因为这一原因,《心学要语》如今不存。但即使如此,我们仍然能从《皇明政要》和《心学要语》的关系上,理解娄氏父子试图以《心学要语集释》呼应皇帝对帝心之学的关注,以及用此书与《贞观政要》配合,引导皇帝重新重视《政要》的用意。

首先,《皇明政要》之所以要按照《贞观政要》的体例编纂,是因为《贞观政要》在宪宗朝颇受重视,而且娄氏父子认为本朝的成就已然远迈贞观。娄性说:"唐臣吴兢纂录《贞观政要》四十篇,献之中宗,视为空文。厥后文宗始喜读而笃行之,大和初政粲然可观。自是以来,其书盛传于世,迨我宪宗皇帝御制首序,其略云:'太宗济世康民,伟有成烈,卓乎不可及已。所可惜者,正心修身,愧于二帝三王之道,而治未纯也。'诚为至论,万古不易。臣叨承庭训,知我列圣,明良胥会,都俞之言,宽大之政,所以植国体而裕民生者,一本于帝王之心法,圣贤之道学。其视贞观之治,奚翅天壤而已哉!"⑦这是说帝王

———————

① 黄宗羲:《明儒学案》卷2《教谕娄一斋先生谅》,第44页。

② 黄宗羲:《明儒学案》卷2《教谕娄一斋先生谅》,第43—44页。

③ 夏尚朴:《东岩集》卷5《娄一斋先生行实》,《景印文渊阁四库全书》,上海:上海古籍出版社,1987年影印本,集部,第1271册,第41页。

④ 黄宗羲:《明儒学案》卷2《教谕娄一斋先生谅》,第44页。

⑤ 娄性:《皇明政要》卷末《进书表》,第341—342页。

⑥ 夏尚朴:《东岩集》卷5《娄一斋先生行实》,第42页;《东岩集》卷5《冰溪娄先生墓志铭》,第44页。

⑦ 娄性:《皇明政要》卷末《皇明政要后序》,第343页。

之心法、圣贤之道学是《贞观政要》的核心要义，也是《皇明政要》一脉相承的精髓所在。这也为我们理解他将此书与《心学要语》一并呈进的理据，提供了线索。

《皇明政要》虽然是摘录明初王言，但全书结构却是有意安排。我们留意到，此书将"尊德性、道问学"置于全书之首，与同样延续《贞观政要》之史著脉络的《皇明宝训》以"敬天""孝思""勤民"等开篇，《洪武圣政记》以《严祀事》《正大本》《肃军政》开篇的分类结构，已然完全不同，但这一设计却富有深意。娄性说："祖宗《政要》之篇首，非无意也。盖谓尊德性所以存心，道问学所以致知，二者乃圣学之梯航、修德凝道之大端也。与《商书》之博约，《虞书》之精一，孔子之一贯，同一意焉。"①正因为以存心、致知为帝学入门，而且尧舜文武之政亦不能外此，故而娄谅"自正心、修身以至于平天下，类编成秩，仿吴兢之意，僭题曰《皇明政要》"②。

细读全书，《皇明政要》开篇以守成之君所当修习的帝心之学为核心，引述太祖、太宗等帝王与侍讲文臣的对话，以展现开国君主对帝心的关注以及后世君主在培养帝心以亲政爱民上的重要性。在首卷"尊德性"部分，娄性时刻不忘强调"心"对于帝王之学的重要。第一则即引述明太祖的话："太祖曰：人君一心，治化之本。存于中者无尧舜之心，欲施于政者，有尧舜之治，决不可得也。"而且强调太祖此心还为后世子孙树立了典范。第二则说："陛下法天启运，干干终日，不遑暇食，十有五年。大统斯集，政平人和，休详屡应，斯皆观心之明验，古先哲王相传心法，所谓精一执中之训，亦不过此。圣子神孙必来取法。"接下来便是说格君心之事。娄性先后以桂彦良和解缙辅佐太祖帝学的经历为例子，说："桂彦良……无一不当帝心者，其要以明圣学、格君心为务。在春坊久，每侍讲，必以二帝三王心法为本。""解缙应制上疏曰：'陛下拳拳于畏天、畏鬼神，治民治强暴，然畏民者畏天之本，治心者治民之本。'太祖嘉纳其言，擢监察御史。"在第三则中两次强调二帝三王相传心法之后，第四则以引述太宗的王言，说明在位君主管束此心、秉持好乐的重要性："人君诚不可有所好乐。一有好乐，泥而不返，则欲必胜理。若心能静虚，事来则应，事去如明镜止水，自然纯是天理。朕每退朝默坐，未尝不思管束此心为切要，又思为人君，但于宫室车马服食玩好无所增加，则天下自然无事矣。"③卷二"端好尚"是以守成之君对辅佐之臣的期望开篇。娄性引述明太祖的话说明"仁"对于后世君主的重要性："先王之世不施赏而民劝于善，不施罚而民不为非，若是何也？有仁义以为之本也。"接下来对中书省臣说："今天下纷纷，靡有底定。彼恃夫智力之私，而戕贼于民者，岂复知有仁义哉？卿等职居枢要，所以辅吾者，舍是则无以为治国之本也。卿等勉之。"④

娄性在这两卷中开宗明义，表明了帝王需要时刻警惕，培养帝心，身边大臣也要从这一角度尽心辅佐。显然，书中内容虽是明初政事，但关注的核心要义还是帝心之学。对此，明代政治家并不陌生。万历年间的内阁首辅张四维（1526—1585）曾经重刊《皇明政要》，他在重刻序言中称："凡夫列祖列圣正心刑家，内和外攘，以贻圣子神孙有道之长，以跻斯世斯民仁寿之域者，虽百不及一二，而大旨宏纲

---

① 娄性：《皇明政要》卷末《进书表》，第342页。
② 娄性：《皇明政要》卷末《皇明政要后序》，第343页。
③ 娄性：《皇明政要》卷1《尊德性第一》，第193—195页。
④ 娄性：《皇明政要》卷2《端好尚第三》，第204页。

固思过半矣。"①将《皇明政要》与《心学要语集释》联系起来看,前者虽然是对明初史事的记录,但却与后者的主旨配合恰当,既突出了帝王心学的重要性,又借机表现了被罢出经筵讲读的《贞观政要》的重要性。反过来看这两部书的关系便是:《心学要语集释》以其内容能切合于明宣宗以降皇帝所持续关注的帝心之学,而能呼应这几代君主在帝学上之所求,因此成了《皇明政要》这一延续《贞观政要》系统且能体现文臣致君所关心之核心问题的极好包装。两书各自从心学和政事的角度切进,既呼应了明宣宗、明宪宗对《贞观政要》包涵的丰富政治含义的取舍,又含蓄地表现了娄氏父子所代表的文臣致君理念。因此,娄性将两书一并进呈,给明孝宗传递了三个信息:一是《贞观政要》对于帝学具有独特的价值,期望能借《皇明政要》重新引起皇帝对此书的重视,甚至使之重归讲筵。二是从《皇明政要》来看,它的远源《贞观政要》与皇帝所执念的帝心之学渊源深厚,能与《心学要语》应和而并不与皇帝所执念的帝心之学矛盾。因此皇帝不必对之心生反感。第三,正是意识到了这一点,娄性才将延续了《贞观政要》精髓的《皇明政要》与《心学要语集释》一并进呈,使两书表里配合、相得益彰,而根本目的还在于《皇明政要》所暗指的《贞观政要》。

当我们将弘治十四年罢讲《贞观政要》之后,直至弘治十八年张元祯和娄谅、娄性父子的致君努力联合考虑,会发现一些具有时代共性的问题。首先,成化皇帝为内府重刊《贞观政要》撰写序言,与宣宗、孝宗对《贞观政要》的态度构成了在位君主关注身心、性理的传统,这一传统从宣德二年持续到弘治十八年,大概有八十多年的历史,足以成为明代中叶有关经筵上所见之帝心之学的潜在脉络。但这一脉络与朝臣侧重于君臣相处之道的着眼点,存在根本性分歧,以至于朝廷上仍然不乏借用贞观旧事,给皇帝在纳谏上施压的声音。双方的矛盾在弘治十年之后愈发激烈。

其次,弘治皇帝将《贞观政要》罢出经筵,令朝臣得以正视皇帝在处理君臣矛盾上的权威,受此警醒,当时的思想家努力揣摩皇帝的思路,在提升心学、理学上正面响应,但是角度不同。念念不忘《贞观政要》的娄氏父子,进书之举虽然要早于张东白进说,但显然未能得到东白获得的皇帝赞誉,说明当时君臣双方都感知到了对方真正关心的问题所在,只是试图以帝心之学为包装的《贞观政要》仍然未能在致君上奏效,反而就心、理之学进言的东白,得到了皇帝的首肯。第三,自成化元年重刊《贞观政要》以来,无论是朝臣还是皇帝,对此书所寓意的贞观年间君臣相契的状态都日渐敏感,但明孝宗将《贞观政要》成功罢讲并且丝毫未遇到实质性的阻力,说明在明代中叶以前,皇权相对于来自臣僚的约束而言,仍然占据绝对优势;朝臣表达意见还要考虑迎合君主的想法,言行也需符合臣下的身份,以适度的言行劝谏。到了晚明万历朝,情形发生了变化,在经筵上以讲读用书为核心的君臣冲突更加白热化,背后的缘由也更为复杂。

四、晚明经筵罢讲《贞观政要》与回归祖制

万历皇帝对《贞观政要》并不陌生,在万历九年十二月,强势的首辅张居正就曾经上疏,请明年春

---

① 张四维撰、张志江点校:《条麓堂集》卷20《皇明政要重刻序》,《张四维集》,上海:上海古籍出版社,2018年,第525页。

天进讲《贞观政要》。①万历十年十二月,大学士张四维上奏,称年内已经讲过《贞观政要》,乞明神宗将此书发下司礼监,继续刊行。②进讲《贞观政要》的记录,在万历十一年还有。③但是到了万历十六年,《贞观政要》在君臣双方意识中的地位却发生了变化,呼吁在经筵中增加祖宗之制的成分,甚至以之取代《贞观政要》的意见,逐渐占据上风。

(一)明神宗罢讲《贞观政要》

应戎政尚书傅希挚请御经筵之请,④万历十六年(1588)二月十二日,明神宗再次临御经筵。进讲完毕,万历皇帝命令司礼监太监张诚拿着《贞观政要》,追上被拦在文华门的阁臣,就魏徵的个人品行问题质问讲官,问答之间,君臣彼此争论了四个回合。

首先,张诚说:"上问先生,魏徵何如人?"阁臣回答:"魏徵事唐太宗,能犯颜谏诤,补过拾遗,亦贤臣也。"接着,张诚转达万历皇帝的话说:"魏徵先事李密,后事建成,又事太宗,忘君事仇之人,固非贤者。"阁臣对答说:"以大义责徵,诚如明谕。第其事太宗,却能尽忠。"张诚将阁臣的对答复奏后,得到皇帝的回话,再向阁臣传谕,说:"唐太宗胁父弑兄,家法不正,岂为令主?"对此,阁臣回答说:"太宗于伦理果有亏欠,闺门亦多惭德。第纳谏一事,为帝王盛美,故后世贤之,若如我太祖家法贻之,圣子神孙,真足度越于古,皇上所当遵守。其前代帝王,唯尧舜禹汤文武为可师,唐太宗何足言哉!"张诚将这番答词报告神宗后,四番回到阁臣处,告知了明神宗的最后决定:"罢《贞观政要》,讲《礼记》。"阁臣随即表态,先顺承皇帝的意见:"《记》中多格言正论,开讲极为有益",但同时又做了最后一次努力,试图将《通鉴》或《大学衍义》和《礼经》一并进讲。得旨:"魏徵忘君事仇,大节已亏,纵有善言,亦是虚饰,何足采择!"最终,经筵罢讲《贞观政要》。⑤

在万历皇帝与阁臣的这番对话中,明神宗既否定了魏徵的人品,又批评了唐太宗的所为,从根本上消除了两人成为当代君臣榜样的可能性。万历帝说魏徵转侍太宗,是不能对先主尽忠;唐太宗未能以正大光明的手段夺取帝位,非明主所为。唐太宗和魏徵既然君不君、臣不臣,自然无法作为后世纳谏的表率,因此罢讲《贞观政要》,自有理据。

第二天,万历皇帝继续向大学士申时行讲说对魏徵有失大节的看法,他说:"人之得失善恶无如五伦之重,五伦失一,复可得为人乎? 又何取小节而掩大义,饰恶而图善,正所谓失大取小,终不可掩人耳目。"至于阁臣谏言进讲的《大学衍义》《通鉴》等书,万历皇帝说:"今且以《礼记》代《政要》,《通鉴》候《尚书》完日续讲。"⑥

这番君臣冲突虽然告一段落,但是回到上述万历皇帝抓住魏徵人品追问阁臣的对话细节,在《明神宗实录》里只记其事,并未提到与万历皇帝对话的阁臣和经筵讲官等现场信息。作为后世读史者,我们仍然无法理解为何万历皇帝会在这次经筵之后,针对《贞观政要》以及魏徵的人品问题,向讲官施

---

① 《明神宗实录》卷119,万历九年十二月庚戌,第2229—2230页。
② 《明神宗实录》卷131,万历十年十二月戊申,第2448页。
③ 《明神宗实录》卷144,万历十一年十二月癸酉,第2691页。
④ 谈迁:《国榷》卷74,神宗万历十六年二月丙辰朔,北京:中华书局,1958年,第4571页。
⑤ 《明神宗实录》卷195,万历十六年二月乙丑,第3663—3664页。
⑥ 《明神宗实录》卷195,万历十六年二月乙丑,第3663—3664页。

压。好在循着参与这次经筵的人事信息,我们发现在二月十四日的经筵上担任讲官的黄洪宪对此事有详细的记录,能补充《实录》失载的重要信息。

黄洪宪在日讲讲章之后的附记中说,万历十六年二月九日壬戌这天,也就是罢讲《贞观政要》之前的一次经筵上,在文华殿进讲的有三位讲官,他们分别讲书如下:少宰朱公赓讲《四书》,詹事刘公虞夔讲《书经》,少宰徐公显卿讲《贞观政要》。①由于徐显卿讲读《贞观政要》的讲章未能留存下来,我们无法了解他解说的重点,但在刘虞夔的文集中却收录了包含讲说《贞观政要》在内的五份经筵讲章,只是当日却不是他来讲读此书。对于刘虞夔的这份《贞观政要》讲章,我们虽然无法对比它跟徐显卿的《贞观政要》讲章有何同异,但至少他们同时参与经筵讲论,对同一部待讲史书的判断,应该有基于时代认识和身份性的共识。换言之,从刘虞夔讲论《贞观政要》的讲章中,我们可以了解当时讲官群体甚至文官队伍对于这部唐代史书的权威理解,从中可以折射出贞观朝君臣关系在万历朝的寓意。

刘虞夔的《政要直解》中有三段引述《贞观政要》的文字,每段之后各有一则释文。第一段是说君臣互相信任的问题:"夫以四海之广,士庶之众,岂无一二可信之人哉!盖信之则无不可,疑之则无可信者。岂独臣之过乎?"若能"君臣契合,寄同鱼水。若君为尧舜,臣为稷契,岂有遇小事则变志,见小利则易心哉",一旦出现这种情况,则"此虽下之直忠未有明著,亦由上怀不信,待之过薄之所致也"②。基于此,身为讲官的刘虞夔这样解说:"盖人君能推诚待人,则人人皆可信用。人君若蓄疑待人,则人人皆有可疑。若此者,乃人君自生疑贰,岂独是人臣的过失。"③这番讲说,契合《贞观政要》原文,将君臣不能互信的责任,归结于为君者不能以诚信待臣,是以人人可疑。接下来再由此申论人君为了与人臣互信,应该致力于清心寡欲的工夫:"人君所以能信任贤臣者,必先清心寡欲,以养刚明之德,远佞亲贤,以开公正之路,辨别毁誉,振饬纪纲,使君子不致畏谤于小人,小人不敢肆谗于君子,然后明良喜起,可无间于始终,而治功以成也。"④

第二段是从臣的角度说在位君主对于大臣和小臣的信任问题。引述的《贞观政要》原文说:"今委之以职,则重大臣而轻小臣;至于有事,则信小臣而疑大臣。信其所轻,疑其所重,将求至理,岂可得乎?"就职位与过错而言,讲官解说道:"大臣或以小过获罪,小臣或以大体受罚,职非其位,罚非其辜,欲其无私,求其尽力,不亦难乎!"接下来结合时事,从皇帝对大臣与小臣的信任应该有别的角度评论说:"乃今日委任职事,既知以大臣为重,小臣为轻矣。至于有事之时,则又听信小臣,猜疑大臣,信其所轻,疑其所重。如此则大臣不安其位,小臣得行其私欲,求至治岂可得乎?"由信至任,然后还说了对大臣、小臣任事追责的不当做法:"大体乃大臣所任也,今或变而责之于小臣;小事乃小臣所司也,今或变而责之于大臣。小臣居非所据,大臣失其所守,则纪纲紊乱,体统混淆矣。"其结果便是"大臣惟图苟

———————————

① 黄洪宪:《碧山学士集·承明应制稿·日讲章·礼经》,《四库全书禁毁书丛刊》,北京:北京出版社,2000年影印本,集部,第30册,第454—455页。

②刘虞夔:《刘宫詹先生文集》卷4《政要直解》,《原国立北平图书馆甲库善本丛书》,北京:国家图书馆出版社,2014年,第823册,第1056页。

③ 刘虞夔:《刘宫詹先生文集》卷4《政要直解》,第1057页。

④ 刘虞夔:《刘宫詹先生文集》卷4《政要直解》,第1057页。

免,则诡谲虚诈之心渐生",以致群臣仿效,以成风俗。[1]在刘虞夔看来,这是离致治之世愈行愈远了,因此魏徵惓惓为唐太宗解说。

第三段文字说的是选人之法。《贞观政要》中有"若举得其人,何嫌于故旧;若举非其任,何贵于疏远"句,归结到诚信问题,则是反问:"待之不尽诚信,何以责其忠恕哉?"对此,讲说以"避嫌"为切入点,认为:"君之于臣,惟责其尽力","若大臣举荐人才,即是他故旧亲识,其人果为贤能,可裨实用,亦不嫌于私党;若大臣畏避嫌疑,但举那疏远不相识之人,其实不称任,使徒务虚名,又何贵于公!"也即认为之所以形成如此的选任局面,一定是"人君以猜疑待大臣,不尽推诚信任"所致。因此根本上是为君者的过失。顺承这一逻辑,讲章特别强调为君者对造成君臣不信任的局面负有责任:"君不信臣,必是疑下无可信之臣也。若果下无可信之臣,则是上亦有可疑之君矣。"一旦"上下相疑,则顾忌益多,衅端渐起,又何可以言至治也!"[2]最后,在讲章文末,特别强调了魏徵劝谏的价值:

> 尝观古昔盛时,明良相得,道合志同,人臣心惟为国而人君亦相信,以心无有一毫疑贰之念。下逮春秋,若祁奚内举其子,外举其仇,当时犹能信之。后世毁誉横生,猜疑交错,人君不能分别贤否,每蓄疑以待臣而人臣处多疑多惧之日,惟务饰私避罪,巧伪多端,遂成祸乱。观魏徵反复敷陈,可谓深切著明矣。[3]

这段解说的要义是呈现了魏徵能将上古、春秋以至后世人君待臣的变化向皇帝敷陈的尽忠之臣的形象,但结果却是,当这天讲完《贞观政要》的两日后,万历皇帝下旨,在经筵中停讲了此书。

回顾此次经筵之前的历史可见,其实万历皇帝临御经筵几乎每月一次,在万历十四年二月丁丑[4]、三月丁未[5]、四月丙戌[6]、八月甲戌[7],都举行过。十五年二月,以身体原因传免一次,[8]次月再御经筵。[9]从时间上看,尚属规律。但惟有十五年三月这最近的一次,状态非常不理想。万历十五年三月壬寅日,明神宗临御经筵之前,曾经在皇极门暖阁召见申时行等辅臣,就当日吏部稽勋司主事顾宪成和刑部主事王德新疏救御史高维崧之事,大发雷霆,认为二臣质疑谕旨。他说:"如今用人,岂有一人不是朕主张,二主事肆言却说不是朕独断,极为狂妄。"[10]他对二臣藐视君权甚为恼怒,说:"臣下事君上,原有道理。二臣把朕全不在意,朕非幼冲之时,如何说左右簧鼓。先生所拟太轻,还改票来。"[11]认为申时

---

① 刘虞夔:《刘宫詹先生文集》卷4《政要直解》,第1057—1058页。

② 刘虞夔:《刘宫詹先生文集》卷4《政要直解》,第1059页。

③ 刘虞夔:《刘宫詹先生文集》卷4《政要直解》,第1059—1060页。

④《明神宗实录》卷171,万历十四年二月丁丑,第3120页。

⑤《明神宗实录》卷172,万历十四年三月丁未,第3140页。

⑥《明神宗实录》卷173,万历十四年四月丙戌,第3185页。

⑦《明神宗实录》卷177,万历十四年八月甲戌,第3278页。

⑧《明神宗实录》卷183,万历十五年二月庚午,第3416页。

⑨《明神宗实录》卷184,万历十五年三月壬寅,第3436页。

⑩《明神宗实录》卷184,万历十五年三月壬寅,第3434页。

⑪《明神宗实录》卷184,万历十五年三月壬寅,第3434页。

行等拟定的惩处二人措施太轻,是说顾宪成疏救高维崧之后,被阁臣姑降三级调外任。皇帝对此不满,令改票严惩。面对皇帝盛怒,老成持重的申时行力图息事宁人,说道:"皇上天纵聪明,干刚独运,即今朝廷政事,各衙门章奏无一不经御览,无事不出圣裁。司属小臣,不知妄言,原无损于皇上圣德……二臣狂妄,罪实难逭。但臣等仰见皇上明并日月,量同天地,区区小臣,不足以亵雷霆之威。即外论疑及臣等,宁使臣等受诬蒙谤,不必轻动圣怒。"①接下来皇帝说的话,实在表示了对申时行等人的不满,明神宗说:"先生等是朕股肱,与别官不同,须要为朕任怨。若只要外边好看,难为君上。"②

对此,申时行仍然好言相慰:"臣等受皇上厚恩,虽犬马无知,当自图报,敢不任怨。"对此,万历皇帝的对答更显急躁。他连番打断申时行的说话,斥责其言不对题。当明神宗说"诸臣说话必有主使之人,著追究出来"时,申时行对答道:"建言者亦有几等有忠实之人,出自己见,不知忌讳者。有愚昧之人不谙事体,道听途说,未必出于主使。"结果话未说完,就被打断,万历皇帝说:"还是沽名卖直者多,若不重处,不肯休歇。前有旨各衙门戒谕司属通不遵依亦问他。"③对这一君臣双方情绪日见激烈的对话,《明实录》记载道:"时行等欲再为申解。上遽云:'先生等便将去改票来。'时圣躬未耐久坐,时行等不能毕其说,乃叩头退。"④透过据实记载此事的《明神宗实录》,我们仍然能感觉到万历皇帝对首辅申时行不能直接面对自己提问的不满,这令他对引起愤怒的顾、王奏疏所言之事更为愤恨。究其根本则是万历皇帝认为顾宪成、王德新的奏疏一来并不尊重目前已经掌握皇权的皇帝,二来也并不相信皇帝不受左右臣僚影响。也即,作为皇帝的臣子,顾、王二人并不相信来自朝廷的谕旨是出自皇帝之手,更遑论遵旨而行了。当与大臣在对话的形式和内容上都不能顺遂己愿之时,万历皇帝两次打断申时行的说话,强势表达自己的看法,令大学士执行,这是愤怒已极的皇帝所能行使的最后手段了。

在这次跟辅臣的冲突之后,明神宗在十五年四月临御过一次经筵。⑤当月辛未"上不御经筵"⑥,之后直至十五年底,举行经筵的次数就很少了,以至大学士申时行等在当年十二月底说:"今岁自开讲一次之后未蒙再御。"⑦之后才有上文提到的协理戎政尚书傅希挚请侍经筵之说,以及经筵后罢讲《贞观政要》之事。

(二)诉诸理性的制度约束

但在万历十六年二月十二日罢讲《贞观政要》之后,皇帝并没有停止经筵。两日后,皇帝再御经筵。遵前旨,在这次讲筵中不再讲《贞观政要》,而是代之以《礼记·曲礼》。据当日参与经筵的讲官黄洪宪说,这天司职的经筵讲官有三位,他们分别讲读经典如下:"朱少宰(即朱赓)讲《孟子》'矢人岂不仁于函人'二节,余(即黄洪宪)讲《书经·酒诰》'乃穆考文王'二节,刘詹事(即刘虞夔)讲《曲礼》首

---

①《明神宗实录》卷184,万历十五年三月壬寅,第3433—3435页。
②《明神宗实录》卷184,万历十五年三月壬寅,第3435页。
③《明神宗实录》卷184,万历十五年三月壬寅,第3435页。
④《明神宗实录》卷184,万历十五年三月壬寅,第3435页。
⑤《明神宗实录》卷185,万历十五年四月辛酉,第3455页。
⑥《明神宗实录》卷185,万历十五年四月辛未,第3460页。
⑦《明神宗实录》卷193,万历十五年十二月丁丑,第3633页。

章。"①刘虞夔在罢讲《贞观政要》之前负责讲《书经》。在这次经筵上，君臣之间关系堪称融洽，给黄洪宪留下了极深的印象。他清楚地记得，由于《礼记》是新近列入经筵的讲读经书，不同于《书经》是温习旧章，讲官是故"以讲章卒办，未及熟诵，讲至半，一时失记"，对此，"上慰之曰：从容讲可也"，并不因讲官"轮流帮撰"、事出仓促而予以批评。②

对比这前后两日的讲官名单，朱赓和刘虞夔两次都名列其中，可见他们并未受罢讲《贞观政要》的影响，只是刘虞夔按照万历皇帝的新旨意，由《书经》改讲《礼记·曲礼》。之前讲读《贞观政要》的讲官徐显卿未能参与此次经筵，顶替他的是黄洪宪，讲读《书经》。③黄洪宪和祭酒徐显卿二人都是万历十三年二月新任的经筵讲官。④万历十五年七月，黄洪宪任日讲讲官。⑤

三位讲官中，朱赓的存世文集中没有收载讲章。黄洪宪这次讲读《书经》的讲章在他的文集中并未保留，在他的文集中只见讲筵中解读《诗·大雅·文王》"亹亹文王，令闻不已"句的讲章一段，以及讲读《礼记·王制》等的讲章十段。⑥刘虞夔文集中的《经筵讲章·礼记》里收录了"《礼记》讲章"，其中包括黄洪宪提到的"《曲礼》首章"的内容。检核《礼记》，刘虞夔文集中这份讲章收录的是《曲礼》首章原文中的第三、四两条文字，之后的解说应该就是经筵上讲说的内容。

刘虞夔的《礼记·曲礼》讲章中的第一条是："贤者狎而敬之，畏而爱之，爱而知其恶，憎而知其善。积而能散，安安而能迁。"随后的解读以贤者为重点，从贤者的待人之情和贤者区分善恶之别开始，分为三个层次。第一个层次是贤人在与他人相接上的智慧，尤其是对亲近之人。讲章说："常情，于所亲狎的人相与情熟，未必能敬。贤者则狎而敬之，蔼然相亲，未始不肃然相敬也。常情，于所尊畏的人外貌致恭，未必能爱。贤者则而爱之，隆之以貌，未尝不联之以情也。"⑦

第二个层次是从人性的角度诠释善恶，讲章说："人有善的固尝爱之矣，而于爱之中，有不可掩之恶，则又知其恶而恶之。何至于溺爱而不明乎？人有不善的固尝憎之矣，而于憎之中有不可泯之善，则又知其善而爱之。何至于绝恶之太甚乎？"⑧

第三个层次是从人性适用的角度诠释用财的问题，讲章接着说："君子用财有节，财固有时而积，然聚于己者亦可以散于人，不至私利以自殖也。君子经德不回，固止其所当止，然守其常者亦可通于变，不至于执一以害事也。贤者之所为无往而不合乎中，如此何莫非主敬中来耶！此可为修身之法矣。"⑨

讲章中的第二条文字是："临财毋苟得，临难毋苟免，狠毋求胜，狠毋求多。"对这段话，刘虞夔解说

① 黄洪宪：《碧山学士集·承明应制稿》卷20《日讲章·礼经》，第455页。
② 黄洪宪：《碧山学士集·承明应制稿》卷20《日讲章·礼经》，第524页。
③《明神宗实录》卷188，万历十五年七月丙午，第3526—3527页。黄洪宪：《碧山学士集·承明应制稿》卷20《日讲章·礼经》，第454—455页。
④《明神宗实录》卷158，万历十三年二月壬寅，第2904页。
⑤《明神宗实录》卷188，万历十五年七月丙午，第3526—3527页。
⑥ 黄洪宪：《碧山学士集·承明应制稿·经筵讲章》，第448—455页。
⑦ 刘虞夔：《刘宫詹先生文集》卷4《经筵讲章·礼记》，第1046页。
⑧ 刘虞夔：《刘宫詹先生文集》卷4《经筵讲章·礼记》，第1046页。
⑨ 刘虞夔：《刘宫詹先生文集》卷4《经筵讲章·礼记》，第1046页。

的重点是"义",他说:"临财苟得是伤廉也,必以义止之;……临难苟免是贪生也,必以义赴之。"[1]"义"的目的是为了明分,据此才能控制所得,循此方能致贤。刘虞夔说道:

> 分而求多,则必以盈溢致损矣。当以义自裁。本分之外,不加毫末,敢求多欤! 夫临财可以观廉,临难可以观勇,不求胜是惩忿之学,不求多是窒欲之功。能是四者,则情得其正,而行合于中,亦庶几乎贤者之可法矣。[2]

将刘虞夔这份《礼记·曲礼》的讲章与上文分析过他的《政要直解》对比,可以感知他讲读的立场已经发生了根本变化。刘虞夔在万历皇帝将《贞观政要》撤出经筵之后,已经完全不提皇帝的角色,更不涉及君臣关系,而是改为以修身问题为主了,只就贤者在对人、对己上的做法申论。提到财用问题,也是基于人性,以君子和贤者之所行来示范,并未涉及为人君者在节财用上应有的态度和作为。这一转折性变化,便是《贞观政要》这一君臣关系风向标在经筵上的地位发生变化所带来的结果。

万历十六年四月十二日,万历皇帝再次临御经筵。据黄洪宪说,在这天的经筵上,少宰徐显卿讲《易经·晋卦·象传》,洪宪讲《诗经·大雅·文王第二章》。[3]取自《易经》和《诗经》的这两段讲章分别是说柔进上行和文王施恩泽遍及子孙的问题。由于徐显卿讲《易经》的讲章不存,刘虞夔的讲章中虽然有五条讲《易经》的,但仅涉及《谦卦》《损卦》《豫卦》《益卦》《震卦》,却不涉及黄洪宪说当日讲的《晋卦》。[4]因此我们缺乏足够的信息去对比徐显卿在万历十六年二月进讲《贞观政要》与四月进讲《易经·晋卦》两书在释文的角度、立意的侧重或进言的期望上是否存在不同。但是讲官黄洪宪与当日同侍经筵的高阶文官就经筵对皇帝可能产生的影响,一致高度认同。这为我们理解经筵制度以及经筵用书对在位君主的影响,提供了线索。黄洪宪回忆道:

> 冢宰杨二山(巍)、左都御史吴悟斋(时来)时侍经筵。赐宴毕,两公出长安门,因顾余宅,云今日讲甚剀切,如本宗该承统,支庶该分封等语,明白从听,胜于百篇奏疏。以此知讲筵不可不时御也。[5]

这段文字是黄洪宪为他撰写的《诗经·文王第二章》讲章补写的识语,附在讲章之后。从讲章原文中的信息,我们可以理解吏部尚书杨巍和左都御史吴时来受到感动,专程到访黄宅表达敬意,原因是讲章中对嫡子承统继宗问题的阐说。

黄洪宪在讲章中对于《诗经·文王》"亹亹文王,令闻不已。陈锡哉周,侯文王孙子。文王孙子,本

---

① 刘虞夔:《刘宫詹先生文集》卷4《经筵讲章·礼记》,第1046页。
② 刘虞夔:《刘宫詹先生文集》卷4《经筵讲章·礼记》,第1046页。
③ 黄洪宪:《碧山学士集·承明应制稿·经筵讲章·诗经》,第449页。
④ 刘虞夔:《刘宫詹先生文集》卷4《经筵讲章·易经》,第1032—1038页。
⑤ 黄洪宪:《碧山学士集·承明应制稿·经筵讲章·诗经》,第449页。

支百世,凡周之士,不显亦世"一句,有如下讲说:

> 嫡子为宗,如木之有干,叫做本。本宗是该承统的。本以继本,百世而为天子。别子为庶,如木之有条,叫做支。支庶是该分封的。支以继支,百世而为诸侯。①

原文主旨是借商亡周兴,向周成王及后世君王进言,要行德政,阐发本宗继统、庶子分封的道理。讲章的论据是"亹亹文王"一句描述帝王的勤勉理政为后世子孙树立的典范,但真实用意则是"君臣失德,治乱相悬者,岂天独无意于后世哉"之后,借"亹亹"生发的议论。黄洪宪说:"尝庄诵我高皇帝《宝训》,有与侍臣论周道者,曰:'周自后稷公刘,世积忠厚,至于文武,始有天下。然使后无成康,佐以周召,则文武之业何能至八百年之久。'又曰:'使吾后世子孙皆如成康,辅弼之臣皆如周召,则可以祈天永命。'大哉,皇言! 其所以为后世计者,至宏远也。"这是说周成王、周康王继承了文王、武王的事业,才能使盛世长久。接着谈到了皇帝对贞观君臣的否定态度,甚至对《贞观政要》罢出经筵的事说道:"恭惟皇上聪明宪天,典章法祖,顷谕讲筵,以贞观君臣不足为训,而欲仰追唐虞三代之隆,以后世粉饰事功不足为多,而欲全体皇极彝伦之本。圣志超然,期大有为。此万亿年无疆之庆也。"最后借机向皇帝谏言,以尊崇的态度,适宜地表达了意见:"臣闻君志定而后天下之治成。今固不必他求,但于'亹亹'一言加之意焉,讲筵常御,朝政常亲,接贤士大夫之时常多,居宫闱幽独之中常慎。事事强勉,念念缉熙,则德同天运,祚与天长,而子孙臣庶皆将来永赖其庆矣。"②

嫡子为宗,本宗承统;别子为庶,支庶分封,这是自万历十四年以来君臣之间围绕国本之争,发生激烈冲突的根本所在。万历十四年正月,明神宗宠爱的郑妃诞下皇三子常洵,皇帝欲将郑妃晋为贵妃,但并未给与四年前产下元子的恭妃这样的待遇。大臣们担心皇帝对皇子的偏爱影响树立储君,以至于双方对立长达十五年,形成了波及朝野的"立储之争",也被称为"国本之争"③。在这场斗争中,明神宗认为,自己在张居正之后已经掌控朝政,立储本是家事,理应自己解决,因此视大臣敦促其立皇长子为储君的谏言为逼迫,由反感而心生愤怒,以至于对连番进言的朝臣严加惩处,藉此维护皇权。④这一朝政大事在万历十四年之后渐入高峰,到了万历十七年,由于事关立储的上奏多被留中而斗争逐渐成为朝臣单方面的进言论政局面。在这一背景下,朝臣借用各种理据,试图说服皇帝,论说册立元子的重要性。例如申时行曾经在万历十八年上疏说"皇长子当正储位,万万不可动摇",还提出祖宗之法不可不遵守,皇上谕旨不可不信云云。⑤

正因为这是时代性的难解之题,黄洪宪、杨巍以及吴时来身处其中,也是求解之人。当他们感知到经筵进讲是能与皇帝就此陈言的合适制度,自然心情激动,在感慨之余积极维护这一制度的实践,

---

① 黄洪宪:《碧山学士集·承明应制稿·经筵讲章·诗经》,第448页。
② 黄洪宪:《碧山学士集·承明应制稿·经筵讲章·诗经》,第448—449页。
③ 对于"国本之争"的新近研究,参见李佳:《君臣冲突与晚明士大夫政治——以万历朝"国本之争"为中心》,《求是学刊》2017年第6期。解扬:《治政与事君:吕坤的〈实政录〉及其经世思想研究》,北京:生活·读书·新知三联书店,2011年,第219—227页。
④ 解扬:《治政与事君:吕坤的〈实政录〉及其经世思想研究》,第219—220页。
⑤《明神宗实录》卷228,万历十八年十月丁亥,第4231—4232页。

试图从中寻求解决国本问题的突破口。相形之下,对于经筵讲书的个体命运,反而退居次要。细读黄洪宪的这份讲章便可发现,他提到了明太祖的《宝训》,也赞扬了本朝皇帝遵守祖宗之法,还特别诠释太祖曾与侍臣论周召共和之治,暗示了皇位平稳合理地传递对于实现治世极为重要。此说当然是在国本之争的背景下,极力突出太祖朝祖宗之法的权威。接下来在提到神宗将《贞观政要》罢出经筵时,郭正域也赞扬了皇帝能典章法祖、临御讲筵,这是以文臣的身份,当必须接受《贞观政要》在本朝的命运时,将亲御讲筵与祖宗之制一并提出,是有意提醒在位君主需要正视祖制。他甚至还肯定地说,这才是"皇极彝伦之本"。很显然,对于国本之争而言,此时要解决皇长子身份问题,已然不是进一步实现《贞观政要》暗指的君臣良性互动状态所能奏效,而是亟需求助于更具约束力的制度力量,让本朝君主回归到必须如此的轨道上来。换言之,经筵讲书有所调整无妨,但从祖宗朝沿袭而下的祖制却因为更值得依赖也更具权威而不能改变。文臣们这一见识的根本依据便是祖制作为政治话语的权威了。

黄洪宪的看法在当时也并非个人独见。能与黄洪宪等人相呼应的,还有曾任礼部侍郎的郭正域(1554—1612)在同一时期对《礼》经的理解。重视"经"在国家治理上的重要地位,"以经术为本,以法律为辅"[1],成了万历皇帝掌权之后的基本治国理念。为了论证"礼"经的重要地位,同时也为了表明唐太宗贞观时代所讲"礼"经为非,论证本朝罢讲《贞观政要》为无误,郭正域在此事发生后不久,撰写了一篇题为《礼经》的策文。这篇颇具时代感和政治影射意义的文章,表现了当时的文臣结合政治环境,努力在皇帝所关心的议题下,寻求可能影响皇帝施政的新角度。

策文论"礼"是从明初的制度创设入手,先说:"我太祖高皇帝即位之初,首开礼局,诏儒臣考定《三礼》及《(洪武)礼制》《礼仪定式》《(太常)集礼》诸书,所以和邦国而定神人者,轶千古而上之。"[2]追溯明初,本意是以明初的制度创设表现"礼"对本朝的重要性。但这一设问却给答文提示了要在祖制的视野下展开讨论的思路。策问接着提到了万历皇帝将《贞观政要》罢出经筵而代之以《礼》经的事:"皇上顷御经筵,以讲官进讲《贞观政要》,焕发德音,斥其匪彝,罢《政要》而进《礼》经,洋洋圣谟,炳若日星。第以唐皇之英武,晚年行仁义,有效贞观之治,庶几小康。以彼其资,何惮而不为礼让也。顾其君臣之际,本实拨矣。不知其致治之迹,亦有合于礼者否?然唐皇亦尝言礼乐矣。又曰'徵言未尝不约我以礼。'彼所谓礼者,非邪。诸士试将礼之可裨于今日而远出唐皇之上者,试奏一篇,主事者未尝不称善。"[3]显然核心议题是本朝君臣应该以何者为当行之礼。

对此,郭正域的拟文从《礼》经本身的重要性、礼与治理国家的关系、礼与国本的关系、礼与制度的关系等方面展开论说。首先,他认为"礼"在治国上极具重要性,它与人心政事都紧密相关:"快心逸志,非礼不定;人伦庶物,非礼不章;徵献文典,非礼不敷。"因此"夫子言治,未尝不先礼",太祖明定礼仪也是顺承此意。其次,至于贞观君臣,"其友于之际,自负于周公、叔牙而事使之间,谬托于桓公、管仲,不知其大本乱而大节亏矣",皇帝于圣谕中的品骘自然可信,故而"执事更欲以贞观之迹比于《礼》经,盖亦尝错列而胪陈之"。接下来便转而从国本论"礼":"礼之所以正国本也","礼之所以宾四夷

①《明神宗实录》卷357,万历二十九年三月癸丑,第6672页。

②郭正域:《合并黄离草》卷21《礼经》,《四库全书禁毁书丛刊》,北京:北京出版社,2000年影印本,集部,第14册,第204页。

③郭正域:《合并黄离草》卷21《礼经》,第204页。

也","礼之所以观德也","礼之所以广听纳也","礼之所以驭臣也","礼之所以垂泽于不斩也"。对比贞观君臣,郭正域说:"唐皇之所谓礼者,小康之效,杂伯之气,而非礼之大同也。魏徵之所约者,出王之惑,小德之微,而非礼之隆施也。"他认为应行之礼,其核心要义是能理顺国家制度运行过程中在舆论和实践上遇到的困难。对于舆论而言,郭正域引用唐代陆贽所说"诤臣直,表我之能容;诤臣狂,表我之能恕。言而当则官其忠,言而不当则恕其过",希望皇帝能宽容纳谏;对于政治实践,他指出:"土木未尽罢,冗食未尽裁,冗员未尽稽。言事者议及貂珰之滥、缇绮之繁,而上不省也","召见之礼经岁而一见,启沃之期多罢而不御,侍从之臣希见颜色,一暴十寒,一传众咻",言及有关各项制度运行中不尽如人意的问题。①郭正域所论恰好与本书第二章和本章分析的貂珰害政和君臣悬隔有关,但他申明观点的方式,却没有就此两点直接进言,而是从"礼"与治国的关系角度,借祖制的权威谈了自明初就有的制度不容破坏。他虽然是谈万历皇帝关心的"礼",却没有从经学角度诠释,但所论却力求对在位君主形成一定的约束作用。

这篇策文虽然写于万历十六年之后,但转而侧重于祖制及其制度约束力的意图,却与嘉万年间的重臣高拱(1513—1578)在神宗即位之初讨论经筵时的看法一致。高拱表示,在经筵上,《贞观政要》是前朝史,已然不切于用,应该先讲祖宗家法,停讲《政要》。他将两书对比道:"我皇上甫十龄,穆皇上宾,其于祖宗大法,盖未得于耳闻也。精神命脉既所未悉,将何以鉴成宪,绳祖武乎?今日讲经书后又讲《贞观政要》等书,臣愚谓宜先知祖宗家法,以为主本,而后可证以异代之事。不然,徒说他人,何切于用?"②结合万历十四年以来国本之争形成的晚明政治走向和君臣相交态势,郭正域从经筵讲书角度对《礼》经的解说,恰好印证了高拱之说的前瞻性。

结　论

本文分析明代重要的经筵讲读用书《贞观政要》,在明初、中叶和晚明三个历史阶段的政治形象以其它在经筵上的地位,通过它起到的风向标作用,感知当时朝廷上带有阶段性的政治变化。

《贞观政要》由于其优秀的史著本色,在明初就引起了洪武朝君臣的重视,朝廷以之为范本编纂了《皇明宝训》《洪武圣政记》《大明日历》,之后文臣编著《三朝圣谕录》《天顺日录》也是接续此书的系统。到了永乐初年,《贞观政要》被作为东宫讲书,从此成为培育帝学的经典著作而屡屡见于讲筵之上。直到成化朝重刊《贞观政要》,它并未被当时的文臣视为能给皇帝施加政治压力的工具,因此明宪宗还借用为此书撰序的机会,表达了对提升帝心之学的期待。但朝臣对这篇序文重点的理解,却与皇帝有了差别,以至于反而导致了君臣之间的隔阂。其中的分歧一直延续到弘治朝,致使弘治十四年明孝宗以《周易》取代了《贞观政要》在经筵上的进讲。敏感的朝臣意识到此番更改减少了将臣谏君纳这一理想付诸实践的可能性,因此敏于时政又精于经学的文臣纷纷以撰著响应,但从同是心学著名学者的张元祯和娄性、娄谅父子从皇帝处获得的不同反应来看,明孝宗延续了之前皇帝对帝心之学的关心,以修

① 郭正域:《合并黄离草》卷21《礼经》,第204—206页。
② 高拱:《论经筵要务》《本语》,载岳天雷等点校:《高拱全集》,郑州:中州古籍出版社,2006年,第1275—1276页。

身为重点,因此对张元祯应该讲性理之书的谏言十分首肯,对娄氏父子借心学包装而推动《贞观政要》回到帝学视野的做法则不予置评。

之后,虽然讲筵之上又见《贞观政要》,但到了晚明,尤其是在后张居正时代的万历朝,此书对皇帝要听从大臣意见的暗示更不被皇帝接受,以至于在万历十六年此书又被罢讲经筵,而且万历皇帝这次罢讲仍然以修习身心为理据。对此,朝臣既无法接受,又无力扭转,便借顺承明神宗意志之名,行借助依托于制度的祖宗之法来约束皇帝之实,从经筵本身作为制度的重要性以及太祖论及皇位继承的王言,给万历皇帝以约束。纵览《贞观政要》在明代经筵上的地位变化,可以观察到朝臣借讲读此书致君,在劝谏不成,转而皈依于依赖制度的时代趋势。

(作者解扬,中国历史研究院古代史研究所研究员。本文为解扬著《话语与制度:祖制与晚明政治思想》第五章,生活·读书·新知三联书店2021年)

"知行合一"的阳明解读

方志远

"知行合一"是王阳明"心学"的重要组成部分,被称为王学"三大要"之一。首先提出"三大要"概念的,是阳明弟子黄绾。

嘉靖七年十一月二十九日(公元1529年1月9日),王阳明在江西大庾(今大余)水次病逝。当时的明朝通过"廷议",对王阳明做了"盖棺定论":

> 守仁事不师古,言不称师。欲立异以为名,则非朱熹格物致知之论;知众论之不与,则著朱熹晚年定论之书。号召门徒,互相唱和。才美者乐其任意,或流于清谈;庸鄙者借其虚声,遂敢于放肆。传习转讹,悖谬日甚……若夫剿灭攀贼、擒除逆濠,据事论功,诚有可录……今宜免夺封爵,以彰国家之大信;申禁邪说,以正天下之人心。[①]

"廷议"有保留地肯定王阳明的"事功",全盘否定王阳明的"学说",直指为"邪说",从而引起阳明弟子及所有推崇、同情王阳明及王学的人们的不满。时任南京礼部右侍郎的阳明弟子黄绾抗疏,力陈王阳明"四大功",特别是王学"三大要":致良知、亲民、知行合一。其于"知行合一"云:"'知行合一',亦本先民之言。盖知至至之、知终终之,只一事也。守仁发此,欲人言行相顾、勿事空言以为学也。"[②]

根据王阳明生前的阐释,黄绾认为:第一,"知行合一"是对"先民"即儒家经典的继承,并非刻意标新、空穴来风;第二,王阳明提出"知行合一",乃是倡导人们言行一致、为学须落实处。黄绾的解读,可以说符合"知行合一"的大旨,但并未揭示"知行合一"的精要。[③]

一、真知在行,不行不知

"知行合一"的提出,阳明弟子钱德洪等编撰的《阳明年谱》系于正德四年(1509):"四年己巳,先生

---

① 《明世宗实录》卷98,嘉靖八年二月甲戌,台湾"中央研究院"历史语言研究所校勘本,上海:上海书店出版社,1982年,第2299页。

② 王守仁:《王阳明全集》卷35《年谱三》,上海:上海古籍出版社,1992年,第1326页,下同。

③ 所有研究王阳明"心学"的作品,均绕不开"知行合一"。当代学者著作,如张立文《宋明理学研究》(中国人民大学出版社,1985),侯外庐等主编《宋明理学史》(人民出版社,1987),方尔加《王阳明心学研究》(湖南出版社,1989),陈来《宋明理学》(辽宁教育出版社,1991年),杨国荣《心学之思—王阳明哲学的阐释》(生活·读书·新知三联书店,1997),冈田武彦《王阳明与明末儒学》(吴光等译,上海古籍出版社,2000)等,均有讨论。上述各家,以张立文、方尔加对"知行合一"的解读最优,但方尔加说王阳明晚年少说"知行合一"而代之以"致良知",是因为"知行合一"难以理解,此说固是,但只知其一,不知其二,是王阳明越来越看重"知行合一"之"知"为"良知",所以,"致良知"与"知行合一"实为一体,但为了强调"良知",故多说"致良知"而少提"知行合一"。陈鼓应等主编《明清实学思潮史》(齐鲁书社,1989),始自罗钦顺、王廷相,包括阳明弟子黄绾、王艮皆在列,却把王阳明排斥在外,这是一个很有意思的事情,乃是将"知行合一""致良知""亲民"等皆视为"空疏之学"。

三十八岁,在贵阳……始论'知行合一'。"①在为王阳明《文录》刊刻作序时,钱德洪提出"王学"发展三个阶段。但第一阶段,并非人们熟知的"圣人之道、吾性自足",而是"知行合一":"居贵阳时,首与学者为'知行合一'之说;自滁阳后,多教学者静坐;江右以来,始单提'致良知'三字,直指本体。"②《阳明年谱》关于"知行合一"在贵阳、龙场的"始论",来自王阳明自己的回顾:

> 吾居龙场时,夷人言语不通,所可与言者,中土亡命之流。与论"知行"之说,更无抵格。久之,并夷人亦欣欣相向。及出与士夫言,反多纷纷同异,抵格不入。学问最怕有意见的人……反不曾读书的人,更容易与他说得。③

虽然如钱德洪所说,"知行合一"是王阳明"龙场悟道"寻求到通向"圣人之道"大门钥匙之后④,所体悟到的第一个"道"。但是,王阳明在贵阳、龙场期间,是如何与"中土亡命之流"及"夷人"解说,并没有留下相关的文字。离开龙场之后,王阳明是否在江西为庐陵县知县时、在北京大兴隆寺与湛若水等人相与讲学时,与友人交流过"知行合一",也没有见到记载。但可以断定的是,在这个期间,王阳明自己并没有真正理清"知行合一"的指向。所以即便与人交流时,也不但每每"费却多少辞说",而且时时不能自圆其说。"知行合一"和王阳明的其他学说一样,需要在回应人们种种质疑的过程中、在批评朱熹的"格物致知"的过程中,特别是在自身的仕途磨砺及内心体悟过程中,才逐渐清晰起来。

王阳明对"知行合一"的解读,首先见于和弟子特别是"首徒"徐爱等人的讨论。徐爱是王阳明的妹夫,也是王阳明接纳的第一批三位弟子中的一位。正德三年春,王阳明从家乡余姚前往贵州龙场,生死不知、前程未卜,徐爱和另外两位青年执意拜师,令王阳明感动不已。但在此后的几年时间里,天各一方,徐爱对王阳明的思想,其实谈不上有真正的了解,王阳明自己的学术体系,也正在形成之中。直到正德八年(1513)春,王阳明赴任南京太仆寺少卿,徐爱来京接受考核之后升任南京工部员外郎,师徒二人,同舟南下,往余姚省亲,后在滁州特别是在南京,时时相聚,这才真正开始了学术上的交流,交流的主要内容有二:一为"亲民",二为"知行合一"。⑤

徐爱虽然是阳明弟子,却并非"中土亡命之流",而是接受了程朱学说的"有意见之人",受"格物致知"影响甚深,所以对王阳明提出"知行合一",十分不解。经与黄绾、顾应祥等人反复讨论,仍然不得要领,只得向王阳明请教。

王阳明与学生讨论学术,从来都是用"举例子"的方法,这次也让徐爱举例子。徐爱举了一个贴近

---

① 王守仁:《王阳明全集》卷33《年谱一》,第1229页。

② 王守仁:《王阳明全集》卷41《刻文录叙说(钱德洪)》,第1574页。

③ 王守仁:《王阳明全集》卷32《传习录拾遗》,第1172页。

④ 黄宗羲《明儒学案》卷10《姚江学案·文成王阳明先生守仁传》称:"先生之学,始泛滥于词章,继而遍读考亭之书,循序格物,顾物理吾心,终判为二,无所得入,于是出入于佛老者久之。及至居夷处困,动心忍性,因念圣人处此,更有何道?忽悟格物致知之旨:圣人之道,吾性自足,不假外求。其学凡三变,而始得其门。"在黄宗羲看来,"龙场悟道",是始得其"门",而非始得其"道"。(北京:中华书局,1985年,第180页)

⑤ 王阳明、徐爱关于"亲民"的交流,另见拙稿《"亲民"之阳明解读》(待刊)。

生活的例子：人人知道对父亲应该"孝"、对兄长应该"悌"，但并非人人做得到。知道孝、知道悌，这是"知"；践行"孝"、践行"悌"，这是"行"。知孝悌却不行孝悌，大有人在，可见知、行是两件事。徐爱不仅仅表达了自己和黄绾、顾应祥等人的看法，也是所有对"知行合一"持怀疑态度人们的共同看法：知是知，行是行，无疑为两件事。

对于徐爱们的说法，王阳明断然回答："此已被私欲隔断，不是知行的本体了。未有知而不行者，知而不行，只是未知。圣贤教人知行，正是要复那本体。"[①]但是，第一，何为"知行的本体"？王阳明没有做出解释，或许感觉到这个"本体"，却还"点不出"这个本体。第二，"未有知而不行"的结论，超出人们的常规认识，有以势压人之嫌。[②]第三，即使如王阳明所说，知、行本为一体，但既被"私欲"隔断，毕竟已是一分为二。

徐爱举的例子，出自《孟子·尽心》。王阳明另举了《大学》中"如恶恶臭、如好好色"作为例证："见好色属知，好好色属行。只见那好色时，已自好了。不是见了后，又立个心去好。闻恶臭属知，恶恶臭属行。只闻那恶臭时，已自恶了。不是闻了后，别立个心去恶。"王阳明的例子，显然和徐爱的例子不在一个层面。徐爱说的是理念与行为之间的关系，符合人们对"知"与"行"的理解；王阳明说的是人体器官对事物的自然反应，并非人们认同的"知"与"行"的关系。王阳明是将孟子所说的"良能"与"良知"、将"本能"与"知行"混为一谈。[③]或许自己感觉例子的不对称，所以王阳明还是回到徐爱关于孝悌的问题："如称某人知孝、某人知弟，必是其人已曾行孝行弟，方可称他知孝知弟，不成只是晓得说这些孝弟的话，便可称为知孝弟。"用"已行"判断"已知"，虽然不错，却并不能说明"未行"便是"未知"。

为了提升学生的认识，王阳明用他认为最简易的方式进行表述："知是行的主意，行是知的功夫；知是行之始，行是知之成。若会得时，只说一个'知'，已自有'行'在；只说一个'行'，已自有'知'在。"[④]但是，如何才叫"会得时"？王阳明根据自己的"经验"做出阐述："知之真切笃实处，即是行；行之明觉精察处，即是知。"或许王阳明自己心里明白，但旁人仍然费解："知"到什么程度是"真切笃实"？"行"到什么程度是"明觉精察"？王阳明自己说不清，学生自然也就不明白。

可见，王阳明说"出与士夫言，反多纷纷同异"，并非别人都是"有意见的人"，而是王阳明自己也没有理清。但是，正是在与学生的讨论中，王阳明的一个指向日渐明确，即强调"行"的重要性："知而不行，只是未知。"这一思想，在和顾璘讨论中取得了突破。[⑤]

顾璘少时与刘麟、徐祯卿并称"江东三才子"，长而与"前七子"李梦阳、何景明等齐名，诗赋唱和。虽然比王阳明小四岁，顾璘步入仕途却早三年。正德四年，王阳明贬谪龙场、讲学贵阳期间，顾璘是河

---

① 王守仁：《王阳明全集》卷1《传习录上》，第4页，本段讨论如未注明者，皆出此。

② 《明史》卷282《儒林传·崔铣传》称曾经的挚友崔铣后来称王阳明为"霸儒"，并非没有道理。（北京：中华书局，1974年，第7255页）

③ 《孟子·尽心上》："人之所不学而能者，其良能也；所不虑而知者，其良知也。"孟子认为，良能、良知是与生俱来的，是不待学而知、不待虑而知的。但良能是人体器官的功能，如手能握、足能行、目能视、耳能闻等；良知则是人们的本能认知，如是非之心、恻隐之心等。二者是有区别的。（阮元校刻：《十三经注疏·孟子注疏》卷13上《尽心上》，北京：中华书局，1980年，第2765页下栏）

④ 王守仁：《王阳明全集》卷1《传习录上》，第4页。

⑤ 顾璘《顾华玉集》收录了两篇和王阳明诗：《宣风馆题壁和王大伯安》《天真寺访薛尚谦(侃)因怀伯安王尚书》，王阳明为南京鸿胪寺卿时，顾璘有《与王伯安鸿胪》，可见二人之间的感悟。

南开封府知府。正德十年，王阳明为南京光禄卿时，顾璘是浙江左布政使。相比于弟子徐爱等人，顾璘代表着更为广大人群特别是士大夫人群。正是在和顾璘等人平等而非居高临下的讨论中，王阳明"知行合一"的"精义"开始清晰起来。

在给顾璘的书信中，王阳明对"知行合一"进行了最为简洁的解读："真知即所以为行，不行不足谓之知。"①这个解读具有重要的意义。第一，将"知行合一"的重点，定位在"行"字上；第二，将"知"区分为真知与假知，如果是"真知"，那就必定有"行"了，否则就不是"真知"而是"假知"。

但是，对于王阳明的这种解读，顾璘仍然以《礼记·中庸》为依据，提出质疑：如果没有博学、审问、慎思、明辨的"知"，怎么可能有"笃行"的"行"？难道未及"行"，则学、问、思、辨就算不得是"真知"？这个质疑具有强大的号召力，在人们的理解中，学、问、思、辨无疑属"知"。王阳明则认为，学、问、思、辨皆为"行"，以"学"为例：

> 夫学、问、思、辨、行，皆所以为学，未有学而不行者也。如言学孝，则必服劳奉养、躬行孝道，然后谓之学，岂徒悬空口耳讲说，而遂可以谓之学孝乎？学射，则必张弓挟矢、引满中的；学书，则必伸纸执笔、操觚染翰。尽天下之学，无有不行而可以言学者，则学之始，固已即是行矣。

原来，王阳明强调的是"过程"，只要有"学"的过程，就已经在"行"。学既如此，问、思、辨也如此：

> 盖学之不能以无疑，则有问，问即学也，即行也；又不能无疑，则有思，思即学也，即行也；又不能无疑，则有辨，辨即学也，即行也。辨既明矣，思既慎矣，问既审矣，学既能矣，又从而不息其功焉。斯之谓笃行，非谓学、问、思、辨之后，而始措之于行也。是故以求能其事而言谓之学，以求解其惑而言谓之问，以求通其说而言谓之思，以求精其察而言谓之辨，以求履其实而言谓之行，盖析其功而言则有五，合其事而言则一而已。此区区心理合一之体，知行并进之功，所以异于后世之说者，正在于是。

王阳明指出：其一，学、问、思、辨、行，本为一体，是一个事物的全过程。从阶段性看，它们是"五"，但从整体上看，它们是"一"，这才是"心理合一之体、知行并进之功"。其二，学、问、思、辨的过程本身，就是"行"。如果把学、问、思、辨视为"知"，是"穷天下之理"，"穷理"之后再为"行"，这就是大错而特错。难道天下有不行而能够"穷"之"理"吗？如果认为知、行分离，要先知了，然后能行，则可能终身不知，遂终身不行。因为没有不"行"而能"知"、而能"穷理"者。所以王阳明认为，这不是小问题，不是小病，"知行合一"的提出，在一定程度上正是针对这个病而开具的药方。②

---

① 王守仁：《王阳明全集》卷2《传习录中》，第42页，本段讨论如未注明者，皆出此。
② 王守仁：《王阳明全集》卷1《传习录上》："某今说个'知行合一'，正是对病的药。"（第4页）

二、知从心出，是为良知

尽管如此，顾璘还是有担心："若真谓行即是知，恐其专求本心，遂遗物理，必有暗而不达之处。"这也是徐爱和一切熟悉朱熹"格物致知"学说的人们的担心。但顾璘提出这个担心时，把王阳明所说的"真知即所以为行"变换成"行即是知"，这就有可能把"不行不足谓之知"引向谬误，王阳明也从来没有关于"行即是知"论说，他强调的是"不行不知"。但是，王阳明没有在意顾璘对概念的变换，他认为需要将"知行合一"建立在更加稳固的基础上，来解除人们的疑虑，所以提出宋儒陆九渊的"心即理"[①]，作为"知行合一"的理论依据："心之体，性也，性即理也。故有孝亲之心，即有孝之理，无孝亲之心，即无孝之理矣。有忠君之心，即有忠之理，无忠君之心，即无忠之理矣。理岂外于吾心邪？"同时，通过对朱熹"格物致知"的批评指出，人们所以会"遂遗物理""暗而不达"，正是将心与理、知与行一分为二的结果：

> 晦庵谓："人之所以为学者，心与理而已。"心虽主乎一身，而实管乎天下之理；理虽散在万事，而实不外乎一人之心。是其一分一合之间，而未免已启学者心理为二之弊，此后世所以有专求本心、遂遗物理之患，正由不知心即理耳……不可外心以求仁，不可外心以求义，独可外心以求理乎？外心以求理，此知、行之所以二也。求理于吾心，此圣门"知行合一"之教，吾子又何疑乎？[②]

如果承认"心"为天地万物的主宰，承认"心"与"理"之不可分离，就应该承认"知行合一"。学者之"专求于心""遂遗物理"，乃为朱熹心、理为二的说教引入了歧途。

在和学生、士大夫进行"知行合一"讨论的过程中，王阳明经历了人生之中的几个重大事件：为南赣巡抚，平定江西、福建、广东、湖南边境地区的民变；置九族之祸而不顾，平定了筹划十多年之久的宁王宸濠的兵变；一身系全局，应对来自皇帝、佞幸及各方面的猜忌，减少江西及江南遭受新的罹难。[③]在经历这几个事件之后，一个王阳明自称从龙场开始就一直在思考的命题终于被"点出"，这个命题，就是"良知"：

> 吾"良知"二字，自龙场已后，便已不出此意，只是点此二字不出，于学者言，费却多少辞说。今幸见出此意，一语之下，洞见全体，真是痛快，不觉手舞足蹈。学者闻之，亦省却多少寻讨功夫。[④]

---

① 陆九渊《象山集》卷2《与吴宪仲二》："人皆有是心，心皆具是理，心即理也。故曰：理义之悦我心，犹刍豢之悦我口，所贵乎学者为其欲、穷此理、尽此心也。"（《文渊阁四库全书》，上海：上海古籍出版社，1987年，第1156册，第270页）
② 王守仁：《王阳明全集》卷2《传习录中》，第42—43页。
③ 这些事件，参见拙稿《王阳明史事三题》，《江西师范大学学报（哲学社会科学版）》，2003年第4期。
④ 王守仁：《王阳明全集》卷41《刻文录叙说（钱德洪）》，第1575页。

王阳明显然认为，在和学生及士大夫们讨论"知行合一"时，所以"费却多少辞说"，也是因为"良知"二字没有点出。但是，"良知"二字出自《孟子》，并非王阳明首创。王阳明继承了孟子的说法，对"良知"做出了自己的解释，特别突出"是非之心"，特别强调"良知"乃"吾心之本体"，也是"知行合一"的"本体"：

　　　　良知者，孟子所谓"是非之心，人皆有之"者也。是非之心，不待虑而知，不待学而能，是故谓之良知。是乃天命之性，吾心之本体，自然灵昭明觉者也。凡意念之发，吾心之良知无有不自知者。①

　　而王阳明真正点出的，并非"良知"二字，而是加了一个"致"字，是"致良知"三字。学生朱守乾辞行返家时，王阳明题此三字相赠："致良知"，并且特别说明：

　　人孰无是良知乎？独有不能致之耳。自圣人以至于愚人，自一人之心，以达于四海之远，自千古之前以至于万代之后，无有不同。是良知也者，是所谓"天下之大本"也。致是良知而行，则所谓"天下之达道"也。②

　　自"致良知"三字揭出之后，王阳明便将其视为自己一生学说的结晶。晚年往广西平定民变的路上，王阳明在给养子正宪信中明确地说："吾平生讲学，只是'致良知'三字。"③

　　要清除隔绝人们知与行的"私欲"，要恢复人心中被泯灭的本体即"良知"，就必须有"致"的"功夫"。所以王阳明说："圣学只一个功夫"，这个"功夫"，就是"致良知"。如果只有"良知"而无"致"的功夫，那还只是"讲学"先生，只有练就"致"，把"致"和"良知"融为一体，才能建功立业，才能成就大的事业。

　　自从提出"致良知"之后，王阳明就将其与"知行合一"融为一体：

　　　　致知之说，向与惟浚(陈九川)及崇一(欧阳德)诸友极论于江西……孟子云："是非之心，知也。""是非之心，人皆有之。"即所谓良知也。孰无是良知乎？但不能致耳。《易》谓："知至，至之。"知至者，知也；至之者，致知也。此知行之所以一也。近世"格物致知"之说，只一"知"字尚未有下落，若"致"字工夫，全不曾道著也。此知行之所以二也。④

　　在这里，王阳明明确指出，他所说的"知行合一"的"知"，实为"良知"，这是"知行合一"的真谛和灵魂；"知行合一"的"行"，为践行"良知"的过程和功夫。说到底，"知行合一"就是"致良知"。

　　"致良知"的提出，使王阳明"知行合一"与朱熹"格物致知"的区别清晰起来。第一，"格物致知"的

---

① 王守仁：《王阳明全集》卷26《大学问》，第971页。
② 王守仁：《王阳明全集》卷8《书朱守乾卷(乙酉)》，第279页。
③ 王守仁：《王阳明全集》卷26《寄正宪男手墨》，第990页。
④ 王守仁：《王阳明全集》卷5《与陆原静二(壬午)》，第189页。

"知",需要处处"格"、事事"致",所以说"尚未有下落"。而"知行合一"的"知",就是心中的"良知",只在自己的心中。第二,更重要的是,"格物致知"的目的在"知",而"知行合一"的核心在"行"。知与不知,全在于行与不行。

通过孔子与子贡的一段对话的解读,王阳明更将"心即理""致良知""知行合一"联为一体,认为它们和孔子的"一以贯之"一脉相承:

> 夫子谓子贡曰:"赐也,汝以予为多学而识之者欤?非也,予一以贯之。"使诚在于多学而识,则夫子胡乃谬为是说以欺子贡者邪?"一以贯之",非致其良知而何?《易》曰"君子多识前言往行,以畜其德。"夫以畜其德为心,则凡多识前言往行者,孰非畜德之事?此正知行合一之功矣。"好古敏求"者,好古人之学而敏求此心之理耳。心即理也;学者,学此心也;求者,求此心也。孟子云:"学问之道无他,求其放心而已矣。"①

何为"一以贯之"? 一是什么、贯是什么? 在王阳明看来,"一"就是"知"、是"良知","贯"就是"行"、是"致";"一以贯之"者,即"致良知""知行合一"也。

对于王阳明"知行合一"与"心即理"、"致良知"的关系,黄宗羲看得十分清楚,所以将三事一并论列,认为阳明一生"立言"之大旨在此:

> 先生以圣人之学,心学也。心即理也,故于致知格物之训,不得不言"致吾心良知之天理于事事物物,则事事物物皆得其理"。夫以知识为知,则轻浮而不实,故必以力行为功夫。良知感应神速,无有等待,本心之明即"知",不欺本心之明即"行"也,不得不言"知行合一"。此其立言之大旨,不出于是。②

有学生对"心即理"不理解,王阳明告诉学生:"此心在物则为理。"③当你的心在此物之上,此物便在你的心中,物之"理"便与你的"心"融为一体,所以"心即理"。"心"之"本体",便是"知行合一"的"知",即"良知";处处用心,用心观察、用心分析、用心体验、用心行事、不违本心,便是"知行合一"的"行",即"致良知"之"致"。对于"致良知",对于"知行合一",王阳明又称其为"致知格物",由内而及外,以区别"格物致知"。

在揭示出"致良知"之后,王阳明自己对"知行合一"说,也表现出更加的自信,认为今日之反对者,就是明日之拥护者:

> "知行合一"之学,吾侪但口说耳,何尝"知行合一"邪? 推寻所自,则如不肖者为罪尤重。盖

① 王守仁:《王阳明全集》卷2《传习录中》,第51页。
② 黄宗羲:《明儒学案》卷9《姚江学案·文成王阳明先生守仁传》,第181页。
③ 王守仁:《王阳明全集》卷3《传习录下》,第121页。

在平时徒以口舌讲解，而未尝体诸其身，名浮于实，行不掩言，己未尝实致其知，而谓昔人"致知"之说未有尽……是非之心，人皆有之，彼其但蔽于积习，故于吾说卒未易解。就如诸君初闻鄙说时，其间宁无非笑诋毁之者？久而释然以悟，甚至反有激为过当之论者矣。又安知今日相诋之力，不为异时相信之深者乎！①

三、心有良知，行有担当

我们现在可以对王阳明就"知行合一"的解读做一个简单的梳理：

（一）"知行合一"是王阳明在"龙场悟道"悟出"圣人之道，吾性自足"后的第一个"成果"。但是，所谓"圣人之道，吾性自足"，实为王阳明经过长期的体悟，对陆九渊"心即理"的另一种表述。"龙场悟道"之后，尽管在与学生、友人的交流中，王阳明有过"吾性自足"之类的表述，但大抵代之以"心即理"，并将其视为"知行合一"的依据。

（二）虽然"心即理"是"知行合一"的理论基础，但在对"知行合一"的解读过程中，王阳明却在不经意间，把"心即理"解读成为"实学"、实践、行动之学。"此心在物则为理。""心"在"物"上，"物"之"理"就在心中，"理"也自然明白，此为"心即理"。这可以说是王阳明对陆九渊"心即理"的自身体悟和直白解读，将这个解读应用在"知行合一"上，便是"真知即所以为行，不行不足谓之知"。

（三）"知行合一"之"知"，既是以"此心"体"万物"，是对事物的认知，更是"良知"。"知是行的主意，行是知的功夫"，除去"私欲"蒙蔽、发掘内心的"良知"，本此"良知"而"行"，即是"致良知"，便是"知行合一"。"良知"的注入，使"知行合一"与"格物致知"划清了界限。事实上，王阳明的学说，也是在"致良知"提出之后，才真正形成了自己的体系，对包括"知行合一"在内的思想，才有了真正属于自己的解读。

四、王阳明对"知行合一"的最具有说服力和影响力的解读，实是他自身的示范。

以"心即理"为理论依据、以"行"与"未行"作为"知"与"不知"的标准、以"良知"为"知"的真谛，"知行合一"即是"致良知"。这既是王阳明自己对"知行合一"理解的不断深入，也使"知行合一"的精义得以清晰。

但平心而论，王阳明的学说，包括"知行合一"，如果从"学理"和"学术"的角度看，其实存在种种漏洞，所以一直受到同时代和后世学者的质疑，也没有真正"战胜"或取代朱熹的学说。"知行合一"所以为越来越多的人们所接受，更重要的王阳明以自己的"行"、以自己的"事功"，向人们展示出"知行合一"的范例，告诉人们，什么才是真正的"知行合一"。

王阳明既是"学者"，更是"行者"，所以，在他那里本是十分正常的事情，在"学者"那里就是难以理解的事，这也是王阳明的学说在"士夫"中难以被接受的原因。但是，当王阳明的"行"、王阳明的"事功"展示在人们面前的时候，反对者、质疑者开始动摇、开始信服了。而王阳明从龙场开始，反复和人

---

① 王守仁：《王阳明全集》卷5《与陆原静二（壬午）》，第188—189页。

们讨论"知行合一"、反复向人们传播"知行合一"，并不仅仅是学术的问题，更重要的是行动问题，他希望通过倡导"知行合一"，扭转官场及社会空谈学术、忽视实践的风气，如黄绾所说，是"欲人言行相顾，勿事空言以为学也"。

作为王阳明的再传弟子，嘉靖、隆庆之际的内阁首辅徐阶，对王阳明所说的"真知即所以为行，不行不足谓之知"有自己独到的理解：

> （阳明）取《孟子》所谓"良知"，合诸《大学》，以为"致良知"之说……尝语门人云："良知之外更无知，致知之外更无学。"……凡读书者以身践之，则书与我为一；以言视之，则判然二耳……自公"致良知"之说兴，士之获闻者众矣，其果能自致其良知、卓然践之以身否也？ 夫能践之以身，则于公所垂训，诵其一言而已足，参诸《传习录》而已繁。否则，虽尽读公之书无益也。①

在政治家的徐阶看来，"自致其良知，卓然践之以身"，才是王阳明和王学的基本特点和核心价值。否则，读尽了王阳明的书、读尽了先圣先儒的书，不身体力行，皆是"无益"。国家和社会需要的是像王阳明那样脚踏实地、有真才实学的实干家，而不是只知坐谈立论炫耀见识、只知宽衣博带搬弄学问、只知上古三代远离现实的"腐儒"。

"心中有良知，行为有担当"，乃是王阳明自己对"知行合一"的最好解读。

[作者方志远，江西大学历史文化与旅游学院教授。原载《江西师范大学学报（哲学社会科学版）》2019年第2期]

---

① 王阳明：《王阳明全集》卷41《王文成公全书序（徐阶）》，第1566页。

道与民:戴震学术思想的清学特性

王豪　林存阳

引　言

　　戴震是清中叶以考据学闻名的大师,他在考据学领域的宗师地位在当时就几乎成为定论。[①]随着时局和世风的变迁,戴震的义理之学也获得了越来越多的认可,称戴震为清代中期重要的思想家,在今天看来,也并无太大不妥。[②]近代以来诸多学人对戴震之学推崇备至,以戴震作为研究乾嘉学术、思想的重心。梁启超先生曾强调:"苟无戴震,则清学能否卓然自树立,盖未可知。"[③]可见戴震之于乾嘉学术的重要性。其实,不仅后世学者如此推崇戴震,戴震亦以当时学界第一人自居。[④]然而若论考据范围之广博,博综经史的钱大昕未必不可与戴震一较高下;[⑤]论考据内容之精深,兼采实物以考古籍的程瑶田亦不遑多让。[⑥]那么,梁启超先生何以将戴震视为"清学"之名得以成立的关键,戴震对自己学问的自信又来自哪里呢? 这显然是一个值得进一步思考的问题。

　　近代学者对戴震之学的推重很大程度上是由于他"科学"的考证方法和反理学的"进步"思想,但这种近代语境下的论述并不足以说明在乾嘉时代戴震影响力的来源,只有回到传统学术语境中去,才能对戴震之学在乾嘉时代的意义有更加深入的认识。在笔者看来,戴震之学的核心是"学问之道",即以考据学的方法探求"六经之道";根本的着眼点则在于民生日用之事。以"道"为中心、以"民"为基础形成的学术体系,是戴震之学"卓然自树立"的关键,这也是清代学术得以脱胎于汉学而独立,与宋学直接对抗的关键。那么,透过解读戴震学术思想中的"道"与"民"两个概念,或许更有裨于理解戴震的学术理念、价值追求及其时代意义。当今学界对于戴震的研究可谓已十分的深入,但从"道"的角度去

---

　　① 段玉裁曾评价戴震在乾嘉时期学术界的影响,称:"自先生以古学唱,三十年来,薄海承学之士,至于束发受书之童子,无不知有东原先生,盖其兴起者盛矣。"参见段玉裁:《戴东原集序》,《经韵楼集》,上海:上海古籍出版社,2011年,第370页。

　　② 戴震的哲学思想在清末民初逐渐受到关注,不仅有王国维《国朝汉学派戴、阮二家之哲学说》、刘师培《东原学案序》、梁启超《戴东原哲学》、胡适《戴东原的哲学》等专门著述的讨论,在章太炎《清儒》,梁启超、钱穆同名之《中国近三百年学术史》等众多通论清学史的论著中,戴震也都是他们关注和讨论的焦点。尽管关于戴震哲学思想价值的大小还有许多争议,但不管是如王国维、钱穆等人之非议,或如胡适、梁启超等人之提倡,在一定程度上都凸显了戴震在当时学术界和思想界的地位。

　　③ 梁启超:《清代学术概论》,上海:上海古籍出版社,1998年,第34页。

　　④ 据《国朝汉学师承记》载:"戴震尝谓人曰:'当代学者,吾以晓征为第二人。'盖东原毅然以第一人自居。"参见江藩:《国朝汉学师承记》,北京:中华书局,1983年,第50页。

　　⑤ 如江藩即认为,"东原之学,以肆经为宗,不读汉以后书",在"博综群籍"的方面不若钱大昕高明。参见江藩:《国朝汉学师承记》,第50—51页。

　　⑥ 戴震认为:"(程瑶田——引者注)读书沉思核订,比类推致,震逊其密。"由此可知戴震以第一人自居之自信,其来源并非其考据学方面的功力与成就。参见戴震:《再与卢侍讲书》,张岱年主编:《戴震全书》第6册,合肥:黄山书社,1995年,第293页。

理解和探讨以戴震为代表的乾嘉学人的学术理念与价值追求的研究,则尚不多见①。有鉴于此,本文以"道"与"民"两个概念为视点,尝试对戴震之学的思想旨趣做一新探究,不当之处,尚祈大雅指正。

一、汉学与清学

乾嘉时期是经学复盛的时代。以对经学文献的考据、训诂、辑佚、校勘等为学术研究之重心,是乾嘉时期学术发展的整体趋势。由于乾嘉学人推崇汉儒之经注,因此乾嘉学术常被后人冠以汉学之名。众所周知,乾嘉学术由清初诸儒启其端绪,然清初诸儒治经,于各朝经注皆有采纳,并未拘于汉儒之说,更未以汉学自视。直至康熙时,臧琳作《经义杂记》,自称"考究诸经,深有取于汉人之说,以为去古未远也"②,方开专尊汉儒经学的先例。后惠栋"推汉学为长,以其去古未远,家法犹存也"③,自言"四世之学,上承先汉"④,又作《易汉学》一书,提倡汉儒易学,汉学之名始显。嘉庆时,惠栋再传弟子江藩作《国朝汉学师承记》,勾勒了由阎若璩、胡渭而至惠栋、戴震的汉学师承脉络,汉学逐渐成为经学考据的代名词。然而考据、训诂作为一种治学方法似乎并不能代表汉儒学术精神之全部,《汉书·儒林传》开篇即言:"古之儒者,博学乎六艺之文。六艺者,王教之典籍,先圣所以明天道,正人伦,致至治之成法也。"⑤

诚然,汉儒学术是以"六艺之文"为根柢,强调博学的重要性,但它的最高追求却是要"明天道,正人伦",获得"至治之成法","至治之成法"是古之儒者最终的价值追求,这也即是所谓"圣人之道"。方东树曾从此处激烈抨击乾嘉汉学。在他看来,乾嘉以来所谓汉学名不副实,原因在于:"不出于训诂、小学、名物、制度。弃本贵末,违戾诋诬,于圣人躬行求仁修齐治平之教,一切抹杀,名为治经,实足乱经,名为卫道,实则叛道。"⑥

龚自珍亦曾致书江藩,称《国朝汉学师承记》所谓的"汉学师承"于"名目有十不安焉",他在其中一条中亦指出:"近有一类人,以名物训诂为尽圣人之道,经师收之,人师摈之,不忍深论,以诬汉人,汉人不受。"⑦

焦循同样反对设立"汉学考据"的名目,自称"未闻以通经学者为考据"。他在回顾汉代经学传统之后指出:"经学者,以经文为主,以百家子史、天文算数、阴阳五行、六书七音等为之辅,汇而通之,析而辨之,求其训故,核其制度,明其道义,得圣贤立言之指,以正立身经世之法。"⑧

大体言之,两汉经学之最高追求在"通经以明道",而惠栋主要强调的是由"家法""古义"以"通经"的部分,江藩所勾勒的汉学师承脉络,亦是以此为中心展开,在他们看来,汉学古义与汉儒家法一

① 关于清代学人学术理念与价值追求的研究,较有代表性的成果有孔定芳、林存阳《清代学人的价值取向与乾嘉考据学的形成》(《哲学研究》2017年第6期)、张昭军《学裂与道衰——清代学者关于儒家之道的探寻》(《社会科学辑刊》2016年第4期)等,乃着眼于学者群体的探讨,而对于戴震等学者展开个案研究尚有待开拓。

② 臧琳:《经义杂记》卷1,《续修四库全书》第172册,上海:上海古籍出版社,1995年,第39页。

③ 惠栋:《刻李氏易传序》(代作),漆永祥点校:《东吴三惠诗文集》,台北:"中央研究院"中国文哲研究所,2006年,第390页。

④ 惠栋:《易汉学自序》,《东吴三惠诗文集》,第303页。

⑤ 班固:《汉书·儒林传》,北京:中华书局,1962年,第3589页。

⑥ 方东树:《汉学商兑》,南京:凤凰出版社,2016年,第3—4页。

⑦ 龚自珍:《与江子屏笺》,王佩诤校:《龚自珍全集》,上海:上海人民出版社,1975年,第347页。

⑧ 焦循:《与孙渊如观察论考据著作书》,刘建臻点校:《焦循诗文集》上册,扬州:广陵书社,2009年,第246页。

且恢复，"明道"就是自然而然的事情。汉儒通过发挥微言大义来影响现实政治的"明道"传统，他们虽有所涉及，但并未着重加以阐发。如此勾勒清学谱系固然使清代学术在表面上得以摆脱宋明理学道统的笼罩，直承两汉，然而清学并未因此而独立，他们以汉学自居，也就意味着他们的清学还需借助汉学家法之荫庇。更何况在"明道"的部分，他们仍无法否认宋明理学话语体系的合理性，仍将心性义理视为"明道"的一种方式。无论惠栋多么鄙夷宋儒之经注，但"六经尊服郑"的同时，他依然不得不承认"百行"要"法程朱"。江藩再怎么痛诋宋学疏漏，依然无法否认清代学术在汉学师承之外，另有一个渊源有自的宋学道统。显然清代学术本身并不能完全被统摄于汉学之名下。嘉道以后学术界汉宋兼采风气的产生，或多或少都与惠栋、江藩以汉学为中心的学术体系价值意义的缺失有关。

事实上，与惠栋、江藩等人不同，也有不少学者试图摆脱汉学、宋学的概念来认识和界定清代学术，如龚自珍就主张，"本朝自有学，非汉学"。①章太炎先生亦认为"清世经儒，自今文而外，大体与汉儒绝异"。②钱基博先生更是明确提出"清学"这一概念来概括清代学术。在他看来："清学之所以成清学者，亦以用汉学考据之法而不为其拘阂；衷宋学求是之旨而不学其武断；故非汉非宋而独成其为清学也。"③

尽管戴震十分赞赏惠栋之学，江藩也在清代"汉学师承"的脉络之中给予戴震很重要的位置，但在推重郑玄、许慎等东汉诸儒学问的同时，戴震显然没有惠栋、江藩等人那种"汉学师承"的认同。在其著述中，他也从未以"汉学家"自称。不仅如此，戴震亦曾批评株守先儒旧说的做法，不仅观点与其后方东树、龚自珍两人十分相似，他所言说的对象也正是所谓的"汉学家"。他指出："今之博雅文章善考核者，皆未志乎闻道，徒株守先儒而信之笃，如南北朝人所讥，"宁言周、孔误，莫道郑、服非"，"亦未志乎闻道者也"④。

在为惠栋弟子余萧客《古经解钩沉》一书所作的序言中，对于当代学人致力于考据、训诂之学的动机，戴震亦曾质问道："士贵学古治经者，徒以介其名，使通显欤？抑志乎闻道，求不谬于心欤？"⑤又言："二三好古之儒，知此学之不仅在故训，则以志乎闻道也，或庶几焉。"⑥

"志乎闻道"是我们理解戴震之学的一个关键。戴震反复向"好古之儒"强调"志乎闻道"的重要性，正说明了他对经学训诂与某些"好古之士"并不相同的追求。如章学诚所言："凡戴君所学，深通训诂，究于名物制度，而得其所以然，将以明道也。"⑦

道在戴震学术体系中所具有的纲领性作用，在他的文集中、在他学术生涯的各个阶段被反复提及。他尝曰："君子于书，惧其不博也；既博矣，惧其不审也；既博且审矣，惧其不闻道也。"⑧又曾自明心

---

① 龚自珍：《与江子屏笺》，王佩铮校：《龚自珍全集》，第347页。
② 章太炎：《清儒》，朱维铮点校：《章太炎全集》第3册，上海：上海人民出版社，2014年，第157页。
③ 钱基博：《治学篇（下）》，曹毓英选编：《钱基博学术论著选》，武汉：华中师范大学出版社，1997年，第36页。
④ 戴震：《答郑丈用牧书》，《戴震全书》第6册，第374页。
⑤ 戴震：《古经解钩沉序》，《戴震全书》第6册，第377页。
⑥ 戴震：《古经解钩沉序》，《戴震全书》第6册，第377页。
⑦ 章学诚：《书朱陆篇后》，叶瑛校注：《文史通义校注》，北京：中华书局，1985年，第275页。
⑧ 戴震：《序剑》，《戴震全书》第6册，第389页。

迹道："仆自十七岁时,有志闻道,谓非求之六经、孔、孟不得,非从事于字义、制度、名物,无由以通其语言。宋儒讥训诂之学,轻语言文字,是欲渡江河而弃舟楫,欲登高而无阶梯也。为之卅余年,灼然知古今治乱之源在是。"①

有志闻道,博学然后知"古今治乱之源",这是戴震学术旨趣之所在。在此旨趣之下,他的考据、训诂,对制度、名物的探求,都有了一层"探究古今治乱之源"的意义,而不仅仅再是"为考据而考据"。"志乎闻道"在某种意义上赋予了他的考据、训诂之学一层"明道"的价值色彩,使得其学得以在价值追求的层面与惠栋、钱大昕等人区分开来。戴震以当时学界第一人自居的学术自信正来源于此。

作为惠栋弟子的王鸣盛,曾以"惠君之治经求其古,戴君求其是,究之舍古亦无以求是"②一语,来暗示惠栋、戴震两人学术之"同归",其目的无疑是要说明乾嘉学术价值取向的一致性——越古老的注疏往往越接近经书原义和圣人本意,但这句话也恰恰道出了戴震与惠栋在治学态度上的差异。在经学研究中,"求古"与"求是"难以截然区分,然而在"求古"与"求是"基础上对"经之义"与"经之道"追求的区别,却一目了然。惠栋认为:"经之义存乎训,识字审音,乃知其义"③,所重在"经之义"。戴震"由字以通其词,由词以通其道",所重则在"经之道"。虽然"经之道"在"经之义"中,但只有贯穿"经之义"才能呈现"经之道"。惠栋虽然承认经学考据是"明道"的前提,也尝试在《易微言》中排比、列举经典传注中"性""理""情"等字的具体用法,以呈现其原义,但他较少加以进一步的阐发,将"经之义"系统贯通,换而言之,他相对缺乏那种"由词以通其道"的自觉,这是他与戴震在学术理念上的重要区别。后人论乾嘉学术,以惠、戴为首,原因在于两人皆有破有立,于清代学术体系之建立功劳甚大。但是惠栋所破除的是宋儒对"经之义"的诠释,所恢复的是更接近经书原义与圣人本意的汉儒之说,并未对程朱修身养性、格物致知的求道方式提出根本性的质疑与挑战,戴震则尝试于汉、宋之外,独辟一条由训诂考据而求道之路,将六经视为"圣人之道"的唯一来源,并以此为基础建立了一套新的学问体系,尽管其理念亦有局限之处,但清学得以脱胎于汉学而独立,正由于此。

二、学问之道

戴震所言之道不是汉儒的微言大义之道,他既不讲阴阳五行、五德终始,也不拘泥于汉儒家法,他强调的是"事实求是、不偏主一家"④。同时,戴震所谓义理,也"非讲学家《西铭》《太极》之义理也"⑤,其所言之道,亦非宋儒的心性义理之道,而是学问之道。其所言道,既不在汉儒谶纬之书中,亦不在宋明传注、语录中。其所言道尽在六经文字之中,以训诂、考证为求道之阶。在其文集中,戴震多次提到自己为学之次第,曾自述道:

---

① 戴震:《与段茂堂札(九)》,《戴震全书》第6册,第541页。

② 洪榜:《戴先生行状》,钱仪吉:《碑传集》卷50。北京:中华书局,1993年,第1443页。

③ 惠栋:《九经古义述首》,《东吴三惠诗文集》,第300页。

④ 钱大昕:《戴先生震传》,钱大昕撰、吕友仁点校:《潜研堂集》,上海:上海古籍出版社,1989年,第710页。

⑤ 焦循:《申戴》,《焦循诗文集》上册,第125页。

仆自少时家贫,不获亲师,闻圣人之中有孔子者,定六经示后之人,求其一经,启而读之,茫茫然无觉,寻思之久,计于心曰:"经之至者道也,所以明道者其词也,所以成词者字也,由字以通其词,由词以通其道,必有渐。"①

又言:

以今之去古既远,圣人之道在六经也。当其时,不过据夫共闻习知,以阐幽而表微,然其名义制度,自千百世下,遥溯之至于莫之能通。是以凡学始乎离词,中乎辨言,终乎闻道。离词,则舍小学故训无所藉;辨言,则舍其立言之体无从而相接以心。②

对戴震来说,道并不是一个空泛的概念,而是有所归指的,那就是"圣人之道"要从六经文字之中求得,正如其所言,"理义不可舍经而空凭胸臆,必求之于古经"③,所谓"圣人之道在六经"即是此意。而若要从六经中求得"圣人之道"则必须循序渐进,考据训诂就成了最为基础且必要的工作。他指出:"自小学道湮,好古者靡所依据,凡六经中制度、礼仪,核之传注,既多违误,而为图者,又往往自成诘诎,异其本经,古制所以日就荒谬不闻也。"④又言:"夫今人读书,尚未识字,辄目故训之学不足为。其究也,文字之鲜能通,妄谓通其语言;语言之鲜能通,妄谓通其心志;而曰傅合不谬,吾不敢知也。"⑤

毫无疑问,由戴震提出、让乾嘉学人奉为圭臬的"由字以通其词,由词以通其道"⑥的治学途径是以考据、训诂为基础延伸开来的,但不应忽略的是,这条治学途径以"闻道"为根本出发点和最高目标。在戴震看来:"古故训之书,其传者莫先于《尔雅》,六艺之赖是以明也。所以通古今之异言,然后能讽诵乎章句,以求适于至道。"⑦

立足于考据训诂,而最终要"求适于至道",此中深意正在于"适道"二字。以学问之道为中心,戴氏尝试建立的是一个以六经文字为中心,统摄考据之学与义理之学的学术体系。其所言学问之道是要兼宋儒之"义理"与汉儒之"制数",因此他明确指出:"圣人之道在六经,汉儒得其制数,失其义理;宋儒得其义理,失其制数。"⑧

在"圣人之道在六经"这个命题下,考据之学和义理之学都有了自己的归属和意义。在考据之上安放一个"明道"的目标,考据便有可能避免陷入琐碎无用之讥;而在义理之外存在一个"本诸六经"的界限,义理便有可能避免流于空疏臆断之弊。戴震所言学问之道要于汉、宋学术"去其两失,殚力于其

---

① 戴震:《与是仲明论学书》,《戴震全书》第6册,第370页。
② 戴震:《沈学子文集序》,《戴震全书》第6册,第393页。
③ 凌廷堪:《戴东原先生事略状》,王文锦点校:《校礼堂文集》,北京:中华书局,1998年,第312页。
④ 戴震:《考工记图序》,《戴震全书》第5册,第313页。
⑤ 戴震:《尔雅注疏笺补序》,《戴震全书》第6册,第276—277页。
⑥ 戴震:《与是仲明论学书》,《戴震全书》第6册,第370页。
⑦ 戴震:《尔雅文字考序》,《戴震全书》第6册,第275页。
⑧ 戴震:《与方希原书》,《戴震全书》第6册,第375页。

两得",故而他认为:"诵法康成、程、朱不必无人,而皆失康成、程、朱于诵法中,则不志乎闻道之过也。诚有能志乎闻道,必去其两失,殚力于其两得。"①

相较于汉儒的微言大义之道、宋儒的心性义理之道,戴震所提倡的"训诂考据"的学问之道,更加容易以一种客观、实证的方式获得"十分之见"。这个所谓的学问之道,综括了制度、行为、道德、价值等社会准则,并将儒家经典视为这些准则的唯一来源,而考据、训诂等实证的研究方法是唯一可靠的解读、理解"圣人之道"的方式。而学问之道得以成立的根本,则在于"圣人之道在六经"亦即"道在六经"这一论断。正如清初学者指出的那样:"圣人之道,著在六经,七十子传之,汉唐先儒继之,以实学裁成英俊,各适于用,长久治安也。"②

"道在六经"之论可谓源远流长,这一观念本渊源于宋儒,盖由朱熹引其端绪。朱熹曾云:"道在六经,何必它求? 诚如台谕,亦可谓要言不烦矣。"③

又云:"圣人道在六经,若日星之明。"④

在元、明两朝,"圣人道在六经"是思想界一直潜在的一个观念。但是宋明以来的理学家只是借助这一观念给义理之学加上一个"本诸六经"的界限,以免对于心性义理的探讨太过于泛滥无归,其所针对的是那些试图依据释、老而求道的学者,对于如何从六经中求道,宋、明诸儒并未深论。明清鼎革之际,有感于明末王学游谈无根,空谈误国,"道在六经"的观念开始逐渐受到重视,清初理学名儒陆陇其即曾论及"道在六经"之旨,但他无非是主张汉宋之学不可偏废,在方法层面并未有所突破。在他看来:

> 六经者,圣人代天地言道之书也。六经未作,道在天地;六经既作,道在六经。自尧舜以来,众圣人互相阐发,至孔子而大备,不幸火于秦,微言大义几于湮没。至汉兴,诸儒索之于烬煨之余,得之于屋壁之中,收拾残编断简,相与讲而传之,于是言六经者以为始于汉矣。然汉儒多求详于器数,而阔略于义理,圣人之遗言虽赖之以传,而圣人之精微亦由之而湮。历唐及宋,至濂、洛、关、闽诸儒出,厘器数而得义理,由汉儒而上溯洙泗,然后圣人之旨昭若白日,而六经之学,于是为盛。是故汉宋之学,不可偏废者也。⑤

顾炎武针对陆王心学空疏臆断,有"经学即理学"之论,其实亦是在主张义理之学要本诸六经,于六经之中求之。他指出:

> 理学之名,自宋人始有之。古之所谓理学,经学也,非数十年不能通也。故曰:"君子之于《春

---

① 戴震:《与姚孝廉姬传书》,《戴震全书》第6册,第373页。

② 张含章:《弘道书·序》,《续修四库全书》第946册,上海:上海古籍出版社,1995年,第2页。

③ 朱熹:《答汪尚书(七月十七日)》,《朱子全书》第21册,上海:上海古籍出版社,2002年,第1299页。

④ 朱熹:《答李伯谏(甲申)》,《朱子全书》第22册,第1953页。

⑤ 陆陇其:《三鱼堂文集》外集卷4《六经》,《清代诗文集汇编》第117册,上海:上海古籍出版社,2010年,第550页。

秋》，没身而已矣。"今之所谓理学，禅学也，不取之《五经》而但资之语录，较诸帖括之文而尤易也。又曰："《论语》，圣人之语录也。"舍圣人之语录，而从事于后儒，此之谓不知本矣。高明以为然乎？①

但不同的是，顾炎武认为若想要领悟六经之旨，考据学为必不可少的手段，所以他说："读九经自考文始，考文自知音始。"②

义理之学需要"取之《五经》"，而要获得《五经》之中的义理，则需要"考文""知音"。顾炎武发展了"圣人之道在六经"的理论，把考文、知音作为领悟六经、探究六经中所谓"圣人之道"的必要手段，进而引发了清代"以经学济理学之穷"的学术思潮，称顾炎武为清学开山，可谓名副其实。然而在实际的学术研究中，亭林先生的考文知音之学、义理之学与经世之学，正如其《日知录》所分博闻、经术、治道三部一样，并未紧密联系构成一个有机的整体。这一工作到了戴震时方才全面展开。戴震不仅在理论层面，主张"由字以通其词，由词以通其道"的学问之道，将训诂、名物与义理之学统一起来；在实际学术研究中，他亦贯彻了这一学术理论，利用经学考据的方法将对于经学文献的研究贯穿起来，在他那里，"六经"被视为一个体系严密的整体。正如钱穆先生所揭示的，与惠栋所代表的"吴学"的"溯之古而得其原"的学术精神不同，以戴震为代表的"徽学"根本用心之处在"会诸经而求其通"。③摆脱两汉经学家法与师法的桎梏，采取"以经证经"的策略，突破宋儒学术"明体达用"的求道方式，而转向"通经致用"以求道，这是戴震对于清学最为重要的贡献。其《孟子字义疏证》以对性、理等字的字义训释为基础，将对义理之学的探讨，严格限制在经学的话语体系之内；《七经小记》所分《训诂篇》《水地篇》《学礼篇》《原善篇》《原象篇》，也是要按其学问之道的为学次第，打破经与经之间的界限，对儒家经典作系统性的梳理研究，只是未能完成而已。但这种思路却极大地启发了后来的学者，阮元、焦循、凌廷堪等后来学者在经学注疏的范围内，从文字训诂的角度，将经学视为一个整体，采取以经证经、以经证道的方式，较系统地探究了"生"与"性"、"令"与"命"、"礼"与"理"的关系，无不是受戴震影响。可以说，戴震所做的开创性的工作，在整个清学史的发展历程中亦具有典范意义。

三、人伦之道

除了与"圣人之道"无涉外，乾嘉学术最为人诟病的一点即是无用。但洪榜曾在为戴震所撰《行状》中，评价戴震说："先生抱经世之才，其论治，以富民为本。故常称《汉书》云王成、黄霸、朱邑、龚遂、召信臣等，所居民富，所去民思，生有荣号，死见奉祠，廪廪庶几德让君子之遗风，先生未尝不三复斯言也。"④

洪榜特意强调戴震"三复斯言"，念念不忘的竟不是郑玄、贾逵及《汉书》《后汉书》儒林传中诸儒的

① 顾炎武：《与施愚山书》，《顾亭林诗文集》，北京：中华书局，1959年，第58页。
② 顾炎武：《答李子德书》，《顾亭林诗文集》，第73页。
③ 钱穆：《中国近三百年学术史》，北京：九州出版社，2011年，第350页。
④ 洪榜：《戴先生行状》，钱仪吉：《碑传集》卷50，第1446页。

学术成就，而是《汉书·循吏传》中的人物"所居民富，所去民思"的功绩。洪榜不但熟悉戴震之生平，又十分了解戴震学术之旨趣①，他说戴震有"经世之才"应该并非只是溢美之词。那么戴震的经世之才到底体现在哪里呢？如果说戴震以"由字以通其词，由词以通其道""圣人之道在六经"为中心建立的学问之道是为了"明体"，那么以民为本，以"人伦日用"为落脚点，将其所言学问之道与现实联系起来，则是戴震学问"达用"的方式。

透过戴震的文集，我们或许可以寻觅到洪榜所言戴震"经世之才"的线索。戴震之文虽以考据为主，然而这些考据文章并非完全无关于社会现实，他时常在这些文字中借用经学话语表达对现实问题的看法，而这些问题无不以民为中心。如《诗摽有梅解》一文，本是要解释《诗经·摽有梅》一篇之大意，然而戴震并未直接空说其义，而是先根据《周礼》《大戴礼记》《墨子》等书考证了古代男女嫁娶及中春之令的期限，最后方才解释《诗经·摽有梅》所言梅之落是"喻女子有离父母之道"，梅先后在筐是为女子先后嫁毕之意。全文虽以考据为主，然而解释《摽有梅》并不是本文的重点，戴震着意强调的是圣人制作礼制，制定婚嫁之期，有常有变，皆本乎民情而不失人伦之道的做法。文末亦明确指出《周礼》"实古人相承之治法"，《召南》"所以见治法之修明"，②其借考据言治民之道之意，跃然纸上。又如《匠人沟洫之法考》一文，亦以民为中心。他虽对古代井田沟洫之法做了考订，却意在说明农田水利皆为人君之责，而非百姓之任。借古言今，劝勉统治阶级为民兴修水利之意，十分明显。

非惟如此，戴震曾明确指出民是国家兴衰的关键，是治国之大本，其所言之道，是"民道"而非"君道"。在他看来："夫天以亿兆之民哀乐安危授之君，君以民之哀乐安危倚任大臣。国之本莫重于民，利民病民之本莫重于吏，有一念及其民，则民受一念之福。察吏者，恻隐之实之至于民者也。谨书之，以先士民之颂。"③

他亦曾立足于民生，批评在上者不以民为本、以为民害的行为：

> 《诗》曰："民之罔极，职凉善背；为民不利，如云不克。民之回遹，职竞用力；民之未戾，职盗为寇。"在位者多凉德而善欺背，以为民害，则民亦相欺而罔极矣；在位者行暴虐而竞强用力，则民巧为避而回遹矣；在位者肆其贪，不异寇取，则民愁苦而动摇不定矣。凡此，非民性然也，职由于贪暴以贼其民所致。乱之本，鲜不成于上，然后民受转移于下，莫之或觉也，乃曰"民之所为不善"，用是而仇民，亦大惑矣！④

戴震对民的重视，不仅体现在他把民作为治国之本上，同时，他还以民为基本，将人伦日用与情欲

---

① 据江藩《国朝汉学师承记》所载，"榜少与同郡戴君东原、金君辅之交"。他与戴氏早年订交，相识多年，对戴氏之事迹、学问自然不会陌生。不仅如此，江藩还称赞洪榜"生平学问之道服膺戴氏，戴氏所作《孟子字义疏证》，当时读者不能通其义，惟榜以为功不在禹下"。这本被洪榜认为"功不在禹下"的著作，亦是被戴震视为自己"生平著述最大者"，然而《疏证》一书在当时并未获得太多来自学术界的认可，洪榜却能识得其价值。从这个角度说，洪榜可谓是戴震少有的知音之一。参见江藩：《国朝汉学师承记》，第98页。

② 戴震：《诗摽有梅解》，《戴震全书》第6册，第235页。

③ 戴震：《送巡抚毕公归西安序》，《戴震全书》第6册，第392页。

④ 戴震：《原善》，《戴震全书》第6册，第30页。

等关乎民的问题上升到道与理的高度来讨论。人伦之道与学问之道是其所言之道的一体两面,即以学问之道明体,而以人伦之道达用。在戴震心目中,"圣人之道"若要在现实中发挥作用,必然要于"人伦日用"之中求之。故其所言之道不重天理,而重人事。他强调:"夫道无远迩,能以尽于人伦者反身求之,则靡不尽也。"①

在戴震看来,宋儒所说的"性与天道"太过空泛,人伦日用才是"道之实事",故而他认为:"语道于人,人伦日用,咸道之实事。"②

不仅如此,他又进一步指出宋儒以"人伦日用"为"形而下"而以理为"形而上"的疏漏之处,在他看来:

> 宋儒合仁、义、礼而统谓之理,视之"如有物焉,得于天而具于心",因以此为"形而上",为"冲漠无朕";以人伦日用为"形而下",为"万象纷罗"。盖由老、庄、释氏之舍人伦日用而别有所贵道,遂转之以言夫理。在天地,则以阴阳不得谓之道,在人物,则以气禀不得谓之性,以人伦日用之事不得谓之道。六经、孔、孟之言,无与之合者也。③

戴震并不赞同宋儒将仁、义、礼等概念与"人伦日用之事"割裂开来的做法,在他看来,仁、礼、义皆由圣人为民制作,来源于"人伦日用之事"。相较于宋明诸儒所言之理,戴震所言之道更加切实、具体。戴震所言之道是不能等同于理的,而是兼理气而言之。这一方面体现在其所言之道关乎名物、制度,要求诸于六经,借助训诂、考据获得,另一方面因为其所言之道是要切乎人伦日用之事。

要切乎人伦日用之事,必于气化流行之中求之,故而戴震反对宋儒的理气二元论,而主张道在气中,亦在人伦日用之事中。他认为:"人道,人伦日用身之所行皆是也。在天地,则气化流行,生生不息,是谓道;在人物,则凡生生所有事,亦如气化之不可已,是谓道。"④

人伦日用之事亦是理的来源,因此他指出:"举凡天地、人物、事为,不闻无可言之理者也,《诗》曰'有物有则'是也。就天地、人物、事为求其不易之则,是谓理。"⑤

同时将心作为理义的源泉,他说:"理义也者,心之所通也。天之气化生生而条理,人物分于气化,各成其性,而清者开通,则能知性知天,因行其所知,底于无失,斯所以还于天地之德而已矣。"⑥

亦指出理与情的关系:"理也者,情之不爽失也;未有情不得而理得者也。"⑦

然后又明确指出理本于人之情欲,故而说:"古之言理也,就人之情欲求之,使之无疵之为理;今之

① 戴震:《法象论》,《戴震全书》第6册,第475页。
② 戴震:《孟子字义疏证》,《戴震全书》第6册,第200页。
③ 戴震:《孟子字义疏证》,《戴震全书》第6册,第202—203页。
④ 戴震:《孟子字义疏证》,《戴震全书》第6册,第199页。
⑤ 戴震:《绪言》,《戴震全书》第6册,第87页。
⑥ 戴震:《绪言》,《戴震全书》第6册,第91—92页。
⑦ 戴震:《孟子字义疏证》,《戴震全书》第6册,第152页。

言理也,离人之情欲求之,使之忍而不顾之为理。"①

同时批驳宋儒割裂情与理,不以民情为本、以意见为理的作法:"苟舍情求理,其所谓理,无非意见也。未有任其意见而不祸斯民者。"②

凡此皆可见戴震义理之学本诸民之"情欲"的态度,其所言道,以民为基本,其所言理,乃"天下之同情、天下所同欲",在他眼中,人伦日用无疑已经成了道德的根本来源。戴震直斥宋儒所言之理为杀人之意见,并申明了自己独特的理欲观,指出:

> 圣人治天下,体民之情,遂民之欲,而王道备。人知老、庄、释氏异于圣人,闻其无欲之说,犹未之信也;于宋儒,则信以为同于圣人;理欲之分,人人能言之。故今之治人者,视古贤圣体民之情,遂民之欲,多出于鄙细隐曲,不措诸意,不足为怪;而及其责以理也,不难举旷世之高节,著于义而罪之,尊者以理责卑,长者以理责幼,贵者以理责贱,虽失,谓之顺;卑者、幼者、贱者以理争之,虽得,谓之逆。于是下之人不能以天下之同情、天下所同欲达之于上;上以理责其下,而在下之罪,人人不胜指数。人死于法,犹有怜之者;死于理,其谁怜之!③

洪榜曾言:"戴氏之学,其有功于六经、孔孟之言甚大,使后之学者无驰心于高妙,而明察于人伦、庶物之间,必自戴氏始也。"④虽然戴震仍然使用宋儒义理之学的诸多观念,但其中的含义已与宋儒大相径庭。他的义理之学,所言之道与人伦日用之事息息相关,所言之理则本于人之情欲。戴震以民为本,关乎人伦日用之实事,未曾脱离实际而存在的义理之学,亦是其学术思想之创获。

结　语

戴震以"道"为中心、以"民"为基本构建起的学术体系,可谓乾嘉学术的一个缩影。这其中既体现着传统儒学趋向"道问学"发展的大体趋向,又是在时代环境下学者的被迫选择,体现着浓厚的"清学"特色。

戴震年轻时即"志乎闻道",在清代学术"以经学济理学之穷"的趋势下,他发展了宋明以来"圣人之道在六经"的理论,把六经看作"圣人之道"的唯一来源,明确了一条"由字以通其词,由词以通其道"的"明道"之途,为清代学术的发展指明了一条与汉、宋皆不尽同的道路。在政治高压的雍乾时期,很少有学者敢于直接就现实政治提出批评,但这不代表当时学者心中没有像清初士人一样,高存"明道经世"之志;然面对强大的封建皇权,若想对现实问题发表评论,并且使自己的观点显得客观而有力,遂不得不加以变通,借助对经典的考证,通过"圣人如是说"的方式来委婉表达。在其《原善》等著作中,戴震展示出了对民生问题的极大兴趣,他通过阐发六经中圣人为天下万民制作之"义理",与个人

---

① 戴震:《孟子字义疏证》,《戴震全书》第6册,第217页。

② 戴震:《孟子字义疏证》,《戴震全书》第6册,第155页。

③ 戴震:《孟子字义疏证》,《戴震全书》第6册,第161页。

④ 钱林:《文献征存录》卷8《洪榜》,周骏富辑:《清代传记丛刊》第11册,台北:明文书局,1985年,第446—447页。

之"意见"对抗。他心目中的"圣人之道"在某种程度上即是"人伦之道",最终是要为解决当时社会中存在的各种民生问题服务,故而他有"圣人之道,体民之情,遂民之欲"的观点。戴震以"民"为中心的理欲观,其实亦是他在乾隆朝政治高压环境中,经世之志不得施展的状况下的无奈申诉,因为只有以众人之情压倒一人之意见,才能打破皇权的绝对权威,为学术经世提供可能。戴震的考据学和其建筑于文献考证基础之上的义理学虽然与经世并不直接相关,却有着十分复杂的间接联系。正如王国维先生所言,"东原、竹汀之学,经史之学也,以经史为体,而其所得往往裨于经世"①。可以说,清初以来的经世思潮在乾隆时期只是变成了一种被刻意压抑的暗流,或者说被隐藏在考据学的话语之中,衰而未绝。

[作者王豪,中国历史研究院近代史研究所博士后;作者林存阳,中国历史研究院古代史研究所研究员。原载《安徽师范大学学报(人文社会科学版)》2020年第4期,收入本文集时略有修订]

---

① 王国维:《沈乙庵先生七十寿序》,谢维扬、房鑫亮主编:《王国维全集》第8卷,杭州:浙江教育出版社,2009年,第619页。

明清时期航海针路、更路簿中的海洋信仰

李庆新

明清时期中国沿海地区一些从事海洋活动的民众,或对海洋活动感兴趣而有所体验、有所见闻的人士,编制一些简单而实用的航海指南性质的文本,记录海上航行的方向、道里、风候、海流、潮汐、水道、沙线、沉礁、泥底、海底、海水深浅、祭祀等等内容,时人称之为《针谱》《罗经针簿》《更路簿》《水路簿》等,虽名目篇幅有异,内容功用则大同。此类起源于民间、流传于民间的涉海文书,适用于特定人群,或靠耳口相传,或凭抄本传世,往往不为主流社会所关注重视,难见于经传,不为官家文库所认同收藏,坊间印本、手抄秘本主要靠民间收藏传世。

流落至海外、收藏于英国牛津大学鲍德林图书馆(Bodleian Library)的《顺风相送》与《指南正法》,即属此类民间文书,20世纪50年代末经向达先生整理,以《两种海道针经》之名出版,始为学界所知见。[①]七八十年代,韩振华、刘南威、何纪生等先生在海南地区渔民手上收集到一批世代相传的《更路簿》(《水路簿》),并进行整理和研究,取得初步的研究成果,揭示了以往另一类不为学界关注、散落海南民间的以南海交通与经济活动为主体的历史记忆的手抄文本。[②]在此基础上,周伟民、唐玲玲多年来致力于收录清代、民国时期海南《更路簿》,集成《南海天书——海南渔民〈更路簿〉文化诠释》达28种之多,并加以点校解读,为目前国内最全的《更路簿》整理研究成果。[③]90年代以来,陈佳荣、朱鉴秋、王连茂先生等海峡两岸的20余位专家学者通力合作,将秦至清代海路官方出使、高僧播教、民间贸易、舟子针经、渔民捕捞等航行记载乃至航海图录,包括针路簿、水路簿、更路簿等民间文献近60种,汇集编成《中国历代海路针经》(上、下册),凡180万言,洋洋大观,[④]对研究中国古代海洋经略与经济开发、民间航海活动、海洋知识与海洋信仰等具有重要史料价值。

作为沿海地区与涉海人群一种世代相传的实用性海洋文献和历史记忆形式,明清时期此类航海针路、更路簿真实记录了涉海人群的海洋意识、海洋知识、航海活动历史记忆,构成中国传统海洋文化的重要组成部分。本文通过前人整理出版的民间航海文献,探讨倚海为生的涉海人群的宗教信仰活动及其文本书写方式,展示中国传统文化中海洋文化的多样化、草根性、复杂性。这些民间信仰具有凝聚涉海人群、整合海洋社会、传承海洋文化之社会功能与价值,具有多方面研究价值和意义。

---

① 《两种海道针经》,向达校注,中华书局,1961年,第3页。

② 广东省博物馆:《西沙文物——中国南海诸岛之一西沙群岛文物调查》,文物出版社,1974年;韩振华主编:《我国南海诸岛史料汇编》上册,东方出版社,1988年。

③ 周伟民、唐玲玲:《南海天书——海南渔民〈更路簿〉文化诠释》,昆仑出版社,2015年。

④ 陈佳荣、朱鉴秋主编:《中国历代海路针经》,广东科学技术出版社,2016年。

一、名目繁多的海洋神灵

传统中国奉行万物有灵意识，流行多神崇拜现象。茫茫海洋被人们视为有灵性之所在、有神灵掌管的空间。《尚书》记载大禹治水已经有"四海"之说，时人把海洋看成有灵性之所在。《山海经》记载东西南北四海"有神"。《太公金匮》明确记载了"四海之神"：南海之神曰祝融，东海之神曰句芒，北海之神曰玄冥，西海之神曰蓐收。春秋战国时期，人们观念中的海神已经多样化了，并出现先河后海的祭祀礼仪。汉晋以降，海洋信仰受佛教、道教影响，海神越来越多，出现"四海神君""四海龙王"诸说，南海观音菩萨也以航海保护神角色出场了。

清人全祖望云："自有天地以来即有此海，有海即有神以司之。"①沿海地区和涉海人群崇拜、敬畏那些专司海洋的神灵。海洋神灵名目繁多，既有陆地社会流行的佛、道、民间诸神，更有沿海乡村社会与涉海人群独创独有的本地神灵，占据着沿海地区和海洋空间的信仰体系和精神空间，构成沿海地区和涉海人群信仰文化的核心和崇拜圈。这在目前所见的明清民间航海文献中随处可见。

20世纪50年代末，向达先生对原藏英国牛津大学鲍德林图书馆的《顺风相送》《指南正法》（抄本）进行整理。这两份珍贵的民间航海文献记录了16世纪前后到清初中国东南沿海民众航海针经，其中《顺风相送》开篇记录《地罗经下针（请）神文》，其实是一篇航船启航前祭神的程式化祝文，所列神灵甚多，现抄录如下：

伏以神烟缭绕，谨启诚心拜请，某年某月今日时，四直功曹使者，有功传此炉内心香，奉请历代御制指南祖师、轩辕皇帝、周公圣人，前代神通阴阳先师、青鸦白鹤先师、杨救贫仙师、王子乔圣仙师、李淳风先师、陈抟先师、郭璞先师，历代过洋知山、知沙、知浅、知深、知礁、知屿、精通海道、寻山认澳、望斗牵星、古往今来、前传后教流派祖师，祖本罗经二十四向位尊神大将军，向子午酉卯寅申己亥辰戌丑未乾坤艮巽庚壬丙乙辛丁癸二十四位尊神大将军、定针童子、转针童郎、水盏神者、换水神君、下针力士、走针神兵、罗经坐向守护尊神，建鲁班师父部下、先师神兵将使、一炉灵神。本船奉七记香火，有感明神敕封护国庇民妙灵昭应明著天妃，暨二位侯王、茅竹水仙师、五位尊王、杨奋将军、最旧舍人、白水都公、林使总管，千里眼、顺风耳部下神兵，挚波、喝浪一炉神兵，海洋、屿澳、山神、土地、里社正神，以及今日下降天神、纠察使者，虚空过往神仙、当年太岁尊神，某地方守土之神，普降香筵，祈求圣杯，或游天边，喜驾祥云，降临香座，以蒙列位，谨具清樽。伏以奉献仙师酒一樽，乞求保护船只财物，今日良辰下针，青龙下海永无灾，谦恭虔奉酒味，初复献再献酌香。第二处下针酒礼奉先真，伏望圣恩常拥护，东西南北自然通。弟子诚心虔奉酒陈亚献，伏以三杯美酒满金钟，扯起风帆遇顺风，海道平安，往回大吉，金珠财宝，满船盈荣，虔心美酒陈献。献酒礼毕，敬奉圣恩，恭奉鸿慈，俯垂同鉴纳。伏望愿指南下盏，指东西南北永无差。朝暮使船长应护，往复过洋行正路。人船安乐，过洋平善。暗礁而不遇，双篷高挂用无忧。火化钱财

---

①《清朝文献通考》卷一百五十八《群祀考》二，浙江古籍出版社，1998年。

已退残筵，奉请来则奉香恭请，去则辞神拜送。稽首皈依，伏惟珍重。①

　　船上祭神，总是与航海及船舶相关，船舶远航，不仅要祈求海不扬波，风平浪静，还要行走正路，平安顺达，大凡日常生活想象得到的各路神灵，无不在罗拜之列，所以较之其他行业，航海请神文或祭神文要祭祀的神灵更多。②《地罗经下针（请）神文》中之各类神仙，包括"古往今来、前后流派、今日当年"的神仙，林林总总，五花八门，体现了中国传统民间信仰系统中崇拜神灵的驳杂性和多样性，真实反映了"万物有灵"的特征。按其神格、神通，这些神仙大体区分为四类：一是各流派仙师、祖师，为海洋祭祀中最高神格者，如轩辕、周公、杨救贫、王子乔、李淳风、陈抟、郭璞等；二是本船守护神灵，如罗经二十四向位守护大将军、向子午酉卯寅申己亥辰戌丑未乾坤艮巽庚壬丙乙辛丁癸二十四位尊神大将军、定针童子、转针童郎、水盏神者、换水神君、下针力士、走针神兵、罗经坐向守护尊神、建鲁班师父部下、先师神兵将使、一炉灵神等；三是各类本地神灵，在海上旅程中起着保护神作用，如天妃、侯王、茅竹水仙师、五位尊王、杨奋将军、最旧舍人、白水都公、林使总管，等等；四是其他神灵，即所谓"今日下降天神、纠察使者，虚空过往神仙"，等等。

　　每一次祭祀都是一次涉海人群用心设计的规范化、仪式化的"神仙盛会"，被安排参与盛会的神灵既有地方性神灵，也有全国性神灵，甚至有国际性神灵，大大小小，林林总总，五花八门。《地罗经下针（请）神文》之"海神"，有些是传统的海陆共奉之全国性大神，如轩辕、周公、观音、关帝、北帝等，这些神灵具有多重属性、多种功能，更多的是沿海涉海人群所专属的神灵，如本船各守护尊神，本地各地方神灵，体现了沿海涉海人群信仰的海洋性、草根性及专属性。

　　清代《指南正法》也记录了一份《定罗经中针祝文》，祈求目的、所请之神大体一致，文字较为简略，可与《地罗经下针（请）神文》诸神相参证，祝文如下：

　　　　伏以坛前弟子，谨秉诚心，俯伏躬身，焚香拜诸位，请历代御前指南祖师，轩辕黄帝，周公圣人，前代神通阴阳先师，鬼谷、孙膑先师，袁天罡、李淳风、杨救贫仙师，王子乔、陈希夷先师，主个郭仙师，历代过洋、知山形水势、知深浅、知礁屿、识湾澳、精通海岛、望斗牵星、往古来今、前传后受流派祖师，奉祀罗经二十四位尊神，神针大将，夹石大将，定针童子，换水童郎，水盏圣者，起针神兵、位向守护尊神，鲁班仙师部下神兵、木龙杠棋一切神兵。本船护国庇民明著天后，三界伏魔关圣帝君，茅竹、水仙，五位尊王部下，喝浪神兵，白水都公，林使总管，海洋澳屿里位正神。本船随带奉祝香火一切尊神，乞赐降临。伏念大清国某省某府某县某保某船主某人，兴贩某港，涓于某月某日开驾下针，虔备礼物，祈保平安。今日上针，东南西北无差，往来过洋已行正路。人船清吉，海岛安宁。暴风疾雨不相遇，暗礁沉石莫相逢。求谋遂意，财宝自兴。来则流星，去则降神。稽首皈依，无极珍重。③

────────────────────

①《两种海道针经》（甲），向达校注，中华书局，2000年，第23页。
②刘义杰：《〈顺风相送〉研究》，大连海事大学出版社，2017年，第310—316页。
③《两种海道针经》（乙），向达校注，中华书局，2000年，第109页。

福建泉州海外交通史博物馆在石狮市蚶江镇石湖村隆收集到老船工郭庆所藏的《石湖郭氏针路簿》，收录于《海路针经》上册，其中有《外洋用针仪式》，为行船启用罗盘时举行祭祀仪式的祝文，所祭神灵也有祖师、先师，罗经神将、大将、童子、天官，本船圣母、龙神等等。[①]

收藏于大英图书馆的清代民间道教科仪书抄本《(安船)酧献科》和《送船科仪》记载的海上神灵多达22种(后详)。据介绍，这批道教科仪书抄写最早年代为乾隆十四年(1749)，最迟为道光二十九年(1849)，其中第15册《送船科仪》又称《送彩科仪》抄于乾隆三十四年(1769)，为一份送"王爷船"的镶瘟科仪书，内附《送王船》，所请神灵有海澄县城隍、州主唐将军陈公(陈元光)，因而这批科仪书有可能来自福建漳州海澄。[②]

目前所见与海洋活动相关的道教科仪书，其实都是中国传统民间道教相关礼仪文本在海洋信仰领域的延伸和翻版，是民间传统信仰活动在海洋信仰领域的另类表现。此类道教科仪从祭祀理念、祭祀仪式、崇拜神灵到文本书写、文书格式与一般科仪书大同小异，祭祀活动的目的也十分明确，无非求神保佑而已，达致人神相通，人与海洋和谐，行舟致远，如《石湖郭氏针路簿》《外洋用针仪式》所言："乞会赐降临，观瞻监察，庇佑本船往回平安，人家法泰，顺风相送。"[③]

如同陆地社会一样，沿海地区涉海人群也将海洋视为神灵所宅，海洋现象为神灵所为，海港岛礁乃至水族，被赋予神性，拥有神力，一些地方的民众把与海洋信仰相关的神灵与海暴风候联系起来，冠以神灵名字。张燮《东西洋考》"占验"条谓："六月十一二，彭祖连天忌。""逐月定日恶风"条谓："正月初十、廿一日，乃大将军降日，逢大杀，午后有风，无风则雨。""十月十五、十八、十九、廿七，府君朝上帝，卯时由大风。"[④]《顺风相送》"逐月恶风法"所记"正月""十月"条同，增加了"七月初七、初八日神杀交会，……八月初三、初八日童神大会，……有大风雨。"[⑤]据林国平先生考证，到了清代，舟师们将海上定期发生的大部分风暴冠以神灵名称，有些冠以节庆、时令之名。清初王士祯《香祖笔记》、程顺则《指南广义》等均有相当详尽的记录。之所以选择这些神灵命名风暴，一方面是因为这些神灵的诞辰正好在这一天，另一方面也因为这些神灵在民间有较大影响。[⑥]

清道光年间，广东雷州人窦振彪曾为金门镇总兵和福建水师提督，熟悉海道，留心海事，写下颇有价值的《厦门港纪事》一书，记述厦门港地理环境、潮汐情况、往周边里程航路，抄录了《诸神风暴日期》两篇，可见沿海民众把一年里每个月的海上风雨潮暴都与天地各界诸神联系起来，人们的海事活动必

---

① 泉州《石湖郭氏针路簿》，王连茂点校，泉州海外交通史博物馆藏，陈佳荣、朱鉴秋执行主编：《海路针经》下册，广东科技出版社，2016年，第818页。

② 两件文书编号分别为OR12693/15、OR12693/18，香港中文大学科大卫教授在提交给1994年"海上丝绸之路与潮汕文化国际学术研讨会"论文《英国图书馆藏有关海上丝绸之路的一些资料》中作了详尽介绍，经厦门大学连心豪先生点校，收入陈佳荣、朱鉴秋执行主编：《海路针经》下册，广东科技出版社，2016年，第867—873页。

③ 泉州《石湖郭氏针路簿》，王连茂点校，泉州海外交通史博物馆藏，陈佳荣、朱鉴秋执行主编：《海路针经》下册，广东科技出版社，2016年，第818页。

④ 张燮：《东西洋考》卷九《舟师考》，中华书局，1981年，第187、189页。

⑤《两种海道针经》(甲)，向达校注，中华书局，1982年，第26页。

⑥ 林国平：《〈指南广义〉中风信占验之神灵名称考》，福建师范大学中琉关系研究所编：《第九届中琉历史关系国际学术会议论文集》，海洋出版社，2005年，第206—219页。

须遵循神意：

> 正月初八，十三等日，乃大将下降（大杀午时，有无即防，妙者）。
>
> 二月初三，九，十二、七，乃诸神下降（交会酉时，有无即防，妙者）。
>
> 三月初三，十，十七，廿七，乃诸神下降（星神，但午时，潢有风雨）。
>
> 四月初八，九，十，十六、七，廿三、七，乃诸神下降（会太白星，午时有风雨）。
>
> 五月初五，十，十九，廿九，天上朝上界（及天神玉帝，酉时后有风雨）。
>
> 六月初九，十二、八，廿七，卯时注有风雨，可防。
>
> 七月初七，九，十三，廿七，午时注有风雨，可防。
>
> 八月初二，三，八，十五、七，廿七，注有大风雨，可防。
>
> 九月十一、五、七，凡注有大风雨，可防。
>
> 十月初五，十五、六、九，廿七，乃真人朝上界，卯时有大风雨，可防。
>
> 十一月初一、三，十三、九，廿六，注有大风雨，可防。
>
> 十二月初二、五、八，十一，廿二、六、八，注有大风雨，可防。[①]

另一份《诸神风暴日期》抄本记录了一年里的各种风暴，其基本上以诸神命名：

> 正月初三日真人暴，初四日接神暴，十三日关帝暴，十五日上元暴，十八日捣灯暴，廿四日小妾暴，廿五日六位王暴，廿八日洗吹笼暴，廿九日乌狗暴，
>
> 一年风信以此为应，此暴有风则每期必应，若无则不应。
>
> 二月初二日土地公暴，初七日春期暴，初八日张大帝暴，十九日观音暴，廿九日龙神朝天暴，一曰廿九陈风信。
>
> 三月初一日真武暴，初三日玄天大帝暴，初八日阎王暴，十五日真人暴，十八日厚土暴，廿三日妈祖暴，廿八日东岳暴，又诸神朝上帝暴。
>
> 四月初一日白龙暴，初八日佛仔暴，十四日纯阳暴，廿三日太保暴，廿五日龙神、太白暴，十二日苏王爷暴。
>
> 五月初三日南极暴，初五日屈原暴，初七日朱太尉暴，十三日关帝暴，十六日天地暴，十八日天师暴，廿一日龙母暴，廿九日威显暴。
>
> 六月初六日崔将军暴，十二日彭祖暴，十八日池王爷暴，十九日观音暴，廿三日小姨暴，廿四日雷公暴，极崔，廿六日二郎暴，廿八日大姨暴，廿九日文丞相暴。
>
> 七月初七日七巧暴，十五日中元暴，十八日王母暴（又曰神煞交会暴），廿一日普安暴，廿八日圣猴暴，九、六、七多有风飔，海上人谓六、七、八月防之可也。

① 陈佳荣、朱鉴秋执行主编：《海路针经》下册，广东科技出版社，2016年，第902—903页。

八月初五日九星暴,十五日中秋暴,又伽蓝暴,二十日龙神大会暴。

九月初九日中阳暴,十六日张良暴,十七日金龙暴,十九日观音暴,廿七日冷风暴。

寒露至立冬止为九月节,乍晴乍雨,谓之九降,又曰九月乌。

十月初五日风神暴,初六日天曹暴,初十日水仙王暴,十五日下元暴,廿日东岳朝天暴,廿六日翁爷暴。

十一月初五日淡帽佛暴,十四日水仙暴,廿七日普庵暴,廿九日南岳朝天暴。

十二月初三日为乌龟暴,廿四日送神暴,廿九日火盆暴。[①]

面对海洋风暴等自然现象,沿海涉海人群自然无能为力加以改变,惟有顺天敬神,下足功夫,做足礼仪,而沿海及海上岛域建起了无数大大小小的庙宇,成为涉海人群祭祀海洋神灵的场所。

二、海洋神灵的祭祀空间

沿海涉海人群在"万物有灵"观念主导下,认为神灵无所不在,主宰着海洋的一切事物,海上仙山、海底洞府、海鱼之神、人类海难者的魂魄,等等,都是神灵的意象化符号。民众对海洋充满敬畏与恐惧,举凡制造船只、出海渔猎、越洋经商、返回家园、维修船只等重要事项,均举行或繁或简的各种祭祀仪式,毕恭毕敬,奉献牺牲,祈求多福,保佑平安。

各种仪式化的祭祀酬神活动,或在宫观寺庙等固定场所举行,或在船上设神龛,置神像,时时祈请;或在某一海况复杂险要之处,或骤遇海上巨浪狂风,祈求神灵保护,化险消灾。这些固定的陆上或海上的祭祀海洋神灵的场所,成为海洋信仰活动的基本空间。

渔民商众驾船出海,出发、归航必做祭祀酬神仪式,一般有专人主理祭祀,称为"香公"。万历年间,张燮《东西洋考》在《舟师考》中介绍了福建舟师在航海过程中祭祀的三位神灵:一为协天大帝(关帝),二为天妃,三为舟神:

> 以上三神,凡舶中往来,俱昼夜香火不绝。特命一人为司香,不他事事。舶主每晓起,率众顶礼。每舶中有惊险,则神必显灵以警众,火光一点,飞出舶上,众悉叩头,至火光更飞入幕乃止。是日善防之,然毕竟有一事为验。或舟将不免,则火光必飚而不肯归。[②]

这位专门"司香"的船员,"不他事事",保证"昼夜香火不绝"。清代海船上的人员,有舶主、水手、财副、总杆、司针、火长、香公等名目,香公专司祭神,"朝夕焚香祀神"。[③]闽南流传的《送船科仪》,日本文献《增补华夷通商考》《长崎土产》等,[④]皆有关于"香公"的记录。

① 陈佳荣、朱鉴秋执行主编:《海路针经》下册,广东科技出版社,2016年,第903—904页。

② 张燮:《东西洋考》卷九《舟师考》,中华书局,1981年,第186页。

③ 黄叔璥:《台海使槎录》卷一《海船》,丛书集成初编本,商务印书馆,1936年,第15页。

④ 陈佳荣、朱鉴秋执行主编:《海路针经》下册,广东科技出版社,2016年,第866页;《增补华夷通商考》《长崎土产》,引自大庭脩:《〈唐船图〉考证》,朱家骏译,海洋出版社,2013年,第38—40页。

所谓启行之时为之祈，回还之日为之报。收藏于大英博物馆的乾隆三十四年所抄《送船歌》，为闽南民众举行酬神送神"放彩船"仪式的祝文，全文如下：

上谢天仙享醮筵，四凶作吉永绵绵；诚心更劝一杯酒，赐福流恩乐自然。

彩船到水走如龙，鸣锣击鼓闹宣天；诸神并坐同歆鉴，合社人口保平安。

造此龙船巧妆成，诸神排列甚分明；相呼相唤归仙去，莫在人间作祸殃。

一谢神仙离乡中，龙船到此浮如龙；鸣锣击鼓喧天去，直到蓬莱第一宫。

二送诸神离家乡，街头巷尾无时场；受此筵席欢喜去，唱起龙船出外洋。

三送神君他方去，歌唱鼓乐乐希夷；亦有神兵火急送，不停时刻到本司。

锣鼓声兮闹葱葱，竖起大桅挂风帆；装载货物满船去，齐声喝口敢到长江。

锣鼓声兮闹纷纷，殷勤致意来送船；拜辞神仙离别去，直到蓬莱入仙门。

红旗闪闪江面摇，画鼓咚咚似海漂；圣母收毒并摄瘟，合社老少尽逍遥。①

此件科仪书抄录时间落款"乾隆己丑年（三十四年）季冬谷旦"，采取七言诗歌形式，语言通俗易懂，展现了祭祀时锣鼓喧天、彩旗猎猎的热闹场面。内容是答谢诸神，祈请诸神搭乘"彩船"回归仙宫洞府，莫留乡间祸害乡民，同时祈求神灵保佑平安。此科仪书还提到"圣母收毒并摄瘟"，保佑乡民不罹疾病。

渔民商众出海，出发前必举行祭祀酬神仪式。建于隋代的广州南海神庙，就是进出珠江口、往来南海航路之航船的主要祭祀场所。广州番坊的光塔，为唐宋时期广州城江边的航标，为阿拉伯、波斯番商祈风礼拜的场所。宋人方信孺《南海百咏》谓怀圣寺内有番塔，唐时怀圣将军所建。"轮囷直上，凡六百十五丈，绝无等级；其颖标一金鸡，随风南北。每岁五、六月，夷人率以五更登其绝顶，叫佛号，以祈风信。下有礼拜堂。"②泉州九日山至今保存多处宋代为航海贸易而祈风的记事石刻，包括《九日山西峰祈风摩崖》《淳熙九年虞仲房等祈风石刻》《淳熙十年司马伋等祈风石刻》《淳熙十五年林木开等祈风石刻》《嘉泰元年倪思等祈风石刻》《嘉定十六年章楝等祈风石刻》《淳祐三年颜颐仲等祈风石刻》《淳祐七年赵师耕祈风石刻》《宝祐五年谢埴等祈风石刻》《宝祐六年方澄孙等祈风石刻》《咸淳三年赵希㤐等祈风石刻》等③。

明初郑和七下西洋，其中第五次出发前在泉州祭祀天妃，祈求祷告。创作于15世纪末的杂剧《奉天命三保下西洋》还描述了天妃庙庙官代郑三保（郑和）颂读祝文的场景，该祝文如下：

维永乐十七年，岁在戊午四月癸卯朔，内直忠臣郑三保等，谨以清酌庶品之莫，敢昭告于天妃神圣之前。今遵敕命，漂海乘舟，西洋和番，顺浪长流，神灵护佑，异品多收，早还本国，满载回头，

① 陈佳荣、朱鉴秋执行主编：《海路针经》下册，广东科技出版社，2016年，第872页。

② 方信孺：《南海百咏》"番塔"条，香港大东图书公司，1977年，第5—6页。

③ 吴文良原著、吴幼雄增订：《泉州宗教石刻》（增订本），科学出版社，2005年，第52页。

三献酒礼,众拜相求,伏惟尚飨！①

《奉天命三保下西洋》虽为文学作品,然而反映了历史的真实。永乐十五年郑和下西洋出使忽鲁谟斯,五月十六日到泉州灵山圣墓行香,留下了一方碑刻,保留至今。②

沿海商民到海外贸易,船身、桅杆等破损不可避免,因而需要进行维修,或者在到港后,或在离开前,在动工前均需要举行祭祀海神、船神仪式。《长崎名胜图绘》卷二记载:

> 唐船维修都是在到达长崎后与出发前进行的。出现破损时,必须向官府提出要求,……他们动工前,都要选择吉日良辰,在码头边上焚烧纸箔冥衣,供献三鲜(猪、鸡、羊,或猪、鸡、鱼)及果饼、香烛,在船上的妈祖龛前也要供上香烛。据说要待船主、伙长、总官礼拜,并把修补破损之事向海神、船魂神祷告后,始可动工云云。③

需要特别注意的是,一些海域处在海上交通要冲,海况比较复杂,渔民商客视为畏途,航行至此,往往会祭祀一番。张燮记载当时舟船航行到广东南亭门海域时要祭祀"都公"。传说跟随郑和远航,回程中在南亭门死去,后为水神,"庙食其地",所以"舟过南亭门必遥请其神,祀之舟中。至舶归,遥送之去。"④这里的"遥请其神",应该就是大英博物馆藏《(安船)酬献科》中反复出现的"招神"。如何"遥请"及如何"遥送",司香者自然要做一番仪式。张燮记载"西洋针路""乌猪山"条"上有都公,舶过海中,具仪遥拜,请其神祀之。回用彩船送神。"⑤航海针路《顺风相送》"各处州府山形水势深浅泥沙地礁石之图""南亭门"条亦指出:"南亭门,对开打水四十托,广东港口,在弓鞋山,可请都公。""乌猪山"条亦谓:"乌猪山,洋中打水八十托,请都公上船往,回放彩船送者(神)。"⑥

明清时期琉球黑水沟、七洲洋、交趾洋、昆仑洋等处洋面处在东亚海域交通航路之要冲,是渔民商众举行祭祀海神的重要区域,也是东亚海域海洋信仰最著名的祭祀空间。中国往返琉球必经东海黑水沟,亦称"分水洋",为中外之界,舟人过此,常投牲致祭,并焚纸船。康熙二十二年六月,汪楫奉命出使琉球,从福建南台登船,谕祭海神,海行过赤屿,"薄暮过郊(或作沟),风涛大作,投生猪羊各一,泼五斗米粥,焚纸船,鸣钲击鼓,诸军皆甲露刃,俯舷作御敌状,久之始息。问郊之义何取？曰中外之界也。"⑦乾隆二十一年,册封使周煌曾作《海中即事诗》四首,其四注曰:"舟过黑水沟,投牲以祭,相传中

---

①《奉天命三保下西洋》第二折,刊载于《孤本元明杂剧》,商务印书馆,1944年。关于这个剧本的研究,参见 Roderich Ptak, *Cheng Hos Abenteuer im Drama und Roman der Ming-Zeit. Hsia Hsi-yang: Eine Übersetzung und Untersuchung. Hsi-yang chi: Ein Deutungsversuch*, Franz Steiner Verlag Wiesbaden GmbH,1986.

②吴文良原著,吴幼雄增订:《泉州宗教石刻》(增订本),科学出版社,2005年,第606—631页。

③引自大庭脩:《〈唐船图〉考证》,朱家骏译,海洋出版社,2013年,第57页。

④张燮:《东西洋考》卷九《舟师考》,中华书局,1981年,第186页。

⑤张燮:《东西洋考》卷九《舟师考》,中华书局,1981年,第172页。

⑥《两种海道针经》(甲),向达校注,中华书局,1982年,第32、33页。

⑦汪楫:《使琉球杂录》卷五《神异》,《中国华东文献丛书》第八辑《妈祖文献》第五卷,学苑出版社,2010,第200—235页。

外分界也。"①

七洲洋古来即为南海交通的要区，为海难频发区域，产生许多鬼怪传说与恐怖故事。《岛夷志略》谓："上有七州，下有昆仑，针迷舵失。"②《梦粱录》则谓："去怕七洲，回怕昆仑。"③明代文献也记载："上有七州，下有昆仑，人船莫存。"④明人黄衷《海语》记载：

> 万里石塘，在乌潴、独潴二洋之东，阴风晦景，不类人世，其产多砗磲，其鸟多鬼车，九首者、四三首者，漫散海际，悲号之音，宛刮闻数里，虽愚夫悍卒，靡不惨颜沾襟者，舵师脱小失势，误落石汊，数百躯皆鬼录矣。⑤

因而船户航海至此，必举行祭祀，安抚鬼魂。船民或投以米饭，鬼怪即不伤人，这里体现了人们敬畏神灵、向海上孤魂奉献牺牲、获得海洋神灵宽宥的宗教行为与文化意义，这种信仰活动后来演变成为兄弟公信仰的一个源头。⑥

越南中南部海域即所谓的交趾洋、昆仑洋，以及暹罗湾至印尼群岛之间的海程，有些洋面相当险恶，舟船至此，需要"招神"祈祷，陈牲馔、香烛、金钱诸祭品，举行"放彩船"仪式，"以礼海神"。张燮《东西洋考》记载舟船到灵山大佛，"头舟过者，必放彩船和歌，以祈神"。⑦航海针经《指南正法》记载，从福建大担航船到暹罗，经过南澳、乌猪洋面，"用单坤十三更取七洲洋，祭献。用坤未七更取独猪。……丙午五更取灵山佛，放彩船。……"⑧清唐赞衮《台阳见闻录》记载厦门至巴达维亚航程上的祭祀情况，对七洲洋、烟筒山、昆仑洋等洋面的祭祀介绍尤详：

> 外洋诸国，惟咬口留吧最远。……厦门至咬口留吧，海道二百四十更。初放洋，舟西南行三十六更，至七洲洋，茫无岛屿，为通西洋必经之道。隆冬之际，北风迅发，至此暖气融融，人穿单衣，中外之界自此分矣。乃具牲馔，笼金钱，陈于木板，投诸海面焚之，以礼海神。继鸣金鼓，焚楮帛，以礼所过名山之神。既过七洲洋，是为外罗山，则有鸟焉。白羽尖喙，其大如鸡。中一羽如箭，长三四寸，名曰箭鸟。是鸟也，见有人至，则回翔于其上。过外罗山，是为马鸣峤。由马鸣峤，顺风三日，至烟筒大佛山。山环列嶂，中一山有石突出，远望如人立其巅，非风利不得过。舟行至此，先以木板编竹为小船，帆用杂色彩纸，陈牲馔、香烛、金钱以祭。祭毕，将牲馔等物置小船中，放诸海以厌之。其小船瞬息前飘不见，则过此平安，谓之放彩船。

① 周煌：《海山存稿》卷十一，《四库未收书辑刊》玖辑二十九册，北京出版社，1998年，第738页。
② 汪大渊：《岛夷志略校释》"昆仑条"，苏继庼校释，中华书局，2000年，第218页。
③ 吴自牧：《梦粱录》卷十二"江海船舰"条，浙江人民出版社，1980年，第111—113页。
④ 费信：《星槎胜揽校注》前集"昆仑山"条，冯承钧校注，中华书局，1954年，第8—9页。
⑤ 黄衷：《海语》卷下《畏途》。
⑥ 李庆新：《海南兄弟公信仰及其在东南亚传播》，《海洋史研究》第10辑，社会科学文献出版社，2017年，第459—505页。
⑦ 张燮：《东西洋考》卷九《舟师考》，中华书局，1981年，第186页。
⑧《两种海道针经》之《指南正法》，向达校注，中华书局，1982年，第171—172页。

过烟筒大佛山,至广南赤坎山。其山色赤如赭。过赤坎山,为覆鼎,为罗源。过罗源,为东西竹。过东西竹,顺风三日,至昆仑洋,洋中有山,名昆仑。前列三峰,后列三峰。其洋小于七洲,每海舟回时,正当夏月,常起鼠尾。鼠尾者,天际云气一点如黑子,须史黑气一线直上,飙风暴雨卒至。所谓往怕七洲,归怕昆仑也。海舟往时,当冬春之际,可以无虑。然必设馔,祭如七洲洋。过昆仑洋,为面包屿。……过琴七星屿,为地盘。自昆仑洋至此,皆不见有大山,惟认海中浮屿为水道行程。……入峡出峡十五更。峡中时有浮土,土净涂泥,海水深不过七八丈,或五六丈,夜则下碇不敢行,惧入浅而舟胶也。出峡十二更,至三立洋,设牲馔,祭如前。过三立洋,三更至王屿,屿筑小城,缘边植树,和兰藏货物之处,夹板大船之所泊也,番兵镇焉。

又一日,至咬口留吧海港。……①

从清代航海针路记载看,此类祭祀海神的特殊空间还有不少,只是没有那么出名罢了。泉州《山海明鉴针路》中"台湾往长(唐)山针路"记载有观音礐、媳妇娘礐、关帝礐、妈祖宫、妈祖印礁、土地公屿,其中九山礐"番船门用艮寅取北棋,到棋头烧香敬佛祖"②。泉州《石湖郭氏针路簿》记载普陀山,"如船往回,到处须当焚香奉敬,有求必应"。"厦门往海南针法"记载大星"外用庚西,一更取鲁万,须用神福"。"尽山往海南针法要外驾"记载涯州尾"用辰巽四更及单巳十五更,见罗山洋屿外,下去是灵山大佛,放彩船,用丙午,五更取伽南貌"。③可见棋头、普陀山、鲁万山、涯州尾、灵山大佛等处,也是渔民、商众祭祀海神的场所。清道光年间广东雷州人窦振彪所著《厦门港纪事》一书,其中《敬神》篇罗列了一批南来北往的航船常到之地,均为祭拜神灵之所。④

渔民商众的海洋信仰活动在沿海地区及海岛地名上到处留下深刻的历史印记。据对泉州《源永兴宝号航海针簿》《山海明鉴针路》《石湖郭氏针路簿》(抄本)的不完全统计,从中国东北到东南各省份的沿海地区及海域,与海神崇拜相关地名有:庙岛、观音礐、观音山、妈祖宫口、妈宫礐、神前礐、土地公屿、宫仔前礐、妈祖印礁、王爷宫、三宝爷宫、三宝爷宫渡口、观音礁、下沙宫、三官宫、大妈祖宫、新宫前、新宫仔、关帝屿、水仙宫、娘娘坑、妈祖宫仔、关帝印礁、南海普陀山、关帝宫、关帝礐、赤礐庙、上帝庙、新宫前、龙王宫、圣公宫、王爷宫、姑嫂塔、佛塘礐、神山仔、乞食宫、三宝王爷宫、夫人宫、观音大墩山、妈祖宫、西庭礐宫口、横山宫仔、大妈宫、万安塔边宫仔、观音礁、孔使宫、水尾娘娘宫、关帝屿、花子宫、庙门口、龙王宫口岛、三仙岛、大后庙、庙州门、海神庙、媳妇娘礐、宫前、妈宫暗礐、王爷港、白沙娘娇礐、观音山、土地公屿、普陀前、龙头寺、大王庙、大王佛庙、妈祖神福、观音礁、观音礁、云盖寺、磁头宫仔前、圣宫庙、王宫前、王爷宫、菩萨屿、无祠宫、三官宫、妈祖天后宫、娘娘庙、水仙礐、公婆屿、春光

---

① 唐赞衮:《台阳见闻录》,光绪十七年,"台湾文献丛刊"第30辑,陈佳荣、朱鉴秋执行主编《海路针经》下册,广东科技出版社,2016年,第671—672页。

② 泉州《山海明鉴针路》,王连茂点校,泉州海外交通史博物馆藏,陈佳荣、朱鉴秋执行主编《海路针经》下册,广东科技出版社,2016年,第809页。

③ 泉州《石湖郭氏针路簿抄本》,王连茂、王亦铮点校,陈佳荣、朱鉴秋执行主编《海路针经》下册,广东科技出版社,2016年,第845、858、849页。

④ 窦振彪:《厦门港纪事》,陈佳荣、朱鉴秋执行主编《海路针经》下册,广东科技出版社,2016年,第904页。

祖庙、七姐妹礁、杨府庙、关帝宫洋船噢、观音大墩山等。①这些以众多神佛命名的地方，多与渔民商众崇拜神灵有关，是人们祭祀神灵的场所，往往也是航海补给的站点，神迹传说的生发地点，在海禁时期往往更是海上走私、海盗出没的地点。

三、妈祖/天后是重要的，但不是唯一的

大英博物馆藏《(安船)酌献科》是清代福建漳州地区商民记录在国内南北方沿海及东南亚海域航海活动中所经历的地名和祭祀海神的道教科仪书，集中记录了海洋信仰中的主要海神，空间范围包括"西洋""东洋""下南""上北"诸地域和海域，一定程度上反映了清代中国商民海洋活动的范围，是研究清代海洋信仰一份很有价值的民间文献(表1)。

表1　清代《(安船)酌献科》所记海神表

地区	地方/神名
往西洋	本港澳，海门屿，鸡屿，古浪屿，太武山，岛尾屿，浯屿澳，大担，小担，镇海湾，六鳌湾，铜山澳，大甘，小甘，宫仔前(天妃娘娘)。
	往潮州广东南澳(顺【济】宫，天妃)，外彭山，大尖，小尖，东姜山，弓鞋山，南停门，乌猪山，七州洋，泊水(都功，林使总管)。㵲猪山，交趾也(招神)。
	外罗，交杯屿，羊屿，灵山大仙，钓鱼台，伽南貌，占城也(招神)。
	罗鞍头，烟同，赤土敢，覆鏏山，毛獬洲，柬埔寨(招神)。
	罗鞍头，玳瑁州，失力，马鞍屿，双屿，炼个力，进峡门，头屿，二屿，五屿，罗山呀，土胡土无墩，覆鏏，印屿，下港也(招神)。
	罗鞍头，玳瑁州，失力，马鞍屿，双屿，十五屿，浯岐屿，吉凌马，吉里洞，招山，三卯屿，饶洞也(招神)。
	白屿，小急水，郎目屿，嘛囉也(招神)。
	火山，大螺，小螺，大急水，池汶也(招神)。
	【罗】鞍头，崑苍山，地盘，长腰屿，猪州山，馒头屿，龙牙门，七屿，彭家山，蚊甲山，牛腿琴，凉伞屿，旧港(善哪，招也)。
	罗鞍头，玳瑁州，吉兰丹，崑辛，大泥(善，招也)。
	罗鞍头，玳瑁州，三角屿，绵花屿，斗屿，横山，彭亨(善，招也)。
	罗鞍头，玳瑁州，崑崙山，地盘山，东竹，西竹，将军帽，崑辛，罗汉屿，乌土丁(善，招也)。
	罗鞍头，玳瑁州，大崑崙，小崑崙，真滋，假滋，大横，小横，笔架山，龟山，竹屿，暹罗(善，招也)。
	罗鞍头，玳瑁州，崑崙山，地盘，东竹，长腰屿，猪洲山，馒头屿，龙牙门，凉伞屿，占陂(菩【善】，招也)。
往东洋	本港澳，海门屿，圭屿，大担(土地)，太武山，前山，遼罗，彭湖(暗湾)，打狗也，鸡笼，淡水(善，招也)，郊里临(善，招也)，北港(善，招也)，蚊港(善，招也)，沙码头，大港(善，招也)，交雁，红荳屿，谢崑美，吉其烟，南閠，文莱也，密雁，美落阁，布投，雁同，松岩，玳珮珮(善，招也)。
	磨哩咾，哩银，中卯，吕宋(善，招也)，吕房，磨咾英，闷闷，磨哩你，内阁，以宁，恶同，苏落，豆仔兰，蓬家裂，文莱(善，招也)。
下南	娘妈宫(妈祖)，海门(妈祖，大道)，圭屿(土地)，古浪屿(天妃)，水仙宫(水仙王)，曾厝安(舍人公)，大担(妈祖)，浯屿(妈祖)，旗尾(土地公)，连江(妈祖)，井尾(王公)，大境(土地公)，六鳌(妈祖)，州门(天妃)，高螺(土地公)，铜山(关帝)，宫前(妈祖)，悬钟(天后)，鸡母湾(土地公)，南澳(天后)，大蓝袍(天后)，表尾(妈祖)，钱澳(土地)，靖海(土地)，赤湾，神前(土地)，甲子(天后)，田尾(土地)，遮浪(妈祖)，龟灵(妈祖)，线尾(土地)，大、小金(土地)，福建头(二老爷)，繠头门(妈祖)，尫香炉(妈祖)，大小急水(土地)，□女庙(天妃)，虎头门(天后)，草尾(土地)，宝朱屿(土地)，广东(河下天后)。

① 清佚名:《源永兴宝号航海针簿》，王连茂点校，泉州海外交通史博物馆藏，陈佳荣、朱鉴秋执行主编《海路针经》下册，第675—740页；泉州《山海明鉴针路》，王连茂点校，陈佳荣、朱鉴秋执行主编《海路针经》下册，第746—816页；泉州《石湖郭氏针路簿抄本》，王连茂、王亦铮点校，陈佳荣、朱鉴秋执行主编《海路针经》下册，2016年，第816—865页。

地区	地方/神名
上北	本港澳请完,至大担(妈祖)、小担(土地),寮罗(天妃),东湾(妈祖),烈屿(关帝),金门(妈祖),围头(妈祖),永宁(天妃),松系(土地),大队(妈祖),搭窟(妈祖),宗武(妈祖),大小族(土地),湄洲(妈祖),平海(妈祖),南日(妈祖),门扇后(土地),小万安(五帝),沙湾(土地),宫仔前(妈祖),古屿门(妈祖),磁湾(妈祖),白犬门(土地),关童(土地),定海(妈祖),小埕(土地),鸡母湾(妈祖),北膠(九使爷),大西洋(土地),老湖(土地),三沙(妈祖),风火门(土地),棕簑湾(土地),網仔湾(土地),镇下门(土地),草屿(土地),金香湾、盐田、琵琶屿、凤凰(土地),三盘(妈祖、羊府爷),乌洋(龙王爷),薯节湾(土地),石堂(土地),吊枋(土地),喤壳湾(土地),網仔安(土地),田招(土地),白带门(土地),牛头门(妈祖、阮夫人),佛头门(佛长公),大急水(土地),泥龙湾(土地),牛平山(土地),浯驱湾(土地),青门(妈祖),连蕉洋(土地公),孝顺门(土地),旗头(土地),舟山(天后),番船潭(土地),龙潭(龙爷),镇海关(招宝寺观音佛),宁波府(妈祖)。 往苏州蟳广湾(土地),乍浦深港湾(妈祖)。 往上海杨山(杨老爷),上海港口(天后娘娘)。 往天津马头山(天后娘娘、六使爷),尽头山(妈祖、土地),养马山(三官爷、土地),朱五乌(土地),清州庙岛(妈祖),天津港口海神庙(海神爷)。 往浙江沙埋,许屿门、砟湾、胶口、白犬、南湾、关潼(北湾)、小埕、北茭(五帝爷,从北茭住,入三都金井湾)、大洋山、小西洋、鲁湖、大衿、螺壳、风火门、牙城、沙埋(入港)、镇下门。

资料来源:陈佳荣、朱鉴秋执行主编《海路针经》下册,广东科技出版社,2016年,第867—872页。

这份科仪书所记一部分地区为"西洋""东洋",多属东南亚地区,采取"招神"形式祭祀,所招神灵不详;另一部分地区为中国沿海,祭祀的神灵可统计的有22种,可见祭祀神灵之多。当然这不是沿海涉海人群祭祀的所有神灵。

这一"海上神仙谱"中,祭祀妈祖(天妃、天妃娘娘等)的地方最多,有53处;其次为土地(土地公),祭祀地点有52处,其他神灵祭祀地点各1—2处(参见表2)。可见妈祖(天后)、土地公在清代沿海海洋信仰中占有极重要地位,受到广泛的尊崇。

表2　清代《(安船)酧献科》所见商民祭祀海神统计表(单位:处)

神名	祭祀地点	神名	祭祀地点	神名	祭祀地点	神名	祭祀地点
妈祖(天妃、天妃娘娘、天后)	53	关帝	1	大道公	1	王公	1
土地(土地公)	52	都功	1	水仙王	1	九使爷	1
王公	2	林使总管	1	舍人公	1	二老爷	1
五帝	2	羊府爷	1	龙王爷	1	阮夫人	1
佛长公	1	龙爷	1	观音佛	1	杨老爷	1
六使爷	1	三官爷	1	海神爷	1		

《(安船)酧献科》出自漳州商民之手,主要反映了闽南涉海人群的海洋信仰状况,所记为漳州商民常到之处,崇拜的神灵自然也是本省神灵为多。妈祖受到漳州商民的广泛崇信,祭祀场所最多,与妈祖信仰起源于福建、受本省民众崇拜有密切关系。

宋元以降,在官方、民间及海外华人多方力量的共同推动下,妈祖(天后)从民间神上升为官方神,从单一神格的地方女神演变成为官民共信甚至在海外华人社会均有影响的多元神格的"天后娘娘""天下妈祖",从单一神通进化成具有"全能神通"、海陆统管、求应必应的顶级大神。正如德国汉学家普塔克教授所云:妈祖不仅仅是不同于中国早期历史中"先帝"文学中的人物,而且从宋朝开始,妈祖文化就在不同的层面得到发展:地区性的、跨地区性的、官方的、海外的,等等。同时,妈祖也被道教和

763

佛教吸纳。妈祖的神力不但体现在护航、击退海盗、保护堤坝等方面,还体现在满足求子等愿望上。随着闽人四海为家、漂洋过海的海洋活动,不断向外地传播,还向海外华人区域传播,形成一个影响极为广泛的全国性乃至国际性民间信仰体系。其地位之高、影响之大非一般神灵所能及,恐怕只有西方的圣母玛丽亚、非洲西部的Mami Wata女神、南美地区的Iemanja信仰可以比拟。①

笔者认为,应该将妈祖/天后信仰分为两大系统——官方系统、民间系统——来考察,同时还需关注另外一个延伸系统——海外系统。妈祖/天后信仰各个系统有联系也有区别,在仪式化方面有明显的官民分野。官方系统的天妃/天后属官方祭祀众神中之一位,纳入朝廷和地方礼仪系统,每年春秋两致祭,仪注"与文昌庙同",或视同名宦,或与南海神同祭;天妃/天后法相庄严,高高在上,威仪万千,是护国佑民的高尚神灵,但海神色彩其实并不浓。民间系统的妈祖属于"不主祭于有司者",没有纳入官府每年的例行祭祀,有些历史时期被视为"淫祀",受到官府打压或取缔,但拥有深厚的信众基础、贴近民众的神通和亲和力,被当成无所不能的万应神明,祭祀仪式五花八门,异彩杂呈。海外系统的妈祖主要流传于东北亚、东南亚、美洲、大洋洲、非洲等国家华侨社会(主要是闽侨),在越南等国也进入官方系统,成为朝廷祭祀的正神。②妈祖(天后)信仰在海内外各方均得到有力的支持,尤其在民间有深厚广泛的群众基础,受到民间各层面广大涉海人群的崇拜,体现了妈祖信仰的草根性、广泛性。

土地公又称福德正神、社神等,其来历与古代祭天地,社稷中的社、稷之神有关,是一方土地上的守护者,虽然地位不高,但却是中国传统社会最广泛、最普遍受民间崇拜的神灵,土地公庙几乎遍布每个村庄。大英博物馆藏《(安船)酙献科》"众神谱"中土地公祭祀场所众多,出现次数仅次于妈祖(天后),说明涉海人群对土地公的崇拜十分普遍。

《(安船)酙献科》中妈祖(天后)、土地信仰的分布,体现了诸神信仰的地域性特点。妈祖/天后宫庙集中分布在福建、台湾海域,闽台海域是福建商民活动的主要舞台,此外福建商民在"北上""南下"的海洋活动中也带去妈祖信仰,因而远至山东、天津、上海,南及香港、澳门、广东、广西、海南,均有崇拜妈祖/天后的宫庙。而土地公信仰则集中分布在江浙沿海,这些地方的土地公信仰高于妈祖/天后信仰。

比较之下,观音、关帝等传统的全国性影响的大神祭祀场所在《(安船)酙献科》中出现次数不多,原因大概有二:一是《(安船)酙献科》来自漳州,主要反映漳州乃至福建地区海洋信仰的局部现象,而不是全国性现象;二是宋明以降妈祖信仰的影响力持续增长,强势传播,使得其他大神相形见绌。

观音菩萨信仰起源于印度,在印度婆罗门教和佛经中均有关于观音的内容,佛教传入中国后,观音信仰发展成为最有影响的菩萨信仰之一,也是中国最流行的宗教信仰形态,几乎覆盖中国传统社会所有人群,而在魏晋至唐朝时期佛教世俗化、本土化过程中,观音菩萨形象也经历了由男性向女性转化的过程。东晋时高僧法显前往西天取经,陆路去海路回,两次遇到风暴,法显皆"一心念观世音",

① 普塔克:《海神妈祖与圣母玛利亚之比较(约1400—1700年)》,肖文帅译,《海洋史研究》第4辑,社会科学文献出版社,2012年,第264—276页。
② 李庆新:《再造妈祖:华南沿海地区妈祖信仰再认识》(未刊稿),慕尼黑大学汉学研究所、慕尼黑孔子学院主办"妈祖/天后国际研讨会"论文,2016年3月18—19日。

"蒙威神佑"，得以返回汉地。①唐代天宝年间鉴真和尚多次东渡日本，第五次自扬州东渡，至舟山群岛，风急浪峻，"人皆荒醉，但唱观音"。②鉴真此次东渡依然不成功，漂流至海南振州，经广州辗转入江南，回到扬州。总之，晋唐以后观音菩萨信仰已经具有海洋神灵功能，被航海人群奉为保护神。20世纪80年代，广东台山上川岛海域发现的"南海Ⅰ号"南宋沉船，可能来自福建沿海，至今已发现18万件以上遗物，对了解南宋异彩纷呈的海洋社会生活很有帮助。例如出水一尊石雕佛像，长4厘米，宽1.65厘米；一尊石雕观音坐像，长3厘米，宽1.7厘米，底座穿有两圆洞。③这座佛像应该是船上人供奉的神像，而这尊观音石雕坐像底座穿有两圆洞，是否为了方便固定神像，不至于在大风大浪的颠簸中倾倒？是否可以这样认为，即使是妈祖信仰已经不断壮大传播，大慈大悲、救苦救难的观世音菩萨在宋代仍然受到包括福建沿海地区民众的崇拜，成为航海商民船上供奉的保护神？这是反映中古时期佛教信仰与海洋信仰关联互通的珍贵实物资料。

尽管如此，宋元以后妈祖/天后信仰的持续发展成为一种长期趋势，明清时期在官民合力推动下表现得更为强势，妈祖信仰不仅挤占了沿海地区不少本地其他神灵的地盘，同时也出现与一些本地神灵互相渗透、角色置换等包容性兼并和扩张趋势。如在浙江地区妈祖化身为观音，在广东地区妈祖与冼夫人合流，在北部湾沿岸地区妈祖以"三婆"形象出现并流播到港澳地区，妈祖信仰覆盖了伏波将军信仰圈，结果促进了妈祖信仰的进一步传播，造成沿海地区海洋信仰产生结构性改变。浙江舟山普陀山为观音道场所在地，观音是舟山群岛民众最崇拜的海神，但是由于妈祖信仰的传播，舟山群岛几乎每个岛屿都建有天后宫，庙宇数量甚至超过观音寺院。④《（安船）酌献科》反映了宋元以后观音与妈祖两大信仰在人群流动、官府支持等多种因素作用下出现影响力此消彼长的互动过程和发展趋势。

实际上，由于海洋信仰的地域性、差异性、多样性，明清沿海地区民情习俗信仰不一，祭祀的神灵名目甚多，大不相同。《（安船）酌献科》所见商民祭祀的海神还有王公、五帝、都公、龙王爷、佛长公、六使爷、九使爷、二老爷、大道公、水仙王、舍人公、阮夫人、羊府爷、三官爷、林使总管等。还有许多的海洋神灵不见于《（安船）酌献科》，在中国海洋信仰中，妈祖（天后）、土地公之外，还有许许多多的神灵存在，构成大大小小的区域性海神信仰网络和祭祀圈，在各自海洋小社会中起着不可替代的重要作用。这点不可不知，也不能不重视。

妈祖是重要的，但不是唯一的。确实如美国海洋史学家安乐博（Robert Antony）教授所说，许多人知道妈祖是讨海人家所供奉的神祇。事实上，她只是讨海人祭祀的许多神祇之一，除了妈祖之外，还有北帝、龙王、龙母、靖海神、风波神等。更有一些只有当地人才供奉的神祇，比如香港、澳门的洪圣大帝、朱大仙、谭公等；另外潮汕有三山国王，海南岛、雷州半岛有飓风神。上述神祇中，北帝、龙母、三山国王等，并不是专门保佑"讨海人"的神祇，但至少在中国南方沿海一带，被当作保佑海上平安的神祇。

---

① 法显：《法显传》"自狮子国到耶婆提国""自耶婆提国归长广郡界"。

② 真人元开：《唐大和尚东征传》。

③ 李庆新：《"南海Ⅰ号"沉船的初步考察——从出水遗物看南宋海外贸易中的外销瓷、钱币、金属制品及其他问题》，《学术月刊》2012年第9期。

④ 金涛：《舟山群岛妈祖信仰与天后宫》，时平主编：《中国民间海洋信仰研究》，海洋出版社，2013年，第65页。

"讨海人"建有专属的庙宇,以别于一些由陆地上的人盖的庙宇。如香港大潭笃的水上人家,他们与拜天后的当地人不一样,他们有自己的两座小庙,较大的庆典活动则到香港岛上,祭祀洪圣大帝。每个地区的人都有自己崇拜的神明,如大屿山的大澳,渔民原来崇奉天后,但清初当地盐商把持了天后宫,祭祀神灵改为杨侯王。①

学界在海南岛的调研显示,本地渔民商众崇拜自己创造的神灵"兄弟公",而不信妈祖。主要是"因为潭门人忌讳女人出海,妈祖作为女性,也不能出海";另外,"远海作业与近海作业不一样,每次出海人数特别多,路程遥远,像妈祖这样一个女神很难保佑我们的安全;但是兄弟公不一样,兄弟公有一百零八个人,他们人数多,每次都能及时显灵,对我们来讲,兄弟公比妈祖更加管用"②。琼海市潭门港出海打渔的渔船,每条均设有祭拜神灵的牌位,上书神灵名字。船上插着红旗、黑旗,其中三角彩旗上书写神名,就是该船供奉的神灵。一些外地的渔船,供奉的神灵既非兄弟公,亦非天后,而是南海神洪圣王、伏波将军、华光大帝,以及祖先。如一艘来自儋州的渔船,神位在驾驶舱后壁,以红纸书写"神光普照",以镜框固定在神台上。供奉神灵有5位,包括"左把簿"敕赐洪圣广利大王、敕赐妙惠皇后夫人、敕赐金鼎三侣相公,"右判官"敕赐鲁班。另两艘渔船船主均为儋州人,供奉堂主,船上彩旗墨书"永清堂,雷霆英烈感应马大元帅,一帆风顺,船头旺相"。"永清堂"为船主祖先,马大元帅为伏波将军。③

因此,探究明清时期沿海地区涉海人群的海洋信仰,要加强大大小小的海洋神灵的系统研究与整体研究,避免"攻其一点,不及其余"的局限,用广阔的视野,搜集利用更多的海洋神灵及其信仰资料,从具体神灵的个案研究做起,察其流变,辨其异同,拓展研究领域,揭示中国海洋信仰的整体面貌。

余论:海洋信仰、海洋知识与海洋历史记忆

明清时期沿海涉海人群的海事活动中,祭祀神灵是一门不可或缺的日常功课,海神信仰包含着涉海人群敬天敬海敬神的宗教意识与信仰情怀,是人们勇闯沧海、从事航海贸迁的精神支柱,上文提到的航海针经、更路簿等民间文献,是沿海地区民众海洋意识、航海智慧、航海经验与技术的结晶。

这些文本循着大体相同的体例和结构,书写沿海与海上岛屿人群特殊的海洋环境、生存空间、日常生计、宗教信俗等内容。毫无疑问,其知识部分来源于中国传统文化,更多则植根于沿海乡间社会的涉海人群,大多出自见多识广而有声望的老船长、老水手、老渔民之手,以口耳相传或传抄文本形式,叙说、记录、传播久远的历史记忆。虽然在浩如烟海的传统文献中只是沧海之一粟,无足轻重,然而却承载着特定人群海洋文明的历史记忆。

此类乡间文献,大多文笔粗糙,夹杂方言土语,文字俚俗,杂乱无章,非谙熟海事、了解海国民俗者不易释读,堪称"天书"。因而一些对海外见闻、海洋故事感兴趣甚至有猎奇心理的"好事"文人,对其知识素材进行整理吸收,对文本进行改编润色,乡间文本成为编纂海国故事、传播海洋历史记忆的第

① 安乐博:《海上风云:南中国的海盗及其武伐活动》,张兰馨译,中国社会科学出版社,2013年,第200页。
② 冯建章、徐启春:《走进排港:海南岛"古渔村"的初步考察》,《海洋史研究》第14辑,社会科学文献出版社,2019年,第216—225页。
③ 李庆新:《海南兄弟公信仰及其在东南亚传播》,《海洋史研究》第10辑,社会科学文献出版社,2017年,第459—505页。

一手原始资料。明人张燮编著《东西洋考》，广求资料，"间采于邸报所抄传，与故老所诵述，下及估客舟人，亦多借资"。在此基础上重新谋篇布局："舶人旧有航海针经，皆俚俗未易辨说，余为稍译而文之。其有故事可书者，为铺饰之。渠原载针路，每国各自为障子，不胜破碎，且参错不相联，余为镕成一片。"①从而使《东西洋考》成为记载明中后期漳州贸易、海上交通的重要著作。清人程泽顺在编著《指南广义》过程中，也有相同经历，包括采访航海老人、年高舵师，参考"封舟掌舵之人所遗针本及画图"，《指南广义》成为研究清代中琉关系与海航历史很有价值的参考书。

在沿海和海岛地区三教九流人群中，有一种具有沟通幽明之间的"通灵"能力、拥有超自然神秘力量的特殊人群，被称为"巫觋""灵童""道士"。他们或为本地乡民，或为乡间佛道人士。他们掌握着乡村"神话"的话语权，沿海乡村许多宗教信俗、祭神节庆活动，他们是不可或缺的角色。20世纪70年代，韩振华先生在海南作调查，收集到文昌县埔前公社七峰大队渔民蒙全周关于如何书写《更路簿》的有趣记忆，十分耐人寻味：

> 当时去西南沙一带捕鱼，就有《更路簿》，详记各岛、屿、礁、滩的航程。传说文昌县林伍市北山村有一位老渔民会跳神，其神名"红嘴"，当时神被认为是高上的，船开到哪里？都由他吩咐。跳神的说几更，船到什么地方，何地何名，都由他说。以后记为《更路簿》，这样一代一代传下来，有的传十几代。②

此条资料显示，《更路簿》确实出自老渔民之口，但这位老渔民却是一位具有沟通人间与仙界的通灵神通的"跳神者"。由于他在渔民中声望极高，因而《更路簿》所描述的"各岛、屿、礁、滩的航程"都是他说了算，并由此代代相传。这种由会"跳神"的船长传授、记录、保存下来的海洋知识和历史记忆，不免染上原始巫术色彩，带有古代先民原始自然信仰、崇拜鬼神的古风遗习。

事实上，包括海南在内的南海北岸沿海地区，古为百越之地，底层土著文化有诸多类同相通之处，文化的深层结构遗传着古风。作为沿海乡村社会沟通人神的特殊群体，"跳神者"无疑是一个活跃的存在。这些人创作的各类海洋信仰、海洋知识的仪式化文本，构成沿海乡村五花八门的"神文化"遗存。今天看来，这些也是传统非物质文化遗产、"民间文献"的一部分。

沿海地区民间信仰植根乡村社会，具有极强的草根性和遗传性，赓续不断，影响极为深远，对沿海地区海洋历史记忆的书写，海洋文化传统的继承，海洋发展的取向，均具有十分重要的价值导向和路径启示。时下海洋历史文化研究方兴未艾，民间海洋文献当然也值得重视。其作为一项基础性工作，应该采取宽容开放多元的思维，加强资料收集整理，进行深层次的研究思考。

（作者李庆新，广东省社会科学院历史研究所研究员。原载《海洋史研究》第15辑，社会科学文献出版社2020年）

---

① 张燮《东西洋考》"凡例"，中华书局，1981年，第19—20页。
② 韩振华主编：《我国南海诸岛史料汇编》下册，东方出版社，1988年，第407页。

明代寺院经济研究

——以南京八大寺公田租税纠纷与诉讼为中心的考察

何孝荣

东汉以来,佛教在中国的传播和发展,离不开寺院经济的物质支撑。寺院经济强弱一定程度上决定和反映了佛教势力的兴衰,而寺院经济的样貌也是佛教传承发展样貌的重要组成部分。明代统治者对佛教采取了严格整顿和限制政策,尤其是限制寺院经济发展,因此明代寺院经济衰微,佛教也处于不振境地。由寺院经济一斑,可窥佛教样貌的全豹。

学界对中国佛教寺院经济史的研究,始于20世纪30年代。之后,学者对寺院经济内部变化、寺院阶级结构及依附关系、寺院财产占有性质、寺田经营方式、僧尼赋役等进行了多角度的探析,发表了相当多的论著。但迄今的相关研究主要涉及魏晋南北朝、唐宋元各代寺院经济,而明代寺院经济除个别论文外,缺少深入研究。①

笔者研究明代佛教史,并点校出版明人葛寅亮撰《金陵梵刹志》。②该书详细记载了明代后期南京176所佛寺各方面情况,是一部明代南京佛寺总志。该书卷50《各寺租额条例》记载了明代南京八大寺"公田"(寺田)、租税及其经营状况,并附录近30件围绕寺田租税纠纷与诉讼的判决文书,在明代佛教寺院经济史料极度匮乏的背景下,该书具有极高的史料价值。本文即以南京八大寺公田租税纠纷与诉讼为中心,探讨明代南京佛教寺院经济,藉以揭示全国寺院经济状况。

一、明初南京八大寺修建及其公田

经历近二十年的元末农民战争,中国各地佛教受到重创,寺院残破废坏,"多化为煨烬之区,而狐兔之迹交道"③。南京佛教也不例外,"兵燹圮毁之余,原野寥廓,钟声罕闻"④。明初定都于南京,明太祖、明成祖都崇奉佛教,同时又深谙佛教有"阴翊王度"作用,因而运用国家力量,新建、重修了一批佛教寺院,⑤以灵谷寺、天界寺、报恩寺为首的南京八大寺作为国家寺院。

---

① 傅贵九:《明清寺田浅析》,《中国农史》1992年第1期;曹刚华:《明代佛教寺院农业问题初探》,《中国地方志》2009年第6期;欧阳楠:《晚明南京地区的寺院等级与寺院经济》,《世界宗教研究》2012年第3期;冯金忠:《重修龙泉寺碑记所见明代寺院经济》,《文物春秋》2017年第2期。

② 葛寅亮:《金陵梵刹志》,何孝荣点校,天津:天津人民出版社,2007年;葛寅亮:《金陵梵刹志》(繁体字版),何孝荣点校,南京:南京出版社,2017年。按,本文所引《金陵梵刹志》均为2017年版,不赘注。

③ 宋濂:《护法录》卷4《句容奉圣禅寺兴造碑铭》,见《嘉兴大藏经》第二十一册,台北:中华电子佛典协会(CBETA)"电子佛典集成",2011年,第640页。

④《金陵梵刹志》凡十九则,第1页上栏。

⑤ 何孝荣:《明代南京佛寺修建考》,载《南开学报》2002年第5期。

(一)明太祖修建南京五大寺

明太祖在元末曾出家为僧,崇信佛教,建国后在南京建立了以灵谷寺、天禧寺、天界寺、能仁寺、鸡鸣寺为代表的国家五大寺。

灵谷寺本是南朝梁武帝为神僧宝志所建塔院开善寺,在钟山玩珠峰阳,宋代改称太平兴国寺,后称蒋山寺,是南京古寺名刹。洪武九年(1376),蒋山寺住持仲羲因寺中宝志塔"前瞻宫阙,仅一里许",感觉"非惟吾徒食息靡宁,亦恐圣师神灵有所未妥",奏请迁寺,明太祖立即同意。实际上,明太祖下令迁建蒋山寺,是他看中寺基,欲在其地建设陵寝。他先命寺徙于钟山左胁朱湖洞南,并以旧太庙所遗材木施之,又遣亲军五万余人徙塔附寺。寺将成,有相者言:"其地湫隘,非京刹所宜"。洪武十四年九月,明太祖"有旨舍其旧而新是图",重择寺址于京城东南独龙冈左,并"拓大其规制,令可容千僧"①。一年以后,寺成,赐额"灵谷禅寺","为天下丛林之首"②。寺原址建为明太祖孝陵,新建的灵谷寺与孝陵相距不远,后成为其香火院。

天禧寺前身是晋初所建长干寺,在城南聚宝门外古长干里,是南京历史上第二所佛寺,宋代改名天禧寺。洪武十三年胡惟庸事件后,明太祖认为"七朝居是土者,皆臣愚君者多矣",而其原因则是"虎方坤位,浮图太耸",因此下令将天禧寺阿育王塔移置钟山之左。不料,工程将完,有工人坠塔而死,明太祖以为神异,遂令停止移塔。不久,工部侍郎黄立恭奏准修塔。三年后,工成,天禧寺也得以增建,"大雄之殿、僧房、两庑、重门楼观亦皆备矣"③。

天界寺原名大龙翔集庆寺,在城中闪驾桥北龙河,为元文宗图帖睦尔"潜宫"改建,是元朝后期南京首刹。朱元璋攻克南京之初,改为"大天界寺",命高僧慧昙"主之"。洪武元年,明太祖命即寺开设善世院,为最高僧司衙门,御书"天下第一禅林"赐寺④。洪武四年改曰"天界善世禅寺",五年又改为"善世法门"⑤。洪武十五年,改设的最高僧司衙门——僧录司仍置于寺内。至洪武二十一年,寺毁于火。明太祖谕曰:"佛氏以清净寂灭为教,建立佛刹,不宜于城市阛阓中,与民居混,秽浊喧嚣"。住持宗泐推荐城南聚宝门外二里凤山为新址。明太祖敕锦衣卫官督役重建,"所用一切材料、工佣之费,尽出公帑","寺宇之清洒开廓,比旧倍焉"⑥。寺成,"仍旧额曰天界善世禅寺"⑦。

能仁寺本是南朝刘宋所建报恩寺,在古城西门。北宋政和时改"能仁禅寺"。洪武十五年五月,明太祖下令将全国佛寺分为禅、讲、教三类,使僧人各务本宗,"见除僧行果为左阐教,如锦为右觉义,前去能仁[寺],开设应供道场。凡京城内外大小应付寺院僧,许入能仁寺会住看经,作一切佛事。若不由此,另起名色,私作佛事者,就仰能仁寺官问罪"⑧。能仁寺被设为京城唯一瑜伽教寺,住有僧官,聚居

---

① 徐一夔:《始丰稿》卷11《敕赐灵谷寺碑》,《丛书集成续编》第85册,台北:新文丰出版公司,1988年,第586页。
② 释可浩:《重修宝公塔记》,见《金陵梵刹志》卷3《钟山灵谷寺》,第83页下栏。
③ 明太祖:《御制黄侍郎立恭完塔记》,见《金陵梵刹志》卷31《聚宝山报恩寺》,第325页上栏。
④ 宋濂:《护法录》卷1《天界善世禅寺第四代觉原禅师遗衣塔铭》,见《嘉兴大藏经》第二十一册,第601页。
⑤ 《明太祖实录》卷188,洪武二十一年二月是月,上海:上海古籍出版社,1983年,第2829页。
⑥ (明)姚广孝:《天界寺毗卢阁碑》,见《金陵梵刹志》卷16《凤山天界寺》,第213页上—213页下栏。
⑦ 《明太祖实录》卷188,洪武二十一年二月是月,第2829页。
⑧ 《金陵梵刹志》卷2《钦录集》,洪武十五年,第41页上栏。

教僧,专为百姓人等举办瑜伽法事。洪武二十一年二月,能仁寺"毁于火,主僧行果请徙今地",即城南聚宝门外二里广福山,"诏从之"①。

鸡鸣山古称鸡笼山,在南京北城金吾后卫地,西晋永康年间建有佛寺,明初"迄无遗址,题识间存"②。洪武十八年,明太祖在此建鸡鸣寺,"以祠梁僧宝公"③,即用来祠祀自灵谷寺迁来的神僧宝志全身舍利,所谓"迁灵谷寺宝公大师法函,瘗于[鸡鸣]山峟,建塔五级,每岁遣官谕祭"④。

至此,国家五大寺先后建立。它们皆由国家修建,规模巨大,住持均为僧官,由国家选任。洪武二十一年,明太祖有旨:"灵谷、天界、天禧、能仁、鸡鸣等寺系京刹大寺,今后缺大住持,务要丛林中选举有德行僧人,考试各通本教,方许着他住持,毋得滥举。"⑤国家举办佛教法会也主要在五大寺中。

此外,明太祖还给栖霞寺赐额、赐田。栖霞寺在太平门外四十里栖霞山,南朝齐永明年间隐士明僧绍舍宅为僧法度所建,是江南三论宗中兴道场,唐代与国清、灵岩、玉泉并称为天下四大名刹。唐宋以来,先后更名为妙因寺、严因崇报禅院等。洪武二十五年二月,礼部传旨:"摄山严因崇报禅院还改栖霞禅寺为额。原有山场田地,俱免他粮差。"⑥即明太祖改赐寺名仍为"栖霞寺",山场田地免除赋役,成为"钦赐田地"。明人谓:"时维洪武,载锡嘉名。又诏赐赡僧田山一千三百余亩,视天界、灵谷为比翼焉。"⑦

(二)明成祖修建大报恩寺、静海寺

永乐年间,明成祖仍崇信佛教。为了掩饰其夺位事实,明成祖两次下令修改建文年间所编《太祖实录》,把自己打扮成马皇后所生嫡子,明太祖、马皇后早有意传位于他。同时,又大兴文治武功,打造孝子圣君形象。

天禧寺在洪武年间曾"略为修葺"。永乐初,明成祖命工部再修,"比旧加新"。但不久有僧人放火,寺焚塔毁。永乐十年(1412),明成祖宣称,为报答"皇考、皇妣"即明太祖和马皇后的恩德,又念天禧寺"灵迹"不可"终废",令重新建寺,赐名"大报恩寺"⑧。他对大报恩寺修建十分重视,下令"梵宇皆准大内式",建九级琉璃塔,规模也大大增加,所谓"弘拓故址,加于旧规,像貌尊严,三宝完具,殿堂廊庑,辉焕一新,重造浮图,高壮坚丽,度越前代"⑨。由于工程量太大,至宣德年间才完工。明成祖藉此展示"不匮之孝",因此"优恤特厚,原与各寺院不同"⑩,建成后升为南京三大寺之一。

为了"宣德化而柔远人",明成祖派遣太监郑和等出使"西洋"。郑和等航行海上,帆顺功成,"说者

---

① 《明太祖实录》卷188,洪武二十一年二月是月,第2829页。

② 《金陵梵刹志》卷17《鸡笼山鸡鸣寺》,第232页上栏。

③ 《明太祖实录》卷176,洪武十八年十二月是岁,第2674页。

④ 《金陵梵刹志》卷17《鸡笼山鸡鸣寺》,第232页上栏。

⑤ 《金陵梵刹志》卷2《钦录集》,洪武二十一年戊辰,第44页上栏。

⑥ 《金陵梵刹志》卷2《钦录集》,洪武二十五年壬申,第48页下栏。

⑦ 《金陵梵刹志》卷4《摄山栖霞寺》,第135页下栏。

⑧ 《金陵梵刹志》卷31《聚宝山报恩寺》,第326页下。或说明成祖重建大报恩寺实为纪念其生母硕妃,该寺大雄宝殿即俗称硕妃殿。

⑨ 明成祖:《御制大报恩寺左碑》,见《金陵梵刹志》卷31《聚宝山报恩寺》,第327页上栏。

⑩ 《金陵梵刹志》卷50《各寺租额条例》,第511页上栏。

奇其绩,谓为神天护呵,合建寺酬报",明成祖遂命在南京仪凤门外狮子山阳建寺,"赐今额,遂为名刹焉"①,此即静海寺。

这样,由洪武年间国家五大寺及栖霞寺,永乐年间自天禧寺改建大报恩寺(后多简称报恩寺),新建静海寺,以及禅宗牛头宗祖庭弘觉寺,共同组成为明代南京国家八大寺,后世又分为灵谷寺、天界寺、报恩寺三大寺及栖霞寺、鸡鸣寺、静海寺、能仁寺、弘觉寺五次大寺。明人称"三大寺乃国初敕建。圣祖为护卫陵寝,改蒋山寺为灵谷;为化诱愚俗,加天界寺为善世;成祖为报答皇考、妣深恩,改天禧寺为报恩","至于鸡鸣、能仁,原与灵谷等寺鼎立,而栖霞、弘觉、静海亦并系敕建名刹"②,对明代南京乃至全国佛教和寺院都有重要影响。

(三)南京八大寺公田

为了维持八大寺的运转,保持其繁盛,明太祖、明成祖先后给各寺赏赐大量田地山场以及芦洲。据统计,仅洪武年间就对天禧寺、天界寺、能仁寺、灵谷寺、鸡鸣寺、栖霞寺等大寺"共赐有赡僧田近五百顷,芦洲亦几其半"③。其后,明宣宗、明景帝、明孝宗等仍给八大寺赏赐过田地芦洲等。至万历年间统计,南京八大寺共有公田计66270.56亩(详见表1)。这些公田基本上来自于皇帝"钦赐",所谓"三大寺田地洲场,原系圣祖钦赐",五次大寺"寺田多出钦赐"④,"大寺、次大寺田地洲场皆出钦赐"⑤。

表1　明代南京八大寺公田统计表

寺名	寺别	公田(亩)	寺名	寺别	公田(亩)
灵谷寺	大寺	34393.58	天界寺	大寺	13246.48
大报恩寺	大寺	9009.98	栖霞寺	次大寺	2418.74
鸡鸣寺	次大寺	3798.70	静海寺	次大寺	438.04
能仁寺	次大寺	2085.03	弘觉寺	次大寺	880.01

二、明前期皇权保护与八大寺寺院经济强盛

明代南京八大寺均占有大量的公田,是十足的寺院大地主。但南京八大寺也经历了明前期皇权保护与寺院经济强盛、明中后期税增租减与寺院经济萎缩、明后期清田定租与寺院经济恢复和发展的变化过程,尤其是明中期以后八大寺甚至陷入"寺废僧穷"、寺院经济衰微的境地。

洪武、永乐年间,定都南京,八大寺作为皇帝敕建和设立的国家寺院,寺院经济得到皇权强力保护。永乐迁都北京以后,南京成为留都,明仁宗、明宣宗等对南京仍有一定感情,于八大寺也多有护持。当时,南京八大寺公田经营是在皇权严格保护下享有免税特权、收益巨大的大土地经营。

八大寺公田经营最初采取租佃制生产方式。洪武十八年(1385),天界寺住持行椿奏称,"蒙钦赏溧阳县没官田"3990亩,因"肥瘠不等",分三等起科,"各佃自运付本寺交纳"⑥。洪武三十年正月,溧阳

---

① 俞彦:《静海寺重修疏序》,见《金陵梵刹志》卷18《卢龙山静海寺》,第242页上栏。

②《金陵梵刹志》卷50《各寺租额条例》,第511页上栏。

③ 葛寅亮:《八大寺定租碑记》,《金陵梵刹志》卷16《凤山天界寺》,第219页上栏。

④《金陵梵刹志》卷50《各寺租额条例》,第507页上栏、511页上栏。

⑤《金陵梵刹志》凡十九则,第1页下栏。

⑥《金陵梵刹志》卷2《钦录集》,洪武十八年乙丑,第42页下栏。

县民李兴寿状告天界寺征收租粮过重,寺僧弥净对质称,"前因自洪武十四年间钦赐本寺赡僧粮米三千石,田地坐落溧阳县,佃户蒋寿一等布种","作三等起科","各佃照旧送纳"①。但不久,租佃制就为雇佣制取代。洪武二十四年五月,僧录司右善世宗泐等奏称,"天界善世禅寺有上元县靖安、湖塾镇及溧阳、溧水等县田地,天禧寺有上[元]、江[宁]二县龙都镇田地,俱自己用钞雇倩人,在各处使用,恐官府遇有差役未便"。奉圣旨:"你各寺四县雇倩的人,教不动他。"②。洪武二十七年三月,天界寺、灵谷寺住持行椿、行容等又奏称,"荷蒙钦赐赡僧田地,一向自己用钞雇人耕种"③。这些寺院雇农,由明太祖赐免差役,实际上是寺院大土地所有制的依附。

众所周知,由租佃制到雇佣制的转变,是封建生产方式的倒退。因为,雇农的经济条件、等级身份等都相对较低,"使用雇农并不意味着比使用佃农更有利于发展生产"④。各大寺大地主土地所有制虽在皇权强力保护下采用雇佣制,但要发展生产,获得更多收益,注定要以更为进步的租佃制取而代之。洪武二十七年三月,行椿、行容等奏称,雇用庄奴耕作"事务烦琐","另议召佃征租"⑤,重新采取租佃制方式。其后,租佃制生产方式一直是八大寺大地主土地所有制的主要经营形式。在租佃制生产方式下,八大寺采用定额租制剥削方式收取实物地租,明中期以后有一部分货币地租——折银征收。据洪武十八年天界寺住持行椿奏称,天界寺"蒙钦赏溧阳县没官田",每亩上田科米七斗九升,中田科米七斗五升,下田科米七斗二升,"各佃自运赴本寺交纳"⑥。这一租额是如何确定的?洪武三十年正月僧人弥净称:

> 自洪武十四年间,钦赐本寺赡僧粮米三千石,田地坐落溧阳县,佃户蒋寿一等布种。先该礼部差僧会司官踏勘,照依肥瘦,作三等起科。至十八年,住持行椿奏请刻碑为记。⑦

可见,三等额租是由礼部所定。洪武二十七年三月,天界寺、蒋山寺寺田经营由雇佣制改为租佃制,租额因地而区分:"上[元]、江[宁]二县田,每亩米五斗、麦三斗为率;溧阳、溧水、句容等县田,每亩米七斗五升为率。各佃自运到寺,散给众僧"⑧。这些租额,其后各寺沿用了一百余年。

洪武二十七年规定的各大寺租额是沉重的。实际上,当时一般官田租额是三至四斗,即使是土地肥沃的南京等地区也仅四斗。如洪武二十一年明太祖下令:"两浙及京畿土壤饶沃者输四斗,江西郡县地土颇硗瘠者只输三斗,著为令。"⑨也就是说,明太祖"钦定"包含南京的"两浙及京畿"租额为四斗。而各大寺租额承袭的是当时私租和一些官租七至八斗的最高租额,是"钦定"民田租额的近两倍,因此

① 《金陵梵刹志》卷50《各寺租额条例》,第525页下栏。
② 《金陵梵刹志》卷2《钦录集》,洪武二十四年,第45页下栏。
③ 《金陵梵刹志》卷2《钦录集》,洪武二十七年甲戌,第52页下栏。
④ 胡如雷:《中国封建社会形态研究》,北京:三联书店,1979年,第140页。
⑤ 《金陵梵刹志》卷2《钦录集》,洪武二十七年甲戌,第52页下栏。
⑥ 《金陵梵刹志》卷2《钦录集》,洪武十八年乙丑,第42页下栏。
⑦ 《附旧卷·户部覆议溧阳庄租额帖文》,见《金陵梵刹志》卷50《各寺租额条例》,第525页下栏。
⑧ 《金陵梵刹志》卷2《钦录集》,洪武二十七年甲戌,第52页下栏。
⑨ 《明太祖实录》卷190,洪武二十一年五月戊戌,第2875页。

遭到佃户反对。洪武三十年正月,溧阳县民李兴寿告状称,其乡原有田3991亩,"每该原科粮米三斗一升",至洪武十八年"拨与天界寺供众斋粮","不照原额起科,却作三等起科",租额大大提高。而寺僧弥净也以寺田"催征","各佃不肯照旧送纳,只照没官田则例,每亩米三斗一升来告"。此案经户部审理,判决如下:

> 参照佃户李兴寿等既系[洪武]十八年佃种,照粮已定,今告照没官田则例科征纳粮一节难以准理。如若各佃仍前恃顽不纳,就行提解赴部追问。除具奏,仍令各僧前去照旧催收。文书到日,仰本府即行溧阳县着落当该官吏照依科札付内事理施行。①

佃户的抗租斗争,在皇权对八大寺寺院经济严格保护面前败下阵来,各大寺维持重租。同时,八大寺公田因皆为"钦赐",享有免税特权。而中国古代农民对国家的负担主要是赋税、徭役两项。僧道出家基本可享受免除徭役,但寺观土地则多需缴纳赋税。为了保证诸大寺经济收益,明太祖下令免除其赋税。洪武十五年二月,明太祖"钦拨"天界寺"田粮三千石"、蒋山寺"田粮四千石",有官员奏问"合无如何免他",明太祖下令免除其"该纳粮数","余有的田粮并差役俱都免他"②。这样,天界寺、蒋山寺所有赋税和差役都被免除。洪武二十四年,右善世宗泐奏:天界寺、天禧寺有各县田庄,"俱自己用钞雇倩人,在各处使用,恐官府遇有差役未便"。奉圣旨:"你各寺四县雇倩的人,教不动他"③。则连各大寺依附雇农的徭役也免除了。至洪武二十七年正月,明太祖颁行僧人《避趋条例》,其中明确规定,"钦赐田地税粮全免,常住田地虽有税粮,仍免杂派,僧人不许充当差役"④。而南京各大寺"田地洲场,皆出钦赐",都免除了赋税。

可见,明前期南京八大寺是拥有大量公田、征收沉重额租,而又不纳任何赋税和徭役的寺院大地主,寺院经济因此兴盛。

三、明中后期税增租减与八大寺寺院经济萎缩

历代以来,一些佛寺道观占有大量公田,因得皇权保护,竟不纳一粟半钱,一直为官民所不满和抨击。明代南京八大寺也不例外,明中期,以八大寺为首的南京佛寺与最高统治集团间的关系越来越淡漠,逐渐失去皇权眷顾和强有力护持,加以国家财政紧张,于是各寺钦赐田地开始被加征赋税。至嘉靖年间,佃户抗租斗争也日益活跃。其间,南京地方官员吏役和佃户与南京礼部、南京僧录司和寺方之间,围绕八大寺税增租减,爆发多次经济纠纷与诉讼,八大寺逐渐陷于"寺废僧穷"、寺院经济衰微的境地。

八大寺公田被加征赋税始于成化年间。据嘉靖三十三年(1554)《应天府查免上元县杂派帖文》记

---

① 《金陵梵刹志》卷50《各寺租额条例》,第525页下栏。
② 《金陵梵刹志》卷2《钦录集》,洪武十五年,第40页下栏。
③ 《金陵梵刹志》卷2《钦录集》洪武二十四年,第45页下栏。
④ 《金陵梵刹志》卷2《钦录集》,洪武二十七年甲戌,第51页上栏。

载,成化年间,"因苏、杭二州水灾","凡钦赐田地,每亩劝米二升,不为常例"①。万历三十四年(1606)南京礼部祠祭司《本司行上元县议定僧录司征解文卷》则称,各大寺坐落上元县"钦赐田地","至成化年间,偶因苏、松水灾,每亩劝借米二升"②。可见,成化年间,因苏、杭(或苏、松,二者有一误)水灾,八大寺钦赐公田都被"劝借",每亩米二升,"相因不改"③。

不过,另外两份诉讼文书则记载"劝借"始于弘治年间。如万历十七年《应天府查免栖霞寺杂派帖文》称:栖霞寺钦赐田地,"弘治年间,赈边紧急,每亩劝借米二升,遂以为常,办纳无异"④。万历二十一年应天府《秦通判议灵谷寺田不宜加派牒文》称,灵谷寺钦赐田地,"于弘治年间,因陕西荒旱,劝借米八十五石九斗七升"⑤。

两种记载出现矛盾。究竟是成化年间"劝借"后"相因不改",还是弘治年间"劝借"后"遂以为常"?笔者认为可能是八大寺公田先在成化年间被"劝借",但不久即停止。到弘治年间,再因陕西荒旱而被"劝借",此后"遂以为常",临时性加派赋税从此变成制度性征收赋税。不仅如此,一些官员吏役还借机故意私加赋税。如天界寺坐落上元县丹阳乡一图钦赐公田2576亩,根据"劝借"比例,"实该均摊平米"50.5石。但因"督造紧急",上元县税粮科"传写差讹,失将该寺粮米比额多开米三石",即在赋税登记册上将"劝借"之米写成53.5石。寺僧"递年办纳不缺"。不久,"续奉府帖文,为缺缎匹事",又被每石加派银0.16两余,该银8.7两余⑥。至嘉靖年间,灵谷寺上元、江宁等四县公田中的草塌塘等再被"将草折米",复遭加派,连同弘治年间劝借米85.97石,"节次加派粮草"共计"平米"205.97(或作205.93)石⑦。

明后期,对八大寺公田的加派再增新手段。隆庆三年(1569),应天巡抚海瑞在各县清丈田地,宣布:"凡功功臣田土,的是钦赐,明有凭据外,若私自置买者,尽报入官当差。"⑧次年,应天府治中包某奉例"丈量",在灵谷寺原赐上元县公田内"丈多田"3942.94亩,"每亩科米四升","丈多地"1905.17亩,"每亩科米二升"⑨,即在钦赐公田中丈量多出田地5848.12亩,按常住田地之例征收赋税。连同弘治、嘉靖年间所派,灵谷寺该项公田共该纳粮478.46石,应天府责令"本寺照数办纳"。据稍后调取黄册证实,灵谷寺"所丈多之田,查乃钦赐额内丈出,并无私置新增"⑩。包治中、应天府显然是故意"丈多",要给灵谷寺公田加税。

天界寺在高淳县相国圩有钦赐田地3721.99亩,嘉靖年间又先后收到两份"没官田"计3.2亩。这些公田为佃户梁旺七等佃种。嘉靖十七年,高淳县奉命"丈田均粮",梁旺七等"希要日后占田减租",共隐瞒赐田450.38亩,仅报田3274.81亩,"开载书册"。但他们仍照原额交租于寺,以致寺不知情。隆

---

① 《金陵梵刹志》卷50《各寺租额条例》,第524页上栏。
② 《金陵梵刹志》卷50《各寺租额条例》,第513页下栏。
③ 《金陵梵刹志》卷50《各寺租额条例》,第507页下栏。
④ 《金陵梵刹志》卷50《各寺租额条例》,第549页下栏。
⑤ 《金陵梵刹志》卷50《各寺租额条例》,第515页上栏。
⑥ 《金陵梵刹志》卷50《各寺租额条例》,第524页上栏。
⑦ 《金陵梵刹志》卷50《各寺租额条例》,第515页上栏。
⑧ 《金陵梵刹志》卷50《各寺租额条例》,第535页上栏。
⑨ 《金陵梵刹志》卷50《各寺租额条例》,第516页上栏。
⑩ 《金陵梵刹志》卷50《各寺租额条例》,第515页下栏。

庆三年,海瑞清丈田地。掌高淳县事同知邓楚望"奉例丈量田地",此时梁旺七已去世,佃户卞爱七见寺僧复清"开造原额赐田"比嘉靖十七年登记册所载多450.37亩,遂控告天界寺"有田地开作钦赐,冒免差役"①。邓同知不作查勘,"断将[天界寺]赐田通行罚粮四年,补前冒免之数"②,僧福清"问拟欺隐田粮,减等杖九十"。该案于隆庆三年八月"申巡按及本府详允,追赎发落讫"③。僧福清不服,状告于南京礼部。南京礼部"移咨南京户部户科,吊查后湖黄册","并无私置冒免情弊"。邓同知"以查明见格,必欲释憾该寺",或者说"因怪寺僧复申,将赐田概照民田起科",共该银190两零,"混申抚按详允"。南京礼部再加干预,行文巡抚转行应天府,"批管粮厅谭通判提卞爱七等审明,具招问罪,申府行县改正"。但至高淳县却难以施行,"苦被刁佃贿赖未豁"④,继续照民田起科。

同时,报恩寺原赐芦洲内田2958亩也被指为"丈多之洲,升入芦课"⑤。栖霞寺有钦赐田地1300余亩,弘治年间劝借,至隆庆四年,丈田造册,承办"里书"故意"遗失'钦赐'字样,致将本寺赐田混与民田,一则科米,刊就书册"。后寺僧具告巡抚衙门,应天府"吊取黄册、碑文"查勘,于是"断令仍照劝借则例"⑥,缴纳赋税。

万历初,八大寺赋税继续增加。前述灵谷寺所谓丈出非钦赐田地5848.12亩,万历三年,应天府"覆议赋役",查得该项公田"照民则例起科"后,又"加编粮米"97石。五月,再"派条编银"88.44两⑦。据统计,自成化年间至万历初,南京三大寺坐落各县庄田,除灵谷寺陈桥茄地洲地、天界寺溧阳庄田、采石洲地及报恩寺戴子庄田"仍照祖制,例不起税"外,其它庄田均被加征了赋税,"税则由无而有,甚至与民间一则"⑧。

与此同时,寺田佃户的抗租斗争日益兴起,并取得一定胜利。前述洪武年间天界寺溧阳庄佃户李兴寿等抗租被皇权弹压下去。至弘治五年(1492),溧阳县佃户因水灾再次抗租,"纳租不及三分之一"。寺僧状告,南京礼部及应天巡抚等衙门"各委官诣田,踏勘灾伤",同意"量减"每亩纳租4.5斗。其后,各佃"止输纳租米"4.5斗。嘉靖元年,佃户吕淮、赵祥等开始拖欠寺租,而管租僧人"畏惧人众狡猾,无奈容忍"。至嘉靖二十八年,天界寺差僧"亲往征租"。赵祥等"倚灾","租米颗粒不纳"。寺僧具告,掌县事应天府通判张某听信赵祥等"私议,将被灾田亩免征外,却将成熟田每亩纳租三斗,写立议单二纸,朦胧禀官",批与赵祥等"收执"。由于得到地方官员支持,一些佃户"乘机仿效,每亩止纳三斗"⑨。

嘉靖三十二年正月,寺僧诉至南京僧录司,转申南京礼部。佃户吕淮等也到南京兵科告状,称天界寺"用大斛,每亩征租六斗,耗米一斗,样米三升",征收重租及耗羡。南京西城兵马司审理后,提出溧阳庄黄芦、雁挖等圩田每亩纳米3.7斗,西赵圩田每亩纳米3斗,责令佃户"遵守定纳"。南京刑部覆

①《金陵梵刹志》卷50《各寺租额条例》,第535页上栏。
②《金陵梵刹志》卷50《各寺租额条例》,第529页下栏。
③《金陵梵刹志》卷50《各寺租额条例》,第535页上栏。
④《金陵梵刹志》卷50《各寺租额条例》,第529页下栏—530页上栏。
⑤《金陵梵刹志》卷50《各寺租额条例》,第508页上栏。
⑥《金陵梵刹志》卷50《各寺租额条例》,第549页下栏。
⑦《金陵梵刹志》卷50《各寺租额条例》,第515页下栏。
⑧《金陵梵刹志》卷50《各寺租额条例》,第508页下栏。
⑨《金陵梵刹志》卷50《各寺租额条例》,第526页上、下栏。

审认为,寺田"各佃至今完纳四斗五升者甚多,今止赵祥等数人倚奸拖欠,希图概减。租额一失,日后恐无可复之时",不同意西城兵马司审理意见,下令赵祥等抗租佃户"各将所佃田亩退还本寺",听寺僧"另行召佃",赵祥等杖、笞有差①。

但是,此后赵祥等并未退田。嘉靖三十七年,他们"奸顽又复,拖欠本寺租米",到嘉靖四十年共拖欠148石余。嘉靖四十年二月,经应天府审理,判决每亩"征租四斗五升,该县征收租银,每年十月终起解南京礼部,给僧收领"。不过,南京礼部提出,"每岁之丰歉无常,米价之盈缩不一",寺租征银"益开其告扰之端","仍照法司定租,每年纳米四斗五升","如遇甚荒之年,许佃户具告,本部量其灾伤轻重征租";"其招欠租米,即速追给各僧收领"②。

其后,天界寺高淳庄佃户又起而抗租。前述邓同知将高淳庄赐田"概照民田起科",各佃户"介恃县官,敢为逋负",使天界寺3000石之租仅剩下1100余石,而"所收类多秕谷"③。

我们知道,洪武年间建灵谷寺,"原系护卫陵寝,有旨赡僧千人"。而天界寺、天禧寺、能仁寺、鸡鸣寺与灵谷寺并称"京刹大寺",永乐年间又形成南京八大寺,其中僧人都不会少,所谓天界寺、报恩寺"亦与鼎立"④,也达千僧。明中期,由于统治者对佛教管理疏松和大量出卖度牒,全国出家为僧者剧增,成化年间僧道合计五十万人(其中绝大部分是僧人),是永乐年间规定的僧道总额的十倍⑤,而私度者尚未数计。因此,南京各寺尤其是八大寺住僧自然会大量增加,而其钦赐公田一方面被迫接受官府"劝借",加征赋税,另一方面又面临佃户抗租而减租,税增租减,公田收益大大减少,甚至可以说折半征收,这样难以维持赡僧千百名的庞大寺院开销,入不敷出,直接影响了寺院的维持和发展。如灵谷寺因"劝借""将草折米""荒田丈量报熟加粮"等,寺僧"苦无告辩","寺废僧穷"。万历初加派"编粮米""条编银"后,"蚁僧不无逃窜"⑥。天界寺高淳庄自邓同知"概照民田起科",各佃户又"恃远用强","租额日渐短少,所入仅足完官,并无颗粒入寺",寺僧"哓哓"⑦。栖霞寺"成化之后,日就湮没。洎嘉靖之初,几为墟矣"⑧。嘉靖三十一年十二月,名僧兴善担任栖霞寺住持,"时寺久废,僧徒稀少,乡人侵渔者众"⑨。可见,明中期以后的南京八大寺寺院及寺院经济衰微。

四、万历后期清田定租与八大寺寺院经济恢复和发展

八大寺税增租减,寺院经济衰微,寺院萧条,颇不利于南京佛教的维持和发展,也不利于明王朝统治。万历后期,一些官员士绅意识到这一问题,开始采取行动,保护寺院经济。

---

① 《金陵梵刹志》卷50《各寺租额条例》,第527页上栏。
② 《金陵梵刹志》卷50《各寺租额条例》,第528页上栏。
③ 《金陵梵刹志》卷50《各寺租额条例》,第530页上栏。
④ 《金陵梵刹志》卷51《各寺公费条例·条约》,第574页下栏。
⑤ 何孝荣:《论明代的度僧》,《世界宗教研究》2004年第1期。
⑥ 《金陵梵刹志》卷50《各寺租额条例》,第515页上栏。
⑦ 《金陵梵刹志》卷50《各寺租额条例》,第530页上栏。
⑧ 陆光祖:《重建栖霞寺天王殿记》。见《金陵梵刹志》卷4《摄山栖霞寺》,第135页下栏。
⑨ 盛时泰:《栖霞小志·南京僧录司右觉义兼住大天界寺前栖霞寺住持嵩山禅师善公碑铭》,南京:南京市通志馆,1947年,第15页。

如前所述,万历初,灵谷寺又被加派"编粮米""条编银"。至万历二十一年(1593)三月,寺僧性绽等向巡抚宋仕"状告前事"。应天府通判秦某受命审理,查得"该寺丈出田地,委非私置",提出:"但所加粮米九十七石已经议派,相应令僧输纳。其条编差银八十八两,合无俯赐行县豁免。"①得允行。

万历三十二年十二月,南京礼部祠祭司郎中葛寅亮"因三大寺田租不明",开始"清查寺租"②。他"博求文卷,旁稽记籍,执籍以问田,执额以问租,畿以内者讨佃民而训之,畿以外者檄邑长而布之"③。他根据三大寺各庄实际状况,确定租额,"欲直复国初之例,据各佃苦苦哀告,情难尽拂",遂"相应查据原额,参以近例,量田肥瘦",确定了除有特殊情况的灵谷寺靖东、安西二庄以及天界寺高淳庄、溧阳庄以外的三大寺各庄租额。其中,灵谷寺龙都、桐桥二庄每亩上田米0.35石、麦银0.07两,中田米0.25石、麦银0.045两,下田米0.15石、麦银0.03两;悟真、散甲二庄每亩上田米0.30石、麦银0.08两,"中田、下田与龙都庄一例"。天界寺湖塾庄每亩上田米0.40石、麦银0.065两,中田米0.35石,下田米0.25石,"麦银俱与上田一例";靖安庄每亩上田米0.35石、麦银0.06两,中田米0.25石、麦银0.04两,下田米0.20石、麦银0.03两。报恩寺戴子庄每亩"一概"米0.30石、麦银0.03两,膡真庄每亩"一概"米0.20石、麦银0.07两。此外,其他田地山塘及芦洲、房屋等项,租额也分别确定,"佃户俱各承认无词,取有认状在卷"④。

天界寺高淳庄佃户抗交额租,万历三十三年,住天界寺右觉义慈灯、住持觉然等状告,请求南京礼部移文巡抚衙门,转行应天府"严提","断复租额,折银征收,解部给散"⑤。十一月,高淳县查议提出:将租米固定在1168石,折银584两,"除纳粮编各项外","尚余剩银"404.12两交寺;革去管庄僧人,由佃户代纳赋税;该县代收租银,僧人至期赴县领取。寺方及南京礼部均不同意,指出高淳县的建议将导致寺僧与公田脱离,"不过数年,而此田尽为乌有矣";租税之事,"只以近日之加税派于佃户,而以佃户之纳租仍乎旧贯",即由佃户缴纳加派赋税,按原额缴纳寺租;另有管庄僧"口食"即口粮,每租一石加收米一斗,"亦应申明以便议处"。南京礼部再行文应天府"从公酌议"。高淳县再议,提出:经拘集佃户"再三晓谕","不得已再认加银二十四两","其口食一项,乞赐除免"。应天府基本同意高淳县提出的租额,表示将租银608两照米分摊至田亩,管庄僧人口粮量减折银,也加入田亩,"总计每田一亩,以米五斗为率",征银若干;"其征收之法,每年祠[祭]司行文管粮县丞处,管粮官照单催征","其各佃租银,俱赴粮衙投柜",由寺僧赴领,"其应输官漕折、里甲等银","即在前项银内,僧人领银之日,如数纳官"。万历三十四年四月,南京礼部只好同意应天府提出的租额,但是断将追租者由管粮县丞改为管年僧,"僧官收租,粮官查理"⑥。

灵谷寺靖东、安西二庄,因寺僧佃有私田,开始未能议定租额。万历三十五年五月,南京礼部拘审佃户,也确定了租额,即"比照"龙都庄租额,每亩上田米0.35石、麦银0.07两,中田米0.25石、麦银

①《金陵梵刹志》卷50《各寺租额条例》,第515页下栏。

②《金陵梵刹志》卷50《各寺租额条例》,第507页上栏。

③《金陵梵刹志》卷16《凤山天界寺》,第219页下栏。

④《金陵梵刹志》卷50《各寺租额条例》,第509页上栏。

⑤《金陵梵刹志》卷50《各寺租额条例》,第529页下栏。

⑥《金陵梵刹志》卷50《各寺租额条例》,第531页上栏—532页下栏。

0.045两,下田米0.15石、麦银0.03两,荡田银0.05两。

稍后,葛寅亮清查五次大寺赐产,对霸占扰害公田者加以打击,并审定额租。

万历三十三年四月,能仁寺官住仁勋等状告襄城伯李成功"聚凶倚势、逼占赐田"。原来能仁寺有"钦赐梅子洲田"800余亩,与襄府所佃"内厂田"相邻。两家田地各筑有圩埂,"寺埂包围在外"。寺埂以内,挖土留下"划场"即沟塘(可养鱼等),"原属该寺佃户取用"。襄府为了霸占寺田,对寺田佃户陶富等百般欺凌勒索。万历三十一年,陶富等被迫退佃。寺僧改召李指挥弟生员李廷萃佃种,"襄府又勒令李指挥退佃"。万历三十二年,能仁寺"将田自种"。结果襄府派人"偷掘圩埂,淹没无收"。三十三年,该寺"又召陈午长等佃种,房舍、农具俱备,加筑前埂,费过银一百一十余两"。四月,襄府又派府役张松山带领佃户三十余人,掘开寺埂,"放江水入圩",使寺田"夏麦尽淹,秋禾失望"。襄府役、佃还喝称:"若不投献,仍要将僧、佃各行捆打。"寺僧无奈,告至南京礼部。南京礼部勘查明白后,七月移文襄府,令将肇事役、佃"送部查审"。但过了月余,襄府也未理会。八月,礼部派遣衙役往拘,仅抓获掘埂佃户一人。南京礼部审明,表示要继续追拿,并赔偿寺田损失。这时,李成功才表示,"前月接得南京礼部移文,内云僧人告称本爵佃户掘埂淹田等情,细查各佃,俱无的据,难以究处";"既经移文前来,若不通融议处,诚恐彼此参差,结局无期","今将划场拨还寺僧管业";"其寺田圩埂坏缺去处,已经行各佃修筑,以成两家和美"。南京礼部不敢过分得罪李成功,遂在九月表示,襄府"今修完原掘之圩埂,退还前占之划场,疆界既明,争端可杜,该府足见虚心,贫僧亦保恒产矣",纠纷"业已讲解",则肇事役、佃"姑暂免究"[1]。至于能仁寺公田损失,未再要求赔偿。

弘觉寺赐田亦遭侵夺。先是,永乐年间慈相寺有"民田地山塘"527.82亩,天顺年间"新收官民山"12亩,弘治十五年(1502)黄册登记慈相寺田地山塘等539.82亩,"册头格眼内写有'钦赐'字样"[2],所有公田都变成了钦赐田地。万历三十三年十一月,慈相寺僧因倒卖寺田被逐。南京礼部鉴于"慈相原系牛首[山弘觉寺]所领",批决将寺田"俱追入牛首寺,召佃输租,如各寺下院之例"[3]。至万历三十四年十月,"积棍"张镗、张元诏等因与原慈相寺遗田"田土相连","希图谋占"。他们买通庐州府指挥同知张勋臣出名,令张霖具禀告状,称寺田为其始祖得自钦赐。南京礼部因南京户科抄录黄册,查明"并无张勋臣名目",寺田自明初来历有自,张霖等所禀不实,判决"张元诏、张霖等各责治外,合将黄册发寺抄录一本,并再给帖各寺防照"[4]。

其后,葛寅亮"审定[五次大寺]租额","各取佃户认状"。其中,鸡鸣寺大梅子洲每亩银0.045两,小梅子等洲银0.05两,鲫鱼洲银0.055两;能仁寺梅子洲每亩上田米0.25石、麦银0.03两,中田米0.20石、麦银0.025两,下田米0.10石、麦银0.015两,鲮鱼洲每亩银0.06两;栖霞寺每亩上田米0.50石、麦银0.07两,中田米0.40石、麦银0.055两,下田米0.30石、麦银0.04两;弘觉寺每亩上田米0.55石、麦银0.05两,中田米0.45石、麦银0.04两,下田米0.35石、麦银0.025两;静海寺田每亩米0.40石、麦银

---

① 《金陵梵刹志》卷50《各寺租额条例》,第545页上栏—547页上栏。

② 《金陵梵刹志》卷50《各寺租额条例》,第553页下栏。

③ 《金陵梵刹志》卷50《各寺租额条例》,第553页上栏。

④ 《金陵梵刹志》卷50《各寺租额条例》,第554页上栏。

0.06两。

万历三十五年四月,南京僧录司右觉义、住灵谷等寺仁勋等申称,三大寺赐田租额"幸蒙清查",佃户"俱已输服",要求勒石刻碑,"以垂永久"。不久,鸡鸣等寺大住持本性等也要求,"将鸡鸣等五次大寺赐产附入三大寺碑内"。六月,葛寅亮将"节次审定各寺租额、禀堂奉批缘由,备行僧录司",令"即便照式勒石竖碑晓谕,永远遵守施行"①。

南京八大寺清田定租以后,不仅恢复了原有成百上千亩公田,而且更重要的是公田收益得到保护,各从公田中获取净收益银、米成百数千两、石入寺(详见表2)。明代中期以来"寺废僧穷","蚁僧不无逃窜","所入仅足完官",寺僧"晓晓"状况得到扭转,八大寺都银、米满仓,经济实力雄厚,再次成为名副其实的寺院大地主,"自是法席无虚,钟梵不辍"②,面貌一新。

表2　明代后期南京八大寺公田净收益表

寺名	公田收益	寺名	公田收益
灵谷寺	银1199.242两,米4468.007石	天界寺	银582.625两,米1706.356石
报恩寺	银215.832两,米2067.325石	栖霞寺	银91.327两,米544.294石
鸡鸣寺	银163.444两	静海寺	银52.696两,米120.75石
能仁寺	银100.844两,米143.071石	弘觉寺	银32.767两,米195.437石

五、结论

由明代南京八大寺公田纠纷与诉讼以及寺院经济状况,可以一窥明代南京乃至全国寺院经济以及佛教状况。

首先,八大寺公田纠纷与诉讼以及寺院经济,一定程度上代表和反映了明代南京寺院经济的皇权强力护持的国家寺院经济特色和强盛状况。

明代南京先后作为首都、留都,在明太祖、明成祖带领下,"招提重建,或沿故基易其名,或仍旧额更其处",佛寺大量修建,"京城内外,星散绮错"③。《金陵梵刹志》各卷详细记载南京佛寺176所,卷53介绍各寺公产时又补充了有寺田的佛寺4所,合计登载南京佛寺180所,另有"最小不入志者百余",则总计有佛寺300所左右。这180所佛寺,明代后期统计占有公田72029.76亩,其中八大寺占有66270.56亩,占总数的92%强。④因此,八大寺公田是南京佛寺公田的绝对主体,完全可以代表和反映明代南京佛寺的公田占有状况。

作为国家寺院,明代南京八大寺寺院经济得到皇权强力保护。由前述明代前期明太祖、明成祖大量赏赐公田,到诏令"钦赐田地税粮全免",再到由礼部确定按当时最高租额征收地租,并由户部判决佃户李兴寿等抗租败诉,均可见皇权的强力保护,八大寺维持着强盛的寺院经济。明代中期以后,八大寺先后被"劝借",有的田庄甚至被混同民田起科,加上佃户抗租,税增租减,八大寺寺院经济趋于衰

①《金陵梵刹志》卷50《各寺租额条例》,第511页上、下栏。

②《金陵梵刹志》卷16《凤山天界寺》,第211页上栏。

③《金陵梵刹志》凡十九则,第1页上栏。

④ 参阅何孝荣:《明代南京寺院研究》,北京:中国社会科学出版社,2000年,第265页。

微。到了万历后期,南京礼部郎中葛寅亮对八大寺清田定租,奉职而行:"予摄官承乏,缁羽即吾民,清租亦即吾职,安能恝然为秦越之视?"[1]"或谓是不耕之众,食之何为? 夫高皇帝业已赐之矣。越世小臣,乌号有慕,第不敢委成命于今日耳。其当食与否,焉能排闾阖,叩九天,陟帝左右,而问之哉?"[2]这场清田定租改革"是由葛寅亮主导、以南京礼部名义推行的自上而下的佛教改革"[3],其实还是皇权对八大寺寺院经济的强力护持。这样,明代后期,南京八大寺又都有了银、米成百数千两、石的公田净收益,寺院经济再次强盛。可以说,八大寺代表和反映了明代南京寺院经济的皇权强力护持的国家寺院经济特色和强盛状况,这是当时除了首都北京以外其他任何区域都不可能出现的。

其次,由八大寺公田纠纷与诉讼以及寺院经济,可以窥见整体上南京寺院经济衰微景象。

前述八大寺寺院经济代表和反映了明代南京寺院经济带有国家寺院经济特色而强盛的状况,是从八大寺个体寺院经济角度说的,因此只是明代南京寺院经济的一个侧面。而从整体来说,明代南京寺院经济则呈现出衰微景象。如前所述,南京180所佛寺共占有公田72029.76亩,其中八大寺占有66270.56亩,而其余172所中寺、小寺,甚至加上"最小不入志者百余"而约280所佛寺,仅占有公田5759.2亩,不到总数的8%。172所中寺、小寺中,也只有87所占有公田。也就是说,还有85所,如果加上"最小不入志者百余"则是185所以上佛寺则没有公田。从比例上说,明代南京有47%甚至66%以上的佛寺没有公田。

再进一步分析,87所佛寺占有公田也是多寡不均。其中,占田200亩以上者8所,200—100亩者5所,100—60亩者13所,60—30亩者26所,30—1亩者35所。这样算来,占有30亩以下及全无公田者达到120所乃至220所以上,它们占到南京佛寺总数的大多数。[4]这些中寺、小寺均非国家寺院,其公田基本不是"钦赐",而是作为"常住",所谓"中、小寺则有常住,有施舍"[5]。而根据明太祖诏令,"常住田地,虽有税粮,仍免杂派"[6],则中、小寺公田必须按民田向官府缴纳赋税。前文所述八大寺作为国家寺院,有皇权强力护持,其钦赐公田在明代中后期尚且被地方官员"劝借"加派、书吏故意等同民田课税,以及势豪侵夺、佃户抗租,由此爆发了诸多的寺田经营纠纷与诉讼,一度艰难维持,可以想象这些中、小寺,整体上公田较少,半数以上甚至没有公田,既非国家寺院能够得到皇权强力护持,又需要按照按照民田被征收江南重赋,还有势豪觊觎侵夺、佃户抗租等,其公田经营之艰困不难想象,寺院农业经济衰微是无疑的,因此在南京寺院经济中不占多大比重。另外,前代曾发达的寺院手工业、商业经济,在明代南京各寺院中也衰微难见,在寺院经济中无足轻重。[7]因此,就整体而言,明代南京佛教寺院经济衰微。

再次,明代佛教寺院经济衰微。

---

[1] 葛寅亮:《八大寺定租碑记》,见《金陵梵刹志》卷16《凤山天界寺》,第219页下栏。
[2] 葛寅亮:《八大寺赡僧碑小引》,见《金陵梵刹志》卷16《凤山天界寺》,第220页上栏。
[3] 何孝荣:《论万历年间葛寅亮的南京佛教改革》,中国台湾成功大学《成大历史学报》第40号,2011年。
[4] 何孝荣:《明代南京寺院研究》,第265—269页。
[5] 《金陵梵刹志》凡十九则,第1页下栏。
[6] 《金陵梵刹志》卷2《钦录集》,洪武二十七年甲戌,第51页上栏。
[7] 何孝荣:《明代南京寺院研究》,第300—306页。

众所周知，佛教传入中国以后，自南北朝至元代的佛教寺院经济一直兴盛发达。南朝时，"都下佛寺五百余所，穷极宏丽。僧尼十余万，资产丰沃。所在郡县，不可胜言。道人又有白徒，尼则皆畜养女，皆不贯人籍。天下户口，几亡其半"[①]。所谓"都下"，就是当时建康即明朝南京及其周围地区。北朝佛教寺院经济势力最为强大。北齐武平年间，"凡厥良沃，悉为僧有。倾竭府藏，充佛福田"[②]。北朝"僧尼二百许万，并俗女向有四百余万"[③]。寺院商业也很发达。北朝国家设立僧祇户，本意是令民户纳粟于寺，以供赈灾济施，但寺院往往用以放高利贷，"规取赢息，及其征责，不计水旱，或偿利过本，或翻改券契，侵蠹贫下，莫知纪极"[④]。唐初有僧尼近20万，"出入闾里，周旋阛阓，驱策田产，聚积货物，耕织为生，估贩成业"[⑤]。他们不仅经营寺院农业，也从事寺院手工业、商业。至唐武宗灭佛，"天下所拆寺四千六百余所，还俗僧尼二十六万五十人，收充两税户；拆招提兰若四万余所，收膏腴上田数千万顷，收奴婢为两税户十五万人"[⑥]。

宋代寺院经济衰落，但仍很可观。宋代寺院地主由前代世家豪族地主沦为一般地主，寺院不再占隐大量寺户奴婢，耕种土地者主要是佃户。不过，宋代出家者众多，寺院"遍满天下，大郡至逾千计，小邑亦或不下数十"[⑦]。有学者估计，北宋寺院占田约在15万顷上下，约占全国垦田的2.15%，南宋约在11—12万顷，占比更高。[⑧]寺院手工业、商业发达，尤其是以长生库为名的寺院高利贷盛行，甚至招致陆游抨击："今僧寺辄作库质钱取利，谓之长生库，至为鄙恶"[⑨]。元代寺院经济复盛，"又向南北朝寺院经济情势回复"[⑩]。统治者动辄以数万人户赏赐佛寺，成为隶属于寺院的永业户，与佃户一起耕作。如江南"诸寺佃户五十余万，本皆编民"，被杨琏真加"冒入寺籍"[⑪]。统治者以大量土地赏赐佛寺，《元史》帝纪记载有明确数额的寺院赐田共18起，总额达到16.798万顷余，为历史上罕见。而诸多佛寺通过接受赏赐、侵夺、接受投献等途径，成为大土地所有者。如昌国州（今浙江定海），"诸色田土"共计2922.37顷余，其中"僧寺"1005.11顷[⑫]，竟占34.4%。前代寺院经济主体是农业经济，手工业、商业微弱。元朝则"不少名刹大寺一方面进行土地剥削，另一方面又占有矿坑邸肆，进行商业贩卖"，寺院经济"是高度兼并的农业经济与相对发展的商业经济的结合"[⑬]。

明代寺院经济再次衰微。仍以南京为例。佛寺数量与隐占人口，远非前述南北朝和元代可比。

① 李延寿：《南史》卷70《郭祖深传》，北京：中华书局标点本，1975年，第1721—1722页。

② 释道宣：《广弘明集》卷7《辩惑篇第二之三·叙列代王臣滞惑解下·章仇子陀者》，见《大正新修大藏经》第52册，台北：中华电子佛典协会（CBETA）"电子佛典集成"，2011年，第131页。

③《广弘明集》卷6《辩惑篇第二之二·列代王臣滞惑解上·刘昼》，见《大正新修大藏经》第52册，第128页。

④ 魏收：《魏书》卷114《释老志》十，北京：中华书局，1974年，第3041页。

⑤ 刘昫等：《旧唐书》卷1《高祖本纪》，北京：中华书局，1975年，第16页。

⑥ 宋敏求：《唐大诏令集》卷113《政事·道释·唐武宗〈拆寺制〉》，《景印文渊阁四库全书》第426册，第797页。

⑦ 朱熹：《晦庵集》卷13《延和奏札七》，《景印文渊阁四库全书》第426册第1143册，第226页。

⑧ 漆侠：《宋代经济史》上卷，上海：上海人民出版社，1987年，第279页。

⑨ 陆游：《老学庵笔记》卷6，北京：中华书局，1979年，第73页。

⑩ 何兹全：《宋元寺院经济》，杨曾文、[日]镰田茂雄：《中日佛教学术会议论文集》，北京：中国社会科学出版社，1997年，第261页。

⑪ 宋濂等：《元史》卷20《成宗本纪》三，北京：中华书局标点本，1974年，第428页。

⑫ 大德《昌国州图志》卷3《田粮》，《丛书集成三编》第81册，台北：新文丰出版公司，1988年，第712、714页。

⑬ 白文固：《元代的寺院经济》，《青海社会科学》1987年第6期。

明代南京各佛寺公田达到72029.76亩,数额不可谓不大,但其绝对数甚至不如元朝昌国州寺田总额。相对而言,应天府田土最多时为洪武年间,有727万余亩①,即南京180所佛寺占有公田不足洪武年间应天府田土最多时的1%。这一比例,与上文所述南北朝真是霄壤之别,即使是与北宋、南宋、元代相比也有不小差距。而且明代南京寺院手工业、商业经济也很微弱。明代南京拥有国家寺院八大寺,"情况特殊,是明代除了北京以外的其他地区一般所没有的"。因此,南京中、小寺、"最小"寺可以看作全国其他地区一般寺院的代表,"明代寺院的占田状况也就可以想见"②。

笔者近年指导数名博士生,其中有几位先后以明清九华山佛教、明代杭州佛教寺院、清代盘山佛教、明清济南府佛教、明代中都凤阳府佛教等为题,撰成博士毕业论文。③通过他们的研究,在明代各相关地区,寺院占田及其农业、手工业、商业经济均不发达,难以称述。如李明阳考察明代中都凤阳府佛教,指出:"有明凤阳府之寺田,除寥寥无几的钦赐大寺外,大多数寺庵田产,多为缁素惨淡经营,亦仅能聊供缁徒日常炊爨,系庙祝香火于一线耳!中古时代寺田之盛,已如去岁湖风,杳然无迹,不复可见。"④何兹全先生说过:"明清的寺院经济基本上又回到宋代寺院经济的道路上来。"⑤

由于明代统治者对佛教采取严厉整顿和限制政策,特别注意限制寺院大土地所有制,"赏赐寺院以大量土地者微乎其微",而且历朝不断限制、瓜分寺田,并严格征收赋税,"既使它很难迅速扩充,也使其它阶层,包括地主、农民等,没有必要,同时也不可能将大批土地投献于寺院,从而使明代寺院很少可能发展成为大土地所有者,寺院农业经济得到了有效抑制"。明代统治者还十分注重抑制寺院金融业,"没有向寺院大规模赏赐过钱钞","各寺院大多寺贫僧穷,不可能经营长生库或其他名目的金融业";抑制寺院商业经济,极少赏赐寺院以经商场所,"明代寺院的商业活动也未能发展起来"⑥。因此,明代寺院经济回到宋代寺院经济衰落的道路上来,而且比宋代寺院经济更为衰微!

(作者何孝荣,南开大学历史学院教授。原载《暨南学报》2019年第9期)

① 万历《应天府志》卷19《田赋》,《四库全书存目丛书》史部第203册,济南:齐鲁书社影印本,1997年,第519页。
② 何孝荣:《明代南京寺院研究》,第269页。
③ 卢忠帅:《明清九华山佛教研究》,博士学位论文,南开大学历史学院,2013年;陈文博:《明代杭州寺院研究》,博士学位论文,南开大学历史学院,2015;周璐:《清代盘山佛教研究》,博士学位论文,南开大学历史学院,2016年;高强:《明清济南府佛教研究》,博士学位论文,南开大学历史学院,2016年;李明阳:《明代中都凤阳府佛教研究》,博士学位论文,南开大学历史学院,2019年。
④ 李明阳:《明代中都凤阳府佛教研究》,博士学位论文,南开大学历史学院,2019年,第202页。
⑤ 何兹全:《宋元寺院经济》,杨曾文、[日]镰田茂雄:《中日佛教学术会议论文集》,第265页。
⑥ 何孝荣:《明代佛教政策述论》,《文史》2004年第3辑。

乡土情结与都市依恋:论晚明以降的中国城乡观

罗晓翔

传统时代的中国为农业社会,其文明的根基与认同也被视为乡土性的,正所谓土头土脑的乡下人"才是中国社会的基层"[①]。然而在看似稳定的、长时段的结构之下,实有着明显的阶段性变化。尤其明中叶以降,随着户籍管理、赋役制度与经济结构的变革,农村人口大量向非农业领域转移,商业规模迅速扩张,士商阶层城居化比例日益提高,城市发展爆发出新的活力。在经济较为发达的江南地区,这一趋势表现得尤为明显。有学者甚至认为,至清中期,江南"不仅仅只是在广大的乡村腹地中存在着两个或三个主要城市,而可以认为这一地区已经是一个'城市区域',是一个城市化很广泛的地区,与同时期的意大利北部和欧洲低地地区十分类似"[②]。

然而长期以来,对明清城市化的研究多集中于社会经济层面,却较少关注时人在城乡认知与心态上的变化。因此对于传统中国城乡观念的认识始终囿于某些定式思维,如士宦阶层的田园梦想、普通百姓的安土重迁、几乎等同于"国民性"的乡族与故土情结等等。这不禁令人反思:怀有乡土情结的人们,是如何推动城市发展的? 在商业化与城市化的冲击下,乡土性的文明会一成不变吗? 笔者以为,不考虑主观意识与客观现实之间的互动,就无法全面理解明清城市化的特征。

对观念与心态史的探究,亦可突破传统计量模式的局限。以往学界对明清城市化水平的评价,多以城市数量与城市人口比重的增减为指标。但由于可靠人口信息的缺乏以及城乡空间定义的弹性,数据结果受主观影响极大,甚至可以支持完全相反的结论。[③] 从城乡观的角度考察城市发展,则可跳出唯数据的研究理路。人们身在城市可以认同乡村,身在乡村也可向往城市。这种心态不仅是现实的投射,更决定了城乡未来的发展趋势,即当机会来临、条件成熟时,城乡间人口流动将会呈现的方向。

需要说明的是,本文讨论的城乡观,不只是城乡关系理论,而更关乎人们对城市与乡村的态度、想像、认同,以及选择居城与居乡的动机。其次,由于个体认知必须经由书写才能成为历史文本,这就导致研究对象集中于士人阶层,地域上则以城市化程度较高的江南为主。但从长时段来看,城市化是历史发展的必然,不同区域对城市冲击的反应,只是时间先后的问题。晚明之际,"乡土情结"与"都市依恋"之间的紧张感在江南地区日益凸显。在此后的几个世纪中,城乡观念的转变在时空维度中不断扩

---

① 费孝通:《乡土中国》,北京:人民出版社,2008年,第1页。
② 罗威廉:《导言:长江下游的城市与区域》,林达·约翰逊主编:《帝国晚期的江南城市》,成一农译,上海:上海人民出版社,2005年,第15页。
③ 冯贤亮:《明清时期中国的城乡关系——一种学术史理路的考察》,《华东师范大学学报》2005年第3期,第119页。

散、延续,直至当下。江南无疑是这一历史过程的重要起点。

一、"城乡"与社会变迁

在论及传统中国的城乡观时,一个固有看法是,士大夫阶层在审美与文化上偏好田园生活。牟复礼在论证中国的城乡连续统一时,就强调"上层阶级的乡村观念"在全社会的渗透,以及"有学问的士君子"可能更"偏喜乡村生活"。①但这种"乡村观念"的实质与产生背景却很少被分析论证,似乎一切都是不证自明、理所当然的。

士大夫偏爱乡村生活,这一印象与山水田园诗密不可分。然而文学作品中的"乡村意象"并不全是悠闲安逸的。作为诗歌母题,"田家乐"一直与"田家苦"并存。有学者通过量化分析,发现在田园诗创作高峰的唐五代,"乐""苦"两类田园诗的比重呈现出明显的阶段性变化。初唐、盛唐之际,"以'乐'为主调的田园诗在数量上占绝对优势,反映田家之'苦'的田园诗则寥寥无几"。至中唐、晚唐时期,国家政治经济状况日趋恶化,文人生存状态大不如前,揭示民间疾苦、哀叹个人穷困的"田家苦"诗作数量迅速增长,"这说明田家乐在传统田园诗中不可撼动的地位已受到不小的冲击"②。可见士人对于乡居生活的感受是苦是乐,皆有其社会经济乃至政治背景,绝非一成不变。

那么,晚明士人的城乡观又产生于怎样的社会背景呢? 16世纪之后,中国社会进入了一个商品经济空前发展、社会生活急剧变化的时代。洪武时代"画地为牢"的统治模式、崇本逐末的经济结构,以及官绅民对既有制度与规范的普遍敬畏,都日渐瓦解。对于这个人口、商品、白银大规模流动,社会风气日新月异的时代,当代学者普遍给予高度评价。但面对商业发展、城市繁荣,晚明士人却多陷入"乱世"之焦虑。一个普遍认知,是重利崇商、舍本逐末之风已导致人心浮动、风俗浇漓、社会失序,而城市则被视为"乱"之渊源。正如顾炎武(1613—1682)所言:"人聚于乡而治,聚于城而乱。聚于乡则土地辟、田野治,欲民之无恒心,不可得也。聚于城则徭役繁、狱讼多,欲民之有恒心,不可得也"。因此他钦慕"道路罕行,市朝生草"的古代社会,并指出:"欲清荤毅之道,在使民各聚于其乡始。"③

在赋役负担尤为繁重的江南地区,农业人口流失更为严重,"使民各聚于其乡"的紧迫性也愈显突出。早在嘉靖时期,华亭人何良俊(1506—1573)就观察到,"正德以前,百姓十一在官,十九在田",而四五十年来,"大抵以十分百姓言之,已六七分去农",故不免慨叹:"吾恐田卒污莱,民不土著,而地方将有土崩瓦解之势矣。可不为之寒心哉!"④比何良俊晚生半个世纪的上海人徐光启(1562—1633)也对弃农从商之风深感担忧:"南人太众,耕垦无田,仕进无路,则去而为末富、奸富者多矣",故而提出南人迁北的"均民之法","使末富、奸富之民皆为本富之民,民力日纾、民俗日厚、生息日广、财用日宽,唐虞三代复还旧观矣"⑤。

---

① 牟复礼:《元末明初时期南京的变迁》,施坚雅主编:《中华帝国晚期的城市》,北京:中华书局,2000年,第131、118页。
② 周秀荣、尚永亮:《唐五代田园诗创作情形之定量分析》,《社会科学辑刊》2011年第6期,第235页。
③ 顾炎武:《日知录》卷12《人聚》,严文儒、戴扬本校点,上海:上海古籍出版社,2012年,第507—508页。
④ 何良俊:《四友斋丛说》卷13《史九》,北京:中华书局,1997年,第111—112页。
⑤ 徐光启:《农政全书》卷9《农事·开垦》,景印《文渊阁四库全书》,台北:台湾商务印书馆,1986年,第731册,第117—118页。

在这一主流认知下,"乡村"与"城市"开始频繁出现在有关"风俗"变迁的议题中,岸本美绪称之为"风俗史观"。最常见的修辞手法是赋予城乡"乱/治""浇漓/淳厚""失范/秩序"等一系列二元对立的象征,以强调正风俗、固农本的重要性。简言之,尽管乡村也存在"粗野固陋"的恶俗,但"跟城市的奢侈浮薄的风俗比较起来,农村人的天真与朴素却值得称颂",因此,"明末人对城市的'淫奢黩敖之俗'批评得特别厉害而怀念过去农村的朴素生活"①。

单从文本来看,晚明士人仍是偏爱乡村而排斥城市的。但在实践层面,士人阶层的城居倾向也是不争之事实。在很大程度上,他们正是城市"淫奢"风气的引领者。对于这一矛盾现象,又该做何解释呢?

施坚雅认为:"在文人的心目中,既存在着城市的禽兽世界和乡村的禽兽世界,同时也存在着乡村的田园牧歌和城市的理想国……可以想见到,城市缙绅(以及在职官吏)强调的是一个论点,乡村缙绅(以及退隐官吏)则强调另一个论点。"②这一解释是将"居城"与"居乡"者视为两个阵营,他们各自秉持不同的理想。然而晚明以降,"乡土情结"与"都市依恋"往往体现在同一个体身上。一方面,人们或出于真心,或故作姿态,依然表现出对乡村质朴生活的偏爱;另一方面,城市提供的资源与平台又是无法抗拒的。晚明山人游于城、逸者隐于市的独特现象,就是这一矛盾心态的体现。

如晚明华亭名士陈继儒(1558—1639),二十九岁绝意科举,以"隐逸"名动天下。然而47岁之前,陈继儒并未"像他在《告衣巾呈》中标榜的那样隐居山泽,而是四处坐馆,养家糊口。"即使四十七岁之后,也并非完全归隐。③陈继儒曾在《山居吟》中写道:"村居好,村居好,竹篱茅舍青溪绕,山深地僻无尘埃,幽居静日听啼鸟……写下此篇村居吟,雅淡风光真可表。人来问我甚生涯,犁锄世世传家宝。"④但陈继儒的"雅淡"生活,却离不开城市的"赞助"。清人蒋士铨(1725—1784)在《临川梦》第二出中,给陈继儒设计了这样的独白:

> 老夫陈继儒,字仲醇,别号眉公,江南华亭人也……年未三十,焚弃儒冠,自称高隐。你道这是什么意思?并非薄卿相而厚渔樵,正欲藉渔樵而哄卿相,骗得他冠裳动色,怎知俺名利双收?又得董思白极力推尊,更托王太仓多方延誉,以此费些银钱饭食,将江浙许多穷老名士养在家中。寻章摘句,别类分门,凑成各样新书,刻板出卖。吓得那一班鼠目寸光的时文朋友拜倒辕门,盲称瞎赞,把我的名头传播四方。而此中黄金白镪,不取自来。你道这样高人隐士,做得过做不过我?又想道单是士大夫敬重,弄钱毕竟有限,因而把饮食衣服器皿各件东西设法改造新样,骗那市井小人,遂致财源滚滚……自古至今,一个穷工极巧的买卖,竟被我陈眉公做化了。⑤

① 岸本美绪:《"风俗"与历史观》,《新史学》13卷2002年第3期,第7—8页。需要指出的是,岸本美绪将"陋、粗、鄙、野"归入"乡村式恶俗",但"陋"在很多时候与"朴"连用,被视为"淳厚"的表现。
② 施坚雅:《导言:中国社会的城乡》,施坚雅主编:《中华帝国晚期的城市》,第317—318页。
③ 赵献海、赵楠:《陈继儒山人身份考辨》,《史学月刊》2007年第4期,第23、25页。
④ 陈继儒:《重订增补陶朱公致富全书》卷3《占候部·诗赋部》,《故宫珍本丛刊》,海口:海南出版社,2000年,第363册,第292页。
⑤ 蒋士铨:《临川梦》第二出《奸隐》,《续修四库全书》,上海:上海古籍出版社,1995年,第1776册,第161—162页。

不少学者考证,《临川梦》中的陈继儒形象并不真实。[1]但陈继儒结交仕宦,编刻时文讲章、日用类书,又造出"眉公糕""眉公马桶",却是事实。他对市场需求与商业机会的过人敏感,都在城市中被激发。有人质疑其"归隐山林"的目的,并不为过。

因此,晚明以降士人阶层在乡村观念上的"知行背离",并不能用"城市缙绅"与"乡村缙绅"的理念分化加以解释。这一现象更折射出传统城乡观的内在矛盾:士人们在情感上偏爱乡村,理智上亲近城市;他们赞美乡村生活的淳朴俭啬,又渴望在城市中品味奢华、引领风尚;他们享受着商业发展与城市繁荣的福利,却无法在道德层面赋予其正当性。这种城乡取舍的两难,正预示着社会文化的变迁。

一个可以解释士人的言行矛盾、却又常被忽略的问题,是"城乡"与"古今"的互文。在"风俗史观"的叙事结构下,城市与乡村往往由"空间"转变为"时间":即分别象征道德沦丧的"今"和田园牧歌式的"古"。所谓"流风愈趋愈下",从共时性角度说,是浇漓之风对淳朴社会的侵蚀,从历时性角度看,则是古今之变的过程。正如 Daria Berg 所言,对身处晚明变革时代的士人们而言,"乡村生活似乎就是重回想象中的往昔纯真年代和田园牧歌世界。"[2]然而人们只能追忆往昔,却不能回到过去。这或许可以解释为何越来越多的士人们以乡村为精神家园,却以城市为安身立命之所。

然而更深层次的矛盾,则在于意识形态相对于社会发展的滞后。尽管学者们一再提醒,不应将是古非今的论调视为"循环退化论"并将其与西方的"进化史观"作对立比较,[3]但必须承认,晚明商业化与城市化浪潮尚未从根本上变革传统的经济思想与价值判断。对于新的社会矛盾,知识精英们无法提出具有理性设计的启蒙方案,只能一味倡导复古。但回到不入城市、安贫守分、以朴陋为常的"过去",却要以降低生活水准、拒绝消费、遏制欲望为代价。这不仅违反人性本能,且与社会发展趋势相悖。因此那些带有教化意味的"田家乐"书写,也毫无说服力可言。

如明末清初小说《醒世姻缘传》中描绘的成化年间的明水村,被作者形容为避世桃源,"这一村的人更是质朴,个个通是那前代的古人"。村民里最值得敬重的,是官至宫保尚书的杨乡宦。告老还乡后,杨乡宦并不进城里居住,只在明水庄上略略修盖了祖居,吃的是"村酒家常饭","冬里一领粗褐子道袍,夏里一领粗葛布道袍,春秋一领浆洗过的白布道袍,这是他三件华服了"。杨乡宦的一位家兄,虽然田地不少,却是"揉了头,穿了一件破布夹袄,一双破鞋,手里提了一根布袋"的贫苦形象。[4]这样一群"桃源中人",实在难以令人艳羡。或许作者本人也感到难以自圆其说,只能让老天爷来保佑他们:

> 若依了那世人的识见看将起来,这等守株待兔的,个个都不该饿死么?谁知天老爷他自另有

① 一般认为,蒋士铨在《临川梦》中塑造的陈继儒,实际影射袁枚。参见赵献海、赵楠:《陈继儒山人身份考辨》,《史学月刊》2007年第4期,第26页。

② Daria Berg, "Marvelling at the Wonders of the Metropolis: Perceptions of Seventeenth-Century Chinese Cities in the Novel Xingshi yinyuan zhuan", in David Faure and Tao Tao Liu (eds.), *Town and Country in China: Identity and Perception*, Houndmills, Basingstoke, Hampshire and New York: Palgrave Macmillan, 2002, p. 33.

③ 杨念群:《"文质"之辩与中国历史观之构造》,《史林》2009年第5期,第82页。岸本美绪也强调,顾炎武的历史观"既不是进步史观也不是衰落史观,但是也不可以说是循环史观"。参见岸本美绪:《"风俗"与历史观》,《新史学》2002年第3期,第12页。

④ 西周生:《醒世姻缘传》第二十三回"绣江县无偿薄俗 明水镇有古淳风",北京:中华书局,2005年,第300—301页。

乘除,别有耳目,使出那居高听卑的公道,不惟不憎嫌那方的百姓,倒越发看顾保佑起来。①

晚明以降,很多"田家乐"作品都陷入了这种"劝人安贫"的模式。又如沈石田所作《田家乐》中写道:

> 我见黎侬快活因,自说村居不厌贫。自有家边田数亩,不用低头俯仰人。虽无柏叶珍珠酒,也有清醪三五斗。虽无猪羊大荤肴,也有鱼虾供素口。虽无龙眼与荔枝,也有荸荠共菱藕。虽无异味好菜蔬,也有烧菜共腌韭。虽无歌唱美女娘,也有村妇伴相守。虽无钱米来积蓄,不少饭分不少粥。煎鳉鲅,强似肉,乐有余,自知足。②

诗中"美好"的乡居生活,就是将物质需求限定在自然经济水平之下,抵制市场与消费。但通篇"虽无……也有……"句式,却不断提醒读者城市在物质上远远"优于"乡村。这反而会刺激人们对城市的向往。正如无视"庶民大众不愿受道德与法制束缚、追求物质享受的自我意识"③的禁奢令一样,类似的说教最终只能流于空谈。

明清鼎革之后,抵制城市的言行曾经有过短暂的高潮。王汎森指出,明末清初出现了"一群到处宣传、编刊小册子,以宣传建立一种新的礼治社会者"。他们通过以"戒"或"约"为名的通俗册子,劝人抵抗恶俗,回归于"本"。这些宣传基本与当时的风俗针锋相对,要人近贫、务农,"谋生不徇市井",妇女"不学城市装扮",成为一种反明代城市市民文化的新传统。④但此类生硬扭曲的复古主张,毕竟成不了气候,充其量只是部分明遗民"乖僻自虐的逃隐行为和自我摧残式的生活态度"罢了。⑤这恰恰从反面证明,城市对中国社会的改造已是不可逆的进程。

二、"城乡"与社会流动

与强调士大夫的"乡村观念"相比,从社会流动的角度理解人们的城乡迁移,显然更为现实。城居能促进社会上行流动,学界对此已有基本共识。但由城返乡意味着什么,却较少有所讨论。不少学者认为,很多家族在获得成功后还会返回农村社会,或者留着一个根在乡里。因此乡居与城居"相互交织成为一种模式",加强了城乡的有机统一。⑥也就是说,由城返乡与社会流动无关,只是一种家族策略而已。可如果迁居城市是为了获得更多资源,那么再度放弃这些资源,其意义究竟何在?

---

① 西周生:《醒世姻缘传》第二十四回"善气世回芳淑景 好人天报太平时",第310页。

② 陈继儒:《重订增补陶朱公致富全书》卷3《占候部·诗赋部》,《故宫珍本丛刊》,第363册,第293页。

③ 林丽月:《崇奢与保富:明清奢侈论的思想史考察》,《奢俭·本末·出处——明清社会的秩序心态》,台北:新文丰出版公司,2014年,第54页。

④ 王汎森:《权力的毛细管作用:清代的思想、学术与心态(修订版)》,北京:北京大学出版社,2015年,第61—63页。王汎森:《清初士人的悔罪心态与消极行为——不入城、不赴讲会、不结社》,《晚明清初思想十论》,上海:复旦大学出版社,2004年,第187—247页。

⑤ 杨念群:《何处是"江南":清朝正统观的确立与士林精神世界的变异》,北京:生活·读书·新知三联书店,2010年,第69页。

⑥ 牟复礼:《元末明初时期南京的变迁》,施坚雅主编:《中华帝国晚期的城市》,第115页。

对于城乡循环的家族策略,张英(1637—1708)曾在《恒产琐言》中做过详细阐发:

> 人家富贵,暂时荣宠耳。所恃以长子孙者,毕竟是耕读二者。子弟有二三千金之产,方能城居。盖薪炭、蔬菜、鸡豚、鱼虾、醯醢之属,亲戚人情,应酬宴会之事,种种皆取办于钱。丰年则谷贱,歉年谷亦不昂,或仅可支吾。若千金以下之业,则断不宜城居矣。何则?居乡则可以课耕数亩,其租倍入,可以供八口,鸡豚畜之于栅,蔬菜畜之于圃,鱼虾畜之于泽,薪炭取之于山,可以经旬累月不用数钱。且乡居则亲戚应酬寡,即偶有客至,亦不过具鸡黍。女子力作,可以治纺绩,衣布衣,策蹇驴,不必鲜华。凡此皆城居之所不能。且山水间优游俯仰,复有自得之乐,而无窘迫之忧,人苦不深察耳。果其读书有成,策名仕宦,可以城居,则再入城居,一二世而后,宜于乡居,则再往乡居。乡城耕读,相为循环,可久可大,岂非吉祥善事哉?况且世家之产,在城不过取其租额,其山林河泊之利,所遗甚多,此亦势不能兼。若贫而乡居,尚有遗利可收,不止田租而已,此又不可不知也。①

傅衣凌认为,张英"从保产出发,反对城居,主张乡居。反对'种种皆取办于钱'的商品经济",体现了经济思想的落后。②但从上下文来看,张英并不全然反对城居,甚至没有"城市令人堕落"的道德偏见。他只是认为城居必须有坚实的经济基础,只有"策名仕宦"且"有二三千金之产"才宜城居。与此相对,乡居则是门祚衰微后的退路,故其强调"若贫而居乡,尚有遗利可收"。也就是说,由城返乡并不是厌倦都市浮华后的返璞归真,而是社会下行流动时的自救。

但从家族策略的角度,张英的确只强调了乡村的意义,而忽略了城市的价值。在其理想模式下,家族成员只应在成功后再移居城市。但现实当中,更多人是因为渴望成功、改变命运才离开乡村。如曾为茅元仪(1594—1640)姬室的武林名妓陶楚生,本姓胡,父亲是扬州乡间一位塾师。楚生天生丽质且聪慧过人,其父常感叹:"此子有异,然我为塾师,生不识城市,何由遇异人以嫁之乎?"为让女儿有个好归宿,父母决定将她过继给在扬州城经营妓业的姨母陶氏,实际上就是送入妓家。这种完全有悖常理的做法,在姨母看来都难以接受,但楚生之母却冷静地分析道:

> 我女生田家,异日当妇于农,操井舂以没齿,安敢望贵乎?若翁亦相其有奇,然翁徒能相人,不与长者游,欲择人以嫁之,亦无因。我愿以女女姊,不以小失大,使女苟不掩,岂不胜作农家妇哉?不然,即毕世不失身,亦孰知之者?③

———————

① 张英:《恒产琐言》,贺长龄辑:《皇朝经世文编》卷36《户政十一·农政上》,沈云龙主编:《近代中国史料丛刊》,台北:文海出版社,1972年,第74辑,第1324—1325页。

② 傅衣凌:《明清封建土地所有制论纲》,北京:中华书局,2007年,第70页。

③ 茅元仪:《亡姬陶楚生传(上)》,《石民四十集》卷30《传二》,《四库禁毁书丛刊》,北京:北京出版社,1998年,集部,第109册,第250页。

楚生父母的行为看似极端，但他们视逃离农村、"与长者游"为成功之途，却反映出时人已普遍认识到城市与社会流动之间的正相关关系。正因如此，当人们被迫由城返乡时，其心态也不会像张英描绘的那样平和坦然。在李渔（1611—1680）小说《闻过楼》中，原为宜兴城里人的呆叟在决意乡居后向众亲友说道：

> 古人云："趋名者于朝，趋利者于市。"我既不趋名，又不趋利，所志不过在温饱。温莫温于自织之衣，饱莫饱于亲种之粟。况我素性不耐烦嚣，只喜高眠静坐，若还住在城中，即使闭门谢客，僵卧绳床，当不得有剥啄之声搅人幽梦，使你不得高眠；往来之札费我应酬，使人不能静坐。①

然而呆叟并非天生如此豁达。小说开头交待，呆叟为诸生时曾对人立誓道："秀才只可做二十年，科场只好进五六次，若还到强仕之年而不能强仕，就该弃了诸生，改从别业。镪须赴考之事，我断断不为。"到了三十岁，呆叟仍举业无成。有人对他道："报强仕者至矣，君将奈何？"呆叟果然告了衣巾，决意下乡。②可见呆叟本非不趋名利之人，只因科场不得志，在负气、羞愧、愤懑的复杂情绪下才决定入乡隐居。然而呆叟最终还是回到半城半郭之地，成为地方官与城里大老的幕僚。

呆叟的身上，有着众多失意士人的影子，其中也包括作者李渔。科举入仕之途受阻时，究竟是归隐山泽还是游于城市，其实也是人生进退的选择。晚明"吴兴四子"之一的吴梦旸（1545—1616），一生未获得功名，以词客身份游食四方。世人赞其为"隐逸"，但吴氏却发出"隐亦何难之有"的感叹。③的确，自我放逐无非是向命运低头，敢与造物争气才是勇者。李渔本人也经历过城乡选择。鼎革之际，李渔曾有过数年避乡生活，其《甲申避乱》诗中写道：

> 市城戎马窟，决策早居乡。妻子无多口，琴书只一囊。
> 桃花秦国远，流水武陵香。去去休留滞，回头是战场。④

顺治八年（1651）新春，重新返回城市的李渔又写下《辛卯元日》一诗：

> 又从今日始，追逐少年场。过岁诸逋缓，行春百事忘。
> 易衣游舞榭，借马系垂杨。肯为贫如洗，翻然失去狂。⑤

《甲申避难》与《辛卯元日》二诗，相当生动地描绘出城乡生活的差异。与平淡安稳的乡村生活相

---

① 李渔：《闻过楼》第二回"纳谏翁题楼怀益友 遭罢客障面避良朋"，《李渔全集》，杭州：浙江古籍出版社，1992年，第9卷，第277页。
② 李渔：《闻过楼》第一回"弃儒冠白须招隐 避纱帽绿野娱情"，《李渔全集》，第9卷，第275页。
③ 黄汝亨：《高士吴允兆先生传》，董斯张辑《吴兴艺文补》卷40，《续修四库全书》，上海：上海古籍出版社，1995年，第1679册，第375—376页。
④ 李渔：《笠翁一家言诗词集》，《李渔全集》，第2卷，第95页。
⑤ 李渔：《笠翁一家言诗词集》，《李渔全集》，第2卷，第88页。

比,城市生活充满危险,但却自由恣肆、新鲜刺激。李渔最终选择了后者。明清之际,大批怀才不遇的士人也和他一样,不愿在乡村隐名埋姓,而渴望在城市中实现人生理想。

但在城市立足并不容易,首先要面对的就是经济压力。正如张英所言,城市中,"薪炭、蔬菜、鸡豚、鱼虾、醯盐之属,亲戚人情,应酬宴会之事,种种皆取办于钱",这是城乡生活最大的差异。小说《儒林外史》中,安庆人季苇萧曾让鲍廷玺给同乡季恬逸带信说:"南京这地方是可以饿的死人的,万不可久住!"①很多原本家境不俗的士子,也在城市中遭遇过经济危机。崇祯七年(1634)夏,桐城望族子弟方以智(1611—1671)移家南京。秋八月,桐城汪国华、黄尔成率众起义,大姓纷纷迁徙。方以智仲姑奉大母来南都避难,令这位二十四岁的名家子生平第一次感到经济压力。方以智在诗中频频发出感慨:"他乡贵鱼肉,草蔬无园圃。百口皆嗷嗷,笑余空卖赋。"②

此外,城市中冠盖云集,阶层与财富差距巨大,这也令尚未登上"成功阶梯"的士人们倍感精神压力。方以智就曾在南京城中感受到极度的焦虑与茫然:

> 朝游市中,莫止城侧。车马斐斐,未尝或息。
>
> 不我能力,在人颜色。我宁藿食,胡然不我得。③

尽管如此,人们还是不愿轻离城市。方以智之叔方文(1612—1669)就是依恋城市的典型。作为坚定的明遗民,方文在入清后便对功名利禄不做他想,但这并不意味着放弃人生抱负。作为布衣文人,要想才华受人赏识、生活有所保障,只能通过城市交游换取。方文也曾有过耕隐终老的想法。顺治十一年(1654),他在友人的资助下赎回旧田,打算安心做一名农夫。但从其《田居杂咏》一诗中,我们仍可读出他对自己半生经历的无奈与不甘:

> 昔有陈元龙,豪气凌九州。求田问舍人,嫉之如寇仇。
>
> 我亦负奇气,渺视乡里俦。侈志营四海,岂肯潜一丘。
>
> 不幸逢世变,怀璧无所投。发愤去京邑,湖山恣遨游。
>
> 虽有咏歌乐,未免饥寒忧。何如息尘鞅,还归旧田畴。
>
> 田家力作苦,衣食得自由。天运苟不回,已矣吾将休。④

方文很快发现,乡居生活无法满足他的物质需求,其内心也始终不愿向"天运"妥协。加之家庭变故,方文于顺治十三年之后再次离乡,重新回到漂游状态。

至清代中后期,底层士人谋食于城市的情况依然相当普遍。常熟人孙原湘(1760—1829)因见好

---

① 吴敬梓:《儒林外史》第二十八回"季苇萧扬州入赘 萧金铉白下选书",陈美林批点,南京:江苏古籍出版社,1989年,第310页。

② 方以智:《卜寓》,《方子流寓草》卷2《五言古诗》,《四库禁毁书丛刊》北京:北京出版社,1998年,集部,第50册,第671页。

③ 方以智:《兔丝六章》,《方子流寓草》卷1《风雅体》,《四库禁毁书丛刊》,集部,第50册,第666页。

④ 方文:《田居杂咏(甲午)》,《嵞山集》卷2《五言古体》,《续修四库全书》,第1400册,第23页。

友冯伟、吴卓信、范东叔皆侨居城中,曾写诗戏嘲曰:"我思乡居乐复乐,白云为城树为郭。一室以外天地宽,何似城中多束缚。如何乡居人,反乐县城土?"①

三人之中,冯伟为举人,吴卓信为诸生,范东叔为布衣,都是典型的中下层文人。冯伟字伟人,太仓人,乾隆三十六年(1771)举人。嘉庆《直隶太仓州志》中载:"伟少与兄俊同学,年二十,与兄同补州学生。及两上公车不第,遂无进取意。平居论道阐洛闽之秘,晚学摄生术,屏肉食,卒年四十八。"②但冯伟似乎不像方志中描写得那样淡泊。他从太仓移居常熟城中,显然不甘心隐耕于乡间。最后他落寞回乡,大约也是在怀才不遇的忧愤中离世。

同时侨寓城中的吴卓信,字项儒,号立峰,本为常熟何市人。③身为诸生的吴卓信在常熟城中居住了三十余年,一直身无定所,最后卜居宾汤门内顾家桥。孙原湘在《淡成居记》中记:"余友吴项儒自何市迁城,三十余年矣。凡六七徙而定居宾汤门内顾家桥,其以是为安宅矣乎?"④这既反映出底层士人生活之艰辛,也体现出其对城居的执着。

而钓渚渡人范东叔,则是一介布衣,游于城市六七载,生活困窘,最终决定返乡。临别时,孙原湘赠诗一首,其中写道:

> 范叔隐君子,混迹入县城。破屋只一椽,风雪愁欹倾。
>
> 著书仰屋梁,妻孥环嘤嘤。破帽不裹头,索米绕市行。
>
> 昨日见青山,忽动烟波情。晨兴告我别,将归钓渚耕。⑤

对于范东叔而言,留着一个根在乡里,的确是城居不得志后的退路。但选择这条退路,却是迫不得已。自晚明至晚清,城乡流动与社会流动的契合度不断提高。如叶舟指出:"明清两代常州的所有科举鼎甲都来自城市或后来迁居至城市……所谓的文化望族,基本上是指城市宗族和乡间宗族中在城市居住的强势分支。"⑥王志明对嘉庆四年(1802)至光绪二十九年(1903)间4250个进士样本进行统计后发现,江苏籍进士的城居率高达83.64%,云南、福建等省亦超过80%,浙江、贵州等省并在70%以上。⑦在这样的背景下,城乡之间的双向流动或许不像惯常认为的那样,加强了城乡的有机统一。尽管乡村是城市的退路,但城市才是乡村的向往。正如清代吴江县人沈永葆,"居城生活是以科举失利而告终的,不得不转居乡下。在他重振家业的时候,仍激励自己,不能让子孙辈作农夫,所以其子孙又

---

① 孙原湘:《冯仲廉寓居东郭浦秀才(署文)家与吴项儒范东叔并以乡居迁城戏为作诗》,《天真阁集》卷6《诗六》,《续修四库全书》,第1487册,第583页。

② 嘉庆《直隶太仓州志》卷36《人物·文学二·太仓州·国朝》,《续修四库全书》,第697册,第576页。

③ 孙原湘:《吴卓信传》,《天真阁集》卷49《文十一》,《续修四库全书》,第1488册,第388页。

④ 孙原湘:《淡成居记》,《天真阁集》卷47《文九》,《续修四库全书》,第1488册,第369页。

⑤ 孙原湘:《范叔行赠东叔还居钓渚渡》,《天真阁集》卷5《诗五》,《续修四库全书》,第1487册,第578页。

⑥ 叶舟:《中国传统社会中的宗族与城市:以清代常州为中心》,《史林》2010年第3期,第8—9页。

⑦ 王志明:《清嘉庆以后科举与社会流动中的城乡差别——以1802—1903年进士〈同年录〉所载进士居地为中心的分析》,《安徽史学》2017年第4期,第37页。

有迁回城镇的"①。对个人或家族而言，居城与居乡的意义截然不同。这样的认知必然导致城乡"有机统一体"的最终分离。

三、"城乡"与情感认同

关于传统中国城乡观的另一个刻板印象，是乡土情结对城市认同的阻碍。所谓乡土情结，包含两个层面的意义：一是安土重迁，不轻去其乡；二是即便离开故乡，也只将异乡视为"寓所"，难以产生情感认同。乡土情结的制度性基础就是宗族。马克斯·韦伯认为："中国的城市之不可能走向西方的格局，是因为氏族的纽带未曾断绝。城市的住民，尤其是那些富有的人，与其氏族、祖产、祖庙所在的故乡，一直保持着关系，也因此与其家乡所有重要的祭典及人际关系都维持着。"②

然而"怀乡"并非中国所独有，对于中国人与乡土、宗族的感情，也不应作教条化理解。怀乡不是信仰，生存才是第一位的。正如周忱（1381—1453）在谈到苏松流民问题时指出："苏松之逃民，其始也，皆因艰窘，不得已而逋逃。及其后也，见流寓者之胜于土著，故相扇成风，接踵而去，不复再怀乡土……天下之民常怀土而重迁，苏松之民则常轻其乡而乐于转徙。"③但明清之际，"乐于转徙"的绝不只是苏松之民。无论是朝廷推动的"湖广填四川"，还是民间自发的"走西口""下南洋""闯关东"，中国人从不畏惧迁徙，离乡的脚步也不会因"怀土重迁"而受到羁绊。

至于"氏族的纽带"，对不同区域、不同阶层的人而言意义也不尽相同。如江南的"文化世族"，就与皖南、浙南、闽广地区的宗族组织有着明显差别。④但无论在哪里，"氏族的纽带"都可能遭受私利的冲击。浙江归安人茅元仪，就曾深受其扰。万历三十八年（1610）春，茅元仪"以乡里小儿交构，不胜郁郁，卧病者累月"。当年冬，其友为里胥所辱，"至捶齿破颊，几不能生"，茅元仪奋起不平，为请于郡县，将里胥绳之于法。然而宗人中"有受胥之赂而党之者"，有仇元仪"而故党胥者，起而相攻，日夕敝唇舌"。无奈之下，茅元仪之母劝其离家避祸，且劝慰道：

> 儿无自苦。尔父以十四弃汝，汝幸有成，宗人几欲甘心？以莫可乘，故无哗者。今假事以相侮，儿当无损，众怒不可犯也，勿与争。其促往留都探戚属某，与之谋居，且与留都士大夫定交以归。我当为儿治装，儿且为金陵游，苟不贵，无归也。⑤

像这样不和谐的宗族关系，在明清文献中并不少见。晚清常州才女张纨英，也深切体会过江南"望族"的冷漠。纨英丈夫王曦出身于著名的太仓王氏家族，却最终入赘常州张家。在纨英看来，"王曦之所以孤苦无依是由于各房之间的嫉妒和争斗"。道光二十八年（1847），王曦于武昌去世。纨英历

---

① 吴滔：《清代江南市镇与农村关系的空间透视——以苏州地区为中心》，上海：上海古籍出版社，2010年，第249页。

② [美]韦伯：《中国的宗教——儒教与道教》，康乐、简惠美译，桂林：广西师范大学出版社，2004年，第44—45页。

③ 周忱：《与行在户部诸公书》，《双崖文集》卷3《书》，《四库未收书辑刊》，北京：北京出版社，1998年，第六辑，第30册，第323页。

④ 参见徐茂明：《江南无"宗族"与江南有"宗族"》，《史学月刊》2013年第2期，第16页。

⑤ 茅元仪：《亡姬陶楚生传（上）》，《石民四十集》卷30《传二》，《四库禁毁书丛刊》，集部，第109册，第257页。

尽艰辛将棺椁运回太仓,但族人却不愿让王曦葬于祖茔旁。①正如徐茂明所指出:"所谓宗族组织和宗族意识,主要还是衣食无忧的宗族'精英'们(包括士人与商人)所热衷维护的东西,而对于下层族人来说,生活才是第一考虑的要素。"②

而个人与并无血缘关系的"乡里"之间,则更难有超越利益的情感基础。如晚明福建布衣黄之璧,长年以山人身份游食四方。屠隆(1542—1605)曾这样形容其归乡后的窘境:"黄君游倦矣,布帽青衫,一寒如故。入门见机上,相对作牛衣泣……而乡里小儿见此君落拓状,相聚讪笑。"③"吴兴四子"之一的吴稼竳,也因生活窘迫而倍感乡里社会的冷漠。他在诗中写道:

> 龊龊里中子,筹算浩无度。广辟阡与陌,志意日驰骛。
>
> 黄金生骄态,昏浊乱真素。既嘲东郭寒,复哂西山饿。
>
> 饮酒对妻子,客至匿不晤。嗟彼寥寥者,多文以为富。④

事实上,很多士人正是迫于"乡里"社会的压力而离开故乡的。万历十五(1587)年,宣城梅氏后人梅藩祚移家南京时,其叔梅守箕赠以《弃故乡赋》曰:

> 余家子马,落魄好奇,有四方之志。不问生产而以豪散之,是以乡曲寡称许焉,见以为荡而无节……夫贤者避地,非必违邦祸也,其俗之涸浊偷污,不甚于祸哉?金陵故一都会,子马家其间,与相往来者多天下士也,必有以振贫士之魄矣。予于其行,为赋而壮之。⑤

万历时期,在北京任光禄寺珍馐署署正的卓明卿(1538—1597)收到儿子来信,希望他回到杭州仁和县塘栖镇颐养天年。卓明卿却回复道:"生平牢落,乡党所羞,数见不鲜,面目生憎,攒眉捧腹终日。是有不如衮衮马头之尘,涸涸京陌之地,面孔相将,心事不役,安危苦乐,较为得也。"⑥晚明东林六君子之一、嘉善人魏大中(1575—1625)也因与族人不睦而移居城中。⑦顺治十四年(1657),桐城方文因与亡妻左氏家族的纠纷,携二幼女避仇出游。他在诗中写道:"山乡风土恶,乍人有豺貅。迫我出岩谷,遥遥涉江湖。"⑧此后方文便断绝了与家乡的来往,直至病逝。

笔者以为,所谓游子"怀乡",实以"思亲"成分居多,尤其是核心家庭中的父母妻儿,而非广义上的

---

① [美]曼素恩:《张门才女》,罗晓翔译,北京:北京大学出版社,2015年,第99、101页。

② 徐茂明:《互动与转型:江南社会文化史论》,上海:上海人民出版社,2012年,第189页。

③ 屠隆:《与吕调父》,《栖真馆集》卷十五《书》,《续修四库全书》,第1360册,第499页。

④ 吴稼竳:《杂咏十一首·其五》,《玄盖副草》卷3《五言古诗》,《四库全书存目丛书》,济南:齐鲁书社,1997年,集部,第186册,第559页。

⑤ 梅守箕:《弃故乡赋》,《梅季豹居诸集》丙丁卷1《赋》,《四库未收书辑刊》,北京:北京出版社,1998年,第六辑,第24册,第304—305页。

⑥ 卓明卿:《示儿子书》,《卓光禄集》卷3《文》,《丛书集成续编》,上海:上海书店,1994年,第119册,第530页。

⑦ 魏大中:《藏密斋集》卷1《自谱》,《续修四库全书》,第1374册,第506—508页。

⑧ 方文:《奉酬魏都宪石生》,《嵞山集续集·北游草·五言古诗(三十二首)》,《续修四库全书》,第1400册,第139页。

宗族或乡里。既有研究也表明,明清江南地区的家庭结构正是以核心家庭和直系家庭为主,复合型大家庭的比例极低。[①] 即使在徽州这个典型的"宗族社会",人们的情感寄托也依然集中在小家庭。正如《栖塘重建新安会馆序》中写道:"虽丈夫志在于四方,究人情心悬于八口。试叹征车就道之日,伊谁不念父母之难离,含声一咽,昏乱心神;骊歌甫唱之时,何人不恋妻子之难分,忍泪双流,忧愁眉目。"[②] 这个核心家庭或许才是决定个人流动与地域认同的关键。一旦核心家庭迁徙或离散,个人与乡族的联系必将日益疏远。

如桐城人方文在父母妻妾相继离世后,于顺治十五年冬"卜居南京,继娶明殉难名臣汪伟之女"[③]。次年闰三月,友人李世洽"分俸以助买宅青溪"[④]。此后方文远游时,曾在异地偶遇金陵人士,并写下《遇乡人》一诗。诗中写道:"君从石城来,曾过青溪否。我家傍青溪,门前数株柳。"[⑤]可见方文在南京娶妻置宅之后,很快就视南京为其家、其乡。康熙八年(1669)秋,方文病卒于芜湖,"家仆扶柩返南京,葬于江宁西单桥小山脚下"[⑥]。尽管方文的"桐城人"身份无法改变,但在精神与肉体上,他都不能再融入乡土了。

明清时期,由"流寓"变为"土著"的个人与家族并不稀见。一般而言,置产、卜葬是异乡人开始融入地方社会的重要标识,而时间则是重要的助推剂。如晚清南京人梅曾亮,祖籍安徽宣城。梅氏移家南京,始于梅曾亮曾祖梅毅成(1681—1764)。梅毅成是著名算学家梅文鼎孙,乾隆十八年(1753)以都察院左都御史致仕,移籍江宁。梅毅成将其居所命名为"寄圃",表明他内心仍以宣城为故乡,视金陵为寓所。梅氏去世后,乾隆皇帝赐葬句容县基隆山麓。道光三年(1823),梅曾亮主持纂修家谱。他在追述家族迁徙史后称,自曾祖移籍迄今"六十余年,侨者土著"[⑦]。可见到了梅曾亮这一代,梅氏子弟已完全认同自己为江宁"土著"。

当然,作为宣城梅氏的一支,金陵梅氏依然与宣城保持联系。但这更多是谱系意义上的认同,而非日常化的人际交往。道光三年,梅曾亮回宣城谒墓后便感叹道:

> 嗟夫! 吾家寓江宁,于诸村中缺候问、疏过从久矣。未有所裨益光宠,诸父兄乃能不责不足于我,且恳恳如此,愧甚,不可忘也。又余至诸村,皆佤六有同行,每悉问某村为某分下,为某几房,为某字辈,常苦不能识,而乡人多能识之。今士之居通都大邑者,以不尽交天下士为耻,而不

① 参见唐力行:《从碑刻资料看明清以来苏州社会的变迁——兼与徽州地区比较》,《历史研究》2000年第1期。王跃生:《十八世纪中后期中国的家庭结构》,《中国社会科学》2000年第2期。20世纪30年代费孝通对吴江开弦弓村的调查表明,农村家庭的平均人数在4—6人之间。费孝通认为,"所谓大家庭,看来主要存在于城镇之中"。参见费孝通《江村经济——中国农民的生活》,商务印书馆,2001年,第43页。

② 光绪《塘栖新安怀仁堂征信录·塘栖重建新安会馆序》,不分卷,光绪戊寅年初刊,第1页。转引自张小坡《清代江南与徽州之间的运棺网络及其协作机制——以善堂为中心》,《清华大学学报》,2018年第5期,第75页。

③ 李圣华:《方文年谱》,北京:人民文学出版社,2005年,第320、327页。

④ 李圣华:《方文年谱》,第327页。

⑤ 方文:《遇乡人》,《嵞山续集·鲁游草·五言绝句》,《续修四库全书》,第1400册,第188页。

⑥ 李圣华:《方文年谱》,第483页。

⑦ 梅曾亮:《家谱约书(癸未)》,《柏枧山房全集·文集》卷4《书序》,《续修四库全书》,第1513册,第641页。

知谁何之古人,尤喜为之辨氏族、考子孙,然家之人而不识也。呜呼! 此尤余之所愧于乡人也。[①]

家族迁居城市后不仅与原籍地宗族的关系日渐疏离,甚至城中各支也会形同陌路。这是城市对传统宗法关系的一大改造。早在明嘉靖末年,南京人盛时泰(1529—1578)就指出:

> 国初尽徙城中人于四方,复取四方人实之,以是都城中无世家,因无世法,遂无世谱。自三四传后,子孙遂不识认,名字不相通,凶吉不相问,况共承祭祀,共为宴享矣乎? 以是虽有同族,实为路人,孝爱以是而衰,风俗以是而薄,可慨也已。[②]

晚清南京士人汪士铎(1802—1889)也曾写道:

> 余家歙县黄山潜川之阳,载世绵远。康熙中,恒伯府君始迁江宁,分为庶人,不得立庙……铎所知者,祖辈尔,曾祖昆弟七,皆不能知其后……大率江宁为省会,客户庞杂,无言宗法者,族人每觌面不相识,如途人。[③]

太平天国战争期间,汪士铎曾至绩溪避难。对于这个陌生的“故土”,汪士铎并无太多情感与文化认同。他认为绩溪人的优点是“朴野俭素、溺女、男尊女卑、无贫富相耀、不见异思迁”,除此之外几乎一无是处:

> 绩溪天太寒,山气重也。地太狭薄,山太多,水太少,室太暗,俗太野,人太固执风俗而不变。宫室制太雷同,太晦暗;床太狭,床太不平;食物太少。俗太苦,士太胶泥朱氏理学。食太硬,太咸。作事过缓。八都无豆,房窄狭黑暗,如狱,如地狱,无窗。衣狭小短促,喜暗昧幽黑,狭小不肯一毫有余。东厕在室内,喜臭腐,守其陋习,动言我绩溪是如此,若以为当然而不可变者,不肯择善而从。虫太多,蚊太多。柴太贵,又要自劈。名太不正,称祖曰舅父,曰伯娘,姑舅母曰姑姐,姨姑曰姐子,曰妹,祖母曰姨。[④]

事实上,在19世纪的社会变革轨迹中,城乡疏离是一重要特征。不仅城市对乡村愈加傲慢,乡村对城市也并不友好。这在道咸之际的江南逃难潮中体现得极为明显。道光二十二年(1842)夏初,英国战舰逼近江浙,城市居民纷纷下乡避难。六月,南京“合城迁徙”。七月,中英议和并签署《南京条

---

① 梅曾亮:《记所至各村(癸未)》,《柏枧山房全集·文集》卷10《记》,《续修四库全书》,第1514册,第44页。

② 盛时泰:《秣陵盛氏族谱》,《丛书集成续编》,上海:上海书店,1994年,第29册,第259页。

③ 汪士铎:《宗祀小轴记》,《汪梅村先生集》卷6,《续修四库全书》,第1531册,第647—648页。

④ 汪士铎:《汪梅翁(士铎)乙丙日记》卷1,邓之诚辑,沈云龙主编:《近代中国史料丛刊》,台北:文海出版社,1967年,第十三辑,第38—39页。

约》，"夷船遵约退"。至九月，"居民返城者皆病虐，十室而九"。[1] 数月间，出城逃难之人备尝艰辛，而城中却晏然无事。至咸丰二年(1852)末，太平军逼近南京，城中居民再次面临逃与留的选择。很多人因对十年前的下乡经历心存余悸，故决心留守城中。据陈作霖(1837—1920)记载："居民鉴壬寅年之迁避，为乡人所欺凌。乃皆不动，至有从附郭移家入城者。"[2] 陈家就是其中一分子。因为这一决定，陈作霖在城破之后险些丧命。

而逃城之人虽然暂离险境，却依然难免"为乡人所欺凌"。梅曾亮逃至江宁王墅村避难时，就发出"桃源竟何处，古记恐虚传"[3]的感慨。咸丰十年初，江南大营失守，江南主要城市接连被太平军攻陷，苏常一带再掀逃难潮。对于城里人下乡的狼狈，《苏郡俚词调》中相当诙谐地描述道：

> 苏州全是胆小人，见仔个种竭光景，吓得全对乡下奔。二妈妈来三婶婶，日夜心焦无得困。想起一家坟客笃个老乡邻，住笃木渎光福镇，大男小女一齐奔。青布衫，黄杨簪，绿腰裙，小蒲鞋要起脚跟。逃仔个心乡下人，破牢棚要卖好行情。三间草屋租一租，倒说每间要租五千老上青。日里捵稻柴，夜里还要硬敲更。大男官客才高兴，夜头来仔哆哆嗄嗄人。说道每人要卖二百文，空中楼阁想金银，吃亏吃得无淘成。三个弗相信，剩根串头绳。再加地皮潮湿蛇虫兴，夜头还有蚊子叮。猪圈间壁臭气吞，此番亦算倒足运。

五月之后，整个江南地区只剩常熟一隅尚存。然而就在常熟城陷之前，却有大批难民因无法适应乡下生活而纷纷回到城中。柯悟迟《漏网喁鱼集》中载，八月初一日，其与汪庚山于午后前往常熟城，"一路询问往来舟楫，风声若何，皆云近日风声颇好，常地安堵，迁避下乡之船绝无，搬运归家之船极多。询之皆云妇女等乡居久不惯，且回家看势，再计较也"[4]。顾汝钰《海虞贼乱志》中也提到，此时"移乡之商富家反多归船，盖因乡间买物不便，房屋低小，居食不如意，闻北山早桂大开，游人稠众，逼家主曰：'夏初说贼，至今秋凉矣，不愿在乡吃苦也。'家主喝阻不住，故纷纷买舟归。适八月初一日，见烧香人杂沓，船船相谓曰：'又见快活景况也，今后死不下乡矣。'"[5] 太平天国战争之后，这种城乡心理上的疏离在社会与经济层面继续蔓延，乡土对个人与家族的意义也随之进一步弱化。

结　语

20世纪之后，中国的城乡关系往往被视为传统观念与现代文明冲突的结果。尤其在过去三十年中，随着现代化步伐加速，人们对城乡差距的感受也愈发强烈。当代作家阎连科在追忆20世纪70年代的个人经历时曾写道："在我看来，乡村和城市，永远是一种剥离。城市是乡村的向往，乡村是城市

---

① 陈作霖：《可园备忘录》，南京图书馆藏稿本，第1页b。
② 陈作霖：《金陵通纪》卷3，《中国方志丛书》华中地方第37号(二)，台北：成文出版社，1970年，第542页。
③ 梅曾亮：《薄俗》，《柏枧山房全集·诗续集》卷2，《续修四库全书》，第1514册，第186页。
④ 柯悟迟：《漏网喁鱼集》，祁龙威校注，北京：中华书局，1979年，第45页。
⑤ 顾汝钰：《海虞贼乱志》，中国史学会主编：《中国近代史资料丛刊·太平天国(五)》，上海：上海人民出版社，1957年，第354页。

的鸡肋和营养。在那个年代，我的家乡很幸运是方圆几十里的一个集市中心。乡下人向往我家的那个集市；我们村人，向往着三十里外的一个县城；城里的人，向往着百里之外的古都洛阳。"① 然而这种城乡关系早在"传统时代"就已萌芽。正如吴滔所指出："20世纪以来出现的城乡分离，并非完全找不到历史的影子。"②

晚明以降，传统农业社会中的城市色彩日益浓重。从地方经济到社会风俗，从个人谋生方式到家族生存策略，从精英思想到大众心态，"城市"的影响无所不在。尽管在很长一段时间中，中国的知识精英尚不能总结出城市对社会发展的积极意义，使其成为"理性、道德与文明的象征"③，但各个阶层都能实际感受到城市的商业活力与资源优势。士人们既无法践行其"乡村观念"，更难以遏制大众对城市的普遍向往。

与此同时，城乡流动与社会流动日益契合。就其社会意义而言，城乡间的双向流动并非平行、自由的。入城还是居乡，不仅是社会经济地位的展示，也折射出个人与家族自我发展的预期。迁居城市是为了改变命运、获得更大的成功。这也导致了宗族的城乡分化。④ 留着一个根在乡下，只是个退路，绝不是目标。

在城乡流动的过程中，"乡土情结"的作用亦不应过分夸大。城市发展离不开外来人口。只是因为制度层面的户籍管理松散，以及人们惧怕落籍带来徭役负担，所以导致城市中在籍者少、流寓者多。但要想在城市立足，就必须努力融入地方社会。在社会中上层，科举、婚姻、社交是三个重要途径，此外置产、卜葬也会影响人们的地域认同。随着定居日久，流寓变为土著者在在皆有，大城市中尤多。这一过程也改造了传统的宗族结构与宗法关系。从明清"城乡观"的演变来看，在20世纪之前，中国社会已经为城市化做好了文化与心理铺垫。此后城乡关系的演变，既是现代文明冲击的结果，也是晚明以降"乡土情结"与"都市依恋"长期角力的延续。

（作者罗晓翔，南京大学历史学院教授。原载《江海学刊》2020年第4期）

---

① 阎连科：《我与父辈》第一章，北京：人民文学出版社，2014年，第18页。

② 吴滔：《清代江南市镇与农村关系的空间透视——以苏州地区为中心》，第268页。

③ Peter Borsay, *The English Urban Renaissance: Culture and Society in the Provincial Town, 1660—1770*, Oxford: Clarendon Press, 1989, p. 261.

④ 叶舟：《中国传统社会中的宗族与城市：以清代常州为中心》，《史林》2010年第3期，第10页。

明中叶以来徽州总结性文献的编纂与地域文化认同的强化

卞 利

一、明中叶以前徽州地域文献的编纂与地域文化认同的建构

早在两宋特别是南宋时期,随着徽州山区经济的深度开发、社会相对安定局面的持续维系、教育和科举事业的勃兴,特别是主要来自于中原地区三次大规模移民徽州运动高潮的结束,以及祖籍徽州婺源县的理学集大成者朱熹等文化巨匠的崛起,徽州的人文与社会环境,亦随之而发生新的变化,尚武轻文的传统开始向崇文重教转变,所谓"武劲之风,盛于梁、陈、隋间,如程忠壮、汪越国,皆以捍卫乡里显。若文艺则振兴于唐、宋,如吴少微、舒雅诸前哲,悉著望一时。①"为强化徽州地域自然环境的特殊性和人文环境的优越性,一批徽州籍政治、社会、知识和文化精英,不断著书立说,揭开了自觉建构徽州地域文化认同的序幕。其中,由南宋淳熙年间罗愿所纂修的《新安志》,率先对徽州地域文化进行总结性的叙述与概括,把宋代徽州地域文化认同的建构推向了一个新的阶段。

继之而起的元代,在蒙古族上层统治者民族和阶级的双重压迫下,两宋以来特别是南宋时期徽州经济与文化持续高速发展的势头受到遏止,而元初科举制的长期停摆,又使得蓬勃发展的徽州知识和文化精英向上晋升之路被堵塞,他们不得不转而采取消极避世的态度,或拒绝出仕,隐居山林,探微阐幽,阐发自己的思想和主张;或开馆授徒,获取微薄收入,以维持其基本生存。这些隐居深山、开馆授徒的徽州籍知识和文化精英,尽管消极避世,但却积极面对人生和社会,以新儒学即理学或新安理学的研习、传播与发展为己任,著书立说,传承学术薪火,提出并建构了徽州作为"东南邹鲁"的地域文化认同。休宁县籍学者赵汸隐居东山,潜心治学,并于元至正十六年(1356)创建了东山书院,自任东山书院山长。他在为本县商山书院增置学田撰写记文《商山书院学田记》时,不无自豪地写道:

> 新安自南迁后,人物之多,文物之盛,称于天下。当其时,自井邑、田野以至远山深谷,民居之处,莫不有学有师,有书史之藏。其学所本,则一以郡先师子朱子为归,凡六经传注、朱子百氏之书,非经朱子论定者,父兄不以为教,子弟不以为学也。是以朱子之学虽行天下,而讲之熟、说是详、守之固,则惟新安之士为然,故四方谓"东南邹鲁"。②

赵汸的《商山书院学田记》,是继罗愿《新安志》和朱熹《休宁县新安道院记》之后,又一次对徽州地

---

① 江登云辑、江绍莲续编,康健校注:《橙阳散志》卷末《备志歙风俗礼教考》,芜湖:安徽师范大学出版社,2018年,第329页。
② 赵汸:《东山存稿》卷4《商山书院学田记》,《景印文渊阁四库全书》总第1221册,台北:台湾商务印书馆,1986年,第287—288页。

域文化进行概括性总结论述的代表之作。如果说罗愿在《新安志》中,对徽州的自然环境、社会与人文环境,尤其是对唐末为躲避黄巢农民大起义兵锋而移民徽州的中原衣冠、汪华徽州乡土神灵体系进行了精心考证和概括性总结,以及朱熹对徽州民俗和徽州人性格心理的形象描述,初步完成了对徽州自然、社会和人文环境,以及徽州地域文化及徽州人群体性格心理进行概括性说明和论述的话,那么,赵汸则进一步在此基础上对徽州地域文化特征进行总结,提出并初步完成了徽州作为"东南邹鲁"这一地域文化认同的建构。自此以后,"东南邹鲁"逐步成为徽州地域文化的标识而不断深入人心,并逐渐获得了徽州社会各阶层人士的普遍认同。

宋元时期,徽州各地大宗族还通过不断纂修族谱,进行身份与地域文化认同的建构,而数量颇丰的各大姓望族谱牒的纂修与积累,为具有自身特色并涵盖徽州全域的大姓名族谱纂修,打下了深厚的文献基础,纂修一部地域性而非血缘性的徽州地域大族或名族谱牒成为一种现实的可能。正是在这一背景下,曾经亲自编纂《陈氏谱略》、拥有纂修谱牒实践的休宁县理学家陈栎,开始了汇辑各地族谱,纂修《新安大族志》的工作,并为建构徽州作为聚族而居的宗族社会这一地域社会文化认同进行了艰辛的努力。尽管因种种原因,陈栎最终未能完成这部跨越元朝徽州路婺源州、歙县、休宁、祁门、黟县和绩溪五县地域空间的《新安大族志》的定稿与刊印任务,但已基本完成《新安大族志》的初稿,并为明代中后期《新安名族志》和《休宁名族志》的编纂积累了丰厚的文献资料。对此,程尚宽在《新安名族志引》中云:"新安,天下望郡也。《名族志》所以别嫌明微,缘人情而起以义者也。元儒陈氏定宇尝编《新安大族志》,其书惜未盛行者。双溪郑公、觉山洪公因其遗编增益而梓布之,彬彬乎可以观新安人文之盛矣,骎骎乎可以占世道亨昌之机矣。"① 戴廷明和程尚宽在其纂修《新安名族志凡例》中,重申了其对《新安大族志》的继承与发展,并阐明了《新安名族志》编纂的意义:"《名族志》因元儒陈氏定宇旧本而补辑之者也。观者于此不惟见新安礼乐文物之盛,抑以彰国家化名成俗之意,相与庆甄陶之有自,以自保乐利于无涯者,不为无助也。……本志元儒陈定宇栎著有《新安大族志》,惜未梓行,间见抄本,疏略未备,且立例混于他郡姓名。今之采缉,惟著姓于新安有足征者悉书之;其无所考据及迁徙外郡者遗之。"②

二、明中叶以降徽州各类总结性文献的编纂、刊刻与徽州地域文化认同的强化

继《新安大族志》之后,明中叶以后,随着徽州社会经济的繁荣,教育、文化、科第的兴盛,徽商的崛起,以及徽州各地大姓名族谱牒的纂修特别是统宗谱的纂修,建构以科举仕宦、簪缨世家、"东南邹鲁"、"文献之邦"③、"礼义之乡"④和徽州儒商群体等为地域标识与文化认同的总结性文献——《徽州名族志》,其纂修时机已完全成熟。继承陈栎纂修《新安大族志》的未竟事业,汇集徽州各地大姓望族的地域性名族谱,便成为展示徽州宗族社会人文昌盛,彰显徽州地域特殊性和优越性,以及强化徽州地

---

① 戴廷明、程尚宽等辑,朱万曙等点校:《新安名族志》卷首《程尚宽引》,合肥:黄山书社,2004年,第14页。

② 戴廷明、程尚宽等辑,朱万曙等点校:《新安名族志》卷首《新安名族志凡例》,第14页。

③ 弘治《徽州府志》卷首《徽州府志序》,明弘治十五年(1502)刻本,第1页a。

④ 金瑶、金应宿:《珰溪金氏》卷18《陈俗》,明隆庆二年(1568)刻本,第26页b。

域文化认同的一项重要任务。歙县双溪郑佐、婺源觉山洪垣曾先后接续《新安大族志》而因其遗编而增益,纂成《实录新安世家》。①之后,祁门县叶本静、休宁县戴廷明等人又"勤勤蒐辑,垂十年矣"。但叶本静和戴廷明所蒐辑的资料依然存在不少问题,"阅其名家,尚多缺略,此盖情限于力之所弗及,而义睽于势之所弗能故也"。于是,程尚宽乃承继前贤之功,"仍其旧本而续补之,考其姓氏迁次而更定之,校其讹谬出没者而厘正之,约其异而归之同"②,最后完成了前后二卷(不含卷首序和卷末跋)八册本《新安名族志》的续补、定稿工作,并于嘉靖三十年(1551)付诸梓行。

由戴廷明、程尚宽编纂的《新安名族志》,汇辑了徽州六县92个大姓名族徙入徽州和繁衍播迁的历史,简要记录了各大名族精英人物的生平与谱系。除个别姓氏有目无文外,整个《新安名族志》体例严谨,内容丰富,在徽州地域宗族历史与文化认同的建构上,堪称是徽州地域性望族历史的标志性之作,显示出徽州与其他地域宗族与文化迥然不同的文化特征,是徽州单一宗族血缘和身份认同向地域性名门望族群体的宗族社会、文化和身份认同转化的重要标志。从此,徽州作为极具地域特色的聚族而居的宗族社会,成为徽州人引以为傲的区别于其他地域历史与文化的重要标识。诚如胡晓在为《新安名族志》所作的《序》文中所云:

> 族志者,所以明本宗、纪世系也。粤自浑茫始开,民物未繁,则天下一家、中国一人。迄夫人文渐盛,类聚群分,而其势也斯涣。方是时,鸟官龙氏所以别殊称焉。黄帝封爵赐氏,而系百代之宗、明一本之义者,实肇于此。故傅岩纪氏于傅,东蒙立宗于蒙;杨孙、贾孙因族系派;颜成、惠叔缘氏分支。兹顾唐虞三代至名族,载之坟典,史传可稽也。历秦而汉、晋、唐、宋,或强合于世胄,或阴夺于天亲,若魏瞒之窃曹叔、刘裕之冒元王。世勋赐李,娄敬易刘,吕秦牛晋,真妄杂糅,求族之不紊者,盖寥寥矣,矧名族乎?

> 新安则异是矣,山峭水厉,燹火弗惊,巨室名族,或晋唐封勋,或宦游宣化,览形胜而居者恒多也。其故家遗俗,流风善政,宛然具在。以言乎派,则如江淮河汉,汪汪千顷,会于海而不乱;以言乎宗,则如泰华之松,枝叶繁茂,归一本而无二;言乎世次,则尊卑有定,族居则间阎辐辏,商贾则云合通津;言乎才德,则或信义征于乡闾,或友爱达于中外,或恬退著述,或忠孝赫然。至于州里之镇定,六州之保障,诸儒之大成,宗庙血食,千载不磨,又名族之杰出者。

> 呜呼! 族以人名,名以行显。才德之著既开其先,则绍述之烨,吾知名于新安,至于天下,以御于后世者,莫之或知,不必泥于秦、汉、唐、宋之矫强,而唐虞三代建宗赐氏之芳名,于是重熙而

---

①对陈栎是否纂修《新安大族志》,郑佐、洪垣有无续纂《实录新安世家》等问题,学术界有两种截然不同的意见:一是完全肯定的观点,如日本学者多贺秋五郎,其在所撰《关于〈新安名族志〉》(中译本载刘淼辑译:《徽州社会经济史译文集》,合肥:黄山书社,1988年,第96—124页)一文中,未对《新安大族志》和《实录新安世家》的存在提出任何否定意见;二是持完全否定意见,其代表人物为郑力民。该氏在其撰写和发表的《〈新安大族志〉考辨——兼谈〈实录新安世家〉》(《安徽史学》1993年第3期)和《〈新安大族志〉考辨——兼谈〈实录新安世家〉(续)》(《安徽史学》1994年第3期)二文中认为:陈栎并未撰有《新安大族志》,更无郑佐等纂修的《实录新安世家》的存在。

②戴廷明、程尚宽等辑,朱万曙等点校:《新安名族志》卷首《程尚宽引》,第14页。

累洓矣,谓之名族奚疑? ①

尽管《新安名族志》刊行后在社会上引起了强烈反响,但曾任监察御史并为《新安名族志》撰序的洪垣并不十分满意。为此,洪垣于万历七年(1579)造访礼部祠祭司郎中、钦差谕祭官休宁人曹诰,以《新安名族志》相视曰:"此属草创未了事也,公同志者,幸为我卒之。"②正当曹诰拟着手对《新安名族志》进行修订时,恰逢朝廷有命急召,不得不中断和放弃对《新安名族志》的续补与修订工作。曹诰去世后,其子曹嗣轩自谦无力胜任《新安名族志》的续编和修订重任。但在友人向其出示《新安名族志》后,曹嗣轩"恍然自失……乃三复披阅,见其犹有阙焉者,盖备于簪笏而略于氏族也,予或可以羊革补裘矣。于是尽发所藏,参而考订。乃承藉先子之遗意,率循吾师之旧章,不敢妄加笔削,模仿古式原规,不遗三家之村;述旧增新,岂失一人之行。三台五鼎之贵悉载,一官半职之荣亦书。邑里同前,次序照旧"③。在戴廷明和程尚宽纂修之《新安名族志凡例》基础上,曹嗣轩增订了若干《凡例》,并起草了拟修订的《六邑名族姓氏总目录》,可惜最终未能如愿,曹嗣轩仅仅完成了《休宁名族志》的编纂,此即天启六年(1626)付梓的《休宁名族志》。

由程敏政主持纂修的《新安文献志》是明代徽州总结性文献的奠基性和集大成著作,亦是徽州文化认同建构过程中的扛鼎之作。这部前后耗时达三十年完成的徽州历代重要文献汇编之鸿篇巨制,总数达100卷之多,其中甲集60卷,专门收录自汉至明徽州本土乡贤的诗文,乙集则兼收徽州本土之外士人记述徽州乡贤行实之文,全书共收录诗1034首、文1087篇,卷前列有《新安先贤事略》上、下二卷。该书"工巨役繁……盖是书之编,以字计者,一百二十万有畸;以板计者,一千六百有畸。非诸君子垂意斯文,固不能致此"④。

程敏政(1444—1499),字克勤,号篁墩,休宁县陪郭人,父程信以卫籍徙居北直隶河间府,仕至兵部尚书。敏政自幼聪慧,读书过目成诵,有"神童"之誉。中成化二年(1466)榜进士一甲第二名榜眼,授翰林院编修。历仕左谕德,直讲东宫。翰林中,"学问该博称敏政,文章古雅称李东阳,性行真纯称陈音,各为一时冠"⑤。明孝宗即位后,以宫僚恩擢少詹事兼侍讲学士,直经筵。因才高而遭人忌,弘治元年(1488),为御史王嵩等弹劾,被勒令致仕,遂返归乡里,潜心著书立说。五年(1492)复官,寻改太常卿兼侍读学士,掌院事。后升礼部右侍郎,专典内阁诰敕之事。十二年(1498)与李东阳主会试,举人徐经、唐寅预作文,与试题合。给事中华昶劾其鬻题,时榜未发,诏敏政毋阅卷,其所录者令东阳会同考官覆校。二人卷皆不在所取中,东阳以闻,言者犹不已。敏政遂与华昶、徐经、唐寅俱被下狱。次年出狱后,程敏政因愤恚致发痈卒,卒后被赠礼部尚书。程敏政一生著述勤奋,计编著有《道一编》《明文衡》等著作数十余种。其中尤以对徽州暨休宁文献著述最丰。其所纂修之《休宁志》38卷,为休宁县

① 戴廷明、程尚宽等辑,朱万曙等点校:《新安名族志》卷首《胡晓序》,第3—4页。
② 曹嗣轩编撰,胡中生、王燮点校:《休宁名族志》卷首《曹诰〈新安名族志引〉》,合肥:黄山书社,2007年,第18页。
③ 曹嗣轩编撰,胡中生、王燮点校:《休宁名族志》卷首《刻名族志通知帖》,第20—21页。
④ 程敏政辑撰,何庆善、于石点校:《新安文献志》卷100下《〈新安文献志跋〉》,合肥:黄山书社,2004年,第2614页。
⑤ 张廷玉:《明史》卷286《文苑二·程敏政传》,北京:中华书局,1974年,第7343页。

现存最早一部县志。而其对本族谱牒文献之收集和纂修等,用力尤勤,贡献卓著,计纂有《休宁陪郭程氏本宗谱》(不分卷,刊于成化十年)、《新安程氏统宗世谱》20卷(不含首、末二卷,刊于成化十八年)、《程氏贻范集》30卷(其中甲集7卷、乙集20卷,丙集、丁集、戊集各1卷,梓于成化十八年)和《篁墩文集》93卷等。在程敏政编纂和撰著的各类关于徽州的文献与著作中,尤以《新安文献志》为最著,堪称徽州地域文献的总结性和奠基性之作。对此,《四库全书总目》曾给予极高评价:"是书于南北朝以后文章事迹凡有关于新安者,悉采录之。六十卷以前为甲集,皆其乡先达诗文,略依真德秀《文章正宗》之例,分类辑录。其六十一卷以后,则皆先达行实,不必尽出郡人所论撰,分神迹、道原、忠孝、硕儒、勋贤、风节、才望、吏治、遗逸、世德、寓公、文苑、材武、列女、方技十五目。其中有应考订者,敏政复间以已意参核,而附注之,征引繁博,条理淹贯。凡徽州一郡之典故,汇萃极为赅备。遗文轶事,咸得藉以考见大凡。故自明以来,推为巨制。"①程敏政在其所撰《新安文献志序》和王宗植所撰《跋》语中,对《新安文献志》纂修的目的、过程、刊刻及意义有着较为详细的交代。为说明问题,谨将其文字照录于下:

新安文献志序

新安在国朝为畿辅。踞大鄣山之麓,地势斗绝,视他郡独高,昔人测之,谓其地平视天目尖。而水之出婺源者,西下为鄱湖;出休宁者,东下为浙江。其山川雄深若此,秦汉以来多列仙,意犹不足当之。于是我开府忠壮公及越国汪公,前后以布衣起义旅,坐全其土地民人于祸乱。没而为神,千余年不替益灵。迨中世,则休宁之程北徙洛,而得两夫子;婺源之朱南徙闽,而得文公,嗣孔孟之统,而开绝学于无穷。其人物卓伟若此。一时名公硕儒与夫节孝、材武、遗老、贞媛之属,文焕乎简编,行播乎州里。而记载之书,散出无统,有志于稽古尚贤者,盖屡属意焉。然或自秘而失于兵燹,或据所见而为之详略,读者不能无憾也。斋居之暇,窃不自揆,发先世之所藏,搜别集之所录;而友人汪英、黄莆、王宗植暨宗侄隐充,亦各以其所有者来馈,参伍相乘,诠择考订,为甲集六十卷,以载其言;乙集四十卷,以列其行,盖积三十年始克成也。

呜呼!宣子聘鲁,而嘉周公典籍之大备;孔子说二代之礼,而叹杞宋之难征。则生于其地,而弗究心于一乡之文献,非大阙与?凡吾党之士,抚先正之嘉言懿行萃于此,发高山景行之思,而日从事乎身心,由一家以达四海,使言与行符,华与实称,文章德业,无愧前闻;又进而诵法程朱氏,以上窥邹鲁,庶几新安之山川所以炳灵毓秀者,不徒重一乡,将可以名天下;不徒荣一时,或可以垂后世。而此编亦不为无用之空言也哉。②

王宗植跋

右《新安文献志》,分甲乙两集,共一百卷,文凡一千八十七篇,诗凡一千三十四篇。今太常学士篁墩先生旧所编也。先生编意肇自齐梁而讫于我大明永乐,此后则嗣续编者。宗植盖尝在校

① 纪昀等纂,四库全书研究所整理:《钦定四库全书总目》卷189《集部四十二·总集类四》,北京:中华书局,1997年,第2642页。
② 程敏政辑撰,何庆善、于石点校:《新安文献志》卷首《程敏政·序》,第1—2页。

勘之列，窃谓宜少引而伸之，否则近世名卿，若亚参方公、宪副庄公、都宪程公、大司寇杨公、少司马吴公、大司马程公及乡先生鲍谧斋、吴可筠诸硕儒，皆不及登载矣。既而郡侯下令，俾六邑先贤之子孙，助刊书之费，乐从者甚众。乃以为，是编也既公其事于人，则先生亦有不得专者。宗植乃与高明尹张君旭、上舍郑君鹏、庠生李君汛、程君曾辈，僭取宣德以来诸先达之文五十一篇、诗五十九篇，以类增入，用以满愿见者之心，而一郡之文献益备。虽然先生有功于新安若山海然，不可尚已。宗植辈乃以篑土涓流助之，诚不自量，而与人为善之美，则先生素心，天下所共志者，不可以不白也。

　　弘治十年丁巳秋九月望，歙南后学王宗植谨识。①

　　积三十年之功，几乎以一己之力编纂而成的《新安文献志》，汇辑了南朝齐、梁以来至明初永乐年间(王宗植等又增补至宣德以来)历代有关徽州文献，堪称徽州文献的集大成之作，程敏政对徽州地域文化建设之贡献可谓功莫大矣。应该指出的是，程敏政编纂《新安文献志》的目的，并不仅仅在于整理乡邦文献，表彰徽州前哲勋猷，以垂教后世，昭示来者，而更为重要的是藉抢救、整理及汇辑徽州乡邦文献之机，以弘扬博大精深的徽州地域文化，激发人们对徽州丰厚人文的认同、景仰和自豪之感。在程敏政看来，建构与强化徽州地域文化认同，其实也是在强调国家认同，毕竟徽州是地大物博的中国之一部分，徽州文化则是中华文化的重要构成，"凡吾党之士，抚先正之嘉言懿行萃于此，发高山景行之思，而日从事乎身心，由一家以达四海，使言与行符，华与实称，文章德业，无愧前闻。又进而诵法程朱氏，以上窥邹鲁，庶几新安之山川所以炳灵毓秀者，不徒重一乡，将可以名天下；不徒荣一时，或可以垂后世"②。正是基于这样一个目的和宗旨，程敏政才不惜耗半生之力，广搜博采，详加考订，荟萃赅备，最终完成了《新安文献志》的编纂任务。可以说，程敏政及其所纂修的《新安文献志》，在徽州文献抢救整理与徽州文化地域认同的建构中，作出了开拓性的卓越贡献。如果再加上其所撰著的《道一编》《新安程氏统宗世谱》和《程氏贻范集》等著作，那么无论是对徽州学术思想文化的传播，还是对徽州宗族文化的总结，程敏政都堪称是徽州地域文化认同建构与强化过程中划时代的标杆式人物。

　　继程敏政之后，程曈、赵滂和赵吉士等又次第对徽州学术思想暨文化等进行了系统的梳理和总结，再次为徽州地域文化认同的强化做出了各自的努力与贡献。

　　如果说程敏政编纂的《新安文献志》吸收宋元以来前贤的考证成果，正式将程颐、程颐祖籍视为徽州歙县黄墩的话，那么程曈所编著的16卷本《新安学系录》，则完全将程颢、程颐纳入到了徽州的学术谱系，并将其与朱熹前后接续，实现了程朱理学为新安理学正脉的学术谱系建构，进而使徽州成为传承被认为绝续的孔孟道统衣钵的"云之泰山、河之崑岑"③。程曈(1487—1562)，字启曈，号峨山，休宁县富溪人，早失怙，恃继母与兄以孝友，一生孜孜于徽州理学之探讨。其学"以程朱为师，谓天之所以

---

　　① 程敏政辑撰，何庆善、于石点校：《新安文献志》卷100下《王宗植跋》，第2613页。
　　② 程敏政辑撰，何庆善、于石点校：《新安文献志》卷首《程敏政序》，第1—2页。
　　③ 胡炳文：《云峰集》卷2《乡贤祠记》，《景印文渊阁四库全书》总第1199册，第750页。

与我者,以是为学,即以是为教,不过遏人欲存天理而已"①。在《新安学系录序》中,程曈开宗明义地写道:"孟子没而圣人之学不传,千有余岁。至我两夫子始得之于遗经,倡以示人,辟异端之非,振俗学之陋,而孔孟之道复明。又四传至我紫阳夫子,复溯其流,穷其源,折衷群言,集厥大成,而周程之学益著。新安为程子之所从出、朱子之阙里也。故邦之人于程子则私淑之,有得其传者;于朱子则友之,讲剧问答,莫不充然各有得焉。嗣时以迁还,硕儒迭兴,更相授受,推明羽翼,以寿其传。由宋而元,以至我朝,贤贤相承,绳绳相继,而未尝泯也。"②清康熙三十五年(1696),程曈族孙程应鹏对程曈的思想进一步予以阐发:"吾家河南二夫子出,越千余载而上接洙泗,非同汉、晋、隋、唐之学者味其糟粕而未尝精华者比。吾二夫子也,实绍先圣之绝学。迨及考亭夫子,又集诸儒之大成。新安之学出于伊洛,伊洛之氏本于新安,此吾家莪山先生所以作《新安之学系录》而首之以二夫子也。"③

从上述文字我们不难看出,程曈所建构的徽州学术谱系,在致力于弘扬和传承徽州地域学术文化认同的同时,更是将二程和朱熹视为孔孟道统的承继者,进而阐发了徽州作为"东南邹鲁"和"程朱阙里"的合法性地位。因此,程曈所建构的徽州理学学术谱系的文化认同,其本身亦具有国家认同的性质。诚如吴曰慎所云:"盖举道之全体而归于一人谓之'统',承其统绪而垂于后世谓之'系',其实一也。慨自孟子既没,圣学失传,儒者惟记诵辞章是务,而异端虚寂之教、百家邪诐之流,纷然并作,圣贤统系绝者,千有余年。至宋濂溪周子默契道体,著图与书,上继孔孟,下启二程,天下渐知正学,圣道自此复明。又四传而至紫阳夫子,集诸儒之大成,发先圣之蕴奥,教育英才,四方辐辏,而新安之地,及门私淑,兴起尤多,时则有'东南邹鲁'之号,此富溪程莪山先生《新安学系录》所由作也。然是学也,即尧舜以来之所传,而天下古今之所共者也。乃独归重于新安,何哉? 盖二程夫子实忠壮公之后裔,见于印章。朱子以迁闽未久,新安自表,而吾郡继起诸贤,笃守其学,代不乏人,其于金溪之顿悟、新会之静虚、姚江之良知,不啻薰莸判也。是以道统归于程朱三夫子,而学系之正,莫如新安,故独标之,以见上自唐虞,下迨鲁邹,其所以相授受者,皆由此可溯其源,探其本也。"④

明万历年间,歙县人赵滂汇辑各种文献,并详加考订,纂成《程朱阙里志》,并于万历四十四年(1616)付诸剞劂。《程朱阙里志》除卷首序外,共有8卷,其目分别为地灵、崇祀、世考、实录、道统、锡典、艺文和识余。关于程朱阙里的得名和《程朱阙里志》的纂修背景与宗旨,据参与《程朱阙里志》编次的歙县士子鲍应鳌所撰之《程朱阙里志序》云:

> 程朱之学大明于天下,天下之学宫,莫不崇祀程朱三夫子矣。乃若三夫子肇祥之地,又举而合祀之,则独吾歙。歙之合祀三夫子,则自邑大夫刘侯始。其称"阙里",盖宋理宗皇帝所表文公宅里,若曰"文公朱子绍明孔子之道"者也。而朱学原本二程,二程与朱之所自出,其先世皆由歙黄墩徙,故称"程朱阙里",所从来远矣。朱久有专祠,二程则始元泰定间,以乡贤祀,云峰胡氏记

① 程一枝:《程典》卷6《本宗年表第二下》,明万历二十七年(1599)家刻本,第605页b。
② 程曈撰,王国良、张健点校:《新安学系录》卷首《序·正德戊辰程曈〈新安学系录序〉》,合肥:黄山书社,2006,第1页。
③ 程曈撰,王国良、张健点校:《新安学系录》卷首《序·康熙丙子三月上浣程应鹏〈莪山先生新安学系录跋〉》,第6页。
④ 程曈撰,王国良、张健点校:《新安学系录》卷首《序·康熙丙子春三月清明日吴曰慎〈新安学系录序〉》,第4—5页。

之,然未与朱合祀也。

至国朝,乡先达武城令赵诚之先生作《三夫子源流考》,始欲以三夫子合祀。既而司徒定之先生亦有合祀议,然未及举也。而刘侯乃毅然撤梵宇,创阙里三夫子之庙貌,一旦森严,莫不庆辟邪崇正盛举。又召太学滂,以《阙里志》属之。滂乃精心蒐集,遍索群书,捃摭见闻,凡一言一事有关于程朱者,无不载笔。历两载,寒暑不辍,盖用力若斯之勤也。而书且成,日与余往复商订,加纂组删润焉。凡八卷,为志七,志地灵,则星精岳降光远有耀之秘阐矣;志崇祀,则清庙闳宫裸献骏奔之仪肃矣;志世考,则勋庸爵里代有闻人,而祖功宗德之烈彰矣;志实录与道统,则真儒体用,正学宗传,云云煜煜,而圣修道脉之懿昭矣;志锡典与艺文,则鸾诰扬芳、鸿篇唱德,斐斐翼翼,而表章翊赞之藻焕矣。

余读而叹曰:数百年旷典,一旦鼎新,猗与盛哉![1]

继《新安学系录》之后,赵滂《程朱阙里志》的纂修、刊刻与流布,标志着程颢、程颐同朱熹一道,作为祖籍歙县黄墩的"三夫子",在徽州学术史和地域文化史上之地位取得了广泛的社会认同。至清康熙年间,赵吉士(1628—1706)辑撰《寄园寄所寄》,于《泛叶寄》卷中专设《新安理学》和《故老杂记》二目,对新安理学的谱系进一步展开说明与阐释,最终使新安理学学术体系得以完整建构,并使极富地域文化特色的徽州文化得以彰显。尽管其篇幅不大,但却以简明扼要的总结性文字,将新安理学和徽州地域文化认同向全国进行传播,产生了极为广泛的社会影响。对此,清初著名学者、进士、户科给事中休宁人赵吉士不无自豪地写道:"新安自紫阳峰峻,先儒名贤比肩接踵,迄今风尚淳朴。虽僻村陋室,肩圣贤而躬实践者,指盖不胜屈也。呜呼! 千载具在,岂徒尚口。前徽不远,有志当型。"[2]

延至民国初年,两位徽州乡贤、来自歙县的许承尧和黄宾虹,一生致力于乡邦文献、名人和文化掌故、书画、篆刻艺术等文化遗产的抢救、整理与研究,为徽州文化的总结与地域文化认同在新的历史背景的建构和提升,作出了极为重大的贡献。1908年,署名"黄质"的作者即黄宾虹在《国粹学报》发表《滨虹杂抹》系列论文,首次从学术上对新安画派及其代表人物进行了系统的梳理和总结,初步勾勒了新安画派源流和演变的轨迹。此后,无论是其往来书简,还是其撰写的人物传记中,黄宾虹对新安画派及其代表人物的生平特别是绘画风格与成就,都有较多的论述。不过,他对新安画派的研究及其成果,主要集中体现在《新安派论略》《新安画派源流及其特征》《浙江大师事迹佚闻》《黄山丹青志》《增订黄山画苑论略》和《绩溪画家传略》数篇著述中。关于新安画派的名称由来,黄宾虹经过认真考订之后,亲撰《新安画派论略》一文,云:"昔王阮亭称新安画家,宗尚倪黄,以渐江开其先路。歙僧渐江,师云林,江东之家,至以有无为清俗,与休宁查二瞻、孙无逸、汪无瑞,号'新安四大家'。'新安画派'之名,由是而起。"[3]关于新安画派的发展脉络,尽管囿于时间和精力等原因,黄宾虹终其一生并未完成大部头著作《新安画派史》的撰写,但他确实为我们理清了新安画派的基本轮廓及其代表人物。他撰写了

① 赵滂:《程朱阙里志》卷首《序·鲍应鳌〈程朱阙里志序〉》,《四库全书存目丛书》史部第85册,济南:齐鲁书社,1996年,第225页。
② 赵吉士撰辑,周晓光、刘道胜点校:《寄园寄所寄》卷11《泛叶寄·新安理学》,合肥:黄山书社,2008年,第858页。
③ 卢辅圣、曹锦炎主编:《黄宾虹文集·书画编下》,上海:上海书画出版社,1999年,第20页。

四篇文章,对新安画派进行了划分,其文分别为《新安画派之先》《新安派同时者》《新安四大家》和《清代新安变派画家》,文中列出了各派代表性人物。在《新安画派之先》中,他把明代新安画家作为新安画派之先。在《清代新安变派画家》中,他将程士镳、僧雪庄、程松门、方士庶、黄砢和吴之骥作为清代新安画派的变派画家。在对这些新安画派画家及其成就的评价中,黄宾虹有一段十分精彩、画龙点睛的文字:

> 论者独以新安画派为近雅。然新安画家,前乎渐江者,为丁南羽、郑千里,道释仙佛,山水花鸟,靡不精妙,兼工诗词;李长蘅、程孟阳,品行文章,见重于世,文翰之余,雅擅水墨。后乎渐江者,程松门、方循远,师资授受,家学渊源,各有专长,无愧作者。至若萧尺木、汪元植、吴去尘、李杭之、凌起翔,虽与渐江同时,尚沿文、沈之旧,惟戴鹰阿、程穆倩、汪璧人、谢承启、郑遗甦、汪素公、汪允凝,多宗倪黄。而程士镳、僧雪庄,已变新安派之面目,黄柳溪、吴子野,转移于江淮之余习,尽失其真。要之山林野逸,轩爽之致,未可磨灭,犹胜各派之萎靡,独为清尚之风焉。①

由此可见,黄宾虹对历史上新安画派及其代表人物艺术特色与贡献的总结,堪称宋明以来诸多徽州先贤对徽州地域文化认同建构的承续,特别是其在与许承尧的通信中,率先提出了"徽学"概念,指出:"歙中他姓族谱记载轶闻,往往有所见。如见书画篆刻之人,能分类录存,亦徽学之关系于国粹者,祈公赞助之。"②并阐释了徽学和国粹之间的关系。可见,黄宾虹心目中的"徽学"对中国的国粹具有重要影响,是国粹的重要组成部分。后来,他还在与许承尧的通信中提出了"歙学"的概念。1937年,在与许承尧的信函中,黄宾虹进一步提出了"宣歙国学"的概念,认为:"宣歙国学占中邦最高地位,至今任其销沉,极为可惜。"③

"徽学""歙学"到"宣歙国学"概念的接续提出,反映了黄宾虹对徽州历史文化、文物文献研究价值认识的不断深化,同时也说明作为一个独立学术研究领域,徽学处于萌芽阶段的稚嫩和不成熟。但不可否认的是,黄宾虹对徽学学科发生和早期建设确实作出了卓越的贡献,是徽学学科萌芽阶段的奠基人和开创者,更是徽州地域文化认同建构中发挥卓越作用的绝响。

许承尧则一生致力于徽州乡邦文献的抢救、收集、整理和研究,除主笔总纂并于1937年出版了16卷本《歙县志》,对歙县历史文化进行总结与阐释外,许承尧还广泛搜罗编辑有关歙县暨徽州的各种文献与掌故,汇编成31卷、附录1卷的《歙事闲谭》(又名《歙故》)。诸伟奇在点校整理该书所作的《序》中,对许承尧的学术贡献进行了高度评价:"二十世纪二三十年代以许承尧、黄宾虹为代表的学人对徽州文化的关注和所做的大量工作,可不可以视作徽学研究的早起阶段或预备阶段。……本书几乎揽括了当今徽学研究领域的所有问题,对徽歙文化的各种文化现象都进行了较为全面的整合和展示,为徽学研究提供了一系列的重要资料和线索。可以这样说,在许承尧之前没有任何人、在《闲谭》之前没

---

① 卢辅圣、曹锦炎主编:《黄宾虹文集·书画编下》,第20—21页。
② 卢辅圣、曹锦炎主编:《黄宾虹文集·书信编·与许承尧》,第162页。
③ 卢辅圣、曹锦炎主编:《黄宾虹文集·书信编·与许承尧》,第154页。

有任何书,如斯人书这样对徽歙各种文化现象给予如此丰富而精致的载述。即使在《闲谭》问世以后的六十余年间,尽管徽学界在研究的学理性和专题的深度上有了重大的进展,但像《闲谭》这样从原始文献出发、全面展示徽州历史文化、具有学术见解的史料长编,仍告阙如。从这个意义上说,许承尧为徽学研究的先导,《歙事闲谭》为徽学研究的开山之作,似尚不为过誉。"①

可见,在民国改元后这一新的历史条件下,许承尧和黄宾虹为历经近千年徽州地域文化认同完整体系建构的最终完成和现代意义上的徽学学科建设,作出了杰出的学术贡献。

三、徽州地域文化认同建构中存在的弊端与缺陷

从两宋以来特别是南宋时期,徽州政治、社会、知识和文化精英逐步揭开徽州地域文化认同建构的序幕起,经元、明、清时期,徽州各种总结性文献的编纂与出版,徽州地域文化认同不断被强化,延至民国初年,徽州地域文化认同的建构最终完成。可以说,作为极具鲜明地域特征的徽州文化及其文化认同,已成为徽州本土乃至域外士人的共识。

但我们亦注意到,由徽州本土社会、知识暨文化精英们历经近千年,苦心孤诣地以自我为中心所建构起来的徽州地域文化认同,无论就其过程、手段,还是就其血缘身份认同、祖先谱系拟构、学术思想和新安理学谱系建构,以及文化认同本身等方面,都存在着明显的弊端与缺陷。归纳起来,主要体现在以下几个方面:

第一,罔顾事实,牵强附会。在徽州地域文化建构中,为强调徽州文化的特殊性、优越性和宗族祖先的尊贵血统,往往罔顾事实,攀富援贵,这在其祖先谱系和血缘身份认同建构方面表现得尤其突出。对此,清乾隆五年(1740)刊刻的《新安徐氏宗谱》曾一针见血地指出:"世俗作谱,多以铺张扬厉为事,每采古昔同姓名公巨卿,汇载篇首。……世俗作谱,每广叙宗盟,远引世派以矜巨族,而其中多牵强附会。"②乾隆十四年(1749),方有闻在《歙淳方氏柳山真应庙会宗统谱》的《后序》中亦云:"自夫人心不古,仁孝之思顿忘。祖孙、父子,妄为假冒,或慕高名,呼罗引为叔侄者有之;或趋炎附势,推义甫为父兄者有之。"③清雍正四年(1726)程廷谔《岩镇程氏家谱》所作的序言中对古今修谱之两大弊端进行了挞伐,指出:"近代以来,作谱者往往浮词溢美,夸张阀阅,至有攀援附會而遂迷其所出者。"④这种故意攀附名公巨卿、豪右贵族和嫌贫爱富的心态与现象,完全是修谱者主观故意造成的,它直接导致了族谱内容可信度的失真。赵滂和徽州籍政治、社会、知识和文化精英,在徽州为"程朱阙里"的建构中,罔顾"阙里"这一特定概念所蕴含的文化内涵,而恣意称之。对此,纪昀在《程朱阙里志提要》中,对其妄称"阙里"行为进行了批判,指出:"阙里乃孔子里名,非推尊之号。宋咸淳五年,诏婺源祠所称'文公阙里',已为失实。今程子亦称'阙里',尤承讹踵谬,习焉而不察者也。"⑤即使如罗愿这样治学严谨的学

---

① (民国)许承尧撰,李明回、彭超等校点:《歙事闲谭》上册《序二》,合肥:黄山书社,2001年,第19—20页。

② 徐裎:《新安徐氏宗谱》卷首《凡例》,清乾隆九年(1744)刻本,第2页a。

③ 方善祖等:《歙淳方氏柳山真应庙会宗统谱》卷20《后序·乾隆十四年方有闻序》,清乾隆十八年(1753)刻本,第26页a。

④ 程廷谔:《岩镇程氏家谱》卷首《叙》,清乾隆十年(1744)刻本,第17页a。

⑤ 纪昀等:《程朱阙里志提要》,《四库全书存目丛书》史部第85册,第397页。

者,在对待徽州汪氏宗族的祖源问题上,也是不顾事实,采取一种照顾人情的做法,"谓汪氏为诸侯之裔,似稍近人情"[1]。而程敏政以一个学者的认真态度,对程氏宗族始迁祖及其谱系进行周密考证,则遭到了徽州不少程氏族姓的反对,以致程氏宗族人竞相攻击之:"时人语曰:'敏政不正,统宗不中。'夫修谱者公天下之心而统之,得其正也。琼山丘深菴先生曰:'举朝皆瞎子,惟程敏政议识几个死字,又不好学。若不趋附势利,是亦第一流人物也。'"[2]由此可见,在心理认同、情感认同、文化认同和历史认同的建构中,历史认同往往不得不屈从于心理、情感和文化认同,从而造成了历史事实的失真,这是在地域历史研究中需要特别加以警惕的陷阱。

第二,粗制滥造,片面夸大。在罔顾事实、牵强附会的同时,徽州历代政治、社会、知识和文化精英们在建构宗族祖先谱系和新安理学等学术谱系及其文化认同的过程中,还普遍存在粗制滥造、片面夸大人物、事件及其作用的弊端。在宋明以来的徽州,纂修族谱是一种尊祖、敬宗、收族、弘扬孝道的大事。所谓"一族之事,莫重于修谱"[3]。"士大夫之族,不可以无谱。"[4]"谱牒,不可不作也。谱牒作则昭穆有序而[疏]戚不遗,百世之下,足以知其分殊而本一;不作则喜不庆、忧不吊,不以至亲相视如途人者鲜矣。"[5]在徽州,族谱甚至被提升到与国史、郡志并列的高度,加以强调。"家之有谱,犹国之有史也,郡邑之有志也。"[6]明清时期,徽州各地普遍流传一种"三世不学问、不仕宦、不修谱,即流为小人"[7]的诫语。三世不修谱,被认为是大逆不道的行为:"谱系之不作,则前不知其从来,后不知其次序,居家则无长幼之分,居官则无君臣之义,至于亲亲如路人焉。此则纲常失而人伦泯矣。"[8]因此,明清以来,徽州纂修族谱之风极盛。但在族谱纂修的高潮中,个别宗族为标榜本族祖先和成员的辉煌历史与业绩,不惜粗制滥造,甚至伪造祖先及其谱系,片面夸大祖先宗族成员作用,以致造成"近世世家,各自为谱,或引上古神明、功德之后,或罗列史书闻人以为远祖,至于攀附显族,取讥当世,失之诬矣"[9]的现象。对此,程敏政曾撰写《谱辨》37条,对程祈所修之《程氏世谱》未加考订、粗制滥造地书写周秦以迄五代程氏宗族谱系等问题,一一进行考证和批驳。为攀附名族,明代曹嗣轩等甚至伪造休宁曹氏宗族谱系,以致引起歙县雄村等地曹氏宗族的强烈抗议,万历《曹氏统宗世谱》甚至专辟《涤讹论》,对其伪造进行严厉驳斥:"余家谱牒,历世修葺。至我世麟公秉笔而更详明。今休邑[曹]嗣轩、[曹]乾等倡造伪谱,冒认乱派,而反诋人之谱为伪,情之所难忍也。不惜直语,以涤其谬。……海阳曹村,虽云同姓,实非我族类。今嗣轩、乾等以一介竖儒,私造伪谱,不审伊氏源流,冒认我浮、祁二派,借吾宗声价,彰彼族辉光,是郭韬之拜子仪、狄青而跪仁杰也。有识者且为羞,乃不自揣而反诋我祖麟公之谱为伪,殊为可

① 淳熙《新安志》卷1《州郡·祠庙附汪王庙考》,清光绪十四年(1888)刻本,第26页a—30页a。
② 程文运:《率溪挑梅程氏重续宗谱·凡例》,明崇祯十一年(1638)抄本,第3页a.
③ 戴鸿儒:《东关戴氏宗谱》卷5《序·失考序》,清光绪十五年(1889)刊本,第1页a。
④ 张习孔:《新安张氏续修宗谱》卷首《成化谱序》,清顺治十六年(1659)刻本,第11页b。
⑤ 万历《沙南方氏宗谱》卷一《谱说》,明万历三年木活字本。
⑥ 方树:《绩溪城南方氏宗谱》卷1《旧序·康熙十五年象璜纂辑真应庙谱序》,1919年木活字本,第17页a。
⑦ 程弘宾:《歙西岩镇百忍程氏本宗信谱》卷11《族约篇第九》,明万历十八年(1590)刻本,第4页a。
⑧ 毕济川:《巨川毕氏宗谱》卷首《长陔毕氏族谱序》,明正德四年(1509)刻本,第19页a—b。
⑨ 乾隆《考川明经胡氏统宗谱》卷首《序·乾隆二十四年吴炜序》,清乾隆二十五年(1760)木活字本,第9页b。

恨！且彼祖姓原朱也，而匿曹也。弃朱认曹，无祖孰甚？"①《曹氏统宗世谱》驳斥的乃为《休宁名族志》的纂修者曹嗣轩。正是曹诰、曹嗣轩父子纂著并刊刻于万历四十年(1612)的《休宁曹氏统宗谱》，斥责嘉靖十二年(1533)婺源尚荣等地曹氏支族所作谱为伪谱："婺之尚容曹世麟倡作伪谱，讹舛殊甚，妄认招讨全曧为祖，蛊惑诸曹，凡寒薄之辈、无源之派多附隶焉。"②触犯了婺源晓鳙、大鳙、龙池以及歙县雄村、绩溪旺川等地曹氏宗族的利益，最终导致了婺源和歙縣曹氏宗族的强烈反对。除《涤讹论》外，《曹氏统宗世谱》还收录了《斥伪曹朱诗》。限于文献资料的匮乏，我们尚无法判断歙县雄村曹氏和休宁曹村曹氏孰是孰非，但徽州族谱之粗制滥造、冒滥宗派、片面夸大人物和事件作用的现象确实是客观存在的。特别是对人物形象的塑造，很多徽州族谱或方志文献为了夸大人物和事件的作用，甚至不惜编造虚无缥缈的故事和神话传说，以附会本地本族的人物与事件，将活生生的现实人物予以神化，如对程灵洗、汪华的神化，就是通过其射蜃、显灵和有求必应的灵验等内容展开的。

第三，一己之见，门户之私；为我所用，视野狭窄。包括罗愿、程曈、程敏政、赵滂和赵吉士等徽州籍学者，在建构、论证和阐释徽州地域文化各个领域及层面的认同时，往往并不是站在客观的立场上讨论问题，而是采取了目光短浅、视野狭窄的功利主义方式与手段，以为我所用为基本出发点和归宿，这就造成了当时及后世屡被人所诟病的弊端。罗愿在徽州汪氏祖源认定上的照顾人情，程曈在《新安学系录》中，生拉硬扯地把程颢、程颐纳入新安学术谱系之中，以及将郑玉排斥于新安学术谱系之外，则完全出自门户之私。对此，《四库全书总目》一针见血地指出："是书以朱子为新安人，而引据欧阳修《冀国公神道碑》，谓程子远派亦出新安，故辑新安诸儒出于二家之传者，编为此书。自宋至明凡百有一人，皆征引旧文以示有据。夫圣贤之学，天下所公也，必限以方隅，拘以宗派，是门户之私矣。至程子一生，无一字及新安，而遥遥华胄，忽而见援。以例推之，则朱出于邾，姓源可证。今峄山之士不又引朱子为乡党乎？此真为夸饰风土而作，不为阐明学脉而作也。"③程曈甚至连程敏政《道一编》提出的和会朱熹与陆九渊思想"始异终同"之说亦不认同，专门撰著《闲辟录》，予以驳斥："篁墩学士著《道一编》，以为朱陆之学始异终同，公叹曰：'今日以陆为同，他日必有斥朱为异者。'乃疏朱子往来书札，岁月先后，以证《道一编》之误，陆氏之说，亦附见焉，名曰《闲辟录》，书传儒林多所推服。"④对程曈和赵吉士关于《新安学系录》和《寄园寄所寄》中将程大昌和吴儆乱点鸳鸯谱地与朱熹同调现象，刘成群也撰文指出："程曈与赵吉士在论述'新安学系'或'新安理学'时，都将朱熹与程大昌、吴儆放置在了一起。不过值得注意的是，后人重构的学术谱系往往存在一种价值追想。正德、嘉靖年间的程曈著《新安学系录》，其目的是辟心学、维护朱子学，所谓'葒山先生当王学盛行之日，独得程朱正传'是也。而赵吉士于所著《寄园寄所寄》一书首辑'新安理学'，更多是为了在徽商大盛之时为桑梓文化辩诬。这些主观倾向导致他们的著述并非科学审慎，也就是说，他们将朱熹与程大昌、吴儆界定为同调，有非常强烈的现实关怀，但并非仅是为了还原历史的本来面貌。……程大昌、吴儆、王炎等人作为朱熹同时代的

---

① 万历《曹氏统宗世谱》卷首《涤讹论》，明万历四十三年(1615)刻本，第1页a。
② 曹诰、曹嗣轩：《休宁曹氏统宗谱》卷5《凡例》，明万历四十一年(1613)刻本，第483—484页。
③ 纪昀等纂，四库全书研究所整理：《钦定四库全书总目》卷61《史部十七·传记类存目三》，第852页。
④ 程一枝：《程典》卷6《本宗年表第二下》，第605页b。

精英学者,在当时的徽州确有一定的影响,在后世也常常作为新安理学的代表人物而被提及。但实际上,他们并不属于朱子学者。当朱熹徽籍弟子群体、徽籍再传弟子群体崛起后,徽州地区传播的理学几乎成为清一色的朱子学,而程大昌、吴儆等人则被边缘化了。"①

而程孟想当然地将"黄墩"视作地多产竹之"篁墩"之后,直接催发了程敏政亲撰《篁墩书舍记》,以论证"黄墩"系"篁墩"之误,并以"篁墩"自号,徒为世人留下一大笑柄。对此,不仅程氏族人多不敢认同,即使是《四库全书总目提要》,也力斥其非,并对程敏政"才高负气,俯视一切"而导致著作中出现不严谨的做法提出严厉批评,云:"敏政学问淹通,著作具有根柢,非游谈无根者可比。特其才高负气,俯视一切,故议论或不免偏驳,如奏考正祀典,欲黜郑康成祀于其乡;论五行,欲以灶易行之类,于义皆为未允。又新安黄墩为晋新安太守黄积所居,子孙世宅于此,故以'黄'为名,自罗愿《新安志》《朱子文集》所载皆同。敏政乃称'黄'本'篁'字,因黄巢而改,遂复称'篁墩',为之作记,且以自号,其说杜撰无稽,亦蹈大言欺世之习。其他征引故事,往往恃其赅贯,不加详核,因而舛误者尚多。"②赵㴥不仅"承讹踵谬",妄称朱熹故里进而妄称二程故里为"阙里",且纂修《程朱阙里志》,予以传播和强调,其行为尤属荒谬至极。

自宋代以来,随着徽州山区经济的开发,教育、文化和科第的勃兴,特别是明中叶以降徽州的崛起,徽州籍政治、社会、知识和文化精英逐渐开始产生了地域优越感与自豪感,并以自我为中心,从徽州地域总结性文献的编纂等不同领域与视角,持续不断地致力于徽州地域文化认同的建构,藉以强化徽州地域文化的特殊性、优越性和自豪感,并将其与国家认同融为一体,进而实现徽州血缘身份认同、地域文化认同与国家认同相统一的目的,这无疑是值得肯定的。然而,我们亦应看到,在建构和强化徽州地域文化认同的过程中,徽州籍政治、社会、知识和文化精英采取了罔顾事实、牵强附会、粗制滥造和片面夸大等手段,置历史事实于不顾,一味以一己之私、门户之见和为我所用的实用主义态度进行建构,致使在徽州地域文化认同建构和不断强化中,不能客观地面对历史的真实存在,从而导致了历史认同与文化认同的撕裂。尽管如此,这种地域文化认知和认同与历史真实性之间的矛盾几乎无法达成统一,但并不等于没有价值,诚如陈支平所云:"在某种意义上甚至可以说,超越于历史真实性的文化认知,其所体现出来的文化意义也许更加具有历史与文化的永恒价值。"③

(作者卞利,南开大学历史学院教授。未刊稿)

---

① 刘成群:《"朱熹同时代徽州籍学者非其同调"论——兼论朱熹对徽州地区学风的清整》,《兰州学刊》2017年第1期。

② 纪昀等:《篁墩文集提要》,《景印文渊阁四库全书》总第1252册,第1—2页。

③ 陈支平:《跨越地域与历史的界限来重新审视黄河文明的文化意义——以中州文化与闽台文化的关联性为例证》,《安徽史学》2013年第1期。

《明史·河渠志》"黄河"篇辨误数则

李旭东　李小林

　　以往学者对于《明史·河渠志》已有许多研究。在1974年中华书局点校本出版时,其校勘记称:校勘记主要以《明实录》以及王鸿绪所著《明史稿》为依据,对武英殿本中时间和地名等讹误进行了修改。然而由于史料的局限,仍有部分讹误未被发现和改正。黄云眉先生的《明史考证》①则运用了更多史料,对《河渠志》中的记载进行纠误。杨济坤先生于1983年发表的《〈明史·河渠志三〉正误》②一文,对《明史·河渠志三》校勘记进行了补遗,对点校本的标点也进行了勘误。李德楠《〈明史·河渠志〉标点纠谬一则》③也对点校本当中的标点错误进行了修改。南炳文先生则对《明史·河渠志六》进行了较为全面系统的考订,在《东岳论丛》上先后发表了《点校本〈明史〉"河渠"6校勘三则》④、《中华点校本〈明史·河渠志〉释疑六则》⑤、《点校本〈明史〉"河渠"6正统直省水利记事校误》⑥、《点校本〈明史·河渠志〉"河渠"6正统朝直省水利记事再校》⑦、《点校本〈明史〉"河渠"6正统景泰直省水利记事勘误》⑧等五篇文章。此外,杜志亚的硕士论文《〈明史·河渠志·黄河〉考论》⑨对《明史·河渠志》的成书过程、《河渠志》内容的考订以及《河渠志》反映的明代治河生态等问题进行了较详细的探讨。

　　以上有关《明史·河渠志》的研究对纠正点校本《明史·河渠志》中的错误,有着十分重要的学术意义。然而,《明史·河渠志》中仍存留一些讹误之处。本文所做的勘误是对1974年出版的中华书局点校本《明史·河渠志·黄河》中的一些讹误进行的,笔者以此版《明史》为底本(简称"点校本"),参考了《明实录》《明史稿》《明会典》《明经世文编》《行水金鉴》《读史方舆纪要》以及地方志和有关诏令奏疏等数据,对其中存在的错误和不足进行纠正和补充。这不仅对检视当时修纂官修史时的不足有一定的探索意义,而且对研究明代的黄河改道、决口、堤防等相关历史也具有一定的借鉴意义。

　　笔者按照《河渠志》记载的顺序,将所存讹误按类考订如下:

---

① 黄云眉:《明史考证》第3册,北京:中华书局,1984年。
② 杨济坤:《〈明史·河渠志三〉正误》,《南充师院学报(哲学社会科学版)》1983年第1期。
③ 李德楠:《〈明史·河渠志〉标点纠谬一则》,《中国史研究》2006年第1期。
④ 南炳文:《点校本〈明史〉"河渠"6校勘三则》,《东岳论丛》2008年第1期。
⑤ 南炳文:《中华点校本〈明史·河渠志〉释疑六则》,《东岳论丛》2008年第2期。
⑥ 南炳文:《点校本〈明史〉"河渠"6正统直省水利记事校误》,《东岳论丛》2008年第3期。
⑦ 南炳文:《点校本〈明史·河渠志〉"河渠"6正统朝直省水利记事再校》,《东岳论丛》2008年第3期。
⑧ 南炳文:《点校本〈明史〉"河渠"6正统景泰直省水利记事勘误》,《东岳论丛》2009年第4期。
⑨ 杜志亚:《〈明史·河渠志·黄河〉考论》,硕士学位论文,河南师范大学,2013年。

一、地理方位错误

《明史》卷83《河渠一》第2014页载："(洪武)二十三年春,决归德州东南凤池口,径夏邑、永城。"

按:"决归德州东南凤池口"一句,万斯同《明史》卷85《河渠一·黄河上》[①]、王鸿绪《明史稿·河渠一》[②]所记与之相同。

而据顾炎武《肇域志》卷30《河南·商丘县》下记载:"凤池口,在(商丘)县西北二十二里,黄河经焉。"[③]清代傅泽洪所撰《行水金鉴》卷56记为:"(归德府)西北有凤池口。其地与城中龙兴塔平,元人围归德,决此口,河水从西北而下,至城西南入故睢水绕城,反以水为固。"[④]嘉庆朝修《大清一统志》卷194亦记为:"凤池口,在商丘县西北二十二里。金正大九年,蒙古兵围归德。守将议决凤池大桥水以护城,即此口也。明洪武二十三年河决于此。"[⑤]据以上几部文献所载,此处为地理方位之误,应将"东南"二字改为"西北"。

二、用字错误

(一)因字音相同致误

1.《明史》卷83《河渠一》第2014页载:"(洪武)二十四年四月,河水暴溢,决原武黑洋山,东经开封城北五里,又东南由陈留州、项城、太和、颍州、颍上,东至寿州正阳镇,全入于淮。"

按:"决原武黑洋山"一句,万斯同《明史》卷85《河渠一·黄河上》[⑥]、王鸿绪《明史稿·河渠一》[⑦]所记与之相同。

而据谢纯《漕运通志》卷1及卷10记载:"(洪武)二十四年,决原武县之黑阳山。"[⑧]潘季驯《河防一览》卷5记:"(洪武)二十四年,河决原武之黑阳山。"[⑨]王圻《续文献通考》卷9记:"本朝洪武二十四年,河决原武之黑阳山、寿州正阳镇。"[⑩]吴道南《吴文恪公文集》卷4记:"明年(洪武二十四年)六月,河决原武之黑阳山。"[⑪]郑若曾著《郑开阳杂著》卷10[⑫]、谢肇淛著《北河纪》卷3[⑬]、张国维著《张忠敏公遗集》

---

① 万斯同:《明史》卷85《河渠一·黄河上》,《续修四库全书》,上海:上海古籍出版社,2002年影印本,史部,第325册,第470页。
② 王鸿绪:《明史稿》志23《河渠一》,台北:文海出版社,1962年影印本,第436页。
③ 顾炎武:《肇域志》卷30《河南四》,《续修四库全书》,史部,第591册,第619页。
④ 傅泽洪:《行水金鉴》卷56《河水》,《景印文渊阁四库全书》,台北:台湾商务印书馆,1986年影印本,史部,第581册,第6页。
⑤ 嘉庆《大清一统志》卷194《归德府二》,《续修四库全书》,史部,第617册,第63页。
⑥ 万斯同:《明史》卷85《河渠一·黄河上》,《续修四库全书》,史部,第325册,第470页。
⑦ 王鸿绪:《明史稿》志23《河渠一》,第436页。
⑧ 谢纯:《漕运通志》卷1《漕渠表》、卷10《漕文略》,《续修四库全书》,史部,第836册,第24、194页。
⑨ 潘季驯:《河防一览》卷5《河源考》,《景印文渊阁四库全书》,史部,第576册,第213页。
⑩ 王圻:《续文献通考》卷9《田赋考·黄河下》,《续修四库全书》,史部,第761册,第643页。
⑪ 吴道南:《吴文恪公文集》卷4《河渠志》,《四库禁毁书丛刊》,北京:北京出版社,2000年影印本,集部,第31册,第360页。
⑫ 郑若曾:《郑开阳杂著》卷10《黄河图议》,《景印文渊阁四库全书》,史部,第584册,第638页。
⑬ 谢肇淛:《北河纪》卷3《河工纪》,《景印文渊阁四库全书》,史部,第576册,第593页。

附录卷2①、张萱著《西园闻见录》卷88②以及顾祖禹著《读史方舆纪要》卷47③皆记为"黑阳山"。又据李贤修《大明一统志》卷26所记："黑阳山在原武县北二十里,连阳武县界,黄河经其下。"④可知,在阳武县以北二十里之地是"黑阳山",而非"黑洋山"。此处或为"阳"与"洋"音同而导致讹误,因此应将"黑洋山"改为"黑阳山"。

2.《明史》卷83《河渠一》第2021页至第2022页载："引中牟决河出荥泽阳桥以达淮,浚宿州古汴河以入泗,又浚濉河自归德州饮马池,经符离至宿迁以会漕河,上筑长堤,下修减水闸。"

按:"引中牟决河出荥泽阳桥以达淮"一句,王鸿绪《明史稿·河渠志一》⑤所记与之相同。

而万斯同《明史》卷85《河渠一·黄河上》记为"引中牟决河出荥泽杨桥以达淮。"⑥《明孝宗实录》卷34,弘治三年正月辛巳亦记载："南决者,自中牟县杨桥等处至于祥符县界析为二支,一经尉氏等县,和颖水,下涂山,入于淮;一经通许等县,入涡河,下荆山,入于淮。"⑦陈子龙著《明经世文编》也在卷80白昂《论河道疏》中记道："南决者,自中牟县杨桥等处至于祥符县界,析为二支:一经尉氏等县,合颖水,下涂山,入于淮;一经通许等县,入涡河,下荆山,入于淮。"⑧综上,此处应是"阳"与"杨"音同而导致讹误,应将"阳桥"改为"杨桥。"

3.《明史》卷83《河渠一》第2040页载："是时,淮水亦大溢,自泰山庙至七里沟淤十余里,而水从诸家沟傍出,至清河县河南镇以合于黄河。"

按:"而水从诸家沟傍出"一句,王鸿绪《明史稿·河渠志一》⑨所记与之相同。

而据本书卷85记:"(隆庆)四年六月,淮河及鸿沟境山疏浚,工竣。(翁)大立方奏闻,诸水忽骤溢,决仲家浅,与黄河合,茶城复淤。未几,自泰山庙至七里沟,淮河淤十余里,其水从朱家沟旁出,至清河县河南镇以合于黄河。"⑩《明穆宗实录》卷49隆庆四年九月壬申⑪、《明经世文编》卷297翁大立《论黄河疏》⑫、《行水金鉴》卷62⑬及《吴文恪公文集》卷3皆记载为:"今淮河自泰山庙至七里沟淤十余里,而水从朱家沟傍出,至清河县河南镇以合于黄河,闻者无不骇异然。"⑭王圻《续文献通考》亦有记载:"(隆庆四年)九月,侍郎翁大立言:'今淮河自泰山庙至七里沟,淤十余里,而水从朱家沟傍出,至清河县河南

① 张国维:《张忠敏公遗集》附录卷2《贺大台柱即师相玉翁张老公祖荣升总督河道工部右侍郎奉旨陛见荣行序》,《四库未收书辑刊》,北京:北京出版社,2000年影印本,第6辑第29册,第741页。

② 张萱:《西园闻见录》卷88《工部二》,《续修四库全书》,子部,第1170册,第96页。

③ 顾祖禹:《读史方舆纪要》卷47《河南二》,《续修四库全书》,史部,第604册,第22页。

④《大明一统志》卷26《河南布政司·开封府》,西安:三秦出版社,1990年影印本,第439页。

⑤ 王鸿绪:《明史稿》志23《河渠一》,第440页。

⑥ 万斯同:《明史》卷85《河渠一·黄河上》,《续修四库全书》,史部,第325册,第475页。

⑦《明孝宗实录》卷34,弘治三年正月辛巳,北京:中华书局,2016年影印本,第749页。

⑧ 陈子龙:《明经世文编》卷80《论河道疏》,北京:中华书局,1962年影印本,第708页。

⑨ 王鸿绪:《明史稿》志23《河渠一》,第448页。

⑩《明史》卷85《河渠志三·运河上》,北京:中华书局,1974年点校本,第2089页。

⑪《明穆宗实录》卷49,隆庆四年九月壬申,北京:中华书局,2016年影印本,第1221—1222页。

⑫ 陈子龙:《明经世文编》卷297《论黄河疏》,第3126页。

⑬ 傅泽洪:《行水金鉴》卷62《淮水》,《景印文渊阁四库全书》,史部,第581册,第82页。

⑭ 吴道南:《吴文恪公文集》卷3《河渠志》,《四库禁毁书丛刊》,集部,第31册,第358页。

镇,以合于黄河'"。①综上可知,此处"诸"与"朱"应为音同而致讹误,应将"诸家沟"改为"朱家沟"。

(4)《明史》卷84《河渠二》第2072页载:"帝悯之,命议罚河曹官。"

"命议罚河曹官"一句,王鸿绪《明史稿·河渠志二》记为:"命议罚河漕官。"②又有《行水金鉴》卷45记载:"得旨,淮、扬属邑沦没,朕甚悯之,河、漕各官不缮治堤防,致兹流离,其议处以闻。"③此处,"漕"与"曹"或因音同而导致讹误。因此,应将"河曹"改为"河漕"。

(二)因字形相近而致误

1.《明史》卷83《河渠一》第2023页载:"又浚孙家渡口,别凿新河七十余里,导使南行,由中牟、颍川东入淮。又浚祥符四府营淤河,由陈留至归德分为二。"

按:"由中牟、颍川东入淮"一句,万斯同《明史》卷85《河渠一·黄河上》④和王鸿绪《明史稿·河渠志一》⑤所记与之相同。

据万历修《大明会典》卷196记,"又从黄河南浚孙家渡口,别开新河一道,导水南行,由中牟至颍州,东入于淮。"⑥王圻《续文献通考》卷38记为:"会黄河出徐州,流入运河,又从黄河南浚孙家渡口,别开新河一道,导水南行,由中牟至颍州东入于淮。"⑦

关于颍州的建置沿革,正德《颍州志》卷1记载:"按颍州,本禹贡豫州之域,天文心房分野……金复为颍州,元仍其旧,国朝因之。"⑧因此,此处应为"州"与"川"字形相近导致讹误,应将"颍川"改为"颍州"。

2.《明史》卷83《河渠一》第2030页载:"或修武城南废堤,抵奉、单接北庙道口,以防北流。"

按:"或修武城南废堤"一句,据本书卷41《地理志二·山东·东昌府》⑨记载,武城县隶属高唐州,黄河并未流经其境域。

又有嘉靖修《武城县志》记:"武城,禹贡冀州之域……金如宋元,改属高唐州,国朝因之,隶山东东昌府高唐州。"⑩而据点校本卷41《山东》记载,城武县位于兖州府西南,有黄河⑪。又有《大明一统志》卷23记载:"兖州府,城武县,在府城西南二百九十里……本朝洪武四年改属济宁府,十八年改今属,编户二十三里。"⑫

万斯同《明史》卷85《河渠一·黄河上》⑬与王鸿绪《明史稿·河渠志一》皆有记载:"从城武以南,茸长

---

① 王圻:《续文献通考》卷8《田赋考·黄河上》,《续修四库全书》,史部,第761册,第637页。
② 王鸿绪:《明史稿》志24《河渠二》,第461页。
③ 傅泽洪:《行水金鉴》卷45《河水》,《景印文渊阁四库全书》,史部,第580册,第615页。
④ 万斯同:《明史》卷85《河渠一·黄河上》,《续修四库全书》,史部,第325册,第476页。
⑤ 王鸿绪:《明史稿》志23《河渠一》,第440页。
⑥ 申时行等:万历《明会典》卷196《都水清吏司》,北京:中华书局,1989年影印本,第988页。
⑦ 王圻:《续文献通考》卷38《国用考·漕运中》,《续修四库全书》,史部,第762册,第447页。
⑧ 正德《颍州志》卷1《建置沿革》,《天一阁藏明代方志选刊》第24册,上海:上海古籍书店,1981年影印本,第19—20页。
⑨《明史》卷41《地理志二·山东·东昌府》,第945—947页。
⑩ 嘉靖《武城县志》卷1,《天一阁藏明代方志选刊》第44册,上海:上海古籍书店,1981年影印本,第3页。
⑪《明史》卷41《地理志二·山东·兖州府》,第942页。
⑫《大明一统志》卷23《山东布政司·兖州府》,第366页。
⑬ 万斯同:《明史》卷85《河渠一·黄河上》,《续修四库全书》,史部,第325册,第480页。

堤抵奉、单,接沛北庙道。"①又有《吴文恪公文集》卷4《黄河》记作:"更防北徙,可从城武以南葺缮长堤抵丰、单,至沛县北庙道口。"②谷应泰《明史纪事本末》卷34记载,时任刑部尚书胡世宁上疏:"或恐丰、沛漫流,久而北徙,欲修城武以南废堤至于沛县之北庙道口,以塞新决,而防其北流,此亦一计也。"③《明经世文编》卷133④、《皇明疏钞》卷65⑤、《国朝典汇》卷190⑥及《西园闻见录》卷87均记为:"宜择其利便者,开浚一道,以分其下流之势,或恐丰、沛漫流,久而北徙,欲修城武以南废堤一带,至于丰、单等县。"⑦根据以上文献所载,此处或为"城武"与"武城"二词相近而致讹误,应将"武城"改为"城武"。

3.《明史》卷84《河渠二》第2058页载:"既而给事中吴应明言:'先因黄河迁徙无常,设遥、缕二堤束水归漕,及水过沙停,河身日高,徐、邳以下居民尽在水底。'"

按:"及水过沙停"一句,王鸿绪《明史稿·河渠志二》⑧、《明神宗实录》卷283,万历二十三年三月乙亥⑨以及《行水金鉴》卷36皆记为"乃水过沙停"。⑩此处或因"乃"和"及"字形相近而导致讹误,因此,应将"及"改为"乃"。

4.《明史》卷84《河渠二》第2060页载:"至宿迁小河为淮水入黄正路,急宜挑辟,使有所归。"

按:"至宿迁小河为淮水入黄正路"一句,王鸿绪《明史稿·河渠志二》⑪所记与之相同。

而据《明神宗实录》卷284,万历二十三年四月癸亥所记,"至宿迁县西,旧有小河一道,为睢水入黄正路,急宜挑辟,使有所归。"⑫《行水金鉴》卷41亦有记载:"宿迁小河口,乃睢水出泄故道。"⑬

关于睢水,据本书卷40《地理志》宿迁县记载:"又东南有睢水,入大河,曰睢口,亦曰小河口。"⑭《读史方舆纪要》卷22宿迁县下记为:"睢水,在(宿迁)县东南十里。自睢宁县流入境,俗谓之小河,至此合于黄河,谓之睢口,亦谓之睢清口,今亦曰小河口渡。"⑮由上可知,此处或因"睢"与"淮"字形相近,而导致讹误,因此应将"淮水"改为"睢水"。

5.《明史》卷84《河渠二》第2070页载:"其秋,时聘言:'自苏庄一决,全河北注者三年。初泛丰、沛,继沼单、鱼,陈灿之塞不成,南阳之堤尽坏。今且上灌全济,旁侵运道矣。'"

按:"今且上灌全济,旁侵运道矣"一句,万斯同《明史》卷86《河渠二·黄河下》记为:"又且上灌金、

---

① 王鸿绪:《明史稿》志23《河渠一》,第443页。
② 吴道南:《吴文恪公文集》卷4《河渠志》,《四库禁毁书丛刊》,集部,第31册,第372页。
③ 谷应泰:《明史纪事本末》卷34《河决之患》,《景印文渊阁四库全书》,史部,第364册,第462页。
④ 陈子龙:《明经世文编》卷133《胡端敏公奏议》,第1316页。
⑤ 孙旬:《皇明疏钞》卷65,《续修四库全书》,史部,第464册,第729页。
⑥ 徐学聚:《国朝典汇》卷190《治河》,《四库全书存目丛书》,济南:齐鲁书社,1996年影印本,史部,第266册,第819页。
⑦ 张萱:《西园闻见录》卷87《工部一》,《续修四库全书》,子部,第1170册,第78页。
⑧ 王鸿绪:《明史稿》志24《河渠二》,第454页。
⑨《明神宗实录》卷283,万历二十三年三月乙亥,北京:中华书局,2016年影印本,第5228页。
⑩ 傅泽洪:《行水金鉴》卷36《河水》,《景印文渊阁四库全书》,史部,第580册,第521页。
⑪ 王鸿绪:《明史稿》志24《河渠二》,第455页。
⑫《明神宗实录》卷284,万历二十三年四月癸亥,第5261—5262页。
⑬ 傅泽洪:《行水金鉴》卷41《河水》,《景印文渊阁四库全书》,史部,第580册,第571页。
⑭《明史》卷40《地理志一·南京·淮安府》,第916页。
⑮ 顾祖禹:《读史方舆纪要》卷22《南直四》,《续修四库全书》,史部,第601册,第80页。

济,旁侵运道。"①又王鸿绪《明史稿·河渠志二》记为:"今且上灌金、济,旁侵运道矣。"②

而据《明神宗实录》卷412,万历三十三年八月癸卯记载:"今且上灌金、济,旁侵运道,其势盖岌岌也。"③又据点校本《明史》卷41《地理志》记载,金乡县与济宁州归山东布政司兖州府管辖④。此处"金"与"济"是两处地名,即"金乡县"与"济宁州"。或因"金"与"全"字形相近,而导致讹误,因此应将"全"改为"金"。

三、官职错误

《明史》卷83《河渠一》第2020页载:"成化七年,命王恕为工部侍郎奉敕总理河道。"

按:王鸿绪《明史稿·河渠志一》⑤所记与之相同。

而据本书卷182《王恕传》记载:"(成化七年)论功,进左副都御史,稍迁南京刑部右侍郎(误,应为左侍郎⑥)。父忧,服除,以原官总督河道。"⑦又据《明宪宗实录》卷97,成化七年十月乙亥记载:"改南京(北京⑧)刑部左侍郎王恕为刑部左侍郎,奉敕总理河道。"⑨《漕运通志》卷3:"王恕,刑部侍郎,成化七年总理河道。"⑩郑晓著《吾学编·大政纪》卷8:"(成化七年十二月)刑部侍郎王恕总理河道。"⑪薛应旂著《宪章录》卷33:"调南京刑部左侍郎为(北京)刑部左侍郎,奉敕总理河道。"⑫黄光升著《昭代典则》卷18:"命刑部侍郎王恕总理河道。"⑬焦竑著《国朝献征录》卷24《吏部尚书王公恕传》,成化年间,王恕"转南京刑部左侍郎,父忧归,服除,以(北京)刑部左侍郎治漕河。"⑭雷礼著《皇明大政纪》卷15⑮、潘季驯著《河防一览》卷13⑯以及徐学聚著《国朝典汇》卷190⑰皆记为"刑部侍郎"。故此处为官职错误,应将"工部侍郎"改为"刑部侍郎"。

四、行政级别错误

《明史》卷83《河渠一》第2022页载:"(陈)政言:'河之故道有二:一在荥泽孙家渡口,经朱仙镇直

---

① 万斯同:《明史》卷86《河渠二·黄河下》,《续修四库全书》,史部,第325册,第498页。

② 王鸿绪:《明史稿》志24《河渠二》,第460页。

③《明神宗实录》卷412,万历三十三年八月癸卯,第7711页。

④《明史》卷41《地理志二·山东·兖州府》,第943页。

⑤ 王鸿绪:《明史稿》志23《河渠一》,第439页。

⑥《明宪宗实录》卷61,成化四年十二月丁未条;卷63,成化五年二月甲辰条;卷65,成化五年三月戊戌条皆记为"左侍郎"。

⑦《明史》卷182《列传第七十·王恕》,第4831页。

⑧ 张德信:《明代职官年表》,合肥:黄山书社,2009年,第787页。

⑨《明宪宗实录》卷97,成化七年十月乙亥,北京:中华书局,2016年影印本,第1843页。

⑩ 谢纯:《漕运通志》卷3《漕职表》,《续修四库全书》,史部,第836册,第54页。

⑪ 郑晓:《吾学编》卷8,《续修四库全书》,史部,第424册,第179页。

⑫ 薛应旂:《宪章录》卷33,《续修四库全书》,史部,第352册,第347页。

⑬ 黄光升:《昭代典则》卷18,《续修四库全书》,史部,第351册,第530页。

⑭ 焦竑:《国朝献征录》卷24《吏部尚书王公恕传》,《续修四库全书》,史部第526册,第247页。

⑮ 雷礼:《皇明大政纪》卷15,《续修四库全书》,史部,第354册,第133页。

⑯ 潘季驯:《河防一览》卷13《条陈治安疏》,《景印文渊阁四库全书》,史部,第576册,第461页。

⑰ 徐学聚:《国朝典汇》卷190《治河》,《四库全书存目丛书》,史部,第266册,第814页。

抵陈州；一在归德州饮马池，与亳州地相属。'"

按：王鸿绪《明史稿·河渠志一》记为："与凤阳府亳州地相属"，①"亳州"二字所记与之相同。

而《明孝宗实录》卷72，弘治六年二月丁巳记载："先是，河决张秋戴家庙，遣工部左侍郎陈政总领疏浚、修筑之。政历山东、河南，会守臣行视水势，疏言：'河之故道有二：一在荥泽县之孙家渡口，经中牟县朱仙镇，直抵陈州；一在归德州之饮马池，与凤阳府亳县地相连属'"。②《明经世文编》卷80③与《行水金鉴》卷20皆记为："南决者自中牟县杨桥等处，至于祥符县界析为二支，一经尉氏等县，合颍水，下涂山，入于淮；一经通许等县，入涡河，下荆山，入于淮，又一支自归德州通凤阳之亳县，合涡河入于淮。"④

究竟是州还是县的问题，据点校本《明史》卷40《地理志》记载："亳州，元属归德府。洪武初，以州治谯县省入，寻降为县，属归德州。（弘治）六年属颍州。弘治九年十月复升为州。"⑤柳英所著成化《中都志》卷1中提到："国朝洪武初，改州为亳县，并鹿邑并隶河南开封府归德州废谯、城父二县，（弘治）六年改隶本府，属于颍州，弘治九年巡抚李公蕙复改亳县为州。"⑥万历修《大明会典》卷15亦记载："亳州，旧为亳县，弘治九年并。"⑦由上可见，亳县在弘治九年（1496）才又升为州，而陈政上该疏时是弘治六年（1493），此时亳县仍为县，因此此处"亳州"应改为"亳县"。

五、行文不准及缺字

1.《明史》卷83《河渠一》第2029页载："而河决曹、单、城武、杨家、梁靖二口，吴世举庄，冲入鸡鸣台，夺运河，沛地淤填七八里，粮艘阻不进。"

按："而河决曹、单、城武、杨家、梁靖二口，吴世举庄"一句，王鸿绪《明史稿·河渠一》⑧所记与之相同。

由此处行文，似乎曹、单、城武、杨家口、梁靖口及吴世举庄几处为并列关系，而据《读史方舆纪要》卷126记载："杨家口，在（曹）县西……梁靖口，在曹县东南……吴世举庄，在单县西南"⑨。由此可知，杨家口、梁靖口属于曹县，吴世举庄属于单县。因此根据该句内容，无法判断隶属关系，故行文不准确。

2.《明史》卷84《河渠二》第2047页载："明年八月，河决砀山及邵家口、曹家庄、韩登家口而北，淮亦决高家堰而东，徐、邳、淮南北漂没千里。"

按："河决砀山及邵家口"，据《明神宗实录》卷41，万历三年八月丁丑记载："河决高邮砀山及邵家

---

① 王鸿绪：《明史稿》志23《河渠一》，第440页。

② 《明孝宗实录》卷72，弘治六年二月丁巳，第1353—1354页。

③ 陈子龙：《明经世文编》卷80《论河道疏》，第708页。

④ 傅泽洪：《行水金鉴》卷20《河水》，《景印文渊阁四库全书》，史部，第580册，第340页。

⑤ 《明史》卷40《地理志一·南京·淮安府》，第915页。

⑥ 成化《中都志》卷1《建置沿革》，《四库全书存目丛书》，史部，第176册，第117—118页。

⑦ 申时行等：万历《明会典》卷15《州县一》，第92页。

⑧ 王鸿绪：《明史稿》志23《河渠志一》，第443页。

⑨ 顾祖禹：《读史方舆纪要》卷126《川渎三》，《续修四库全书》，史部，第612册，第499—500页。

口、曹家庄、韩登家等处。"①《行水金鉴》卷28载"(万历三年)八月,河决高邮砀山及邵家口、曹家庄、韩登家等处。"②嵇璜著《钦定续文献通考》中亦记载:"(万历三年)八月,淮、扬、凤、徐四府州大水,河决高邮砀山及邵家口、曹家庄。"③因此,此处记载遗漏"高邮"二字,应改为"河决高邮砀山及邵家口"。

六、时间错误

1.《明史》卷83《河渠一》第2029页载:"其冬,以盛应期为总督河道右都御史。"

按:"其冬"一句,王鸿绪《明史稿·河渠一》④所记与之相同。

而据《明世宗实录》卷78,嘉靖六年七月壬寅记载:"升致仕工部右侍郎盛应期为都察右都御史,总理河道。"⑤黄凤翔著《嘉靖大政类编》记为:"是年(嘉靖六年)七月,起原任工部侍郎盛应期为右都御史,代之(章拯)。"⑥谈迁所著《国榷》在嘉靖六年七月壬寅亦有记载:"起盛应期右都御史,总理河道。"⑦据上可知,盛应期以右都御史总理河道在嘉靖六年的七月,而七月不是冬天,此处应将"其冬"改为"其秋"。

2.《明史》卷84《河渠二》第2056页载:"二十年三月,季驯将去,条上辨惑者六事,力言河不两行,新河不当开,支渠不当浚。"

按:"二十年三月"一句,王鸿绪《明史稿·河渠二》⑧所记与之相同。

而据万斯同《明史》卷86《河渠二·黄河下》记载:"(二十年)四月,季驯上言:'水有性,拂之不可;河有防,弛之不可;地有地形,强之不可;治有正理,凿之不可……臣身虽已去国,臣心犹在此河,因条辨惑六解'"。⑨《明神宗实录》卷247,万历二十年四月乙亥亦有记载:"总理河道工部尚书潘季驯奏:'臣领河事凡四任矣,壮老于斯,朝暮于斯。耳闻目击,稽往验来,总之水性不可拂,河防不可弛,地形不可强,治理不可凿……亦自尽其犬马之忱而已'"。⑩由以上两部文献可知,此处当为时间记载错误,应将"二十年三月"改为"二十年四月"。

[作者李旭东,天津师范大学教育学部讲师;作者李小林,南开大学历史学院教授。本文系"点校本'二十四史'及《清史稿》修订工程"之子项目"《明史》修订工程"、国家社会科学基金重大项目"《明实录》整理与研究"(项目编号:13&ZD090)的研究成果。原载《古籍整理研究学刊》2020年第1期]

---

①《明神宗实录》卷41,万历三年八月丁丑,第984页。

② 傅泽洪:《行水金鉴》卷20《河水》,《景印文渊阁四库全书》,史部,第580册,第431页。

③ 嵇璜、曹仁虎等:《钦定续文献通考》卷216《物异考》,《景印文渊阁四库全书》史部,第631册,第188页。

④ 王鸿绪:《明史稿》志23《河渠一》,第443页。

⑤《明世宗实录》卷78,嘉靖六年七月壬寅,北京:中华书局,2016年影印本,第1745页。

⑥ 黄凤翔:《嘉靖大政类编·河道》,《续修四库全书》,史部,第433册,第704页。

⑦ 谈迁:《国榷》嘉靖六年七月壬寅,《续修四库全书》,史部,第361册,第257页。

⑧ 王鸿绪:《明史稿》志24《河渠二》,第453—454页。

⑨ 万斯同:《明史》卷84《河渠二·黄河下》,《续修四库全书》,史部,第325册,第492页。

⑩《明神宗实录》卷247,万历二十年四月己亥,第4598—4599页。

纪念郑天挺先生诞辰120周年暨第五届明清史国际学术讨论会综述

郭志慧　张传勇

明清史研究作为南开大学历史学科的特色之一,得益于南开史学奠基人之一郑天挺先生的规划和建设。为纪念南开校庆百年和郑天挺先生诞辰120周年,由南开大学历史学院主办的"纪念郑天挺先生诞辰120周年暨第五届明清史国际学术讨论会",于2019年9月9日至11日在天津召开。来自中国、美国、加拿大、法国、澳大利亚、日本、韩国的130余位学者出席了会议,另有数名海内外学者因各种原因未能赴会,但向会议提交了论文。会议收到115篇论文和论文摘要。

本次会议设组织委员会,由郑克晟、陈生玺、冯尔康、南炳文四位教授担任顾问,常建华教授任主任,何孝荣、孙卫国、余新忠三位教授任副主任,卞利、常建华、何孝荣、姜胜利、李小林、庞乃明、山本英史、孙卫国、汪荣祖、徐泓、余新忠十一位教授任委员(以姓氏拼音为序);设秘书处,余新忠教授兼任秘书长,朱洪斌副教授、张传勇副教授任副秘书长。

大会分开幕式、专题演讲、分组报告、闭幕式四个环节进行。开幕式由南开大学历史学院院长江沛教授主持,南开大学副校长王新生教授、国家清史编纂委员会副主任朱诚如教授、中国社科院历史所原所长陈祖武教授分别致辞,南开大学荣誉教授冯尔康先生、美国哈佛大学东亚系欧立德教授作主题演讲。大会特设"纪念郑天挺先生专题演讲""明清史专题演讲"。分组报告分四组,围绕明清时代的政治与军事、民族问题与中外交流、社会生活、思想文化等四个主题展开讨论,兼及社会经济及其他问题。闭幕式由余新忠教授主持,各小组代表总结本组讨论情况,常建华教授致闭幕词。现将讨论会的情况综述如下。

郑天挺先生的学行与生活

王新生教授的致辞,回顾了郑天挺先生的生平经历,高度评价郑先生对南开史学的发展厥功至伟,详细阐明郑先生同明清史国际学术讨论会的渊源,寄希望于南开史学发挥优势学科的带动作用。陈祖武教授在致辞中缅怀郑先生毕生对中国历史学尤其明清历史学的开拓、建设和发展做出的历史性贡献,并通过对一段往事的追忆,感念郑先生的培养教育之恩。江沛教授也在主持词中感念郑天挺先生对南开明清史领域的开创之功及对南开史学的奠基之功。

多位学者紧扣郑天挺先生的学术论著探讨郑先生的学术成就和教研事业。《清史简述》是郑天挺先生的经典之作。朱诚如教授《引领新中国清史研究的经典之作——再评郑天挺教授〈清史简述〉》,回顾了自己36年前为《清史简述》作书评的经历,分享了重读该书的心得体会,认为《清史简述》学术价值不仅在于填补新中国成立后清朝断代史研究的空白,而且开拓了我国清史研究的新路,为大部头的清朝断代史的问世奠定了一定基础。郑先生对现代清史研究的开拓和奠基之功永远值得铭记。李治亭(国家清史编纂委员会)《解读郑天挺先生〈清史简述〉》,给予郑先生更为明确的学术定位——马克思主义清史学的开创人与奠基人,认为最能系统反映郑先生的"清史观"且对后世影响最为深远而持久的著作莫过于《清史简述》一书;该书创立了马克思主义清史研究的学术体系,闪烁着唯物史观的光辉。1923年,郑先生以法权讨论委员会的名义撰写的《列国在华领事裁判权志要》正式出版,张仁善(南京大学)《郑天挺先生与法权讨论委员会》一文,阐述了郑先生与该书的渊源,立足近代法律史、外交史重新评介这份学术遗产。《探微集》是郑先生的另一部经典著作。欧立德以《郑天挺谈八旗制度》为题分享了早年阅读《探微集》的心得体会,他从其中有关八旗机构、满洲人的习俗、满洲社会性质等的论述中得到启发,找到了研究兴趣相近的"伙伴"。欧立德教授对郑先生重视满文资料使用印象尤其深刻,并表示我们在治学中都应当学习郑老的求真精神。

1956年油印的郑天挺先生《明清史讲义》,系20世纪50年代由南开大学历史系教师编写的课程讲义之一。乔治忠(南开大学)《郑天挺之〈明清史讲义〉及相关的学科建设》详细分析了这份重要的文献资料的形式、内容与价值,称这是一部按照马克思主义观点构就的明清史资料性讲义,具有很高的文献意义与学术价值,对于史学史和历史教育史研究都是不得多得的宝贵资料。

2018年《郑天挺西南联大日记》出版,日记包含丰富细致的社会生活资料。冯尔康教授《西南联大教授的日常生活——以郑天挺教授为例并以他的〈西南联大日记〉为资料》,考察郑先生等西南联大学人的生活史,从细微中探寻抗战时期教授们的日常生活,了解郑先生及其同事立志、立功、立言、求友的生活,折射出一个特定时代的风貌。陈生玺(南开大学)《郑天挺与西南联大——读〈郑天挺西南联大日记〉》,认为西南联大日记是郑天挺先生真实的心路历程,是他的学术思想史、家国情怀的感情史。张伟然(复旦大学)同样从《郑天挺西南联大日记》中取材,以郑先生的书法爱好为出发点考察知识群体对书法的态度,以及书法作为一种中国传统艺术的生存土壤和社会状况,即所谓的"学术生态"问题。值得注意的是,郑先生始终将书法看作文人余事,不可因此荒废正业、玩物丧志。段晓亮(石家庄铁道大学)以《郑天挺与罗常培的交谊》为题,论述郑先生和罗先生之间深厚的交谊,由学人的交游活动折射近现代学术史和教育史的点与面。

郑先生与中华书局渊源颇深,多种重要著述均由中华书局出版。俞国林(中华书局)代表中华书局致辞,梳理了郑先生学术著作的整理出版情况。他希望未来能在纪念郑天挺先生诞辰130周年时,将郑先生的著作化零为整,推出一套郑先生著作大合集,使郑先生的学术文章与道德事功得以广为流传。

郑天挺先生哲嗣郑克晟教授代表家属致辞,向主办此次纪念活动的历史学院、与会的各位学者、整理出版郑先生著作的中华书局表示衷心的感谢。郑克晟分享了任继愈先生为纪念郑天挺先生百年诞辰所作的文章,任先生文中深切缅怀了郑先生对西南联大鲜为人知的贡献及为此作出的牺牲,郑先生的功绩理应得到铭记。

明清时代的政治与军事

政治事件与政治人物是传统政治史研究的重点内容。关于明朝国号的由来,学界争论已久。徐泓(南开大学、台湾暨南国际大学)《明朝国号"大明"的缘由及意义》在考辨各种有关明朝国号"大明"由来看法的基础上,对来源于经典文义《易经·乾卦》"大明终始"一说作了有力补证,指出此与彰显"大明"承续华夏正统心态有关。晚明政治史和张居正人物评价有着深厚的学术积淀。田澍(西北师范大学)《防范第二个张居正的出现:万历朝的政治特点——"明亡于万历"新解》一文,认为需要客观认识张居正对万历政治的负面影响,尤其是防范第二个张居正的出现,严重消耗各方势力;应跳出单纯从张居正改革理解万历政治乃至晚明政治史的思维模式。彭勇(中央民族大学)同样关注明中期社会改革问题,《明代中期社会改革的再探讨——兼以王国光的事迹为观察视角》将以"张居正改革"为标志的社会改革,视为统治阶层自上而下的自救运动,并通过观察直接参与改革的王国光,审视张居正及其时代的变革。

明清时代制度史问题得到热议,多涉及职官沿革和制度兴废。吴大昕(东北师范大学)《因事繁简,以供其职——明初杂职衙门设置情况》,通过考述各类杂职衙门的设置情况,反映明代地方行政和财政发展的面貌,有助于增进对明代地方运作的理解。张金奎(中国社会科学院)《明中叶锦衣卫"新增"职能略论》关注明中叶社会变动中锦衣卫职能的变化,从中窥探明朝决策层对社会变化的态度与因应。指出锦衣卫有意无意地亲近士大夫,削弱了锦衣卫本应具有的独立性。为了处理海洋事务,明朝政府在沿海地区设置巡海副使等海防官员。赵树国(山东师范大学)《文武之间:明代巡海副使沿革考论》一文,从明代地方行政制度变革及沿海形势变迁的角度入手,讨论明代巡海副使的设置时间、制度建设与变迁、沿海各地区设置变化等,指出巡海副使沿革与明代海疆形势变迁及地方行政制度演变紧密相关,折射明代海防体制的变迁情况。两篇论文涉及清代军机处。刘文鹏(中国人民大学)《雍正时期的西北战争与军机处议覆制度的形成》一文,依据中国第一历史档案馆现存雍正时期的军机处满文议覆档,考察军机处议覆制度的形成及其与西北战事的关系。指出雍正时期长期紧张的西北战争推动军机处职能制度化,影响清代制度变革和国家构建。刘洋(辽宁师范大学)《阁臣差使:清代内阁大学士入值军机探析》,纵向梳理清代大学士入值军机体制的确立和变迁情况。指出自雍正乾隆时期以来,大学士入值军机渐成传统;阁臣大学士原本的阁臣职能使职化突出,而入值军机、管理部院、留任总督等差使事务成为职能重心。揭示出差使体制成为清中后期阁臣参与国家治理的主要运作方式。

多篇论文涉及明清时代的用人机制。邹长清(广西师范大学)《明代庶吉士再探》探讨明代翰林院庶吉士选拔时间、方式、类型、人数等问题,厘清了一些认识上的问题,如主张庶吉士之选始于洪武十八年等。明代文官考核制度除却考满、考察,另包含散官、诰敕、荫叙等制度,黄阿明(华东师范大学)《明初文官考核制度建立新论》指出明初的文官考核制度仅是初步确立,尚未达到制度的完善和健全,建立过程较为复杂,展现出明初制度史研究的复杂面貌。薛刚(长春师范大学)同样关注文官考核制度,《清代文官考核积弊探源》一文注意观察清代中央与地方权力体制、官场吏治等问题,揭示出文官考核积弊根植于官僚体制内主管官员负责制。翟爱玲(洛阳理工学院)《明代朝廷用人机制与南人北人之争》考察明代朝廷政治中的用人机制,关注南人北人之争与科举取士、铨选官员、用人策略的关联,整体上梳理了明代用人"抑南扶北"策略和南人北人之争的影响。陈宝良(西南大学)《明清幕府人事制度新探——以"幕宾""幕友""师爷"为例》一文,以称谓为考察核心,考辨"幕宾""幕友"与"师爷"称谓的起源及其含义。指出称谓反映主幕关系:幕主与幕宾既相互依凭,又存在隔膜。另对"绍兴师爷"的起源问题提出新解。

国家治理方面。14世纪后期以来中国政治实践方式发生变化,一种新的家产制体系开始形成,偏离了汉代以来的儒家官僚传统。段维聪(南开大学)《明代家产制与儒家官僚体系的论争》着眼于这些变革对于现代早期国家与帝国构建的普遍性理论的挑战,进行简要的分析。倪玉平(清华大学)《"文书治国"还是"书吏治国"? ——清嘉庆朝王丽南私雕官印案研究》,考察清代国家治理模式,认为王丽南私雕官印案虽受到清廷严厉处罚,但未能起到应有的警示效果。进而揭示文书与书吏共同组成行政体制运行的基本逻辑,中央依托文书与书吏共同治理国家。

基层行政区域治理方面。衣长春(河北大学)《雍乾嘉时期直隶总督与辖区治理》探析雍乾嘉时期直隶总督治理的具体过程。揭示雍乾嘉时期直隶总督的职权不断强化,对辖区治理取得突出成效;督权与皇权在政治上达到了平衡。进而指出,直隶总督是皇权的一种外在表现。顺天府在清代京畿治理中占有特殊地位,清廷特设四路同知,协调京畿治理中京师、顺天府与直隶之间的关系。王洪兵(中国海洋大学)《清代京畿协同治理模式初探——以顺天府四路同知为例》一文,从四路同知的设置、历史沿革、行政职能及其与直隶总督、顺天府关系演变等角度,考察清代京畿协同治理模式。揭示四路同知是清代京畿协同治理模式探索的产物之一,折射京畿地区治理的复杂性。周喜峰(黑龙江大学)《论清朝政府对黑龙江地区的行政管理》一文,指出清朝政府对黑龙江地区的行政管理,主要以将军、副都统构成的驻防八旗制为主,同时辅以盟旗制和边民姓长制等方式;因俗而治有利于巩固清朝对黑龙江地区的统治,发展当地各民族社会经济。

明清时代的军事问题成为本次讨论会的一大热点,不同学者从统治者的军事认识、战争、制度、区域等角度入手,为传统政治军事史研究注入活力。金暻绿(韩国军史编纂研究所)《明初朱元璋的军事认知与统治体系的整备》,梳理了明初洪武帝的军事认识以及军事政策,认为洪武帝的军事认识和军事政策成为日后明代军事政策的根本,并深刻影响东北亚各国。肖立军(天津师范大学)《明代蓟镇参将及路协增设沿革考略——兼谈明代九边等军镇设置标志》,考订了蓟镇在镇守武将或总兵之下所设参将的变化以及路区演变问题,进而对明代边镇的内涵作了综合讨论。吴滔(中山大学)《军事资源的再配置:明代永州南境的卫所体制及其转变》关注卫所体制变迁下的地方社会。认为在永州府永明、江华等县,营兵主要由卫所旗军和外地雇募的杀手组成,在职能上补充卫所,致使卫所范畴扩张,引发地方社会机制等变动。进而指出,研究明代卫所还应站在民间的立场,从社会生活、地方文化等层面理解军事制度。沈一民(黑龙江大学)《1634年后金对代北地区的侵扰》挖掘档案资料,统和明朝和后金(清)不同视角,指出1634年后金屠掠代北地区对当地造成巨大损失;此次军事行动也是后金(清)进攻明朝策略的转折点,后金(清)从中归纳出军事策略和方法,在后续的侵扰攻掠中动摇了明朝根基。康熙二十二年,八旗汉军火器营设立。张建(中国社会科学院)《八旗汉军火器营制度考》依据官私史料,梳理汉军火器营官兵制度的演变历程,否认康熙二十八年后火器营衙门下辖"汉军骁骑火器营"和"汉军鸟枪营"一说;指出至康熙三十六年,汉军始有鸟枪营和炮营的建制。

明清时代的民族问题与中外交流

"新清史"学说强调内亚视角和满洲特性,重视非汉文资料的解读,常常引起国内学界的讨论和回应,已然成为近年来不容忽视的学术热点问题。该学说的代表人物欧立德承续其学术理念,《大清论大明:〈大明太祖高皇帝宝训〉满译考察》一文关注满文本的《洪武宝训》,考察清初统治者对明太祖的态度。指出清初统治者一面赞扬明太祖,学习汉族治国理政经验,另一面也存在潜在的矛盾心理,构成了满洲历史想象的不同意涵。甘德星(台湾中正大学)《满汉文康熙遗诏中的中国观续论:中国皇帝和大清帝国》一文,利用不同版本的康熙遗诏,从清代满洲人的观点出发,论述"中国""大清""帝国"的意涵和性质,与新清史对话商榷,反驳族群对立或族群主权的观点。杨念群(中国人民大学)《清朝"正统性"再认识——超越"汉化论""内亚论"的新视角》一文,认为"汉化论"和"内亚论"的深层误区在于混淆统治和治理的观念,提出清朝建立起"二元正统性"以回应新清史,即清朝既沿袭宋明以来的儒教正统观,又在蒙藏地区包容推崇藏传佛教,树立边疆正统性,应对不同族群构建新的"大一统",并从思想观念角度诠释二元性。鱼宏亮(中国社会科学院)《跨越地理环境之路——明清时期北方地区的游牧与农商社会》,利用档案、契约、中外考察记等资料,揭示明清时期内地与蒙古地区人民跨越地理界限,进行农业和贸易的双向交流,双方并未因地理环境限制阻断人口、技术和文化的互动联系。进而指出,"族群""内亚""长城带"等西方史学理论在解释具体的中国史研究问题时存在缺陷,应回到历史时空中去认识人类的活动。2014年,欧立德《乾隆帝》一书的简体中文本刊行,颇受关注。崔岩(南开大学)《读欧立德〈乾隆帝〉》比对《乾隆帝》一书的英文本和中译本,从乾隆帝是不是中国的皇帝、有没有汉化、对满洲身份与汉化问题是否有两难等方面对该书进行评介,亦指明书中对部分史实的理解存在瑕疵,进而引申到学术思想的独立性和学术话语权问题。

讨论明清时代的民族问题需要辅以满文资料和内亚视角。赵志强(北京社会科学院、中国人民大学)《满洲族称源自部落名称——基于〈满文原档〉的考察》通过爬梳满文档案记载,考察"满洲"作为部落名称和族称的情况,认为所谓"国号满洲"不足为信,以族称、部名指代国号,可能与女真、蒙古人习惯有关。赵令志(中央民族大学)《乾隆初次平准军需满文档案评述》挖掘《清代新疆满文档案汇编》,以乾隆二十年清朝与准噶尔汗国之战为切入点,从18份档案出发考察清朝办理此战军需的全貌,进而探讨清朝内外一体及统一民族国家的执政能力等问题。多篇论文涉及不同族群身份的互动联系。杨海英(中国社会科学院)《辽东佟氏家族由明入清考》一文,以明末清初辽东战事与明清政权关系为背景考察辽东佟氏家族,揭示出佟氏家族从明代女真军卫家族被编入清代八旗体制的历程,以佟氏家族为窗口窥探明清易代。张玉兴(辽宁社会科学院)《满洲汉姓与八旗汉军辨识》关注满洲共同体形成过程中的满洲汉姓和八旗汉军。文章指出,满洲汉姓和八旗汉军起初在族属、性质、身份上存在不同,后因清朝统治者的决策,两者界限混淆甚至趋同。揭示了时间概念和历史原则对于历史研究的重要性。十六世纪右翼蒙古势力进入西番,冲击明朝羁縻统治体系。杜常顺(青海师范大学)《16世纪至十七世纪前期蒙藏民族互动关系与明朝》探析蒙藏民族及区域互动关系对明朝的影响。指出为化解蒙古地区政治军事威胁,明朝积极推助蒙古皈信藏传佛教,藏传佛教传入蒙古地区,增强了蒙藏两族宗教互动关系。

边疆问题与治理是明清时代民族问题的一个侧面,多位学者讨论了西北、西南、东南边疆的民族问题与基层社会。林延清(南开大学)《阿桂与伊犁屯田》讨论清乾隆年间阿桂驻守伊犁期间兴办屯田的历史贡献:增加粮食产量,补充军需,促进伊犁与哈萨克族经贸联系,修建城池公署,巩固清朝对伊犁地区的统治。张振国(渤海大学)《清代边缺久任与苗疆政治:多重视角的分析——以贵州省文官为中心的探讨》一文,立足皇帝、吏部官员、督抚布按、府县官员、文人士绅不同身份立场,考察其对苗疆政治和久任制的看法,尤其注意不同身份记录者的叙事倾向和视角,为利用多元类型资料研究制度史提供思路。李仁渊(台湾"中央研究院")《畲民之间:明清时期中国东南山区的国家治理与族群分类》,考述畲民族群名称的历史演变。揭示国家与地方、地方上原住民与外来民之间的张力塑造了畲民的族群。进而指出,除却血缘、文化等形态,族群的分别还融汇了国家治理、地方人群对官方资源的运用等。清康熙年间,蓝鼎元为台湾治理提出诸多意见策略,被誉为"筹台之宗匠"。王日根(厦门大学)《蓝鼎元治台思想与实践略论》以丁曰健《治台必告录》和地方志为资料,从平乱稳心、施教立规、训民型俗三方面论述蓝鼎元的治台思想及实践,指出蓝鼎元治台注意因地制宜,在实践中取得良好效果。

中国与西方的交流互动是明清中外交流研究的熟耕地。明清时期,葡萄牙、西班牙和法兰西三个西方国家被中国人称为佛郎机国。庞乃明(南开大学)《明清中国负面西方印象的初步生成——以汉语语境中的三个佛郎机国为中心》,分析晚明以来三个佛郎机国给中国人留下的负面印象及其形成过程。文章指出,负面佛朗机印象逐步扩散为负面西方整体印象,根源于西方世界威胁明清国家安全,冲击华夷秩序。法国耶稣会士李明以书信形式撰写《中国近事报道(1687—1692)》一书,李晟文(加拿大拉瓦尔大学)《从〈中国近事报道〉看法国耶稣会士李明对儒家思想与文化的认识与评价》一文,考察书中有关儒家思想与文化方面的内容,认为虽然有理想化的成分,却表露了李明对儒家思想文化的认可态度,李明因此书也受到来自教廷的诸多质疑和谴责。马骊(法国滨海大学)《晚清外交与列强入侵:从不平等条约到清朝灭亡》辨析晚清七十年外交和列强瓜分中国的前因后果,宏观勾勒出清朝崩溃衰亡的历程,揭示从马戛尔尼使华到鸦片战争爆发,礼仪的冲突根源来自文化思想的封闭性。

由万历朝鲜战争探讨东亚世界内部关系,是万历朝鲜战争研究的热点。刁书仁(东北师范大学)《壬辰战争日本"假道入明"与朝鲜的应对》从战前讯息传播与应对入手,揭示朝鲜在战前已知晓日本"假道入明"的内情,却向明朝隐瞒实情,避重就轻,朝鲜在战争中遭受打击与消极轻敌的应对策略不无关系。明朝与日本关系的演变是万历朝鲜战争后东亚局势变迁的核心。刘晓东(东北师范大学)《万历朝鲜战争后东亚局势与明日关系的互映演变》从不同角度分析战后明日关系未能恢复甚至外交断绝的原因。指出,明朝希求搁置争议问题下渐进缓和,而日本要求立即恢复传统外交,明日关系断绝一定程度上归因于日本缺乏耐心;明日关系的演变也影响到日朝关系的变动和琉球问题。孙卫国(南开大学)《万历东征朝鲜之明军将士群体与指挥体制》挖掘中朝史料,系统考察参与万历朝鲜战争的明朝将士群体的人数与来源,以及由此所见东征军事指挥体制,呈现七年战争时期的时间变化,讨论了以往研究较少的壬辰援朝时期明军内部结构,增进了学界对参战明军群体的认识。

藉由书籍流动和历史书写,东亚世界内存在着文化联络和抵牾。日本江户时代,通过长崎贸易输入中国汉籍。章宏伟(故宫博物院)《长崎贸易与中日书籍之路》一文,考察了中日书籍之路出现的背景因素,尤其注意运载书籍进入日本的唐船出帆情况和中日两国的书籍政策,为已有研究增补了汉籍流入日本的大致数量和种类等细节。文章还介绍了编纂《长崎贸易输入日本汉籍汇考》的思路和资料来源。刘建辉(国际日本文化研究中心)《从广州、上海到日本长崎——清末西学是如何逐步东渐的?》一文,以知识传播为中心,考察近代知识的传播路线与明治维新的关联,揭示明治维新的知识储备来自清朝后期,清朝后期与西方世界的知识交流(汉文西学)被日本吸收,中国成为知识传播的中介地;汉文西学、兰学与洋学共同影响日本。发生于明永乐年间的"鱼吕之乱"即朝鲜贡女在永乐后宫引起的宫廷虐杀事件,仅载于《朝鲜王朝实录》而不见于中国史籍。吴德义、陈昊(天津师范大学)《在直书与"臆想"之间:朝鲜实录对明初鱼吕之乱的历史书写》,考辨《朝鲜王朝实录》相关记载细节,认为朝鲜史官有意夸大永乐帝昏庸暴虐一面。指出,朝鲜对鱼吕之乱的历史书写是中朝两国关系一个侧面的反映,借助修史传达中朝外交摩擦与朝鲜文化自我意识的增强。秦丽(南开大学)《"共说张春第一人":东亚视野下明末将领张春事迹的流布与书写》考察明末将领张春事迹及其在清初和朝鲜王朝的传播情况,进而透过历史书写的差异与书写者的观念理解政治文化史。

东亚世界的经济联系方面。王元周(北京大学)《朝鲜的清钱通用与革罢——宗藩体制下市场的整体性及其局限》,从铜及铜钱的角度观察近代以前及近代早期东亚各国之间的经济关系。指出在18—19世纪的朝鲜,白银主要用于国际贸易,铜钱适用于国内赋税征收和市场贸易;为解决国内常出现铜钱钱荒现象,是否从中国输入铜钱引发争议。揭示出东北亚国家间复杂的经济关系。

明清时代的社会生活

日常生活日渐成为社会史研究的路径之一,多位学者从不同侧面关注社会群体的日常生活。以个人日常生活为中心展开讨论的,有冯贤亮(复旦大学)《晚明乡村士人的科举生活与社会交往——以魏大中的坐馆与举业为中心》一文,从晚明士人魏大中《藏密斋集》入手进入其生活世界。指出,魏大中的坐馆和举业有助于拓展社会交往和跻身主流社会,为诠释士人权力关系与文化网络提供翔实的士人生活史个案。范金民(南京大学)《晚清江南士大夫的致仕生涯——以顾文彬为中心》则利用顾文彬《过云楼日记》,将顾文彬的致仕生活置于光绪初年苏州的社会空间。描绘出顾文彬等乡绅除了倾心文人娱乐消遣,也热衷地方公益事务,注意与地方官员的互动,展现出同光中兴背景下江南士大夫规矩惬意的乡居生活。以往对士人阶层的研究多集中于文化精英的正面形象,赵毅、武霞(辽宁师范大学)《明代基层士人中的蓝袍大王——传统士人精神的背叛者》则考察基层士人中的负面人物,即蓝袍大王。揭示蓝袍大王与豪强、无赖、盗贼等相互勾结,种种劣行危害地方社会管理,进而指出士风衰落反映社会变迁。为进一步认识基层士人群体面貌增添新的研究内容。较之以汉人为主体的民人,以满洲人为主体的旗人在法律领域拥有更高特权,已成为学界共识。刘小萌(中国社会科学院)《清代旗人民人法律地位的异同——以命案量刑为中心的考察》，考察嘉庆朝刑科题本中的旗民命案，认为旗人与民人在重大命案审理方面基本享有平等法律地位，增进了对清代旗民法律关系的认识。自清康熙年间起，江南地区大规模的无赖活动相对萎缩，吴金成(韩国首尔大学)《盛清时期江南无赖的动态》丰富了对无赖这一群体的认识。文章指出，盛清时期无赖的小规模活动居多，无赖借助政治经济手段混入其他社会阶层，共享标识身份的同类意识，对社会底层起支配作用。在此基础上提出，清代社会实由绅士和无赖两大集团主导。

生活方式与习俗是日常生活的重要组成部分，多篇论文从婚姻家庭、风俗、社会问题入手探讨社会生活。王跃生(中国社会科学院)《清代中期不同生命阶段夫妇居住方式分析——以乾隆朝刑科题本档案为基础》一文，挖掘刑科题本婚姻家庭档案资料，借鉴西方家庭生命周期理论分析夫妇的生命历程，尤其注意人口和劳动力谋生方式等因素影响中下层民众的居住方式。增进了对清代中期不同生命阶段民众居住方式和特征的认识。刘仲华(北京社会科学院)《骑马抑或坐轿：清代国家制度下的官员出行方式》，考察清代国家统治策略下的制度与社会生活的互动关系。骑马是清朝统治者维护"满洲旧制"和立国之本的重要内容，满洲文武官员违例乘轿、疏于骑马之风禁而不绝，折射出清代国家治理能力未能应对时代变化而合理变革。有关溺婴习俗，山本英史(南开大学、日本庆应义塾大学)《溺女与教诲——以中日两国的杀婴对策为中心》，从禁令、救济和教诲等针对杀婴的对策方式出发，比较了中日两国的杀婴问题、对策和实际解决情况。认为与中国相比，日本面临更为棘手的人口危机，应对杀婴问题更加积极，采取的措施更为彻底见效。援引中国善书和日本教谕书史料是该文的一个特色。陈秀芬(台湾政治大学)《医疗、法术与性别——试论明代"信巫不信医"现象》关注明代巫者医疗问题。指出官绅和医者对巫者医疗多持批评态度，构建医道正统以驳斥巫者在医疗市场的地位；妇女求医问病多求助女巫或师婆，巫医并用背后隐含儒家思想和传统性别观念。文章认为，站在病人的角度，选择巫者医疗具有相当复杂的缘由。

地方社会治理方面。薛侃曾从学于王阳明，对早期王门壮大有重要贡献。朱鸿林(香港理工大学)《明儒薛侃拟议的揭阳乡约》一文，关注嘉靖七年薛侃协助揭阳主簿季本推行揭阳乡约之事，讨论了薛侃拟议乡约的背景、目的、内容、成效，揭阳乡约与南赣乡约的联系区别等，为理解明代士大夫的乡治思想提供个案。在基层社会中，官方与民间的权力关系向来是学界注意的重点。臼井佐知子(日本东京外国语大学)《透过地方行政相关文书来看清代地方社会》，通过分析清代太湖厅(理民府)档案、徽州文书、碑刻等行政相关文书的内容和性质，考察了地方政府与民间社会的互动联系。赵克生(海南师范大学)《明代乡贤专祠的礼仪逻辑与实践样貌》，考察明代乡贤祠的礼仪逻辑、主要类型、运转模式。指出明代乡贤祠除体现政治教化意义，也承载地方士绅、乡贤后裔的地方诉求和家族策略，具有多元的社会意义。揭示明代乡贤祠祀系统由乡贤祠与乡贤专祠组成的双轨制构成。关于家族或宗族问题，朱亚非(山东师范大学)《明清时期仕宦家族与基层社会关系探讨——以山东地区为例》一文，将明清山东仕宦大家族纳入地方史分析。指出大家族间通婚形成联合力量，在地方政治、经济、文化教育、公益事业活动中均有强大的影响力。进而概述山东仕宦家族的地域特点，即教育子孙重视读书、政治上趋于保守、以和为贵的处事原则等。

不同学者注意到地方文化的塑造与建构。卞利(南开大学)《明中叶以来徽州总结性文献的编纂与地域文化认同的强化》,考察徽州籍精英致力编纂地方总结性文献。指出,地方总结性文献的编纂以实现血缘身份认同、地域文化认同与国家认同相统一为目的,同样也出现诸多弊病,反而使地域文化认同与历史真实难以统一。刘祥学(广西师范大学)《明清时期地方官绅对南方乡土形象的重塑》,讨论明清时期以岭南地区为主的南方官绅重塑南方乡土形象。揭示南方地区地方士绅有意塑造百岁坊等长寿文化,方志设"耆寿"等目专记长寿人口,努力转变内地文人所载"南方瘴乡"恶劣环境的固有印象。指出医疗技术水平的提高有助于重塑南方乡土形象。余新忠、惠清楼(南开大学)《昌化石兴起历史考辨——兼论历史书写中的个人情结问题》一文,考辨昌化石历史诸说,从文献出发,基本否定了清初以前有关昌化石的例证。进而指出,昌化石研究者容易先入为主,个人情结影响历史书写的客观性。周正庆(暨南大学)《素馨花与粤人风情》关注在广东地区颇受喜爱的素馨花。文章指出,清中期以后,素馨花被普遍用于日常生活和岁时社交民俗中,也被文人视为气节情操的载体,一定程度上影响了岭南民间风情。钞晓鸿(厦门大学)《景观的迷失与错位——基于明清地方志的分析》一文,将明清时期地方志资料视为环境史研究范式与中国学术传统的交汇点,从日常景观入手考辨地方志隐藏的史料问题。指出,面对地方志记载的舛误,理应挖掘背后的缘由,并加以分析利用。揭示利用地方史资料讨论景观问题的复杂性。罗晓翔(南京大学)《乡土情结与都市依恋:论晚明以降的中国城乡观》,以人为中心分析明清时期城乡观的发展变化。揭示城乡观与古今观念、社会流动、情感认同的关联,进而指出,不应过分夸大传统社会乡土情结;明清时期城乡观的演变,有助于审视传统与近代社会之间的关系。

物质文化方面。常建华(南开大学)《康熙朝的珐琅器礼物与皇权》利用康熙朝满汉朱批奏折及珐琅实物等资料,对珐琅器进行物质文化与政治文化的解读。揭示出康熙朝珐琅器的制造是中西科技文化交流的产物;作为一种礼物,珐琅器双向流动在皇帝与宗室、大臣之间,承载君臣、父子、满汉多元关系,成为高贵神圣的皇权象征。李理(沈阳故宫博物院)《武功开基 崇文治国——论清沈阳故宫皇家建筑与清朝国策》,以沈阳故宫不同时期的宫殿建筑为研究对象,考察不同建筑格局和形式所代表的政治含义。指出东路建筑与八旗军事民主制契合,中路建筑展现封建制雏形,西路及中路附属建筑营造于乾隆时期,体现文化治理天下的理念。

多篇论文涉及信仰、宗教与社会生活。李庆新(广东社会科学院)《明清时期航海针路、更路簿中的海洋信仰》一文,利用明清时期沿海地区流传的航海针路、更路簿等民间文献,揭示涉海人群的海洋知识、宗教信仰活动、历史记忆及文本书写等问题,依据民间海洋文献展现海洋文化的多样性和复杂性。妈祖是海洋信仰中最重要的神灵之一,学界已有丰硕的研究成果。陈支平(厦门大学)《明代关于"天妃"封号的论辩》着眼于"天妃"封号的狭义和广义理解。重新审视明代围绕"天妃"这一封号产生的争议和辩解,揭示出国家祀典理论与现实实施的差异性。张传勇(南开大学)《明清城隍神的等级性及其表达》一文,考察城隍庙建置与各级城隍庙袝祀情况体现的等级性,以及城隍信仰中超等级的"自大"心态,并由此探讨明代以降江南地区下层聚落的城隍问题。王荣湟(暨南大学)《论明清丛林禅堂修行生活制度》综合考察明清禅堂修行生活制度,指出禁欲主义和禅定苦修是这些制度的基本特征,神圣性的减弱则构成禅宗衰微的重要表征。石野一晴(日本庆应义塾大学)《瓶钵飘然随处去——"朝圣导游书"所阐明的清代僧侣参学与全国圣地》一文,利用晚清杭州高僧为僧侣所编《参学知津》考察僧人参学。关注诸如"挂单""勤问""请印"等关键词映射出的僧侣参学旅游情况。另指出,《参学知津》涉及丰富的社会经济史资料,可视为晚清佛教界旅游信息百科全书。汤开建(澳门大学)、赵殿红(澳门科技大学)《清顺康时期江南省的天主教(1644—1707)》,将教堂和教友数量作为衡量天主教教务发展情况的标准,通过爬梳中西文献所载教堂和教友数据,系统考察天主教在江南省各地发展情况,进而揭示出清朝初年江南地区的天主教务最为发达繁荣。

城市史将社会生活置于空间范围。井上徹(日本大阪市立大学)《围绕传统都市的讨论》回顾罗威廉等对中国都市"自治"问题的讨论,以明清时期传统都市为研究对象,引出三个问题,即如何与西欧都市历史构建比较史视角、都市与乡村的关系、移民前线和都市化的关系,以问题为线索启发对传统都市的后续研究。

明清时代的社会经济及其他

地域经济的研究,可具体呈现经济史在不同区域的面貌差异。建于明初的明代南京八大寺作为国家寺院受皇权庇护,占有大量公田。何孝荣(南开大学)《明代寺院经济研究——以南京八大寺公田租税纠纷与诉讼为中心的考察》,聚焦八大寺经济盛衰过程与涉及公田的纠纷诉讼。描绘八大寺国家寺院经济特色,由此窥见南京寺院经济乃至佛教寺院经济式微的图景。禹州是清代华北三大药市之一,许檀(兰州大学)《清代晋商在禹州的经营活动——兼论禹州药市的发展脉络》考察晋商在禹州的经营活动。揭示禹州药市的发展脉络同地方政府、士绅、商帮等不同力量的关联,指出晋商开创的市场基础是禹州得以在清代后期迅速发展的最重要因素之一。实征册是明中后期以降各地州县征税工作常用册籍,杨国安(武汉大学)《清代两湖地区赋役实征册籍类别述要》考订清代两湖地区实际征收赋役过程中使用的册籍类别。揭示实征册反映两湖地区赋役征收实态,有地方性特征,也体现国家控制地方社会的能力。

财政方面。陈锋(武汉大学)《清代盐务与造办处经费、物料来源》一文,以造办处为中心,依据档案资料考察清代皇室财政与盐务的关系。指出在造办处的经费来源中存在来自盐务的款项,部分造办处的物料和活计依赖盐务承办,揭示盐务、皇室财政、国家财政三者间存在复杂关联。刘凤云(中国人民大学)《蠲免、捐纳与康熙朝的地方钱粮亏空》一文。从政策设计与制度建设角度入手分析清代国家政治问题。指出蠲免、捐纳与钱粮亏空反映清代国家制度乃至体制的问题,清朝财政体制各项制度间缺乏相互联系的链条,故而在制度的实际运行中缺乏相互联系的能力。明中叶后,形成白银和铜钱两大货币流通体制。清乾隆初期后,始出现白银被驱离而铜钱独占地方市场的构造,罗冬阳(东北师范大学)称之为"银钱两重构造"。其《清代盛世的银钱二元制与治理逻辑》一文,围绕乾隆时期地方市场铜钱排斥白银展开论述。指出银钱两重构造过程展现国家财政和地方财政体制的弹性和张力。周健(华东师范大学)《贡赋与市场:清代的漕粮市场化问题》聚焦19世纪中期以降漕运制度的变革,揭示漕运事务的主导逻辑逐渐由贡赋转向市场。

多篇论文聚焦交通格局、商业与产业等问题。清代京杭大运河以淮安为水陆交通的交汇点,是为"南船北马"交通格局。李泉、吴欣(聊城大学)《南船北马:清代的大运河交通格局》一文认为,北方水运交通日益衰落、运河水驿接待功能随之退化的格局形成于清中期,原因在于水源缺乏和河道淤浅。与商人相关的讨论日益丰富多元。张海英(复旦大学)《明清商书中的商业伦理与商人意识》以最能体现商人意识的商业书为着眼点,关注商书中有关商人角色形象、经营环境、商业伦理的内容。揭示商书现象体现明清商人有意构建有浓厚儒家文化色彩的商业文化。已有会馆研究多将会馆视为异籍同乡在客地所建,封越健(中国社会科学院)《清代本地会馆举隅》侧重清代非异籍人士在客地建立的会馆,尤其注意本地人在本地设立的会馆,即本地会馆。描绘出本地会馆在地域上的分布,指出本地会馆在功能上与异籍人士在客地建立的会馆基本相同,一定程度丰富了对商人会馆的认知。关于资源、产业与市场问题。熊远报(日本早稻田大学)《传统城市的基本生活用品供应市场——以清代北京居民的用水买卖为中心》,以清代至民国时期北京的生活用水买卖为中心,考察传统城市的市场及其特性。尝试引入市场与供应、水源所有权和经营权等问题,分析北京市民日常生活用水的需求和困境,讨论传统城市的基础设施与基本供应问题。唐立宗(台湾暨南国际大学)《严立盗掘之禁:明代颁行矿法条例的历程观察》从历时性探讨明正德初年至万历年间朝廷推行的矿法禁令。指出官方严厉打击非法采治活动,以免对官矿和矿课征收造成负面影响;调整演变矿法是应对明中后期社会风气变迁的一种举措。清代铜钱铸造原料主要来自云南和日本,日本铜也被称为洋铜。松浦章(日本关西大学)《乾隆时期长芦盐商王世荣的日本铜贸易》聚焦乾隆年间负责采购洋铜的王世荣家族,梳理王世荣家族的经营活动及规模。指出王世荣受政府命令直接参与洋铜的采购和运输业务,其洋铜采办事业仅从乾隆四十八年(1783)开始,短暂维系至乾隆五十三年(1788)。

产业教育方面。直隶水产讲习所是清末新政时期借鉴日本经验成立的第一所培养水产人才的学校。杨峻懿(日本京都大学)《清末水产知识的传来与直隶水产讲习所的创立》,以直隶水产讲习所为中心,考察学校教员、水产教育课程、水产人才培育及毕业后去向、学校教育改革等问题,由个案探讨中日水产交流史,以及中国国内水产学校教育的发展情况。

明清时代的思想文化及其他

梳理解读学术思想是明清时代思想文化研究的传统重点内容。王豪(北京师范大学)、林存阳(中国社会科学院)《道与民:戴震学术思想的清学特性》指出,戴震讲求实事求是,注意学问之道,同样也关心人伦日用实事,即以"道"为中心、以"民"为基本。揭示清初以来的经世思潮隐藏在考据学的话语中,并未断绝。"知行合一"是王阳明心学的核心议题之一,方志远(江西师范大学)《"知行合一"的阳明解读》聚焦王阳明自身的实践如何诠释"知行合一"。揭示王阳明既是"学者"也是"行者","知行合一"之所以为人们接受,是因为王阳明以自己的行动事功为范例展示"知行合一"。侧重于人的行动和实践,拓展思想史研究的路径。黄铮(日本立命馆大学)《浅议明末清初文人思想中的"末世"语论及其表述》一文,以明末清初为历史语境,举例士人"末世"语论个案,讨论士人思想中"末世"语论的产生及表达问题,进行群体与个体士人思想的交互研究,为思想史研究提供新视角。

思想与社会的联动问题引发与会学者的讨论。科举考试被视为观察一个时代政治、社会与思想的特殊窗口。张献忠(山东大学)《晚明科举与思想、时政之关系考察——以袁黄科举经历为中心》聚焦科举考试鼎盛的晚明时期。透过袁黄坎坷的多次科举考试经历,揭示晚明思想文化对科举考试的影响,分析科举与意识形态以及国家政治间复杂的互动关系。黎志刚、张沐(澳大利亚昆士兰大学)《张之洞的经世思想和实业政策》,以张之洞为例探析经世思想和实业救国的契合情况。通过梳理张之洞的生平履历,揭示张之洞的经世思想始终围绕着经济军事问题、人才需求、知行合一,核心即中国的利权问题。指出虽然兴办汉阳铁厂未能成功,但为中国保存了利权,展现出实业救国的愿景。多篇论文从文献入手,将思想置于历史时空脉络。明人钟化民在万历年间编纂《圣谕图解》,辅以图像逐条注解明太祖的"圣谕六条"。陈时龙(中国社会科学院)《钟化民与〈圣谕图解〉》结合文献与碑刻资料,指出钟化民编纂《圣谕图解》与朝廷倡行向民众宣传明太祖的六谕有关。将《圣谕图解》与其他诠释六谕的诗歌进行对比,揭示《圣谕图解》注重教化、图像叙事性强、精致细微等特点。《贞观政要》被视为明代帝学必用书籍之一。解扬(中国社会科学院)《在制度与思想之间:明代经筵与〈贞观政要〉》以明代经筵讲学与君臣相处状态为背景考察《贞观政要》。文章考订了明初、明中叶、晚明不同历史阶段《贞观政要》的政治形象及其在经筵中的地位。北宋张载所撰《西铭》被视为宋明理学的经典文本,历代学者提出不同的诠释途径。吕妙芬(台湾"中央研究院")《清初至民国〈西铭〉的多元诠释》一文,讨论《西铭》在清代与民国时期诠释的变化问题。指出《西铭》诠释变化与时代变迁紧密相关:清儒除沿袭前人见解外,另融汇天主教与民间宗教等内容;至民国时期,政客或新儒家利用《西铭》宣扬寓于世界范围内的中国文化,鼓舞民族精神,流露出全球和宇宙视野。

学术风潮与史学方面。吴建华(苏州大学)《明代苏州的学术与学风演变》利用《四库全书总目》,以学人为中心,整体梳理明代苏州学术学风演变情况。揭示社会环境变迁影响学风,指出苏州学风问题可延伸至宗教、科技、收藏等领域综合考虑。周文玖(北京师范大学)《实学思潮与明清之际的史学》,以顾炎武、黄宗羲、王夫之三大思想家为例,讨论明清之际实学与史学的关联。认为明清之际的中国史学是实学思潮下的史学,也是实学的组成部分。指出明清之际史学家的史学特点可概括为"博学于文"和"行己有耻",明清之际的史学因倡导求真致用而受到后世的推崇。两篇论文涉及历史书写的真实性问题,吴兆丰(武汉大学)《树之风声:明正德年间镇守中官刘璟的德政塑造》,关注《明武宗实录》与《萃美录》《两广去思录》有关明正德年间镇守太监刘璟的不同书写差异。文章指出,对赞美刘璟的记录不能单纯理解为地方官员和士人谄媚屈服于太监,刘璟有意谋求德政,以贤宦自任;地方塑造贤良镇守中官的文化意象,实际受到彰善显恶的循吏文化传统影响。毛佩琦(中国人民大学)《〈明实录〉编纂者的自我书写》,从《明武宗实录》入手关注历史书写的主观性。认为《明武宗实录》中有关明武宗嬉戏玩乐的记载与实录编纂者杨廷和、杨慎有关,杨廷和借《明武宗实录》贬抑明武宗怠政。揭示出实录编纂者借助前朝国史、实录的历史书写凸显自己的功绩。明实录的版本、抄写和流传等问题十分复杂。南炳文(南开大学)《辽宁省图书馆藏〈大明光宗贞皇帝实录〉考论》一文提出,较之国内所藏的红格本和广方言馆本,辽宁省图书馆所藏《明光宗实录》版本更优,认为此本对于了解《明光宗实录》和明光宗时期史事,具有不容忽视的价值。文献校勘对于史学研究有重要意义。李小林(南开大学)

《〈明史·河渠志〉"黄河"篇辨误数则》一文，参照明实录、志书、政书、笔记、诏令奏议等史籍，对1974年中华书局点校本《明史·河渠志·黄河》存在的问题作了细致校勘。何朝晖（山东大学）《明代政书的编刻与流通》考察明代政书编刻的目的与作用、编刻方式、流通与作用。认为明代政书保存一代典章制度，为政府和官员行政行事提供准则，一定程度上防范官员舞弊。文章指出，较之宋代，明代政书得以相对自由流通，受益于明中后期繁荣的民间出版业和较为松弛的政书流通管理方式。

其他方面。关于清史研究的回顾与反思。夏明方（中国人民大学）《清史研究向何处去？——从四百年的叙事脉络看当前清史研究的若干问题》一文，主张将清朝自撰之史与后人对清朝历史的追溯结合起来，从长时段回顾清史研究的学术史发展理路，以彰显不同时代清史研究的特色，为今后清史研究提供借鉴。

综上，纪念缅怀郑天挺先生在明清史领域的教研是本次讨论会的主题之一，会议回顾了郑天挺先生的学术贡献和治学精神，在与会论文中也多体现郑天挺先生治史的诸多原则，如竭泽而渔、全面占有、深入挖掘材料；注意运用原始文献，重视利用档案和满文资料；贯通明清断代史等。

本次明清史国际学术讨论会，亦从多个侧面推进对明清时代中国社会多元面貌的研究。常建华教授在大会闭幕词中指出，明清史研究应当加强对于明清时代整体的新认识，并将本次会议的特色归纳为四个方面。现作为本文的结语，摘录如下：

其一，时间观的考察。改革开放以来，明史、清史研究分别取得了突飞猛进的发展，亦存在各自为营的局限，有必要加强明史与清史学者间的对话。郑天挺先生创办的南开版明清史国际学术讨论会，强调明史与清史的整体性，像孟森先生、郑天挺先生那样的学者对明史、清史的研究都有很深的造诣，值得我们学习。深入探讨明清时代历史的延续与断裂，应避免以偏概全、顾此失彼，既要看到历史的延续性，又要把握好时代的变革。

其二，地域观的考察。地域研究无疑具有重要性。关于明清时代国家内部的地域空间，会议论文涉及东北、西北、华北、江南、东南、两湖等地区，讨论地域文化认同、城市问题等。此外，东亚乃至全球的视野十分重要。本次会议有多篇关于东亚地区中韩、中日关系的论文，反映出东亚的思考；还涉及中西关系的讨论，如中国人对佛郎机国的印象、传教士问题等，反映出学者学术视野的开阔性。

其三，多元深入的具体研究。与会论文主题鲜明，包含诸多历史面向。会议有关明清时代政治、军事、经济等各项制度的讨论，不仅有对于制度的梳理和考订，如明代锦衣卫职能、衙门杂役的构成、清代的满汉量刑、军机处问题等；还进一步探讨国家体制和社会形态，关注幕府人事制度、乡贤礼仪、官员出行等问题；考察边疆民族地区国家与社会的关系，利用文书讨论地方行政，沟通政治史与社会史，阐发国家与社会关系的新认识。多篇论文同新清史展开学术交流，涉及清代帝国问题、北方民族与汉族关系等，有助于共同提升学术，完善历史认识。在资料使用方面，有的学者或利用满汉文档案，研究清廷的制度运作和社会生活；或结合官方政书和民间文献，聚焦财政、赋役、商业、市场等问题。讨论思想文化，不同学者注意连接国家意识形态与民间社会，纠正误说，提出新见，如宣讲圣谕、宫廷经筵、朝廷封神等。本次会议有关社会生活的讨论，以认识社会为立意，展现"人"的身影，如医疗与性别、士人日常生活、负面士人形象与社会问题等。

其四,求真求新的学术精神。学术研究是在积累和传承的基础上进行创新,应当敬畏学术。本次会议有不少论文对传统问题提出新论和再探,如明朝国号、满洲族称、辽东佟氏家族、满洲汉姓与八旗汉军等,均是针对已有相关研究的明清史问题,或进行补证,或厘清认识,提出新看法。

(作者郭志慧,广陵书社编辑;作者张传勇,南开大学中国社会史研究中心教授。原载《中国社会历史评论》第 25 卷,天津古籍出版社 2020 年)

ISBN 978-7-201-19860-6